*O mundo como vontade
e como representação*

FUNDAÇÃO EDITORA DA UNESP

Presidente do Conselho Curador
Mário Sérgio Vasconcelos

Diretor-Presidente
Jézio Hernani Bomfim Gutierre

Superintendente Administrativo e Financeiro
William de Souza Agostinho

Conselho Editorial Acadêmico
Danilo Rothberg
Luis Fernando Ayerbe
Marcelo Takeshi Yamashita
Maria Cristina Pereira Lima
Milton Terumitsu Sogabe
Newton La Scala Júnior
Pedro Angelo Pagni
Renata Junqueira de Souza
Sandra Aparecida Ferreira
Valéria dos Santos Guimarães

Editores-Adjuntos
Anderson Nobara
Leandro Rodrigues

ARTHUR SCHOPENHAUER

O mundo como vontade e como representação

Segundo Tomo
Suplementos aos quatro livros do primeiro tomo

Tradução, Apresentação, Notas e Índices
Jair Barboza

© 2015 Editora Unesp

Título original: *Die Welt als Wille und Vorstellung (Band 2)*

Fundação Editora da Unesp (FEU)
Praça da Sé, 108
01001-900 – São Paulo – SP
Tel.: (0xx11) 3242-7171
Fax: (0xx11) 3242-7172
www.editoraunesp.com.br
www.livrariaunesp.com.br
atendimento.editora@unesp.br

CIP-Brasil. Catalogação na publicação
Sindicato Nacional dos Editores de Livros, RJ

S394m
Schopenhauer, Arthur, 1788-1860.
   O mundo como vontade e como representação, segundo tomo: Suplementos aos quatro livros do primeiro tomo / Arthur Schopenhauer; tradução, apresentação, notas e índices de Jair Barboza. – 1.ed. – São Paulo: Editora Unesp, 2015.

   Tradução de: *Die Welt als Wille und Vorstellung (Band 2)*
   ISBN 978-85-393-0598-8

   1. Kant, Immanuel, 1724-1804. 2. Teoria do conhecimento. 3. Vontade. 4. Ideia (Filosofia). 5. Ética. 6. Teologia filosófica. 7. Filosofia alemã. I. Barboza, Jair, 1966-. II. Título.

15-23676
CDD: 193
CDU: 1(43)

Editora afiliada:

Paucis natus est, qui populum aetatis suae cogitat.[1]

Sêneca, Epístolas, 79, 17

---

1 "Nasceu para poucas pessoas aquele que se dedica só à gente do seu tempo." (N. T.)

Sumário

Apresentação à edição brasileira . *XI*

Suplementos ao livro primeiro

Primeira metade
A doutrina da representação intuitiva

Capítulo 1. A propósito do ponto de vista idealista . *5*

Capítulo 2. A propósito da doutrina do conhecimento intuitivo ou de-entendimento . *23*

Capítulo 3. Sobre os sentidos . *31*

Capítulo 4. Do conhecimento *a priori* . *39*

Segunda metade
A doutrina da representação abstrata ou do pensamento

Capítulo 5. Do intelecto desprovido de razão . *69*

Capítulo 6. A propósito da doutrina do conhecimento abstrato ou de-razão . *75*

Capítulo 7. Da relação do conhecimento intuitivo com o abstrato . *85*

Capítulo 8. A propósito da teoria do risível . *109*

Capítulo 9. A propósito da lógica em geral . *123*

Capítulo 10. A propósito da silogística . *129*

Capítulo 11. A propósito da retórica . *143*

Capítulo 12. A propósito da doutrina da ciência . *145*

Capítulo 13. A propósito da metodologia da matemática . *157*

Capítulo 14. Sobre a associação de pensamentos . *161*

Capítulo 15. Das imperfeições essenciais do intelecto . *167*

Capítulo 16. Sobre o uso prático da razão e sobre o estoicismo . *181*

Capítulo 17. Sobre a necessidade metafísica do ser humano . *195*

Suplementos ao livro segundo

Capítulo 18. Da cognoscibilidade da coisa em si . *231*

Capítulo 19. Do primado da vontade na consciência de si . *243*

Capítulo 20. Objetivação da vontade no organismo animal . *297*

Capítulo 21. Visão retrospectiva e consideração mais geral . *325*

Capítulo 22. Visão objetiva do intelecto . *329*

Capítulo 23. Sobre a objetivação da vontade na natureza desprovida de conhecimento . *353*

Capítulo 24. Da matéria . *367*

Capítulo 25. Considerações transcendentes sobre a vontade como coisa em si . *383*

Capítulo 26. A propósito da teleologia . *395*

Capítulo 27. Do instinto e do impulso industrioso . *413*

Capítulo 28. Caracterização da vontade de vida . *421*

Suplementos ao livro terceiro

CAPÍTULO 29. Do conhecimento das Ideias . *435*

CAPÍTULO 30. Do puro sujeito do conhecimento . *439*

CAPÍTULO 31. Do gênio . *451*

CAPÍTULO 32. Sobre a loucura . *477*

CAPÍTULO 33. Observações avulsas sobre beleza natural . *483*

CAPÍTULO 34. Sobre a essência íntima da arte . *487*

CAPÍTULO 35. A propósito da estética da arquitetura . *493*

CAPÍTULO 36. Observações avulsas sobre a estética das artes plásticas . *503*

CAPÍTULO 37. A propósito da estética da poesia . *509*

CAPÍTULO 38. Sobre história . *527*

CAPÍTULO 39. A propósito da metafísica da música . *537*

Suplementos ao livro quarto

CAPÍTULO 40. Prólogo . *553*

CAPÍTULO 41. Sobre a morte e sua relação com a indestrutibilidade de nosso ser em si . *555*

CAPÍTULO 42. Vida da espécie . *609*

CAPÍTULO 43. Hereditariedade das características . *617*

CAPÍTULO 44. Metafísica do amor sexual . *633*

CAPÍTULO 45. Da afirmação da vontade de vida . *677*

CAPÍTULO 46. Da vaidade e do sofrimento da vida . *683*

CAPÍTULO 47. A propósito da ética . 703

CAPÍTULO 48. A propósito da doutrina da negação da vontade de vida . 719

CAPÍTULO 49. A ordem da salvação . 755

CAPÍTULO 50. Epifilosofia . 763

Índice onomástico . 771

Índice de assuntos . 777

Apresentação à edição brasileira

I

Disponibilizar ao público de língua portuguesa a tradução do segundo tomo da obra magna de Schopenhauer, *O mundo como vontade e como representação*, eis uma alegria que espero seja tão grande quanto a do leitor ao lê-la. Leitor que encontrará aqui os *Ergänzungen*, que verti por *Suplementos*, cerca de onze anos após traduzir o primeiro tomo, também publicado por esta Editora Unesp.

Schopenhauer, não querendo estragar o seu texto juvenil, justamente o primeiro tomo publicado em 1818 (com data de 1819), realizando correções e acréscimos da idade avançada, optou por trazer a lume um segundo tomo que, em verdade, constitui, devido ao desenvolvimento inédito dos principais temas da sua metafísica, uma outra obra, ou seja, não se trata aqui de "tapar buracos" do que fora escrito, mas sim de uma nova exposição do seu pensamento único. Exposição rica de novas nuances e cores, sobretudo no que concerne à elucidativa relação, como o leitor perceberá, entre metafísica e psicologia.

A novidade e riqueza da observação do mundo exterior, bem como a agudeza psicológica que as acompanha, fizeram Paul Deussen – que editou em 1911 a obra de Schopenhauer como *Ausgabe letzter Hand*,[1] por último

---

[1] Arthur Schopenhauer, *Die Welt als Wille und Vorstellung*. Segundo Tomo. Ausgabe letzter Hand. Ed. Paul Deussen (München: R. Pipper & Co., Verlag, 1911). Disponível em: <https://archive.org/stream/arthurschopenha00deusgoog#page/n9/mode/1up>. Acesso em: 3/6/2015.

autorizada, e que serviu de base, como no caso do primeiro tomo, para a presente tradução, e é uma "fiel reprodução" do texto autorizado por Schopenhauer em 1859 (3.ed.), cuja paginação se inscreve na lateral desta edição — assim expressar-se:

> Se, de um lado, o primeiro tomo é inigualável em seu ardor e fervor da primeira concepção, com os quais é articulado o grande pensamento filosófico único em múltiplas ramificações, de outro, o segundo tomo é, a seu modo, inestimável em sua madura elaboração, na qual exatamente o mesmo pensamento filosófico, verificado e comprovado num sem-número de fatos das ciências da natureza, da arte e da vida, é consumado; e não se sabe o que é mais admirável, se a sutileza da observação do mundo exterior e das suas relações, o que distingue Schopenhauer de quase todos os outros filósofos, ou a agudeza psicológica, e muitas vezes crueldade, com que aqui são desnudados os mais profundos movimentos do coração humano.[2]

2

Correspondendo ao texto original, os capítulos desta tradução receberam *numerais arábicos*. O filósofo sempre deu preferência a esse tipo de numeração, reservando os numerais romanos, em geral, para os capítulos do segundo tomo de *Parerga e paralipomena*. Ademais, os títulos dos capítulos vêm em caixa-alta, e os destaques de alguns nomes vêm em versalete, correspondendo ao que no texto original, impresso em *Fraktur*, vulgo "gótico", dá-se pelo espaçamento das letras. A esse respeito, servimo-nos da sugestão dada pela edição das obras de Schopenhauer feita por Ludger Lütkehaus.[3]

Outra sutileza que conservamos do original é a variação inicial dos títulos dos capítulos, que geralmente trazem os termos prepositivos *zu*, *über* e *von*.

---

2 Paul Deussen, Prefácio. In: Arthur Schopenhauer, *Die Welt als Wille und Vorstellung*. Segundo tomo. Ausgabe letzter Hand. Ed. Paul Deussen (München: R. Pipper & Co., Verlag, 1911), p.vi.

3 Arthur Schopenhauers *Werke* in fünf Bänden. Nach den Ausgaben Letzter Hand. Herausgegeben von Ludger Lütkehaus. Zurich: Haffmans, 1988.

Optamos por, respectivamente, traduzi-los por "a propósito" – no sentido de "contribuição" –, "sobre", e "do(a)". Assim, temos capítulos intitulados "A propósito do ponto de vista idealista" (cap.1), "Sobre os sentidos" (cap.3), "Do conhecimento *a priori*" (cap.4), dentre os cinquenta suplementos.

A partir da experiência de tradução de tais capítulos e tendo em vista o seu conteúdo, eu me permito esboçar uma interpretação, dizendo que, quando Schopenhauer opta por *zu*, demarca uma contribuição a temas gerais da filosofia, que são objeto, portanto, de uma discussão consagrada: dessa perspectiva, ele aborda o ponto de vista idealista, o conhecimento intuitivo, o conhecimento abstrato, a teoria do risível, a lógica em geral, a silogística, a retórica, a teleologia, a arquitetura, a estética da poesia etc., ou trata de um tema que no pensamento dele não pode ser metafisicamente encerrado, pois significa o indizível, o inefável, como é o caso da negação da Vontade de vida. Quando opta por *über*, quero crer que entra num espaço de inflexões conceituais decisivas do seu pensamento: sentidos (princípio de razão do entendimento intuitivo), associação de pensamentos (dimensão inconsciente do pensamento e da ação), uso prático da razão (contra a definição de razão prática de Kant e em favor dos estoicos), necessidade metafísica do ser humano (diferença entre verdade em sentido próprio e verdade em sentido alegórico, isto é, aproximação entre filosofia e religião), loucura (como rompimento do fio da memória), essência íntima da arte (a arte como lugar da verdade), história (a poesia é mais verdadeira que a história, que não é uma ciência), morte e sua relação com a indestrutibilidade de nosso ser em si (metafísica da vontade e palingenesia) etc. Quando opta por *von*, encontramos aqui muitos dos conceitos que formam o esqueleto da sua metafísica: relação do conhecimento intuitivo com o abstrato, imperfeições essenciais do intelecto, possibilidade de conhecimento da coisa em si, primado da vontade na consciência de si, matéria, instinto e impulso industrioso, conhecimento das Ideias, puro sujeito do conhecimento, gênio, afirmação da Vontade de vida etc. Já nos poucos capítulos em que não usa nenhum daqueles termos, mas imediatamente introduz o tema, como um raio que cai, temos, por assim dizer, o cérebro e os nervos da sua metafísica: objetivação da vontade no organismo animal, visão objetiva do intelecto, considerações transcendentes sobre a vontade como coisa em si, caracterização da Vontade de vida, observações avulsas sobre beleza natural, observações avulsas sobre estética das artes plásticas, vida da espécie, hereditariedade das características, metafísica do amor sexual, epifilosofia.

3

Assim como o espaço empírico está para a geometria, ou seja, permite que esta demonstre os seus axiomas, assim está a psicologia schopenhaueriana para a metafísica da vontade, ou seja, permite que as teses desta sejam elucidadas. As refinadas observações psicológicas do autor, que caracterizam boa parte dos *Suplementos*, vão até as fronteiras obscuras da vontade como puro ímpeto cego e inconsciente, e ali apontam uma natureza humano-animal como essencialmente movida por motivações volitivas inconscientes; aprofunda-se, dessa forma, a tese central do primeiro tomo de *O mundo como vontade e como representação*, que *inverteu a tradição filosófica*: se antes a razão era considerada primária, e a vontade, secundária, um mero momento daquela, agora a pura vontade irracional cega e inconsciente é primária, e a razão, secundária, um mero momento dessa vontade em sua manifestação cosmológica. A consciência não passa de uma crosta dessa massa volitiva inconsciente. Daí capítulos como "Sobre a associação de pensamentos" (cap.14), "Das imperfeições essenciais do intelecto" (cap.15), "Do primado da vontade na consciência de si" (cap.19), "Sobre a loucura" (cap.32), "Metafísica do amor sexual" (cap.44), dentre outros, que procuram, às vezes com crueldade, como diz Deussen, descortinar os secretos móbiles das ações humanas, levadas a efeito pela cega vontade auxiliada por sua lanterna, o intelecto. Relação esta entre vontade e intelecto, ou entre inconsciência volitiva e consciência raciocinante, que se traduz na impactante imagem exposta no capítulo 19, vale dizer, a vontade é como o "forte cego" que carrega nos ombros o "paralítico que vê". São capítulos que explicitam a concepção de psicologia em Schopenhauer na sua imediata conexão com a metafísica da vontade, abrindo em sua pendular articulação o horizonte em que se moverão, por exemplo, a psicanálise de Freud, a filosofia da vontade de potência de Nietzsche, a psicologia do inconsciente de Jung.

4

Como na segunda edição do primeiro tomo da Editora Unesp, também inserimos neste volume os diacríticos nas citações gregas. Por sua vez, a transliteração dos termos sânscritos encontra-se na grafia mais aceita atualmente pelos estudiosos.[4]

Neste tomo, para as passagens de difícil solução, consultamos as seguintes traduções: A. Burdeau (Paris: Félix Alcan, 1912); C. Sommer, V. Stanek e M. Dautrey (Paris: Gallimard, 2009); E. J. Payne (Nova York: Dover, 1969); N. Palanga, A. Vigliani (Milão: Mondadori, 1992); P. L. de Santa Maria (Madri: Editorial Trotta, 2005).

Externo aqui novamente os meus agradecimentos ao diretor-presidente da Editora Unesp, Jézio Hernani Bomfim Gutierre, que aguardou pacientemente por cinco anos a presente tradução.

Disponibilizo o meu e-mail, jbarboza@gmx.net, para as críticas dos leitores, em vista de uma segunda edição. A única exigência que faço, para as ponderar, é que sejam bem-intencionadas.

Boa leitura.

Jair Barboza
Florianópolis (Brasil), Stadecken-Elsheim (Alemanha), julho de 2015.

---

[4] Como disse em nota ao primeiro tomo, baseei-me aqui principalmente em *The Principal Upanishads*, trad. Swami Nikhilananda (New York: Dover, 2003); e *Bhagavad Gītā*, trad. Michael von Brück (Frankfurt: Verlag der Weltreligionen, 2007).

Suplementos ao livro primeiro

~

"Warum willst du dich von uns Allen
Und unsrer Meinung entfernen?" —
Ich schreibe nicht euch zu gefallen,
Ihr sollt was lernen.[1]

Goethe

---

1 "Por que queres te distanciar de todos nós / e da nossa opinião?" – / Não escrevo para agradar-vos, / Deveis aprender alguma coisa. (N. T.)

Primeira metade

A doutrina da representação intuitiva
(§§ 1 a 7 do Tomo I)

Capítulo 1
A PROPÓSITO DO PONTO DE VISTA IDEALISTA

No espaço infinito, inumeráveis esferas brilhantes. Em torno de cada uma delas giram aproximadamente uma dúzia de outras esferas menores iluminadas pelas primeiras e que, quentes em seu interior, estão cobertas de uma crosta rígida e fria sobre a qual uma cobertura lodosa deu origem a seres vivos que pensam; — eis aí a verdade empírica, o real, o mundo. Todavia, para um ser que pensa, é uma situação penosa encontrar-se sobre a superfície daquelas inumeráveis esferas que vagam livremente no espaço sem fim, sem saber de onde veio nem para onde vai, sendo apenas mais um entre incontáveis seres semelhantes, que seguem seus ímpetos e impulsos, que se atormentam, nascendo e perecendo rapidamente, sem trégua, no tempo sem princípio nem fim: nada existe ali de permanente senão a matéria e o retorno das mesmas e variadas formas orgânicas, por meio de certos canais, e de certas vias inalteráveis. Tudo o que a ciência empírica pode ensinar é apenas a característica precisa e a regra de tais processos. — Ora, a filosofia moderna, sobretudo mediante // BERKELEY e KANT, clarificou afinal para si que tudo o que acabou de ser dito não passa de um FENÔMENO CEREBRAL, que implica tão amplas, múltiplas e variadas condições SUBJETIVAS, que a sua pretensa realidade absoluta desaparece e deixa espaço para uma ordem de mundo inteiramente diferente, que estaria na base do fenômeno, isto é, referir-se-ia a este como a coisa em si mesma que se refere àquilo que meramente aparece.

"O mundo é minha representação" — é, semelhante aos axiomas de Euclides, um princípio que cada um tem de conhecer como verdadeiro assim que o entende; embora o mesmo não seja um princípio que cada um entenda assim que o ouve. — Ter trazido esse princípio à consciência e a ele vinculado o problema da relação entre o ideal e o real, isto é, entre o mundo na cabeça e o mundo exterior à cabeça, constitui, ao lado do enfrentamento do problema da liberdade moral, o caráter distintivo da filosofia moderna. Pois somente após séculos a fio ter-se praticado um filosofar meramente OBJETIVO é que se descobriu que, dentre as muitas coisas que fazem o mundo tão enigmático e problemático, a primeira e mais próxima é que, por mais incomensurável e massivo que ele seja, sua existência depende, todavia, de um único fiozinho: e este é a consciência de cada um, na qual ele repousa. Essa condição, implicada irrevogavelmente na existência do mundo, imprime neste, apesar de toda a sua realidade EMPÍRICA, o selo da IDEALIDADE e, com este, o da simples APARÊNCIA; com o que o mundo, pelo menos de um lado, tem de ser reconhecido como aparentado ao sonho e colocado na mesma classe deste. Pois a mesma função cerebral que durante o sono produz como que magicamente um mundo perfeitamente objetivo, intuitivo e até mesmo palpável tem de ter participação igual na exposição do mundo objetivo da vigília. Esses dois mundos, embora diferentes por sua matéria, são evidentemente formados a partir de um mesmo molde. Esse molde é o intelecto, a função cerebral. — Aparentemente, DESCARTES foi o primeiro a atingir o grau de introspecção exigido para aquela verdade fundamental e, em consequência, converteu-a, apesar de apenas provisoriamente e só na figura da desconfiança cética, no ponto de partida de sua filosofia. Quando ele considerou o *cogito ergo sum*, // "penso, logo existo", como unicamente certo, e a existência do mundo como provisoriamente problemática, encontrou de fato o ponto de partida essencial, o único correto de toda filosofia e o seu VERDADEIRO ponto de apoio. Esse ponto de apoio absolutamente necessário e essencial é O SUBJETIVO, A PRÓPRIA CONSCIÊNCIA. Pois apenas esta é e permanece o imediato: qualquer outra coisa, não importa o que, é primeiro mediada e condicionada por ela, portanto depende dela. Por isso se considera, com razão, que DESCARTES é o pai e inaugurador da filosofia moderna. Continuando nesse caminho, BERKELEY chegou, não muito depois, ao IDEALISMO propriamente dito, vale dizer, ao conhecimento de que o extenso no espaço, isto é, o mundo material e objetivo existe como tal apenas em nossa REPRESENTAÇÃO, e é falso, um verdadeiro absurdo, atribuir-lhe COMO TAL uma existência fora da representação, independente do sujeito que conhece, portanto, admitir uma matéria existente em si de maneira absoluta. Essa intelecção totalmente correta e profunda constitui, entretanto, toda a filosofia de BERKELEY propriamente dita: ela esgotou-se nisso.

Por consequência, a verdadeira filosofia tem sempre de ser IDEALISTA; do contrário, não é honesta. Pois nada é mais certo que isto: pessoa alguma pode sair de si mesma para identificar-se imediatamente com as coisas diferentes de si; tudo aquilo de que alguém está seguro, isto é, de que tem percepção imediata, reside no interior de sua consciência. Por conseguinte, para além desta não pode haver certeza IMEDIATA alguma: esta, todavia, todos os primeiros princípios de uma ciência têm de possuir. Ora, é bastante adequado ao ponto de vista empírico das restantes ciências admitir que o mundo objetivo existe de maneira absoluta. O mesmo, todavia, não ocorre na filosofia, que tem de remontar ao que há de primeiro e mais originário. Apenas a CONSCIÊNCIA é dada imediatamente, por isso o fundamento DA FILOSOFIA está limitado aos fatos da consciência, isto é, a filosofia é essencialmente IDEALISTA. – O realismo, recomendável por suas aparências de autenticidade ao entendimento rude, parte justamente de uma hipótese arbitrária e é, portanto, um castelo no ar, na medida em que pula // ou nega o fato primeiro, a saber, tudo o que conhecemos reside no interior da consciência. Que a EXISTÊNCIA OBJETIVA das coisas é condicionada por um ser que representa e, consequentemente, o mundo objetivo existe só COMO REPRESENTAÇÃO, não é uma hipótese, muito menos uma sentença apelável ou uma disputa em torno de um paradoxo, mas sim a verdade mais certa e simples, cujo conhecimento só é dificultado pelo fato de ser demasiado simples e nem todos possuírem a clarividência suficiente para remontar aos primeiros elementos de sua consciência das coisas. De modo algum pode haver uma existência absoluta e objetiva em si mesma; tal coisa é até mesmo impensável, pois o que é objetivo enquanto tal tem sempre e essencialmente sua existência na consciência de um sujeito, é, portanto, sua representação, consequentemente, é condicionado por ele e também por suas formas de representação, as quais dependem do sujeito e não do objeto.

Que o MUNDO OBJETIVO EXISTIRIA ainda que não existisse ser algum que conhece parece à primeira vista algo naturalmente certo, já que se pode pensá-lo *in abstracto* sem que venha a lume a contradição que traz em seu interior. — Só quando se quer REALIZAR esse pensamento, vale dizer, remontá-lo a representações intuitivas, exclusivamente das quais ele (como tudo o que é abstrato) pode obter conteúdo e verdade, e assim intentar IMAGINAR UM MUNDO OBJETIVO SEM SUJEITO QUE CONHECE, é que se torna evidente que aquilo uma vez imaginado é em verdade o contrário do que foi intencionado, a saber, justamente apenas o processo no intelecto de um ser que conhece, que intui um mundo objetivo, portanto, precisamente aquilo que se queria excluir. Pois esse mundo intuitivo e real é claramente um fenômeno cerebral: por isso é contraditória a suposição de que ele também deveria existir, como tal, independentemente de todo cérebro.

A objeção principal contra a necessária e essencial IDEALIDADE DE TODO OBJETO, a objeção despertada em cada um, distinta ou indistintamente, é esta: também a minha própria pessoa é objeto para um outro, é portanto sua representação; e no entanto sei com certeza que eu existiria mesmo se esse outro // não me representasse. Na mesma relação no entanto em que EU estou para com o intelecto desse outro, estão também para com ele todos os outros objetos: consequentemente estes também existiriam, mesmo se tal outro não os representasse. — A resposta é: aquele outro, de quem considero agora a minha pessoa como o seu objeto, não é em verdade O SUJEITO, mas, antes, um indivíduo que conhece. Por isso, ainda que aquele outro NÃO existisse, até mesmo se não houvesse outro ser que conhecesse senão eu mesmo, nem por isso seria suprimido o SUJEITO, em cuja representação apenas existem todos os objetos. Pois esse SUJEITO sou também eu mesmo, bem como qualquer ser que conhece. Por conseguinte, no caso admitido, minha pessoa continuaria a existir, mas de novo como representação, a saber, em meu próprio conhecimento. Pois minha pessoa é também por mim mesmo conhecida, apenas mediata e nunca imediatamente, já que todo ser-representação é algo mediato. De fato, eu conheço meu corpo como OBJETO, ou seja, como extenso, preenchendo o espaço e fazendo efeito, tão somente na intuição de meu cérebro: esta é mediada pelos sentidos, com cujos dados o entendimento que intui executa a sua função, que é passar do efeito à causa e, assim, na medida em que o olho vê o corpo, ou as mãos o tocam, constrói a figura espacial que se expõe no espaço como meu corpo. Contudo, de modo algum me são dadas imediatamente, seja no sentimento comum do corpo ou na autoconsciência interna, uma extensão, figura e atividade que coincidiriam com o meu ser mesmo, o qual para existir assim não precisaria de nenhum outro em cujo conhecimento se apresentasse. Antes, aquele sentimento comum, bem como a autoconsciência, existe imediatamente só em referência à VONTADE, vale dizer, como algo confortável ou desconfortável, e como ativo nos atos da vontade que se expõem para a intuição exterior como ações corporais. Daí segue-se que a existência de minha pessoa ou de meu corpo COMO ALGO EXTENSO E QUE FAZ EFEITO pressupõe sempre um SER QUE CONHECE distinto dele: porque é essencialmente uma existência na apreensão, na representação, portanto, uma existência PARA UM OUTRO. Em realidade, trata-se de um fenômeno cerebral, não importando se o cérebro no qual ele se apresenta pertence à própria pessoa, ou a um // estranho. No primeiro caso, então, a própria pessoa cinde-se em conhecedor e conhecido, em sujeito e objeto, os quais aqui, como em toda parte, confrontam-se de forma inseparável e incompatível. – Portanto, se minha própria pessoa para existir como tal precisa sempre de um conhecedor, o mesmo, pelo menos, vale em relação aos demais objetos, para os quais a objeção acima reivindicava uma existência independente do conhecimento e seu sujeito.

Entrementes, compreende-se fácil que a existência condicionada por um conhecedor é única e exclusivamente a existência NO ESPAÇO, por conseguinte, a de algo extenso e que faz efeito: apenas esta é uma existência sempre conhecida, portanto, PARA UM OUTRO. Decerto, tudo o que existe dessa forma pode ainda ter uma EXISTÊNCIA PARA SI MESMO, para a qual sujeito algum é requerido. No entanto, essa existência para si mesmo não pode ser a extensão e a atividade (que juntas preenchem o espaço); mas é necessariamente uma existência de outro gênero, a saber, a da COISA EM SI MESMA, que justamente enquanto tal jamais pode ser OBJETO. – Esta seria, pois, a resposta à objeção principal acima levantada, que, por consequência, não invalida a verdade fundamental de que o mundo existente objetivamente só pode existir na representação, portanto, só para um sujeito.

Observe-se aqui que também KANT, pelo menos enquanto permaneceu consequente, não pôde ter pensado OBJETO algum sob sua coisa em si. Pois ele já parte do fato de ter demonstrado que o espaço, tanto quanto o tempo são uma mera forma de nossa intuição, por consequência, não pertencem às coisas em si. Ora, o que não está no espaço, nem no tempo, também não pode ser OBJETO: nesse sentido, o ser das COISAS EM SI não pode ser OBJETIVO, mas apenas de um gênero completamente diferente, vale dizer, um ser metafísico. Segue-se que, naquele princípio kantiano, reside também o de que o mundo OBJETIVO existe só como REPRESENTAÇÃO.

Nada é mais duradouro e reiteradamente mal compreendido, por mais que seja discutido, que o IDEALISMO, na medida em que é interpretado como negação da realidade EMPÍRICA do mundo exterior. Nisso baseia-se o recorrente retorno da apelação ao entendimento saudável, que // entra em cena em versões e roupagens as mais variadas, por exemplo como "CONVICÇÃO FUNDAMENTAL" na Escola Escocesa, ou como jacobiana CRENÇA na realidade do mundo exterior. Mas este de modo algum se dá simplesmente a crédito, como JACOBI o expõe, e assim é por nós tomado com confiança e fé: se dá como aquilo que é, e realiza imediatamente o que promete. Temos de lembrar que JACOBI — que estabeleceu um semelhante sistema de crédito e assim felizmente financiou alguns professores de filosofia que por trinta anos filosofaram confortavelmente às suas custas e lucraram — foi o mesmo que certa vez denunciou LESSING como espinosano e depois SCHELLING como ateísta, tendo recebido deste o conhecido e merecido castigo. Em conformidade com o seu ardor, na medida em que reduziu o mundo exterior a um artigo de fé, queria apenas abrir a portinhola à crença em geral e preparar o crédito para aquilo que posteriormente o humano deveria de fato adquirir a crédito: como se, para emitir papel-moeda, fosse preciso insistir em que o valor da moeda corrente é lastreado unicamente na estampa que o Estado lhe imprime. Jacobi, em seu filosofema sobre a realidade do mundo exterior baseada na crença, é exatamente o "realista transcendental que brinca de idealista empírico", censurado por KANT (*Crítica da razão pura*, 1. ed., p.369). —

O verdadeiro idealismo, ao contrário, não é propriamente o empírico, mas o transcendental. Este deixa intocada a realidade EMPÍRICA do mundo, todavia assegura que todo OBJETO, portanto o real empírico em geral, é duplamente condicionado pelo SUJEITO: primeiro MATERIALMENTE, ou como OBJETO em geral, visto que uma existência objetiva só é pensável em face de um sujeito e sua representação; segundo, FORMALMENTE, na medida em que o MODO de existência do objeto, isto é, de ser representado (espaço, tempo, causalidade), depende do sujeito, está predisposto nele. Ao idealismo simples ou de BERKELEY, que diz respeito ao OBJETO EM GERAL, une-se imediatamente o KANTIANO, concernente ao MODO especificamente dado do ser-objeto. Isso demonstra que a totalidade do mundo material com seus corpos extensos no // espaço e possuidores de uma relação causal entre si por conta do tempo, e tudo o mais que daí depende, não constitui uma existência INDEPENDENTE de nossa cabeça, mas tem seus pressupostos básicos em nossas funções cerebrais, apenas POR MEIO das quais e NAS quais uma TAL ordem objetiva das coisas é possível; porque tempo, espaço e causalidade, sobre os quais repousam todos aqueles processos reais e objetivos, também nada mais são eles mesmos que funções do cérebro; com o que aquela ORDEM inalterável das coisas, que confere o critério e o fio condutor de sua realidade empírica, depende do cérebro e exclusivamente por meio deste obtém a sua garantia: KANT expôs isso de modo pormenorizado e com profundidade; apenas não menciona o cérebro, mas diz: "a faculdade de conhecimento". Ele até mesmo tentou demonstrar que aquela ordem objetiva no tempo, no espaço, na causalidade, na matéria etc. – sobre os quais baseiam-se em última instância todos os eventos do mundo real – considerada estritamente não se deixa uma vez sequer PENSAR como subsistindo por si, ou seja, como ordem das coisas em si mesmas, ou como algo absolutamente objetivo e incondicionalmente existente, na medida em que, caso se a tente pensar até o fim, cai-se em contradições. Expor isso foi a intenção das antinomias: todavia, no apêndice à minha obra, demonstrei o fracasso do intento. – Por outro lado, a doutrina kantiana, mesmo sem as antinomias, leva à intelecção de que as coisas e a maneira de sua existência estão vinculadas inseparavelmente com nossa consciência delas; em consequência, quem concebeu isto claramente logo atinge a convicção de que supor a existência das coisas enquanto tais também exteriormente à nossa consciência e independentes dela é realmente um absurdo. O fato de estarmos tão profundamente imersos no tempo, no espaço, na causalidade e em todo o processo legal da experiência que neles se baseia, e ainda que estejamos aqui (e até mesmo os animais) tão naturalmente em casa e saibamos desde o início aí nos orientarmos – não seria possível se o nosso intelecto e as coisas fossem completamente diferentes; antes, a única explanação de tudo isso é que ambos constituem um todo, o intelecto mesmo cria aquela ordem e existe somente para as coisas, e estas, por sua vez, existem apenas para ele.

II 11 // Mesmo prescindindo das profundas intelecções que somente a filosofia kantiana proporciona, a inadmissibilidade da hipótese tenazmente admitida do REALISMO absoluto pode ser demonstrada imediatamente, ou ao menos fazer-se sensível, pelo simples esclarecimento de seu sentido mediante considerações como a que se segue. — Segundo o realismo, o mundo tal qual o conhecemos deve existir também independentemente desse conhecimento. Ora, façamos uma vez desaparecer do mundo todo ser cognoscente e deixemos apenas a natureza inorgânica e vegetal. Estão ali penhasco, árvore, riacho e céu azul: Sol, Lua e estrelas iluminam o mundo, como antes; porém, é óbvio que em vão, pois olho algum existe ali que os veja. Doravante façamos adicionalmente a inserção de um ser cognoscente. Então aquele mundo expõe-se em seu cérebro MAIS UMA VEZ e repete-se em seu interior exatamente como era antes fora dele. Assim, pois, ao PRIMEIRO mundo juntou-se agora um SEGUNDO, que, embora separado por completo do primeiro, assemelha-se a ele como um fio de cabelo a outro. Assim como está arranjado o mundo OBJETIVO no espaço OBJETIVO sem fim, exatamente assim está agora arranjado no espaço SUBJETIVO conhecido o mundo SUBJETIVO dessa intuição. O último, contudo, leva a vantagem em face do primeiro por ter o conhecimento de que aquele espaço ali fora é sem fim, até mesmo pode tornar preciso de antemão com minúcia a legalidade completa de todas as relações possíveis nele, embora ainda não efetivadas, sem precisar para isso de uma experiência prévia: ademais, também pode tornar preciso tanto o decorrer do tempo quanto a relação de causa e efeito que rege as mudanças exteriores. Penso que tudo isso, numa consideração mais apurada, revela o grande absurdo, e assim leva à convicção de que aquele mundo absolutamente OBJETIVO fora da cabeça, independente dela e ANTERIOR a todo conhecimento, que presumimos ter pensado no início, não era outro senão o segundo, conhecido SUBJETIVAMENTE, o mundo da representação, que é o único que realmente podemos pensar. Eis por que se impõe naturalmente a hipótese de que o mundo, tal como o conhecemos, existe apenas para o nosso conhecimento, portanto exclusivamente na REPRESENTAÇÃO, jamais

II 12 exterior a ela. Em conformidade com isso, // a coisa em si, isto é, aquilo que existe independentemente do nosso e de qualquer outro conhecimento, é algo completamente diferente da REPRESENTAÇÃO e de todos os seus atributos, ou seja, da objetividade em geral. O que seria a coisa em si constituirá, a seguir, o tema do nosso segundo livro.

Ademais, a disputa, trazida a lume em § 5 do primeiro tomo, sobre a realidade do mundo exterior, assenta-se na hipótese aqui criticada de um mundo objetivo e de um subjetivo, ambos no ESPAÇO, e sobre a impossibilidade, nascida dessa pressuposição, de uma passagem, de uma ponte entre os dois. Sobre essa disputa tenho ainda de acrescentar o seguinte.

O que é subjetivo e o que é objetivo não formam contínuo algum: aquilo que é imediatamente consciente está limitado pela pele ou antes pelas terminações nervosas mais exteriores que saem do sistema cerebral. Mais além encontra-se um mundo do qual não temos notícia alguma senão por meio de imagens em nossa cabeça. Se, e em que medida, a estas corresponde um mundo existente e independente de nós, eis a questão. A relação entre ambos só poderia ser intermediada pela lei de causalidade, pois apenas esta leva de uma coisa dada a outra completamente distinta. Mas esta lei mesma tem antes de autenticar sua validade. Sua origem tem de ser OBJETIVA ou SUBJETIVA: em ambos os casos situa-se em uma ou outra margem, portanto não pode proporcionar a ponte. Se é, como LOCKE e HUME supuseram, *a posteriori*, por conseguinte extraída da experiência, então é de origem OBJETIVA, logo, pertence ela mesma ao mundo exterior que está em questão e assim não pode garantir a realidade deste: pois senão, segundo o método de LOCKE, demonstrar-se-ia a lei de causalidade a partir da experiência, e a realidade da experiência a partir da lei de causalidade. Se, ao contrário, é dada *a priori*, como KANT acertadamente nos ensinou, então é de origem SUBJETIVA, e com isto é claro que com ela sempre permanecemos no SUBJETIVO. Em realidade, a única coisa dada de fato EMPIRICAMENTE na intuição é a ocorrência de uma sensação no órgão sensorial: o pressuposto de que esta, mesmo se apenas de modo geral, tem de ter uma CAUSA, funda-se numa lei // enraizada na forma de nosso conhecimento, isto é, nas funções de nosso cérebro; esta lei, portanto, tem sua origem tão subjetivamente quanto aquela sensação mesma dos sentidos. A CAUSA pressuposta, em consequência desta lei, para a sensação dada, expõe-se rapidamente na intuição como OBJETO, cuja forma de aparecimento são o espaço e o tempo. Porém, inclusive ESSAS formas mesmas são por sua vez de origem totalmente subjetiva, visto que são o modo de nossa faculdade de intuição. Aquela passagem da sensação dos sentidos para a sua causa, que, como expus repetidas vezes, está no fundamento de toda intuição sensorial, basta para mostrar-nos a presença empírica no espaço e no tempo de um objeto empírico, portanto, é por completo suficiente na vida prática; mas de maneira alguma é suficiente para dar-nos a chave da existência e essência em si, ou antes, do substrato inteligível das aparências que dessa forma surgem para nós. Nesse sentido, o fato de em determinada ocasião certas sensações que ocorrem em meus órgãos sensoriais fazerem surgir em minha cabeça uma INTUIÇÃO de coisas espacialmente extensas, temporalmente permanentes e que fazem efeito causalmente, de maneira alguma me autoriza a sustentar a hipótese de que semelhantes coisas, com tais propriedades que lhes pertenceriam absolutamente, também existiriam em si mesmas, independentes e fora da minha cabeça. — Esse é o resultado correto da filosofia KANTIANA, que se vincula a um resultado anterior, igualmente correto, todavia bem mais simples de conceber, o da filosofia de LOCKE. Ainda que também coisas exteriores sejam tomadas como causas para as sensações dos sentidos, como admite a doutrina de LOCKE, mesmo assim entre a SENSAÇÃO, na qual consiste o EFEITO, e a NATUREZA objetiva da causa que a ocasiona não pode existir semelhança alguma; porque a sensação, como função orgânica, é antes determinada pela natureza bastante técnica e complicada de nosso instrumento sensorial, por consequência é meramente estimulada pela causa exterior, porém depois realiza-se em total conformidade com suas próprias leis, portanto é completamente subjetiva. — A filosofia de LOCKE foi a crítica das funções dos sentidos; KANT, entretanto, fez a crítica das funções do cérebro. — Entrementes, é preciso ainda adicionar a tudo isso o resultado da filosofia de BERKELEY, por mim renovado, vale dizer, que todo OBJETO, não importa sua origem, já // COMO OBJETO é condicionado pelo sujeito, que dizer, essencialmente não passa de sua REPRESENTAÇÃO. A meta do realismo é justamente o objeto sem sujeito: mas apenas conseguir pensar isso claramente é impossível.

De toda essa exposição infere-se segura e claramente que é absolutamente irrealizável a intenção de atingir A ESSÊNCIA EM SI das coisas pela via do mero CONHECIMENTO E REPRESENTAÇÃO; visto que essa via sempre chega às coisas POR FORA e por conseguinte tem de eternamente permanecer DE FORA. Aquela intenção só poderia ser realizada se NÓS MESMOS nos encontrássemos no interior das coisas, que nos seria então imediatamente conhecido. Em que medida isso de fato é o caso, é o tema considerado em meu segundo livro. Pelo tempo, entretanto, em que permanecemos, como é o caso deste primeiro livro, na concepção objetiva, logo, no CONHECIMENTO, o mundo é e nos permanece uma mera REPRESENTAÇÃO, porque aqui caminho algum que nos leve para além dela é possível.

Ademais, a sustentação do ponto de vista IDEALISTA é um contrapeso necessário do ponto de vista MATERIALISTA. De fato, a controvérsia sobre o real e o ideal deixa-se também conceber como aquela concernente à existência da MATÉRIA. Pois a realidade ou idealidade desta é sobre o que em última instância se disputa. A matéria enquanto tal existe apenas em nossa representação ou é independente dela? Neste último caso, seria a coisa em si, e quem admite uma matéria que existe em si, também tem de ser, de maneira consequente, um materialista, ou seja, convertê-la em princípio de explanação de todas as coisas. Quem ao contrário a nega como coisa em si é, *eo ipso*, idealista. Entre os modernos, apenas LOCKE afirmou diretamente e sem rodeios a realidade da matéria: por isso sua doutrina, com a intermediação de CONDILLAC, conduziu ao sensualismo e materialismo dos franceses. Apenas BERKELEY negou diretamente e sem modificações a matéria. A oposição mais acirrada é, portanto, entre idealismo e materialismo, representados em seus extremos por BERKELEY e os materialistas franceses (Holbach). FICHTE não deve aqui ser mencionado: ele não merece lugar algum entre os verdadeiros filósofos, entre esses eleitos da humanidade que com grande seriedade buscam não // coisas para si mesmos, mas a VERDADE, e, consequentemente, não devem ser confundidos com quem, sob esse pretexto, apenas tem em vista a carreira pessoal. FICHTE é o pai da FILOSOFIA DE BRINQUEDO,[1] do

---

[1] No original SCHEIN-PHILOSOPHIE, ao pé da letra, FILOSOFIA-APARENTE. Ora, como um brinquedo aparenta ser uma coisa verdadeira, optei pela tradução acima, pois também conserva a acusação de que a filosofia de Fichte não é séria, mas só tem a aparência de sê-lo. (N. T.)

método DESONESTO que, mediante duplo sentido no emprego das palavras, em discursos incompreensíveis e sofismas, procura ludibriar e impor-se em tom pomposo, para assim embasbacar o ávido de aprender; o ápice desse método, após também SCHELLING tê-lo empregado, foi reconhecidamente atingido por HEGEL, que o aperfeiçoou até o charlatanismo propriamente dito. Quem, portanto, apenas mencione de maneira séria aquele FICHTE ao lado de Kant demonstra não ter noção alguma de quem é KANT. – Por outro lado, também o materialismo tem sua legitimidade. É verdadeiro tanto que quem conhece é um produto da matéria quanto que a matéria é uma mera representação de quem conhece: mas isso também é unilateral. Pois o materialismo é a filosofia do sujeito que esquece de si mesmo em sua conta. Eis por que à afirmação de que "eu sou uma mera modificação da matéria" tem de ser contraposta e tornada válida a de que "toda matéria existe meramente em minha representação" – e esta não tem menos razão. Um conhecimento ainda obscuro dessa relação parece ter produzido a passagem de Platão ὕλη ἀληθινὸν ψεῦδος (*materia mendacium verax*).²

O REALISMO leva, como se diz, necessariamente ao MATERIALISMO. Pois se a intuição empírica fornece as coisas em si, como elas existem independentemente de nosso conhecer, então a experiência também fornece a ORDEM das coisas em si, isto é, a única e verdadeira ordem cósmica. Esse caminho, todavia, conduz à assunção de que há somente UMA coisa em si, a matéria, cujas modificações são o resto das coisas, já que aqui o curso da natureza é a única e absoluta ordem cósmica. Para eludir tal consequência, pelo tempo em que o REALISMO foi válido de modo incólume, foi instituído o ESPIRITUALISMO, ou seja, a hipótese de uma segunda substância fora e ao lado da matéria, uma SUBSTÂNCIA IMATERIAL. Esse dualismo e ESPIRITUALISMO igualmente abandonado pela experiência, a demonstração e a compreensibilidade, foi negado por ESPINOSA e // demonstrado falso por KANT, que pôde fazê-lo porque ao mesmo tempo restabelecera o IDEALISMO em seus direitos. Em verdade, com o REALISMO cai por terra também o MATERIALISMO – para o qual pensou-se o ESPIRITUALISMO como contrapeso –, na medida em que a matéria junto com o curso da natureza tornam-se mera APARÊNCIA condicionada pelo intelecto,

---

2 "A matéria é uma mentira, e no entanto verdadeira." (N. T.)

porque têm a sua existência unicamente na REPRESENTAÇÃO deste. Em função disso, o ESPIRITUALISMO é o remédio aparente e falso contra o MATERIALISMO, já o real e verdadeiro é o IDEALISMO que, ao postular o mundo objetivo em DEPENDÊNCIA DE NÓS, fornece o contrapeso necessário à NOSSA DEPENDÊNCIA do mundo objetivo, na qual fomos colocados pelo curso da natureza. O mundo, do qual sou separado durante a morte, foi de outro lado apenas minha representação. O centro gravitacional da existência recai no SUJEITO. O que vem a ser demonstrado não é, como no ESPIRITUALISMO, a independência de quem conhece em relação à matéria, mas a dependência de toda matéria em relação a quem conhece. Decerto isso não é tão fácil de conceber nem é tão cômodo ter em mãos, como ocorre no caso do espiritualismo com suas duas substâncias: mas χαλεπά τὰ χαλά.³

É certo que diante do ponto de partida SUBJETIVO "o mundo é minha representação", contrapõe-se provisoriamente com igual legitimidade o ponto de partida OBJETIVO "o mundo é matéria" ou "somente a matéria existe absolutamente" (já que só ela não está submetida ao devir e ao perecimento), ou "todo existente é matéria". Este é o ponto de partida de Demócrito, Leucipo e Epicuro. Contudo, considerado mais de perto, o partir do SUJEITO permanece uma vantagem real: tem um passo dado adiante completamente justificado. De fato, unicamente a consciência é o IMEDIATO: mas sobre esta saltamos tão logo vamos à matéria e a tornamos ponto de partida. Por outro lado, teria de ser possível construir o mundo a partir da matéria e de suas propriedades conhecidas de maneia precisa, plena e exaustiva (para o que muito ainda nos falta). Pois tudo o que nasceu se tornou real devido a CAUSAS, as quais somente podiam fazer efeito e convergir em virtude das FORÇAS FUNDAMENTAIS DA MATÉRIA: estas, todavia, têm de ser completamente demonstráveis ao menos *objectiv*, embora *subjectiv* nunca cheguemos // a conhecê-las. Todavia, uma tal explicação e construção do mundo não apenas basear-se-ia no pressuposto de uma existência em si da matéria (quando em verdade esta é condicionada pelo sujeito) como também ainda teria de NESSA matéria fazer valer e deixar absolutamente inexplicáveis todas as suas QUALIDADES ORIGINÁRIAS, portanto, como *qualitates occultae* (cf. § 26, 27

---

3 "O que é nobre, é difícil." (N. T.)

do primeiro tomo). Pois a matéria é apenas o sustentáculo dessas forças, assim como a lei de causalidade é apenas aquilo que ordena os seus aparecimentos. Ademais, uma semelhante explicação do mundo seria sempre apenas relativa, condicionada, seria propriamente dizendo a obra de uma FÍSICA que a cada passo anela uma METAFÍSICA. — Por outro lado, o ponto de partida subjetivo e princípio originário "o mundo é minha representação" também tem a sua inadequação: em parte porque é unilateral, pois o mundo é muito mais (a saber, coisa em si, vontade), sim, o ser-representação é em certa medida acidental a ele; em parte, entretanto, porque meramente exprime o ser-condicionado do objeto pelo sujeito, sem ao mesmo tempo afirmar que também o sujeito enquanto tal é condicionado pelo objeto. Pois tão falso quanto o princípio do entendimento tosco "o mundo, o objeto, ainda existiria mesmo se não existisse sujeito algum" é este: "o sujeito ainda existiria como quem conhece mesmo se não tivesse objeto algum, isto é, representação". Uma consciência sem objeto não é consciência alguma. Um sujeito que pensa tem CONCEITOS para seu objeto, um que intui empiricamente tem objetos dotados de qualidades correspondentes à sua organização. Se despojarmos o SUJEITO de todas as formas e determinações fixas do seu conhecimento, então desaparecem ao mesmo tempo todas a qualidades do objeto, e nada resta senão a MATÉRIA SEM FORMA E QUALIDADE, que pode ocorrer tão pouco na experiência quanto o sujeito sem as formas do seu conhecimento, no entanto, permanece em face do sujeito desnudo enquanto tal como seu reflexo, que só pode desaparecer com e ao mesmo tempo que ele. Mesmo se o materialismo presume postular tão somente essa matéria, algo como átomos, ainda assim acresce inconscientemente não apenas o sujeito mas também espaço, tempo e causalidade, que repousam em determinações especiais do sujeito.

// O mundo como representação, o mundo objetivo, tem, por assim dizer, dois polos opostos: a saber, o sujeito que conhece de modo estrito, sem as formas do seu conhecimento, e a matéria bruta sem forma e qualidade. Ambos são absolutamente incognoscíveis: o sujeito, porque é ele quem conhece; a matéria, porque ela, sem forma e qualidade, não pode ser intuída. E, no entanto, ambos são as condições básicas de toda intuição empírica. Assim, à matéria bruta, informe, completamente morta (isto é, desprovida de vontade), que não é dada em experiência alguma, mas é pressuposta em toda ela, contrapõe-se como puro contrário o sujeito que conhece, meramente como tal, e que é igualmente o pressuposto de toda experiência. Esse sujeito não está no tempo: pois o tempo é antes a forma mais rígida de todo o seu representar; a matéria que se lhe contrapõe é, correspondente ao sujeito, eternamente imperecível, permanente durante todo tempo, todavia não é propriamente extensa, porque a extensão confere forma, portanto não é espacial. Tudo o mais é concebível num nascer e perecer contínuos, enquanto aqueles dois expõem os polos inalteráveis do mundo como representação. Pode-se, por conseguinte, considerar a permanência da matéria como o reflexo da intemporalidade do puro sujeito tomado simplesmente como condição de todo objeto. Ambos pertencem àquilo que aparece, não à coisa em si: mas são o esqueleto do que aparece. Os dois são descobertos apenas por abstração, não são dados imediatamente de modo puro e por si mesmos.

O erro fundamental de todos os sistemas é o desconhecimento desta verdade: O INTELECTO E A MATÉRIA são CORRELATOS, isto é, um existe apenas para o outro, posicionam-se e caem com o outro, um é apenas o reflexo do outro, sim, ambos são propriamente dizendo uma única e mesma coisa, considerada de dois lados opostos: um dos quais – que eu aqui antecipo – é aparência da vontade (ou coisa em si); ambos, portanto, são secundários: por conseguinte, em nenhum dos dois deve-se procurar a origem do mundo. No entanto, em virtude desse desconhecimento, todos os sistemas procuraram (exceção feita em certa medida ao espinosismo) a origem de todas as coisas em um daqueles dois. Em alguns casos põem um intelecto, νοῦς, como absolutamente primeiro e δημιουργός[4] e deixam assim que nele uma REPRESENTAÇÃO das coisas // e do mundo anteceda a realidade destes, logo, diferenciam o mundo real do mundo como representação; o que é falso. Por isso entra agora em cena, como aquilo que diferencia a ambos, a MATÉRIA como uma coisa em si. Daí surge o embaraço em produzir essa matéria, a ὕλη, para que, quando acrescentada à mera representação do mundo, a este atribua realidade. Mas, assim, aquele intelecto originário tem de

---

4 "Demiurgo." (N. T.)

encontrar a matéria como preexistente, e então ela, tanto quanto ele, é um absolutamente primeiro, com o que temos dois absolutamente primeiros, o δημιουργός e a ὕλη. Ou a faz nascer do nada: uma hipótese que se opõe ao nosso entendimento, pois este é capaz apenas de conceber mudanças na matéria, não um nascer ou perecer dela, o que se baseia justamente no fato de a matéria ser o seu correlato essencial. Aqueles que se opõem a tais sistemas e fazem do outro correlato, portanto da matéria, o absolutamente primeiro, põem uma matéria que existiria sem ser representada, o que, como ficou suficientemente claro de tudo o acima dito, é uma contradição flagrante; pois na existência da matéria pensamos sempre apenas o seu vir-a--ser-representado. Por isso surge-lhes o embaraço de a esta matéria, que com exclusividade é o absolutamente primeiro, aportar o intelecto, que afinal de contas deve ter a experiência dela. Essa fragilidade do materialismo foi por mim descrita em § 7 do primeiro tomo. — Em minha filosofia, ao contrário, matéria e intelecto são correlatos inseparáveis, existem apenas um para o outro, logo, apenas relativamente: a matéria é a representação do intelecto; o intelecto é aquilo, exclusivamente em cuja representação a matéria existe. Matéria e intelecto constituem juntos o MUNDO COMO REPRESENTAÇÃO, que é precisamente a APARÊNCIA DE KANT, portanto, algo de natureza secundária. O primário é o que aparece, a COISA EM SI MESMA, que como tal reconhecemos depois como a VONTADE. Esta, em si, não representa, nem é representada, mas é algo totalmente diferente de seu modo de aparecimento.

Para fechar de maneira enfática essa consideração tão importante quanto difícil, gostaria agora de personificar aquelas duas entidades abstratas e fazê-las entrar em cena num diálogo, segundo o precedente de PRABODHA TSCHANDRO DAYA: uma comparação também pode ser feita com um diálogo semelhante, da matéria com a forma, em *Duodecim principia philosophiae* de // RAIMUND LULLIUS, capítulos 1 e 2.

O SUJEITO — Eu sou, e fora de mim nada existe. Pois o mundo é minha representação.

A MATÉRIA — Que arrogância néscia! Eu, eu sou, e fora de mim nada existe. Pois o mundo é minha forma transitória. Tu és um simples resultado de uma parte dessa forma e és totalmente contingente.

O Sujeito – Que disparate! Nem tu nem tua forma existiriam sem MIM: vós sois condicionados por mim. Quem me abstrai, e ainda assim acredita poder pensar-vos, enreda-se numa grande ilusão: pois vossa existência fora de minha representação é uma contradição flagrante, um *sideroxylon*.[5] VOSSO SER significa unicamente que sois representado por mim. Minha representação é o lugar de vossa existência: por conseguinte, eu sou a primeira condição dela.

A Matéria – Felizmente a presunção da tua assertiva logo será contradita de uma maneira real e não por meras palavras. Mais alguns instantes e... tu de fato não existirás mais, estarás naufragado no nada com todo o teu palavrório, terás, como uma sombra, desaparecido e sofrido a fatalidade de cada uma de minhas formas transitórias. Eu, entretanto, permaneço, sem feridas e conservada, de milênio em milênio, pelo tempo infinito, e assisto inabalável ao jogo de mudança de minhas formas.

O Sujeito – Esse tempo infinito de que te gabas viver, existe, como o espaço infinito que tu preenches, meramente em minha representação, sim, é simples forma de minha representação, que trago pronta em mim, na qual tu te expões, forma que te // acolhe e pela qual tu unicamente existes. A aniquilação, entretanto, com a qual me ameaças, não atinge a MIM; do contrário serias aniquilada COMIGO: antes, ela atinge apenas o indivíduo, que por curto espaço de tempo é meu sustentáculo e é por mim representado, como tudo o mais.

A Matéria – Mesmo que eu te conceda isso e resolva considerar a tua existência, que em realidade está ligada inseparavelmente a esses indivíduos transitórios, como algo que persiste por si mesmo, ainda assim ela permanece dependente da minha. Pois tu és sujeito só na medida em que tens um objeto: e esse objeto sou eu. Eu sou o núcleo e conteúdo desse objeto, o permanente nele, o que lhe dá unidade e coesão, sem o que ele seria tão inconsistente e desapareceria tão vaporosamente como os sonhos e as fantasias dos teus indivíduos, ainda que eles mesmos tenham haurido de mim o seu conteúdo aparente.

---

5 "Ferro-madeira": neologismo, a partir de duas palavras gregas, para indicar uma contradição nos termos. (N. T.)

O Sujeito – Fazes bem em não quereres disputar sobre a minha existência, pelo fato de ela estar ligada a indivíduos: pois tão inseparavelmente quanto eu estou atado a estes, estás tu a tua irmã, a forma, e jamais terias aparecido sem ela. Tanto tu quanto eu, despojados e isolados, nunca fomos vistos por olho algum: pois nós dois não passamos de abstrações. Há no fundo um ser que se intui a si mesmo e é por si mesmo intuído, mas cujo ser em si não consiste no intuir nem no vir-a-ser-intuído, já que isto é repartido entre nós.

// Ambos – Desse modo, então, estamos inseparavelmente atados como partes necessárias de um todo, que nos abrange e que não subsiste senão por nós. Somente um mal-entendido pode nos opor como inimigos e assim induzir-nos um a combater a existência do outro, existência do outro com a qual cada um mantém a sua e a perde.

Esse todo que abrange a ambos é o mundo como representação, ou a aparência. Feita a sua exclusão permanece apenas o puramente metafísico, a coisa em si, que reconheceremos no segundo livro como a vontade.

Capítulo 2
A PROPÓSITO DA DOUTRINA DO CONHECIMENTO INTUITIVO OU DE-ENTENDIMENTO

Apesar de toda idealidade TRANSCENDENTAL, o mundo objetivo conserva realidade EMPÍRICA: de fato, o objeto não é a coisa em si; contudo, como objeto empírico é real. Se de um lado o espaço está só em minha cabeça, por outro, empiricamente, minha cabeça está no espaço. A lei de causalidade nunca pode servir para abolir o idealismo, a saber, na medida em que constrói uma ponte entre as coisas em si e o nosso conhecimento delas e, assim, em consequência do seu uso, confere realidade absoluta ao mundo que se expõe: só que isso de modo algum suprime a relação causal dos objetos entre si, muito menos a que indiscutivelmente tem lugar entre o próprio corpo de cada ser que conhece e os demais objetos materiais. Mas a lei de causalidade liga meramente as aparências, não conduz, pois, para além destas. Estamos e permanecemos com essa lei no mundo dos objetos, isto é, das aparências, portanto, propriamente dizendo, das representações. Todavia, a totalidade de um tal mundo da experiência permanece condicionada antes pelo conhecimento de um sujeito em geral, como pressuposto necessário dele, logo, por formas especiais de nossa intuição e apreensão, portanto, limita-se necessariamente à mera APARÊNCIA sem direito a valer como o mundo das coisas em si mesmas. Até mesmo o sujeito (enquanto é meramente aquele que conhece) pertence à mera aparência, constituindo a outra metade que a suplementa.

Sem emprego da lei de causalidade nunca se poderia chegar à intuição de um mundo OBJETIVO: // pois essa intuição, como amiúde o expus, é essencialmente INTELECTUAL e não meramente SENSUAL. Os sentidos fornecem mera SENSAÇÃO, que ainda está longe de ser INTUIÇÃO. A participação da sensação sensorial na intuição foi distinguida por LOCKE sob o nome de QUALIDADES

SECUNDÁRIAS, que ele, com razão, recusou à coisa em si mesma. Mas KANT, levando mais adiante o método de LOCKE, distinguiu e separou da coisa em si também o que pertence à ELABORAÇÃO daquele estofo (a sensação dos sentidos) pelo CÉREBRO, e assim resultou como aqui compreendido tudo o que LOCKE, como qualidades PRIMÁRIAS, havia deixado nas coisas em si, vale dizer, extensão, figura, solidez etc., com o que em KANT a coisa em si é = x completamente desconhecido. Em consequência, a coisa em si em LOCKE é algo desprovido de cor, de som, de odor, de gosto, não é quente nem fria, não é mole nem dura, não é lisa nem áspera; todavia, permanece algo que tem extensão, figura, impenetrabilidade, repouso ou movimento, medida e número. Em KANT, ao contrário, a coisa em si foi despojada completamente também dessas últimas propriedades; porque estas só são possíveis mediante tempo, espaço e causalidade, que entretanto se originam de nosso intelecto (cérebro), exatamente como cores, sons, odores etc. originam-se dos nervos dos órgãos sensoriais. Em KANT, a coisa em si tornou-se inespacial, inextensa, incorpórea. Aquilo que os simples sentidos fornecem à intuição — na qual reside o mundo objetivo — está para o que as FUNÇÕES CEREBRAIS fornecem (espaço, tempo, causalidade) a ela, como a massa dos nervos sensoriais está para a massa do cérebro, descontada aquela parte deste ademais empregada para o PENSAMENTO propriamente dito, isto é, a representação abstrata, a qual em consequência falta aos animais. Pois se de um lado os nervos dos órgãos dos sentidos atribuem cor, som, gosto, odor, temperatura etc. aos objetos que aparecem, por outro, o cérebro atribui-lhes extensão, forma, impenetrabilidade, mobilidade etc., numa palavra, o que só pode ser representado por meio de tempo, espaço e causalidade. Quão diminuta é a participação dos sentidos na intuição, se comparada com a do intelecto, atesta-o também a comparação entre o aparato nervoso para o recebimento das impressões // e aquele para a elaboração delas; na medida em que a massa dos nervos sensoriais, de todos os órgãos dos sentidos, é bem reduzida se comparada com a do cérebro, inclusive nos animais, cujo cérebro não pensa propriamente dizendo, isto é, de maneira abstrata, e serve apenas para a produção de intuição e, entretanto, lá onde esta é perfeita, portanto nos mamíferos, o cérebro tem uma massa SIGNIFICATIVA; inclusive após desconto do cerebelo, cuja função é conduzir de maneira regulada os movimentos.

Uma convicção bem sólida sobre a insuficiência dos SENTIDOS na produção da intuição objetiva das coisas, bem como sobre a origem não empírica da intuição do espaço e do tempo, obtemos, como confirmação das verdades kantianas por via NEGATIVA, no excelente livro de THOMAS REID: *Inquiry into the Human Mind* (1.ed. de 1764, 6.ed. de 1810). Reid refuta a doutrina lockiana de que a intuição é um produto dos SENTIDOS, ao expor de forma profunda e arguta que o conjunto das sensações dos sentidos não tem a menor semelhança com o mundo conhecido intuitivamente; em especial as cinco qualidades primárias de LOCKE (extensão, figura, solidez, movimento, número) não nos podem de maneira alguma serem fornecidas por qualquer sensação dos sentidos. Em concordância, ele abandona a questão do modo de nascimento e origem da intuição como completamente insolúvel. E assim, embora desconhecendo KANT por completo, oferece, por assim dizer, segundo a *regula falsi*, uma prova sólida (em verdade exposta primeiramente por mim, em sequência da doutrina kantiana) da intelectualidade da intuição e da origem *a priori* de suas partes fundamentais, por Kant descobertas, ou seja, espaço, tempo e causalidade, apenas a partir dos quais surgem aquelas qualidades primárias lockianas, fáceis de construir a partir dali. O livro de THOMAS REID é bastante instrutivo e digno de leitura, dez vezes mais que tudo o que foi escrito filosoficamente desde Kant, tomado em seu conjunto. Uma outra demonstração indireta da mesma doutrina, embora por via de erros, é fornecida pelos filósofos sensualistas franceses, os quais, desde que CONDILLAC seguiu os passos de LOCKE, empenharam-se em expor efetivamente que nosso inteiro representar e pensar retrocedem a meras SENSAÇÕES DOS SENTIDOS // (*penser c'est sentir*)[1] – que eles, segundo o precedente lockiano, denominam *idées simples*;[2] assim, mediante sua simples combinação e comparação, deve-se construir todo o mundo objetivo em nossa cabeça. Esses senhores têm de fato *des idées bien simples*:[3] é cômico ver como eles, aos quais falta tanto a profundidade dos filósofos alemães quanto a honestidade dos ingleses, giram de cá para lá aquele pobre estofo da sensação dos sentidos e tentam fazer

---

1 "Pensar é sentir." (N. T.)
2 "Ideias simples." (N. T.)
3 "Ideias bem simples." (N. T.)

dele algo importante, com o fim de compor o acontecimento plenamente significativo do mundo da representação e do pensamento. Porém, o ser humano por eles construído, anatomicamente considerado, teria de ser um *Anencephalus*,[4] um *tête de crapaud*,[5] com meros instrumentos sensoriais, sem cérebro. Como um par dos melhores exemplos dentre inumeráveis outros desse tipo de ensaio, menciono apenas CONDORCET no início de seu livro *Des progrès de l'esprit humain* e TOURTUAL, discorrendo sobre a visão, no segundo tomo de *Scriptores ophthalmologici minores*; editado por Justus Radius (1828).

O sentimento de inadequação relacionado a uma explicação meramente sensualista da intuição mostra-se igualmente na assertiva, expressa pouco antes do aparecimento da filosofia kantiana, de que nós não teríamos só meras REPRESENTAÇÕES das coisas despertadas pela sensação dos sentidos, mas perceberíamos imediatamente AS COISAS MESMAS, embora elas fiquem fora de nós; o que obviamente é inconcebível. E isso foi dito não de modo idealista, mas afirmado a partir do ponto de vista comum do realismo. O famoso EULER expressa aquela assertiva de forma boa e precisa em suas *Briefen an eine Deutsche Prinzessin* (tomo 2, p.68). "Eu acredito, portanto, que as sensações (dos sentidos) contêm algo mais do que os filósofos imaginam. Não são simples percepções vazias de certas impressões feitas no cérebro: elas dão à alma não simples IDEIAS de coisas mas TAMBÉM REPRESENTAM PARA ELA OBJETOS REAIS existentes fora dela, embora não se possa conceber como isso de fato ocorre." Essa opinião explica-se a partir do seguinte. Apesar de, como demonstrei suficientemente, a intuição ser intermediada pelo emprego da lei de causalidade por nós conhecida *a priori*; todavia, ainda assim, // na visão, o ato do entendimento pelo qual passamos do efeito à causa de modo algum se dá com clara consciência: por conseguinte, a sensação dos sentidos não se separa da representação primeiro figurada a partir dessa sensação — como estofo bruto — pelo entendimento. Muito menos pode aparecer na consciência uma diferença, absolutamente inexistente, entre objeto e representação, mas nós percebemos AS COISAS MESMAS de modo totalmente imediato e em verdade como situadas FORA DE NÓS; embora

---

4 "Anencéfalo." (N. T.)
5 "Cabeça de sapo." (N. T.)

seja certo que o que é imediato só pode ser a SENSAÇÃO, e esta limita-se à região subcutânea. Tudo isso é explicável pelo fato de o FORA DE NÓS ser exclusivamente uma determinação ESPACIAL, o espaço, entretanto, é ele mesmo uma forma de nossa faculdade de intuição, vale dizer, é uma função do nosso cérebro: eis por que o "fora de nós", para o qual deslocamos objetos por ocasião da sensação visual, encontra-se no interior de nossa cabeça. Mais ou menos como no teatro vemos montanhas, floresta e mar, e, no entanto, tudo permanece no interior da casa. Daí torna-se concebível por que vemos as coisas com a determinação FORA e, no entanto, de maneira completamente IMEDIATA, em vez de uma representação interior de coisas que existiriam lá fora e que seriam diferentes dela. Pois as coisas estão NO ESPAÇO, e consequentemente também FORA de nós, apenas na medida em que as REPRESENTAMOS: por isso tais COISAS que intuímos imediatamente dessa forma, e não a sua mera cópia, são justamente apenas NOSSAS REPRESENTAÇÕES e como tais existem apenas em nossa cabeça. Portanto, ao contrário do que EULER diz, não é que intuímos imediatamente as coisas mesmas situadas fora de nós, mas antes as coisas por nós intuídas como situadas lá fora são apenas nossas representações e, por conseguinte, algo percebido imediatamente. Assim, toda a correta observação acima feita nas palavras de EULER fornece uma nova confirmação da estética transcendental kantiana e da minha teoria da intuição nela baseada, bem como do idealismo em geral. A imediatez e inconsciência acima mencionadas, com as quais fazemos na intuição a PASSAGEM DA SENSAÇÃO PARA A CAUSA DESTA, podem ser elucidadas por um processo análogo que se dá no representar ABSTRATO ou pensamento. De fato, ao ler // e ouvir recebemos simples palavras, entretanto, passamos tão imediatamente destas para os conceitos por elas designados que é como se recebêssemos IMEDIATAMENTE OS CONCEITOS; pois de maneira alguma estamos conscientes da passagem para estes. Por isso, às vezes não sabemos em que língua lemos algo ontem e que agora nos recordamos. No entanto, que uma tal passagem sempre se faz é algo notado quando em certa ocasião não a levamos a bom termo, isto é, quando, distraídos, lemos sem pensar e então nos damos conta de que de fato recebemos todas as palavras, todavia conceito algum. Somente quando passamos de conceitos abstratos para imagens da fantasia é que tomamos consciência dessa transformação.

Ademais, na percepção empírica, a ausência de consciência com que se dá a passagem da sensação para a causa desta tem lugar propriamente dizendo apenas na intuição em sentido estrito, ou seja, na VISÃO; em todas as outras percepções sensíveis, ao contrário, aquela passagem se dá com mais ou menos consciência clara; por conseguinte, na apreensão pelos quatro sentidos mais grosseiros, a sua realidade pode ser constatada faticamente de maneira imediata. Na escuridão apalpamos uma coisa de todos os lados tantas vezes quanto for necessário, até podermos, a partir dos seus diversos efeitos nas mãos, construir a causa destes como figura determinada. Além disso, caso sintamos alguma coisa como lisa, às vezes perguntamo-nos se temos gordura ou azeite nas mãos; da mesma forma, quando alguma coisa é sentida como fria, às vezes perguntamo-nos se não temos as nossas mãos muito quentes. Quando ouvimos um som, às vezes duvidamos se foi uma mera afecção interna do ouvido ou se de fato veio de fora, bem como se soava próximo e fraco ou longínquo e forte, em seguida, de que direção veio, por fim, se foi a voz de um ser humano, de um animal ou o sopro de um instrumento. Portanto, investigamos no efeito dado a sua causa. Com o olfato e o paladar é comum a incerteza sobre qual é o tipo da causa objetiva do efeito que foi recebido: tão distintamente aqui causa e efeito se separam. Ora, que a passagem do efeito à causa se dê de maneira inconsciente NA VISÃO e com isso nasça a aparência de que semelhante tipo de percepção é totalmente imediata, consistente só na sensação dos sentidos, sem operação do entendimento, tudo isso baseia-se, // em parte, na grande perfeição do órgão, em parte, na ação exclusivamente retilínea da luz. Em virtude desta última, a impressão mesma já leva ao lugar da causa e, como o olho possui a capacidade de receber de um só golpe e com a maior precisão todas as nuances de luz, sombra, cor e contorno, bem como os dados segundo os quais o entendimento estima a distância — então a operação do entendimento, nas impressões da visão, ocorre com uma rapidez e segurança tão grandes que o que chega daquela à consciência é comparável ao pouco que chega do soletrar na leitura; por isso nasce a aparência como se a sensação mesma já desse imediatamente os objetos. Em realidade, precisamente na visão, a operação DO ENTENDIMENTO, consistindo no conhecimento da causa a partir do efeito, é a mais significativa: em virtude dessa operação, o que é recebido duplicado, pelos dois olhos, é intuído de forma simples; ainda em virtude dela, a impressão que chega invertida na retina, em consequência do cruzamento dos raios na pupila, que coloca de ponta-cabeça o que estava endireitado, é de novo endireitada quando a sua causa é buscada de volta na mesma direção, ou, como é costume expressar-se, vemos direito as coisas, embora a imagem delas no olho esteja invertida; finalmente, em virtude daquela operação do entendimento, estimamos grandeza e tamanho numa intuição imediata a partir dos cinco diferentes dados imediatos que Th. Reid descreve tão bela e distintamente. Tudo isso, bem como as provas que demonstram de modo irrefutável a INTELECTUALIDADE DA INTUIÇÃO, foi por mim exposto já em 1816 em meu ensaio *Sobre a visão e as cores* (segunda edição em 1854), obra esta que recebeu significativos acréscimos na versão latina melhorada que veio a lume sob o título *Theoria colorum physiologica eademque primaria*, encontra-se no terceiro tomo de *Scriptores ophthalmologici*, editada em 1830 por Justus Radius; todavia, de maneira mais detalhada e profunda, na segunda edição de meu ensaio *Sobre o princípio de razão*, § 21. Remeto a tais ensaios, portanto, naquilo que concerne a tão importantes assuntos, em vista de não estender ainda mais as presentes elucidações..

II 29   Por outro lado, pode-se abrir espaço aqui para uma observação // que entra no domínio da estética. Em virtude da demonstrada intelectualidade da intuição, também a consideração de belos objetos, por exemplo uma bela paisagem, é um FENÔMENO CEREBRAL. Por isso a pureza e perfeição da mesma depende não apenas do OBJETO, mas também da natureza do cérebro, vale dizer, da forma e do tamanho dele, da fineza de sua textura e estimulação de sua atividade pela energia do pulsar das artérias cerebrais. Eis por que, decerto, a imagem da mesma paisagem em diferentes cabeças, apesar da igualdade de sua acuidade visual, aparece tão diferente quanto a primeira e a última impressão de uma placa de cobre há muito usada. Nisso baseia-se a grande diversidade na capacidade para a fruição da bela natureza e, conseguintemente, também para a reprodução desta, isto é, para a produção do mesmo fenômeno cerebral mediante uma outra causa completamente diferente, a saber, manchas de cor numa tela.

Ademais, a aparente imediatez da intuição baseada na sua completa intelectualidade, devido à qual, como diz Euler, apreendemos as coisas mesmas e como situadas fora de nós, guarda analogia com o modo como sentimos as partes de nosso próprio corpo, sobretudo quando doem, o que geralmente é o caso assim que as sentimos. De fato, assim como presumimos perceber as coisas imediatamente lá onde estão, quando em verdade isso ocorre efetivamente no cérebro, assim também acreditamos sentir a dor de um membro nele mesmo, quando em realidade ela igualmente é sentida no cérebro, ao qual é dirigida pelos nervos da parte afetada. Por isso só são sentidas as afecções daquelas partes cujos nervos vão até o cérebro, não daquelas cujos nervos pertencem ao sistema glandular; a não ser que uma excepcionalmente forte afecção destas últimas atinja indiretamente o cérebro, algo que, no entanto, faz-se notar na maioria das vezes apenas como mal-estar obscuro e sempre sem determinação precisa de seu lugar. Também por isso não são sentidos os ferimentos de um membro cujo tronco nervoso foi cortado ou interrompido. Finalmente, também por isso uma pessoa que perdeu um membro ainda sente, às vezes, dor no mesmo porque os nervos que o ligavam ao cérebro ainda existem. — Portanto, nos dois acontecimentos aqui comparados, o que ocorre no // cérebro é apreendido como fora dele: na intuição, pela intermediação do entendimento, que estende seus fios sensórios até o mundo exterior; na sensação dos membros, pela intermediação dos nervos.

Capítulo 3
SOBRE OS SENTIDOS

Repetir o que os outros disseram não é o objetivo dos meus escritos: por isso exponho aqui apenas algumas considerações próprias e isoladas sobre o tema dos sentidos.

Os sentidos são apenas prolongamentos do cérebro, mediante os quais este recebe de fora o estofo (em forma de sensação) que elabora em vista da representação intuitiva. As sensações que deveriam servir principalmente para a apreensão OBJETIVA do mundo exterior, nelas mesmas não tinham de ser agradáveis nem desagradáveis: o que significa, propriamente dizendo, que elas tinham de deixar a vontade completamente intocada. Do contrário, a sensação MESMA absorveria nossa atenção e permaneceríamos no EFEITO, em vez de, como aqui era intentado, de imediato passarmos para a CAUSA: isto se deve à clara prioridade que, em nossa atenção, tem em toda parte a VONTADE sobre a simples representação, à qual nos dirigimos quando aquela silencia. Em conformidade com isso, as cores e os sons, neles mesmos, e desde que a sua impressão não ultrapasse a intensidade normal, não são sensações dolorosas nem agradáveis; mas surgem com aquela indiferença que as qualifica para estofo das intuições puramente objetivas. De fato, esse é o caso até onde podia ser possível em um corpo que, em si mesmo, é absolutamente vontade, e, justamente nesse sentido, trata-se de algo admirável. Em termos fisiológicos, isto se deve ao fato de, nos órgãos dos sentidos nobres, portanto nos órgãos da visão e da audição, aqueles nervos que têm de receber a específica impressão exterior não são suscetíveis de sensação alguma de dor, não reconhecendo outra sensação // senão a que lhe é propriamente peculiar e que serve à mera percepção. Em conformidade com isso, a retina, bem como o nervo óptico, são insensíveis a qualquer ferimento, o mesmo ocorrendo com o nervo auditivo: em ambos os órgãos a dor é sentida apenas em suas partes restantes, nas imediações dos nervos sensoriais próprios a eles, nunca nestes mesmos – no caso dos olhos, predominantemente na *conjunctiva*;[1] no caso dos ouvidos, no *meatus auditorius*.[2] O mesmo ocorre inclusive com o cérebro, já que este, se sofrer uma incisão direta, isto é, desde cima, não tem sensação alguma disto. Logo, só em virtude dessa indiferença em relação à vontade, peculiar ao olho, é que as suas sensações são capazes de proporcionar ao entendimento os dados tão variados e tão finamente nuançados, a partir dos quais ele, pelo emprego da lei de causalidade, e sobre o fundamento das intuições puras do espaço e do tempo, constrói o maravilhoso mundo objetivo em nossa cabeça. Precisamente aquela ausência de efeito das sensações cromáticas sobre a VONTADE capacita-as, quando sua energia é aumentada por transparência, como no crepúsculo, nas janelas coloridas e semelhantes, a facilmente colocar-nos no estado da intuição puramente objetiva e destituída de vontade, a qual, como demonstrei no terceiro livro do primeiro tomo, constitui um elemento capital da impressão estética. Justamente essa indiferença em relação à VONTADE faz com que os sons sejam apropriados para fornecer o estofo com que se expressa a variedade sem fim dos conceitos da razão.

Como o SENTIDO EXTERNO, isto é, a receptividade para impressões externas enquanto puros dados do entendimento, divide-se em CINCO SENTIDOS, estes dirigem-se aos quatro elementos, isto é, aos quatro estados de agregação, junto com o da imponderabilidade. Assim, o sentido para o que é firme (terra) é o tato; para o que é fluido (água), o paladar; para o que é gasoso, ou seja, volátil (vapor, aroma), o olfato; para o que é elástico permanente (ar), a audição; para o que é imponderável (fogo, luz), a visão. O segundo imponderável, o calor, não é propriamente objeto dos sentidos, mas da sensibilidade em geral, e faz efeito, por conseguinte, sempre de modo direto sobre a VONTADE, como agradável ou desagradável. Dessa classificação deriva-se a relativa dignidade dos sentidos. A visão ocupa a primeira posição,

---

[1] "Conjutiva." (N. T.)
[2] "Conduto auditivo." (N. T.)

II 32 na medida em que sua // esfera é a mais ampla, e sua receptividade a mais refinada; baseado no fato de o seu estímulo ser um imponderável, ou seja, algo quase não corpóreo, um *quasi*-espiritual. A audição ocupa a segunda posição, correspondente ao ar. Entrementes, o tato permanece um profundo e versátil sábio. Pois, enquanto os outros sentidos nos dão apenas uma referência completamente unilateral do objeto, como o seu som ou a sua relação com a luz, o tato, intimamente ligado à sensibilidade em geral e à força muscular, fornece de uma só vez ao entendimento a forma, o tamanho, a dureza, a lisura, a textura, a solidez, a temperatura e o peso dos corpos, e tudo isso com a mínima possibilidade de ilusão e engano, aos quais os outros sentidos estão muito mais expostos. Os dois sentidos inferiores, o olfato e o paladar, não estão mais isentos a uma estimulação imediata da VONTADE, isto é, são sempre afetados de modo agradável ou desagradável, portanto, são mais subjetivos que objetivos.

As percepções da AUDIÇÃO estão exclusivamente no TEMPO: por conseguinte, o ser inteiro da música consiste na medida de tempo, na qual se baseia tanto a qualidade ou o timbre dos tons através das vibrações, quanto a quantidade ou duração destes através do compasso. Por outro lado, as percepções da VISÃO estão primária e predominantemente no ESPAÇO; secundariamente, através de sua duração, também no tempo.

A visão é o sentido do ENTENDIMENTO, que intui, a audição é o sentido da RAZÃO, que pensa e intelige.[3] Signos visíveis substituem as palavras apenas de modo imperfeito: por isso duvido que um surdo-mudo que saiba ler, porém não tenha noção alguma do som das palavras, opere de forma tão ágil em seu pensamento com os meros signos visíveis de conceitos quanto quem o faz com palavras reais, isto é, audíveis. Se o surdo-mudo não sabe ler, é reconhecidamente quase como o animal sem faculdade de razão; enquanto o cego de nascença é desde o início um ser inteiramente racional.

A visão é um sentido ATIVO, a audição, PASSIVO. Por isso os sons fazem efeito de modo perturbador e hostil sobre o nosso espírito, e em verdade tanto mais quanto mais ativo e desenvolvido for o espírito: eles despe-
II 33 daçam todo pensamento e embotam momentaneamente a sua força. //

---

3 No original *vernimmt*, do verbo *vernehmen*, inteligir, na acepção de "ouvir". (N. T.)

Contrariamente, não há perturbação alguma análoga através do olho, efeito imediato algum do que é visto COMO TAL sobre a atividade de pensamento (pois naturalmente não se trata aqui do influxo dos objetos vistos sobre a vontade); mas a multiplicidade a mais variada de coisas diante dos nossos olhos admite um pensamento calmo e imperturbável. Em consequência, o espírito pensante vive em paz perpétua com os olhos e em guerra perpétua com os ouvidos. Essa oposição entre os dois sentidos é também chancelada pelo fato de os surdos-mudos, quando curados pelo galvanismo, ao primeiro som que ouvem, tornarem-se mortalmente pálidos de horror (*Annalen der Physik*, de Gilbert, v.10, p.382), enquanto os cegos operados, ao contrário, olham a primeira luz com encantamento, e só com relutância deixam colocar a venda sobre os olhos. Tudo o que foi dito se explica porque a audição produz-se devido a uma percussão mecânica do nervo auditivo, que se propaga em seguida até o cérebro, enquanto a visão, ao contrário, é uma efetiva AÇÃO na retina, que é meramente estimulada e provocada pela luz e as suas modificações: como eu mostrei detalhadamente em minha teoria fisiológica das cores. Em contrapartida, todo esse antagonismo choca-se contra a teoria de um éter colorido que viria tamborilar nos olhos, agora em toda parte desavergonhadamente posta sobre a mesa, que quer rebaixar a sensação luminosa do olho a uma percussão mecânica, como de fato é a sensação auditiva, enquanto nada pode ser mais heterogêneo que o efeito plácido, suave da luz e o tambor de alarme do ouvido. Se, ademais, associamos a isso a especial circunstância de que, embora ouçamos com dois ouvidos, cuja sensibilidade é frequentes vezes bem diversa, todavia nunca inteligimos um som de modo duplicado, como frequentes vezes vemos de modo duplicado com os dois olhos; então seremos levados à suposição de que a sensação de ouvir não nasce no labirinto ou no caracol, mas antes na profundeza do cérebro, onde os dois nervos auditivos encontram-se, com o que a impressão torna-se simples: no entanto, este é o lugar em que o *pons Varolii*[4] envolve a *medula oblongata*,[5] logo, o ponto absolutamente letal cuja injúria causa a morte imediata de qualquer animal, e de onde o

---

4 "Ponte de Varolio." (N. T.)
5 "Medula oblonga." (N. T.)

nervo auditivo tem apenas um curto trajeto até o labirinto, que é a sede da percussão acústica. Precisamente essa sua origem, naquele // perigoso ponto, de onde procedem também todos os movimentos dos membros, é a causa para que nos sobressaltemos com um estrondo repentino; algo que não ocorre com uma iluminação repentina, por exemplo, um relâmpago. Por outro lado, o nervo óptico projeta-se muito mais adiante a partir dos seus *thalamis* (apesar da sua origem primeira talvez situar-se atrás destes), e em toda a sua continuação está recoberto com os lóbulos cerebrais anteriores, apesar de sempre bem separado destes, até que, tendo alcançado o exterior do cérebro, estende-se na retina, na qual primeiro surge a sensação, por ocasião do estímulo luminoso, e ali mesmo efetivamente tem o seu sítio; como o demonstra meu ensaio sobre a visão e as cores. A partir daquela origem do nervo auditivo explica-se também a grande perturbação que a faculdade de pensamento sofre através de sons, motivo pelo qual cabeças pensantes e em geral pessoas de muito espírito, sem exceção, não conseguem suportar ruído algum. Pois perturba a corrente contínua dos seus pensamentos, interrompe e paralisa o seu pensar, exatamente porque a percussão do nervo auditivo propaga-se bem fundo no cérebro, cuja plena massa, portanto, sente também retumbar as vibrações produzidas pelo nervo auditivo e porque o cérebro de tais pessoas é muito mais fácil de comover que o das cabeças comuns. Nessa mesma grande mobilidade e capacidade de condução do seu cérebro baseia-se precisamente o fato de, neles, cada pensamento suscitar facilmente outros análogos ou aparentados, com o que as semelhanças, analogias e relações das coisas em geral lhes vêm bem rápida e facilmente à mente, de modo que a mesma ocasião que milhões de cabeças comuns tiveram diante dos olhos, os conduz entretanto AO pensamento, à descoberta que os demais posteriormente se surpreendem por não o terem feito, já que são muito bem capazes de pensar depois, mas não antes: assim, o Sol brilhava sobre todas as estátuas; mas apenas a de Memnon vibrava. Correspondendo a isso, Kant, Goethe, Jean Paul eram todos altamente sensíveis a qualquer ruído, como atestam suas biografias. Nos últimos anos de sua vida, Goethe comprou uma casa em ruínas perto da sua, apenas para não ouvir os barulhos da reparação desta. Já na sua juventude dedicou-se em vão a tocar tambor para tornar-se insensível a

II 35 ruídos. Não se trata de uma questão de hábito. // Em contraposição, é de fato admirável a indiferença verdadeiramente estoica das cabeças comuns em relação ao ruído: nenhum barulho os perturba em seu pensar, ou em sua leitura, escrita e semelhantes; enquanto a cabeça excelsa é posta numa completa incapacidade. Mas exatamente aquilo que os faz tão insensíveis ao barulho de todo tipo, os faz também insensíveis ao belo nas artes plásticas e ao que foi profundamente pensado ou finamente expresso nas artes discursivas, numa palavra, a tudo o que não diz respeito ao seu interesse pessoal. Em relação ao efeito paralisante que, ao contrário, o ruído exerce sobre os ricos de espírito, cabe a seguinte observação de LICHTENBERG: "É sempre um bom sinal quando miudezas impedem artistas de exercitar a sua arte convenientemente. F..... metia seu dedo em licopódio quando queria tocar piano. — — — Tais coisas não importunam à cabeça mediana: — — — ela como que possui uma grande peneira" (*Vermischten Schriften*, I, p.398). Há muito tempo tenho realmente a opinião de que a quantidade de barulho que uma pessoa pode impassivelmente suportar está em proporção inversa às suas capacidades espirituais e, por conseguinte, pode ser considerada como uma medida aproximada destas. Nesse sentido, se por horas a fio ouço os cães latirem no jardim de uma casa; então já sei o que esperar das capacidades espirituais dos que ali moram. Quem habitualmente, em vez de fechar as portas de uma casa com a mão, as bate, ou permite que se o faça em sua casa, não é somente uma pessoa mal-educada, mas também tosca e limitada. Que em inglês *sensible* também signifique "inteligente" baseia-se, portanto, numa correta e fina observação. Só seremos completamente civilizados quando também os nossos ouvidos forem deixados livres e não caiba mais a ninguém o direito de cortar a consciência de cada ser pensante em mil pedaços, com apitos, vociferações, gritos, marteladas, chicotadas, latidos tolerados e coisas semelhantes. Os sibaritas mantinham banidas da cidade as ferramentas barulhentas: a honorável seita dos shakers na América do Norte não tolerava quaisquer ruídos desnecessários em suas aldeias: o mesmo é contado da fraternidade morávia. — Mais sobre esse tema encontra-se no capítulo 30 do segundo tomo dos meus *Parerga*.

II 36 // A partir da exposta natureza PASSIVA da audição explica-se também o efeito tão penetrante, imediato, infalível da música sobre o espírito, bem como o seu às vezes posterior efeito perdurador, que consiste numa especial sublimidade da disposição. As vibrações de tons que se seguem, combinadas em numéricas relações racionais, de fato colocam as fibras cerebrais mesmas em vibração análoga. Por outro lado, a partir da natureza ATIVA da visão, tão oposta à da audição, torna-se compreensível por que não pode haver análogo algum da música para os olhos e por que o teclado de cores foi um erro risível. Precisamente devido à natureza ATIVA do sentido visual é que o mesmo é tão destacadamente acurado nos animais de perseguição, ou seja, nos predadores, bem como, inversamente, o sentido PASSIVO, a audição, é acurado nos animais perseguidos, que fogem e têm medo; a fim de adivinharem a tempo o seu perseguidor que se aproxima furtivamente ou correndo.

Assim como reconhecemos na visão o sentido do entendimento, na audição, o da razão, então poderíamos nomear o olfato o sentido da memória; porque nos evoca mais diretamente que qualquer outra coisa a impressão específica de um evento ou cercania.

Capítulo 4
DO CONHECIMENTO A PRIORI

Do fato de que podemos estabelecer e determinar as leis das relações no espaço sem recorrer à experiência, mas só a nós mesmos, Platão inferiu (*Meno*, p.353, *Bip.*) que todo aprendizado é apenas uma recordação; Kant, ao contrário, que o espaço é subjetivamente condicionado, e apenas uma forma do poder de conhecimento. Kant, neste caso, está bem acima de Platão!

Cogito, ergo sum[1] é um juízo analítico: Parmênides inclusive já havia tomado isso como idêntico: τὸ γὰρ αὐτὸ νοεῖν ἐστίν τε χαὶ τε χαὶ εἶναι (*nam intelligere et esse idem est*, Clem. Alex., // *Strom.*, VI, 2, § 23).[2] Sendo assim, ou então apenas como juízo analítico, não pode conter sabedoria especial alguma; mesmo se quiséssemos ir ainda mais a fundo e deduzi-lo como conclusão da premissa maior *non-entis nulla sunt praedicata*.[3] Decerto Descartes quis com aquele juízo exprimir a grande verdade de que certeza imediata só cabe à consciência de si, logo, ao que é subjetivo; àquilo que é objetivo, portanto tudo o mais, como intermediado pela consciência de si, cabe apenas certeza mediata; com o que esta, por ser de segunda mão, deve ser considerada como problemática. Nisto baseia-se o valor daquela tão famosa proposição. Como sua oposta podemos estabelecer, no sentido da filosofia kantiana: *cogito, ergo est* – ou seja, tal como penso certas relações (as matemáticas) entre as coisas, precisamente assim têm de ocorrer sempre em toda experiência possível –

---

[1] "Penso, logo existo." (N. T.)
[2] "Pois pensar e ser é o mesmo." (N. T.)
[3] "O que não existe não possui predicado algum." (N. T.)

este foi um importante, profundo e tardio *aperçu*,[4] que apareceu na forma do problema da POSSIBILIDADE DOS JUÍZOS SINTÉTICOS *a priori* e que de fato abriu o caminho para um conhecimento mais profundo. Esse problema é o mote da filosofia kantiana, como a primeira proposição o é da filosofia cartesiana, e mostra ἐξ οἵων εἰς οἷα.[5]

De forma bastante coerente Kant coloca suas investigações sobre o tempo e o espaço acima de quaisquer outras. Pois o espírito especulativo é antes de tudo possuído por estas questões: que é o TEMPO?, que ser é este que consiste em puro movimento sem, entretanto, algo que se movimente? – e, que é o ESPAÇO?, este nada onipresente, do qual coisa alguma pode emergir, sem cessar de ser algo? –

Que o tempo e o espaço dependem do SUJEITO, que são o modo e a maneira pelos quais é levado a efeito o processo de apercepção objetiva no cérebro, há já uma prova suficiente na completa impossibilidade de abstrair o tempo e o espaço, enquanto é muito fácil fazer abstração das coisas que neles se apresentam. A mão pode soltar tudo; menos a si mesma. Não obstante, gostaria de aqui explicitar mediante alguns exemplos e desenvolvimentos as provas mais precisas já dadas por KANT daquela verdade, não para refutar objeções estúpidas, mas para o uso daqueles que futuramente deverão ensinar a doutrina kantiana.

// "Um triângulo retângulo equilátero" não contém contradição lógica alguma: pois os predicados isoladamente de modo algum suprimem o sujeito nem são incompatíveis entre si. Só com a construção do seu objeto na intuição pura é que nesta entra em cena a sua incompatibilidade. Ora, se se quisesse considerar isto uma contradição, então toda impossibilidade física descoberta só há alguns séculos seria também uma contradição: por exemplo, a composição de um metal a partir dos seus elementos, ou um mamífero com mais, ou menos, de sete vértebras cervicais,* ou cornos e incisivos superiores em um mesmo animal. Tão somente a impossibilidade

---

4 "Intelecção." (N. T.)
5 "Do que em direção a quê." (N. T.)
* Que a preguiça de três dedos tem nove deve ser reconhecido como um erro: todavia, Owen ainda o afirma em *Ostéologie comp.*, p.405.

LÓGICA é uma contradição, não a impossibilidade física, muito menos a matemática. Equilátero e retangular não são contraditórios entre si (coexistem no quadrado) nem se contradizem cada um com o triângulo. Eis por que a incompatibilidade desses conceitos nunca pode ser conhecida pelo mero PENSAMENTO, mas resulta apenas da intuição, que, no entanto, é de tal tipo que não necessita de experiência alguma nem de objeto real, sendo meramente mental. Desse tipo também é o princípio de GIORDANO BRUNO que também se encontra em ARISTÓTELES: "Um corpo infinitamente grande é necessariamente imóvel" – o qual não pode basear-se na experiência nem no princípio de contradição; pois fala de coisas que não podem dar-se em experiência alguma, e os conceitos "infinitamente grande" e "móvel" não se contradizem entre si; mas apenas a intuição pura estabelece que o movimento exige um espaço exterior ao corpo, porém a sua grandeza infinita não deixa nenhum espaço livre. — Caso alguém quisesse objetar contra o primeiro exemplo matemático: tudo depende de quão completo é o conceito que aquele que julga tem do triângulo; se for um conceito no todo completo, conterá a impossibilidade de que um triângulo seja retângulo e todavia equilátero; a isto a minha resposta seria: admitindo-se que o conceito de triângulo não seja completo; então, sem recorrer à experiência, pode-se ampliá-lo // através da simples construção na fantasia, e convencer-se por toda a eternidade da impossibilidade daquela combinação de conceitos: esse processo é justamente um juízo sintético *a priori*, ou seja, um juízo através do qual formamos e completamos nossos conceitos sem qualquer recurso à experiência, e no entanto com validade para toda a experiência. — Pois, de modo geral, só é possível determinar se um dado juízo é analítico ou sintético em um caso particular, conforme a maior ou menor completude do conceito do sujeito na cabeça daquele que julga: o conceito "gato" na cabeça de Cuvier contém cem vezes mais do que na cabeça de seu criado: por isso os mesmos juízos sobre tal conceito serão sintéticos para este último, para o primeiro meramente analíticos. Todavia, se tomamos os conceitos objetivamente e queremos decidir se um dado juízo é analítico ou sintético, convertamos o predicado dele no seu oposto contraditório, e adicionemos este sem cópula ao sujeito: se daí resulta uma *contradictio in adjecto*, o juízo era analítico, do contrário, sintético.

Que a ARITMÉTICA se baseia na pura intuição do TEMPO não é algo que salta tanto aos olhos quanto o fato de a geometria basear-se na pura intuição do espaço.* Pode-se, todavia, demonstrar aquilo da seguinte maneira. // Toda contagem assenta-se na repetida posição da unidade: para sempre saber o quão frequentemente já pusemos a unidade é que a marcamos a cada vez com uma outra palavra – os numerais. Por sua vez, a repetição só é possível mediante a sucessão: esta, vale dizer, uma coisa depois da outra, assenta-se imediatamente na intuição do TEMPO, sendo pois um conceito compreensível somente por meio deste: por conseguinte, também a contagem só é possível por meio do tempo. – Essa dependência de toda contagem em relação ao tempo é ainda constatada pelo fato de em todas as línguas a multiplicação ser indicada com "VEZES", portanto, mediante um conceito temporal: *sexies*, ἑξάχις, *six fois, six times*. Todavia, a simples contagem já é ela mesma uma multiplicação por um, razão pela qual nas escolas de Pestalozzi as crianças tinham de aprender a multiplicar sempre assim: "2 vezes 2 é 4 vezes um". – Também ARISTÓTELES já reconhecera o íntimo parentesco do número com o tempo e o expôs no 14º capítulo do livro IV da *Física*. O tempo é para ele "o número do movimento" (ὁ χρόνος ἀριθμός ἐστι κινήσεως). De modo profundo, ele levanta a questão de se o tempo poderia existir se a alma não existisse, e responde negativamente.

---

* Isto, todavia, não desculpa um professor de filosofia, que, sentado na cátedra de Kant, se expressa assim: "Que a matemática enquanto tal contenha a aritmética e a geometria, é correto; contudo, é incorreto considerar a aritmética como a ciência do tempo, sem outra razão que proporcionar um *pendanten* (sic) à geometria como a ciência do espaço" (Rosenkranz, in *Deutschen Museum*, 14 maio 1857, n. 20). Estes são frutos da hegelharia: se a cabeça foi uma vez a fundo contaminada pelo seu galimatias sem sentido, então a séria filosofia kantiana não entra mais nela; e herda-se do mestre a audácia de falar diariamente sobre coisas das quais não se entende, e ao fim chega-se ao ponto de condenar sem cerimônia, num tom peremptório e decisivo, as doutrinas profundas de um grande espírito, como se elas fossem justamente bufonadas hegelianas. Mas não podemos permitir que tal gentinha se empenhe em pisar nos vestígios dos grandes pensadores. Fariam, portanto, melhor se não se esfregassem em KANT, mas se conformassem em comunicar ao público as últimas notícias sobre deus, a alma, a fática liberdade da vontade e coisas semelhantes aí envolvidas, e depois se entregassem a prazeres privados em sua obscura loja de fundo de quintal, a revista de filosofia: aí podem ocupar-se com o que bem entendem, ninguém os verá.

Embora o TEMPO, como o espaço, seja a forma de conhecimento do sujeito, apresenta-se, tanto quanto o espaço, como algo que existe independentemente do sujeito e de forma totalmente objetiva. Contra a nossa vontade ou sem o nosso conhecimento, ele transcorre rápida ou lentamente: perguntamos que horas são e investigamos o tempo como se fossem coisas totalmente objetivas. E o que é essa coisa objetiva? Não o transcurso das estrelas, ou dos relógios, que como tais servem apenas para medir o curso do tempo mesmo: mas algo diferente de todas as coisas, contudo, como estas, uma coisa independente do nosso querer e saber. Existe apenas na cabeça do ser que conhece; no entanto, a regularidade do seu transcorrer e sua independência da vontade conferem-lhe o direito de objetividade.

II 41 Primariamente, o TEMPO é a forma do sentido INTERNO. Antecipando // o livro seguinte, observo que o único objeto do sentido interno é a própria VONTADE de quem conhece. O tempo é, portanto, a forma pela qual a vontade individual, originariamente em si mesma desprovida de conhecimento, chega ao conhecimento de si. No tempo, de fato, a essência em si simples e idêntica da vontade aparece distendida num decurso de vida. Mas justamente devido àquela simplicidade e identidade originárias do que assim se expõe, o CARÁTER desse exposto permanece exatamente o mesmo; razão pela qual também o decurso de vida sempre conserva o mesmo TOM FUNDAMENTAL, sim, os variados eventos e cenas do decurso de vida são no fundo como variações em torno de um único e mesmo tema. –

Os ingleses e franceses ainda não viram, em parte, a APRIORIDADE DA LEI DE CAUSALIDADE, em parte, não a compreenderam corretamente: eis por que alguns deles persistem na tentativa antiga de encontrar para ela uma origem empírica. MAINE DE BIRAN coloca a sua origem na experiência e diz que o ato da vontade como causa é seguido pelo movimento do corpo como efeito. Contudo, esse fato mesmo é falso. De modo algum reconhecemos o ato propriamente imediato da vontade como algo diferente da ação do corpo, e ambos como ligados pelo elo da causalidade; mas os dois são uma única e indivisível coisa. Entre os dois não há sucessão alguma: são simultâneos. São uma única e mesma coisa percebida de duas formas: o que dá sinal de si à percepção interior (à consciência de si) como efetivo ATO DA VONTADE é o mesmo que se expõe de imediato na intuição EXTERIOR, na qual encontra-se OBJETIVAMENTE o corpo, como AÇÃO corporal. Que em termos fisiológicos a ação dos nervos preceda a dos músculos não entra aqui em consideração; visto que não recai na consciência de si, e, aqui, não se trata da relação entre músculo e nervo, mas da relação entre ato da vontade e ação corporal. Porém, estes não se dão a conhecer como relação causal. Caso os dois se nos apresentassem como causa e efeito, então a sua conexão não seria tão inapreensível como de fato o é: pois o que entendemos a partir de sua causa, nós o entendemos até o ponto em que há em geral para nós um entendimento das coisas. Por outro lado, o movimento dos nossos // membros, em virtude de simples atos da vontade, é de fato um milagre de ocorrência tão cotidiana que nem mais o notamos: mas basta direcionarmos a nossa atenção para isso, e logo entra em cena de maneira viva na consciência o inapreensível da coisa; precisamente porque temos diante de nós algo que NÃO entendemos como efeito de uma causa. Assim, jamais essa percepção poderia levar-nos à representação da causalidade, que não aparece de maneira alguma ali. O próprio MAINE DE BIRAN reconhece a total simultaneidade do ato da vontade e do movimento (*Nouvelles considérations des rapports du physique au moral*, p.377-378). – Na Inglaterra, Thomas Reid (*On the First Principles of Contingent Truths*. Ess. VI, c.5) já enunciara que o conhecimento da relação de causalidade tem o seu fundamento na índole mesma da nossa faculdade de conhecimento. Recentemente, TH. BROWN ensinou exatamente o mesmo em seu livro demasiado prolixo: *Inquiry into the Relation of Cause and Effect*, 4. ed., 1835, a saber, que aquele conhecimento surge da convicção inata, intuitiva e instintiva: portanto, no essencial ele está no caminho certo. Imperdoável é, entretanto, a crassa ignorância devida à qual neste volumoso livro de 476 páginas, 130 das quais dedicadas a refutar HUME, menção alguma é feita a KANT, que há setenta anos clareou o assunto. Se o latim tivesse permanecido a única e exclusiva língua da ciência, semelhante coisa não teria ocorrido. Em que pese a explicação de BROWN, correta em seu conjunto, introduziu-se na Inglaterra uma modificação daquela teoria da origem empírica, estabelecida por MAINE DE BIRAN, do conhecimento fundamental da relação de causalidade; visto que não é sem alguma plausibilidade. De fato, abstraímos a lei de causalidade a partir do efeito empiricamente percebido do nosso próprio corpo sobre os demais corpos. HUME refutara isso. Eu, entretanto, no meu livro *Sobre a vontade na natureza* (p.75, da segunda edição), expus a inadmissibilidade de semelhante refutação, já que, para percebermos objetivamente, na intuição espacial, tanto o nosso próprio corpo quanto os outros corpos, o conhecimento da causalidade tem de já existir, visto que é a condição // de tal intuição. Em realidade, a única e autêntica prova de que conhecemos a lei de causalidade ANTES DE TODA EXPERIÊNCIA reside na necessidade de fazermos uma TRANSIÇÃO da sensação dos sentidos, dada apenas empiricamente, à sua CAUSA, para assim chegar à intuição do mundo exterior. Substituí, por isso, com esta prova aquela dada por KANT, cuja incorreção o demonstrei. A exposição detalhada e fundamentada de todo esse importante tema, aqui apenas tocado, ou seja, a aprioridade da lei de causalidade e a intelectualidade da intuição empírica, encontra-se na segunda edição de meu ensaio *Sobre o princípio de razão*, § 21, ao qual remeto, para não repetir aqui tudo o que lá foi dito. Lá demonstrei a grande diferença entre a mera sensação dos sentidos e a intuição de um mundo objetivo, revelando o profundo abismo entre ambas: a lei de causalidade é a única que transpõe a este, lei que, entretanto, para sua aplicação, pressupõe as duas outras formas que lhe são aparentadas, espaço e tempo. Só por meio da união destes três é que se chega a uma representação objetiva. Por sua vez, é essencialmente indiferente se a SENSAÇÃO, a partir da qual chegamos à intuição, nasce através da resistência que sofre a exteriorização de força dos nossos músculos ou através da impressão de luz na retina ou do som no nervo auditivo etc.: a SENSAÇÃO sempre permanece um mero DATUM para o ENTENDIMENTO, único que é capaz de apreendê-la como efeito de uma CAUSA diferente dela, que ele então intui como algo exterior, isto é, posto na forma do ESPAÇO, que radica no entendimento anteriormente a qualquer experiência, ocupando-o e preenchendo-o. Sem essa operação intelectual, para a qual as formas têm de estar prontas em nós, jamais poderia surgir, de uma mera SENSAÇÃO interna à nossa pele, a intuição de um MUNDO EXTERIOR OBJETIVO. Como se pode conceber que o mero sentimento de ser impedido num movimento voluntário, que, ademais, ocorre também na paralisia, seria suficiente para isto?

II 44   Acrescente-se ainda que, para EU tentar fazer efeito sobre coisas exteriores, ESTAS necessariamente tiveram de antes // fazer efeito sobre MIM, como motivos: mas isto já pressupõe a apreensão do mundo exterior. De acordo com a teoria em questão (como já observei no lugar acima mencionado)', uma pessoa que nascesse sem braços e pernas seria no todo incapaz de chegar à representação da causalidade e, por consequência, também à percepção do mundo exterior. Mas que não seja assim, prova-o um fato publicado em *Frorieps Notizen*, julho de 1838, n.133, a saber, o relato minucioso e acompanhado de imagens sobre uma garota da Estônia, Eva Lauk, na época com 14 anos, nascida sem braços e pernas, e que é concluído com os seguintes termos: "Segundo a declaração da mãe, ela desenvolveu-se espiritualmente de modo tão rápido quanto seus irmãos: em particular, chegou tão rápido quanto eles a um juízo correto sobre o tamanho e a distância dos objetos visíveis, sem no entanto poder servir-se das mãos. – Dorpat, 1º de março de 1838. Dr. A. Hueck".

Também a teoria de Hume de que o conceito de CAUSALIDADE surge meramente do hábito de ver dois estados seguirem-se constantemente um ao outro encontra uma refutação fática na mais antiga de todas as sucessões, a saber, a do dia para a noite, que até agora ninguém tomou como uma sucessão de causa e efeito. Precisamente essa sucessão refuta também a falsa afirmação de Kant de que a realidade OBJETIVA de uma sucessão seria primeiro conhecida na medida em que se apreende ambos os *succedentia* na relação de causa e efeito. Em realidade, o contrário do que diz a teoria de Kant é que é verdadeiro: vale dizer, só na sucessão é que conhecemos EMPIRICAMENTE qual dos dois estados, vinculados entre si, é CAUSA e qual é EFEITO. Por outro lado, no que se refere à absurda afirmação de muitos professores de filosofia dos dias atuais de que causa e efeito são SIMULTÂNEOS, deve-se refutá-la mais uma vez com o fato de que, nos casos em que a sucessão, devido a sua grande velocidade, não é perceptível de modo algum, nós entretanto a pressupomos *a priori* com segurança, e, com ela, também o transcurso de um certo tempo: dessa forma, por exemplo, sabemos que entre o disparo da escopeta e a saída da bala tem de transcorrer um certo tempo, embora não o percebamos, e que este, por sua vez, tem de ser dividido em diversos

II 45 estados que entram em cena numa sucessão estritamente determinada, // vale dizer, a pressão do gatilho, a centelha, a detonação, a propagação do fogo, a explosão e a saída da bala. Nenhum ser humano percebeu uma vez sequer essa sucessão de estados: porém, como sabemos qual estado PRODUZ outro, também temos de saber precisamente dessa forma qual estado tem de PRECEDER o outro no tempo, conseguintemente, que, durante o curso de toda a série transcorre um certo tempo, embora seja tão curto que escapa à nossa percepção empírica: pois ninguém afirmará que a saída da bala é simultânea à pressão do gatilho. Portanto, conhecemos *a priori* não apenas a lei de causalidade, mas também a sua referência ao TEMPO e a necessidade da SUCESSÃO de causa e efeito. Se conhecemos qual de dois estados é causa e efeito, então conhecemos também qual deles precede o outro no tempo: se, ao contrário, isso NÃO nos é conhecido, mas antes sua relação causal em geral, então procuramos entrever empiricamente a sucessão, e, em conformidade com isto, determinamos qual dos dois é causa e efeito. — A falsidade da afirmação de que causa e efeito seriam simultâneos mostra-se ainda a partir da seguinte consideração. Em realidade, uma cadeia ininterrupta de causas e efeitos preenche a totalidade do tempo. (Pois, se ela fosse interrompida, então o mundo ficaria em repouso, ou, para novamente colocá-lo em movimento, teria de surgir um efeito sem causa.) Se cada efeito fosse SIMULTÂNEO com a sua causa, então cada efeito seria remontável ao tempo da sua causa, e uma cadeia de causas e efeitos com tantos e mesmos membros não preencheria tempo algum, muito menos um tempo infinito; mas tudo existiria junto num instante. Dessa forma, com a suposição de que causa e efeito são simultâneos, o curso do mundo reduz-se a uma coisa de um momento. Essa prova é análoga à de que cada folha de papel tem de ter uma grossura, do contrário o livro completo não teria grossura alguma. Precisar QUANDO a causa termina e o efeito começa é em quase todos os casos difícil e amiúde impossível. Pois as MUDANÇAS (isto é, a sucessão dos estados) são um *continuum*, como o tempo, que elas preenchem, e, assim como este, também divisíveis ao infinito. Entretanto, a sua sequência é tão necessariamente

II 46 determinada e // irreversível quanto a sequência dos momentos do tempo mesmo: e cada uma delas se chama "efeito" em relação à que a precede, e "causa" em relação à que lhe segue.

TODA MUDANÇA NO MUNDO MATERIAL SÓ PODE ENTRAR EM CENA NA MEDIDA EM QUE UMA OUTRA MUDANÇA A PRECEDEU IMEDIATAMENTE: este é o verdadeiro e completo conteúdo da lei de causalidade. No entanto, nenhum conceito foi mais abusado na filosofia que o de CAUSA, por intermédio do amado truque ou desacerto de concebê-lo de modo muito AMPLO e UNIVERSAL através do pensar *in abstracto*. Desde a escolástica, na realidade desde Platão e Aristóteles, a filosofia é em grande parte um CONTÍNUO ABUSO DE CONCEITOS UNIVERSAIS. Como, por exemplo, substância, fundamento, causa, o bom, a perfeição, necessidade, e muitos outros. Em quase todas as épocas mostrou-se uma tendência das cabeças para operar com tais conceitos abstratos e muito amplamente concebidos: em última instância, tal tendência pode basear-se numa certa indolência do intelecto, na medida em que lhe é oneroso sempre controlar o pensamento através da intuição. Tais conceitos demasiado amplos são então usados paulatinamente quase como símbolos algébricos e, como estes, atirados daqui para acolá, com o que o filosofar degenera num mero combinar, numa espécie de cálculo, que emprega e requer (como todo cálculo) apenas capacidades inferiores. Sim, com o tempo surge daí um simples PALAVRÓRIO: deste, o exemplo mais monstruoso nos é dado pela hegelharia arruinadora de cabeças, cujo palavrório atinge os extremos do disparate. Entretanto, já a escolástica amiúde degenerava em palavrório. Sim, até mesmo os *Topoi* de Aristóteles – princípios muito abstratos, concebidos de modo completamente geral, que podiam ser aplicados aos objetos dos mais diversos tipos, e trazidos a campo em toda parte com o fim de disputar *pró* ou *contra* – já têm a sua origem naquele abuso dos conceitos universais. Desse seu proceder com tais abstrações, encontramos inumeráveis exemplos nos escritos dos escolásticos, especialmente em TOMÁS DE AQUINO. Pela via aberta pelos escolásticos a filosofia de fato prosseguiu até LOCKE e KANT, os quais por fim refletiram sobre a origem dos conceitos. Encontramos o próprio KANT dos primeiros // anos ainda naquele caminho, em sua prova da existência de Deus (p.191, do primeiro tomo da edição Rosenkranz), na qual os conceitos SUBSTÂNCIA, FUNDAMENTO, REALIDADE são empregados de um tal modo como jamais o poderiam ter sido, caso um retorno tivesse sido feito à ORIGEM desses conceitos, e por esta a determinação do seu VERDADEIRO CONTEÚDO: pois então ter-se-ia encontrado como origem e conteúdo de SUBSTÂNCIA apenas a matéria, de FUNDAMENTO (se se trata de coisas do mundo real) apenas a causa, isto é, a mudança anterior que produz a posterior, e assim por diante. Isto, obviamente, não teria conduzido aqui ao resultado intentado. Mas em toda parte, como aqui, surgiram falsos princípios a partir de tais conceitos concebidos de maneira DEMASIADO AMPLA, em que mais se podia se subsumir do que o seu verdadeiro conteúdo podia permitir, e de tais princípios nasceram falsos sistemas. Também todo o método de demonstração de ESPINOSA baseia-se em tais conceitos não investigados e concebidos de maneira demasiado ampla. Aqui reside o eminente mérito de LOCKE, que, para combater todo esse abuso dogmático, empenhou-se na investigação da ORIGEM DOS CONCEITOS, remontando com isto à INTUIÇÃO e EXPERIÊNCIA. No mesmo sentido, porém tendo em mente mais a física que a metafísica, antes dele empenhara-se BACON no mesmo combate. O caminho preparado por LOCKE foi seguido por KANT, porém num sentido superior e mais abrangente, como mencionado antes. Para os senhores da mera aparência, entretanto, que conseguiram desviar a atenção do público de KANT para si mesmos, os resultados kantianos e lockeanos eram incômodos. Mas, num tal caso, sabem ignorar muito bem tanto os mortos quanto os vivos. Abandonaram, portanto, sem cerimônia o único caminho correto finalmente encontrado por aqueles sábios, e filosofaram dias a fio com todos os tipos de conceitos recolhidos em toda parte, sem preocupar-se com a sua origem e o seu conteúdo, até que por fim veio a lume a hegeliana pseudossabedoria, que foi até o ponto de afirmar que os conceitos não teriam origem alguma, mas, antes, eles mesmos seriam a origem das coisas. — Entrementes, seja dito que Kant errou ao desprezar demais a intuição empírica em favor da intuição PURA, tema que tratei detalhadamente em minha crítica da sua filosofia. Em meu pensamento, a intuição é por inteiro a fonte de todo conhecimento. Reconheci desde cedo o capcioso e insidioso // das abstrações, já em 1813, no meu ensaio *Sobre o princípio de razão*, e apontei a diversidade das relações que podem ser pensadas sob ESTE conceito. Conceitos universais devem ser de fato o estofo EM que a filosofia deposita e conserva o seu conhecimento; contudo, não devem ser a fonte A PARTIR da qual ela o haure: é o *terminus ad quem*, e não *a quo*.[6] A filosofia não é, como Kant a define, uma ciência A PARTIR de conceitos, mas uma ciência EM conceitos. – Portanto, também o conceito de CAUSALIDADE, do qual aqui falamos, sempre foi MUITO AMPLAMENTE concebido pelos filósofos em favor dos seus intentos dogmáticos, introduzindo-se nele o que de forma alguma lhe pertence; daí nasceram princípios como: "Tudo o que EXISTE tem uma causa", – "o efeito não pode conter mais do que a causa, portanto nada que já não estivesse nela", – *"causa est nobilior suo effectu"*[7] – e muitas outras coisas semelhantes e infundadas. Um exemplo detalhado e especialmente lúcido é dado pela seguinte sofisticaria do monótono tagarela PROCLOS, em seu *Institutio theologica*, § 76. Πᾶν τὸ ἀπὸ ἀχινήτου γιγνόμενον αἰτίας, ἀμετάβλητον ἔχει τὴν ὕπαρξιν. πᾶν δὲ τὸ ἀπὸ χινουμένης, μεταβλητήν. Εἰ γὰρ ἀχίνητόν ἐστι πάντη τὸ ποιοῦν, οὐ διὰ χινήσεως ἀλλ᾿ αὐτῷ τῷ εἶναι παράγει τὸ δεύτερον ἀφ᾿ ἑαυτοῦ. (*Quidquid ab immobili causa manat, immutabilem habet essentiam. Quidquid vero a mobili causa manat, essentiam habet mutabilem. Si enim illud, quod aliquid facit, est prorsus immobile, non per motum, sed per ipsum Esse producit ipsum secundum ex se ipso.*)[8] Perfeito! Todavia, mostre-me uma única causa imóvel: ela é impossível. Aqui, como em muitos outros casos, a abstração eliminou todas as determinações, até chegar a uma que justamente se quer usar, sem observância de que esta não pode existir sem aquelas. – A única e correta expressão da lei de causalidade é esta: TODA MUDANÇA TEM SUA CAUSA NUMA OUTRA IMEDIATAMENTE ANTERIOR. Se algo ACONTECE, isto é, se um novo estado entra em cena, vale dizer, se algo MUDA; então outra coisa tem de ter MUDADO imediatamente antes; e antes dela, por sua vez, outra coisa tem de ter mudado, e assim ao infinito: pois é tão impossível pensar numa PRIMEIRA causa quanto é pensar num começo do tempo, ou um limite do espaço. Mais // do que o que foi indicado não diz a lei de causalidade:

---

6 "Termo a que" – "termo do qual". (N. T.)
7 "A causa é mais nobre que o seu efeito." (N. T.)
8 "Tudo o que nasce de uma causa imóvel tem uma essência imutável; mas tudo o que nasce de uma causa móvel tem uma essência mutável. Pois se aquilo que produz é imóvel em todos os sentidos, não originará as demais coisas mediante o movimento, mas através do seu próprio ser." (N. T.)

portanto, as suas exigências são feitas nos casos de MUDANÇA. Pelo tempo em que nada MUDA, não há que se perguntar sobre causa alguma: pois não há fundamento *a priori* algum para inferir da existência das presentes coisas, isto é, estados da matéria, sua inexistência anterior e, desta, a sua origem, logo, uma mudança. Por consequência, a mera EXISTÊNCIA de uma coisa não autoriza a inferir que ela tenha uma causa. No entanto, pode haver fundamentos *a posteriori*, isto é, hauridos da experiência pregressa para a pressuposição de que o estado presente não existiu DESDE SEMPRE, mas antes se ORIGINOU em consequência de um outro, portanto, através de uma MUDANÇA, cuja causa tem de ser buscada, bem como a causa desta: caímos aqui, então, no REGRESSO INFINITO, ao qual sempre conduz a aplicação da lei de causalidade. Acima foi dito: "COISAS, isto é, ESTADOS DA MATÉRIA"; pois apenas a ESTADOS relaciona-se a MUDANÇA e a CAUSALIDADE. Tais estados são os que se entende por FORMA no amplo sentido do termo: e apenas as FORMAS mudam; a matéria permanece. Segue-se que tão somente a forma é submetida à lei de causalidade. Porém, a FORMA também constitui A COISA, vale dizer, fundamenta a DIVERSIDADE das coisas; já a matéria tem de ser pensada como igual em todas elas. Por isso os escolásticos disseram: *forma dat esse rei*;[9] tal princípio soaria mais precisamente: *forma dat rei essentiam, materia existentiam*.[10] Eis por que a questão sobre a causa de uma COISA concerne apenas à sua forma, ou seja, estado, característica, não à sua matéria, e mesmo assim concerne ao estado, à característica só na medida em que se têm fundamentos para supor que não existiram DESDE SEMPRE, mas originaram-se através de uma MUDANÇA. A ligação da FORMA com a MATÉRIA, ou da *essentia* com a *existentia*, dá o CONCRETO, que é sempre um individual, logo A COISA: e as FORMAS são aquilo cuja ligação com a MATÉRIA — isto é, sua entrada em cena nesta, por intermédio de uma MUDANÇA — é submetida à lei de CAUSALIDADE. Portanto, através da compreensão DEMASIADO AMPLA desse conceito *in abstracto*, introduziu-se o abuso de estender a causalidade // à COISA propriamente dita, logo, a toda a sua essência e existência, por conseguinte, também

---

9 "A forma é o ser da coisa." (N. T.)
10 "A forma é a essência da coisa, a matéria, a existência." (N. T.)

à matéria, até ao fim chegar-se a considerar justificável perguntar inclusive por uma causa do mundo. Daí surgiu a PROVA COSMOLÓGICA. Esta parte propriamente dizendo do pressuposto de que, sem justificativa alguma, pode-se inferir da existência do mundo a sua inexistência, que seria anterior à existência: ao fim, a prova chega à terrível inconsequência de suprimir diretamente a lei de causalidade, unicamente da qual obteve toda a sua força demonstrativa, ao parar em uma primeira causa e não mais querer ir adiante, logo, como que finda num parricídio; como as abelhas que matam os zangões após estes terem realizado o seu trabalho. Todo o discurso sobre o ABSOLUTO retrocede a uma vergonhosa e mascarada prova cosmológica que, a despeito da *Crítica da razão pura*, se passa por filosofia na Alemanha há sessenta anos. O que significa propriamente dizendo o absoluto? – Algo que existe, e pronto, e sobre o qual não é permitido perguntar (sob pena de punição) de onde e por que existe. Uma preciosa raridade para professores de filosofia! – Mas no caso da honestamente exposta prova cosmológica, através da suposição de uma primeira causa, portanto, de um primeiro começo num tempo que absolutamente não começou, esse começo vai remontando cada vez mais alto através da pergunta: por que não antes?, e assim chega-se tão alto que ninguém jamais consegue descer dali até o presente, mas tem de maravilhar-se que este presente já não tenha existido há milhões de anos. A lei de causalidade, pois, encontra aplicação EM todas as coisas do mundo, porém não no mundo mesmo: pois tal lei é IMANENTE ao mundo, não transcendente: COM ELE é posta e COM ELE é suprimida. Em última instância, isto baseia-se em que ela pertence à mera forma do nosso entendimento e, junto com o mundo objetivo que através dela é mera aparência, é pelo entendimento condicionada. Assim, a lei de causalidade encontra completa aplicação, sem exceção, EM todas as coisas do mundo, obviamente segundo a forma deste, na variação das suas formas, portanto, em suas mudanças: vale tanto para a ação do ser humano quanto para o choque da pedra; contudo, como dito, sempre apenas em relação aos acontecimentos, às MUDANÇAS. // Mas se quisermos fazer abstração da origem da lei de causalidade no entendimento e a concebermos de maneira puramente OBJETIVA, então ela reside em última instância em que tudo o que faz efeito, fá-lo devido à própria força originária, por conseguinte, eterna, isto é, sem tempo, pelo que seu efeito presente teria de ter entrado em cena infinitamente antes, a saber, antes de todo tempo pensável, se a condição temporal para isto não tivesse faltado – esta é a ocasião, isto é, a causa unicamente em virtude da qual o efeito entra em cena apenas AGORA, porém agora com necessidade: permite-lhe o seu lugar no tempo.

Todavia, em consequência da acima apontada consideração DEMASIADO AMPLA do conceito de CAUSALIDADE, no pensamento abstrato, tal conceito também foi confundido com o de FORÇA: esta, completamente diferente da causa, é aquilo que concede a cada causa a sua causalidade, isto é, a sua possibilidade de fazer efeito; como a fundo e de maneira detalhada explanei no segundo livro do primeiro tomo, bem como em *Vontade na natureza*, por fim também na segunda edição do ensaio *Sobre o princípio de razão*, § 20, p.44. Da forma a mais grosseira encontra-se essa confusão no livro acima mencionado de MAINE DE BIRAN, sobretudo na passagem citada por último: entretanto, essa confusão é recorrente em outros casos, por exemplo, quando se pergunta pela causa de alguma força originária como a gravidade. Até mesmo KANT (*Sobre a única prova possível*, tomo I, p.211, 215, edição Rosenkranz) denomina as forças naturais "causas efetivas" e diz: "a gravidade é uma causa". No entanto, é impossível obter clareza para o próprio pensamento pelo tempo em que força e causa não forem distintamente reconhecidas como completamente diferentes. Para a confusão delas conduz com muita facilidade o uso de conceitos abstratos, quando a consideração da origem destes é deixada de lado. Abandona-se o conhecimento sempre INTUITIVO da causa e do efeito, baseado na forma do entendimento, para ater-se à abstração CAUSA: simplesmente por isto é que o conceito de causalidade, apesar de toda a sua simplicidade, foi com tanta frequência falsamente entendido. Eis por que até mesmo em ARISTÓTELES (*Metaph.*, IV, 2) encontramos as causas divididas em quatro classes, // algo concebido de maneira fundamentalmente falsa, sim, tosca. Compara-se com isso a minha divisão das causas tal como primeiro as estabeleci em meu ensaio *Sobre a visão e as cores*, cap. I, depois brevemente tratei em § 6 do nosso Pimeiro Tomo (primeira edição, p.29), e em seguida expus ao longo do escrito que concorreu a prêmio *Sobre a liberdade da vontade*, p.30-33. A cadeia de causalidade, que é infinita para adiante e para trás, deixa intocados dois seres na natureza: a matéria e a força natural. Estas duas são, em verdade, as condições da causalidade, enquanto tudo o mais é por ela condicionado. Pois uma (a matéria) é aquilo EM que entram em cena os estados e as suas mudanças; a outra (a força natural) é aquilo só EM VIRTUDE do que aqueles podem entrar em cena. No entanto, tenha-se aqui em mente o que foi demonstrado no segundo livro, primeiro tomo, e depois mais a fundo em *Vontade na natureza*, a saber, que as forças naturais são idênticas com a VONTADE em nós, enquanto a matéria apresenta-se como a mera VISIBILIDADE DA VONTADE; de maneira que ao fim a matéria pode ser considerada, em certo sentido, idêntica com a vontade.

Por outro lado, não é menos correto e verdadeiro o que foi explanado no primeiro tomo, § 4, e melhor ainda na segunda edição do ensaio *Sobre o princípio de razão*, § 21, conclusão, p.77, a saber, que a matéria é a causalidade mesma apreendida objetivamente, já que toda a sua essência reside no FAZER-EFEITO EM GERAL, a causalidade mesma, portanto, é EFICÁCIA (ἐνέργεια = efetividade) das coisas em geral, a abstração, por assim dizer, dos seus diversos modos de fazer-efeito. Ora, visto que a essência, *essentia* da matéria consiste no FAZER-EFEITO EM GERAL, e a efetividade, *existentia* das coisas consiste justamente em sua materialidade, que por sua vez é uma coisa só com o fazer-efeito em geral, segue-se que se pode afirmar da matéria em geral que nela *existentia* e *essentia* coincidem e são uma coisa só: pois a matéria não possui qualquer atributo senão a EXISTÊNCIA MESMA em geral e isenta de qualquer determinação precisa. Ao contrário, toda matéria DADA EMPIRICAMENTE, portanto o ESTOFO (que os nossos atuais materialistas ignorantes confundem com a matéria), já entrou na envoltura das FORMAS e // manifesta-se apenas pelas qualidades e acidentes delas; porque na experiência cada fazer-efeito é de tipo totalmente determinado e especial, nunca um meramente geral. Precisamente por isso a pura matéria é um objeto do PENSAMENTO apenas, não da intuição; o que levou PLOTINO (*Enneas II*, livro 4, c. 8 e 9) e GIORDANO BRUNO (*Della causa*, dial. 4) à paradoxal asserção de que a matéria não possui extensão, pois esta é inseparável da forma, e, por conseguinte, é IN-

CORPÓREA; porém, já Aristóteles havia ensinado que a matéria não é corpo algum, embora corpórea: σῶμα μὲν οὐχ ἂν εἴν, σωματιχὴ δέ (*Stob. Ecl.*, livro I, c. 12, § 5). De fato, pensamos sob PURA MATÉRIA o mero FAZER-EFEITO *in abstracto* sem levar em conta de que tipo é esse fazer-efeito, portanto, a PURA CAUSALIDADE mesma: e como tal ela não é OBJETO EMPÍRICO,[11] mas CONDIÇÃO da experiência, exatamente como espaço e tempo. Eis o fundamento devido ao qual, na aqui anexada tabela dos nossos puros conhecimentos fundamentais *a priori*, a MATÉRIA poder ter tomado o lugar da CAUSALIDADE e, ao lado de tempo e espaço, figurar como o terceiro elemento puramente formal, e por consequência inerente, do nosso intelecto.

    Em realidade, essa tabela contém todas as verdades fundamentais *a priori* que se enraízam em nosso conhecimento intuitivo, expressas como princípios supremos e independentes um do outro; todavia, não se registra nela a parte especial que constitui o conteúdo da aritmética e da geometria, nem aquela parte que resulta da união e aplicação daqueles conhecimentos formais, que como tais constituem precisamente o tema dos *Princípios metafísicos da ciência da natureza* expostos por Kant, para os quais esta tabela é, em certa medida, a propedêutica e a introdução, com os quais, portanto, liga-se imediatamente. Nesta tabela tive em vista antes de tudo o PARALELISMO bastante notável entre nossos conhecimentos *a priori* que formam o andaime básico de toda experiência e, em especial, o fato de, como explanei no primeiro livro, § 4, a matéria (assim como a causalidade) dever ser considerada como uma união, ou, se se quiser, como um amálgama entre espaço e tempo. Em concordância com isso encontramos o seguinte: o que a geometria é para a pura intuição do espaço, a aritmética // para a pura intuição do tempo, é a foronomia de Kant para a pura intuição de ambos em UNIÃO: pois a matéria é primariamente o MÓVEL no espaço. O ponto matemático nunca pode ser pensado como móvel; algo que Aristóteles já expôs: *Phys.*

---

11 No original, *Gegenstand*: aquilo que está diante (*stand*) de mim (*gegen*), logo, objeto em sentido empírico (experiência interna ou externa); termo que em alemão se diferencia do latinizado *Objekt*, objeto, para ser tomado na acepção a mais geral possível – como, por exemplo, "liberdade", "alma", "pedra", "bola de bilhar", "Deus" etc. (N. T. – Esta nota é inspirada em aula do meu mestre Rubens Rodrigues Torres Filho.)

VI, 10. Esse mesmo filósofo também forneceu o primeiro exemplo de uma tal ciência, quando no quinto e sexto livros de sua *Física* determina *a priori* as leis do repouso e movimento.

Pode-se à vontade considerar esta tabela tanto como uma compilação das leis fundamentais e eternas do mundo, logo, como a base de uma ontologia; ou como um capítulo da fisiologia do cérebro; isto conforme adote-se o ponto de vista realista ou idealista; embora em última instância a razão esteja do lado do segundo. Sobre isto já nos pusemos em acordo no primeiro capítulo: contudo, quero ainda explicitá-lo de maneira especial mediante um exemplo. O livro *De Xenophane* etc. de Aristóteles começa com as seguintes palavras impactantes de Xenophanes: ᾿Αΐδιον εἶναί φησιν εἴ τί ἐστιν, εἴπερ μὴ ἐνδέχεται γενέσθαι μηδὲν ἐκ μηδενός (*Aeternum esse, inquit, quicquid est, siquidem fieri non potest, ut ex nihilo quippiam existat*).[12] Aqui, portanto, Xenophanes ajuíza sobre a origem das coisas segundo a sua possibilidade, algo de que não pode ter experiência alguma, nem sequer uma análoga: e tampouco ele se refere a alguma experiência; mas ajuíza apoditicamente, portanto *a priori*. Como pode fazer isto, se olha de fora e como estranho num mundo que existe de modo puramente objetivo, isto é, independente do seu conhecer? Como pode ele, um ser transitório e efêmero, ao qual é permitida apenas uma mirada furtiva em semelhante mundo, ajuizar de antemão, sem experiência e apoditicamente, sobre este mundo, sobre a possibilidade da sua existência e origem? — A solução para tal enigma é a de que o homem lida simplesmente com as próprias representações, que, como tais, são a obra do seu cérebro, cuja legalidade, por conseguinte, é apenas o modo e a maneira como pode realizar-se a sua função cerebral, isto é, a forma de sua representação. Ele ajuíza, por consequência, unicamente sobre o seu próprio fenômeno cerebral, e diz o que entra ou não em suas formas, tempo, espaço e causalidade: está perfeitamente em casa e fala apoditicamente. No // mesmo sentido, portanto, deve-se tomar aqui a seguinte tabela dos *praedicabilia a priori* do tempo, do espaço e da matéria.

---

12 "Se algo existe, é eterno, pois é impossível que algo surja do nada." (N. T.)

Praedicabilia a priori

DO TEMPO	DO ESPAÇO	DA MATÉRIA
1. Há apenas UM tempo, e todos os tempos diferentes são partes do mesmo.	1. Há apenas UM espaço, e todos os espaços diferentes são partes do mesmo.	1. Há apenas UMA matéria, e todos os diferentes estofos são estados diferentes dela: como tal ela se chama SUBSTÂNCIA.
2. Tempos diferentes não são simultâneos, mas sucessivos.	2. Espaços diferentes não são sucessivos, mas simultâneos.	2. Matérias diferentes (estofos) não existem pela substância, mas pelos acidentes.
3. Não se pode fazer abstração do tempo, todavia tudo pode ser abstraído dele.	3. Não se pode fazer abstração do espaço, todavia tudo pode ser abstraído dele.	3. É impossível pensar a aniquilação da matéria, embora o seja a de todas as suas formas e qualidades.
4. O tempo tem três partes: passado, presente e futuro, que formam duas direções com um ponto de indiferença.	4. O espaço tem três dimensões: altura, largura e profundidade.	4. A matéria existe, isto é, faz efeito, segundo todas as dimensões do espaço e através de todo o comprimento do tempo, pelo que ela os une e assim os preenche: nisto consiste a sua essência: ela é, portanto, pura causalidade.
5. O tempo é divisível ao infinito.	5. O espaço é divisível ao infinito.	5. A matéria é divisível ao infinito.
6. O tempo é homogêneo e um *continuum*: isto é, nenhuma de suas partes é diferente da outra, nem separável por algo que não fosse tempo.	6. O espaço é homogêneo e um *continuum*: isto é, nenhuma de suas partes é diferente da outra, nem separável por algo que não fosse espaço.	6. A matéria é homogênea e um *continuum*: ou seja, ela não consiste de partes originariamente diferentes (homeômeros) nem originariamente separadas (átomos); portanto, não é composta de partes que seriam essencialmente separadas por algo que não fosse matéria.
7. O tempo não tem começo nem fim, mas todo começo e fim estão no tempo.	7. O espaço não tem limites, mas todos os limites estão no espaço.	7. A matéria não tem origem nem fim, mas todo nascer e perecer estão NELA.
8. É devido ao tempo que contamos.	8. É devido ao espaço que medimos.	8. É devido à matéria que pesamos.

9. O ritmo existe apenas no tempo.

10. Conhecemos *a priori* as leis do tempo.

11. O tempo é intuível *a priori*, embora apenas sob a figura de uma linha.

12. O tempo não tem permanência alguma, mas, uma vez que existe, passa.

13. O tempo é incessante.

14. Tudo o que está no tempo tem uma duração.

15. O tempo não tem duração alguma, porém toda duração existe nele, e esta é a permanência do que persiste, em contraste com o decurso incessante do tempo.

16. Todo movimento é possível apenas no tempo.

17. A velocidade, num mesmo espaço, está na proporção inversa do tempo.

18. O tempo não é mensurável diretamente, por si mesmo, mas apenas indiretamente através do movimento, que como tal existe simultaneamente no espaço e no tempo: é assim que o movimento do Sol e aquele do relógio medem o tempo.

9. A simetria existe apenas no espaço.

10. Conhecemos *a priori* as leis do espaço.

11. O espaço é imediatamente intuível *a priori*.

12. O espaço jamais pode passar, mas permanece sempre.

13. O espaço é imóvel.

14. Tudo o que está no espaço tem um lugar.

15. O espaço não tem movimento algum, porém todo movimento existe nele, e esse movimento é a mudança de lugar do que é móvel, em contraste com o repouso inabalável do espaço.

16. Todo movimento é possível apenas no espaço.

17. A velocidade, num mesmo tempo, está na proporção direta com o espaço.

18. O espaço é por si mesmo diretamente mensurável, e indiretamente através do movimento, que como tal existe simultaneamente no tempo e no espaço: é assim, por exemplo, na expressão uma hora de caminhada, e na distância das estrelas fixas expressada através de tantos anos-luz.

9. O equilíbrio existe apenas na matéria.

10. Conhecemos *a priori* as leis da substância de todos os acidentes.

11. A matéria é meramente pensada *a priori*.

12. Os acidentes mudam, a substância permanece.

13. A matéria é indiferente a repouso e movimento, isto é, não está originariamente inclinada a nenhum dos dois.

14. Todo material tem uma eficácia.

15. A matéria é o permanente no tempo e o móvel no espaço: mediante a comparação entre o que está em repouso e o que é movido medimos a duração.

16. Todo movimento é possível apenas à matéria.

17. Numa mesma velocidade, a QUANTIDADE DE MOVIMENTO está em proporção geométrica direta com a matéria (massa).

18. A matéria como tal (a massa) é mensurável, isto é, determinável segundo sua quantidade, apenas indiretamente, a saber, mediante a QUANTIDADE DE MOVIMENTO que recebe e transmite quando é afastada ou atraída.

19. O tempo é onipresente: cada parte do tempo está em toda parte, isto é, simultaneamente em todo o espaço.	19. O espaço é eterno: cada parte do espaço existe em todo o tempo.	19. A matéria é absoluta: isto é, não pode nascer nem perecer, e seu *quantum* não pode aumentar nem diminuir.
20. Exclusivamente no tempo, tudo existiria sucessivamente.	20. Exclusivamente no espaço, tudo existiria simultaneamente.	20. + 21. A matéria une o fluxo efêmero do tempo com a imobilidade rígida do espaço: por isto a matéria é a substância permanente dos acidentes que mudam. Essa mudança é determinada em cada lugar e em cada tempo pela causalidade, que justamente por isso liga tempo e espaço e constitui a essência inteira da matéria.
21. O tempo torna possível a mudança dos acidentes.	21. O espaço torna possível a permanência da substância.	
22. Cada parte do tempo contém todas as partes da matéria.	22. Nenhuma parte do espaço contém a mesma matéria que a outra.	22. Pois a matéria é tanto permanente quanto impenetrável.
23. O tempo é o *principium individuationis*.	23. O espaço é o *principium individuationis*.	23. Os indivíduos são materiais.
24. O agora é sem duração.	24. O ponto é sem extensão.	24. O átomo é desprovido de realidade.
25. O tempo em si é vazio e desprovido de determinação.	25. O espaço em si é vazio e desprovido de determinação.	25. A matéria em si é desprovida de forma e qualidade, igualmente inerte, isto é, indiferente a repouso e movimento.
26. Cada instante é condicionado pelo instante precedente, e existe apenas quando este cessou de existir. (Princípio de razão do ser no tempo. – Cf. meu ensaio *Sobre o princípio de razão*.)	26. Pela posição de qualquer limite no espaço em relação a qualquer outro limite, a sua posição em relação a todo outro possível limite é absoluta e estritamente determinada. – (Princípio de razão do ser no espaço.)	26. Toda mudança na matéria só pode ocorrer devido a uma anterior que a precede: por isso uma primeira mudança e também um primeiro estado da matéria são tão impensáveis como o começo do tempo ou um limite do espaço. – (Princípio de razão do devir.)
27. O tempo torna possível a aritmética.	27. O espaço torna possível a geometria.	27. A matéria, como o móvel no espaço, torna possível a foronomia.
28. O elemento simples da aritmética é a unidade.	28. O elemento simples da geometria é o ponto.	28. O elemento simples da foronomia é o átomo.

Observações sobre a tabela anexa

1) Sobre o n. 4 da matéria

A essência da matéria consiste em fazer-efeito: a matéria é o fazer-efeito mesmo, *in abstracto*, portanto, o fazer-efeito em geral, à parte toda a diversidade dos modos de efeito: ela é absolutamente causalidade. Justamente por isto, ela mesma, conforme a sua existência, não está submetida à lei de causalidade, logo, é inascível e imperecível: do contrário, a lei de causalidade seria aplicável a si mesma. Ora, visto que a causalidade nos é conhecida *a priori*, segue-se que o conceito de matéria, como fundamento indestrutível de tudo o que existe, pode ocupar o seu lugar entre os conhecimentos *a priori*, na medida em que aquele conceito é apenas a realização de uma forma de conhecimento que nos é dada *a priori*. Pois, tão logo intuímos algo que faz-efeito, isto expõe-se *eo ipso* como material, e vice-versa, algo material expõe-se necessariamente como algo eficiente: de fato, trata-se aqui de conceitos intercambiáveis. Eis por que a palavra *"wirklich"*[13] é usada como sinônimo de *"materiell"*:[14] também em grego χατ' ἐνέργειαν, em contraste com χατὰ δύναμιν, atesta a mesma origem, já que ἐνέργεια significa o fazer-efeito em geral: o mesmo vale em latim para *actu*, em contraste com *potentiâ*; do mesmo modo, em inglês *"actually"* por *"wirklich"*. — O que se denomina densidade ou impenetrabilidade e se toma como a característica essencial do corpo (isto é, do que é material) é meramente aquele MODO DE EFEITO que pertence sem exceção a TODOS os corpos, a saber, o mecânico. A universalidade, devido à qual esse modo de efeito pertence ao conceito de um corpo, e segue-se *a priori* deste conceito, e assim não pode ser eliminada sem suprimir a ele mesmo, é exclusivamente o que a distingue de outros modos de efeito, como o elétrico, o químico, o luminoso, o calórico. Semelhante densidade, ou modo mecânico de fazer efeito, foi muito corretamente dividida por KANT em força de atração e força de repulsão, como se divide uma dada força mecânica em duas outras através do paralelograma de forças. Contudo, este é, no fundo, apenas a análise com clareza de consciência do

---

13 "Efetivo", "real." (N. T.)
14 "Material." (N. T.)

fenômeno em suas partes constitutivas. As duas forças unidas expõem o corpo dentro dos seus limites, isto é, em determinados volumes, enquanto uma só o dissolveria dispersando-o ao infinito, e a outra só o contrairia em um ponto. Apesar desse equilíbrio ou neutralização recíprocos, o corpo ainda faz efeito com a primeira força, repelindo outros corpos que lhe disputam o espaço, e com a outra força atrai todos os corpos em geral, na gravitação; de modo que as duas forças não se dissolvem em seu produto, o corpo, como no caso de duas forças de choque fazendo efeito igual em direções opostas, ou $+E$ e $-E$, ou oxigênio e hidrogênio em água. Que impenetrabilidade e gravidade de fato coincidam exatamente, atesta-o o fato de que, ainda que as possamos separar no pensamento, são no entanto inseparáveis empiricamente, na medida em que uma não pode entrar em cena sem a outra.

Todavia, não posso deixar de mencionar que a aqui invocada teoria de Kant, constituinte dos pensamentos fundamentais do segundo capítulo dos seus *Princípios metafísicos da ciência da natureza*, portanto da sua Dinâmica, já foi exposta distinta e detalhadamente ANTES DE KANT, por PRIESTLEY, em seu excelente *Disquisitions on Matter and Spirit*, sect. 1 e 2, livro que, em sua segunda edição, foi publicado em 1777, enquanto os *Princípios metafísicos* são de 1786. Reminiscências inconscientes podem ser eventualmente admitidas em casos de pensamentos secundários, lampejos engenhosos, comparações e coisas parecidas, mas não no caso de pensamentos centrais e fundamentais. Devemos, então, acreditar que KANT sorrateiramente apropriou-se daqueles tão importantes pensamentos de um outro? E isso de um livro naquela época ainda novo? Ou, diferentemente, esse livro lhe era desconhecido e assim o mesmo pensamento brotou num curto espaço de tempo nas duas cabeças? — Também a explicação da real diferença entre o líquido e o sólido dada por Kant nos *Princípios metafísicos da ciência da natureza* (1. ed., p.88; ed. Rosenkranz, p.384) já se encontra, no essencial, em *Theorie von der Generation*, de Kaspar Friedrich Wolf, Berlim, 1764, p.132. Mas o que dizer quando encontrarmos a mais impactante e fundamental doutrina de Kant, a da idealidade do espaço e da mera existência fenomenal do mundo dos corpos, já expressa por MAUPERTUIS trinta anos antes? Algo que se pode verificar com mais detalhes nas cartas de Frauenstädt sobre minha filosofia, carta 14. MAUPERTUIS expressa essa paradoxal doutrina tão decididamente e, no entanto, sem adição de prova alguma, que se tem de supor que também ele a pegou de outro lugar. Seria bastante desejável que se prosseguisse na investigação do assunto; e como isso exige trabalhosa e prolongada investigação, uma Academia Alemã poderia muito bem elaborar uma questão cuja resposta seria premiada. Assim como KANT está para PRIESTLEY – talvez também para KASPAR WOLF, e para MAUPERTUIS ou seu predecessor – está LAPLACE para ele; a assombrosa e decerto correta teoria de Laplace sobre a origem do sistema planetário, exposta nos seus fundamentos em sua *Exposition du système du monde*, livro V, c. 2, já fora reportada cerca de cinquenta anos antes em pensamentos centrais e fundamentais, a saber, em 1755, por KANT em sua *História natural e teoria do céu*, e de modo mais completo em sua *Única demonstração possível da existência de Deus*, cap. 7; e, visto que neste último escrito dá a entender que LAMBERT, em suas *Kosmologischen Briefe*, 1761, havia sorrateiramente tomado dele aquela teoria, e como tais cartas, por sua vez, também foram publicadas em francês (*Lettres cosmologiques sur la constitution de l'univers*) na mesma época, temos de supor que LAPLACE conhecia aquela teoria kantiana. Sem dúvida, em conformidade com seus profundos conhecimentos astronômicos, ele expõe a coisa de forma mais fundamentada, contundente, detalhada e até mais simples que KANT: mas no principal, a teoria já está distintamente presente neste último, e, devido à grande importância do assunto, bastaria por si só para imortalizar o seu nome. – Aflige-nos bastante quando encontramos as cabeças de primeira ordem sob suspeita de uma desonestidade // que seria uma desonra até mesmo para as cabeças de última ordem; porque sentimos que um roubo seria menos perdoável a um rico que a um pobre. Entretanto, não temos o direito de silenciar: pois aqui somos a posteridade e temos de ser justos; do mesmo modo que esperamos que um dia a posteridade será justa conosco. Por isso, gostaria ainda de acrescentar um terceiro caso paralelo aos anteriores, vale dizer, que os pensamentos fundamentais da *Metamorfose das plantas* de GOETHE já haviam sido expressos em 1764 por KASPAR FRIEDRICH WOLF em sua *Theorie von der Generation*, p.148, 229, 243 etc. Por acaso ocorre algo diferente com o SISTEMA DA GRAVITAÇÃO?, cuja descoberta, no continente europeu, ainda é atribuída a NEWTON?; enquanto da Inglaterra, pelo menos entre as pessoas cultas, sabe-se muito bem que ela pertence a ROBERT HOOKE, que já no ano de 1666 a expusera em *Communication to the Royal Society*, decerto apenas como hipótese sem prova, no entanto de forma bem clara. A passagem principal desse escrito está impressa em Dugald Stewart, *Philosophy of the Human Mind*, v. 2, p.434, e foi provavelmente retirada de *R. Hooke's Posthumous Works*. O desenvolvimento da história, e como Newton se viu em apuros com ela, encontra-se também em *Biographie universelle, article Newton*. Como um assunto resolvido, a prioridade de HOOKE é tratada em uma curta história da astronomia, *Quarterly review*, agosto de 1828. Detalhes sobre esse objeto encontra-se em meu *Parerga*, II, § 86. A história da queda de uma maçã é tão infundada como um adorado conto popular, e carece de toda autoridade.

2) Sobre o n. 18 da matéria

QUANTIDADE DE MOVIMENTO (*quantitas motus*, já em Descartes) é o produto da massa pela velocidade.

Esta lei fundamenta não apenas a teoria do choque na MECÂNICA, mas também a teoria do equilíbrio na ESTÁTICA. A partir da força de choque que exteriorizam dois corpos em igual velocidade é possível determinar a relação recíproca das suas massas: assim, de dois martelos golpeando com igual velocidade, o de maior massa cravará o prego mais fundo na parede, ou a estaca mais fundo na terra. Por exemplo, // um martelo de seis libras de peso, a uma velocidade = 6, fará tanto efeito quanto um martelo de três libras de peso, a uma velocidade = 12: pois em ambos os casos a QUANTIDADE DE MOVIMENTO é = 36. De duas bolas rolando à mesma velocidade, a de maior massa impulsionará uma terceira bola em repouso para mais adiante do que o pode fazer a de menor massa: porque a massa da primeira, multiplicada pela mesma velocidade, produz um maior QUANTUM DE MOVIMENTO. O canhão atira mais longe que a espingarda porque a mesma velocidade comunicada a uma massa muito maior gera um muito maior QUANTUM DE MOVIMENTO, que resiste mais tempo ao efeito retardante da gravidade. Por igual razão, o mesmo braço atirará mais longe uma bola de chumbo que uma de pedra de mesmo tamanho, ou uma pedra grande mais longe que uma pequena. Por isso um disparo de cartucho não vai tão longe quanto um de bala.

A mesma lei subjaz à teoria da alavanca e da balança: pois também aqui a massa menor, no braço mais longo da alavanca ou balança, AO CAIR tem uma velocidade maior, multiplicada pela qual pode igualar ou até mesmo exceder em QUANTIDADE DE MOVIMENTO a massa maior encontrada no braço mais curto. No estado de REPOUSO produzido pelo EQUILÍBRIO, essa velocidade existe de modo meramente intencional, ou virtual, *potentiâ* não *actu*, faz efeito, contudo, tanto quanto se fosse *actu*, o que é bastante notável.

Após tais verdades trazidas à lembrança, a seguinte explanação será mais facilmente compreendida.

A QUANTIDADE DE UMA DADA MATÉRIA pode ser em geral estimada apenas segundo sua FORÇA, e esta só pode ser conhecida em sua exteriorização. Tal exteriorização, em que a matéria é considerada meramente em sua quantidade e não em sua qualidade, só pode ser uma MECÂNICA, isto é, só pode consistir no MOVIMENTO que ela comunica a outra matéria. Pois é unicamente no MOVIMENTO que a força da matéria se torna, por assim dizer, viva: daí a expressão FORÇA VIVA para a exteriorização de força da matéria em movimento. Por conseguinte, a única medida para a quantidade de matéria dada é a QUANTIDADE DE MOVIMENTO. // Se esta for dada, a quantidade de matéria ainda entra em cena combinada e amalgamada com seu outro fator, a VELOCIDADE: este outro fator, portanto, tem de ser eliminado, caso se queira conhecer a quantidade de matéria (a massa). A VELOCIDADE será imediatamente conhecida: pois ela é S/T. Porém, o outro fator, que permanece depois da eliminação desta, portanto a massa, é conhecida sempre apenas RELATIVAMENTE, a saber, em comparação com outras massas, que por sua vez só são conhecidas por meio da QUANTIDADE DE SEU MOVIMENTO, portanto, em sua combinação com a velocidade. Tem-se, assim, de comparar um QUANTUM DE MOVIMENTO com o outro, em seguida subtrair a velocidade de ambos, para ver quanto cada um deles deve à sua massa. Isto é feito mediante a pesagem das massas uma contra a outra, em que se compara a QUANTIDADE DE MOVIMENTO que, em cada uma das duas massas, produz a força de atração terrestre, que faz efeito em ambas apenas segundo a medida de sua QUANTIDADE. Por isso há dois tipos de pesagem: ou bem se comunica IGUAL velocidade a ambas as massas em comparação, para verificar qual das duas, agora, ainda COMUNICA movimento à outra, e portanto ela mesma TEM um grande quantum de movimento, que, como a velocidade é igual nos dois lados, tem de ser atribuído ao outro fator da QUANTIDADE DE MOVIMENTO, portanto de massa (balança manual): ou então pesa-se investigando quanto a MAIS de VELOCIDADE uma massa tem de receber que a outra, para igualá-la em QUANTIDADE DE MOVIMENTO, e assim não permitir mais que o movimento seja COMUNICADO a si pela outra; pois na proporção em que sua VELOCIDADE tem de exceder aquela da outra, sua massa, isto é, a quantidade de sua matéria, é menor que aquela da outra (balança romana). Essa estimação das massas mediante PESAGEM reside na circunstância favorável de que a força motriz, em si mesma, faz efeito sobre ambas de maneira equivalente, e cada uma das duas está na posição de COMUNICAR imediatamente à outra seu excedente em QUANTIDADE DE MOVIMENTO, com o que ele se torna visível.

II 61 // O essencial dessa teoria já foi há tempos expresso por NEWTON e KANT, todavia, mediante a conexão e a clareza desta minha exposição, acredito ter-lhe conferido uma apreensibilidade que torna a todos acessível a intelecção que julguei necessária para justificar a proposição n. 18.

Segunda metade

*A doutrina da representação abstrata
ou do pensamento*

Capítulo 5
DO INTELECTO DESPROVIDO DE RAZÃO*

Deve ser possível um conhecimento completo da consciência dos animais; na medida em que podemos construí-la mediante a mera eliminação de certas características da nossa. Por outro lado, a consciência animal é assaltada pelo instinto, que, em todos eles, é mais desenvolvido que no ser humano e em certos animais vai até o impulso industrioso.

Os animais têm entendimento, sem terem faculdade de razão, portanto, têm conhecimento INTUITIVO, mas não abstrato: apreendem corretamente, também captam imediatamente o nexo causal, e os animais superiores o captam inclusive através dos vários elos da cadeia causal; contudo, propriamente dizendo, não PENSAM. Pois lhes faltam os CONCEITOS, isto é, as representações abstratas. A consequência mais direta disto é a falta de uma verdadeira memória, de que carecem até mesmo os mais inteligentes dentre eles, e justamente isto fundamenta a principal diferença entre a sua consciência e a humana. A perfeita clareza de consciência // baseia-se, em realidade, na consciência distinta do passado e do eventual futuro COMO TAIS e em conexão com o presente. Por conseguinte, a verdadeira memória aqui exigida para isso é uma recordação ordenada, coerente, que pensa: semelhante memória, entretanto, é possível apenas por meio de CONCEITOS UNIVERSAIS, de cuja ajuda precisa até mesmo a coisa inteiramente individual, para ser invocada em sua ordem e encadeamento. Pois a multidão inabarcável das coisas e dos acontecimentos semelhantes e do mesmo tipo em nosso decurso de vida não admite imediatamente uma recordação intuitiva e es-

---

* Este capítulo, junto com os seguintes, conecta-se com § 8 e 9 do primeiro tomo.

pecífica de cada coisa individual, para o que nem as forças da nossa ampla capacidade de recordação, nem o nosso tempo seriam suficientes: por consequência, tudo isso só pode ser conservado por meio da subsunção a conceitos universais e da daí originada remissão a relativamente poucas proposições, por meio das quais nós temos, então, constantemente à disposição um panorama ordenado e suficiente do nosso passado. Tão somente cenas isoladas do passado é que podemos presentificar-nos intuitivamente; mas o tempo desde então transcorrido e o seu conteúdo nós só temos consciência deles *in abstracto* por meio dos conceitos de coisas e números, os quais, então, representam os dias e os anos, junto com o seu conteúdo. A faculdade de recordação dos animais, ao contrário, é, como todo o seu intelecto, limitada ao que é INTUITIVO e consiste primariamente apenas no fato de uma impressão que é recorrente anunciar-se como já tendo existido, na medida em que a intuição presente refresca os traços de uma anterior: sua recordação, por consequência, é sempre intermediada pelo agora efetivamente presente. Este estimula justamente a primeira sensação e disposição que a primeira aparência havia produzido. Eis por que o cachorro reconhece os conhecidos, diferencia amigos de inimigos, encontra o caminho uma vez percorrido, as casas já visitadas, de modo bem fácil, e, pela visão de um prato ou pedaço de pau é de imediato colocado na correspondente disposição de ânimo. Sobre o emprego dessa faculdade de recordação que intui e do acentuado poder do hábito entre os animais, baseiam-se todos os tipos de adestramento: este, portanto, é tão diferente da educação humana quanto é o intuir do pensar. Também nós, em casos isolados, //quando a memória propriamente dita falha no seu serviço, ficamos limitados àquela reminiscência meramente intuitiva, com o que podemos, por experiência própria, avaliar a diferença entre as duas: por exemplo, ao avistar uma pessoa que nos é conhecida e vem ao nosso encontro sem que recordemos quando e onde a vimos; igualmente, quando adentramos num lugar em que estivemos na primeira infância, portanto, no período em que a razão ainda não se desenvolvera, e o havíamos esquecido completamente; agora, entretanto, sentimos a impressão daquilo que é presente como algo que já existiu. Desse tipo são todas as recordações dos animais. Acresce ao que foi dito que, entre os animais mais inteligentes, essa memória meramente intuitiva eleva-se até um certo grau de FANTASIA, que, por sua vez, os auxilia, e devido à qual, por exemplo, um cachorro tem a imagem do seu senhor ausente pairando diante de si, o que estimula a saudade por ele, e devido à qual, no caso da longa ausência dele, o procura por toda parte. A consciência dos animais, portanto, é uma simples sucessão de momentos presentes, em que cada um destes, contudo, não existe como futuro antes de sua entrada em cena, nem como passado após o seu desaparecimento; algo que, como tal, é a característica distintiva da consciência humana. Justamente por isso os animais têm A SOFRER infinitamente menos que nós, porque eles não conhecem outra dor senão aquela que é produzida imediatamente pelo PRESENTE. O tempo presente, entretanto, é sem extensão; o futuro e o passado, ao contrário, que contêm a maioria das causas dos nossos sofrimentos, têm uma vasta extensão, e, ao seu conteúdo real, acrescenta-se o meramente possível, com o que se abre um campo a perder de vista para o desejo e o medo: já os animais, imperturbáveis diante desse campo, fruem calmos e serenos cada momento presente ainda suportável. Seres humanos bastante limitados podem, nesse aspecto, aproximarem-se deles. Ademais, os sofrimentos que pertencem SOMENTE ao presente só podem ser meramente físicos. Os animais não sentem propriamente dizendo nem mesmo a morte: só quando ela entra em cena é que eles podem conhecê-la;[1] mas então não existem mais. Assim, a vida do animal é um contínuo presente. Ele aí vive sem introspecção e inteiramente absorvido no tempo presente: até mesmo a grande maioria de humanos vive sem introspecção. Uma outra consequência da exposta índole do intelecto dos animais é a // precisa concordância da sua consciência com o seu entorno. Entre o animal e o mundo exterior não há nada: mas entre nós e o mundo exterior encontram-se sempre os nossos pensamentos sobre

---

[1] Resta saber quanto tempo demora a percepção desse entrar em cena da morte. Schopenhauer talvez ainda não tivesse muitas informações da nascente produção industrial de carne. Hoje em dia sabe-se que, no transporte dos bichos desde a origem, durante o trajeto, até o abatedouro (pensando-se em bovinos e suínos), eles já sentem que vão morrer. Os tão vilipendiados porcos gritam altíssimo de desespero, no contêiner do caminhão, que é guiado talvez por um racionalmente frio motorista. Todos esses animais sofrem, sentem o seu fim inevitável. Sabem sensitivamente sobre a sua condição *futura*. (N. T.)

o mesmo, o que nos torna frequentes vezes estrangeiros a ele, e ele frequentes vezes inacessível a nós. Apenas em algumas crianças e pessoas bem toscas é que esse muro às vezes torna-se tão fino que, para saber o que lhes ocorre intimamente, precisa-se apenas ver o que ocorre ao seu redor. Por conseguinte, os animais não são capazes de intento nem de dissimulação: não têm segundas intenções. Nesse aspecto, o cachorro está para o ser humano como um copo de vidro está para um de metal, o que contribui muito para que o cachorro ganhe tanto valor entre nós: pois ele nos proporciona um grande deleite ao vermos nele, de maneira simples e em clara luz do dia, todas as nossas inclinações e afetos que tão frequentemente dissimulamos. Em geral, os animais jogam, por assim dizer, sempre com as cartas a descoberto na mesa: por isso consideramos com tanto prazer seu comportamento e ações entre si, seja quando pertencem a uma mesma espécie ou a espécies diferentes. Um certo selo de inocência os caracteriza ali, em oposição ao comportamento humano, que, como tal, pela entrada em cena da razão, e junto com esta a da clareza de consciência, faz perder a inocência da natureza. Em vez desta, o comportamento humano tem sempre o selo da intenção calculada, cuja ausência, e o consequente tornar-se-determinado pelo impulso do momento, constitui o caráter fundamental de todo comportamento animal. Nenhum animal é capaz de uma intenção calculada propriamente dita: concebê-la e segui-la é prerrogativa do ser humano, e uma prerrogativa cheia de importantes consequências. Decerto um instinto, como o da ave migratória, ou das abelhas, ou também um desejo permanente e duradouro, um anelo, como o do cachorro após a ausência do seu senhor, pode produzir a ilusão do intento, a qual, todavia, não deve ser confundida com o intento propriamente dito. – Tudo isso tem sua última razão de ser na relação entre o intelecto humano e o do animal, a qual pode ser assim expressa: os animais têm meramente um conhecimento IMEDIATO, nós ao lado deste ainda temos um conhecimento MEDIATO; e também aqui encontra lugar a vantagem que o conhecimento mediato tem sobre o imediato em muitas coisas, por exemplo, na trigonometria e análise, no operar através de máquinas em vez de por trabalho manual e assim por diante. // Em função disso, pode-se dizer: os animais têm meramente um intelecto SIMPLES, nós um DUPLO; a saber, ao lado do que intui, ainda um que pensa; e as operações de ambos ocorrem frequentes vezes independentes uma da outra: nós intuímos uma coisa e pensamos em outra; amiúde, elas são conectadas entre si. Essa relação de coisas torna especialmente compreensível a essencial franqueza e ingenuidade dos animais acima mencionadas, em oposição ao mascaramento humano.

Entrementes, a lei *natura non facit saltus*[2] não é inteiramente abolida, tampouco no caso do intelecto dos animais; embora o passo do intelecto animal ao humano tenha sido o mais amplo que a natureza deu na produção dos seus seres. Um tênue traço de reflexão, de faculdade de razão, de compreensão de palavras, de pensamento, de intento, de ponderação, às vezes dá sinal de si nos indivíduos mais seletos das espécies animais superiores, para o nosso sempre renovado espanto. Os traços mais notáveis desse tipo foram fornecidos pelo elefante, cujo intelecto bastante desenvolvido é ainda apoiado e aprimorado pela prática e experiência de uma vida que às vezes dura duzentos anos. Ele amiúde nos deu inequívocos sinais de premeditação, que na maioria das vezes é o que mais nos surpreende nos animais, e que por isso se conservaram em bem conhecidas anedotas: em especial a do alfaiate, de quem vingou-se por ter recebido dele uma agulhada. Gostaria, contudo, de resgatar do esquecimento um caso parecido com este, porque tem a vantagem de ter sido atestado mediante inquérito judicial. Em Morpeth, na Inglaterra, no dia 27 de agosto de 1830, foi feito um *coroners inquest*,[3] em BAPTIST BERNHARD, morto por seu elefante: do interrogatório soube-se que o dono, dois anos antes, havia maltratado duramente o animal e agora este, sem motivo, mas na ocasião apropriada, subitamente o agarrou e o despedaçou (ver *Spectator* e outros jornais ingleses do dia). Para um conhecimento especial do intelecto dos animais, recomendo o excelente livro de LEROY, *Sur l'intelligence des animaux* (nova ed., 1802).

---

2 "A natureza não dá saltos." (N. T.)
3 "Inquérito legista." (N. T.)

// Capítulo 6
A PROPÓSITO DA DOUTRINA DO CONHECIMENTO ABSTRATO OU DE-RAZÃO

A impressão exterior sobre os sentidos, junto com a disposição particular que ela desperta em nós, desaparece com a presença das coisas. Esses dois elementos, por consequência, não podem constituir eles mesmos a EXPERIÊNCIA propriamente dita, cujo ensinamento deve conduzir a nossa conduta no futuro. A imagem daquela impressão, que a fantasia conserva, já é de imediato mais débil que a impressão mesma, debilita-se dia a dia gradativamente e apaga-se por completo com o tempo. Somente uma coisa não está submetida àquele desaparecimento súbito da impressão, nem ao gradual da sua imagem, logo, está livre da violência do tempo: O CONCEITO. Neste, por conseguinte, tem de ser depositada a experiência instrutiva, e unicamente ele qualifica-se como guia seguro de nossos passos na vida. Por isso Sêneca diz com acerto: *Si vis tibi omnia subjicere, te subjice rationi* (ep. 37).[1] E eu acrescento a isto que, para na vida real se estar ACIMA dos outros, a condição indispensável é ser PONDERADO,[2] isto é, proceder segundo conceitos. Um instrumento tão importante da inteligência, como é o CONCEITO, manifestamente não pode ser idêntico com A PALAVRA, este mero sonido, que como impressão sensorial se esvanece no presente, ou como fantasma auditivo desaparecerá com o passar do tempo. Todavia, o conceito é uma representação, cuja consciência distinta e conservação ligam-se à palavra: por isso os gregos designavam palavra, conceito, relação, pensamento com o nome da

---

1 "Se queres submeter tudo a ti, submete a ti mesmo à razão." (N. T.)
2 Jogo de palavras entre *Überlegen*, estar acima, ser superior, e *überlegt*, ponderado, que pensa. (N. T.)

primeira: ὁ λόγος. Não obstante, o CONCEITO é por inteiro diferente tanto da PALAVRA, à qual está conectado, quanto das intuições, das quais originou-se. Ele é de natureza completamente diferente destas impressões sensoriais. Entretanto, consegue acolher em si todos os resultados da intuição, para restituí-los, mesmo depois do mais longo espaço de tempo, inalterados e sem diminuição: tão somente desse modo é que nasce A EXPERIÊNCIA. O conceito não conserva o intuído, nem o que é aí sentido, mas o seu essencial, quintessencial, em figura completamente mudada, // e contudo como um adequado representativo daqueles primeiros. Assim, as flores não podem ser conservadas, mas o podem o seu óleo etéreo, a sua quintessência, com igual aroma e igual força. A ação que teve corretos conceitos como diretrizes torna-se, no resultado, coincidente com a realidade intentada. — O valor inestimável dos CONCEITOS, e, por conseguinte, da RAZÃO, pode-se medir quando lançamos o olhar para a multidão infinita e diversificada de coisas e estados existentes sucessiva e conjuntamente, e então consideramos que linguagem e escritura (os signos dos conceitos) possibilitam, todavia, que uma precisa informação nos chegue sobre cada coisa e cada relação, não importando quando e onde tenham ocorrido; justo porque relativamente POUCOS conceitos abarcam e representam uma infinitude de coisas e estados. — No nosso próprio refletir, a ABSTRAÇÃO é um jogar fora a bagagem inútil, em vista do manuseio mais fácil do conhecimento que deve ser comparado e aplicado aqui e ali. De fato, aqui deixa-se de lado o muito de inessencial das coisas reais, que apenas gera confusão, e opera-se com poucas, mas essenciais determinações pensadas *in abstracto*. Mas justamente porque conceitos universais só são obtidos pelo desprezo e pela exclusão de determinações existentes e, por isto, quanto mais universais, mais vazios são, o uso desse procedimento limita-se à ELABORAÇÃO dos nossos conhecimentos já adquiridos, à qual pertence também a conclusão a partir de premissas neles contidas. Novas intelecções fundamentais, ao contrário, são hauríveis apenas do conhecimento intuitivo, o único completo e abundante, com a ajuda da faculdade de juízo. Ademais, como o conteúdo e a extensão dos conceitos estão numa relação inversamente proporcional, e assim quanto mais é pensado SOB um conceito, menos é pensado NELE; segue-se que os conceitos formam um escalonamento, uma hierarquia, dos mais particulares até os mais universais, em cuja extremidade inferior o realismo escolástico tem razão, e na extremidade superior, o nominalismo. Pois o conceito mais particular já é quase o indivíduo, portanto, quase real: e o conceito mais universal, por exemplo, o ser (isto é, o infinitivo da cópula), quase nada é senão uma palavra. Por isso sistemas filosóficos que permanecem dentro de tais conceitos bastante universais, // sem descerem ao real, quase mais nada são que simples palavrório. Pois, como toda abstração consiste em mera eliminação, então quanto mais se prossegue na abstração, menos se retém. Quando, portanto, leio esses filosofemas modernos que se movem continuamente em puros e amplíssimos conceitos abstratos, então, apesar de toda atenção, de imediato quase não posso pensar mais nada ali; porque não recebo estofo algum para o pensamento, mas tenho de operar com puras cascas vazias que dão a sensação semelhante àquela que nasce da tentativa de arremessar longe corpos bastante leves: a força e o esforço estão ali, todavia, falta no objeto o absorvê-los e assim produzir o outro instante do movimento. Quem quiser experimentar isto, leia os escritos dos schellinguianos e, melhor ainda, dos hegelianos. Conceitos SIMPLES deveriam ser, propriamente dizendo, aqueles tais que seriam indissolúveis; por consequência, jamais poderiam ser o sujeito de um juízo analítico: isto eu considero como impossível; pois, quando se pensa um conceito, tem-se também de poder especificar o seu conteúdo. O que costumeiramente se indica como exemplos de conceitos simples não são mais conceitos, porém, em parte, meras sensações dos sentidos, como a de uma determinada cor, em parte, as formas da intuição que nos são conhecidas *a priori*, portanto, propriamente dizendo, os elementos últimos do CONHECIMENTO INTUITIVO. Este, entretanto, é para o sistema de todos os nossos pensamentos aquilo que o granito é na geognosia, o último solo firme que tudo sustenta e além do qual não se pode ir. Para a DISTINÇÃO de um conceito é exigido não apenas que se o decomponha em seus traços característicos, mas também que se possa à sua vez analisar estes traços, se também forem abstrações, e assim por diante, até chegar-se ao conhecimento INTUITIVO, ou seja, às coisas concretas, através de cuja clara intuição comprova-se os últimos conceitos abstratos e, com isto, assegura-se a estes realidade, bem como a todas as supremas abstrações que neles se baseiam. Eis por que não é convincente a explicação habitual de que conceitos são distintos tão logo se possa fornecer os seus traços característicos: pois a decomposição destes conduz, talvez, repetidamente apenas a conceitos, sem que por fim intuições subjazam a eles que atribuam realidade a todos aqueles conceitos. Consideremos, por exemplo, o conceito "espírito" e o analisemos em seus // traços característicos, "um ser que pensa, que quer, imaterial, simples, que não ocupa espaço algum, indestrutível"; nada de distinto foi aí pensado; porque os elementos desse conceito não podem ser comprovados por intuições: pois um ser que pensa sem cérebro é como um ser que faz a digestão sem estômago. CLARAS propriamente dizendo são só as intuições, não os conceitos: estes, no máximo, podem ser DISTINTOS. Por isso, por mais absurdo que seja, "claro e confuso" também foram colocados um ao lado do outro e empregados como sinônimos, quando se explicou o conhecimento intuitivo como sendo apenas um confuso conhecimento abstrato, já que unicamente este último seria distinto. Isto foi feito primeiro por DUNS SCOTUS, mas no fundo também LEIBNIZ tem essa visão, sobre a qual se baseia a sua *identitas indiscernibilium*: veja-se a refutação de KANT da mesma, p.275 da primeira edição da *Crítica da razão pura*.

A acima abordada estreita ligação do conceito com a palavra, logo, da linguagem com a razão, baseia-se em última instância no seguinte. Toda nossa consciência com sua percepção interior e exterior tem como forma inextirpável O TEMPO. Os conceitos, por sua vez, como representações originadas da abstração e que são no todo universais e diferentes de todas as coisas singulares, têm, nesta característica, decerto como que uma existência objetiva, a qual, todavia, não pertence a série temporal alguma. Eis por que, para entrarem no presente imediato de uma consciência individual, portanto, serem inseridos numa série temporal, eles têm de poder ser como que reconduzidos à natureza das coisas singulares, como que individualizados e, por conseguinte, vinculados a uma representação sensível: a PALAVRA. Esta é, por conseguinte, o signo sensível do conceito e como tal o meio necessário que o FIXA, isto é, presentifica-o na consciência, inseparável da forma temporal, e assim estabelece uma ligação entre a razão, cujos objetos são meras e gerais *universalia* que não conhecem lugar nem tempo, e a consciência, inseparável do tempo, sensível e nessa medida meramente animal. Tão somente em virtude desse meio é que se torna possível e disponível a reprodução arbitrária dos conceitos, portanto, a sua recordação e conservação, e também as operações a serem com eles efetuadas, // portanto, julgar, concluir, comparar, limitar e assim por diante. Às vezes decerto ocorre que conceitos ocupem a consciência sem seus signos, na medida em que ocasionalmente passamos em revista de modo tão rápido uma cadeia dedutiva que, nesse tempo, não pudemos pensar nas palavras. Mas estas são exceções que justamente pressupõem um grande exercício da razão, que ela só pôde conseguir mediante a linguagem. O quanto o uso da razão está vinculado à linguagem, vemo-lo no caso dos surdos-mudos, os quais, se não aprenderam nenhum tipo de linguagem, dificilmente mostram mais inteligência que os orangotangos e elefantes: pois têm faculdade de razão apenas *potentia* não *actu*.

Palavra e linguagem, portanto, são os instrumentos indispensáveis para o pensamento distinto. Ora, assim como todo instrumento e toda máquina são ao mesmo tempo uma sobrecarga e um entrave, assim também ocorre com a linguagem: porque esta força os infinitamente nuançados, móveis e modificáveis pensamentos a entrar em certas formas fixas e invariáveis e, na medida em que os fixa, ao mesmo tempo os agrilhoa. Esse entrave é em parte removido pelo aprendizado de várias línguas. Pois, na medida em que, por esse aprendizado, o pensamento é vertido de uma forma para outra e em cada uma delas modifica alguma coisa da sua figura, ele remove mais e mais aquela forma e carapaça; com o que a sua própria e peculiar natureza entra em cena distintamente na consciência e assim ele adquire de novo a sua modificabilidade originária. As antigas línguas realizam esse serviço muito melhor que as modernas; porque, devido à sua grande diferença, o mesmo pensamento é expresso de um modo completamente outro, logo, tem de assumir uma forma bem diferente; ao que ainda se acrescenta o fato de a gramática mais perfeita das línguas antigas tornar possível uma construção mais artística e perfeita dos pensamentos e do seu encadeamento. Por isso um grego ou romano, na maioria dos casos, podia satisfazer-se com a própria língua. Mas quem não entende mais nada senão um único *patois*[3]

---

3 "Dialeto." (N. T.)

moderno, logo revelará na escrita e na leitura essa indigência, na medida em que seu pensamento, amordaçado firmemente a formas tão pobres e estereotipadas, tem de aparecer rígido e monótono. Porém, o gênio, como em tudo, pode perfeitamente remediar isto, por exemplo, em Shakespeare.

Daquilo que eu expus em § 9 do primeiro tomo, ou seja, que as palavras de um discurso podem ser perfeitamente entendidas // sem ocasionar representações intuitivas, imagens em nossa cabeça, disso um tratamento no todo correto e bastante detalhado já foi dado por BURKE em seu *Inquiry into the Sublime and Beautiful* (p.5, seções 4 e 5); embora dali ele chegue à conclusão inteiramente falsa de que ouvimos, entendemos e empregamos as palavras sem conectar a elas representação (*idea*) alguma; quando teria de concluir que nem todas as representações (*ideas*) são imagens intuitivas (*images*), mas que precisamente aquelas que têm de ser designadas por palavras são meros CONCEITOS (*abstract notions*), e estes, segundo a sua natureza, não são intuitivos. — Ora, justamente porque palavras comunicam meros conceitos universais que são inteiramente diferentes das representações intuitivas ocorrerá, por exemplo, na narrativa de um acontecimento, que todos os ouvintes recebam de fato os mesmos conceitos; porém, quando querem tornar intuível o evento, cada um esboça uma IMAGEM diferente do mesmo na fantasia, que se distancia significativamente da imagem correta, a qual apenas a testemunha ocular possui. Nisto reside o fundamento primário (outros ajuntam-se) do porquê de todo fato, que foi narrado repetidas vezes, necessariamente desfigurar-se: a saber, um segundo narrador comunica conceitos que ele abstraiu da SUA imagem na fantasia, dos quais um terceiro narrador esboça uma outra imagem para si ainda mais distante, que ele de novo converte em conceitos, e assim por diante. Quem é seco o suficiente para permanecer nos conceitos que lhe foram comunicados e passá-los adiante, será o mais confiável narrador.

A melhor e mais arrazoada abordagem sobre a essência e natureza dos conceitos que eu já encontrei está em *Essays on the Powers of Human Mind*, de THOMAS REID (v.2, ensaio 5, cap. 6). — A mesma foi desprezada por DUGALD STEWART em sua *Philosophy of the Human Mind*: sobre este cidadão, gostaria de dizer brevemente, para não desperdiçar papel com ele, que pertence àquela categoria dos muitos que alcançaram imerecida fama através de favores e amigos; por isso apenas posso aconselhar a não se perder uma hora sequer com as escrevinhações de uma tal cabeça rasa.

De resto, que a RAZÃO seja a faculdade das representações abstratas, o ENTENDIMENTO das intuitivas, o príncipe escolástico PICO DE MIRANDOLA já // o havia entrevisto, quando em seu livro *De imaginatione*, c. 11, distingue cuidadosamente entendimento e razão, esclarecendo esta última como a faculdade discursiva e própria do ser humano, e a primeira como a faculdade intuitiva, aparentada ao modo de conhecer dos anjos, sim, de Deus. — Também ESPINOSA caracteriza com todo acerto a razão como a faculdade de formar conceitos universais: *Eth*. II, prop. 40, schol. 2. — Não seria necessário mencionar tais coisas não fosse a farsa desempenhada nos últimos cinquenta anos por todos os filosofastros da Alemanha com o conceito de RAZÃO, na medida em que quiseram, com uma ousadia desavergonhada, contrabandear debaixo desse nome uma fictícia faculdade de conhecimentos imediatos, metafísicos, os assim chamados conhecimentos suprassensíveis, enquanto a verdadeira razão, ao contrário, foi denominada ENTENDIMENTO, já o entendimento propriamente dito foi ignorado por completo, como algo que lhes era estranho, sendo suas funções intuitivas prescrevidas à sensibilidade.

Como em todas as coisas deste mundo, a cada expediente, a cada vantagem, a cada privilégio juntam-se de imediato também novas desvantagens; assim, a razão, que confere ao ser humano tão grandes privilégios em relação aos animais, traz consigo desvantagens específicas e abre-lhe atalhos errados, nos quais os animais jamais podem entrar. Através da faculdade de razão um tipo completamente novo de motivos, inacessível aos animais, adquire poder sobre a vontade; a saber, os motivos ABSTRATOS, os meros pensamentos, que de modo algum são sempre retirados da própria experiência, mas amiúde chegam apenas por via da fala e do exemplo dos outros, da tradição e dos escritos. O ser humano, ao ter feito acesso ao PENSAMENTO, de imediato também tornou-se aberto ao ERRO. Só que todo erro, mais cedo ou mais tarde, provoca dano, e quanto maior for o erro, maior será o dano. Quem comete um erro individual tem de em algum momento expiá-lo, e amiúde paga caro: o mesmo vale em grandes proporções para os erros coletivos de povos inteiros. Daí nunca ser demais repetir que cada erro, não importa onde for encontrado, tem de ser combatido e extinto como um inimigo da humanidade, e não há erros privilegiados, ou sancionados. O pensador tem de atacá-lo, mesmo que a humanidade, igual // a um doente tocado em sua úlcera pelo médico, grite bem alto. — Já o animal nunca pode desviar-se muito do caminho da natureza: pois seus motivos residem apenas no mundo INTUITIVO, onde tem lugar apenas o possível, sim, apenas o real: por outro lado, nos conceitos abstratos, nos pensamentos e nas palavras, entra tudo o que é só imaginável, logo, também o falso, o impossível, o absurdo, o disparate. Ora, visto que da faculdade de razão todos partilham, e da faculdade de juízo, poucos; a consequência é que o ser humano frequentemente está exposto a desilusões, na medida em que pode ser vítima da mais absurda quimera que se lhe conte, que, fazendo efeito como motivo de seu querer, pode induzi-lo a iniquidades e insensatezes de todo tipo, a extravagâncias as mais inauditas, bem como a ações as mais contraditórias com a sua natureza animal. Formação propriamente dita, em que conhecimento e juízo vão de mãos dadas, cabe a bem poucos, e menor ainda é o número dos que são capazes de assimilá-la. Para a grande massa, a formação é substituída por uma espécie de adestramento: levado a cabo através de exemplo, hábito e certos conceitos inoculados o mais cedo possível, antes que qualquer experiência, entendimento e faculdade de juízo ali estejam para atrapalhar a obra. Assim, implantam-se pensamentos que restam tão firmes e inabaláveis em face de qualquer ensinamento como se fossem INATOS, e desse modo foram amiúde vistos, inclusive pelos filósofos. Por esse caminho pode-se, com igual esforço, imprimir numa pessoa o correto e razoável, ou o maior absurdo, por exemplo, habituá-la a aproximar-se deste ou daquele ídolo possuída por sagrado horror e, ao pronunciar o nome de tal ídolo, a prostrar-se no chão não apenas com o corpo, mas também com todo o ânimo; a sacrificar de bom grado as posses e a vida em favor de palavras, nomes, na defesa das bizarrices mais inacreditáveis; a atribuir gratuitamente a maior honra ou o mais profundo desprezo a isto ou aquilo, e, conforme isto, com íntima convicção valorizar ou desprezar cada pessoa; a renunciar a toda alimentação animal, como no Industão, ou a consumir pedaços de carne ainda quentes e palpitantes cortados do animal vivo, como na Abissínia; a devorar seres humanos, como na Nova Zelândia, ou a sacrifi-

II 75 car crianças ao Moloch; a castrar-se // a si mesma, a gratuitamente atirar-se na pira do defunto – numa palavra, pode-se habituar uma pessoa AO QUE SE QUISER. Daí as cruzadas, os excessos das seitas fanáticas, daí os quiliastas e flagelantes, as perseguições dos heréticos, os autos de fé, e tudo o mais, que o longo registro das perversidades humanas ainda tem a oferecer. Para que não se pense que apenas as épocas obscurantistas fornecem tais exemplos, dou alguns recentes. No ano de 1818, emigraram 7 mil quiliastas de Württemberg para as proximidades de Ararat; porque ali deveria nascer o novo reino de Deus, anunciado especialmente por Jung-Stilling.* GALL conta que no seu tempo uma mãe matou e assou o próprio filho para curar com a sua banha o reumatismo do marido.** O lado trágico do erro e preconceito reside na esfera prática, o cômico fica reservado à esfera teórica: por exemplo, se conseguíssemos persuadir firmemente a apenas três pessoas que o Sol não é a causa da luz do dia; então logo seria possível esperar ver essa persuasão valer como convicção geral. Um charlatão repugnante, sem espírito e inigualável escrevinhador de disparates, HEGEL, foi alardeado na Alemanha como o maior filósofo de todos os tempos, e muitos o acreditaram piamente por vinte anos a fio; inclusive, fora da Alemanha, a Academia Dinamarquesa postou-se contra mim e veio a público defender a fama dele querendo fazê-lo valer como um *summus philosophus*. (Sobre isto conferir o prefácio ao meu *Problemas fundamentais da ética*.) – Essas são, pois, as desvantagens que, devido à raridade da faculdade de juízo, envolvem a existência da razão. A esta ainda acrescenta-se a possibilidade da loucura: animais não se tornam loucos; embora os carnívoros estejam sujeitos à raiva, e os herbívoros a um tipo de fúria.

---

* Illgen, *Zeitschrift für historische Theologie*, 1839, primeira parte, p.182.
** Gall e Spurzheim, *Des dispositions innées*, 1811, p.253.

// *Capítulo 7**
DA RELAÇÃO DO CONHECIMENTO INTUITIVO COM O ABSTRATO

Visto que, como foi mostrado, os conceitos pegam de empréstimo o seu estofo do conhecimento intuitivo, e, por conseguinte, todo o edifício do nosso mundo de pensamentos repousa sobre o mundo das intuições; então temos de retroceder, mesmo se através de estágios intermediários, de cada conceito, ou dos conceitos dos quais ele é por sua vez a abstração, às intuições das quais ele foi imediatamente extraído: isto é, temos de poder comprová-lo com intuições, que se relacionam com as abstrações na condição de exemplos. As intuições fornecem, portanto, o conteúdo real de todo o nosso pensamento, e em toda parte, onde elas faltam, não tivemos conceitos na cabeça, mas simples palavras. Sendo assim, o nosso intelecto assemelha-se a um banco emissor, que, se deve ser sólido, tem de ter dinheiro em espécie no caixa para eventualmente poder pagar todas as notas emitidas: as intuições são o dinheiro em espécie, os conceitos, as notas. — Nesse sentido, as intuições podem ser bastante apropriadamente denominadas representações PRIMÁRIAS, já os conceitos, ao contrário, representações SECUNDÁRIAS: não tão adequadamente, os escolásticos, sob a influência de Aristóteles (*Metaph.* VI, 11; XI, 1), denominaram as coisas reais *substantias primas*, e os conceitos *substantias secundas*. — Livros comunicam só representações secundárias. Simples conceitos de uma coisa, sem intuição, fornecem um mero conhecimento em geral dela. Uma compreensão absolutamente profunda das coisas e das suas relações só a obtemos na medida em que somos capazes de torná-las representáveis para nós mesmos em

---
* Este capítulo está em conexão com § 12 do primeiro tomo.

intuições puramente distintas, sem a ajuda das palavras. Esclarecer palavras com palavras, comparar conceitos com conceitos, algo em que consiste a maior parte do filosofar, é no fundo uma brincadeira com o mover as esferas dos conceitos para ver qual delas encaixa em outra, e qual não. No caso mais feliz, consegue-se por aí chegar a conclusões: todavia, também conclusões não fornecem // conhecimento algum novo, mas apenas mostram-nos o que já estava contido no conhecimento existente e o que daí talvez seria aplicável a cada caso particular dado. Ao contrário, intuir, deixar que as coisas mesmas falem para nós, apreender novas relações entre elas, transportar e depositar tudo isso em conceitos a fim de mais seguramente possuí-los: isso fornece novos conhecimentos. Porém, se de um lado comparar conceitos com conceitos é uma capacidade que quase todos possuem, de outro, comparar conceitos com intuições é um dom dos eleitos: segundo o grau da sua perfeição isto condiciona o que é dito espirituoso, a faculdade de juízo, a sagacidade, o gênio. No caso daquela primeira capacidade, ao contrário, não se vai muito além do que, talvez, algumas considerações arrazoadas. — O núcleo mais íntimo de todo real e autêntico conhecimento é uma intuição; também toda nova verdade é fruto de uma tal intuição. Todo pensamento original acontece em imagens: eis por que a fantasia é um instrumento tão necessário do pensamento, e cabeças sem fantasia jamais realizarão alguma coisa grandiosa — a não ser na matemática. Por outro lado, pensamentos meramente abstratos, que não têm núcleo intuitivo algum, assemelham-se a castelos nas nuvens sem realidade alguma. Mesmo escritos e discursos, sejam eles didáticos ou poéticos, têm como último fim conduzir o leitor ao mesmo conhecimento intuitivo do qual partiu o autor: se não têm esse fim, são ruins. Precisamente por isso, a consideração e a observação de algo REAL, assim que este oferece algo de novo ao observador, são mais instrutivas que quaisquer leitura e ouvir dizer. Pois, em tudo aquilo que é real, se vamos ao fundo, está contida toda a verdade e sabedoria, sim, está contido o último mistério das coisas, evidentemente apenas *in concreto*, como o ouro ainda minério: trata-se então do como extraí-lo. De um livro, ao contrário, recebe-se, no melhor dos casos, apenas verdade de segunda mão, amiúde verdade alguma.

Na maioria dos livros, à parte os realmente ruins, se não são de conteúdo absolutamente empíricos, o autor de fato PENSOU, porém não INTUIU: ele escreveu a partir da reflexão, não da intuição; e é justamente isso o que os torna medianos e tediosos. Pois o que seu autor pensou, eventualmente o leitor também poderia com algum empenho tê-lo pensado: a saber, são de fato pensamentos // arrazoados, explicações detalhadas do que está *implicite* contido no tema. Mas, por aí, nenhum conhecimento realmente novo vem ao mundo: o conhecimento novo vem a lume só no instante da intuição, da apreensão imediata de um novo aspecto das coisas. Por outro lado, quando, no pensamento de um autor, subjaz UMA VISÃO, é como se ele escrevesse de um país onde o leitor nunca esteve; ali tudo é viçoso e novo: pois foi imediatamente haurido da fonte originária de todo conhecimento. Gostaria de ilustrar a aqui mencionada diferença mediante um exemplo bastante simples e fácil. Qualquer escritor comum descreverá de modo fácil uma profunda e quieta contemplação, ou uma pessoa petrificada pelo assombro, com as palavras: "Ele parou como uma estátua"; porém, CERVANTES diz: "como uma estátua vestida: pois o vento movimentava as suas roupas" (*Dom Quixote*, livro 6, cap. 19). Dessa maneira, todas as grandes cabeças sempre PENSARAM NA PRESENÇA DA INTUIÇÃO e em seu pensamento mantiveram fixa a mirada sobre esta. Reconhece-se isso, entre outras coisas, pelo fato de que até mesmo as mais heterogêneas cabeças frequentes vezes concordam e convergem em casos particulares; justamente porque todas falam da mesma coisa que tinham diante dos olhos: o mundo, a realidade intuitiva: sim, em certa medida falam até o mesmo e as outras cabeças não acreditam nelas. Ademais, pode-se reconhecê-lo até mesmo na precisão e originalidade da expressão, que sempre é adequada ao caso, porque a intuição nela habita, bem como na ingenuidade do que é dito, na novidade das imagens e na correção das comparações, tudo isso distinguindo sem exceção as obras das grandes cabeças, enquanto sempre falta nas obras das outras cabeças; razão pela qual estas dispõem apenas de expressões banais e imagens gastas, e nunca se permitem ser ingênuas sob pena de mostrar a sua vulgaridade em triste nudez: em vez disso, são afetadas. Por isso disse BUFFON: *le style est l'homme même*.[1] Quando as cabeças comuns versificam, têm algumas disposições, paixões, nobres sentimentos etc., que são tradicionais,

---

[1] "O estilo é o homem mesmo." (N. T.)

de convenção, portanto obtidos *in abstracto* e que são atribuídos aos heróis das suas poesias, que assim se tornam uma simples personificação daquelas disposições, portanto, em certo sentido, já são abstrações e, por conseguinte, insípidos // e tediosos. Se por acaso filosofam, fazem uso de alguns conceitos amplamente abstratos que atiram daqui para acolá como se fossem equações algébricas e esperam que daí saia algo: no limite, vê-se que todos leram a mesma coisa. Um tal atirar daqui para acolá com conceitos abstratos, como se fossem equações algébricas, que nos dias de hoje se chama dialética, não fornece, porém, como a verdadeira álgebra, resultados seguros; porque ali o conceito representado pela palavra não é uma quantidade fixa e precisamente determinada, como a indicada pelas cifras da álgebra, mas algo oscilante, de múltiplo sentido e passível de expansão e contração. No sentido estrito do termo, todo pensamento, isto é, toda combinação de conceitos abstratos, tem no limite como estofo RECORDAÇÕES do que foi previamente intuído, e isso indiretamente, na medida em que o intuído constitui a base de todo conceito: por outro lado, um conhecimento real, ou seja, imediato, é apenas a intuição, a percepção nova e fresca. Entretanto, os conceitos que foram formados pela razão e que a memória preservou nunca podem estar presentes ao mesmo tempo na consciência, mas antes somente um pequeno número deles por vez. Por outro lado, a energia com a qual é apreendido o presente intuitivo, no qual propriamente dizendo está virtualmente contido e representado o essencial de todas as coisas, preenche, com todo o seu poder, a consciência em um momento. Nisso baseia-se a infinita supremacia do gênio sobre a erudição: um está para o outro como um antigo texto de autor clássico está para o seu comentário. Em realidade, toda verdade e toda sabedoria estribam em última instância na INTUIÇÃO. Mas infelizmente esta não pode ser conservada nem transmitida: em todo caso, as condições OBJETIVAS para elas podem ser apresentadas a cada um, de maneira purificada e distinta, mediante as artes plásticas e de forma ainda mais imediata mediante a poesia; no entanto, a intuição também baseia-se em condições SUBJETIVAS, que não estão à disposição de todos e nem de uma única só pessoa a qualquer instante; sim, no mais alto grau da sua perfeição tais condições subjetivas são o privilégio de poucos. Incondicionalmente transmissível é apenas o conhecimento pior, o abstrato, o secundário, o conceito, a mera sombra do conhecimento propriamente dito. Se intuições fossem transmissíveis, então haveria uma // transmissão que valeria a pena: porém, ao fim, cada um tem de permanecer dentro de sua própria pele e de seu próprio crânio e ninguém pode ajudar a outrem. Ora, o esforço contínuo da poesia e da filosofia é enriquecer o conceito a partir da intuição. — Entrementes, os fins essenciais do ser humano são PRÁTICOS; para tais fins, entretanto, é suficiente que o que foi intuitivamente apreendido deixe em cada um vestígios graças aos quais se o reconhece no próximo caso semelhante: assim é que a pessoa se torna sábia no mundo. Eis por que o homem do mundo, via de regra, não ensina a sua verdade e sabedoria acumuladas, mas apenas a pratica: ele apreende corretamente tudo o que acontece e decide o que é apropriado na situação. — Que os livros não substituam a experiência, e a erudição não substitua o gênio, são dois fenômenos aparentados: o seu fundamento comum é que as abstrações nunca podem substituir o que é intuitivo. Livros não substituem a experiência porque os CONCEITOS sempre permanecem GERAIS e, por conseguinte, não alcançam o particular, que é justamente o que tem de ser manejado na vida: acresce-se a isso que todos os conceitos são abstraídos justamente A PARTIR do particular e intuitivo da experiência, logo, tem-se de já ter conhecido isto em vista de também entender adequadamente o geral que os livros comunicam. Erudição não substitui o gênio porque ela também fornece apenas simples conceitos, enquanto o conhecimento genial consiste na apreensão das ideias (platônicas) das coisas, portanto, é essencialmente intuitivo. No primeiro fenômeno, livros, por consequência, falta a condição OBJETIVA do conhecimento intuitivo; no segundo, erudição, a condição SUBJETIVA: a primeira condição pode-se conseguir; esta última não.

Sabedoria e gênio, estes dois cumes do Parnaso do conhecimento humano, não se enraízam na capacidade de abstração, discursiva, mas na intuitiva. A sabedoria propriamente dita é algo intuitivo, não abstrato. Ela não consiste em princípios e pensamentos que alguém carrega consigo como resultado da investigação própria ou alheia: mas é a forma inteira como o mundo expõe-se em sua cabeça. Tal forma é tão sumamente distinta que, através dela, o sábio vive num outro mundo que o do tolo, e o gênio vê um outro mundo que o do obtuso. Que as obras do gênio sobrepujem todas as

II 81 demais baseia-se simplesmente em que o mundo // por ele visto, e do qual retira as suas expressões, é muito mais claro, por assim dizer, muito mais profundamente burilado que o mundo na cabeça dos outros, que reconhecidamente contém os mesmos objetos, mas está para o mundo do gênio como um quadro chinês sem sombra e perspectiva está para uma acabada pintura a óleo. Em todas as cabeças o estofo é o mesmo; porém, na perfeição da forma que ele assume em cada uma delas é que reside a diferença sobre a qual assenta-se em última instância a tão variegada gradação das inteligências: tal diferença, pois, já está presente na raiz, na apreensão INTUITIVA e não se origina no abstrato. Eis por que a originária superioridade espiritual mostra-se tão facilmente em qualquer ocasião e torna-se de imediato sensível e odiosa aos demais.

Na prática, o conhecimento intuitivo do entendimento consegue guiar imediatamente a nossa conduta e o nosso comportamento, enquanto o conhecimento abstrato da razão só o pode fazer pela intermediação da memória. Daí nasce a vantagem do conhecimento intuitivo em todos os casos que não permitem tempo algum para ponderação, logo, nas relações diárias, nas quais as mulheres sobressaem-se precisamente por isso. Apenas quem conheceu intuitivamente a essência dos seres humanos, como via de regra eles são, e justamente assim apreende a individualidade de quem lhe é atualmente presente, saberá tratá-lo com segurança e de maneira correta. Alguém pode ter em mente todas as trezentas regras de prudência de GRACIÁN; porém, isto não o protegerá de estupidezes e equívocos, se lhe falta aquele conhecimento intuitivo. Pois todo CONHECIMENTO ABSTRATO dá antes de tudo simples princípios e regras gerais; porém, o caso isolado quase nunca é recortado exatamente segundo a regra: ademais, esta deve ser primeiro trazida à memória no tempo certo; o que raras vezes ocorre pontualmente: em seguida, a partir do caso presente, deve ser formada a *propositio minor* e, por fim, a conclusão. Antes que tudo isso ocorra, a ocasião nos dá as costas na maioria das vezes, e então aqueles excelentes princípios e regras servem no máximo para avaliarmos depois a grandeza do erro cometido. Decerto que, através disso e com o tempo, a experiência e o exercício, vai crescendo lentamente a sabedoria de mundo; assim, em conexão com esta, as regras *in abstracto* podem sem dúvida tornar-se frutíferas. Ao contrário, o

II 82   CONHECIMENTO INTUITIVO, // que sempre apreende apenas o singular, está em relação imediata com o caso presente: regra, caso e aplicação são idênticos para ele, e a isso se segue imediatamente a ação. Daí explica-se por que o erudito, cujo mérito reside no reino dos conhecimentos abstratos, posta-se na vida real tão atrás do homem do mundo, cujo mérito consiste no perfeito conhecimento intuitivo, que uma disposição originária lhe concedeu e uma rica experiência desenvolveu. Entre os dois modos de conhecimento sempre mostra-se a relação entre o papel-moeda e o seu lastro: ora, assim como em muitos casos e negócios aquele é preferível a este, também há coisas e situações nas quais o conhecimento abstrato é mais útil que o intuitivo. A saber, se é um conceito que em determinada ocasião conduz a nossa ação; então ele tem a vantagem, uma vez apreendido, de permanecer inalterável; assim, sob sua condução, vamos à obra com plena segurança e firmeza. Contudo, essa segurança proporcionada do lado subjetivo pelo conceito é contrabalançada do lado objetivo pela insegurança que o acompanha: vale dizer, o conceito inteiro pode ser falso e sem fundamento, ou o objeto a ser tratado não está nele subsumido, visto que não é no todo ou em parte da sua classe. Nesse sentido, se num caso particular subitamente percebemos algo assim, então nos desconcertamos: se não percebemos, as consequências nos ensinarão. Por isso diz VAUVENARGUE: *Personne n'est sujet à plus de fautes, que ceux qui n'agissent que par réflexion*.[2] — Ao contrário, se aquilo que conduz de imediato o nosso agir é a intuição do objeto que tratamos e as suas relações, então vacilamos facilmente a cada passo: pois a intuição é sempre modificável, é ambígua, tem inesgotáveis particularidades em si, e mostra muitos lados um após o outro: agimos, por conseguinte, sem plena confiança. No entanto, essa insegurança subjetiva é compensada pela segurança objetiva: pois aqui não há conceito algum entre o objeto e nós, não perdemos este de vista: por conseguinte, se apenas vemos corretamente o que temos diante de nós e o que fazemos, encontraremos o que é correto. Portanto, perfeitamente segura é a nossa ação apenas quando é conduzida por um conceito

II 83   cujo fundamento correto, // plenitude e aplicabilidade ao caso presente são

---

2 "Ninguém está mais sujeito a erros do que quem age apenas segundo a reflexão." (N. T.)

integralmente certos. A conduta que segue conceitos pode transformar-se em pedantismo, e a que segue a impressão intuitiva, em frivolidade.

A INTUIÇÃO é não apenas a FONTE de todo conhecimento, mas é em si mesma o conhecimento κατ' ἐξοχήν,[3] o único autêntico, incondicionalmente verdadeiro, digno por completo do seu nome: pois apenas ela proporciona INTELECÇÃO propriamente dita, apenas ela é efetivamente assimilada pelo ser humano, introjetada em seu imo e pode com plena razão ser chamada SUA; enquanto os conceitos apenas colam-se nela. No quarto livro do primeiro tomo vemos até mesmo a virtude proceder propriamente dizendo do conhecimento intuitivo: já que somente as ações que são suscitadas imediatamente por ele, portanto que ocorrem a partir da pura impulsão de nossa própria natureza, são de fato sintomas do nosso verdadeiro e imutável caráter; não as originadas a partir da reflexão e dos seus dogmas, ações estas que são frequentes vezes contrárias ao nosso caráter, e, por conseguinte, não têm fundamento e solo sólido algum em nós. Mas também a SABEDORIA, a verdadeira visão de vida, a mirada correta e o juízo equilibrado procedem do modo como o ser humano apreende o mundo intuitivo; e não do seu simples saber, isto é, dos conceitos abstratos. Assim como o fundo ou conteúdo mais profundo de toda ciência não consiste em provas, nem no que é provado, porém no improvável sobre o qual apoiam-se as provas e que em última instância é apreensível apenas intuitivamente; assim também o fundo da sabedoria propriamente dita e da autêntica intelecção de todo ser humano não consiste em conceitos, nem num saber *in abstracto*, mas no que ele intuiu, e no grau de acuidade, correção e profundidade com que o apreendeu. Quem sobressai-se nisso, conhece as Ideias (platônicas) do mundo e da vida: todo caso isolado que vê, representa-lhe inumeráveis casos; apreende sempre mais cada ser conforme a sua verdadeira natureza, e a sua ação, como o seu juízo, corresponde à sua intelecção. Paulatinamente, o seu semblante assume a expressão da correta mirada, da verdadeira razoabilidade e, ao ir mais longe, assume também o semblante da sabedoria. Pois é tão somente a superioridade no conhecimento intuitivo a que imprime a sua estampa nas // feições faciais; isto não o consegue a superioridade no conhecimento

---

[3] "Por excelência." (N. T.)

abstrato. Em conformidade com o dito, encontramos em todas as classes sociais pessoas de superioridade intelectual, e amiúde sem qualquer erudição. Pois o entendimento natural pode substituir quase todo grau de formação, porém formação alguma pode substituir o entendimento natural. O erudito, comparado a tais pessoas, tem, entretanto, uma riqueza de casos e fatos (conhecimento histórico) e determinações causais (doutrina da natureza), tudo em conexão ordenada e visível no seu conjunto: mas com isso ainda não possui a correta e profunda intelecção do que é propriamente o essencial em todos esses casos, fatos e causalidades. O pobre de erudição, que, no entanto, tem visão acurada e penetração, sabe prescindir de toda aquela riqueza: pode-se poupar muito, no entanto pode-se com pouco fazer muito. Um caso da sua própria experiência ensina-o mais do que, a um erudito, ensinam mil casos que este CONHECE, porém não ENTENDE realmente: pois o pouco saber daquele que é pobre de erudição é um saber VIVO; na medida em que cada fato que conhece é documentado por intuição correta e bem apreendida, pelo que esta lhe faz as vezes de milhares de outros fatos semelhantes. Ao contrário, o muito saber da pessoa erudita comum é um saber MORTO; pois é um saber que, se não consiste, como na maioria dos casos, de meras palavras, consiste em conhecimento puramente abstrato, que, entretanto, obtém seu valor somente do conhecimento INTUITIVO do indivíduo (conhecimento ao qual aquele conhecimento abstrato se refere) e que em última instância tem de dar realidade à totalidade dos conceitos. Se esse conhecimento intuitivo falta ao erudito, então a sua cabeça é como um banco cujas emissões são dez vezes maiores que o seu lastro, com o que termina por entrar em bancarrota. Eis por que, enquanto em muitas pessoas nas quais falta a erudição a correta apreensão do mundo intuitivo imprimiu a estampa da intelecção e da sabedoria nas suas testas, já a fisionomia de muitos eruditos não carrega outros vestígios de seus muitos estudos senão os do esgotamento e desgaste, em razão do excessivo e forçado trabalho da memória para a acumulação inatural de conceitos: por isso um tal tipo amiúde parece tão simples, simplório e acanhado, que até se tem de acreditar que o excessivo esforço da faculdade mediata de conhecimento, empregada em abstrações, produz direta fraqueza da faculdade imediata e intuitiva de conhecimento, e a mirada natural e correta é cegada cada vez

II 85 mais // pela luz dos livros. Ademais, a torrente contínua de pensamentos alheios tem de travar e asfixiar os próprios pensamentos, sim, com o tempo há de paralisar a capacidade de pensar, se esta não tiver o elevado grau de elasticidade que permite resistir àquela torrente inatural. Por isso, leituras e estudos sem fim arruínam a cabeça; inclusive porque o sistema dos nossos próprios pensamentos e conhecimentos perde a sua completude e ininterrupta continuidade, quando é, com tanta frequência, arbitrariamente interrompido para ceder lugar a um curso de pensamentos completamente estranhos. Afugentar meus próprios pensamentos para dar lugar àqueles de um livro seria para mim como o que Shakespeare censurava nos turistas de seu tempo, que vendiam o próprio país para ver o dos outros. Todavia, a fúria de leitura da maioria dos eruditos é uma espécie de *fuga vacui* do vazio de pensamento da sua própria cabeça, o que forçosamente atrai com violência os pensamentos alheios: para terem pensamentos, têm de ler os dos outros, como os corpos inanimados só adquirem movimento a partir de fora; enquanto o pensador autônomo assemelha-se aos corpos vivos que se movimentam por si próprios. É até perigoso ler sobre um assunto antes de se ter pensado por si mesmo sobre ele. Pois, com o novo estofo, introduz-se ao mesmo tempo na cabeça a visão e o tratamento alheio dele, e tanto mais quando a preguiça e a apatia nos aconselhar a poupar o trabalho de pensar e a tomar o pensamento já pronto como válido. Este agora faz o seu ninho, e doravante os pensamentos sobre o assunto tomam sempre o acostumado caminho, igual aos pequenos cursos d'água conduzidos em canais: encontrar um pensamento próprio é então duplamente difícil. Isto contribui bastante para a falta de originalidade dos eruditos. Acresce-se a isto o fato de ainda suporem ter de repartir o seu tempo, como outras pessoas, entre prazer e trabalho. Consideram a leitura como o seu trabalho e profissão propriamente ditos, nela empanturrando-se até a indigestão. Nesse sentido, a leitura não apenas desempenha o papel de preludiar o pensamento, mas assume por completo o seu lugar: pois pensam nas coisas só pelo tempo em que leem sobre ela, logo, com uma cabeça alheia, não a própria. Se, entretanto, o livro é deixado de lado, então coisas completamente

II 86 diferentes atraem o seu interesse muito mais vivamente, a saber, // negócios pessoais, espetáculos, jogos de baralho, boliche, eventos do dia e fofocas. Já a cabeça pensante caracteriza-se pelo fato de tais coisas não terem interesse para ela, mas sim os problemas sobre os quais se debruça, nos quais ela, por conseguinte, absorve-se continuamente por si mesma e sem livros: dar-se tal interesse, sem o ter, é impossível. Este é o ponto. Aí baseia-se o fato de que, enquanto o erudito sempre fala de coisas que leu, a cabeça pensante, ao contrário, fala de coisas que meditou, e assim o erudito, como diz POPE:

For ever reading, never to be read.[4]

Conforme a sua natureza, o espírito é um ser livre, não escravo: só aquilo que ele faz por si mesmo e com gosto sai bem-feito. Ao contrário, o trabalho forçado de uma cabeça em estudos para os quais não está à altura, ou quando já se cansou, ou em geral a sua atividade contínua é *invita Minerva*,[5] embota o cérebro, como a leitura ao luar embota os olhos. Em especial, isto é ocasionado pelos esforços do ainda tenro cérebro nos primeiros anos da infância: acredito que o aprendizado da gramática latina e grega dos 6 aos 12 anos de idade funda as bases para o embotamento posterior da maioria dos eruditos. Decerto o espírito precisa de alimento, de estofo de fora. Porém, como nem tudo o que comemos é de imediato incorporado ao organismo, mas só na medida em que é digerido, razão pela qual apenas uma pequena parte da comida é realmente assimilada, o restante sendo eliminado: assim, comer mais do que aquilo que podemos assimilar é inútil, sim, prejudicial; ora, é exatamente essa relação a que se estabelece com aquilo que lemos: só na medida em que isto fornece estofo para o pensamento é que multiplica a nossa intelecção e o nosso saber próprio. Por isso, já disse HERÁCLITO, πολυμαθίη νόον οὐ διδάσκει (*multiscitia non dat intellectum*):[6] a erudição se me apresenta comparável a uma pesada armadura, que decerto torna invencível o forte homem, contudo para o fraco é um fardo sob o qual sucumbe por completo. –

---

4 "Sempre lendo, para nunca ser lido." [Trad. de Schopenhauer para o alemão: *Beständig lesend, um nie gelesen zu werden.*] (N. T.)
5 "Contra a vontade de Minerva." (N. T.)
6 "Muito saber não forma o intelecto." (N. T.)

A exposição detalhada feita em nosso terceiro livro do primeiro tomo sobre o conhecimento das Ideias (platônicas) como o conhecimento mais alto alcançável pelo ser humano e, ao mesmo tempo, como conhecimento absolutamente INTUITIVO, // é-nos uma prova de que não é no saber abstrato, mas na correta e profunda apreensão intuitiva do mundo que reside a fonte da verdadeira sabedoria. Eis por que os sábios podem viver em todas as épocas e os sábios da Antiguidade permanecem vivos para todas as gerações vindouras; a erudição, ao contrário, é relativa: os eruditos da Antiguidade são na maioria das vezes crianças comparadas a nós e precisam de indulgência.

Para aquele que estuda tendo em vista adquirir INTELECÇÃO, os livros e estudos são meros degraus da escada pela qual sobe ao cume do conhecimento: assim que um degrau o elevou um passo, deixa-o para trás. Por outro lado, os muitos que estudam tendo em vista preencher sua memória não usam os degraus da escada para subir, mas os desmontam e juntam para carregar consigo, alegrando-se com o crescente fardo. Permanecem para sempre embaixo, pois sustentam aquilo que os deveria sustentar.

Sobre a aqui explicitada verdade de que o núcleo de todo conhecimento é a apreensão INTUITIVA, baseia-se também a correta e profunda observação de HELVETIUS de que as verdadeiramente próprias e profundas visões originais de que um indivíduo dotado é capaz – e cuja elaboração, desenvolvimento e uso diversificado é a sua obra criada, apesar de produzida muito mais tarde – nascem até os 35 anos de idade, quando muito até os 40, sim, são propriamente dizendo a consequência das combinações feitas na primeira juventude. Pois semelhantes visões não são meras concatenações de conceitos abstratos, mas a sua peculiar apreensão intuitiva do mundo objetivo e da essência das coisas. Ora, que esta apreensão tenha de consumar a sua obra até a idade mencionada por Helvetius baseia-se, em parte, no fato de que até lá os éctipos de todas as Ideias (platônicas) já se lhe apresentaram, com o que nenhum lhe aparecerá mais tarde com a força da primeira impressão; em parte, no fato de que justamente para essa quintessência de todo conhecimento, para essa gravação *avant la lettre* da apreensão, é exigida a máxima energia da atividade do cérebro, que é condicionada pelo frescor e pela flexibilidade das suas fibras e pelo vigor com que o sangue arterial aflui ao cérebro: este, entretanto, só mantém o seu vigor pelo tempo em

II 88 que o sistema arterial tem uma decisiva // preponderância sobre o sistema venoso, a qual já declina no começo dos 30 anos de idade, até que finalmente, após os 42 de idade, o sistema venoso obtém a preponderância; como CABANIS o expôs maravilhosa e didaticamente. Por conseguinte, os 20, e o começo dos 30 anos de idade são para o intelecto o que o mês de maio[7] é para as árvores: só agora brotam as flores cujo desenvolvimento são os frutos futuros. O mundo intuitivo fez a sua impressão e assim lastreou o fundo de todos os pensamentos ulteriores do indivíduo. Este pode através de reflexão tornar distinto para si o que foi apreendido, ainda pode adquirir muitos conhecimentos, nutrição para o fruto que já germinou, pode ampliar as suas visões, ajustar os seus conceitos e juízos e através de infinitas combinações tornar-se finalmente o senhor do estofo adquirido, sim, produzirá a maior parte das suas melhores obras só bem mais tarde: porém, novos conhecimentos originários procedentes da única fonte viva, a intuição, isto ele não deve mais esperar. Com esse sentimento prorrompe BYRON nas belíssimas lamentações:

> *No more – no more – Oh! never more on me*
> *The freshness of the heart can fall like dew,*
> *Which out of all the lovely things we see*
> *Extracts emotions beautiful and new,*
> *Hived in our bosoms like the bag o' the bee:*
> *Think'st thou the honey with those objects grew?*
> *Alas! 'twas not in them, but in thy power*
> *To double even the sweetness of a flower.*[8]

---

7 Maio, ou seja, o meio da primavera no hemisfério Norte; no hemisfério Sul, o mês correspondente seria o de novembro. (N. T.)

8 "Não mais – não mais – Ó, não mais sobre mim / Pode, igual ao orvalho, cair o frescor do coração, / Que, dentre todas as coisas amáveis que vemos / Extrai emoções belas e novas, / Conservadas em nosso peito como o mel no alvéolo: / Pensas que o mel é obra das coisas? / Não!, não elas, senão as tuas próprias forças / Podem duplicar até mesmo a doçura da flor." [Trad. de Schopenhauer para o alemão: *Nicht mehr, – nicht mehr, – o nimmermehr auf mich/ Kann, gleich dem Thau, des Herzens Frische fallen,/ Die aus den holden Dingen, die wir sehn,/ Gefühle auszieht, neu und wonnevoll:/ Die Brust bewahrt sie, wie die Zell' den Honig./ Denkst du, der Honig sei der Dinge Werk?/ Ach nein, nicht sie, nur deine eig'ne Kraft/ Kann selbst der Blume Süßigkeit verdoppeln.*] (N. T.)

Mediante tudo o que disse anteriormente espero ter posto em clara luz a importante verdade de que, assim como todo conhecimento abstrato nasceu do intuitivo, também adquire todo o seu valor apenas através de sua referência a este conhecimento, ou seja, mediante o fato de que seus conceitos, // ou as representações parciais destes, hão de ser realizadas, isto é, comprovadas por intuições; igualmente, que a maior parte daquele conhecimento depende da qualidade dessas intuições. Conceitos e abstrações, que em última instância não remetem a intuições, assemelham-se a caminhos no bosque que não conduzem a parte alguma. A grande utilidade dos conceitos reside em que, por intermédio deles, é bem mais fácil ter à mão o estofo originário do conhecimento, abarcá-lo em seu conjunto e ordená-lo: porém, por mais variadas, lógicas e dialéticas possíveis que sejam as operações com eles, destas, entretanto, jamais sairá um conhecimento totalmente originário e novo, isto é, um conhecimento cujo estofo já não estivesse na intuição ou não fosse haurido da consciência de si. Esse é o verdadeiro sentido da doutrina atribuída a Aristóteles de que *nihil est in intellectu, nisi quod antea fuerit in sensu*:[9] esse também é o significado da filosofia de Locke, que marcou época para sempre na filosofia, ao ter trazido finalmente à tona e de modo sério a discussão sobre a origem do nosso conhecimento. É também no fundamental aquilo que ensina a *Crítica da razão pura*. Esta, de fato, também quer que não permaneçamos nos CONCEITOS, mas que retornemos à origem deles, portanto, às INTUIÇÕES; a crítica kantiana apenas faz o verdadeiro e importante acréscimo de que o que vale para a intuição mesma estende-se também às condições subjetivas delas, portanto, às formas, como funções naturais, que estão predispostas no cérebro que intui e pensa; se bem que tais formas precedem, pelo menos *virtualiter*, a efetiva intuição dos sentidos, isto é, são *a priori*, portanto não dependem desta, porém esta depende delas: pois aquelas formas não têm outro fim, nem serventia, senão produzir a intuição empírica quando ocorre o estímulo dos nervos sensoriais; como as demais formas estão destinadas depois a criar pensamentos *in abstracto* a partir do estofo da intuição empírica. Em consequência, a *Crítica da razão pura* está para a filosofia de Locke como a análise infinitesimal está para a

---

[9] "Nada está no intelecto que antes não esteve nos sentidos." (N. T.)

geometria elementar; a *Crítica*, porém, é para ser considerada no seu todo como CONTINUAÇÃO DA FILOSOFIA DE LOCKE. — Por conseguinte, o estofo dado de toda filosofia nada é senão a CONSCIÊNCIA EMPÍRICA que se divide em consciência do próprio si mesmo (consciência de si) // e consciência das outras coisas (intuição exterior). Pois apenas ela é o imediato, o realmente dado. Toda filosofia que, em vez de partir dela, escolhe ao seu bel-prazer como ponto de partida conceitos abstratos, como absoluto, substância absoluta, Deus, infinito, finito, identidade absoluta, ser, essência e assim por diante, paira no ar sem apoio, logo, jamais pode conduzir a um resultado real. No entanto, filósofos de todos os tempos tentaram semelhante procedimento; até mesmo KANT, conforme a fórmula comum, e mais por costume que por consequência, define a filosofia como uma ciência a partir de meros conceitos. Mas uma tal ciência teria propriamente de extrair das meras representações parciais (é o que são as abstrações) o que não se pode encontrar nas representações plenas (as intuições), das quais as primeiras foram obtidas através de omissão. A possibilidade de silogismos leva a isso, porque aqui a combinação de juízos dá um novo resultado; embora mais aparente que real, na medida em que o silogismo apenas infere o que já estava nos juízos dados; pois a conclusão não pode conter mais do que as premissas. Os conceitos são sem dúvida o material da filosofia, mas apenas como o mármore é o material do escultor: ela não deve trabalhar A PARTIR deles, mas trabalhar NELES, isto é, depositar neles o seu resultado, em vez de partir deles como algo dado. Quem quiser ter um exemplo realmente flagrante de um tal ponto de partida pervertido desde meros conceitos, considere a *Institutio theologica* de PROCLOS, para assim clarificar a si a nulidade de todo aquele método. Lá encontram-se abstrações como ἕν, πλῆθος, ἀγαθόν, παράγον χαὶ παραγόμενον, αὔταρχες, αἴτιον, χρεῖττον, χινητόν, ἀχίνητον, χινούμενον (*unum, multa, bonum, producens et productum, sibi sufficiens, causa, melius, mobile, immobil, motum*),[10] e assim por diante, mas as intuições, exclusivamente às quais essas abstrações devem a sua origem e todo o seu conteúdo, são ignoradas e desprezadas com empáfia: logo ele

---

10 "O uno, o múltiplo, o bom, o produtor e o produzido, o autossuficiente, a causa, o melhor, o móvel, o imóvel, o movido." (N. T.)

constrói uma teologia a partir daqueles conceitos, mantém oculto o fim, o θεός, e assim o procedimento é em aparência totalmente imparcial como se desde a primeira página não soubesse o leitor, tão bem quanto o autor, aonde tudo isso vai dar. Um fragmento disso já // citei acima. De fato, essa produção de Proclos é bastante apropriada para tornar distinto como são, no todo, inúteis e ilusórias tais combinações de conceitos abstratos, na medida em que ele faz com elas o que bem quer, sobretudo quando ainda faz uso da ambiguidade de muitas palavras, por exemplo, χρεῖττον. Na presença de um tal arquiteto dos conceitos precisa-se apenas perguntar de maneira inocente onde estão todas essas coisas de que dá tantas notícias, e de onde conhece as leis a partir das quais extrai as consequências relativas a elas? De imediato seria compelido a remeter à intuição empírica, única na qual expõe-se o mundo real, da qual são hauridos aqueles conceitos. Logo, ainda se teria apenas de perguntar por que não partiu de maneira honesta da intuição dada de um tal mundo, na qual ele a cada passo poderia provar através do mundo as suas afirmações, em vez de operar com conceitos, que de fato só são extraídos da intuição e, por conseguinte, não podem ter outra validade senão a que ela lhes confere. Mas decerto esse é precisamente o seu truque, que mediante tais conceitos — nos quais, devido à abstração, é pensado de modo separado o que é inseparável, e como unido o que não pode ser unido — se vá muito além da intuição que era a sua origem e assim para além dos limites da sua aplicabilidade até um mundo no todo diferente deste que lhe fornece o material de construção, mas justamente por isto até um mundo de quimeras. Mencionei aqui Proclos porque justamente nele um semelhante procedimento é especialmente distinto mediante a inocente ousadia com que o desenvolve: mas também em Platão encontramos alguns exemplos desse tipo, embora menos gritantes, e de modo geral a literatura filosófica de todos os tempos é pródiga nisso. A de nossa época é rica neles: considerem-se, por exemplo, os escritos da escola de Schelling, e vejam-se as construções que são erigidas sobre abstrações tais como finito, infinito, — ser, não ser, outro ser, — atividade, travação, produto, — determinar, vir-a--ser-determinado, determinidade, — limite, limitar, ser-limitado, — unidade, pluralidade, multiplicidade, — identidade, diversidade, indiferença, — pensamento, ser, essência, e assim por diante. O que foi dito acima vale não

II 92 apenas para as construções // a partir de semelhante material; mas estas ainda têm um outro inconveniente, a saber, porque ATRAVÉS de semelhantes amplas abstrações é pensado infinitamente muito, só muito pouco pode NELAS ser pensado: são cascas vazias. Com isso, o estofo de todo o filosofar torna-se assustadoramente anêmico e pobre, daí nascendo aquele indizível e martirizante entediar típico de tais escritos. Se quisesse agora recordar o abuso que HEGEL e seus assecla praticaram com semelhantes amplas e vazias abstrações, teria de me preocupar que tanto o leitor quanto eu sentiríamos náuseas: pois o mais nauseabundo tédio paira sobre o palavrório desse repugnante filosofastro.

Que também na filosofia PRÁTICA nenhuma verdade é trazida a lume a partir de meros conceitos abstratos é a única coisa que se pode aprender dos ensaios morais do teólogo SCHLEIERMACHER, cujas preleções sobre tais ensaios entediaram a Academia de Berlim por alguns anos, e acabam de ser impressos e publicados. Ali são tomados como ponto de partida conceitos puramente abstratos, como dever, virtude, bom supremo, lei moral, e coisas parecidas, sem introdução alguma a não ser a que sói figurar nos sistemas morais, e são então tratados como realidades dadas. Sobre estas fala-se sutilmente aqui e ali, porém nunca se aborda a origem daqueles conceitos, a coisa mesma, a vida humana real, à qual unicamente aqueles conceitos se referem, da qual devem ser hauridos e com a qual a moral tem realmente alguma coisa a ver. Precisamente por essa razão são aquelas diatribes tão estéreis e inúteis como tediosas; dizem sem eira nem beira coisas demais. Pessoas como esses teólogos, muito afeiçoadas a filosofar, encontram-se em todos os tempos, famosas enquanto vivem, mas logo depois são esquecidas. Eu, ao contrário, aconselho a ler de preferência aquelas que trilharam o caminho inverso: pois o tempo é curto e precioso.

Embora, em consequência de tudo que foi aqui dito, conceitos amplos, abstratos, sobretudo os que não podem realizar-se na intuição, não possam jamais ser a fonte do conhecimento, não possam jamais ser o ponto de partida ou o estofo propriamente dito do filosofar; no entanto, certos resultados particulares da filosofia são ocasionalmente de tal natureza que só podem ser pensados *in abstracto*, sem, entretanto, serem provados por algum **II 93** tipo de intuição. // Conhecimentos dessa espécie são evidentemente apenas conhecimentos pela metade: eles como que apenas indicam o lugar onde encontrar a coisa a ser conhecida; esta, todavia, permanece velada. Por isso, só em caso extremo devemos nos dar por satisfeitos com semelhantes conceitos e só ali quando alcançamos os limites do conhecimento possível às nossas faculdades. Um exemplo desse tipo seria, possivelmente, o conceito de um ser fora do tempo; igualmente a proposição: "a indestrutibilidade da nossa verdadeira essência pela morte não é a existência continuada desta". Em conceitos dessa espécie como que treme o solo firme que sustenta todo o nosso conhecimento: a intuição. Por isso, o filosofar pode casualmente, e em caso de necessidade, findar em tais conhecimentos, mas jamais começar por eles.

A acima censurada operação com amplas abstrações, com o abandono completo do conhecimento intuitivo – do qual foram retiradas e que são, por conseguinte, o seu controle permanente e conforme à natureza – foi em todos os tempos a fonte principal dos erros do filosofar dogmático. Uma ciência construída a partir da mera comparação de conceitos, portanto a partir de princípios gerais, só poderia ser segura se todos os seus princípios fossem sintéticos *a priori*, como é o caso da matemática: pois eles são os únicos princípios que não admitem exceção alguma. Se, ao contrário, os princípios possuem algum estofo empírico, então temos de ter este sempre à mão em vista de controlar os princípios gerais. Pois as verdades que de algum modo foram hauridas da experiência nunca são incondicionalmente certas, têm, por conseguinte, só uma universalidade aproximada; porque aqui regra alguma vale sem exceção. Se, agora, encadeio entre si tais princípios pela intersecção das suas esferas conceituais, então um conceito encontrará facilmente o outro precisamente ali onde reside a exceção: mas se isto ocorreu apenas uma única vez no decurso de uma longa cadeia de conclusões, então todo o edifício é explodido desde o seu fundamento e voa no ar. Se, por exemplo, digo: "Os ruminantes não têm incisos anteriores", e aplico isto, e o que daí decorre, aos camelos, então tudo resulta falso: pois isso só vale para os ruminantes com chifres. – A tal procedimento pertence justamente aquilo que KANT denomina RACIOCÍNIO ESPECIOSO e que com tanta frequência censura: pois este consiste precisamente em subsumir conceitos sob conceitos, sem observância da origem destes e sem comprovar a correção e exclusividade de tal subsunção, com o que, mediante mais ou menos rodeios, chega-se a quase qualquer resultado desejado e fixado como fim; assim, esse raciocínio difere do sofisma propriamente dito apenas segundo o grau. Porém, no domínio teórico, o sofisma é precisamente aquilo que é a chicana do domínio prático. Não obstante, mesmo PLATÃO permitiu-se com bastante frequência o raciocínio especioso: PROCLOS, como já mencionado, e à maneira de todos os imitadores, levou muito mais adiante o erro do seu modelo. DIONÍSIO AEROPAGITA, *De divinis nominibus*, é também fortemente afetado por este erro. Mas também já nos fragmentos do eleata MELISSOS encontramos claros exemplos daquele raciocínio (especialmente § 2-5 em *Comment. Eleat.* de BRANDIS): seu procedimento com os conceitos – que nunca tocam a realidade da qual obtêm o seu conteúdo, mas, pairando na atmosfera da generalidade abstrata, move-se por sobre ela – assemelha-se a tiros com balas de festim. Uma genuína amostra desse raciocínio é ainda o livrinho *De Diis et mundo*, do filósofo SALUSTIO, em especial os capítulos 7, 12 e 17. No entanto, uma autêntica peça primorosa desse raciocinar filosófico, que se torna uma decisiva sofisticaria, é o seguinte arrazoar do platônico MAXIMUS TYRIUS, que eu, já que é curto, quero aqui reproduzir: "Toda injustiça é a usurpação de algo que é bom: não há outro bom senão a virtude: a virtude, entretanto, não pode ser usurpada: portanto, não é possível que o virtuoso sofra injustiça de quem é mau. Resta então que injustiça alguma pode ser sofrida, ou, quem é mau, a sofre por parte de quem é mau. Só que o mau não possui bom algum; pois só a virtude é algo bom: portanto, nada de bom pode ser-lhe retirado. Portanto, ele não pode sofrer injustiça alguma. Portanto, a injustiça é uma coisa impossível". – O original, que através de repetições é menos conciso, soa: Ἀδικία ἐστὶ ἀφαίρεσις ἀγαθοῦ· τὸ δὲ ἀγαθὸν τί ἂν εἴη ἄλλο ἢ ἀρετή; ἡ δὲ ἀρετὴ ἀναφαίρετον. Οὐχ ἀδικήσεται τοίνυν ὁ τὴν ἀρετὴν ἔχων, ἢ οὐχ ἔστιν ἀδικία ἀφαίρεσίς ἀγαθοῦ· οὐδὲν γὰρ ἀγαθὸν ἀφαίρετον, οὐδ' // ἀπόβλητον, οὐδ' ἑλετόν, οὐδὲ ληιστόν. Εἶεν οὖν, οὐδ' ἀδικεῖται ὁ χρηστός, οὐδ' ὑπὸ τοῦ μοχθηροῦ· ἀναφαίρετος γάρ. Λείπεται τοίνυν ἢ μηδένα ἀδικεῖσθαι καθάπαξ, ἢ τὸν μοχθηρὸν ὑπὸ τοῦ ὁμοίου· ἀλλὰ τῷ μοχθηρῷ οὐδενὸς μέτεστιν ἀγαθοῦ· ἡ δὲ ἀδικία ἦν ἀγαθοῦ ἀφαίρεσις· ὁ δὲ μὴ ἔχων ὅ, τι ἀφαιρεθῇ, οὐδὲ εἰς ὅ, τι ἀδικηθῇ, ἔχει (*Sermo* 2). Também adicionarei um exemplo moderno de tais demonstrações, a partir de conceitos abstratos, através das quais uma proposição manifestamente absurda é estabelecida como verdade, e o faço recorrendo à obra de um grande homem, GIORDANO BRUNO. Em seu livro *Del infinito, universo e mondi* (p.87 da edição de A. Wagner), ele faz um aristotélico provar (usando e exagerando a passagem I, 5, *De coelo*, de Aristóteles) que além do mundo não pode existir NENHUM ESPAÇO. Pois o mundo está encerrado pela oitava esfera de Aristóteles; para além desta, entretanto, não pode existir NENHUM ESPAÇO. Por que: se ainda houvesse um corpo para além dela, então este seria simples ou composto. Em seguida é provado de modo sofístico, a partir de puros princípios sacados da cartola, que ali não pode existir corpo SIMPLES algum, mas também corpo COMPOSTO algum: pois este teria de consistir de corpos simples. Portanto, ali não existe corpo algum – logo, também NENHUM ESPAÇO. Pois o espaço é definido como "aquilo em que podem existir corpos": mas justamente se demonstrou que ali não pode existir NENHUM corpo. Portanto, também não existe ali NENHUM ESPAÇO. Este último é o golpe de mestre dessa demonstração a partir de conceitos abstratos. No fundo, ele apoia-se em que a proposição "onde não existe espaço, não podem existir corpos" é tomada como uma universal negativa e, em consequência, convertida *simpliciter*: "onde não podem existir corpos, não existe nenhum espaço". Porém, considerada de modo exato, aquela proposição é uma universal afirmativa, a saber: "tudo o que é sem espaço é sem corpo": e, assim, não a podemos converter *simpliciter*. Contudo, nem toda demonstração a partir de conceitos abstratos, cujo resultado contradiga manifestamente a intuição (como aqui a finitude do espaço), pode ser reduzida a um tal erro lógico. Pois o que é sofístico nem sempre reside na forma, mas amiúde na matéria, nas premissas e na indeterminidade dos conceitos e do seu perímetro. Inumeráveis provas disto encontram-se // em ESPINOSA, cujo método já é, sim, demonstrar a partir de conceitos; que se confira, por exemplo, os lamentáveis sofismas de sua *Ética*, IV, prop. 29-31, mediante a ambiguidade dos oscilantes conceitos *convenire* e *commune habere*. Todavia, isto não impede que para os neoespinosanos dos nossos dias tudo o que ele falou valha como um evangelho. Especialmente divertidos entre eles são os hegelianos, dos quais ainda existem alguns, e que, através da sua tradicional veneração da proposição espinosana *omnis determinatio et negativo*,[11] e confor-

---

11 "Toda determinação é uma negação." (N. T.)

me o espírito charlatão da escola, fazem ares de que conseguem fisgar o mundo com um anzol; que, porém, não pesca nada; pois até a mais simples pessoa compreende que, quando eu, através de determinações, limito algo, justamente dessa forma excluo, ou seja, nego o que está para além do limite.

Portanto, em todos os raciocínios especiosos do tipo acima apresentado, torna-se nitidamente visível quais são os desvios feitos com aquela álgebra dos meros conceitos não controlados por intuição alguma, e que, por consequência, a intuição é para o nosso intelecto o que o solo firme em que pisamos é para o nosso corpo: se abandonarmos aquela, então tudo é *instabilis tellus, innabilis unda*.[12] Perdoar-me-ão, devido à sua natureza instrutiva, o detalhismo nestas análises e exemplos. Com isso queria acentuar e provar a grande diferença, sim, oposição até agora pouco considerada entre o conhecimento intuitivo e o abstrato ou reflexivo, cujo estabelecimento é um traço fundamental da minha filosofia; porque muitas ocorrências da nossa vida espiritual só são explicáveis a partir dessa diferença. O elo intermediário entre aqueles dois modos tão distintos de conhecimento é formado pela FACULDADE DE JUÍZO, como expus em § 14 do primeiro tomo. Decerto essa faculdade também atua no domínio do conhecimento meramente abstrato, em que compara conceitos com conceitos apenas: por isso todo juízo, no sentido lógico do termo, é de fato uma obra da faculdade de juízo, na medida em que nele é subsumido um conceito mais restrito a um mais amplo. Porém, tal atividade da faculdade de juízo, na qual ela apenas compara conceitos com conceitos, é mais simples e fácil que aquela na qual faz a transição do inteiramente particular, o intuitivo, para o essencialmente universal, o // conceito. Pois lá, através da análise dos conceitos em seus predicados essenciais, há de poder-se decidir sua compatibilidade ou incompatibilidade por via puramente lógica, para o que basta a simples razão inerente a cada um; a faculdade de juízo atua lá apenas na abreviação daquele processo, na medida em que, quem é dotado dela percebe rapidamente aquilo que outrem só extrai através de uma série de reflexões. Mas sua atividade no sentido estrito do termo decerto só entra em cena ali onde o que é intuitivamente conhecido, portanto o real, a experiência, deve ser transmitido

---

12 "Solo instável, água inavegável." (N. T.)

para o distinto conhecimento abstrato e subsumido em conceitos que lhe correspondem exatamente, e, dessa forma, depositado no saber refletido. Eis por que essa faculdade é a que há de estabelecer os firmes FUNDAMENTOS de todas as ciências, que como tais consistem sempre naquilo que é imediatamente conhecido e não mais dedutível de outra coisa. Portanto, aqui nos fundamentos é que também reside a dificuldade das ciências, não nas inferências a partir deles. Inferir é fácil, já julgar, difícil. Falsas inferências são uma raridade, já falsos juízos estão sempre na ordem do dia. Em não menor medida, a faculdade de juízo há de na vida prática assumir as rédeas em todas as resoluções e decisões cruciais; assim como na sentença judicial, que no principal é obra sua. O intelecto em sua atividade, de modo semelhante ao da lente convergente que reúne os raios solares num foco estrito, tem de reunir tão estritamente todos os dados que possui acerca de uma coisa, que os apreende de uma mirada, e dessa forma fixa-os corretamente, e, com clareza de consciência, torna o resultado distinto para si. Ademais, a grande dificuldade do juízo reside, na maioria dos casos, em que temos de ir da consequência para o fundamento, caminho este que é sempre inseguro; sim, demonstrei que aqui se encontra a fonte de todo erro. Não obstante, em todas as ciências empíricas bem como nas lides da vida real esse é na maioria das vezes o único caminho existente. O experimento é já uma tentativa de o percorrer em direção contrária: por isso é decisivo, pelo menos ao trazer o erro a lume; isso pressupondo-se que seja corretamente escolhido e honestamente executado, não como os experimentos newtonianos da teoria das cores: mas também o experimento, por sua vez, tem de ser julgado. A plena segurança // das ciências *a priori*, portanto da lógica e matemática, reside basicamente em que nelas encontra-se aberto para nós o caminho que vai do fundamento à consequência, que sempre é seguro. Isso lhes confere o caráter das ciências puramente OBJETIVAS, isto é, aquelas sobre cujas verdades todos têm de julgar de maneira concordante quando entendem tais verdades; o que é tanto mais surpreendente devido ao fato de precisamente tais ciências basearem-se nas formas subjetivas do intelecto, enquanto as ciências empíricas têm a ver apenas com o que é objetivamente palpável.

Também o engenho e a agudeza de espírito são exteriorizações da faculdade de juízo: no primeiro ela é ativa de modo reflexionante, na segunda, subsumindo. Na maioria dos seres humanas a faculdade de juízo está presente apenas nominalmente: é uma ironia computá-la entre as normais faculdades do espírito, em vez de ser atribuída só ao *monstris per excessum*.[13] As cabeças comuns mostram até mesmo nas mais irrisórias questões falta de confiança no seu próprio juízo; justamente porque sabem de experiência que ele não merece confiança alguma. Nelas o seu lugar é ocupado pelo preconceito e o juízo de segunda mão; com o que se mantêm num contínuo estado de menoridade, do qual às vezes uma dentre muitas centenas consegue emancipar-se. Obviamente, essa condição não é assumida; visto que até para si mesmas aparentam julgar, porém ao fazê-lo sempre observam de soslaio a opinião alheia, que permanece o seu secreto ponto de referência. Enquanto muitos se envergonhariam de usar uma saia, um chapéu ou um sobretudo emprestados, as cabeças comuns todas não têm outra opinião senão as emprestadas, que avidamente recolhem onde quer que as consigam, para em seguida fazerem-nas passar por suas, vangloriando-se delas. Muitas outras cabeças comuns, por sua vez, as emprestam e fazem exatamente a mesma coisa. Isso explica a rápida e ampla disseminação dos erros, bem como a fama do que é ruim: pois os agiotas profissionais da opinião, portanto os jornalistas e semelhantes, fornecem via de regra apenas mercadoria falsa, como aqueles que emprestam trajes para o carnaval, que não fornecem senão peças falsas.

---

13 "Monstro por excesso", "exceção." Schopenhauer pensa aqui na pessoa de natureza genial. (N. T.)

// Capítulo 8*
A PROPÓSITO DA TEORIA DO RISÍVEL

Minha teoria do risível baseia-se também na oposição entre representações intuitivas e representações abstratas, por mim tão fortemente realçada e explicitada no capítulo anterior; por isso o que ainda tem de ser dito como acréscimo a semelhante explicitação encontra aqui o seu lugar, embora segundo a ordem do texto teria de aparecer bem mais adiante.

O problema da origem universalmente idêntica e da significação real do riso já fora um problema conhecido por Cícero, porém logo abandonado como insolúvel (*De orat.*, II, 58). O mais antigo ensaio que me é conhecido de uma explicação psicológica do riso encontra-se em Hutcheson, *Introduction into Moral Philosophy* I, c. I, § 14. Um escrito anônimo posterior, *Traité des causes physiques et morales du rire* (1768), tem o seu mérito como ventilação do tema. Platner, em sua *Antropologia*, § 894, compilou as opiniões dos filósofos, de Hume a Kant, que tentaram explicar aquele fenômeno tão peculiar à natureza humana. – São conhecidas as teorias de Kant e Jean Paul sobre o risível. Considero supérfluo demonstrar a sua incorreção; pois qualquer um que tente remeter casos dados do risível a elas logo ficará convencido da sua insuficiência na maioria dos casos.

Conforme a minha explanação desenvolvida no primeiro tomo, a origem do riso é sempre a paradoxal e por isso inesperada subsunção de um objeto sob um conceito que, de resto, lhe é heterogêneo, com o que o fenômeno do riso descreve sempre a súbita percepção de uma incongruência entre um tal conceito e o objeto real pensado através dele, portanto, uma incongruência

---

* Este capítulo está em conexão com § 13 do primeiro tomo.

entre o abstrato e o intuitivo. Quanto maior e mais inesperada for essa incongruência na // apreensão de quem ri, tanto mais frenético será o riso. Por consequência, em tudo aquilo que desperta riso tem de ser possível demonstrar um conceito e um algo particular, portanto, uma coisa ou um evento que decerto pode ser subsumido sob aquele conceito, logo, pode ser por ele pensado e que, todavia, em outro e predominante aspecto não lhe pertence de modo algum, mas em tudo difere flagrantemente do que de resto é pensado através daquele conceito. Quando, como é o caso sobretudo nos ditos espirituosos, em vez de um semelhante objeto real e intuitivo, aparece um conceito de espécie subordinado ao conceito superior de gênero, então ele despertará o riso só quando a fantasia o realizar, isto é, quando o substituir por um representante intuitivo, e assim tiver lugar o conflito entre o pensado e o intuído. Sim, pode-se, caso se queira conhecer de modo *explicite* e absolutamente correto a coisa, reconduzir todo risível a um silogismo da primeira figura, com uma *maior* indiscutível e uma *menor* inesperada, como que tornada válida apenas por uma chicana; em consequência de cuja ligação a conclusão tem em si a qualidade do risível.

No primeiro tomo considerei supérfluo esclarecer essa teoria mediante exemplos; pois cada um, através de um pouco de reflexão sobre casos risíveis que lembre, facilmente poderá fazê-lo. Todavia, para tirar da inércia espiritual aqueles leitores que sempre preferem permanecer em estado passivo, prestar-me-ei aqui à ajuda. Inclusive, nesta terceira edição, quero adicionar mais exemplos; com o que resultará inquestionável que aqui, após as muitas anteriores tentativas infrutíferas, é estabelecida a verdadeira teoria do risível e assim o problema, já levantado por Cícero, porém abandonado, é definitivamente resolvido. –

Se tivermos em mente que para a existência de um ângulo são requeridas duas linhas que se encontram, as quais intersectam-se quando produzidas, todavia a tangente, diferentemente, toca o círculo em um ponto, mas neste ponto corre de fato paralela a ele, e assim presentificamo-nos a convicção abstrata da impossibilidade de um ângulo entre a circunferência do círculo e a tangente; porém agora sobre o papel temos visivelmente um tal ângulo; // então isto facilmente nos arrancará um sorriso. Neste caso, o risível é decerto extraordinariamente débil: por outro lado, precisamente nele aparece de modo incomumente distinto a origem do riso a partir da incongruência entre o pensado e o intuído. – Conforme passemos (quando descobrimos uma tal incongruência) do real, isto é, do intuitivo para o conceito, ou, ao contrário, do conceito para o real, o risível que daí nasce é ou um dito espirituoso, ou uma absurdez, ou, em grau supremo, sobretudo em termos práticos, um disparate; como explanei no texto. Para considerar exemplos do primeiro caso, ou seja, o dito espirituoso, tomemos em primeiro lugar a muito conhecida anedota do gascão de quem riu-se o rei quando no rigoroso frio invernal o viu em leves roupas de verão, ao qual aquele retrucou: "Se Vossa Majestade houvesse vestido o que eu vesti; então se sentiria bastante aquecido" – e à pergunta sobre o que havia vestido, respondeu: "todo o meu guarda-roupa". – Sob este último conceito deve-se decerto pensar tanto o imenso guarda-roupa de um rei quanto o único traje de verão de um pobre--diabo, cuja visão com o seu corpo tiritando de frio mostra-se, entretanto, bastante incongruente com o conceito. – O público de um teatro em Paris instou certa vez para que se tocasse a *Marseillaise* e, como isto não ocorreu, irrompeu em sonoros gritos e protestos; até que finalmente um comissário de polícia de uniforme apareceu no palco e esclareceu que não era permitido apresentar-se no teatro outra coisa senão o que constava no programa. Então uma voz gritou: *Et vous, monsieur, êtes-vous aussi sur láffiche?*,[1] intervenção esta que produziu unânime gargalhada. – O epigrama:

> *Bav ist der treue Hirt, von dem die Bibel sprach:*
> *Wenn seine Heerde schläft, bleibt er allein noch wach.*[2]

subsume sob o conceito de um pastor, que vela junto a um rebanho que dorme, o tedioso pregador que fez dormir toda a sua comunidade, porém continua pregando sem ser ouvido. – Análogo é o epitáfio de um médico: "Aqui ele jaz, como um herói, e os abatidos jazem ao seu redor": subsume o conceito "rodeado de quem abateu", // honorável para um herói, sob

---

1 "E vós, senhor, estais também no programa?" (N. T.)
2 "Bav é o fiel pastor, de quem a Bíblia diz:/ Quando seu rebanho dorme, apenas ele permanece desperto." (N. T.)

o de médico, que deve preservar a vida. — Muito frequentemente o dito espirituoso reside numa única expressão, através da qual é dado justamente só o conceito sob o qual o caso presente deve ser subsumido, o qual, todavia, é completamente heterogêneo a qualquer coisa pensada sob aquele. Assim ocorre em *Romeu*, quando o vivaz Mercutio, mortalmente ferido momentos antes, responde aos seus amigos que prometeram visitá-lo no dia seguinte: "Sim, vinde amanhã, e me encontrareis um GRAVE HOMEM", sob cujo conceito é aqui subsumido o morto: em inglês ainda acrescenta-se o jogo de palavras, pois *a grave man* significa ao mesmo tempo um homem sério e um homem no túmulo. — Deste tipo é também a conhecida anedota do ator Unzelmann: depois que foi terminantemente proibido todo improviso sobre o palco dos teatros de Berlim, ele teve de aparecer montado a cavalo no palco, só que, assim que estava justamente no proscênio, o cavalo defecou, com o que o público já foi levado ao riso, todavia muito mais ainda quando Unzelmann disse para o cavalo: "Que fazes? Não sabias que nos é proibido o improviso?". Aqui a subsunção do heterogêneo sob o conceito mais geral é bastante clara, razão pela qual o dito espirituoso é totalmente certeiro e, assim, o efeito alcançado do risível, extremamente forte. A esse tipo também pertence uma notícia do jornal de Hall de março de 1851: "A banda judia de trapaceiros, da qual falamos, passou por nós, com acompanhamento forçado".[3] Essa subsunção de uma escolta policial sob uma expressão musical é bastante feliz; embora já se aproxime do mero jogo de palavras. — Por outro lado, é exatamente o tipo de caso que estamos aqui considerando o de SAHIR, quando, numa disputa literária contra o ator Angeli, a este descreveu como "Angeli, igualmente grande em espírito e em corpo" — em que, devido à diminuta estatura do ator, bem conhecida na cidade, apresenta-se de modo intuitivo sob o conceito "grande" o inusitadamente pequeno: — ou então quando o mesmo SAPHIR denomina as árias de uma nova ópera como "boas e velhas conhecidas", ou seja, traz sob um conceito, que em outros casos serve para recomendação, precisamente a característica censurável: — também quando, de uma dama cujos favores

---

3 "Acompanhamento de guardas", "policiais". (N. T.)

II 103 são influenciados por presentes, diz-se que sabe unir *utile dulci*;[4] // com o que trazemos o moralmente ordinário sob o conceito da regra recomendada por Horácio em sentido estético: — também quando, ao referirmo-nos a um bordel, descrevemo-lo como "um modesto lar de prazeres calmantes". — A boa sociedade, que, em vista de ser completamente insípida, proscreveu todas as exteriorizações decididas e com isto todas as expressões fortes para designar coisas escandalosas ou de algum modo chocantes, sói recorrer, para contornar a dificuldade, ao artifício de expressar a tais coisas por intermédio de conceitos gerais: mas assim sob estes são também subsumidas coisas mais ou menos heterogêneas, daí nascendo o efeito do risível em grau correspondente. A isto pertence o acima mencionado *utile dulci*: da mesma forma, "ele teve contrariedades no baile", — quando foi espancado e jogado para fora; ou "ele passou da medida", — quando estava bêbado; assim como "a mulher tem momentos de fraqueza", — quando mete cornos no seu marido; e assim por diante. Eventualmente, pode-se aqui computar os equívocos, isto é, conceitos que em e por si mesmos não contêm nada de impróprio, porém o caso presente que lhes foi trazido conduz a uma representação imprópria. Na sociedade são bem frequentes. Um modelo perfeito de equívoco realizado e grandioso é o incomparável epitáfio em *Justice of Peace*, de Shenstone, que, em seu pomposo estilo lapidar, parece falar de coisas nobres e sublimes, quando em verdade sob cada um dos seus conceitos pode-se subsumir coisas completamente diferentes, cujo sentido só aparece na última palavra como desfecho inesperado do conjunto, e o leitor descobre rindo alto que ele apenas leu um equívoco bastante obsceno. Nesta época puritana e de pessoas engomadas é inadmissível citar aqui essa passagem e ainda por cima traduzi-la: pode-se encontrá-la em *Shenstone's Works*, sob o título "Inscription". Os equívocos chegam por vezes até o simples jogo de palavra, sobre o que já foi falado o suficiente no texto.

Essa subsunção do que é heterogêneo em um aspecto sob um conceito que de resto lhe é adequado, subsunção na qual baseia-se todo risível, também pode ocorrer de modo intencional: por exemplo, um dos negros livres
II 104 da América do Norte, que se esforçava // por imitar os brancos em tudo,

---

4 "O útil ao agradável." (N. T.)

colocou recentemente um epitáfio sobre o seu filho morto, que começava: "Filho adorado, lírio cedo quebrado". – Por outro lado, se com deliberada intenção subsume-se algo real e intuitivo diretamente sob o conceito do seu contrário, então surge a rasteira e vulgar ironia. Por exemplo, quando sob uma chuva torrencial é dito: "que tempo agradável o de hoje"; – ou de uma noiva feia: "ele encontrou um belo tesouro"; – ou de um trapaceiro: "este honorável homem"; e assim por diante. Só crianças e pessoas sem qualquer formação é que riem de algo assim: pois aqui a incongruência entre o pensado e o intuído é total. Todavia, precisamente nesse rasteiro exagero para lograr o risível entra em cena bem distintamente o caráter fundamental do risível, a mencionada incongruência. – Aparentada a esse gênero de risível, por conta do exagero e da clara intencionalidade, é a PARÓDIA. Seu método consiste em introduzir nos acontecimentos e nas palavras de um poema ou drama sério pessoas reles e insignificantes, ou motivos e ações mesquinhos. Ela subsume, portanto, as realidades vulgares, por ela mesma expostas nos elevados conceitos dados no tema, sob conceitos com os quais essas realidades têm agora de ajustar-se em certos aspectos, enquanto noutros são completamente incongruentes; com o que o contraste entre o intuído e o pensado aparece de maneira bastante clara. Exemplos conhecidos não faltam: cito aqui apenas um, tirado de *Zobeide* de CARLO GOZZI, ato 4, cena 3, em que a famosa estrofe de Ariosto (*Orl. Fur.*, I, 22), *oh gran bontà de' cavalieri antichi* etc.,[5] é colocada palavra por palavra na boca de dois bufões que acabaram de bater-se e, cansados, deitam-se tranquilos um ao lado do outro. – Desse tipo é também a aplicação, bastante apreciada na Alemanha, de versos sérios, especialmente os de Schiller, a incidentes triviais, aplicação que manifestamente contém uma subsunção do heterogêneo no conceito geral expresso pelo verso. Assim, por exemplo, quando alguém exibiu um traço realmente característico, raramente faltará um que diga: "Nisto reconheço o meu povo". Original e muito espirituoso foi quando alguém, dirigindo-se não sei quão alto a um jovem casal recém-casado, // cuja metade feminina agradava-lhe, pronunciou as seguintes palavras finais da balada de Schiller, *Die Bürgschaft*:

---

5 "Ó grande bondade dos cavaleiros antigos." (N. T.)

Ich sei, erlaubt mir die Bitte,
In euerm Bunde der Dritte.[6]

O efeito do risível é aqui forte e inevitável porque nos conceitos, através dos quais Schiller nos permite pensar numa relação moralmente nobre, é subsumida, e assim pensada, uma relação proibida e imoral, porém isso é feito de modo correto e sem sobressalto. – Em todos os exemplos de ditos espirituosos aqui citados verifica-se que num conceito, ou em geral num pensamento abstrato, foi subsumida diretamente, ou ao menos por intermédio de uma noção mais estrita, uma coisa real; coisa real essa que, a rigor, pertence ao conceito, todavia é amplamente diferente da verdadeira e originária intenção e direção do pensamento. Em correspondência, o dito espirituoso, como capacidade do espírito, consiste exclusivamente na facilidade de encontrar para cada objeto que se apresenta um conceito sob o qual ele de fato pode ser pensado, embora seja bastante heterogêneo em relação a todos os demais objetos que pertencem ao conceito.

O segundo tipo de risível, como mencionado, vai na direção contrária, a saber, do conceito abstrato para o real, ou intuível por ele pensado, real que todavia exibe uma incongruência com o conceito, que fora despercebida, nascendo daí uma incoerência, portanto *in praxi*[7] uma ação insensata. Visto que o drama exige ação, esse tipo de risível é essencial à comédia. Nisto baseia-se a observação de VOLTAIRE: *"J'ai cru remarquer aux spectacles, qu'il ne s'élève presque jamais de ces éclats de rire universels, qu'à l'occasion d'une méprise"* (Prefácio a *L'enfant prodigue*).[8] Como exemplos desse gênero de risível podem servir os seguintes. Quando alguém expressou que gostava de passear sozinho, um austríaco disse-lhe: "Você gosta de passear sozinho; eu também: então podemos ir juntos". O austríaco parte do conceito de que "se duas pessoas apreciam o mesmo prazer, elas o podem desfrutar em companhia" e subsume a esse conceito um caso que precisamente exclui a companhia.

---

6 "Permitam-me ser, ó parceiros, / Em vossa aliança, o terceiro." (N. T.)
7 "Na prática." (N. T.)
8 "Creio ter observado nos espetáculos, que quase não se ouve essas explosões universais de riso senão por ocasião de um equívoco." (N. T.)

II 106   Também, o servente que passa // azeite de Macassar na pele usada de foca que reveste o baú do seu senhor, para que assim ela volte a ter pelos; aqui ele parte do conceito "azeite de Macassar faz crescer os cabelos": — os soldados no posto de guarda, que permitem ao recém-detido jogar cartas com eles, mas que, como ele faz chicanas, das quais nasce um conflito, jogam-no fora: deixam-se conduzir pelo conceito geral "más companhias atira-se fora", — porém esquecem-se que ele é ao mesmo tempo um detido, ou seja, alguém que eles devem prender. — Dois jovens campesinos carregaram suas espingardas com cartuchos grossos, os quais eles queriam sacar para substituí-los por outros mais finos, porém sem perder a pólvora. Então um deles colocou o orifício de saída do cano no próprio chapéu, que tomou entre as pernas, e falou para o outro: "agora dispara bem suave, suave, suave: assim os cartuchos saem primeiro". Ele parte do conceito "o retardo da causa provoca o retardo do efeito". — Também são provas disso a maioria das ações de Dom Quixote, pois ele subsume, sob conceitos criados a partir de romances de cavalaria, as realidades que lhe aparecem e são bastante heterogêneas em relação àqueles conceitos, por exemplo, para ajudar os oprimidos, liberta os condenados às galés. Também cabem aqui todas as aventuras do Barão de Münchhausen: se bem que não são ações efetivamente ocorridas, mas impossíveis, no entanto narradas ao leitor como efetivamente acontecidas. Nelas o fato é de tal forma concebido, que, simplesmente *in abstracto*, portanto pensado comparativamente *a priori*, aparece como possível e plausível: mas logo depois, quando se desce à intuição do caso individual, portanto *a posteriori*, realça-se o impossível da coisa, sim, o absurdo do que foi assumido, o que provoca riso pela evidente incongruência entre o intuído e o pensado: por exemplo, quando as melodias congeladas na corneta do postilhão degelam no aquecido aposento; — quando Münchhausen, sentado numa árvore durante uma severa geada, apanha com o jato gelado de sua urina a faca que havia caído no chão, e assim por diante. Desse tipo é também a história dos dois leões que durante a noite derrubam o muro que os separa e, em seu furor, entredevoram-se; de modo que na manhã seguinte encontram-se apenas as suas duas caudas.

II 107   // Ainda há casos de risível nos quais o conceito, sob o qual é trazido o intuível, não precisa ser expressado, nem aludido, mas em virtude de associação de ideias apresenta-se a si mesmo à consciência. O riso em que GARRICK irrompeu no meio de uma tragédia, porque um açougueiro que estava na plateia, para secar o seu suor, havia colocado a sua peruca em seu grande cachorro que, apoiado com as patas dianteiras no limite do palco, olhava o cenário, foi um riso intermediado pelo fato de GARRICK partir do conceito pensado de um espectador. Justamente nisso assenta-se o fato de certas figuras animais, como macacos, cangurus, lebres que pulam, e outras semelhantes, aparecerem-nos às vezes risíveis, porque algo nelas de semelhante ao humano permite-nos subsumi-las sob o conceito de figura humana, do qual, partindo de volta, percebemos a sua incongruência com as figuras intuíveis.

Os conceitos, cuja manifesta incongruência com a intuição nos leva ao riso, são ou os conceitos de um outro, ou os nossos próprios. No primeiro caso rimos do outro: no segundo sentimos uma surpresa amiúde agradável, no mínimo divertida. Por isso crianças e pessoas toscas riem dos casos mais bobos, até mesmo adversos, quando lhes são inesperados, portanto, quando desmentem os seus conceitos preconcebidos. — Via de regra o riso é um estado prazeroso: a percepção da incongruência entre o pensado e o intuído, portanto, entre o pensado e a realidade, provoca alegria e de bom grado nos entregamos à espasmódica convulsão estimulada por essa percepção. A razão disso reside no seguinte. Naquele conflito que surge subitamente entre o intuído e o pensado, o intuído conserva sempre o seu inquestionável direito: porque o intuído não está de modo algum submetido ao erro, não precisa de autenticação exterior, mas garante a si mesmo. Seu conflito com o pensado nasce em última instância do fato de este, com os seus conceitos abstratos, jamais poder descer até a diversidade sem fim e as nuances finas do intuído. Essa vitória do conhecimento intuitivo sobre o pensamento nos alegra. Pois a intuição é o modo originário de conhecimento, inseparável // da natureza animal, no qual expõe-se tudo o que proporciona imediata satisfação à vontade: a intuição é o médium do presente, da fruição e da alegria: e também não está ligada a qualquer tipo de esforço. Do pensamento vale o contrário: ele é a segunda potência do conhecimento, cujo exercício exige sempre algum, amiúde muito, esforço, cujos conceitos são os que frequentemente se contrapõem à satisfação dos nossos desejos imediatos, na medida em que, como médium do passado, do futuro e do sério, fornecem o veículo para os nossos temores, arrependimentos e todas as nossas preocupações. Daí que tenha de ser divertido ver ao menos uma vez a faculdade de razão, essa governanta rígida, incansável e carregada, ser flagrada em sua incompetência. Por isso a expressão facial do riso é bastante semelhante à da alegria.

Devido à carência da faculdade de razão, portanto, de conceitos universais, o animal é incapaz tanto de riso quanto de fala. Esta é, portanto, um privilégio e uma marca característica do humano. Seja aqui dito de passagem que também o único amigo do humano, o cachorro, possui um ato análogo que lhe é próprio e característico e lhe avantaja diante de todos os animais, a saber, o tão expressivo, amistoso e honesto abanar de cauda. Quão vantajosamente contrasta essa saudação que lhe foi outorgada pela natureza com as reverências e os testemunhos de cortesia do ser humano, saudação aquela que, ao menos para o presente, é mil vezes mais sincera que as juras de amizade e devoção. —

O contrário do riso e da brincadeira é a SERIEDADE. Por conseguinte, a seriedade consiste na consciência da perfeita concordância e congruência do conceito, ou do pensamento, com o intuitivo, ou a realidade. A pessoa séria está convencida de que pensa as coisas como elas são, e de que as coisas são como ela as pensa. Precisamente por isso a transição da profunda seriedade para o riso é particularmente tão fácil e realiza-se mediante miudezas; porque quanto mais perfeita aparece aquela concordância admitida pela pessoa séria, tanto mais facilmente é suprimida por uma pequena incongruência que surge inesperadamente. Por conseguinte, quanto mais uma pessoa é capaz de grande seriedade, tanto mais efusivamente pode rir. Pessoas cujo riso é sempre afetado // e forçado são intelectual e moralmente de pouco valor; como também em geral o tipo de riso, e a ocasião que o provoca, é bastante característico da pessoa. Que as relações sexuais forneçam o estofo para as brincadeiras mais fáceis e sempre à mão, exploradas até mesmo pelas pessoas de engenho fraco, como o demonstra a abundância das obscenidades, não seria possível se no seu fundo não residisse a mais profunda seriedade.

Que o riso de outrem, sobre aquilo que fazemos ou falamos de maneira séria, nos ofenda tanto, deve-se ao fato de expressar uma poderosa incongruência entre os nossos conceitos e a realidade objetiva. Pela mesma razão é ofensivo o predicado "risível". – O riso zombeteiro propriamente dito grita triunfante ao adversário vencido o quão incongruente eram os conceitos, por ele alimentado, com a realidade que agora se lhe manifesta. Nosso próprio riso amargo, quando nos é revelada a verdade terrível que exibe como ilusórias as expectativas que alimentávamos, é a vívida expressão da descoberta agora feita da incongruência, tola e confiantemente alimentada, entre os pensamentos sobre as pessoas ou o destino, e a realidade efetiva presentemente desvelada.

Quando algo é INTENCIONALMENTE risível então se tem a BRINCADEIRA: é o esforço para estabelecer uma discrepância entre os conceitos do outro e a realidade, pelo deslocamento de um destes dois elementos; já o seu contrário, a SERIEDADE, consiste numa ao menos intentada adequação exata entre os conceitos e a realidade. Mas se a brincadeira esconde-se atrás da seriedade, então nasce a IRONIA: por exemplo, quando admitimos as opiniões do outro, contrárias às nossas, com aparente seriedade e simulamos compartilhá-las com ele, até que por fim o resultado o deixa desconcertado em relação a nós e às suas opiniões. Assim procedeu Sócrates com Hípias, Protágoras, Górgias e outros sofistas, e em geral diante de todos os seus interlocutores. – O contrário da ironia seria, por conseguinte, a seriedade escondida atrás da brincadeira, e isto é o HUMOR. Poder-se-ia denominá-lo o duplo contraponto da ironia. – Explicações como "o humor é a penetração recíproca de finito e infinito" nada mais exprimem // senão a total incapacidade para pensar de quem se satisfaz com tais frases ocas. – A ironia é objetiva, a saber, dirigida a outrem; mas o humor é subjetivo, a saber, existe primariamente só para o próprio si mesmo. Em conformidade com isso, as obras-primas da ironia encontram-se entre os antigos, as do humor entre os modernos. Pois, considerado mais de perto, o humor baseia-se numa disposição subjetiva, porém séria e altiva, que entra involuntariamente em conflito com um mundo exterior vulgar que lhe é bastante heterogêneo, do qual, porém, não pode afastar-se, nem a ele renunciar; por isso, em vista de uma mediação, procura pensar a própria visão de mundo e aquele mundo exterior com os mesmos conceitos, que dessa forma adquirem uma dupla incongruência, que reside ora de um lado ora de outro, com o real pensado através deles, com o que se produz a impressão do risível intencional, portanto, da brincadeira, atrás da qual entretanto esconde-se e reluz a mais profunda seriedade. Se a ironia começa com um semblante sério e termina com um risonho, no humor ocorre o contrário. Como um exemplo de humor, pode valer a antes citada expressão de Mercutio. Igualmente em *Hamlet*: POLONIUS: "Meu honorável senhor, mui humildemente gostaria de pela última vez tomar a vossa atenção e despedir-me. – HAMLET: Nada podeis tomar de mim que com maior gosto concederia; senão a minha vida, senão a minha vida, senão a minha vida". Bem como, antes da representação teatral na corte, quando Hamlet diz a Ofélia: "Que deve fazer um homem senão estar alegre? Notais como a minha mãe se diverte, embora meu pai tenha morrido só há duas horas? – OFÉLIA: Não, as duas vezes há dois meses, honorável senhor. – HAMLET: Há tanto tempo? Então que o diabo vista o luto! Para mim, mandarei fazer um traje alegre". Também no *Titan*, de JEAN PAUL, quando SCHOPPE, que se tornou melancólico e medita sobre si mesmo, amiúde olhando as suas mãos, diz para si: "Aqui está sentado um senhor em carne e osso, e eu nele: mas quem é este senhor?". – Como verdadeiro humorista apresenta-se Heinrich Heine em seu *Romancero*: atrás de todas as suas brincadeiras e burlas observamos uma profunda seriedade que tem vergonha de, desvelada, entrar em cena. – Em concordância com o que foi dito, o humor baseia-se num // tipo especial de DISPOSIÇÃO[9] (que vem provavelmente do latim *Luna*, Lua), conceito através do qual se pensa, em todas as suas modificações, uma decisiva preponderância do subjetivo sobre o objetivo na apreensão do mundo exterior. Também toda exposição poética ou artística de uma cena cômica ou até mesmo burlesca, de cujo fundo oculto transparece entretanto um pensamento sério, é produto do humor, portanto, humorística. Tal é, por exemplo, um colorido desenho de TISCHBEIN: expõe um quarto completamente vazio, que recebe a sua iluminação apenas do fogo ardendo na lareira. Diante desta posta-se um indivíduo de casaco, de tal maneira que, partindo dos seus pés, a sombra da sua pessoa projeta-se sobre todo o quarto. "Eis aí", comenta TISCHBEIN, "alguém para quem nada neste mundo deu certo e que nada fez da vida:

---

9 No original alemão *Laune*. (N. T.)

agora alegra-se em poder projetar uma sombra tão grande." Se me fosse permitido exprimir a seriedade escondida atrás dessa brincadeira; então melhor o faria com os seguintes versos colhidos do poema persa ANWARI SOHEILI:

> *Ist einer Welt Besitz für dich zerronnen,*
> *Sei nicht im Leid darüber, es ist nichts;*
> *Und hast du einer Welt Besitz gewonnen,*
> *Sei nicht erfreut darüber, es ist nichts.*
> *Vorüber gehn die Schmerzen und die Wonnen,*
> *Geh' an der Welt vorüber, es ist nichts.*[10]

Que hoje em dia na literatura alemã "humorístico" seja usado indiscriminadamente no sentido de "cômico", deve-se à miserável mania de dar às coisas um nome mais nobre do que aquele que lhes convém, a saber, o de uma classe superior de objetos: assim, qualquer albergue se chama hotel; qualquer cambista, banqueiro; qualquer tenda, circo; qualquer concerto, academia musical; o balcão de contagem, escritório; o oleiro, artista da argila – portanto, qualquer bufão, humorista. A palavra HUMOR foi emprestada dos ingleses para delimitar e designar um tipo bem característico de risível, inclusive, como acima mostrado, aparentado ao sublime, algo que os ingleses foram os primeiros a observar; não para denominar qualquer divertimento e qualquer bufonaria, como ocorre hoje em dia na // Alemanha, de modo geral e sem oposição, por parte de literatos e eruditos; porque o verdadeiro conceito daquela variante, daquela direção de espírito, daquele filho do risível e do sublime, seria demasiado sutil e elevado para o seu público, o qual esforçam-se por agradar fazendo toda coisa rasteira e vulgar. "Pomposas palavras e parco sentido" é em geral o mote do "tempo de agora".[11] por conseguinte, nos dias de hoje chama-se humorista o que antigamente chamava-se bufão.

---

10 Se perdeste a posse de um mundo, / Não te aflijas, não é nada; / Se ganhaste a posse de um mundo, / Não te alegres, não é nada. / Dor e prazer passam diante do mundo, / Tudo, tudo passa, não é nada." (N. T.)
11 No original alemão, *Jetztzeit*, ao pé da letra, "tempo de agora", o presente. (N. T.)

Capítulo 9*
A PROPÓSITO DA LÓGICA EM GERAL

Lógica, dialética e retórica se pertencem, na medida em que constituem a totalidade de uma TÉCNICA DA RAZÃO sob cujo título devem também ser conjuntamente ensinadas, sendo a lógica a técnica do pensamento propriamente dito, a dialética a técnica da disputa com os outros e a retórica a técnica de falar para muitos (*concionatio*); portanto correspondem respectivamente ao singular, dual e plural, e ao monólogo, diálogo e panegírico.

Sob DIALÉTICA entendo, em concordância com ARISTÓTELES (*Metaph.* III, 2, e *Analyt. post.* I, 11), a arte do diálogo direcionado à investigação comum da verdade, em especial da verdade filosófica. Mas um diálogo desse tipo transforma-se necessariamente, em maior ou menor grau, em controvérsia; por isso, a DIALÉTICA pode também ser definida como arte da disputa. Exemplos e modelos de dialética temos nos diálogos platônicos: mas, em termos de contribuição à teoria propriamente dita dela, portanto, à técnica da disputa, à erística, muito pouco foi realizado até agora. Trabalhei num ensaio desse tipo e dele forneci uma amostra no segundo volume de *Parerga*; razão pela qual passarei totalmente por cima da elucidação dessa ciência.

// Na retórica, as figuras retóricas são aproximadamente o que são na lógica as figuras silogísticas, em todo caso, entretanto, figuras retóricas dignas de consideração. No tempo de Aristóteles parece que elas ainda não tinham sido objeto de investigação teórica; pois ele não trata delas em nenhuma de suas retóricas, e nós, nesse sentido, temos de remeter-nos a Rutilius Lupus, o epitomador de um Górgias tardio.

---

* Este capítulo, junto com o seguinte, conecta-se com § 9 do primeiro tomo.

Todas as três ciências têm como elemento comum o fato de, sem as termos aprendido, seguirmos as suas regras, que em verdade são primeiro extraídas desse exercício natural. — Por isso tais ciências, apesar do elevado interesse teórico, têm mínima utilidade prática: em parte porque decerto fornecem a regra, mas não o caso da aplicação; em parte porque durante a práxis comumente não há tempo para lembrar as regras. Elas, portanto, ensinam apenas o que cada um de nós já sabe e pratica por si mesmo: todavia, o conhecimento abstrato de tais ciências é interessante e importante. Utilidade prática não terá facilmente a LÓGICA, ao menos para o pensamento propriamente dito. Pois os erros dos nossos arrazoamentos quase nunca residem nas conclusões, nem em geral na forma, mas nos juízos, portanto, na matéria do pensamento. Por outro lado, na controvérsia podemos às vezes extrair alguma utilidade prática da lógica, na medida em que reduzimos à estrita forma do silogismo regular a enganosa argumentação do adversário, feita com intenção distinta ou vagamente consciente, que ele pronuncia sob o adorno e a proteção de um discurso ininterrupto, para assim demonstrar-lhe as faltas cometidas contra a lógica, por exemplo, a simples inversão de um juízo universal afirmativo, silogismos com quatro termos, silogismos que vão da consequência ao fundamento, silogismos da segunda figura a partir de premissas puramente afirmativas, e coisas semelhantes. —

Penso que se poderia simplificar a doutrina das LEIS DO PENSAMENTO formulando-se tão somente duas delas, a saber, as leis do terceiro excluído e de razão suficiente. A primeira soaria assim: "A cada sujeito pode-se ou atribuir ou negar qualquer predicado". No "ou ... ou" já encontra-se que os dois predicados não podem dar-se ao mesmo tempo, justamente o que é asseverado pelas leis de identidade e // de contradição: estas, pois, seriam adicionadas como corolários daquele princípio, que diz propriamente que quaisquer duas esferas conceituais devem ser pensadas ou como unidas ou como separadas, nunca entretanto como as duas coisas ao mesmo tempo; logo, que ali onde são combinadas palavras que expressam este último caso, as mesmas especificam um processo de pensamento que é inexequível: perceber esta inexequibilidade é o sentimento de contradição. — A segunda lei do pensamento, o princípio de razão, enunciaria que as acima atribuição ou negação têm de ser determinadas por algo diferente do juízo mesmo, algo que pode ser uma intuição (pura ou empírica), ou simplesmente um outro juízo: esse algo outro e diferente chama-se, pois, a razão ou fundamento do juízo.[1] Na medida em que um juízo satisfaz à primeira lei do pensamento, ele é PENSÁVEL; na medida em que satisfaz à segunda, ele é VERDADEIRO, ao menos lógica ou formalmente verdadeiro, a saber, quando o fundamento do juízo é por sua vez apenas um juízo. A verdade material, ou absoluta, é em última instância sempre apenas a relação entre um juízo e uma intuição, por conseguinte, entre a representação abstrata e a intuitiva. Essa relação é ou imediata, ou intermediada por outros juízos, isto é, por outras representações abstratas. Daí ser fácil concluir que nunca uma verdade pode destruir as outras, mas todas têm de, em última instância, estar em concordância; porque no intuitivo, sua base comum, nenhuma contradição é possível. Por isso uma verdade não tem nada a temer das outras. Falsidade e erro, ao contrário, têm de temer todas as verdades; porque, devido ao encadeamento lógico de todas estas, até mesmo a mais distante delas tem de uma vez exercer contra o erro o seu choque de repulsão. Essa segunda lei do pensamento é, por conseguinte, o ponto de contato da lógica com aquilo que não é mais lógica, mas estofo do pensamento. Em consequência, essa concordância dos conceitos, isto é, das representações abstratas, com o que é dado na representação intuitiva, produz do lado do objeto a VERDADE, e do lado do sujeito, o SABER.

Exprimir a acima indicada união ou separação de duas esferas conceituais é a função da cópula: "é – não é". Através desta, todo verbo é exprimível por meio do seu // particípio. Por isso todo juízo consiste no uso de um verbo, e vice-versa. Segue-se daí que a significação da cópula é que o predicado seja também pensado no sujeito – nada mais. Agora pondere-se em que consiste o conteúdo do infinitivo da cópula "SER". Este é, não obstante, o principal tema dos professores de filosofia dos tempos presentes. Todavia não devemos ser tão confidentes deles: a maioria nada mais quer com esse termo senão designar as coisas materiais, o mundo dos corpos, ao qual eles, como perfeitos e inocentes realistas, atribuem do fundo do coração a mais

---

[1] No original alemão, *der Grund des Urtheils*, que pode ser traduzido por "a razão do juízo" ou "o fundamento do juízo", já que *Grund* significa em alemão "razão" no sentido de "fundamento", não no sentido de "faculdade de razão". O princípio de razão, *der Satz vom Grunde*, seria pois o princípio de fundamentação. (N. T.)

suprema realidade. Porém, falar tão diretamente dos corpos parece-lhes demasiado vulgar: por isso dizem "o ser", que soa mais elegante – e com tal termo pensam nas mesas e cadeiras postadas à sua frente.

"Pois, porque, por que, portanto, logo, já que, embora, de fato, não obstante, mas, se – então, ou – ou", e muitas outras semelhantes, são propriamente dizendo PARTÍCULAS LÓGICAS; já que seu único fim é exprimir a parte formal do processo de pensamento. São, portanto, uma propriedade valiosa de uma língua e não pertencem em igual número a todas elas. A partícula ZWAR[2] (contração de *es ist wahr*) parece pertencer exclusivamente à língua alemã: refere-se sempre a um ABER[3] que vem depois dela ou é subentendido, justamente como a partícula WENN refere-se sempre a um SO[4] que vem depois dela.

A regra lógica de que os JUÍZOS SINGULARES segundo a quantidade, logo, os que têm por sujeito um CONCEITO SINGULAR (*notio singularis*), devem ser tratados como os JUÍZOS UNIVERSAIS baseia-se em que de fato são juízos universais, que meramente têm a particularidade de que seu sujeito é um conceito que só pode ser verificado por um único objeto real, conseguintemente, só compreende sob si um único objeto: é o caso quando o conceito é designado por um nome próprio. Mas isso só se leva propriamente em consideração quando se parte da representação abstrata em direção à intuitiva, logo, quando se quer realizar os conceitos. No pensamento mesmo, quando se opera com os juízos, essa particularidade não constitui nenhuma diferença; justamente porque não existe diferença lógica alguma entre conceitos singulares e conceitos universais: "Immanuel Kant" significa logicamente: "TODO Immanuel Kant". Em consequência, a quantidade dos juízos é propriamente dizendo apenas de dois tipos: universal e particular. Uma REPRESENTAÇÃO SINGULAR não pode // de maneira alguma ser o sujeito de um juízo; porque não é algo abstrato, não é algo pensado, porém algo intuitivo: todo conceito, todavia, é essencialmente universal, e todo juízo tem de ter por sujeito um CONCEITO.

---

2 "É verdade", "de fato". (N. T.)
3 "Mas." (N. T.)
4 "Se – então." (N. T.)

A diferença entre os JUÍZOS PARTICULARES (*propositiones particulares*) e os UNIVERSAIS reside amiúde apenas nesta circunstância exterior e acidental de que a língua não possui palavra alguma para exprimir por si mesma a parte aqui destacada do conceito que é o sujeito de um tal juízo, em cujo caso muitos juízos particulares tornar-se-iam juízos universais. Por exemplo, o juízo particular "algumas árvores portam nozes de galha" converte-se em universal porque há uma palavra própria para essa parte destacada do conceito de árvore: "todos os carvalhos portam nozes de galha". O mesmo ocorre com o juízo: "alguns humanos são pretos" em relação a: "todos os negros são pretos". – Ou aquela diferença advém de que na cabeça de quem julga o conceito que ele coloca como sujeito do juízo particular não foi distintamente separado do conceito universal, do qual é designado como parte, do contrário poderia enunciar, no lugar do juízo particular, um juízo universal: por exemplo, em vez do juízo: "alguns ruminantes têm dentes incisivos superiores", este: "todos os ruminantes sem cornos têm dentes incisivos superiores".

JUÍZOS HIPOTÉTICOS E DISJUNTIVOS são enunciados sobre a relação de dois (no caso dos juízos disjuntivos até mesmo vários) juízos categóricos entre si. – JUÍZOS HIPOTÉTICOS expressam que da verdade do primeiro dos juízos categóricos aqui vinculados entre si depende a verdade do segundo, e que da inverdade do segundo depende a inverdade do primeiro; logo, que essas duas proposições, no que diz respeito à verdade e inverdade, estão em aliança direta. – JUÍZOS DISJUNTIVOS, ao contrário, enunciam que da verdade de um dos juízos categóricos aqui vinculados depende a inverdade dos outros juízos, e vice-versa; logo, que essas proposições, no que diz respeito a verdade e inverdade, estão em conflito. – QUESTÕES são juízos, de cujas três partes uma é deixada em aberto: logo, ou a cópula: "é Caio um romano – ou não?" ou o predicado: "é Caio um romano – ou outra coisa?" ou o sujeito: "é Caio um romano – ou o é // um outro". – O lugar do conceito deixado em aberto também pode permanecer completamente vazio, por exemplo, QUE é Caio? – QUEM é um romano?

A ἐπαγωγή, *inductio*, em Aristóteles, é o contrário da ἀπαγωγή.[5] Esta comprova a falsidade de uma proposição, na medida em que mostra que aquilo

---

5 "Abdução." (N. T.)

que se seguiria dela não é verdadeiro; logo, por meio da *instantia in contrarium*.[6] A ἐπαγωγή, por outro lado, comprova a verdade de uma proposição mostrando que aquilo que se seguiria dela é verdadeiro. Leva-nos mediante exemplos à admissão de uma coisa; a ἀπαγωγή leva-nos a não admiti-la. Portanto, a ἐπαγωγή, ou indução, é uma inferência que vai das consequências ao fundamento, e de fato *modo ponente*: pois a partir de muitos casos estabelece a regra, da qual esses casos são de novo as consequências. Justamente por isso a ἐπαγωγή, ou indução, não é inteiramente certa, porém leva no máximo a uma elevada probabilidade. Não obstante, essa insegurança FORMAL, através do grande número de consequências elencadas, pode dar lugar a uma segurança MATERIAL; do mesmo modo que na matemática as relações irracionais, por meio das frações decimais, podem ser infinitamente aproximadas da racionalidade. A ἀπαγωγή, ao contrário, é primariamente a inferência que vai do fundamento às consequências, depois ela no entanto procede *modo tollente*,[7] na medida em que comprova a não existência de uma consequência necessária e assim suprime a verdade do suposto fundamento. Justamente por isso a ἀπαγωγή é sempre perfeitamente certa e, através de um único exemplo *in contrarium*, realiza mais em favor da proposição admitida que a indução o faz através de incontáveis exemplos. É muito mais fácil refutar que provar, demolir que construir.

---

6 "Exemplo em contrário." (N. T.)
7 "Modo que nega." (N. T.)

Capítulo 10
A PROPÓSITO DA SILOGÍSTICA

Embora seja muito difícil estabelecer uma nova e correta visão fundamental sobre um assunto que vem sendo tratado há mais de dois milênios // por inumeráveis autores e que, não bastasse isto, ainda não se deixa incrementar por experiências; mesmo assim não me impeço de submeter ao exame dos pensadores o estudo que ora se segue sobre o assunto.

Um silogismo é a operação da nossa razão em virtude da qual de dois juízos, e pela comparação entre eles, resulta um terceiro, sem que se tenha de recorrer à ajuda de qualquer outro conhecimento. A condição para isso é que tais dois juízos tenham UM conceito em comum: sem o que são estranhos e sem ponto algum de contato. Sob essa condição, entretanto, tornam-se pai e mãe de uma criança que em si possui traços dos dois. A dita operação não é um ato arbitrário, mas da razão, que, entregue à consideração de tais juízos, consuma o ato por si mesma conforme as próprias leis: nesse sentido, ele é objetivo, não subjetivo, e por isso submetido às mais estritas regras.

De passagem pode-se perguntar se a pessoa que fez o silogismo realmente aprende alguma coisa nova, que antes lhe era desconhecida, mediante a nova proposição. – De modo absoluto, não; mas em certa medida, sim. O que ela aprende, encontra-se no que já sabia: logo, sabendo isto, já sabia aquilo. Porém, ela não sabe que já sabia, e assim é como alguém que tem algo, mas não sabe que tem; e isto equivaleria a não ter. Noutros termos, ela sabia apenas *implicite*, agora sabe *explicite*:[1] entretanto, essa diferença pode

---

[1] "Implicitamente" e "explicitamente". (N. T.)

ser tão grande que a proposição conclusiva lhe aparece como uma nova verdade. Por exemplo:

> Todos os diamantes são pedras;
> Todos os diamantes são combustíveis:
> Logo, algumas pedras são combustíveis.

A essência do silogismo reside, por conseguinte, em levar-nos à distinta consciência de haver pensado o enunciado da conclusão já nas premissas: é, pois, um meio para ter mais distinta consciência do próprio conhecimento, para melhor apreender, ou melhor, reter o que se sabe. O conhecimento que a proposição conclusiva fornece era LATENTE, fazia, pois, tão pouco efeito quanto o calor latente sobre o termômetro. Quem tem sal, também tem cloro; mas é como se não // tivesse cloro: pois só quando este é separado por processo químico é que pode fazer efeito como cloro; logo, nesse caso, só assim se o possui efetivamente. O mesmo ocorre com o ganho fornecido por uma simples conclusão tirada de premissas já conhecidas: nesse caso, um conhecimento previamente LIGADO ou LATENTE faz-se LIVRE. Essas comparações poderiam de fato parecer forçadas, mas de modo algum o são. Ora, como muitos possíveis silogismos a partir do nosso conhecimento são feitos muito cedo, e rapidamente e sem formalidade, e assim não resta distinta lembrança alguma deles; parece então que nenhuma premissa permanece muito tempo inutilizada para possíveis conclusões, mas para todas as premissas, que residem no domínio do nosso saber, também já teríamos prontas as conclusões. Mas nem sempre este é o caso: antes, duas premissas podem por longo tempo ter uma existência isolada numa cabeça, até que enfim uma ocasião as reúne, quando então salta subitamente a conclusão, do mesmo modo que apenas quando o aço e a pedra entrechocam-se é que salta a faísca. Em realidade, as premissas recebidas do exterior residem amiúde por longo tempo em nós tanto para inteleções teóricas quanto para motivos que produzem resoluções, e, através em parte de atos de pensamento indistintamente conscientes, até mesmo desprovidos de palavras, são aquelas premissas comparadas com o nosso restante estoque de conhecimentos, ruminadas e, por assim dizer, chacoalhadas umas com as outras, até que enfim a correta maior encontra a correta menor, cada uma ocupa o seu lugar conveniente e então ali está subitamente a conclusão, sem nossa intervenção, como se fosse uma inspiração: e aí não compreendemos como nós e os outros desconhecíamos isto por tanto tempo. Sem dúvida que na cabeça bem organizada esse processo se dará de maneira mais rápida e fácil do que na cabeça ordinária: ora, precisamente porque tal processo é espontâneo, sim, consumado sem distinta consciência, não pode ser ensinado. Por isso Goethe diz:

> *Wie etwas sei leicht,*
> *Weiß, der es erfunden und der es erreicht.*[2]

Pode-se comparar o descrito processo de pensamento com aqueles cadeados que consistem de anéis de letras: são pendurados na mala de uma carruagem e são chacoalhados de uma tal maneira até que, enfim, as letras das palavras juntam-se na ordem correta e o cadeado abre-se. Ademais, deve-se ter aqui em mente que o silogismo consiste na sucessão mesma dos pensamentos, já as palavras e proposições, entretanto, através das quais os exprimimos, indicam tão somente os vestígios deles: elas estão para eles como as figuras acústicas da areia estão para os tons cujas vibrações expõem. Quando queremos ponderar sobre algo, reunimos nossos dados, condensamo-los em juízos, que são rapidamente justapostos e comparados, e dessa forma são instantaneamente deles tiradas as possíveis conclusões pelo uso das três figuras silogísticas; mas tais operações são realizadas com uma tal velocidade que poucas palavras são usadas, por vezes nenhuma palavra, e somente a conclusão é formalmente expressada. Por vezes também ocorre que, seja por esse caminho, ou pelo caminho puramente intuitivo, isto é, por um feliz *aperçu*, adquirimos consciência de uma nova verdade e procuramos para esta as premissas da qual ela é a conclusão, isto é, procuramos estabelecer uma demonstração para ela: pois, via de regra, o conhecimento existe antes que as suas demonstrações. Nós então vasculhamos o estoque dos nossos conhecimentos, para ver se nele não podemos encontrar algu-

---

[2] "Quão fácil seja uma coisa, / Sabe-o quem a inventou e quem a conseguiu." (N. T.)

ma verdade na qual já estivesse contida *implicite* a nova verdade descoberta, ou duas proposições de cuja justaposição regular tenha surgido esta nova verdade como resultado. — Por outro lado, todo processo judicial fornece o mais formal e pomposo silogismo, e de fato na primeira figura. A infração civil ou criminal, em virtude da qual se é acusado, é a menor: esta é posta pelo acusador. A lei para tal caso é a maior. O juízo é a conclusão, que, por conseguinte, como um juízo necessário, é apenas "pronunciada" pelo juiz.

Doravante, vou ensaiar fazer a mais simples e correta exposição do mecanismo propriamente dito do raciocínio silogístico.

O processo elementar e mais importante do pensamento, o JULGAMENTO, consiste na comparação de dois CONCEITOS; já o raciocínio silogístico é a comparação de dois JUÍZOS. É comum, não obstante, igualmente reduzir-se nos manuais o raciocínio silogístico a uma comparação de CONCEITOS, embora de TRÊS; // na medida em que, da relação que têm dois destes três conceitos com um terceiro, conhecer-se-ia a relação que têm entre si. Não há como negar verdade a essa concepção, que ademais tem a vantagem de tornar a coisa mais facilmente compreensível, pois dá ocasião àquela exposição intuitiva das relações silogísticas, também por mim elogiada no texto, por meio de esferas conceituais desenhadas. Mas aqui, como em tantos outros casos, parece-me que a compreensibilidade é alcançada às custas da exatidão da profundidade. Com isso não se conhece o processo de pensamento propriamente dito no raciocínio silogístico, do qual dependem intimamente as três figuras silogísticas e a sua necessidade. Em realidade, no raciocínio silogístico NÃO operamos com meros CONCEITOS, porém com JULGAMENTOS completos, aos quais a qualidade, que reside tão somente na cópula e não nos conceitos, bem como a quantidade, é absolutamente essencial, a elas também acrescentando-se até mesmo a modalidade. Aquela exposição do silogismo como uma relação de TRÊS CONCEITOS falha pelo fato de começar por decompor os juízos em seus últimos elementos constitutivos (os conceitos), com o que desaparece o meio de ligação entre estes e perde-se de vista o que é próprio aos julgamentos ENQUANTO TAIS e em sua completude, que é precisamente o que produz a necessidade da conclusão proveniente dos julgamentos. Dessa forma, cai-se num erro análogo àquele que se produziria na química orgânica, se esta, por exemplo, na análise das plantas começasse por decompô-las em seus ÚLTIMOS elementos constitutivos, com o que em todas se obteria carbono, hidrogênio e oxigênio, mas as suas diferenças específicas seriam perdidas, cuja obtenção requer que nos detenhamos nos elementos constitutivos MAIS PRÓXIMOS, os assim chamados alcaloides, para por sua vez dissolver a estes. — De três CONCEITOS dados não se pode extrair silogismo algum. Decerto, costuma-se dizer: a relação de dois deles para com um terceiro tem de estar ali dada. Mas a expressão dessa relação são precisamente os JUÍZOS que ligam aqueles conceitos: logo, o estofo do silogismo são JUÍZOS, não meros CONCEITOS. Por conseguinte, o silogismo é essencialmente uma comparação de dois JUÍZOS: com estes, com os pensamentos por eles expressados, e não meramente com três conceitos, é que ocorre o processo de pensamento em nossa cabeça, mesmo quando é incompleto // ou não é de modo algum designado por palavras, e, como tal, como uma justaposição de juízos completos, indecomponíveis, tem-se de levá-lo em consideração, para entender propriamente o procedimento técnico no raciocínio silogístico, do qual resulta, então, a necessidade efetivamente racional das três figuras silogísticas.

Assim como na exposição da silogística por intermédio de ESFERAS CONCEITUAIS, estas são pensadas sob a imagem de círculos, também na exposição por intermédio de JUÍZOS completos estes devem ser pensados sob a imagem de bastonetes que se juntam, em vista da comparação, tanto por um fim quanto por outro: mas os diversos modos em que isto pode ser feito são dados pelas três figuras. Ora, como cada premissa contém o seu sujeito e o seu predicado, então esses dois conceitos devem ser representados como situados nos dois fins de cada bastonete. Doravante, os dois juízos são comparados em relação aos dois DIFERENTES conceitos neles contidos: pois o terceiro conceito, como já mencionado, tem de ser o mesmo; por isso não está submetido a comparação alguma, sendo aquilo PELO QUAL, isto é, em referência ao qual, são comparados os outros dois: é o TERMO MÉDIO. Este, por conseguinte, é sempre apenas o meio e não a coisa principal. Por sua vez, os dois conceitos díspares são o objeto da reflexão, e o fim do silogismo é trazer a lume a sua relação recíproca por intermédio dos juízos nos quais estão contidos: eis por que a conclusão fala só daqueles conceitos, não do termo médio, que, como simples meio, era uma escala que se deixa de lado após utilizá-la. Se este conceito IDÊNTICO em ambas as proposições, ou seja, o termo médio, é o sujeito em UMA premissa, então o conceito a comparar tem de ser o seu predicado, e vice-versa. De imediato emerge aqui *a priori* a possibilidade de três casos: ou o sujeito de UMA premissa é comparado com o predicado da OUTRA, ou o sujeito de uma com o sujeito de outra, ou, finalmente, o predicado de uma com o predicado de outra. Daí nascem as três figuras silogísticas de ARISTÓTELES: a quarta, que foi acrescentada de maneira um tanto atrevida, é espúria e um artifício: é atribuída a GALENO; // contudo, este baseia-se meramente em autoridades árabes. Cada uma das três figuras expõe um processo completamente diferente, correto e natural de pensamento da faculdade de razão no raciocínio silogístico.

Se, nos dois juízos a comparar, a finalidade da comparação é a relação entre o PREDICADO DE UM E O SUJEITO DE OUTRO; então nasce A PRIMEIRA FIGURA. Apenas esta tem a vantagem de os conceitos, que na conclusão são sujeito e predicado, já aparecerem nessa qualidade nas premissas; enquanto que nas duas outras figuras um dos conceitos sempre tem de mudar o seu papel na conclusão. Mas, dessa forma, o resultado na primeira figura sempre tem menos novidade e surpresa que nas outras duas. Aquela vantagem da primeira figura só é obtida ao comparar-se o predicado da maior com o sujeito da menor; não inversamente: isto é essencial aqui e implica que o termo médio ocupe dois lugares de nomes diferentes, isto é, ele é o sujeito na maior e o predicado na menor; de novo emergindo a sua significação subordinada, na medida em que figura como um mero peso que se coloca a esmo ora num, ora noutro prato da balança. O processo de pensamento nessa figura consiste em que o predicado da maior convém ao sujeito da menor, porque o sujeito da maior é o próprio predicado da menor; no caso negativo, é o contrário que se produz, e pela mesma razão. Assim, pois, às coisas pensadas por meio de um conceito atribui-se uma propriedade, porque essa propriedade pertence a outra que conhecemos já naquelas coisas; ou o contrário. Por isso vale aqui o princípio: *nota notae est nota rei ipsius, et repugnans notae repugnat rei ipsi*.[3]

---

[3] "Uma propriedade, que pertence ao predicado, pertence também ao sujeito do predicado, e uma propriedade, que contradiz o predicado, contradiz também o sujeito do predicado." (N. T.)

Se, por outro lado, compararmos dois juízos com a intenção de trazer a lume a possível relação recíproca dos SUJEITOS DE AMBOS; então temos de tomar o seu predicado como a medida comum: portanto, este será aqui o termo médio e tem pois de ser o mesmo nos dois juízos. Daí nasce a SEGUNDA FIGURA. Aqui é determinada a relação recíproca de dois SUJEITOS por meio daquilo que têm com um e mesmo predicado. Mas essa relação só pode tornar-se significativa se o mesmo predicado // for atribuído a UM sujeito e negado a outro, com o que o predicado se torna um fundamento essencial de diferenciação entre ambos. Pois se o mesmo predicado fosse atribuído aos dois sujeitos, então ele não poderia decidir nada acerca da sua relação recíproca: porque quase todo predicado convém a incontáveis sujeitos. Ainda menos seria decidido se se negasse o predicado aos dois sujeitos. Daí se segue o caráter fundamental da segunda figura, a saber, que as duas premissas têm de ter QUALIDADES OPOSTAS: uma tem de afirmar, a outra negar. Por isso vale aqui a regra suprema: *sit altera negans*:[4] cujo corolário é: *e meris affirmativis nihil sequitur*;[5] uma regra contra a qual se atenta quando uma argumentação oca é dissimulada por muitas proposições intermediárias. Do que foi dito resulta distintamente o processo de pensamento exposto por essa figura: trata-se da investigação de dois tipos de coisa com o intento de distingui-las, logo, de constatar que NÃO são do mesmo gênero; o que aqui é decidido pelo fato de ser essencial a um tipo de propriedade aquilo que falta à outra. Que esse processo de pensamento assume naturalmente a segunda figura e apenas nesta estampa-se nitidamente, mostra o exemplo:

> Todos os peixes têm sangue frio;
> Nenhuma baleia tem sangue frio:
> Logo, nenhuma baleia é um peixe.

Por outro lado, na primeira figura esse mesmo pensamento é exposto de modo débil, forçado e, por fim, remendado:

---

4 "Que a outra seja negativa." (N. T.)
5 "De meras premissas afirmativas não se segue nada." (N. T.)

Nada que tem sangue frio é uma baleia;
Todos os peixes têm sangue frio:
Logo, nenhum peixe é uma baleia,
Conseguintemente, nenhuma baleia é um peixe. –

Também um exemplo com menor afirmativa:

Nenhum maometano é um judeu;
Alguns turcos são judeus:
Logo, alguns turcos não são maometanos.

Eu, por conseguinte, estabeleço como o princípio diretor desta figura: para os *modi* com menor negativa: *cui repugnat nota, etiam repugnat notatum*:[6] e para os *modi* com menor afirmativa: *notato repugnat id cui nota repugnat*.[7] Traduzindo de maneira resumida: dois sujeitos, que estão em relação oposta // com um predicado, têm entre si uma relação negativa.

O terceiro caso é aquele em que colocamos dois juízos juntos, em vista de investigar a relação de seus PREDICADOS: daí nasce a TERCEIRA FIGURA, na qual, portanto, o termo médio aparece como sujeito nas duas premissas. Aqui ele também é o *tertium comparationis*, a medida, que é aplicada aos dois conceitos a serem investigados, ou algo assim como um reagente químico, pelo qual testa-se os dois conceitos, para, a partir da sua relação com o reagente, aprender a que existe entre os dois mesmos: em conformidade com isto, a conclusão declara se entre os dois existe uma relação de sujeito e predicado e até onde esta se estende. Assim, essa figura expõe a reflexão sobre duas PROPRIEDADES que estamos inclinados a considerar ou como INCOMPATÍVEIS ou como INSEPARÁVEIS, e, para decidi-lo, tentamos torná-las predicados de um e mesmo sujeito. Daí resulta que, ou as duas propriedades pertencem a uma e mesma coisa, conseguintemente, sua COMPATIBILIDADE, ou

---

6 "Àquilo que o predicado contradiz, o sujeito desse predicado também contradiz." (N. T.)

7 "O que contradiz o predicado, contradiz o sujeito desse predicado." (N. T.)

então que uma coisa de fato tem uma, porém não a outra, por consequência, sua SEPARABILIDADE: o primeiro caso se dá em todos os modos com duas premissas afirmativas, o segundo, em todos os modos com premissas negativas; por exemplo:

> Alguns animais podem falar;
> Todos os animais são irracionais:
> Logo, alguns seres irracionais podem falar.

Conforme Kant (*Die falsche Spitzfindigkeit*, § 4), esse silogismo seria conclusivo apenas se acrescentássemos em pensamento: "logo, alguns seres irracionais são animais". Mas aqui isso parece totalmente supérfluo e de modo algum o processo natural de pensamento. Para realizar diretamente o mesmo processo de pensamento por intermédio da primeira figura, eu teria de dizer:

> Todos os animais são irracionais;
> Alguns seres que podem falar são animais.

O que manifestamente não é o processo natural de pensamento: sim, inclusive a conclusão então resultante "alguns seres que podem falar são irracionais" teria de ser invertida, para conservar a proposição conclusiva, na qual naturalmente a terceira figura termina e onde foi posto o alvo de todo o processo de pensamento. – Tomemos ainda mais um exemplo:

> Todos os metais alcalinos flutuam sobre a água;
> Todos os metais alcalinos são metais:
> Logo, alguns metais alcalinos flutuam sobre a água.

Se fazemos transposição para a primeira figura, a menor tem de ser invertida, e então soa: "alguns metais são metais alcalinos": consequentemente, isto afirma apenas que alguns metais estão contidos na esfera "metais alcalinos", assim:

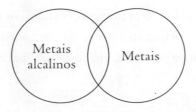

Porém, o nosso conhecimento real é que TODOS os metais alcalinos estão contidos na esfera "metal", assim:

Em consequência, se a primeira figura devesse ser a única normal, para pensar naturalmente teríamos de pensar menos do que sabemos, e pensar indeterminadamente o que sabemos determinadamente. Essa suposição tem muito contra si. Assim, pois, em geral deve-se negar que, no raciocínio silogístico da segunda e terceira figuras, invertamos em segredo uma proposição. Antes, a terceira, e também a segunda figura, expõe um processo de pensamento tão racional quanto a primeira figura. Consideremos agora um exemplo do outro tipo da terceira figura, no qual o resultado é a separabilidade dos dois predicados; por isso aqui uma premissa tem de ser negativa:

Nenhum buddhista acredita num deus;
Alguns buddhistas são racionais:
Logo, alguns seres racionais não acreditam num deus.

II 127 // Nos exemplos acima citados, o problema da reflexão era a COMPATIBILIDADE, agora é a SEPARABILIDADE de duas propriedades, o que aqui também se decide quando se as compara em UM sujeito e neste demonstra-se UMA sem a OUTRA: assim, atingimos o nosso fim imediatamente, enquanto pela primeira figura só o podíamos atingir mediatamente. Pois para reduzir o silogismo à primeira figura, ter-se-ia de inverter a menor, portanto dizer: "Alguns seres racionais são buddhistas", o que apenas seria uma expressão canhestra do sentido dela, que é o seguinte: "Alguns buddhistas são, apesar de tudo, decerto racionais".

Eu, por conseguinte, estabeleço como o princípio diretor dessa figura: para os *modi* afirmativos: *ejusdem rei notae, modo sit altera universalis, sibi invicem sunt notae particulares*; e para os *modi* negativos: *nota rei competens, notae eidem repugnanti, particulariter repugnat, modo sit altera universalis*. Traduzindo: se dois predicados são afirmados de um sujeito, e ao menos um deles universalmente, então são também particularmente afirmados um do outro; ao contrário, são particularmente negados um do outro, assim que um deles contradiga o sujeito, do qual o outro é afirmado – só que a contradição ou afirmação tem de ser feita universalmente.

Na QUARTA FIGURA o sujeito da maior deve então ser comparado com o predicado da menor: mas na conclusão, ambos têm novamente de trocar seu valor e posição, de modo que o que era sujeito na maior aparece como predicado e o que era predicado na menor aparece como sujeito. Daí torna-se claro que esta figura é meramente a inversão arbitrária da PRIMEIRA, de maneira alguma a expressão de um processo de pensamento real que seja natural à razão.

Já as três primeiras figuras, ao contrário, são o éctipo de três reais e essencialmente distintas operações do pensamento. Estas têm em comum o fato de consistirem na comparação de dois juízos: mas tal comparação só se torna frutífera quando os juízos têm UM conceito em comum. Se representarmos as premissas na forma de dois bastonetes, então podemos pensar o conceito comum como o gancho que os une: sim, podemos servir-nos de tais bastonetes numa comunicação. Por outro lado, as três figuras diferenciam-se pelo fato de aqueles // juízos poderem ser comparados ou em relação aos seus dois sujeitos, ou em relação aos seus dois predicados, ou, por fim, em relação ao sujeito de um e ao predicado de outro. Como cada conceito só tem a propriedade de ser sujeito ou predicado, na medida em que já é parte de um juízo, isto confirma a minha visão de que no silogismo antes são comparados apenas juízos, e conceitos tão somente na medida em que são partes de juízos. Na comparação de dois juízos é essencialmente importante saber em relação AO QUE se os compara, não ATRAVÉS DO QUE se os compara: o primeiro, os constitui os conceitos díspares do juízo, o segundo, os constitui o termo médio, isto é, o conceito idêntico em ambos os juízos. Portanto, não é o correto ponto de vista aquele que foi tomado por LAMBERT, até mesmo por ARISTÓTELES e quase todos os autores modernos, ou seja, partir do termo MÉDIO na análise dos silogismos, torná-lo a coisa principal e a sua posição o caráter essencial do silogismo. Antes, seu papel é meramente secundário e sua posição uma consequência do valor lógico dos conceitos a serem propriamente comparados no silogismo. Esses últimos são comparáveis a duas substâncias químicas que devem ser testadas quimicamente, o termo médio, entretanto, seria o reagente EM que se as testa. O termo médio, por conseguinte, sempre assume a posição que lhe é deixada livre pelos conceitos a serem comparados, e não aparece mais na conclusão. O termo médio é escolhido após a sua relação com ambos os conceitos ser conhecida e ele for adequado à posição que vai ocupar: por isso pode-se em muitos casos também trocá-lo a esmo por outro, sem que o silogismo seja afetado: por exemplo, no silogismo:

> Todos os humanos são mortais;
> Caio é um humano:

posso trocar o termo médio "humano" por "ser animal".
 No silogismo:

> Todos os diamantes são pedras;
> Todos os diamantes são combustíveis:

posso trocar o termo médio "diamante" por "antracite". Como característica exterior que nos faz reconhecer de imediato a figura de um silogismo, o termo médio é decerto bastante útil. Mas o caráter fundamental de uma coisa a ser explicada tem-se de extraí-lo daquilo que é essencial nessa coisa: e o essencial aqui é se colocamos duas proposições // juntas para comparar os seus predicados, ou os seus sujeitos, ou para comparar o predicado de uma com o sujeito da outra.

Assim, para que dois juízos postos como premissas produzam uma conclusão, eles têm de possuir um conceito em comum, ademais, ambos os juízos não podem ser negativos ou particulares, por fim, no caso de em ambos o conceito a ser comparado for o seu sujeito, os dois juízos não podem ser afirmativos.

Como símbolo do silogismo pode-se considerar a pilha voltaica: o seu ponto de indiferença localizado no meio representa o termo médio, que mantém juntas as duas premissas, devido ao qual estas têm força conclusiva: os dois conceitos díspares, por seu turno, que são de fato o que se deve comparar, são expostos pelos dois polos heterogêneos da pilha: só na medida em que estes são ligados, por intermédio de seus fios condutores respectivos, que simbolizam a cópula dos dois juízos, é que surge a centelha em seu contato — a nova luz da concussão.

Capítulo 11*
A PROPÓSITO DA RETÓRICA

Eloquência é a capacidade de despertar a nossa visão de uma coisa, ou a nossa disposição em face dela, também nas outras pessoas, de acender nelas o nosso sentimento sobre essa coisa e assim colocá-las num estado de simpatia conosco; tudo isso fazendo penetrar, por intermédio de palavras, a corrente dos nossos pensamentos em suas cabeças, com uma tal força que esta desvia o curso dos pensamentos próprios que as pessoas já haviam tomado e assim as faz seguir o curso dos nossos pensamentos. A maestria será tanto maior quanto mais o curso prévio dos pensamentos delas separe-se do nosso. Disso é facilmente concebível por que a própria convicção // e a paixão tornam eloquentes, e por que em geral eloquência é mais dom da natureza que obra da arte: mas também aqui a arte apoiará a natureza.

Para convencer um outro de uma verdade, que nele entra em disputa contra um erro arraigado, a primeira regra a seguir é fácil e natural: DEIXE-SE AS PREMISSAS VIREM PRIMEIRO, EM SEGUIDA A CONCLUSÃO. No entanto, tal regra raramente é observada, prevalecendo o contrário; isto por que zelo, precipitação e vontade de sempre ter razão nos impulsionam, de maneira sonora e barulhenta, a gritar a conclusão àquele que possui o erro contrário. Por isso deve-se antes esconder por completo a conclusão e fornecer apenas as premissas de modo distinto, pleno, em todos os seus ângulos. Inclusive, quando possível, nem se deve exprimir a conclusão: ela apresentar-se-á de maneira necessária e legítima na faculdade de razão dos ouvintes, e a convicção assim nascida será neles tanto mais franca, e ademais acompanhada

---

* Este capítulo está em conexão com a conclusão de § 9 do primeiro tomo.

do sentimento de mérito pessoal em vez do sentimento de vergonha. Em casos difíceis pode-se até mesmo fazer feições de quem quer chegar a uma conclusão totalmente contrária àquela efetivamente intentada. Um modelo desse tipo é o famoso discurso de Antônio, em *Júlio César* de Shakespeare.

Ao defenderem uma coisa, a muitos passa despercebido que falham ao adiantar confiantemente em seu próprio favor tudo o que é imaginável, misturando o verdadeiro, a meia-verdade e o só aparente. Mas o falso logo será reconhecido, ou ao menos sentido, e então a suspeita também recairá sobre o bem-arrazoado e verdadeiro que também foram postos com o falso: portanto, deve-se oferecer pura e exclusivamente aqueles, e guardar-se de defender uma verdade com fundamentos insuficientes, logo, defendida como se tivesse fundamentos suficientes, portanto, sofística: pois o adversário a derruba e assim transmite a aparência de que também derrubou as verdades mesmas nela apoiadas: isto é, ele faz valer o *argumenta ad hominem* como *argumenta ad rem*.[1] Talvez os chineses vão demasiado longe no sentido oposto, na medida em que possuem o seguinte dito: "Quem é eloquente e tem uma língua afiada sempre pode deixar a metade de uma frase // sem pronunciar; e quem tem a razão ao seu lado, pode confiantemente sacrificar três décimos de sua afirmação".

---

1 "Argumento contra a pessoa" e "argumento contra a coisa em questão". (N. T.)

*Capítulo 12**
A PROPÓSITO DA DOUTRINA DA CIÊNCIA

A partir da análise das diversas funções do nosso intelecto feita em todos os capítulos precedentes, torna-se claro que para um uso metódico dele, seja com propósito teórico ou prático, é requerido o seguinte: 1) a correta apreensão intuitiva das coisas reais tomadas em consideração e de todas as suas características e relações essenciais, logo, de todos os DATA.¹ 2) A formação de CONCEITOS corretos a partir desses dados, portanto, a REUNIÃO daquelas características sob abstrações corretas, que, doravante, tornam-se o material do pensamento subsequente. 3) A comparação desses conceitos, em parte com o que foi intuído, em parte entre si, em parte com o estoque restante de conceitos; de modo que daí surjam JUÍZOS corretos pertinentes à coisa em si mesma, que a esta compreendem e a esgotam por completo: portanto correto JULGAMENTO da coisa. 4) A compilação ou COMBINAÇÃO desses juízos em premissas para CONCLUSÕES: isto pode ocorrer de modo muito variado conforme a escolha e o ordenamento dos juízos, e o verdadeiro RESULTADO de toda a operação é primariamente dependente disso. Daí depende que, a partir de tantas combinações possíveis daqueles variados juízos pertencentes à coisa, a livre ponderação encontre exatamente os decisivos juízos que servem ao intento. — Se, entretanto, na primeira função, portanto, na apreensão intuitiva das coisas e suas relações, algum ponto essencial foi perdido de vista; então a correção de todas as operações subsequentes do espírito não pode impedir que o resultado seja falso: pois lá

---

* Este capítulo está em conexão com § 14 do primeiro tomo.
1 "Dados." (N. T.)

encontram-se os DATA, o estofo de // toda a investigação. Sem a certeza de que estes são corretos e completos, devemos abster-nos de qualquer decisão definitiva em coisas importantes. –

Um conceito é CORRETO; um juízo, VERDADEIRO; um corpo, REAL; uma relação, EVIDENTE. – Um princípio imediatamente certo é um AXIOMA. Apenas os princípios fundamentais da lógica e da matemática hauridos da intuição *a priori*, por fim também a lei de causalidade, possuem certeza imediata. Um princípio de certeza imediata é um TEOREMA, e aquilo que propicia essa certeza é a demonstração. – Se a um princípio que não possui certeza imediata alguma é atribuída uma tal certeza, então trata-se aí de uma *petitio principii*.[2] Um princípio que se refere imediatamente à intuição empírica é uma ASSERÇÃO: sua confrontação com a mesma exige faculdade de juízo. – A intuição empírica pode fundamentar primariamente apenas verdades PARTICULARES, não universais: mediante diversas repetições e confirmação, decerto as primeiras também obtêm universalidade, todavia, apenas comparativa e precariamente, porque sempre permanece sujeita a refutação. – Se, contudo, um princípio possui validade universal absoluta, a intuição à qual ele se refere não é empírica, mas *a priori*. Correspondendo a isto, apenas a lógica e a matemática são ciências plenamente seguras: elas, entretanto, ensinam-nos propriamente dizendo tão somente aquilo que previamente já sabíamos. Pois são meras elucidações daquilo que nos é *a priori* de modo consciente, a saber, as formas do nosso próprio conhecimento, a lógica sendo a elucidação das formas do pensamento, a matemática a das formas da intuição. Nós, portanto, extraímos tais ciências de nós mesmos. Todo outro saber é empírico.

Uma PROVA demonstra DEMAIS quando estende-se a coisas ou casos em relação aos quais aquilo a ser demonstrado manifestamente não vale, razão pela qual é por eles apagogicamente refutada. – A *deductio ad absurdum*[3] consiste propriamente dizendo em tomar como premissa maior a falsa afirmação estabelecida, introduzir uma menor correta, para extrair uma conclusão que contradiz fatos da experiência ou as verdades incontestes. Mediante

---

2 "Petição de princípio." (N. T.)
3 "Dedução ao absurdo", "levar um argumento a uma conclusão absurda". (N. T.)

um rodeio há de ser possível uma tal conclusão para toda falsa doutrina, na medida em que o seu defensor conheça e admita alguma verdade: pois as // consequências desta, e, por outro lado, as da falsa afirmação têm de ir até um ponto em que chegamos a dois princípios que se contradizem reciprocamente. Desse belo artifício da autêntica dialética encontramos vários exemplos em Platão.

Uma HIPÓTESE CORRETA é apenas a expressão verdadeira e plena dos fatos presentes que o autor dela intuitivamente apreendeu em sua verdadeira essência e conexão interna. Pois ela apenas nos diz o que em realidade se passa diante de nós.

A oposição entre MÉTODO ANALÍTICO e MÉTODO SINTÉTICO já a encontramos indicada em ARISTÓTELES, porém talvez tenha sido pela primeira vez distintamente descrita em PROCLOS, quando afirma corretamente: Μέθοδοι δὲ παραδίδονται· χαλλίστη μὲν ἡ διὰ τῆς ἀναλύσεως ἐπ' ἀρχὴν ὁμολογουμένην ἀνάγουσα τὸ ζητούμενον. ἣν χαὶ Πλάτων, ὥς φασι, Λαοδάμαντι παρέδωχεν, χ.τ.λ. (*Methodi traduntur sequentes: pulcherrima quidem ea, quae per analysin quaesitum refert ad principium, de quo jam convenit; quam etiam Plato Laodamanti tradidisse dicitur.*) *In primum Euclidis librum*, l. III.[4] De fato, o método analítico consiste na redução do que é dado a um princípio estabelecido; o método sintético, ao contrário, na dedução a partir desse princípio. Por isso são análogos à ἐπαγωγή e à ἀπαγωγή[5] discutidas no capítulo 9; apenas que a última não é direcionada a fundar, mas a derrubar princípios. O método analítico vai dos fatos, do particular, até as proposições, o universal, ou, vai das consequências aos fundamentos; o método sintético, de maneira inversa. Por isso seria muito mais correto denominá-los MÉTODOS INDUTIVO E DEDUTIVO: pois aqueles nomes tradicionais são inadequados e exprimem mal a coisa.

Se um filósofo quisesse iniciar pensando consigo mesmo sobre o método segundo o qual quereria filosofar, assemelhar-se-ia a um poeta que primeiro escrevesse para si uma estética e só então, segundo esta, escreveria poesias:

---

4 "Entre os métodos tradicionais, o mais belo é aquele que reduz por análise o que há de ser demonstrado a um princípio admitido, e que também Platão, segundo se diz, transmitiu a Laodamanti." (N. T.)

5 "Indução" e "abdução". (N. T.)

os dois se pareceriam a uma pessoa que primeiro cantasse para si uma canção e depois a dançasse. O espírito pensante tem de encontrar o seu caminho primeiro a partir de impulsos originários: regra e uso, método e realização têm de entrar em cena de modo inseparável, como matéria e forma. Mas após ter-se alcançado o fim, // pode-se considerar o caminho percorrido. Estética e metodologia são, conforme a sua natureza, mais jovens que poesia e filosofia; assim como a gramática é mais jovem que a linguagem, o baixo contínuo mais jovem que a música, a lógica mais jovem que o pensamento.

Cabe aqui de passagem uma observação com a qual, visto que ainda há tempo, gostaria de pôr fim a um mal crescente. — Quando o latim deixou de ser a língua de todas as investigações científicas, isso acarretou a desvantagem de não haver mais uma literatura científica imediatamente comum a toda a Europa, mas apenas as literaturas nacionais; com o que cada sábio está limitado a um público muito menor e, ademais, um público imerso na parcialidade e nos preconceitos nacionais. Acresce-se que agora o sábio tem de estudar, ao lado das antigas, as quatro línguas europeias principais. Ser-lhe-á um grande auxílio que os *termini technici*[6] de todas as ciências (com exceção da mineralogia), como uma herança dos nossos predecessores, sejam latinos ou gregos. Razão também pela qual todas as nações os conservam prudentemente. Apenas os alemães tiveram a pretensão infeliz de querer germanizar os *termini technici* de todas as ciências. Isso tem duas grandes desvantagens. Primeiro, que os investigadores estrangeiros tanto quanto os alemães são obrigados a aprender duas vezes todas as expressões técnicas de suas ciências, aprendizado dessas expressões que, quando são muitas, como por exemplo na anatomia, é uma tarefa inacreditavelmente fastidiosa e complexa. Se as outras nações não fossem nesse aspecto mais sensatas que a alemã, teríamos o trabalho de aprender cinco vezes cada *terminus technicus*. Se os investigadores alemães continuarem nesse caminho, os investigadores estrangeiros deixarão por completo de ler os seus livros que, além de serem em sua maioria excessivamente detalhados, são escritos num estilo descuidado, ruim, a maioria das vezes afetado e de mal gosto, frequentemente também com uma total falta de cuidado com o leitor e as suas necessidades. — A se-

---

6 "Termos técnicos." (N. T.)

gunda desvantagem é que aquela germanização dos *termini technici* gera quase sempre palavras longas, remendadas, escolhidas de modo desajeitado, lentas, malsoantes, não distinguidas de maneira precisa do resto da língua e que por isso são difíceis de gravar na memória; enquanto as // expressões gregas e latinas escolhidas pelos antigos e inesquecíveis autores das ciências possuem todas as boas qualidades opostas e são facilmente memorizadas através da sua sonoridade. Que palavra feia, cacofônica é a alemã *Stickstoff* no lugar de *Azot*![7] *Verbum, Substantiv, Adjektiv* pode-se recordar e distinguir muito mais facilmente que as palavras alemãs correspondentes *Zeitwort, Nennwort, Beiwort*, bem como no caso de *Adverbium* para *Umstandswort*. Totalmente insuportável e ademais vulgar e palavreado de barbeiro é o que ocorre na anatomia. Já *Pulsader* e *Blutader* são mais facilmente expostas à momentânea confusão que *Arterie* e *Vene*:[8] mas completamente insensatas são expressões como *Fruchthälter, Fruchtgang* e *Fruchtleiter* em vez de *uterus, vagina* e *tuba Faloppii*,[9] que todo médico tem de conhecer e que lhe permite sair-se bem em qualquer língua europeia; o mesmo se aplica a *Speiche* e *Ellenbogenröhre* em vez de *radius* e *ulna*, que a Europa entende desde séculos: para que aquela germanização torpe, insana, morosa, sim, de mau gosto? Não menos prejudicial é a tradução dos termos técnicos na lógica, na qual nossos geniais professores de filosofia são os criadores de uma nova terminologia e quase todos têm a sua própria: por exemplo, em G. E. SCHULZE, *Subjekt*[10] se chama *Grundbegriff*,[11] *Prädikat* se chama *Beilegungsbegriff*;[12] há também ali *Beilegungsschlüsse, Voraussetzungsschlüsse* e *Entgegensetzungsschlüsse*,[13] os juízos possuem *Größe, Beschaffenheit, Verhältniß* e *Zuverlässigkeit*, isto é, *Quantität, Qualität, Relation* e *Modalität*. A mesma influência perversa daquela teutomania é encontrada em todas as ciências. — As expressões gregas e latinas têm a vantagem adicional de estampar o conceito científico como um tal e os separar das palavras do uso comum e das

---

7 "Azoto, nitrogênio." (N. T.)
8 "Artéria e veia." (N. T.)
9 "Útero, vagina e trompa de Falópio." (N. T.)
10 "Sujeito." (N. T.)
11 "Conceito fundamental." (N. T.)
12 "Conceito de atribuição." (N. T.)
13 "Raciocínios de atribuição, de pressuposição e de oposição." (N. T.)

associações de ideias a estas ligadas; enquanto, por exemplo, a palavra alemã *Speisebrei*, em vez de *Chymus*,[14] para falar da comida das crianças, e *Lungensack*, em vez de *pleura*, junto com *Herzbeutel*, em vez de *pericardium*, parecem mais termos de açougueiros que de anatomistas. Finalmente, dos antigos *termini technici* pende a imediata necessidade do aprendizado das línguas antigas, que, devido ao uso das línguas vivas para a investigação científica, correm o risco cada vez maior de serem deixadas de lado. Se // isto de fato ocorrer, se o espírito dos antigos encarnado nas suas línguas desaparecer da educação superior, então grosseria, espírito rasteiro e superficial apoderar-se-ão de toda a literatura. Pois as obras dos antigos são a estrela polar de toda realização artística ou literária: se ela desaparecer do horizonte, estamos perdidos. Já agora se nota no miserável e tosco estilo da maioria dos escritores que eles jamais escreveram em latim. De modo bastante apropriado se denominou a ocupação com os escritores da Antiguidade ESTUDOS HUMANÍSTICOS: pois através destes o aluno torna-se de novo, antes de tudo, um HUMANO, na medida em que adentra o mundo que ainda estava purificado de todas as bufonadas da Idade Média e do Romantismo, que depois infectaram tão profundamente a humanidade europeia, que ainda hoje cada um vem ao mundo envolvido por tais bufonadas, e primeiro tem de livrar-se delas para então de novo tornar-se UM HUMANO. Não penseis que a vossa moderna sabedoria pode substituir aquela iniciação ao TORNAR-SE HUMANO: não sois, como os gregos e os romanos, nascidos livres, filhos sem preconceitos da natureza. Sois antes de tudo filhos e herdeiros da tosca Idade Média e das suas absurdezas, dos infames enganos clericais e do, metade brutal, metade idiota, caráter cavalheiresco. Embora estes dois cheguem gradualmente ao seu fim, ainda não podeis todavia sustentar-se com os próprios pés. Sem a escola dos antigos, a vossa literatura degenerará em um palavreado vulgar e num tosco espírito de filisteu. — Em virtude, portanto, de todas essas razões apresentadas, o meu bem-intencionado conselho é que se ponha fim à acima censurada mania de germanização.

Ademais, gostaria de aproveitar aqui a oportunidade para censurar o abuso que já há alguns anos pratica-se de maneira contínua com a ortografia

---

14 "Papa." (N. T.)

alemã. Os escribas de todo gênero ouviram falar de algo como a brevidade da expressão, contudo não sabem que esta consiste na cuidadosa omissão de tudo o que é superficial – ao que decerto pertence tudo o que escrevem –, mas acreditam que a obtêm à força pelo corte das palavras, como os trapaceiros as moedas, e suprimem sem mais nem menos cada sílaba que lhes parece superficial, porque não percebem o seu valor. Por exemplo, nossos predecessores, com tato, diziam *Beweis* e *Verweis*,[15] e, por outro lado, *Nachweisung*:[16] a sutil diferença, análoga // à existente entre *Versuch* e *Versuchung*,[17] *Betracht* e *Betrachtung*,[18] não é perceptível aos espessos ouvidos e espessos crânios; por isso inventaram a palavra *Nachweis*, que chegou até mesmo ao uso cotidiano: pois para um termo tornar-se popular, basta apenas que seja bem chão e possua uma abreviação bem grosseira. Nesse sentido, igual amputação já foi operada em inumeráveis palavras: por exemplo, em vez de *Untersuchung*[19] escreve-se *Untersuch*, sim, em vez de *allmälig*,[20] *mälig*, em vez de *beinahe*,[21] *nahe*, em vez de *beständig*,[22] *ständig*. Se um francês começasse a escrever em vez de *presque*, *près*,[23] um inglês em vez de *almost*, *most*,[24] então todos ririam dele como de um néscio; na Alemanha, entretanto, um tal procedimento é testemunho de uma cabeça original. Químicos começam a escrever em vez de *unauflöslich*,[25] *löslich* e *unlöslich*, e com isso, caso os gramáticos não usem a palmatória, roubarão à língua uma valiosa palavra: LÖSLICH é aplicável aos nós, aos laços de sapato, também aos conglomerados cujo cimento amoleceu e a tudo aquilo que lhes é análogo: AUFLÖSLICH, ao contrário, é algo que desaparece totalmente num fluído, como o sal na água. *Auflösen*[26] é o *terminus*

---

15 "Prova e referência." (N. T.)
16 "Comprovação." (N. T.)
17 "Ensaio e tentativa." (N. T.)
18 "Consideração e contemplação." (N. T.)
19 "Investigação." (N. T.)
20 "Gradualmente, paulatinamente, passo a passo." (N. T.)
21 "Quase." (N. T.)
22 "Constantemente." (N. T.)
23 "Quase; perto de." (N. T.)
24 "Quase; mais." (N. T.)
25 "Não é solúvel, indissolúvel." (N. T.)
26 "Dissolver." (N. T.)

ad hoc que estabelece isto e não outra coisa, destacando um determinado conceito: entretanto, os nossos profundos melhoradores da língua o querem adicionar à panaceia geral de *Lösen*: de maneira consequente, deveriam então em toda parte também grafar *lösen* em vez de *ablösen* (relativo a vigilância dos guardas), *auslösen, einlösen*[27] e assim por diante, e desse modo, como no outro caso, destituir a língua da determinidade da expressão. Todavia, empobrecer a língua em uma palavra significa empobrecer o pensamento de uma nação em um conceito. A isso, entretanto, tendem os esforços unidos de quase todos os nossos escritores desde os últimos dez ou vinte anos: pois o que eu aqui mostrei em UM exemplo pode ser comprovado em centenas de outros, e o mais infame raquitismo de sílabas grassa como uma peste. Os miseráveis contam de fato as letras e não têm pudor algum em mutilar uma palavra ou usá-la num falso sentido tão logo possam com isto fazer economia de duas letras. Quem não é capaz de pensamentos novos quer ao menos trazer palavras novas ao mercado, e cada borrador de papel sente-se no direito de melhorar a língua. Da forma a mais desavergonhada isso é praticado pelos jornalistas, // que, como as suas páginas, devido à trivialidade do seu conteúdo, têm a audiência da maior parte do público, o qual inclusive não lê outra coisa, e então com tais jornalistas a língua sofre um grande perigo; por isso eu aconselho com seriedade que tais profissionais sejam submetidos a uma censura ortográfica, ou que paguem uma multa pelo emprego de cada palavra inusual ou mutilada: pois, que poderia ser mais indigno senão que as transformações da língua surgissem do gênero mais inferior da literatura? A língua, em especial uma língua relativamente originária como a alemã, é o patrimônio mais precioso de uma nação e uma obra de arte extremamente complexa, fácil de ser danificada, e impossível de ser restaurada, daí um *noli me tangere*.[28] Outros povos sentiram isso e demonstraram grande piedade por suas línguas, embora mais imperfeitas: por isso a língua de Dante e Petrarca é diferente da de hoje apenas em coisas irrelevantes, Montaigne é ainda completamente legível, e também Shakespeare em suas edições mais antigas. — Para o alemão é até mesmo

---

27 "Soltar, capturar." (N. T.)
28 "Não me toque." (N. T.)

bom ter palavras longas na boca:[29] pois ele pensa lentamente e elas lhe dão tempo para refletir. Mas aquela economia linguística que se propagou se mostra em muitos outros fenômenos característicos: por exemplo, contra toda lógica e gramática põem o imperfeito no lugar do perfeito e do mais--que-perfeito; com frequência, guardam no bolso o verbo auxiliar; utilizam o ablativo no lugar do genitivo; a fim de fazerem economia de algumas partículas lógicas constroem períodos tão encaracolados que temos de ler quatro vezes antes de atinar com o sentido: pois querem economizar apenas o papel, não o tempo do leitor: nos nomes próprios, semelhante aos hotentotes, não indicam o caso mediante a flexão nem mediante o artigo, o leitor tem de adivinhar. Com especial gosto suprimem a dupla vogal e o *h* da prolongação, essas letras consagradas à prosódia; procedimento comparável a querer banir η e ω da língua grega e no lugar delas colocar ε e o. Quem então escreve *Scham, Märchen, Maß, Spaß*[30] deveria também escrever *Lon, Son, Stat, Jar, Al*[31] e assim por diante. Visto que a escrita é a cópia da fala, nossa posteridade irá imaginar que temos de pronunciar como se escreve: com o que restará da língua alemã apenas um rude e abafado ruído de // encontros consonantais, de focinhos pontiagudos, e se perderá toda prosódia. Muito apreciado também, devido à economia de uma letra, é a grafia *Literatur* em vez da correta *Litteratur*. Para sua defesa, o particípio do verbo *linere* é invocado como origem da palavra. Contudo, *linere* significa RABISCAR: até por isso pode ser que para a maior parte do mercado livreiro alemão essa forma de escrever em voga seja realmente a correta; de modo que se poderia distinguir uma bem reduzida *Litterartur* de uma bem extensa *Literatur*. — Para escrever com brevidade, refine-se o estilo e evite-se toda fofoca e tagarelice inúteis: assim não será necessário, por causa do custoso papel, escamotear sílabas e letras. Mas escrever tantas inúteis páginas, inúteis cadernos, inúteis livros e em seguida pretender compensar tal desperdício de tempo e papel com as inocentes sílabas e letras — eis aí verdadeiramente o superlativo daquilo que

---

29 Alusão às longas palavras compostas tão típicas da língua alemã.
30 "Vergonha, conto, medida, prazer/gosto." (N. T.)
31 "*Lohn* (salário), *Sohn* (filho), *Staat* (estado), *Jahr* (ano), *Aal* (enguia)." (N. T.)

em inglês se denomina *penny wise and pound foolish*.[32] — É uma pena que não exista uma Academia Alemã de Letras para proteger a língua do sansculotismo literário, sobretudo num tempo em que inclusive os ignorantes em línguas antigas são autorizados a ocupar as prensas. Em relação a todas as imperdoáveis palhaçadas que hoje em dia pratica-se contra a língua alemã, expressei-me também de maneira extensa em meu *Parerga*, tomo II, cap. 23. —

No que se refere à suprema DIVISÃO DAS CIÊNCIAS, que propus em meu ensaio *Sobre o princípio de razão*, § 51, e também retomada em § 7 e 15 do primeiro tomo, conforme a figura do princípio de razão que nelas predomina, ainda quero aqui apresentar uma pequena prova, que entretanto, sem dúvida, é passível de muita melhora e acabamento.

I. Ciências puras *a priori*

1. A doutrina da razão do ser.
    a) no espaço: geometria.
    b) no tempo: aritmética e álgebra.
2. A doutrina da razão do conhecer: lógica.

// II. Ciências empíricas ou *a posteriori*
Todas segundo a razão do devir, isto é, a lei de causalidade, e em verdade segundo os seus três modos

1. A doutrina das causas:
    a) universal: mecânica, hidrodinâmica, hidráulica, física, química.
    b) particular: astronomia, mineralogia, geologia, tecnologia, farmácia.
2. A doutrina dos estímulos:
    a) universal: fisiologia das plantas e dos animais, junto com sua ciência auxiliar, a anatomia.
    b) particular: botânica, zoologia, zootomia, fisiologia comparada, patologia, terapia.
3. A doutrina dos motivos:
    a) universal: ética, psicologia.
    b) particular: doutrina do direito, história.

---

32 "Sábio nos centavos e néscio nas libras." (N. T.)

A filosofia, ou metafísica, como doutrina da consciência e do seu conteúdo em geral ou do todo da experiência enquanto tal não entra na série; porque não se dedica sem mais à consideração exigida pelo princípio de razão, mas antes tem a este mesmo como problema. Deve ser vista como o baixo fundamental de todas as ciências, porém é de tipo superior a estas, e quase tão afim à arte quanto às ciências. — Assim como na música cada período singular tem de corresponder ao tom em que justamente chegou o baixo fundamental; também cada escritor, conforme o domínio do seu conhecimento, carregará a estampa da filosofia dominante em seu tempo. — Ademais, cada ciência ainda tem a sua filosofia específica: eis por que se fala de uma filosofia da botânica, da zoologia, da história, e assim por diante. No entanto, de maneira arrazoada não se deve entender por isso outra coisa senão os resultados principais de cada ciência, considerados e sintetizados desde um ponto de vista superior, isto é, o mais universalmente possível interiormente a essa ciência. Semelhantes resultados os mais universais são diretamente associados à filosofia universal, na medida em que lhe fornecem dados importantes e a isentam do esforço de procurá-los ela mesma no estofo não trabalhado filosoficamente das ciências específicas. Tais filosofias específicas, portanto, fazem o papel de intermediárias entre as suas // ciências específicas e a filosofia propriamente dita. Ora, visto que esta deve fornecer os esclarecimentos mais universais sobre a totalidade das coisas; segue-se que tais esclarecimentos devem poder ser aplicáveis ao caso singular de todo tipo. A filosofia de cada ciência surge entrementes de maneira independente da filosofia geral, a saber, a partir dos dados da sua própria ciência: por isso não precisa esperar até que a filosofia geral seja encontrada; mas, elaborada de antemão, em cada evento concordará com a verdadeira filosofia universal. Esta, entretanto, há de poder obter sua confirmação e esclarecimento nas filosofias das ciências particulares: pois a verdade mais universal tem de poder ser comprovada pelas verdades específicas. Um belo exemplo de filosofia da zoologia foi fornecido por GOETHE em suas reflexões sobre o esqueleto dos roedores em DALTON e PANDER (*Hefte zur Morphologie*, 1824). O mesmo mérito relacionado à mesma ciência têm KIELMAYER, DELAMARK, GEOFFROY ST.-HILAIRE, CÜVIER e outros, na medida em que todos destacaram a universal analogia, o parentesco íntimo, o tipo permanente e a conexão sistemática das figuras animais. — Ciências puramente empíricas, praticadas isoladamente sem tendência filosófica, assemelham-se a uma face sem olhos. São, entrementes, uma adequada ocupação para pessoas de boas capacidades, às quais entretanto faltam as elevadas faculdades, que no entanto até seriam um obstáculo para as minuciosas investigações desse tipo. Tais pessoas concentram toda a sua força e todo o seu saber num único e limitado campo, no qual, por conseguinte, sob a condição de completa ignorância em todos os demais, podem alcançar o conhecimento o mais acabado possível; enquanto o filósofo abarca todos os campos, sim, em certo grau tem de estar em casa em cada um deles; pelo que aquela completude obtida só no detalhe escapa-lhe necessariamente. Essas pessoas se parecem com aqueles trabalhadores genebrinos, dentre os quais um faz só rodas dentadas, o outro só molas, o terceiro só correias; o filósofo, ao contrário, assemelha-se ao relojoeiro, que, a partir de tudo isso, produz um todo que tem movimento e significação. Também pode-se comparar aquelas pessoas aos músicos em uma orquestra, cada um dos quais é mestre em seu // instrumento, já o filósofo é comparável ao regente, que tem de conhecer a natureza e o modo de tocar de cada instrumento, sem no entanto ter de tocar a todos, ou até mesmo um único, com perfeição. SCOTUS ERIGENA concebe todas as ciências sob o nome *scientia*, em oposição à filosofia, que ele denomina *sapientia*. Mas há uma comparação bastante feliz e picante da relação entre os dois tipos de atividade espiritual, repetida tantas vezes pelos antigos, que já não se sabe a quem pertence. Diógenes Laércio (II, 79) a atribui a Aristipo, Estobeu (*Floril.* tit. IV, 110) a Ariston de Chios, o escoliasta de Aristóteles a este (p.8, *Berliner Ausgabe*), Plutarco entretanto (*De puer. educ.* c. 10) a Bion, *qui ajebat, sicut Penelopes proci, quum non possent cum Penelope concumbere, rem cum ejus ancillis habuissent; ita qui philosophiam nequeunt apprehendere, eos in aliis nullius pretii disciplinis sese conterere.*[33] Em nossa época predominantemente empírica e histórica não custa nada trazer isso à recordação.

---

33 "Que afirmava que, igual aos pretendentes de Penélope, ao não poder deitar-se com ela tinham de contentar-se com as suas servas, assim também os que não são capazes de aprender a filosofia usam os seus esforços em outras disciplinas inferiores." (N. T.)

Capítulo 13*
A PROPÓSITO DA METODOLOGIA DA MATEMÁTICA

O método de demonstração euclidiano deu à luz a mais pertinente paródia e caricatura de si mesmo com a famosa disputa sobre a teoria das PARALELAS e a tentativa, repetida a cada ano, de demonstrar o décimo primeiro axioma. Esse axioma enuncia, e em verdade com a mediação de uma terceira linha secante, que duas linhas retas que convergem uma em direção à outra (pois precisamente isto significa dizer "ser menor que duas retas") têm de sobrepor-se quando se as prolonga suficientemente; entretanto, essa verdade deve ser muito complicada para valer como evidente por si mesma e por isso precisa de uma prova, que, todavia, não // pode ser produzida, justamente porque não há nada mais de imediato. Esse escrúpulo de consciência me lembra a questão de direito levantada por Schiller:

> *Jahre lang schon bedien' ich mich meiner Nase zum Riechen:*
> *Hab' ich denn wirklich an sie auch ein erweisliches Recht?*[1]

Parece-me, sim, que o método lógico é levado ali até o disparate. Mas, precisamente devido às disputas sobre o tema, junto com as tentativas fúteis de expor o IMEDIATAMENTE certo apenas como MEDIATAMENTE certo, é que entra em cena a autossuficiência e clareza da evidência intuitiva num contraste tão ilustrativo quanto divertido com a inutilidade e dificuldade

---

* Este capítulo está em conexão com § 15 do primeiro tomo.
1 "Há anos me sirvo de meu nariz para o olfato: / Tenho realmente um direito sobre ele que pode ser demonstrado?" (N. T.)

da prova lógica. De fato, quer-se negar a validade da certeza imediata, visto que ela não é puramente lógica e derivada de conceitos, ou seja, não se baseia exclusivamente na relação do predicado com o sujeito segundo o princípio de contradição. Contudo, aquele axioma é um princípio sintético *a priori* e possui como tal a garantia da intuição pura, não empírica, que é exatamente tão imediata e certa quanto o princípio de contradição mesmo, do qual todas as demonstrações recebem originalmente a sua certeza. No fundo, isto vale para todo teorema geométrico, e é arbitrário onde queremos traçar aqui os limites entre aquilo que é imediatamente certo e aquilo que primeiro tem de ser demonstrado. — Espanta-me que não se ataque o oitavo axioma: "Figuras que coincidem são iguais entre si". Pois o COINCIDIR é ou uma mera tautologia, ou uma coisa completamente empírica que pertence não à intuição pura, mas à experiência sensível exterior. De fato, ele pressupõe mobilidade das figuras: mas o que é móvel no espaço é exclusivamente a matéria. Em consequência, essa apelação à coincidência abandona o espaço puro, o único elemento da geometria, para transpassar até o material e empírico. — A suposta inscrição da Academia de Platão, Ἀγεωμέτρητος μηδεὶς εἰσίτω,[2] da qual os matemáticos tão orgulhosos estão, foi sem dúvida motivada pelo fato de PLATÃO ter visto as figuras geométricas como entidades intermediárias entre as IDEIAS eternas e as coisas singulares, como ARISTÓTELES frequentes vezes relata em sua Metafísica (especialmente em I, c. 6., p.887, 998; e *Scholia*, p.827, ed. Berol.). Ademais, a oposição // entre aquelas formas eternas ou Ideias, subsistentes por si mesmas, e as transitórias coisas singulares, deixar-se-ia mais facilmente apreender nas figuras geométricas, e assim alicerçariam o fundamento da doutrina das Ideias, que é o ponto central da filosofia de PLATÃO, sim, seu único dogma teórico sério e decisivo: para a comunicação deste, partiu da geometria. No mesmo sentido nos é dito que ele considerou a geometria como um exercício preliminar através do qual o espírito do aluno acostumava-se com a ocupação de objetos incorpóreos, após até ali ter lidado na vida prática apenas com coisas corpóreas (*Schol. in Arist.*, p.12, 15). Esse também é o sentido no qual Platão recomendou a geometria aos filósofos: não estamos, portanto, autorizados

---

2 "Só entra quem sabe geometria." (N. T.)

a ampliá-lo. Em vez disso, recomendo, como investigação da influência da matemática sobre as nossas faculdades espirituais e sua utilidade para a formação científica em geral, um ensaio muito bem fundamentado e rico em informações, em forma de recensão de um livro de Whewell, aparecido na *Edinburgh Review* de janeiro de 1836: o seu autor, que mais tarde o publicou sob o próprio nome junto com outros ensaios, é W. HAMILTON, professor de lógica e metafísica na Escócia. Aquele ensaio encontrou também na Alemanha um tradutor e apareceu isolado com o título *Über den Werth und Unweth der Mathematik*,[3] traduzido do inglês, em 1836. A conclusão do ensaio é que o valor da matemática é só mediato, a saber, na aplicação a fins alcançáveis apenas através dela; em si mesma, entretanto, a matemática deixa o espírito onde havia encontrado, e de modo algum é necessária para a formação geral e o desenvolvimento dele, sim, é-lhe até mesmo um obstáculo. Essa conclusão é exposta não apenas mediante fundamentada investigação dianoiológica da atividade matemática do espírito, mas também consolidada através de uma série bem erudita de exemplos e autoridades. A única utilidade imediata que se concede à matemática é poder acostumar cabeças dispersas e instáveis a fixar a própria atenção. – Até mesmo DESCARTES, famoso também como matemático, julgou do mesmo modo a matemática. // Em *Vie de Descartes*, de Baillet, 1693, é dito no livro II, cap. 6, p.54: "*Sa propre expérience l'avait convaincu du peu d'utilité des mathématiques, surtout lorsqu'on ne les cultive que pour elles mêmes. – – – Il ne voyait rien de moins solide, que de s'occuper de nombres tout simples et de figures imaginaires*",[4] e assim por diante.

---

3 "Sobre o valor e desvalor da matemática." (N. T.)
4 "Sua própria experiência o havia convencido do pouco de utilidade das matemáticas, sobretudo quando se as cultiva apenas por elas mesmas. – – – Não via nada menos sólido que ocupar-se de números absolutamente simples e de figuras imaginárias." (N. T.)

Capítulo 14
SOBRE A ASSOCIAÇÃO DE PENSAMENTOS

A presença de representações e de pensamentos em nossa consciência está tão estritamente submetida ao princípio de razão em suas diferentes figuras quanto o movimento dos corpos está à lei de causalidade. É tão pouco possível que um corpo possa entrar sem causa em movimento quanto um pensamento entrar sem ocasião na consciência. Tal ocasião é ou EXTERIOR, portanto, uma impressão sobre os sentidos; ou INTERIOR, portanto, ela mesma um pensamento que leva a outro devido à ASSOCIAÇÃO. Esta, por sua vez, baseia-se em uma relação de fundamento a consequência entre pensamentos; ou em uma semelhança, e também em uma simples analogia; ou, por fim, na simultaneidade da sua primeira apreensão que, por seu turno, pode ter como fundamento a proximidade espacial de seus objetos. Os dois últimos casos são designados pela expressão francesa *à propos*. O predomínio de um desses três laços da associação de pensamentos sobre os outros é característico sobre o valor intelectual de uma cabeça: o primeiro predomina nas cabeças pensantes e profundas, o segundo nas cabeças espirituosas, engenhosas e poéticas, o terceiro nas cabeças limitadas. Não menos característico é o grau de facilidade com que um pensamento evoca outro que de alguma forma se encontra numa relação com ele: tal facilidade constitui a vivacidade de espírito. Mas a impossibilidade da entrada em cena de um pensamento sem a sua ocasião suficiente, mesmo com a vontade mais forte de o evocar, é testemunhado por todos os casos nos quais inutilmente esforçamo-nos // para RECORDAR algo e então passamos em revista toda a série dos nossos pensamentos para encontrar algum que esteja associado com o pensamento procurado: se encontramos aquele, então este também é encontrado. Quem quer evocar uma lembrança sempre procura primeiro um fio condutor no qual esta pende por associação de pensamentos. Nisto baseia-se a mnemotécnica: ela quer prover-nos de ocasiões fáceis a fim de encontrar, para todos os conceitos, pensamentos ou palavras a serem conservados. O ruim disso, entretanto, é que também essas ocasiões têm de primeiro ser encontradas e, para tal, precisam também de uma ocasião. O quanto a ocasião realiza no caso da lembrança, pode-se demonstrar no caso de alguém que, após ter lido cinquenta anedotas num anedotário e em seguida o deixar de lado, às vezes não consegue recordar-se de uma sequer imediatamente depois: mas se uma ocasião surge ou lhe ocorre um pensamento que tenha qualquer analogia com alguma daquelas anedotas, então essa anedota lhe ocorre de imediato; e por vezes todas as cinquenta. O mesmo vale para tudo o que lemos. — A nossa memória léxica imediata, isto é, não intermediada por artifícios de mnemotécnica, e junto com ela toda a nossa capacidade linguística, baseia-se no fundo na imediata associação de pensamentos. Pois o aprendizado da língua consiste no fato de que ligamos tão firmemente e para sempre um conceito a uma palavra que, com esse conceito sempre ocorre-nos ao mesmo tempo essa palavra, e, com essa palavra, esse conceito. O mesmo processo temos de repetir depois durante o aprendizado de cada nova língua. Se todavia aprendemos uma língua meramente para o uso passivo, não para o ativo, isto é, se a aprendemos para a leitura, não para a fala, como é frequentes vezes o caso do grego; então o liame é unilateral na medida em que com a palavra nos ocorre o conceito, mas nem sempre com o conceito nos ocorre a palavra. O mesmo procedimento de aprendizado da língua salta aos olhos em casos singulares quando aprendemos cada novo nome próprio. Mas às vezes duvidamos, se, com o pensamento NESTA pessoa, ou cidade, rio, montanha, planta, animal etc., o seu nome será associado imediata e tão firmemente ao seu pensamento que recordará a este por si mesmo: então recorremos à mnemotécnica e associamos a imagem da pessoa ou coisa em questão a alguma característica visual cujo nome encontra-se na pessoa ou coisa. Todavia, trata-se apenas de um andaime provisório de sustentação: // logo o jogamos fora assim que a associação de pensamentos se torna imediata.

A procura por um fio condutor da lembrança mostra-se de forma peculiar quando se trata de um sonho que esquecemos ao despertar e buscamos em vão aquilo que há poucos minutos nos ocupava com o poder do mais claro presente, e agora, entretanto, desapareceu completamente; por isso tentamos agarrar alguma impressão que ficou, na qual penda o fiozinho condutor que, devido à associação, possa puxar de novo aquele sonho para a nossa consciência. Mesmo do sono magnético-sonambúlico por vezes deve ser possível a lembrança por meio de um signo sensível que se encontre ao despertar: segundo Kieser, *Tellurismus*, tomo II, § 271. Sobre a mesma impossibilidade de entrada em cena de um pensamento sem a sua ocasião baseia-se também o fato de que, quando propomo-nos fazer alguma coisa numa determinada hora, isso só pode ocorrer se até lá não pensamos em nada, ou se na hora em questão somos LEMBRADOS dessa coisa por alguma outra que pode ser tanto uma impressão exterior, preparada para esse fim, ou também um pensamento, que ele mesmo se apresenta com regularidade. Ambos pertencem à classe dos motivos. — Toda manhã, no despertar, a consciência é uma *tabula rasa* que, entretanto, rapidamente se preenche de novo. Em primeiro lugar, é o ambiente da noite anterior que, agora, entra novamente em cena, o que nos lembra daquilo que justamente nesse ambiente havíamos pensado: a isto conectam-se os eventos do dia anterior, e assim um pensamento chama rapidamente um outro, até que tudo o que ontem nos ocupou se apresente de novo. De que tudo isso transcorra adequadamente depende a saúde do espírito, ao contrário da loucura, que, como mostrado no terceiro livro do primeiro tomo, consiste precisamente no fato de grandes lacunas serem abertas na conexão das recordações. O quanto, entretanto, o sono interrompe o fio da memória, de tal forma que esta tem de ser reatada a cada manhã, vemo-lo em imperfeições particulares dessa operação: por exemplo, uma melodia que à noite não saía da cabeça e por vezes no dia seguinte não podemos recordar.

II 148 // Uma exceção ao que foi aqui dito parecem ser aqueles casos nos quais um pensamento, ou uma imagem da fantasia, subitamente nos ocorre sem ocasião consciente alguma. Todavia, na maior parte das vezes, isso é uma ilusão, baseada em que a ocasião foi tão reles, o pensamento, entretanto, tão claro e interessante, que ele reprime momentaneamente aquela da consciência: por vezes, no entanto, uma tal súbita e originária entrada em cena de uma representação pode ter como causa impressões corporais interiores, seja de partes do cérebro sobre outras, ou também do sistema nervoso orgânico sobre o cérebro.

    Em geral, o processo de pensamento em nosso interior não é tão simples na realidade quanto o é a sua teoria, pois aqui convergem diversos fatores em todo o processo. Para tornar a coisa mais intuitiva comparemos a nossa consciência com um espelho d'água de certa profundidade; ora, os pensamentos distintamente conscientes são só a superfície: a massa d'água, entretanto, é o indistinto, os sentimentos, a sensação ulterior às intuições e ao que é experienciado de modo geral, misturados com a própria disposição da nossa vontade, núcleo do nosso ser. Essa massa de toda a consciência está, então, para mais ou para menos, conforme a envergadura intelectual de cada um, em constante movimento, e o que em consequência deste movimento emerge na superfície são as claras imagens da fantasia, ou os distintos e conscientes pensamentos expressos em palavras, bem como as decisões da vontade. Raramente todo o nosso processo de pensamento e decisão reside na superfície, isto é, consiste numa cadeia de juízos distintamente pensados; embora nos esforcemos por isto para poder prestar contas a nós mesmos e aos outros: de costume, entretanto, é na obscura profundidade que ocorre a ruminação do estofo recebido de fora e através da qual este é convertido em pensamento; essa ruminação transcorre de modo quase tão inconsciente quanto a transformação do alimento nos sucos e nas substâncias do corpo. Eis por que quase sempre não podemos prestar contas da origem dos nossos mais profundos pensamentos: são o rebento do nosso mais misterioso interior. Juízos, ocorrências, decisões assomam daquela profundeza inesperadamente e para nosso espanto. Uma carta nos traz importantes e inesperadas notícias, em consequência das quais desencadeia-se uma confusão em nossos pensamentos e motivos: desvencilhamo-nos do assunto naquele momento // e não pensamos mais nele; mas, no dia seguinte, ou no terceiro, quarto dia por vezes toda a relação apresenta-se de maneira distinta diante de nós junto com o que temos de fazer no caso. A consciência é a mera superfície do nosso espírito, da qual, como do globo terrestre, não conhecemos o interior, mas apenas a crosta.

O que, entretanto, põe em atividade a associação de pensamentos, cujas leis foram acima expostas, é, em última instância ou ainda no segredo do nosso interior, a VONTADE, que impulsiona o seu servidor, o intelecto, segundo a medida das forças deste, a enlaçar pensamentos, a evocar o semelhante, o simultâneo e reconhecer fundamentos e consequências: pois no interesse da vontade é que em geral pensamos, a fim de nos orientarmos o melhor possível em todas as situações. Por isso a figura do princípio de razão que rege e conserva em atividade a associação de pensamentos é, em última análise, a lei de motivação; porque o que guia o *sensorium* e o determina a seguir nesta ou naquela direção da analogia, ou de outra associação de pensamentos, é a vontade do sujeito que pensa. E, assim como aqui as leis da conexão de ideias só se mantêm sobre a base da vontade, assim também a conexão causal dos corpos no mundo real só se mantém sobre a base da vontade que se exterioriza nas aparências deste mundo; razão pela qual a explicação mediante causas nunca é absoluta e exaustiva, mas remete a sua condição, as forças naturais, cuja essência é justamente a vontade como coisa em si – com o que, decerto, antecipei o livro seguinte.

Ora, visto que as ocasiões EXTERIORES (sensíveis) da presença de nossas representações fazem efeito continuamente sobre a consciência tanto quanto as ocasiões INTERIORES (da associação de pensamentos), e ambas independem uma da outra; nasce daí a contínua interrupção no curso dos nossos pensamentos, que produz um certo desmembramento e confusão do pensar, que pertencem às imperfeições insuperáveis dele, que agora queremos considerar num capítulo próprio.

// Capítulo 15
DAS IMPERFEIÇÕES ESSENCIAIS DO INTELECTO

A consciência de si não tem o espaço, mas apenas O TEMPO como forma: por isso, diferentemente da nossa intuição, o nosso pensamento não transcorre em TRÊS dimensões, mas meramente em UMA, portanto, numa linha sem largura nem profundidade. Disso resultam a maior parte das imperfeições essenciais do nosso intelecto. De fato, só podemos conhecer as coisas SUCESSIVAMENTE, e elas tornam-se-nos conscientes apenas uma de cada vez, sim, somos conscientes dessas coisas apenas sob a condição de que naquele momento esqueçamos todas as demais, portanto, não estejamos de modo algum conscientes delas, com o que naquele momento deixam de existir para nós. Com essa característica, o nosso intelecto pode ser comparado a um telescópio com um campo visual bem reduzido; precisamente porque nossa consciência não é algo estacionário, mas fluido. O intelecto apreende de fato apenas sucessivamente e, para reter uma coisa, tem de deixar escapar outra, nada dela conservando senão os seus vestígios, que se tornam cada vez mais débeis. O pensamento que agora me ocupa de modo vivaz TEM DE ser por mim completamente abandonado após um curto espaço de tempo: no caso, entretanto, de eu ter uma noite de sono muito bem dormida, pode ocorrer que eu jamais o reencontre; a não ser que ele estivesse conectado ao meu interesse pessoal, isto é, à minha vontade, que sempre tem o domínio de campo.

Sobre essa imperfeição do intelecto baseia-se o rapsódico e, frequentes vezes, O FRAGMENTÁRIO DO CURSO DE NOSSO PENSAMENTO, algo já abordado de passagem na conclusão do capítulo anterior, deles originando-se a DISPERSÃO inevitável de nosso pensamento. De um lado, impressões exteriores dos sentidos o pressionam, provocando-lhe distúrbio e interrupção, a cada momento obrigando-o a ocupar-se com coisas as mais estranhas, de outro, o fio da associação faz com que UM pensamento leve a OUTRO, sendo por este reprimido; por fim, o próprio intelecto não é capaz ele mesmo de fixar--se longa e continuamente em UM pensamento: mas, assim como quando o olho mira longamente // um objeto logo não é mais capaz de vê-lo distintamente, já que os seus contornos dissipam-se, tornam-se confusos e, por fim, tudo fica obscurecido; assim também, através de uma contínua e prolongada ruminação sobre UMA coisa, o pensamento torna-se aos poucos confuso, maçante e termina em total embotamento. Por isso cada meditação ou deliberação, que por sorte permaneceram imperturbadas, porém não foram levadas ao seu fim, têm de ser deixadas de lado após algum tempo, o qual varia de indivíduo para indivíduo, mesmo que digam respeito à coisa mais importante e que mais nos afete, para assim descarregarmos da nossa consciência o objeto, que para nós era tão interessante, em vista de ocuparmo-nos então com coisas insignificantes e indiferentes, por mais que o cuidado com aquele assunto nos pese. Durante esse tempo, aquele importante objeto não existe mais para nós: ele agora, como o calor na água fria, está LATENTE. Se, em outro momento, o retomamos, dirigimo-nos a ele como a uma coisa nova, em relação à qual nos orientamos de modo novo, porém, com mais rapidez, e a impressão agradável ou adversa dele sobre a nossa vontade aparece então renovada. Entrementes, nós mesmos não retornamos totalmente imodificados. É que, com a mescla física entre os humores e a tensão dos nervos, que mudam continuamente conforme as horas, os dias, e as estações do ano, também alteram-se a nossa disposição e perspectiva: ademais, os diferentes tipos de representação que nesse ínterim ali estiveram, deixaram um eco, cujo tom exerce influências sobre as seguintes. Por isso a mesma coisa aparece-nos amiúde bem diferente conforme diferentes tempos, manhã, tarde, meio-dia ou no outro dia: perspectivas opostas dela agora impõem-se e aumentam a nossa dúvida. Daí falar-se em "deixar dormir um assunto", e exigir-se longas ponderações para grandes decisões. Embora essa índole de nosso intelecto tenha suas manifestas desvantagens, nascidas da sua fraqueza; por outro lado, propicia a vantagem de que nós, após a distração e mudança física de disposição, retornamos ao assunto comparativamente diferentes, frescos e estranhos, e assim podemos considerá-lo diversas vezes em luz bastante variada. — A partir disso tudo, evidencia-se que a consciência e o pensamento humanos são, // por sua própria natureza, necessariamente fragmentários, daí serem falhos na maioria das vezes os resultados teóricos ou práticos alcançados mediante a combinação de tais fragmentos. Com isso a nossa consciência assemelha-se a uma *lanterna mágica*, em cujo foco só pode aparecer uma imagem de cada vez, e cada uma, mesmo que exponha o que há de mais nobre, logo tem de desaparecer para dar lugar ao que há de mais heterogêneo e até mesmo mais vulgar. — Em questões práticas, os mais importantes planos e decisões são estabelecidos em termos gerais: estes subordinam outros, como meios para fins, que por sua vez subordinam outros mais, e assim por diante, até a coisa individual, *in concreto*. Todavia, eles não são executados conforme a ordem de sua dignidade, porém, à medida que os planos nos ocupam em conjunto e em geral, temos de lutar com os mais ínfimos detalhes e as preocupações do momento. Com o que a nossa consciência torna-se ainda mais desconexa. De forma geral, ocupações teóricas espirituais nos tornam impróprios para assuntos práticos e vice-versa.

Em consequência do exposto caráter dispersivo e fragmentário de todo o nosso pensamento bem como a daí resultante mescla, inerente até mesmo ao mais nobre espírito humano, das mais heterogêneas representações, nós possuímos em realidade apenas UMA SEMICONSCIÊNCIA, e com ela tateamos no labirinto do nosso curso de vida e na obscuridade das nossas investigações: momentos luminosos clareiam como raios o nosso caminho. Mas o que esperar em geral de cabeças dentre as quais até a mais sábia é, noite após noite, o cenário dos sonhos mais extravagantes e absurdos e que, ao sair destes, deve retomar suas meditações? Manifestamente uma semelhante consciência sujeita a tão grandes limitações é pouco apta para a sondagem do enigma do mundo, e tal esforço teria de parecer estranho e miserável a um ser de tipo superior cujo intelecto tivesse por forma não o tempo e cujo pensar, por conseguinte, possuísse verdadeira coerência e unidade. É até mesmo admirável que nós, através da mescla tão altamente heterogênea de fragmentos de representação e de pensamento de todo tipo que se cruzam continuamente em nossa cabeça, não nos tornemos no todo confusos, mas sempre somos capazes de retomar o fio da meada e tudo adaptar e ajustar. // Decerto, ainda tem de existir um fio condutor simples no qual tudo é alinhavado: mas qual? Só a memória não basta; pois ela possui limitações essenciais das quais logo falarei, e ademais é bastante imperfeita e pouco confiável. O assim chamado EU LÓGICO, ou mesmo a UNIDADE SINTÉTICA TRANSCENDENTAL DA APERCEPÇÃO, — são expressões e explicações que dificilmente servirão para tornar a coisa apreensível, antes ocorrerá a muitos:

Zwar euer Bart ist kraus, doch hebt ihr nicht die Riegel?[1]

A proposição de Kant: "o EU PENSO tem de acompanhar todas as nossas representações" é insuficiente: pois o eu é uma grandeza desconhecida, vale dizer, é para si mesmo um mistério. Aquilo que confere unidade e coesão à consciência, na medida em que, perpassando todas as suas representações, é seu substrato, seu sustentáculo permanente, não pode ser condicionado pela consciência, logo, não pode ser representação alguma: antes tem de ser o *prius* da consciência, a raiz da árvore da qual aquela é o fruto. Isso, eu digo, é a VONTADE: apenas ela é imutável e absolutamente idêntica, e, para seus fins, produziu a consciência. Por isso é ela também que dá unidade à consciência e mantém coesas todas as suas representações e pensamentos, semelhante a um baixo fundamental contínuo que a acompanha. Sem ela o intelecto não teria mais unidade de consciência do que a tem um espelho, no qual expõe-se em sucessão ora isto ora aquilo, ou, no máximo, tanto quanto a tem um espelho convexo, cujos raios convergem num ponto imaginário por trás da superfície. Mas unicamente a VONTADE é o permanente e imutável na consciência. É ela que atribui coesão a todos os pensamentos e representações, como meios em vista de seus fins, tingindo-os com a cor do seu caráter, da sua disposição e do seu interesse, domina a atenção e manipula o fio dos motivos, cujo influxo em última instância põe em atividade também a memória e a associação de ideias: no fundo, trata-se dela quando num juízo se diz "eu". Ela, portanto, é o último e verdadeiro ponto de unidade da consciência e o ligamento de todas as suas funções //

---

[1] "Vossa barba decerto é crespa, mas não levantais o ferrolho?" (N. T.)

e atos: não pertence, todavia, ela mesma ao intelecto, mas é simplesmente a sua raiz, origem e dominadora.

Da FORMA DO TEMPO E DA DIMENSÃO SIMPLES da sucessão das representações, devido às quais o intelecto, para apreender uma coisa, tem de abandonar todas as outras, segue-se não só a dispersividade do intelecto, mas também o seu TÍPICO ESQUECIMENTO. A maior parte daquilo que ele abandonou, nunca o recupera de novo; sobretudo porque a recuperação está ligada ao princípio de razão, por conseguinte, necessita de uma ocasião que há de ser fornecida antes pela associação de pensamentos e pela motivação; ocasião essa, porém, que pode ser tanto mais remota e insignificante, quanto mais nossa suscetibilidade a ela é incrementada pelo interesse no objeto. Todavia, como já mostrei no ensaio *Sobre o princípio de razão*, a memória não é um depósito, mas uma simples capacidade exercitada de produzir quaisquer representações, de tal forma que estas têm de ser mantidas sempre mediante a prática do exercício repetido; do contrário, perdem-se paulatinamente. Em consequência, o saber até mesmo da cabeça mais erudita existe apenas *virtualiter*, como uma prática adquirida na produção de certas representações: *actualiter*, entretanto, também essa cabeça está limitada a uma única representação por vez e só desta está consciente em dado momento. Daí nascer um contraste estranho entre aquilo que ela sabe *potentiâ* e aquilo que ela sabe *actu*, isto é, entre o seu saber e o que é o seu pensamento a cada momento: o primeiro é uma massa incomensurável, sempre um pouco caótica, o segundo é um único pensamento distinto. A relação assemelha-se àquela existente entre as inumeráveis estrelas do céu e o reduzido campo visual do telescópio: salta aos olhos quando, em certas ocasiões, a cabeça quer trazer à distinta recordação alguma especificidade do seu saber, e então tempo e esforço são exigidos para extraí-la daquele caos. Aqui a rapidez é um dom especial, mas muito dependente do dia e da hora: por isso a memória às vezes recusa-se a fazer o seu serviço, mesmo em coisas que em outros momentos estão em suas mãos. Essa consideração exige, em nossos estudos, empenharmo-nos mais pela obtenção de corretas intelecções, em vez do incremento da erudição, e carregarmos no coração que a QUALIDADE do saber é mais importante que a sua QUANTIDADE. Esta dá aos livros mera grossura, // aquela, profundidade e ao mesmo tempo estilo: pois a qualidade é uma grandeza INTENSIVA, enquanto a quantidade é uma mera grandeza extensiva. A qualidade consiste na distinção e completude dos conceitos junto com a pureza e correção dos conhecimentos intuitivos que a eles servem de fundamento; razão pela qual todo o conhecimento, em cada uma das suas partes, é por ela perpassado, sendo valioso ou insignificante conforme ela. Com pequena quantidade, porém boa qualidade de conhecimento, realiza-se muito mais do que com muita quantidade de qualidade ruim. —

O conhecimento mais perfeito e autossuficiente é o intuitivo: contudo, está limitado ao inteiramente particular, individual. A visão sumária do plural e diverso em UMA representação só é possível através do CONCEITO, isto é, através do desprezo do que é diferente, com o que o conceito é uma forma muito imperfeita de representação. Decerto, o particular também pode ser imediatamente apreendido como um universal, a saber, quando é elevado à IDEIA (platônica): mas nesse processo, que analisei no terceiro livro, o intelecto extrapola já os limites da individualidade e, portanto, do tempo: porém isso é só uma exceção.

Essas íntimas e essenciais imperfeições do intelecto são ainda incrementadas mediante uma perturbação que lhe é em certa medida extrínseca, mas inevitável, ou seja, mediante a influência que a VONTADE exerce sobre todas as suas operações, tão logo de algum modo esteja envolvida no resultado delas. Toda paixão, sim, toda inclinação e aversão tinge os objetos do conhecimento com a sua cor. O mais comum é o falseamento que o desejo e a esperança exercem sobre o conhecimento, na medida em que nos apresentam o apenas possível como provável e quase certo, e nos tornam quase incapazes para a apreensão do contrário a isso: de modo semelhante atua o medo; bem como cada opinião preconcebida, cada parcialidade e, como dito, cada interesse, cada estímulo e cada inclinação da vontade.

A todas essas imperfeições do intelecto junta-se ainda o fato de que ele, com o cérebro, envelhece, isto é, como todas as funções fisiológicas, perde energia nos anos tardios; com o que as suas imperfeições muito aumentam.

A aqui exposta índole falha do intelecto // não nos causará surpresa, todavia, se olharmos retroativamente para a sua origem e destinação, como demonstrei no segundo livro. A natureza o criou para o serviço de uma vontade individual: por isso ele está destinado a conhecer as coisas apenas na medida em que estas fornecem os motivos para uma tal vontade; e não a sondar fundo as coisas ou apreender o seu ser em si. O intelecto humano não passa de uma amplificação do intelecto animal: e, assim como o intelecto animal está completamente limitado ao presente, também o nosso intelecto porta fortes traços dessa limitação. Eis por que nossa memória e recordação são tão imperfeitas: quão pouco daquilo que fizemos, vivenciamos, estudamos, lemos, podemos recordar!, e mesmo esse pouco o recordamos apenas de forma laboriosa e incompleta. Pela mesma razão, é-nos tão difícil mantermo-nos livres da impressão do presente. — Inconsciência[2] é o estado originário e natural de todas as coisas, portanto, é também a base a partir da qual, em espécies particulares de seres, emerge a consciência como a sua mais elevada florescência, razão pela qual a inconsciência permanece predominante. Correspondentemente a isso, a maioria dos seres são sem consciência: agem, entretanto, conforme a lei de sua natureza, isto é, de sua vontade. As plantas têm no máximo um bem débil análogo da consciência, os animais de escala mais baixa meramente uma penumbra dela. Contudo, mesmo depois de ter ascendido através de toda a escala dos seres até o humano e a sua razão, a inconsciência vegetativa, da qual se partiu, permanece sempre a base dos seres mais acima e pode ser percebida na necessidade do sono, bem como em todas as grandes e essenciais imperfeições, aqui expostas, de todo intelecto nascido de funções fisiológicas: de outro intelecto não temos conceito algum.

As aqui demonstradas imperfeições ESSENCIAIS do intelecto são, em casos isolados, sempre ainda incrementadas por outras INESSENCIAIS. O intelecto nunca é em TODOS os aspectos o que possivelmente poderia ser: as suas possíveis perfeições opõem-se de tal modo que se excluem reciprocamente. Por isso ninguém pode ser AO MESMO TEMPO Platão e Aristóteles, ou Shakespeare e Newton, ou Kant e Goethe. Por outro lado, // as imperfeições do intelecto convivem muito bem; razão pela qual ele, em realidade, perma-

---

2 No original, *Bewusstlosigkeit*, falta, ausência de consciência, ou seja, inconsciência. Cabe ressaltar que Schopenhauer repetidas vezes usa o adjetivo *unbewusst*, inconsciente, embora jamais o substantivo *Unbewusst*, inconsciente "tópico", como o faz Freud. O inconsciente "tópico", por assim dizer, em Schopenhauer é a vontade mesma como "mero ímpeto cego", por natureza originariamente inconsciente. (N. T.)

nece na maior parte das vezes bem aquém do que poderia ser. Suas funções dependem de tantas condições, e só na APARÊNCIA nos são dadas, e nesta as podemos conceber anatômica e fisiologicamente, que um intelecto decididamente excelente, ainda que só em UMA direção, está entre os mais raros acontecimentos naturais; por isso justamente suas produções são preservadas por milhares de anos, sim, cada relíquia de um tão favorecido indivíduo torna-se uma joia preciosíssima. É incontável a gradação que vai desde esse intelecto até aquele que se aproxima da estupidez. Correspondendo a essa gradação, varia bastante O HORIZONTE ESPIRITUAL de cada um, a saber, desde a simples apreensão do presente, que mesmo o animal possui, passando pelo horizonte que abarca a próxima hora, o dia, o amanhã, a semana, o ano, a vida, os séculos, os milênios, indo até uma consciência que quase continuamente tem presente, embora numa penumbra indistinta, o horizonte do infinito, e cujos pensamentos assumem, por conseguinte, o caráter apropriado a ele. – Ademais, aquela diferença de inteligências mostra-se na rapidez do pensamento, da qual dependem muitas coisas, e cuja gradação pode ser tão diversa e progressiva como a dos pontos radiais de um disco que gira. A distância existente entre consequências e fundamentos que o pensamento de cada um pode apreender parece ter uma certa relação com a rapidez do pensamento, na medida em que a máxima tensão da faculdade de pensar em geral só pode manter-se por um curto intervalo de tempo, e, em realidade, apenas enquanto esse intervalo dura é que um pensamento consuma-se em sua completa unidade; razão pela qual o que importa é o quão longe o intelecto pode perseguir um tal pensamento em tão curto intervalo de tempo, portanto, qual distância pode aí percorrer. Por outro lado, em algumas pessoas a rapidez pode ser compensada pela persistência num pensamento concentrado. Provavelmente, o pensamento concentrado caracteriza a cabeça matemática, enquanto a rapidez do pensamento caracteriza o gênio: o gênio é um voo, já a cabeça matemática é um andar seguro sobre solo firme, passo a passo. Que esta última forma de proceder, // entretanto, não é mais suficiente nas ciências, quando não se trata de meras grandezas, mas da compreensão da essência das aparências, demonstra-o, por exemplo, a teoria das cores de NEWTON, e posteriormente os disparates de BIOT sobre os anéis de cores, vinculados à consideração atomística inteira dos franceses acerca da luz e suas *molécules de lumière*[3] e, em geral, à sua ideia fixa de querer remeter tudo na natureza a meros efeitos mecânicos. Por fim, a aqui em discussão grande diferença individual de inteligências mostra-se de maneira proeminente no GRAU DE CLAREZA DO ENTENDIMENTO e, em consequência, na distinção DE TODO O PENSAR. Uma pessoa já compreendeu O QUE uma outra pessoa apenas nota em certa medida; a primeira já concluiu e chegou ao fim, enquanto a segunda ainda está no começo; o que para a primeira é uma solução, para a segunda ainda é um problema. Isto baseia-se na QUALIDADE DO PENSAMENTO e do saber antes mencionada. Ora, assim como o grau de clareza é diverso nos quartos, assim também o é nas cabeças. Percebemos essa QUALIDADE DE TODO O PENSAMENTO tão logo lemos apenas as primeiras páginas de um escritor. Pois ali, de imediato, adentramos o seu entendimento e o seu senso de compreensão: por isso, antes até que se saiba tudo o QUE ele pensou, já se vê COMO ele pensa, ou seja, qual é a índole FORMAL, a TEXTURA do seu pensamento, que permanece igual em tudo sobre o que pensa, e cuja estampa é a sua sequência de pensamento e o seu estilo. No estilo, sente-se inclusive o passo a passo, a agilidade, a leveza e até mesmo a inspiração do seu espírito, ou, ao contrário, o seu peso, a sua rigidez, a apatia e índole plúmbea. Pois assim como a língua é a estampa do espírito de um povo, o estilo é a estampa imediata do espírito de um escritor, a sua fisionomia. Atira-se fora o livro no qual se nota que entramos numa região que é mais obscura que a nossa própria; a não ser que se tenha de receber dele meros fatos, não pensamentos. Ademais, nos trará proveito apenas o escritor cuja compreensão é mais acurada e distinta que a nossa, que leva adiante o nosso pensamento, em vez de travá-lo, como a cabeça embotada, que nos quer forçar a acompanhar os pulos de sapo do seu // pensamento; logo, acharemos profícuo aquele autor cuja cabeça usamos interinamente para pensar, e que nos proporciona sensível alívio e encorajamento, com o qual sentimo-nos transportados lá para onde não poderíamos chegar sozinhos. GOETHE me disse certa vez que, quando lia uma página de KANT, era como se entrasse num quarto luminoso. As cabeças ruins o são assim não apenas por serem distorcidas, e, portanto, julgarem

---

3 "Moléculas de luz." (N. T.)

falsamente; mas sobretudo devido à INDISTINÇÃO de todo o seu pensar, comparável à vista através de um telescópio defeituoso, no qual todos os contornos aparecem indistintos e como turvados, com o que todos os objetos se confundem. O entendimento fraco dessas cabeças estremece diante da exigência da distinção dos conceitos, e por isso não fazem tal exigência a si mesmos; porém, servem-se de um claro-escuro no qual empregam PALAVRAS para descansar, em especial as que designam conceitos indeterminados, excessivamente abstratos, incomuns, difíceis de esclarecer, como por exemplo infinito e finito, sensível e suprassensível, a ideia do ser, ideias da razão, o absoluto, a ideia do bom, o divino, a liberdade moral, força de autogeração, a ideia absoluta, sujeito-objeto e assim por diante. Alardeiam confiantes tais termos, acham realmente que eles exprimem pensamentos, e esperam que todos se satisfaçam com tudo isso: pois para eles o ápice visível da sabedoria é justamente, para cada possível pergunta, ter em mãos tais palavras prontas. A indescritível SATISFAÇÃO COM PALAVRAS é a característica típica das cabeças ruins: baseia-se justamente na sua incapacidade para conceitos distintos, sempre que estes vão além das relações mais triviais e simples, logo, baseia-se na fraqueza e indolência do seu intelecto, sim, na consciência secreta de tudo isto, que, no caso dos eruditos, liga-se à dura necessidade, cedo reconhecida, de fazerem-se passar por seres pensantes, com o que consideraram em todos os casos fazerem apropriado uso de tal cardápio de palavras prontas. Realmente cômico deve ser assistir em sua cátedra a um professor de filosofia dessa espécie, transmitindo *bona fide*[4] um semelhante amontoado de palavras vazias de pensamento, e diante dele os estudantes, também *bona fide*, isto é, na mesma ilusão, que o ouvem devotos e tomam notas; quando no fundo nem professor nem estudantes vão além das palavras, mas antes estas, junto com o audível deslizar das canetas, são a única coisa real na cena. Esse, propriamente dizendo, SATISFAZER-SE COM PALAVRAS contribui mais do que qualquer outra coisa para a perpetuação dos erros. Pois, apoiadas em palavras e frases herdadas de seus predecessores, cada um passa confiantemente sem questionar pelas obscuridades, ou pelos problemas: com o que estes se propagam séculos a fio, de livro em

---

4 "De boa-fé." (N. T.)

livro, sem serem notados, e a cabeça que pensa fica em dúvida, sobretudo na juventude, se ela é incapaz de entender tais coisas ou se de fato aqui nada há de entendível; do mesmo modo, fica em dúvida se o problema que todos evitam com uma igual seriedade cômica, pegando o mesmo desvio, de fato não é problema algum para os outros, ou se apenas não querem ver isto. Muitas verdades permanecem sem ser descobertas só porque ninguém tem a coragem de encarar de frente o problema e assim enfrentá-lo. — Em contraposição a isto, a distinção de pensamento e a clareza de conceitos, característicos das cabeças eminentes, produzem o efeito de que até mesmo verdades conhecidas quando transmitidas através DELAS ganham nova luz ou pelo menos novo estímulo: se as ouvimos ou lemos, é como se tivéssemos trocado um telescópio sem foco por um com bom foco. Basta ler, por exemplo, nas cartas de EULER a uma princesa, a sua exposição das verdades fundamentais da mecânica e óptica. Aí baseia-se a observação de Diderot, feita em *O sobrinho de Rameau*, de que apenas os autênticos mestres são capazes de bem transmitir os elementos de uma ciência; precisamente porque apenas eles de fato entendem as coisas, e nunca substituem os pensamentos por palavras.

Mas deve-se saber que as cabeças ruins são a regra; as boas, a exceção; as eminentes, sumamente raras; o gênio, um *portentum*.[5] Do contrário, como poderia o gênero humano, composto de aproximadamente oitocentos milhões de indivíduos, mesmo depois de seis milênios, ter ainda tanto a descobrir, a inventar, a cogitar e dizer? O intelecto foi calculado para a conservação do indivíduo, e via de regra realiza tal tarefa a duras penas. Contudo, de maneira sábia // a natureza foi bastante econômica na distribuição de uma grande medida de intelecto: pois a cabeça limitada pode abarcar poucas e simples relações que estão no domínio da sua estreita esfera de ação e manejar suas molas com muito mais facilidade que a cabeça eminente, que mira em conjunto uma esfera incomparavelmente maior e mais rica, e manipula molas muito mais longas. Assim, o inseto vê tudo em seus talos e pequenas folhas com a mais minuciosa precisão, e melhor do que nós; porém, não percebe o ser humano que se encontra a três passos diante dele.

---

5 "Portento", "prodígio", "milagre". (N. T.)

Nisto baseia-se a astúcia dos néscios, e este paradoxo: *il y a un mystère dans l'esprit des gens qui n'en ont pas*.[6] Para a vida prática o gênio é tão útil quanto um telescópio no teatro. — Assim sendo, em relação ao intelecto, a natureza é altamente ARISTOCRÁTICA. A diferença que ela aqui estabeleceu é maior que a determinada em qualquer país por nascimento, posição social, riqueza ou distinção de castas: igual às outras aristocracias, também nessa há muitos milhares de plebeus para um nobre, muitos milhões para um príncipe, e a grande massa é mero populacho, *mob, rabble, la canaille*.[7] Decerto segue-se disso tudo um gritante contraste entre a lista de classificação da natureza e a da convenção, cujo ajuste compensatório entre ambas seria de esperar-se apenas numa época dourada. Entrementes, as pessoas situadas no cume tanto de uma lista quanto de outra têm em comum o fato de, na maioria das vezes, viverem em destacado isolamento, ao qual BYRON refere-se quando diz:

> *To feel me in the solitude of kings,*
> *Without the power that makes them bear a crown.*
> (*Proph. of Dante*. C. I)[8]

Pois o intelecto é um princípio que diferencia, por conseguinte, que separa: suas diversas gradações conferem a cada um, muito mais do que as gradações da mera formação, conceitos outros em virtude dos quais cada um vive em certa medida num outro mundo, no qual trata imediatamente apenas com os que o ombreiam, aos demais, entretanto, somente pode gritar-lhes de longe tentando fazer-se compreensível. Grande diferença no grau, e, portanto, // na formação do entendimento abre um grande abismo entre duas pessoas que só a bondade de coração pode transpor, a qual, ao contrário, é o princípio que unifica e identifica cada outrem com o próprio si mesmo. No entanto, a ligação permanece uma ligação moral: não pode tornar-se intelectual. Inclusive, mesmo num grau bastante análogo

---

6 "Há um mistério no espírito das pessoas que não o têm." (N. T.)
7 "Ralé, turba [inglês], a canalha [francês]." (N. T.)
8 "Sentir a solidão dos reis, / Porém estar privado do poder que os faz levar uma coroa (*Profecia de Dante*)." [Trad. de Schopenhauer: *Die Einsamkeit der Könige zu fühlen,/ Jedoch der Macht entbehren, welche sie die Krone tragen läßt.*] (N. T.)

de formação, a conversa entre um grande espírito e uma cabeça ordinária assemelha-se à viagem comum feita por duas pessoas, uma montada sobre um brioso cavalo, outra a pé. Para as duas, logo a viagem torna-se um grande fardo e, a longo prazo, impossível. É certo que num curto trecho o cavaleiro pode apear do cavalo para ir a pé com a outra pessoa; mas então a impaciência do cavalo também lhe dará muito trabalho. —

Nada poderia beneficiar mais o público do que o reconhecimento daquela ARISTOCRACIA INTELECTUAL DA NATUREZA. Em virtude de semelhante reconhecimento, compreenderia que, quando se trata de fatos, ou seja, quando se deve relatar algo a partir de experimentos, viagens, códices, livros de história, crônicas, a cabeça normal é suficiente; por outro lado, quando se trata simplesmente de PENSAMENTOS, sobretudo aqueles para os quais o estofo, os dados estão disponíveis para cada um, e em relação aos quais trata-se propriamente dizendo somente de PENSAR À FRENTE dos outros, é imprescindível decidida superioridade, inata eminência, que apenas a natureza concede, e mesmo assim muito raramente, ninguém merecendo ouvidos a não ser que apresente de imediato provas daquelas superioridade e eminência. Se se pudesse conferir ao público a intelecção própria nesse tema; ele não perderia o seu escasso tempo, consagrado à própria formação, com produções de cabeças comuns, portanto, com inumeráveis palavrórios da poesia e da filosofia que são chocados todos os dias; não correria sempre atrás da última novidade, na ilusão pueril de que os livros, como os ovos, têm de ser saboreados frescos; porém, deter-se-ia nas realizações dos poucos autores seletos e celebrados de todos os tempos e povos, procuraria conhecê-los e entendê-los, para assim paulatinamente poder alcançar a autêntica formação. Dessa forma, logo desapareceriam aquelas milhares de produções que não merecem ser celebradas, e que, como erva daninha, dificultam o crescimento do bom trigo.

// Capítulo 16*
SOBRE O USO PRÁTICO DA RAZÃO E SOBRE O ESTOICISMO

No capítulo sétimo mostrei que, no domínio teórico, o partir de CONCEITOS é suficiente só para realizações medíocres, já as realizações excelsas, ao contrário, exigem a criação a partir da intuição mesma, como a fonte originária de todo conhecimento. No domínio prático, entretanto, ocorre o contrário: aqui o tornar determinado através do intuitivo constitui o modo de ser animal, que para o humano, porém, é indigno, visto que possui CONCEITOS para guiar a sua conduta e, assim, é emancipado do poder do presente intuitivo que se lhe apresenta, ao qual o animal está incondicionalmente entregue. Na medida em que o ser humano faz valer essa prerrogativa, pode-se denominar a sua conduta RACIONAL, e apenas NESTE sentido pode-se falar de RAZÃO PRÁTICA, não no KANTIANO, cujo sentido inadmissível eu explanei em detalhes no meu ensaio sobre o fundamento da moral.

Todavia, não é fácil deixar-se determinar unicamente através de CONCEITOS: mesmo sobre a mente[1] mais vigorosa impõe-se forçosamente o mundo exterior circundante com sua realidade intuitiva. Mas, justamente ao vencer essa impressão, ao neutralizar o seu jogo ilusório, o espírito humano mostra a sua dignidade e grandeza. Assim, quando a excitação do prazer e do

---

* Este capítulo está em conexão com § 16 do primeiro tomo.

1 *Gemüth*, no original. Pode-se traduzi-lo tanto por "mente", quanto por "ânimo", conforme o contexto; daí dizer-se faculdades da "mente", na primeira acepção, ou estado de "ânimo", na segunda acepção. Aqui, como o autor coloca em foco os CONCEITOS, as abstrações ou representações de representações, optamos por "mente", isto é, o pano de fundo da argumentação é o poder dos conceitos da mente, ou da razão prática, sobre a conduta humana. (N. T.)

gozo o deixa impassível, ou a ameaça e a fúria dos raivosos inimigos não o abalam, a súplica dos amigos equivocados não o faz vacilar em sua decisão, as figuras enganosas com as quais intrigas preconcebidas o cercam não o excitam, o escárnio dos néscios e do populacho não o fazem ficar fora de si nem equivocar-se sobre o próprio valor: então parece estar sob a influência de um mundo de espíritos (que é o dos conceitos) que apenas ele vê, ante o qual aquele mundo intuitivo acessível a todos dissipa-se como um fantasma. // — Por outro lado, o que confere ao mundo exterior e à realidade visível o seu grande poder sobre a mente é a sua proximidade e imediatez. Ora, assim como a agulha magnética se mantém em sua direção devido ao unificado efeito das forças naturais que cobrem amplamente a Terra, e no entanto pode ser perturbada e posta em violenta oscilação por um pequenino pedaço de ferro que se lhe aproxime; também às vezes até mesmo um espírito vigoroso pode ficar fora de si e perturbado devido a eventos e pessoas insignificantes quando fazem efeito sobre ele devido a uma grande proximidade, e a decisão mais ponderada pode transformar-se em irresolução momentânea, em virtude de contramotivos insignificantes, porém imediatamente presentes. Pois a influência relativa dos motivos está sob uma lei que é inversamente proporcional àquela segundo a qual fazem efeito os pesos de uma balança, com o que, em consequência daquela lei, um motivo bem diminuto, porém situado bem perto, pode sobrepor-se a um motivo em si muito mais forte, porém que faz efeito à distância. Todavia, a índole do ânimo[2] que se deixa determinar por essa lei, em vez de conseguir livrar-se dela pela força da verdadeira razão prática, é aquilo que os antigos designaram com os termos *animi impotentia*, que significa propriamente *ratio regendae voluntatis impotens*.[3] Todo AFETO (*animi perturbatio*) nasce precisamente do fato de uma representação, que faz efeito sobre a nossa vontade, entrar em cena de maneira tão poderosamente imediata que oblitera todo o resto e nada mais podemos ver senão ELA, pelo que, momentaneamente, tornamo-nos incapazes de prestar atenção em outra coisa. Um bom remédio contra isto seria chegar a considerar imaginativamente o tempo presente como se fosse passado, portanto, habituar

---

2 *Gemüt*, no original; cf. nota anterior. (N. T.)
3 "Razão incapaz de reger a vontade." (N. T.)

a própria apercepção ao estilo epistolar dos romanos. Por outro lado, somos tão bem capazes de considerar o que é remotamente passado como se fora vividamente presente que antigos afetos há muito adormecidos despertam com toda a sua intensidade. — No mesmo sentido, ninguém se indignaria ou ficaria fora de si por causa de um acidente ou de uma contrariedade se a razão sempre lhe tornasse presente o que é propriamente o ser humano: o ser mais indigente, abandonado, a cada dia e cada hora, a acidentes sem fim, grandes e pequenos, τὸ δειλότατον ζῶον, que, portanto, tem de viver com preocupação // e temor contínuos. Πᾶν ἐστι ἄνθρωπος συμφορή (*homo totus est calamitas*),[4] já disse Heródoto.

O uso da razão no campo prático conduz, antes de tudo, ao resultado de ela recompor o que é parcial e desagregado no conhecimento simplesmente intuitivo, e usar os contrastes que este oferece como uma correção recíproca, com o que é obtido o resultado objetivamente correto. Por exemplo, se temos diante dos olhos a má[5] ação de um ser humano, nós o condenaremos; por outro lado, se considerarmos tão somente a necessidade que ali o moveu, nós nos compadeceremos dele: a razão, através dos seus conceitos, sopesa as duas coisas, e chega ao resultado de que essa pessoa tem de ser coibida, restringida e guiada por uma punição adequada.

Recordo aqui mais uma vez a sentença de Sêneca: *Si vis tibi omnia subjicere, te subjice rationi.*[6] Visto que, como exposto no quarto livro, o sofrimento é de natureza positiva, o prazer, entretanto, de natureza negativa, segue-se que quem toma como norte dos próprios atos o conhecimento abstrato ou da razão e, em consequência, sempre pondera sobre suas consequências e o futuro, terá de muito frequentemente praticar o *sustine et abstini*,[7] na medida em que, para conseguir a maior isenção possível de dor, terá de sacrificar na

---

4 "O homem é todo calamidade." (N. T.)
5 No original, *schlechte Handlung*. O termo *schlecht*, em alemão, equivale a algo "mal", porém não em sentido estritamente moral, para o que os alemães possuem o termo *böse*, "mau", em oposição *gut*, este um termo ambíguo, que pode ser traduzido tanto por "bom" (sentido moral) quanto por "bem". Assim, *schlecht* e *böse* seriam em português mal e mau, e seu oposto *gut*, bem ou bom. (N. T.)
6 "Se queres submeter tudo a ti, submete-te à razão." (N. T.)
7 "Suportar e abster-se." (N. T.)

maior parte das vezes os mais intensos prazeres e alegrias, tendo presente a aristotélica passagem: ὁ φρόνιμος τὸ ἄλυπον διώκει, οὐ τὸ ἡδύ (*quod dolore vacat, non quod suave est, persequitur vir prudens*).[8] Por isso, para com ele, o futuro sempre toma emprestado do presente; em vez de, como no caso dos néscios, o presente tomar emprestado do futuro, com o que, empobrecidos, acabam por ir à bancarrota. Por isso, no primeiro caso, a razão tem de decerto assumir na maior parte das vezes o papel de uma mal-humorada mentora que constantemente exige renúncias, sem por isto nada poder prometer em troca senão uma existência bastante isenta de dor. Isto se baseia no fato de a razão, por meio dos seus conceitos, abarcar O TODO da vida, cujo resultado, no caso mais feliz possível, não pode ser outro senão o mencionado.

Quando esse esforço por uma existência isenta de dor, pretensamente possível mediante a aplicação e observância da ponderação racional e do conhecimento adquirido da verdadeira índole da vida, foi levado adiante com a mais estrita consequência e até ao seu // último extremo, deu origem ao CINISMO, do qual depois surgiu o ESTOICISMO; algo que gostaria aqui de desenvolver em poucas palavras, a fim de fundamentar mais firmemente a exposição que encerra o nosso primeiro livro.

Todos os sistemas morais da Antiguidade (com a única exceção do platônico) eram preceitos para uma vida bem-aventurada: disso se segue que a virtude, para eles, obviamente não tem o seu fim para além da morte, mas neste mundo. Pois a virtude é para eles apenas o reto caminho para a vida verdadeiramente feliz; por isso ela elege o sábio. Daí originaram-se os longos debates, conservados para nós em especial por Cícero, e as agudas e sempre renovadas investigações sobre se só a virtude é de fato suficiente, por si mesma, para a vida feliz; ou se, ademais, ainda seria preciso algo de exterior; se o virtuoso e sábio também é feliz na tortura e roda do suplício, ou no touro de Phalaris; ou se a coisa não vai tão longe. Pois decerto esta seria a pedra de toque de uma ética desse tipo: seu exercício teria de tornar feliz de modo imediato e incondicional. Se ela não o consegue, então não realiza o que deve, e há de ser rejeitada. Por isso é tão correto quanto conforme o ponto de vista cristão o fato de AGOSTINHO, em sua exposição

---

8 "O prudente aspira não ao prazer, mas à ausência de dor." (N. T.)

do sistema moral dos antigos (*De civ. Dei*, l. XIX, c. 1), ter anteposto o seguinte esclarecimento: *Exponenda sunt nobis argumenta mortalium, quibus sibi ipsi beatitudinem facere in* hujus vitae infelicitate *moliti sunt; ut ab eorum rebus vanis spes nostra quid differat clarescat. De finibus bonorum et malorum multa inter se philosophi disputarunt; quam quaestionem maxima intentione versantes, invenire conati sunt, quid efficiat hominem beatum: illud enim est finis bonorum.*[9] Gostaria de deixar fora de dúvida o mencionado fim eudemonístico da ética antiga através de algumas passagens expressivas da Antiguidade. ARISTÓTELES diz em *Eth. magna* I, 4: Ἡ εὐδαιμονία ἐν τῳ εὖ ζῆν ἐστίν, τὸ δὲ εὖ ζῆν ἐν τῷ χατὰ τὰς ἀρετὰς ζῆν (*Felicitas in bene vivendo posita est: verum bene vivere est in eo positum, ut secundum virtutem vivamus*),[10] para se comparar com *Eth. Nicom.*, I, 5. – Cícero, *Tusc.*, V, 1: *Nam, quum ea causa impulerit eos, qui primi se ad philosophiae studia contulerunt, ut, // omnibus rebus posthabitis, totos se in optimo vitae statu exquirendo collocarent; profecto spe beate vivendi tantam in eo studio curam operamque posuerunt.*[11] – Segundo PLUTARCO (*De repugn. stoic.*, c. 18), CRÍSIPO disse: Τὸ χατὰ χαχίαν ζῆν τῷ χαχοδαιμόνως ζῆν ταὐτόν ἐστιν (*Vitiose vivere idem est, quod vivere infeliciter*).[12] – Ibid., c. 26: Ἡ φρόνησις οὐχ ἕτερόν ἐστι τῆς εὐδαιμονίας χαθ' ἑαυτὸ, ἀλλ' εὐδαιμονία (*Prudentia nihil differt a felicitate, estque ipsa adeo felicitas*).[13] – Estobeu, *Ed.*, l. II, c. 7: Τέλος δέ φασιν εἶναι τὸ εὐδαιμονεῖν, οὗ ἕνεχα πάντα πράττεται (*Finem esse dicunt felicitatem, cujus causa fiunt omnia*).[14] – Εὐδαιμονίαν συνωνυμεῖν τῷ τέλει λέγουσι (*Finem bonorum et felicitatem synonyma esse dicunt*).[15] – Epicteto, in Arrian, *Diss.* I, 4:

---

9 "Há de expor-se os argumentos com que os mortais esforçaram-se para adquirir a felicidade na *infelicidade desta vida*, a fim de que fique claro a diferença entre a nossa esperança e a desses vãos intentos. Muito se discutiu entre os filósofos sobre o supremo bom e o supremo mau; tratando de tal questão com máximo zelo, intentaram descobrir o que é que faz o homem feliz: pois isto é o supremo bom." (N. T.)

10 "Felicidade consiste em viver bem: porém, o viver bem consiste em viver conforme a virtude." (N. T.)

11 "Pois, visto que essa foi a causa que primeiro impulsionou aqueles que estudavam a filosofia a, pospondo tudo o mais, devotar-se inteiramente à investigação da melhor maneira de conduzir a vida, eles realmente puseram muito cuidado e trabalho nesse estudo com a esperança de alcançar uma vida feliz."(N. T.)

12 "A vida viciosa é idêntica à vida infeliz." (N. T.)

13 "A prudência em nada difere da felicidade, mas é a felicidade mesma." (N. T.)

14 "Dizem que a felicidade é o fim em vista de que tudo se faz." (N. T.)

15 "Felicidade e bem supremo são ditos sinônimos."(N. T.)

Ἡ ἀρετὴ ταύτην ἔχει τὴν ἐπαγγελίαν, εὐδαιμονίαν ποιῆσαι (*Virtus profitetur, se felicitatem praestare*).¹⁶ – Sen. ep. 90: *Ceterum (sapientia) ad beatum statum tendit, illo ducit, illo vias aperit.* – Sêneca ep. 108: *Illud admoneo, auditionem philosophorum, lectionemque, ad propositum beatae vitae trahendam.*¹⁷

Esse objetivo da vida feliz também é, portanto, adotado pela ética dos CÍNICOS; como o atesta expressamente o imperador JULIANO: *Oratio* VI: Τῆς Κυνικῆς δὲ φιλοσοφίας σκοπὸς μέν ἐστι καὶ τέλος, ὥσπερ δὴ καὶ πάσης φιλοσοφίας, τὸ εὐδαιμονεῖν· τὸ δὲ εὐδαιμονεῖν ἐν τῷ ζῆν κατὰ φύσιν, ἀλλὰ μὴ πρὸς τὰς τῶν πολλῶν δόξας (*Cynicae philosophiae, ut etiam omnis philosophiae, scopus et finis est feliciter vivere: felicitas vitae autem in eo posita est, ut secundum naturam vivatur, nec vero secundum opiniones multitudinis*).¹⁸ Só que os cínicos, em vista desse fim, trilharam um caminho por inteiro peculiar, completamente oposto ao habitual: o da renúncia levada aos últimos extremos. Nesse sentido, partiram da intelecção de que os movimentos nos quais a vontade é posta pelos objetos que a excitam e estimulam, e os laboriosos, e na maior parte das vezes inúteis esforços para os alcançar, ou, quando são alcançados, o temor de os perder, por fim a perda mesma, produzem dores muito mais intensas do que a renúncia daqueles objetos. Por isso escolheram, em vista de alcançar a vida a mais isenta de dor, o caminho da maior renúncia possível, e fugiram de todos os prazeres como de armadilhas, // com as quais poderiam depois ser entregues à dor. Desse modo podiam desafiar audazmente a fortuna e o seu estado de humor. Este é O ESPÍRITO DO CINISMO: expresso de maneira distinta por Sêneca em *De tranquillitate animi*, oitavo capítulo: *cogitandum est, quanto levior dolor sit, non habere, quam perdere: et intelligemus, paupertati eo minorem tormentorum, quo minorem damnorum esse materiam.* Bem como: *Tolerabilius est, faciliusque, non acquirere, quam amittere.* – – – *Diogenes effecit, ne quid sibi eripi posset,* – – – *qui se fortuitis omnibus exuit.* – – – *Videtur mihi dixisse:*

---

16 "A virtude carrega consigo a garantia da felicidade." (N. T.)
17 "Ademais, a sabedoria aspira a um estado de felicidade, conduz a ele, abre caminho para ele." "Recordo que o ouvir e ler dos filósofos têm como propósito a vida feliz." (N. T.)
18 "O escopo e fim da filosofia dos cínicos, como de toda filosofia, é o viver feliz: mas o viver feliz consiste em viver segundo a natureza, e não segundo a opinião da multidão." (N. T.)

age tuum negotium, fortuna: nihil apud Diogenem jam tuum est.[19] A passagem mais paralela a esta última é a de Estobeu (Ed., II, 7): Διογένης ἔφη νομίζειν ὁρᾶν τὴν Τύχην ἐνορούουσαν αυτο χαὶ λέγουσαν · τοῦτον δ'οὐ δύναμαι βαλέειν χύνα λυσσητῆρα (*Diogenes credere se dixit, videre Fortunam, ipsum intuentem, ac dicentem: ast hunc non potui tetigisse canem rabiosum*).[20] O mesmo espírito do cinismo é também testemunhado pelo epitáfio de Diógenes em Suidas, *voce* φιλισχος, e em Diógenes Laércio, VI, 2:

Γηράσχει μὲν χαλχὸς ὑπὸ χρόνου· ἀλλὰ σὸν οὔτι
Κῦδος ὁ πᾶς αἰών, Διόγενες, χαθελεῖ·
Μοῦνος ἐπεὶ βιοτῆς αὐτάρχεα δόξαν ἔδειξας
Θνητοῖς, χαὶ ζωῆς οἶμον ἐλαφροτάτην.
(*Aera quidem absumit tempus, sed tempore numquam
Interitura tua est gloria, Diogenes:
Quandoquidem ad vitam miseris mortalibus aequam
Monstrata est facilis, te duce, et ampla via.*)[21]

O pensamento fundamental do cinismo é, por consequência, o de que a vida em sua figura mais simples e despojada, com as dificuldades com que a natureza a dotou, é a mais suportável, portanto a que deve ser escolhida; porque todos recurso, conforto, deleite e prazer com os quais se gostaria de fazê-la mais agradável apenas produzem moléstias novas e mais intensas que as que originariamente lhe pertencem. Por isso tem-se de considerar como a expressão nuclear de sua doutrina a seguinte sentença: Διογένες

---

19 "Pense-se o quão menos de dor há, em não ter uma coisa, do que em a perder; e compreenderemos que o pobre sofre tanto menos de tormentos pois tem menos a perder." "É mais tolerável e mais fácil, nada adquirir, que perder." – – – "Diógenes deixou estabelecido que nada se podia arrebatar a quem despojou-se de tudo o que é fortuito. – – – Parece-me que quis dizer: ó fortuna, ocupa-te com os teus assuntos; em mim Diógenes nada há que te pertence." (N. T.)
20 "Diógenes disse que ele viu a fortuna olhando para ele e dizendo: não consigo pegar esse cachorro raivoso." (N. T.)
21 "Até mesmo o bronze não resiste ao tempo, mas jamais o tempo / Aniquilará a tua glória, oh Diógenes: / Pois apenas tu ensinaste uma vida independente / Aos mortais, e o caminho mais simples da vida iluminada." (N. T.)

ἐβόα πολλάχις λέγων, τὸν τῶν ἀνθρώπον βίον ῥᾴδιον ὑπὸ τῶν θεῶν δεδόσθαι, ἀποχεχρύφθαι δὲ αὐτὸν // ζητούντων μελίπηχτα χαὶ μύρα χαὶ τὰ παραπλήσια (*Diogenes clamabat saepius, hominum vitam facilem a diis dari, verum occultari illam quaerentibus mellita cibaria, unguenta, et his similia.* – Diog. Laert., VI, 2).[22] E também: Δέον, ἀντὶ τῶν ἀχρήστων πόνων, τοὺς χατὰ φύσιν ἑλομένους, ζῆν εὐδαιμόνως· παρὰ τὴν ἄνοιαν χαχοδαιμονοῦσι. – – – τὸν αὐτὸν χαραχτῆρα τοῦ βίου λέγων διεξάγειν, ὅνπερ χαὶ Ἡραχλῆς, μηδὲν ἐλευθερίας προχρίνων (*Quum igitur, repudiatis inutilibus laboribus, naturales insequi, ac vivere beate debeamus, per summam dementiam infelices sumus.* – – – *eandem vitae formam, quam Hercules, se vivere affirmans, nihil libertati praeferens.* – Ibid.).[23] Em consequência, os antigos e autênticos cínicos, Antístenes, Diógenes, Crates e seus discípulos renunciaram de uma vez por todas a qualquer posse, a qualquer comodidade e prazer, em vista de escapar para sempre dos esforços e cuidados, da dependência e das dores que inevitavelmente ligam-se a estes, sem que por isto se tenha alguma compensação. Com a módica satisfação das necessidades mais básicas e a renúncia a tudo o que era supérfluo pensavam que se saíam bem. E assim contentavam-se com o que em Atenas e Coríntio se conseguia quase de graça, como tremoços, água, uma capa de segunda mão, uma alforja e uma blusa, por vezes mendigavam quando era necessário para conseguir tais coisas, porém não trabalhavam. Não aceitavam nada que fosse além das necessidades acima mencionadas. Independência no sentido mais amplo do termo era o seu objetivo. Despendiam o seu tempo com descanso, caminhadas pelo entorno, conversa com todo tipo de pessoa, bastante zombaria, riso e brincadeira: seu caráter era de despreocupação e intensa jovialidade. Visto que com esse modo de vida não tinham de seguir aspiração pessoal alguma, nem intentos e fins, e haviam portanto se elevado acima dos esforços humanos, e ainda sempre desfrutavam de completo ócio, tornaram-se extremamente aptos, como homens de provada força espiritual, a serem

---

22 "Diógenes exclamava amiúde aos gritos que os deuses deram uma vida fácil aos homens, mas isto ficava oculto para os que buscavam mel, unguentos e coisas semelhantes." (N. T.)
23 "Vivem felizes aqueles que, em vez de trabalhos inúteis, seguem a natureza. Somos infelizes por causa de nossa loucura. – – – Afirmava levar o mesmo modo de vida que Hércules, pois o que mais apreciava acima de tudo era a liberdade." (N. T.)

os conselheiros e censores dos demais. Por isso diz Apuleius (*Florid.*, IV): *Crates, ut lar familiaris apud homines suae aetatis cultus est. Nulla domus ei unquam clausa erat: nec erat patrisfamilias tam absconditum secretum, quin eo tempestive Crates interveniret, litium omnium et jurgiorum inter propinquos // disceptator et arbiter.*[24] Também aqui, como em muitas outras coisas, mostram muita semelhança com os monges mendicantes dos tempos modernos, ou seja, com os melhores e mais autênticos deles, cujo ideal pode-se ver no capuchinho Cristoforo do famoso romance de Manzoni. No entanto, essa semelhança reside apenas nos efeitos, não nas causas. Coincidem no resultado; porém, o pensamento fundamental de ambos os tipos é completamente diferente: entre os monges, como entre os sannyāsis que lhe são aparentados, é um fim que transcende a vida; entre os cínicos, é apenas a convicção de que é mais fácil reduzir os próprios desejos e as próprias necessidades a um *minimum* do que alcançar um *maximum* de sua satisfação, o que é até mesmo impossível, já que, com a satisfação, os desejos e as necessidades aumentam ao infinito; por isso, em vista de alcançar o fim que era o de toda a ética antiga, a maior felicidade possível nesta vida, tomaram o caminho da renúncia como o mais curto e fácil: ὅθεν χαὶ τὸν Κυνισμὸν εἰρήχασιν σύντομον ἐπ' ἀρετὴν ὁδόν (*unde et Cynismum dixere compendiosam ad virtutem viam.* – Diog. Laert., VI, 9).[25] – A diferença fundamental entre o espírito do cinismo e o do ascetismo salta aos olhos na humildade essencial ao ascetismo, tão estranha ao cinismo, que, pelo contrário, tem como arma o orgulho e o desprezo por todos os demais:

Sapiens uno minor est Jove, dives,
Liber, honoratus, pulcher, rex denique regum.[26]
(Hor.)

---

24 "Crates foi venerado pelos homens em seu tempo como um deus familiar. Nunca uma casa lhe foi fechada: nenhum pai de família tinha algum segredo tão escondido que ele não soubesse no momento oportuno, sendo juiz e árbitro de todos os litígios e disputas entre parentes." (N. T.)
25 "Também disseram que o cinismo é um atalho para a virtude." (N. T.)
26 "O sábio está abaixo apenas de Júpiter, rico / Livre, venerado, belo, em suma, rei dos reis." (N. T.)

Por outro lado, a visão de vida dos cínicos coincide em espírito com a de J.-J. Rousseau, como este a expõe no *Discurso sobre a origem da desigualdade*; pois também ele gostaria de nos reconduzir ao cru estado de natureza, e considera a redução de nossas necessidades ao seu *minimum* como o caminho mais seguro para a felicidade. — Ademais, os cínicos eram exclusivamente filósofos PRÁTICOS: eu pelo menos não tenho notícia alguma de sua filosofia teórica.

Deles surgiram os estoicos, ao metamorfosearem o prático em teórico. Achavam que a renúncia EFETIVA a tudo o que se pode renunciar não é necessária, mas é suficiente que se considere continuamente a posse e o prazer como RENUNCIÁVEIS e estando nas mãos do acaso: assim, se privação efetiva ocorresse, não seria inesperada, nem insuportável. Poder-se-ia tudo ter e desfrutar; apenas ter-se-ia de sempre ter em mente, de um lado, a convicção da falta de valor e da renunciabilidade dos bens, de outro, a sua incerteza e fragilidade, logo, estimá-los bem pouco, estando a todo tempo preparados para abandoná-los. Inclusive quem, para não ser movimentado por tais coisas, tem de realmente renunciar a elas, mostra desse modo que em seu coração as considera como bens verdadeiros, os quais, para não serem cobiçados, têm de ser deixados por completo longe do campo de visão. Já o sábio, ao contrário, conhece que elas de modo algum são bens, mas antes coisas que lhe são indiferentes, ἀδιάφορα, ou ao menos προηγμένα.[27] Por isso, caso elas lhe sejam oferecidas, as aceitará, porém sempre estará preparado para desfazer-se delas com a maior indiferença, se o acaso, ao qual pertencem, exigi-las de volta; porque elas são τῶν οὐχ ἐφ' ἡμῖν.[28] Nesse sentido diz Epicteto, cap. 7, que o sábio é semelhante a quem desembarca de um navio em um país, e deleita-se com uma moça ou um moço, porém sempre preparado, assim que o capitão chame, para deixá-los de novo irem embora. — Assim, os ESTOICOS aperfeiçoaram a teoria da indiferença e da independência, às custas da práxis, na medida em que tudo remetiam a um processo mental e, através de argumentos como os apresentados no primeiro livro de Epicteto, sofismaram em relação a todas as comodidades

---

27 "Indiferentes", "acessórios". (N. T.)
28 "Aquilo que não está em nosso poder." (N. T.)

da vida. Contudo, assim o fazendo, deixaram de levar em conta que todas as coisas com as quais nos acostumamos tornam-se uma necessidade e, por conseguinte, só com dor é possível renunciar a elas; deixaram de levar em conta que a vontade não deixa brincar com ela, não pode gozar sem amar os gozos; que um cachorro não permanece indiferente quando se passa um pedaço de assado na sua boca, e um sábio, se estiver com fome, também não; e que entre desejar e renunciar não há um meio-termo. Eles, entretanto, acreditavam satisfazer-se com os seus princípios fundamentais quando, sentados para um luxuoso banquete romano, não deixavam prato algum sem ser provado, todavia asseguravam que aquilo tudo era, sem exceção, meros προηγμένα, não ἀγάθα;[29] ou, para falar em bom alemão, comiam, bebiam e aproveitavam o dia, // sem darem um único obrigado ao bom Deus, mas antes faziam caras fastidiosas, e bravamente asseguravam que para o diabo fossem com toda aquela comilança. Este era o cartão de apresentação dos ESTOICOS: eram, por consequência, simples fanfarrões, e estão para os CÍNICOS mais ou menos como os bem alimentados beneditinos e agostinianos estão para os franciscanos e capuchinhos. Quanto mais desprezavam a práxis, mais refinavam a teoria. Agora gostaria de aqui acrescentar algumas provas isoladas e alguns suplementos à exposição feita do tema no fim do primeiro livro.

Se nos escritos dos estoicos que nos restaram, todos concebidos de forma assistemática, investigarmos o último fundamento daquela indiferença impassível que é constantemente esperada de nós, então não descobrimos outro senão o conhecimento da total independência do curso do mundo em relação a nossa vontade e, conseguintemente, a inevitabilidade dos males que nos atingem. Uma vez que regulamos nossas aspirações por esta correta intelecção, então luto, júbilo, temores e esperanças são uma insensatez, da qual não somos mais capazes. Por isso, em especial nos comentários de Arrian, assume-se sub-repticiamente que tudo o que é οὐχ ἐφ' ἡμῖν (isto é, não depende de nós), também seria οὐ πρὸς ἡμᾶς (isto é, não nos concerne). Por outro lado, em verdade, todos os bens da vida estão em poder do acaso, logo, assim que este, exercitando o seu poder, arrebata-os a nós, somos

---

29 "Acessórios", "bens". (N. T.)

infelizes caso neles tenhamos colocado a nossa felicidade. A esse ardiloso destino há de subtrair-nos o uso correto da razão, mediante o qual nunca consideramos todos aqueles bens como nossos, mas apenas como a nós emprestados por tempo indeterminado: apenas assim jamais os podemos perder de fato. Por isso SÊNECA diz (ep. 98): *Si, quid humanarum rerum varietas possit, cogitaverit, ante quam senserit*,[30] e DIÓGENES LAÉRCIO (VII, I, 87): Ἴσον δέ ἐστι τὸ κατ' ἀρετὴν ζῆν τῷ κατ' ἐμπειρίαν τῶν φύσει συμβαινόντων ζῆν (*Secundum virtutem vivere idem est, quod secundum experientiam eorum, quae secundum naturam accidunt, vivere*).[31] Combina bem com isto a passagem de ARRIAN presente nos ensaios sobre EPICTETO, III, cap. 24, 84-89; em especial como prova do que eu disse a esse respeito em § 16 do primeiro tomo, a passagem: // Τοῦτο γάρ ἐστι τὸ αἴτιον τοῖς ἀνθρώποις πάντων τῶν κακῶν, τὸ τὰς προλήψεις τὰς κοινὰς μὴ δύνασθαι ἐφαρμόζειν τοῖς ἐπὶ μέρους, ibid. IV, 1. 42. (*Haec enim causa est hominibus omnium malorum, quod anticipationes generales rebus singularibus accommodare non possunt.*)[32] De maneira similar a passagem em ANTONINUS (IV, 29): Εἰ ξένος κόσμου ὁ μὴ γνωρίζων τὰ ἐν αὐτῷ ὄντα, οὐχ ἧττον ξένος καὶ ὁ μὴ γνωρίζων τὰ γιγνόμενα, ou seja: "Se é um estranho no mundo quem não sabe as coisas que nele há, não é menos estranho quem não sabe como as coisas nele se passam". Também o capítulo onze em *De tranquillitate animi* de Sêneca é uma perfeita prova desse ponto de vista. A opinião dos estoicos, em seu todo, sintetiza-se nos seguintes termos: se o ser humano observou um instante o capricho da fortuna e faz uso da sua razão, tem de reconhecer a rápida mudança dos dados jogados bem como a intrínseca falta de valor das fichas e, assim, tem de permanecer impassível. De modo geral, a opinião dos estoicos também pode ser assim expressa: nosso sofrimento nasce sempre da incongruência entre os nossos desejos e o curso do mundo. Eis por que um desses dois tem de mudar e adequar-se ao outro. Ora, como o curso das coisas não está em nosso poder (οὐχ ἐφ' ἡμῖν), então temos de

---

30 "[Ficaremos calmos e resignados] se formos capazes de pensar na inconstância das coisas humanas antes de a experimentarmos." (N. T.)

31 "Viver conforme a virtude é o mesmo que viver conforme o que acontece na natureza." (N. T.)

32 "Pois esta é para os homens a causa de todos os males, não poderem ajustar as noções gerais ao caso particular." (N. T.)

regular o nosso querer e desejo conforme o curso das coisas: pois só a vontade está ἐφ' ἡμῖν. Essa adequação do querer ao curso do mundo exterior, portanto, à natureza das coisas, é frequentemente entendida sob o ambíguo χατὰ φύσιν.[33] Conferir Arrian, *Diss*. II, 17, 21, 22. Sêneca expressa depois essa opinião quando diz (Ep. 119): *Nihil interest, utrum non desideres, an habeas. Summa rei in utroque est eadem: non torqueberis*.[34] Também Cícero (Tusc., IV, 26) através das palavras: *Solum habere velle, summa dementia est*.[35] Igualmente Arrian (IV, I. 175): Οὐ γὰρ ἐχπληρώσει τῶν ἐπιθυμουμένων ἐλευθερία παρασχευάζεται, ἀλλὰ ἀνασχευῇ τῆς ἐπιθυμίας (*Non enim explendis desideriis libertas comparatur, sed tollenda cupiditate*).[36]

Como prova do que eu disse no lugar citado sobre o ὁμολογουμένως ζῆν[37] dos estoicos, pode-se considerar as citações recolhidas em *Historia philosophiae Graeco-Romanae*, de Ritter e Preller, § 398; // igualmente o dito de Sêneca (ep. 31 e de novo ep. 74): *Perfecta virtus est aequalitas et tenor vitae per omnia consonans sibi*.[38] O espírito em geral de Stoa é distintamente indicado por esta passagem de Sêneca (ep. 92): *Quid est beata vita? Securitas et perpetua tranquillitas. Hanc dabit animi magnitudo, dabit constantia bene judicati tenax*.[39] Um estudo sistemático dos estoicos convencerá a todos que o fim de sua ética, bem como da ética do cinismo, da qual a primeira origina-se, não era outro senão uma vida a mais isenta possível de dor e, dessa forma, a mais feliz possível; do que se segue que a moral estoica não passa de um tipo especial de eudemonismo. Ela não tem, como a ética hindu, cristã, e até mesmo a platônica, uma tendência metafísica, um fim transcendente, mas um fim por completo imanente, alcançável nesta vida: a imperturbabilidade (ἀταραξία)

---

33 "Viver conforme a natureza." (N. T.)
34 "É o mesmo não desejar uma coisa e a possuir. Nos dois casos o fundamental é o mesmo: estar ao abrigo dos tormentos." (N. T.)
35 "Somente querer ter é a suprema loucura." (N. T.)
36 "Não se consegue a liberdade com a satisfação do que é desejado, mas com a aniquilação do desejo." (N. T.)
37 "Viver harmoniosamente." (N. T.)
38 "A virtude perfeita consiste na indiferença e num decurso de vida harmonioso consigo mesmo." (N. T.)
39 "Que é a vida feliz? Segurança e serenidade contínuos. Isso é obtido por grandeza de ânimo, constância obstinada nas sãs decisões do julgamento." (N. T.)

e serena felicidade do sábio, a quem nada pode afetar. Todavia, não se pode negar que os estoicos tardios, em especial Arrian, às vezes perdem de vista esse fim e são traídos por uma tendência efetivamente ascética, a qual é para creditar-se ao cristianismo, que então já se espalhava, e em geral ao espírito oriental. — Se considerarmos de perto e seriamente o objetivo do estoicismo, aquela ἀταραξία, então nela encontramos um simples endurecimento e falta de receptividade em relação aos golpes do destino, que se consegue sempre tendo presente a brevidade da vida, a vacuidade dos gozos, a inconstância da sorte, como também compreendendo que a diferença entre felicidade e infelicidade é bem menor do que nos pode espelhar a antecipação delas. Mas isso ainda não é um estado de felicidade, mas apenas o sereno suportar do sofrimento previsto como inevitável. Decerto há grandeza de espírito e dignidade no fato de suportar-se de modo silencioso e sereno o que é inevitável, em paz melancólica, permanecendo indiferente, enquanto os outros passam do júbilo para o desespero, e deste para aquele. — Pode-se, em consequência, também conceber o estoicismo como uma dieta espiritual e, em conformidade com isto, assim como se endurece o corpo contra a influência do vento e do clima, contra a adversidade e a fadiga, pode-se também endurecer o próprio ânimo contra // a infelicidade, o perigo, a perda, a injustiça, a perfídia, a traição, o orgulho e a loucura do ser humano.

Observo ainda que χαθήχοντα dos estoicos, que CÍCERO traduz por *officia*, significam aproximadamente incumbências, ou aquilo que é conveniente fazer, em inglês *incumbencies*, em italiano *quel che tocca a me di fare, o di lasciare*, portanto, em geral o que COMPETE, a um ser racional, fazer. Conferir Diog. Laert., VII, 1, 109. — Por fim, o PANTEÍSMO dos estoicos, embora no todo inconsistente com as tantas exortações de um ARRIAN, é expresso da maneira mais distinta por SÊNECA: *Quid est Deus? Mens universi. Quid est Deus? Quod vides totum, et quod non vides totum. Sic demum magnitudo sua illi redditur, qua nihil majus excogitari potest: si solus est omnia, opus suum et extra et intra tenet* (*Quaest. Natur.*, I, praefatio, 12).[40]

---

[40] "Quem é Deus? Mente do universo. Quem é Deus? Tudo o que vês e tudo o que não vês. Sua magnitude ultrapassa toda imaginação: só ele é tudo, e mantém sua obra por dentro e por fora." (N. T.)

Capítulo 17*
SOBRE A NECESSIDADE METAFÍSICA DO SER HUMANO

Nenhum ser, excetuando-se o humano, espanta-se com a própria existência; mas, para todos, a existência entende-se por si mesma, ao ponto de não a notarem. Da calma do olhar dos animais fala também a sabedoria da natureza; porque nos animais a vontade e o intelecto ainda não se separaram suficientemente para que possam espantar-se um com o outro quando se reencontram. Assim, aqui, cada aparência pende firmemente do tronco da natureza, do qual brotou, e compartilha da inconsciente onisciência da mãe de todas as mães. — Só depois, quando a essência íntima da natureza (a Vontade de vida em sua objetivação) ascendeu vigorosa e magnanimamente pelos dois reinos dos seres sem consciência, e em seguida pela longa e ampla série dos animais, é que finalmente, com o aparecimento da faculdade de razão, logo no ser humano, a essência íntima da natureza chega pela primeira vez à introspecção: então espanta-se com as // próprias obras e pergunta-se o que ela mesma é. Mas o espanto dessa "essência íntima da natureza" é tanto mais sério pelo fato de aqui pela primeira vez estar com consciência EM FACE DA MORTE e também se impõe, ao lado da finitude de toda existência, em maior ou menor medida, a vaidade de todo esforço. Com essa introspecção e esse espanto nasce, portanto, a NECESSIDADE DE UMA METAFÍSICA, própria apenas do humano: este é pois um *animal metaphysicum*. No princípio da sua consciência ele também toma a si como algo que se entende por si mesmo. Mas isso não dura muito; muito cedo, simultaneamente com a primeira reflexão, surge aquele espanto, que um dia deverá converter-se em mãe

---

* Este capítulo está em conxão com §15 do primeiro tomo.

da metafísica. — Em conformidade com isso, ARISTÓTELES também diz na introdução de sua *Metafísica*: Διὰ γὰρ τὸ θαυμάζειν οἱ ἄνθρωποι χαὶ νῦν χαὶ τὸ πρῶτον ἤρξαντο φιλοσοφεῖν (*Propter admirationem enim et nunc et primo inceperunt homines philosophari*).[1] A disposição filosófica propriamente dita consiste, antes de tudo, na capacidade de nos espantarmos diante daquilo que é comum e cotidiano, com o que justamente temos ocasião de fazer do UNIVERSAL da aparência um problema nosso; enquanto os investigadores nas ciências reais espantam-se tão somente com escolhidas e raras aparências, e o seu problema é meramente reconduzir estas às aparências mais conhecidas. Quanto mais baixa é uma pessoa em termos intelectuais, tanto menos de enigmático tem a existência mesma para ela: antes, para tal pessoa, tudo o que existe, e como existe, parece entender-se por si mesmo. Isto baseia-se em que o seu intelecto permanece inteiramente fiel a sua destinação originária, ser servil, como médium dos motivos, à vontade, e por isso está intimamente ligado ao mundo e à natureza, como parte integrante destes, conseguintemente, está bem longe de, como que se desprendendo do todo das coisas, colocar-se em face do mundo como se este subsistisse por si, para assim o apreender de modo puramente objetivo. Por outro lado, o espanto filosófico que daqui nasce é condicionado no indivíduo por um elevado desenvolvimento da inteligência, todavia, em geral, não apenas por esta; sem dúvida, é o saber em torno da morte e, junto com este, a consideração do sofrimento e da miséria da vida, o que dá o mais forte estímulo para a introspecção filosófica e para a // interpretação metafísica do mundo. Se a nossa vida fosse sem fim e sem sofrimento, talvez a ninguém ocorresse perguntar por que o mundo existe e por que tem precisamente essa índole; porém, tudo se entenderia por si mesmo. Em correspondência com isso, encontramos que o interesse que desperta um sistema filosófico, ou religioso, tem o seu mais forte ponto de atração absolutamente no dogma de algum tipo de perduração após a morte: e, se bem que os sistemas religiosos pareçam tornar o seu tema principal a existência dos seus deuses e a esta defenderem com unhas e dentes; no fundo, entretanto, isto é apenas porque vinculam a tal existência o dogma da imortalidade e o consideram

---

1 "De fato, foi o espanto que levou, como hoje, os primeiros pensadores a filosofar." (N. T.)

inseparável dela: apenas esse dogma lhes importa realmente. Pois se o dogma da imortalidade pudesse ser-lhes assegurado de outra maneira, então o vivo zelo por seus deuses esfriaria de imediato, e, por outro lado, se se pudesse demonstrar-lhes a completa impossibilidade de uma imortalidade, aquele zelo daria lugar a uma total indiferença: pois o interesse na existência dos deuses desapareceria com o desaparecimento da esperança de uma familiaridade mais íntima com eles, a não ser naquele resto em que se poderia atribuir aos deuses uma possível influência sobre os acontecimentos da vida presente. Se se pudesse demonstrar a perduração após a morte como incompatível, porque pressupõe a originariedade da essência, com a existência dos deuses, então estes seriam rapidamente sacrificados na fogueira da própria imortalidade e dariam lugar ao ateísmo. Sobre o mesmo fundamento baseia-se o fato de os sistemas verdadeiramente materialistas, bem como os sistemas absolutamente céticos, jamais terem conseguido exercer uma influência universal, ou duradoura.

Templos e igrejas, pagodes e mesquitas, em todos os países, em todos os tempos, no esplendor e na grandeza, testemunham a necessidade metafísica do ser humano, necessidade que, forte e inextirpável, pisa os calcanhares da necessidade física. Decerto alguém com humor satírico poderia acrescentar que essa necessidade metafísica é uma garota humilde que se contenta com cardápios bem modestos. Na maior parte do tempo ela se deixa satisfazer com fábulas sem graça e contos insossos: quando inculcados bem cedo, porém, são interpretações suficientes da sua existência e suportes da sua moralidade. Considere-se, por exemplo, o *Corão*: esse livro ruim foi // suficiente para fundar uma religião mundial, satisfazer há mais de 1200 anos a necessidade metafísica de incontáveis milhões de pessoas, tornar-se o fundamento da sua moral e de um significativo desprezo pela morte, bem como entusiasmá-las a sangrentas guerras e às mais amplas conquistas. Encontramos naquele livro a mais triste e pobre figura do teísmo. Muito se perde durante as traduções; mas eu não pude descobrir ali um pensamento sequer de valor. O que prova que a necessidade metafísica não anda de mãos dadas com a capacidade metafísica. Todavia, quer-me parecer que nos tempos primevos, sobre esta mesma superfície terrestre, as coisas foram diferentes e os que estavam bem mais próximos que nós do nascimento do gênero humano e da fonte originária da natureza orgânica também tinham, em parte, uma maior energia das faculdades intuitivas de conhecimento, em parte, uma disposição mais correta de espírito, com o que foram capazes de uma apreensão mais pura e imediata da essência da natureza e com isso estavam em condições de saciar de uma maneira mais digna a necessidade metafísica: assim, nasceram naqueles ancestrais dos brāhmanas, os rishis, as concepções quase supra-humanas que depois foram depositadas nos *Upanishads* dos VEDAS.

Entretanto, nunca faltaram tipos que se esforçavam em tirar o seu sustento daquela necessidade metafísica do ser humano e explorá-la ao máximo; por isso em todos os povos há monopolistas e grandes arrendatários dela: os sacerdotes. Seu comércio decerto foi-lhes em toda parte assegurado pelo fato de terem adquirido o direito de incutir os seus dogmas metafísicos nas pessoas bem cedo, antes que a faculdade de juízo tenha despertado do seu sono matutino, logo na primeira infância: pois todo dogma que nessa época foi bem inculcado, não importa quão absurdo seja, adere para sempre. Ora, se os sacerdotes tivessem de esperar até que a faculdade de juízo amadurecesse; então os seus privilégios não poderiam ser mantidos.

Uma segunda, embora não numerosa, classe de tipos que obtém o seu sustento da necessidade metafísica do ser humano é composta por aqueles que vivem da FILOSOFIA: entre os gregos eram chamados de sofistas, entre os modernos são chamados de // professores de filosofia. ARISTÓTELES inclui sem hesitação (*Metaph.*, II, 2) ARISTIPO entre os sofistas: a razão disto encontramos em Diógenes Laércio (II, 65), a saber, que Aristipo foi o primeiro entre os socráticos a cobrar pelos ensinamentos da própria filosofia; motivo pelo qual Sócrates devolveu-lhe o presente recebido. Também entre os modernos os que vivem DA filosofia são, via de regra, e com raríssimas exceções, não apenas no todo diferentes dos que vivem PARA a filosofia, como também são muito frequentemente adversários ocultos e irreconciliáveis destes últimos: pois toda genuína e significativa realização filosófica lançará muita sombra sobra as deles e, ademais, não se curvará aos intentos e limitações da sua corporação; motivo pelo qual empenham--se o tempo todo para impedir que aquela realização venha a público e para isso os meios usuais são, conforme a época e as circunstâncias, dissimular, encobrir, silenciar, ignorar, segregar, ou negar, diminuir, censurar, blasfemar, distorcer, ou denunciar e perseguir. Por isso muitas grandes cabeças já tiveram de arrastar-se arquejantes pela vida, desconhecidas, desonradas, sem recompensas, até que por fim após a sua morte o mundo livrou-se do engano sobre elas e aqueles outros. Entrementes, esses outros alcançaram o seu fim, prevaleceram, ao não permitirem que a grande cabeça prevalecesse, e com mulher e filho viveram DA filosofia, enquanto aquela viveu PARA a filosofia. Quando a grande cabeça morre, as coisas invertem-se: a nova geração daqueles outros, e sempre existe uma, torna-se então a herdeira das realizações da grande cabeça, retalhando as realizações desta conforme os próprios critérios, e agora vive DELA. Que, entretanto, KANT tenha podido viver ao mesmo tempo DA e PARA a filosofia, baseia-se na rara circunstância de que, pela primeira vez desde *Divo*[2] *Antonio* e *Divo Juliano*, um filósofo sentou-se no trono: apenas sob tais auspícios pôde a *Crítica da razão pura* ver a luz. Tão logo o rei morreu, vemos KANT, porque pertencia à corporação, tomado de medo modificar, castrar e corromper a sua obra-prima na segunda edição, todavia, logo correu o perigo de perder o seu posto; de maneira que CAMPE o convidou para ir a Braunschweig e lá viver na sua casa como preceptor da sua família (RING, *Ansichten aus Kants // Leben*, p.68). Via de regra, a filosofia universitária trata apenas de casuísmos: o verdadeiro fim desta é fornecer aos estudantes, no mais fundo do seu pensamento, aquela orientação espiritual que o ministério que paga as cátedras considera a mais adequada aos próprios interesses. Do ponto de vista estatal, isto pode ser bastante justo: porém, daí segue-se que tal filosofia de cátedra é um *nervis alienis mobile lignum*[3] e não pode ser considerada séria, mas tão somente uma filosofia de brinquedo. Em todo caso, é razoável que semelhante supervisão, ou condução, estenda-se só à filosofia de cátedra, não à filosofia real, que é séria. Pois, se há uma coisa digna de ser desejada no mundo, tão desejável que até mesmo a turba tosca e grosseira em seus instantes de clareza de consciência iria valorizar mais que prata e ouro; essa coisa é um raio de luz que caia sobre a obscuridade do nosso existir e nos dê um clareamento

---

2 "Divino." (N. T.)
3 "Uma marionete movida por forças alheias." (N. T.)

sobre esta enigmática existência, na qual nada é claro senão a sua miséria e vaidade. Mas supondo-se que isto seja alcançável, será tornado impossível por impostas e forçadas soluções do problema.

Agora, entretanto, queremos submeter a uma consideração geral os diferentes modos de satisfação dessa tão forte necessidade metafísica.

Por METAFÍSICA entendo todo assim chamado conhecimento que vai mais além da possibilidade da experiência, logo, mais além da natureza, ou aparência dada das coisas, para fornecer um clareamento sobre aquilo através do que, em um ou outro sentido, estaríamos condicionados; ou, para falar em termos populares, sobre aquilo que se esconde atrás da natureza e a torna possível. – Porém, a grande diferença originária dos poderes de entendimento, acrescida do exigido muito esforço relacionado ao seu cultivo, cria uma diferença tão grande entre as pessoas, que, assim que um povo sai por si mesmo do estado de rudeza, UMA SÓ metafísica não pode bastar para todos; por isso nos povos civilizados deparamo-nos invariavelmente com dois tipos distintos de metafísica, cujo diferencial é uma ter a sua certificação INTERIOR A SI, a outra EXTERIOR A SI. Como os sistemas metafísicos do primeiro tipo exigem // reflexão, formação, esforço e juízo para o reconhecimento da sua certificação, só podem ser acessíveis a um reduzidíssimo número de pessoas, bem como só podem originar-se e conservar-se num grau expressivo de civilização. Por outro lado, para a grande maioria das pessoas, dotada da capacidade não de pensar, mas só de acreditar, e é receptiva não às razões, mas apenas à autoridade, existem exclusivamente os sistemas do segundo tipo: estes podem, por conseguinte, ser denominados metafísica popular, em analogia com a poesia popular e a sabedoria popular, sob as quais entendem-se os provérbios. Tais sistemas são conhecidos sob o nome de religiões e encontram-se em todos os povos, com exceção dos mais toscos dentre eles. Têm, como eu disse, a sua certificação exterior a si, que como tal chama-se revelação, documentada através de signos e milagres. Os argumentos de tais sistemas são principalmente ameaças com eternos, e também temporais, males, dirigidos contra os incréus e até mesmo contra os que apenas duvidam: *como ultima ratio theologorum*[4] encontramos, em muitos

---

4 "Último argumento dos teólogos." (N. T.)

povos, a fogueira ou coisa parecida. Se procuram uma outra certificação, ou servem-se de outros argumentos; então fazem uma transição para os sistemas do primeiro tipo e podem degenerar num híbrido de ambos; o que traz mais perigo que vantagem. A sua mais firme garantia de uma posse duradoura das cabeças é-lhes assegurada pela inestimável prerrogativa que têm de serem ensinados às CRIANÇAS, com o que os seus dogmas florescem como uma espécie de segundo intelecto inato, igual às ramas enxertadas numa árvore; enquanto os sistemas do primeiro tipo, ao contrário, dirigem-se sempre apenas aos adultos, porém nestes sempre já encontram um sistema do segundo tipo na posse das suas convicções. — Ambos os tipos de metafísica, cuja diferença pode ser brevemente indicada com as expressões "doutrina de persuasão" e "doutrina de fé", têm isto em comum, que cada um dos sistemas a eles pertencentes está em relação hostil com os demais do seu tipo. Entre os sistemas do primeiro tipo, a guerra é conduzida somente com palavras e escritos, entre os do segundo, também com fogo e espada: muitos dos sistemas do segundo tipo devem em parte a sua propagação a esse último tipo de polêmica, e todos foram dividindo pouco a pouco a terra entre si, e em verdade com uma dominação tão brônzea // que os povos se diferenciam e são separados mais segundo eles do que segundo a nacionalidade, ou a forma de governo. Apenas os do SEGUNDO tipo, cada um em seu distrito, são DOMINANTES, já os do primeiro tipo são, quando muito, TOLERADOS e isto apenas porque, devido ao pequeno número dos seus adeptos, não vale a pena combatê-los com fogo e espada; embora, ali onde pareceu necessário, também fogo e espada foram usados com sucesso contra eles: além disso, são encontrados só esporadicamente. Na maioria das vezes, foram tolerados apenas num estado de domesticação e subjugação, na medida em que o sistema do segundo tipo que dominava no país prescrevia-lhes que adaptassem, em maior ou menor medida, as suas doutrinas à própria. Por vezes, foram não apenas subjugados, mas até mesmo feitos servis e usados como cavalo adicional de carruagem; o que é um perigoso experimento, já que aqueles sistemas do primeiro tipo, quando se veem privados do poder, acreditam ter o direito de recorrer à astúcia e sempre portam uma secreta malícia, que às vezes irrompe inesperadamente e causa danos difíceis de reparar. Ademais, a sua periculosidade aumenta pelo fato de, em seu conjunto, as ciências reais, sem excetuar nem mesmo as mais inocentes, serem suas aliadas secretas contra os sistemas do segundo tipo, e, sem se declararem em guerra aberta contra estes, súbita e inesperadamente causam grandes estragos em seu domínio. Ademais, a mencionada subjugação dos sistemas do primeiro tipo aos do segundo com o intento de tornar um sistema, que originariamente tem a sua certificação exterior a si, num que tenha certificação interior a si, é por natureza algo arriscado: pois se fossem capazes de uma tal certificação, não necessitariam de uma exterior a si. E em geral é sempre uma temeridade querer colocar um novo fundamento num edifício já pronto. Como poderia uma religião ainda necessitar do sufrágio de uma filosofia!? A religião já tem tudo ao seu lado: revelação, escrituras, milagres, profecias, proteção do governo, a mais elevada dignidade, como convém à verdade, acordo e respeito de todos, milhares de templos, nos quais ela é anunciada e praticada, uma multidão de sacerdotes por juramento, e, o que é mais que tudo, a inestimável prerrogativa de poder ensinar as suas doutrinas na tenra infância, com o que tais doutrinas tornam-se quase ideias inatas. Com tanta riqueza // de meios, ainda desejar o acordo dos pobres filósofos, ela teria de ser mais gananciosa, ou, para evitar a contradição entre eles, mais temerária do que parece ser compatível com uma boa consciência moral.

À acima estabelecida diferença entre metafísicas do primeiro e do segundo tipo conecta-se ainda esta. Um sistema do primeiro tipo, logo, uma filosofia, tem a pretensão, e por conseguinte a obrigação, em tudo que ela diz de ser verdadeira *sensu stricto et proprio*: pois ela volta-se para o pensamento e a persuasão. Uma religião, ao contrário, destinada à multidão, que, incapaz de exame e pensamento, jamais pode apreender as mais profundas e difíceis verdades *sensu proprio*, tem a obrigação de ser verdadeira apenas *sensu allegorico*. A verdade não pode aparecer nua diante do povo. Um sintoma dessa natureza ALEGÓRICA das religiões são os MISTÉRIOS encontrados talvez em todas elas, a saber, certos dogmas, que jamais podem ser distintamente pensados, muito menos literalmente verdadeiros. Sim, talvez pudesse ser afirmado que algumas plenas inconsistências, alguns reais absurdos, são um ingrediente essencial de uma religião perfeita: pois estes são justamente a estampa da sua natureza ALEGÓRICA e o único modo adequado de tornar SENSÍVEL ao senso comum e ao entendimento rude o que lhe seria inconcebível, a saber, que a religião trata no fundo de uma ordem completamente outra de coisas, a das COISAS EM SI, diante da qual as leis deste mundo aparente, em conformidade com o qual a religião tem de falar, desaparecem, por conseguinte, não meramente os dogmas absurdos, mas também os compreensíveis, são propriamente apenas alegorias e acomodações à capacidade humana de compreensão. Parece-me que foi nesse espírito que Agostinho e até mesmo Lutero filiaram-se aos mistérios do cristianismo, em oposição ao pelagianismo, que a tudo queria reduzir à rasteira compreensibilidade. Desse ponto de vista é também concebível como Tertuliano, sem zombaria, pôde dizer: *Prorsus credibile est, quia ineptum est: — — certum est, quia impossibile*[5] (*De carne Christi*, c. 5). — Essa natureza ALEGÓRICA das religiões isenta-as das demonstrações e em geral dos testes aos quais a filosofia está obrigada: // em lugar disso exigem fé, isto é, uma livre aceitação de que as coisas são assim porque são assim. E, já que a fé conduz a ação, e a alegoria está de tal forma investida que, em relação ao prático, conduz justamente para lá aonde a verdade *sensu proprio* também conduziria, segue-se que a religião promete com justeza, aos que têm fé, a bem-aventurança eterna. Assim vemos que, no principal, e para a grande maioria incapaz de pensar, as religiões ocupam muito bem o lugar da metafísica em geral, cuja necessidade o ser humano sente como imperiosa, a saber, em parte para termos práticos, como estrela guia das suas ações, como estandarte público da retidão e virtude, nos admiráveis termos de KANT; em parte como consolo indispensável nos duros sofrimentos da vida, nos quais as religiões fazem perfeitamente as vezes de uma metafísica objetivamente verdadeira, na medida em que, tão bem quanto esta, elevam o ser humano acima de si mesmo e da existência temporal: nisso mostra-se luminosamente o grande valor das religiões, sim, a sua indispensabilidade. Pois φιλόσοφον πλῆθος ἀδύνατον εἶναι (*vulgus philosophum esse impossibile est*),[6] já o disse Platão e com justeza (*De Rep.*, VI, p.89, bip.). O único pomo da discórdia, contudo, é este, que as religiões jamais devem atrever-se a confessar a sua natureza alegórica, porém hão de afirmar-se como sendo verdadeiramente *sensu proprio*. Com isso fazem uma intervenção no domínio

---

5 "Creio porque é absurdo — — É certo porque é impossível." (N. T.)
6 "É impossível um vulgo filosófico." (N. T.)

da metafísica propriamente dita e despertam nesta última um antagonismo que sempre se exprimiu em todas as épocas em que a metafísica não foi agrilhoada. — Devido ao desconhecimento da natureza alegórica de toda religião é que partidários do sobrenatural e racionalistas enredam-se hoje em dia em incessantes disputas. A saber, ambos querem que o cristianismo seja verdadeiro *sensu proprio*: nesse sentido, os primeiros querem afirmá-lo sem reservas, por assim dizer em carne e osso; razão pela qual mantêm um difícil posicionamento em face dos conhecimentos e da formação geral da época. Os outros, por sua vez, procuram fazer a exegese de tudo o que é caracteristicamente cristão; com o que retêm algo que não é verdade nem *sensu proprio* nem *sensu allegorico*, mas antes uma simples trivialidade, quase só judaísmo, ou no máximo raso pelagianismo, e, o que é pior, infame otimismo, // que é absolutamente estranho ao verdadeiro cristianismo. Ademais, a tentativa de fundar uma religião a partir da razão coloca a religião na outra classe de metafísica, naquela em que a certificação é INTERIOR A SI MESMA, logo, coloca-a num solo estrangeiro, o dos sistemas filosóficos, conseguintemente na luta que estes, em sua própria arena, travam entre si, por consequência, sob a artilharia do ceticismo e o canhão pesado da *Crítica da razão pura*: querer aventurar-se aqui seria para a religião manifesta presunção.

O mais benéfico para os dois tipos de metafísica seria que permanecessem nitidamente separados um do outro e se mantivessem no seu domínio específico, para assim poderem desenvolver plenamente a sua própria natureza. Em vez disso, durante toda a era cristã fez-se o esforço para conseguir uma fusão entre os dois tipos, transmitindo os dogmas e conceitos de um para o outro, com o que ambos são arruinados. Da forma mais descarada, isto ocorreu nos nossos dias com aquele estranho hermafrodita ou centauro, a assim chamada filosofia da religião, que, como uma espécie de *gnosis*, esforça-se para interpretar a religião dada e explanar o verdadeiro *sensu allegorico* através de um verdadeiro *sensu proprio*. Só que, para isso, ter-se-ia de já conhecer e possuir a verdade *sensu proprio*: mas então aquela interpretação seria supérflua. Pois querer encontrar a metafísica, isto é, a verdade *sensu proprio*, simplesmente a partir da religião, através de interpretação e explanação, seria uma empresa precária e perigosa, para cuja realização alguém somente poderia decidir-se se fosse coisa estabelecida que a verdade, igual ao ferro e aos outros metais que não são nobres, só poderia apresentar-se em estado mineral e não em estado puro, portanto, apenas poder-se-ia consegui-la por redução do minério. —

Religiões são necessárias para o povo, e são-lhes um inestimável benefício. Todavia, se elas querem opor-se ao progresso da humanidade no conhecimento da verdade, então com o máximo de clemência possível elas têm de ser empurradas para o lado. E exigir que até mesmo um grande espírito — um Shakespeare, um Goethe — abrace com convicção própria os dogmas de alguma religião *implicite, bona fide et sensu proprio*,[7] // é como exigir que um gigante calce os sapatos de um anão.

Religiões, na medida em que são calculadas para a capacidade de compreensão da grande massa, só podem ter uma verdade mediata, não uma imediata: exigir delas uma verdade imediata é como querer ler os caracteres ajustados sobre a placa tipográfica, em vez de ler a folha imprimida. O valor de uma religião dependerá, portanto, do maior ou menor conteúdo verdadeiro que ela, sob o véu da alegoria, porta em si, em seguida da maior ou menor distinção com a qual aquele conteúdo pode ser visto através desse véu, logo da transparência desse véu. Quase parece que, assim como as mais antigas línguas são as mais perfeitas, o mesmo se dá com as mais antigas religiões. Se eu quisesse tomar os resultados da minha filosofia como critério de verdade, então teria de conceder ao buddhismo a proeminência sobre as demais religiões. Em todo caso, tenho de alegrar-me ao ver a minha doutrina em tão grande concordância com uma religião que é majoritária sobre a terra; pois conta com muito mais fiéis que qualquer outra. Essa concordância tem de ser-me tanto mais gratificante, quanto eu, em meu filosofar, decerto não estive sob o seu influxo. Pois até 1818, quando o primeiro tomo da minha obra principal foi publicado, podia-se encontrar na Europa apenas escassas, imperfeitas e lacunosas notícias sobre o buddhismo, as quais na sua grande maioria reduziam-se a alguns artigos nos primeiros volumes das *Asiatic Researches* e referiam-se principalmente ao buddhismo dos birmaneses. Só desde então é que de maneira gradual nos chegaram informações mais completas sobre essa religião, sobretudo

---

7 "Implicitamente, de boa-fé e em sentido próprio." (N. T.)

através dos profundos e instrutivos tratados do meritório acadêmico de São Petersburgo, J. J. Schmidt, nas memórias de sua academia, bem como paulatinamente através de diversos eruditos ingleses e franceses, de modo que pude oferecer uma amostragem bastante rica dos melhores escritos sobre essa doutrina de fé no meu escrito *Sobre a vontade na natureza*, sob a rubrica "Sinologia". – Infelizmente, Csoma Körösi, esse persistente húngaro, que, para estudar a língua e os escritos sagrados do buddhismo, passou vários anos no Tibete e especialmente nos mosteiros buddhistas, // acabou de ser ceifado pela morte, justamente quando começava a concluir os resultados das suas investigações. Entrementes, não posso negar a alegria, com a qual leio, em seus apontamentos provisórios, muitas passagens retiradas imediatamente de Kangyur, por exemplo, a seguinte conversa de Buddha na hora da morte com Brahmā, que veio lhe render homenagem: *There is a description of their conversation on the subject of creation, – by whom was the world made. Shakya asks several questions of Brahma, – whether was it he, who made or produced such and such things, and endowed or blessed them with such and such virtues or properties, – whether was it he who caused the several revolutions in the destruction and regeneration of the world. He denies that he had ever done anything to that effect. At last he himself asks Shakya how the world was made, – by whom? Here are attributed all changes in the world to the moral works of the animal beings, and it is stated that in the world all is illusion, there is no reality in the things; all is empty. Brahma being instructed in his doctrine, becomes his follower*[8] (*Asiatic Researches*, v.20, p.434).

---

8 "Há uma descrição da sua conversa sobre o tema da criação, – por quem foi feito o mundo. Buddha coloca várias questões a Brahmā, – se foi ele quem fez ou produziu tais e tais coisas, e as dotou ou abençoou com tais e tais propriedades, – se foi ele quem causou as muitas revoluções para a destruição e regeneração do mundo. Brahmā nega que alguma vez tenha feito algo que provocasse tal efeito. Por fim Brahmā mesmo pergunta a Buddha o modo como o mundo foi feito, – por quem? Aqui são atribuídas todas as mudanças no mundo às obras morais dos seres animais, e é dito que no mundo tudo é ilusão, não há realidade alguma nas coisas; tudo é vaidade. Brahmā tendo sido instruído na doutrina de Buddha, torna-se seu discípulo." [Trad. de Schopenhauer para o alemão: *Es findet sich eine Beschreibung ihrer Unterredung, deren Gegenstand die Schöpfung ist, – durch wen die Welt hervorgebracht sei? Buddha richtet mehrere Fragen an Brahma: ob er es gewesen, der dies oder jenes Ding gemacht, oder hervorgebracht, und es mit dieser oder jener Eigenschaft begabt habe? ob er es gewesen, der die verschiedenen Umwälzungen zur Zerstörung und Wiederherstellung der Welt*

O mundo como vontade e como representação

Eu não posso, como geralmente é feito, estabelecer a DIFERENÇA FUNDAMENTAL entre todas as religiões pelo fato de serem ou monoteístas, politeístas, panteístas ou ateístas; mas apenas pelo fato de serem otimistas ou pessimistas, isto é, se expõem a existência deste mundo como justificada por si mesma, portanto, a louvam e celebram, ou a consideram como algo que // só pode ser concebido como a sequência da nossa culpa e, por conseguinte, em verdade não deveria ser, na medida em que reconhecem que dor e morte não podem jazer na ordem eterna, originária e imutável das coisas, não podem jazer naquilo que deve ser em todos os sentidos. A força com a qual o cristianismo pôde superar primeiro o judaísmo e depois o paganismo grego e romano encontra-se exclusivamente no seu pessimismo, na confissão de que a nossa condição é sumamente miserável e ao mesmo tempo pecaminosa, enquanto o judaísmo e o paganismo eram otimistas. Aquela verdade profunda e por todos dolorosamente sentida abriu caminho e teve como consequência a necessidade de redenção. —

Volto-me agora para a consideração geral do outro tipo de metafísica, logo, aquele que tem a sua certificação interior a si e é denominado FILOSOFIA. Recordo a acima mencionada origem da filosofia a partir de um ESPANTO sobre o mundo e sobre a nossa própria existência, na medida em que estes se impõem como um enigma ao intelecto, cuja decifração ocupa incessantemente a humanidade. Aqui quero em primeiro lugar chamar a atenção para o fato de que isso não poderia ser assim se o mundo fosse uma "SUBSTÂNCIA ABSOLUTA" em sentido espinosano, algo em nossos dias tão repetidamente reproduzido como panteísmo sob modernas formas e exposições, portanto, fosse um ser ESTRITAMENTE NECESSÁRIO. Pois isto quer dizer que ela existe com uma tão grande necessidade, que ao lado dela qualquer outra necessidade, concebida como tal pelo nosso entendimento, teria de aparecer como uma contingência: em verdade, aquela substância seria uma

---

verursacht habe? — Brahma leugnet, daß er jemals irgend etwas dergleichen gethan habe. Endlich fragt er selbst den Buddha, wie die Welt hervorgebracht sei, — durch wen? Nun werden alle Veränderungen der Welt den moralischen Werken animalischer Wesen zugeschrieben, und wird gesagt, daß Alles in der Welt bloße Illusion sei, keine Realität in den Dingen, Alles leer. Der also in Buddha's Lehre unterrichtete Brahma wird sein Anhänger.] (N. T.)

coisa que conteria em si não apenas todo real, mas também toda existência possível e de uma tal forma que, como Espinosa indica, a possibilidade e realidade desa existência seriam uma única e mesma coisa, portanto, o seu não-ser seria a impossibilidade mesma, logo, algo cujo não-ser, ou ser-de-outro-modo, teria de ser totalmente impensável, portanto, algo que não se pode abstrair, tanto quanto, por exemplo, não se pode abstrair o espaço ou o tempo. Ademais, na medida em que nós mesmos fôssemos partes, modos, atributos ou acidentes daquela substância absoluta, que seria a única que em algum sentido poderia existir em algum tempo e lugar; então as nossas existências, junto com a sua índole, // muito longe de exporem-se a nós como surpreendentes, problemáticas, sim, como enigma insondável e sempre inquietante, ao contrário, entender-se-iam mais evidentemente por si mesmas que 2 vezes 2 é quatro. Pois teríamos necessariamente de ser incapazes de pensar outra coisa senão que o mundo é, e assim é, como é: portanto, necessariamente não teríamos consciência da sua existência COMO TAL, isto é, como um problema para a reflexão, como não temos sensação do movimento inacreditavelmente rápido do nosso planeta.

Mas de maneira alguma as coisas são assim. Apenas para os animais desprovidos de pensamento é que o mundo e a existência parecem entender-se por si mesmos: para o ser humano, ao contrário, o mundo e a existência são um problema, do qual até mesmo o indivíduo mais tosco e limitado, em alguns instantes lúcidos, torna-se vividamente consciente, problema porém que surge de forma mais distinta e persistente na consciência de alguém, quanto mais límpida e clara é a consciência e quanto mais estofo para o pensamento ela reuniu através da formação, até que, por fim, nas cabeças aptas para o filosofar, tudo isso chega ao platônico θαυμάζειν, μάλα φιλοσοφιχὸν πάθος (*mirari, valde philosophicus affectus*),[9] a saber, aquele ESPANTO que compreende em toda a sua magnitude o problema que ocupa incessantemente a parte nobre da humanidade em todos os tempos e países sem dar-lhe trégua. De fato, é a inquietude que mantém sempre em movimento o relógio que nunca para da metafísica, a consciência de que a inexistência deste mundo é perfeitamente tão possível quanto a sua existência. Por isso

---

9 "O espanto, afeto deveras filosófico." (N. T.)

é deturpada a visão espinosana do mundo como um ser absolutamente necessário, isto é, como algo que, estritamente e em todo sentido, teria de e deveria ser. Até mesmo o simples teísmo começa silenciosamente em sua prova cosmológica inferindo a partir da existência do mundo a sua inexistência anterior: portanto, assume previamente que o mundo é algo contingente. Sim, mais ainda, de imediato concebemos o mundo como algo, cuja inexistência é não apenas pensável, porém seria até mesmo preferível à sua existência; por isso nosso espanto sobre ele facilmente converte-se numa cisma sobre aquela FATALIDADE, que não obstante pôde produzir a sua existência, e que faz com que uma força tão intensa quanto a exigida para a criação e manutenção de um semelhante mundo pôde se voltar // contra os seus próprios interesses. O espanto filosófico é, portanto, no fundo, consternado e aflito: a filosofia, como na abertura de *Don Juan*, começa com um acorde menor. Disso se segue que ela não pode ser nem espinosismo, nem otimismo. – A recém-mencionada índole mais específica do espanto, que impulsiona ao filosofar, nasce manifestamente da visão DO MAL E DO MAU[10] no mundo, os quais, mesmo se estivessem em proporção justa um com o outro, sim, até se fossem amplamente sobrepujados pelo bom, são não obstante algo que absoluta e universalmente não deveriam existir. Ora, porque nada pode vir do nada, então o mal e o mau hão de ter o seu gérmen na origem, ou no núcleo do mundo mesmo. Admitir isso é-nos difícil, quando vemos a grandeza, ordem e perfeição do mundo físico, na medida em que pensamos que quem teve o poder para produzir um tal mundo, também o teve para poder evitar o mal e o mau. É fácil conceber que essa suposição (cuja expressão mais correta é Ormuzd e Ahriman) é bem mais difícil para o teísmo. É, antes de tudo, para remover o MAU que foi inventada a liberdade da vontade: esta, no entanto, é apenas um truque para fazer algo a partir de nada; na medida em que ela assume um *operari* produzido a partir de nenhum *esse*[11] (ver *Os dois problemas fundamentais da ética*, p.58 et seq.). Logo, foi feita a tentativa de desfazer-se do MAL, imputando-o à matéria, ou a uma necessi-

---

10 No original, *des Übels und des Bösen*. *Übel* é padecimento, logo, mal no sentido, por assim dizer, físico, médico; já *Böse* é mau no sentido moral. (N. T.)

11 "Ação de fazer algo", "ser". (N. T.)

dade inevitável; com o que de mau grado o diabo foi deixado de fora, que é propriamente falando o correto *expediens ad hoc*.[12] Ao mal pertence também a MORTE: o MAU, entretanto, é meramente o transferir-de-si-para-um-outro do mal do momento. Logo, como disse acima, o mau, o mal e a morte são o que qualificam e elevam ao espanto filosófico: não simplesmente que o mundo exista, mas antes que este seja tão sombrio, eis o *punctum pruriens*[13] da metafísica, o problema que coloca a humanidade numa inquietude que não pode ser aliviada nem por ceticismo nem por criticismo.

Ocupada com a explicação das aparências no mundo encontramos também a FÍSICA (no sentido amplo do termo). // Mas já na natureza mesma das suas explicações inclui-se que elas não podem ser suficientes. Em realidade, a FÍSICA não consegue sustentar-se com os próprios pés, mas precisa de uma METAFÍSICA para apoiar-se; por mais que se vanglorie diante desta. Pois a física explica as aparências através de algo ainda mais desconhecido que estas mesmas: explica-as através de leis naturais, baseadas em forças naturais, às quais também pertence a força vital. É certo que todo o presente estado das coisas no mundo, ou na natureza, tem necessariamente de ser explicável a partir de puras causas físicas. Mas uma tal explicação, supondo-se que de fato se vá tão longe ao ponto de ela poder ser fornecida, — tem de com a mesma necessidade sofrer com duas imperfeições essenciais (por assim dizer, com dois pontos fracos, ou com o calcanhar vulnerável de Aquiles, ou com o pé de equino do diabo), em virtude das quais tudo o que é assim explicado ainda permanece em verdade inexplicável. A primeira imperfeição é esta, que o COMEÇO da cadeia de causas e efeitos que tudo explica, isto é, as mudanças conectadas, NUNCA pode ser alcançado, porém, justamente como os limites do mundo no espaço e tempo, essa cadeia retrocede sem cessar e ao infinito; a segunda imperfeição é que todas as causas que fazem efeito, a partir das quais tudo se explica, baseiam-se sempre sobre algo completamente inexplicável, a saber, sobre as QUALIDADES originárias das coisas e sobre as FORÇAS NATURAIS que nestas se manifestam, devido às quais aquelas fazem efeito de uma maneira determinada, por exemplo,

---

12 "Expediente para este fim." (N. T.)
13 "Ponto incômodo." (N. T.)

gravidade, dureza, choque, elasticidade, calor, eletricidade, forças químicas, e assim por diante, as quais em cada explicação dada permanecem como se fossem uma quantidade desconhecida e impossível de ser eliminada numa equação algébrica que, se não fosse essa quantidade, seria perfeitamente solucionada; de modo que não há sequer um ínfimo fragmento de barro que não esteja composto de qualidades completamente inexplicáveis. Logo, esses dois defeitos inevitáveis de cada explicação puramente fisicalista ou causal mostram que uma tal explicação só pode ser RELATIVA e que todo o método e tipo desta não são os únicos, não são os últimos, logo não são os suficientes, isto é, não são aqueles que em definitivo conseguiriam conduzir à satisfatória solução do difícil enigma das coisas e à verdadeira compreensão do mundo e da existência; porém mostram que a explicação FÍSICA, // em geral e enquanto tal, ainda precisa de uma explicação METAFÍSICA que forneça a chave para todos os seus pressupostos, mas que precisamente por isto teria de percorrer um caminho totalmente diferente. O primeiro passo para isso é ter clara consciência da diferença entre as duas explicações, e mantê-la firmemente, portanto, a diferença entre FÍSICA e METAFÍSICA. Tal diferença baseia-se na distinção kantiana entre APARÊNCIA e COISA EM SI. Justamente porque KANT tomou a última como estritamente incognoscível, não haveria, segundo ele, nenhuma METAFÍSICA, porém mero conhecimento imanente, isto é, mera FÍSICA, que sempre só pode falar de aparências, e, junto com a física, uma crítica à razão que tem por objeto a aspiração desta última à metafísica. Aqui, para demonstrar o verdadeiro ponto de ancoragem de minha filosofia kantiana, quero, e já antecipando o segundo livro de suplementos, destacar que KANT, em sua bela explicação da coexistência da liberdade com a necessidade (*Crítica da razão pura*, primeira edição, p.532-554, e *Crítica da razão prática*, p.224-231, da edição Rosenkranz), expõe como uma única e mesma ação pode ser perfeitamente explicada, de um lado, como necessariamente nascendo do caráter da pessoa, da influência que ela sofreu no decurso de vida e dos motivos que agora se lhe apresentam, de outro, entretanto, tem de ser vista como a obra de sua vontade livre: e no mesmo sentido ele diz, § 53 dos PROLEGÔMENOS: "É certo que a necessidade natural é inerente a cada conexão de causa e efeito no mundo sensível, de outro lado, entretanto, pode-se conceder a liberdade àquela causa que em si mesma não é aparência alguma (embora esteja no fundamento da aparência), logo, natureza e liberdade podem ser atribuídas sem contradição à mesma coisa, mas numa relação diversa, uma vez como aparência, a outra vez como uma coisa em si mesma". O que então KANT ensina da aparência da pessoa e sua ação, isso a minha doutrina estende a TODAS as aparências na natureza, na medida em que põe a VONTADE como coisa em si no fundo das mesmas. O meu procedimento justifica-se antes de tudo pelo fato de não poder ser admitido que o ser humano é especificamente, *toto genere* e desde o fundo, diferente dos demais seres e das demais coisas na natureza, mas só no grau. // — Dessa digressão antecipadora volto à nossa consideração da incapacidade da física para dar a última explicação das coisas. — Eu, portanto, digo: fisicamente, é claro que tudo, mas também nada é explicável. Como para o movimento das bolas que se chocam, também para o pensamento do cérebro tem de ser possível, por fim, uma explicação física em si, que torna o pensamento tão concebível quanto é o movimento. Mas justamente o movimento, que imaginamos compreender tão perfeitamente, é no fundo tão obscuro quanto o pensamento: pois o tipo de coisa que é a essência íntima da expansão no espaço, da impenetrabilidade, motricidade, da dureza, elasticidade e gravidade, — é algo que permanece, após todas as explicações físicas, um mistério, tanto quanto o pensamento. Porque, entretanto, neste o inexplicável emerge na sua maior imediatez, fez-se aqui de súbito um salto da física na metafísica e hispotasiou-se uma substância de tipo completamente diferente de tudo o que é corpóreo, — instalando-se uma alma no cérebro. Mas se não se tivesse sido tão obtuso, para poder ser capaz de impressionar-se apenas pela aparência mais marcante; então ter-se-ia de explicar a digestão, por uma alma no estômago, a vegetação, por uma alma nas plantas, a afinidade eletiva, por uma alma nos reagentes, sim, a queda de uma pedra, por uma alma nesta. Pois a qualidade de cada corpo inorgânico é exatamente tão plena de mistério quanto a vida nos viventes: por isso, da mesma forma, a explicação física esbarra em toda parte em algo metafísico, através do qual ela é anulada, isto é, cessa de ser explicação. Em sentido estrito, pode-se afirmar que qualquer ciência da natureza, no fundo, nada a mais fornece do que aquilo que fornece a botânica: a saber, reunir e classificar o que é homogêneo. — Uma física que sustentasse que suas explicações das coisas, — a partir de causas para o particular e a partir de forças para o geral, — fosse efetivamente suficiente e assim exaurisse a essência do mundo, eis o que seria o NATURALISMO propriamente dito. De Leucipo, Demócrito e Epicuro, passando pelo *Système de la nature*, até Lamarck, Cabanis e o materialismo requentado dos nossos dias, podemos passar em revista a tentativa renovada de estabelecer uma FÍSICA SEM METAFÍSICA, // isto é, uma teoria, que transformaria a aparência em coisa em si. Mas todas a suas explicações procuram esconder do próprio explicador e dos outros que a coisa principal já está dada como pressuposta. Esforçam-se por mostrar que todos os fenômenos, também os espirituais, são físicos: e com razão; apenas passa-lhes despercebido que todo físico é, por outro lado, simultaneamente metafísico. Sem KANT é difícil de entender isso; já que isso pressupõe a distinção entre aparência e coisa em si. Não obstante, mesmo sem essa distinção, ARISTÓTELES, por mais que fosse inclinado para a empiria e se mantivesse alijado da hiperfísica platônica, permaneceu livre daquela limitada visão; ele diz: Εἰ μὲν οὖν μή ἐστί τις ἑτέρα οὐσία παρὰ τὰς φύσει συνεστηχυίας, ἡ φυσιχὴ ἂν εἴη πρώτη ἐπιστήμη. εἰ δέ ἐστί τις οὐσία ἀχίνητος, αὕτη προτέρα χαὶ φιλοσοφία πρώτη, χαὶ χαθόλου οὕτως, ὅτι πρώτη· χαὶ περὶ τοῦ ὄντος ᾗ ὄν, ταύτης ἂν εἴη θεωρῆσαι (*Si igitur non est aliqua alia substantia, praeter eas, quae natura consistunt, physica profecto prima scientia esset: quodsi autem est aliqua substantia immobilis, haec prior et philosophia prima, et universalis sic, quod prima; et de ente, prout ens est, speculari hujus est*) Metaph., V, 1.[14] Uma semelhante FÍSICA ABSOLUTA, como eu descrevi acima, que não deixaria espaço para METAFÍSICA alguma, transformaria a *natura naturata* em *natura naturans*:[15] seria a física sentada no trono da metafísica, assumiria, todavia, nessa elevada posição, a teatral aparência do inábil político de Holberg que foi nomeado prefeito. Inclusive, atrás da acusação de ateísmo, em si mesma insossa e na maioria das vezes maliciosa, encontra-se, como sua significação íntima e verdade

---

14 "Pois se não há nenhuma outra substância exceto aquelas constituídas pela natureza, a física é a ciência primeira; mas se há alguma substância imóvel, a ciência dessa substância deve ser anterior e deve ser a filosofia primeira, que é assim dessa forma universal precisamente porque é primeira; a esta caberá investigar o ente enquanto ente." (N. T.)

15 "Natureza naturada (criada)", "natureza naturante (que cria)". (N. T.)

que lhe confere força, o obscuro conceito de uma semelhante física absoluta sem metafísica. Decerto essa física sem metafísica teria de ser destrutiva para a ética, e, se foi erroneamente que se considerou que o teísmo não era separável da moralidade, isto em certa medida vale para uma METAFÍSICA EM GERAL, isto é, o reconhecimento de que a ordem da natureza não é a única e absoluta ordem das coisas. Por isso, como o *credo* necessário de todos os justos e bons, pode-se estabelecer este: "eu acredito em uma metafísica". Nesse sentido, é importante e necessário convencer-se // da insustentabilidade de uma FÍSICA ABSOLUTA; e tanto mais, quanto esta, o verdadeiro NATURALISMO, é uma visão que se impõe renovadamente e por si mesma ao ser humano e só pode ser anulada através de mais profunda especulação, a cuja sub-rogação, nesse sentido, certamente também servem todos os sistemas e todas as doutrinas de fé, na medida e pelo tempo em que são tomados como válidos. Que, entretanto, uma visão fundamentalmente errada imponha-se por si mesma ao ser humano e só se a pode erradicar artificialmente, explica-se pelo fato de o intelecto não estar originariamente destinado a instruir-nos sobre a essência das coisas, porém apenas a mostrar-nos as relações delas em referência à nossa vontade: ele é, como encontraremos no segundo livro, meramente o médium dos motivos. Ora, se o mundo esquematiza-se no intelecto de forma a expor uma ordem das coisas completamente distinta da estritamente verdadeira, porque justamente o intelecto não nos mostra o núcleo, mas apenas a casca exterior do mundo, isto acontece *accidentaliter*[16] e não pode ser motivo de repreenda ao intelecto; e tanto menos, quanto este encontra de novo em si mesmo os meios para corrigir aquele erro, na medida em que chega à distinção entre aparência e essência em si das coisas, distinção esta que, no fundo, existia em todos os tempos, só que na maioria das vezes era trazida de maneira bastante imperfeita à consciência e, assim, inadequadamente expressada, inclusive amiúde trajando excêntricas vestimentas. Já os místicos cristãos, por exemplo, ao denominar o intelecto LUZ DA NATUREZA, consideram-no incapaz de apreender a verdadeira essência das coisas. O intelecto é uma espécie de mera força superficial, como a eletricidade, e não penetra no interior dos seres.

---

16 "Acidentalmente." (N. T.)

A insuficiência do puro naturalismo, como eu disse, aparece em primeiro lugar pela via empírica mesmo, no fato de que qualquer explicação fisicalista explica o particular a partir da sua causa, porém a cadeia dessas causas, como o sabemos *a priori*, portanto com total certeza, recua ao infinito de tal modo que nenhuma causa pode ser a primeira. Em seguida, no entanto, a eficácia de cada causa é remetida a uma lei natural, e esta, por fim, a uma força natural, que então deve permanecer como o estritamente inexplicável. Esse inexplicável, contudo, ao qual são reconduzidas todas as aparências deste mundo, tão claramente dadas e // tão naturalmente explicáveis, desde as mais elevadas até as mais baixas, aponta justamente que qualquer explicação desse tipo é apenas condicional, por assim dizer, apenas *ex concessis*,[17] e de modo algum a verdadeira e suficiente; por isso eu disse acima que fisicamente é claro que tudo, mas nada é explicável. Aquele estritamente inexplicável que atravessa todas as aparências, e que é mais notável nas mais elevadas, por exemplo, na procriação, faz-se todavia presente também nas mais baixas, por exemplo, nas mecânicas, e aponta para uma ordem de coisas completamente outra subjazendo à ordem física das coisas, ordem outra que é justamente a que Kant denomina ordem das coisas em si e que constitui o alvo da metafísica. — Em segundo lugar, entretanto, a incapacidade do puro naturalismo faz-se evidente a partir daquela verdade filosófica fundamental que consideramos em detalhes na primeira metade deste livro e que também é o tema da *Crítica da razão pura*: a saber, que todo OBJETO, tanto segundo a sua existência objetiva em geral, quanto segundo a maneira (formalmente falando) dessa existência, é totalmente condicionado pelo SUJEITO que conhece, portanto, é mera aparência, não coisa em si; igualmente é abordado e explanado em § 7 do primeiro tomo que nada pode ser mais torpe que, à maneira de todos os materialistas, tomar sem mais nem menos o que é objetivo como estritamente dado, para dele tudo deduzir, sem consideração alguma pelo que é subjetivo, por intermédio do qual, sim, exclusivamente no qual, o objetivo existe. Amostras desse procedimento são-nos fornecidas prontamente pelo materialismo tão em moda nos nossos dias e que precisamente por isso tornou-se uma filosofia de aprendizes de barbeiros e de

---

[17] "Por concessão." (N. T.)

farmacêuticos. Para o materialismo, em sua inocência, a matéria, tomada sem hesitação como absolutamente real, é a coisa em si, e a força de choque é a única capacidade de uma coisa em si, pois todas as demais qualidades só podem ser aparências da matéria.

 Assim, o naturalismo, ou o modo puramente fisicalista de explicação, jamais será suficiente: assemelha-se a um exercício de cálculo insolúvel na aritmética. Cadeia causal sem começo nem fim, forças fundamentais insondáveis, espaço infinito, tempo sem começo, divisibilidade sem fim da matéria, e tudo isso ainda condicionado por um cérebro que conhece, // unicamente no qual existem, justamente como o sonho, e sem o qual desapareçam, – tudo isso constitui o labirinto no qual o naturalismo nos faz dar voltas incessantemente. A altura que nos nossos dias as ciências da natureza escalaram coloca, nesse sentido, todos os séculos precedentes em densa sombra e é um cume que a humanidade alcançou pela primeira vez. Porém, por mais progresso que a FÍSICA (entendida no sentido amplo dos antigos) possa fazer; com ele não se terá dado o menor passo para a METAFÍSICA; tão pouco quanto uma superfície jamais adquire conteúdo cúbico por mais vasta que seja a sua ampliação. Pois semelhante progresso sempre complementará apenas o conhecimento da APARÊNCIA; enquanto a METAFÍSICA procura perpassar a aparência mesma, até aquilo que aparece. E mesmo se tivéssemos toda a experiência em mãos; através disso nada no principal seria melhorado. Sim, mesmo se alguém explorasse todos os planetas de todas as estrelas fixas; com isso ainda não teria dado um passo sequer na METAFÍSICA. Antes, os maiores progressos da FÍSICA tornam sempre mais sensível a necessidade de uma METAFÍSICA; justamente porque, de um lado, o corrigido, ampliado e mais fundamentado conhecimento da natureza sempre mina e por fim invalida as suposições metafísicas até então válidas, de outro, apresenta de um modo mais distinto, correto e completo o problema da metafísica mesma, separando-o nitidamente de tudo o que é meramente físico, e, ademais, o conhecimento mais completo e preciso do ser das coisas individuais exige com mais urgência a explicação do todo e universal que, quanto mais correta, fundamental e completamente é conhecido pela experiência, tanto mais enigmático expõe-se. É claro que o simples investigador da natureza, isolado num ramo especial da física, não terá uma imediata e distinta consciência de tudo isso: antes, dorme confortavelmente com as suas empregadas escolhidas na casa de Ulisses, afastando de si qualquer pensamento em Penélope (cf. final do cap. 12). Por isso vemos hoje em dia a CASCA DA NATUREZA ser investigada com a maior exatidão, os intestinos dos vermes intestinais e os parasitas dos parasitas serem conhecidos em detalhe: se alguém surge, como por exemplo eu, e fala do NÚCLEO DA NATUREZA; então ninguém o ouve, pensam que isso nada tem a ver com o assunto e // retiram-se esquadrinhando a sua casca. É-se tentado a denominar tais investigadores excessivamente microscópicos e micrológicos da natureza "os bisbilhoteiros da natureza". Mas aqueles que acham que crisol e retorta são a verdadeira e única fonte da sabedoria, estão à sua maneira tão equivocados quanto o estiveram seus antípodas, os escolásticos. Pois, assim como estes, enredados em seus conceitos abstratos, lutavam com eles sem nada conhecer ou investigar alguma outra coisa de exterior a eles; assim também aqueles investigadores, enredados em sua empiria, nada deixam valer senão o que os seus olhos veem, e acham que assim atingem o fundamento último das coisas, sem desconfiar que entre a aparência e aquilo que nesta se manifesta, a coisa em si, existe um profundo abismo, uma diferença radical, que só pode ser esclarecida através do conhecimento e da determinação precisa do elemento subjetivo da aparência, e através da intelecção de que a informação final e mais importante sobre a essência das coisas só pode ser haurida da consciência de si; — sem tudo isso não se pode avançar um passo sequer em relação àquilo que é imediatamente dado aos sentidos, logo, não se vai além do problema. — Por outro lado, deve-se observar que a APRESENTAÇÃO A MAIS CORRETA POSSÍVEL DO PROBLEMA da metafísica passa por um conhecimento o mais completo possível da natureza, por conseguinte, ninguém deve aventurar-se na metafísica sem antes ter previamente adquirido um conhecimento de todos os ramos das ciências da natureza, mesmo que seja um conhecimento apenas geral, porém fundamentado, claro e coerente. Pois o problema tem de preceder a solução. Em seguida, entretanto, a mirada do investigador tem de voltar-se para dentro: pois os fenômenos intelectuais e éticos são mais importantes que os físicos, na mesma medida em que, por exemplo, o magnetismo animal é um aparecimento incomparavelmente mais importante que o aparecimento mineral. Os últimos mistérios fundamentais são portados pelo ser humano em seu interior, e este é-lhe acessível do modo mais imediato; por isso só aqui tem a esperança de encontrar a chave para o enigma do mundo e captar em um fio condutor a essência de todas as coisas. O domínio mais próprio da METAFÍSICA reside portanto naquilo que se denominou filosofia do espírito. //

> *Du führst die Reihen der Lebendigen*
> *Vor mir vorbei, und lehrst mich meine Brüder*
> *Im stillen Busch, in Luft und Wasser kennen:*
> ― ― ― ― ― ― ― ― ― ― ― ―
> *Dann führst Du mich zur sichern Höhle, zeigst*
> *Mich dann mir selbst, und meiner eignen Brust*
> *Geheime tiefe Wunder öffnen sich.*[18]

Por fim, naquilo que concerne à ORIGEM, OU O FUNDAMENTO do conhecimento metafísico, já me posicionei claramente antes contra aquela pressuposição, também repetida por KANT, de que ele tem de residir em MEROS CONCEITOS. Conceitos não podem ser a primeira coisa em conhecimento algum: pois sempre são extraídos de alguma intuição. O que, entretanto, deve ter conduzido àquela suposição foi provavelmente o exemplo da matemática. Esta pode, como ocorre especialmente na álgebra, trigonometria, análise, abandonar por completo a intuição e operar com meros conceitos abstratos, sim, representados apenas por símbolos em vez de palavras e de fato chegar a resultados totalmente seguros, e no entanto tão distantes que, se ficasse no solo firme da intuição, jamais teria chegado a eles. Só que a possibilidade de tudo isso baseia-se, como KANT mostrou à exaustão, no fato de que os conceitos da matemática são extraídos das intuições mais seguras e determinadas de todas, a saber, das relações de grandeza *a priori*, e todavia conhecidas intuitivamente, por conseguinte, podem sempre ser

---

18 "Tu conduzes diante de mim a série dos viventes,/ E me instruis a reconhecer os meus irmãos/ Nos tranquilos arbustos, nos ares e nas águas./ [― ― ―] Tu me conduzes então para as indevassáveis cavernas, e me mostras/ A mim mesmo, e no meu próprio peito/ A revelação dos mistérios das maravilhas secretas. (N. T.)

de novo realizados e controlados por essas relações, seja aritmeticamente, por intermédio da realização de cálculos meramente indicados por aqueles símbolos, ou geometricamente, por intermédio da assim chamada construção de conceitos indicada por KANT. Essa vantagem, por outro lado, não cabe aos conceitos a partir dos quais achou-se que se podia construir a metafísica, conceitos como, por exemplo, essência, ser, substância, perfeição, necessidade, realidade, finito, infinito, absoluto, fundamento, e assim por diante. Pois tais conceitos de modo algum são originários, como caídos do céu, ou inatos; porém, como todos os conceitos, são extraídos de intuições, e, como não contêm, como os conceitos matemáticos, o meramente formal da intuição, porém algo mais; então em sua base há intuições empíricas: logo, deles não se pode haurir nada que já não estivesse contido na intuição empírica, // isto é, que não fosse matéria da experiência e não fosse recebido desta – já que aqueles conceitos são abstrações muito amplas – de modo muito mais seguro e em primeira mão. Pois de conceitos não se pode haurir mais do que aquilo contido nas intuições das quais são extraídos. Caso se queira puros conceitos, isto é, conceitos que não têm origem empírica alguma; então estes só podem ser os que dizem respeito ao espaço e tempo, isto é, a parte puramente formal da intuição, conseguintemente, só os conceitos matemáticos, e quando muito o conceito de causalidade, que, é verdade, não tem sua origem na experiência, porém decerto apenas por intermédio da experiência (primeiro na intuição dos sentidos) surge na consciência; por consequência, se decerto a experiência só é possível através dele, também é certo que apenas no domínio desta ele é válido; razão pela qual justamente Kant mostrou que o conceito de causalidade meramente serve para dar coesão à experiência, não serve para sobrevoá-la, que portanto serve para um uso meramente físico, não metafísico. Certeza apodítica a um conhecimento, seguramente, só a sua origem *a priori* pode conceder: mas justamente essa origem *a priori* limita essa certeza apodítica ao meramente FORMAL da experiência em geral, na medida em que mostra que esta é condicionada pela índole subjetiva do intelecto. Portanto, tal conhecimento, longe de conduzir-nos para além da experiência, fornece-nos meramente uma PARTE dessa experiência mesma, a saber, a FORMAL, pertencente a ela sem exceção e por isso universal, logo, mera forma sem conteúdo.

Mas, visto que a metafísica não pode de maneira alguma ser limitada por isso; então ela também tem de ter fontes EMPÍRICAS de conhecimento: portanto, aquele preconcebido conceito de uma metafísica para ser encontrada puramente *a priori* é necessariamente vão. É de fato uma *petitio principii*[19] de KANT, que ele expressa da maneira mais distinta em § 1 dos *Prolegômenos*, a de que a metafísica não pode haurir os seus conceitos e princípios fundamentais a partir da experiência. É assumido de antemão que apenas aquilo que conhecemos ANTES de toda experiência pode chegar mais longe do que a experiência possível. Apoiado nisso, vem então KANT e demonstra que todo esse tipo de conhecimento nada mais é senão a forma do intelecto para fins da experiência, consequentemente, jamais poderia ir além desta; do que ele então conclui corretamente a impossibilidade de toda metafísica. Mas não parece diretamente contrário à verdade que para decifrar o enigma da experiência, isto é, do único mundo posto // diante de nós, tenhamos de desviar totalmente os olhos dele, ignorar o seu conteúdo e adotar e utilizar como nosso estofo apenas as formas vazias das quais estamos conscientes *a priori*? Não seria antes mais apropriado assumir que a CIÊNCIA DA EXPERIÊNCIA EM GERAL e como tal é também haurida da experiência? Se o seu problema mesmo lhe é empiricamente dado; então por que a sua solução também não teria a ajuda da experiência? Não é um contrassenso, que quem fala da natureza das coisas, não deva olhar para as coisas mesmas, mas apenas ater-se a certos conceitos abstratos? Em verdade, a tarefa da metafísica não é a observação de experiências singulares, mas sim a explicação correta da experiência em seu todo. O fundamento da metafísica, portanto, tem de ser de tipo empírico. Sim, inclusive a APRIORIDADE de uma parte do conhecimento humano é por ela apreendida como um FATO dado, do qual ela infere a origem subjetiva dessa parte. E precisamente só na medida em que a consciência da sua apriorididade acompanha o conhecimento, é que este, em Kant, chama-se TRANSCENDENTAL, à diferença de TRANSCENDENTE, que significa "para além da possibilidade de toda experiência", e tem como seu oposto IMANENTE, isto é, que permanece nos limites daquela possibilidade. Recordo de bom grado o sentido originário dessas expressões introduzidas

---

19 "Petição de princípio." (N. T.)

por KANT, com as quais, ao lado das CATEGORIAS e muitas outras, os atuais macacos da filosofia jogam o seu jogo. — Ademais, a fonte de conhecimento da metafísica não é apenas a experiência EXTERNA, mas também a INTERNA; sim, o mais característico dela, e que permite que seja dado o único passo decisivo para resolver a grande questão, como expus detalhadamente e de modo bem fundamentado em *Vontade na natureza* sob a rubrica "Astronomia física", consiste em ela colocar em ligação, no lugar correto, a experiência externa com a interna e fazer desta a chave daquela.

A aqui explicitada origem da metafísica, a partir de fontes empíricas de conhecimento, que não pode ser honestamente negada, priva-a decerto do tipo de certeza apodítica que é possível exclusivamente através do conhecimento *a priori*: certeza que permanece propriedade da lógica e da matemática, ciências que, propriamente dizendo, // ensinam tão somente aquilo que cada um já sabe por si mesmo, apenas indistintamente: quando muito, os elementos primários da doutrina da natureza podem ser deduzidos do conhecimento *a priori*. Mediante essa admissão, a metafísica renuncia a uma antiga pretensão, que, em conformidade com o que eu disse acima, baseia-se em mal-entendido e contra o qual testemunharam em todas as épocas a grande diversidade e variabilidade dos sistemas metafísicos, bem como o ceticismo que sempre os acompanhou. Contra a possibilidade da metafísica em geral, entretanto, essa variabilidade não pode ser usada; pois afeta igualmente todos os domínios das ciências da natureza, química, física, geologia, zoologia etc., e até mesmo a história não escapa a ela. Mas se alguma vez, até onde permitem os limites do intelecto humano, um correto sistema metafísico vier a ser encontrado; então não há dúvidas que também lhe caberá a invariabilidade de uma ciência conhecida *a priori*: porque seu fundamento só pode ser a EXPERIÊNCIA EM GERAL, não as experiências singulares e especiais, através das quais as ciências da natureza sempre são modificadas e a história é avolumada em seu estofo. Pois a experiência tomada como um todo e em geral jamais substituirá o seu caráter por um novo.

A próxima questão é: como pode uma ciência haurida da experiência conduzir para além desta e assim merecer o nome de METAFÍSICA? — Não ao modo de como a partir de três quantidades proporcionais é encontrada a quarta, ou como a partir de dois lados e de um ângulo é encontrado o triângulo. Esse foi o caminho do dogmatismo pré-kantiano, que, precisamente de acordo com certas leis por nós conhecidas *a priori*, queria inferir do que foi dado o não dado, da consequência o fundamento, logo, da experiência o que não pode ser possivelmente dado em experiência alguma. KANT expôs a impossibilidade de uma metafísica que percorresse esse caminho, na medida em que mostrou que aquelas leis, embora não hauridas da experiência, só têm validade para ela. Ensinou, portanto, com razão que, de uma tal maneira, não podemos ir além da possibilidade de toda experiência. Porém, há outros caminhos para a metafísica. O todo da experiência assemelha-se a um escrito cifrado, e a filosofia // à decifração deste, cuja exatidão é confirmada pela coerência resultante que aparece em toda parte. Se esse todo apenas é apreendido em profundidade suficiente e a experiência externa é conectada à interna; então ele pode ser objeto de INTERPRETAÇÃO, EXEGESE a partir de si mesmo. Depois que KANT nos mostrou de modo irrefutável que a experiência em geral surge a partir de dois elementos, a saber, das formas do conhecimento e da essência em si das coisas, e que essas duas podem até mesmo ser delimitadas reciprocamente na experiência; a saber, como aquilo que nos é conhecido *a priori* e como aquilo que é acrescentado *a posteriori*; pode-se ao menos em geral estabelecer o que na experiência dada, que antes de tudo é mera APARÊNCIA, pertence à FORMA dessa aparência condicionada pelo intelecto, e o que permanece como COISA EM SI após a subtração do intelecto. E embora ninguém, através do véu das formas da intuição, possa conhecer a coisa em si; por outro lado, entretanto, cada um carrega a esta dentro de si, sim, é ela mesma: por conseguinte, ela tem de ser acessível de algum modo, embora condicionalmente, a cada um na consciência de si. A ponte, pois, pela qual a metafísica vai mais além da experiência não é outra senão justamente aquela decomposição da experiência em aparência e coisa em si, na qual coloquei o grande mérito de KANT. Pois ela contém a demonstração de um núcleo da aparência diferente da aparência mesma. Este não pode, é certo, jamais ser completamente apartado da aparência, e ser considerado por si mesmo como um *ens extramundanum*,[20] porém, sempre será conhecido apenas em suas relações e referências à aparência mesma.

---

20 "Ser extramundano." (N. T.)

Tão somente a interpretação e exegese desta, em referência àquele seu núcleo íntimo, pode nos dar esclarecimento sobre ela, o qual do contrário jamais chegaria à consciência. É nesse sentido, portanto, que a metafísica vai mais além da aparência, isto é, da natureza, até aquilo escondido atrás dela (τὸ μετὰ τὸ φύσιχον), considerando-o, entretanto, sempre apenas como aquilo que nela aparece, e não como algo independente de toda aparência: a metafísica, conseguintemente, permanece imanente e jamais será transcendente. Pois ela jamais se afasta por completo da experiência, mas permanece a simples interpretação e exegese desta, já que nada fala da coisa em si senão em sua referência à aparência. Pelo menos este é o sentido // em que eu procurei resolver o problema da metafísica, tendo sempre em mente os limites do conhecimento humano demonstrados por KANT: por isso adoto e faço valer como meus os seus *Prolegômenos a toda metafísica*. Em consequência, esta nunca vai, propriamente dizendo, além da experiência, porém, apenas descortina a verdadeira compreensão do mundo encontrado à nossa frente na experiência. Ela não é, segundo a definição de metafísica também repetida por KANT, uma ciência a partir de meros conceitos, nem é um sistema de inferências a partir de princípios *a priori*, cuja inutilidade para FINS metafísicos Kant expôs. Ao contrário, ela é um saber haurido da intuição do mundo exterior e real, e do esclarecimento que o mais íntimo fato da consciência de si fornece sobre este mundo exterior e real, depositado em conceitos distintos. A metafísica, por conseguinte, é ciência da experiência: no entanto, seu objeto e sua fonte não são experiências particulares, porém o todo e universal de qualquer experiência. Faço valer inteira e completamente a doutrina de KANT de que o mundo da experiência é mera aparência e que os conhecimentos *a priori* só valem em relação a ele: eu acrescento a isto, entretanto, que o mundo da experiência, precisamente como aparência, é manifestação daquilo que aparece, e que denomino, com Kant, de coisa em si. Essa coisa em si, em consequência, tem de exprimir sua essência e seu caráter no mundo da experiência, logo, estes têm de ser interpretados a partir daquela, e em verdade a partir do estofo e não da mera forma da experiência. Em consequência, a filosofia nada é senão a compreensão correta e universal da experiência mesma, a exegese verdadeira do seu sentido e conteúdo. Este é o metafísico, isto é, meramente vestido na aparência e envolto nas suas formas, é aquilo que está para a aparência como o pensamento está para as palavras.

Uma tal decifração do mundo em referência àquilo que nele aparece tem de receber a sua certificação a partir de si, através da concordância mútua na qual coloca as tão diversas aparências do mundo, e sem a qual não tomamos essa decifração por verdadeira. — Se encontramos um escrito, cujo alfabeto é desconhecido; então tentamos a sua exegese, até o momento em que nos deparamos com uma hipótese da significação das letras, // hipótese que leva à formação de palavras compreensíveis e períodos conexos. Com isso não resta dúvida alguma sobre a exatidão do deciframento; porque não é possível que a concordância e a conexão, nas quais essa exegese coloca todos os signos daquele escrito, sejam meramente casuais, nem é possível que, atribuindo um valor completamente diferente às letras, igualmente poder-se-ia reconhecer palavras e períodos nessa conexão. De modo semelhante, a decifração do mundo tem de obter a sua certificação inteiramente a partir de si mesma. Tem de espalhar uma luz uniforme sobre todas as aparências do mundo e também colocar o mais heterogêneo em concordância, de tal maneira que seja resolvida a contradição até entre o que há de mais contrastante. Essa certificação a partir de si mesma é a marca característica da autenticidade. Pois toda falsa decifração, mesmo que sirva para algumas aparências, entrará numa contradição tanto mais flagrante com as demais. Assim, por exemplo, o otimismo leibniziano entra em contradição com a evidente miséria da existência; a doutrina de Espinosa, de que o mundo é a única substância possível e absolutamente necessária, é incompatível com o nosso assombro ante o seu ser e a sua essência; a doutrina de Wolff, de que o ser humano obtém a sua *existentia* e *essentia* a partir de uma vontade estranha, entra em contradição com a nossa responsabilidade moral pelas ações que surgem com estrita necessidade do conflito da vontade com os motivos; a doutrina constantemente repetida de um contínuo desenvolvimento da humanidade em direção a uma perfeição cada vez mais elevada, ou em geral a doutrina de algum tipo de vir a ser através de um processo cósmico, é contradita pela intelecção *a priori* de que até qualquer dado ponto do tempo já transcorreu um tempo infinito, por conseguinte, tudo o que deveria chegar com o tempo já teria de existir; e assim pode-se fazer um registro interminável das contradições entre as suposições dogmáticas e a realidade dada das coisas. Por outro lado, tenho de negar que qualquer doutrina filosófica minha possa ser honestamente incluída nesse registro; precisamente porque cada uma delas foi pensada na presença da realidade intuída e nenhuma delas tem a sua raiz apenas em conceitos abstratos. E, já que na minha filosofia há um pensamento fundamental que se aplica a todas as aparências do mundo como a sua chave; então esse pensamento recebe a sua certificação de si // como o correto alfabeto sob cuja aplicação todas as palavras e todos os períodos têm sentido e referência. A palavra encontrada de um enigma revela-se verdadeira no fato de todas as afirmações adequarem-se a sua formulação. Assim, a minha doutrina permite ver concordância e coerência na contrastante confusão das aparências deste mundo e resolve as inumeráveis contradições que aí se apresentam caso se as mire de qualquer outro ponto de vista: ela, por conseguinte, assemelha-se em certa medida a um cálculo bem resolvido; embora de modo algum no sentido de que não deixe problema sem resolver ou questão sem responder. Afirmar semelhante coisa seria uma presunçosa negação dos limites do conhecimento humano em geral. Não importa o número de tochas que acendamos e o espaço que elas iluminem; o nosso horizonte sempre permanecerá cercado por profunda noite. Pois a última solução do enigma do mundo teria de necessariamente falar só das coisas em si, não mais das aparências. Mas exatamente a estas aplicam-se com exclusividade todas as nossas formas de conhecimento: por isso temos de apreender tudo mediante coexistência, sucessão e relações causais. Porém, tais formas têm sentido e referência meramente em relação à aparência: as coisas em si mesmas e suas possíveis relações não podem ser compreendidas mediante aquelas formas. Por conseguinte, a solução verdadeira, positiva do enigma do mundo tem de ser algo que o intelecto humano é completamente incapaz de apreender e pensar; de modo que se um ser de tipo superior chegasse até nós e fizesse o maior esforço para nos revelar tal solução, nada poderíamos compreender das suas revelações. Nesse sentido, aqueles que fingem conhecer os derradeiros, isto é, os primeiros fundamentos das coisas, logo um ser originário, um absoluto, ou como bem queiram chamá-lo, junto com o processo, as razões, os motivos, ou seja lá o que for, em consequência dos quais o mundo surge, ou brota, ou cai, ou é produzido, posto na existência, "despedido" e mandado a passeio, — fazem fanfarrices, são cabeças de vento, para não dizer descarados charlatães.

Vejo como um grande mérito da minha filosofia o fato de todas as suas verdades terem sido encontradas independentemente umas das outras, através da consideração do mundo real, e, no entanto, a unidade e // concordância dessas verdades, que não foram objeto da minha preocupação, foram uma unidade e concordância que sempre apareceram depois por si mesmas. Por isso também a minha filosofia é rica e tem ampla raiz no solo da realidade intuitiva, da qual brota todo o alimento das verdades abstratas: também por isso não é tediosa; qualidade esta que, a julgar pelos escritos filosóficos dos últimos cinquenta anos, poderia ser considerada como essencial da filosofia. Por outro lado, se todas as doutrinas de uma filosofia são meramente deduzidas umas das outras e por fim inclusive de um primeiro princípio; então ela tem de ser pobre e magra, portanto, também tediosa; pois de um princípio nada mais pode resultar senão o que ele propriamente já enunciava: ademais, tudo depende da exatidão de UM princípio, e, mediante um único erro na dedução, a verdade do todo correria perigo. — Ainda menos garantia fornecem os sistemas que partem de uma intuição intelectual, isto é, de um tipo de êxtase ou vidência: todo conhecimento assim obtido tem de ser rejeitado como subjetivo, individual e, por conseguinte, problemático. Mesmo se de fato existisse, não seria comunicável: pois tão somente o conhecimento normal do cérebro é comunicável: se é abstrato, por conceitos e palavras; se puramente intuitivo, por obras de arte.

Quando, como ocorre com tanta frequência, reprova-se a metafísica por ter feito tão poucos progressos no decorrer de tantos séculos; então também ter-se-ia de ter em mente que nenhuma outra ciência cresceu sob tanta pressão, nenhuma em todos os tempos foi tão obstada e inibida de fora quanto ela pela religião de cada país, religião esta que em toda parte, sempre em posse do monopólio dos conhecimentos metafísicos, a vê como uma erva daninha ao seu lado, como um trabalhador ilegal, como uma horda de ciganos, e via de regra tolera a filosofia apenas sob a condição de que esta acomode-se em vista de servi-la e segui-la. Onde de fato existiu a verdadeira liberdade de expressão? Muito foi alardeada: mas assim que se queria ir mais além, e desviar-se de alguns dogmas subordinados à religião oficial, um estremecimento santo assaltava os apóstolos da tolerância diante de tal ousadia, e eles diziam: nenhum passo // a mais! – Que progressos seriam possíveis à metafísica sob tal pressão? – Sim, não apenas à COMUNICAÇÃO do pensamento, mas ao PENSAMENTO mesmo estende-se aquela coerção exercida pela metafísica privilegiada, ao inculcar seus dogmas na tenra, plástica, confiante infância desprovida de pensamento, e isso sob uma estudada, solene e séria mímica, gravando-os com tal firmeza que desde então crescem junto com o cérebro e quase assumem a natureza de pensamentos inatos, pelo que muitos filósofos os tomaram como tal, e hoje em dia muitos mais há que pretendem considerá-los assim. Todavia, nada pode ser mais diametralmente oposto à apreensão sequer do PROBLEMA da metafísica quanto uma solução antecipada dele, imposta e cedo inoculada no espírito: pois o ponto de partida necessário para todo autêntico filosofar é a profunda sensação socrática: "só sei que nada sei". Nesse aspecto os antigos também levaram vantagem sobre nós; porque, se é verdade que suas religiões oficiais limitavam em certa medida a comunicação do pensamento, todavia, não prejudicavam a liberdade de pensamento ela mesma, já que formal e solenemente tais religiões não eram inculcadas nas crianças, nem eram em geral levadas tão a sério. Por isso os antigos ainda são os nossos mestres na metafísica.

Naquela reprovação da metafísica pelos seus poucos progressos, e por não ter ainda alcançado o seu fim, apesar dos contínuos esforços, deve-se ademais considerar que, no entanto, prestou o inestimável serviço de colocar limites às infinitas exigências da metafísica privilegiada e atuar ao mesmo tempo contra o naturalismo e materialismo propriamente ditos que surgiram como inevitável reação àquela. Pense-se até onde chegaria a arrogância do clero de cada religião, caso a crença em suas doutrinas fosse tão sólida e cega como de fato pretendem. Lancemos um olhar retrospectivo sobre todas as guerras, revoltas, rebeliões e revoluções na Europa do oitavo ao décimo oitavo século: quão poucas vezes encontraremos uma que não foi movida em seu núcleo, ou pretextada, por questões de crença, logo, por problemas metafísicos que deram ocasião para que os povos se lançassem uns contra os outros. Todo // aquele milênio é um crime contínuo, ora no campo de batalha, ora no cadafalso, ora nas vielas, – motivado por questões metafísicas! Eu gostaria de ter uma autêntica lista de todos os crimes que o cristianismo realmente evitou, e de todas as boas ações que ele realmente praticou, para poder colocá-los sobre o outro prato da balança.

Por fim, naquilo que concerne às OBRIGAÇÕES da metafísica, ela tem apenas uma: trata-se de uma tal que não tolera nenhuma outra ao lado de si: a obrigação de ser VERDADEIRA. Caso se quisesse, ao lado desta, ainda colocar outra, algo assim como ser espiritualista, otimista, monoteísta ou até mesmo moral, então, de antemão, seria impossível saber se essa outra obrigação não se oporia ao cumprimento daquela primeira, sem a qual todas as suas demais realizações teriam de ser manifestamente sem valor. Nesse sentido, uma dada filosofia não possui outro critério de seu valor senão o da verdade. – De resto, a filosofia é essencialmente SABEDORIA DE MUNDO; seu problema é o mundo: tão somente com este tem a ver e deixa os deuses em paz, esperando, todavia, que, em contrapartida, eles também a deixem em paz.

Suplementos ao livro segundo

Ihr folget falscher Spur,
Denkt nicht, wir scherzen!
Ist nicht der Kern der Natur
Menschen im Herzen?[1]

Goethe

---

[1] "Seguis vestígios falsos, / Não penseis que brincamos! / Não está o núcleo da natureza / No coração do ser humano?" (N. T.)

// Capítulo 18*
DA COGNOSCIBILIDADE DA COISA EM SI

A este Livro Segundo, que contém o mais característico e importante passo da minha filosofia, a saber, a transição, considerada por KANT impossível, da aparência para a coisa em si, já juntei em 1836 um suplemento essencial, que publiquei sob o título *Sobre a vontade na natureza* (2. ed., 1854). Cometeria um grande erro quem tentasse tomar os enunciados alheios, aos quais vinculei ali as minhas explanações, como o verdadeiro estofo e conteúdo daquele escrito, pequeno em extensão, porém importante no conteúdo: antes, tais enunciados são meramente a ocasião, partindo dos quais eu explicitei ali mesmo aquela verdade fundamental da minha doutrina, com muito maior distinção que em qualquer outro lugar, fazendo-a descer até o conhecimento empírico da natureza. E em verdade, isso ocorreu exaustiva e estritamente sob a rubrica "Astronomia física"; de modo que não espero encontrar nunca uma expressão mais exata e precisa, daquele núcleo da minha doutrina, do que a que está ali impressa. Quem quer conhecer a fundo a minha filosofia e verificá-la seriamente, tem de levar em conta antes de tudo a mencionada rubrica. Portanto, // em geral tudo o que foi dito naquele pequeno escrito constituiria o conteúdo principal dos presentes suplementos, se ele não tivesse de permanecer excluído por ter sido publicado anteriormente; pelo que o pressuponho aqui como conhecido, pois do contrário faltaria justamente o melhor.

Em primeiro lugar, eu quero agora, de um ponto de vista geral, fazer algumas considerações preliminares sobre o sentido em que se pode falar de um conhecimento da coisa em si e sobre a necessária limitação deste.

---

* Este capítulo está em conexão com § 18 do primeiro tomo.

Que é CONHECIMENTO? — Ele é primária e essencialmente REPRESENTAÇÃO. — Que é REPRESENTAÇÃO? — Um complexo processo FISIOLÓGICO no cérebro de um animal ao fim do qual se tem a consciência de uma IMAGEM. — Manifestamente, a relação de uma tal imagem com alguma outra coisa que é completamente diferente do animal, em cujo cérebro ela se encontra, só pode ser bastante mediata. — Eis aí talvez a mais simples e apreensível maneira de revelar o PROFUNDO ABISMO ENTRE O IDEAL E O REAL. Abismo que pertence em verdade às coisas de que, como o movimento da Terra, não se percebe imediatamente: razão pela qual os antigos não o perceberam, nem o movimento da Terra. Por outro lado, uma vez demonstrado esse abismo primeiro por DESCARTES, desde então jamais deixou em paz os filósofos. Por fim, depois que KANT expôs com máxima profundidade a completa diversidade entre o ideal e o real, foi uma tentativa tão atrevida quanto absurda, no entanto, corretamente calculada para a faculdade de juízo do público filosófico na Alemanha e por isso coroada com êxito retumbante, querer afirmar a IDENTIDADE ABSOLUTA entre ambos através de decretos apoiados numa pretensa intuição intelectual. — Em verdade, ao contrário, é-nos dada de modo imediato uma existência subjetiva e uma objetiva, um ser para si e um ser para outro, uma consciência do próprio si mesmo e uma consciência das outras coisas, e os dois elementos apresentam-se de forma tão radicalmente diferente, que nenhuma outra diferença se compara com esta. De SI cada um sabe de forma imediata, de tudo o mais apenas de forma muito mediata.

Por outro lado, se, através de processos ulteriores no interior do cérebro, conceitos universais (*universalia*) são abstraídos das representações intuitivas // ou das imagens que nele surgem, em vista de combinações ulteriores, pelo que o conhecimento se torna RACIONAL e doravante chama-se PENSAMENTO, — isto não é mais o essencial aqui, mas de significação subordinada. Pois todos esses CONCEITOS emprestam o seu conteúdo apenas da representação intuitiva, que por conseguinte é CONHECIMENTO ORIGINÁRIO e, portanto, é o único que entra em consideração na investigação da relação entre o ideal e o real. Logo, dá prova de completo desconhecimento do problema, ou de bastante inépcia, quem quer descrever aquela relação como a entre SER e PENSAMENTO. Em primeiro lugar, o PENSAMENTO tem uma relação tão somente com o INTUIR; o INTUIR, entretanto, tem uma relação com o SER EM SI do intuído, e este último é o grande problema que aqui nos ocupa. O ser empírico, por outro lado, tal como apresenta-se diante de nós, nada é senão justamente o ser-dado na intuição: mas a relação desta com o PENSAMENTO não é enigma algum; porque os conceitos, logo o estofo imediato do pensamento, manifestamente são ABSTRAÍDOS da intuição; algo do que nenhuma pessoa razoável pode duvidar. De passagem diga-se o quão importante é a escolha das expressões na filosofia pelo fato de que a acima censurada inepta expressão, e os mal-entendidos que dela nasceram, converteram-se no fundamento da pseudofilosofia hegeliana, que ocupou o público alemão por 25 anos a fio.

Entretanto, caso se quisesse falar: "a intuição é já o conhecimento da coisa em si: pois a intuição é o efeito do que existe fora de nós, e, tal como este FAZ EFEITO, ASSIM É: seu fazer-efeito é justamente seu ser"; a isso objetamos: 1) que a lei de causalidade, como exaustivamente provado, é de origem subjetiva, tanto quanto a sensação dos sentidos, da qual surge a intuição; 2) que igualmente tempo e espaço, nos quais o objeto se expõe, são de origem subjetiva; 3) que se o ser do objeto consiste em seu fazer-efeito, isto quer dizer que ele consiste meramente nas mudanças que produz em outros, portanto, ele mesmo e em si não é absolutamente nada. — Como expus em detalhes no texto, e em meu ensaio *Sobre o princípio de razão*, ao fim do § 21, // só da MATÉRIA é verdade dizer que seu ser consiste em seu fazer-efeito, que ela nada é senão causalidade, logo é a causalidade mesma objetivamente intuída: por isso justamente ela não é nada em si (ἡ ὕλη τὸ ἀληθινὸν ψεῦδος, *materia mendacium verax*),² mas, como ingrediente do objeto intuído, é uma mera abstração, que não pode ser dada por si mesma em experiência alguma. Mais adiante, a matéria será considerada em detalhes num capítulo próprio. O objeto intuído, entretanto, tem de ser algo EM SI MESMO e não meramente ALGO PARA OUTRO: pois, do contrário, ele seria exclusivamente apenas representação, e nós teríamos um idealismo absoluto, que ao fim seria egoísmo teórico, no qual toda realidade desaparece e o mundo torna-se um mero fantasma subjetivo. Se, entrementes, sem fazer mais perguntas, permanece-

---

2 "Matéria é mentira veraz." (N. T.)

mos só no MUNDO DA REPRESENTAÇÃO, então de fato é indiferente se explico os objetos como representações em minha cabeça ou como aparências que se expõem no tempo e no espaço: precisamente porque o tempo e o espaço mesmos existem apenas em minha cabeça. É nesse sentido que ainda se poderia afirmar uma identidade do ideal com o real: contudo, depois de KANT, não haveria novidade alguma nisto. Ademais, por aí, manifestamente não se esgotaria o ser das coisas e do mundo aparente; mas, sempre ainda se estaria só no lado IDEAL. É que o lado REAL tem de ser algo *toto genere*[3] diferente do MUNDO COMO REPRESENTAÇÃO, vale dizer, aquilo que as coisas são EM SI MESMAS; e essa total diversidade entre o ideal e o real é o que KANT demonstrou com máxima profundidade.

LOCKE negou aos sentidos o conhecimento das coisas como elas são em si mesmas; KANT também o negou ao ENTENDIMENTO intuitivo, sob cujo nome reúno aqui o que ele chama sensibilidade PURA e a lei de causalidade que intermedia a intuição empírica, na medida em que tal lei é dada *a priori*. Não apenas ambos têm razão, como também pode-se notar imediatamente que há uma contradição na afirmação de que uma coisa é cognoscível conforme é em si e para si, isto é, fora do conhecimento. Pois todo conhecer é, como eu disse, essencialmente um representar: // mas meu representar, exatamente porque é meu representar, jamais pode ser idêntico com o ser em si da coisa exterior a mim. O ser em si e para si de cada coisa tem de ser necessariamente SUBJETIVO: na representação de um outro, ao contrário, ele existe necessariamente como algo OBJETIVO; uma diferença que jamais pode ser compensada. Pois, através dessa diferença todo o modo de sua existência foi fundamentalmente mudado: ora, como algo objetivo, ele pressupõe um sujeito estranho em cuja representação existe, e, ademais, como KANT demonstrou, ele entra em formas que são estranhas à sua própria essência, porque tais formas pertencem justamente àquele sujeito estranho, cujo conhecimento só é possível através delas. Se eu, absorvido em tal consideração, intuo alguns corpos sem vida de grandeza facilmente observável, de forma regular e apreensível, e então intento apreender essa existência espacial em suas três dimensões como o ser em si, consequentemente, como

---

3 "Em gênero inteiro." (N. T.)

a existência que é subjetiva às coisas; então, logo sinto a impossibilidade do intento, na medida em que eu jamais posso pensar aquelas formas objetivas como o ser que é subjetivo às coisas, mas antes me torno imediatamente consciente de que o que represento ali para mim é uma imagem produzida em meu cérebro e que só existe para mim, como sujeito cognoscente, imagem que não pode constituir o último, e portanto subjetivo, ser em si e para si sequer desses corpos sem vida. Por outro lado, não posso admitir que mesmo esses corpos sem vida existem tão somente em minha representação; porém, tenho de conceder-lhes um SER EM SI de algum tipo, já que eles têm propriedades insondáveis e, devido a estas, atividade eficiente. Mas, se esse caráter insondável das propriedades aponta, de um lado, para algo que existe independente do nosso conhecer, de outro, dá a prova empírica de que o nosso conhecer, porque consiste apenas no REPRESENTAR por intermédio de formas subjetivas, fornece meras APARÊNCIAS, não a essência em si das coisas. A partir disso pode-se explicar por que em tudo o que conhecemos resta oculto um certo algo como completamente insondável, e temos de confessar que não podemos compreender a fundo nem mesmo as mais comuns e simples aparências. Pois não apenas as produções // mais elevadas da natureza, os seres vivos, ou os fenômenos mais COMPLICADOS do mundo inorgânico, nos permanecem insondáveis; mas até mesmo cada cristal de rocha, cada pirita de ferro é, devido às suas propriedades cristalográficas, ópticas, químicas, elétricas, um abismo de inapreensibilidade e mistérios para a nossa penetrante consideração e investigação. Isso não seria assim se conhecêssemos as coisas como elas são em si mesmas: já que assim, pelo menos as aparências mais simples, cujas propriedades não nos seriam barradas pela ignorância, teriam de ser-nos compreensíveis até o fundo e todo o seu ser e essência poderiam transpassar ao conhecimento. Não se trata, portanto, de carências em nossa familiaridade com as coisas, mas da essência do conhecimento mesmo. Pois se a nossa intuição, portanto toda a apreensão empírica das coisas que se nos expõem, já está essencial e principalmente condicionada por nossa capacidade de conhecimento e suas formas e funções; então disso nada pode resultar senão que as coisas se expõem de um modo completamente diferente da sua própria essência e, por conseguinte, aparecem como que usando máscaras, as quais deixam sempre apenas pressupor, porém nunca conhecer, o que se esconde atrás delas; e isso que se esconde cintila como mistério insondável e jamais pode a natureza de qualquer coisa transpassar plenamente e sem reserva ao conhecimento, menos ainda pode-se construir *a priori* um real, como se constrói *a priori* um real matemático. Logo, a inescrutabilidade empírica de todos os seres da natureza é uma prova *a posteriori* da idealidade e mera realidade aparente de sua existência empírica.

De tudo o que foi dito resulta que, pela via do CONHECIMENTO OBJETIVO, portanto, partindo da REPRESENTAÇÃO, nunca iremos mais além da representação, isto é, da aparência, logo permaneceremos do lado exterior das coisas, nunca sendo capazes de penetrar no seu interior e investigar o que possam ser em si mesmas, isto é, para si mesmas. Até aqui estou de acordo com KANT. Só que eu, como contrapeso dessa verdade, salientei aquela outra, segundo a qual não somos apenas o SUJEITO QUE CONHECE, mas também NÓS MESMOS estamos entre os seres a serem conhecidos, NÓS MESMOS SOMOS A COISA EM SI; portanto, uma via DO INTERIOR está aberta a nós para aquela essência própria e íntima das // coisas que não podemos penetrar DO EXTERIOR, algo assim como uma passagem subterrânea, um contato secreto que, como por traição, introduz-nos rapidamente na fortaleza que desde fora era impossível tomar por ataque. — Precisamente como tal, a COISA EM SI só pode chegar à consciência de maneira completamente imediata, vale dizer, TORNANDO-SE A SI MESMA CONSCIENTE DE SI: querer conhecê-la objetivamente é exigir algo contraditório. Tudo o que é objetivo é representação, portanto, aparência, sim, mero fenômeno cerebral.

O principal resultado a que chegou KANT pode ser no essencial assim resumido: "Todos os conceitos aos quais não subjaz uma intuição no espaço e no tempo (intuição sensível), ou, por outras palavras, que não são hauridos de uma semelhante intuição, são totalmente vazios, isto é, não dão conhecimento algum. Ora, já que a intuição só pode fornecer APARÊNCIAS, não coisas em si; segue-se que não conhecemos de forma alguma as coisas em si". — Admito isso em relação a tudo, com exceção do conhecimento que cada um tem do seu próprio QUERER: esse conhecimento não é uma intuição (pois toda intuição é espacial) nem é vazio; antes, é mais real que qualquer outro. Também não é um conhecimento *a priori* como o meramente formal, porém, inteiramente *a posteriori*; por isso não podemos antecipá-lo no caso particular, mas aqui amiúde estamos sujeitos a erro sobre nós mesmos. — Nosso QUERER é de fato a única oportunidade que temos para compreender simultaneamente desde seu interior qualquer processo que se exponha exteriormente, portanto, o querer é o único algo que nos é IMEDIATAMENTE conhecido, e não, como tudo o mais, algo dado meramente na representação. Logo, aqui encontra-se o único *datum* apropriado a tornar-se a chave de todos os demais, ou, como eu disse, a única, estreita porta para a verdade. Em conformidade com isso, temos de compreender a natureza a partir de nós mesmos, e não o contrário, nós mesmos a partir da natureza. O que nos é imediatamente conhecido tem de permitir-nos a exegese do que é apenas mediatamente conhecido; não o contrário. Por acaso compreendemos mais profundamente a rolagem de uma esfera que recebeu um choque do que o movimento de uma pessoa por motivo percebido? Muitos podem assim elucubrar; mas eu digo: é o contrário. // Chegaremos entretanto à intelecção de que em ambos os processos mencionados o essencial é idêntico, embora tão idêntico quanto o é o tom mais grave audível da harmonia com o seu homônimo situado dez oitavas mais alto.

Entrementes, é preciso bem notar, e sempre mantive isto, que também a percepção interna que temos da nossa própria vontade de maneira alguma fornece um conhecimento pleno e adequado da coisa em si. Tal seria o caso se semelhante percepção fosse totalmente imediata; porém, tal percepção é intermediada, pois, de fato, a vontade cria para si, com e através da corporificação, também um intelecto (em vistas de sua relação com o mundo exterior), para através deste conhecer-se como vontade na consciência de si (a necessária contrapartida do mundo exterior); daí se seguindo que esse conhecimento da coisa em si não é plenamente adequado. Em primeiro lugar, está ligado à forma da representação, é percepção e decompõe-se, como tal, em sujeito e objeto. Pois também na consciência de si o eu não é absolutamente simples, mas consiste em um que conhece, intelecto, em um que é conhecido, vontade: aquele não é cognoscível, e esta não é cognoscente, embora os dois confluam na consciência de um eu. Mas justamente por isto, esse eu não é totalmente ÍNTIMO, ou, por assim dizer, transparente, porém opaco, e, portanto, permanece para si mesmo um enigma. Logo, também no conhecimento interno ocorre uma diferença entre o ser em si do seu objeto e a percepção do mesmo no sujeito que conhece. No entanto, o conhecimento interno está livre de duas formas pertencentes ao conhecimento externo, a saber, a forma do ESPAÇO e a da CAUSALIDADE mediadora de toda intuição sensível. Porém, ainda permanece a forma do TEMPO, assim como a do ser-conhecido e do conhecer em geral. Em conformidade, nesse conhecimento interno a coisa em si despiu-se de grande parte dos seus véus, porém não aparece completamente nua. Em consequência da forma do tempo que ainda adere a ela, cada um conhece a própria VONTADE apenas nos seus sucessivos ATOS isolados, não no todo, em e para si: daí justamente ninguém conhecer *a priori* o próprio caráter, mas só se familiariza com ele na experiência e sempre imperfeitamente. // Todavia, a percepção na qual conhecemos as agitações e os atos da própria vontade é, de longe, mais imediata que qualquer outra: é o ponto no qual a coisa em si irrompe o mais imediatamente na aparência e é iluminada bem de perto pelo sujeito que conhece; eis por que esse processo intimamente conhecido é o único apto a tornar-se o exegeta de qualquer outro.

Pois em toda irrupção de um ato da vontade, desde a profundeza obscura do nosso interior, na consciência que conhece, ocorre uma transição imediata da coisa em si, exterior ao tempo, para a aparência. Conseguintemente, é verdade que o ato da vontade é apenas o mais próximo e distinto APARECIMENTO[4] da coisa em si; todavia, segue-se daí que se todas as demais aparências pudessem ser por nós conhecidas tão imediata e intimamente, então teriam de ser consideradas precisamente como aquilo que em nós é a vontade. Nesse sentido, portanto, ensino que a essência íntima de cada coisa é VONTADE, e chamo a vontade de coisa em si. Dessa perspectiva, é modificada a doutrina de KANT da incognoscibilidade da coisa em si, por outros termos, a coisa em si não é absoluta e exaustivamente cognoscível, todavia podemos conhecer a mais imediata das suas aparências, que, através dessa imediatez, diferencia-se *toto genere* de todas as demais, fazendo as vezes para nós da coisa em si, de modo que assim temos de remeter todo o mundo das aparências àquela aparência em que a coisa em si se expõe no velamento mais

---

4 *Erscheinung*, aparência. (N. T.)

tênue, permanecendo aparência tão somente na medida em que o meu intelecto, único capaz de conhecimento, sempre permanece diferente de mim na minha condição de ser volitivo, e também porque mesmo na percepção INTERNA o intelecto não se desfaz da sua forma cognoscitiva do TEMPO.

Em consequência, mesmo após este último e mais extremo passo, ainda se coloca a pergunta sobre o que aquela vontade, que se expõe no mundo e como mundo, é absoluta e estritamente em si mesma, ou seja, o que ela é completamente à parte o fato de que se expõe como VONTADE, ou em geral APARECE, ou seja, é em geral CONHECIDA. — Essa pergunta NUNCA poderá ser respondida: porque, como eu disse, o ser-conhecido mesmo já contradiz o ser-em-si, e todo conhecido já é como tal apenas aparência. Porém, a possibilidade dessa pergunta mostra que a coisa em si, // que conhecemos o mais imediatamente na vontade, pode, totalmente à margem de todas as possíveis aparências, ter determinações, propriedades, modos de existência, os quais são para nós absolutamente incognoscíveis e inapreensíveis, e que então permanecem como o ser da coisa em si, quando esta, como será exposto no quarto livro, suprimiu-se livremente como VONTADE, portanto, emergiu completamente da aparência, e, ao nosso conhecimento, isto é, em referência ao mundo das aparências, transitou ao nada vazio. Se a vontade fosse a coisa em si absoluta e estritamente; então também esse nada seria um nada ABSOLUTO; em vez de, como é o caso, dar-se a nós ali expressamente apenas como um nada RELATIVO.

Na medida em que parto, tanto em nosso segundo livro quanto no escrito *Sobre a vontade na natureza*, da fundamentação oferecida da doutrina de que em todas as aparências deste mundo objetiva-se em diversos graus justamente aquilo que no conhecimento mais imediato anuncia-se como vontade, passo então agora a algumas considerações correlatas em vista de suplementação, e quero começar com uma série de fatos psicológicos que provam antes de tudo que em nossa própria consciência a VONTADE surge sempre como o primário e fundamental e sem concessão afirma a sua prioridade sobre o intelecto, que, ao contrário, sem exceção, revela-se como o secundário, subordinado e condicionado. Essa comprovação nos é tanto mais necessária pelo fato de todos os filósofos que me precederam, do primeiro ao último, terem colocado a essência propriamente dita do ser humano, ou o seu núcleo, na consciência QUE CONHECE e, por conseguinte, conceberam e expuseram o eu, ou, em muitos filósofos, a sua hipóstase transcendente chamada alma, como primária e essencialmente COGNOSCENTE, PENSANTE, e só em consequência disto, de modo secundário e derivado, como um eu QUERENTE. Esse muito antigo e universal erro fundamental, esse enorme πρῶτον ψεῦδος[5] e fundamental ὕστερον πρότερον[6] deve ser eliminado antes de tudo para chegar-se a uma plena e distinta consciência da índole natural das coisas. Ora, como isto aqui acontece pela primeira vez depois de milênios de filosofar, alguns detalhamentos serão oportunos. O fenômeno marcante, de que neste ponto // mais fundamental todos os filósofos erraram, sim, inclusive colocaram a verdade de ponta-cabeça, poderia explicar-se em parte, especialmente no caso dos filósofos dos séculos cristãos, pelo fato de que todos tinham o intento de expor o ser humano o mais diferente possível do animal, contudo, obscuramente sentiam que a diferença entre os dois reside no intelecto, não na vontade; pelo que surgiu nos filósofos inconscientemente a tendência de fazer do intelecto o essencial e principal, sim, de expor o querer como uma simples função do intelecto. – Eis por que o conceito de ALMA, como hipóstase transcendente, não só é inadmissível, segundo o mostra a *Crítica da razão pura*; mas também torna-se a fonte de irremediáveis erros ao estabelecer de antemão em sua "substância simples" uma unidade indivisível entre o conhecimento e a vontade, cuja separação é precisamente o caminho da verdade. Aquele conceito, portanto, não tem mais autorização para entrar na filosofia, mas há de ser deixado aos médicos e fisiólogos alemães que, quando põem de lado escalpelo e espátulas, aventuram-se a filosofar com os conceitos que lhe foram incutidos durante a crisma. Podem talvez tentar a sua sorte com eles na Inglaterra. Os fisiólogos e zootomistas franceses mantiveram-se (até recentemente) por inteiro livres dessa repreenda.

A consequência direta daquele erro fundamental comum aos filósofos, e que lhes é a todos bastante incômoda, é esta: dado que na morte a consciência que conhece evidentemente desaparece; então ou eles têm de

---

5 "Primeiro passo em falso", "erro primário". (N. T.)
6 "Consequente no lugar do antecedente." (N. T.)

aceitar a morte como a aniquilação do ser humano, contra o que se revolta o nosso interior; ou têm de apegar-se à suposição de uma perduração da consciência que conhece, para o que uma grande fé é requerida, já que a cada um a própria experiência demonstrou abundantemente a contínua e total dependência da consciência que conhece, do cérebro, e é mais fácil acreditar numa digestão sem estômago, que numa consciência sem cérebro. Desse dilema só escapa a minha filosofia, que pela primeira vez coloca a essência propriamente dita do ser humano não na consciência, porém na vontade, vontade que não se encontra essencialmente ligada a uma consciência, porém está para a consciência, isto é, para o conhecimento, como a substância está para o acidente, como um objeto iluminado para a luz, como a // corda para a caixa de ressonância, e invade a consciência desde o interior, como o mundo dos corpos a esta invade desde o exterior. Com isso, podemos apreender a indestrutibilidade desse nosso autêntico núcleo e verdadeira essência, apesar da manifesta extinção da consciência na morte, e da correspondente inexistência da consciência antes do nascimento. Pois o intelecto é tão transitório quanto o cérebro, do qual é produto, ou, antes, ação. O cérebro, entretanto, é, como todo o organismo, produto, ou aparência, numa palavra, coisa secundária à vontade, única que é imperecível.

Capítulo 19*
DO PRIMADO DA VONTADE NA CONSCIÊNCIA DE SI

A vontade, como coisa em si, constitui a íntima, verdadeira e indestrutível essência do ser humano: porém, em si mesma é sem consciência. Pois a consciência é condicionada pelo intelecto, e este é um mero acidente do nosso ser, visto que se trata de uma função do cérebro que, junto com os nervos e a medula espinhal a ele anexados, é um mero fruto, um produto, sim, em verdade um parasita do restante do organismo, na medida em que não intervém diretamente em sua maquinaria interna mas tão somente serve ao fim da autoconservação, regulando a relação do organismo com o mundo exterior. Por sua vez, o organismo mesmo é a visibilidade, a objetidade da vontade individual,[1] a imagem desta tal qual se expõe precisamente naquele cérebro (que no primeiro livro conhecemos como a condição do mundo objetivo em geral), por conseguinte, o organismo também é intermediado pelas formas de conhecimento do cérebro, espaço, tempo e causalidade, conseguintemente, expondo-se como algo extenso e material que age sucessivamente, isto é, que faz efeito. Os membros do organismo tanto imediatamente objetos de sensação quanto intuídos por meio dos sentidos só o são no // cérebro. — Correspondentemente, pode-se dizer: o intelecto é o fenômeno secundário, enquanto o organismo é o fenômeno primário da vontade, vale dizer, o seu aparecimento imediato; — a vontade é metafísica, o intelecto, físico; — o intelecto é, como seus objetos, simples

---

* Este capítulo está em conexão com § 19 do primeiro tomo.
1 No original alemão *Objektität, des individuellen Willens.* (N. T.)

aparência; coisa em si é unicamente a vontade:[2] – num sentido cada vez mais FIGURADO, portanto metafórico, pode-se dizer: a vontade é a substância do ser humano, o intelecto, o acidente: – a vontade é a matéria, o intelecto, a forma: – a vontade é o calor, o intelecto, a luz.

Queremos agora, em primeiro lugar, documentar, e ao mesmo tempo explicitar, essa tese mediante os seguintes fatos pertencentes à vida interior do ser humano; ocasião na qual talvez se ganhará mais sobre o conhecimento da sua vida interior do que o encontrado em muitas psicologias sistemáticas.

1) Não apenas a consciência das outras coisas, isto é, a percepção do mundo exterior, mas também a CONSCIÊNCIA DE SI contém, como antes abordado, uma parte que conhece e uma que é conhecida; do contrário, não seria CONSCIÊNCIA. Pois CONSCIÊNCIA consiste no conhecer: mas a isto pertence uma parte que conhece e uma que é conhecida; eis por que a consciência de si também não poderia existir se nela não se contrapusesse ao que conhece um conhecido diferente deste. Assim como objeto algum pode existir sem sujeito, também sujeito algum pode existir sem objeto, noutros termos, ser algum que conhece sem algo diferente dele que é conhecido. Por isso é impossível uma consciência que fosse absoluta inteligência. A inteligência assemelha-se ao Sol, que não ilumina o espaço se ali não houver um objeto que reflita os seus raios. O que conhece, justamente como tal, não pode ser conhecido: do contrário, seria o CONHECIDO de outro que conhece. Como o CONHECIDO na consciência de si encontramos, todavia, exclusivamente a VONTADE. Pois não apenas o querer e decidir, no sentido estrito do termo, mas também todo esforço, desejo, fuga, esperança, temor, amor, ódio, numa palavra, tudo o que constitui imediatamente o próprio bem-estar e mal-estar, prazer e desprazer, é manifestamente apenas afecção da vontade, é agitação, modificação do querer e não querer, é justamente aquilo que,

---

2 Como o autor aqui aproxima vontade de Vontade, apresentando assim a sua psicologia do inconsciente volitivo e desejante, em associação com a sua metafísica da vontade, resolvemos, até porque o filósofo falou logo atrás de *Objektität des individuellen Willens*, objetidade da vontade individual, grafarmos o termo *Wille*, vontade, em boa parte do texto com letra minúscula, sem a diferenciar da Vontade metafísica. Pois, parece-me, o objetivo desse suplemento é precisamente aproximar cada vez mais metafísica de psicologia, sem em momento algum confundi-las.

II 226 quando faz efeito na direção do exterior, expõe-se como // ato da vontade propriamente dito.* Mas em todo conhecimento, o que é conhecido é o elemento primeiro e essencial, não o que conhece; na medida em que aquele é o πρωτότυπος e este o ἔκτυπος.³ Por isso também na consciência de si o que é conhecido, portanto a vontade, tem de ser o primeiro e originário; o que conhece, ao contrário, apenas secundário, o acrescido, o espelho. Eles estão aproximadamente um para o outro como o corpo com luz própria está para o que a reflete; ou ainda, como a corda que vibra está para a caixa de ressonância, e nesse caso o tom resultante seria a consciência. — Como um tal símbolo da consciência podemos também considerar as plantas. Estas têm, como sabido, dois polos, raiz e corola: a primeira esforçando-se por escuridão, umidade, frio, a segunda por luminosidade, sequidão, calor, e, como ponto de indiferença de ambos os polos onde as duas se separam, o rizoma rente ao solo (*rhizoma, le collet*). A raiz é o essencial, originário, perdurável, cuja morte atrai para si a da corola, é, portanto, o primário; a corola, ao contrário, é o ostensivo, mas que brotou e, sem que a raiz morra, perece aos poucos, portanto, é o secundário. A raiz representa a vontade, a corola, o intelecto, e o ponto de indiferença de ambos, o rizoma, seria O EU que, como ponto limite comum, pertence aos dois. Este eu é o *pro tempore*⁴ idêntico sujeito do conhecer e do querer, cuja identidade já denominei em meu primeiríssimo ensaio (*Sobre o princípio de razão*), em meu primeiro espanto filosófico, o milagre κατ' ἐξοχήν.⁵ Trata-se do temporal ponto de início e ancoragem de toda aparência, isto é, da objetivação da vontade: de

---

* Notável é que já AGOSTINHO tenha conhecido isso. De fato, no 14º livro de *Civitate Dei* (c. 6), ele fala das *affectionibus animi* [afecções do ânimo], que ele no livro anterior dividira em quatro categorias, *cupiditas, timor, laetitia, tristitia* [desejo, temor, alegria, tristeza], e diz: *voluntas est quippe in omnibus, imo omnes nihil aliud, quam voluntates sunt: nam quid est cupiditas et laetitia, nisi voluntas in eorum consensionem, quae volumus? et quid est metus atque tristitia, nisi voluntas in dissensionem ab his, quae nolumus?* etc. [a vontade está em todos esses movimentos; todos nada mais são que vontade: pois que são desejo e alegria senão vontade no consentimento daquilo que queremos? E que são medo e tristeza senão vontade na desaprovação daquilo que não queremos? etc.].

3 "Protótipo", "éctipo". (N. T.)
4 "Interinamente", "temporariamente". (N. T.)
5 "Por excelência." (N. T.)

fato, o eu condiciona a aparência, mas é também por ela condicionado. — A comparação aqui apresentada é extensível // até mesmo à índole individual do ser humano. Por outros termos, assim como uma grande corola só brota de uma grande raiz, assim também as grandes capacidades intelectuais só são encontradas em vontades veementes e apaixonadas. Um gênio de caráter fleumático e paixões débeis seria comparável a uma planta suculenta que, a despeito da pequeníssima raiz, teria uma corola de folhas vistosas; mas tal coisa não existe. Ora, que veemência da vontade e passionalidade do caráter são uma condição de superior inteligência verifica-se fisiologicamente no fato de que a atividade do cérebro é condicionada pelo movimento das grandes artérias, que chegam até à *basis cerebri*[6] e comunicam-lhe movimento com cada pulsação; eis por que um enérgico batimento do coração, até mesmo, como diz BICHAT, um pescoço curto, é requisito para uma grande atividade cerebral. O contrário do que acabou de ser dito também se encontra com frequência: apetites veementes, caráter apaixonado e instável em intelecto débil, ou seja, cérebro pequeno e mal conformado em testa grossa; aparência tão frequente quanto repugnante: poder-se-ia comparar tais tipos a beterrabas.

2) Contudo, para não descrever apenas figurativamente a consciência, mas conhecê-la a fundo, temos antes de investigar o que se encontra de maneira igual em cada consciência e que, portanto, comum e constante, também é o essencial. Com isso consideraremos o que diferencia UMA consciência de outra, logo, o que é acidental e secundário.

Só conhecemos a consciência como propriedade dos seres animais: nesse sentido não devemos nem podemos pensá-la de outro modo senão como CONSCIÊNCIA ANIMAL; de forma que essa expressão já é tautológica. — O que, entretanto, sempre se encontra em CADA consciência animal, mesmo a mais imperfeita e débil, o que em realidade está no seu fundamento é a percepção[7] imediata de um DESEJO[8] e da variável satisfação e não satisfação deste

---

6 "Base do cérebro." (N. T.)
7 No original alemão, *Innewerden*, interiorizar, perceber, ter ciência; a outra palavra alemã, que mais comumente vertemos por percepção, é *Wahrnehmung*. (N. T.)
8 No original alemão, *Verlangen*, apetite, desejo, demanda; a outra palavra alemã, mais comum, para desejo é *Wunsch*. (N. T.)

em bem diferentes graus. Isso o sabemos, em certa medida, *a priori*. Pois, por mais espantosamente diferentes que possam ser as inumeráveis espécies animais e por mais estranha que nos apareça uma nova figura delas nunca antes vista; supomos, no entanto, de antemão e com segurança que o seu // mais íntimo ser é bem conhecido, sim, totalmente familiar. Sabemos de fato que o animal QUER e até mesmo o QUE ele quer, a saber, existência, bem-estar, vida e propagação: ora, na medida em que nisso tudo pressupomos com inteira certeza a sua identidade conosco não sentimos hesitação alguma em também atribuir-lhe imodificáveis todas as afecções da vontade que conhecemos em nós mesmos, e falamos sem hesitação de seu apetite, de sua repugnância, de seu medo, de sua raiva, de seu ódio, amor, de sua alegria, tristeza, de seu anelo e assim por diante. Ao contrário, tão logo falamos das ocorrências do simples conhecimento, caímos em incerteza. Não nos arriscamos a dizer que o animal concebe, pensa, julga, conhece: apenas lhe atribuímos decerto representações em geral; pois sem estas a sua VONTADE não poderia sofrer as excitações acima mencionadas. No que se refere a determinados modos de conhecimento deles, e dos seus limites precisos numa dada espécie, temos somente conceitos indeterminados e fazemos conjecturas; daí também amiúde ser difícil nos entendermos com eles e só o conseguimos à base da experiência e prática. Aqui, portanto, residem diferenças de consciência. Ao contrário, é próprio de cada consciência desejar, cobiçar, querer ou repugnar-se, fugir, não querer: o ser humano tem isto em comum com o pólipo. Isto, portanto, é o essencial e a base de cada consciência. A diversidade das exteriorizações desta, nas diversas espécies animais, deve-se à diversa extensão de suas esferas de conhecimento em que são encontrados os motivos daquelas exteriorizações. Todas as ações e atitudes dos animais que expressam movimentos da vontade, compreendemo-las imediatamente a partir do nosso próprio ser; por isso simpatizamos tanto com eles de variadas formas. Por outro lado, o abismo entre nós e eles abre-se única e exclusivamente pela diversidade do intelecto. Talvez haja uma distância bem menor entre um animal muito inteligente e um ser humano deveras limitado que entre uma cabeça obtusa e um gênio; por isso que aqui também a igualdade de ambos, em outros aspectos originada da semelhança de suas inclinações e de seus afetos e que ademais os assimila, por vezes entra em cena de modo surpreendente e provoca espanto. — Essa consideração torna // distinto que em todos os seres animais a VONTADE é o primário e substancial, o INTELECTO, ao contrário, é o secundário, acrescido, sim, um mero instrumento para o serviço da primeira que, conforme as exigências desse serviço, apresenta mais ou menos completude e complexidade. Assim como, de acordo com os fins da vontade de uma espécie animal, essa espécie aparece dotada de casco, garra, mão, asa, chifre ou dente, assim também essa espécie aparece dotada de um cérebro mais ou menos desenvolvido, cuja função é a inteligência requerida para a sua conservação. De fato, quanto mais complicada torna-se a organização na escala ascendente dos animais, tanto mais diversificadas tornam-se também as suas necessidades, e tanto mais variados e especificamente determinados tornam-se os objetos capazes de levar à sua satisfação, conseguintemente, mais tortuosos e longos serão os caminhos para chegar-se a esta, os quais agora, portanto, têm de ser conhecidos e encontrados: nessa mesma medida, as representações dos animais têm de ser mais versáteis, precisas, determinadas e conexas, assim como a sua atenção mais tensa, contínua e desperta, logo, o seu intelecto tem de ser mais desenvolvido e completo. Em conformidade com isso, vemos que o órgão da inteligência, portanto o sistema cerebral junto com os órgãos sensoriais, vão a passos iguais com o incremento das necessidades e com a complexidade do organismo, que o aumento da parte da consciência QUE REPRESENTA (em oposição à parte QUE QUER) expõe-se, corporalmente, numa dimensão sempre crescente do cérebro em geral em relação ao resto do sistema nervoso, e, em seguida, na do cérebro em particular em relação ao cerebelo; pois (segundo FLOURENS) o primeiro é a oficina das representações, o segundo, o guia e ordenador dos movimentos. O último passo que a natureza deu a esse respeito é, entretanto, desproporcionalmente grande. Pois no ser humano a faculdade de representação INTUITIVA, única da qual participam as outras espécies de animais, não apenas alcança o seu grau mais elevado de perfeição mas a ela também acrescenta-se a representação ABSTRATA, o pensamento, vale dizer, a RAZÃO, e com isso a clareza de consciência. Através desse significativo incremento do intelecto, portanto da parte secundária da consciência, ele alcança uma preponderância sobre a parte primária na medida em que se torna predominantemente ativo. De

II 230 fato, enquanto entre os animais a percepção imediata de seus // apetites satisfeitos ou insatisfeitos constitui de longe o conteúdo principal de sua consciência, e em realidade tanto mais quanto mais abaixo na escala dos seres situa-se esse animal, de tal forma que os animais mais abaixo diferenciam-se das plantas apenas por um acréscimo de uma confusa representação, no ser humano ocorre o contrário. Por mais veementes que sejam as suas cobiças, mais até que as de qualquer animal, podendo inclusive crescer até a paixão; contudo, permanece a sua consciência contínua e predominantemente ocupada com representações e pensamentos. Sem dúvida, foi sobretudo isto que deu ocasião àquele erro fundamental de todos os filósofos devido ao qual colocaram o pensamento como o essencial e primário da assim chamada alma, isto é, da vida interior ou espiritual do ser humano, dando-lhe sempre prioridade; e o querer, ao contrário, como um simples resultado do pensamento, como algo secundário e adicionado, subsequente. Mas se o querer resultasse simplesmente do conhecimento, como poderiam então os animais, inclusive os mais abaixo na escala dos seres, e apesar do conhecimento manifestamente limitado, mostrar uma vontade amiúde tão veemente e indomável? Portanto, visto que aquele erro fundamental dos filósofos transforma, por assim dizer, o acidente em substância, isso os leva a desvios dos quais posteriormente não há saída alguma para ser encontrada. — Ora, aquela relativa preponderância da parte QUE CONHECE da consciência sobre a QUE DESEJA,[9] portanto, da secundária sobre a primária, que aparece no ser humano, pode no caso de alguns indivíduos anormalmente favorecidos ir tão longe que nos instantes de suprema elevação a parte secundária ou que conhece da consciência liberta-se por completo da parte que quer, e passa por si mesma a uma atividade livre, ou seja, não mais estimulada pela vontade, portanto, sem servi-la, com o que tal indivíduo torna-se puramente objetivo, límpido espelho do mundo, vindo daí as concepções do GÊNIO que são o objeto do nosso terceiro livro.

3) Quando percorremos a série dos seres em sentido descendente, vemos o intelecto cada vez mais débil e incompleto: mas de maneira alguma ob-

---

[9] No original, *das begehrende*, a parte que tem apetite, que cobiça, que demanda, numa palavra, a que deseja. (N. T.)

servamos uma correspondente degradação da vontade. Antes, esta conserva em toda parte a sua essência idêntica e mostra-se como grande apego à vida, cuidado pelo indivíduo e pela espécie, egoísmo e falta de consideração em relação a todos os demais, ao lado dos // afetos daí provenientes. Mesmo no menor inseto, a vontade está completa e totalmente presente: ele quer o que ele quer tão decisiva e completamente quanto o ser humano. A diferença reside unicamente naquilo QUE o inseto quer, isto é, nos motivos, que todavia são coisa do intelecto. Este, decerto, como secundário e atado ao órgão corporal, possui inumeráveis graus de completude e é em geral essencialmente limitado e incompleto. Ao contrário, a VONTADE, como algo originário e coisa em si, jamais pode ser incompleta; mas todo ato da vontade é por inteiro o que pode ser. Devido à simplicidade natural que pertence à vontade como coisa em si, como o metafísico da aparência, a sua ESSÊNCIA não admite grau algum, mas é sempre integralmente a mesma: tão somente a sua ESTIMULAÇÃO possui graus, da inclinação mais débil até a paixão, e também a sua excitabilidade, portanto, a sua veemência, do temperamento mais fleumático até o mais colérico. Ao contrário, o INTELECTO tem não apenas graus de ESTIMULAÇÃO, desde a sonolência passando pelo humor e o entusiasmo, mas também graus de sua essência mesma, de sua perfeição, a qual, por conseguinte, ascende gradativamente desde a mais baixa, em animais que percebem apenas confusamente, até o ser humano e, neste, desde a cabeça obtusa até o gênio. Só a VONTADE é integralmente ela mesma em toda parte. Pois sua função é de máxima simplicidade: consiste em querer e não querer, o que se efetua com a maior facilidade e sem esforço, sem exigir prática alguma; enquanto o conhecer, ao contrário, tem variadas funções e nunca se realiza por inteiro sem esforço, que é exigido tanto para fixar a atenção e tornar o objeto distinto, como depois em estágio superior para pensar e ponderar; por isso é capaz de grande aperfeiçoamento pelo exercício e pela formação. Se o intelecto apresenta à vontade um simples objeto intuível; então ela expressa de imediato o seu agrado ou desagrado sobre ele: o mesmo se dá quando o intelecto laboriosamente ponderou e ruminou, para, a partir de numerosos dados, por meio de combinações difíceis, finalmente produzir o resultado que melhor parece adequar-se aos interesses da vontade; só que nesse ínterim a vontade descansava ociosa, para então, após o resultado alcançado, entrar em cena igual a um sultão no divã para apenas de novo expressar o seu monótono agrado ou desagrado, // que decerto podem variar segundo diversos graus, mas em sua essência permanecem sempre os mesmos.

Essa natureza radicalmente diferente da vontade e do intelecto, a simplicidade e originariedade essencial à primeira em oposição à índole complicada e secundária do último, torna-se-nos tanto mais distinta caso observemos em nosso interior a peculiar alternância do seu jogo e vejamos em casos singulares como as imagens e os pensamentos que emergem no intelecto colocam a vontade em movimento, e quão separados e diferentes são no todo os papéis de ambos. Isso de fato já podemos perceber em eventos reais nos quais a vontade é vividamente estimulada, embora eles sejam primariamente e em si mesmos simples objetos do intelecto. Contudo, por um lado, não é evidente ali que também essa realidade enquanto tal existe antes de tudo apenas no intelecto; por outro lado, na maioria das vezes a alternância não se dá com a rapidez necessária para que a coisa seja facilmente abarcável e assim corretamente apreensível. Os dois casos, entretanto, ocorrem quando são meros pensamentos e meras fantasias que deixamos fazer efeito sobre a vontade. Quando, por exemplo, estando a sós conosco mesmos ponderamos sobre os nossos assuntos pessoais e presentificamo-nos vividamente a ameaça de um perigo realmente existente e a possibilidade de um desenlace infeliz; então de imediato a ansiedade comprime o nosso coração e o sangue congela nas veias. Mas, se logo o intelecto passa à possibilidade do desenlace oposto, e deixa a fantasia pintar a felicidade longamente esperada e alcançada, então de imediato o pulso segue um batimento saudável e o coração sente-se leve como uma pluma; até que o intelecto desperta de seu sonho. Se alguma ocasião leva à lembrança de uma ofensa ou injúria há muito tempo sofrida: de imediato raiva e ressentimento assaltam o peito até então tranquilo. Mas, em seguida ascende, casualmente estimulada, a imagem de uma amada há tempos perdida conectada a todo o romance com as suas cenas encantadoras; logo então aquela raiva cederá lugar ao profundo anelo e à profunda nostalgia. Por fim, se ainda nos ocorre um antigo incidente vergonhoso: encolhemo-nos, gostaríamos de sumir, esquenta a nossa face e amiúde procuramos nos distrair e nos livrar forçadamente dele mediante alguma sonora // exclamação, como que espantando os maus espíritos. — Nota-se assim que o intelecto toca, e a vontade tem de dançar conforme a música: sim, o primeiro faz a vontade desempenhar o papel de uma criança posta ao bel-prazer por sua babá nos mais diversos estados de ânimo ao tagarelar-lhe e contar-lhe alternativamente coisas alegres e tristes. Isto baseia-se no fato de que a vontade em si mesma é desprovida de conhecimento, mas o entendimento que a acompanha é desprovido de vontade. Por isso ela comporta-se como um corpo que é movimentado, já o intelecto como as causas que a colocam em movimento: pois ele é o médium dos motivos. Em que pese tudo isso, o primado da vontade de novo torna-se distinto quando esta, apesar de, como vimos, dançar a música do intelecto e assim permitir-lhe conduzi-la, faz-lhe sentir em última instância a sua supremacia ao proibir-lhe certas representações e ao impedir terminantemente que certas séries de pensamentos venham à tona, porque sabe, isto é, experiencia pelo intelecto mesmo, que seria colocada em algum dos movimentos emocionais acima expostos: ela o frena agora e o compele a direcionar-se a outras coisas. Por mais difícil que isso amiúde pareça, no entanto, tem de acontecer tão logo a vontade leve a situação a sério: pois a resistência ali não provém do intelecto, que como tal sempre permanece indiferente; mas da vontade mesma, que em um sentido tem inclinação para uma representação que em outro a repugna. De fato, essa representação é em si mesma interessante para a vontade justamente porque a movimenta; porém, ao mesmo tempo o conhecimento abstrato diz-lhe que será posta inutilmente num abalo atormentador ou indigno: a vontade então decide-se agora em conformidade com este último conhecimento e compele o intelecto à obediência. Isto se chama "ser senhor de si mesmo": aqui manifestamente o senhor é a vontade, o servo, o intelecto; pois em última instância a vontade sempre está no comando, portanto, constitui o núcleo propriamente dito, a essência em si do ser humano. Nesse sentido, Ἡγεμονιχον[10] seria um título perfeito para a VONTADE: contudo, parece que

---

10 "Princípio hegemônico." (N. T.)

o mesmo título cabe ao INTELECTO, na medida em que este é o condutor e líder, semelhante ao guia que segue à frente do viajante estrangeiro. Em verdade, entretanto, a comparação mais notável para a relação entre ambos é a do forte cego que carrega nos ombros o paralítico que vê.

// A relação aqui exposta entre a vontade e o intelecto é ademais reconhecível no fato de que as decisões da vontade são originariamente por completo desconhecidas para o intelecto. Este lhe fornece os motivos: contudo, apenas depois, e totalmente *a posteriori*, é que ele experiencia como os mesmos fizeram efeito sobre ela; igual a alguém que faz um experimento químico, aplica os reagentes e depois espera o resultado. De fato, o intelecto permanece tão excluído das verdadeiras decisões e secretas resoluções da própria vontade que às vezes só pode inteirar-se delas espiando, com espanto, como se se tratasse de uma vontade estranha, e tem de surpreendê-la em suas exteriorizações para descobrir as verdadeiras intenções dela. Por exemplo: eu esbocei um plano contra o qual, entretanto, opõe-se em mim um escrúpulo; por outro lado, a sua possível exequibilidade é totalmente incerta, na medida em que depende de circunstâncias exteriores ainda indecididas; por isso seria desnecessário tomar uma decisão sobre o plano, pelo que no momento o deixo em paz. No entanto, amiúde não sei o quão firme ainda estou atado secretamente ao plano, e o quanto desejo, apesar dos escrúpulos, realizá-lo: noutras palavras, o meu intelecto não sabe nada acerca disso. Mas, logo que surge uma notícia favorável à sua execução: de imediato emerge do meu íntimo uma alegria jubilosa e incontida que se espalha por todo o meu ser e o assalta duradouramente, para meu próprio espanto. Só agora o meu intelecto tem a noção do quão firmemente minha vontade já havia abraçado aquele plano e como ele era para esta bastante vantajoso, enquanto o intelecto o tinha por inteiramente problemático e gravemente comprometido pelos escrúpulos em questão. — Ou, em outro caso, assumi com grande zelo um compromisso recíproco que acreditava ser bastante conforme aos meus desejos. À medida que as coisas avançam e as desvantagens e inconvenientes fazem-se sentir, levanto a suspeita de que me arrependo em relação àquilo pelo que tão zelosamente me empenhei: contudo, livro-me dessa suspeita assegurando-me de que, mesmo se esse compromisso não me obrigasse, ainda assim prosseguiria no mesmo caminho. Mas eis então que o compromisso é inesperadamente dissolvido pela outra parte e noto com assombro que isso ocorre para meu grande alívio e alegria. // — Com frequência não sabemos o que desejamos ou o que tememos. Podemos por anos a fio nutrir um desejo sem admiti-lo e nem sequer deixá-lo aparecer na clara consciência porque o intelecto nada deve saber acerca dele; pois a boa opinião que temos sobre nós mesmos sofreria um abalo: no entanto, se o desejo é satisfeito, sentimos com alegria e não sem uma certa vergonha que de fato era isso o que desejávamos: por exemplo, a morte de um parente próximo do qual somos herdeiros. Às vezes, não sabemos o que realmente tememos já que nos falta coragem de trazê-lo à clara consciência. — De fato, com frequência estamos completamente enganados sobre o real motivo que nos leva a fazer ou deixar de fazer alguma coisa, — até que finalmente um acaso revela-nos o mistério e reconhecemos que o real motivo não era o que tomávamos como tal, mas um outro que éramos incapazes de admitir visto que não corresponde de modo algum à boa opinião que temos de nós mesmos. Por exemplo, deixamos de fazer algo por razões puramente morais, pelo menos assim acreditamos; mas depois notamos que foi o puro medo o que nos deteve, pois fazemos tal coisa assim que qualquer perigo é removido. Em determinados casos isso pode ir tão longe que uma pessoa não suspeita qual seja o motivo propriamente dito de sua ação, sim, não considera a si mesma como capaz de ser movida por um semelhante motivo: todavia, é justamente esse o real motivo de sua ação. — De passagem temos em tudo isto uma prova e explicitação da regra de La Rochefoucauld: *l'amour-propre est plus habile que le plus habile homme du monde*;[11] sim, temos aí até mesmo um comentário ao socrático γνῶθι σαυτόν[12] e sua dificuldade. Se, ao contrário, como todos os filósofos supõem, o intelecto constitui a nossa verdadeira essência, e as decisões da vontade são um simples resultado do conhecimento; então precisamente apenas o motivo pelo qual supomos ser levados a agir tem de ser decisivo para o nosso valor moral; de maneira análoga a que a intenção, e não o resultado, é decisivo a esse respeito. Mas se assim fosse, então a distinção entre motivos supostos e

---

11 "O amor-próprio é mais hábil que a mais hábil pessoa do mundo." (N. T.)
12 "Conhece-te a ti mesmo." (N. T.)

motivos reais é impossível. — Todos os casos aqui expostos, e todos aqueles análogos nos quais uma pessoa atenta pode observar em si mesma, permite-nos ver como o intelecto é tão estranho à vontade // que chega até mesmo a ser por ele mistificada: pois ele, decerto, fornece-lhe os motivos, porém não penetra na secreta oficina de suas decisões. É decerto um confidente da vontade, todavia, um confidente que não sabe de tudo. Uma confirmação disto é também dada pelo fato de que a maioria das pessoas alguma vez terá tido a oportunidade de observar em si mesma que às vezes o intelecto não confia totalmente na vontade. De fato, quando tomamos alguma grande e ousada decisão — que enquanto tal é, propriamente dizendo, apenas uma promessa feita pela vontade ao intelecto –, permanece em nosso íntimo uma leve e inconfessa dúvida se a coisa é realmente séria, se na sua execução não iremos vacilar ou recuar, ou se realmente teremos a firmeza e a determinação necessárias para levá-la a bom termo. É preciso, portanto, o fato consumado para convencermo-nos da sinceridade da decisão. —

4) O INTELECTO se cansa; a VONTADE é incansável. — Após prolongado trabalho da cabeça sentimos a fadiga do cérebro, como sentimos a fadiga dos braços após prolongado trabalho corporal. Todo CONHECIMENTO está ligado a esforço: QUERER, ao contrário, é nossa essência espontânea, verdadeira, cujas exteriorizações ocorrem sem qualquer esforço e por si mesmas. Por isso quando nossa VONTADE é veementemente estimulada, como em todos os afetos, portanto na ira, no medo, na cobiça, na aflição etc. e somos exortados ao CONHECIMENTO, talvez com a intenção de corrigir os motivos daqueles afetos; então a violência que ali temos de fazer-nos testemunha o trânsito da atividade originária, natural e espontânea à derivada, mediata e forçada. Pois somente a vontade é αὐτόματος[13] e por aí ἀχάματος χαὶ ἀγήρατος ἤματα πάντα (*lassitudinis et senii expers in sempiternum*).[14] Somente ela é ativa de maneira espontânea, por conseguinte, amiúde demasiado cedo, em excesso e não conhece cansaço algum. Crianças recém-nascidas, que mal exibem os primeiros traços tênues de inteligência, já são plena vontade própria: através de seu choro e grito incontroláveis e sem fim mostram o ímpeto volitivo

---

13 "Que se move por si mesma." (N. T.)
14 "Incansável e que nunca envelhece." (N. T.)

II 237 do qual estão cheias, // embora o seu querer não tenha objeto algum, isto é, elas querem sem saber o que querem. Aqui também cabe aquilo que CABANIS observa: *Toutes ces passions, qui se succèdent d'une manière si rapide, et se peignent avec tant de naïveté, sur le visage mobile des enfans. Tandis que les faibles muscles de leurs bras et de leurs jambes savent encore à peine former quelques mouvemens indécis, les muscles de la face expriment déjà par des mouvemens distincts presque toute la suite des affections générales propres à la nature humaine: et l'observateur attentif reconnait facilement dans ce tableau les traits caractéristiques de l'homme futur* (Rapports du physique et moral, v. I, p.123).[15] O intelecto, ao contrário, desenvolve-se lentamente, seguindo o aperfeiçoamento do cérebro e a maturação de todo o organismo, que é a sua condição; justamente porque o intelecto não passa de uma função somática. Ora, como já ao sétimo ano o cérebro atingiu o seu tamanho total, as crianças, a partir daquela idade, tornam-se notavelmente inteligentes, ávidas de saber e razoáveis. Após isso surge a puberdade: em certa extensão ela confere ao cérebro um apoio ou ressonância, e, de um só golpe, eleva o intelecto a um grau mais alto, semelhante a uma oitava, correspondente à queda de uma voz em igual medida. Mas, ao mesmo tempo, os desejos e as paixões animais que entram em cena opõem-se agora à razoabilidade que antes predominava, e essa situação é progressiva. Da índole incansável da vontade testemunha-o ainda aquele erro que, para mais ou para menos, é próprio à natureza de todo ser humano e só corrigível mediante formação: a PRECIPITAÇÃO. Esta consiste no fato de a vontade fechar antes do tempo o seu negócio. Este é a parte puramente ativa e executiva que só deve entrar em cena quando a parte explorativa e deliberativa, portanto, a que conhece, tiver levado a efeito por completo o seu negócio. Porém, raras vezes esse lapso de tempo é efetivamente observado. Basta o conhecimento apreender e acumular superficialmente alguns poucos dados sobre as circunstâncias presentes, ou os eventos ocorridos, ou as opiniões alheias compartilhadas,

---

15 "Todas essas paixões, que se sucedem de uma maneira tão rápida, e são pintadas com tanta ingenuidade na feição móvel das crianças. Enquanto os fracos músculos de seus braços e de suas pernas pouco sabem articular alguns movimentos indecisos, os músculos da face já exprimem por movimentos distintos quase toda a sequência de afecções gerais próprias à natureza humana: e o observador atento reconhece facilmente nesse quadro os traços característicos do futuro ser humano." (N. T.)

para logo emergir sem ser chamada, do fundo de nosso ânimo, a sempre preparada e nunca fatigada vontade, mostrando-se como terror, medo, esperança, alegria, // desejo, inveja, aflição, zelo, ira, coragem, e impele a rápidos atos ou rápidas palavras, aos quais seguem-se na maior parte das vezes arrependimento, depois de o tempo ter ensinado que o hegemônico, o intelecto, não foi capaz de concluir sequer pela metade o seu negócio de apreender as circunstâncias, ponderar as suas conexões e decidir sobre o aconselhável, porque a vontade não esperou, mas bem antes do seu tempo saltou adiante com um "agora isso é comigo!", e de imediato assumiu a parte ativa, sem que o intelecto pudesse opor resistência, já que é um mero escravo e servo da vontade e não, como esta, αὐτόματοσ, nem é ativo com força e ímpeto próprios; por isso é facilmente posto de lado pela vontade e conduzido ao repouso com um simples aceno dela; enquanto ele, por seu turno, raramente e com extremo esforço consegue trazê-la a uma simples e breve pausa, a fim de ter a palavra. Por isso são bastante raras as pessoas – encontradas quase exclusivamente entre espanhóis, turcos e possivelmente entre ingleses – que, mesmo sob as circunstâncias mais provocativas, MANTÊM A CABEÇA NO LUGAR, prosseguem imperturbáveis na apreensão e investigação do estado das coisas e, ali onde outros já estariam fora de si, *con mucho sosiego*[16] fazem uma outra pergunta; o que é totalmente diferente da serenidade de muitos holandeses e alemães baseada na fleuma e apatia. Uma ilustração incomparável dessa elogiável qualidade foi feita pelo ator IFFLAND, como Hetmann dos Cossacos, em *Benjowski*, quando os conjurados o atraem a sua tenda e apontam-lhe o fuzil à cabeça indicando que atirariam se gritasse: IFFLAND então sopra no cano do fuzil para saber se ele estava mesmo carregado. – De dez coisas que nos afligem, nove não o conseguiriam, caso as compreendêssemos a fundo a partir das suas causas e conhecêssemos assim a sua necessidade e verdadeira índole: isso lograríamos com muito mais frequência se as convertêssemos em objeto de ponderação antes de fazê-las objeto de zelo e desgosto. – Pois o que a rédea é para um cavalo desenfreado, isso é no ser humano o intelecto para a vontade: por tal rédea a vontade tem de ser guiada por meio de ensinamento, exortação, formação

---

16 "Com muito sossego." (N. T.)

II 239 etc.; pois em si mesma a vontade é um ímpeto tão selvagem e tempestuoso // como a força que aparece na queda d'água, — sim, como sabemos, no fundo é idêntica com essa força. No grau mais elevado de ira, na embriaguez, no desespero, a vontade tomou as rédeas entre os dentes, deixou de ser guiada e segue a sua natureza originária. Na *mania sin delirio* perdeu por completo as rédeas, e mostra então da forma mais distinta a sua essência originária, e que o intelecto é tão diferente dela quanto as rédeas do cavalo: também pode-se compará-la nesse estado ao relógio que, após ter certo parafuso removido, recebe corda sem parar.

Por conseguinte, também essa consideração mostra-nos a vontade como o originário e, portanto, metafísico, o intelecto, ao contrário, como algo secundário e físico. Pois, como tal, o intelecto, como tudo o que é físico está submetido à *vis inertiae*,[17] portanto, só se torna ativo quando é impulsionado por algo outro, pela vontade, que o domina, controla, estimula-o ao esforço, numa palavra, confere-lhe a atividade que originariamente não lhe é inerente. Por isso descansa voluntariamente assim que lhe é permitido e amiúde mostra-se INDOLENTE e indisposto para a atividade: através de esforço contínuo fatiga-se até o total embotamento, torna-se esgotado como a pilha voltaica após repetidas descargas. Eis por que todo trabalho intelectual contínuo requer pausa e descanso: do contrário, segue-se estupidez e incapacidade; em princípio só provisoriamente. Mas se esse repouso for constantemente negado ao intelecto, o mesmo torna-se tenso de modo excessivo e ininterrupto; e a consequência é um embotamento permanente que na idade avançada pode chegar até à incapacidade total, ao infantilismo, à idiotice e loucura. Não à idade em e por si mesma, porém à longa e contínua sobretensão tirânica do intelecto, ou cérebro, deve-se atribuir a razão desse mal quando ele aparece nos últimos anos de vida. Daí explicar-se por que SWIFT tornou-se louco, KANT infantil, WALTER SCOTT e também WORDSWORTH, SOUTHEY e muita *minorum gentium*[18] tornaram-se embotados e incapazes. GOETHE permaneceu até o fim de sua vida lúcido, vigoroso e ativo intelectualmente; porque, sempre um homem da corte e do mundo, jamais

---

17 "Força inercial." (N. T.)
18 "Gente de menor expressão." (N. T.)

exerceu com autoconstrangimento as suas ocupações espirituais. O mesmo vale de WIELAND, e KNEBEL em seus 91 anos, bem como de VOLTAIRE. Tudo // isso, entretanto, mostra o quão secundário, físico e um simples instrumento é o intelecto. Justamente por isso também necessita, durante quase um terço do seu tempo de vida, da completa suspensão de sua atividade no sono, isto é, da completa suspensão de sua atividade no repouso do cérebro, do qual é simples função, cérebro este que, portanto, o precede assim como o estômago precede a digestão, ou o corpo os seus impactos, e junto com o qual, na idade avançada, torna-se deteriorado e exausto. — Por outro lado, a VONTADE como coisa em si nunca é indolente, mas absolutamente infatigável, sua atividade é sua essência, jamais cessa de querer, e, quando, durante o sono profundo, é abandonada pelo intelecto e por conseguinte não pode atuar para fora via motivos, é então ativa como força vital, cuida com tanto menos interrupção da economia interna do organismo e, como *vis naturae medicatrix*,[19] volta também a pôr em ordem as irregularidades que se introduziram nele. Pois a vontade não é, como o intelecto, uma função do corpo; mas O CORPO É SUA FUNÇÃO: portanto, *ordini rerum*,[20] precede-lhe como seu substrato metafísico, como o em si da sua aparência. Comunica, na duração da vida, a sua infatigabilidade ao CORAÇÃO, este *primum mobile*[21] do organismo que, correspondentemente, tornou-se seu símbolo e sinônimo. Ademais, a vontade não declina na idade avançada, porém continua a querer o que sempre quis, sim, torna-se mais dura e inflexível que na juventude, mais irreconciliável, mais obstinada, mais indomável, já que o intelecto se tornou menos receptivo: daí que não se pode manejá-la senão servindo-se da fraqueza deste.

Também a usual FRAQUEZA E IMPERFEIÇÃO do intelecto, tal qual ela revela-se na falta de juízo, limitação, perversidade e insensatez da maioria dos seres humanos seria completamente inexplicável se o intelecto não fosse algo secundário, acrescido, meramente instrumental, e sim a essência imediata e originária da assim chamada alma ou, em geral, do interior do ser

---

19 "Poder curador da natureza." (N. T.)
20 "Na ordem das coisas." (N. T.)
21 "Primeiro móvel", "movimento". (N. T.)

humano; como foi assumido por todos os filósofos até agora. Pois, como poderia a essência originária em sua função imediata e própria falhar e errar com tanta frequência? O REALMENTE originário na consciência humana, o QUERER, é sempre perfeito: cada ser quer sem cessar de maneira vigorosa e decidida. Considerar o imoral na vontade como uma imperfeição dela seria um ponto de vista fundamentalmente falso: antes, a moralidade tem uma fonte que reside propriamente já para além da natureza, por conseguinte, está em contradição com as expressões desta. Justamente por isso a moralidade opõe-se diretamente à vontade natural, que enquanto tal é em si absolutamente egoísta, sim, o prosseguimento no caminho moral conduz à supressão do querer. Sobre isso remeto ao nosso quarto livro e ao meu ensaio (que concorreu a prêmio) *Sobre o fundamento da moral*.[22]

5) Que a VONTADE é o real e essencial no ser humano, o INTELECTO, entretanto, apenas o secundário, condicionado, gerado, torna-se claro no fato de que este só pode desempenhar de maneira completamente pura e correta a sua função pelo tempo em que a vontade silencia e faz pausa; por outro lado, a função do intelecto é perturbada através de cada estímulo observável da vontade que, por sua interferência, falseia os resultados dele: o inverso não se observa, ou seja, que o intelecto seja de maneira semelhante um empecilho à vontade. Assim, a Lua não pode fazer efeito quando o Sol está no céu; de fato, não é empecilho para este.

Um grande HORROR amiúde priva-nos dos nossos sentidos, e assim quedamos petrificados ou fazemos exatamente o contrário do que devemos fazer, por exemplo, na irrupção de incêndio corremos diretamente para as chamas. A IRA não nos deixa mais saber o que fazemos, muito menos o que dizemos. A PAIXÃO, por isso chamada de cega, torna-nos incapazes de ponderar os argumentos dos outros ou até mesmo de escolher os nossos próprios e ordená-los. A ALEGRIA faz-nos imprevisíveis, sem consideração e audazes: efeito quase igual faz o DESEJO intenso. O MEDO impede-nos de ver e recorrer a meios de ajuda ainda existentes e amiúde próximos. Por isso, SANGUE-FRIO E PRESENÇA DE ESPÍRITO são as qualidades essenciais para

---

22 Concorreu em 1840 a prêmio pela Real Sociedade de Ciências da Dinamarca, Copenhague, e não foi premiado. (N. T.)

livrar-nos de súbitos perigos bem como para lutar contra adversários e inimigos. A primeira qualidade consiste no silêncio da vontade em vista de o intelecto poder agir; a segunda, na atividade imperturbável do intelecto sob a pressão dos acontecimentos impactantes no querer: por isso justamente o sangue-frio é condição da presença de espírito, e ambos são estreitamente afins, raros, existentes só em porções limitadas. São, todavia, de valor inestimável, pois permitem o uso do intelecto // nos momentos em que mais precisamos dele, e, nesse sentido, conferem decisiva superioridade. Quem não possui tais qualidades só sabe o que fazer ou dizer depois que a ocasião passou. Muito acertadamente diz-se daquela pessoa possuída pelos afetos — isto é, cuja vontade está tão estimulada que suprime a pureza da função do intelecto — que ela está ULTRAJADA:[23] pois nosso conhecimento correto das circunstâncias e relações é nossa defesa e arma na luta com as coisas e pessoas. Nesse sentido, diz BALTASAR GRACIÁN: *es la passion enemiga declarada de la cordura (die Leidenschaft ist der erklärte Feind der Klugheit).*[24] — Se o intelecto não fosse algo totalmente diferente da vontade, mas, como se concebeu até agora, conhecer e querer fossem na raiz uma única e mesma coisa e constituíssem funções igualmente originárias de um ser absolutamente simples; seguir-se-ia que, com a excitação e intensificação da vontade (em que consiste o afeto), o intelecto também teria de intensificar-se: só que, como vimos, por aí o intelecto é antes entorpecido e deprimido, motivo pelo qual os antigos chamaram o afeto de *animi pertubatio*.[25] Em realidade, o intelecto assemelha-se à superfície de um espelho d'água, a água dele, entretanto, assemelha-se à vontade, cujo abalo, conseguintemente, suprime de imediato a sua pureza e a distinção das suas imagens. O ORGANISMO é a vontade mesma, é VONTADE corporificada, isto é, objetivamente intuída no cérebro: por isso muitas das funções do organismo, como respiração, circulação sanguínea, secreção biliar, força muscular são intensificadas e

---

23 No original alemão, *entrüstet*, ou seja, ao pé da letra, sem armas, desarmado, por negação, *ent*, do armar-se, *rüsten*.
24 "A paixão é a inimiga declarada da cordura." [Entre parêntesis, a tradução de Schopenhauer do castelhano para o alemão. "Cordura" é traduzida por ele como *Klugheit*, prudência.] (N. T.)
25 "Perturbação do ânimo." (N. T.)

aceleradas pelos alegres, e em geral, pelos robustos afetos. O INTELECTO, ao contrário, é a mera função do CÉREBRO, que é alimentado e sustentado, como se fosse um parasita, pelo organismo: por consequência, toda perturbação da VONTADE, e com ela do ORGANISMO, tem de perturbar ou paralisar a função cognitiva do cérebro, que, existindo para si mesma, não conhece outras necessidades senão as do repouso e da alimentação.

Mas esse influxo perturbador da atividade da vontade sobre o intelecto não é demonstrável apenas nas perturbações produzidas pelos afetos; mas também em muitos outros mais graduais, e por consequência, mais persistentes falseamentos do pensamento através de nossas inclinações. A ESPERANÇA deixa-nos mirar o que desejamos, e o medo, o que nos preocupa, como algo // provável e próximo — ambos aumentam o seu objeto. PLATÃO (segundo Eliano, *Variae Historiae*, 13, 28) chamou de modo bastante belo a ESPERANÇA de sonho do desperto. A essência da esperança reside em que a vontade, quando seu servo, o INTELECTO, não é capaz de fornecer o objeto desejado, obriga-o ao menos a pintá-lo e a em geral assumir o papel de consolador, apaziguando desse modo o seu senhor como a ama o faz com a criança ao narrar-lhe contos de fada e sustentar a estes de forma que ganham ares de verossimilhança; com isso o intelecto tem de fazer violência à própria natureza, na medida em que é compelido, contrário às suas leis, a tomar por verdadeiras coisas que não são verdadeiras, nem prováveis, e amiúde raramente são possíveis — tudo isso em vista de apaziguar, acalmar e fazer dormir por instantes a inquieta e indômita VONTADE. Aqui vê-se claramente quem é SENHOR e quem é SERVO. — Talvez muitos já tenham feito a observação de que, quando um assunto importante para eles admite diversos desfechos que foram todos trazidos a um único juízo disjuntivo, que na própria opinião é considerado completo, a saída entretanto é inteiramente diferente e no todo inesperada: mas talvez não tenham observado que essa saída fora então quase sempre a mais desfavorável para eles. Isto pode ser explicado pelo fato de que, quando o INTELECTO supunha ter contemplado exaustivamente todas as possibilidades, a pior de todas permaneceu-lhe por completo invisível; porque a VONTADE, por assim dizer, a manteve tapada com a mão, isto é, dominou de tal maneira o intelecto que ele não foi capaz de mirar o pior de todos os casos, embora este, visto que se tornou real, era o mais provável. No entanto, em ânimos predominantemente melancólicos ou marcados por este sentimento, o processo inverte-se, pois aqui a preocupação desempenha o papel que lá é desempenhado pela esperança. Já o primeiro sinal de perigo coloca-os em estado de horripilante medo. Se o intelecto começa a investigar as coisas; então é rejeitado como incompetente, sim, como sofista enganoso, porque é no coração que se deve acreditar, cuja apreensão é agora justamente tomada como argumento válido para a realidade e grandeza do perigo. Nesse sentido o intelecto não tem permissão de procurar os bons contra-argumentos que logo reconheceria, se abandonado a si mesmo; // mas é obrigado a representar até mesmo a saída mais infeliz, apesar de ele mesmo só poder pensá-la como possível.

> *Such as we know is false, yet dread in sooth,*
> *Because the worst is ever nearest truth.*
> (Byron, *Lara*, c. I)[26]

AMOR e ÓDIO falseiam por completo o nosso juízo: em nossos inimigos vemos apenas defeitos, em nossos entes queridos, puros méritos e mesmo os defeitos destes parecem-nos dignos de apreciação. Um poder oculto semelhante a esse é exercido por nosso PRECONCEITO, não importa o tipo, sobre o nosso juízo: o que é adequado ao preconceito aparece-nos de imediato como equitativo, justo, razoável; o que lhe é contrário se apresenta a nós em plena seriedade como injusto e repugnante ou contraproducente e absurdo. Daí tantos prejuízos relacionados a classe social, ocupação, nação, seita, religião. Uma hipótese admitida confere-nos olhos de lince para tudo o que a confirme e nos torna cegos para tudo o que a contradiga. O que se contrapõe ao nosso partido, ao nosso plano, ao nosso desejo, à nossa esperança amiúde não podemos sequer apreender e compreender, enquanto para todas as demais pessoas está claro: ao contrário, aquilo que é favorável a tudo isso salta de longe aos nossos olhos. O que se opõe ao coração, a cabeça não admite. Durante toda a vida aferramo-nos a muitos erros e tomamos o

---

26 "Algo que reconhecemos como falso, contudo tememos seriamente, / Porque o pior sempre está mais próximo da verdade." [Trad. de Schopenhauer para o alemão: *Etwas, das wir als falsch erkennen, dennoch ernstlich fürchten; weil das Schlimmste stets der Wahrheit am nächsten liegt.*] (N. T.)

cuidado de nunca examinar os seus fundamentos, simplesmente por causa de um temor, inconsciente em nós mesmos, de poder fazer a descoberta de que acreditamos e afirmamos por tanto tempo e com tanta frequência o que é falso. – Assim, nosso intelecto é diariamente seduzido e corrompido pelas miragens da inclinação. Isso foi expresso de maneira muito bela por BACON DE VERULAM nas palavras: *Intellectus* luminis sicci *non est; sed recipit infusionem a voluntate et affectibus: id quod generat ad quod vult scientias: quod enim mavult homo, id potius credit. Innumeris modis, iisque interdum imperceptibilibus, affectus intellectum imbuit et inficit* (*Org. nov.*, I, 14).[27] Evidentemente, é isso o que também se contrapõe a todas aquelas novas visões nas ciências e a todas as refutações de erros sancionados: pois ninguém verá facilmente a correção de algo que testemunha a própria inacreditável falta de pensamento. Exclusivamente isto explica por que as verdades tão claras e simples da teoria das cores de Goethe ainda são negadas pelos físicos; com o que até mesmo GOETHE teve de experienciar o quão mais árdua é a posição de alguém que promete instrução às pessoas e não entretenimento; por isso é muito mais afortunado ter nascido para ser poeta que para ser filósofo. Por outro lado, quanto mais obstinadamente um erro foi sustentado, tanto mais vergonhoso é que depois se o prove como tal. No caso de um sistema refutado, como no de um exército vencido, o mais prudente é aquele que primeiro bate em retirada.

Um pequeno e risível exemplo, no entanto notável, daquele misterioso e imediato poder que a vontade exerce sobre o intelecto encontra-se nos casos das contas que frequentemente erramos mais em nossa vantagem que desvantagem, e em verdade sem a menor intenção desonesta, simplesmente através de uma inclinação inconsciente para diminuir nosso débito e aumentar nosso *crédito*.

Por fim, correspondentemente ao aqui dito pertence o fato de que, quando se trata de dar um conselho, o conselheiro sempre se deixa guiar por suas intenções, que preponderam na maior parte das vezes sobre a sua intelecção,

---

[27] "O intelecto não é uma *luz seca*, mas recebe influência da vontade e dos afetos, com os quais produz conhecimentos conforme a nossa vontade: o ser humano prefere antes de tudo acreditar naquilo que mais quer. O afeto influencia e afeta o intelecto de inumeráveis modos, que por vezes são imperceptíveis." (N. T.)

por maior que esta seja; por conseguinte, não devemos assumir que ele fale a partir desta quando desconfiamos da sua intenção. O quão pouco, até mesmo de pessoas de outra forma honestas, podemos esperar uma perfeita retidão de caráter assim que interesses pessoais estejam em jogo, pode-se verificar justamente naqueles casos em que frequentes vezes enganamos a nós mesmos quando a esperança nos espora, ou o temor nos transtorna, ou a suspeita nos atormenta, ou a vaidade nos infla, ou uma hipótese nos cega, ou uma pequena e próxima meta obstrui uma grandiosa porém distante: pois em tudo isso vemos a imediata e inconsciente influência danosa da vontade sobre o conhecimento. Por isso não nos deve surpreender que, em casos de questionamento e conselho, a vontade da pessoa questionada de imediato dita a resposta antes mesmo que a questão possa entrar no fórum de seu juízo.

Com breves palavras gostaria aqui de apontar para aquilo que explicarei detalhadamente no livro seguinte, vale dizer, que // o mais perfeito conhecimento, portanto o puramente objetivo, isto é, a apreensão genial do mundo, é condicionado por um tão profundo silêncio da vontade que, enquanto prolonga-se, até mesmo a individualidade desaparece da consciência e a pessoa permanece apenas como PURO SUJEITO DO CONHECIMENTO, que é o correlato da Ideia.

A demonstrada influência perturbadora da vontade sobre o intelecto através de todos aqueles fenômenos e, ao contrário, a fragilidade e debilidade deste devido à qual é incapaz de operar corretamente enquanto a vontade está de algum modo em movimento, fornece-nos, portanto, mais uma prova de que a vontade é o radical em nosso ser e faz efeito com poder originário, já o intelecto, como algo acrescido e condicionado de diversos modos, só pode fazer efeito secundária e condicionalmente.

Não existe uma perturbação imediata da vontade pelo conhecimento correspondente às expostas perturbações e turvamentos daquela sobre este: sim, não podemos sequer fazer-nos o conceito de uma tal coisa. Ninguém tentará interpretar ao contrário dizendo que motivos falsamente apreendidos levam a vontade a errar; pois aqui trata-se de um defeito do intelecto em sua função própria, produzido exclusivamente em seu âmbito, e cuja influência sobre a vontade é por inteiro mediata. Mais plausível seria entender por aí a INDECISÃO, como no caso em que, mediante o conflito dos motivos apresentado pelo intelecto à vontade, essa queda em suspenso, portanto é travada. Somente por uma consideração mais meticulosa tornar-se-á bem mais distinto que a causa dessa travação não reside na atividade do INTELECTO enquanto tal, mas única e exclusivamente nos OBJETOS EXTERIORES intermediados por ele, e que, dessa vez, estão numa tal relação com a vontade aqui interessada que a atraem para diferentes direções com semelhante força: essa verdadeira causa faz efeito meramente ATRAVÉS do intelecto como o médium dos motivos; embora, evidentemente, apenas sob a pressuposição de que ele seja suficientemente aguçado para apreender os objetos e as suas diversas relações. Irresolução, como traço de caráter, é condicionada tanto por propriedades da vontade quanto do intelecto. Não é, evidentemente, própria de cabeças extremamente limitadas; em parte porque o entendimento débil delas não lhes permite descobrir // tantas variadas características e relações nas coisas, em parte porque são tão incapazes do esforço de ponderar e ruminar tais coisas e depois sobre as consequências prováveis de cada passo, que antes preferem logo decidir-se conforme a primeira impressão ou algum tipo simples de regra de conduta. O inverso disso ocorre com pessoas de considerável entendimento: por isso tão logo a estas surge uma leve preocupação com o próprio bem-estar, isto é, um egoísmo bastante sensitivo que de modo algum quer perder e sempre pretende estar a salvo; produz-se a cada passo um certo temor e, portanto, a irresolução. Essa propriedade, por conseguinte, de modo algum indica falta de entendimento, mas de coragem. Contudo, cabeças bastante eminentes abarcam as relações e os seus desdobramentos prováveis com uma tal rapidez e segurança que, caso apenas sejam apoiadas por certa coragem, adquirem aquela célere resolução e firmeza que as capacitam a desempenhar um significativo papel no mundo dos negócios, se tempo e circunstâncias disponibilizarem a oportunidade para isso.

A única decidida travação e perturbação imediata que a vontade pode sofrer do intelecto enquanto tal, embora bastante excepcional, é aquela em consequência de um desenvolvimento anormalmente preponderante dele, portanto, em consequência daquele elevado dom chamado gênio. Este, de fato, é decididamente obstrutivo à energia do caráter e, por consequência, ao poder de ação. Eis por que não são os espíritos propriamente grandiosos os que estão destinados a serem caracteres históricos, na medida em que estes, capazes de conduzir e dominar a massa da humanidade, desbravam caminhos no mundo dos negócios; mas aqui até mesmo pessoas de muito menor capacidade de espírito conseguem ser aptas para isso quando têm grande firmeza, resolução e tenacidade de vontade, como não existem em inteligências altamente elevadas; nestas, de fato, se dá o caso no qual o intelecto trava diretamente a vontade.

6) Em oposição aos mencionados obstáculos e travações que o intelecto sofre da vontade, gostaria agora de mostrar em alguns exemplos como, inversamente, as funções do intelecto são por vezes fomentadas e incrementadas // pelo estímulo e a espora da vontade; de maneira que, também nisso, reconheceremos a natureza primária de uma e a secundária do outro e tornar-se-á visível que o intelecto está para vontade numa relação de instrumento.

Um motivo que faz efeito poderosamente como o desejo anelante e a necessidade premente eleva por vezes o intelecto a um grau do qual antes jamais o acreditávamos capaz. Circunstâncias difíceis que trazem a necessidade de certas realizações desenvolvem em nós talentos completamente novos cujos gérmens permaneceram-nos ocultos, e para os quais não acreditávamos ter capacidade alguma. — O entendimento da pessoa mais obtusa torna-se aguçado quando se trata de objetos que intimamente dizem respeito à sua vontade: ela agora observa, considera e diferencia com grande fineza também as mais reles circunstâncias que têm relação com os seus desejos ou temores. Isso em muito contribui para a astúcia dos néscios, amiúde observada com surpresa. Eis por que Isaías diz com razão *vexatio dat intellectum*[28] que, por conseguinte, também é empregado como provérbio: afim a ele é o provérbio alemão "a necessidade é a mãe das artes", — do qual, no entanto, há de excluir-se as belas-artes; pois o núcleo de cada uma das obras destas, a saber, a concepção, tem de provir de uma intuição completamente destituída de vontade e apenas assim puramente objetiva, se pretenderem ser autênticas. — Até mesmo o entendimento dos

---

28 "A necessidade dá intelecto." (N. T.)

animais é significativamente elevado pela necessidade, de tal modo que em situações difíceis realizam coisas que nos espantam: por exemplo, quase todos os animais calculam que é mais seguro não fugir quando acreditam não serem vistos: daí a lebre ficar quieta no sulco do campo e deixar o caçador passar junto a ela; insetos, quando não podem escapar, fazem-se de mortos, e assim por diante. Pode-se conhecer mais exatamente tal tipo de influência através da especial história de autoinstrução do lobo sob a espora da grande dificuldade de sua posição na Europa civilizada: é encontrada na segunda carta do excelente livro *Lettres sur l'intelligence et la perfectibilité des animaux*. Logo depois, na terceira carta, segue-se a escola de altos estudos da raposa que, em situação igualmente difícil, possui muito menos forças corporais que, todavia, são substituídas nela por um maior entendimento, o qual, no entanto, alcança o elevado grau de astúcia que a caracteriza, especialmente na idade avançada, apenas mediante a luta contínua contra, de um lado, a necessidade, e, de outro, o perigo, // portanto, sob a espora da vontade. Em todas essas elevações do intelecto, a vontade desempenha o papel de um jóquei que, com a espora, impulsiona o seu cavalo para além da medida natural de suas forças.

De maneira semelhante, também o nível da MEMÓRIA é elevado pelo ímpeto da vontade. Ainda que fraca em outros casos, mesmo assim retém perfeitamente o que tem valor para a paixão predominante. O enamorado não esquece oportunidade alguma que lhe é favorável, o ambicioso, circunstância alguma adequada aos seus planos, o avaro jamais esquece a perda sofrida, o orgulhoso, a injúria sofrida, o vaidoso guarda cada palavra de louvor e até mesmo a mais ínfima distinção que lhe foi feita. Também isso estende-se aos animais: o cavalo para diante da estalagem na qual há muito tempo foi alimentado: cães têm uma excelente memória para todas as ocasiões, momentos e lugares que lhes proporcionaram um bom bocado de comida; e raposas uma excelente memória para os diversos esconderijos nos quais depositaram uma rapina.

A auto-observação dá oportunidade para as mais finas considerações nesse sentido. Às vezes, devido a uma perturbação, foge-me completamente o que estava naquele momento pensando, ou até mesmo qual foi a notícia que acabou de chegar aos meus ouvidos. No entanto, se a coisa tinha apenas um interesse distante e pessoal; permanece o eco do efeito da impressão que exerceu sobre a VONTADE: fico completamente consciente do quão agradável ou desagradavelmente afetou-me e também da maneira especial como ocorreu, a saber, se, mesmo num grau débil, ofendeu-me ou amedrontou-me, irritou-me ou afligiu-me, ou se, ao contrário, despertou as afecções contrárias a estas. Portanto, somente a relação da coisa com a minha vontade conservou-se em minha memória, após a coisa mesma ter-me escapado, e amiúde essa relação torna-se de novo o fio condutor para retornar à coisa mesma. De maneira análoga, às vezes faz-nos efeito a visão de uma pessoa, na medida em que apenas nos recordamos de maneira geral de termos travado algum contato com ela sem contudo sabermos onde, quando e em que circunstâncias, muito menos quem ela seja; por outro lado, a sua // visão ainda desperta exatamente a mesma impressão que outrora o contato com ela estimulara em nós, a saber, se agradável ou desagradável, também em que grau e de que tipo foi: nesse sentido, somente a aprovação ou desaprovação da VONTADE foi conservada na memória, não Aquilo que a produziu. Ora, Aquilo que subjaz a esse processo poderíamos denominar a memória do coração: que é muito mais íntima que a memória da cabeça. No fundo, entretanto, a conexão entre as duas memórias vai tão longe que, se meditarmos a fundo sobre o assunto, chegaremos à conclusão de que a memória em geral precisa da base de uma vontade como um ponto de contato, ou antes, como um fio condutor no qual enfileiram-se as lembranças e que as retém juntas firmemente; ou então, a vontade é, por assim dizer, a superfície na qual colam-se as lembranças isoladas e sem a qual as mesmas não poderiam ser fixadas; portanto, não se pode conceber a memória em uma pura inteligência, isto é, num ser que só conhece e completamente desprovido de vontade. Por conseguinte, a antes mencionada elevação da memória pela espora da paixão dominante é apenas o grau superior Daquilo que ocorre em toda retenção e lembrança; na medida em que sua base e condição é sempre a vontade. — Portanto, também em tudo isso que acabou de ser dito torna-se evidente o quão muito mais íntima que o intelecto nos é a vontade. Os seguintes fatos também podem servir de comprovação.

O intelecto amiúde obedece à vontade: por exemplo, quando queremos relembrar algo e conseguimos após algum esforço: — o mesmo ocorre quando queremos meditar acurada e cuidadosamente sobre algo, e em outros casos semelhantes. Às vezes também o intelecto não obedece à vontade, por exemplo, quando tentamos sem êxito fixar-nos em algo ou em vão exigimos de volta da memória algo que a ela confiáramos: em tais ocasiões a ira da vontade contra o intelecto torna facilmente reconhecível a sua relação para com ele e a diferença entre os dois. Inclusive há ocasiões em que o intelecto atormentado por essa ira fornece solícito aquilo que lhe foi exigido às vezes horas depois, ou até mesmo na manhã seguinte, de maneira completamente inesperada e fora de hora. – Ao contrário, a vontade jamais obedece ao intelecto; mas este é tão somente o gabinete daquela soberana: ele lhe coloca // em frente todos os tipos de coisas, das quais a vontade escolhe as que são conformes à sua essência, se bem que aí se determinando com necessidade; porque essa essência permanece imutável, e os motivos agora estão à sua frente. Eis por que não é possível ética alguma que modelasse e melhorasse a vontade mesma. Pois toda doutrina faz efeito apenas sobre o CONHECIMENTO: este, entretanto, jamais determina a vontade nela mesma, isto é, o CARÁTER FUNDAMENTAL do querer, mas meramente a sua aplicação nas circunstâncias existentes. Um conhecimento corrigido só pode modificar a conduta na medida em que demonstre mais precisamente à vontade os objetos acessíveis à sua escolha e permita julgar mais corretamente; com o que a vontade, doravante, avalia mais corretamente a sua relação com as coisas, vê mais distintamente o que quer e, por conseguinte, está menos submetida ao erro no momento de sua escolha. Mas sobre o querer mesmo, sobre a sua orientação capital, ou sobre a sua máxima fundamental, o intelecto não tem poder algum. Acreditar que o conhecimento determine efetiva e radicalmente o QUERER é como acreditar que a lanterna que alguém segura à noite é o *primum mobile* de seus passos. Quem, instruído pela experiência ou advertência alheia, reconhece e lamenta um erro fundamental de seu caráter, pode firme e honestamente assumir o propósito de melhorar a si mesmo e corrigir o seu caráter: no entanto, apesar de tudo isso, na próxima ocasião depara-se com o livre curso de seu erro. Novo arrependimento, novo propósito, nova recaída. Quando passa por isso diversas vezes, torna-se-lhe evidente que não pode melhorar a si, que a falha reside em sua natureza e personalidade, sim, é uma única e mesma coisa com esta. Doravante, reprovará e condenará a sua natureza e personalidade, terá um doloroso sentimento que pode elevar-se até a dor de consciência: todavia, não consegue mudar aquelas. Aqui vemos distintamente separados Aquilo que condena e Aquilo que é condenado: vemos o primeiro como um poder meramente teórico que pinta e apresenta o modo de vida louvável e por conseguinte desejável; o segundo, entretanto, como algo real e invariavelmente existente, que, apesar do primeiro, segue um curso por inteiro diferente; e logo voltamos a ver o primeiro ficar atrás com reclamações impotentes sobre a índole do outro, com o qual de novo identifica-se justamente através dessa mágoa. Vontade e intelecto separam-se aqui distintamente um do outro. Aqui a vontade mostra-se como o elemento // mais forte, invencível, imutável, primitivo e ao mesmo tempo também como o essencial, do qual tudo depende; ao passo que o intelecto lamenta os defeitos dela e não encontra consolo algum na correção do CONHECIMENTO como sua função própria. Este, portanto, mostra-se como totalmente secundário, a saber, em parte como espectador dos atos alheios, os quais acompanha com impotentes louvor e censura, em parte como determinável do exterior, na medida em que, instruído pela experiência, formula e muda os seus preceitos. Especial explicitação desse assunto encontra-se em *Parerga*, tomo 2, § 118. – Em conformidade com isso, a comparação do nosso modo de pensar nas diversas idades da vida oferece uma peculiar mescla entre firmeza e mutabilidade. Por um lado, a tendência moral da pessoa adulta e da pessoa anciã é a mesma que a da jovem: por outro, tantas coisas estranhas aconteceram que a pessoa não conhece mais a si mesma e espanta-se como pôde fazer ou dizer isto e aquilo. Na primeira metade da vida, o hoje, na maioria das vezes, ri do ontem, sim, inclusive o mira com desprezo; na segunda metade, ao contrário, mais e mais o hoje olha para o ontem com inveja. Mediante uma investigação mais minuciosa, entretanto, encontra-se que o elemento mutável foi o INTELECTO com as suas funções de intelecção e conhecimento, as quais, apropriando-se diariamente de novos estofos do exterior, apresenta um sistema continuamente alterado de pensamentos; ora, o intelecto, com o vicejar e murchar do organismo, eleva-se e decai ele mesmo. Ao contrário, como o inalterável na consciência identificamos precisamente a base dela, a vontade, portanto, as inclinações, as paixões, os afetos, o caráter; contudo, temos aí de computar as transformações dependentes das capacidades corporais para as fruições, portanto, dependentes da idade. Assim, por exemplo, a avidez por gozos sensíveis aparece na infância como glutonaria, na juventude e maturidade como tendência à volúpia, e na idade avançada novamente como glutonaria.

7) Se, conforme a suposição geral, a vontade procedesse do conhecimento como seu resultado ou produto; então onde há muita vontade também teria de haver muito conhecimento, muita intelecção, muito entendimento. Mas de modo algum é assim: antes, encontramos em muitas pessoas uma vontade forte, isto é, // decidida, resoluta, constante, inflexível, obstinada e veemente ligada a um entendimento deveras débil e incapaz; de tal modo que quem tem contato com tais pessoas é levado ao desespero na medida em que a vontade delas permanece inacessível a quaisquer razões e representações e assim não se chega até ela; de tal forma que, por assim dizer, tal vontade está enfiada num saco, de onde cegamente quer. Os animais, com uma vontade amiúde veemente e obstinada, possuem ainda menos entendimento; as plantas, por fim, possuem somente vontade sem qualquer conhecimento.

Se o querer nascesse só do conhecimento, a nossa IRA teria de ser exatamente proporcional à sua ocasião correspondente, ou ao menos proporcional à nossa compreensão dessa ocasião (visto que nada mais seria do que o resultado do conhecimento atual). Mas raras vezes é assim: antes, a ira ultrapassa em muito a sua ocasião. Nossa raiva e fúria, o *furor brevis*, amiúde em insignificantes ocasiões e sem erro acerca delas assemelha-se à cólera aprisionada de um demônio malvado que só espera a oportunidade para irromper e jubila por tê-la encontrado. Isso não poderia ser assim se o fundo do nosso ser fosse algo COGNOSCENTE e o querer um simples resultado do CONHECIMENTO: pois como haveria no resultado mais do que o contido nos elementos que o produz? A conclusão não pode conter mais do que as premissas. A vontade, portanto, também mostra-se aqui como uma essência completamente diferente do conhecimento, que se serve dele apenas para comunicação com o mundo exterior, mas então segue as leis da sua própria natureza, tomando o conhecimento apenas como um pretexto.

O intelecto como mero instrumento da vontade é tão completamente diferente dela como o martelo o é do ferreiro. Uma conversação permanece FRIA pelo tempo que nela apenas o intelecto está ativo. É quase como se a pessoa mesma não estivesse ali. Com o que, propriamente dizendo, a pessoa não poderá comprometer-se, mas quando muito contradizer-se. Tão somente quando a vontade entra no jogo é que a pessoa encontra-se efetivamente presente: agora se torna ACALORADA, sim, frequentes vezes as coisas ARDEM. Sempre é à VONTADE que se atribui calor de vida: ao contrário, fala-se de FRIO entendimento ou de investigar-se FRIAMENTE uma coisa, noutros termos, pensar sem a influência da vontade. – // Caso tente-se inverter a relação e considerar a vontade como instrumento do intelecto; então é como se se fizesse do ferreiro instrumento do martelo.

Nada é mais fastidioso do que disputar com argumentos e explicações com alguém, empregar todo o esforço para convencê-la supondo lidar meramente com o seu ENTENDIMENTO, – para ao fim descobrir que ela não QUER entender; portanto, lidávamos com a sua VONTADE, que se furtava à verdade e arbitrariamente lançava mão de mal-entendidos, chicanas, sofismas, entrincheirando a si mesma atrás do seu entendimento e sua pretensa falta de intelecção. Nada se conseguirá com tal indivíduo: POIS ARGUMENTOS E DEMONSTRAÇÕES EMPREGADOS CONTRA A VONTADE são como o impacto das imagens de um espelho côncavo projetadas contra um corpo sólido. Daí a expressão frequentemente repetida: *Stat pro ratione voluntas.*[29] – A vida cotidiana fornece provas suficientes do que foi dito. Mas infelizmente elas também são encontradas no domínio das ciências. Em vão espera-se o reconhecimento das verdades mais importantes e das realizações mais raras daqueles que têm interesse em não deixá-las valer, seja porque contradizem aquilo que eles mesmos ensinam diariamente, seja porque não lhes é permitido utilizá-las e difundi-las, ou, se não for assim, porque a palavra de ordem dos medíocres sempre será: *Si quelqu'un excelle parmi nous, qu'il aille exceller ailleurs;*[30] que foi como HELVETIUS reproduziu maravilhosamente o provérbio dos efésios do Quinto Livro tusculano de Cícero (c. 36); ou, como no dito do abissínio FIT ARARI: "O diamante está proscrito entre os quartzos". Assim, quem espera uma justa apreciação das próprias realizações desse sempre numeroso bando, encontrar-se-á enganado, e talvez por instantes

---

29 "A minha vontade dispensa razões." (N. T.)
30 "Se alguém destaca-se entre nós, que vá destacar-se alhures." (N. T.)

não possa absolutamente compreender o comportamento deles; até que por fim se dá conta de que, enquanto dirigia-se ao CONHECIMENTO, lidava com a VONTADE, portanto, encontrava-se por inteiro na situação acima descrita, sim, assemelhando-se àquele que apresenta seu caso diante do tribunal cujos membros foram todos corrompidos. Mas em situações particulares obterá a mais conclusiva prova de que era a VONTADE e não a // INTELECÇÃO deles o que se lhe opunha: a saber, quando um ou outro deles decide-se pelo plágio. Com o que então verá com assombro quão finos conhecedores são, com tato apurado para o mérito alheio, e quão habilmente descobrem o melhor; assemelhando-se aos pardais que jamais perdem as cerejas mais maduras. —

O contrário da aqui exposta resistência vitoriosa da vontade contra o conhecimento entra em cena quando, na exposição de nossos argumentos e demonstrações, temos a nosso favor a vontade daquele a quem falamos: então aí tudo é de imediato convincente, todos os argumentos são conclusivos e a coisa é logo clara como o dia. Isso o sabem os oradores populares. — Tanto em um quanto em outro caso a vontade mostra-se como aquilo que tem força originária, contra a qual o intelecto nada pode fazer.

8) Agora, entretanto, queremos levar em consideração as propriedades individuais, portanto, de um lado, os méritos e defeitos da vontade e do caráter, de outro, os méritos e defeitos do intelecto, a fim de tornar clara a completa diferença de ambos, as capacidades fundamentais em sua relação recíproca e em seu valor relativo. História e experiência ensinam que os dois entram em cena completamente independentes um do outro. Que a mais esplêndida eminência da cabeça não é facilmente encontrada unida a uma igual eminência de caráter é algo suficientemente explicado a partir da inexprimível raridade de ambas; enquanto as propriedades opostas a elas estão em geral na ordem do dia: por isso encontra-se a estas diariamente unidas. Entrementes, nunca se conclui uma boa vontade a partir de uma destacada cabeça, nem se conclui uma destacada cabeça a partir de uma boa vontade, nem o oposto de uma destas a partir do seu oposto: mas qualquer pessoa imparcial as considera como propriedades completamente separadas, cuja existência particular de cada uma delas só pode ser constatada na experiência. Grande limitação de cabeça pode coexistir com grande bondade de coração, e não acredito que BALTASAR GRACIAN (*Discreto*, p.406)

tem razão ao dizer: *No hay simple, que no sea malicioso (Es giebt keinen Tropf, der nicht boshaft wäre)*,[31] embora tenha a seu favor o ditado espanhol: *Nunca la necedad anduvo sin malícia (Nie geht die Dummheit ohne Bosheit)*.[32] Não obstante, pode ser que muitos estúpidos tornem-se maliciosos pelo mesmo motivo de // muitos corcundas, a saber, pela amargura em face da desconsideração sofrida da natureza, e na medida em que ocasionalmente acreditam poder suprir, com a insídia, o que lhes falta em entendimento, buscando assim um breve triunfo. Daí, diga-se de passagem, ser também compreensível por que quase todo mundo torna-se facilmente malicioso frente a uma cabeça bastante superior. Por outro lado, os estúpidos com muita frequência têm a fama de possuírem uma especial bondade de coração, que, entretanto, se confirma tão raramente, que me surpreendia como conseguiram essa fama, até que pude lisonjear-me por ter encontrado a chave para o caso no seguinte. Movido por uma atração oculta, cada um escolhe para seu trato mais próximo de preferência uma pessoa diante da qual é um pouco superior em entendimento: pois apenas na companhia desta sente-se à vontade, porque, segundo HOBBES, *omnis animi voluptas, omnisque alacritas in eo sita est, quod quis habeat, quibuscum conferens se, possit magnifice sentire de se ipso (De Cive, I, 5)*.[33] Pela mesma razão, todos fogem de quem LHE é superior; eis por que LICHTENBERG observa com toda correção: "Para certas pessoas, alguém com cabeça é uma criatura mais fatídica que o mais declarado vilão"; em consonância com isso, diz HELVETIUS: *Les gens médiocres ont un instinct sûr et prompt, pour connaître et fuir les gens d'esprit*;[34] e Dr. JOHNSON assegura-nos que *there is nothing by which a man exasperates most people more, than by displaying a superior ability of brilliancy in conversation. They seem pleased at the time; but their envy makes them curse him at their*

---

31 "Não há simplório que não seja malicioso." Entre parêntesis, a tradução de Schopenhauer do castelhano para o alemão, na qual "malicioso" é traduzido por *boshaft*, malvado. (N. T.)

32 "Nunca a estupidez vai sem malícia." Entre parêntesis, a tradução de Schopenhauer do castelhano para o alemão, na qual "malícia" é traduzida por *Bosheit*, malvadeza. (N. T.)

33 "Toda satisfação e toda jovialidade de ânimo dependem de termos uma pessoa comparada à qual possamos nos sentir magnificamente conosco mesmos." (N. T.)

34 "As pessoas medíocres têm um instinto seguro e pronto para conhecer e fugir da gente de espírito." (N. T.)

hearts (Boswell; *aet. anno* 74).³⁵ Para trazer mais implacavelmente à luz do dia essa tão universal e cuidadosamente oculta verdade, acrescento a expressão de MERK, o famoso amigo de juventude de Goethe, para a mesma, encontrada em seu conto LINDOR: "Ele possuía talentos que lhe foram dados pela natureza e que adquiriu através de conhecimentos, e isso lhe permitiu que na maioria das sociedades em muito ultrapasse os ali presentes. Se, // no momento da apreciação de um ser humano extraordinário, o público sorve as suas vantagens sem de imediato levar-lhes a mal; todavia, permanece para trás uma certa impressão dessa aparência, que, se repetir-se com frequência, em ocasiões sérias pode trazer futuras consequências nefastas para aquele que é culpado dela. Sem que cada um note com consciência que nessa ocasião foi ofendido, secretamente estará disposto a bloquear o caminho de promoção daquela pessoa afortunada". – Por isso, grande superioridade espiritual isola mais que qualquer outra, e, pelo menos secretamente, provoca ódio. O contrário é o que torna os estúpidos tão universalmente amados; sobretudo porque, apenas neles, muitos podem encontrar o que têm de buscar, conforme a acima mencionada lei da natureza. Contudo, ninguém confessará para si mesmo, muito menos para os outros, essa verdadeira razão de uma tal inclinação, e como plausível pretexto desta atribuirá à pessoa de sua escolha uma especial bondade de coração, que, como dito, é extremamente rara e apenas casualmente é alguma vez de fato encontrada junto com a limitação espiritual. – Por conseguinte, a carência de entendimento de modo algum é favorável ou aparentada à bondade de caráter. Mas, por outro lado, não se pode afirmar que o grande entendimento seja assim: antes, sem este, jamais existiu um grande facínora. Inclusive, até mesmo a mais elevada eminência intelectual pode coexistir com a pior das depravações morais. Um exemplo disto foi BACON DE VERULAM: mal-agradecido, sedento de poder, malvado e infame, foi por fim tão longe que, como lorde grão-chanceler e juiz supremo do império, frequentes

---

35 "Não há nada que contrarie mais a maioria das pessoas que mostrar habilidade superior e brilhantismo na conversação. Sentem-se no momento comprazidos; mas em seus corações a inveja os faz amaldiçoar." [Trad. de Schopenhauer para o alemão: *Durch nichts erbittert Einer die meisten Menschen mehr, als dadurch, daß er seine Ueberlegenheit in der Konversation zu glänzen an den Tag legt. Für den Augenblick scheinen sie Wohlgefallen daran zu haben: aber in ihrem Herzen verfluchen sie ihn, aus Neid.*] (N. T.)

vezes deixou-se subornar em processos cíveis: acusado diante de seus pares, declarou-se culpado, foi exonerado da Casa dos Lordes, condenado a pagar 40 mil libras e encarcerado na Torre (conferir a recensão da nova edição das obras de Bacon na *Edinburgh Review*, ago. 1837). Por isso POPE o denomina *the wisest, brightest, meanest of mankind*[36] (*Essay on Man*, IV, 281). Um exemplo semelhante foi o do historiador GUICCIARDINI, de quem ROSINI diz em suas *Notizie storiche*, a partir de boas fontes da época, recolhidas em seu romance histórico *Luisa Strozzi*: *Da coloro, che pongono l'ingegno e il sapere al di sopra di tutte le umane qualità, questo uomo sarà riguardato come fra i più grandi del suo secolo: ma da quelli, che reputano la virtù dovere andare innanzi a tutto, non potra esecrarsi abbastanza la sua memoria. Esso fu il più crudele fra i cittadini a perseguitare, uccidere e confinare* etc.[37]

Portanto, quando se diz de uma pessoa: "ela tem um bom coração, mas uma cabeça ruim"; de uma outra, entretanto: "ela tem uma cabeça muito boa, mas um coração ruim"; todos sentem que, no primeiro caso, o louvor em muito ultrapassa a censura; no segundo, o contrário. Correspondendo a isso vemos que, quando alguém pratica uma má ação, seus amigos, e ele mesmo, empenham-se em transferir a culpa da VONTADE para o INTELECTO e fazer passar os erros do coração pelos erros da cabeça; às péssimas desfeitas chamarão de DESLIZES, dirão que se tratou apenas de mera falta de entendimento, falta de ponderação, ligeireza, desvario; sim, se preciso, alegarão paroxismo, momentâneo distúrbio mental e, caso trate-se de grave delito, até mesmo loucura, apenas para isentar a VONTADE de culpa. E, inclusive nós mesmos, quando causamos um acidente ou dano, acusar-nos-emos de bom

---

36 "O mais sábio, brilhante e vil dos homens." [Trad. de Schopenhauer para o alemão: *Den weisesten, glänzendesten, niederträchtigsten der Menschen.*] (N. T.)

37 "Aqueles que põem o engenho e o saber acima de todas as outras humanas qualidades, computarão este homem entre os maiores do seu século: mas aqueles que consideram que a virtude deve preceder a tudo o mais, não conseguirão amaldiçoar o suficiente a sua memória. Foi o mais cruel dos cidadãos em perseguir, matar e confinar." [Trad. de Schopenhauer para o alemão: *Von Denen, welche Geist und Gelehrsamkeit über alle andern menschlichen Eigenschaften stellen, wird dieser Mann den größten seines Jahrhunderts beigezählt werden: aber von Denen, welche die Tugend allem Andern vorgehn lassen, wird sein Andenken nie genug verflucht werden können. Er war der grausamste unter den Bürgern, im Verfolgen, Tödten und Verbannen.*] (N. T.)

grado diante de nós e dos outros, de *stultitia*,[38] apenas para esquivarmo-nos da acusação de *malitia*.[39] Correspondendo a isso, no caso de uma igualmente injusta sentença do juiz, a diferença é imensa entre se ele errou ou prevaricou. Tudo isso atesta suficientemente que só a VONTADE é o real e o essencial, o núcleo do ser humano, e que o intelecto, ao contrário, é apenas seu instrumento, que sempre pode ser falho sem que ela esteja implicada nisto. A acusação de // falta de entendimento não vale nada diante do tribunal moral; antes, ela aqui até mesmo traz vantagens. O mesmo acontece nos tribunais do mundo, perante os quais, para livrar um criminoso de qualquer condenação, é em toda parte suficiente transferir a culpa de sua vontade para seu INTELECTO, na medida em que fica comprovado um erro inevitável ou distúrbio mental: pois aí não há maior consequência que no fato de a mão ou o pé terem escorregado involuntariamente. Isto o explicitei de modo detalhado no apêndice "Sobre a liberdade intelectual" ao meu ensaio *Sobre a liberdade da vontade*, ao qual aqui remeto para evitar ser repetitivo.

Em toda parte, a pessoa que leva a efeito algum tipo de realização, no caso de esta não ser satisfatória, sempre invoca que não lhe faltou boa vontade. Com isso acredita ter salvaguardado o essencial, aquilo pelo que é propriamente responsável, e o seu próprio eu: tal pessoa vê a ineficiência das próprias faculdades apenas como a falta de um instrumento confiável.

Se uma pessoa é ESTÚPIDA, a desculpamos dizendo que não é sua culpa; mas se igualmente quiséssemos desculpar a pessoa que é MÁ, então seríamos objetos de riso. E, todavia, tanto uma coisa quanto a outra é inata. Isso comprova que a vontade é o ser humano propriamente dito, o intelecto, seu mero instrumento.

Portanto, sempre é apenas o nosso QUERER que é considerado como dependente de nós, isto é, como exteriorização de nosso verdadeiro ser, e pelo qual, por conseguinte, somos considerados responsáveis. Justamente por isso, é absurdo e injusto quando alguém quer-nos pedir justificativas por nossas crenças, portanto, por nosso conhecimento: pois, ainda que este governe em nós, somos obrigados a vê-lo como algo que está tão pouco em

---

38 "Insensatez." (N. T.)
39 "Malícia." (N. T.)

nosso poder como os acontecimentos do mundo exterior. Também aí, por conseguinte, torna-se claro que unicamente a VONTADE é o íntimo e próprio do ser humano, o INTELECTO, ao contrário, com suas operações que ocorrem com a mesma legalidade que a do mundo exterior, está para a vontade como algo extrínseco, um mero instrumento.

Elevados dons espirituais foram vistos em todos os tempos como um PRESENTE da natureza, ou dos deuses: precisamente por isso se os // denominou GABEN, Begabung, ingenii dotes, gifts (a man highly gifted),[40] considerando-os como algo diferente do ser humano e que veio ao seu encontro como um favor. Nunca, ao contrário, alguém considerou da mesma maneira os méritos morais, embora estes também sejam inatos: antes, sempre se os viu como algo que provém do ser humano e que lhe pertence essencialmente, sim, constitui o seu próprio si mesmo. Segue-se daí mais uma vez que a vontade é a essência propriamente dita do ser humano, o intelecto, ao contrário, é secundário, um instrumento, uma dotação.

Correspondendo a isso, todas as religiões prometem uma recompensa além desta vida, na eternidade, para os méritos da VONTADE ou do coração; mas nenhuma a promete para os méritos da cabeça, do entendimento. A virtude aguarda sua recompensa naquele outro mundo; a inteligência a espera neste; o gênio nem neste nem naquele: ele é sua própria recompensa. Em concordância com isso, a vontade é a parte eterna, o intelecto, a temporal.

Vínculos, comunidade, trato com as pessoas baseiam-se, via de regra, em relações concernentes à VONTADE, raramente em tais que concernem ao INTELECTO: o primeiro tipo de comunidade pode ser denominada a MATERIAL, a segunda, a FORMAL. Do primeiro tipo são os laços de família e de parentesco, assim como todos os vínculos baseados em algum fim ou interesse comum, como o de comércio, posição social, corporação, partido e assim por diante. Aqui, em realidade, trata-se apenas da disposição, a intenção; com as quais podem coexistir a grande diversidade de capacidades intelectuais e sua formação. Por isso, não apenas cada um pode viver com cada um em paz e unidade, mas também cooperar e aliar-se para o bem-estar de todos. Também o casamento é uma aliança de corações, não de cabeças.

---

40 "Dom, talento, dotes do engenho, dotes (uma pessoa altamente dotada)." (N. T.)

As coisas são diferentes, contudo, quando concernem à mera comunidade FORMAL, que objetiva apenas um intercâmbio de pensamentos: ela requer uma certa igualdade das capacidades intelectuais e da formação. Grandes diferenças a esse respeito abrem entre as pessoas um abismo intransponível, por exemplo, o existente entre um grande espírito e uma cabeça parva, entre um indivíduo culto e um aldeão, entre um cortesão // e um marinheiro. Tais seres heterogêneos, por conseguinte, têm dificuldade em entender-se tão logo se trate da comunicação de pensamentos, representações e visões. Não obstante, estreita amizade MATERIAL pode existir entre eles, que podem ser fielmente aliados, conspiradores e comprometidos. Pois em tudo o que concerne exclusivamente à VONTADE — o que inclui amizade, inimizade, honestidade, fidelidade, falsidade, traição —, todos são plenamente homogêneos, são formados da mesma massa, e sequer espírito ou formação fazem ali alguma diferença: sim, aqui amiúde o tosco provoca vergonha ao instruído, o marinheiro ao cortesão. Pois ao lado dos mais diversos graus de formação existem as mesmas virtudes e vícios, afetos e paixões, e, apesar de modificados em suas exteriorizações, logo reconhecem-se, mesmo nos mais heterogêneos indivíduos, com o que aqueles afins em sentimentos unem-se, e aqueles contrários tornam-se inimigos.

Grandes qualidades de espírito obtêm admiração, mas não simpatia: esta é reservada às qualidades morais, às qualidades do caráter. Todos escolherão como amigo antes quem é honesto, o de boa índole, sim, até mesmo o complacente, tolerante e fácil de lidar, em vez do meramente rico de espírito. Em relação a este muitos o preterirão em favor de alguém com qualidades insignificantes, casuais e exteriores que respondam exatamente às próprias inclinações. Somente quem tem em si mesmo muito espírito desejará os ricos de espírito para sua sociedade; todavia, sua amizade direcionar-se-á para as qualidades morais: pois sobre estas baseia-se a sua verdadeira estima de um ser humano, na qual um único traço bom de caráter encobre e eclipsa grande carência de entendimento. A reconhecida bondade de um caráter nos torna pacientes e tolerantes frente à fraqueza de entendimento, bem como à obtusidade e ao modo de ser infantil da idade avançada. Um caráter decididamente nobre, apesar da completa falta de méritos intelectuais e formação, ali está como alguém a quem não faltasse nada; ao contrário, o maior dos espíritos, caso for acompanhado de graves defeitos morais, sempre aparecerá como censurável. – Pois assim como tochas e fogos de artifício tornam-se pálidos e imperceptíveis à luz do sol, assim também o espírito, o gênio mesmo, bem como a beleza, // obscurecem-se e são eclipsados diante da bondade de coração. Onde esta aparece em elevado grau pode substituir a carência das qualidades de espírito em tal extensão que alguém se envergonha em ter lamentado a ausência destas. Até mesmo o mais limitado entendimento e a mais grotesca feiura, tão logo a incomum bondade de coração fez-se a si mesma sua acompanhante, tornam-se de imediato transfigurados, aureolados por uma beleza de tipo superior, na medida em que a partir deles fala agora uma sabedoria em presença da qual toda outra tem de calar-se. Pois a bondade de coração é uma qualidade transcendente, pertence a uma ordem de coisas para além desta vida e é incomensurável com qualquer outra perfeição. Onde está presente em elevado grau, torna o coração tão grandioso, que envolve o mundo, de tal forma que agora tudo está nesse coração e nada mais é exterior a ele; pois a bondade de coração identifica todos os seres consigo mesma. Com o que, também, pratica com todos os outros aquela ilimitada indulgência que, via de regra, cada um tem apenas consigo mesmo. Essa pessoa não é capaz de inflamar-se: inclusive, quando seus próprios defeitos físicos ou intelectuais suscitam a maliciosa zombaria e o desprezo dos outros, em seu coração repreende apenas a si por ter sido a ocasião de tais exteriorizações, e, por conseguinte, continua, sem constranger-se, a tratar aqueles da maneira a mais afável possível, esperando confiantemente que se desvencilharão dos seus erros a seu respeito e também nele reconhecerão a si próprios. Comparada a tal pessoa que é o engenho e o gênio? Quem é Bacon de Verulam?

Também a apreciação do nosso próprio si mesmo conduz ao mesmo resultado que obtivemos aqui a partir da consideração de nossa apreciação dos outros. Quão fundamentalmente diferente da intelectual, é a satisfação moral consigo mesmo! Esta surge quando, olhando retrospectivamente para a nossa conduta, vemos que praticamos lealdade e honestidade com grande sacrifício, que a muitos ajudamos, a muitos perdoamos, que fomos melhores com os demais do que eles conosco, de modo que podemos dizer com o rei LEAR: "Sou um homem contra o qual mais se cometeu faltas do que eu as cometi"; e surge em maior envergadura quando talvez brilha em nossa recordação um possível nobre ato! Uma profunda seriedade acompanhará a calma alegria que nos proporciona um tal exame: // e se vemos outros inferiores a nós a esse respeito; isso não nos provocará júbilo algum, antes lamentaremos e desejaremos sinceramente que fossem como nós. Ao contrário, quão no todo diferente faz efeito o conhecimento de nossa superioridade intelectual! Seu baixo fundamental é propriamente dizendo a já citada passagem de HOBBES: *omnis animi voluptas, omnisque alacritas in eo sita est, quod quis habeat, quibuscum conferens se, possit magnifice sentire de se ipso.* Arrogância, vaidade triunfante, orgulhoso e desdenhoso desprezo em relação aos demais, prazer desenfreado na consciência da decidida e significativa superioridade, aparentado ao orgulho das vantagens corporais, — eis aí o resultado. Essa oposição entre os dois tipos de satisfação consigo mesmo mostra que uma diz respeito ao nosso verdadeiramente íntimo e eterno ser, a outra mais a uma vantagem exterior, apenas temporal, quase apenas corporal. De fato, o INTELECTO é a mera função do cérebro, a VONTADE, ao contrário, é Aquilo cuja função é o ser humano inteiro, conforme seu ser e essência.

Se, mirando para fora, ponderamos que ὁ βίος βραχύς, ἡ δὲ τέχνη μαχρά (*vita brevis, ars longa*),[41] e consideramos como os maiores e mais belos espíritos são ceifados pela morte quando amiúde apenas alcançaram o ápice de sua capacidade de realização, um destino semelhante ao de grandes sábios, ceifados logo após terem alcançado uma intelecção profunda em sua ciência; então tudo isso também confirma-nos que o sentido e o fim da vida de modo algum é intelectual, mas moral.

A flagrante diferença entre as qualidades espirituais e morais finalmente também dá-se a reconhecer pelo fato de que o intelecto sofre mudanças bastante significativas através do tempo, enquanto a vontade e o caráter permanecem intocáveis por ele. — O recém-nascido que ainda não faz uso do entendimento, o adquire todavia dentro dos primeiros dois meses, até chegar à intuição e apreensão das coisas do mundo exterior; processo este que expus mais detalhadamente no ensaio *Sobre a visão e as cores* (p.10, da

---

41 "Vida breve, arte longa." (N. T.)

2.ed.). A este primeiro e mais importante passo segue-se com muito mais lentidão, e na maioria das vezes não antes do terceiro ano, o desenvolvimento da razão, até chegar à linguagem e // ao pensamento. Contudo, a primeira infância permanece irrevogavelmente presa à tolice e estupidez: em primeiro lugar, porque ainda falta ao cérebro a perfeição física que é alcançada aos sete anos de idade, tanto no que diz respeito ao seu tamanho quanto à sua textura. Depois, para sua enérgica atividade é ainda requerido o antagonismo do sistema genital; por isso essa atividade começa apenas com a puberdade. Mas esta última por sua vez confere ao intelecto a simples CAPACIDADE para o seu desenvolvimento psíquico: que nele mesmo só pode ser conquistado com exercício, experiência e instrução. Eis por que o espírito, assim que se livrou da tolice infantil, cai nos laços de inumeráveis erros, pré-juízos, quimeras, alguns deles do tipo mais absurdo e crasso, aos quais apega-se obstinadamente, até que deles é liberto gradativamente pela experiência, muitos deles no entanto se esvaecendo sem que perceba: tudo isso acontece apenas no decorrer de muito anos; de tal forma que se concede a maioridade só após os vinte anos de idade, contudo, a completa maturidade só é alcançada aos quarenta anos, a idade do discernimento. Contudo, enquanto esse desenvolvimento PSÍQUICO com a ajuda do exterior segue ainda o seu crescimento, a energia FÍSICA interna do cérebro já começa de novo a diminuir. Esta, de fato, tem seu ponto de culminação propriamente dito por volta dos trinta anos, tanto porque depende da pressão sanguínea e do efeito da pulsação sobre o cérebro, da preponderância do sistema arterial sobre o venoso e da fresca delicadeza das fibras cerebrais, quanto da energia do sistema genital: após os 35 anos já se nota uma pequena diminuição dessa energia física, o que se torna cada vez mais notável mediante o progressivo predomínio do sistema venoso sobre o arterial e com a consistência cada vez mais dura e quebradiça das fibras cerebrais, o que seria muito mais acentuado se não fosse, por outro lado, compensado pelo aperfeiçoamento PSÍQUICO obtido por prática, experiência, aumento do conhecimento e adquirida destreza para manejá-los; felizmente, esse antagonismo perdura até a idade avançada, na medida em que o cérebro é cada vez mais comparável a um instrumento que se toca. Contudo, a diminuição da energia originária do intelecto baseada em condições inteiramente orgânicas avança, // lentamente, é certo, mas de modo irreparável: o poder da concepção original, a fantasia, a plasticidade, a memória tornam-se notavelmente mais fracos, e passo a passo declinam até a loquaz, desmemoriada, meio sem consciência e por fim pueril senilidade.

Por sua vez, a VONTADE não é atingida por todo esse devir, mudança e transformação, mas é do princípio ao fim invariavelmente a mesma. O querer não precisa, como o conhecer, ser aprendido, mas irrompe perfeitamente de uma só vez. O recém-nascido movimenta-se impetuosamente, enraivece-se e grita; embora ainda não saiba o que quer. Pois o médium dos motivos, o intelecto, ainda não está completamente desenvolvido: a vontade encontra-se às escuras em relação ao mundo exterior, onde jazem seus objetos, e enraivece-se agora, semelhante a um prisioneiro contra os muros e as grades do seu calabouço. Mas gradativamente faz-se luz: de imediato anunciam-se os traços fundamentais do querer humano em geral e ao mesmo tempo a sua modificação individual a ser encontrada. O caráter que já emerge mostra-se, é certo, em traços fracos e oscilantes devido ao deficiente serviço do intelecto que tem de apresentar-lhe os motivos; porém, ao observador atento, esse caráter logo anuncia a sua plena presença que em breve far-se-á inequívoca. Entram em cena os traços característicos que permanecem por toda a vida: expressam-se as principais tendências da vontade, os afetos facilmente estimuláveis, a paixão dominante. Por isso, na maioria das vezes, os acontecimentos na escola estão para aqueles do futuro decurso de vida como o prelúdio mudo em *Hamlet* (que precede o drama a ser encenado na corte e cujo conteúdo anuncia-se em forma de pantomima) está para o drama mesmo. No entanto, as futuras capacidades intelectuais do adulto de modo algum deixam-se assim prognosticar a partir daquelas que se mostram na criança: antes, os *ingenia praecocia*,[42] as crianças prodígio tornam-se via de regra cabeças planas; o gênio, por seu turno, é na infância amiúde de concepções lentas e aprende com dificuldade, precisamente porque aprende de maneira profunda. Correspondentemente, todos contam, rindo e sem reservas, as tolices e estupidezes de sua infância, por exemplo, GOETHE quando atirou janela afora // todas as panelas de cozinhar (*Dichtung*

---

42 "Engenhos precoces." (N. T.)

und Wahrheit, t. I, p.7): pois sabe-se que tudo isso concerne apenas ao que é mutável. Ao contrário, uma pessoa prudente não revela os seus traços ruins, as maliciosas e pérfidas travessuras da sua juventude: pois sente que eles ainda dão testemunho do seu presente caráter. Alguém me contou que o frenologista e investigador do gênero humano GALL, quando tinha de travar relação com um homem ainda desconhecido para ele, fazia-o falar sobre os seus anos e as suas travessuras juvenis, para, se possível, extrair dele os traços característicos; já que seu caráter também agora tinha de ser o mesmo. Justamente nisso baseia-se o fato de que, enquanto olhamos retrospectivamente de modo indiferente, sim, com riso de satisfação para as tolices e a falta de entendimento dos nossos anos juvenis, os traços ruins de caráter precisamente daqueles anos, as malevolências e os sacrilégios então cometidos ainda existem, mesmo na idade avançada, como censuras indeléveis que alarmam nossa consciência moral. — Portanto, tal como apareceu definido, assim permanece invariável o caráter até a idade avançada. Os ataques da idade que gradualmente ceifam as forças intelectuais deixam intocadas as qualidades morais. A bondade de coração torna o ancião ainda mais respeitado e amado, embora a sua cabeça já mostre as fraquezas que novamente começam a aproximá-lo da infância. Brandura, paciência, honestidade, franqueza, desapego, altruísmo etc. conservam-se durante toda a vida e não se perdem com as fraquezas da velhice: em cada instante lúcido do decrépito ancião essas qualidades entram em cena inteiras, como o Sol por entre as nuvens de inverno. Por outro lado, malevolência, perfídia, avareza, dureza de coração, falsidade, egoísmo e ruindade de todo tipo também permanecem sem diminuição até a idade mais avançada. Não acreditaríamos, mas riríamos de alguém que nos dissesse: "Nos anos juvenis fui um canalha de má índole, agora, entretanto, sou um homem probo e nobre". Por isso, WALTER SCOTT, em *Nigels Fortunes*, mostra muito belamente como em um velho agiota ainda encontram-se em plena flor a avareza ardente, o egoísmo e a desonestidade (semelhante às plantas venenosas no outono) que se exteriorizam veementemente mesmo após o intelecto ter-se tornado infantil. As únicas transformações que ocorrem em nossas inclinações // são aquelas que são consequências imediatas da diminuição de nossa força física e, com isto, de nossa capacidade de fruição: assim, a volúpia dará lugar à glutonaria, a luxúria à avareza, e a vaidade à ambição; semelhante a um homem que, quando a sua barba ainda não tivesse crescido, se colasse uma postiça, e mais tarde, quando a própria barba se tornar cinza, a tingirá de marrom. Assim, enquanto todas as forças orgânicas, a firmeza muscular, os sentidos, a memória, o engenho, entendimento, gênio tornam-se gastos e embotam com a idade, unicamente a vontade permanece incólume e imutável: o ímpeto e a direção do querer permanecem os mesmos. Sim, em vários aspectos a vontade mostra-se na idade avançada ainda mais decidida: assim, no apego à vida, que reconhecidamente aumenta; portanto, na firmeza e perseverança em relação àquilo que uma vez foi adquirido, na obstinação; o que se explica pelo fato de ter diminuído a receptividade do intelecto para outras impressões e, com isso, ter diminuído a excitabilidade da vontade pela afluência de motivos: daí a implacabilidade da ira e do ódio dos velhos:

> *The young man's wrath is like light straw on fire;*
> *But like red-hot steel is the old man's ire.*
>
> (Old Ballad)[43]

A partir de todas essas considerações, é inequívoco ao olhar penetrante que, enquanto o INTELECTO tem de atravessar uma longa série de desenvolvimentos graduais e depois, como tudo o que é físico, submeter-se à decadência, a VONTADE não toma parte nisso a não ser na medida em que, no início, tem de lutar com a imperfeição de seu instrumento, o intelecto, e ao fim de novo com o desgaste dele, mas ela mesma entra em cena como algo pronto e permanece imutável, não submetida às leis do tempo e do vir a ser e do perecer. Com isso, ela dá-se a conhecer como o metafísico, não pertencente ela mesma ao mundo da aparência.

9) As expressões universalmente usadas e sempre muito bem entendidas CORAÇÃO e CABEÇA originam-se de um justo sentimento da diferença fundamental aqui abordada; por isso são acertadas e significativas e encontram-se

---

43 "A cólera do jovem é como palha no fogo; / Mas como ferro ardente é a ira do velho." [Trad. de Schopenhauer para o alemão: *Dem Strohfeu'r gleich, ist Jünglings Zorn nicht schlimm: / Rothglü'ndem Eisen gleicht des Alten Grimm.*] (N. T.)

em todas as línguas. *Nec cor nec caput habet*,[44] // diz SÊNECA sobre o imperador CLÁUDIO (*Ludus de morte Claudii Caesaris*, c.8). Com inteira razão elegeu-se o coração, este *primum mobile* da vida animal, como símbolo, sim, sinônimo da VONTADE como o núcleo originário de nossa aparência, para designá-lo em oposição ao INTELECTO, que é exatamente idêntico com a cabeça. Tudo o que, no amplo sentido do termo, é coisa da VONTADE, como desejo, paixão, alegria, dor, bondade, malevolência, também aquilo que se procura entender com o termo "ânimo" e que Homero expressa como φίλον ἦτορ[45] são atribuídos ao CORAÇÃO. Por isso diz-se: ele tem um coração ruim; — pôs todo o coração nessa coisa; — vem-lhe do fundo do coração; — foi para ele uma punhalada no coração; — despedaçou-lhe o coração; — seu coração sangra; — o coração salta de alegria; — quem pode entender o coração de uma pessoa? — isso rasga o coração, destrói o coração, quebra o coração, eleva o coração, comove o coração; — ele tem bom coração, tem o coração duro, é sem coração, de coração valente, de coração fraco e assim por diante. De modo inteiramente especial, os envolvimentos amorosos são chamados casos do coração, *affaires du coeur*, porque o impulso sexual é o foco da vontade e a escolha relacionada ao mesmo constitui a principal questão do querer natural humano, cujo fundamento demonstrarei num capítulo detalhado deste quarto livro de suplementos. BYRON, em *Don Juan* (c. 11, v. 34), satiriza o tema dizendo que para as damas o amor é coisa da cabeça em vez do coração. — Ao contrário, a CABEÇA designa tudo o que é coisa do CONHECIMENTO. Correspondentemente: uma pessoa de cabeça, uma cabeça inteligente, cabeça refinada, cabeça ruim, perder a cabeça, cabeça empinada etc. Cabeça e coração designam o completo ser humano. Contudo, a cabeça é sempre a segunda, a derivada: pois não é o centro, mas a suma eflorescência do corpo. Quando um herói morre, embalsama-se o seu coração, não o seu cérebro: ao contrário, conserva-se de bom grado os crânios dos poetas, artistas e filósofos. Assim, o crânio de Rafael foi conservado na Academia di S. Luca em Roma, todavia, recentemente demonstrou-se que não era

---

44 "Não tem coração nem cabeça." (N. T.)
45 "O amado coração." (N. T.)

autêntico: no ano de 1820, o crânio de Descartes foi vendido em leilão público na cidade de Estocolmo.*

// Um certo sentimento da verdadeira proporção entre vontade, intelecto, vida, está também expresso na língua latina. O intelecto é *mens*, νοῦς; a vontade, ao contrário, é *animus*, que vem de *anima*, que por sua vez vem de ἄνεμος. *Anima* é a vida mesma, o sopro vital, ψυχή; *animus*, entretanto, é o princípio vital e ao mesmo tempo a vontade, o sujeito das inclinações, intenções, paixões e afetos: por isso também *est mihi animus*, –*fert animus*, – por "estou animado para", também *animi causa*, entre outros exemplos; é o grego θύμος, portanto, o germânico *Gemüt*,[46] não a cabeça. *Animi perturbatio*[47] é o afeto, e *mentis perturbatio*[48] significaria a insanidade. O predicado *immortalis*[49] é atribuído ao *animus*, não à *mens*.[50] Tudo isso é a regra abstraída da grande maioria das passagens; embora, tratando-se de conceitos tão proximamente aparentados, não pode deixar de ocorrer que às vezes as palavras se confundam. Sob ψυχή parece que os gregos entenderam primeiro e originariamente a força vital, o princípio vivificador; pelo que de imediato surgiu a desconfiança de que tinha de ser algo metafísico, que, por conseguinte, não seria atingido pela morte. Isto é comprovado, dentre outras coisas, pelas investigações acerca da relação entre νοῦς e ψυχή preservadas por Estobeu (*Ecl.*, I, c. 51, § 7-8).

10) Em que se baseia a IDENTIDADE DA PESSOA? – Não na matéria do corpo: esta é outra após alguns poucos anos. Não na forma dele: esta muda no todo e em cada uma das suas partes; exceto na expressão dos olhos, pela qual, por conseguinte, mesmo depois de muitos anos, ainda reconhecemos uma pessoa; o que demonstra que, apesar de todas as mudanças nela produzidas pelo tempo, ainda assim algo permanece completamente intocado: precisamente aquilo que, por mais longa que seja a ausência, faz com que a reconheçamos e nela reencontremos quem era outrora; o mesmo se passa conosco: pois por mais velhos que nos tornemos, ainda assim sentimo-nos

---

* *The Times*, 18 out. 1845; segundo o *Athenaeum*.
46 "Ânimo." (N. T.)
47 "Ânimo perturbado." (N. T.)
48 "Mente perturbada." (N. T.)
49 "Imortal." (N. T.)
50 "Mente." (N. T.)

no íntimo como aquele que por inteiro éramos na juventude, sim, até mesmo quem éramos quando criança. Isto, o inalterado e que sempre permanece absolutamente o mesmo sem envelhecer é justamente o núcleo do nosso ser, que não está no tempo. — Acredita-se que a identidade da pessoa baseia-se na da consciência. Se, entretanto, entende-se por esta meramente a recordação coerente do decurso de vida; // então não basta. Em todo caso, sabemos algo mais do nosso decurso de vida do que de um romance outrora lido; no entanto, esse algo mais é bem pouca coisa. Os principais eventos, as cenas interessantes ficaram marcados: porém, para uma única ocorrência que foi conservada milhares de outras foram esquecidas. Quanto mais avançamos na idade tanto mais as coisas escapam-nos sem deixar vestígios. Envelhecimento, doença, lesão cerebral, loucura podem roubar completamente a memória. Mas a identidade da pessoa não se perdeu com isso. Esta baseia-se na VONTADE idêntica e no seu caráter imutável. É precisamente ela que torna inalterável a expressão dos olhos. É no CORAÇÃO que encontramos o ser humano, não na cabeça. É certo que, em consequência da nossa relação com o mundo exterior, estamos acostumados a considerar o sujeito do conhecer, o eu que conhece, como o nosso si mesmo propriamente dito, que à noite se cansa, no sono desaparece, pela manhã resplandece com renovadas forças. Contudo, isso é a mera função cerebral, não o nosso próprio si mesmo. Nosso verdadeiro si mesmo, o núcleo do nosso ser é o que se encontra atrás disso e nada conhece propriamente dizendo senão querer e não querer, estar satisfeito ou insatisfeito, com todas as modificações dos movimentos que denominamos sentimentos, afetos e paixões. Eis aí o si mesmo que produz aquele outro; não dorme, quando o outro dorme, e também permanece intocado, enquanto aquele outro desaparece com a morte. — Por outro lado, tudo o que pertence ao CONHECIMENTO está sujeito ao esquecimento: às vezes, após anos, não podemos recordar completamente nem mesmo das ações de significado moral e não sabemos de modo preciso e detalhado como nos comportamos num caso crítico. Contudo, do CARÁTER MESMO, do qual os atos dão simples testemunho, não podemos esquecê-lo: ele é agora exatamente igual ao que era antes. A vontade mesma, só e por si, permanece: pois apenas ela é imutável, indestrutível, não envelhece, não é física mas metafísica, não pertence à aparência mas é o que aparece mesmo.

No capítulo 15, demonstrei como também a identidade da consciência em toda a sua extensão baseia-se na vontade, com o que me dispenso de deter-me novamente no assunto.

11) ARISTÓTELES, // no livro sobre a comparação das coisas desejáveis, diz de passagem: "bem viver é melhor que viver" (βέλτιον τοῦ ζῆν τὸ εὖ ζῆν, *Topica*, III, 2). Daí poder-se-ia inferir por dupla contraposição: não viver é melhor que viver mal. Isto é evidente ao intelecto: no entanto, a grande maioria das pessoas prefere viver muito mal a não viver. Esse apego à vida, portanto, não pode ter seu fundamento no seu próprio OBJETO, já que a vida, como foi mostrado no quarto livro, é propriamente dizendo um contínuo sofrimento, ou pelo menos, como será exposto no capítulo 28, um negócio cujos custos não cobrem o investimento: por conseguinte, aquele apego à vida só pode estar fundamentado no SUJEITO que a prova. Mas não está fundado no INTELECTO, não é consequência alguma de ponderação, nem em geral objeto de escolha; ao contrário, esse querer-a-vida é algo que se entende por si mesmo: ele é o *prius* do INTELECTO mesmo. Nós mesmos somos a Vontade de vida: por isso temos de viver,[51] bem ou mal. Só a partir disso, de que esse apego a uma vida, nela mesma de tão pouco valor, é totalmente *a priori* e não *a posteriori*, explica-se o exagerado medo da morte radicado em todo vivente, que La Rochefoucauld expressou com rara franqueza e ingenuidade em sua última reflexão, e sobre o qual baseia-se em última instância a eficácia de todas as tragédias e de todos os feitos heroicos, que seria suprimida caso avaliássemos a vida apenas segundo o seu valor objetivo. Sobre esse inexprimível *horror mortis* fundamenta-se também o princípio favorito de qualquer cabeça ordinária, de que quem tira a própria vida tem de ser louco, mas não em menor medida também aquele assombro ligado a uma certa admiração que sempre suscita semelhante ação, mesmo nas cabeças pensantes, porque tal ação é tão oposta à natureza de todo vivente

---

51 No original *wir selbst sind der Wille zum Leben: daher müssen wir leben*; ou seja, num primeiro momento o termo *Leben* é empregado como substantivo, com inicial maiúscula, isto é, *vida*; num segundo momento, o mesmo termo é empregado como verbo, com inicial minúscula, e o traduzimos por *viver*. Como se percebe, em português temos dois diferentes termos que nos transmitem uma sutil diferença, coisa de que, neste caso, carece a língua alemã. (N. T.)

que, em certo sentido, temos de admirar aquele que a consegue consumar, sim, até mesmo encontramos uma certa consolação no fato de que, nos piores casos, tal saída de fato encontra-se aberta, coisa de que poderíamos duvidar se ela não fosse confirmada pela experiência. Pois o suicídio provém de uma resolução do intelecto: entretanto, o nosso querer-a-vida é o *prius* do intelecto. — Portanto, também a presente consideração, que o // capítulo 28 discute em detalhes, confirma o primado da VONTADE na consciência de si.

12) Por outro lado, nada demonstra mais distintamente a natureza secundária, dependente, condicionada do INTELECTO que sua periódica intermitência. No profundo sono interrompe-se todo conhecer e toda formação de representações. Tão somente o núcleo do nosso ser, o que é metafísico nele, necessariamente pressuposto pelas funções orgânicas como o seu *primum mobile*, nunca entra em pausa, caso a vida não deva cessar e, como algo metafísico que é, portanto, incorporal, não precisa de repouso. Por isso os filósofos, ao considerarem esse núcleo metafísico como uma ALMA, isto é, um ser essencial e originário QUE CONHECE, foram forçados à asserção de que ela é absolutamente infatigável em sua formação de representações e em seu conhecer, os quais, portanto, continuam até mesmo no sono mais profundo; apenas não restam recordações deles ao acordarmos. Todavia, seria fácil notar a falsidade dessa afirmação tão logo puséssemos de lado aquela alma, em consequência da doutrina de KANT. Pois o sono e o despertar mostram com a maior distinção ao sentido imparcial que o conhecer é uma função secundária e condicionada pelo organismo, tanto quanto qualquer outra. Infatigável é apenas o CORAÇÃO; porque seu batimento e fluxo sanguíneo não são condicionados imediatamente pelos nervos, mas são justamente a exteriorização originária da vontade. Também persistem durante o sono todas as demais funções fisiológicas governadas meramente pelos nervos ganglionares e que possuem uma ligação só mediata e distante com o cérebro, embora as secreções ocorram mais lentamente: até mesmo o batimento cardíaco torna-se mais lento devido a sua dependência da respiração, que é condicionada pelo sistema cerebral (*medula oblongata*). O estômago é talvez o mais ativo durante o sono, algo para ser atribuído ao seu especial consenso com o cérebro, agora em repouso, consenso este que ocasiona perturbações recíprocas. Somente o CÉREBRO, e com ele o conhecer, faz completa pausa

no sono profundo. Pois ele é meramente o ministério do exterior, como o sistema ganglionar é o ministério do interior. O cérebro com sua função de conhecimento nada é senão uma SENTINELA posta pela vontade em vista de seus fins que são encontrados no exterior, sentinela que, lá da torre de observação, olha em redor de si pelas janelas dos sentidos para ver de onde vem o perigo e onde se encontram os benefícios, com o que, segundo seus informes, a vontade toma a sua decisão. Tal SENTINELA, como qualquer outra em serviço ativo, está em estado de tensão e fadiga, portanto, sente-se alegre quando é de novo aliviada após cumprir a sua vigilância; como se alegra qualquer guarda quando é substituído em seu posto. Semelhante substituição é o adormecer, que por isso é tão doce e agradável e para o qual estamos tão bem-dispostos: já ser despertado do sono, ao contrário, não é bem-vindo, porque subitamente convoca de novo a SENTINELA para o seu posto: aqui geralmente se sente o reaparecimento da penosa diástole após a benéfica sístole, sente-se mais uma vez a separação do intelecto em relação à vontade. Ora, uma assim chamada ALMA, que fosse originária e radicalmente um ser QUE CONHECE, teria de estar, ao contrário, animada ao despertar, como o peixe que retorna à água. No sono, em que apenas a vida vegetativa prossegue, a vontade atua exclusivamente segundo a sua natureza essencial e originária, sem ser perturbada do exterior, sem redução de sua força pela atividade do cérebro e pela fadiga do conhecimento, que é a função orgânica mais difícil, mas que para o organismo é mero meio, não fim: por isso, no sono toda a força da vontade dirige-se à conservação, e, onde necessário, à reparação do organismo; razão pela qual toda cura, todas as crises salutares têm lugar no sono; na medida em que a *vis naturae medicatrix*[52] só joga o seu livre jogo quando é liberada do fardo da função cognitiva. O embrião, que ainda tem de formar o corpo, dorme continuamente, e o recém-nascido, a maior parte do tempo. Nesse sentido, BURDACH também explica (*Physiologie*, tomo 3, p.484) com todo acerto o sono como o ESTADO ORIGINÁRIO.

Em relação ao cérebro mesmo, eu explico mais detalhadamente a necessidade do sono através de uma hipótese que parece ter sido pela primeira vez formulada no livro de NEUMANN, *Von der Krankheiten des Menschen*, 1834,

---

[52] "Poder curador da natureza." (N. T.)

tomo 4, § 216. É esta: que a nutrição do cérebro, portanto, a renovação da sua substância // com o sangue, não pode ocorrer durante a vigília; já que a tão elevada e eminente função orgânica do conhecer e do pensar seria perturbada ou suspendida pela tão baixa e material função da nutrição. Daí explicar-se por que o sono não é um estado puramente negativo, simples pausa da atividade cerebral, mas ele mostra ao mesmo tempo um caráter positivo. Este já dá sinal de si pelo fato de entre sono e despertar não haver apenas diferença de grau, mas uma fronteira bem demarcada que, tão logo o sono ocorre, dá sinal de si através de imagens oníricas, que são completamente heterogêneas em relação aos nossos prévios e densos pensamentos. Uma prova a mais disso é que, quando temos sonhos angustiantes, em vão esforçamo-nos por gritar, ou defender ataques, ou chacoalhar o sono; de modo que é como se houvesse sido suprimido o membro que conecta o cérebro aos nervos motores, ou o cérebro ao cerebelo (como regulador dos movimentos): pois o cérebro permanece em seu isolamento, e o sono nos aprisiona firme como se tivesse garras de ferro. Por fim, o caráter positivo do sono pode ser esclarecido pelo fato de precisarmos de um certo grau de força para dormir; por conseguinte, muita fadiga, assim como fraqueza natural, impede-nos de pegar no sono, *capere somnum*. Algo que se explica porque o PROCESSO DE NUTRIÇÃO tem de ser introduzido quando o sono ocorre: o cérebro como que tem de começar a alimentar-se. Também o incremento do fluxo de sangue no cérebro durante o sono explica-se pelo processo de nutrição; bem como a posição instintivamente assumida dos braços colocados juntos sobre a cabeça, porque assim o processo é favorecido; igualmente explica-se por que as crianças, pelo tempo em que o cérebro cresce, necessitam de muito sono, enquanto na idade avançada, ao contrário, na qual entra em cena uma certa atrofia do cérebro, bem como de todos os órgãos, o sono torna-se escasso; finalmente, porque o sono excessivo produz um certo embotamento da consciência, devido a uma hipertrofia transitória do cérebro que, em caso de habitual sono excessivo, pode tornar-se duradoura e produzir a idiotia: ἀνίη χαὶ πολὺς ὕπνος (*noxae est etiam multus somnus*)[53] (*Od.*, 15, 394). A necessidade do sono, em conformidade com o

---

53 "Também o sono excessivo é prejudicial." (N. T.)

que foi dito, é diretamente proporcional // à intensidade da vida cerebral, portanto, à limpidez de consciência. Aqueles animais cuja vida cerebral é débil e monótona, dormem pouco e levemente, por exemplo, répteis e peixes: aqui recordo que a hibernação[54] é um sono quase que apenas no nome, já que não é uma inatividade só do cérebro, mas de todo o organismo, portanto, um tipo de morte aparente. Animais de inteligência mais significativa dormem profunda e longamente. Também os seres humanos precisam tanto mais dormir quanto mais é desenvolvido, conforme a quantidade e qualidade, e quanto mais ativo é o seu cérebro. MONTAIGNE conta que ele sempre foi dorminhoco, passou boa parte da sua vida dormindo, e até mesmo na idade avançada dormia entre oito e nove horas seguidas (Liv. III, ch. 13). Também de DESCARTES é-nos relatado que dormia bastante (Baillet, *Vie de Descartes*, 1693, p.288). KANT permitia-se sete horas de sono: porém, seguia isto com tanta dificuldade que ordenou ao seu criado para forçá-lo a levantar-se em determinada hora, mesmo contra a sua própria vontade e sem dar ouvidos às contraordens (Jachmann, *Immanuel Kant*, p.162). Pois, quanto mais plenamente desperta é uma pessoa, isto é, quanto mais clara e animada é a sua consciência, tanto maior é para ela a necessidade do sono e assim tanto mais profunda e longamente dorme. Portanto, o muito pensar ou o tenso trabalho da cabeça aumentará a necessidade do sono. Que da mesma forma a contínua tensão muscular produza sono explica-se pelo fato de que aí o cérebro, por meio da *medulla oblongata*, da medula espinhal e dos nervos motores comunica continuamente estímulo aos músculos, atuando sobre a irritabilidade destes, o que, por conseguinte, esgota a própria força do cérebro: assim, o cansaço que sentimos nos braços e nas pernas tem o seu verdadeiro lugar no cérebro; precisamente como a dor, sentida em tais partes, é experienciada propriamente dizendo no cérebro: pois o cérebro relaciona-se com os nervos motores do mesmo modo que com os nervos sensitivos. Eis por que os músculos que não são postos para atuar pelo cérebro, por exemplo, os do coração, não se cansam. Pela mesma razão explica-se por que, tanto durante, quanto após grande esforço muscular

---

54 No original, *Winterschlaf*, que em alemão, ao pé da letra, significa sono (*Schlaf*) de inverno (*Winter*).

não se pode pensar de maneira acurada. Que no verão tenhamos bem menos energia espiritual que no inverno é em parte explicável pelo fato de // no verão dormirmos menos: pois quanto mais profundamente dormimos tanto mais perfeitamente despertos, "animados" somos depois. Mas isso não nos autoriza a prolongar o sono mais do que o devido; porque ele então perde em intensidade, isto é, profundidade e solidez tanto quanto ganha em extensão; e assim se torna uma mera perda de tempo. Isto é o que também pensa Goethe, quando ele (na segunda parte do *Fausto*) diz do sono matutino: *Schlaf ist Schaale: wirf sie fort.*[55] — Em geral, portanto, o fenômeno do sono comprova admiravelmente que consciência, percepção, conhecer, pensar, não são nada de originário em nós, mas um estado condicionado, secundário. É um luxo da natureza, e em verdade o seu mais elevado, o qual ela então, quanto mais elevado o impulsiona, tanto menos ele pode prosseguir sem interrupção. Trata-se do produto, da eflorescência do sistema nervoso cerebral, o qual ele mesmo, como um parasita, é alimentado pelo resto do organismo. Isso conecta-se também com aquilo que é mostrado no nosso terceiro livro do primeiro tomo, que o conhecimento é tanto mais puro e perfeito quanto mais desvinculou-se e separou-se da vontade, com o que entra em cena a apreensão estética, puramente objetiva; igual a um extrato que é tanto mais puro quanto mais separa-se daquilo de que foi extraído e assim mais depurou-se de todo sedimento. — O contrário mostra a VONTADE, cuja exteriorização mais imediata é toda a vida orgânica e, primariamente, o incansável coração.

Esta última consideração já está aparentada ao tema do próximo capítulo, para o qual ela, portanto, constitui a transição: a ela pertence ainda a seguinte observação. No sonambulismo magnético a consciência duplica-se: nascem duas séries de conhecimento, cada uma coerente em si mesma, porém, completamente separada da outra; a consciência desperta não sabe nada da consciência sonambúlica. No entanto, a vontade conserva em ambas o mesmo caráter e permanece absolutamente idêntica: exterioriza em ambas as mesmas inclinações e aversões. — É que a função pode ser duplicada, não a essência em si.

---

55 "Sono é casca: atira-a fora." (N. T.)

// Capítulo 20*
OBJETIVAÇÃO DA VONTADE NO ORGANISMO ANIMAL

Compreendo por OBJETIVAÇÃO o expor-se-a-si no mundo real dos corpos. Entrementes, este mundo real, como colocado de maneira detalhada no primeiro livro e nos seus suplementos, é por inteiro condicionado pelo sujeito que conhece, logo, pelo intelecto, portanto, é absolutamente impensável exteriormente ao conhecimento do sujeito: pois o mundo real dos corpos é antes de tudo apenas representação intuitiva e como tal fenômeno cerebral. Após a sua supressão, restaria a coisa em si. Que esta seja a VONTADE é o tema do segundo livro, em que ela é primariamente demonstrada nos organismos humano e animal.

O conhecimento do mundo exterior também pode ser definido como a CONSCIÊNCIA DE OUTRAS COISAS, em oposição à CONSCIÊNCIA DE SI. Após termos encontrado nesta última a vontade como o seu objeto propriamente dito, ou o seu estofo, agora levaremos em consideração, com o mesmo intento, a consciência das outras coisas, logo, o conhecimento objetivo. Sobre este, aqui está a minha tese: O QUE NA CONSCIÊNCIA DE SI, LOGO, SUBJETIVAMENTE, É O INTELECTO, EXPÕE-SE NA CONSCIÊNCIA DE OUTRAS COISAS, LOGO, OBJETIVAMENTE, COMO O CÉREBRO: E O QUE NA CONSCIÊNCIA DE SI, LOGO, SUBJETIVAMENTE, É A VONTADE, EXPÕE-SE NA CONSCIÊNCIA DE OUTRAS COISAS, LOGO, OBJETIVAMENTE, COMO O ORGANISMO EM SEU CONJUNTO.

Às provas deste princípio, fornecidas tanto em nosso segundo livro, quanto nos dois primeiros capítulos do ensaio *Sobre a vontade na natureza*, acrescento os seguintes suplementos e elucidações.

---
* Este capítulo conecta-se com § 20 do primeiro tomo.

A fundamentação da primeira parte daquela tese foi feita em sua maior parte no capítulo precedente, já que na necessidade do sono, nas mudanças durante a idade, e na diferença da // conformação anatômica, demonstrou-se que o intelecto, sendo de natureza secundária, depende no todo de um único órgão, o cérebro, do qual é função, como o agarrar é função da mão; logo, que o intelecto é físico, como a digestão, não metafísico, como a vontade. Assim como a boa digestão exige um estômago saudável, forte, e a força atlética, braços musculosos, vigorosos; também a inteligência extraordinária exige um cérebro incomumente desenvolvido, belamente construído, destacado por fina textura e vivificado por enérgica pulsação. Ao contrário, a índole da vontade não depende de e nem pode ser prognosticada por órgão algum. O maior erro da frenologia de GALL é que ele estabeleceu órgãos do cérebro também para as características morais. — Ferimentos na cabeça com perda de substância cerebral via de regra fazem efeitos muito prejudiciais ao intelecto: têm, por consequência, completa ou parcial idiotia, ou esquecimento definitivo ou temporário da língua, embora às vezes só uma de muitas línguas conhecidas, às vezes, de novo, esquecimento meramente dos nomes próprios, ou igualmente a perda de outros conhecimentos possuídos, e assim por diante. Ao contrário, nunca lemos que, após uma infelicidade desse tipo, o CARÁTER tenha sofrido uma mutação, que o indivíduo teria se tornado moralmente pior ou melhor, ou teria perdido certas inclinações ou paixões, ou ainda adquirido novas; nunca. Porque a vontade não possui sua sede no cérebro, e, ademais, ela, como o metafísico, é o *prius* do cérebro, como de todo o corpo, por conseguinte, não sofre mutações por ferimentos do cérebro. — De acordo com um experimento realizado por SPALLANZANI e repetido por VOLTAIRE,* um caracol, do qual se cortou a cabeça, permanece vivo, e após algumas semanas cresceu-lhe uma nova cabeça, junto com os cornos: com aquela reaparecem consciência e representação; enquanto, até então, o animal dava a conhecer, através de movimentos irregulares, mera vontade cega. Também aqui encontramos, portanto, // a vontade como a

---

* Spallanzani, Risultati di esperienzi sopra la riproduzione della testa nelle lumache terrestri. In: *Memorie di matematica e fisica della Società Italiana*, tomo I, p. 581. Voltaire, *Les colimaçons du révérend père l'escarbotier*.

substância que permanece, o intelecto, ao contrário, condicionado por seu órgão, como o acidente que muda. Pode-se definir o intelecto como o regulador da vontade.

Talvez tenha sido Tiedemann quem primeiro comparou o sistema nervoso cerebral a um parasita (Tiedemann e Treviranus, *Journal für Physiologie*, v.I, p.62). É uma feliz comparação, já que o cérebro, junto com a medula espinhal e os nervos a ele anexados, é, por assim dizer, implantado no organismo e por este alimentado sem de sua parte contribuir diretamente para a manutenção da economia do organismo; por conseguinte, a vida pode subsistir mesmo sem cérebro, como no caso dos abortos acéfalos, também das tartarugas que ainda vivem três semanas após terem suas cabeças cortadas; apenas tem-se de preservar-lhes a *medula oblongata*, como órgão da respiração. Até mesmo uma galinha da qual Flourens extirpou o grande cérebro seguiu vivendo por meses e cresceu. Mesmo entre os humanos não é a destruição do cérebro que leva diretamente ao óbito, mas antes disso se morre por falência dos pulmões e, em seguida, do coração (Bichat, *Sur la vie et la mort*, II, art. 11, § 1). Em compensação, o cérebro controla as relações com o mundo exterior: este é o seu único ministério, e com ele paga a sua dívida com o organismo que o alimenta; pois a existência do organismo é condicionada pelas relações exteriores. Por isso o cérebro é a única de suas partes que precisa de sono: porque sua atividade é completamente separada de sua conservação, a primeira consome meramente forças e substância, a segunda é feita pelo restante organismo, como sua ama de leite: logo, na medida em que a atividade do cérebro em nada contribui para a própria manutenção, esgota-se, e só quando há uma pausa, no sono, é que sua alimentação transcorre sem obstáculos.

A segunda parte de nossa tese acima apresentada precisará de uma explicitação mais detalhada, mesmo após tudo o que eu já disse sobre o tema nos mencionados escritos. Já no capítulo 18, demonstrei que a coisa em si, que tem de estar no fundo de cada aparência, logo também da nossa própria, despe-se na consciência de si de uma de suas formas aparentes, o espaço, e mantém unicamente a outra, o tempo; por isso manifesta-se aqui mais imediatamente que em qualquer outro lugar, // com o que nós, segundo esta mais desvelada de suas aparências, a chamamos vontade. No entanto, no mero tempo apenas, não pode expor-se SUBSTÂNCIA PERMANENTE alguma como é o caso da matéria; porque uma tal, como mostrado em § 4 do primeiro tomo, só é possível através da íntima união do espaço com o tempo. Por isso na consciência de si a vontade não é percebida como o substrato subsistente de suas agitações, logo, não é intuída como substância permanente; porém, apenas seus atos isolados, movimentos e estados, tais como resoluções, desejos e afetos são conhecidos sucessivamente e, no tempo de sua duração, imediatamente, porém de modo intuitivo. O conhecimento da vontade na consciência de si não é, por conseguinte, uma INTUIÇÃO da vontade, mas uma percepção[1] totalmente imediata das suas agitações sucessivas. Por outro lado, o conhecimento voltado para FORA, intermediado pelos sentidos e consumado no entendimento, tem junto com o tempo também o ESPAÇO como forma e vincula a ambos da maneira mais íntima através da causalidade como função do entendimento, tornando-se assim INTUIÇÃO, e, desse modo, o que na percepção imediata interna foi apreendido como VONTADE, expõe-se INTUITIVAMENTE como CORPO ORGÂNICO, cujos movimentos isolados tornam visíveis para nós os atos, e as partes e formas, as aspirações, o caráter fundamental da vontade individualmente dada, sim, a dor e o bem-estar do corpo são afecções totalmente imediatas dessa vontade mesma.

Percebemos essa identidade do corpo com a vontade, em primeiro lugar, nas ações isoladas de ambos; pois nestas, o que na consciência de si é conhecido como ato mais imediato e real da vontade, expõe-se exteriormente, de modo simultâneo e inseparável, como movimento do corpo, e as resoluções da vontade que entram em cena instantaneamente acompanhando a instantaneidade dos motivos que as provocam, cada um logo as vê tão fielmente refletidas em outras tantas ações do próprio corpo, como o são as ações do corpo na sua sombra; daqui nasce da maneira mais simples para o observador imparcial a intelecção de que o seu corpo é meramente a aparência exterior da sua vontade, isto é, o modo e a maneira como a sua vontade expõe-se no seu intelecto que intui; ou a sua vontade mesma sob a

---

1 *Innewerden*, que, como dito em nota anterior, significa interiorizar, perceber, ter ciência. (N. T.)

forma da representação. Quando, fazendo-nos violência, privamo-nos deste originário e simples // ensinamento, é que podemos espantar-nos por um instante com o processo de nossa própria ação corporal como um milagre, que reside no fato de entre o ato da vontade e a ação corporal não haver realmente conexão causal alguma: pois eles são imediatamente IDÊNTICOS, e sua aparente diferença deve-se unicamente ao fato de aqui uma única e mesma coisa ser percebida por dois modos diferentes de conhecimento, o interior e o exterior. — O verdadeiro querer é em realidade inseparável do agir, e um ato da vontade no sentido estrito do termo é apenas aquele que é estampado pelo agir. Ao contrário, meras resoluções da vontade são, até a execução, apenas propósitos e, por conseguinte, exclusivamente coisa do intelecto: tais resoluções enquanto tais têm seu lugar só no cérebro e nada mais são do que cálculos efetuados da força relativa dos diferentes motivos que se opõem entre si, e que têm por conseguinte de fato grande probabilidade, mas nunca infalibilidade. Podem, assim, resultar falsos, não apenas mediante mudança das circunstâncias, mas também porque a estimativa do respectivo efeito dos motivos sobre a vontade própria era errônea, o que então se mostra lá onde a ação trai o propósito: daí justamente nenhuma decisão ser certa antes da sua execução. Logo, A VONTADE MESMA só é ativa na ação real, portanto, na ação muscular, por consequência, na IRRITABILIDADE: logo, nestes objetiva-se a VONTADE propriamente dita. O grande cérebro é o lugar dos motivos, é lá onde, através destes, a vontade torna-se arbítrio, isto é, torna-se precisamente determinada através de motivos. Tais motivos são representações, as quais originam-se por ocasião dos estímulos exteriores nos órgãos sensoriais e mediante as funções do cérebro e também são elaboradas em conceitos, em seguida em decisões. Quando produz-se um ato efetivo da vontade, esses motivos, cuja fábrica é o grande cérebro, fazem efeito por intermediação do cerebelo sobre a medula espinhal e os nervos motores que desta saem, os quais por sua vez fazem efeito sobre os músculos, todavia meramente como ESTÍMULO da sua irritabilidade; pois também estímulos galvânicos, químicos e até mesmo mecânicos podem provocar o mesmo efeito de contração que aquele produzido pelo nervo motor. Logo, o que no cérebro era MOTIVO, faz efeito, quando chega através dos condutos nervosos até os músculos, como puro ESTÍMULO. A sensibilidade em si // é totalmente incapaz de contrair um músculo: isto só o músculo ele mesmo pode fazê-lo, e sua capacidade para isto chama-se IRRITABILIDADE, isto é, SUSCETIBILIDADE A ESTÍMULO: é uma propriedade exclusiva do músculo; como a sensibilidade é uma propriedade exclusiva do nervo. O nervo, é verdade, dá ao músculo a OCASIÃO para a sua contração; mas de modo algum é ele que o contrai mecanicamente: porém, isto acontece única e exclusivamente devido à IRRITABILIDADE, que é uma força própria do músculo. Esta, apreendida exteriormente, é uma *qualitas oculta*; e apenas a consciência de si a revela como a VONTADE. Na cadeia causal aqui brevemente exposta, que vai desde o influxo do motivo externo até a contração do músculo, a vontade não entra em cena como o último membro da cadeia; mas é o substrato metafísico da irritabilidade do músculo: logo, a vontade desempenha aqui exatamente o mesmo papel que desempenham as misteriosas forças naturais que estão no fundo do processo de uma cadeia física ou química, forças estas que como tais não são elas mesmas concebidas como membros da cadeia causal, porém conferem a todos os membros dessa cadeia a capacidade de fazer efeito; como o expus detalhadamente em § 26 do primeiro tomo. Por isso também atribuiríamos à contração do músculo uma semelhante misteriosa força natural; caso essa contração não se desvelasse a nós por uma fonte de conhecimento inteiramente diferente, a consciência de si, como VONTADE. Eis por que, como eu disse acima, quando partimos da vontade, o nosso próprio movimento muscular parece-nos um milagre; porque, é verdade, desde o motivo externo até a ação muscular transcorre uma estrita cadeia causal, contudo a vontade mesma não é concebida nessa cadeia como um de seus membros, mas, como o substrato metafísico da possibilidade de uma atuação do músculo via cérebro e nervo, subjaz à presente ação muscular; por conseguinte, esta não é propriamente EFEITO da vontade, mas APARÊNCIA da vontade. Como tal, entra em cena no mundo da representação, que é completamente diferente da VONTADE em si mesma, mundo este que tem por forma a lei de causalidade; pelo que, quando partimos da VONTADE para a reflexão atenta, aquela aparência adquire o aspecto de um milagre, porém para a investigação mais profunda oferece a mais imediata certificação da grande verdade de que aquilo // que na aparência entra em cena como corpo e seu fazer-efeito é em si mesmo VONTADE. — Se se corta o nervo motor que conduz até a minha mão; então a minha vontade não pode mais movimentar a minha mão. Isso não significa que a minha mão cessou de ser, como cada parte de meu corpo, a objetidade, a mera visibilidade da vontade, ou, com outras palavras, que a irritabilidade desapareceu; mas significa que o influxo dos motivos, unicamente devido ao qual posso movimentar a minha mão, não pode alcançá-la e assim não pode fazer efeito como estímulo sobre seus músculos, porque o conduto do cérebro até ela foi interrompido. Logo, nesta parte, minha vontade em verdade apenas subtraiu-se ao influxo dos motivos. A vontade objetiva-se imediatamente na irritabilidade, não na sensibilidade.

Para evitar todos os mal-entendidos neste ponto importante, em especial aqueles que procedem da fisiologia praticada de maneira puramente empírica, quero examinar mais a fundo todo o processo. — Minha doutrina afirma que o corpo todo é a vontade mesma expondo-se na intuição do cérebro, conseguintemente, entrando em suas formas de conhecimento. Daí se segue que a vontade presentifica-se uniformemente no corpo todo; como é demonstravelmente o caso; pois as funções orgânicas são obras da vontade tanto quanto as funções animais. Como, no entanto, é possível aqui conciliar que as ações ARBITRÁRIAS, estas mais inegáveis exteriorizações da vontade, manifestamente procedem do CÉREBRO, e só depois, através da medula espinal, chegam às raízes nervosas, que finalmente colocam os membros em movimento, raízes cuja paralisia ou intersecção suprime a possibilidade de movimento arbitrário? Em conformidade com isso, até dever-se-ia pensar que a vontade, tanto quanto o intelecto, tem a sua sede no cérebro e, tanto quanto o intelecto, é uma simples função do cérebro.

Mas esse não é o caso; o corpo todo é e permanece a exposição da vontade na intuição, logo, é a vontade mesma objetivamente intuída graças às funções do cérebro. Aquele processo que ocorre nos atos da vontade baseia-se em que a vontade, que, segundo minha doutrina, exterioriza-se em cada aparência da natureza, mesmo nas aparências vegetais e inorgânicas, // entra em cena no corpo humano e animal como uma VONTADE CONSCIENTE. Uma consciência, no entanto, é essencialmente algo uniforme e exige por conseguinte sempre um ponto central de unidade. A necessidade da consciência, como amiúde expliquei, é produzida pelo fato de, em função da crescente complexidade e com isto das variadas necessidades de um organismo, os atos da vontade terem de ser guiados por MOTIVOS, e não, como nos graus mais abaixo, por meros estímulos. Para semelhante trabalho, o organismo tinha que entrar em cena dotado de uma consciência que conhece, logo, com um intelecto como o médium e lugar dos motivos. Esse intelecto, quando é ele mesmo intuído objetivamente, expõe-se como o cérebro e as suas ramificações, logo, medula espinhal e nervos. É no intelecto que, por ocasião das impressões exteriores, nascem as representações que se tornam motivos para a vontade. Tais representações submetem-se ademais no intelecto RACIONAL a uma reelaboração através de reflexão e ponderação. Portanto, um tal intelecto tem de, antes de tudo, unir em UM ponto todas as impressões, junto com a reelaboração destas pelas próprias funções em vista de simples intuições ou conceitos, com o que esse ponto, por assim dizer, converte-se no foco de todos os seus raios, e nasce daí aquela UNIDADE da consciência que é o EU TEÓRICO, o sustentáculo da consciência toda, na qual ele mesmo expõe-se como idêntico com o eu QUE QUER, do qual é mera função de conhecimento. Aquele ponto de unidade da consciência, ou o eu teórico, é precisamente a unidade sintética da apercepção de Kant, na qual enfileiram-se todas as representações como num colar de pérolas e devido à qual o "eu penso", como o fio do colar, "tem de poder acompanhar todas as minhas representações". – Logo, esse ponto de encontro dos motivos, onde se dá a sua entrada em cena no foco uniforme da consciência, é o cérebro. Aqui, na consciência desprovida de razão eles são meramente intuídos, na consciência RACIONAL são clarificados mediante conceitos, logo, antes de tudo pensados e comparados *in abstracto*; com o que a vontade, em conformidade com o seu caráter individual e imutável, decide-se, e então a RESOLUÇÃO ocorre, o que doravante coloca em movimento os membros exteriores por meio do cerebelo, da medula espinhal e das raízes nervosas. Pois, // embora a vontade também esteja imediatamente presente nestes, já que os mesmos são a sua mera aparência; quando tem de movimentar-se segundo MOTIVOS, ou segundo ponderação, faz-se preciso um tal aparato para apreensão e elaboração das representações em tais motivos, conforme os quais seus atos surgem aqui como resoluções; – exatamente como na nutrição do sangue que, através do quilo, precisa de um estômago e de um intestino nos quais o quilo é preparado, e então flui na corrente sanguínea através do *ductus thoracicus*, que aqui desempenha o papel que lá desempenhava a medula espinhal. — Da maneira mais simples e geral, a coisa pode ser apreendida assim: a vontade está imediatamente presente como irritabilidade em todas as fibras musculares, como um esforço contínuo para a atividade em geral. Mas se esse esforço deve realizar-se, logo, exteriorizar-se como movimento; então esse movimento, precisamente como tal, tem de ter alguma direção: porém, essa direção tem de ser DETERMINADA por algo: isto é, precisa de um guia: este é o sistema nervoso. Pois para a mera irritabilidade, que como é encontrada nas fibras musculares e em si é pura vontade, todas as direções são indiferentes: logo, não se determina por direção alguma, mas comporta-se como um corpo igualmente atraído por todas as direções; permanece parado. Com a intervenção da atividade nervosa como motivo (nos movimentos reflexos como estímulo), a força que se empenha, isto é, a irritabilidade, toma uma determinada direção e produz então o movimento. — Entretanto, aqueles atos exteriores da vontade, que não precisam de motivo algum, logo, também não precisam da reelaboração de meros estímulos em representações, para que estas justamente se tornem motivos no cérebro, tais atos seguem-se imediatamente dos estímulos, a maioria internos, e constituem os movimentos reflexos que partem da mera medula espinhal, como os espasmos e as convulsões, nos quais a vontade faz efeito sem participação do cérebro. — De maneira análoga, a vontade opera na vida orgânica por meio de estímulos nervosos que não vêm do cérebro. A saber, a vontade aparece em cada músculo como irritabilidade, e está, por conseguinte, por si mesma em condições de contraí-lo; todavia, apenas EM GERAL: para que uma determinada contração, num dado instante, seja produzida, faz-se preciso, como em toda parte, uma causa, que aqui tem de ser um estímulo. Este é em toda parte dado pelo nervo // que vai até o músculo. Se esse nervo está conectado ao cérebro; a contração é um ato consciente da vontade, isto é, acontece por motivos que, em consequência de influxos EXTERIORES, originaram-se no cérebro como representações. Se o nervo NÃO está conectado ao cérebro, mas ao *sympathicus maximus*, a contração é involuntária e inconsciente, vale dizer, um ato a serviço da vida orgânica, e o estímulo nervoso para este ato é ocasionado por um influxo

INTERIOR, por exemplo, pela pressão do alimento ingerido sobre o estômago, ou do quilo sobre os intestinos, ou do fluxo sanguíneo sobre as paredes do coração: trata-se, conforme a pressão, de digestão estomacal, ou de *motus peristalticus*, ou de batida do coração, e assim por diante.

Se voltarmos um passo nesse processo; então encontraremos que os músculos são produto e obra de solidificação do sangue, sim, são, em certa medida, apenas sangue que congelou, por assim dizer, sangue coagulado ou cristalizado; pois os músculos assimilaram em si quase inalterados o estofo fibroso (fibrina, *cruor*) e a pigmentação do sangue (Burdach, *Physiologie*, t. 5, p.686). A força, no entanto, que formou o músculo a partir do sangue não pode ser tomada como diferente da que, depois, como irritabilidade, movimenta o músculo através de estímulo nervoso fornecido pelo cérebro; caso em que a força anuncia-se à consciência de si como aquilo que chamamos VONTADE. Ademais, a estreita conexão entre o sangue e a irritabilidade também é demonstrada em que, onde, devido a uma disfunção da circulação menor, uma parte do sangue retorna sem oxidar ao coração, a irritabilidade é de imediato incomumente fraca; como nos batráquios. Também o movimento do sangue, como o dos músculos, é autônomo e originário, ele não precisa uma vez sequer, como a irritabilidade, do influxo dos nervos, e é independente até mesmo do coração; algo evidenciado com a maior clareza pela circulação sanguínea de retorno através das veias até o coração, porque esta não é propulsionada por uma *vis a tergo*,[2] como no caso da circulação arterial; e todos os demais casos de explicação mecânica, tal qual o de uma força de sucção no ventrículo direito, são inadequados (cf. BURDACH, *Physiologie*, t. 4,§ 763; e RÖSCH, *Über die Bedeutung des Bluts*, // p. 11 et seq.). É curioso ver como os franceses, que nada conhecem senão forças mecânicas, disputam entre si com razões insuficientes por ambos os lados, BICHAT atribuindo a circulação sanguínea de retorno através das veias à pressão das paredes dos vasos capilares, enquanto MARGENDIE, ao contrário, a atribui ao impulso que segue atuando do coração (*Précis de physiologie*, por Margendie, t. 4, § 763). Que o movimento do sangue é independente do sistema nervoso, ao menos do sistema nervoso cerebral, é algo testemunhado pelos

---

2 "Força que impele desde trás." (N. T.)

fetos, que (segundo a *Physiologie* de Müller), sem cérebro e sem medula espinhal, têm no entanto circulação sanguínea. E também Flourens diz: *Le mouvement du cœur, pris en soi, et abstraction faite de tout ce qui n'est pas essentiellement lui, comme sa durée, son énergie, ne dépend ni immédiatement, ni coinstantanément, du système nerveux central, et conséquemment c'est dans tout autre point de ce système que dans les centres nerveux eux-mêmes, qu'il faut chercher le principe primitif et immédiat de ce mouvement* (Annales des sciences naturelles, por Audouin e Brongniard, 1828, v.13).³ – Também Cuvier diz: *La circulation survit à la destruction de tout l'encéphale et de tout la moëlle épiniaire* (Mémoires de l'académie des sciences, 1823, v.6; Histoire de l'académie, por Cuvier, p. cxxx).⁴ *Cor primum vivens et ultimum moriens*,⁵ diz Haller. A batida do coração cessa por último na morte. – Os vasos mesmos foram feitos pelo sangue; pois este aparece no embrião antes daqueles: vasos que são apenas os caminhos livremente tomados e trilhados pelo sangue, que finalmente aos poucos se condensam e se fecham; como já o ensinou Kaspar Wolff, em *Theorie der Generation*, § 30-35. Também o movimento do coração, inseparável daquele do sangue, é, embora ocasionado pela necessidade de enviar sangue aos pulmões, um movimento originário, na medida em que é independente do sistema nervoso e da sensibilidade: como Burdach o expôs em detalhes. "No coração", ele diz, "aparece, com o máximo de irritabilidade, um mínimo de sensibilidade" (*Physiologie*, § 769). O coração pertence tanto ao sistema muscular quanto ao sistema sanguíneo ou vascular; do que mais uma vez visivelmente depreende-se que os dois são intimamente aparentados, sim, são um todo. Ora, como o substrato metafísico da força que movimenta // o músculo, logo a irritabilidade, é a vontade, então esta é também o substrato metafísico que subjaz ao movimento e à formação do sangue por meio da qual o músculo foi produzido.

---

3 "O movimento do coração, tomado em si, e abstração feita de tudo o que não é essencialmente ele, como sua duração, sua energia, não depende nem imediatamente, nem de maneira constante, do sistema nervoso central, e consequentemente é em outro ponto completamente diferente desse sistema, em vez de nos centros nervosos eles mesmos, que é preciso procurar o princípio primitivo e imediato desse movimento." (N. T.)

4 "A circulação sobrevive à destruição de todo o encéfalo e de toda a medula espinhal." (N. T.)

5 "O coração é o primeiro a nascer e o último a morrer." (N. T.)

A corrente das artérias determina, ademais, a figura e o tamanho de todos os membros: conseguintemente, toda a figura do corpo é de cima a baixo determinada pela corrente sanguínea. Logo, o sangue tanto alimenta normalmente todas as partes do organismo, como também, na condição de fluido originário, gera-o e forma-o a partir de si mesmo; e a alimentação das partes do organismo, que reconhecidamente constitui a função capital do sangue, é apenas a continuação daquela originária geração das mesmas. Essa verdade encontra-se a fundo e admiravelmente explanada no acima citado escrito de RÖSCH, *Über die Bedeutung des Blutes*, 1839. Mostra que o sangue é o elemento animado originário e a fonte tanto da existência quanto da manutenção de todas as partes do organismo; que a partir dele derivaram-se todos os órgãos, e simultaneamente com estes, para regular as suas funções, o sistema nervoso, o qual, ordenando e guiando, preside como sistema PLÁSTICO a vida das partes isoladas no interior do corpo, e como sistema CEREBRAL, a relação do corpo com o mundo exterior. "O sangue", diz ele, p. 25, "era carne e nervo ao mesmo tempo, e no mesmo momento em que o músculo se desgarrou dele, o nervo, também separado, permaneceu contraposto à carne." Daí entende-se por si mesmo que o sangue, antes que aquelas partes sólidas se separem dele, também tem uma índole algo diferente da subsequente: o sangue é, como RÖSCH o descreve, um fluido caótico, vivificado, viscoso, por assim dizer, uma emulsão orgânica, na qual estão contidas *implicite* todas as partes subsequentes: tampouco possui a cor vermelha desde o início. Isso elimina a objeção que poderia advir do fato de o cérebro e a medula espinhal formarem-se desde o início, antes de a circulação sanguínea ser visível e o coração nascer. Nesse sentido diz também SCHULTZ (*System der Cirkulation*, p.297): "Não acreditamos que se sustente a visão de BAUMGÄRTNER segunda a qual o sistema nervoso se forma antes que o sangue; porque BAUMGÄRTNER calcula a origem do sangue unicamente a partir da formação das vesículas, enquanto bem antes, no embrião e na série animal, o sangue // aparece em forma de puro plasma". — E mesmo se o sangue dos invertebrados nunca adquire a cor vermelha, nem por isso, à diferença de Aristóteles, negamos que o tenham. — É digno de nota que, segundo o informe de Justinus Kerner (*Geschichte zweier Somnambule*, p.78), uma sonâmbula com elevado grau de vidência diz: "Desci tão a fundo em mim mesma até o limite da possibilidade humana; a força da minha vida terrena me pareceu ter a sua origem no sangue, através do qual ela, mediante a circulação nas artérias, se transmite pelos nervos ao corpo todo, enquanto a parte mais nobre do sangue se eleva e se transmite ao cérebro".

De tudo isso depreende-se que a vontade objetiva-se mais imediatamente no SANGUE, que originariamente cria e forma o organismo, completa-o pelo crescimento e depois o conserva continuamente, tanto pela regular renovação de todas as partes quanto pela restauração extraordinária das que porventura estejam feridas. Os primeiros produtos do sangue são os seus próprios vasos e depois os músculos, em cuja irritabilidade a vontade surge para a consciência de si, e, junto com aqueles, também o coração, que é simultaneamente vaso e músculo, por conseguinte, o verdadeiro centro e *primum mobile* de toda a vida. Para a vida individualizada e permanência no mundo exterior, a vontade precisa, porém, de dois sistemas auxiliares: a saber, UM para guiar e regular as próprias atividades interior e exterior, e um OUTRO para a contínua renovação da massa sanguínea; logo, um sistema que dirija e outro que mantenha. Daí a vontade criar para si os sistemas nervoso e intestinal: logo, às *functiones vitales*, que são as mais originárias e essenciais, associam-se subsidiariamente as *functiones animales* e as *functiones naturales*. Portanto, no SISTEMA NERVOSO a vontade objetiva-se apenas mediata e secundariamente; a saber, na medida em que esse sistema entra em cena como um mero órgão auxiliar, como uma organização na qual a vontade chega a conhecer as instigações, em parte interiores e em parte exteriores, a partir das quais há de exteriorizar a si mesma conforme os próprios fins: as impulsões INTERIORES são recebidas pelo sistema nervoso PLÁSTICO, logo, pelo nervo simpático, este *cerebrum abdominale*, como puros estímulos, e a vontade reage no lugar sem que o cérebro seja consciente; as impulsões EXTERIORES // são recebidas via CÉREBRO, como MOTIVOS, e a vontade reage mediante ações conscientes direcionadas para fora. Portanto, todo o sistema nervoso constitui, por assim dizer, os tentáculos da vontade, que ela estende para dentro e para fora. Os nervos do cérebro e da medula espinhal dividem-se, na sua raiz, em sensitivos e motores. Os sensitivos recebem dados de fora, os quais são reunidos no fogão do cérebro e ali mesmo elaborados, resultando daí representações, antes de tudo como motivos. Os nervos motores, como carteiros, levam o resultado da função cerebral ao músculo, resultado este que faz efeito como estímulo sobre o músculo, cuja irritabilidade é a aparência imediata da vontade. Provavelmente, os nervos plásticos dividem-se igualmente em sensitivos e motores, embora numa escala subordinada. – O papel desempenhado pelos gânglios no organismo é para ser pensado como um papel diminutivo do cérebro, com o que um elucida o outro. Os gânglios estão em todas as partes nas quais as funções orgânicas do sistema vegetativo requerem uma supervisão. É como se ali a vontade, para atingir os seus fins, não o conseguisse com o seu direto e simples fazer-efeito, mas precisasse de uma condução e, por conseguinte, de um controle desse fazer-efeito; igual a quando, executando uma tarefa, a memória da pessoa não é suficiente e ela sempre tem de anotar tudo o que faz. Para o interior do organismo bastam, para esse fazer-efeito, meros gânglios nervosos; precisamente porque tudo ocorre no próprio domínio interior daquele. Ao contrário, para o domínio exterior, fez-se necessária uma muito complicada organização de mesmo tipo: esta é o cérebro com seus tentáculos, os nervos sensoriais, que ele estende até o mundo exterior. Porém, quando se trata de casos bem simples, mesmo nos órgãos comunicando-se com esse grande centro nervoso, não é preciso levar o assunto às instâncias superiores; porém, uma instância subordinada é suficiente para decidir o que é necessário: uma tal instância é a medula espinhal nos movimentos reflexos descobertos por MARSHALL HALL, como o espirro, bocejo, vômito, a segunda parte da deglutição, dentre outros. A vontade mesma está presente em todo o organismo, pois este é tão somente a sua visibilidade: o sistema nervoso existe em toda a parte apenas para tornar possível uma DIREÇÃO do agir mediante um controle deste, // existe, por assim dizer, apenas para servir à vontade como espelho, de modo que ela veja o que faz; como nós ao servirmo-nos de um espelho quando fazemos a barba. Desse modo, surgem no interior pequenos sensórios, os gânglios, em vista de especiais e, portanto, simples tarefas: contudo, o sensório principal, o cérebro, é o grande e engenhoso aparato para as complexas e multifacetadas tarefas referentes ao mundo exterior que muda contínua e irregularmente. Onde no organismo os nervos confluem num gânglio, ali em certa medida existe um animal independente e separado, o qual, por intermédio do gânglio, possui uma espécie de débil conhecimento cuja esfera, no entanto, limita-se às partes das quais tais nervos procedem imediatamente. Contudo, o que nessas partes atua, fazendo-as capazes de *quasi*-conhecimento, é manifestamente VONTADE, sim, nem conseguimos pensar de outro modo. Nisso baseia-se a *vita propria* de cada parte, bem como, nos insetos, que em vez da medula espinhal possuem um duplo cordão nervoso com gânglios a distâncias regulares, a capacidade de cada parte, após a separação da cabeça do resto do tronco, ainda continuar a viver por dias; por fim, também as ações que, em última instância, não são motivadas pelo cérebro, isto é, instinto e impulso industrioso. MARSHALL HALL, cuja descoberta dos movimentos reflexos eu mencionei acima, forneceu-nos em verdade na mesma a TEORIA DOS MOVIMENTOS INVOLUNTÁRIOS.[6] Parte destes são normais ou fisiológicos: como o fechamento dos orifícios de entrada e saída do corpo, logo dos *sphincteres vesicae et ani* (que vem dos nervos da medula espinhal), das pálpebras no sono (a partir do quinto par de nervos), da laringe (a partir do *n. vagus*) quando a comida passa por ela ou nela pretende-se introduzir ácido carbônico, bem como a deglutição a partir da faringe, o bocejo, espirro, a respiração (por completo no sono, e parcialmente na vigília), por fim, a ereção, ejaculação, e também a concepção etc. Outra parte dos movimentos involuntários é anormal e patológica: como a gagueira, o soluço, o vômito, e também os espasmos e as convulsões de todo tipo, especialmente na epilepsia, no tétano, na hidrofobia, finalmente, as contrações produzidas por estímulo galvânico ou de outro tipo e que acontecem sem sentimento e consciência em membros paralisados, isto é, // desconectados do cérebro, bem como as contrações de animais decapitados, finalmente, todos os movimentos e as ações de crianças nascidas sem cérebro. Todos os espasmos são uma rebelião dos nervos dos membros contra a soberania do cérebro: por outro lado, os movimentos reflexos normais são a legítima autocracia de funcionários subordinados. Todos esses movimentos são, portanto, involuntários, porque não partem do cérebro e, por conseguinte, não acontecem por motivos, mas por meros estímulos. Os estímulos que os ocasionam chegam só até a medula espinhal, ou à *medula oblongata*, e daí

---

6 No original alemão *unwillkürliche Bewegungen*, ou seja, movimentos não arbitrários, pois *unwillkürlich* nega *willkürlich*, arbitrário, que remete a *Willkür*, arbítrio. Portanto, em vista de compreendermos semanticamente a argumentação do filósofo, tenha-se em mente que, aqui e na sequência, "involuntário" e "involuntariamente" são o mesmo que "não-arbitrário" e "não-arbitrariamente". (N. T.)

acontece de imediato a reação que provoca o movimento. A mesma relação que tem o cérebro com o motivo e a ação, a tem a medula espinhal com aqueles movimentos involuntários, e o que é *sentient and voluntary nerv* para o cérebro, é para a medula espinhal o *incidente and motor nerv*. Que, no entanto, num caso e noutro, o que propriamente movimenta é a VONTADE, é tanto mais evidente quanto os músculos movimentados involuntariamente são em grande parte os mesmos que em outras circunstâncias são movimentados a partir do cérebro nas ações arbitrárias, cujo *primum mobile* nos é conhecido através da consciência de si como VONTADE. O excelente livro de MARSHALL HALL, *On the diseases of the nervous system*, é em especial indicado para tornar distinta a diferença entre arbítrio e vontade[7] e assim confirmar a verdade da minha doutrina fundamental.

A fim de ilustrar tudo o que foi aqui dito, recordemo-nos agora daquele nascimento de um organismo que é o mais acessível à nossa observação. Quem faz o pintinho no ovo? Por acaso um poder e uma arte vindo de fora e penetrando na casca? Ó não! O pintinho faz a si mesmo, e a força que executa e termina essa obra extremamente complicada, bem calculada e ajustada a fins, é precisamente aquela que, tão logo a sua obra foi consumada, irrompe através da casca e efetua então, sob a denominação VONTADE, as ações exteriores do pintinho. Essas duas coisas ela não podia relizar ao mesmo tempo: antes ocupada com a elaboração do organismo, sua atenção não era direcionada ao exterior. Contudo, depois que o organismo foi concluído, essa atenção entra em cena, sob a condução do cérebro e dos seus tentáculos, os sentidos, que são o instrumento previamente preparado para este fim, // e cujo serviço começa assim que o intelecto desperta na consciência de si, intelecto que é a lanterna dos passos da vontade, seu ἡγεμονιχόν,[8] e ao mesmo tempo o sustentáculo do mundo objetivo exterior, por mais que o horizonte deste seja limitado na consciência de um frango. O que, no entanto, agora, o frango, com a mediação desse órgão, consegue realizar no mundo exterior é, como aquilo que é mediado por algo secundário, infinitamente mais insignificante do que aquilo que foi realizado em sua originariedade, pois ali ele fazia-se a si mesmo.

---

7 No original alemão *Unterschied zwischen Willkür und Wille*. Confira-se nota anterior. (N. T.)
8 "Princípio condutor." (N. T.)

Acima reconhecemos o sistema nervoso cerebral como um ÓRGÃO AUXILIAR da vontade, no qual esta, por conseguinte, objetiva-se SECUNDARIAMENTE. Aqui, o sistema cerebral, embora não intervindo diretamente no âmbito das funções vitais do organismo, mas só guiando as suas relações com o exterior, tem todavia no organismo a sua base e é alimentado por ele como pagamento dos seus serviços; logo, assim como a vida cerebral ou animal deve ser vista como produto da vida orgânica, também o cérebro e sua função, o conhecer, logo, o intelecto, pertencem mediata e secundariamente à aparência da VONTADE: também nele a vontade objetiva-se e, é verdade, como vontade de percepção do mundo exterior, logo, como um QUERER-CONHECER. Por consequência, por maior e fundamental que seja a diferença entre o querer e o conhecer; o último substrato dos dois permanece no entanto o mesmo, a saber, a VONTADE como a essência em si de toda a aparência: o conhecer, entretanto, o intelecto, que se expõe na consciência de si inteiramente como secundário, deve ser visto não apenas como acidente da vontade, mas também como sua obra, e assim há de novamente reconduzir a ela através de um desvio. Assim como o intelecto apresenta-se fisiologicamente como a função de um órgão do corpo; metafisicamente deve ser visto como uma obra da vontade, cuja objetivação, ou visibilidade, é o corpo todo. Logo, a vontade de CONHECER, objetivamente intuída, é o cérebro; assim como a vontade de ANDAR, objetivamente intuída, é o pé; a vontade de AGARRAR, a mão; a vontade de DIGERIR, o estômago; de PROCRIAR, os genitais, e assim por diante. Toda essa objetivação existe em última instância só para o cérebro, como sua intuição: nesta, a vontade expõe-se como corpo orgânico. Mas, // na medida em que o cérebro CONHECE, não é ELE MESMO conhecido; porém, é o QUE CONHECE, o sujeito de todo conhecimento. Porém, na medida em que o cérebro SE TORNA CONHECIDO na intuição objetiva, isto é, na consciência de OUTRAS COISAS, logo, secundariamente, pertence ele, como órgão do corpo, à objetivação da vontade. Pois todo o processo é o CONHECIMENTO DE SI DA VONTADE, começa a partir desta e retorna a ela, e constitui aquilo que KANT denominou APARÊNCIA, em oposição à coisa em si. Conseguintemente, o que SE TORNA CONHECIDO, o que SE TORNA REPRESENTAÇÃO, é a VONTADE: e essa representação é o que denominamos CORPO, o qual existe como algo extenso espacialmente e que se movimenta no tempo por intermédio unicamente das funções do cérebro, logo, apenas neste. Por outro lado, o que CONHECE, o que POSSUI AQUELA REPRESENTAÇÃO, é o CÉREBRO, que entretanto não conhece a si mesmo, porém torna-se consciente de si mesmo apenas como intelecto, isto é, como algo QUE CONHECE, logo, apenas subjetivamente. O que, quando visto de dentro, é faculdade de conhecimento, é, quando visto de fora, o cérebro. Esse cérebro é uma parte justamente daquele corpo, porque o cérebro mesmo pertence à objetivação da VONTADE, ou seja, o QUERER-CONHECER desta, a sua orientação para o mundo exterior está nele objetivada. Nesse sentido, o cérebro, portanto, o intelecto, é imediatamente condicionado pelo corpo, e este por sua vez pelo cérebro, — contudo, o corpo é condicionado pelo cérebro apenas mediatamente, a saber, como algo espacial e corpóreo, no mundo da intuição, não em si mesmo, isto é, como vontade. Portanto, o todo é em última instância a vontade, que se torna representação para si mesma, e é aquela unidade que expressamos por "eu". O cérebro mesmo, na medida em que É REPRESENTADO, — logo, na consciência de outras coisas, portanto, secundariamente, — é apenas representação. Em si mesmo no entanto e na medida em que REPRESENTA, ele é a vontade, porque esta é o substrato real de toda a aparência: o querer-conhecer da vontade objetiva-se como cérebro e funções cerebrais. — Podemos ver a pilha voltaica como parábola, imperfeita é verdade, todavia em certa mediada ilustrativa, do ser da aparência humana tal como este foi aqui considerado: os metais, junto com o fluido, seriam o corpo; a ação química, como base de todo o fazer-efeito, seria a vontade, e a tensão elétrica daí resultante, que produz // descarga e faísca, o intelecto. Contudo, *omne simile claudicat*.[9]

    Nos últimos tempos, finalmente prevaleceu na patologia a visão FISIÁTRICA conforme a qual as doenças mesmas são um processo de cura da natureza, que esta introduziu para acabar, pela eliminação de suas causas, com uma desordem surgida em alguma parte do organismo, momento em que, na batalha decisiva, na crise, a natureza ou consegue a vitória e atinge seus fins, ou sucumbe. Tal visão adquire toda a sua racionalidade só a partir do nosso ponto de vista, que permite reconhecer a VONTADE na força vital que

---

9 "Toda comparação coxeia." (N. T.)

aqui entra em cena como *vis naturae medicatrix*,[10] vontade esta que no estado saudável é fundamento de todas as funções orgânicas, mas agora, pela entrada em cena da desordem que ameaça toda a sua obra, investe-se de poder ditatorial para sufocar as potências rebeldes através de medidas totalmente extraordinárias e operações completamente anormais (a doença) e reconduzir tudo ao seu correto trilho. Por outro lado, é um tosco mal-entendido dizer que a VONTADE MESMA está doente, como o expressa repetidamente BRANDIS em linhas do seu livro *Über die Anwendung der Kälte*, que eu citei na primeira parte do meu ensaio *Sobre a vontade na natureza*. Tenho em mente isso e ao mesmo tempo observo que BRANDIS, em seu primeiro livro, *Über die Lebenskraft*, de 1795, em nada suspeita que essa força é em si a VONTADE, mas antes diz p.13: "Impossível que a força vital possa ser a essência que conhecemos apenas pela nossa consciência, já que a maioria dos movimentos ocorrem sem nossa consciência. A afirmação de que essa essência, cuja única característica que nos é conhecida é a consciência, também faz efeito sem consciência sobre o corpo, é ao menos arbitrária e indemonstrável"; e na p. 14: "Ao meu ver, as objeções de Haller à opinião de que todo movimento vital é efeito da alma me parecem irrefutáveis"; – se, ademais, tenho em mente que o seu livro *Über die Anwendung der Kälte*, no qual a vontade entra em cena súbita e decisivamente como força vital, foi escrito quando ele era septuagenário, uma idade na qual ninguém concebe pela primeira vez pensamentos originais e fundamentais; – e se ainda // levo em conta que ele se serve exatamente da minha expressão "vontade e representação", em vez da muito mais usual "faculdade de desejar e de conhecimento": – então, e contra a minha pressuposição primeira, tenho agora a convicção de que ele pegou de mim o seu pensamento fundamental, com a típica honestidade prevalecente hoje em dia no mundo erudito, e nada disse a respeito. Mais detalhes sobre isso encontram-se na segunda edição do meu escrito *Sobre a vontade na natureza*, p.14.

Para confirmar e explicitar a tese que nos ocupa no presente capítulo, nada mais apropriado do que o famoso, e com razão, livro de BICHAT, *Sur la vie et la mort*. As suas considerações e as minhas apoiam-se reciprocamente,

---

10 "Poder de cura da natureza." (N. T.)

na medida em que as suas são o comentário fisiológico das minhas, e as minhas são o comentário filosófico das suas, e a melhor maneira para sermos entendidos é lendo-nos um ao lado do outro. Sobretudo refiro-me aqui à primeira parte de sua obra intitulada *Recherches physiologiques sur la vie*. Ele baseia a sua análise na oposição entre vida ORGÂNICA e ANIMAL, que corresponde à minha oposição entre vontade e intelecto. Quem atém-se ao sentido, não às palavras, não se enganará pelo fato de Bichat atribuir a vontade à vida animal; já que por essa vontade ele entende, como é comum, meramente o arbítrio consciente, que decerto procede do cérebro, no qual, entretanto, como eu disse acima, não existe um querer real, porém a mera ponderação e o cálculo de motivos, cuja conclusão, ou produto, entra em cena em última instância como ato da vontade. Tudo o que atribuo à VONTADE propriamente dita, ele confere à vida ORGÂNICA, e tudo o que concebo como INTELECTO, é nele a vida ANIMAL: a vida animal tem para ele a sua sede apenas no cérebro e nos seus apêndices; a vida orgânica, ao contrário, no resto do organismo. A universal oposição que ele demonstra entre as duas corresponde à que para mim existe entre vontade e intelecto. Como anatomista e fisiólogo, ele parte do objetivo, isto é, da consciência de outras coisas; eu, como filósofo, parto do subjetivo, da consciência de si: é uma alegria ver como nós, semelhantes às duas vozes de um dueto, avançamos em harmonia um com o outro, // embora cada um deixe ouvir algo diferente. Assim, quem quiser me entender, leia-o; e quem o quiser entender mais a fundo do que ele mesmo se entendeu, leia-me. Pois no artigo 4, BICHAT nos mostra que a vida ORGÂNICA começa antes e extingue-se depois da vida ANIMAL, conseguintemente, esta dura quase o dobro que a outra, já que a vida animal é suspensa durante o sono; em seguida, nos artigos 8 e 9, mostra-nos que a vida orgânica realiza ela mesma tudo perfeitamente e de maneira imediata, a vida animal, ao contrário, precisa de um prolongado exercício e educação. Mais interessante é ele no sexto artigo, onde expõe que a vida ANIMAL está completamente restrita às operações intelectuais, por conseguinte, transcorre fria e indiferentemente, enquanto os afetos e as paixões têm a sua sede na vida ORGÂNICA, embora as ocasiões para eles residam na vida animal, isto é, na vida cerebral: aqui ele tem dez preciosas páginas, que eu bem poderia copiá-las na íntegra. Na p. 50, ele diz: *Il est sans doute étonnant, que les passions n'ayent jamais leur terme ni leur origine dans les divers organes de la vie animale; qu'au contraire les parties servant aux fonctions internes, soient constam-*

ment affectées par elles, et même les déterminent suivant l'état où elles se trouvent. Tel est cependant ce que la stricte observation nous prouve. Je dis d'abord que l'effet de toute espèce de passion, constamment étranger à la vie animale, est de faire naître un changement, une altération quelconque dans la vie organique.[11] Em seguida, ele explica como a ira faz efeito sobre a circulação sanguínea e o batimento cardíaco, depois como a alegria, e finalmente como o medo; desde aqui, como os pulmões, o estômago, os intestinos, fígado, glândulas e pâncreas são afetados por aquelas e outras comoções afins, e como a mágoa diminui a nutrição; e então como a vida animal, isto é, a vida cerebral, permanece intocada por tudo isso e calmamente prossegue o seu curso. Refere-se também ao fato de, para indicar operações intelectuais, levarmos a mão à cabeça, e, ao contrário, colocamos a mão no coração, no estômago, nos intestinos, quando queremos exprimir nosso amor, alegria, tristeza ou ódio, e nota que teria de ser um péssimo ator aquele que, ao falar da sua mágoa, tocasse a cabeça, e ao falar dos seus // esforços espirituais, tocasse o coração; também diz que, enquanto os eruditos situam a assim chamada alma na cabeça, o povo sempre indicou com acertadas expressões a bem sentida diferença entre intelecto e afecções da vontade, na medida em que, por exemplo, falam de uma cabeça capaz, astuta, eminente, porém, ao contrário, falam: um coração bom, um coração sensível; ou ainda, "a ira ferve em minhas veias, me agita a bílis, – minhas entranhas ardem de alegria, o ciúme envenena o meu sangue", e assim por diante. *Les chants sont le langage des passions, de la vie organique, comme la parole ordinaire est celui de l'entendement, de la vie animale: la déclamation tient le milieu, elle anime la langue froide du cerveau, par la langue expressive des organes intérieurs, du cœur, du foie, de l'estomac etc.*[12] — Seu resultado é: *La vie organique est le terme où aboutissent, et le*

---

[11] "É sem dúvida impressionante que as paixões jamais tenham o seu fim nem a sua origem nos diversos órgãos da vida animal; que, ao contrário, as partes servindo às funções internas sejam constantemente afetadas pelas paixões, que até mesmo as determinam segundo o estado em que elas se encontram. Isto é o que nos prova a estrita observação. Eu digo que o efeito de toda espécie de paixão, sempre estranha à vida animal, é fazer nascer uma mudança, uma alteração qualquer na vida orgânica." (N. T.)

[12] "Os cantos são a linguagem das paixões, da vida orgânica, como a palavra ordinária é a linguagem do entendimento, da vida animal: a declamação é o meio-termo, ela anima a língua fria do cérebro pela língua expressiva dos órgãos interiores, do coração, do fígado, do estômago etc." (N. T.)

centre d'où partent les passions.[13] Nada é mais apropriado que esse admirável e profundo livro para confirmar e tornar evidente que o corpo nada é senão a vontade mesma corporificada (isto é, intuída através das funções cerebrais, logo, tempo, espaço e causalidade), do que se segue que a vontade é o primário e originário, e o intelecto, ao contrário, como mera função cerebral, é o secundário e derivado. Todavia, o que é mais admirável e para mim gratificante no transcurso de pensamento de BICHAT é que esse grande anatomista, na via de suas considerações puramente fisiológicas, chegou até mesmo a esclarecer a imutabilidade do CARÁTER MORAL a partir do fato de que apenas a vida ANIMAL, logo, a função do cérebro, está submetida à influência da educação, exercício, formação e hábito, enquanto o CARÁTER MORAL pertence à vida ORGÂNICA, que o mundo exterior não modifica, ou seja, pertence ao resto do corpo. Não posso me furtar a aqui citar a passagem: ela encontra-se no artigo 9, § 2. *Telle est donc la grande différence des deux vies de l'animal* [vida cerebral ou animal, e vida orgânica] *par rapport à l'inégalité de perfection des divers systèmes de fonctions, dont chacune résulte; savoir, que dans l'une la prédominance ou l'infériorité d'un système, relativement aux autres, tient presque toujours à l'activité ou à l'inertie plus grandes de ce système, à l'habitude // d'agir ou de ne pas agir; que dans l'autre, au contraire, cette prédominance ou cette infériorité sont immédiatement liées à la texture des organes, et jamais à leur éducation. Voilà pourquoi le tempérament physique et le* caractère moral *ne sont point susceptibles de changer par l'éducation, qui modifie si prodigieusement les actes de la vie animale; car, comme nous l'avons vu, tous deux* appartiennent à la vie organique. *Le caractère est, si je puis m'exprimer ainsi, la physionomie des passions; le tempérament est celle des fonctions internes: or les unes et les autres étant toujours les mêmes, ayant une direction que l'habitude et l'exercice ne dérangent jamais, il est manifeste que le tempérament et le caractère doivent être aussi soustraits à l'empire de l'éducation. Elle peut modérer l'influence du second, perfectionner assez le jugement et la réflexion, pour rendre leur empire supérieur au sien, fortifier la vie animale, afin qu'elle résiste aux impulsions de l'organique. Mais vouloir par elle dénaturer le caractère, adoucir ou exalter les passions dont il est l'expression habituelle, agrandir ou resserrer leur sphère, c'est une entreprise analogue à celle d'un médecin qui essaierait d'élever ou d'abaisser*

---

13 "A vida orgânica é o ponto final onde desembocam, e o centro de onde partem as paixões." (N. T.)

de quelques degrés, et pour toute la vie, la force de contraction ordinaire au cœur dans l'état de santé, de précipiter ou de ralentir habituellement le mouvement naturel aux artères, et qui est nécessaire à leur action etc. Nous observerions à ce médecin, que la circulation, la respiration etc. ne sont point sous le domaine de la volonté (Willkür), *qu'elles ne peuvent être modifiées par l'homme, sans passer à l'état maladif etc. Faisons la même observation à ceux qui croient qu'on change le caractère, et par-là même les* passions, *puisque celles-ci sont un* produit de l'action de tous les organes internes, *ou qu'elles y ont au moins spécialement leur siège*.[14] O leitor familiarizado com a minha filosofia pode pensar consigo mesmo como foi grande a minha alegria quando descobri que as convicções adquiridas em um campo totalmente diferente, por um homem extraordinário, tão cedo arrebatado do mundo, eram, por assim dizer, como a prova aritmética das minhas convicções.

---

14 "Tal é, portanto, a grande diferença entre as duas vidas do animal [vida cerebral ou animal, e vida orgânica] em relação à desigualdade de perfeição dos diversos sistemas de funções, dos quais cada uma resulta; a saber, que em uma, a predominância ou a inferioridade de um sistema, relativamente aos outros, quase sempre depende da atividade ou inércia maiores desse sistema, do hábito de agir ou não agir; que na outra, ao contrário, essa predominância ou essa inferioridade estão imediatamente ligadas à textura dos órgãos, e jamais à sua educação. Eis por que o temperamento físico e o *caráter moral* não são suscetíveis de mudança pela educação, que modifica tão prodigiosamente os atos da vida animal; pois, como vimos, aqueles dois *pertencem à vida orgânica*. O caráter, se posso me exprimir assim, é a fisionomia das paixões; o temperamento, é a das funções internas: ou umas e outras sendo sempre as mesmas, tendo uma direção que o hábito e o exercício jamais perturbam, é manifesto que o temperamento e o caráter devem ser também subtraídos ao império da educação. Esta pode moderar a influência do segundo, aperfeiçoar bastante o julgamento e a reflexão, para fazer o seu domínio superior ao daquele, fortalecer a vida animal a fim de que resista aos impulsos da orgânica. Mas querer pela educação desnaturalizar o caráter, adoçar ou exaltar as paixões das quais o caráter é a expressão habitual, aumentar ou diminuir a sua esfera, é uma tarefa análoga àquela de um médico que tentasse elevar ou baixar em alguns graus, e por toda a vida, a força de contração ordinária do coração no estado de saúde, de acelerar ou desacelerar permanentemente o movimento natural das artérias, e que é necessário para a sua ação etc. Nós objetaríamos a esse médico que a circulação, a respiração etc. não estão sob o domínio da vontade [*arbítrio*], que elas não podem ser modificadas pelo homem, sem passar ao estado doentio etc. Fazemos a mesma objeção àqueles que creem que se muda o caráter, e com isso também *as paixões*, pois estas são *um produto da ação de todos os órgãos internos*, ou ao menos têm neles seu especial assento." (N. T.)

// Uma prova especial para a verdade de que o organismo é a mera visibilidade da vontade nos é também dada pelo fato de que quando cachorros, gatos, galos e outros animais mordem tomados da mais violenta raiva, a ferida pode tornar-se mortal, sim, quando vinda de um cachorro, pode produzir hidrofobia na pessoa mordida, sem que o cachorro seja louco ou venha a sê-lo. Pois a raiva mais extrema é justamente apenas a mais decidida e veemente vontade de aniquilar seu objeto: isso aparece justamente aqui no fato de a saliva adquirir momentaneamente uma força perniciosa que em certa medida faz efeito mágico, e testemunha assim que vontade e organismo são em verdade uma coisa só. Precisamente isto também infere-se do fato de que veementes cóleras podem dar rapidamente ao leite materno uma qualidade tão perniciosa, que o bebê de imediato morre em convulsões.

* * *

OBSERVAÇÃO AO QUE FOI DITO SOBRE BICHAT

BICHAT, como eu expus acima, lançou um profundo olhar na natureza humana e em consequência legou-nos análises absolutamente admiráveis que pertencem ao que há de mais profundamente pensado em toda a literatura francesa. Não obstante, agora, sessenta anos mais tarde, entra em cena de repente o sr. FLOURENS polemizando em seu escrito *De la vie et de l'intelligence*, e, sem vergonha na cara, declara sem rodeios como falso tudo o que BICHAT esclareceu sobre esse importante tema no qual era especialista. E o que lhe atira contra? Contra-argumentos? Não, contra-afirmações* e autoridades e, é verdade, tão inadmissíveis quanto estranhas: a saber, Descartes – e Gall! – O sr. Flourens crê que de fato é um cartesiano. E, para ele, ainda no // ano de 1858, DESCARTES é *"le philosophe par excellence"*. – Sem dúvida, Descartes é um grande homem, porém, apenas como pioneiro: no conjunto dos seus dogmas, no entanto, não há sequer uma palavra verdadeira; invocar a sua au-

---

* *"Tout ce qui est relatif à l'entendement appartient à la vie animale"*, dit Bichat, et jusque-là point de doute; *"tout ce qui est relatif aux passions appartient à la vie organique, – et ceci est absolument faux"*. Como?! – *decrevit Florentius magnus*. ["Tudo o que é relativo ao entendimento pertence à vida animal", diz Bichat, até aí nenhuma dúvida; "tudo o que é relativo às paixões pertence à vida orgânica, – e isto é absolutamente falso". Como?! Assim decretou Flourens magno. – N. T.]

toridade nos dias de hoje é de fato risível. Pois no século XIX, um cartesiano na filosofia é justamente aquilo que seria um ptolomaico na astronomia, ou um stahliano na química. Para o sr. Flourens, entretanto, os dogmas de Descartes são artigos de fé. Descartes ensinou: *les volontés sont des pensées*;[15] logo, é assim; embora cada um sinta em seu interior que querer e pensar são diferentes, como preto e branco; por isso no capítulo dezenove pude expor e elucidar isto em detalhes, a fundo, sempre seguindo o fio condutor da experiência. Mas antes de tudo há para Descartes, o oráculo do sr. Flourens, duas substâncias fundamentalmente diferentes, corpo e alma: conseguintemente, o sr. Flourens, como ortodoxo cartesiano, diz: *Le premier point est de séparer, même par les mots, ce qui est du corps de ce qui est de l'âme* (I, 72).[16] Ensina-nos ainda que esta *âme réside uniquement et exclusivement dans le cerveau* (II, 137);[17] de onde ela, conforme uma passagem de Descartes, envia os *spiritus animales* como correios aos músculos, todavia ela mesma só pode ser afetada pelo cérebro, por conseguinte, as paixões têm a sua sede (*siège*) no coração, que é alterado por elas, porém o seu lugar (*place*) no cérebro. É assim mesmo o modo como fala o oráculo do sr. Flourens, sr. este que é de tal modo edificado por isso, que faz a sua repetição maquinalmente duas vezes (I, 33; e II, 35), para incontestável vitória em face do ignorante BICHAT, o qual não conhece alma nem corpo, mas meramente uma vida orgânica e uma vida animal, e ao qual ele ensina condescendentemente que se deve diferenciar a fundo as partes onde as paixões têm a sua SEDE (*siège*) daquelas partes que as paixões AFETAM. Logo, segue-se daí que as paixões FAZEM EFEITO em UM lugar, enquanto ESTÃO em outro. Coisas corpóreas soem fazer efeito apenas ali onde estão: mas com uma tão alma imaterial, as coisas podem ser diferentes. O que de fato podem ter pensado em geral ele e o seu oráculo com essa diferença entre *place* e *siège*, entre // *siéger* e *affecter*? — O erro fundamental do sr. Flourens e do seu Descartes origina-se propriamente de confundirem os motivos, ou ocasiões das paixões, os quais, como representações, decerto residem no intelecto, isto é, no cérebro, com as paixões

---

15 "As vontades são pensamentos." (N. T.)
16 "O primeiro ponto é separar, mesmo que seja por palavras, o que é do corpo e o que é da alma." (N. T.)
17 "Reside única e exclusivamente no cérebro." (N. T.)

mesmas, as quais, como movimentos da vontade, residem em todo o corpo, que (como sabemos) é a vontade mesma intuída. — A segunda autoridade do sr. Flourens é, como eu disse, GALL. Eu disse com toda clareza no início deste vigésimo capítulo (inclusive na primeira edição): "O maior erro da frenologia de GALL é que ele estabeleceu órgãos do cérebro também para as características morais". Mas o que eu censuro e rejeito é justamente o que o sr. Flourens louva e admira: pois ele carrega no coração o *les volontés sont des pensées* de Descartes. Em conformidade com isso ele diz, p.144: *Le premier service que Gall a rendu à la* physiologie *(?) a été de ramener le moral à l'intellectuel, et de faire voir que les facultés morales et les facultés intellectuelles sont des facultés du même ordre, et de les placer toutes, autant les unes que les autres, uniquement et exclusivement dans le cerveau.*[18] Em certa medida, minha filosofia inteira, especialmente no capítulo dezenove deste tomo, consiste numa refutação desse erro fundamental. O sr. Flourens, por outro lado, não se cansa de celebrar precisamente esse erro como uma grande verdade e Gall como seu descobridor: por exemplo, p.147: *Si j'en étais à classer les services que nous a rendu Gall, je dirais que le premier a été de ramener les qualités morales au cerveau.* — E p.153: *Le cerveau seul est l'organe de* l'âme, *et de* l'âme *dans toute la plénitude de ses fonctions* (vê-se a ALMA simples cartesiana encravada, como núcleo da coisa, no pano de fundo); *il est le siège de toutes les facultés morales, comme de toutes les facultés intellectuelles.* — — — *Gall a ramené le* moral *à* l'intellectuel, *il a ramené les qualités morales au même siège, au même organe, que les facultés intellectuelles.*[19] — Ó, como eu e Bichat deveríamos nos envergonhar diante de tamanha sabedoria! Mas, falando sério, o que pode ser mais deprimente, ou antes, mais ultrajante do que ver o verdadeiro e profundamente pensado ser rechaçado, e, por outro

---

18 "O primeiro serviço que Gall prestou à *fisiologia* (?) foi reduzir o moral ao intelectual, e fazer ver que as faculdades morais e as faculdades intelectuais são faculdades de mesma ordem, e as colocar todas, tanto umas quanto as outras, única e exclusivamente no cérebro." (N. T.)

19 "Se tivesse de hierarquizar os serviços que nos prestou Gall, eu diria que o primeiro foi reduzir as qualidades morais ao cérebro." "O cérebro apenas é o órgão da *alma*, e da *alma* em toda a plenitude de suas funções; ele é a sede de todas as faculdades morais, bem como de todas as faculdades intelectuais. — — — Gall reduziu o *moral* ao *intelectual*, reconduziu as qualidades morais à mesma sede, ao mesmo órgão das faculdades intelectuais." (N. T.)

II 303 lado, o falso e confuso ser preconizado?; // do que vivenciar que importantes verdades que estavam a fundo ocultas e vieram a lume com dificuldade e tardiamente, são de novo ceifadas, e em seu lugar são colocados os antigos e rasteiros erros tardiamente vencidos?; sim, do que ter de temer que com tal procedimento de novo retrocedam os tão difíceis progressos do saber humano?! Mas tranquilizemo-nos: pois *magna est vis veritatis et praevalebit*.[20] — O sr. Flourens é indiscutivelmente um homem de muito mérito, mas conquistou este principalmente pela via experimental. Contudo, exatamente as verdades mais importantes não são reveladas através de experimentos, mas exclusivamente através de reflexão e penetração. Assim também BICHAT, através da sua reflexão e do seu olhar profundo, trouxe a lume uma verdade que pertence àquelas inalcançáveis pelos esforços empíricos do sr. Flourens, mesmo que este, como autêntico e consequente cartesiano, ainda torture centenas de animais até a morte. Porém, deveria ter-se dado conta há tempos e pensar: "Cuidado, cabeça-dura, pois a casa pode pegar fogo". Mas a ousadia e autossuficiência, como só conferida pela superficialidade unida com a falsa presunção, com as quais o sr. Flourens tenta refutar a um pensador, como BICHAT, através de meras contra-afirmações, convicções de velhacas e autoridades fúteis, inclusive repreendê-lo, admoestá-lo e quase caçoar dele, têm a sua origem no corpo da Academia e seus assentos, nos quais, entronados e saudando-se reciprocamente como *illustre confrères*,[21] os senhores não podem menos que igualar-se aos melhores que já existiram, considerando-se a si mesmos como oráculos e, em conformidade com isso, decretando o que deve ser falso e verdadeiro. Isso me agita e me leva a dizer de maneira franca que os espíritos verdadeiramente superiores e privilegiados, nascidos de vez em quando para iluminar os demais, e aos quais decerto pertence BICHAT, o são "pela graça de Deus" e, por conseguinte, estão para a Academia (na qual quando muito ocuparam a cadeira de número quarenta e um)[22] e para os seus *illustres confrères* como os príncipes de nascença estão para os numerosos representantes eleitos pela massa. Por isso uma secreta

---

20 "Grande é a força da verdade e prevalecerá." (N. T.)
21 "Ilustres confrades." (N. T.)
22 Numa Academia Francesa com quarenta assentos. (N. T.)

II 304 reverência (*a secret awe*) deveria advertir os senhores acadêmicos // antes de cruzarem com um de tais espíritos grandiosos, – se não tiverem sólidos fundamentos para opor-lhes, mas simples contra-afirmações e remissões a *placita*[23] de Descartes, algo que hoje em dia é bastante risível.

---

23 "Preceitos." (N. T.)

Capítulo 21
VISÃO RETROSPECTIVA E CONSIDERAÇÃO MAIS GERAL

Se o INTELECTO não fosse, como os dois capítulos precedentes expuseram, de natureza secundária; então tudo o que se realiza sem ele, ou seja, sem intervenção da representação, como por exemplo a procriação, o desenvolvimento e a conservação do organismo, a cura das feridas, a substituição ou suplementação vicária de partes mutiladas, a crise curativa nas doenças, as obras do impulso industrioso dos animais e as criações do instinto em geral, não seria infinitamente melhor e mais perfeito do que o que se produz com a ajuda do intelecto, que são todas as conscientes e intencionais realizações e obras do ser humano, as quais, comparadas com aquelas outras, são falsificações baratas. De maneira geral, NATUREZA significa o que faz efeito, o que impulsiona, o que cria sem a ajuda do intelecto. Que justamente isto seja idêntico com aquilo que em nós encontramos como VONTADE, é o tema universal deste segundo livro, bem como do ensaio *Sobre a vontade na natureza*. A possibilidade deste profundo conhecimento baseia-se em o mesmo ser iluminado imediatamente EM NÓS pelo intelecto, que aqui entra em cena como consciência de si; do contrário, conheceríamos a vontade tampouco em nós quanto fora de nós, e teríamos de permanecer sempre diante de forças naturais insondáveis. Temos de recusar a ajuda do INTELECTO se queremos apreender a essência da vontade em si mesma e penetrar tanto quanto possível no interior da natureza.

Por isso, diga-se de passagem, o meu antípoda direto entre os filósofos é ANAXÁGORAS; visto que ele tomou arbitrariamente como o elemento primeiro e originário, de onde tudo provém, um νοῦς, uma inteligência, um // que representa, e ele é considerado o primeiro filósofo que teve uma tal visão.

Em conformidade com esta, o mundo teria existido antes na mera representação, em vez de em si mesmo; enquanto para mim é a VONTADE desprovida de conhecimento que funda a realidade das coisas, cujo desenvolvimento já tem de ter avançado bastante, antes que por fim chegue, na consciência animal, à representação e inteligência; de maneira que, para mim, o pensamento entra em cena como o último. Entrementes, segundo o testemunho de ARISTÓTELES (*Metaph.*, I, 4), o próprio ANAXÁGORAS não soube muito bem o que fazer com o seu νοῦς, mas tão logo o estabeleceu, deixou-o de lado na entrada como um santo pintado, sem servir-se dele para as suas investidas da natureza, a não ser em casos emergenciais, quando não sabia mais a quem recorrer. — Toda fisicoteologia é o coroamento do erro oposto à verdade (expresso no início deste capítulo), a saber, de que o mais perfeito tipo de produção das coisas é o intermediado por um INTELECTO. Por isso, precisamente, ela põe a perder toda exploração mais profunda da natureza.

Desde o tempo de Sócrates até os nossos dias encontramos como um objeto central da interminável disputa dos filósofos aquele *ens rationis* chamado ALMA. Vemos a maioria deles defender a imortalidade desta, o que significa que ela é uma entidade metafísica. Outros, entretanto, apoiados em fatos que expõem de modo irrefutável a completa dependência do intelecto dos órgãos corporais, sustentam incansavelmente o contrário. Aquela ALMA foi tomada por todos e antes de tudo como ESTRITAMENTE SIMPLES: pois precisamente a partir daí é que foi demonstrada a sua essência metafísica, sua imaterialidade e imortalidade; embora de modo algum estas se sigam necessariamente dali; pois, embora possamos pensar a destruição de um corpo formado unicamente pela decomposição em suas partes; daí não se segue que a destruição de uma entidade simples, da qual não temos conceito algum, não seja possível através de outra forma, algo assim como o gradual desaparecimento. Eu, ao contrário, começo suprimindo a pressuposta simplicidade da nossa essência subjetivamente consciente, ou eu, na medida em que demonstro // que as exteriorizações das quais se inferia aquela simplicidade possuem duas fontes bem diferentes, e que ademais o INTELECTO é fisicamente condicionado, é a função de um órgão material, por conseguinte, dependente deste, e sem este é tão impossível quanto o agarrar sem a mão, consequentemente, o intelecto pertence à mera aparência, logo, compartilha o destino desta, — já a VONTADE, ao contrário, não se liga a órgão especial algum, porém está presente em toda parte, é em toda parte o que propriamente movimenta e forma, portanto, o que condiciona o organismo inteiro, ou seja, ela de fato constitui o substrato metafísico de toda a aparência, conseguintemente, não é, como o intelecto, um *posterius* mas o *prius* desta, que é dependente da vontade, não a vontade da aparência. O corpo, no entanto, é até mesmo reduzido a uma mera representação, na medida em que é apenas o modo como a VONTADE expõe-se na intuição do intelecto, ou cérebro. Ora, a VONTADE, que em todos os sistemas filosóficos anteriores, em outros aspectos tão divergentes, sempre entra em cena como um dos últimos resultados, é para mim o que há de primeiríssimo. Como mera função do cérebro, o INTELECTO é afetado pelo ocaso do corpo; a VONTADE, ao contrário, de modo algum é afetada. A partir da heterogeneidade de ambos, junto com a natureza secundária do intelecto, torna-se compreensível como o ser humano, na profundeza da sua consciência de si, sente-se eterno e indestrutível, embora não possa ter, nem *a parte ante* nem *a parte post*,[1] recordação alguma além do seu decurso de vida. Não quero aqui antecipar a discussão sobre a verdadeira indestrutibilidade do nosso ser, a qual tem o seu lugar no quarto livro, mas apenas indicar o ponto ao qual ela se conecta.

Se numa expressão unilateral, mas do nosso ponto de vista verdadeira, o corpo é denominado uma mera representação, isso se baseia em que uma existência extensa no espaço e mutável no tempo, porém estritamente determinada nos dois pelo nexo causal, só é possível na REPRESENTAÇÃO, em cujas formas repousam todas aquelas determinações, logo, em um cérebro, no qual, por conseguinte, uma tal existência entra em cena como algo objetivo, isto é, estrangeiro. Por isso mesmo o nosso próprio corpo só pode ter esse tipo de existência em um cérebro. Pois o conhecimento // que tenho do meu corpo como algo extenso, que preenche o espaço e que se movimenta, é meramente MEDIATO: é uma imagem em meu cérebro, instituída por meio dos sentidos e do entendimento. É-me o corpo dado de modo IMEDIATO apenas na ação muscular e na dor ou deleite, os quais pertencem primária

---

[1] Recordação relacionada ao antes (passado) e ao depois (futuro). (N. T.)

e imediatamente à vontade. – Mas a conjunção desses dois modos distintos de conhecimento do meu próprio corpo permite-me posteriormente a intelecção adicionada de que todas as outras coisas, que possuem também a descrita existência objetiva, que primariamente só o é em meu cérebro, e por isso não o seriam de modo algum fora dele, também têm de ser EM SI em última instância o que se anuncia na consciência de si como VONTADE.

Capítulo 22*
VISÃO OBJETIVA DO INTELECTO

Há dois modos fundamentalmente distintos de considerar o intelecto, que se assentam na diversidade dos pontos de vista, e que, por mais que em função desta eles oponham-se entre si, têm no entanto de ser trazidos à concordância. — Um deles é SUBJETIVO, que, partindo do INTERIOR e tomando a CONSCIÊNCIA como o dado, exibe-nos por qual mecanismo o mundo expõe-se na mesma, e como, a partir de materiais que os sentidos e o entendimento fornecem, o mundo é ali construído. Temos de ver LOCKE como o autor desse modo de consideração; KANT o levou a uma perfeição incomparavelmente superior, e o nosso primeiro livro, junto com os seus suplementos, é também dedicado a ele.

O modo oposto a este de considerar do intelecto é o OBJETIVO, que parte do EXTERIOR, e toma como objeto não a própria consciência, mas os seres dados na experiência exterior que são conscientes de si mesmos // e do mundo, e então investiga que relação o intelecto deles tem com as suas restantes propriedades, como ele se tornou possível, como se tornou necessário, e o que pode realizar para eles. O ponto de vista desse modo de consideração é o empírico: toma o mundo e os seres animais nele existentes como absolutamente dados, na medida em que parte deles. É, pois, primariamente zoológico, anatômico, fisiológico e só se torna filosófico através de sua conexão com aquele primeiro modo de considerar e com o ponto de vista superior ali obtido. Os únicos fundamentos dados até agora para esse modo objetivo de consideração temos de agradecer aos zootomistas e fisiólogos,

---

* Este capítulo conecta-se à segunda metade de § 27 do primeiro tomo.

sobretudo aos franceses. Em especial devemos aqui mencionar CABANIS, cuja excelente obra *Des rapports du physique au moral*, escrita no método fisiológico, é pioneira nesse modo de consideração. Simultaneamente fez efeito o famoso BICHAT, cuja temática, todavia, era bem mais ampla. Mesmo GALL deve aqui ser mencionado; embora tenha fracassado em seu objetivo principal. Ignorância e preconceito lançaram a acusação de materialismo contra esse modo de consideração; porque o mesmo, atendo-se exclusivamente à experiência, não conhece a substância imaterial, a alma. Os mais recentes avanços na fisiologia do sistema nervoso, através de CHARLES BELL, MAGENDIE, MARSHALL HALL, entre outros, também enriqueceram e melhoraram o estofo desse modo de consideração. Uma filosofia que, como a kantiana, ignora por completo esse ponto de vista para o intelecto, é unilateral e justamente por isso insuficiente. Ela abre entre nosso saber filosófico e fisiológico um insondável abismo, diante do qual jamais podemos encontrar satisfação.

Embora o que disse nos dois capítulos precedentes sobre a vida e atividade do cérebro já pertença a esse modo de consideração, bem como todas as explicitações dadas sob a rubrica "Fisiologia das plantas" no ensaio *Sobre a vontade na natureza*, e uma parte das explicitações encontradas sob a rubrica "Anatomia comparada" ser-lhe dedicada, não será de maneira alguma supérflua a exposição que agora se segue dos seguintes resultados gerais.

O flagrante contraste entre os dois modos de considerar o intelecto acima // contrapostos um ao outro é percebido em sua maior vivacidade, se, ao levar as coisas ao extremo, temos em mente que, aquilo que um assume de imediato como pensamento conscientemente claro e intuição vívida e disso faz o seu estofo, para o outro nada é senão a função fisiológica de um órgão, o cérebro; sim, estamos justificados a afirmar que todo o mundo objetivo, tão ilimitado no espaço, tão infinito no tempo, tão insondável na perfeição é propriamente apenas um certo movimento ou afecção da massa cerebral no crânio. Então, perguntamo-nos com assombro: o que é esse cérebro, cuja função produz um tal fenômeno de todos os fenômenos? Que é a matéria, que pode ser refinada e potenciada numa tal massa cerebral, cuja estimulação de algumas das suas partículas torna-se o sustentáculo condicionante da existência de um mundo objetivo? A vergonha perante tais questões impulsionou a hipóstase da substância simples de uma alma imaterial, que simplesmente moraria no cérebro. Nós dizemos sem medo: também essa massa pastosa, como qualquer parte vegetal ou animal, é uma formação orgânica semelhante a todas as outras massas pastosas que lhe são aparentadas e de natureza mais baixa que habitam na mais modesta morada das cabeças dos nossos irmãos irracionais, até o mais baixo de todos, que mal consegue apreender alguma coisa; todavia, aquela orgânica massa pastosa é o último produto da natureza, que já pressupõe todos os demais. Porém, em si mesmo e exteriormente à representação, o cérebro também é, como tudo o mais, VONTADE. Pois SER-PARA-UM-OUTRO É SER REPRESENTADO, SER-EM-SI É QUERER: justamente por isso nunca poderemos pelo caminho puramente OBJETIVO chegar ao interior das coisas; mas, quando tentamos encontrar por fora e empiricamente o seu interior, esse interior, em nossas mãos, sempre de novo torna-se um exterior, — tanto a medula da árvore quanto a sua casca, tanto o coração do animal quanto a membrana que o envolve, tanto a clara e gema do ovo quanto a sua casca. Ao contrário, pelo caminho SUBJETIVO o interior é-nos a todo momento acessível: pois o encontramos primariamente como A VONTADE em nós mesmos e, com o fio condutor da analogia com nosso próprio ser, podemos decifrar os demais seres, na medida em que adquirimos a intelecção de que um ser em si independente do // ser-conhecido, isto é, do expor-se-a-si num intelecto, só é pensável como um QUERER.

Se agora retornamos tanto quanto podemos à apreensão OBJETIVA do intelecto; então encontramos que a necessidade ou carência de CONHECIMENTO EM GERAL nasce da pluralidade e da existência SEPARADA dos seres, isto é, da individuação. Pois se pensamos que existe apenas UM ÚNICO ser; então um tal ser não precisa de conhecimento: porque nada existiria que fosse diferente dele mesmo e cuja existência ele, portanto, só poderia apreender em si mediatamente, através de conhecimento, isto é, de imagem e conceito. Um tal ser já seria justamente ele MESMO tudo em tudo, logo, nada lhe permaneceria a ser conhecido, isto é, nada de estrangeiro que como objeto empírico,[1]

---

[1] No original, *Gegenstand*, ou seja, aquilo que está diante de mim. (N. T.)

objeto em geral,² pudesse ser apreendido. Já em meio à pluralidade dos seres, ao contrário, cada indivíduo encontra-se num estado de isolamento de todos os demais, e disso se segue a necessidade de conhecimento. O sistema nervoso, por intermédio do qual o indivíduo animal toma primeiro consciência de si mesmo, é limitado pela pele: porém, elevando-se no cérebro ao intelecto, ele atravessa esses limites por meio da forma cognitiva da causalidade, e assim nasce a intuição, como uma consciência de OUTRAS coisas, como uma imagem de seres no espaço e tempo, seres estes que sofrem mudanças conforme a causalidade. – Nesse sentido, seria mais correto dizer: "apenas pelo diferente é o diferente conhecido", em vez de, como diz EMPÉDOCLES, "apenas pelo igual é o igual" conhecido, que era um princípio bastante oscilante e ambíguo; embora também se possa conceber pontos de vista a partir dos quais ele é verdadeiro; é o caso, diga-se de passagem, de HELVETIUS, quando ele observa de maneira bela e tocante: *Il n'y a que l'esprit qui sente l'esprit: c'est une corde qui ne frémit qu'à l'unison;*³ – que coincide com a passagem de Xenófanes: σοφὸν εἶναῖ δεῖ τὸν ἐπιγνωσόμενον τὸν σοφὸν (*sapientem esse oportet eum, qui sapientem agniturus sit*),⁴ e é uma grande aflição. Porém, por outro lado, sabemos de novo que, inversamente, a pluralidade do que é congênere só é possível mediante tempo e espaço, logo, mediante as formas de nosso conhecimento. O espaço surge só na medida em que o sujeito que conhece olha para fora: // o espaço é o modo como o sujeito apreende algo como diferente de si. Contudo, acabamos de ver que o conhecimento em geral é condicionado por pluralidade e diferença. Logo, o conhecimento e a pluralidade, ou individuação, mantêm-se e desfazem-se juntos, na medida em que se condicionam reciprocamente. – Deve-se disto concluir que para além da aparência, no ser em si de todas as coisas, que tem de ser alheio a tempo e espaço, e por conseguinte também alheio à pluralidade, também não deve existir conhecimento algum. Por conseguinte, um "conhecimento da coisa em si", no sentido estrito do termo, seria impossível, porque onde começa o ser em si das coisas, termina o conhecimento, e todo conheci-

---

2 No original, *Objekt*, ou seja, objeto no sentido mais geral do termo. (N. T.)
3 "Apenas o espírito sente o espírito: é uma corda que só vibra no uníssono." (N. T.)
4 "É preciso ser sábio para reconhecer o sábio." (N. T.)

mento já em sua essência própria dirige-se apenas a aparências. Pois nasce de uma limitação, através da qual é tornado necessário, em vista de ampliar os limites.

Na consideração objetiva, o cérebro é a florescência do organismo; por isso, só quando este alcança a sua suprema perfeição e complexidade é que aquele entra em cena em seu pleno desenvolvimento. O organismo, por sua vez, nós o reconhecemos no capítulo precedente como a objetivação da vontade: portanto, o cérebro, que é uma parte dessa objetivação, tem também de participar dela. Ademais, a partir do fato de o organismo ser apenas a visibilidade da vontade, logo, em si é esta vontade mesma, inferi que cada afecção do ORGANISMO afeta simultânea e imediatamente a VONTADE, ou seja, é sentida como agradável ou dolorosa. Todavia, por meio do aumento da sensibilidade associado ao pleno desenvolvimento do sistema nervoso, entra em cena a possibilidade de que nos órgãos sensoriais mais nobres, isto é, os OBJETIVOS (visão, audição), as afecções que lhe são próprias, extremamente delicadas, sejam sentidas sem afetar em si mesmas e imediatamente a vontade, isto é, sem ser agradáveis ou dolorosas, noutros termos, tais afecções entram na consciência como sensações em si mesmas indiferentes, meramente PERCEBIDAS. No cérebro, entretanto, esse aumento da sensibilidade atinge um tão elevado grau que, na impressão sensorial recebida, nasce até mesmo uma reação que não parte imediatamente da vontade, mas antes é uma espontaneidade da função do entendimento, que faz a transição da sensação percebida dos sentidos até a sua CAUSA, e desse modo, na medida em que o cérebro ali produz ao mesmo tempo // a forma do espaço, nasce a intuição de um OBJETO EXTERIOR. Assim, o ponto onde o entendimento faz a transição da sensação da retina (que ainda é uma mera afecção do corpo e por isso da vontade) até a CAUSA daquela sensação (que ele projeta, pela sua forma do espaço, como algo exterior diferente da própria pessoa) – pode ser considerado a fronteira entre o mundo como vontade e o mundo como representação, ou também o local de nascimento deste último. Contudo, no ser humano, a espontaneidade da atividade cerebral, que em última instância é decerto conferida pela vontade, vai além da mera intuição e da apreensão imediata das relações causais; a saber, vai até a formação de conceitos abstratos a partir daquelas intuições, e mais além até a operação com tais conceitos, isto é, até o PENSAR, no qual consiste a RAZÃO humana. Os PENSAMENTOS, portanto, são o que há de mais distante das afecções do corpo, as quais, porque este é a objetivação da vontade, podem pela intensificação tornar-se dor nos próprios órgãos sensoriais. Assim, em conformidade com o que foi dito, representação e pensamento podem também ser considerados como a eflorescência da vontade, na medida em que se originam da suprema perfeição e incremento do organismo, este, entretanto, em si mesmo e exteriormente à representação, é a VONTADE. É certo que, em minha explanação, a existência do corpo pressupõe o mundo da representação; na medida em que também o corpo, como coisa corpórea ou objeto real, existe apenas nesse mundo: por outro lado, a representação mesma pressupõe em igual medida o corpo, já que ela só nasce mediante a função de um órgão deste. O que subjaz a toda a aparência, o que unicamente é em si mesmo e originário, é exclusivamente a VONTADE: pois esta é o que justamente, através desse processo, assume a forma da REPRESENTAÇÃO, isto é, entra na existência secundária de um mundo de objetos empíricos, ou na cognoscibilidade. – Os filósofos anteriores a KANT, com poucas exceções, abordaram do lado invertido a explanação do processo de nosso conhecimento. A saber, partiram de uma assim chamada alma, uma entidade cuja natureza íntima e função própria consistiria no pensar e, em verdade, particularmente no pensar abstrato com meros conceitos, os quais lhes pertenceria tanto mais perfeitamente // quanto mais longe estivessem de toda intuitibilidade. (Aqui peço para o leitor consultar a nota ao fim de § 6 do meu escrito de concurso *Sobre o fundamento da moral*.) Essa alma entrou de maneira incompreensível no corpo, no qual ela sofre apenas perturbações em seu puro pensar, primeiro através das impressões sensoriais e intuições, ainda mais através dos desejos que estas excitam, finalmente através dos afetos, sim, paixões, nas quais estes por sua vez transformam-se; enquanto o elemento próprio e originário dessa alma é o puro pensamento abstrato, abandonado ao qual ela tem por objeto apenas universais, conceitos inatos e *aeternas veritates*, e deixa tudo o que é intuitivo bem abaixo de si. Daí resulta também o desprezo com o qual ainda hoje os professores de filosofia se referem à "sensibilidade" e ao "sensível", sim, inclusive tornando-os a fonte principal da imoralidade; enquanto precisamente os sentidos, visto que em conjunto com as funções aprioristicas do intelecto, produzem a INTUIÇÃO, são a fonte mais pura e inocente de todos os nossos conhecimentos, fonte da qual primeiro todo pensamento toma emprestado o seu conteúdo. Poder-se-ia realmente acreditar, que ao falar de sensibilidade aqueles senhores pensam sempre apenas no suposto sexto sentido dos franceses. — Assim, em conformidade com o que foi dito, no processo do conhecimento, o último produto dele, o pensamento abstrato, converteu-se no primeiro e originário, e dessa forma, como disse, aborda-se a coisa do lado invertido. — Assim como, segundo a minha exposição, o intelecto brota do organismo e por isso da vontade, portanto, sem esta não poderia existir; assim também sem ela não poderia encontrar estofo e ocupação alguma: porque tudo o que é cognoscível é tão somente a objetivação da vontade.

Mas não apenas a intuição do mundo exterior, ou a consciência de outras coisas, é condicionada pelo cérebro e por suas funções, mas também a consciência de si. A vontade em si mesma é sem consciência e assim o permanece na maior parte das suas aparências. O mundo secundário da representação tem de emergir para que a vontade se torne consciente de si; assim como a luz só se torna visível mediante os corpos que a refletem e sem eles perde-se sem efeito na escuridão. Na medida em que a vontade, para apreensão das suas relações com o mundo exterior, // produz um cérebro no indivíduo animal, nasce nesse cérebro a consciência do próprio si mesmo por meio do sujeito do conhecer, o qual apreende as coisas como existentes, o eu como querente. Noutros termos, a sensibilidade, que no cérebro intensifica-se ao máximo, porém distribui-se em suas diferentes partes, tem antes de tudo de unificar todos os raios da sua atividade, por assim dizer, concentrá-los num foco, que todavia não recai para fora, como nos espelhos côncavos, porém, como nos espelhos convexos, para dentro: com esse ponto a sensibilidade descreve primeiro a linha do tempo, na qual tudo que ela representa tem de expor-se e que é a primeira e mais essencial forma de todo conhecimento, ou a forma do sentido interno. Esse foco de toda a atividade cerebral é aquilo que KANT denominou unidade sintética da apercepção: só por intermédio dele é que a vontade torna-se consciente de si mesma, na medida em que esse foco da atividade cerebral, ou o que conhece, apreende-se como idêntico à sua própria base, o que quer, da qual brotou, e assim nasce o eu. Antes de tudo, entretanto, esse foco da atividade cerebral nada é senão o simples sujeito do conhecer, capaz como tal de ser o espectador frio e indiferente, o simples guia e conselheiro da vontade, bem como, sem consideração desta e do seu bem-estar ou da sua dor, de conceber de forma puramente objetiva o mundo exterior. Porém, assim que se dirige para o interior, reconhece como base da sua própria aparência a vontade, e portanto converge com esta na consciência de um eu. Aquele foco da atividade cerebral (ou o sujeito do conhecimento) é, como ponto indivisível, decerto simples, mas nem por isso é uma substância (alma), mas um simples estado. E aquilo de que ele é o estado, ele só pode conhecer indiretamente, como que por reflexo: mas a cessação desse estado não pode ser vista como a aniquilação daquilo de que é estado. Esse eu QUE CONHECE e é consciente, está para a vontade, que é a base da aparência do mesmo, como a imagem no foco do espelho côncavo está para esse espelho mesmo, e, como tal imagem, tem apenas uma realidade condicionada, sim, propriamente dizendo apenas aparente. Longe de ser o absolutamente primeiro (como, por exemplo, o ensinou FICHTE), é no fundo terciário, na medida em que pressupõe o organismo, e este por sua vez a vontade. // Concedo que tudo o que acabou de ser dito é, em realidade, apenas imagem e parábola, em parte hipóteses: todavia, encontramo-nos num ponto alcançado pelo pensamento só a duras penas, para não falar das provas. Peço, pois, para que o leitor compare o aqui enunciado com o que ensinei detalhadamente sobre esse tema no vigésimo capítulo.

Embora a essência em si de cada coisa existente consista na sua vontade, e o conhecimento, junto com a consciência, é acrescido apenas como um secundário nos graus mais elevados da aparência; encontramos, todavia, que a diferença estabelecida entre um ser e outro ser pela presença e pelos diversos graus de consciência e intelecto é muito grande e rica de consequências. A existência subjetiva das plantas temos de imaginá-la como um débil análogo, como uma mera sombra do bem-estar e mal-estar: e mesmo nesse grau extremamente débil, a ciência de algo que a planta tem é apenas de si, não de algo fora de si. Por outro lado, já o animal mais abaixo e próximo dela é induzido, por necessidades mais intensas e mais precisamente especificadas, a ampliar a esfera da própria existência para além dos limites do seu corpo. Isso acontece através do conhecimento: ele tem uma vaga percepção do seu entorno imediato, do qual surgem motivos para o seu agir em vista da sua conservação. Com isso entra então em cena o MÉDIUM DOS MOTIVOS: e este é o mundo objetivamente existente no tempo e espaço, o MUNDO COMO REPRESENTAÇÃO; por mais pálido, vago e crepuscular que seja esse seu primeiro e mais humilde espécime. Porém ele vai-se formando cada vez mais distinto, cada vez mais amplo e profundo à medida que, na série ascendente das organizações animais, o cérebro é produzido com perfeição cada vez maior. Essa potenciação do desenvolvimento cerebral, logo, do intelecto e da clareza de representação, nesses graus cada vez mais elevados é, entretanto, produzida pelas NECESSIDADES cada vez maiores e mais complexas dessas aparências da vontade. Tais necessidades têm de sempre fornecer a ocasião para aquela potenciação: pois sem necessidade a natureza (isto é, a vontade que nela se objetiva) não produz nada, ao menos a mais difícil das suas produções, um cérebro mais perfeito; em consequência de sua *lex parsimoniae: natura // nihil agit frustra et nihil facit supervacaneum.*[5] A natureza dotou cada animal com os órgãos necessários para a sua conservação, com as armas necessárias para a sua luta; como expus detalhadamente em meu escrito *Sobre a vontade na natureza* sob a rubrica "Anatomia comparada": por conseguinte, conforme a mesma escala, ela outorgou a cada um o mais importante dos órgãos dirigidos para fora, o cérebro com sua função, o intelecto. De fato, quanto mais complicada fazia-se a sua organização através de desenvolvimentos mais elevados, tanto mais variada e especialmente determinadas tornaram-se as suas necessidades, conseguintemente, mais difícil e dependente das oportunidades a procura dos meios para satisfazê-las. O que demandava, pois, um círculo mais ampliado de visão, uma apreensão mais apurada, uma distinção mais correta das coisas no mundo exterior em todas as suas circunstâncias e relações. Em conformidade com isso, vemos as capacidades de representação com os seus órgãos, cérebro, nervos e instrumentos sensoriais, aparecerem cada vez mais perfeitas quanto mais ascendemos na escala dos animais: e à medida que o sistema cerebral desenvolve-se, o mundo exterior expõe-se na consciência cada vez mais distinto, multifacetado, perfeito. A apreensão do mundo exterior exige

---

5 "Lei de parcimônia: a natureza não faz nada em vão e não cria nada supérfluo." (N. T.)

agora cada vez mais atenção e, por vezes, isso pode ir até a necessidade de perder de vista a sua relação com a vontade, de modo que essa apreensão do mundo possa ocorrer tanto mais pura e exatamente. Isto entra em cena de modo inteiramente decisivo primeiro no ser humano: unicamente nele encontra-se uma PURA SEPARAÇÃO ENTRE O CONHECER E O QUERER. E esse é um dos pontos mais importantes, que aqui apenas toco para assinalar o seu lugar e poder retomá-lo mais tarde. — Porém, esse último passo na ampliação e no aperfeiçoamento do cérebro e com isso na elevação das capacidades de conhecimento, a natureza o dá, como em tudo o mais, meramente em consequência das NECESSIDADES elevadas, logo, a serviço da VONTADE. O que esta almeja e alcança no humano é em verdade no essencial o mesmo, e nada mais, que constitui o seu fim no animal: alimentação e propagação. Mas através da organização do ser humano as exigências para alcançar tal fim multiplicaram-se, elevaram-se e especificaram-se tanto que, para o alcance do fim, foi preciso, ou ao menos era o meio mais fácil, uma intensificação do intelecto bem maior // que a dos estágios anteriores. Ora, como o intelecto, em conformidade com a sua natureza, é um instrumento de uso bastante variado e aplicável igualmente aos fins mais diversos; então a natureza, fiel ao seu espírito de parcimônia, quis cobrir exclusivamente com ele todas as exigências das necessidades que se tornaram tão multifacetadas: por isso, criou o ser humano sem vestimenta, sem armas naturais de defesa ou ataque, com força muscular relativamente reduzida, com muita vulnerabilidade e pouca resistência contra os influxos adversos e as privações, confiando apenas naquele único e importante instrumento, ao qual juntou as mãos que havia conservado do animal um estágio mais abaixo, o macaco. Através do intelecto preponderante que aqui entra em cena, não só aumenta infinitamente a apreensão dos motivos, a multiplicidade destes e em geral o horizonte dos fins, mas também eleva-se ao mais alto grau a distinção com a qual a vontade torna-se consciente DE SI MESMA, em consequência da clareza de toda a consciência que emerge, que, apoiada na capacidade de conhecimento abstrato, agora chega à plena clarividência. Mas por isso, bem como pela veemência necessariamente pressuposta da vontade como sustentáculo de um intelecto tão elevado, entra em cena uma elevação de todos os AFETOS, sim, a possibilidade das PAIXÕES, as quais, propriamente dizendo, os animais não conhecem. Pois a veemência da vontade segue o mesmo passo do aumento da inteligência, justamente porque esta brota propriamente dizendo sempre das necessidades mais elevadas e exigências mais prementes da vontade: ademais, inteligência e vontade apoiam-se reciprocamente. Em realidade, a veemência do caráter vincula-se ao aumento de energia dos batimentos cardíacos e da circulação sanguínea, que por sua vez incrementam fisicamente a atividade do cérebro. Por outro lado, a clareza de inteligência faz com que aumente de novo, por meio da mais vívida apreensão das circunstâncias exteriores, os afetos por estas produzidos. Assim, por exemplo, jovens bezerros deixam-se tranquilamente ser armazenados num carro que os transportará: jovens leões, entretanto, se são apenas separados das mães, permanecem numa agitação contínua e rugem sem cessar da manhã à noite; crianças numa tal situação gritariam e se atormentariam quase até a morte. // A vivacidade e veemência do macaco conectam-se diretamente à sua já bastante desenvolvida inteligência. Ora, precisamente nessa influência recíproca é que se baseia o fato de o humano sujeitar-se em geral a mais intenso sofrimento que o animal; mas também a mais intensa alegria nos afetos satisfeitos e felizes. Do mesmo modo, o intelecto avantajado o torna mais suscetível ao tédio que o animal, mas também, quando individualmente é bastante bem acabado, torna-se uma fonte inesgotável de passatempo. No conjunto, o aparecimento da vontade no humano está para o aparecimento da vontade no animal de uma espécie mais elevada como um tom dado está para a sua quinta tocada duas ou três oitavas abaixo. Mas também nas diversas espécies de animais a diferença de intelecto, e com esta de consciência, é grande e de infinda gradação. O mero análogo de consciência que temos de atribuir à planta está para o ser subjetivo ainda mais abafado de um corpo inorgânico, aproximadamente como a consciência do animal mais abaixo está para aquela *quasi* consciência da planta. Podemos tornar intuível as inumeráveis gradações no nível de consciência recorrendo à imagem das diversas velocidades dos pontos de um disco em rotação situados a diferentes distâncias do centro. Porém, a imagem mais apropriada, sim, como foi ensinado no nosso terceiro livro, natural daquela gradação, é fornecida pela escala musical em todo o seu espectro, desde o tom mais grave ainda audível até o mais agudo. É o grau de consciência que determina o grau de existência de um ser. Pois toda existência imediata é subjetiva: a existência objetiva está presente na consciência de um outro, logo, apenas para este, portanto, é completamente mediata. Através do grau de consciência são os seres tão diferentes como são iguais através da vontade, na medida em que esta é o comum em todos eles.

O que, entretanto, acabamos de observar entre planta e animal, em seguida entre as diversas espécies de animais, encontra-se também entre ser humano e ser humano. A saber, também aqui o secundário, o intelecto, estabelece, por meio da clareza de consciência e da distinção de conhecimento que do intelecto dependem, uma fundamental e imensurável diferença no modo inteiro, e consequentemente no grau, de existência. // Quanto mais a consciência se eleva, tanto mais distintos e conexos são os pensamentos, mais claras as intuições, mais íntimas as sensações. Com isso tudo ganha em profundidade: a emoção, a nostalgia, a alegria e a dor. As ordinárias cabeças superficiais realmente não são capazes de uma alegria autêntica: vivem num estado de embotamento. Enquanto para um a própria consciência só presentifica-lhe a própria existência junto com os motivos que têm de ser apreendidos para os fins de conservação e divertimento numa magra apreensão do mundo exterior, para outro a própria consciência é uma *camera obscura* na qual expõe-se o macrocosmo:

> *Er fühlet, daß er eine kleine Welt*
> *In seinem Gehirne brütend hält,*
> *Daß die fängt an zu wirken und zu leben,*
> *Daß er sie gerne möchte von sich geben.*[6]

A diferença do modo inteiro de existência, estabelecida entre humano e humano pelos extremos da gradação das capacidades intelectuais, é tão grande, que frente a ela parece pequena a existente entre rei e trabalhador assalariado. E também aqui, como entre as espécies animais, é demonstrável

---

6 "Ele sente que tem em seu cérebro / Um pequeno mundo que germina, / Que esse mundo começa a fazer efeito e a viver, / Mundo esse que ele gostaria de projetar para fora de si." (N. T.)

uma conexão entre a veemência da vontade e a elevação do intelecto. Gênio é condicionado por um temperamento apaixonado, e um gênio fleumático é impensável: parece que a natureza não podia dotar-se de um intelecto anormalmente elevado senão na existência de uma vontade excessivamente veemente, logo, violenta nas suas exigências, à qual esse intelecto ajusta-se; basta dar-se conta de que a mera consideração física do gênio aponta para a maior energia com que as artérias da sua cabeça movimentam o cérebro e aumentam a turgescência deste. Decerto a quantidade, qualidade e forma do cérebro mesmo é a outra e incomparavelmente mais rara condição do gênio. Por outro lado, os fleumáticos possuem via de regra faculdades espirituais bem medianas: e, assim, os povos nórdicos de sangue frio e fleumático geralmente ficam em termos espirituais marcadamente atrás dos povos sulinos, vivazes e apaixonados; se bem que, como BACON observou de modo bastante apropriado,* caso um nórdico seja altamente dotado pela natureza, // ele pode então alcançar um grau nunca alcançado por um sulino. Por conseguinte, é tão errôneo quanto comum tomar como critério de comparação das forças espirituais das diversas nações os grandes espíritos delas: pois isso significa querer estabelecer a regra através das exceções. Antes, é a grande pluralidade de cada nação que se tem de considerar: pois uma andorinha só, não faz verão. – Deve-se ainda aqui observar que justamente a passionalidade, que é condição do gênio, ligada à sua vívida apreensão das coisas, produz na vida prática, onde a vontade entra em jogo (sobretudo em acontecimentos súbitos), uma tão grande excitação dos afetos que atrapalha e confunde o intelecto; enquanto o fleumático ainda conserva o pleno uso das suas, bem mais fracas que sejam, faculdades espirituais e assim realiza praticamente muito mais do que o consegue o maior dos gênios. Conseguintemente, um temperamento apaixonado favorece a índole originária do intelecto, um temperamento fleumático, o seu uso. Por isso o gênio propriamente dito é talhado apenas para as realizações teóricas, em relação às quais pode escolher o tempo e esperar; tempo este que será justamente aquele no qual a vontade repousa por completo e onda alguma turva o límpido espelho da apreensão do mundo: já para a vida prática,

---

* *De augm. scient.*, VI, 3.

ao contrário, o gênio é inábil e inutilizável, por isso quase sempre infeliz. Nesse sentido é que foi composto o *Tasso*, de Goethe. Ora, assim como o gênio propriamente dito baseia-se no vigor ABSOLUTO do intelecto, vigor este que tem de ser pago com uma correspondente veemência desmesurada de ânimo, também, ao contrário, a grande preponderância na vida prática, que faz generais e homens de Estado, baseia-se no vigor RELATIVO do intelecto, a saber, no elevado grau que este pode alcançar sem grande excitação dos afetos, nem grande veemência de caráter, e que por conseguinte, mesmo na tempestade, resiste. Muita firmeza de vontade e imperturbabilidade de ânimo, ao lado de um entendimento hábil e refinado, são aqui suficientes; o que vai além disso faz efeito nefasto: pois o excessivo desenvolvimento da inteligência entrava diretamente a firmeza do caráter e a resolução da vontade. Por isso esse tipo de eminência não é tão anormal // e é cem vezes menos rara que aquela outra: assim vemos grandes generais e grandes ministros em todos os tempos, tão logo as circunstâncias exteriores tornem-se favoráveis à sua atividade. Grandes poetas e filósofos, ao contrário, deixam-se esperar por séculos: no entanto, a humanidade pode dar-se por satisfeita com essa rara aparição deles; pois suas obras permanecem e não existem só para o tempo presente, como as realizações daqueles outros. – Também está em plena concordância com a acima mencionada lei de parcimônia da natureza que esta outorgue a eminência espiritual geralmente a um reduzidíssimo número, e o gênio apenas às mais raras exceções já à grande massa do gênero humano, a natureza dota tão somente com as capacidades espirituais necessárias para a conservação do indivíduo e da espécie. Pois as grandes necessidades do gênero humano, incrementadas constantemente por sua própria satisfação, fazem preciso que a ampla maioria do gênero humano passe a vida dedicada a grosseiros trabalhos corporais e completamente mecânicos: para o que haveriam de servir-se de um espírito vívido, de uma fantasia brilhante, de um entendimento sutil, de uma argúcia afiada? Tais propriedades apenas as fariam impróprias e infelizes. Por isso a natureza foi menos pródiga com o mais valioso dos seus produtos. Desde esse ponto de vista, deveríamos também, para julgarmos equitativamente, fixar as nossas expectativas sobre as realizações espirituais do ser humano em geral e, por exemplo, considerar inclusive os eruditos, que via de regra assim se fizeram devido às circunstâncias exteriores, antes como homens que a natureza destinou propriamente à agricultura: sim, mesmo os professores de filosofia deveriam ser avaliados conforme esse metro e assim as suas realizações corresponderão a todas as expectativas razoáveis. – Digno de nota é que no Sul, onde as necessidades da vida pesam menos para o gênero humano e permitem mais ócio, também as capacidades espirituais, inclusive das massas, tornam-se mais ativas e refinadas. – Em termos fisiológicos, é notável que a preponderância da massa do cérebro sobre a da medula espinhal e a dos nervos, preponderância que, segundo a perspicaz descoberta de Sömmering, fornece a verdadeira e mais direta medida do grau de inteligência, tanto nas espécies animais quanto nos // indivíduos humanos, aumenta ao mesmo tempo a mobilidade imediata, a agilidade dos membros; porque, devido à grande desigualdade de proporções, a dependência de todos os nervos motores em relação ao cérebro torna-se mais decisiva; a isso ainda acrescenta-se que da perfeição qualitativa do grande cérebro também participa o cerebelo, esse diretor imediato dos movimentos; através de ambos, portanto, todos os movimentos arbitrários ganham mais facilidade, velocidade e destreza, e através da concentração do ponto de partida de toda atividade nasce aquilo que Lichtenberg louva em Garrick: "que ele parecia onipresente nos músculos do seu corpo". Por conseguinte, lentidão na marcha do corpo indica lentidão na marcha dos pensamentos e, como a languidez dos traços faciais e a obtusidade do olhar, é considerada um signo da ausência de espírito, tanto em indivíduos quanto em nações. Um outro sintoma da referida proporção fisiológica de coisas é o fato de que muita gente tem de subitamente parar, tão logo a sua conversação com alguém que a acompanhe começa a ganhar alguma coerência; porque, tão logo o cérebro tem de articular em conjunto alguns pensamentos, não tem força suficiente para manter em movimento as pernas pelos nervos motores: tão estreitamente talhado foi tudo em tais tipos de pessoa.

A partir de toda essa consideração objetiva do intelecto e da sua origem, infere-se que ele está destinado à apreensão de fins, de cujo alcançamento depende a vida individual e a sua propagação, mas de modo algum a representar a essência em si das coisas e do mundo, que existe independentemente de quem conhece. A função que desempenha na planta a receptividade para a luz, em consequência da qual direciona o seu crescimento na direção desta, é a mesma função que em cada espécie animal desempenha o conhecimento próprio a cada uma, incluindo-se aqui aquele que é próprio ao humano, se bem que aumente em grau à medida que cresce a demanda de cada um desses seres. Em todos eles a percepção permanece um mero ter ciência das suas relações com as outras coisas, e de modo algum está destinada a expor uma vez sequer na consciência de quem conhece a essência própria e absolutamente real dessas coisas. Antes de tudo o intelecto, como brotando da vontade, // está destinado só ao serviço desta, logo, à apreensão dos motivos: para isto foi instituído, portanto é de tendência estritamente prática. Isso vale também quando concebemos como ética a significação metafísica da vida: pois também nesse sentido encontramos o humano conhecendo apenas em vista de sua conduta. Uma tal faculdade de conhecimento, que existe exclusivamente para fins práticos, apreende, conforme sua natureza, sempre apenas as relações das coisas entre si, não a essência propriamente dita destes, tal como ela é em si mesma. No entanto, considerar o complexo dessas relações como a essência absoluta e existente em si mesma do mundo, e o modo como elas necessariamente expõem-se, segundo as leis pré-formadas no cérebro, como as leis eternas da existência de todas as coisas, e a partir daí fazer ontologia, cosmologia e teologia, — esse foi propriamente o antigo erro fundamental ao qual a doutrina de KANT pôs um fim. Aqui, pois, a nossa consideração objetiva do intelecto, portanto em grande parte fisiológica, vai ao encontro da SUA consideração transcendental, sim, entra em cena, em certo sentido, até como uma intelecção *a priori* nesta, na medida em que, desde um ponto de vista exterior a ela, permite-nos conhecer geneticamente, por conseguinte, como NECESSÁRIO, o que a consideração transcendental, partindo de dados de consciência, expõe apenas como existindo nos fatos. Pois em consequência da nossa consideração objetiva do intelecto, o mundo como representação, tal como existe estendido no espaço e tempo, e tal como segue legalmente o seu movimento segundo a estrita lei de causalidade, é primariamente apenas um fenômeno fisiológico, uma função do cérebro, que este exerce é verdade na ocasião de certos estímulos exteriores, porém em conformidade com as próprias leis. Daí compreende-se previamente que aquilo que se produz nessa função mesma, conseguintemente, através dela e para ela, de modo algum pode ser tomado como a índole das COISAS EM SI, que diferem por completo dessa função e existem independentemente dela, mas em verdade o ali produzido expõe primariamente apenas o modo dessa função mesma, que como tal sempre pode receber apenas uma modificação bastante secundária daquilo que existe por completo independente dela, e que, por meio de estímulo, a coloca em movimento. Em conformidade com isso, assim como LOCKE negava às coisas em si, e atribuía aos órgãos dos sentidos, tudo o que por meio da SENSAÇÃO chegava à percepção; // assim também KANT, com o mesmo intento e seguindo pelo mesmo caminho, demonstrou que tudo o que faz a real INTUIÇÃO possível, a saber, espaço, tempo e causalidade, nada é senão função cerebral; se bem que se absteve de usar essa expressão fisiológica, à qual no entanto conduz necessariamente o nosso presente modo de consideração, vindo do lado real, oposto ao seu. KANT chegou, por sua via analítica, ao resultado de que o que conhecemos nada é senão APARÊNCIA. O que esse termo enigmático realmente diz, torna-se claro a partir da nossa consideração objetiva e genética do intelecto: as aparências são motivos, para os fins de uma vontade individual, tal como eles expõem-se no intelecto produzido pela vontade para esse objetivo (intelecto que, objetivamente, APARECE como cérebro), motivos que, apreendidos até onde se pode seguir o seu encadeamento, fornecem em sua conexão o mundo objetivamente estendido no tempo e espaço, que eu denomino mundo como representação. A partir no nosso ponto de vista, desaparece o que há de chocante na doutrina KANTIANA: segundo Kant, o intelecto conhece, em vez das coisas como elas são em si, apenas simples aparências, e é por aí conduzido a paralogismos e hipóstases infundadas derivados de "sofisticarias, não das pessoas mas da razão mesma, das quais nem o mais sábio pode livrar-se, o qual talvez, após muito esforço, pode evitar o erro, porém jamais eliminar a zombeteira ilusão que incessantemente o provoca", – palavras estas que nos levam a pensar que o intelecto foi intencionalmente destinado a conduzir-nos ao erro. Ora, a visão objetiva do intelecto aqui dada, que contém uma gênese do mesmo, faz compreensível que ele, destinado exclusivamente a fins práticos, é o simples MÉDIUM DOS MOTIVOS, portanto, cumpre a sua destinação através da correta exposição destes, e que, se pretendemos construir o ser das coisas em si a partir do complexo e da legalidade das aparências que aqui se nos expõem objetivamente, fazemo-lo por nossa própria conta e risco. De fato, reconhecemos que a força interior da natureza, que originariamente é desprovida de conhecimento e impulsiona-se na escuridão, e que, // quando atuou até alcançar a consciência de si, desvela-se a esta como VONTADE, só atinge esse grau por meio da produção de um cérebro animal, e do conhecimento como função deste, instante a partir do qual surge nesse cérebro o fenômeno do mundo intuitivo. Ora, declarar esse mero fenômeno cerebral, junto com a legalidade que invariavelmente pertence a suas funções, como o próprio ser em si objetivo do mundo e das coisas nele existentes – ser em si que existe independente desse fenômeno, antes dele e depois dele – é manifestamente dar um salto ao qual nada nos autoriza. A partir desse *mundus phaenomenon*, a partir dessa intuição nascida sob tão variadas condições, são entretanto hauridos todos os nossos conceitos, que têm todo o seu conteúdo apenas a partir dela, ou em relação a ela. Por isso, como diz Kant, os conceitos são de uso imanente, não transcendente: ou seja, esses nossos conceitos, esse primeiro material do pensamento, por conseguinte, ainda mais os juízos que nascem da sua combinação, são impróprios para a tarefa de pensar a essência das coisas em si e o encadeamento verdadeiro do mundo e da existência: sim, essa empresa seria análoga à de expressar o conteúdo estereométrico de um sólido em polegadas quadradas. Pois nosso intelecto, originariamente destinado apenas a apresentar a uma vontade individual os fins miúdos dela, apreende, em conformidade com isso, tão somente RELAÇÕES das coisas e não penetra no seu interior, na sua essência propriamente dita: é, por conseguinte, uma força superficial aderida à crosta das coisas e capta apenas *species transitivas*, não a verdadeira essência dos seres. Daí vem que não podemos entender nem conceber em sua plenitude uma única coisa sequer, mesmo a mais simples e mínima; mas em cada uma permanece algo de completamente inexplicável. – Ora, justamente porque o intelecto é um produto da natureza e por isso calculado apenas para os seus fins, os místicos cristãos o denominaram de maneira correta a "luz da natureza" e o levaram aos seus limites: pois a natureza é o objeto, para o qual exclusivamente ele é o sujeito. Àquela expressão já subjaz propriamente o pensamento do qual originou-se a *Crítica da razão pura*. Que não podemos conceber o mundo pela via imediata, isto é, através da aplicação direta e acrítica do intelecto e dos seus dados, mas, na reflexão // sobre o mundo envolvemo-nos cada vez mais fundo num enigma insolúvel, provém precisamente do fato de que o intelecto, logo o conhecimento mesmo, ser já um secundário, um mero produto gerado através do desenvolvimento da essência do mundo, que conseguintemente até então lhe precedia e ele por fim entrou em cena, das profundezas obscuras do esforço inconsciente, como uma irrupção em direção à luz, intelecto cuja essência expõe-se como VONTADE na consciência de si, que simultaneamente nasceu nessa irrupção. O que precedeu o conhecimento como sua condição, aquilo que primeiro o tornou possível, logo a sua base, não pode ser apreendido imediatamente por ele; como o olho não pode ver a si mesmo. Antes, o que lhe concerne são unicamente as relações entre um ser e outro, relações estas que se expõem na superfície das coisas, e isso se dá apenas por intermédio do aparato do intelecto, a saber, por suas formas, espaço, tempo, causalidade. Precisamente porque o mundo se fez sem a ajuda do conhecimento, sua essência toda não entra no conhecimento, porém este já pressupõe a existência do mundo, razão pela qual a origem do mundo não entra em seu domínio. O conhecimento, por consequência, está limitado às relações entre as coisas existentes, e assim é suficiente para a vontade individual, para cujo serviço apenas ele surgiu. Pois o intelecto, como eu mostrei, é condicionado pela natureza, reside NELA, pertence a ela, e não pode contrapor-se a ela como um completo estranho para assim absorver em si a inteira essência dela de maneira absolutamente objetiva e desde o fundo. Ele pode, se tiver sorte, entender tudo NA natureza, mas não a natureza mesma, pelo menos imediatamente.

Por mais desanimador que possa ser para a metafísica essa limitação essencial do intelecto, que provém da sua índole e origem; tal limitação, no entanto, tem um lado bastante consolador. A saber, retira das afirmações imediatas da natureza a sua validade incondicional, em cuja defesa consiste o NATURALISMO propriamente dito. Se, portanto, a natureza nos expõe cada vivente como vindo do nada e, após uma existência efêmera, retornando ao nada para sempre, e se ela parece comprazer-se em incessantemente tudo criar de novo, para incessantemente poder tudo destruir, sem ao contrário ser

II 327 capaz de trazer a lume qualquer coisa de permanente; // se, em consequência, temos de reconhecer a MATÉRIA como a única coisa permanente, que, incriada e imperecível, gera tudo a partir do próprio ventre, parece que advindo daí o seu nome *mater rerum*,[7] e se, ao lado da matéria, temos de reconhecer A FORMA como uma espécie de pai das coisas, forma que, tão fugidia quanto a matéria é constante, muda a todo momento, e apenas pode conservar-se pelo tempo em que é parasita da matéria (ora em uma parte, ora em outra), porém desaparece quando perde por completo esse ponto de apoio, como atestam os paleotérios e os ictiossauros; então temos de nisso reconhecer, é verdade, a imediata e sincera afirmação da natureza; contudo, em virtude da explicação dada acima sobre a origem e da correspondente ÍNDOLE DO INTELECTO, não podemos atribuir a essa afirmação NENHUMA VERDADE INCONDICIONAL, antes apenas uma verdade CONDICIONAL, que KANT assim caracterizou de maneira correta, chamando-a APARÊNCIA em oposição à COISA EM SI. —

Apesar dessa limitação essencial do intelecto, é possível chegar a uma certa compreensão do mundo e da essência das coisas servindo-se de um desvio, a saber, recorrendo à reflexão levada ao seu limite e graças à ligação artificial do conhecimento objetivo, dirigido para o exterior, com os dados da consciência de si; contudo, essa compreensão será bastante limitada, totalmente mediata e relativa, a saber, uma tradução em parábolas, nas formas do conhecimento, logo, um *quadam prodire tenus*,[8] que sempre tem de deixar muitos problemas insolúveis. — Por outro lado, o erro fundamental do antigo DOGMATISMO destruído por KANT era, em todas as suas formas, o partir estritamente do CONHECIMENTO, isto é, do MUNDO COMO REPRESENTAÇÃO, e deduzir e construir tudo o que existe em geral a partir das leis do conhecimento, com o que tomava o mundo da representação, junto com as suas leis, como algo estritamente existente e absolutamente real; enquanto toda a existência desse mundo é fundamentalmente relativa e um mero resultado ou fenômeno da essência em si que lhe subjaz, — ou, em outras palavras, o dogmatismo construiu uma ontologia, onde havia estofo apenas para uma dianoiologia. KANT, partindo da própria legalidade do CONHECIMENTO, des-

---

7 "Mãe das coisas." (N. T.)
8 "Avançar até um certo ponto." (N. T.)

cobriu que este é subjetivamente condicionado e por isso absolutamente imanente, // isto é, impróprio para uso transcendente: pelo que de maneira bastante apropriada denominou a sua doutrina CRÍTICA DA RAZÃO PURA. Ele chegou a tal resultado, parcialmente ao demonstrar a parte considerável e universalmente apriorística do nosso conhecimento, que, sendo absolutamente subjetiva, atrofia toda objetividade; parcialmente ao expor ostensivamente que os princípios do conhecimento, tomado como puramente objetivo, conduzem a contradições quando seguidos até o fim. Mas ele apressadamente assumiu que, fora do conhecimento OBJETIVO, isto é, fora do mundo como REPRESENTAÇÃO, nada nos é dado, a não ser a consciência moral, a partir da qual construiu o pouco de metafísica que restava, a saber, a teologia moral, à qual no entanto concedeu uma validade estritamente prática, de modo algum teórica. – Passou-lhe despercebido que, apesar de o conhecimento objetivo, ou o mundo como representação, nada nos fornecer além de aparências, junto com o seu encadeamento fenomenal e regresso ao infinito; nosso próprio ser todavia pertence também necessariamente ao mundo das coisas em si, na medida em que nele se enraíza: a partir daí, mesmo que a raiz não possa ser trazida diretamente à luz, no entanto tem de ser possível apreender alguns dados para esclarecer a ligação do mundo das aparências com a essência em si das coisas. Aqui, portanto, encontra-se o caminho pelo qual eu fui além de KANT e dos limites por ele traçados, contudo sempre me mantendo no solo da reflexão, portanto, da honestidade, por conseguinte, sem recorrer a procedimentos de cabeças de vento, vale dizer, sem recorrer à intuição intelectual, ou ao pensamento absoluto, que caracterizou o período da pseudofilosofia entre mim e KANT. Em sua demonstração da inaptidão do conhecimento racional em penetrar na essência do mundo, KANT partiu do conhecimento como um FATO fornecido por nossa consciência e, assim o fazendo, procedeu *a posteriori*. Eu, todavia, neste capítulo, bem como no escrito *Sobre a vontade na natureza*, procurei demonstrar o que é o conhecimento na sua ESSÊNCIA E ORIGEM, a saber, um secundário, destinado a finalidades individuais: do que se segue que ele TEM DE SER inapto para penetrar na essência do mundo; cheguei, portanto, // *a priori* ao mesmo fim. Não se conhece uma coisa total e perfeitamente, até que se tenha rodado em torno dela e chegado pelo outro lado ao ponto de partida. Por isso, também no caso do importante conhecimento fundamental aqui tomado em consideração, não é suficiente, como o fez KANT, meramente ir do intelecto para o conhecimento do mundo, mas também, como eu aqui intentei, ainda temos de ir do mundo tomado como existente para o intelecto. Assim, essa consideração fisiológica, no sentido amplo do termo, torna-se o suplemento daquela consideração ideológica, como dizem os franceses, ou, mais acertadamente, transcendental.

Mais acima, para não interromper o fio da exposição, adiei a explicitação de um ponto que toquei: na medida em que pela série ascendente dos animais o intelecto desenvolve-se cada vez mais, e entra em cena mais perfeito, o CONHECER SE SEPARA cada vez mais distintamente DO QUERER, e com isso torna-se mais puro. O essencial sobre esse assunto encontra-se no meu escrito *Sobre a vontade na natureza*, sob a rubrica "Fisiologia das plantas" (p.68-72, da 2. ed.), à qual, para não me repetir, remeto o leitor e aqui apenas adiciono algumas observações. Na medida em que a planta não possui irritabilidade nem sensibilidade, mas nela a vontade objetiva-se unicamente como plasticidade ou força de reprodução; segue-se que não tem músculo nem nervo. Nos graus mais baixos do reino animal, nos zoófitos, vale dizer, os pólipos, ainda não podemos reconhecer distintamente a separação dessas duas partes constituintes, todavia as pressupomos como existentes, embora num estado de fusão; porque percebemos movimentos que não ocorrem, como os das plantas, por meros estímulos, mas por motivos, isto é, em consequência de uma certa percepção; justamente por isso consideramos esses seres como animais. Se prosseguimos na série dos animais, encontramos que o sistema nervoso e o muscular se SEPARAM cada vez mais distintamente um do outro, até que o primeiro, nos vertebrados e com a máxima perfeição nos humanos, divide-se em um sistema nervoso orgânico e um sistema nervoso cerebral, e este último, por sua vez, desenvolve-se no extremamente complexo aparato composto do cérebro e cerebelo, prolongados pela medula espinhal e alongada, pelos nervos cerebrais e espinhais, pelos feixes nervosos sensitivos e motores, – sendo que, de todas essas partes, unicamente // o cérebro, junto com os nervos sensitivos a ele adicionados, e os feixes nervosos espinhais posteriores, estão destinados à RECEPÇÃO dos motivos do mundo exterior, enquanto todas as demais, ao contrário, à TRANSMISSÃO dos motivos aos músculos, nos quais a vontade exterioriza-se diretamente; na mesma medida, na CONSCIÊNCIA se SEPARAM cada vez mais distintamente o MOTIVO do ATO DA VONTADE que ele provoca, logo, a REPRESENTAÇÃO da VONTADE: com isto aumenta continuamente a OBJETIVIDADE da consciência, na medida em que nesta as representações expõem-se cada vez mais distintas e puras. Todavia, ambos os processos de separação são, propriamente dizendo, um único e mesmo, que nós aqui consideramos de dois lados, a saber, do lado objetivo e do subjetivo, ou primeiro na consciência de outras coisas, e em seguida na consciência de si. No grau dessa separação fundamenta-se a diferença e gradação das capacidades intelectuais, tanto entre as diversas espécies animais quanto entre os indivíduos humanos: ele, portanto, dá o critério para a perfeição intelectual desses seres. Pois dele depende a clareza de consciência do mundo exterior, a objetividade da intuição. Mostrei numa passagem acima que o animal percebe as coisas só na medida em que estas são MOTIVOS para a sua vontade, e que mesmo o mais inteligente dos animais raramente ultrapassa tais limites; porque seu intelecto ainda está firmemente preso à vontade, da qual brotou. Por outro lado, até o mais obtuso dos humanos já de certa maneira apreende as coisas de modo OBJETIVO, na medida em que as conhece não apenas no que são em relação a ele, mas também algo do que são em relação a si mesmas e às outras coisas. Contudo, é numa minoria que a separação alcança o grau em que estariam em condições de examinar e julgar uma coisa de modo puramente objetivo: porém, "isso eu tenho de fazer, isso eu tenho de dizer, nisso eu tenho de acreditar" é o fim para o qual, em cada ocasião, a maioria dirige em linha reta o seu pensamento e onde o seu entendimento logo encontra o bem-vindo repouso. Pois para a cabeça fraca é tão insuportável o pensar quanto para o braço fraco o levantar uma carga: por isso ambos correm para descansar. A objetividade do conhecimento, e antes de tudo do intuitivo, possui inumeráveis graus que se baseiam na energia do intelecto e na sua separação da // vontade, sendo que o mais elevado grau encontra-se no GÊNIO, no qual a apreensão do mundo exterior torna-se tão pura e objetiva, que para ele o que se revela imediatamente nas coisas individuais é inclusive mais do que estas mesmas, a saber, o ser de toda a sua ESPÉCIE, isto é, a IDEIA platônica delas; o que é condicionado pelo fato de a vontade desaparecer completamente da consciência. Aqui está o ponto onde a presente consideração, que parte de fundamentos fisiológicos, conecta-se ao objeto do nosso Terceiro Livro, logo, à metafísica do belo, na qual a apreensão estética propriamente dita – que em seu grau mais elevado é própria apenas do gênio, enquanto estado do conhecer puro, isto é, totalmente destituído de vontade e justamente por isso perfeitamente objetivo – é detalhadamente considerada. Em consequência do que foi dito, a elevação da inteligência desde a mais abafada consciência animal até a humana é um progressivo DESPRENDIMENTO DO INTELECTO EM RELAÇÃO À VONTADE, desprendimento este que de forma perfeita entra em cena, embora apenas como exceção, no GÊNIO: por isso podemos definir este como o grau mais elevado de OBJETIVIDADE do conhecimento. A tão rara condição para o gênio é uma quantidade de inteligência decisivamente superior à que é exigida para o serviço da vontade que, de tal inteligência, constitui a fundação: este excedente que se torna livre é o que percebe correta e propriamente o mundo, isto é, apreende-o de modo perfeitamente OBJETIVO e em seguida cria obras de arte, de poesia, de pensamento.

*Capítulo 23**
SOBRE A OBJETIVAÇÃO DA VONTADE NA NATUREZA DESPROVIDA DE CONHECIMENTO

Que a VONTADE que encontramos em nosso interior não procede, antes de tudo, como a filosofia até agora admitiu, do conhecimento, nem é uma mera modificação deste, logo, não é // secundária e derivada, nem, como o próprio conhecimento, algo condicionado pelo cérebro; porém, é o *prius* do conhecimento, o núcleo do nosso ser e a força originária mesma que cria e mantém o corpo animal, na medida em que executa tanto as suas funções conscientes quanto inconscientes; – este é o primeiro passo no conhecimento profundo da minha metafísica. Por mais paradoxal que agora pareça a alguns que a vontade em si mesma seja desprovida de conhecimento, até mesmo os escolásticos já haviam de algum modo reconhecido e visualizado isso, pois o grande especialista em sua filosofia JUL. CÄS. VANINUS (esta célebre vítima do fanatismo e da fúria clerical) diz em *Amphitheatro*, p.181: *Voluntas potentia coeca est, ex scholasticorum opinione.*[1] – Que ademais é essa mesma vontade a que põe as gemas nas plantas para desenvolver a partir delas folhas e flores, sim, que a forma regular do cristal é apenas o vestígio que ficou da sua ânsia momentânea, que em geral é essa vontade, como o verdadeiro e único αὐτόματον[2] no sentido próprio do termo, que também está no fundo de todas as forças da natureza inorgânica e joga e atua nas variadas aparências desta, empresta a força às suas leis, e que mesmo na matéria mais bruta dá-se a conhecer como gravidade; – essa intelecção é o segundo passo

---

* Este capítulo conecta-se com § 23 do primeiro tomo.
1 "Segundo a opinião dos escolásticos, a vontade é uma potência cega." (N. T.)
2 "Que age a partir de si mesmo." (N. T.)

353

naquele conhecimento profundo da minha metafísica, e já mediado por uma reflexão ulterior. O mais grosseiro de todos os equívocos seria, entretanto, pensar que se trata aqui apenas de uma PALAVRA para designar uma grandeza desconhecida: antes é o mais real de todos os conhecimentos reais que aqui é trazido à língua. Pois é a redução daquilo que é totalmente inacessível ao nosso conhecimento imediato, por conseguinte, nos é em essência estranho e desconhecido, e que designamos com a expressão FORÇA NATURAL, àquilo que nos é conhecido da maneira mais precisa e íntima, mas que só nos é imediatamente acessível no nosso próprio ser; e que portanto tem de ser transmitido deste às demais aparências. É a intelecção de que o íntimo e originário, em todas as mudanças e em todos os movimentos dos corpos, por mais variados que sejam, é em essência idêntico; que, todavia, temos apenas UMA ocasião para conhecê-lo mais precisa e imediatamente, a saber,

II 333 // nos movimentos do nosso próprio corpo; a partir de cujo conhecimento somos levados a denominar aquele íntimo de VONTADE. É a intelecção de que aquilo a agir e impulsionar na natureza e expor-se em aparências cada vez mais perfeitas, após ter-se elevado tão alto que a luz do conhecimento cai-lhe de imediato – ou seja, depois de ter alcançado o estado da consciência de si –, apresenta-se doravante como aquela VONTADE, que é o que mais precisamente conhecemos e por isso não pode ser explicada por mais nada, mas, antes a tudo dá a explicação. Trata-se, por conseguinte, da COISA EM SI, até onde esta pode ser de algum modo alcançada pelo conhecimento. Portanto, é aquilo que em cada coisa do mundo, de alguma forma, tem de exteriorizar-se: pois é a essência do mundo e o núcleo de todas as aparências.

Ora, como o meu ensaio *Sobre a vontade na natureza* é inteiramente dedicado ao objeto deste capítulo e também elenca os testemunhos de isentos empiricistas sobre esse ponto capital da minha doutrina; então aqui tenho apenas de acrescentar alguns suplementos ao que foi ali dito, os quais, por conseguinte, seguem-se de maneira um tanto quanto fragmentária.

Em primeiro lugar, em referência à vida das plantas, chamo a atenção para os notáveis dois primeiros capítulos do tratado de ARISTÓTELES sobre as plantas. O mais interessante ali, como é frequente em Aristóteles, são as opiniões por ele recolhidas dos primeiros e mais profundos filósofos. Ali vemos que ANAXÁGORAS e EMPÉDOCLES ensinaram com inteiro acerto que as plantas deviam o movimento do seu crescimento ao APETITE (ἐπιθυμία) inerente a elas; que inclusive atribuíam a elas alegria e dor, logo, sensação; PLATÃO, entretanto, atribuía-lhes apenas APETITE, e em verdade devido ao forte impulso de nutrição delas (cf. Platão, *Timeu*, p.403, *Bip*). ARISTÓTELES, por sua vez, fiel ao seu habitual método, desliza sobre a superfície das coisas, detém-se em características isoladas e conceitos fixados por expressões correntes, e afirma que sem sensação não seria possível apetite algum, recusando a sensação às plantas, porém o seu discurso confuso testemunha que estava em sérios apuros, até que, também em seu caso "onde faltam os conceitos, // uma palavra aparece no momento certo", a saber, τὸ θρεπτιχόν, a faculdade nutritiva: as plantas teriam essa faculdade, logo, teriam uma parte da assim chamada alma, conforme a sua adorada divisão em *anima vegetativa, sensitiva, et intelectiva*. Mas isso é justamente uma *quidditas* escolástica e diz: *plantae nutriuntur, quia habent facultatem nutritivam*;[3] é, portanto, uma substituição ruim para a investigação mais profunda dos seus antecessores que ele criticara. Também vemos, no segundo capítulo, que EMPÉDOCLES inclusive havia reconhecido a sexualidade das plantas; coisa que ARISTÓTELES critica, e esconde a sua falta de conhecimento verdadeiro do assunto com princípios gerais, como este, que as plantas não podem reunir nelas os dois sexos porque senão seriam mais perfeitas que os animais. – Através de um procedimento no todo análogo, ele destronou o correto sistema astronômico cósmico dos pitagóricos e através dos próprios princípios fundamentais absurdos, que ele expõe especialmente em *De coelo*, dá ocasião para o sistema de Ptolomeu, mediante o qual a humanidade foi privada por quase dois mil anos de uma já descoberta verdade de suma importância.

Porém, não posso deixar de citar o dito de um excelente biólogo dos nossos tempos que coincide exatamente com a minha doutrina. G. R. TREVIRANUS é quem, em sua obra *Über die Erscheinungen und Gesetze des organischen Lebens*, 1832, II, sec. I, p.49, diz: "É, no entanto, possível pensar numa forma de vida na qual o efeito do exterior sobre o interior ocasiona meros sentimentos de prazer e desprazer e, conseguintemente, APETITES. Tal é a VIDA DAS PLANTAS. Nas formas mais elevadas de vida ANIMAL o exterior é sentido

---

3 "As plantas alimentam-se porque têm uma faculdade de nutrição." (N. T.)

como algo objetivo". TREVIRANUS fala aqui a partir de uma pura e imparcial apreensão da natureza e está tão pouco consciente da importância metafísica do seu dito quanto da *contradictio in adjecto* que subjaz ao conceito de "sentido como algo objetivo", que ele até mesmo desenvolve amplamente. Ele não sabe que toda sensação é essencialmente subjetiva, qualquer coisa objetiva, entretanto, é intuição, portanto, produto do entendimento. Isto, entretanto, não provoca prejuízo algum ao verdadeiro e importante do seu dito.

// De fato, a verdade de que a vontade pode existir também sem conhecimento é evidente, poder-se-ia dizer palpável, na vida das plantas. Pois aqui vemos um empenho decisivo, determinado por necessidades, modificado de maneiras variadas e adaptando-se à diversidade das circunstâncias, — todavia, manifestamente sem conhecimento. — E justamente porque a planta é desprovida de conhecimento, ela exibe sem pudor os seus órgãos genitais, em completa inocência: nada sabe deles. Assim que o conhecimento, ao contrário, entra em cena na série dos seres, os órgãos genitais deslocam-se para um lugar escondido. O ser humano, que os tem menos escondidos, cobre-os intencionalmente: envergonha-se deles. —

Primariamente, portanto, a força vital é idêntica à vontade: mas todas as demais forças naturais também o são; embora isto seja menos evidente. Se, portanto, encontramos em todas as épocas, com maior ou menor distinção do conceito, o reconhecimento de um apetite, isto é, de uma vontade como a base da VIDA DAS PLANTAS; a redução das forças da natureza INORGÂNICA à mesma fundação, ao contrário, é tanto mais rara na medida em que o distanciamento dessas forças da natureza do nosso ser é tanto maior. — De fato, o limite entre o orgânico e o inorgânico é o mais nitidamente demarcado em toda a natureza e talvez o único que não admite transição alguma; de modo que o dito *natura non facit saltus*[4] parece sofrer aqui uma exceção. Apesar de muitas cristalizações mostrarem uma figura exterior bastante semelhante à figura vegetal, todavia, permanece uma diferença essencial entre o mais simples líquen, o mais diminuto fungo, e toda a natureza inorgânica. Nos corpos INORGÂNICOS o essencial e permanente, logo, aquilo em que se baseia a sua identidade e integridade, é o estofo, a matéria; por outro lado, o ines-

---

4 "A natureza não dá saltos." (N. T.)

sencial e mutável é a FORMA. Com os corpos ORGÂNICOS ocorre exatamente o contrário: pois sua vida, isto é, sua existência como algo orgânico, consiste precisamente na mudança contínua do ESTOFO em meio à permanência da FORMA. Portanto, seu ser e sua identidade residem unicamente na FORMA. Por consequência, o corpo INORGÂNICO tem a sua permanência através do REPOUSO e do isolamento em relação a influxos exteriores: é apenas isto o que o faz preservar a própria existência e, se // esse estado é perfeito, um tal corpo tem duração sem fim. O corpo ORGÂNICO, contrariamente, tem a sua permanência justamente através do ininterrupto MOVIMENTO e da contínua recepção de influxos exteriores: quando estes desaparecem e cessa nele o movimento, ele morre e deixa de ser orgânico, embora ainda permaneça por algum tempo o vestígio do organismo que existiu. – Em conformidade com isso, é também no todo inadmissível o discurso, tão adorado nos dias atuais, sobre a vida do inorgânico, até mesmo sobre a vida do globo terrestre, e que este globo, bem como o sistema planetário, seria um organismo. O predicado "vida" cabe apenas ao orgânico. Cada organismo é por inteiro orgânico, é isto em todas as suas partes e nenhuma destas, mesmo as partículas mais diminutas, é montada por agregação a partir do inorgânico. Se a Terra fosse um organismo; então todas as montanhas e todos os rochedos e todo o interior da sua massa teriam de ser orgânicos e assim nada de inorgânico existiria, portanto, o conceito de inorgânico desapareceria por completo.

Por outro lado, que o aparecimento de uma VONTADE esteja tão pouco ligado à vida e à organização quanto ao conhecimento, portanto, que também o inorgânico possui uma vontade, cujas exteriorizações são todas as suas propriedades fundamentais não ulteriormente explanáveis, isto é um ponto essencial da minha doutrina; embora o vestígio de um tal pensamento seja muito mais raro de encontrar nos escritores que me precederam do que o de uma vontade nas plantas, nas quais a vontade é também desprovida de conhecimento.

Na precipitação de um cristal vemos, por assim dizer, um projeto, um ensaio de vida, que no entanto não se realiza, porque o líquido que constitui o cristal, como todo vivente, no instante em que aquele movimento se produz, não é, como em todo vivente, envolvido por uma MEMBRANA, por conseguinte, não possui VASOS nos quais aquele movimento poderia prosseguir nem algo que o poderia isolar do mundo exterior. Por isso a solidificação logo apodera-se daquele movimento instantâneo, do qual resta apenas o vestígio como cristal. —

Também às AFINIDADES ELETIVAS de GOETHE subjaz, como o título já indica, embora fosse algo inconsciente ao autor, o pensamento de que a VONTADE, que constitui a base do nosso próprio ser, é a mesma que já se anuncia nas // aparências inorgânicas mais baixas, pelo que a legalidade das duas aparências mostra perfeita analogia.

MECÂNICA e ASTRONOMIA nos mostram propriamente como se comporta essa VONTADE na medida em que, nos graus mais baixos de seu aparecimento, entra em cena meramente como gravidade, rigidez e inércia. Já a HIDRÁULICA mostra-nos o mesmo lá onde a rigidez desaparece e o estofo líquido entrega-se sem freio à sua paixão dominante, a gravidade. Nesse sentido, a hidráulica pode ser concebida como uma descrição do caráter da água, na medida em que este nos fornece as exteriorizações da vontade às quais a água é movida pela gravidade: ora, como em todos os seres privados de individualidade inexiste o caráter particular ao lado do genérico, aquelas exteriorizações sempre são precisamente adequadas aos influxos exteriores, logo, através da experiência feita com a água, é fácil reduzir essas exteriorizações a traços fixos fundamentais, chamados leis, que indicam exatamente como a água, em todas as diversas circunstâncias, vai comportar-se devido à sua gravidade e tendo em conta a mobilidade incondicionada de suas partes e sua falta de elasticidade. Como a gravidade conduz o líquido ao repouso, ensina-nos a hidrostática, como ao movimento, a hidrodinâmica, que deve considerar outros obstáculos opostos pela aderência à vontade da água: essas duas ciências em conjunto constituem a HIDRÁULICA. — Do mesmo modo, a QUÍMICA nos ensina como se comporta a vontade quando as qualidades intrínsecas de um estofo obtêm livre jogo através do estado produzido de fluidez, emergindo então aquele maravilhoso processo de atração e repulsão, união e separação, liberação de um elemento para captura de um outro, o que cada precipitado testemunha, e tudo isso é denominado AFINIDADES ELETIVAS (expressão tomada sem dúvida alguma de empréstimo da vontade consciente). — ANATOMIA e a FISIOLOGIA nos permitem ver como a vontade comporta-se para instituir o fenômeno da vida e mantê-lo por algum tempo. – Já o POETA, por fim, mostra-nos como a vontade comporta-se sob a influência dos motivos e da reflexão. Ele, por conseguinte, na maioria das vezes expõe a vontade nas suas mais perfeitas aparências, em seres racionais, cujo caráter é individual, e cujas ações e sofrimentos recíprocos ele nos apresenta como drama, epopeia, romance etc. // Quanto mais exata, quanto mais estritamente conforme a natureza se dá a exposição dos seus caracteres, maior a sua glória; por isso SHAKESPEARE está no topo. – O ponto de vista aqui concebido corresponde no fundo ao espírito no qual GOETHE cultivava e amava as ciências da natureza; embora ele não estivesse consciente do tema *in abstracto*. Mais do que por meio dos seus escritos, eu sei disso a partir das suas declarações pessoais a mim feitas.

Se consideramos a vontade onde ninguém a nega, logo, nos seres cognoscentes, então encontramos em toda parte como profundo empenho seu em todos os seres, a AUTOCONSERVAÇÃO: *omnis natura vult esse conservatrix sui*.[5] Todas as exteriorizações desse profundo empenho podem ser sempre remetidas a um procurar ou perseguir, a um evitar ou fugir, conforme a ocasião. Isso pode ser demonstrado até mesmo nos mais baixos graus da natureza, isto é, da objetivação da vontade, a saber, ONDE os corpos fazem efeito apenas como corpos em geral, e são portanto objetos da MECÂNICA e levados em consideração apenas segundo as exteriorizações da impenetrabilidade, coesão, rigidez, elasticidade e gravidade. Aqui, ainda, a exteriorização do procurar mostra-se como gravitação, a exteriorização do FUGIR, entretanto, como recepção de movimento; quanto à MOBILIDADE dos corpos através de pressão ou choque, que constitui a base da mecânica, é no fundo uma exteriorização do seu empenho por AUTOCONSERVAÇÃO que também neles habita. De fato, visto que como corpos são impenetráveis, esse é o único meio para salvar a sua coesão, logo, a sua subsistência, a cada instante. O corpo golpeado ou pressionado seria pulverizado pelo corpo que o golpeou ou pressionou, se, para salvar a sua coesão, não se subtraísse à violência dele mediante a fuga; e onde não se subtrai, de fato é pulverizado. Sim, podemos considerar os corpos ELÁSTICOS como os MAIS VALENTES, que procuram rechaçar o inimigo, ou ao menos o privam de ulterior perseguição. Assim,

---

[5] "Todo ser na natureza empenha-se pela própria conservação." (N. T.)

no único mistério (ao lado da gravidade) deixado de lado pela tão clara mecânica, a saber, a comunicação do movimento, vemos uma exteriorização do profundo empenho da vontade em todas as suas aparências, logo, o impulso de autoconservação, // que pode ser reconhecido como o mais essencial até nos graus mais baixos das aparências.

Na natureza inorgânica a vontade objetiva-se antes de tudo nas forças universais e só mediante estas nos fenômenos das coisas individuais produzidos por causas. A relação entre causa, força natural e Vontade como coisa em si, eu examinei detalhadamente em § 26 do primeiro tomo. Vê-se a partir daí que a metafísica nunca interrompe o curso da física, mas apenas retoma o fio lá onde esta o deixa, a saber, nas forças naturais originárias, em que todas as explicações causais têm o seu limite. Em cada fenômeno físico, em cada MUDANÇA das coisas materiais, temos de demonstrar em primeiro lugar a sua CAUSA, que é justamente uma MUDANÇA particular que entrou em cena imediatamente antes; em seguida temos de demonstrar a FORÇA NATURAL originária devido à qual essa causa era capaz de fazer efeito; e, sobretudo, como a essência em si dessa força, em oposição à aparência, deve ser reconhecida na VONTADE. Todavia, esta manifesta-se tão imediatamente na queda de uma pedra, quanto na ação de um ser humano: a única diferença é que aqui a sua exteriorização particular é produzida por motivos, enquanto lá é produzida através de uma causa que faz efeito mecanicamente, por exemplo, a remoção de um apoio, todavia em ambos os casos com igual necessidade, só que no caso humano esta é baseada num caráter individual, no caso da pedra, numa força universal da natureza. Essa identidade do essencialmente fundamental é até mesmo óbvia quando, por instantes, observamos atentamente como um corpo que perdeu seu equilíbrio, devido a sua forma particular, roda daqui para acolá, até que reencontra o seu centro de gravidade, quando então se nos impõe uma certa aparência de vida e sentimos de imediato que também aqui está ativo um princípio análogo àquele da vida. Isto, decerto, é a força universal da natureza, que, entretanto, em si idêntica à VONTADE, aqui torna-se, por assim dizer, a alma de uma brevíssima *quasi*-vida. Logo, o que é idêntico nos dois extremos da aparência da vontade dá-se aqui a conhecer tenuemente até à intuição imediata, na medida em que esta nos desperta um sentimento de que também aqui um inteiramente originário,

II 340 que conhecemos apenas // a partir dos atos da nossa própria vontade, chega imediatamente à aparência.

De um modo completamente diferente e majestoso podemos chegar a um conhecimento intuitivo da existência e da atividade da vontade na natureza inorgânica se estudamos a fundo o problema dos três corpos, e, portanto, conhecemos mais precisa e detalhadamente o curso da Lua em torno da Terra. Dependendo das diversas combinações produzidas pela mudança constante das respectivas posições desses três corpos, a marcha da Lua ora é acelerada, ora é retardada, e a Lua ora aproxima-se, ora afasta-se da Terra: e de forma distinta no periélio e no afélio da Terra; tudo isso provoca uma tal irregularidade na órbita lunar, que esta adquire um aspecto realmente caprichoso, na medida em que até mesmo a segunda lei de Kepler não é mais invariavelmente válida, porém a órbita da Lua varre em tempos iguais superfícies desiguais. A consideração dessa órbita é um pequeno e acabado capítulo da mecânica celeste, mecânica esta que se distingue da terrestre de forma sublime pela ausência de todo choque e pressão, logo, dessa *vis a tergo*[6] tão apreensível por nós, bem como pela ausência de toda queda real, na medida em que, tirante a *vis inertiae*,[7] não conhece outra força motriz e diretora senão a gravitação, este anelo pela união que emerge do próprio interior dos corpos. Se, portanto, neste caso em questão nos representamos em detalhes a atividade da gravitação, então reconhecemos distinta e imediatamente nessa força motriz justamente aquilo que na consciência de si nos é dado como vontade. Pois as variações nas órbitas da Terra e da Lua, conforme um desses astros, por sua posição, esteja mais ou menos exposto à influência do Sol, possuem uma evidente analogia com a influência dos novos aparecidos motivos sobre a nossa vontade e as modificações da nossa ação que daí decorrem.

Um outro tipo elucidativo de exemplo é o seguinte. LIEBIG (*Chemie in Anwendung auf Agrikultur*, p.501) diz: "Se introduzimos cobre umedecido no ar que contém ácido carbônico, ao contato com este a afinidade do metal **II 341** com o oxigênio aumentará a um tal ponto que os dois // combinam-se; a superfície do cobre é tomada de esverdeado óxido de cobre misturado com

---

6 "Força impelindo de trás." (N. T.)
7 "Força de inércia." (N. T.)

ácido carbônico. — Porém, dois corpos que têm a capacidade de se combinar assumem opostos estados elétricos no momento em que se põem em contato. Por isso, se colocamos em contato o cobre com o ferro, mediante o estímulo de um particular estado elétrico, anula-se a capacidade do cobre de entrar em combinação com o oxigênio: e mesmo nas condições acima assinaladas ele permanece brilhante". — O fato é conhecido e de utilidade técnica. Eu o cito para dizer que aqui a vontade do cobre, absorvida e ocupada em sua oposição elétrica ao ferro, desperdiça a ocasião que lhe é oferecida para entrar em afinidade química com o oxigênio e o ácido carbônico. É exatamente o caso da vontade de uma pessoa que renuncia a uma ação, para a qual em outra circunstância sentir-se-ia movida, em vista de realizar uma outra que lhe é exigida por um motivo mais forte.

Mostrei no primeiro tomo que as forças da natureza residem fora da cadeia de causas e efeitos, na medida em que constituem a condição imprescindível, a fundação da mesma e assim conservam-se eternas e onipresentes, isto é, independentes de tempo e espaço. Mesmo na inegável verdade de que o essencial de uma CAUSA como tal consiste em que ela produzirá em qualquer tempo futuro o mesmo efeito que agora, já está contido que na causa há algo que é independente do curso do tempo, isto é, encontra-se fora de todo tempo: isto é a força natural que nela se exterioriza. Quando se apreende pelos olhos a impotência do TEMPO em face das forças naturais, podemos em certa medida até mesmo convencermo-nos empírica e faticamente da mera IDEALIDADE dessa forma de nossa intuição. Se, por exemplo, um planeta é colocado por uma causa exterior em movimento rotatório, então este durará ao infinito se nenhuma nova causa intervir. Isto não poderia ser assim se o tempo fosse algo em si mesmo e tivesse uma existência objetiva, real, pois senão ele também teria de fazer efeito de algum modo. De um lado, pois, vemos aqui as forças naturais que se exteriorizam naquela rotação infinitamente depois de iniciadas // sem cansarem-se, ou extinguirem-se, portanto, conservam-se como absolutamente reais e existindo em si mesmas; e, de outro, o TEMPO, como algo que consiste apenas no modo como apreendemos aquela aparência, já que ele não exerce poder algum e influência alguma sobre esta: pois o que não FAZ EFEITO, também não existe.

Nós temos uma inclinação natural para, sempre que possível, explicar MECANICAMENTE toda aparência da natureza; sem dúvida porque a mecânica recorre ao mínimo de forças originárias e, portanto, inexplicáveis, por outro lado, ela contém muito que é cognoscível *a priori* e por conseguinte fundado nas formas do nosso próprio intelecto, de onde resulta para essa ciência o mais elevado grau de inteligibilidade e clareza. KANT, entretanto, nos *Princípios metafísicos da ciência da natureza*, reduziu a atividade mecânica ela mesma à atividade dinâmica. A aplicação de hipóteses explicativas mecânicas, por seu turno, para além do demonstrável mecanicamente, no que se inclui, por exemplo, a acústica, é totalmente injustificada, e jamais acreditarei que até mesmo a mais simples combinação química, ou ainda a diversidade dos três estados de agregação, ou com mais forte razão as propriedades da luz, do calor e da eletricidade, possam ser explicadas mecanicamente. Estas admitirão sempre apenas uma explicação dinâmica, isto é, uma tal que explica as aparências a partir de forças originárias, que são completamente diferentes daquelas do choque, da pressão, do peso etc., por conseguinte, de tipo mais elevado, ou seja, são objetivações mais distintas da vontade, que em todas as coisas chega à visibilidade. Penso que a luz não é emanação, nem vibração: ambas as visões são aparentadas ÀQUELA que explica a transparência pela porosidade e cuja manifesta falsidade demonstra que a luz não está submetida a lei mecânica alguma. Para obter disso a mais imediata convicção, basta apenas observar os efeitos de um furacão que tudo verga, derruba e destrói, enquanto um raio de luz que perfura as nuvens permanece inteiramente inabalável e mais firme que uma rocha, dando imediatamente a conhecer que pertence a uma outra ordem de coisas diferente da mecânica: imóvel paira ali, como um fantasma. Mas // o que é um absurdo revoltante são as construções, saídas da lavra dos franceses, que formam a luz a partir de moléculas e *átomos*. Como uma expressão gritante de tais construções, como em geral de toda a atomística, podemos considerar um artigo sobre a luz e o calor publicado por AMPÈRE, este homem de resto tão arguto, na edição de abril de 1835 dos *Annales de chimie e de physique*. Lá ele diz que substâncias sólidas, fluidas e elásticas são constituídas dos mesmos átomos, e todas as diferenças surgem apenas a partir da sua agregação: sim, diz que, se é verdade que o espaço é divisível ao infinito, a matéria porém não o é; porque, se a divisão atingisse os átomos, toda divisão ulterior teria de cair nos intervalos separando os átomos! Luz e calor são, então, vibrações dos átomos, o som no entanto é uma vibração de moléculas compostas de átomos. – Em verdade, contudo, os átomos são uma ideia fixa dos eruditos franceses, que, portanto, falam sobre eles como se os tivessem visto. Ademais, temos de nos maravilhar que uma nação tão propensa ao empirismo, uma tal *matter of fact nation*,[8] como os franceses, apegue-se tão firmemente a uma hipótese no todo transcendente, que sobrevoa toda possibilidade da experiência, consolando-se assim em erigir construções no amplo céu azul. Esta é precisamente uma consequência do estado de atraso no qual a metafísica ficou entre os franceses, que tanto a negligenciam, metafísica que, apesar de toda a boa vontade do senhor COUSIN, a sua rasa e escassa faculdade de juízo não o faz um bom defensor dela. Os franceses, através da influência primeira de CONDILLAC, no fundo ainda permanecem LOCKIANOS. Por isso para eles a COISA EM SI é propriamente a MATÉRIA, a partir de cujas propriedades fundamentais, como impenetrabilidade, figura, dureza e demais *primary qualities*, tudo no mundo tem de ser em última instância explicável: disso não se deixam dissuadir, e sua pressuposição tácita é a de que a matéria só pode ser movimentada por forças mecânicas. Na Alemanha, a doutrina de KANT obstou a propagação dos absurdos da atomística e da física puramente mecânica; se bem que, no momento presente, essas visões também grassem por aqui; o que é uma consequência da superficialidade, rudeza e ignorância fomentadas por Hegel. – Entrementes, não se pode negar que // não apenas a manifesta índole porosa dos corpos naturais, mas também duas doutrinas especiais da física moderna aparentemente apoiaram esse abuso da atomística: a saber, a cristalografia de HAÜY, que reduz qualquer cristal a sua figura nuclear, que é sim um elemento último, mas indivisível *só* RELATIVAMENTE; bem como a doutrina de BERZELIUS dos átomos QUÍMICOS, que são todavia meras expressões das proporções de combinação, portanto, apenas grandezas aritméticas e no fundo nada mais senão fichas de jogo. – Por outro lado, a tese KANTIANA da segunda antinomia, decerto instituída apenas para fins dialéticos, *é*, como eu demonstrei na crítica da

---

8 "Nação de fatos", isto é, afeita aos fatos. (N. T.)

sua filosofia, um mero sofisma, e jamais o nosso entendimento mesmo nos conduz necessariamente à aceitação de átomos. Pois, assim como não estou obrigado a pensar que o MOVIMENTO de um corpo diante dos meus olhos, lento porém uniforme, consiste de inumeráveis movimentos absolutamente rápidos mas interrompidos e separados por momentos de repouso absolutamente breves, mas antes sei muito bem que a pedra lançada voa mais lentamente que a bala disparada sem que em seu caminho sofra uma parada; tampouco estou obrigado a pensar que a massa de um corpo consiste de átomos e seus intervalos, isto é, do absolutamente denso e absolutamente vazio: mas, antes, concebo sem dificuldade essas duas aparências como *continua* ininterruptas, das quais uma PREENCHE UNIFORMEMENTE O TEMPO, a outra, o ESPAÇO. Entretanto, assim como UM movimento pode ser MAIS RÁPIDO que o outro, isto é, pode atravessar mais espaço em tempo igual, também um corpo pode ser especificamente MAIS PESADO que o outro, isto é, pode conter mais matéria num espaço igual: nos dois casos a diferença consiste na intensidade da força que faz efeito, pois KANT (seguindo o precedente de PRIESTLEY) reduziu muito corretamente a matéria a forças. — Contudo, mesmo que, não atribuindo validade alguma à analogia aqui estabelecida, se quisesse insistir que a diversidade dos pesos específicos só pode ter o seu fundamento sempre apenas na porosidade, ainda assim essa hipótese jamais nos levaria a átomos, mas meramente a uma matéria plenamente densa // e dividida desigualmente nos diversos corpos, que, por conseguinte, esta matéria, lá onde nenhum poro a atravessasse, decerto não seria ulteriormente COMPRIMÍVEL, mas, como o espaço que ela preenche, sempre permaneceria DIVISÍVEL ao infinito; pois a ausência de poros não suprime a possibilidade de uma força capaz de romper a continuidade das suas partes espaciais. Pois dizer que isto em geral só é possível através de ampliação de intervalos preexistentes é uma afirmação totalmente arbitrária.

A hipótese dos átomos baseia-se justamente nos dois fenômenos em questão, a saber, na diversidade dos pesos específicos dos corpos e na sua compressibilidade, diversidade e compressibilidade estas que podem ser comodamente explicadas pela hipótese dos átomos. Mas então os dois fenômenos sempre deveriam existir em igual proporção — o que de modo algum é o caso. A água, por exemplo, tem um peso específico muito inferior ao de todos os metais propriamente ditos, e deveria portanto ter menos átomos e interstícios mais largos que os dos metais e, por conseguinte, ser bastante comprimível; no entanto, a água é quase totalmente incomprimível.

Poder-se-ia defender a teoria dos átomos partindo da porosidade e dizendo algo do tipo: todos os corpos possuem poros, logo, também todas as partes de um corpo; mas, se se prosseguisse na divisão ao infinito, então ao fim nada restaria de um corpo senão seus poros. — A refutação desse argumento consistiria em dizer que o que resta decerto tem de ser considerado como sem poros e, neste sentido, como absolutamente denso; todavia, isto não significa que consistiria de partículas absolutamente indivisíveis, átomos; por conseguinte, seria de fato absolutamente incomprimível, mas não absolutamente indivisível; do contrário ter-se-ia de afirmar que a divisão de um corpo é possível penetrando-se em seus poros; uma hipótese que não é completamente demonstrada. Todavia, caso se assuma isto, tem-se decerto átomos, isto é, corpos absolutamente indivisíveis, logo, corpos de tão potente coesão em suas partes espaciais que nenhuma possível violência pode separá-los: mas tais corpos, entretanto, podemos supô-los indiferentemente ou como grandes ou como pequenos, e um átomo poderia ser tão grande quanto um boi, desde que resistisse a todo ataque possível.

Pensemos dois corpos completamente heterogêneos despojados de todos os seus poros por compressão, // como por meio de marteladas, ou através de pulverização; — seriam, então, os seus pesos específicos os mesmos? — Este seria o critério da dinâmica.

Capítulo 24
DA MATÉRIA

Já nos suplementos ao primeiro livro, no quarto capítulo, na consideração da parte do nosso conhecimento que nos é dada *a priori* na consciência, a matéria foi objeto de discussão. Ali, todavia, ela só podia ser considerada de um ponto de vista unilateral, porque naquele lugar nós tínhamos diante dos olhos meramente a referência da matéria às formas do intelecto, não à coisa em si, portanto, nós a investigamos apenas do lado subjetivo, ou seja, na medida em que é nossa representação, não do lado objetivo, ou seja, segundo o que possa ser em si mesma. No primeiro aspecto chegamos ao resultado de que ela é a EFICÁCIA em geral objetivamente apreendida, todavia sem determinação mais precisa; por isso, na ali acrescentada tabela do nosso conhecimento *a priori*, ela ocupa a posição da CAUSALIDADE.[1] Pois o que é material é o que FAZ EFEITO (efetivo) em geral, abstraindo-se o modo específico do seu fazer-efeito. Justamente por isso a matéria, meramente como tal, não é objeto de INTUIÇÃO, mas apenas de PENSAMENTO, portanto, propriamente dizendo é uma abstração: na intuição, ao contrário, a matéria apresenta-se só se ligada à forma e à qualidade, como corpo, isto é, como um modo totalmente DETERMINADO de fazer efeito. Somente quando abstraímos essa determinação mais precisa é que pensamos a MATÉRIA como tal, isto é, separada da forma e qualidade: conseguintemente, pensamos sob ela o FAZER-EFEITO estrito e universal, logo, a EFICÁCIA *in abstracto*. O fazer-efeito mais precisamente DETERMINADO apreendemos então como o ACIDENTE da

---

[1] No original Schopenhauer usa o termo latino *Kausalität*. Mais adiante, numa ocorrência rara, usará o termo germânico *Ursächlichkeit*. Cf. a próxima nota do tradutor. (N. T.)

matéria: todavia, unicamente por intermédio deste é que ela torna-se IN-
TUÍVEL, isto é, expõe-se como corpo e objeto da experiência. // A MATÉRIA
pura, ao contrário, única que, como eu expus na *Crítica da filosofia kantiana*,
constitui o verdadeiro e legítimo conteúdo do conceito de substância, é a
CAUSALIDADE ela mesma, pensada objetivamente, portanto, como causalidade
no espaço e, por conseguinte, como preenchendo a este. Em conformidade com isto, toda a essência da matéria consiste em FAZER-EFEITO: apenas
através deste é que ela preenche o espaço e permanece no tempo: ela é pura
e absoluta causalidade. Portanto, onde é feito efeito, existe matéria, e o
que é material, é o que faz efeito em geral. – Ora, a causalidade mesma é a
forma do nosso ENTENDIMENTO: pois a causalidade, tanto quanto o espaço
e o tempo, nos é dada *a priori* na consciência. Logo, NESTE SENTIDO e até
este ponto, a matéria pertence à parte FORMAL do nosso conhecimento, e é,
por conseguinte, a forma da CAUSALIDADE mesma do nosso entendimento,
ligada a espaço e tempo, portanto, objetivada, isto é, apreendida como
preenchendo o espaço. (O exame mais detalhado desta doutrina encontra-se
na segunda edição do ensaio *Sobre o princípio de razão*, p.77.) Mas neste sentido, a matéria não é, propriamente dizendo, OBJETO EMPÍRICO, mas CONDIÇÃO
da experiência; como o puro entendimento mesmo, do qual, neste ponto,
ela é a função. Por isso, da matéria pura há apenas um conceito, não uma
intuição: a matéria entra em toda experiência exterior como uma componente necessária desta, porém não pode ser dada em experiência alguma;
mas é apenas PENSADA, e em verdade como o absolutamente inerte, inativo,
amorfo, sem qualidades, contudo é o sustentáculo de todas as formas, de
todas as qualidades e de todos os efeitos. Conseguintemente, a matéria é
O SUBSTRATO permanente de todas as aparências passageiras, logo, de todas
as exteriorizações das forças naturais e de todos os seres vivos, substrato
necessariamente criado pelas formas do nosso intelecto, no qual expõe-se
o mundo como REPRESENTAÇÃO. Enquanto tal e como brotada das formas
do intelecto, a matéria relaciona-se com aquelas aparências mesmas de modo
absolutamente INDIFERENTE, isto é, ela está pronta para ser o sustentáculo
tanto desta quanto daquela outra força natural, tão logo no fio condutor
da causalidade entrem em cena as condições para isso; enquanto ela mesma,
justamente porque sua existência é propriamente dizendo apenas FORMAL,

isto é, baseada no INTELECTO, tem de ser pensada como o estritamente permanente, logo, como o estritamente sem começo e fim no tempo, em meio a toda aquela mudança. // Nisto baseia-se o pensamento, ao qual não podemos renunciar, de que tudo pode provir de tudo, por exemplo, ouro, do chumbo; para isto seria exigido apenas que se descobrisse e produzisse os estados intermediários pelos quais a matéria, em si indiferente, teria de percorrer naquele caminho. Pois nada nos permite ver *a priori* por que a mesma matéria que agora é sustentáculo da qualidade chumbo não poderia alguma vez tornar-se sustentáculo da qualidade ouro. — A matéria, como algo simplesmente PENSADO *a priori*, diferencia-se das INTUIÇÕES *a priori* propriamente ditas pelo fato de podermos abstraí-la por completo; espaço e tempo, ao contrário, jamais o podemos; mas isto significa apenas que podemos representar espaço e tempo eles mesmos sem a matéria. Pois a matéria que uma vez foi introduzida neles, e por conseguinte pensada como EXISTENTE, jamais podemos abstraí-la de uma maneira absoluta, isto é, como desaparecida e aniquilada, porém sempre a representamos apenas como colocada num outro espaço: neste sentido, portanto, ela encontra-se tão inseparavelmente vinculada a nossa faculdade de conhecimento, como o espaço e o tempo eles mesmos. Contudo, essa distinção de que a matéria tem de primeiro ser ali colocada a esmo como existente já indica que ela não pertence tão integralmente e em todos os aspectos à parte FORMAL do nosso conhecimento, como é o caso do espaço e do tempo, mas contém simultaneamente um elemento que é dado apenas *a posteriori*. A matéria é, em realidade, o ponto de ancoragem da parte empírica do nosso conhecimento com a parte pura e apriorística, logo, é a verdadeira pedra angular do mundo da experiência.

É antes de tudo lá onde cessa toda asserção *a priori*, logo, na parte INTEIRAMENTE EMPÍRICA do nosso conhecimento dos corpos, portanto na forma, na qualidade e no modo determinado de fazer efeito dos corpos, que se manifesta a VONTADE, que nós já reconhecemos e estabelecemos como a essência em si das coisas. Estas formas e qualidades aparecem sempre apenas como propriedades e exteriorizações precisamente daquela MATÉRIA cuja existência e essência repousa nas formas subjetivas no nosso intelecto: ou seja, estas formas e qualidades tornam-se visíveis apenas na matéria, por conseguinte por intermédio desta. Pois tudo o que se nos expõe sempre é apenas uma MATÉRIA que faz efeito de modo especificamente determinado. A partir das propriedades interiores e não mais explanáveis de uma tal matéria resulta todo modo determinado de fazer efeito // dos corpos dados; contudo, a matéria mesma nunca é de fato percebida, mas tão somente aqueles efeitos e as propriedades determinadas que estão no fundamento destes, propriedades que, quando delas abstraímos a matéria, esta é necessariamente pensada por nós como aquilo que ainda permanece: pois a matéria, conforme o exame acima feito, é a CAUSALIDADE[2] mesma objetivada. — Em consequência, a matéria é aquilo através do que a VONTADE, que constitui a essência íntima das coisas, entra na perceptibilidade, tornando-se intuível, VISÍVEL. Nesse sentido, portanto, a matéria é a mera VISIBILIDADE da vontade, ou o liame do mundo como vontade com o mundo como representação. Pertence a ESTE, enquanto é o produto das funções do intelecto, e ÀQUELE, na medida em que aquilo que se manifesta em todos os seres materiais, isto é, aparências, é a VONTADE. Por conseguinte, todo objeto como coisa em si é vontade, e como aparência, matéria. Se pudéssemos despir uma dada matéria de todas as propriedades que lhe cabem *a priori*, isto é, de todas as formas da nossa intuição e apreensão; então sobraria a coisa em si, a saber, aquilo que, por meio das formas da nossa intuição e apreensão, entra em cena como o elemento empírico puro na matéria, a qual ela mesma já não apareceria mais como dotada de extensão e fazendo efeito: isto é, não teríamos mais matéria alguma diante de nós, porém a vontade. Precisamente esta coisa em si, ou a vontade na medida em que se torna aparência, isto é, entra nas formas do nosso intelecto, apresenta-se como a MATÉRIA, isto é, como o sustentáculo invisível, no entanto, necessariamente pressuposto, de propriedades que só são visíveis devido a ele: neste sentido, portanto, a matéria é a visibilidade da VONTADE. Assim, PLOTINO e GIORDANO BRUNO teriam razão, não apenas em seu sentido, mas também no nosso, quando enunciaram a paradoxal asserção, mencionada no quarto capítulo, de que a matéria mesma não é

---

2 No original alemão *Ursächlichkeit*, que vem de *Ursache*, causa. Como adiantei na nota anterior, *Ursächlichkeit* não é um termo comum em Schopenhauer, que quase sempre opta pelo termo latino *Kausalität* para referir-se à causalidade, em especial no tratamento do tema da matéria. (N. T.)

extensa, consequentemente, é incorpórea. Pois o espaço, forma da nossa intuição, é que confere extensão à matéria, e a corporeidade consiste no fazer-efeito, que por sua vez repousa na causalidade, portanto, na forma do nosso entendimento. Por outro lado, toda propriedade determinada, logo, todo empírico da matéria, até mesmo a gravidade, repousa sobre aquilo que se torna visível só MEDIANTE a matéria, sobre a coisa em si, a vontade. // A gravidade é, no entanto, o grau mais baixo de objetivação da vontade; por conseguinte, mostra-se sem exceção em TODA matéria, logo, é inseparável da matéria em geral. Mas, de fato, precisamente porque a gravidade já é manifestação da vontade, ela pertence ao conhecimento *a posteriori*, não ao *a priori*. Por isso podemos eventualmente nos representar uma matéria sem gravidade, mas não uma matéria sem extensão, sem força de repulsão e sem permanência; caso contrário, tal matéria seria sem impenetrabilidade, logo, sem densidade, isto é, sem EFICÁCIA: mas é precisamente no FAZER-EFEITO, isto é, na causalidade em geral, que consiste a essência da matéria enquanto tal: e a causalidade repousa na forma *a priori* do nosso entendimento, por conseguinte, não se pode eliminá-la do pensamento.

Em consequência, a matéria é a VONTADE mesma, porém não em si, mas enquanto é INTUÍDA, isto é, na medida em que assume a forma da representação objetiva: logo, o que objetivamente é matéria, subjetivamente é vontade. Correspondendo a tudo isso, como eu demonstrei acima, nosso corpo é apenas a visibilidade, objetidade, da nossa vontade, e exatamente assim cada corpo manifesta algum grau de objetidade da vontade. Tão logo a vontade expõe-se ao conhecimento objetivo, ela entra nas formas intuitivas do intelecto, isto é, tempo, espaço e causalidade: e então, graças a estas formas, posiciona-se como um objeto MATERIAL. Podemos representar forma sem matéria; mas não o inverso: porque a matéria, despojada de forma, seria a VONTADE mesma, que, porém, só se torna objetiva através da sua entrada no modo de intuição do nosso intelecto, por conseguinte, só mediante a obtenção da FORMA. O espaço é a forma de intuição da matéria, porque ele é o estofo da forma pura, e a matéria só pode aparecer na forma.

Na medida em que a vontade torna-se objetiva, isto é, transita para a representação, a matéria é o substrato universal dessa objetivação, ou antes, é a objetivação mesma tomada *in abstracto*, isto é, abstraída de toda forma.

A matéria, portanto, é a VISIBILIDADE da vontade em geral, já o caráter das aparências determinadas desta vontade exprime-se na FORMA e qualidade. O que, por conseguinte, na aparência, isto é, para a representação, é MATÉRIA, em si mesmo é VONTADE. // Conseguintemente, o que é valido para a matéria sob as condições da experiência e da intuição, também é válido para a vontade em si mesma, e a matéria reflete em imagem temporal todas as referências e propriedades da vontade. Em consequência, a matéria é o ESTOFO do mundo intuitivo, como a VONTADE é a essência em si de todas as coisas. As figuras são incontáveis, a matéria é una; justamente como a vontade é una em todas as suas objetivações. Assim como esta não se objetiva como universal, isto é, como vontade absoluta, porém sempre como algo particular, isto é, sob determinações especiais e sob um dado caráter; também a matéria nunca aparece como tal, porém sempre em ligação com alguma forma e qualidade. Na aparência, ou objetivação da vontade, a matéria representa a totalidade dessa vontade mesma, que é una em tudo, como a matéria é una em todos os corpos. Assim como a vontade é o núcleo mais íntimo de todos os seres que aparecem; também a matéria, por sua vez, é a substância que permanece após a supressão de todos os acidentes. Assim como a vontade é o absolutamente indestrutível em tudo o que existe; também a matéria, por sua vez, é no tempo o imperecível que permanece em meio a todas as mudanças. – Que a matéria por si mesma, logo separada da forma, não possa ser intuída ou representada, repousa em que ela em si mesma e como o puramente substancial dos corpos é propriamente dizendo a VONTADE; esta, entretanto, não pode ser objetivamente percebida ou intuída em si mesma, porém só sob as condições completas da REPRESENTAÇÃO, por conseguinte, apenas como APARÊNCIA: sob tais condições, no entanto, a vontade expõe-se de imediato como corpos, isto é, como matéria revestida de forma e qualidade. A forma, entretanto, é condicionada pelo espaço, e a qualidade, ou eficácia, pela causalidade: forma e qualidade, portanto, repousam sobre as funções do intelecto. Sem aquelas duas, a matéria seria justamente a coisa em si, isto é, a vontade mesma. Só assim PLOTINO e GIORDANO BRUNO puderam, como eu disse, chegar por um caminho completamente objetivo à asserção de que a matéria, em e para si, é sem extensão, conseguintemente, sem espacialidade, logo, sem corporeidade.

Ora, visto que a matéria é a visibilidade da vontade, e toda força, no entanto, é em si mesma vontade, segue-se que força alguma pode entrar em cena sem substrato material, e inversamente, corpo algum pode ser sem forças que lhe são inerentes, as quais constituem justamente sua qualidade. // Daí que o corpo é a união de matéria e forma, união esta que se chama estofo. Força e estofo são inseparáveis porque, no fundo, são uma coisa só; pois, como Kant o expôs, a matéria mesma só nos é dada como a união de duas forças, notadamente as de expansão e atração. Entre força e estofo, portanto, não há oposição alguma: antes, os dois são de fio a pavio uma coisa só.

Conduzidos pelo curso da nossa investigação até este ponto de vista, e chegando a esta visão metafísica da matéria, admitiremos sem resistência que a ORIGEM temporal das formas, das figuras, ou espécies, não pode legitimamente ser procurada senão na matéria. Desta elas devem ter emergido um dia; precisamente porque esta é a mera VISIBILIDADE DA VONTADE, que constitui a essência em si de todas as aparências. Na medida em que a vontade se torna aparência, isto é, expõe-se OBJETIVAMENTE ao intelecto, a matéria, como visibilidade da vontade, toma FORMA por meio das funções do intelecto. Por isso os escolásticos falavam: *materia appetit formam*.[3] Que a origem de todas as figuras dos viventes foi esta, eis algo de que não se pode duvidar: não se pode pensá-la um instante sequer de outro modo. Se nos dias atuais, em que as vias estão abertas para a perpetuação das figuras e a natureza as assegura e mantém com um cuidado e zelo ilimitados, ainda há lugar para a *generatio aequivoca*,[4] é algo que apenas a experiência pode decidir; antes de tudo porque poder-se-ia invocar como contra-argumento a *natura nihil facit frustra*[5] referida às vias de propagação regular. Todavia, apesar das mais recentes objeções, considero a *generatio aequivoca* como altamente plausível, em graus bem baixos, antes de tudo nos entozoários e epizoários, especialmente aqueles que surgem em consequência de especiais caquexias dos organismos animais; porque em realidade as condições para a vida daqueles dão-se apenas excepcionalmente, portanto, a sua figura não pode propagar-se pela via

---

3 "A matéria aspira à forma." (N. T.)
4 "Geração espontânea." (N. T.)
5 "A natureza não faz nada em vão." (N. T.)

regular, e por isso tem de originar-se sempre de novo quando apresenta-se a ocasião. Por conseguinte, assim que, em consequência de certas doenças crônicas, ou caquexias, surgem as condições de vida dos epizoários, nascem, segundo o caso, *pediculus capitis*, ou *pubis*, ou *corporis*,[6] espontaneamente e sem ovos; isto, por mais // complexa que seja a estrutura desses insetos, pois a putrefação de um vivente corpo animal fornece estofo a produções mais elevadas que aquelas que se originam de feno na água, que dá lugar a simples infusórios. Ou prefere-se que os ovos dos epizoários sempre pairam cheios de esperança no ar? — (Horrível de pensar!) Que antes se relembre a *phthiriasis* que aparece mesmo nos dias de hoje. — Um caso análogo entra em cena quando, através de circunstâncias especiais, acham-se realizadas as condições de vida de uma espécie até então estrangeira ao LUGAR. Assim, no Brasil, após o incêndio de uma floresta virgem, AUGUST ST. HILAIRE viu florescer das cinzas recém-esfriadas uma grande quantidade de plantas, cujas espécies não se encontravam a quilômetros de distância; e bem recentemente PETIT-THOUARS, diante da *Académie des Sciences*, relatou que as ilhas de corais da Polinésia, as quais estão se formando, paulatinamente revestem-se de um solo que, em parte a seco, em parte na água, é tomado pela vegetação e produz árvores de espécies totalmente exclusivas de tais ilhas (*Comptes Rendus*, 17 jan. 1859, p.147). — Em toda parte onde ocorre putrefação, aparecem mofo, fungos e, em líquidos, infusórios. A hipótese tão amada nos dias de hoje de que esporos e ovos de espécies incontáveis de vários gêneros pairam em toda parte no ar, e, por longos anos, esperam uma ocasião favorável, é mais paradoxal que a *generatio aequivoca*. Putrefação é a decomposição de um corpo orgânico, primeiro em seus elementos químicos MAIS IMEDIATOS; ora, como estes são mais ou menos os mesmos em todos os seres vivos, então a onipresente Vontade de vida pode nesse instante apoderar-se deles em vista de, agora, conforme as circunstâncias, produzir novos seres que, revestindo-se de uma figura conforme a fins, isto é, objetivando em cada caso o seu querer, sofrem de tal modo um processo de coagulação a partir daqueles elementos, como o pintinho a partir do líquido do ovo. Onde, entretanto, esse processo não ocorre, os estofos em putrefação decompõem-se em seus

---

6 "Piolho de cabeça", ou "de púbis" ou "de corpo". (N. T.)

elementos MAIS REMOTOS, que são os estofos químicos fundamentais, e assim reentram no grande ciclo da natureza. A guerra conduzida há 10-15 anos contra a *generatio aequivoca*, com seus gritos prematuros de vitória, foi o prelúdio da guerra de negação da força vital, // e a esta negação é afim. Mas pelo menos não nos deixemos enganar pelos ditames e afirmações feitas com frontes arrogantes de que as coisas estariam decididas, estabelecidas e universalmente reconhecidas. Antes, toda a visão mecânica e atomística da natureza caminha para a bancarrota, e os defensores dela têm de aprender que atrás da natureza encrava-se algo mais que choque e contrachoque. A realidade da *generatio aequivoca* e a nulidade da hipótese aventureira de que em toda parte e em todo tempo vagam na atmosfera bilhões de germes de todos os fungos possíveis e bilhões de ovos de todos os infusórios possíveis até que por fim um e outro encontre casualmente o *medium* que lhe é adequado foram a fundo e vitoriosamente expostas recentemente (1859) por POUCHET diante da Academia Francesa, para grande desgosto dos demais membros da Academia.

Nosso espanto com o pensamento sobre a origem das formas a partir da matéria assemelha-se àquele espanto do selvagem que pela primeira vez vê um espelho e assombra-se com a própria imagem que lhe vem de encontro. Pois nossa própria essência é a VONTADE, cuja simples VISIBILIDADE é a matéria, que, entretanto, nunca entra em cena senão com o VISÍVEL, isto é, sob a vestimenta das formas e qualidades, por conseguinte, nunca é imediatamente percebida, porém, sempre apenas pensada como o idêntico em todas as coisas sob a diversidade das qualidades e formas, sendo justamente assim o substancial propriamente dito em todas elas. Precisamente por isso, a matéria é um princípio de explicação antes metafísico que meramente físico das coisas, e dela fazer brotar todos os seres significa de fato explicá-los a partir de algo bastante misterioso; só não o reconhece quem confunde o atacar com o compreender.[7] Em verdade, de modo algum deve-se procurar na matéria a última e esgotante explicação das coisas, mas antes a

---

7 No original alemão há um jogo de palavras entre *Angreifen* [atacar] e *Begreifen* [compreender], e o sufixo das duas palavras, *greifen*, significa pegar, agarrar, segurar, ou seja, pega-se, agarra-se, segura-se algo pelo intelecto, isto é, *compreende-se*, ou pode-se pegar, agarrar, segurar algo/alguém fisicamente, isto é, *ataca-se* algo/alguém. (N. T.)

origem temporal das formas inorgânicas e dos seres orgânicos. — Todavia, parece que a criação originária das formas orgânicas, a produção das espécies mesmas da natureza, é quase tão difícil para a natureza de realizar quanto para nós de compreender: isso o indica os cuidados ininterruptamente exagerados dela para conservar as espécies uma vez existentes. No entanto, sobre a atual superfície // deste planeta, a Vontade de vida percorreu três vezes a escala das suas objetivações, e em cada uma dessas vezes de modo completamente independente e com modulação diversa, mas também em perfeição e completude as mais diversas. A saber, o Velho Mundo, a América e a Austrália reconhecidamente possuem cada um a sua série animal característica, independente e por completo diferente das duas outras. Em cada um desses grandes continentes, as espécies são consistentemente outras, possuem, todavia, já que os três continentes pertencem ao mesmo planeta, uma ampla analogia entre si que transcorre paralelamente; por isso os *genera* são em grande parte os mesmos. Na Austrália, só muito incompletamente é que se consegue perseguir a analogia, porque sua fauna é muito pobre em mamíferos e carece de feras e macacos; por outro lado, entre o Velho Mundo e a América, a analogia salta aos olhos e em verdade de tal forma que a América sempre nos exibe o pior análogo em mamíferos, porém, ao contrário, o melhor análogo em pássaros e répteis. Assim, a América tem a vantagem do condor, da arara, do colibri e dos grandes batráquios e ofídios; em compensação, em vez do elefante, tem a anta, em vez do leão, o puma, em vez do tigre, o jaguar, em vez do camelo, a lhama, e em vez do macaco propriamente dito, apenas guenons. Já a partir desta última carência pode-se inferir que na América a natureza não pôde produzir o ser humano; pois mesmo desde os graus imediatamente mais abaixo dele, desde o chimpanzé e orangotango ou pongo, o passo até o humano foi excessivamente grande. Correspondendo a isso, encontramos que as três raças humanas que sem dúvida são igualmente originárias, por razões tanto fisiológicas quanto linguísticas, a saber, a caucasiana, a mongólica e a etíope, têm por pátria apenas o Velho Mundo, já a América, por outro lado, está povoada por um ramo mongólico misturado ou climaticamente modificado que deve ter vindo da Ásia. Sobre a superfície terrestre imediatamente anterior à atual, a natureza deve ter chegado gradativamente ao macaco, mas não ao humano.

A partir desse ponto de vista da nossa consideração, que nos permite reconhecer a matéria como a visibilidade imediata da vontade que aparece em todas as coisas, sim, até mesmo permite reconhecer a matéria como a origem das coisas para a investigação meramente física que segue o fio condutor do tempo e da causalidade, // somos facilmente levados a perguntar se, mesmo em filosofia, não poderíamos partir indiferentemente do lado objetivo ou subjetivo e em seguida colocar como a verdade fundamental o princípio: "em geral, nada existe senão a matéria e as forças inerentes a ela". – Mas com as aqui tão facilmente destacadas "forças inerentes", devemos de imediato nos lembrar que, em sua pressuposição, reduzimos toda explicação a um milagre completamente incompreensível, neste nos detemos, ou antes dele partimos: pois uma determinada e inexplicável força natural, que subjaz aos diversos efeitos de um corpo inorgânico, é em verdade tão milagrosa quanto a força vital que se exterioriza em todo corpo orgânico; – como eu expus em detalhes no capítulo 17, e ali mostrei que a física jamais poderá ocupar o trono da metafísica, precisamente porque aquela tem de deixar por inteiro intocadas a acima mencionada e muitas outras pressuposições; pelo que a física de antemão renuncia ao direito de dar uma última explicação das coisas. Ademais, tenho aqui de recordar a demonstração dada, no fim do primeiro capítulo, da inadmissibilidade no materialismo, na medida em que este, como lá foi dito, é a filosofia do sujeito que, em seus cálculos, esquece de si mesmo. O conjunto dessas verdades repousa sobre o fato de que tudo o que é OBJETIVO, tudo o que é exterior, visto que é sempre apenas algo perceptível, cognoscível, sempre permanece algo mediato e secundário, por conseguinte nunca pode tornar-se o último fundamento de explicação das coisas, ou o ponto de partida da filosofia. Esta, em verdade, exige necessariamente como ponto de partida o estritamente imediato: este, entretanto, é manifestamente apenas aquilo que é dado à consciência de si, o interior, o SUBJETIVO. Eis por que é de fato um tão eminente mérito de DESCARTES o fato de ele ter sido o primeiro a fazer a filosofia partir da consciência de si. Por esse caminho prosseguiram desde então os autênticos filósofos, em especial LOCKE, BERKELEY e KANT, cada um à sua maneira, e, em consequência de suas investigações, eu fui conduzido a reconhecer e identificar na consciência de si não UM, mas dois *data* do conhecimento imediato, completamente diferentes // um do outro, a representação e a vontade, através de cuja aplicação combinada pode-se ir bem mais longe na filosofia, na mesma extensão em que numa tarefa algébrica pode-se ir bem mais longe quando, em vez de apenas uma, duas grandezas são dadas.

Em conformidade com o que foi dito, o erro inevitável do MATERIALISMO consiste antes de tudo em partir de uma *petitio principii*,[8] que, considerada mais de perto, mostra-se inclusive como um πρῶτον ψεῦδος,[9] a saber, da suposição de que a matéria é algo estrita e incondicionalmente dado, vale dizer, existe independentemente do conhecimento do sujeito, logo, é propriamente dizendo uma coisa em si. O materialismo atribui à matéria (e com isso também às suas pressuposições, tempo e espaço) uma existência ABSOLUTA, isto é, uma existência independente do sujeito que percebe; este é o seu erro fundamental. Ademais, se quiser proceder honestamente, o materialismo tem de deixar como inexplicadas, e delas partir, as qualidades inerentes aos materiais dados, isto é, aos estofos, junto com as forças naturais que nestes se exteriorizam, por fim também a força vital, como insondáveis *qualitates occultae* da matéria; como de fato o fazem a física e a fisiologia (justamente porque não invocam o direito à explicação última das coisas). Mas precisamente para evitar isso, o materialismo, pelo menos do modo como até agora entrou em cena, NÃO procede honestamente; vale dizer, ele nega todas aquelas forças originárias, na medida em que reduz ostensivamente e em aparência todas elas, ao fim também a força vital, à mera eficácia da matéria, logo, às exteriorizações da impenetrabilidade, forma, coesão, força de choque, inércia, gravidade etc., propriedades estas que, a bem dizer, são as menos inexplicáveis, justamente porque repousam em parte sobre o que é certo *a priori*, ou seja, nas formas do nosso próprio intelecto, que são o princípio de toda compreensibilidade. O materialismo, entretanto, ignora por completo o intelecto como condição de todo objeto, logo, de toda aparência. A intenção do materialismo é reduzir todo qualitativo a um mero quantitativo, na medida em que refere o primeiro à mera FORMA, em contraste com a MATÉRIA propriamente dita: das verdadeiras

---

8 "Petição de princípio." (N. T.)
9 "Primeiro passo em falso", "erro originário". (N. T.)

qualidades EMPÍRICAS, ele deixa para a matéria apenas a gravidade, porque esta // já surge em si como um quantitativo, a saber, como a única medida da quantidade de matéria. Este caminho o conduz necessariamente à ficção dos átomos, que então se tornam o material a partir do qual ele pensa edificar as tão misteriosas exteriorizações de todas as forças originárias. Porém, aí não se tem nada mais a ver, propriamente dizendo, com a matéria empiricamente *dada*, mas com uma matéria que não pode ser encontrada *in rerum natura*, mas antes é uma mera abstração daquela matéria real, uma matéria que não tem outras propriedades senão as *mecânicas*, as quais, com exceção da gravidade, pode-se construir perfeitamente *a priori*, justamente porque repousam nas formas do espaço, do tempo e da causalidade, portanto, no nosso intelecto: é a este miserável estofo, portanto, que o materialismo se vê reduzido ao erguer os seus castelos no ar.

Aqui ele inevitavelmente torna-se ATOMISMO; tal como ocorreu na sua infância, com Leucipo e Demócrito, e volta agora a ocorrer, já que a idade o levou a uma segunda infância: torna-se atomismo entre os franceses, porque nunca conheceram a filosofia kantiana, e entre os alemães, porque a esta esqueceram. E nesta segunda infância age mais estranhamente que na primeira: não apenas os corpos SÓLIDOS devem consistir em átomos, mas também os LÍQUIDOS, a água, até mesmo o ar, os gases, sim, a luz, a qual deve ser a ondulação de um totalmente hipotético e absolutamente improvado éter que consiste em átomos, cujas diferentes velocidades causam as cores; uma hipótese que, exatamente como se deu há tempos com a das sete cores de Newton, parte de uma analogia, arbitrariamente assumida e desenvolvida de modo forçado, com a música. É preciso de fato possuir uma credulidade inaudita para deixar-se convencer de que as inumeráveis e diferentes tremulações do éter, saídas da multiplicidade sem fim das superfícies coloridas deste multifacetado mundo, não cessam de se propagar e cruzar entre si em todas as direções, cada uma em seu ritmo, sem no entanto uma interferir na outra, mas antes, através de todo esse tumulto e desordem, engendram o aspecto profundamente calmo da natureza e da arte quando são iluminadas. // *Credat Judaeus Apella!*[10] A natureza da luz é de fato para nós um mistério,

---

10 "O judeu Apella deve acreditar nisto." (N. T.)

mas é melhor admitir isso que obstruir com teorias ruins o caminho do conhecimento futuro. Que a luz é algo completamente diferente de um mero movimento mecânico, ondulação ou vibração e tremulação, sim, que ela é um tipo de estofo, demonstram-no já os seus efeitos químicos, dos quais uma bela série foi recentemente apresentada por CHEVREUL diante da *Académie des Sciences*, ele levando a luz solar a fazer efeito sobre estofos de diferentes cores; o experimento mais belo é o de um rolo de papel branco que, após ser exposto à luz solar, continua a produzir os mesmos efeitos, em realidade mesmo após 6 meses, se durante esse tempo é conservado num tubo de metal hermeticamente fechado: por acaso a tremulação fez uma pausa de 6 meses e agora retorna *a tempo*?[11] – (*Comptes rendus* de 20 de dezembro de 1858). Toda essa éter-átomo-tremulação-hipótese é não apenas uma quimera, mas uma torpe grosseria que iguala as hipóteses democritianas no que estas têm de pior, no entanto é desavergonhada o suficiente para fazer ares nos dias de hoje de coisa estabelecida, com o que conseguiu que milhares de escrevinhadores de todos os gêneros, desprovidos de qualquer conhecimento no tema, a recitem devotamente e nela acreditem como se fosse um evangelho. Todavia, a doutrina atômica em geral vai mais longe ainda: em breve será o caso de dizer *Spartam, quam nactus es, orna!*[12] Diferentes e incessantes movimentos, de rotação, de vibração etc. são atribuídos a todos os átomos de acordo com a sua função: igualmente, cada átomo tem a sua atmosfera feita de éter, ou vá lá se saber do que mais, dependendo da cabeça do fantasiador. – O que foi fantasiado pela filosofia da natureza schellinguiana e pelos seus adeptos foram coisas amiúde ricas de espírito, florescentes, ao menos engenhosas: já o que sai da cabeça daqueles outros fantasiadores é, ao contrário, grosseiro, tosco, pobre e torpe, cabeças incapazes de pensar, primeiro, outra realidade que não seja uma matéria fabulada desprovida de propriedades, uma matéria que seria um objeto absoluto, isto é, um objeto sem sujeito, e, segundo, nenhuma outra atividade que não seja movimento e choque: só esses dois princípios lhes é apreensível, e que tudo seja reduzido a eles é a sua pressuposição a *priori*: pois eles são a sua COISA

---

11 Expressão musical indicando o retorno de uma peça ao andamento inicial. (N. T.)
12 "Agora que conquistaste Esparta, orna-a!" (N. T.)

EM SI. Para alcançar esse fim, // a força vital é reduzida a forças químicas (que são insidiosa e injustificadamente denominadas forças moleculares), e todos os processos da natureza inorgânica são reduzidos a mecanismo, isto é, choque e contrachoque. E ao fim o mundo inteiro, com todas as coisas nele contidas, seria meramente um aparelho mecânico, semelhante àqueles brinquedos que, movidos por alavancas, rodas e areia, expõem uma mina ou uma exploração agrícola. – A origem do mal é que, através do excessivo trabalho manual de experimentação, deixou-se de exercitar o trabalho intelectual do pensamento. O crisol e a pilha voltaica devem substituir as funções do pensamento: daí a profunda aversão a qualquer filosofia. –

Poder-se-ia dar uma volta no assunto dizendo que o materialismo, como até agora apresentou-se, fracassou meramente porque não CONHECIA suficientemente a MATÉRIA, a partir da qual pensava construir o mundo, e, assim, em vez dela, assumiu um bastardo desta desprovido de propriedades: se, ao contrário, em vez disso o materialismo tivesse de fato tomado a matéria real e dada EMPIRICAMENTE (isto é, o estofo, ou antes, os estofos), equipada, como ela é, com todas as propriedades físicas, químicas, elétricas e também com aquelas propriedades que fazem surgir espontaneamente a vida a partir da matéria mesma, logo, se tivesse de fato tomado a verdadeira *mater rerum*,[13] a partir de cujo obscuro seio surgem todas as aparências e figuras, para depois um dia a ele retornarem; então a partir desta, isto é, desta matéria plenamente apreendida e exaustivamente conhecida, poderia o materialismo construir um mundo, do qual não precisaria envergonhar-se. Totalmente correto: apenas o artifício teria consistido em colocar os *quaesita*[14] dentro dos *data*,[15] e tomar como dada e ponto de partida das deduções, só em aparência a matéria pura, mas em realidade todas as forças plenas de mistério da natureza que são inerentes a esta, ou melhor dizendo, que por intermédio desta se nos tornam visíveis; – mais ou menos como sob o nome "prato" entende-se a comida que ele contém. Pois, de fato, a matéria é para o nosso conhecimento apenas o VEÍCULO das qualidades e forças naturais, as quais

---

13 "Mãe das coisas." (N. T.)
14 "O que está sendo investigado." (N. T.)
15 "Dados." (N. T.)

II 361 entram em cena como os seus acidentes: e precisamente porque eu reduzi estes à vontade, denomino // a matéria a mera VISIBILIDADE DA VONTADE. Porém, se despojada de todas essas qualidades, a matéria permanece algo desprovido de propriedades, a *caput mortuum*[16] da natureza, com a qual honestamente nada pode ser feito. Por outro lado, se, da maneira mencionada, a DEIXAMOS com todas aquelas propriedades, então cometemos uma velada *petitio principii*, na medida em que fazemos valer de antemão os *quaesita* como *data*. Mas, o que DISTO resulta não é mais um MATERIALISMO propriamente dito, porém simples NATURALISMO, isto é, uma FÍSICA absoluta, a qual, como já mostrado no mencionado capítulo 17, jamais pode ocupar e preencher o lugar da metafísica, precisamente porque a física começa só após muitos pressupostos, portanto, jamais assume a tarefa de esclarecer as coisas desde o seu fundo. O simples naturalismo, portanto, baseia-se essencialmente em puras *qualitates occultae*, além das quais jamais se pode ir senão recorrendo, como eu fiz, à ajuda da fonte SUBJETIVA do conhecimento, o que decerto conduz ao longo e penoso desvio da metafísica, na medida em que este pressupõe a completa análise da consciência de si, e do intelecto e da vontade nestes dados. – Entrementes, a partir do OBJETIVO, ao qual subjaz a tão distinta e apreensível INTUIÇÃO EXTERIOR, é um caminho tão natural e que se oferece por si mesmo ao ser humano, que o NATURALISMO e, em consequência deste, porque não é exaustivo, e não pode satisfazer, o MATERIALISMO, são sistemas pelos quais a razão especulativa tem de necessariamente passar e antes de quaisquer outros: daí que logo no início da história da filosofia vemos surgir o naturalismo, nos sistemas dos filósofos jônicos, e na sua sequência o materialismo, nas doutrinas de Leucipo e Demócrito, sim, também de tempos em tempos os vemos ressurgir renovados.

---

16 "Cabeça morta." (N. T.)

// Capítulo 25
CONSIDERAÇÕES TRANSCENDENTES SOBRE A VONTADE COMO COISA EM SI

Já a simples consideração empírica da natureza nos permite reconhecer, desde a mais simples e mais necessária exteriorização de alguma força universal da natureza, até a vida e consciência do ser humano, uma transição progressiva, por sutil gradação, com limites meramente relativos e na maioria das vezes oscilantes. Ora, a reflexão que prossegue nessa visão e com ela atinge um ponto mais profundo e penetrante logo será conduzida à convicção de que, em todas aquelas aparências, a essência íntima, o que ali se manifesta, o que ali aparece, é uma única e mesma que irrompe cada vez mais distintamente; que, por conseguinte, o que se expõe em milhões de figuras infinitamente variadas e assim desempenha o mais multicolorido e mais barroco espetáculo sem princípio nem fim é essa única e mesma essência, essência esta que se esconde tão densamente velada atrás de todas aquelas máscaras, que não reconhece a si mesma e por isso amiúde trata a si mesma de maneira rude. Eis por que a grande doutrina do ἓν καὶ πᾶν,[1] no Oriente e Ocidente, cedo veio a lume e, apesar de todas as oposições, manteve-se ou renovou-se constantemente. Mas nós agora, iniciados, já fomos mais fundo ainda no mistério, na medida em que, através do que foi dito antes, chegamos à intelecção de que onde aquela essência subjacente a todas as aparências apresenta-se particularmente em algumas destas acompanhada de uma CONSCIÊNCIA QUE CONHECE, a qual dirigida para o interior torna-se CONSCIÊNCIA DE SI, expõe-se a esta justamente como aquele elemento ao mesmo tempo tão familiar e misterioso, designado pela palavra VONTADE.

---

1 "Uno e tudo." (N. T.)

Conseguintemente, denominamos essa essência íntima e universal de todas as aparências, de acordo com a manifestação na qual ela se dá a conhecer da maneira mais desvelada, A VONTADE, palavra esta com a qual de modo algum designamos um *x* desconhecido, porém, ao contrário, designamos aquilo que, pelo menos de um lado, nos é infinitamente mais conhecido e familiar que qualquer outra coisa.

Recordemos agora uma verdade cuja demonstração mais detalhada // e fundamentada encontra-se em meu escrito que concorreu a prêmio *Sobre a liberdade da vontade*, a saber, que em virtude da validade universal da lei de causalidade, o agir ou fazer-efeito de todos os seres deste mundo sempre entra em cena com rigorosa NECESSIDADE através das causas que o produziu em cada caso; e, nesse sentido, não faz diferença alguma se o que produziu uma tal ação foram causas no sentido mais estrito do termo, ou estímulos, ou finalmente motivos, na medida em que tais diferenças referem-se tão somente ao grau de receptividade dos variados tipos de seres. Em relação a isso não podemos criar-nos ilusões: a lei de causalidade não admite exceção alguma; mas tudo, desde o movimento de uma partícula de pó, até o agir bem ponderado do ser humano, está submetido com igual rigor à lei de causalidade. Por isso, em todo o curso do mundo, nem uma partícula de pó poderia descrever em seu voo uma outra linha que a que descreveu, nem um humano agir de outro modo que o modo como agiu, e verdade alguma é mais certa do que esta: tudo o que acontece, seja pequeno ou grande, acontece de forma absolutamente NECESSÁRIA. Por conseguinte, em cada instante dado, o estado completo de todas as coisas está fixa e precisamente determinado pelo estado imediatamente anterior; tanto na torrente ascendente do tempo, ao infinito, quanto na torrente descendente do tempo, ao infinito. Em consequência, o decurso do mundo assemelha-se ao de um relógio depois que foi montado e dado corda; portanto, desde esse inegável ponto de vista, o mundo é uma mera máquina, cuja finalidade não antevemos. Mesmo se sem justificativa alguma e, no fundo, apesar de todas as leis do pensamento quiséssemos supor um primeiro começo, ainda assim nada em essência mudaria. Pois esse primeiro estado das coisas arbitrariamente posto teria, em sua origem, irrevogavelmente fixado e determinado o estado imediatamente seguinte no seu conjunto e até no mais diminuto detalhe, e este estado, por sua vez, o seguinte, e assim por diante, *per secula seculorum*;[2] pois a cadeia da causalidade com seu rigor que não admite exceção, — este laço férreo da necessidade e do destino, — produz irrevogável e inalteradamente cada aparência tal como ela é. A diferença seria simplesmente que, em uma das hipóteses, // teríamos diante de nós um relógio em que foi dado corda, e, na outra, um *perpetuum mobile*, porém, a necessidade do curso seria a mesma. Que o agir do ser humano não pode constituir exceção alguma, eu o demonstrei de modo irrefutável no escrito já mencionado que concorreu a prêmio, na medida em que mostrei como o agir do ser humano nasce a cada vez e com estrita necessidade de dois fatores, do seu caráter e dos motivos que se lhe apresentam: aquele é inato e imutável, estes são necessariamente produzidos no fio da causalidade através do estritamente determinado curso do mundo.

Portanto, de um ponto de vista que absolutamente não podemos evitar, porque está fundado nas leis do mundo válidas de modo objetivo e *a priori*, o mundo, com tudo o que ele contém, aparece como um jogo sem finalidade e por isso inapreensível de uma necessidade eterna, de uma insondável e inexorável Ἀνάγκη.[3] O chocante, sim, o revoltante dessa inevitável e irrefutável visão de mundo não pode ser radicalmente neutralizado por nada senão pela outra hipótese de que, assim como cada ser neste mundo, se de um lado é aparência e é necessariamente determinado pela lei da aparência, de outro é em si mesmo VONTADE, e em verdade VONTADE absolutamente LIVRE, visto que toda necessidade nasce apenas através das formas que pertencem por inteiro à aparência, a saber, através do princípio de razão em suas diferentes figuras: a uma semelhante vontade, entretanto, também tem de pertencer aseidade, pois a vontade como livre, isto é, como coisa em si e por conseguinte não submetida ao princípio de razão, não pode, tanto em seu ser e essência, quanto em seu agir e fazer-efeito, depender de alguma outra coisa. Somente através dessa hipótese é que tanta LIBERDADE é posta, como necessário é, para contrabalançar a inevitável e rigorosa NECESSIDADE que impera no curso do mundo. Por isso nós temos propriamente dizendo apenas a escolha de ver no mundo

---

2 "Através dos séculos." (N. T.)
3 "Necessidade." (N. T.)

uma simples máquina com movimento necessário, ou de reconhecer uma vontade livre como a essência em si do mundo, cuja exteriorização imediata não é o fazer-efeito das coisas, mas antes a EXISTÊNCIA E ESSÊNCIA delas. Esta liberdade é, por conseguinte, transcendental, e coexiste com a necessidade empírica, // como a idealidade transcendental das aparências coexiste com a sua realidade empírica. Em *Sobre a liberdade da vontade* expus que é somente sob a suposição dessa liberdade transcendental que o agir de um humano, apesar da necessidade com a qual ele o pratica a partir do seu caráter e dos motivos, é de fato o seu PRÓPRIO agir: justamente por isso atribui-se ASEIDADE ao seu ser. A mesma relação vale para cada coisa do mundo. — A mais rigorosa NECESSIDADE, estabelecida com honesta e brônzea consequência, e a mais perfeita LIBERDADE, elevada até à onipotência, tinham de entrar em cena juntas e simultaneamente na filosofia; porém, sem ferir a verdade isso só poderia ser feito colocando-se toda a NECESSIDADE no FAZER-EFEITO E AGIR (*operari*), toda a LIBERDADE, ao contrário, no SER E ESSÊNCIA (*esse*). Com isso decifra-se um enigma, que é tão antigo como o mundo só porque até agora sempre procedeu-se de maneira inversa e absolutamente procurou-se a liberdade no *operari*, a necessidade no *esse*. Eu, ao contrário, digo: cada ser, sem exceção, FAZ-EFEITO com rigorosa necessidade, no entanto EXISTE e é o que é em virtude da sua LIBERDADE. Em minha obra, portanto, não se encontra nem mais e nem menos liberdade e necessidade que em qualquer outro sistema anterior; embora pareça tender tanto para um sentido quanto para o outro, conforme um se escandalize por atribuirmos VONTADE a eventos naturais explicados até agora a partir da pura necessidade, ou pelo fato de que à motivação é atribuída a mesma rigorosa necessidade que a da causalidade mecânica. Mas apenas houve troca de lugares: a liberdade foi colocada no *esse* e a necessidade limitada ao *operari*.

Em suma, o DETERMINISMO está firme e sólido: em vão já quinze séculos esforçaram-se por miná-lo impulsionados por certos caprichos bem conhecidos, que entretanto não se podia chamar pelo seu nome. Ora, em consequência desse determinismo, porém, o mundo torna-se um jogo de marionetes movidas por fios (motivos), sem que ao menos possamos saber para diversão de quem: se a peça tem um plano, então o diretor é o FATUM, se não, é a necessidade cega. — Dessa absurdez não há outra salvação // exceto o conhecimento de que já o SER E A ESSÊNCIA de todas as coisas são o aparecimento de uma verdadeira VONTADE LIVRE que justamente aí se conhece a si mesma: pois o AGIR E FAZER-EFEITO de tais coisas não podem ser salvos da necessidade. Para colocar a liberdade a salvo do destino ou do acaso, foi preciso deslocá-la da ação para a existência. –

Assim como a NECESSIDADE pertence só à aparência, não à coisa em si, isto é, não à verdadeira essência do mundo; o mesmo ocorre com a PLURALIDADE. Isso foi suficientemente exposto em § 25 do primeiro tomo. Tenho aqui a acrescentar apenas algumas considerações que comprovam e explicitam essa verdade.

Cada um conhece de maneira totalmente imediata apenas UM ser: sua própria vontade na consciência de si. Todas as demais coisas, cada um as conhece de maneira meramente mediata, e as julga então conforme a analogia com aquele ser, analogia que ele estende segundo o grau de sua reflexão. Tudo isso origina-se no fundo de que, propriamente dizendo, existe APENAS UM SER; já a ilusão da pluralidade (māyā), originada das formas da apreensão exterior e objetiva, não pode penetrar na simples consciência interior, por isso esta sempre encontra diante de si apenas um ser.

Se consideramos a perfeição nunca suficientemente admirada nas obras da natureza, perfeição que, mesmo nos últimos e menores organismos, por exemplo, nos órgãos de fecundação das plantas, ou na estrutura interior dos insetos, foi executada com cuidado tão infinito e trabalho infatigável como se a obra que a natureza tinha diante de si fosse, portanto, a única na qual podia aplicar toda a sua arte e poder; se encontramos essa perfeição repetindo-se infinitamente em cada singularidade dos sem-número de indivíduos de cada espécie, sem que o cuidado e a perfeição sejam menores naquele que habita o mais solitário e isolado canto do mundo no qual até agora nenhum olho penetrou; se seguimos a composição das partes de cada organismo até onde podemos, e contudo nunca nos deparamos com um elemento totalmente simples e por isso último, para não mencionar um inorgânico; se, por fim, perdemo-nos no cálculo da finalidade de todas essas partes orgânicas para a manutenção // do todo, finalidade em virtude da qual cada vivente, em e para si mesmo, é perfeito; se ponderamos que cada uma dessas obras-primas, mesmo de curta duração, já foram renovadamente produzidas um sem-número de vezes e, no entanto, cada exemplar da sua espécie, cada inseto, cada flor, cada folha, ainda aparece cuidadosamente elaborado, como o foi o primeiro da própria espécie e que, portanto, a natureza de modo algum se cansa e assim começa a fazer obras malfeitas, mas, com igual e paciente mão de mestre, consuma a última obra como consumou a primeira: então conscientizamo-nos, em primeiro lugar, de que toda arte humana é completamente diferente, não somente segundo o grau, mas também segundo o tipo, da criação da natureza; em seguida, entretanto, que a força originária atuante, a *natura naturans*,[4] está IMEDIATAMENTE PRESENTE INTEIRA E INDIVISA em cada uma das suas inumeráveis obras, nas mais diminutas, como nas maiores, na última, como na primeira: do que se segue que ela, como tal e em si, não conhece espaço e tempo. Ademais, se temos em mente que a produção daquelas hipérboles de todas as formações artísticas nada custa entretanto à natureza, de modo que ela, com inconcebível prodigalidade, cria milhões de organismos que jamais chegam à maturidade, e entrega sem proteção todo vivente a milhares de acasos, mas que de outra parte também, quando favorecida pelo acaso, ou conduzida pela intenção humana, fornece de bom grado milhões de exemplares de uma espécie, da qual até então só havia um, conseguintemente milhões deles não lhe custam mais do que um; então tudo isso também nos leva à intelecção de que a pluralidade das coisas tem a sua raiz no modo de conhecimento do sujeito, todavia é estranha à coisa em si, isto é, à força originária que se manifesta no íntimo delas; que, portanto, espaço e tempo, nos quais repousam a possibilidade de toda pluralidade, são meras formas de nossa intuição; sim, que até mesmo aquele inconcebível artifício[5] da estrutura, associado à profusão mais cega das obras na qual aplica-se, no fundo, também origina-se só do modo como apreendemos as coisas; a saber, quando o empenho originário, simples e indivisível da vontade como coisa em si expõe-se como objeto em nosso conhecimento cerebral, tem de aparecer como um encadeamento

---

4 "Natureza naturante", expressão tomada de empréstimo de Espinosa. (N. T.)

5 No original alemão, *Künstlichkeit*, que também poderíamos traduzir por artificialidade, ou seja, a capacidade de criar arte, artifício. (N. T.)

II 368 engenhoso[6] de partes separadas // desenvolvido com máxima perfeição para que as partes sejam meios e fins umas das outras.

A aqui indicada UNIDADE DAQUELA VONTADE, na qual reconhecemos a essência em si do mundo aparente, e que se encontra para além da aparência, é uma unidade metafísica, portanto o conhecimento desta é transcendente, isto é, não repousa nas funções do nosso intelecto, por conseguinte não pode ser propriamente apreendida por este. Daí que aquela unidade abre para a consideração um abismo, cuja profundidade não permite clara e completa intelecção de conjunto, porém apenas miradas isoladas, as quais nos permitem conhecer a referida unidade nesta ou naquela relação de coisas, ora no subjetivo, ora no objetivo, com o que no entanto sempre são suscitados novos problemas, que não me comprometo a resolver em sua totalidade, mas, antes, tenho em mente *est quadam prodire tenus*,[7] e sou cuidadoso para evitar a veiculação de qualquer coisa falsa ou arbitrariamente inventada, abdicando de para tudo dar maçante justificativa — mesmo correndo o risco de aqui fornecer apenas uma exposição fragmentária.

Se recordamos e examinamos em detalhes a teoria da origem do sistema planetário, que foi tão sagazmente estabelecida primeiro por KANT e depois por LAPLACE, de cuja exatidão pouco se pode duvidar; então vemos que as forças naturais mais baixas, mais cruas, mais cegas, ligadas à mais rígida legalidade, erigem, por intermédio do seu conflito por uma única e mesma matéria dada e pelas consequências acidentais dele resultantes, os alicerces do mundo, logo, erigem os alicerces da futura moradia adaptada de um sem-número de seres vivos, como um sistema de ordem e harmonia, diante do qual tanto mais nos assombramos quanto mais aprendemos a entendê-lo distinta e precisamente. Aprendemos, por exemplo, que cada planeta, devido a sua velocidade presente, só pode manter-se precisamente onde de fato tem o seu lugar, pois, mais perto do Sol, neste cairia, mais distanciado, perder-se-ia no espaço; e também ao inverso, se tomamos o lugar do planeta como dado, neste só pode permanecer com a sua presente

---

6 No original, *künstlich*, que também se poderia traduzir por artificial, artístico, artificioso. Cf. nota anterior. (N. T.)

7 "Avançar até um certo ponto." Palavras já citadas, cf. nota 8 (p.348). (N. T.)

velocidade e nenhuma outra, pois, se mais rápido, teria de voar espaço afora, mais lento, // teria de cair no Sol; de modo que apenas UM determinado lugar convém a cada determinada velocidade de um planeta; e só conseguimos ver esse problema resolver-se pelo fato de a mesma causa física que faz efeito necessária e cegamente, e que lhe assinalou o seu lugar, repartiu-lhe ao mesmo tempo e precisamente a velocidade adequada a apenas este lugar, em consequência da lei natural de que um corpo em revolução aumenta a sua velocidade na mesma proporção em que seu círculo se torna menor; por fim, e sobretudo, aprendemos como a todo sistema está assegurada uma duração sem fim, em virtude de que todas as perturbações recíprocas, que inevitavelmente ocorrem no curso dos planetas, com o tempo têm de ser de novo compensadas; assim, a irracionalidade mesma da relação dos tempos de revolução de Júpiter e Saturno impede que as suas perturbações recíprocas repitam-se numa mesma posição na qual seriam perigosas, fazendo com que sempre entrem em cena em longos intervalos e numa outra posição, com o que têm de suprimir-se de novo, comparáveis dessa forma às dissonâncias musicais que de novo se dissolvem na harmonia. Reconhecemos por intermédio dessas considerações uma finalidade e perfeição, como se estas só pudessem ter sido realizadas pelo arbítrio mais livre, guiado pelo entendimento mais penetrante e pelo cálculo mais exato. E, no entanto, seguindo o fio condutor daquela cosmogonia laplaciana tão bem pensada e tão precisamente calculada, não nos podemos furtar à intelecção de que forças naturais completamente cegas, fazendo efeito conforme leis naturais imutáveis, através do seu conflito e em seu jogo mútuo sem finalidade, nada poderiam produzir senão justamente esse alicerce do mundo, igualável à obra de uma combinação hiperbolicamente elevada. Diferentemente de ANAXÁGORAS, que recorreu à ajuda de uma INTELIGÊNCIA que nos é conhecida apenas a partir da natureza animal e calculada só para os fins desta, inteligência que, proveniente do exterior, teria astutamente se servido das forças da natureza já existentes e dadas junto com as leis dela, em vista de atingir os próprios fins estranhos a essas forças, nós reconhecemos já mesmo nas forças naturais mais baixas, aquela mesma vontade una que justamente aqui tem a sua primeira exteriorização, vontade que, aspirando já ali ao fim dela, e através das leis originárias daquelas forças, //

trabalha para atingir a sua finalidade última, e, assim, tudo o que acontece conforme cegas leis naturais tem de necessariamente servir e corresponder a essa finalidade da vontade; e isso não poderia ser de outro modo, visto que todo material nada mais é senão justamente a aparência, a visibilidade, a objetidade da Vontade de vida, que é una. Portanto, já as forças naturais mais baixas mesmas são animadas por aquela mesma vontade que depois, nos seres individuais dotados de inteligência, assombra-se com a própria obra, como o sonâmbulo pela manhã em relação ao que fez durante o sono; ou, mais exatamente, como alguém que se espanta com a própria figura que vê no espelho. A aqui demonstrada unidade do casual com o intencional, do necessário com o livre – devido à qual as coincidências mais cegas porém baseadas em leis naturais universais são, por assim dizer, as teclas sobre as quais o espírito cósmico toca as suas melodias plenas de sentido – é, como eu disse, um abismo da consideração, no qual também a filosofia não pode lançar luz plena, mas apenas um lampejo.

Agora volto-me para uma consideração SUBJETIVA conexa aqui ao tema, consideração à qual, todavia, atribuirei ainda menos distinção que a conferida à objetiva recém-exposta, na medida em que só através de imagens e comparações é que poderei expressá-la. — Por que, pergunto, por um lado a nossa consciência é tanto mais clara e mais distinta quanto mais avança para o exterior e a sua grande claridade encontra-se na intuição sensível, a qual já em metade pertence às coisas exteriores a nós, e, por outro lado, torna-se tanto mais obscura quanto mais avança para o interior, de maneira que, se descemos até os limites dela, chegamos a uma escuridão na qual cessa todo conhecimento? — Tudo isso depende, eu respondo, do fato de a consciência pressupor INDIVIDUALIDADE, esta no entanto já pertence à mera aparência, pois, como pluralidade daquilo que é da mesma espécie, é condicionada pelas formas da aparência, tempo e espaço. O nosso interior, ao contrário, tem a sua raiz naquilo que não é mais aparência, mas coisa em si, lá onde não alcançam as formas da aparência, com o que então faltam as condições principais da individualidade e com elas desaparece a consciência distinta das coisas. Nesse ponto de enraizamento da existência, cessa a diversidade dos // seres, como no centro de uma esfera cessa a diversidade dos raios: e assim como na esfera a superfície nasce onde os raios terminam e rompem, também a consciência só é possível onde a essência em si desemboca na aparência, através de cujas formas é possível a individualidade separada, na qual repousa a consciência, que justamente por isso está limitada às aparências. Por conseguinte, todo o distinto e bem compreensível da nossa consciência encontra-se sempre na direção do exterior, sobre essa superfície da esfera. Por outro lado, assim que daí nos afastamos por completo, a consciência nos abandona, – no sono, na morte, em certa medida também no fazer-efeito magnético ou mágico: pois todos estes passam pelo centro. Mas precisamente porque a consciência distinta das coisas, como condicionada pela superfície da esfera, não está dirigida para o centro, decerto conhece os outros indivíduos como da mesma espécie, mas não como idênticos, que é o que de fato eles são em si. A imortalidade do indivíduo poderia ser comparada ao escape de um ponto da superfície pela tangente; a imortalidade de toda a aparência, devido à eternidade da essência em si, poderia ser comparada ao retorno desse ponto, pelo raio, em direção ao centro, do qual a superfície é mera extensão. A vontade como coisa em si está inteira e indivisa em cada ser, assim como o centro é parte integrante de cada um dos raios: enquanto o extremo periférico do raio está na mais rápida revolução com a superfície, que representa o tempo e o seu conteúdo, já o outro extremo, no centro, sede da eternidade, permanece no mais profundo repouso, porque o centro é o ponto cuja metade ascendente não difere da descendente. Por isso é dito em BHAGAVAD GĪTĀ: *Haud distributum animantibus, et quasi distributum tamen insidens, animantiumque sustentaculum id cognoscendum, edax et rursus genitale*[8] (lect. 13, 16, versão de Schlegel). – Decerto caímos aqui numa linguagem mística figurada: mas ela é a única na qual alguma coisa ainda pode ser dita sobre esse tema completamente transcendente. Logo, também podemos admitir essa parábola, a saber, que podemos representar figurativamente o gênero humano como um *animal compositum*,[9] forma de vida da qual exemplos são fornecidos por muitos pólipos, em especial os flutuantes, como *veretillum*,

---

8 "Indiviso Ele está nos seres, e no entanto é como se neles estivesse dividido. Deve-se conhecê-lo ao mesmo tempo como sustentáculo, aniquilador e criador dos seres." (N. T.)
9 "Animal composto." (N. T.)

funiculina e outros. // Assim como no caso destes a parte da cabeça isola cada animal individual, e, ao contrário, a parte inferior dotada de um estômago comum os vincula todos à unidade de um processo vital; assim também o cérebro dotado de consciência isola os indivíduos humanos, enquanto a parte inconsciente, a vida vegetativa, com seu sistema ganglionar, na qual a consciência cerebral desaparece durante o sono e assim assemelha-se a um lótus que de noite afunda na corrente, é uma vida comum a todos, por intermédio da qual podem até excepcionalmente comunicar-se, o que de fato ocorre, por exemplo, quando sonhos comunicam-se imediatamente, quando os pensamentos do magnetizador transitam para o do sonâmbulo, finalmente também nas ações magnéticas, ou em geral mágicas, provocadas por um querer intencional. Quando se produz uma tal ação, ela é *toto genere*[10] diferente de qualquer outra produzida através do *influxus physicus*,[11] na medida em que é propriamente dizendo uma *actio in distans*,[12] que embora seja executada pela vontade emanando do indivíduo, trata-se da vontade em sua qualidade metafísica, como o substrato onipresente de toda a natureza. Também poder-se-ia dizer que, assim como um fraco resto da FORÇA CRIADORA originária da vontade, que já realizou a sua obra nas figuras existentes da natureza, e aí extinguiu-se, às vezes entra em cena excepcionalmente na *generatio aequivoca*; assim também a ONIPOTÊNCIA originária da vontade, que realiza a sua obra na exposição e conservação dos organismos, e aí absorve-se, pode excepcionalmente por uma espécie de excedente tornar-se ativa em tal fazer-efeito mágico. Em *Sobre a vontade na natureza* falei detidamente sobre essa propriedade mágica da vontade, e de bom grado renuncio aqui a considerações que dizem respeito a fatos incertos, mas que não podem ser totalmente ignorados ou negados.

---

10 "Em gênero inteiro". (N. T.)
11 "Influência física." (N. T.)
12 "Ação a distância." (N. T.)

// Capítulo 26*
A PROPÓSITO DA TELEOLOGIA

A finalidade presente em toda parte na natureza orgânica, destinada a assegurar a manutenção de cada ser, bem como a conformidade da natureza orgânica à inorgânica não podem mais facilmente encontrar o seu lugar na conexão de um sistema filosófico senão naquele que faz subjazer à existência de cada ser natural uma VONTADE, que, por conseguinte, exprime a sua essência e aspiração não apenas primariamente nas ações, mas também já na FIGURA do organismo que aparece. No capítulo precedente apenas indiquei como a nossa linha de pensamento procede com esse tema, após já tê-lo exposto na abaixo mencionada passagem do primeiro tomo, porém, com especial distinção e detalhes em *Sobre a vontade na natureza* sob a rubrica: "Anatomia comparada". A isso acrescento as seguintes explicitações.

A assombrada admiração que costumeiramente nos assalta quando da consideração da finalidade infinita na estrutura dos seres orgânicos repousa, no fundo, na pressuposição decerto natural, todavia falsa, de que aquela CONCORDÂNCIA das partes entre si e delas com a totalidade do organismo e com os seus fins no mundo exterior percorreu a mesma via pela qual a apreendemos e julgamos por intermédio do CONHECIMENTO, portanto, percorreu a via da REPRESENTAÇÃO; logo, como essa finalidade existe PARA o intelecto, também teria sido produzida ATRAVÉS do intelecto. De fato, NÓS só podemos trazer a bom termo algo de regular e na sua legalidade, como por exemplo é cada cristal, sob a condução de lei e regra, e igualmente só podemos produzir finalidade nas coisas sob a condução do conceito de fim;

---

* Este e o capítulo seguinte conectam-se com § 28 do primeiro tomo.

mas de modo algum estamos autorizados a transmitir essa nossa limitação à natureza, // que nela mesma é um *prius* de todo intelecto e, como foi dito no capítulo precedente, possui um fazer-efeito que se diferencia por completo do nosso. Ela produz o que parece bastante conforme a fins e bastante ponderado, porém sem ponderação e sem conceito de fim, porque o faz sem representação, que como tal é de origem totalmente secundária. Consideremos em primeiro lugar o que é meramente regular, ainda não conforme a fins. Num floco de neve, os seis raios iguais e separados por ângulos iguais não foram pré-medidos por conhecimento algum; trata-se em verdade da simples aspiração da vontade originária, que assim se expõe para o conhecimento, quando este sobrevém. Assim como aqui a vontade produz sem matemática a figura regular, também produz sem fisiologia a figura orgânica e perfeitamente organizada conforme a fins. A forma regular no espaço existe apenas para a intuição, cuja forma intuitiva é o espaço; assim, a finalidade do organismo existe meramente para a faculdade de razão que conhece, cuja ponderação está ligada aos conceitos de fim e meio. Se nos fosse permitida uma intelecção imediata no fazer-efeito da natureza; então teríamos de reconhecer que o acima mencionado assombro teleológico é análogo àquele do selvagem, citado por Kant em sua explanação do risível, quando viu a espuma jorrar de uma recém-aberta garrafa de cerveja e expressar seu maravilhamento não em relação ao jorro da espuma da garrafa, mas em como foi nela introduzida: pois também aqui nós pressupomos que a finalidade dos produtos da natureza foi introduzida pela mesma via em que sai para a nossa consideração. Por isso o nosso assombro teleológico pode ser igualmente comparado àquele provocado pelas primeiras obras da técnica de prensa móvel, naqueles que, pressupondo-as como obras de uma pena, recorriam em seguida, para explicá-las, a uma ajuda do diabo. — Pois, seja aqui dito mais uma vez, é o nosso intelecto que, ao apreender como objeto, por intermédio de suas próprias formas (espaço, tempo e causalidade), o ato da vontade, em si mesmo metafísico e indivisível e que se expõe na aparência de um animal, primeiro produz a pluralidade e diversidade das partes e das suas funções, // para em seguida assombrar-se com a perfeita concordância e conspiração que provêm da unidade primitiva; com o que, portanto, em certo sentido, maravilha-se com a própria obra.

Se nos entregarmos à consideração da estrutura inefável e infinitamente engenhosa de um animal, mesmo o mais comum dos insetos, absorvendo-nos na admiração dela, porém logo ocorrer-nos que a natureza submete sem consideração precisamente esses organismos tão excessivamente engenhosos e altamente complexos diariamente e aos milhares à aniquilação, através do acaso, da voracidade animal e crueldade humana; então esse insano desperdício coloca-nos em assombro. Contudo, tal assombro repousa numa anfibologia dos conceitos, na medida em que ali temos em mente a obra de arte humana, a qual é instituída por intermediação do intelecto e através da dominação de um estofo estranho que resiste, consequentemente custando muito esforço. À natureza, ao contrário, as suas obras não custam absolutamente nada, por mais engenhosas que sejam; porque aqui a vontade em obra já é a obra mesma; na medida em que, como eu já disse, o organismo é meramente a visibilidade produzida no cérebro da aqui existente vontade.

Em consequência da mencionada índole dos seres orgânicos, a teleologia, enquanto pressuposição de uma finalidade de cada parte, é um fio condutor inteiramente seguro na consideração do conjunto da natureza orgânica; ao contrário, do ponto de vista metafísico, para explanação da natureza além da possibilidade da experiência, só pode ser atribuída à teleologia uma validade secundária e subsidiária, para confirmação de outros princípios explanativos fundamentados de outra maneira: pois aqui ela mesma pertence aos problemas de que se deve dar conta. — Por conseguinte, quando em um animal encontra-se uma parte da qual não se vislumbra fim algum, jamais estamos autorizados a assumir a hipótese de que a natureza a produziu desprovida de fim, como se estivesse apenas brincando e por mero capricho. Eventualmente isso poderia ser pensado como possível, se se leva em conta a hipótese de Anaxágoras segundo a qual a natureza recebeu seu arranjamento por meio de um entendimento ordenador, que como tal serve a um arbítrio estranho; mas não se se leva em conta a hipótese de que a essência em si (isto é, exterior à representação) de cada // organismo é pura e simplesmente SUA PRÓPRIA VONTADE: pois aí cada parte só pode existir sob a condição de servir à vontade que lhe subjaz, de exprimir e realizar alguma tendência dela, conseguintemente, de contribuir de algum modo para a conservação desse organismo. Pois, tirante a VONTADE QUE NELE APARECE, e as condições do mundo exterior sob as quais ele decidiu livremente viver e no conflito com as quais, por conseguinte, já toda a sua figura e arranjamento foram talhados, nada pode ter exercido influência sobre ele e ter determinado a sua forma e as suas partes, logo, arbítrio algum, capricho algum. Por isso tudo nele tem de ser conforme a um fim: por conseguinte, as CAUSAS FINAIS (*causae finalis*) são o fio condutor para a compreensão da natureza orgânica, assim como as causas eficientes (*causae efficientes*) o são para a compreensão da natureza inorgânica. Nisso baseia-se o fato de que, quando na anatomia e na zoologia não podemos encontrar o fim de uma parte existente, o nosso entendimento recebe um choque, que é semelhante àquele que deve dar-se na física quando permanece oculta a causa de um efeito: e, assim como esta causa, também pressupomos aquele fim como necessário, pomo-nos a procurá-lo, por mais que isso já tenha sido feito e em vão. Este, por exemplo, é o caso do baço, sobre cujo fim renovadas hipóteses são arquitetadas, até que um dia uma delas se prove correta. O mesmo ocorre com os grandes dentes em espiral do barbirusa, com as protuberâncias em forma de cornos de algumas lagartas e outros casos semelhantes. Também casos negativos são por nós julgados conforme a mesma regra, por exemplo, que em uma ordem tão uniforme em seu todo como a dos sáurios, uma parte tão importante como a bexiga esteja presente em muitas espécies, mas falta em outras; igualmente que os golfinhos e alguns cetáceos que lhe são aparentados careçam completamente de nervos olfativos, enquanto os demais cetáceos e até os peixes o possuem: ora, tem de haver um fundamento para isso.

Exceções reais e isoladas para essa lei geral da finalidade na natureza orgânica foram decerto encontradas, e tais exceções foram objeto de grande assombro: entretanto, como é possível dar para estas uma outra explicação, vale nesse caso o princípio *exceptio firmat regulam*.[1] Por exemplo, // que os girinos do sapo-pipa ainda têm caudas e guelras embora não esperem por sua metamorfose nadando, como todos os outros girinos, mas nas costas da mãe; – que o canguru macho tem um rudimento de osso, que na fêmea sustenta a bolsa; – que também os mamíferos machos têm mamilos; – que *mus typhlus*, uma rata, tem olhos, embora diminutos, porém sem uma

---

[1] "A exceção confirma a regra." (N. T.)

abertura para os mesmos na epiderme, que, coberta de pelos, tapa-os; e que a toupeira dos Apeninos, e também dois peixes, *murena caecilia et* e *gastro-branchus*, estão no mesmo caso; igualmente o *proteus anguinus*. Essas raras e surpreendentes exceções das regras da natureza em outros casos tão rígida, essas contradições em que ela cai consigo mesma, temos de explicá-las a partir da íntima conexão que as suas aparências têm umas com as outras em virtude da unidade daquilo que nelas aparece, conexão devido à qual a natureza tem apenas de indicar algo em um animal simplesmente porque um outro, conectado com aquele, o possui realmente. Por isso o animal macho possui o rudimento de um órgão que na fêmea está realmente presente. Assim como aqui a diferença dos SEXOS não pode suprimir o tipo da ESPÉCIE; também o tipo de uma ORDEM inteira, por exemplo a dos batráquios, se mantém mesmo quando em uma espécie particular (pipa) uma de suas determinações torna-se supérflua. Muito menos a natureza pode permitir que uma determinação (olhos) pertencente a todo o tipo de uma CLASSE FUNDAMENTAL (*vertebrata*), desapareça por completo sem deixar traços, mesmo se essa determinação deva atrofiar-se como supérflua numa espécie particular (*mus typhlus*); porém a natureza tem de aqui também indicar, pelo menos de maneira rudimentar, o que realiza inteiramente em outras espécies.

Desse ponto de vista mesmo pode-se ver em certa extensão em que se baseia aquela HOMOLOGIA no esqueleto, antes de tudo dos mamíferos e em sentido amplo de todos os vertebrados, detalhadamente exposta em especial por R. OWEN em sua *Ostéologie comparée*, devido à qual por exemplo todos os mamíferos têm sete vértebras cervicais, cada osso da mão e do braço humanos tem o seu análogo na barbatana da baleia, o crânio da ave // no ovo tem exatamente o mesmo número de ossos que o do feto humano, e assim por diante. Tudo isso em verdade indica um princípio que é independente da teleologia, o qual, no entanto, é o fundamento sobre o qual ela edifica, ou o estofo dado de antemão para as suas obras, e é precisamente aquilo que Geoffroy Saint-Hilaire apresentou como o "elemento anatômico". É a *unité de plan*, o tipo-fundamental-arquetípico[2] do mundo animal mais elevado,

---

2 No original alemão, *Ur-Grund-Typus*. (N. T.)

por assim dizer o tom musical arbitrariamente escolhido, a partir do qual a natureza aqui toca.

A diferença entre causa eficiente (*causa efficiens*) e causa final (*causa finalis*) já foi corretamente assinalada por ARISTÓTELES (*De part. anim.*, I, 1) com a palavras: Δύο τρόποι τῆς αἰτίας, τὸ οὗ ἕνεκα καὶ τὸ ἐξ ἀνάγκης, καὶ δεῖ λέγοντας τυγχάνειν μάλιστα μὲν ἀμφοῖν (*Duo sunt causae modi: alter cujus gratia, et alter e necessitate; ac potissimum utrumque eruere oportet*).[3] A causa EFICIENTE é aquela MEDIANTE a qual algo é, a causa final é aquela EM RAZÃO da qual algo é: a aparência que deve ser explicada tem, no tempo, a primeira ATRÁS de si, esta DIANTE de si. Só nas ações arbitrárias de seres animais é que as duas coincidem imediatamente, na medida em que aqui a causa final, o fim, entra em cena como MOTIVO: um tal motivo, no entanto, é sempre a verdadeira e própria CAUSA da ação, é a sua causa absolutamente EFICIENTE, a mudança que a precede, mediante a qual a ação NECESSARIAMENTE entra em cena e sem a qual esta não poderia acontecer, como o expus no meu ensaio que concorreu a prêmio *Sobre a liberdade da vontade*. Pois, não importa o que fisiologicamente se intercale entre o ato da vontade e o movimento do corpo, reconhecidamente sempre permanece aqui a VONTADE como aquilo que movimenta, sendo ELA por sua vez movimentada pelo MOTIVO que vem do exterior, logo a *causa finalis*; que, consequentemente, entra em cena aqui como *causa efficiens*. Ademais, sabemos a partir do que foi anteriormente abordado que o movimento do corpo é no fundo uno com o ato da vontade, como sua mera aparência na intuição cerebral. Essa coincidência da *causa finalis* com a causa eficiente, na única aparência que nos é INTIMAMENTE conhecida, que por isso mesmo permanece em sentido estrito nosso fenômeno originário, deve ser seguramente retida: pois nos conduz diretamente a admitir que, pelo menos na natureza orgânica, cujo conhecimento tem como fio condutor as causas finais, existe uma VONTADE como artífice de figuras. De fato, não podemos pensar distintamente uma causa final senão como um fim intencional, isto é, um motivo. Sim, se considerarmos precisamente as causas finais na natureza, em vista de exprimir a sua essência transcendente,

---

3 "Há dois tipos de causas, a final e a que opera por necessidade, e, tanto quanto possível, no que for discutido temos de levar as duas em consideração." (N. T.)

não temos de temer uma contradição, e devemos dizer com audácia: a causa final é um motivo que faz efeito sobre um ser que não o conhece. Pois, decerto, os ninhos das térmitas são o motivo que produziram a mandíbula sem dentes do tamanduá, junto com a sua longa língua pegajosa e filiforme: a dura casca do ovo que mantém o pintinho encerrado é, decerto, o motivo da extremidade córnea de que está provido o seu bico para romper e transpassar aquela casca, após o que ele se desfaz dessa extremidade córnea como inútil. Igualmente, as leis da reflexão e refração da luz são o motivo para aquele tão excessivamente engenhoso e complicado instrumento óptico, o olho humano, com a transparência de sua córnea, a densidade diferente de seus três humores aquosos, a figura de seu cristalino, a negritude de sua coroide, a sensibilidade de sua retina, a capacidade de contração de sua pupila, e sua musculatura, calculados por ele precisamente de acordo com aquelas leis. Contudo, aqueles motivos já faziam efeito antes mesmo de terem sido percebidos: e não podia ser de outro modo; por mais contraditório que isso pareça. Pois aqui encontra-se a transição do físico para o metafísico. Este, contudo, nós o reconhecemos na VONTADE: por isso temos de vislumbrar que a mesma vontade que estende a tromba do elefante para um objeto é também a que, antecipando objetos, figurou e fez nascer essa tromba. –

Em concordância com tudo isso há o fato de que, na investigação da natureza ORGÂNICA, sempre somos remetidos a CAUSAS FINAIS, procuramos ESTAS em toda parte, e tudo explanamos a partir DELAS; as CAUSAS EFICIENTES, ao contrário, ocupam na natureza orgânica apenas uma posição totalmente subordinada, como mero instrumento das causas finais, e, justamente como no caso dos movimentos arbitrários dos membros que admitidamente são produzidos por motivos exteriores, elas aqui são mais supostas que demonstradas. Na explanação das FUNÇÕES fisiológicas, quando é preciso, recorremos às causas eficientes, mas em vão na maioria das vezes; porém, na explanação do NASCIMENTO // DAS PARTES já não o fazemos, e nos limitamos unicamente às causas finais: quando muito temos aqui ainda algum princípio geral como o de que quanto mais larga é uma parte, tanto mais forte tem de ser a artéria que lhe aporta sangue; mas, das causas EFICIENTES propriamente ditas que, por exemplo, permitem instituir o olho, o ouvido, o cérebro, delas nada sabemos. Sim, até mesmo na explanação das meras

FUNÇÕES, a CAUSA FINAL é muito mais importante e apropriada que a EFICIENTE: eis por que, se apenas aquela é conhecida, somos instruídos sobre o principal e nos satisfazemos, enquanto só a causa EFICIENTE em pouco nos ajuda. Por exemplo, se realmente conhecêssemos a CAUSA EFICIENTE da circulação sanguínea, que de fato não conhecemos, mas ainda a procuramos; isso de pouco nos ajudaria sem a CAUSA FINAL, a saber, que o sangue tem de ir aos pulmões para a oxidação, e de novo retornar para a nutrição: portanto, através da causa final, e mesmo sem a causa eficiente, uma grande luz nos foi acendida. Ademais, penso que, como disse acima, a circulação sanguínea não tem propriamente dizendo causa eficiente alguma, porém aqui a vontade está tão imediatamente ativa, como no movimento muscular, onde ela, por intermédio da condução dos nervos, é determinada por motivos, de modo que também aqui o movimento é imediatamente provocado pela causa final, logo, pela necessidade de oxidação nos pulmões, necessidade esta que aqui faz efeito sobre o sangue em certa medida como motivo, todavia de tal maneira que falta a intermediação do conhecimento, porque tudo se passa no interior do organismo. — A assim chamada metamorfose das plantas, um pensamento ligeiramente esboçado por KASPAR WOLF, e que sob essa hiperbólica denominação Goethe expôs pomposa e complicadamente como criação própria, pertence à explanação do orgânico a partir da causa EFICIENTE; embora ele no fundo apenas diga que a natureza em cada uma das suas criações não começa desde o princípio nem cria a partir do nada, porém, por assim dizer continuando a escrever no mesmo estilo, ancora-se no existente, usa as figuras preexistentes, desenvolve-as e as potencia num nível mais elevado em vista de continuar a sua obra; como ela o fez na gradação do reino animal, fiel à regra: *natura non facit saltus, et quod commodissimum in omnibus suis operationibus sequitur //* (Arist., *De incessu animalium*, c. 2 e 8).[4] Sim, explicar uma flor dizendo que ela apresenta em todas as suas partes a forma da folha parece-me quase como que explicar a estrutura de uma casa mostrando que todas as suas partes, andares, balcões e áticos são compostos apenas de tijolos e meras repetições da unidade originária do tijolo. Tão

---

4 "A natureza não dá saltos e, em todas as suas operações, ela segue o caminho mais conveniente." (N. T.)

ruim e mais problemática me parece a explanação do crânio a partir das vértebras; embora aqui seja evidente que a envoltura do cérebro não é absolutamente heterogênea e completamente díspar da medula espinhal, da qual ela é o prosseguimento e o capitel final, mas antes a continua da mesma maneira. Todo esse modo de consideração pertence à acima mencionada homologia de R. Owen. — Todavia, a seguinte explanação da natureza da flor a partir de sua CAUSA FINAL, dada por um italiano cujo nome me escapa, me parece dar uma solução muito mais satisfatória. A finalidade da corola é: 1) proteção do pistilo e dos *stamina*; 2) através dela são preparados os mais refinados sucos que estão concentrados no *pollen* e no *germen*; 3) a partir das glândulas de sua base é segregado o óleo etéreo que, na maioria das vezes em forma de vapor aromático, ao rodear as anteras e o pistilo, de certo modo os protege do influxo do ar úmido. — Entre as vantagens das causas finais encontra-se também que, cada causa EFICIENTE, em última instância, repousa sempre sobre algo insondável, a saber, uma força natural, isto é, uma *qualitas occulta*, por conseguinte, a causa eficiente só pode dar uma explanação RELATIVA; enquanto a causa final, em seu domínio, fornece uma explanação completa e suficiente. Plenamente contentes decerto só o estamos quando reconhecemos, simultaneamente e no entanto separadas, as duas, a causa eficiente, também denominada por Aristóteles ἡ αἰτία ἐξ ἀνάγκης,[5] e a causa final, ἡ χάριν τοῦ βελτίονος,[6] pois então nos surpreendemos com a maravilhosa conspiração de ambas, em virtude da qual a perfeição entra em cena como necessidade absoluta, e a necessidade, por sua vez, entra em cena como se fosse perfeição e de modo algum necessária: pois ali nasce em nós o pressentimento de que ambas as causas, por mais diferentes que sejam a sua origem, coincidem na sua raiz, na essência da coisa em si. No entanto, um tal duplo conhecimento // é raramente alcançável: na natureza ORGÂNICA, porque a causa EFICIENTE raramente nos é conhecida; na natureza INORGÂNICA, porque a CAUSA FINAL permanece problemática. Entrementes, quero ilustrar esse conhecimento mediante um par de exemplos, até onde o encontro no domínio dos meus conhecimentos fisiológicos, exemplos estes que os fisiologistas poderão

---

5 "A causa necessária." (N. T.)
6 "A causa em vista do melhor." (N. T.)

substituir por outros mais distintos e marcantes. O piolho do negro é preto. Causa final: para a segurança do piolho. Causa eficiente: porque a *rete Malpighi*[7] preta do negro é seu alimento. – A tão variada e brilhantemente vívida plumagem das aves dos trópicos é explanada, embora apenas de maneira geral, a partir do forte efeito da luz nos trópicos, – como sua causa eficiente. Como causa final eu indicaria que aquelas plumagens brilhantes são os pomposos uniformes sob os quais os indivíduos das ali inumeráveis espécies, amiúde pertencentes ao mesmo *genus*, reconhecem-se entre si; de modo que cada macho encontra a sua fêmea. O mesmo vale para as borboletas das diversas zonas e latitudes. – Observou-se que mulheres tuberculosas no último estágio de sua doença engravidam facilmente, que durante a sua gravidez a doença se detém, porém após o parto esta volta mais forte ainda e então na maioria das vezes leva à morte: semelhantemente, que a maioria dos homens tuberculosos, nos últimos dias de suas vidas, ainda procriam uma criança. Aqui a CAUSA FINAL é que a natureza, em toda parte tão ansiosamente cuidadosa pela conservação da espécie, quer substituir com rapidez, com um novo indivíduo, o desaparecimento de um outro ainda na flor da idade; a CAUSA EFICIENTE, por sua vez, é o incomum estado de estimulação do sistema nervoso que entra em cena na fase final da tuberculose. A partir da mesma causa final explica-se o fenômeno análogo de a mosca envenenada com arsênico (conforme Oken, *Die Zeugung*, p.65) ainda copular, por um impulso inexplicável, e morrer na cópula. – CAUSA FINAL do *pubes*[8] nos dois sexos, e do *mons veneris*[9] no feminino, é que, mesmo nos casos de sujeitos muito magros, durante a cópula os *ossa pubis*[10] não devem ser sentidos, o que poderia provocar repugnância: CAUSA EFICIENTE, por sua vez, deve-se procurar no fato de que, em toda parte onde // a mucosa transita para a pele exterior, nascem pelos ao redor; também no fato de que, cabeça e genitais, em certa medida, são polos opostos um do outro, por conseguinte têm entre si muitas relações e analogias, às quais também pertence o serem peludos. –

---

7 Tecido da epiderme, conforme o nome de Marcello Malpighi. (N. T.)
8 "Púbis." (N. T.)
9 "Monte de vênus." (N. T.)
10 "Ossos pubianos." (N. T.)

A mesma causa eficiente também vale para a barba dos homens: a CAUSA FINAL da mesma suponho que esteja em que o patognomônico, logo as rápidas mudanças das feições faciais reveladoras de cada movimento interno do ânimo, são visíveis principalmente na boca e no seu entorno: assim a natureza (que sabe que *homo homini lupus*),[11] para dissimular tais indícios do olhar perscrutador do adversário, indícios estes amiúde perigosos em negociações ou em súbitos incidentes, deu a barba ao homem. À mulher, ao contrário, a barba foi dispensada, porque nela a dissimulação e o domínio de si mesma (*contenance*) são inatos. — É possível, como eu disse, encontrar muitos exemplos marcantes para demonstrar como o fazer-efeito completamente cego da natureza coincide no resultado com o aparentemente intencional mecanismo da natureza, ou, como KANT o denomina, com a sua técnica; o que indica que os dois têm a sua origem comum para além dessa diferença, na vontade como coisa em si. Para esclarecimento desse ponto de vista, em muito contribuiria, por exemplo, se se pudesse encontrar a causa eficiente que conduz os troncos flutuantes às regiões polares sem árvores; ou também aquela que concentrou a terra firme do nosso planeta principalmente na metade hemisférica setentrional; enquanto a causa final disto deve ser vista no fato de que o inverno naquela metade, ao ocorrer na época do periélio que acelera o curso da Terra, dura oito dias a menos e, portanto, é mais moderado. Todavia, na consideração da natureza INORGÂNICA, a causa final sempre é ambígua, e, sobretudo quando a causa EFICIENTE é encontrada, nos deixa em dúvida se não se trata de uma simples visão subjetiva, uma aparência[12] condicionada pelo nosso ponto de vista. Mas nesse aspecto a causa final é comparável a muitas obras de arte, por exemplo aos mosaicos de cacos, às decorações de teatro, ao deus Apenino em Pratolino (perto de Florença) composto de blocos de rocha, todos os quais só fazem efeito a distância, // efeito este que desaparece na proximidade, na medida em que no seu lugar torna-se agora visível a causa EFICIENTE da aparência: porém, as figuras existem realmente e não são mera ilusão. Algo análogo, portanto,

---

11 "O homem é o lobo do homem." (N. T.)
12 No original, *Schein*. Termo este aparentado a *Erscheinung*, que também traduzimos por aparência. (N. T.)

ocorre com as causas finais na natureza inorgânica quando entram em cena as EFICIENTES. Sim, quem tem uma ampla visão das coisas talvez não objetasse se se acrescentasse que algo semelhante ocorre no caso dos *omina*.[13]

Ademais, se alguém quisesse abusar da finalidade EXTERNA, sempre duvidosa, como eu disse, para a aplicação em demonstrações físico-teológicas, como ainda se faz nos dias de hoje e esperemos que só por parte dos ingleses; então há desse gênero suficientes exemplos *in contrarium*, logo ateleologias, para lhes desconcertar a concepção. Um dos mais fortes nos é fornecido pela impotável água do mar, em consequência da qual o ser humano não corre maior perigo de morrer de sede senão justamente no meio da grande massa aquosa do seu planeta. "Para que finalidade a água do mar é, portanto, salgada?", pergunte-se ao nosso inglês.

Que na natureza INORGÂNICA as causas finais recuem por completo para o segundo plano, de maneira que uma explanação dada exclusivamente a partir delas não é mais válida, mas antes sempre se exige as causas EFICIENTES, repousa em que a vontade, que também se objetiva na natureza inorgânica, aqui não aparece mais em indivíduos, os quais constituem para si um todo, mas em forças naturais e em seu fazer-efeito, pelo que os fins e os meios separam-se demasiado uns dos outros para que a sua relação possa ser clara e assim consigamos neles reconhecer uma exteriorização da vontade. Isso ocorre em certos graus já na natureza ORGÂNICA lá onde a finalidade é EXTERNA, isto é, o fim está em UM indivíduo, o meio em OUTRO. Todavia ela permanece aqui ainda indubitável, desde que os dois indivíduos pertençam à mesma espécie, sim, ela torna-se até mesmo mais destacada. Nesse gênero, deve-se computar em primeiro lugar a organização genital mutuamente adaptada dos dois sexos, em seguida algumas condições que favoreçam a cópula, por exemplo, no *lampyris noctiluca* (pirilampo), a circunstância de somente o macho, que não emite luz, ter asas para // poder buscar a fêmea, enquanto esta, por sua vez, desprovida de asas, e que sai apenas à noite, possui a luz fosforescente para poder ser encontrada pelo macho. Todavia, no caso do *lampyris italica*, ambos os sexos emitem luz, o que deve ser creditado ao luxo da natureza meridional. Mas, um exemplo marcante, porque

---

13 "Presságios." (N. T.)

bastante especial do tipo de finalidade aqui em questão, é dado pela bela descoberta feita por Geoffroy St. Hilaire nos últimos anos de sua vida, da índole mais precisa do aparato de aleitamento dos cetáceos. Ora, visto que toda sucção das tetas exige a atividade da respiração, tal sucção só pode acontecer num meio respirável, não embaixo da água, que não obstante é onde o filhote da baleia pende nos mamilos da mãe: para solucionar isso, o aparato de aleitamento dos cetáceos foi modificado, de modo que se tornou um órgão de injeção que, posto na boca da cria, esguicha-lhe leite, sem que esta precise mamar. Onde, ao contrário, o indivíduo que presta ajuda essencial a um outro é de espécie completamente diferente, inclusive pertence a um outro reino natural, duvidaremos dessa finalidade externa do mesmo modo que o fazemos no caso da natureza inorgânica; a não ser que a olhos vistos a conservação das espécies manifestamente dependa dessa finalidade. É, contudo, o caso de muitas plantas, cuja polinização só ocorre através dos insetos que ou transportam o pólen ao estigma, ou dobram os estames até o pistilo: o bérberis comum, muitos tipos de íris e a *aristolochia clematitis* não podem de modo algum polinizar sem a ajuda dos insetos (Chr. Conr. Sprengel, *Entdecktes Geheimnis* etc., 1793. – Wildenow, *Grundriss der Kräuterkunde*, 353). Muitas dioicias, monoicias e polígamas, por exemplo pepinos e melões, encontram-se no mesmo caso. O apoio recíproco que o mundo das plantas e o mundo dos insetos recebem um do outro, encontra-se admiravelmente exposto na grande *Physiologie* de Burdach (I, § 263). Muito belamente ele ali acrescenta: "Não se trata de assistência mecânica alguma, de recurso de emergência, como se a natureza tivesse figurado ontem as plantas e cometido um erro que ela agora procura corrigir através dos insetos; antes se trata de uma profunda simpatia existente entre o mundo das plantas e o mundo dos animais. A identidade de ambos // deve manifestar-se: ambos, filhos da MESMA mãe, devem existir um com o outro e um para o outro". – E mais adiante: "Mas também em relação ao mundo inorgânico encontra-se o mundo orgânico numa tal simpatia" etc. – Uma prova desse *consensus naturae* é também dada pela observação feita no segundo tomo da *Introduction into Entomology* de Kirby e Spence de que os ovos dos insetos, que passam o inverno aderidos aos ramos arbóreos que servem de alimento para a sua larva, abrem-se justamente no momento em que os ramos dão brotos, assim, por exemplo, o *aphis* da bétula sai do ovo um mês antes que o do freixo: semelhantemente, os insetos das plantas perenes passam o inverno sobre elas, como ovos; porém, os das meramente anuais, porque não podem fazer isso, passam o inverno em estado de crisálida. –

Três grandes homens rejeitaram por completo a teleologia, ou a explanação a partir de causas finais, – e muitos outros homens menores os seguiram. São eles: Lucrécio, Bacon de Verulam e Espinosa. Em todos os três sabe-se direitinho a fonte dessa rejeição: é que eles consideravam a teleologia como inseparável da teologia especulativa, e esta lhes inspirava um tal horror (que Bacon prudentemente tentou disfarçar), que queriam ver a teleologia bem longe do próprio caminho. Completamente enredado nesse preconceito encontramos até mesmo Leibniz, que, em sua carta a M. Nicaise (*Spinozae, Op*, ed. Paulus, 2, p.672), expressa-o com ingenuidade característica como algo que se entende por si mesmo: *les causes finales, ou ce qui est* la même chose, *la considération de la sagesse divine dans l'ordre des choses*.[14] (Ao diabo com a *même chose!*) Com o mesmo ponto de vista encontramos inclusive ingleses dos dias de hoje, a saber, os homens do tratado *Bridgewater*, Lord Brougham etc., sim, até mesmo R. Owen, em sua *Ostéologie comparée*, pensa exatamente como Leibniz; o que eu já repreendi no primeiro tomo. Para todos eles a teleologia é sinônimo de teologia, e a cada finalidade que reconhecem na natureza, em vez de pensar e aprender a entender a natureza, gritam como crianças *design! design!*,[15] entoando assim o refrão da filosofia de velhas senhoras, e tapam os ouvidos para todos os fundamentos da razão, tais como os que o grande Hume // já lhes havia apresentado.* O principal culpado de toda essa miséria inglesa é principalmente o desconhecimento

---

14 "As causas finais, ou, o que é a mesma coisa, a consideração da sabedoria divina na ordem das coisas." (N. T.)
15 "Desígnio, desígnio." (N. T.)
* De passagem observe-se aqui que, a julgar pelas publicações alemãs desde Kant, teríamos de acreditar que toda a sabedoria de Hume consistiu em seu ceticismo palpavelmente falso contra a lei de causalidade, ceticismo esse que é a única coisa discutida da sua obra. Para conhecer Hume, tem-se de ler a sua *História natural da religião* e os seus *Diálogos sobre a religião natural*: aí o vemos na sua grandeza, e tais escritos, junto com *Sobre o caráter nacional*, são aqueles devido aos quais – e eu não saberia dizer nada de melhor em sua honra – ele é ainda hoje odiado pelos clérigos ingleses.

até agora, verdadeiramente vergonhoso após setenta anos, da filosofia kantiana entre os eruditos ingleses, desconhecimento que por sua vez repousa, em sua maior parte, na perniciosa influência daquele repugnante clero inglês, que carrega no coração a tarefa de imbecilização geral, para assim poder manter o maior tempo possível a nação inglesa, de resto tão inteligente, escrava do bigotismo mais degradante; por isso, animado pelo mais vil obscurantismo, opõe-se com todas as suas forças à instrução do povo, à investigação da natureza, sim, ao fomento de todo o saber humano em geral, tanto por meio das suas relações quanto pelas suas escandalosas e injustificáveis riquezas que aumentam a miséria do povo, e também estende a sua influência até os eruditos universitários e escritores, que por consequência acomodam-se (por exemplo Th. Brown, *On cause and effect*) em reticências e subterfúgios de todo tipo, simplesmente para evitarem opor-se, mesmo se de longe, àquela "fria superstição" (como PÜCKLER bastante acertadamente chama a sua religião) ou aos argumentos correntes em seu favor. —

Quanto aos três grandes homens aqui em discussão, visto que viveram muito tempo antes do aparecimento da filosofia kantiana, deve-se perdoar, por causa da sua origem, aquela repulsa à teleologia; VOLTAIRE mesmo considerava a prova físico-teleológica como irrefutável. Todavia, quero me aproximar mais ainda de cada um daqueles homens. Em primeiro lugar, deve-se dizer que a polêmica de LUCRÉCIO (IV, 824-858) contra a teleologia é tão dura e grosseira que contradiz a si mesma e convence do contrário. — Naquilo que diz respeito a BACON (*De augm. scient.*, III, 4), em primeiro lugar // ele não faz diferença alguma, em relação ao uso das causas finais, entre natureza orgânica e inorgânica (o que é essencial no assunto), na medida em que, nos seus exemplos das mesmas, confunde uma com a outra. Em seguida, bane as causas finais da física para a metafísica: esta no entanto é para ele, como para muitos nos dias de hoje, idêntica com a teologia especulativa. Assim, considera as causas finais inseparáveis desta última, e vai nesse sentido tão longe que reprova ARISTÓTELES por ter feito forte uso das causas finais (pelo que logo a seguir o elogiarei especialmente), sem jamais tê-las vinculado à teologia especulativa. — ESPINOSA, por fim (*Eth.* I, prop. 36, appendix), traz a lume da maneira mais clara que ele identifica a teleologia com a físico-teologia, contra a qual ele descarrega a sua amargura, a ponto de explanar que *naturam nihil frustra agere*:[16] *hoc est, quod in usum hominum non sit*;[17] similarmente: *omnia naturalia tanquam ad suum utile media considerant, et credunt aliquem alium esse, qui illa media paraverit*;[18] bem como: *hinc statuerunt, Deos omnia in usum hominum fecisse et dirigere*.[19] Nisso ele então apoia a sua afirmação: *naturam finem nullum sibi praefixum habere et omnes causas finales nihil, nisi humana esse figmenta*.[20] Para ele tratava-se apenas de barrar o caminho ao teísmo, e reconheceu bastante acertadamente que a arma mais poderosa deste era a prova físico-teológica. Porém, foi reservado a Kant realmente refutá-la e a mim dar a correta interpretação do estofo dela; com o que satisfiz a máxima *est enim verum index sui et falsi*.[21] ESPINOSA não soube ajudar a si mesmo senão recorrendo ao desesperado expediente de negar a teleologia mesma, logo, a finalidade nas obras da natureza, uma asserção cuja monstruosidade salta aos olhos de todo aquele que chegou a conhecer com um pouco mais de exatidão a natureza orgânica. Esse limitado ponto de vista de Espinosa, junto com a sua total ignorância da natureza, testemunha suficientemente a sua completa incompetência nesses assuntos e a idiotice daqueles que, baseados em sua autoridade, acreditam dever julgar com desprezo as causas finais. —

É para grande vantagem de ARISTÓTELES que ele, nesse ponto, // contrasta com os filósofos modernos, o que constitui o seu lado mais brilhante. Sem prejuízos ele vai até a natureza, desconhece qualquer físico-teologia, nada de semelhante lhe ocorreu, e jamais considerou o mundo como se este fosse uma obra de baixa qualidade: ele está limpo disso tudo no próprio coração; bem como formula hipóteses (*De generat. anim.*, III, 11) sobre a origem dos animais e dos humanos, sem cair com isso em cadeias de raciocínio físico-teológicas. Ele sempre diz ἡ φύσις ποιεῖ (*natura facit*),[22] jamais ἡ φύσις

---

16 "A natureza não faz nada em vão." (N. T.)
17 "Não faz o que não é útil ao ser humano." (N. T.)
18 "Consideram todas as coisas da natureza como meios para o seu benefício e acreditam que há um outro que preparou tais meios." (N. T.)
19 "Deduzem que os deuses os fizeram e prepararam tudo para o uso dos seres humanos." (N. T.)
20 "A natureza não se propôs fim algum e todas as causas finais não passam de invenções humanas." (N. T.)
21 "O verdadeiro é índice de si mesmo e do falso." (N. T.)
22 "A natureza cria." (N. T.)

πεποίηται (*natura facta est*).²³ Mas, após ter estudado honesta e aplicadamente a natureza, encontra que ela em toda parte procede com finalidade e diz: μάτην ὁρῶμεν οὐδὲν ποιοῦσαν τὴν φύσιν (*naturam nihil frustra facere cernimus*);²⁴ *De respir.*, c. 10 – e nos livros *De partibus animalium*, que são uma anatomia comparada: Οὐδὲ περίεργον οὐδέν, οὔτε μάτην ἡ φύσις ποιεῖ. — Ἡ φύσις ἕνεχά του ποιεῖ πάντα. — Πανταχοῦ δὲ λέγομεν τόδε τοῦδε ἕνεχα, ὅπου ἂν φαίνηται τέλος τι, πρὸς ὃ ἡ χίνησις περαίνει· ὥστε εἶναι φανερόν, ὅτι ἔστι τι τοιοῦτον, ὃ δὴ καὶ καλοῦμεν φύσιν. — Ἐπεὶ τὸ σῶμα ὄργανον· ἕνεχά τινος γὰρ ἕκαστον τῶν μορίων, ὁμοίως δὲ καὶ τὸ ὅλον (*Nihil supervacaneum, nihil frustra natura facit. — Natura rei alicujus gratia facit omnia. — Rem autem hanc esse illius gratia asserere ubique solemus, quoties finem intelligimus aliquem, in quem motus terminetur: quocirca ejusmodi aliquid esse constat, quod Naturam vocamus. — Est enim corpus instrumentum: nam membrum unumquodque rei alicujus gratia est, tum vero totum ipsum*).²⁵ Com mais detalhes, nas páginas 645 e 663 da edição berlinense *in quarto* — bem como em *De incessu animalium*, c. 2: Ἡ φύσις οὐδὲν ποιεῖ μάτην, ἀλλ᾽ἀεὶ, ἐχ τῶν ἐνδεχομένων τῇ οὐσίᾳ, περὶ ἕκαστον γένος ζῴου, τὸ ἄριστον (*Natura nihil frustra facit, sed semper ex iis, quae cuique animalium generis essentiae contingunt, id quod optimum est*).²⁶ Expressamente ele recomenda a teleologia na conclusão dos livros *De generatione animalium*, e censura que Demócrito a tenha negado, o que Bacon, em sua estreiteza, precisamente elogia. Entretanto, especialmente na *Física*, II, 8, p.198, Aristóteles fala *ex professo*²⁷ das causas finais e as coloca como o verdadeiro princípio da consideração da natureza.

II 390 De fato, // toda boa e regrada cabeça tem de ser conduzida à teleologia, na consideração da natureza orgânica, mas de modo algum à físico-teologia nem à antropo-teologia censurada por Espinosa. — No que concerne a

---

23 "A natureza foi criada." (N. T.)
24 "Vemos que a natureza não faz nada em vão." (N. T.)
25 "A natureza não faz nada de supérfluo e nada em vão. — A natureza faz tudo em vista de um fim. — Em toda parte dizemos que algo foi feito para isto, ali onde aparece um fim ao qual tende o movimento, se nada o para, de modo que é evidente que existe uma coisa que chamamos natureza. — Porque o corpo é um instrumento; pois cada uma das suas partes, e também o corpo inteiro, existem em vista de um fim." (N. T.)
26 "A natureza não faz nada em vão, mas sempre realiza o que é melhor para cada espécie animal." (N. T.)
27 "Abertamente, como professor." (N. T.)

ARISTÓTELES em geral, quero aqui ainda chamar a atenção para o fato de a sua doutrina, no que se refere à natureza INORGÂNICA, ser cheia de erros e não servir para nada, na medida em que ele professa os mais crassos erros relativamente aos conceitos fundamentais da mecânica e da física, e isso é tanto mais imperdoável quando se tem em vista que antes dele os pitagóricos e Empédocles já estiveram no correto caminho e ensinaram coisas muito melhores; EMPÉDOCLES, como vemos no segundo livro de *De coelo* (c. I, p.284) de Aristóteles, inclusive havia concebido o conceito de uma força tangencial engendrada pela rotação e oposta à gravidade, o que ARISTÓTELES por sua vez rejeitou. De modo completamente oposto relaciona-se ARISTÓTELES em relação à consideração da natureza ORGÂNICA: aqui é o seu campo, aqui o seu abundante conhecimento, a sua penetrante observação, por vezes a sua profunda intelecção, nos assombram. Assim, apenas para dar UM exemplo, ele já reconhecera nos ruminantes o antagonismo no qual se encontram os cornos e os dentes da mandíbula superior, em virtude do que estes faltam lá onde aqueles estão presentes, e vice-versa (*De partib. anim.*, III, 2). – Daí sua correta estima das causas finais.

Capítulo 27
DO INSTINTO
E DO IMPULSO INDUSTRIOSO

É como se, nos impulsos industriosos dos animais, a natureza quisesse colocar nas mãos do investigador um comentário explicativo sobre o fazer--efeito dela segundo causas finais e a admirável finalidade das produções orgânicas daí resultantes. Pois tais impulsos mostram da maneira mais distinta que os seres podem, com a mais firme decisão e determinidade, // trabalhar em favor de um fim que eles não conhecem, sim, do qual não têm representação alguma. Este é o caso, por exemplo, do ninho da ave, da teia da aranha, do buraco das formigas-leão, da engenhosa colmeia das abelhas etc., pelo menos para aqueles indivíduos animais que realizam tais obras pela primeira vez; pois nem a figura da obra que vai ser concluída nem a sua utilidade podem ser conhecidas. Mas é precisamente assim que também faz efeito a NATUREZA QUE ORGANIZA; pelo que, no capítulo precedente, dei a paradoxal explicação de que a causa final é um motivo que faz efeito sem ser conhecido. E do mesmo modo que, no fazer-efeito proveniente do impulso industrioso, o que está em atividade é clara e patentemente a VONTADE; assim também é a vontade que verdadeiramente faz-efeito na natureza que organiza.

Poder-se-ia dizer: a vontade dos seres animais é posta em movimento de duas maneiras diferentes: por motivação, ou por instinto; logo, do exterior, ou do interior; por uma ocasião externa, ou por um impulso interno: a primeira é explanável porque reside no exterior, diante de nós, o segundo é inexplanável porque é meramente interior. Contudo, se se considera mais de perto, a oposição entre os dois não é tão forte, sim, no fundo remetem a uma diferença de grau. A saber, o motivo faz efeito em realidade apenas sob a pressuposição de um impulso íntimo, isto é, de uma determinada índole da vontade, que se chama o CARÁTER desta; o motivo dá ao caráter em cada caso apenas uma direção decisiva, — individualiza-o para o caso concreto. Do mesmo modo, o instinto, embora seja um impulso decisivo da vontade, não faz efeito, feito uma mola, totalmente do interior; porém, também ele espera por uma circunstância externa necessariamente exigida que determina ao menos o momento de sua exteriorização: tal circunstância é a estação do ano, para a ave migratória; é a chegada da frutificação, e do material a sua disposição para o ninho, para a ave que constrói o seu ninho; é a cesta ou o oco da árvore e a entrada em cena de muitas circunstâncias particulares e favoráveis às tarefas seguintes, para a abelha antes da construção; é um ângulo bem apropriado, para a aranha; é a folha adequada, para a lagarta; é o lugar quase sempre muito especialmente determinado e amiúde raro, para o inseto que deposita seus ovos, lugar no qual as larvas que emergem encontrarão de imediato o seu alimento, e assim por diante. // Disso se segue que nas obras do impulso industrioso está ativo antes de tudo o instinto, todavia, subordinadamente, também o intelecto desses animais: de fato, o instinto dá o universal, a regra; o intelecto, o particular, a aplicação, na medida em que preside os detalhes da execução nos quais, por conseguinte, o trabalho desses animais manifestamente adapta-se tendo em vista as circunstâncias dadas a cada vez. De tudo isso resulta que a diferença entre o instinto e o simples caráter pode ser assim estabelecida: o instinto é um caráter que só pode ser colocado em movimento por um motivo NO TODO ESPECIALMENTE DETERMINADO, pelo que a ação daí decorrente é sempre exatamente a mesma; enquanto o caráter, tal como o possuem cada espécie animal e cada indivíduo humano, é verdade que seja realmente uma índole permanente e imutável, todavia pode ser colocado em movimento por motivos muito variados e a estes adaptar-se, pelo que a ação daí decorrente pode ser bastante diferente, segundo a sua índole material, porém a cada vez portará a estampa do mesmo caráter, por conseguinte o exprimirá pondo-o à luz do dia, de modo que, para o conhecimento do caráter, a índole material da ação na qual ele entra em cena é no essencial indiferente: poder-se-ia então definir O INSTINTO como um CARÁTER UNIDIRECIONAL E RIGOROSAMENTE DETERMINADO. A partir dessa exposição segue-se que o vir-a-ser-determinado[1] através da mera MOTIVAÇÃO já pressupõe uma certa amplitude da esfera de conhecimento, logo um intelecto mais perfeitamente desenvolvido; por isso é algo próprio dos animais mais elevados, e avantajadamente do ser humano; enquanto o vir-a-ser determinado através do instinto exige apenas o suficiente de intelecto que é necessário para perceber o motivo no todo especialmente determinado que se torna a única e exclusiva ocasião para exteriorização do instinto; razão pela qual se dá em esferas de conhecimento extremamente limitadas, por conseguinte não se encontra, via de regra e em graus mais elevados, senão em animais de classes mais baixas, notadamente os insetos. Como, então, as ações desses animais precisam apenas de uma extremamente simples e limitada motivação do exterior, o *medium* desta, logo o intelecto ou o cérebro, neles desenvolve-se de maneira bastante débil, e suas ações exteriores encontram-se na maioria das vezes sob a mesma condução das funções // fisiológicas interiores que ocorrem por meros estímulos, logo, do sistema ganglionar. Este, por conseguinte, é neles preponderantemente desenvolvido: seu tronco nervoso principal estende-se na figura de dois fios que formam em cada membro do corpo um gânglio amiúde apenas pouquinho menor que o cérebro e chegam até debaixo do abdômen, e é, segundo CUVIER, um análogo, não tanto da medula espinhal, mas do nervo simpático. Em conformidade com tudo o que foi dito, instinto e condução por mera motivação encontram-se num certo antagonismo, em consequência do qual o instinto encontra o seu máximo nos insetos, a condução por mera motivação, nos humanos, e entre esses dois extremos há o agir dos outros animais, em gradação variada, conforme em cada caso seja preponderantemente desenvolvido o sistema cerebral ou ganglionar. Justamente porque o agir instintivo e as tarefas industriosas dos insetos são conduzidos principalmente pelo sistema ganglionar, cai-se num absurdo quando se os considera como resultantes exclusivamente do cérebro, e assim se os quer explanar, pois é como usar uma chave falsa para abrir a porta. A mesma particularidade dá a tal forma de agir uma significativa semelhança com a do sonâmbulo, que se explana igualmente dizendo que, no lugar do cérebro, o nervo simpático

---

[1] No original alemão *Bestimmtwerden*. (N. T.)

assumiu também a condução das ações exteriores: portanto, os insetos são em certa medida sonâmbulos naturais. Ora, certas coisas que não podemos atingir diretamente, temos de apreendê-las por uma analogia: a que acabei de mencionar fará isso em elevado grau se recorrermos ao fato de que no *Telurismo* de KIEFER (t. 2, p.250) é mencionado um caso "onde a ordem do magnetizador à sonâmbula, para realizar uma determinada ação no estado desperto, foi por ela seguida quando despertou, sem que ela se lembrasse claramente da ordem". É como se ela tivesse de realizar aquela ação sem saber bem por quê. Isso decerto tem a máxima similaridade com aquilo que ocorre no impulso industrioso dos animais: para a jovem aranha é como se tivesse de tecer a própria teia, apesar de ela não conhecer nem entender a sua finalidade. Aqui também nos lembraremos do demônio de Sócrates, devido ao qual este possuía o sentimento de que tinha de abster-se de uma ação à qual inclinava-se ou que estava quase realizando, // sem que soubesse por quê: — pois havia esquecido o seu sonho profético sobre o assunto. Análogo a este temos muitos outros casos bem constatados nos nossos dias; por isso apenas brevemente os trago à lembrança. Um homem havia reservado o seu lugar num navio: mas quando este ia zarpar, não quis de maneira alguma ficar a bordo, sem saber a razão: o navio naufragou. Um outro anda com companheiros na direção de um barril de pólvora: chegando na sua proximidade, não quer de modo algum prosseguir, mas retorna rapidamente, assaltado pelo medo, sem saber por quê: o barril explodiu. Um terceiro, no oceano, sente-se numa noite, sem razão alguma, inclinado a não se despir, porém deita-se com roupas e botas, até mesmo com os óculos: à noite o barco pega fogo, e ele está entre os poucos que se salvam no bote. Tudo isso repousa sobre o efeito distante e surdo de sonhos fatídicos esquecidos e nos dá a chave para uma compreensão analógica do instinto e do impulso industrioso.

Por outro lado, como eu disse, o impulso industrioso dos insetos lança bastante luz sobre o fazer-efeito da vontade desprovida de conhecimento na engrenagem interior do organismo e na sua formação. Pois de maneira inteiramente natural pode-se ver no formigueiro ou na colmeia a imagem de um organismo decomposto e levado à luz do conhecimento. Nesse sentido diz BURDACH (*Fisiologia*, t. 2, p.22): "A formação e o pôr dos ovos cabe à rainha, a semeadura e o cuidado pelo desenvolvimento cabe às operárias: naquela personificou-se, por assim dizer, o ovário, nesta o útero". Numa sociedade de insetos, assim como no organismo animal, a *vita propria* de cada parte está subordinada à vida do todo, e o cuidado pelo todo precede o cuidado pela existência individual; sim, esta é querida apenas condicionalmente, aquela incondicionalmente: por isso até mesmo os indivíduos são ocasionalmente sacrificados em favor do todo; como nós deixamos amputar um membro para salvar o restante do corpo. Assim, por exemplo, quando a caravana de formigas encontra o caminho barrado pela água, as formigas que estão na frente atiram-se corajosamente nela, até que os seus cadáveres acumulados tenham formado uma espécie de dique para as que vêm atrás. Os zangões, quando se tornam inúteis, são picados até a morte. Se há duas rainhas na colmeia, // elas são cercadas e têm de lutar entre si até que uma morra. A formiga-mãe, depois de passado o período da fecundação, corta a si mesma as asas, que não poderiam ser senão um obstáculo às suas novas funções sob a terra de cuidar de uma nova família (Kirby e Spence, v. I). Assim como o fígado nada mais quer senão secretar bílis para o serviço de digestão, sim, quer existir tão somente para a sua finalidade, como qualquer outra parte do corpo; também a abelha operária nada mais quer senão recolher mel, secretar cera e construir celas para os ovos da rainha; os zangões nada mais senão fecundar; a rainha nada mais senão pôr ovos: todas as partes, portanto, trabalham meramente para a conservação do todo, que é o único fim incondicional; exatamente como fazem as partes do organismo. A única diferença é que no organismo a vontade atua de modo completamente cego, na sua originariedade; na sociedade dos insetos, ao contrário, a coisa se passa já à luz do conhecimento, ao qual é permitido uma decisiva cooperação e inclusive alguma escolha, mas apenas nos incidentes de detalhe, nos quais ele ajuda e adapta às circunstâncias aquilo que deve ser levado a efeito. Mas, no conjunto, os insetos querem o fim, sem o conhecer; exatamente como a natureza orgânica que faz efeito segundo causas finais: mesmo a escolha dos meios em seu todo não é permitida aos insetos, mas lhes é permitida meramente a disposição mais detalhada dos meios em cada caso particular. Mas justamente por isso o seu agir não é de modo algum mecânico; o que se torna distintamente visível quando se colocam obstáculos no caminho da sua atividade. Por exemplo, a lagarta fia o seu casulo na folha, sem conhecimento do fim; mas caso a teia seja destruída, a lagarta a repara habilmente. As abelhas adaptam desde o início a sua construção às circunstâncias que encontram, e incidentes que ocorrem, como destruições intencionais, são remediados por elas da forma mais conveniente em cada caso particular (Kirby e Spence, *Introd. to Entomol.*; Huber, *Des abeilles*). Tais coisas estimulam a nossa admiração, porque a percepção das circunstâncias e a adaptação a estas manifestamente são assunto do entendimento; e se atribuímos a mais industriosa previsibilidade para a geração por vir e para o futuro distante, sabemos muito bem que não é guiada pelo conhecimento: // pois uma previsibilidade desse tipo que proceda dele demanda uma atividade cerebral tão elevada quanto a da faculdade de razão. Ao contrário, para a modificação e disposição do particular conforme as circunstâncias existentes ou que se apresentem, até mesmo o intelecto dos animais mais abaixo na escala dos seres é suficiente; porque, conduzido pelo instinto, o intelecto tem apenas de preencher as lacunas deixadas por este. Assim vemos as formigas levarem as suas larvas quando o lugar em que estão se torna muito úmido ou muito árido: elas não conhecem o fim, portanto não são aqui conduzidas pelo conhecimento; todavia, a escolha do momento em que o lugar não é mais conveniente às larvas, assim como a de um outro lugar para onde possam agora levá-las, é deixada ao seu conhecimento. — Aqui gostaria de mencionar mais um fato que me foi pessoalmente contado pela própria pessoa que o experienciou; se bem que depois o encontrei citado por Burdach, seguindo Gleditsch. Para testar o besouro-enterrador (*Necrophorus vespillo*), aquela pessoa amarrou uma rã morta e estendida na terra a um fio cuja outra extremidade foi amarrada na extremidade superior de uma vara fixada obliquamente no chão: depois que alguns besouros, como era do seu costume, escavaram por debaixo da rã, não puderam, como esperavam, enterrá-la: após muitas e confusas idas e vindas, escavaram também debaixo da vara. — No organismo, como algo análogo a esta ajuda prestada ao instinto e à melhoria das obras do impulso industrioso, encontramos a força curativa da natureza, que não apenas cicatriza feridas, e até mesmo repara a massa óssea e nervosa, mas também, quando em razão da perda de uma ramificação venosa ou nervosa, uma ligação é interrompida, abre uma nova ligação, pela ampliação das outras veias ou dos nervos, sim, talvez até mesmo pela produção de novas ramificações; ademais, faz com que uma parte ou função doente seja substituída por outra; na perda de um olho, o outro é aguçado, e na perda de um sentido, todos os demais *são aguçados*; às vezes até fecha uma úlcera intestinal em si mesma mortífera fazendo crescer o mesentério e o peritônio; numa palavra, procura tratar todo dano e toda perturbação da maneira mais engenhosa. Quando, ao contrário, o dano é absolutamente incurável, trata de apressar a morte, e tanto mais, quanto mais o organismo é elevado na escala dos seres, logo, mais sensível.

II 397   Até isso tem o seu análogo // no instinto dos insetos: de fato, as vespas que, durante todo o verão, com grande esforço e trabalho alimentaram as suas larvas com o produto das suas rapinas, em outubro, quando veem a última geração delas prestes a morrer de fome, matam-nas (Kirby e Spence, v. I, p.374). Sim, analogias ainda mais raras e especiais podem ser encontradas, por exemplo esta: quando a fêmea da abelha terrestre (*apis terrestres, bombylius*) põe os ovos, as abelhas operárias são assaltadas por um ímpeto para comê-los que dura de seis a oito horas, e seria satisfeito se a mãe não os defendesse e vigiasse zelosamente. Após esse tempo, no entanto, as abelhas operárias não mostram absolutamente prazer algum para devorar os ovos, mesmo quando lhes são oferecidos; ao contrário, elas agora põem-se a cuidar e a alimentar zelosamente as larvas que saem dos ovos. Isso pode ser naturalmente interpretado como um análogo das doenças infantis, notadamente a da dentição, quando justamente os futuros encarregados de alimentar o organismo fazem um ataque a ele que com frequência lhe custa a vida. — A consideração de todas essas analogias entre a vida orgânica e o instinto, junto com a consideração do impulso industrioso dos animais mais abaixo na escala dos seres, serve para fortificar cada vez mais a convicção de que é a VONTADE que subjaz no fundamento tanto de um quanto de outro, na medida em que também aqui se demonstra o papel subordinado do conhecimento no fazer-efeito da vontade, papel que é ora mais, ora menos limitado, ora nulo.

Mas ainda há outro aspecto em que o instinto e a organização animal esclarecem-se reciprocamente: a saber, na ANTECIPAÇÃO DO FUTURO que se manifesta em cada um deles. Por intermédio do instinto e do impulso industrioso os animais cuidam da satisfação de necessidades que eles ainda não sentem, sim, cuidam não apenas das próprias mas inclusive das necessidades das suas futuras crias: trabalham, portanto, em vista de um fim que ainda lhes é desconhecido: e isso vai tão longe, como o elucidei em *Sobre a vontade na natureza*, p.45 (segunda edição), no exemplo da *Bombex*,[2] que antecipadamente perseguem e matam os inimigos dos seus futuros ovos. Igualmente, em toda a corporização de um animal vemos os seus fins distantes e as suas necessidades futuras antecipados através das ferramentas orgânicas para o seu alcançamento e a sua satisfação; daí resultando aquela adequação perfeita // da estrutura de cada animal ao seu modo de vida, aquela provisão de todas as armas necessárias para o ataque contra as suas presas e para a defesa contra os seus inimigos, aquele projeto de toda a sua figura para o elemento e entorno nos quais aparecerá como perseguidor, o que descrevi em detalhes no meu escrito *Sobre a vontade na natureza* sob a rubrica "Anatomia comparada". — Todas essas antecipações, manifestando-se tanto no instinto quanto na organização dos animais, poderíamos subsumir no conceito de um conhecimento *a priori*, se um CONHECIMENTO EM GERAL estivesse em seu fundamento. Mas, como disse, esse não é o caso: sua origem reside mais profundamente, mais além do domínio do conhecimento, a saber, reside na vontade como a coisa em si, que como tal permanece livre também das FORMAS do conhecimento; eis por que em referência a ela o TEMPO não possui significação alguma, portanto, o futuro lhe é tão próximo quanto o presente.

---

2 "Bicho-da-seda." (N. T.)

Capítulo 28*
CARACTERIZAÇÃO
DA VONTADE DE VIDA

Nosso segundo livro encerra-se com a pergunta sobre o fim e a meta daquela vontade que se revelou como a coisa em si de todas as coisas do mundo. Em vista de completar a resposta ali dada de maneira geral, servem as seguintes considerações, na medida em que expõem o caráter daquela vontade em geral.

Uma tal caracterização é assim possível porque conhecemos, como essência íntima do mundo, algo que é absolutamente real e dado empiricamente. Ao contrário, a denominação "alma cósmica", com a qual muitos se referiram àquela essência íntima, dá em vez desta apenas um mero *ens rationis*: pois "alma" quer dizer uma unidade individual da consciência que manifestamente não convém àquela essência, e em geral o conceito de // "alma" não pode ser justificado nem empregado porque ele hipostasia o conhecer e o querer numa ligação inseparável e com isso independente do organismo animal. Essa palavra não deveria ser aplicada em outro sentido senão como o de um tropo: pois ela de modo algum é tão inofensiva como a ψυχή ou *anima*, que como tal significam sopro. –

Ainda muito mais inapropriado é, no entanto, o modo de expressão dos assim chamados panteístas, cuja filosofia inteira consiste principalmente em intitular "deus" a essência íntima do mundo, que lhes é desconhecida; com o que até mesmo acreditam ter realizado um excelente trabalho. Ao levá-los a sério, o mundo seria uma teofania. Mas, dessa perspectiva, apenas lancemos um olhar para este mundo de seres de contínuas necessidades, que

---
* Este capítulo conecta-se com § 29 do primeiro tomo.

só podem sobreviver POR UM TEMPO se se entredevorarem, que passam a sua existência sob medo e carência e amiúde suportam terríveis tormentos, até que enfim caem nos braços da morte: quem apreende isso distintamente com os olhos, dará razão a Aristóteles, quando ele diz: ἡ φύσις δαιμονία, ἀλλ'οὐ θεία ἐστί (*natura daemonia est, non divina* – [1] *De divinat.*, c. 2, p.463); sim, teríamos de admitir que um deus, se decidisse metamorfosear-se num tal mundo, de fato teria realmente de ser possuído pelo diabo. — Sei muito bem que os supostos filósofos deste século seguem aqui a ESPINOSA e assim sentem-se justificados. Só que ESPINOSA tinha razões especiais para nomear "deus" a sua substância única, para pelo menos salvar a palavra, embora não a coisa. As fogueiras de Giordano Bruno e Vanini ainda estavam frescas na memória: de fato, estes também foram sacrificados no altar daquele deus em cuja honra incomparavelmente muito mais pessoas perderam o seu sangue que nos altares de todos os deuses pagãos de ambos os hemisférios juntos. Se, por conseguinte, ESPINOSA chama o mundo deus, então isso é exatamente, e nada mais, como quando ROUSSEAU, no *Contrato social*, sempre se refere ao povo com a expressão *le souverain*;[2] também se poderia comparar isso com o caso do príncipe que tentou abolir a nobreza em seu país, e chegou ao pensamento de enobrecer todas a pessoas, para não despojar nenhuma delas das suas propriedades. Aqueles sábios dos nossos dias têm decerto ainda uma outra razão para o termo ora em questão, mas é tão pouco convincente quanto as outras. De fato, todos partem em suas filosofias não do mundo ou da nossa consciência deste, porém de deus como algo dado e conhecido: deus não é o seu *quaesitum*, mas seu *datum*.[3] Se fossem crianças, eu lhes explicaria que isso é uma *petitio principii*: mas eles o sabem, tão bem quanto eu. Apenas depois que KANT demonstrou que o caminho do anterior e honesto dogmatismo, que queria ir do mundo a deus, a este não chegava – é que agora tais senhores acham que teriam encontrado uma correta saída, e se fazem de astutos. O leitor de tempos pósteros me perdoe por falar de pessoas que não conhecem.

---

1 "A natureza é demoníaca, não divina." (N. T.)
2 "O soberano." (N. T.)
3 "Questão", "dado". (N. T.)

Qualquer olhar para o mundo, mundo este cuja explicação é tarefa do filósofo, confirma e estabelece que VONTADE DE VIDA, longe de ser hipóstase arbitrária, ou uma palavra vazia, é a única expressão verdadeira para a essência mais íntima do mundo. Tudo tem ímpeto e impulso para a EXISTÊNCIA, se possível para a existência ORGÂNICA, isto é, para a VIDA, e com isso para a maior elevação possível dela: na natureza animal salta aos olhos que a VONTADE DE VIDA é o tom fundamental do seu ser, sua única propriedade imutável e incondicionada. Considere-se esse universal ímpeto de vida, veja-se a infinita solicitude, facilidade e exuberância com a qual a Vontade de vida, entre milhões de formas, em toda parte e a cada instante, por intermédio de fecundações e germes, sim, onde estes faltam, por intermédio da *generatio aequivoca*, precipita-se impetuosamente na existência, agarrando qualquer oportunidade, apossando-se avidamente de cada estofo capaz de vida; lance-se em seguida um olhar no terrível alarme e na selvagem rebelião, quando, nalguma das suas aparências individuais, tem de sair da existência, sobretudo lá onde isso ocorre com consciência distinta. É como se nessa única aparência o mundo todo devesse ser aniquilado para sempre, e o ser inteiro de um assim ameaçado vivente se metamorfoseasse de imediato na mais desesperada resistência e defesa contra a morte. Observe-se, por exemplo, o medo inacreditável que sente uma pessoa com a sua vida em perigo, e a rápida e séria simpatia de cada testemunha com ela e o júbilo sem limites // após a sua salvação. Observe-se o arrepiante pavor com que uma sentença de morte é ouvida, o horror profundo com que miramos os preparativos para a sua execução, e a dolorosa compaixão que nos assalta quando a execução é realizada. Acreditar-se-ia que se trata aqui de algo bem diferente que simplesmente abreviar em alguns anos uma existência vazia, triste, amargurada por pragas de todo tipo e sempre incerta; antes, ao contrário, não poderíamos deixar de pensar como é extraordinário um indivíduo chegar alguns anos mais cedo lá onde, após esta efêmera existência, resta-lhe ainda estar por bilhões de anos. — Em tais aparências torna-se então visível que eu tive razão em colocar como princípio inexplicável, mas fundamento próprio de toda explicação, a VONTADE DE VIDA, que, longe de ser uma palavra oca como "o absoluto", "o infinito", "a ideia" e semelhantes expressões, é o mais estritamente real que conhecemos, sim, o núcleo da realidade mesma.

Entretanto, se agora fazemos por instantes abstração dessa interpretação, que haurimos do nosso interior, e nos colocamos diante da natureza como estranhos em vista de apreendê-la objetivamente, então encontramos que ela, desde o grau da vida orgânica, tem apenas uma intenção: a CONSERVAÇÃO DE TODAS AS ESPÉCIES. Para isto a natureza trabalha através do excesso desmesurado de germens, através da veemência aflitiva do impulso sexual e da avidez deste para adaptar-se a todas as circunstâncias e oportunidades, o que vai até a procriação de bastardos, e através do instintivo amor materno, cuja força é tão grande que, em muitas espécies animais, prepondera sobre o amor de si mesmo, de modo que a mãe sacrifica a própria vida para salvar a vida dos jovenzinhos. O indivíduo, ao contrário, tem para a natureza apenas um valor indireto, a saber, apenas na medida em que é o meio para conservar a espécie. Ademais, a existência do indivíduo é indiferente para a natureza, sim, esta até o leva à ruína assim que ele deixa de ser apropriado aos seus fins. Ora, à pergunta – para que existe o indivíduo?, a resposta seria clara: mas à pergunta: para que existe a espécie mesma? Para esta pergunta a natureza, considerada do lado puramente objetivo, não nos fornece resposta alguma. Pois em vão procuramos, na sua contemplação, descobrir um fim para essa agitação sem trégua, // para esse ímpeto violento em vista da existência, para esse cuidado angustiado pela conservação das espécies. As forças e o tempo dos indivíduos consomem-se no esforço de manutenção de si mesmos e dos seus jovenzinhos, e mal dão para isso, e por vezes até mesmo faltam. Se, no entanto, por acaso resta uma vez um excedente de força e com ele de bem-estar – e também um excedente de conhecimento no caso de UMA espécie racional –, então isso é demasiado insignificante para ser visto como o objetivo de toda aquela atividade da natureza. – A considerar as coisas de maneira puramente objetiva e com um olhar estrangeiro, parece até mesmo que é como se a natureza tivesse como única preocupação não perder nenhuma das suas Ideias (platônicas), isto é, as formas permanentes: assim, estaria tão satisfeita consigo mesma pela invenção e disposição dessas Ideias (para o que as três populações anteriores de animais sobre a face da terra foram o esboço), que agora a sua única preocupação seria que alguma dessas belas invenções se perdesse, vale dizer, que alguma daquelas formas pudesse desaparecer do tempo e da série causal. Pois os indivíduos são passageiros como a água no regato, as Ideias, ao contrário, são permanentes como os redemoinhos do regato: apenas o esgotamento da água também aniquilaria os redemoinhos. — Teríamos de permanecer nessa enigmática visão se a natureza nos fosse dada apenas de fora, portanto, de forma puramente OBJETIVA, e teríamos de aceitar que, assim como é apreendida pelo conhecimento, também nasceu do conhecimento, isto é, no domínio da representação e, por conseguinte, teríamos de nos manter nesse domínio para decifrar o seu enigma. Contudo, as coisas passam-se de modo diferente e nos é permitido uma olhada no INTERIOR DA NATUREZA; a saber, na medida em que este nada é senão o NOSSO PRÓPRIO INTERIOR, no qual a natureza, chegando até o grau mais elevado em que ela podia elevar-se por seu trabalho, é então imediatamente iluminada pela luz do conhecimento na consciência de si. Aqui A VONTADE se nos mostra como algo *toto genere* diferente da REPRESENTAÇÃO, na qual a natureza existia desdobrada em todas as suas Ideias, e nos dá agora, de um só golpe, o esclarecimento que nunca poderíamos encontrar pelo caminho meramente OBJETIVO da REPRESENTAÇÃO. // O subjetivo, portanto, dá aqui a chave para a interpretação do objetivo.

Acabamos de expor acima, na caracterização do subjetivo, ou da vontade, uma desmesurada tendência de todos os animais e humanos para conservar a vida e a prolongar o máximo possível: para reconhecer nessa tendência algo originário e incondicionado é ainda exigido que tenhamos a clara consciência de que essa tendência não é de modo algum o resultado de um CONHECIMENTO objetivo sobre o valor da vida, porém é independente de todo conhecimento; ou, com outras palavras, que aqueles seres não se apresentam como que atraídos por algo adiante, mas como que impelidos por algo atrás.

Se, com essa visão, passamos em revista primeiro a inabarcável série dos animais e a variedade sem fim das suas figuras como estas se expõem sempre continuamente modificadas conforme o seu elemento e o seu modo de vida, e ao mesmo tempo consideramos a arte inimitável e igualmente perfeita que em cada indivíduo preside a sua estrutura e o seu mecanismo, e por fim o dispêndio inacreditável de força, destreza, astúcia e atividade a que cada animal tem de incessantemente recorrer durante toda a sua vida;

se, por exemplo, indo mais longe, nos representamos o zelo infatigável das miseráveis e pequenas formigas, o admirável trabalho industrioso das abelhas, ou se observamos como esse coveiro (*necrophorus vespillo*) enterra sozinho durante dois dias o cadáver de uma toupeira quarenta vezes maior que ele para ali depositar os seus ovos e assim assegurar o alimento das futuras crias (Gleditsch, *Physik. Bot. Oekon. Abhandl.*, III, 220), e se ademais temos em mente como em geral a vida da maior parte dos insetos nada é senão um trabalho incansável para preparar os alimentos e a estadia das futuras crias nascidas dos seus ovos, crias estas que, após terem devorado os alimentos e se transformado em criaturas constituídas, entram em cena na vida, simplesmente para reiniciarem de novo desde o princípio o mesmo trabalho; e se ainda, semelhantemente, a vida dos pássaros é em grande parte transcorrida em longas e penosas migrações, depois na construção do seu ninho e em achar e trazer o alimento para os seus jovenzinhos, os quais eles próprios, nos anos seguintes, terão de desempenhar o mesmo papel, e que assim tudo trabalha para o futuro, que depois entra em bancarrota; — então não podemos // nos furtar à pergunta sobre qual a recompensa de toda essa arte e pena, qual o fim que, tendo diante dos olhos, faz com que os animais esforcem-se tão incessantemente? Numa palavra: o que resulta de tudo isso? O que é alcançado durante a existência animal que exige tantas disposições a perder de vista? — E nada nos pode ser mostrado senão a satisfação da fome e do impulso sexual e eventualmente um breve momento de bem-estar, como cabe em partilha a cada indivíduo animal no meio das suas misérias e fadigas sem fim. Se se computa os dois, ou seja, de um lado a indescritível engenhosidade da obra instituída, a riqueza indizível dos meios, e de outro a mediocridade do que por aí é objetivado e obtido, então impõe-se a intelecção de que a vida é um negócio cujo lucro está longe de cobrir os custos do investimento. Isso salta aos olhos em muitos animais com modos de vida especialmente simples. Considere-se, por exemplo, a toupeira, esse incansável trabalhador. Escavar intensamente com suas patas enormes, — é a ocupação de toda a sua vida: noite contínua a envolve: seus olhos embrionários ela os possui apenas para fugir da luz. Somente ela é um verdadeiro *animal nocturnum*; não gatos, corujas e morcegos, que veem à noite. O que, no entanto, ela consegue com esse decurso de vida pleno de fadiga e vazio de alegria? Comida e cópula: logo, apenas o meio para prosseguir no mesmo triste caminho, e o recomeçar num novo indivíduo. Em tais exemplos torna-se claro que não há relação alguma entre as fadigas e os tormentos da vida e o rendimento ou o lucro desta. Entre os animais que veem, a consciência do mundo intuitivo, embora neles estritamente subjetiva e limitada ao efeito dos motivos, dá à sua existência uma ilusão de valor objetivo. Mas a CEGA toupeira, com sua organização tão perfeita e sua incessante atividade, limitada à oscilação entre alimentar-se de larvas de insetos e sofrer de fome, faz saltar aos olhos a desproporção entre meio e fim. — Nesse sentido, também a consideração do mundo animal abandonado a si mesmo em regiões desabitadas é especialmente instrutiva. Um belo quadro de um mundo assim e do sofrimento que a natureza ela mesma prepara para o mundo animal, sem a participação do ser humano, é dado por HUMBOLDT em // *Ansichten der Natur*, segunda edição, p.30 et seq.: ele também não deixa, p.44, de lançar um olhar sobre o sofrimento análogo do gênero humano, sempre e em toda parte em discórdia consigo mesmo. Entretanto, é na vida simples dos animais, facilmente avaliável pelo olhar, que é mais fácil apreender a nulidade e futilidade dos esforços de toda a aparência. A variedade das organizações e a engenhosidade dos meios pelos quais cada uma destas conforma-se ao seu elemento e à sua presa contrastam distintamente com a ausência de qualquer suposto alvo final; no lugar deste, apenas um fugidio bem-estar, um gozo passageiro condicionado pela privação, muito e duradouro sofrimento, luta incessante, *bellum omnium*, todos são caçadores e todos são caças, tumulto, privação, necessidade e medo, grito e urro, é o que se nos expõe: e isso continuará assim, *in secula seculorum*, ou até que mais uma vez rompa-se a crosta do planeta. JUNGHUHN conta que observou em Java um vasto campo tomado por carcaças e que ele julgou ser um campo de batalha: as carcaças nada eram, contudo, senão as de grandes tartarugas, longas em cinco pés, três de largura e de altura, que, ao sair do mar para pôr os seus ovos, pegam esse caminho e então são atacadas por cães selvagens (*canis rutilans*), que, com a força da matilha, viram-nas de costas, arrancam-lhes a carapaça inferior, logo as pequenas placas da barriga, e assim as devoram vivas. Mas amiúde então um tigre pula sobre os cães. E todo esse tormento repete-se por milhares e milhares de vezes, ano após ano. Para isso nasceram, portanto, essas tartarugas? Por qual crime têm de sofrer tal tormento? Para que todas as cenas de horror? A única resposta é: assim objetiva-se a VONTADE DE VIDA. Basta considerar bem a esta e apreendê-la em todas as suas objetivações: e então chega-se à compreensão da sua essência e do mundo; não, entretanto, pela construção de conceitos universais e, com estes, de castelos de cartas. A apreensão do grande espetáculo da objetivação da VONTADE DE VIDA e a caracterização da sua essência exige decerto consideração mais precisa e detalhamento mais apurado que dar ao mundo o nome de Deus e assim o considerar como entendido, ou, com uma estupidez que só a pátria alemã // é capaz de oferecer e fruir, explicar o mundo como sendo o "ser-outro da ideia", — coisas que durante vinte anos foram a diversão dos tolos do meu tempo. Decerto, segundo o panteísmo e o espinosismo, dos quais aqueles sistemas do nosso século são apenas travestimentos, a trama do todo desenrola-se realmente sem fim, através da eternidade. Pois o mundo é um deus, *ens perfectissimum*:[4] isto é, não pode haver nem ser pensado nada de melhor. Portanto, o mundo não precisa de uma redenção; conseguintemente, não existe redenção alguma. Para que, no entanto, existe toda a tragicomédia, é algo que nem sequer podemos vislumbrar; pois ela não tem espectador algum e os atores mesmos aguentam flagelos infinitos, ao lado de um módico e negativo prazer.

Levemos agora mais uma vez em consideração o gênero humano; então a coisa é de fato mais complicada e adquire decerto um aspecto mais sério: contudo, o caráter fundamental permanece o mesmo. Também aqui a vida de modo algum expõe-se como um presente a ser fruído, mas como uma tarefa, um *pensum* a ser executado, e correspondendo a isso vemos, tanto no grande quanto no pequeno, aflição universal, esforço incessante, ímpetos permanentes, luta sem fim, atividade forçada, com excessiva exigência de todas as forças do corpo e do espírito. Milhões de pessoas unem-se em povos e trabalham pelo bem-estar comum, e cada indivíduo pelo seu próprio; mas muitos milhares são sacrificados para isso. Não tarda, e vemos as insanas ilusões e as sutilezas da política os inflamarem à guerra: com o que o suor e sangue da grande massa têm de jorrar para realizar os planos ou expiar

---

4 "Ser perfeitíssimo." (N. T.)

os erros de alguns indivíduos. Na paz, a indústria e o comércio são ativos, invenções operam milagres, mares são singrados, delícias afluem de todos os cantos do mundo, as ondas sugam milhares. Todos são impelidos, uns pensando, outros agindo, o tumulto é indescritível. – Todavia, qual é o fim último de tudo isso? A existência de indivíduos efêmeros e atormentados, assegurada por curto espaço de tempo, no caso mais feliz com necessidade suportável e relativa ausência de dor, que entretanto logo pode ceder lugar ao tédio; por fim, a reprodução dessa espécie e da sua agitação. – Desse ponto de vista, e devido a essa manifesta desproporção entre o esforço e a recompensa, aparece-nos // a Vontade de vida, objetivamente, como uma insanidade, ou, subjetivamente, como uma ilusão, da qual todos os viventes estão possuídos, e que os faz trabalhar com a máxima tensão de suas forças no sentido de algo que não tem valor algum. Tão somente através de uma consideração mais precisa é que também encontraremos que aqui se trata antes de um ímpeto cego, de um impulso completamente sem fundamento e imotivado.

Em verdade, a lei de motivação, como eu detalhei em § 29 do primeiro tomo, estende-se apenas às ações individuais, não ao querer no TODO E EM GERAL. Daí resulta que, quando apreendemos o gênero humano no TODO E UNIVERSALMENTE, este não se apresenta como se tivéssemos em vista as ações particulares, como num teatro de marionetes, as quais, usualmente, são movimentadas através de fios exteriores; porém, daquele ponto de vista, são como marionetes colocadas em movimento através de um mecanismo interior. Pois se comparamos, como fizemos acima, os incessantes, sérios e fatigantes esforços do ser humano com o que obtém ou algum dia poderá obter em recompensa, então a desproporção que expusemos torna-se flagrante, na medida em que se reconhece que aquilo a ser alcançado, considerado como força motriz, é absolutamente insuficiente para a explanação daquele movimento e daquela agitação sem fim. O que é, em realidade, um breve adiamento da morte, um pequeno alívio da necessidade, uma ausência de dor, uma momentânea satisfação dos desejos, – em face do frequente e certo triunfo da morte? Qual seria o poder de tais vantagens tomadas como causas motrizes reais de um incontável gênero humano constantemente renovado, que sem descanso se move, agita-se, é impetuoso, atormenta-se, inquieta-se e desempenha a completa tragicomédia da história mundial, sim (e isto fala mais do que qualquer outra coisa), que PERSEVERA o máximo possível em semelhante zombeteira existência? – Manifestamente tudo isso não pode ser explanado, se procuramos as causas motrizes exteriormente às figuras e pensamos o gênero humano como empenhando-se, devido a uma ponderação da razão, ou de algo análogo a esta (espécie de fios diretores), por bens que lhe são apresentados e cuja obtenção seria uma adequada recompensa às suas fadigas e flagelos sem fim. Se fosse assim, há muito tempo // cada um teria dito *Le jeu ne vaut pas la chandelle*[5] e abandonado a partida. Mas, ao contrário, cada um guarda e protege a própria vida como um precioso penhor que lhe foi confiado sob grave responsabilidade, e isso em meio a infinitos cuidados e frequentes necessidades entre os quais se passa a existência. O alvo e o motivo, o ganho final de tudo isso, naturalmente que o indivíduo não vê; porém aceitou sem questionar o valor daquele penhor, com boa-fé e confiança, sem saber em que consiste. Por isso eu disse que aquelas marionetes não são movidas desde o exterior, porém cada uma porta em si o mecanismo do qual resultam os seus movimentos. Esse mecanismo é a VONTADE DE VIDA, manifestando-se como um propulsor infatigável, um impulso irracional, que não tem o seu fundamento suficiente no mundo exterior. É a Vontade de vida que mantém firmemente os indivíduos nesta cena e é o *primum mobile* dos seus movimentos; enquanto os objetos exteriores, os motivos, meramente determinam a direção desses movimentos no caso particular: do contrário, a causa não seria de modo algum adequada ao efeito. Pois, assim como cada exteriorização de uma força natural possui uma causa, porém a força natural ela mesma não a possui; assim também cada ato particular da vontade possui um motivo, porém a vontade em geral não o possui: sim, no fundo esses dois casos são uma única e mesma coisa. Em toda parte a vontade, como o metafísico, é o marco fronteiriço de qualquer consideração além do qual esta não pode ir. A partir da exposta originariedade e incondicionalidade da vontade, pode-se explanar por que o ser humano acima de tudo ama uma existência plena de necessidade, flagelo, dor, medo, ou ainda plena de tédio, e que, considerada e avaliada objetivamente, teria antes de abominar, e também

---

5 "O jogo não vale a vela." (N. T.)

por que acima de tudo teme o fim dessa existência, o qual todavia *é a única coisa certa para ele*.* — Em conformidade com isso, vemos amiúde uma figura miserável, deformada e curvada pela idade, carência e doença, implorar desde o fundo do coração por nossa ajuda para prolongar uma existência cujo fim teria de parecer absolutamente mais desejável caso um juízo objetivo fosse aqui o determinante. Porém, em vez de um juízo objetivo, o que aqui aparece é, portanto, a vontade cega, que entra em cena como impulso de vida, prazer de vida, ânimo vital: // é o mesmo impulso que faz as plantas crescerem. Esse ânimo vital poderia ser comparado a uma corda estendida sobre o teatro de marionetes do mundo humano e da qual penderiam as marionetes por meio de fios invisíveis, enquanto apenas APARENTEMENTE são sustentadas pelo solo sob elas (o valor objetivo da vida). Se um dia a corda enfraquece, então a marionete desce; se aquela arrebenta, então a marionete tem de cair, pois só aparentemente o solo sob esta a sustenta: isto é, o enfraquecimento daquele prazer de vida mostra-se como hipocondria, *spleen*, melancolia; e o esgotamento completo dele desperta a tendência para o suicídio, que então pode ser cometido na ocasião mais insignificante, sim, numa ocasião meramente imaginária, na medida em que agora a pessoa como que procura conflito consigo mesma para matar-se, como muitos procuram com outros com a mesma finalidade, — até mesmo, na necessidade, o suicídio será cometido sem ocasião especial alguma. (Provas encontram-se em Esquirol, *Des maladies mentales*, 1838.) Assim como no caso da persistência na vida, assim também é com a agitação e o movimento da vida. Não se trata de algo livremente escolhido: mas enquanto cada um ficaria contente em usufruir do repouso, necessidade e tédio são as fieiras que mantêm o pião rodando. Por isso o conjunto e cada indivíduo portam a marca de um estado forçado, e cada um, na medida em que internamente é indolente e anela por repouso, tem contudo de seguir adiante, aparentando-se ao seu planeta, que só não cai no Sol porque uma força o impele adiante e não o permite. Assim, tudo está em permanente tensão e forçado movimento, e a marcha do mundo, para usar uma expressão de Aristóteles (*De coelo*, II, 13), efetua-se οὐ φύσει, ἀλλὰ

---

* Agostinho (*De Civit. Dei*, livro XI, c. 27) merece ser comparado como um interessante comentário do que aqui foi dito.

βίᾳ (*motu, non naturali, sed violento*).⁶ Os humanos são apenas aparentemente puxados por algo à frente, pois propriamente dizendo são empurrados por algo atrás: não a vida os atrai, mas a necessidade os impele a ir adiante. A lei de motivação é, como toda causalidade, mera forma da aparência. — Diga-se de passagem, aqui reside a origem do cômico, do burlesco, grotesco, do lado ridículo da vida, pois ao serem impelidos adiante contra a própria vontade, todos se comportam como podem, e a confusão que daí resulta produz amiúde um efeito bufo; por mais graves que sejam as penas que ali se ocultam.

Logo, em todas // essas considerações torna-se-nos distinto que a Vontade de vida não é uma consequência do conhecimento da vida, de modo algum é uma *conclusio ex praemissis*⁷ e em geral nada tem de secundária: antes, a Vontade de vida é o primário e incondicionado, a premissa de todas as premissas e justamente aquilo que tem de ser o ponto de PARTIDA da filosofia; na medida em que a Vontade de vida não se apresenta em consequência do mundo, porém o mundo em consequência da Vontade de vida.

Eu somente preciso bem chamar a atenção para o fato de que as considerações com as quais aqui encerro o segundo livro já apontam contundentemente para o grave tema do quarto livro, sim, levariam diretamente a ele se a minha arquitetônica não fizesse necessário que primeiro eu inserisse entre os dois, como uma segunda consideração do MUNDO COMO REPRESENTAÇÃO, o nosso terceiro livro com seu jovial conteúdo, cuja conclusão, no entanto, de novo aponta para o mesmo grave tema.

---

6 "Não natural mas violentamente." (N. T.)
7 "Conclusão a partir de premissas." (N. T.)

Suplementos ao livro terceiro

―⌣―

Et is similis spectatori est, quod ab omni
Separatus spectaculum videt.[1]
Oupnekhat, v. I, p.304.

---

1 "E ele é semelhante a um espectador, / porque, separado de tudo, vê um espetáculo." (N. T.)

Suplementos ao livro terceiro

// Capítulo 29*
DO CONHECIMENTO DAS IDEIAS

O intelecto, que foi até agora considerado apenas em seu estado originário e natural de servidão à vontade, entra em cena no terceiro livro liberto daquela servidão; todavia, deve-se ao mesmo tempo observar que não se trata aqui de uma libertação duradoura, mas meramente de uma breve hora de recreio, sim, trata-se só de uma excepcional e, propriamente dizendo, momentânea emancipação do serviço da vontade. – Como esse tema foi tratado de maneira suficiente e pormenorizada no primeiro tomo, tenho aqui a fazer apenas algumas considerações complementares.

Assim, pois, como abordado em § 33, o intelecto em sua atividade a serviço da vontade, ou seja, em sua função natural, conhece, propriamente dizendo, apenas RELAÇÕES de coisas: antes de tudo, suas relações com a vontade mesma, à qual pertence, com o que aquelas se tornam motivos da vontade; mas também, em vista justamente da completude deste conhecimento, as relações das coisas entre si. Este último conhecimento entra em cena com alguma extensão e significado primariamente no intelecto humano; // no intelecto animal, por outro lado, até mesmo ali onde ele já é bastante desenvolvido, apenas dentro de estreitos limites. Manifestamente, a apreensão das relações que as coisas têm ENTRE SI ocorre só MEDIATAMENTE no serviço da vontade. Tal apreensão faz, portanto, a transição para o conhecimento puramente objetivo e completamente independente da vontade: se, por um lado, aquela apreensão é científica, por outro, esse conhecimento é artístico. De fato, quando diversas e variadas relações de um objeto são apreendidas

---

* Este capítulo conecta-se com § 30-32 do primeiro tomo.

imediatamente, segue-se que a partir delas a natureza própria dele aparece cada vez mais distintamente e assim é gradativamente construída a partir de puras relações, embora em si mesma seja totalmente diferente de tais relações. Ao mesmo tempo, nesse modo de apreensão, a servidão do intelecto à vontade torna-se cada vez mais mediata e reduzida. E, se o intelecto possuir força suficiente para obter a preponderância e abandonar por completo as relações das coisas com a vontade, portanto, em vez delas apreender a pura natureza objetiva de uma aparência que se expressa em todas essas relações; então, junto com o serviço da vontade, ele abandona ao mesmo tempo a apreensão das meras relações e, com esta, propriamente dizendo, também a da coisa isolada enquanto tal. O intelecto então flutua livre e sem pertencer a vontade alguma: nas coisas isoladas conhece tão somente o ESSENCIAL e por conseguinte toda a ESPÉCIE delas, consequentemente tem agora por objeto as IDEIAS em meu sentido, o qual concorda com o originário e platônico dessa palavra tão abusivamente mal empregada; logo, o sentido de FIGURAS permanentes, imutáveis, independentes da existência temporal dos seres isolados, as *species rerum*[1] que constituem em verdade o que é puramente objetivo nas aparências. Uma Ideia assim apreendida ainda não é a essência da coisa em si mesma, precisamente porque origina-se do conhecimento de meras relações; no entanto, como resultado da soma de todas as relações, é o CARÁTER propriamente dito da coisa e, dessa forma, a expressão completa da essência que se expõe à intuição como objeto, apreendida não em referência a uma vontade individual, mas como exprime-se por si mesma, determinando desse modo o conjunto de suas relações, que eram as únicas até então conhecidas. A Ideia é o ponto de enraizamento de todas essas relações e, portanto, a APARÊNCIA // completa e perfeita ou, como exprimi no texto, a objetidade adequada da vontade neste grau de seu aparecimento. Até mesmo a forma e a cor, imediatas na apreensão intuitiva da Ideia, não pertencem no fundo a esta, mas são apenas o *medium* de sua expressão; pois, em sentido estrito, o espaço é-lhe tão estranho quanto o tempo. Nesse sentido, já disse o neoplatônico Olimpiodoros em seu comentário ao *Alcebíades* de Platão (edição Kreuzer de Proclo e Olimpiodoros, tomo 2,

---

[1] "Espécies de coisas." (N. T.)

p.82): τὸ εἶδος μεταδεδώχε μὲν τῆς μορφῆς τῇ ὑλῇ· ἀμερες δὲ ὄν μετελάβεν ἔξ αὐτῆς τοῦ διάστατου: isto é, a Ideia, em si inextensa, atribui figura à matéria, mas a extensão só adquire desta. — Portanto, como dito, as Ideias ainda não manifestam a essência em si, mas apenas o caráter objetivo das coisas, portanto, sempre apenas a aparência: e mesmo este caráter nós não o compreenderíamos se a essência íntima das coisas não nos fosse conhecida de outro modo, ao menos de maneira indistinta e em sentimento. De fato, essa essência mesma não pode ser compreendida a partir das Ideias nem em geral através de um conhecimento meramente OBJETIVO; sendo assim, permaneceria eternamente um mistério se não tivéssemos acesso a ela por um lado completamente diferente. Apenas na medida em que cada ser cognoscente é ao mesmo tempo indivíduo e desse modo parte integrante da natureza é que lhe permanece aberto o acesso ao íntimo da natureza em sua própria autoconsciência, na qual esse íntimo dá sinal de si da maneira mais imediata e, portanto, assim o descobrimos, como VONTADE.

Aquilo que é a IDEIA platônica considerada como pura imagem objetiva, pura figura e, desse modo, fora do tempo e de todas as relações é, tomada empiricamente e no tempo, a *SPECIES* ou ESPÉCIE: este é, por conseguinte, o correlato empírico da Ideia. A Ideia é, propriamente dizendo, eterna, já a espécie é de duração infinita, mesmo que a aparência dela possa extinguir-se na face de um planeta. Também os seus nomes convertem-se reciprocamente: ἰδέα, εἶδος, *species*, espécie. A Ideia é *species*, mas não *genus*: eis por que as *species* são obra da natureza, os *genera* obra do ser humano: são todavia meros conceitos. Há *species naturales*, mas apenas // *genera logica*. Não há Ideias de artefatos, mas meros conceitos, vale dizer, *genera logica*, subdivididos em *species logicae*. Àquilo que foi dito neste sentido no tomo I, § 41, quero ainda acrescentar: também ARISTÓTELES (*Metaph.*, I, 9, e XIII, 5) diz que os platônicos não admitiram Ideias de artefatos, οἷον οἰχία, χαὶ δαχτύλιος, ὧν οὔ φασιν εἶναι εἴδη (*ut domus et annulus, quorum ideas dari negant*).[2] Compare-se com o escoliasta, p.562-563, da edição in-quarto berlinense. — Ademais, diz Aristóteles na *Metafísica* (XI, 3): ἀλλ᾽ εἴπερ (supple εἴδη ἐστὶ) ἐπὶ τῶν φύσει (ἐστι). διὸ δὴ οὐ χαχῶς ὁ Πλάτων ἔφη, ὅτι εἴδη ἐστὶν ὁπόσα φύσει (*si quidem*

---

2 "Por exemplo, uma casa e um anel, dos quais negam haver ideias." (N. T.)

ideae sunt, in iis sunt, quae natura fiunt: propter quod non male Plato dixit, quod species eorum sunt, quae natura sunt),³ ao que o escoliasta observa (p.800): χαὶ τοῦτο ἀρέσκει χαὶ αὐτοῖς τοῖς τὰς ἰδέας θεμένοις. τῶν γὰρ ὑπὸ τέχνης γινομένων ἰδέας εἶναι οὐχ ἔλεγον, ἀλλὰ τῶν ὑπὸ φύσεως (*hoc etiam ipsis ideas statuentibus placet: non enim arte factorum ideas dari ajebant, sed natura procreatorum*).⁴ De resto, a doutrina das Ideias procede originariamente de Pitágoras; caso não duvidemos da informação de Plutarco no livro *De placitis philosophorum*, I, c. 3.

O indivíduo enraíza-se na espécie, e o tempo na eternidade; e assim como cada indivíduo só existe como tal na medida em que tem em si a essência da sua espécie, assim também ele só tem duração temporal na medida em que existe simultaneamente na eternidade. No livro seguinte dedica-se um capítulo especial à vida da espécie.

Em § 49 enfatizei suficientemente a DIFERENÇA entre Ideia e conceito. Sua SEMELHANÇA, entretanto, reside no seguinte. A unidade originária e essencial de uma Ideia é, através da intuição sensível e cerebralmente condicionada do indivíduo que conhece, esfacelada na pluralidade das coisas isoladas. Em seguida, mediante a reflexão da razão, aquela unidade é novamente restabelecida, todavia, apenas *in abstracto*, como conceito, *universale*, o qual iguala a Ideia em EXTENSÃO, contudo assumiu uma FORMA completamente outra, perdendo assim a natureza intuitiva e com esta a total determinidade.

II 417 Nesse sentido // (e em nenhum outro), pode-se denominar na linguagem dos escolásticos as Ideias *universalia ante rem* e os conceitos *universalia post rem*: entre ambos encontram-se as coisas isoladas, cujo conhecimento os animais também possuem. — Decerto o realismo dos escolásticos nasceu da confusão das Ideias platônicas, às quais, por serem ao mesmo tempo as espécies, se lhes pode atribuir sem dúvida uma existência objetiva e real, com os meros conceitos, aos quais os realistas queriam atribuir semelhante existência, e assim provocaram a triunfante oposição do nominalismo.

---

3 "Se se tem de admitir Ideias, então estas são de coisas naturais; por isso Platão não estava errado ao dizer que há tantas Ideias quanto há espécies da natureza." (N. T.)

4 "E isso satisfaz aqueles que admitem as Ideias; pois diziam que não há Ideias de coisas produzidas pelas técnica mas só Ideias de coisas produzidas pela natureza." (N. T.)

Capítulo 30*
DO PURO SUJEITO DO CONHECIMENTO

A apreensão de uma Ideia, a sua entrada em nossa consciência, só ocorre mediante uma mudança em nós que também se poderia considerar como um ato de autoabnegação; pois consiste no fato de o conhecimento desprender-se uma vez totalmente da própria vontade, portanto, perdendo de vista completamente a preciosa prenda que se lhe confiou, para então considerar as coisas de tal maneira como se estas jamais pudessem afetar a vontade. Exclusivamente desse modo é que o conhecimento se torna espelho límpido da essência objetiva das coisas. Na base de toda autêntica obra de arte tem de encontrar-se um conhecimento assim condicionado como sua origem. A exigida mudança no sujeito para tal conhecimento, justamente por consistir na eliminação de todo querer, não pode provir da vontade, portanto, não pode ser um ato de arbítrio, isto é, não está ao nosso bel-prazer. Antes, surge unicamente de uma temporária preponderância do intelecto sobre a vontade, ou, considerada fisiologicamente, de um forte estímulo da atividade cerebral intuitiva sem qualquer estímulo das inclinações ou dos afetos. Para elucidar isso mais precisamente recordo que a nossa consciência possui dois lados: em parte // é consciência do PRÓPRIO SI MESMO, que é a VONTADE; em parte consciência das OUTRAS COISAS, e enquanto tal é antes conhecimento intuitivo do mundo exterior, apreensão de objetos. Quanto mais um dos lados de toda a consciência entra em primeiro plano, tanto mais o outro desaparece ao fundo. Por conseguinte, a consciência das OUTRAS COISAS, logo, o conhecimento intuitivo, torna-se tanto mais perfeito, isto é, mais

---

* Este capítulo está em conexão com § 33 e 34 do primeiro tomo.

objetivo, quanto menos estamos conscientes do próprio si mesmo. Aqui, de fato, produz-se um antagonismo. Quanto mais estamos conscientes do objeto, tanto menos estamos do sujeito: ao contrário, quanto mais este toma conta da consciência, tanto mais tênue e imperfeita é nossa intuição do mundo exterior. O exigido estado para a pura objetividade da intuição tem em parte condições permanentes na perfeição do cérebro, e, em geral, na índole fisiológica favorável à sua atividade; em parte tem condições passageiras, na medida em que é favorecido por tudo aquilo que incrementa a tensão e receptividade do sistema nervoso cerebral, porém sem o estímulo de paixão alguma. Não pensemos aqui em bebidas alcoólicas ou em ópio: primariamente, o que se requer é uma noite calma e bem dormida, um banho frio e tudo o que, pelo efeito calmante da circulação sanguínea e das paixões, proporciona à atividade cerebral uma preponderância natural. São preferencialmente esses meios naturais de fomento da atividade nervosa do cérebro os que produzem o efeito – o qual é tanto melhor quanto mais desenvolvido e enérgico em geral é o cérebro – de levar o objeto a desvincular-se cada vez mais do sujeito e, por fim, produzir aquele estado de pura objetividade da intuição, que por si mesmo elimina a vontade da consciência e no qual todas as coisas colocam-se diante de nós com mais límpida claridade e distinção; de tal forma que quase sabemos tão somente DELAS e pouco ou nada de NÓS MESMOS; por consequência, toda nossa consciência quase nada mais é senão o *medium* pelo qual o objeto intuído entra em cena no mundo como representação. Logo, o puro conhecimento destituído de vontade é alcançado na medida em que a consciência das outras coisas potencia-se tão elevadamente que desaparece a consciência do próprio si mesmo. Pois só apreendemos o mundo de maneira puramente objetiva quando não mais sabemos que pertencemos a ele; e todas as coisas apresentam-se // tanto mais belas quanto mais estamos conscientes meramente delas e tanto menos de nós mesmos. – Visto que todo sofrimento provém da vontade, que constitui o si mesmo propriamente dito de cada um, então com a passagem desse lado da consciência ao segundo plano suprime-se ao mesmo tempo toda possibilidade de sofrimento, com o que o estado de pura objetividade da intuição origina plena felicidade; eis por que o demonstrei como um dos dois componentes da fruição estética. Mas tão logo a consciência do próprio si mesmo, portanto a subjetividade, isto é, a vontade, obtém de novo a preponderância, surge também um grau correspondente de mal-estar e inquietude: de mal-estar, na medida em que a corporeidade (o organismo, que em si é a vontade) torna-se de novo sensível; de inquietude, na medida em que a vontade, por via espiritual, preenche novamente a consciência com desejos, afetos, paixões, cuidados. Pois a vontade, como o princípio da subjetividade, é em toda parte o oposto, sim, o antagonista do conhecimento. A máxima concentração de subjetividade consiste no ATO DE VONTADE propriamente dito, no qual por conseguinte temos a consciência mais distinta do nosso próprio si mesmo. Todos os outros estímulos da vontade são simples preparações para este ato: nele mesmo ele é para a subjetividade aquilo que o salto da faísca é para o aparelho elétrico. — Toda sensação corporal é em si estímulo da vontade e em verdade mais frequentemente da *noluntas* que da *voluntas*.[1] O estímulo da vontade por via espiritual se dá mediante motivos: aqui, pois, a subjetividade é despertada e posta em jogo pela objetividade mesma. Isso acontece quando algum objeto não é mais apreendido de maneira puramente objetiva, ou seja, desinteressadamente, mas, de maneira mediata ou imediata estimula desejo ou aversão, nem que seja por meio de uma lembrança, que então faz efeito já como motivo, no sentido mais amplo do termo.

Observo aqui que o pensamento abstrato e a leitura, que são conectados a palavras, de fato pertencem no sentido amplo do termo à consciência das OUTRAS COISAS, logo, à ocupação objetiva do espírito; todavia, apenas mediatamente, a saber, por meio dos conceitos: mas estes, por seu turno, são neles mesmos o produto artificial da faculdade de razão e, portanto, já uma obra da intencionalidade. Em toda ocupação espiritual abstrata a vontade é a guia, // fornece-lhe sua direção conforme as próprias intenções e também fixa a atenção; eis por que àquela ocupação sempre está ligado algum esforço: este, entretanto, pressupõe atividade da vontade. Em semelhante atividade espiritual não tem lugar, portanto, a objetividade perfeita da consciência tal qual esta acompanha como condição a apreensão estética, isto é, o conhecimento das Ideias.

---

1 *Noluntas*, não-querer (contrariedade); *voluntas*, querer. (N. T.)

Em conformidade com o dito acima, a pura objetividade da intuição, devido à qual não se conhece mais a coisa isolada enquanto tal mas a Ideia da sua espécie, é condicionada pelo fato de o contemplador não estar mais consciente de si mesmo mas exclusivamente dos objetos intuídos, permanecendo pois a própria consciência apenas como sustentáculo da existência objetiva desses objetos. O que dificulta semelhante estado e, por conseguinte, o torna raro é que nele, por assim dizer, o acidente (o intelecto) domina e suprime a substância (a vontade), embora só por um breve instante. Aqui também reside a analogia e até mesmo o parentesco desse estado com a negação da Vontade exposta no final do próximo livro. — Apesar de o conhecimento, como demonstrado no livro precedente, brotar da vontade e enraizar-se na sua aparência que é o organismo, torna-se no entanto impuro precisamente por ela, como a flama torna-se impura pelo material de combustão e a sua fumaça. Daí decorre que só podemos apreender a pura essência objetiva das coisas, as IDEIAS que nelas aparecem, quando não temos interesse algum nelas, ou seja, na medida em que não estão em relação alguma com a nossa vontade. Daí também resulta que as Ideias dos seres falam mais facilmente a nós a partir da obra de arte que da realidade efetiva. Pois o que apenas miramos em quadros ou em poesias situa-se fora de qualquer possibilidade de algum tipo de relação com a nossa vontade, visto que já em si mesmo existe simplesmente para o CONHECIMENTO e imediatamente dirige-se só a este. Ao contrário, apreender as Ideias a partir da REALIDADE pressupõe em certo sentido um abstrair-se da própria vontade, uma elevação por sobre os seus interesses, o que exige um especial poder de arrebatamento do intelecto. Em grau mais elevado e com certa duração, isto é próprio apenas do gênio, o qual consiste justamente na existência de uma medida maior // da faculdade de conhecimento para além daquela exigida no serviço de uma vontade individual, excedente este que se torna livre e então apreende o mundo sem referência à vontade. Ora, que a OBRA DE ARTE facilite tanto a apreensão das Ideias na qual consiste a fruição estética não se deve somente ao fato de a arte expor as coisas mais nítida e caracteristicamente ao acentuar o essencial e eliminar o inessencial, mas também igualmente porque o total silêncio da vontade exigido para a pura apreensão objetiva da essência das coisas é alcançado da maneira mais segura se o objeto intuído não se encontrar no âmbito das coisas que podem ter uma relação com a vontade, visto que não é algo real mas uma simples imagem. Isto vale não apenas para as obras de artes plásticas mas também para a poesia, cujo efeito é igualmente condicionado pela apreensão desinteressada, destituída de vontade, portanto, puramente objetiva. É precisamente esta apreensão puramente objetiva que permite a um objeto intuído aparecer como PICTÓRICO, e a um evento da vida real, como POÉTICO; visto que só ela espraia sobre os objetos da realidade aquela luminosidade mágica que nos objetos intuídos sensivelmente é denominado o pictórico, e nos intuídos apenas na fantasia, o poético. Quando os poetas cantam a jovial manhã, o belo entardecer, a calma noite de luar e coisas semelhantes, em verdade o objeto propriamente dito de sua celebração, embora isto lhes seja inconsciente,[2] é o puro sujeito do conhecimento evocado por aquelas belezas da natureza e cujo aparecimento faz desaparecer da consciência a vontade, com o que entra em cena aquela paz de coração que, de outro modo, não se alcança no mundo. Por exemplo, como de outro modo poderia o verso

Nox erat, et coelo fulgebat luna sereno,
Inter minora sidera,[3]

fazer um efeito tão aprazível sobre nós, sim, mágico mesmo? – Ademais, a novidade e completa estranheza dos objetos favorecem uma semelhante apreensão desinteressada e puramente objetiva destes, e isso explica por que certos objetos provocam no estrangeiro ou simples viajante o efeito do pictórico ou do poético que são incapazes de provocar no habitante nativo: assim, por exemplo, a // vista de uma cidade totalmente estranha faz amiúde no viajante uma impressão especialmente agradável, a qual de maneira alguma é produzida no habitante daquela, pois essa impressão nasce de o

---

2 No original *unbewußt*, adjetivo também ulteriormente usado por Freud para se referir, como aqui, a significativos processos inconscientes que são decisivos para a vida consciente do indivíduo. Os suplementos que em Schopenhauer antecipam *ipsis litteris* a psicanálise neste aspecto são, como vimos, os anteriores capítulos 14, "Sobre a associação de pensamentos", e 19, "Do primado da vontade na consciência de si". (N. T.)

3 "Era noite, e a lua fulgia no céu sereno, / Entre pequenas estrelas". (N. T.)

viajante, ao estar à margem de qualquer relação com essa cidade e os seus habitantes, intuí-la de maneira puramente objetiva. Nisto baseia-se em parte o prazer das viagens. Também aqui parece residir o motivo para se tentar incrementar o efeito das obras dramáticas ou narrativas remetendo suas cenas a tempos e países distantes: da Alemanha para a Itália ou Espanha; da Itália para a Alemanha, Polônia e até mesmo Holanda. – Se a apreensão intuitiva totalmente objetiva e purificada de todo querer é condição da FRUIÇÃO de objetos estéticos; então tanto mais ela o é da PRODUÇÃO destes. Toda boa pintura, todo autêntico poema porta a estampa do descrito estado de ânimo. Pois somente o que brota da intuição e em verdade da puramente objetiva ou é imediatamente por ela estimulado contém a semente viva a partir da qual podem crescer autênticas realizações originais: não apenas nas artes plásticas, mas também na poesia, sim, inclusive na filosofia. O *punctum saliens*[4] de toda bela obra, de todo grande ou profundo pensamento é uma intuição inteiramente objetiva. Esta, contudo, é inteiramente condicionada pelo total silêncio da vontade, que deixa a pessoa só como puro sujeito do conhecimento. A disposição à predominância desse estado é precisamente o gênio.

Com o desaparecimento da vontade da consciência suprime-se propriamente dizendo também a individualidade e, com esta, seu sofrimento e sua carência. Por isso descrevi o puro sujeito do conhecimento, que aí resta, como o eterno olho cósmico, olho cósmico este que, embora com graus bem diversos de clareza, vê a partir de cada ser vivo, incólume frente a todo nascer e perecer destes, e, assim, idêntico consigo mesmo, como continuamente um e o mesmo e o sustentáculo do mundo das Ideias permanentes, isto é, da objetidade adequada da vontade; enquanto o sujeito individual, turvado em seu conhecimento pela individualidade nascida da vontade, só tem por objeto coisas isoladas e, como estas, é perecível. – No sentido aqui indicado, pode-se atribuir a cada pessoa uma // dupla existência. Como vontade, e por conseguinte como indivíduo, é apenas um e exclusivamente este um, e assim tem muito de trabalhar e sofrer. Como quem representa, de maneira puramente objetiva, é o puro sujeito do conhecimento, em cuja consciência

---

4 "Ponto saliente." (N. T.)

apenas o mundo objetivo tem sua existência: enquanto tal é TODAS AS COISAS, na medida em que as intui, e nele a existência destas não traz fardo nem fadiga. É de fato SUA existência, na medida em que esta existe em SUA representação: contudo, aqui é existência destituída de vontade. Mas, ao contrário, enquanto é vontade, não existe nele. Para cada um é agradável o estado em que se é todas as coisas; horrível aquele em que se é exclusivamente um. – Cada estado, cada pessoa, cada cena da vida precisam apenas ser apreendidos de maneira puramente objetiva e serem feitos objetos de uma descrição, seja com pincel ou com palavras, para assim aparecerem de forma interessante, agradável, invejável; todavia, se alguém ali se intromete, se é ele mesmo, – então (como se diz usualmente) só o diabo o aguenta. Por isso GOETHE diz:

Was im Leben uns verdrießt,
Man im Bilde gern genießt.[5]

Em meus anos juvenis passei por um período no qual sempre me empenhava em ver a mim mesmo e às minhas atividades desde o exterior e descrevê-los para mim: – provavelmente em vista de me fazê-los fruíveis.

Ora, como a consideração aqui desenvolvida nunca foi objeto de discussão antes de mim, quero ainda adicionar algumas elucidações psicológicas.

Na intuição imediata do mundo e da vida consideramos via de regra as coisas meramente em suas relações, por conseguinte, não conforme o seu ser e existência absolutos, mas apenas relativos. Por exemplo, consideraremos casas, navios, máquinas e coisas afins com o pensamento em sua finalidade e em sua adequação a esta; consideramos pessoas com o pensamento em sua relação para conosco, se a tiverem; e por fim suas relações recíprocas, seja em seu afazer e tarefa presentes ou em sua posição e negócio de vida, talvez julgando sua capacidade para eles, e assim por diante. Podemos prosseguir mais ou // menos numa semelhante consideração das relações até o membro mais distante de sua cadeia: a consideração ganha assim em precisão e extensão; mas segundo a sua qualidade e o seu tipo permanece a

---

5 "O que na vida nos contraria, / Nos agrada num quadro." (N. T.)

mesma. É a consideração das coisas em suas relações, sim, POR MEIO delas, logo, em conformidade com o princípio de razão. Na maioria dos casos este é via de regra o modo de consideração das pessoas: acredito inclusive que a maioria dos seres humanos não é capaz de outro modo de consideração. – Todavia, se excepcionalmente experimentamos uma momentânea elevação da intensidade de nossa inteligência intuitiva; então vemos de imediato as coisas com olhos inteiramente outros, na medida em que as apreendemos não mais segundo suas relações, mas conforme Aquilo que são em e para si mesmas, e então percebemos subitamente, fora a sua relativa, também a sua existência absoluta. De imediato todo indivíduo torna-se representante da sua espécie, com o que apreendemos agora o universal de cada ser. O que conhecemos desse modo são as IDEIAS das coisas: a partir delas, entretanto, fala agora uma sabedoria superior àquela que só conhece meras relações. Nós mesmos também saímos das relações e assim tornamo-nos o puro sujeito do conhecimento. — Mas o que excepcionalmente produz esse estado tem de ser processos fisiológicos internos que purificam e elevam a atividade do cérebro num tal grau que dela nasce uma maré alta. Esse mesmo estado é condicionado de fora pelo fato de sermos completamente estranhos à cena a ser contemplada, dela permanecendo apartados, de modo algum envolvendo-nos ativamente com ela.

Para nos convencer como uma apreensão puramente objetiva, e por conseguinte correta, das coisas somente é possível quando as consideramos sem qualquer interesse pessoal, portanto sob completo silêncio da vontade, basta presentificarmo-nos como cada afeto, ou paixão, turva e falseia o conhecimento; sim, cada inclinação ou repulsa distorce, colore, deforma não apenas o juízo mas até mesmo a intuição originária das coisas. Recordemos como, ao estarmos contentes com um êxito afortunado, o mundo inteiro logo assume uma cor jovial e um aspecto risonho; ao contrário, quando os cuidados nos oprimem, o mundo aparece cinza e sombrio; inclusive, até mesmo // uma coisa inanimada, que todavia deve tornar-se o instrumento de algum acontecimento abominável, parece adquirir uma fisionomia horrorosa: por exemplo, o patíbulo, a praça de execução aonde seremos conduzidos, o instrumental cirúrgico, o coche de viagem da amada etc., sim, até mesmo números, letras, selos podem abordar-nos temerariamente e fazer efeito sobre nós como monstros medonhos. Ao contrário, os instrumentos apropriados à satisfação de nossos desejos parecem-se logo agradáveis e amáveis, por exemplo, a velha corcunda com a carta de amor, o judeu com o *louis d'ors*,[6] a escada de corda para fugir etc. Assim como aqui, no caso de uma aversão ou amor decididos, o falseamento da representação pela vontade é inegável; também o mesmo se dá em menor grau em cada objeto que tenha qualquer relação remota com nossa vontade, isto é, com nossa inclinação ou aversão. Apenas quando a vontade com seus interesses deixa limpa a consciência e o intelecto segue livre suas próprias leis e espelha o mundo objetivo como puro sujeito, e, assim, com empenho próprio porém sem a espora de qualquer querer, encontra-se em elevada tensão e atividade, é que as cores e figuras das coisas emergem em sua plena e verdadeira significação: só a partir de uma tal apreensão é que autênticas obras de arte podem ser criadas, cujo valor permanente e sempre renovada aprovação devem-se precisamente ao fato de exporem o puramente objetivo que está no fundamento das várias intuições subjetivas (por conseguinte, distorcidas) como o elemento que é a todas comum e o único fixo; e é também o que resplandece como o tema comum através de todas aquelas variações subjetivas. Pois é certo que a natureza estendida diante de nossos olhos expõe-se de formas bem diferentes nas diferentes cabeças: e, seja pelo pincel, ou pelo cinzel, seja por palavras, ou por gestos no palco, cada um só pode reproduzi-la como a viu. Apenas a objetividade capacita alguém a ser artista: no entanto, ela somente é possível quando o intelecto desvencilha-se de sua raiz que é a vontade, flutuando livre, e no entanto ativo de modo sumamente enérgico.

    Ao jovem, cujo intelecto intuitivo atua ainda com fresca energia, a natureza amiúde apresenta-se com perfeita objetividade e, por conseguinte, em plena beleza. Mas a // fruição de uma semelhante vista por vezes é perturbada pela reflexão soturna de que os objetos presentes a apresentarem-se tão belos também não têm uma relação pessoal com ele, em virtude da qual poderia interessar-se e alegrar-se com aqueles: de fato, espera que a sua vida decorra na forma de um interessante romance. "Atrás daquele destacado rochedo teria de esperar-me o grupo montado a cavalo de meus amigos, – naquela

---

6 Moeda francesa primeiramente introduzida no reinado de Luís XIII. (N. T.)

cachoeira descansar a minha amada, – este belo edifício iluminado ser a sua moradia e aquela a janela à qual posso subir a do seu quarto: – todavia, este belo mundo é para mim um ermo!" etc. Tais exaltações melancólicas de juventude anseiam propriamente dizendo algo que é contraditório consigo mesmo. Pois a beleza com a qual aqueles objetos se apresentam reside precisamente na pura objetividade – isto é, desinteresse – de sua intuição, que seria pois de imediato suprimida pela relação com a própria vontade que o jovem dolorosamente anseia, por consequência, todo o encanto que lhe é agora proporcionado por uma fruição, embora mesclada com certa dor, não existiria. – De resto, o mesmo vale para qualquer idade e em qualquer relação: a beleza dos objetos de uma paisagem, que agora nos enleva, desapareceria se nos colocássemos frente a eles numa relação pessoal da qual sempre permanecêssemos conscientes. Tudo é belo apenas enquanto não nos diz respeito. (Aqui não tratamos de paixão amorosa, mas de fruição estética.) A vida NUNCA é bela, mas apenas as suas imagens o são, vale dizer, no espelho transfigurador da arte ou da poesia; sobretudo na juventude, quando ainda não conhecemos a vida. Muitos jovens alcançariam grande tranquilidade caso se pudesse ajudá-los com essa intelecção.

Por que a visão da Lua cheia faz efeito tão benéfico, tranquilizante e sublime? Porque a Lua é um objeto da intuição, mas jamais do querer:

> *Die Sterne, die begehrt man nicht,*
> *Man freut sich ihrer Pracht.* – G.[7]

Ademais, a Lua é SUBLIME, isto é, gera uma disposição elevada, porque, sem referência alguma a nós, eternamente alheia à atividade na Terra, // gira em torno desta e tudo vê, porém não toma parte em nada. Quando da sua visão, portanto, a vontade com sua perene carência desaparece da consciência, e permite que esta seja algo que conhece puramente. Talvez aí também se mescle um sentimento de que compartilhamos essa visão com milhões de pessoas, cuja diferença individual ali extingue-se, de tal forma que nessa contemplação somos um; o que igualmente eleva a impressão do

---

7 "As estrelas, não as desejamos, / Alegramo-nos com o seu esplendor." – Goethe. (N. T.)

sublime. Esta, por fim, é também fomentada pelo fato de a Lua brilhar sem aquecer; nisto decerto residindo o motivo pelo qual foi denominada casta e identificada com Diana.[8] – Como consequência dessa impressão inteiramente benéfica sobre o nosso ânimo, a Lua torna-se aos poucos a nossa amiga do peito, coisa que o Sol, ao contrário, nunca será, pois, igual a um benfeitor exuberante, não somos capazes de olhá-lo na cara.

Como acréscimo ao que foi dito em 38 do primeiro tomo sobre o prazer estético proporcionado pela luz, pelos objetos refletidos e pelas cores, cabe aqui a seguinte observação. A alegria completamente imediata, irrefletida mas também inexprimível despertada pela impressão das cores intensificadas pelo brilho do metal e ainda mais pela transparência, como por exemplo nas janelas coloridas, porém ainda mais pelas nuvens e seu reflexo no pôr do sol, – reside em última instância no fato de que aqui toda a nossa participação no conhecimento é garantida da maneira a mais fácil possível, quase fisicamente necessária, sem qualquer tipo de estímulo de nossa vontade; com isso entramos no estado de puro conhecimento, embora no essencial este consista numa simples sensação da afecção da retina, a qual, todavia, como é em si completamente livre de dor e prazer, sem qualquer estímulo direto da vontade, pertence portanto ao puro conhecimento.

---

8 Digno de nota é que "Lua" em alemão é substantivo masculino, *der Mond*, já "Sol" é feminino, *die Sonne*. Apesar disso, versado em diversas línguas, o autor refere-se no original alemão à Lua como Diana, apesar do artigo masculino *der*, "o", usado na frase. Algo bastante curioso de ser lido no original. Mas, como bem sabemos, a partição dos substantivos em masculinos e femininos, e também em neutros, é uma tarefa arbitrária em todas as línguas. (N. T.)

// Capítulo 31*
DO GÊNIO

A capacidade preponderante para o modo de conhecimento descrito nos dois capítulos precedentes, do qual nascem todas as autênticas obras da arte, da poesia e mesmo da filosofia, é, propriamente dizendo, aquilo que se designa com o nome gênio. Visto que tais obras têm por objeto as IDEIAS platônicas, que todavia não são apreendidas *in abstracto* mas apenas INTUITIVAMENTE, a essência do gênio tem de residir na perfeição e energia do conhecimento INTUITIVO. Correspondentemente, ouvimos serem designadas da maneira mais decisiva como obras do gênio as que provêm imediatamente da intuição e a esta se dirigem, portanto, obras das artes plásticas, em seguida da poesia, que têm as suas intuições intermediadas pela fantasia. — Aqui também já é observável a diferença entre o gênio e o mero talento, que é uma vantagem que reside mais na grande habilidade e acuidade do conhecimento discursivo que do intuitivo. O dotado de talento pensa de maneira mais rápida e correta que as restantes pessoas; o gênio, por sua vez, contempla um outro mundo, diferente de todos os dos outros, embora apenas na medida em que penetra mais profundamente o mundo que também está diante dos demais, porque o mesmo expõe-se em sua cabeça de modo mais objetivo, por conseguinte, mais pura e distintamente.

O intelecto é, conforme sua destinação, meramente o *medium* dos motivos: por consequência, ele nada apreende originariamente das coisas senão as suas relações com a vontade, as diretas, as indiretas, as possíveis. Nos animais, em que ele se restringe quase exclusivamente às relações diretas, a

---
* Este capítulo está em conexão com § 33 e 34 do primeiro tomo.

coisa salta aos olhos: aquilo que não tem referência à sua vontade inexiste para eles. Eis por que às vezes vemos espantados como mesmo animais inteligentes não observam de modo algum coisas flagrantes, por exemplo, não manifestam estranheza sobre mudanças explícitas em nossa pessoa ou nas cercanias. No caso dos seres humanos normais, // são adicionadas à sua vontade as relações indiretas e ainda as possíveis, cuja soma constitui o continente dos conhecimentos úteis; mas também aqui o conhecimento permanece preso às RELAÇÕES. Por isso, justamente as cabeças normais não alcançam uma imagem completamente pura e objetiva das coisas; porque sua força de intuição, tão logo deixa de ser esporada pela vontade e posta em movimento, de imediato estanca e torna-se inativa, na medida em que não possui energia suficiente para, a partir da própria elasticidade e SEM FINALIDADE, apreender o mundo de forma puramente objetiva. Ao contrário, onde isso ocorre, onde a força do cérebro que representa possui um tal excedente que uma imagem pura, nítida, objetiva do mundo exterior se apresenta SEM FINALIDADE, sem utilidade para os intentos da vontade e que em elevados graus é até incômoda e pode inclusive ser-lhe prejudicial; – então aí já existe ao menos o dispositivo para aquela anomalia designada com o nome GÊNIO, que indica que aqui parece ter-se tornado ativo algo estranho à vontade, isto é, ao eu propriamente dito, por assim dizer um GENIUS vindo de fora. Mas para falar sem metáforas: o gênio consiste em a capacidade de conhecimento ter alcançado um desenvolvimento significativamente mais elevado que o exigido para o SERVIÇO DA VONTADE, unicamente para a qual aquela nasceu originariamente. Por isso a fisiologia poderia, em sentido estrito, computar um tal excesso de atividade cerebral, e com ela do cérebro mesmo, em certa medida entre os *monstris per excessum*,[1] os quais reconhecidamente são classificados ao lado dos *monstris per defectum*[2] e dos *per situm mutatum*.[3] O gênio, por conseguinte, consiste num anormal excesso de intelecto que só pode encontrar o seu uso ao ser empregado no universal da existência; pelo que então se obriga ao serviço de todo o gênero humano, como o intelecto nor-

---

1 "Monstros por excesso." (N. T.)
2 "Monstros por defeito." (N. T.)
3 "Por deslocamento." (N. T.)

mal, ao do indivíduo. Para tornar o assunto mais compreensível, poderíamos dizer: se o ser humano normal consiste em 2/3 de vontade e 1/3 de intelecto, o gênio, ao contrário, consiste em 2/3 de intelecto e 1/3 de vontade. Isto também pode ser elucidado com um exemplo da química: a base e o ácido de um sal neutro diferenciam-se porque em cada um deles o radical tem uma relação com o oxigênio inversa à do outro. De fato, a base ou álcali o é porque nele o radical predomina sobre // o oxigênio, e o ácido o é porque nele o oxigênio é predominante. Do mesmo modo, em referência à vontade e ao intelecto, relacionam-se o ser humano normal e o gênio. Daí nasce entre eles uma profunda diferença já visível em todo o seu ser, modo de atuar e agir, mas que de fato vem propriamente a lume em suas realizações. Poder-se-ia ainda adicionar a diferença de que enquanto aquela oposição entre os estofos químicos fundamenta a mais vigorosa afinidade eletiva e atração entre eles, no gênero humano é antes o contrário o que o corre.

A primeira manifestação advinda de um tal excesso da faculdade de conhecimento mostra-se a maior parte das vezes no conhecimento mais originário e essencial, isto é, o INTUITIVO, e ocasiona a repetição dele numa imagem: assim nasce o pintor e o escultor. Nestes, portanto, o caminho entre a apreensão genial e a produção artística é o mais curto: por isso aqui a forma na qual o gênio e a sua atividade expõem-se é a mais simples, e a sua descrição a mais fácil. Mas justamente aqui é demonstrada a fonte de origem de toda autêntica produção em cada arte, inclusive na poesia e na filosofia; embora nestas o processo não seja tão simples.

Recordemos o resultado obtido no primeiro tomo, segundo o qual toda intuição é intelectual e não meramente sensual. Se agora acrescentamos a isso a explanação aqui dada e ao mesmo tempo levamos em conta que a filosofia do século anterior designou o poder de conhecimento intuitivo com o nome de "faculdade anímica inferior"; então, de fato, não acharemos fundamentalmente absurda e nem merecedora do ácido sarcasmo de JEAN PAUL em sua obra *Vorschule der Ästhetik* a colocação de ADELUNG – que tinha de falar a linguagem de seu tempo – segundo a qual o gênio consiste em "uma força notável das faculdades anímicas inferiores". Apesar dos muitos méritos que tem a acima mencionada obra desse admirável homem; tenho todavia de observar que em toda parte onde uma explicitação teórica e um ensinamento geral são o fim pretendido, não é conveniente uma exposição cheia // de chistes e à base de simples comparações.

II 431

Mas a INTUIÇÃO é, pois, aquilo em que primeiro a essência própria e verdadeira das coisas se abre e se manifesta, embora de maneira ainda condicionada. Todos os conceitos, tudo o que é pensado são apenas abstrações, portanto, representações parciais de intuições, originadas só por meio da eliminação de algo pelo pensamento. Todo conhecimento profundo, até mesmo a sabedoria propriamente dita, enraíza-se na apreensão INTUITIVA das coisas; como em detalhe o consideramos nos suplementos ao primeiro livro. Uma apreensão INTUITIVA foi sempre o processo de criação no qual cada autêntica obra de arte, cada pensamento imortal recebeu a sua chama de vida. Todo pensamento original ocorre em imagens. De CONCEITOS, ao contrário, nascem as obras do mero talento, os pensamentos meramente racionais, as imitações e em geral tudo o que é calculado exclusivamente para a necessidade corrente e audiência de cada época.

Se nossa intuição estivesse sempre ligada à presença real das coisas, seu estofo ficaria sempre à mercê do acaso, que raras vezes produz as coisas no seu devido tempo, raras vezes as ordena com regularidade, e na maior parte das vezes as apresenta em exemplares bastante defeituosos. Por isso a FANTASIA é requerida em vista de completar, ordenar, colorir, fixar e repetir ao bel-prazer todas as imagens plenamente significativas da vida, segundo o que requerem os fins de um conhecimento profundamente penetrante e uma obra plena de significação que deve comunicá-lo. Nisso baseia-se o elevado valor da fantasia como uma ferramenta indispensável do gênio. Pois só mediante a fantasia pode o gênio tornar presente em imagens vívidas cada objeto ou acontecimento, conforme a exigência de composição de seu quadro, de sua poesia ou de seu pensamento, e assim sempre haurir alimento fresco da fonte originária de todo conhecimento, a intuitiva. O dotado de fantasia como que consegue evocar espíritos que em tempo certo lhe revelam a verdade que a nua realidade das coisas só débil e raramente apresenta e na maioria das vezes em tempo errado. Nesse sentido, o desprovido de fantasia está para ele como o molusco preso à rocha que tem de esperar o que o acaso lhe traz está para // o animal que se move livremente ou voa. Pois um tal indivíduo não conhece outra senão a intuição real dos sentidos:

II 432

até que esta chegue, tem de roer conceitos e abstrações, os quais no entanto são apenas casca e pele, não o núcleo do conhecimento. Jamais produzirá algo de grandioso, a não ser no âmbito do cálculo e da matemática. – As obras das artes plásticas e da poesia, como as realizações da mímica, podem também ser vistas como meio de substituir tanto quanto possível a carência dos que não têm fantasia e de facilitar o seu emprego nos dela dotados.

Embora, portanto, o modo próprio e essencial de conhecimento do gênio seja o INTUITIVO; as coisas isoladas contudo não constituem o seu objeto propriamente dito, mas as Ideias platônicas que nelas se expressam (como dito no capítulo 29 dedicado à análise de sua apreensão). Sempre ver no particular o universal é precisamente a marca registrada do gênio; já o ser humano normal, por seu turno, reconhece no particular apenas o particular enquanto tal, pois só enquanto tal pertence à realidade, que é a única coisa que tem interesse para ele, isto é, relações com sua VONTADE. O grau com que cada um em face de uma coisa particular não só a pensa, mas nela mira diretamente um algo mais ou menos universal, ascendendo até o mais universal da espécie, é o critério de sua proximidade com o gênio. Correspondendo a isso, o objeto propriamente dito do gênio é sempre a essência das coisas em geral, o universal nelas, o todo: a investigação dos fenômenos isolados é o campo do talento nas ciências do real, cujo objeto é, propriamente dizendo, apenas as relações das coisas entre si.

Aquilo que foi detalhadamente mostrado no capítulo precedente, vale dizer, que a apreensão das IDEIAS é condicionada pelo fato de que quem conhece é o PURO SUJEITO do conhecimento, ou seja, que a vontade desaparece por completo da consciência, ainda permanece-nos aqui presente. – A alegria que temos em muitas das canções de GOETHE, que trazem paisagens diante dos olhos, ou nas descrições da natureza de JEAN PAUL reside em nossa participação na objetividade daqueles espíritos, // isto é, na pureza com a qual neles o mundo como representação separou-se do mundo como vontade e como que se livrou completamente deste. – O fato de que o modo de conhecimento genial está essencialmente purificado de todo querer e suas relações acarreta que as obras dele não provêm de intenção ou arbítrio, mas ali ele é conduzido por uma necessidade instintiva. – O que chamamos de o despertar do gênio, a hora da inspiração, o momento do entusiasmo nada mais é senão o tornar-se livre do intelecto quando, abandonando momentaneamente o serviço da vontade, não mergulha na inatividade ou apatia, mas por instantes devém ativo de maneira totalmente solitária e espontânea. Então é de máxima limpidez e torna-se o claro espelho do mundo: pois, separado de sua origem, a vontade, o intelecto é agora o mundo como representação mesmo concentrado em UMA CONSCIÊNCIA. Em tais instantes é como se a alma fosse fecundada por obras imortais. Por outro lado, em toda reflexão intencional, o intelecto não é livre, visto que a vontade o conduz e prescreve-lhe o tema.

A estampa da mediocridade, a expressão da vulgaridade impressa na grande maioria dos rostos consiste, propriamente dizendo, em que neles é visível a estrita subordinação de seu conhecer ao seu querer, a firme corrente que une a ambos, e a daí resultante impossibilidade de apreender as coisas livres de relação com a vontade e seus fins. Ao contrário, a expressão do gênio, que constitui a notória semelhança de família entre todas as pessoas altamente dotadas, reside em ali lermos com distinção a alforria, a manumissão do intelecto, do serviço da vontade, o predomínio do conhecer sobre o querer: e porque todo tormento procede da vontade, enquanto o conhecimento é em e por si mesmo indolor e jovial, isso confere à sua testa avantajada e ao seu olhar claro e contemplativo não subordinados ao serviço da vontade e suas necessidades aquele toque de grande e como que supraterrena jovialidade, que de tempos em tempos eclode e harmoniza-se muito bem com a melancolia dos demais traços faciais, em especial da boca; // essa vinculação pode-se acertadamente descrever com o mote de GIORDANO BRUNO: *In tristitia hilaris, in hilaritate tristis*.[4]

A vontade, que é a raiz do intelecto, opõe-se a qualquer atividade dele que não seja direcionada aos seus fins. Eis por que ele só é capaz de uma apreensão objetiva e profunda do mundo exterior quando desprendeu-se, ao menos provisoriamente, dessa sua raiz. Enquanto permanece ligado à vontade, é incapaz de atividade pelos próprios meios, mas antes permanece imerso em um tórpido sono, a menos que a vontade (o interesse) o desperte e o coloque em movimento. Quando isso acontece ele é bastante apto para

---

4 "Alegre na tristeza, triste na alegria." (N. T.)

reconhecer as relações das coisas em conformidade com o interesse da vontade, como faz a cabeça sagaz, que há de ser sempre uma cabeça desperta, isto é, vivamente estimulada pelo querer; mas justamente por isso o intelecto não é capaz de apreender o ser puramente objetivo das coisas. Pois o querer e os fins o tornam tão unilateral que vê nas coisas apenas aquilo que se relaciona a isso, o resto, entretanto, em parte desaparece, em parte entra falseado na consciência. Assim, por exemplo, um viajante com medo e pressa verá no rio Reno com suas margens só uma linha transversal que obsta a sua rota, e a ponte sobre o mesmo só como uma linha que permite eliminar esse obstáculo. O mundo aparece na cabeça do ser humano preenchida por fins pessoais como aparece uma bela região no plano de um campo de batalha. Evidentemente, trata-se aqui de casos extremos tomados pelo amor à clareza: mas qualquer mínimo estímulo à vontade terá como consequência algum falseamento cognitivo desse gênero. O mundo somente pode entrar em cena na sua verdadeira cor e figura, na sua significação completa e correta, quando o intelecto, liberto do querer, paira livre sobre os objetos e, sem ser esporado pela vontade, é no entanto energicamente ativo. Isso, contudo, é contrário à natureza e determinação do intelecto, portanto, em certa medida antinatural e justamente por isso raro: porém, precisamente aí reside a essência do GÊNIO, único no qual se dá aquele estado em alto grau e de maneira sustentável, enquanto nos demais indivíduos entra em cena apenas aproximada e excepcionalmente. — No // sentido aqui empregado é que leio JEAN PAUL (*Vorschule der Ästhetik*, § 12) quando ele põe a essência do gênio na CLARIVIDÊNCIA.[5] De fato, o ser humano normal está afundado no redemoinho e tumulto da vida, à qual pertence pela sua vontade: seu intelecto está preenchido com as coisas e os acontecimentos da vida: todavia, não tem ciência destas coisas e da vida mesma em sua significação objetiva; semelhante ao corretor da bolsa de Amsterdam que compreende perfeitamente o que seu vizinho diz mas não

---

5 No original, *Besonnenheit*, clarividência, clareza de consciência. Vem do particípio *besonnen*, do verbo irregular *besinnen*, e significa o poder de ver a si mesmo e às outras coisas de maneira clara e distinta (cf. dicionário *Adelung* da língua alemã). Trata-se do mesmo substantivo usado pelo autor na abertura do tomo I de sua obra magna para referir-se à "clarividência filosófica", com o que deixa ali claro que o gênio também é requerido na filosofia. (N. T.)

ouve de modo algum o murmúrio contínuo de toda a bolsa – parecido ao barulho do mar – que surpreende o observador distanciado. Ao contrário, no gênio, cujo intelecto está destacado da vontade, portanto da pessoa, o que diz respeito a esta não lhe encobre o mundo e as coisas mesmas; mas torna-se distintamente ciente delas, percebe-as em e para si mesmas em intuição objetiva: nesse sentido, o gênio é CLARIVIDENTE.[6]

É esta CLARIVIDÊNCIA o que capacita o pintor a reproduzir fielmente sobre a tela a natureza diante de seus olhos, e ao poeta evocar de maneira precisa o presente intuitivo, por meio de conceitos abstratos, na medida em que os expressa e assim os traz à consciência distinta; bem como exprimir em palavras aquilo que os demais meramente sentem. – O animal vive sem qualquer clarividência. Consciência ele tem, vale dizer, reconhece a si e ao seu bem e mal-estar, assim como aos objetos que provocam estes. Porém, seu conhecimento permanece sempre subjetivo, nunca se torna objetivo: tudo o que ali se apresenta aparece-lhe entendível por si mesmo e assim nunca pode converter-se em objeto (de exposição) nem em problema (objeto de meditação). Sua consciência é, portanto, totalmente IMANENTE. Decerto, a consciência do tipo humano ordinário não é dessa espécie, no entanto é de índole aparentada na medida em que a sua percepção das coisas e do mundo também é predominantemente subjetiva e assim permanece imanente. Esse tipo humano percebe as coisas no mundo, mas não o mundo; seu próprio agir e sofrimento, mas não a si. Ora, à medida que aumenta a distinção de consciência em infinitas gradações, entra em cena de modo paulatino a clarividência, chegando aos poucos até o ponto em que, por vezes, embora raramente e de novo em muitos diversos graus de distinção, um relâmpago como que corta a cabeça com um "que é tudo isso?" ou "COMO tudo isso foi realmente feito?". A primeira questão, caso alcance elevada clareza e contínua presença, faz o filósofo, e a outra, em iguais condições, faz o artista ou poeta. A elevada estima destes últimos, por conseguinte, desce a sua raiz na clarividência, que nasce antes da distinção com a qual percebem o mundo e a si mesmos e daí os têm claro como a luz do sol. Todo o pro-

---

6 Mantendo a harmonia com a tradução do substantivo *Besonnenheit* por clarividência, aqui traduzo o adjetivo *besonnen* por clarividente. (N. T.)

cesso, contudo, nasce do fato de o intelecto, através de sua preponderância, livrar-se por instantes da vontade, à qual ele originariamente é servil.

As considerações aqui desenvolvidas sobre o gênio concluem suplementando a exposição feita no capítulo 22 acerca da SEMPRE CRESCENTE SEPARAÇÃO ENTRE VONTADE E INTELECTO perceptível em toda a série dos seres. Essa separação alcança precisamente no gênio o seu grau mais elevado, no qual o intelecto chega até o completo destacamento de sua raiz, a vontade, de tal maneira que se torna aqui completamente livre, com o que o MUNDO COMO REPRESENTAÇÃO atinge pela primeira vez a objetivação perfeita. –

Doravante, algumas observações concernentes à individualidade do gênio. – Segundo Cícero (*Tusc.*, I, 33), já ARISTÓTELES observou *omnes ingeniosos melancholicos*;[7] o que sem dúvida se refere à passagem dos *Problemata*, 30, 1, de Aristóteles. Também GOETHE diz:

> *Meine Dichtergluth war sehr gering,*
> *So lang ich dem Guten entgegenging:*
> *Dagegen brannte sie lichterloh,*
> *Wann ich vor drohenden Uebel floh. –*
> *Zart Gedicht, wie Regenbogen,*
> *Wird nur auf dunkeln Grund gesogen:*
> *Darum behagt dem Dichtergenie*
> *Das Element der Melancholie.*[8]

Tudo isso explica-se pelo fato de que, como a vontade sempre faz valer o seu originário domínio sobre o intelecto, este, em meio a relações pessoais desfavoráveis, furta-se mais facilmente à vontade; já que de bom grado desvia-se de circunstâncias adversas, em certa medida para distrair-se, e assim // com tanto mais energia direciona-se ao estranho mundo exterior, logo, torna-se puramente objetivo de modo mais fácil. Relações pessoais

---

7 "Todos os homens engenhosos são melancólicos." (N. T.)
8 "Meu ardor poético foi muito escasso, / Pelo tempo em que fui ao encontro do bem. / Ao contrário, ardeu em chamas, / Quando bati asas do mal ameaçador. – / Delicado poema, como arco-íris, / É haurido apenas de obscuro solo: / Por isso agrada tanto ao gênio poético / O elemento da melancolia." (N. T.)

favoráveis fazem o contrário. Porém, no todo e em geral, a melancolia que acompanha o gênio repousa no fato de a Vontade de vida, quanto maior for a clareza do intelecto no qual encontra-se iluminada, tanto mais distintamente percebe a miséria de seu estado. – A sombria disposição de ânimo frequentes vezes observada nos espíritos altamente dotados tem a sua imagem emblemática no MONT-BLANC, cujo cimo está quase sempre coberto de nuvens; mas quando às vezes, sobretudo pela manhã, o véu de nuvens dissipa-se e a montanha toda avermelhada pela luz do sol desce de sua altura celeste sobre as nuvens até CHAMONIX, então temos ali uma vista pela qual o coração de cada um é mais fundamente tocado. Semelhantemente, o gênio, amiúde melancólico, também mostra por vezes a acima já descrita jovialidade característica, possível apenas a ele, nascida da mais perfeita objetividade de espírito, e espraiada como um raio de luz radiante em sua testa elevada: *in tristitia hilaris, in hilaritate tristis.* –

Todos os paspalhões são o que são porque em última instância o seu intelecto, unido com demasiada firmeza à vontade, só com a espora dela entra em atividade e, portanto, permanece inteiramente ao seu serviço. Em consequência, não são capazes de outros fins senão os pessoais. Correspondentemente, criam pinturas ruins, poesias sem espírito, filosofemas superficiais, absurdos, com frequência ilegíveis, quando se trata de recomendar-se com devota deslealdade a elevadas autoridades. Todo o seu fazer e pensar é, pois, de natureza pessoal. Por conseguinte, quase sempre apropriam-se em forma de maneirismos do exterior, acidental e arbitrário das autênticas obras de arte estrangeiras, das quais, em vez do núcleo, pegam a casca e, todavia, supõem que alcançaram tudo, sim, inclusive superaram aquelas. Mas se o fracasso é manifesto, ainda assim muitos acreditam ao fim atingir o sucesso com a própria boa vontade. Porém, é justamente essa boa vontade que torna tudo impossível; porque a mesma gira em torno apenas de fins pessoais: com estes, entretanto, nem arte, nem poesia, nem filosofia podem ser levadas a sério. A tais tipos aplica-se apropriadamente o dito: iluminam-se com a própria luz. Não desconfiam que tão somente o intelecto que fugiu do império da vontade e de todos os seus // projetos e assim tornou-se livremente ativo é capaz de autênticas produções, porque apenas um tal intelecto confere o selo do verdadeiramente sério: e é bom que nem desconfiem, pois do contrário atirar-se-iam ao mar. — BOA VONTADE é tudo na MORAL; mas na arte [*Kunst*] não é nada: visto que aqui, como já indica a palavra, vale somente o PODER [*Können*].⁹ — Em última instância, tudo depende de onde reside o SÉRIO propriamente dito do ser humano. Em quase todos, esse sério reside exclusivamente no próprio bem-estar, e no dos seus parentes próximos; eis por que encontram-se em condições de fomentar só a isso e nada mais; porque justamente nenhum propósito, nenhum esforço arbitrário e intencional atribui, ou substitui, ou corrige o verdadeiro, profundo e propriamente sério. Pois o verdadeiro e profundo sério permanece sempre lá onde a natureza o colocou: sem ele, entretanto, só pela metade as coisas são levadas a bom termo. Eis por que, pela mesma razão, indivíduos geniais amiúde cuidam mal da própria vida. Assim como um pêndulo de chumbo sempre traz de volta um corpo à posição requerida pelo centro de gravidade determinado pelo primeiro; assim também o verdadeiro sério do ser humano sempre atrai de volta a força e atenção do seu intelecto até ONDE ESSE SÉRIO RESIDE: tudo o mais move o ser humano SEM SÉRIO VERDADEIRO. Por isso apenas os raríssimos e anormais seres cujo verdadeiro sério não reside no que é pessoal e prático, mas no que é objetivo e teórico, estão em condições de apreender o essencial das coisas e do mundo, portanto, as supremas verdades e reproduzi-las em alguma forma. Pois um semelhante sério, que recai fora do indivíduo no que é OBJETIVO, é algo estranho à natureza humana, inatural, é, para dizer a verdade, sobrenatural: no entanto, apenas por meio dele um ser humano é GRANDE e, em conformidade com isso, a sua criação é atribuída a um gênio diferente de si, que o possui. A um tal ser sua pintura, poesia e pensamento é FIM, aos demais é MEIO. Estes procuram em tais criações PROVEITO PRÓPRIO e sabem, via de regra, como as promover, já que se insinuam aos seus contemporâneos prontos a servir suas necessidades e humores: motivo pelo qual vivem em felizes condições; já aquele outro ser, amiúde, vive na miséria, pois sacrifica

---

9 Jogo de palavras permitido pela língua alemã entre *die Kunst*, a arte, que vem da substantivação abstrata do verbo *können*, poder, sendo, pois, a arte *das Können*, o talento para fazer algo, logo, a capacidade que naturalmente se domina para fazer algo. O artista, por sua vez, é *der Künstler*, isto é, aquele que tem o talento, o poder para fazer algo. (N. T.)

II 439 o bem-estar pessoal ao FIM objetivo; não pode fazer outra coisa, pois aqui reside o seu sério. Os demais procedem de maneira inversa, // por isso são PEQUENOS; ele, no entanto é GRANDE. Correspondentemente, sua obra é para todos os tempos, mas o reconhecimento dela começa a maior parte das vezes na posteridade: já OS DEMAIS vivem e morrem com o seu tempo. GRANDE em geral é apenas aquele que em sua atividade, prática ou teórica, NÃO PROCURA PROVEITO PRÓPRIO, mas tão somente persegue um fim OBJETIVO; e o é inclusive quando no prático esse fim é mal entendido e até mesmo, como consequência disto, constitua um crime. Que ELE NÃO PROCURE A SI MESMO E SEUS PROVEITOS torna-o GRANDE em todas as circunstâncias. Ao contrário, PEQUENO é todo esforço dirigido a fins pessoais; porque quem assim põe-se em atividade encontra e reconhece a si mesmo apenas em sua própria e diminuta pessoa. Por outro lado, quem é GRANDE reconhece a si mesmo em tudo e, por conseguinte, no todo: não vive, como aquele, tão somente no microcosmo, mas mais ainda no macrocosmo. Eis por que o todo lhe concerne e procura apreendê-lo para expô-lo ou explicá-lo, ou agir praticamente sobre ele. Pois isso não lhe é estranho; sente que lhe diz respeito. Devido a essa ampliação de sua esfera, chamam-no GRANDE. Em consequência, só ao verdadeiro herói, em certo sentido, e ao gênio cabe aquele sublime predicado: significa que, contra a natureza humana não procuraram proveitos próprios, não viveram para si mesmos, mas para todos. – Assim como manifestamente a maioria SEMPRE tem de ser pequena e NUNCA pode ser grande, o contrário não é possível, ou seja, uma pessoa ser em absoluto, sempre e a todo instante, grande:

> *Denn aus Gemeinem ist der Mensch gemacht,*
> *Und die Gewohnheit nennt er seine Amme.*[10]

De fato, todo grande ser humano tem de amiúde ser apenas o indivíduo, apenas ter a SI MESMO em vista, e a isso chama-se ser PEQUENO. Aí baseia-se a bem acertada observação de que herói algum o permanece diante de seu

---

10 "Pois do elemento comum é feito o ser humano, / E o costume, ele o chama de sua enfermeira." (N. T.)

criado de quarto; mas não porque o criado de quarto não saiba como avaliar o herói; — como Goethe sugere, enquanto algo que ocorre a Ottilie, nas *Afinidades eletivas* (tomo 2, cap. 5). —

// O gênio é a sua própria recompensa: pois o melhor que alguém é, tem de sê-lo necessariamente para si mesmo. "Quem nasceu COM um talento, PARA um talento, encontra nele a sua mais bela existência", diz GOETHE. Quando lançamos um olhar para uma pessoa magnânima de tempos pretéritos não pensamos: "Como é feliz em ainda ser admirado por todos nós", mas "quão feliz deve ter sido na fruição imediata de um espírito cujos vestígios remanescentes são regalos de séculos inteiros". Não na fama, mas naquilo mediante o que se a alcança, reside o valor e o prazer na geração de filhos imortais. Por conseguinte, aqueles que procuram demonstrar a nulidade da fama póstuma, dizendo que quem a alcança não a experimenta, são comparáveis àquele pedante que, a uma pessoa que lançasse um olhar invejoso a um monte de ostras no jardim do seu vizinho, muito sabichosamente quisesse demonstrar-lhe a completa inutilidade delas.

Correspondendo à exposição apresentada da essência do gênio, segue-se que este é antinatural, na medida em que o seu intelecto, cuja destinação propriamente dita é o serviço da vontade, emancipa-se deste serviço para ser ativo por conta própria. Por conseguinte, o gênio é um intelecto que se tornou infiel à sua destinação. Nisso baseiam-se as DESVANTAGENS que o acompanham, em cujo caminho de consideração agora entramos, comparando o gênio com a preponderância menos decidida do intelecto.

O intelecto da pessoa normal, estritamente ligado ao serviço da própria vontade, portanto ocupado, propriamente dizendo, apenas com a recepção de motivos, pode ser visto como o complexo sistema de fios próprios a colocar em movimento cada uma dessas marionetes no teatro do mundo. Daí nasce a árida, grave seriedade da maioria das pessoas, superada apenas pela dos animais, que nunca riem. Ao contrário, o gênio, com seu intelecto desvinculado, poderia ser comparado a um vivente que representa um dos papéis entre as grandes marionetes do famoso teatro de marionetes de Milão, e que, único a compreender o mecanismo, de bom grado deixa por instantes // o palco para fruir a peça desde a plateia: — eis aí a clarividência genial. — Mas até mesmo o homem extremamente inteligente e racional, que quase pode chamar-se de sábio, é bastante diferente do gênio, e em verdade porque seu intelecto mantém uma direção PRÁTICA ao lidar com a escolha dos melhores meios e fins, por consequência, permanece a serviço da vontade e, portanto, está, propriamente dizendo, ocupado em conformidade com a natureza. A firme e prática seriedade de vida que os romanos descreveram com o termo *gravitas* pressupõe que o intelecto NÃO abandone o serviço da vontade por errâncias que não concernem a ela: por isso não admite aquela separação entre intelecto e vontade que é a condição do gênio. A cabeça inteligente e inclusive eminente, talhada para grandes realizações no domínio prático, o é precisamente porque os objetos estimulam vivamente a sua vontade e lhe são uma espora para que siga investigando sem trégua relações e referências volitivas. Também seu intelecto cresceu firmemente unido à vontade. Ao contrário, diante da cabeça genial, em sua apreensão objetiva, flutua o aparecimento do mundo como algo estranho, um objeto de contemplação que reprime o querer da consciência. Em torno desse ponto gira a diferença entre a capacidade para os FEITOS e a para as OBRAS. A última requer objetividade e profundeza de conhecimento, cujo pressuposto é a completa separação do intelecto da vontade: a primeira, por sua vez, requer aplicação do conhecimento, presença de espírito e resolução, que exigem que o intelecto procure ininterruptamente o serviço da vontade. Lá onde o vínculo do intelecto com a vontade é dissolvido, o intelecto, desviado de sua destinação natural, negligenciará o serviço da vontade: por exemplo, mesmo na necessidade do momento ainda fará valer a sua emancipação e possivelmente não se furtará a apreender a impressão pictórica de cercanias que, com perigo eminente, ameaçam a sua pessoa. Ao contrário, o intelecto do ser humano arrazoado e judicioso está sempre a postos, direcionado às circunstâncias e suas exigências: por isso em todos os casos decidirá e executará o que for apropriado ao assunto, por conseguinte, jamais cairá naquelas excentricidades e deslizes pessoais, // sim, insensatezes às quais o gênio está exposto, visto que o intelecto deste não permanece exclusivamente como guia e guardião da sua vontade, mas, em maior ou menor medida, é absorvido pelo que é puramente objetivo. A oposição existente entre os dois tipos inteiramente diferentes de capacidade aqui abstratamente apresentados foi-nos tornada intuitiva por GOETHE no contraste entre Tasso e

Antônio. A tão frequentemente notada afinidade entre o gênio e a loucura reside principalmente naquela separação do intelecto da vontade, essencial ao gênio, no entanto inatural. Contudo, de modo algum semelhante separação deve ser atribuída ao fato de o gênio ser acompanhado de uma menor intensidade volitiva; pois ele é antes condicionado por um caráter veemente e apaixonado: mas é explicável porque o ser humano destacado em termos práticos, em termos de feitos, simplesmente tem a total e plena medida de intelecto requerida para uma vontade enérgica, enquanto à maioria das pessoas falta inclusive isto; o gênio, por seu turno, consiste num excedente real e completamente anômalo de intelecto além do exigido para o serviço da vontade. Justamente por isto os autores das obras originais são mil vezes mais raros que os autores dos feitos. Precisamente devido àquele anômalo excedente é que o intelecto alcança o predomínio decisivo, liberta-se da vontade e então, ignorando a sua origem, é livremente ativo pela própria força e elasticidade; daí nascem as criações do gênio.

Ora, justamente porque o gênio consiste no fazer-efeito livre do intelecto emancipado do serviço da vontade, segue-se daí que as suas produções não servem a fim utilitário algum. O gênio fará música, ou filosofia, ou pintura, ou poesia; — uma obra do gênio nada tem de utilitário. Ser destituída de utilidade pertence ao caráter da obra do gênio: é seu título de nobreza. Todas as demais obras humanas estão aí para a conservação ou alívio de nossa existência; apenas as obras aqui em pauta não: só estas existem por conta própria e devem, nesse sentido, ser vistas como a flor ou o lucro líquido da existência. Por isso nosso coração queda-se absorvido na fruição delas: pois ali emergimos da // pesada atmosfera terrestre das necessidades. — Ademais, analogamente, raras vezes vemos o belo unido ao útil. As árvores altas e belas não dão fruto algum: as árvores frutíferas são pequenas, mutiladas, feias. Não dá frutos a rosa cheia do jardim, mas a pequena, silvestre, quase sem odor. Os mais belos edifícios não são os úteis: um templo não é uma moradia. Um ser humano de elevados e raros talentos espirituais, obrigado a exercer uma ocupação meramente utilitária, para a qual seria suficiente o tipo mais ordinário, assemelha-se a um precioso vaso adornado com belíssimas pinturas servindo de panela na cozinha; e comparar as pessoas úteis com as pessoas de gênio é como comparar tijolos com diamantes.

O ser humano meramente prático usa, portanto, seu intelecto naquilo a que a natureza o destinou, a saber, na apreensão das relações entre coisas, seja das relações das coisas entre si, seja delas com a vontade do indivíduo que conhece. O gênio usa, de maneira diferente, o intelecto contrariamente à sua destinação na apreensão da essência objetiva das coisas. Sua cabeça, pois, não lhe pertence, mas ao mundo, para cuja iluminação contribuirá de algum modo. Em virtude disso, ao indivíduo assim agraciado tem de surgir muitas e variadas DESVANTAGENS. Visto que seu intelecto mostrará em geral as falhas típicas de todo instrumento usado naquilo para o que não foi feito. Em primeiro lugar, será, por assim dizer, o servo de dois senhores, na medida em que em toda ocasião liberta-se do serviço designado por sua destinação para seguir os próprios fins, com o que amiúde abandona intempestivamente a vontade e, assim, o indivíduo dotado nesses moldes torna-se mais ou menos sem serventia para a vida, sim, em sua conduta lembra às vezes a loucura. Logo, devido a sua elevada faculdade de conhecimento verá nas coisas mais o universal que o particular; enquanto o serviço da vontade exige principalmente o conhecimento do particular. Todavia, quando ocasionalmente toda aquela anormal e elevada faculdade de conhecimento direciona-se subitamente com toda a sua energia para os casos e as misérias da vontade, então a estes fácil apreenderá bem vividamente, a tudo verá em cores demasiado vibrantes, em luz demasiado intensa, em formas monstruosamente exageradas, // com o que o indivíduo cai em puros extremos. Para explicar ainda melhor tudo isso, serve o seguinte. Todas as grandes realizações teóricas, não importa o tipo, são levadas a bom termo na medida em que o seu criador direciona todas as forças do seu espírito a um único ponto, no qual deixa que elas reúnam-se e concentrem-se, tão forte, fixa e exclusivamente que todo o mundo restante desaparece-lhe, e seu objeto preenche-lhe toda realidade. Justamente essa grande e violenta concentração, que pertence ao privilégio do gênio, entra em cena às vezes para ele também em objetos da realidade efetiva ou casos da vida diária, os quais então, levados a um tal foco, adquirem um aumento tão monstruoso que se expõem como uma pulga com estatura de elefante ao ser observada num microscópio solar. Daí resulta que indivíduos altamente dotados às vezes são assaltados em face de miudezas por afetos veementes de diversos tipos, incompreensíveis para os demais, que os veem cair em tristeza, alegria, preocupação, temor, cólera etc., por coisas diante das quais um ser humano comum permanece sereno. Por isso falta ao gênio a SOBRIEDADE, que consiste precisamente em não ver nas coisas mais do que realmente lhes pertence, em especial naquilo referente aos nossos possíveis fins: por isso nenhum ser humano sóbrio pode ser um gênio. Às desvantagens citadas, junta-se ainda a excessiva sensibilidade, que traz consigo uma anormalmente elevada vida nervosa e cerebral, na realidade unida à veemência e paixão da vontade, condições do gênio que se expõem fisicamente como energia do batimento cardíaco. De tudo isso nasce muito facilmente aquela exaltação de ânimo, aquela veemência dos afetos, aquela mudança rápida de humor, sob melancolia predominante, que GOETHE nos trouxe diante dos olhos em Tasso. Por seu turno, que razoabilidade, que quieta apreensão, que entendimento da situação, que certeza plena e regularidade de conduta são mostrados pelo ser humano ordinário bem-dotado, em comparação com os ensimesmados sonhos ou afetos apaixonados do indivíduo genial, cujo tormento interior é o ventre de obras imortais. — A tudo isso, acrescente-se a vida essencialmente solitária do gênio. Ele é demasiado raro // para conseguir encontrar facilmente o seu semelhante, e demasiado diferente dos demais para estar em sua companhia. Nele o predominante é o conhecer, nos outros, o querer: por isso suas alegrias não são as deles, e a as deles não são as suas. Eles são seres meramente morais e têm meras relações pessoais: ele é ao mesmo tempo um intelecto puro, e, enquanto tal, pertence a toda a humanidade. O curso de pensamentos do intelecto destacado do seu solo materno, a vontade, solo ao qual retorna apenas periodicamente, torna-se logo no todo diferente do curso de pensamentos do intelecto normal preso ao seu tronco. Eis por que, devido à desigualdade dos passos que dão, o intelecto destacado não é apropriado a pensamentos ordinários, isto é, à conversação com os outros: terão tão pouca alegria com ele e a sua impressiva superioridade quanto ele terá com eles. Por conseguinte, sentir-se-ão confortáveis com seus iguais, e ele preferirá o entretenimento com seus iguais, embora isto via de regra só seja possível mediante as obras que estes deixaram. Portanto, muito acertadamente diz CHAMFORT: *Il y a peu de vices qui empêchent un homme d'avoir beaucoup d'amis, autant que peuvent le faire de trop grand qualités.*[11] De tudo o que foi dito resulta que, embora o gênio possa até tornar bastante feliz a pessoa com ele dotada, durante as horas em que esta se entrega a ele e o desfruta sem impedimentos, todavia, de maneira alguma ele é apropriado para proporcionar-lhe um curso de vida feliz, antes o contrário. Isto também é confirmado pela experiência relatada em biografias. Adicione-se ainda uma má relação com o exterior, já que o gênio, em suas atividades e realizações, entra na maioria das vezes em contradição e conflito com o seu tempo. Os simples homens de talento sempre surgem na época certa: pois, como são estimulados pelo espírito do seu tempo, e são chamados à existência pelas necessidades dele, segue-se que também são capazes de satisfazer apenas às necessidades dele. Assim, engajam-se num processo progressivo de formação de seus coetâneos, ou no fomento gradual de uma ciência específica: daí advém sua recompensa e aprovação. Para a próxima geração, entretanto, as // suas obras não são mais fruíveis: têm de ser substituídas por outras, que não deixarão de surgir. O gênio, ao contrário, surge em sua época como um cometa surge nas órbitas planetárias de ordem regular e observável, na qual é estranho o seu curso totalmente excêntrico. Correspondentemente, não pode intervir no curso de formação regular tal como encontrado em sua época, mas lança suas obras mais além no caminho que está diante de si (como o imperador que, entregando-se à morte, arremessa sua lança aos pés dos inimigos), e que apenas com o tempo serão recolhidas. Sua relação com os homens de talento, que culminam em sua época, poderia ser expressa nas palavras do Evangelista: Ὁ καιρὸς ὁ ἐμὸς οὔπω πάρεστιν. ὁ δέ χαιρὸς ὁ ὑμέτερος πάντοτέ ἐστιν ἕτοιμος (João 7, 6).[12] O TALENTO consegue realizar o que ultrapassa a capacidade de realização, mas não a de apreensão dos demais: por isso encontra de imediato os seus apreciadores. Ao contrário, a realização do GÊNIO vai além não apenas da capacidade de realização, mas também de apreensão dos outros: por isso não se dão conta dele de imediato. O talento é como o atirador, que acerta um alvo que os demais não o

---

11 "Poucos vícios impedem uma pessoa de ter muitos amigos do que possuir muitas qualidades." (N. T.)

12 "Meu tempo não chegou, enquanto o vosso tempo está sempre pronto." (N. T.)

podem; o gênio é como o bom atirador, que acerta um alvo que os demais nem conseguem ver: eis por que estes se inteiram do caso apenas mediatamente, portanto tarde, e até mesmo o aceitam só de boa-fé. Em conformidade com isso, diz Goethe numa epístola didática: "A imitação nos é inata; aquilo a ser imitado não é facilmente reconhecível. Raras vezes o que é excelso é encontrado, mais raramente ainda apreciado". E CHAMFORT diz: *Il en est de la valeur des hommes comme de celle des diamants, qui, à une certaine mesure de grosseur, de pureté, de perfection, ont un prix fixe et marqué, mais qui, par-delà cette mesure, restent sans prix, et ne trouvent point d'acheteurs.*[13] Também Bacon de Verulam assim expressou-se: *Infimarum virtutum, apud vulgus, laus est, mediarum admiratio, supremarum sensus nullus* (De augm. scient., livro VI, c.3).[14] Talvez alguém pudesse opor: *apud vulgus!* — A quem eu viria em assistência com a afirmação de Maquiavel: *Nel mondo non è se non volgo;*[15] // também THILO observa (*Über den Ruhm*) que alguém sói comumente pertencer mais à grande massa do que acreditamos. — Uma consequência desse reconhecimento tardio das obras do gênio é que elas raramente são desfrutadas pelos seus coetâneos e, portanto, na viçosidade do colorido que lhes confere a simultaneidade e o presente, mas, como os figos e as tâmaras, são desfrutadas muito mais em estado seco que fresco. —

Se finalmente ainda consideramos o gênio pelo lado somático, então o encontramos condicionado por diversas propriedades anatômicas e fisiológicas que isoladas raramente existem de forma perfeita, mais raramente ainda juntas e completas, e, no entanto, são todas inexoravelmente requeridas; daí explica-se por que o gênio surge apenas como uma exceção no todo isolada, quase portentosa. A condição fundamental é uma anômala preponderância da sensibilidade sobre a irritabilidade e a força de reprodução, e, em verdade, o que torna a coisa mais difícil, num corpo masculino (mulheres

---

13 "O valor dos homens é como o dos diamantes, que, até uma certa medida de tamanho, de pureza, de perfeição, têm um preço fixo e marcado, mas que, além dessa medida, permanecem sem preço, e não encontram compradores." (N. T.)

14 "As virtudes inferiores recebem aplauso do vulgo, as intermediárias admiração, as mais elevadas nenhum reconhecimento." (N. T.)

15 "Não há nada no mundo senão vulgo." [Trad. de Schopenhauer para o alemão: *Es giebt nichts Anderes auf der Welt, als Vulgus.*] (N. T.)

podem ter talento importante, mas não gênio: pois elas permanecem sempre subjetivas). De maneira similar, o sistema cerebral tem de estar nitidamente separado do ganglionar através de isolamento perfeito, de modo que esteja em perfeita oposição a este, com o que o cérebro leva sua vida de parasita sobre o organismo de forma bem decidida, isolada, enérgica e independente. Com isso naturalmente o cérebro faz efeito hostil sobre o restante do organismo e, através de sua vida intensa e atividade sem descanso, cedo esgota o organismo, caso este não tenha enérgica força vital e seja bem constituído: esta última também sendo uma das condições do gênio. Sim, até mesmo um bom estômago deve pertencer-lhe, por causa do íntimo e especial consenso desta parte com o cérebro. No principal, entretanto, o cérebro tem de ter desenvolvimento e tamanho incomuns, ser especialmente largo e alto: por outro lado, sua dimensão em profundidade será inferior e o grande cérebro preponderará anomalamente em proporção ao cerebelo. Da sua figura no todo e das suas partes dependem sem dúvida muitas coisas: porém, nosso conhecimento ainda não consegue determinar tudo isso de modo preciso; embora facilmente reconheçamos a forma de um crânio que anuncia a nobre e elevada inteligência. A textura da massa cerebral tem de ser de extrema fineza e perfeição // e ser constituída da substância nervosa mais pura, clarificada, delicada e excitável: decerto, a proporção quantitativa entre a substância branca e a cinzenta também tem uma influência decisiva, que entretanto também ainda somos incapazes de explicar. Entrementes, o relato da autopsia no corpo de BYRON* diz que nele a substância branca estava numa proporção incomumente elevada com a cinzenta; e que seu cérebro pesava 6 libras. O cérebro de CUVIER pesou 5 libras: o peso normal é 3 libras.[16] — Em contraste com o cérebro preponderante, a medula espinhal e os nervos têm de ser incomumente delgados. Um crânio belamente abobadado, elevado e largo, com uma massa óssea delgada tem de proteger o cérebro sem limitá-lo. Toda essa índole do cérebro e sistema nervoso é herança da mãe; assunto ao qual retornaremos no livro seguinte. Todavia, é completamente

---

* Em Medwin, *Conversations of L. Byron*, p.333.
16 Em números aproximados: 6 libras = 2,72 kg; 5 libras = 2,27 kg; 3 libras = 1,36 kg. (N. T.)

insuficiente para produzir o acontecimento do gênio se não se lhe adiciona, como herança do pai, um temperamento vívido, apaixonado, que se expõe somaticamente como energia incomum do coração e, em consequência, da circulação sanguínea, sobretudo na direção da cabeça. Pois desse modo é, em primeiro lugar, incrementada a turgescência típica do cérebro, devido à qual este pressiona suas paredes, razão pela qual ele salta por qualquer orifício produzido por uma lesão; em segundo lugar, através da força do coração, o cérebro recebe aquele movimento interior (diferente do contínuo movimento de expansão e contração que acompanha cada respiração) que consiste numa agitação de toda a sua massa em cada pulsação das quatro artérias cerebrais e cuja energia tem de corresponder à sua quantidade de massa aqui incrementada, justamente porque esse movimento é em geral uma condição indispensável à sua atividade. Precisamente por isso uma pequena estatura e, em especial, um pescoço curto são favoráveis à mencionada atividade, já que, pelo caminho mais curto, o sangue chega com mais energia ao cérebro: eis por que raramente grandes espíritos têm grandes corpos. Contudo, aquela brevidade do caminho não é indispensável: por exemplo, Goethe era de altura mais que mediana. No entanto, se falta toda a condição referente à circulação sanguínea procedente do pai, // a índole cerebral favorável que descende da mãe produzirá no máximo um talento, um entendimento refinado, sustentado pela fleuma que então aparece: no entanto, um gênio fleumático é impossível. A partir desta condição do gênio herdada do pai explicam-se muitas das suas falhas de temperamento acima descritas. Entretanto, quando esta condição se dá sem a primeira, isto é, num cérebro ordinário ou até mesmo mal constituído, tem-se vivacidade sem espírito, calor sem luz, o que produz doidivanas, pessoas de insuportável inquietude e petulância. Que dentre dois irmãos apenas um possua gênio e em geral o mais velho, como foi por exemplo o caso de Kant, explica-se antes de tudo pelo fato de que apenas em sua geração o pai estava na idade da força e apaixonado; se bem que a outra condição herdada da mãe pode ter-se atrofiado por circunstâncias desfavoráveis.

Gostaria ainda de acrescentar uma especial observação sobre o caráter pueril do gênio, isto é, sobre uma certa semelhança que existe entre o gênio e a idade infantil. – De fato, na infância, como no gênio, o sistema cerebral e

nervoso são de preponderância decisiva, pois seu desenvolvimento adianta-
-se muito ao do restante do organismo; de tal modo que já no sétimo ano
de vida o cérebro alcançou toda a sua extensão e massa. Por isso, BICHAT
diz: *Dans l'enfance le système nerveux, comparé au musculaire, est proportionnellement
plus considérable que dans tous les âges suivans, tandis que, par la suite, la pluspart dês
autres systèmes prédominent sur celui-ci. On sait que, pour bien voir les nerfs, on choisit
toujours les enfants*[17] (*De la vie et de la mort*, art. 8, § 6). Só mais tarde começa o
desenvolvimento do sistema genital, e tão somente com a chegada da idade
viril é que irritabilidade, reprodução e função genital estão com plena força,
quando então, via de regra, têm o predomínio sobre a função cerebral. Daí
explicar-se por que crianças são em geral tão espertas, arrazoadas, ávidas de
saber e fáceis de ensinar, sim, no todo são mais dispostas e aptas para qualquer ocupação teórica que os adultos: de fato, possuem, em consequência
daquele // processo de desenvolvimento, mais intelecto do que vontade, ou
seja, mais intelecto do que inclinação, apetite, paixão. Pois intelecto e cérebro são uma coisa só, assim como o sistema genital é uma coisa só com o
mais veemente de todos os apetites: por isso denominei os genitais o foco da
vontade. Ora, precisamente porque a terrível atividade desse sistema ainda
dormita enquanto a do cérebro já está em plena pujança, é a infância a idade
da inocência e da felicidade, o paraíso da vida, o Éden perdido para o qual
nostálgicos voltamos o olhar pelo resto de nosso decurso de vida. A base
daquela felicidade, porém, é que na infância toda a nossa existência reside
mais no conhecer que no querer; estado esse que, ademais, é reforçado na
exterioridade pela novidade de todos os seus objetos. Por isso na aurora da
vida o mundo apresenta-se diante de nós tão viçoso, tão encantadoramente
mágico, tão atraente. Os pequenos apetites, as oscilantes inclinações, e os
insignificantes cuidados da infância são apenas um débil contrapeso àquela
predominância da atividade cognoscitiva. Do que foi dito também se explica
o olhar inocente e claro das crianças, no qual reconfortamo-nos e que às
vezes, em casos isolados, alcança a expressão sublime, contemplativa, com a

---

17 "Na infância, o sistema nervoso, comparado ao muscular, é proporcionalmente mais
considerável que em todas as idades seguintes, enquanto, depois, a maioria dos outros
sistemas predominam sobre ele. Sabe-se que, para melhor examinar os nervos, escolhe-
-se sempre os infantis." (N. T.)

qual RAFAEL glorificou os seus anjos. Em conformidade com isso, as faculdades do espírito desenvolvem-se bem mais cedo que as necessidades às quais estão destinadas a servir: e nisto, como em toda parte, a natureza procede em conformidade a fins. Pois nesse tempo da inteligência predominante, o ser humano forma um estoque de conhecimentos para necessidades futuras que no momento ainda lhe são alheias. Eis por que agora seu intelecto está incessantemente ativo, apreende apetitosamente todas as aparências, medita sobre elas e as armazena com cuidado para o tempo vindouro, — tal qual a abelha, que acumula muito mais mel do que pode consumir, pressentindo as necessidades futuras. Decerto, o que o ser humano adquire em intelecção e conhecimento até a entrada da puberdade é, tomado em conjunto, mais do que aprende depois, não importando a sua erudição: pois se trata ali do fundamento de todos os conhecimentos humanos. — A plasticidade predomina até a mesma época no corpo infantil, plasticidade cujas forças, após terem consumado a sua obra, passam por metástase ao sistema de reprodução, com o que o impulso sexual entra em cena // na puberdade, e agora a vontade obtém paulatinamente a preponderância. Então, à infância basicamente teórica e ávida de aprendizado segue-se a inquieta juventude, por vezes impetuosa, por vezes pesarosa, depois passando à veemente e séria idade adulta. Justamente porque na criança falta aquele impulso sinistro, o seu querer é tão moderado e subordinado ao conhecimento, pelo que daí nasce aquele caráter de inocência, inteligência e razoabilidade próprio à infância. — Preciso ainda dizer, para consolidar a semelhança entre a infância e o gênio, apenas isto: que ela consiste no excesso da faculdade de conhecimento além das necessidades da vontade, e no daí originado predomínio da pura atividade cognoscitiva. De fato, toda criança é em certa medida um gênio, e todo gênio é em certa medida uma criança. O parentesco entre ambos mostra-se antes de tudo na inocência e sublime simplicidade que são uma marca registrada do autêntico gênio: revela-se além do mais em muitos outros traços; de tal modo que decerto pertence ao caráter do gênio uma certa puerilidade. Nos informes de RIEMER sobre GOETHE é mencionado (tomo I, p.181) que Herder e outros diziam sobre Goethe, em tom de censura, que ele sempre fora uma criança grande: decerto o disseram com razão, mas o censuraram sem razão. Também de MOZART se disse que por toda a vida permaneceu uma criança (Biografia Nissen de Mozart, p.2 e 529). O necrológio de Schlichtegroll (de 1791, tomo II, p.109) diz sobre ele: "Cedo em sua arte tornou-se um homem; em todos os outros aspectos, entretanto, sempre permaneceu uma criança". Todo gênio é já uma criança pelo simples fato de contemplar o mundo como algo alheio, um espetáculo, portanto, com interesse puramente objetivo. Por conseguinte, não tem, tanto quanto a criança, aquela árida seriedade do indivíduo comum que, não sendo capaz de outro interesse senão o subjetivo, sempre vê nas coisas meros motivos para a própria ação. Quem em seu decurso de vida não permanece em certa medida uma criança grande, mas torna-se um homem sério, sóbrio, composto, racional, pode ser um cidadão bastante útil e eficiente deste mundo; mas jamais um gênio. De fato, o gênio o é porque aquele predomínio do sistema sensitivo e // da atividade cognoscente, típico da infância, é nele conservado de maneira anômala, portanto, torna-se aqui um predomínio perene. Um traço disso prolonga-se também em certas pessoas ordinárias até a idade juvenil; eis por que, por exemplo, é inegável em certos estudantes uma pura aspiração do espírito e uma excentricidade genial. Porém, a natureza retorna ao seu curso: tais pessoas ordinárias metamorfoseiam-se em crisálidas e surgem na idade adulta como filisteus empedernidos, com o que nos espantamos quando anos depois os reencontramos. – Em todo o processo aqui descrito ancora-se também a bela observação de Goethe: "Crianças não cumprem o que prometem; pessoas jovens muito raramente; e quando mantêm a palavra, o mundo não a mantém com elas" (*Afinidades eletivas*, tomo I, cap.10). Mundo este que promete as suas coroas aos que têm mérito, para as colocar finalmente na cabeça dos que se tornam instrumentos dos seus vis propósitos, ou que sabem enganá-lo. – Em conformidade ao que foi dito, pode-se ainda dizer que, assim como há uma simples beleza juvenil, que quase todos possuíram alguma vez (*beauté du diable*),[18] também há uma simples intelectualidade juvenil, um certo ser espiritual inclinado e apto a apreender e compreender e aprender, que todos têm na infância, alguns ainda na juventude, mas depois perde-se, precisamente como perde-se aquela beleza. Apenas numa pequeníssima minoria, os eleitos, tanto uma

---

18 "Beleza do diabo." (N. T.)

coisa quanto a outra dura por toda a vida, de tal forma que até mesmo na idade avançada permanece um vestígio delas; estes são os seres humanos verdadeiramente belos e verdadeiramente geniais.

O aqui considerado predomínio do sistema nervoso cerebral e da inteligência na infância, ao lado do declínio dele na idade madura, recebe uma explicitação e confirmação importante no fato de na espécie de animais mais próxima da humana, os macacos, a mesma relação encontrar-se num grau impressionante. Paulatinamente tornou-se certo que o tão inteligente orangotango é um pongo jovem, que, ao amadurecer, perde a sua grande semelhança de feição com a humana e, ao mesmo tempo, perde a sua assombrosa inteligência, visto que a parte inferior, animal, do rosto engrandece e assim a testa apequena-se, ademais grandes *cristae* para a sustentação da musculatura dão ao crânio uma figura animal, a // atividade do sistema nervoso diminui, e no seu lugar desenvolve-se uma extraordinária força muscular que, suficiente para a própria conservação, torna agora supérflua a grande inteligência. Especialmente importante é o que a esse respeito diz Friedrich Cuvier e que Flourens explana numa recensão da *Histoire naturelle* do primeiro, encontrada no *Journal des Savans* de setembro de 1839 e também impressa em separata, com alguns acréscimos, sob o título: *Résumé analytique des observations de Fr. Cuvier sur l'instinct et l'intelligence des animaux*, p. Flourens, 1841. Aí mesmo, na página 50, encontramos: "*L'intelligence de l'orang-outang, cette intelligence si développée, et développée de si bonne heure, décroit avec l'âge. L'orang-outang, lorsqu'il est jeune, nous étonne par sa pénétration, par sa ruse, par son adresse; l'orang-outang, devenu adulte, n'est plus qu'un animal grossier, brutal, intraitable. Et il en est de tous les singes comme de l'orang-outang. Dans tous, l'intelligence décroit à mesure que les forces s'accroissent. L'animal qui a le plus d'intelligence, n'a toute cette intelligence que dans le jeune âge*".[19] — Mais adiante, na página 87: "*Les singes*

---

19 "A inteligência do orangotango, esta inteligência tão desenvolvida, e tão cedo desenvolvida, decresce com a idade. O orangotango, quando é jovem, espanta-nos por sua penetração, por sua sagacidade, por sua perícia; o orangotango, quando se torna adulto, não passa de um animal grosseiro, brutal, intratável. Com todos os macacos ocorre o mesmo que com os orangotangos. Em todos, a inteligência decresce à medida que as forças se incrementam. O animal que tem mais inteligência só a tem por inteiro na idade juvenil." (N. T.)

de tous les genres offrent ce rapport inverse de l'âge et de l'intelligence. Ainsi, par exemple, l'Entelle (espèce de guenon du sous-genre des Semno-pithèques et l'un des singes vénérés dans la religion des Brames) a, dans le jeune âge, le front large, le museau peu saillant, le crâne élevé, arrondi, etc. Avec l'âge le front disparait, recule, le museau proémine; et le moral ne change pas moins que le physique: l'apathie, la violence, le besoin de solitude, remplacent la pénétration, la docilité, la confiance. Ces différences sont si grandes, dit Mr. Fréd. Cuvier, que dans l'habitude où nous sommes de juger des actions des animaux par les nôtres, nous prendrions le jeune animal pour un individu de l'âge, où toutes les qualités morales de l'espèce sont acquises, et l'Entelle adulte pour un individu qui n'aurait encore que ses forces physiques. Mais la nature n'en agit pas ainsi avec ces animaux, qui ne doivent pas sortir de la sphère étroite, qui leur est fixée, et à qui il suffit en quelque sorte de pouvoir veiller a leur conservation. Pour cela l'intelligence // était nécessaire, quand la force n'existait pas, et quand celle-ci est acquise, toute autre puissance perd de son utilité".[20] — E na página 118: *"La conservation des espèces ne repose pas moins sur les qualités intellectuelles des animaux, que sur leurs qualités organiques".*[21] Esta última passagem confirma o meu princípio de que o intelecto, tão bem quanto as garras e os dentes, não passa de um instrumento a serviço da vontade.

---

20 "Os macacos de todos os tipos mostram essa relação inversa entre a idade e a inteligência. Assim, por exemplo, o *entellus* (espécie de guenon da subespécie dos semnopitecos e um dos macacos venerados na religião brâmane) tem, em sua idade juvenil, a testa larga, o focinho pouco saliente, o crânio elevado, arredondado etc. Com o passar do tempo, a testa desaparece, recua, o focinho torna-se proeminente; e o moral não muda menos que o físico: a apatia, a violência, a necessidade de solidão, substituem a penetração, a docilidade, a confiança. Estas diferenças são tão grandes, diz Mr. Fréd. Cuvier, que no hábito que temos de julgar as ações dos animais pelas nossas, tomaríamos o jovem animal como um indivíduo da idade em que todas as qualidades morais da espécie são adquiridas, e o *entellus* adulto como um indivíduo que teria ainda suas forças físicas. Mas a natureza não age assim com esses animais, que não devem sair da esfera estreita que lhes é fixada e que é suficiente em certa medida para poder velar por sua preservação. Para isto foi necessária a inteligência, quando a força não existia, e quando esta é adquirida, todo outro poder perde a sua utilidade." (N. T.)

21 "A conservação das espécies não repousa menos nas qualidades intelectuais dos animais que nas suas qualidades orgânicas." (N. T.)

Capítulo 32*
SOBRE A LOUCURA

A saúde propriamente dita do espírito consiste na perfeita recordação. Esta decerto não deve ser compreendida no sentido de que a nossa memória conserve tudo. Pois nosso pretérito decurso de vida contrai-se no tempo, como contrai-se no espaço o decurso do andarilho que olha para trás; por vezes torna-se difícil distinguir os anos isolados; os dias tornam-se irreconhecíveis na maioria das vezes. Propriamente dizendo, entretanto, apenas devem confundir-se na lembrança os eventos completamente iguais que se repetem inumeráveis vezes, cujas imagens, por assim dizer, sobrepõem-se umas às outras até tornarem-se individualmente irreconhecíveis: ao contrário, todo evento característico ou significativo tem de ser novamente encontrado na lembrança; se o intelecto for normal, forte e completamente saudável. – No texto expus a LOUCURA como o ROMPIMENTO do fio da memória, embora esta continue a fluir regularmente, porém com contínua perda de conteúdo e distinção. Como confirmação disto serve a seguinte consideração.

A memória de uma pessoa sã que foi testemunha de um evento proporciona-lhe uma certeza sobre este que pode ser considerada tão // sólida e segura como a sua percepção presente de uma coisa; por isso, quando jura que testemunhou o evento, o mesmo é aceito perante um tribunal. Ao contrário, a simples suspeita de loucura logo enfraquece a declaração de uma testemunha. Aqui, portanto, repousa o critério para diferenciar saúde mental de insanidade. Tão logo eu duvido se um evento do qual me lembro

---

* Este capítulo está em conexão com § 36, segunda parte, do primeiro tomo.

de fato aconteceu, lanço sobre mim mesmo a suspeita de loucura; a não ser que não estivesse seguro se fora um simples sonho. Se alguém duvida da realidade de um evento por mim relatado como testemunha, sem desconfiar da minha honestidade, considera-me insano. Quem pela repetição frequente da narrativa de um evento, originariamente por si inventado, chega por fim a acreditar nele, já é neste ponto propriamente um louco. Pode-se creditar a uma pessoa insana momentos espirituosos, perspicazes pensamentos isolados, até mesmo juízos corretos: mas não se atribuirá validade alguma ao seu testemunho sobre acontecimentos passados. Em *Lalitavistara*, reconhecidamente a biografia do Buddha Shakyamuni, conta-se que, no instante do seu nascimento, no mundo inteiro todos os doentes se curaram, todos os cegos voltaram a ver, todos os surdos a ouvir, e todos os loucos "recuperaram a sua memória". Esta última passagem é até mesmo mencionada em dois lugares.*

Minha própria experiência de muitos anos levou-me à conjectura de que é entre os atores que a loucura incide proporcionalmente numa maior frequência. No entanto, que abusos praticam tais pessoas contra a própria memória! Diariamente têm de decorar um papel novo ou refrescar um antigo: esses papéis, entretanto, são por completo desconexos entre si, sim, estão em contradição e contraste uns com os outros, e toda noite o ator tem de esforçar-se para esquecer totalmente de si, para ser alguém por completo diferente. Tudo isso pavimenta o caminho direto para a loucura.

A exposição feita no texto da origem da loucura será mais facilmente apreensível se recordarmos com que desagrado pensamos em coisas que ferem de maneira profunda nosso interesse, nosso // orgulho ou nossos desejos, com que dificuldade nos decidimos a submetê-las a uma investigação mais minuciosa e séria por parte do próprio intelecto, por outro lado, com que facilidade desfazemo-nos ou escapamos delas inconscientemente e, por seu turno, como casos agradáveis vêm por si mesmos à mente e, quando afugentados, sempre se nos avizinham de novo, com o que por horas os sonhamos despertos. Naquela resistência da vontade em permitir que

---

* Rgya Tcher Rol Pa, *Hist. de Buddha Shakyamuni*, trad. do tibetano por Foucaux, 1848, p.91 e 99.

aquilo que é contrário a ela se apresente à inspeção do intelecto, encontra-se o lugar no qual a loucura irrompe no espírito. Em realidade, todo novo incidente adverso tem de ser assimilado pelo intelecto, isto é, receber um lugar no sistema de verdades relacionadas à nossa vontade e aos seus interesses, por mais que esse incidente tenha de reprimir o que é gratificante. Tão logo o processo se consuma, o incidente dói bem menos: mas essa operação mesma é amiúde bastante dolorosa e na maioria das vezes ocorre apenas com lentidão e relutância. Mas a saúde do espírito só se mantém na medida em que semelhante operação consuma-se a cada vez corretamente. Ao contrário, se num caso isolado a resistência e oposição da vontade para aceitar um conhecimento atinge tal grau que aquela operação não é realizada de maneira pura; por consequência certos eventos ou circunstâncias são completamente escamoteados do intelecto porque a vontade não suporta a sua visão; e depois, em razão da concatenação necessária, as lacunas surgidas são arbitrariamente preenchidas; – então aí temos a loucura. Pois o intelecto renunciou à sua natureza para agradar à vontade: a pessoa afigura agora para si algo inexistente. Todavia, a loucura assim nascida torna-se o Lete[1] dos sofrimentos insuportáveis: foi o último meio de ajuda da natureza angustiada, isto é, da vontade.

Seja aqui mencionada de passagem uma prova notável da minha visão. CARLO GOZZI, em *Mostro turchino*, ato I, cena 2, apresenta-nos uma personagem que bebeu uma poção mágica que produz o esquecimento: essa personagem aparece exatamente como um louco.

Correspondendo à exposição acima, pode-se, portanto, considerar a origem da loucura como um violento "expulsar da mente" alguma coisa, o que, todavia, só é // possível por um "pôr na cabeça" outra coisa. Mais raro é o processo inverso, ou seja, que o "pôr na cabeça" venha em primeiro lugar e o "expulsar da mente" em segundo lugar. Não obstante, ocorre nos casos em que a pessoa conserva continuamente presente a ocasião pela qual tornou-se louca e não pode desvencilhar-se dela: dá-se, por exemplo, nas muitas

---

1 Em grego "léte", λήθη, significa "esquecimento" ou "ocultação"; portanto, em oposição a *"alétheia"*, αλήθεια, que significa "verdade", "desvelamento". Termo também usado para o rio do esquecimento na mitologia grega. (N. T.)

loucuras de amor, erotomanias, em que a ocasião persiste indelével; também é o caso da loucura nascida do horror provocado por um súbito e espantoso acontecimento. Tais doentes, por assim dizer, agarram-se convulsivamente ao pensamento concebido, de tal forma que nenhum outro, pelo menos um que se lhe oponha, pode introduzir-se. No entanto, em ambos os processos, a essência da loucura permanece a mesma, a saber, a impossibilidade de uma recordação uniformemente coerente, base de nossa sã e racional clareza de consciência. – Talvez a oposição aqui apresentada nos modos de nascimento poderia, se aplicada com juízo, proporcionar um acurado e profundo princípio de divisão da demência propriamente dita.

De resto levei em consideração apenas a origem psíquica da loucura, portanto, produzida por ocasiões externas, objetivas. Amiúde, todavia, ela reside em causas puramente somáticas, em más-formações ou desorganizações parciais do cérebro ou dos seus invólucros, também no influxo exercido por outras partes doentes sobre o cérebro. Principalmente pelo último tipo de loucura podem produzir-se falsas intuições sensíveis, alucinações. Contudo, na maioria das vezes as duas causas da loucura participam uma da outra, sobretudo a psíquica participa da somática. Dá-se o mesmo no suicídio: raramente este é cometido apenas devido à ocasião externa, mas no seu fundamento encontra-se uma certa moléstia corporal e, conforme o grau de alcance desta, maior ou menor é a ocasião externa exigida; só no grau mais elevado de moléstia corporal é que a ocasião externa não é exigida. Por conseguinte, infelicidade alguma é tão grande que leve alguém ao suicídio, e nenhuma é tão pequena que já não tenha levado alguém a cometê-lo. Abordei a origem psíquica da loucura como ela, pelo menos segundo todas as aparências, produz-se em pessoas saudáveis mediante uma grande infelicidade. No caso // de pessoas já fortemente predispostas a ela em termos somáticos bastará uma mínima contrariedade: por exemplo, lembro-me de ter visto num manicômio um homem que foi soldado e enlouqueceu só porque o seu oficial o tratou como um subordinado, usando a terceira pessoa do singular "ele". No caso de uma decidida predisposição corporal, e quando esta amadurece, ocasião alguma é exigida. A loucura nascida de causas meramente psíquicas pode talvez, devido à violenta inversão do curso de pensamento gerado por ela, produzir algum tipo de paralisia ou outra degeneração de algumas partes do cérebro, que, se não tratada de imediato, torna-se permanente; eis por que a loucura só é curável de início, não depois de muito tempo.

Que haja uma *mania sine delirio*, furor sem insanidade, foi algo ensinado por Pinel, contestado por Esquirol, e desde então muito foi dito a favor e contra. A questão somente pode ser decidida empiricamente. Todavia, se de fato um tal estado se produz, pode-se explicá-lo pelo fato de aqui a vontade subtrair-se por inteiro periodicamente ao domínio e à condução do intelecto e, portanto, dos motivos, com o que então a vontade entra em cena como força natural cega, impetuosa e destrutiva e, por conseguinte, exterioriza-se como mania de aniquilar tudo o que encontra pela frente. A vontade liberada dessa forma assemelha-se à corrente d'água que rompeu a barragem, ao cavalo que derrubou o ginete, ao relógio do qual retirou-se os mecanismos de retenção. Ora, é apenas a razão, portanto o conhecimento reflexivo, que é afetada por essa suspensão, não o conhecimento intuitivo; do contrário a vontade permaneceria completamente sem direção, por conseguinte a pessoa permaneceria imóvel. Antes, o enfurecido percebe os objetos, visto que se precipita contra estes; também tem consciência do que está fazendo e depois recorda-se disso. Mas está completamente privado de reflexão, logo, sem direção alguma da razão, por conseguinte é no todo incapaz de alguma ponderação e cuidado relacionados ao que é ausente, passado e futuro. Quando o ataque de fúria termina e a razão assume as rédeas, esta funciona regularmente, já que sua atividade própria não foi aqui alienada ou corrompida, mas a vontade simplesmente encontrou o meio para subtrair-se totalmente a ela por algum momento.

// Capítulo 33*
OBSERVAÇÕES AVULSAS SOBRE BELEZA NATURAL

O que contribui para tornar a vista de uma bela paisagem tão aprazível é, dentre outras coisas, a VERDADE E CONSEQUÊNCIA universal da natureza. Esta não segue aqui, evidentemente, o fio condutor lógico na conexão de princípios de conhecimento, de antecedentes e consequentes, de premissas e conclusões; mas sim o análogo fio condutor da lei de causalidade na conexão visível de causas e efeitos. Toda modificação que recebe um objeto, seja a mais leve, mediante sua posição, diminuição, ocultação, distanciamento, iluminação, perspectiva aérea e linear etc., dá-se ao olho imediata e infalivelmente por seu efeito e é levada em conta de maneira precisa: o provérbio indiano "todo grão de arroz projeta a sua sombra" encontra aqui a sua confirmação. Eis por que tudo aqui se mostra tão absolutamente consequente, bem calculado, conectado e escrupulosamente correto: aqui não há subterfúgio algum. Por outro lado, se considerarmos a visão de um belo panorama apenas como FENÔMENO CEREBRAL, então, dentre todos os complicados fenômenos cerebrais, ela é o único sempre regular, irretocável e perfeito, pois todos os demais, sobretudo nossas próprias operações de pensamento, padecem em maior ou menor grau de falhas e imprecisões tanto no aspecto formal quanto material. A partir dessa vantagem da visão da bela natureza deve-se antes de tudo explicar-se o harmônico e o absolutamente gratificante da sua impressão bem como o efeito favorável que tem sobre todo o nosso pensamento, que em sua parte formal torna-se melhor disposto e em certo sentido mais límpido, na medida em que aquele único

---

* Este capítulo está em conexão com § 38 do primeiro tomo.

fenômeno cerebral totalmente irretocável põe o cérebro em geral numa ação completamente normal e o pensamento doravante procura seguir aquele método da natureza na consequência, conexão, regularidade e harmonia de todos os seus processos, após ter recebido dela o // arrebatamento necessário. Um belo panorama é, por conseguinte, um catártico do espírito, assim como a música, segundo Aristóteles, é do ânimo, e na presença dele a pessoa pensará da maneira mais correta. –

Que a visão de uma CADEIA DE MONTANHAS que subitamente se eleva diante de nós coloque-nos tão facilmente numa disposição de ânimo séria e até mesmo sublime pode em parte apoiar-se no fato de que a forma das montanhas e os contornos que gera são a única linha PERMANENTE da paisagem, pois somente as montanhas resistem à queda, que rápido arrasta todo o resto, antes de tudo nossa própria e efêmera pessoa. Não que na visão da cadeia de montanhas tudo isso apareça em nossa clara consciência, mas um sentimento obscuro disso torna-se o baixo fundamental da nossa disposição de ânimo. –

Gostaria de saber por que, no tocante à figura e ao semblante humanos, a iluminação vinda do alto é indubitavelmente a mais vantajosa, já a de baixo a mais desfavorável, enquanto no tocante à natureza paisagística ocorre exatamente o contrário. – Como a natureza é estética! Qualquer pedaço de terra selvagem intocado, isto é, abandonado livremente a si mesmo, por menor que seja e desde que permaneça liberto das garras do ser humano, é por ela decorado de imediato com o gosto mais refinado e adornado com plantas, flores e arbustos, cujo ser espontâneo, graça natural e agrupamento encantador dão o testemunho de que não cresceram sob o punho do grande egoísta, mas aqui a natureza atuou livremente. Qualquer pedacinho de terra abandonado torna-se de imediato belo. Nisto baseia-se o princípio dos jardins ingleses, que consiste em camuflar o melhor possível a arte, para que então eles apareçam como se a natureza ali tivesse atuado livremente. Pois somente dessa forma a natureza é perfeitamente bela, isto é, mostra em sua maior distinção a objetivação da Vontade de vida ainda sem conhecimento, que aqui desdobra-se em sua grande ingenuidade, porque as figuras não são determinadas por fins exteriores, como no mundo animal, mas exclusiva e imediatamente pelo solo, pelo clima e um terceiro elemento misterioso em virtude do qual tantas plantas, embora brotadas originariamente do mesmo solo e clima, todavia mostram figuras e caracteres tão variados.

A grande diferença entre os jardins ingleses, mais corretamente seria dizer // jardins chineses, e os antigos jardins franceses, agora cada vez mais raros, todavia ainda presentes em alguns prestigiosos exemplares, reside em última instância no fato de que aqueles são dispostos em sentido objetivo e estes, subjetivo. De fato, naqueles a vontade da natureza, tal qual ela se objetiva em árvore, arbusto, montanha e curso d'água, é trazida à expressão mais pura possível dessas suas Ideias, logo, de sua própria essência. Nos jardins franceses, ao contrário, espelha-se apenas a vontade do proprietário, que subjugou a natureza, de modo que a natureza, em vez de suas Ideias, traz as formas pertencentes ao proprietário, e que a ela foram impostas como marca da sua escravidão: cerca de arbustos talhados, árvores podadas em todos os tipos de figura, alamedas retas, arcadas etc.

Capítulo 34*
SOBRE A ESSÊNCIA ÍNTIMA DA ARTE

Não apenas a filosofia, mas também as belas-artes trabalham, no fundo, para solucionar o problema da existência. Pois em cada espírito que uma vez se entregou à pura consideração objetiva do mundo ativa-se, mesmo se inconsciente e oculto, um esforço para compreender a verdadeira essência das coisas, da vida, da existência. Somente isso tem interesse para o intelecto enquanto tal, isto é, para o sujeito do conhecer liberto dos fins da vontade, portanto puro; assim como para o sujeito que conhece enquanto mero indivíduo somente tem interesse os fins da vontade. – Por isso, o resultado de cada apreensão puramente objetiva, portanto, artística das coisas é uma expressão a mais da essência da vida e da existência, uma resposta a mais à questão: "Que é a vida?". – A esta questão responde completa e acertadamente, à sua maneira, cada obra de arte autêntica e bem realizada. Todavia, as artes falam de modo completo apenas a // língua ingênua e infantil da intuição, não a abstrata e séria da REFLEXÃO: sua resposta é, por conseguinte, uma imagem fugaz; não um conhecimento universal e permanente. Portanto, para a intuição, cada obra de arte responde àquela questão, cada pintura, cada estátua, cada poema, cada cena teatral: também a música a responde; e em verdade, mais profundamente do que qualquer outra arte, na medida em que exprime, numa linguagem compreensível imediatamente – todavia não traduzível na da razão –, a essência mais íntima de toda vida e existência. As demais artes, portanto, exibem em conjunto ao perquiridor uma imagem intuitiva e dizem: "Vê aqui, eis a vida!". – Sua resposta, por mais correta que

---

* Este capítulo está em conexão com § 49 do primeiro tomo.

possa ser, sempre proporcionará apenas uma satisfação provisória, não uma completa e definitiva. Pois elas fornecem sempre apenas um fragmento, um exemplo em vez da regra, não o todo que como tal só pode ser oferecido na universalidade do CONCEITO. Por conseguinte, fornecer para este, portanto, para a reflexão e *in abstracto*, uma resposta permanente e válida para sempre àquela questão – é a tarefa da filosofia. Entrementes, vemos aqui em que se baseia o parentesco da filosofia com as belas-artes, e podemos comprovar em que medida, embora a capacidade para ambas seja bastante díspar na sua orientação e no secundário, na raiz é a mesma.

Cada obra de arte está, em conformidade com o dito, propriamente empenhada em mostrar-nos a vida e as coisas como elas em verdade o são, mas não podem ser imediatamente compreendidas por todos através da névoa das contingências objetivas e subjetivas. Essa névoa a arte remove.

As obras dos poetas, escultores e artistas figurativos em geral contêm reconhecidamente um tesouro de profunda sabedoria: justamente porque a partir delas fala a sabedoria da natureza mesma das coisas, cujo depoimento elas apenas traduzem por elucidação e pura repetição. Por isso, cada um que lê poesia, ou contempla obra de arte, decerto tem de contribuir com meios próprios para trazer à luz aquela sabedoria: em consequência, cada um compreende apenas o tanto que permite a sua capacidade e sua formação; como no mar profundo cada navegador deixa descer sua sonda até onde alcança o comprimento do cabo. Diante de um quadro, // cada um tem de postar-se como se fora diante de um príncipe, aguardando se este falará, e o que, para ele; e, como diante dele, também não lhe dirigir a palavra: pois senão ouviria apenas a si mesmo. – Por tudo isso, toda sabedoria está, de fato, contida nas obras de artes figurativas, todavia apenas *virtualiter* ou *implicite*: em contrapartida, apresentá-la *actualiter* ou *explicite* é o empenho da filosofia, que neste sentido está para as artes figurativas como o vinho para o cacho de uvas. O que a filosofia promete fornecer seria, por assim dizer, um ganho já realizado e líquido, uma posse segura e permanente; enquanto aquele proveniente das realizações e obras de arte é apenas um ganho a ser reaplicado. Em compensação, a filosofia faz exigências duras, difíceis de serem cumpridas, não só aos que criam as suas obras, mas também aos que devem fruí-las. Por conseguinte, seu público permanece pequeno, enquanto o das artes é grande. –

A colaboração acima exigida do espectador para a fruição de uma obra de arte baseia-se em parte no fato de que cada obra de arte apenas pode fazer efeito pelo *medium* da fantasia, por conseguinte, ela tem de estimular a fantasia e nunca lhe permitir ficar inativa e fora de jogo. Isso é uma condição do efeito estético e, por conseguinte, uma lei fundamental de todas as belas-artes. Daí se segue que através da obra de arte nem tudo pode ser fornecido diretamente aos sentidos, mas antes apenas o tanto quanto é exigido para conduzir a fantasia pelo reto caminho: para esta tem sempre de restar ainda algo a fazer e na verdade o último. Até mesmo o escritor tem sempre de deixar algo para o leitor pensar; VOLTAIRE disse muito acertadamente: *Le secret d'être ennuyeux, c'est de tout dire.*[1] Na arte, ademais, o melhor de tudo é demasiado espiritual para ser fornecido diretamente aos sentidos: tem de nascer na fantasia do espectador, embora venha a ser engendrado pela obra de arte.[2] Eis por que os esboços dos grandes mestres frequentemente ocasionam mais efeito do que seus quadros pintados; para o que decerto contribui outra vantagem, a de que são concluídos de UM jato, no instante da concepção; enquanto o quadro elaborado, na medida em que o entusiasmo não pode ser mantido até o seu acabamento, apenas é instituído sob esforço contínuo, mediante ponderação cuidadosa e intencionalidade permanente. — A partir // das leis estéticas fundamentais aqui consideradas, explica-se ainda por que as FIGURAS DE CERA, embora justamente nelas a imitação da natureza possa atingir o grau mais elevado, nunca produzem um efeito estético e, por conseguinte, não são obras propriamente ditas das belas-artes. Pois elas nada deixam à fantasia. A escultura na verdade fornece a mera forma, sem a cor; a pintura fornece a cor, mas a mera aparência da forma: ambas, portanto, dirigem-se à fantasia do espectador. A figura de cera, ao contrário, fornece tudo, forma e cor ao mesmo tempo; daí nasce a aparência de realidade e a fantasia fica fora do jogo. — Em compensação, a POESIA dirige-se somente à fantasia, a qual ela coloca em atividade mediante simples palavras. —

---

1 "O segredo para sermos tediosos, é tudo dizer." (N. T.)
2 Interessante como esta passagem de Schopenhauer, e aquela a que ela remete, antecipa o conceito de "obra de arte aberta", útil para compreendermos muitas das vanguardas artísticas dos séculos XX e XXI, para as quais o espectador podia ser partícipe e como que coautor da obra. (N. T.)

Um jogo arbitrário com os meios da arte, sem conhecimento próprio do seu fim, é, em cada caso, o caráter fundamental da obra mal realizada. Isso se mostra nos suportes que nada sustentam, nas volutas sem função, nos arqueamentos e saliências da má arquitetura, nos corredores e figuras que nada dizem, ao lado do ruído sem finalidade da música malsoante; nos sons desagradáveis das rimas de poemas pobres de sentido, e assim por diante. —

Em consequência dos capítulos precedentes e de toda minha visão da arte, o seu fim é a facilitação do conhecimento das IDEIAS do mundo (em sentido platônico, o único que reconheço para o termo IDEIA). As IDEIAS, entretanto, são essencialmente algo intuitivo e, por conseguinte, inesgotáveis em suas determinações pormenorizadas. A comunicação deste algo apenas pode acontecer, portanto, pela via da intuição, que é a da arte. Quem, pois, é preenchido pela apreensão de uma IDEIA, está justificado, caso escolha a arte para *medium* de sua comunicação. — O mero CONCEITO, ao contrário, é algo perfeitamente determinável, por conseguinte, a ser esgotado, a ser claramente pensado, e que, segundo seu conteúdo inteiro, deixa-se comunicar de modo frio e insípido mediante palavras. Querer comunicá-lo por uma OBRA DE ARTE é um rodeio muito inútil, sim, pertence justamente aos mencionados jogos repreensíveis com os meios da arte, sem conhecimento do seu fim. Por conseguinte, uma obra de arte cuja concepção proveio só de conceitos claros é, sem exceção, uma obra inautêntica. Se, na consideração de uma // obra de arte plástica, ou na leitura de uma poesia, ou na audição de uma música (que intenta descrever algo determinado), transparece por todo o rico meio artístico o claro, limitado, frio, insípido conceito e ao fim vemos entrar em cena o que fora o núcleo dessa obra, cuja concepção inteira, portanto, consistiu apenas em pensar claro esse conceito e, assim, é esgotada a fundo na comunicação dele; então sentimos repulsa e indignação: pois nos sentimos iludidos e ludibriados em nossa participação e atenção. Só estamos inteiramente satisfeitos com a impressão de uma obra de arte quando esta deixa algo que, apesar de toda reflexão sobre ela, não podemos reduzir à clareza de um conceito. A marca registrada daquela origem híbrida a partir de meros conceitos é que o autor de uma obra de arte, antes de iniciar a sua execução, pode relatar em palavras o que intenta expor: pois por intermédio dessas palavras mesmas o seu fim inteiro seria alcançável. Por consequência, é um empreendimento tão indigno quanto disparatado se alguém, como hoje em dia frequentes vezes se faz, quer reconduzir um poema de Shakespeare ou de Goethe a uma verdade abstrata cuja comunicação seria o fim do poema. Decerto, o artista deve pensar na disposição de sua obra: mas apenas o pensado, que foi INTUÍDO antes de ser pensado, tem depois, na comunicação, força estimulante, e assim torna-se imperecível. – Aqui não queremos elidir a observação de que as obras feitas a partir de UM jato, como os já mencionados esboços dos pintores, concluídos no entusiasmo da primeira concepção e como que desenhados de modo inconsciente, assim como a melodia que chega sem qualquer reflexão e inteira mediante a inspiração, por fim também o próprio poema lírico, a mera canção na qual a disposição profundamente sentida do presente e a impressão do meio ambiente deixam-se aflorar involuntariamente em palavras, cujo ritmo e rima brotam por si mesmos – tudo isso, ia dizer, possui o grande mérito de ser a pura obra do entusiasmo instantâneo, da inspiração, da livre agitação genial, sem qualquer interferência de intencionalidade e reflexão; eis por que essas obras são integralmente // agradáveis e fruíveis sem casca e caroço, e seu efeito é muito mais infalível que o das grandes obras de arte, de execução mais lenta e ponderada. Em todas estas, portanto nos grandes quadros históricos, nas longas epopeias, nas grandes óperas etc., a reflexão, a intenção e a escolha ponderada têm uma participação significativa: entendimento, técnica e rotina têm de aqui preencher as lacunas deixadas pela concepção genial e pelo entusiasmo, e uma mescla de acessórios necessários sempre tem de perpassá-las como cimento das únicas partes propriamente brilhantes e genuínas. Por aí explica-se por que todas essas obras – excetuando-se só as mais perfeitas obras-primas dos mais excelsos mestres (como *Hamlet*, *Fausto*, a ópera *Don Juan*) – contêm misturadas a si algo de insosso e tedioso, que em certa medida atrapalha a sua fruição. Como prova cite-se a *Messiade*, *Gerusalemme liberata*, até mesmo *Paradise Lost* e a *Eneida*; já Horácio faz a audaz observação: *Quandoque bonus dormitat Homerus*.[3] Mas que isso aconteça é uma consequência da limitação das forças humanas em geral. –

---

3 "[Me indigno] quando o insigne Homero dormita." (N. T.)

A mãe das artes utilitárias é a carência; a das belas-artes, a abundância. Como pai aquelas têm o entendimento, estas, o gênio, que é ele mesmo um tipo de abundância, a saber, da faculdade de conhecimento além da medida exigida para o serviço da vontade.

*Capítulo 35**
A PROPÓSITO DA ESTÉTICA DA ARQUITETURA

Em concordância com a derivação, feita no texto, do puramente estético da arquitetura a partir dos graus mais baixos de objetivação da vontade, ou da natureza, cujas Ideias essa arte aspira a trazer à intuição mais distinta – seu único e permanente // tema é SUSTENTAÇÃO E PESO e sua lei fundamental é nenhum peso sem sustentação suficiente e nenhuma sustentação sem peso adequado, logo, a proporção entre esses dois tem de ser precisamente equilibrada. A mais pura execução desse tema é coluna e entablamento: por conseguinte, a ordenação das colunas tornou-se, por assim dizer, o tom grave geral da arquitetura inteira. Na coluna e no entablamento, sustentação e peso estão COMPLETAMENTE SEPARADOS; motivo pelo qual torna-se evidente o seu efeito recíproco e a sua proporção. Em realidade, qualquer simples muro decerto já contém sustentação e peso, só que aqui os dois ainda estão amalgamados. Tudo aqui é sustentação, e tudo é peso: por isso nenhum efeito estético. Este só entra em cena pela SEPARAÇÃO e de acordo com o grau dela. Pois entre a colunata e o simples muro há muitos graus intermédios. Já no muro de uma casa aberto meramente para colocar janelas e portas procura-se ao menos indicar aquela separação por meio de pilastras planas destacadas (antas) com capiteis debaixo de cornijas, sim, se necessário, são expostas meramente pintadas para de algum modo indicar o entablamento e uma ordem de colunas. Pilares reais assim como consoles e sustentáculos de todo tipo já realizam mais eficazmente aquela pura separação entre

---

* Este capítulo está em conexão com § 43 do primeiro tomo.

sustentação e peso, que é sempre intentada pela arquitetura. Relativas a essa separação, o pilar com a abóbada estão bem próximos da coluna e do entablamento, todavia como construção peculiar que não imita a estes. Os primeiros, decerto, nem de longe alcançam o efeito estético destes últimos; porque lá sustentação e peso ainda não estão PURAMENTE SEPARADOS, mas mesclam-se um ao outro e amalgamam-se. Na abóbada mesma, cada pedra é ao mesmo tempo peso e sustentação e até os pilares, sobretudo na abóbada cruzada, mantêm-se em sua posição graças à pressão dos arcos opostos, pelo menos aparentemente; bem como, justamente devido a essa pressão lateral, não apenas a abóbada mas inclusive os simples arcos não devem repousar sobre colunas, requerendo antes os mais massivos pilares quadrados. Apenas na colunata a separação é perfeita, na medida em que o entablamento aparece como puro peso e a coluna como pura sustentação. Em consequência, a relação entre uma colunata e um muro completamente liso é comparável à que poderia existir entre uma escala musical ascendente // em intervalos regulares e um som que, partindo da mesma profundeza, alcança, pouco a pouco e sem gradação, a mesma altura, o que produziria só um mero uivo. Pois tanto em um quanto em outro caso o estofo é o mesmo, e sua poderosa diferença resulta apenas da PURA SEPARAÇÃO.

Ademais, a sustentação é ADEQUADA ao peso não só quando sustenta apenas suficientemente, mas quando o consegue de forma tão cômoda e plena que, à primeira vista, sentimo-nos completamente confortáveis sobre isso. Todavia, mesmo esse excedente da sustentação não deve ultrapassar um certo grau; do contrário, miramos sustentação sem peso, o que é o oposto do fim estético. Para determinação daquele grau os antigos idealizaram como regulação a LINHA DO EQUILÍBRIO, que se obtém ao prolongar-se o estreitamento da grossura da coluna de baixo até em cima até que ela termine num ângulo reto, com o que a coluna se torna um cone: com isso qualquer corte transversal que façamos deixará a parte de baixo tão forte que esta é suficiente para sustentar a parte de cima cortada. Contudo, normalmente se constrói com uma estabilidade vinte vezes maior, isto é, coloca-se sobre cada sustentação apenas 1/20 do que no máximo esta poderia sustentar. — Um claro exemplo de peso sem sustentação é oferecido aos olhos pelos mirantes salientes nas esquinas de muitas casas construídas no estilo cheio de gosto dos "tempos atuais". Não se vê o que os sustenta: parecem flutuar e inquietam o ânimo.

Que na Itália inclusive o edifício mais simples e sem adornos provoque uma impressão estética, e na Alemanha não, baseia-se principalmente em que lá os tetos são bem planos. Um teto elevado não é sustentação nem peso: pois suas duas metades apoiam-se mutuamente,[1] o conjunto porém não tem um peso correspondente à sua extensão. Por conseguinte, esse teto oferece aos olhos uma massa estendida que é completamente alheia ao fim estético, e que serve tão somente à utilidade, portanto, perturba aquele fim, cujo tema é sempre apenas sustentação e peso.

A forma das colunas tem sua razão de ser unicamente no fornecer a sustentação mais simples e mais funcional possível. O caráter não funcional das colunas torcidas aparece como uma afronta intencional e, // por conseguinte, insolente: por isso são à primeira vista condenadas pelo bom gosto. O pilar quadrado, já que a diagonal excede os lados, tem desiguais dimensões de grossura, não motivadas por fim algum, mas ocasionadas pela eventual maior facilidade de execução: desse modo agradam-nos muito menos que as colunas. Já o pilar hexagonal ou octogonal é mais agradável porque aproxima-se mais da coluna redonda: pois a forma desta apenas é determinada exclusivamente pelo fim. E assim o é também em todas as suas restantes proporções: sobretudo na proporção de sua grossura com a altura, dentro dos limites admitidos pela diferença das três ordens de coluna. Dessa forma, o estreitamento no primeiro terço de sua altura, bem como uma leve dilatação nesse preciso lugar (*entasis Vitr.*), devem-se ao fato de ali a pressão do peso exercer-se com mais força: até recentemente acreditava-se que essa dilatação seria característica apenas das colunas jônica e coríntia; no entanto, novas medições a demonstraram também na coluna dórica, inclusive em Paestum.[2] Portanto, tudo nas colunas, sua forma absolutamente determinada, a pro-

---

1 Provavelmente Schopenhauer refere-se aqui aos tetos em forma de V invertido, portanto altos, típicos da Alemanha, Áustria e Suíça, concebidos sobretudo para fazer com que a neve acumulada sobre eles escorregue mais facilmente e assim não comprometa a estrutura da construção. (N. T.)
2 Cidade grega, depois romana, localizada na Campânia, ao sul da Itália. Nela se encontram três templos dóricos dedicados a Hera, Apolo e Atena. (N. T.)

porção de sua altura com a grossura, bem como destas com os intervalos das colunas, e de toda a fileira com o entablamento e com o peso que nelas repousa, é o resultado rigorosamente calculado da proporção da necessária coluna a cada peso dado. E, visto que o peso é uniformemente distribuído, também devem ser as suas sustentações: por isso grupos de coluna são sem gosto. Por outro lado, nos melhores templos dóricos as colunas de esquina situam-se um pouco mais próximas umas das outras, porque o encontro dos entablamentos na esquina aumenta o peso; mas justamente aqui exprime-se distintamente o princípio da arquitetura, que soa: as proporções estruturais, isto é, entre sustentação e peso são as essenciais e a elas devem capitular as da simetria, como subordinadas. Sempre em conformidade com a massa de todo o peso escolher-se-á a ordem dórica ou as duas outras mais leves, pois a primeira, não apenas pela sua maior grossura mas também pelo típico posicionamento de suas colunas próximas, é calculada para pesos de massa volumosa; para esse fim também adequa-se a quase rude simplicidade do seu capitel. Os capiteis geralmente têm por finalidade tornar visível que as colunas suportam o entablamento sem estar nele introduzidas como pinos:

II 470 // ao mesmo tempo aumentam por meio de seu ábaco a superfície que é suportada. Ora, como todas as leis da ordenação de colunas, logo também a forma e proporção delas em todas as suas partes e dimensões, seguem-se até o mínimo detalhe do conceito bem compreendido e consequentemente seguido da sustentação perfeita e adequada a um peso dado, portanto, nesse sentido são determinadas *a priori*; então salta aos olhos a hipocrisia do pensamento frequentemente repetido (infelizmente também veiculado por Vitrúvio, IV, 1) de que troncos de árvore ou até mesmo figuras humanas são o modelo das colunas. Pois se a forma das colunas fosse puramente acidental para a arquitetura e recolhida de fora, não poderia impactar-nos de maneira tão harmônica e prazerosa assim que a avistamos em sua peculiar simetria; nem, por outro lado, poderia cada ínfima desproporção nas colunas ser ao mesmo tempo recebida por um sentido fino e cultivado como desagradável, perturbadora, parecida à dissonância na música. Isto só é possível porque, segundo fim e meio dados, todo o resto é determinado essencialmente *a priori*, igual à música, na qual, segundo melodia e tom fundamental dados, determina-se essencialmente toda a harmonia. E, assim como a música, também a arquitetura não é de forma alguma uma arte imitativa; – embora as duas tenham sido erroneamente consideradas como tais.

A satisfação estética (como exposto detalhadamente no texto) repousa sempre na apreensão de uma Ideia (platônica). Para a arquitetura, considerada apenas como bela arte, o tema propriamente dito são as Ideias dos graus mais baixos da natureza, portanto, gravidade, rigidez, coesão; e não, como se supôs até agora, tão só a forma regular, proporção e simetria que, como algo puramente geométrico, são propriedades do espaço e não Ideias, por conseguinte, não podem ser o tema de uma bela arte. Inclusive, na arquitetura tais propriedades do espaço são de origem apenas secundária e têm uma significação subordinada que eu a seguir ressaltarei. Se fosse apenas isso o que a arquitetura como bela arte tivesse como tarefa apresentar, então a maquete teria de provocar o mesmo efeito que a obra executada. No entanto, este absolutamente não é o caso: mas antes as obras arquiteturais têm de ter um tamanho contemplável para assim // fazerem efeito estético; sim, nunca podem ser demasiado grandes mas podem facilmente ser demasiado pequenas. De fato, *cateris paribus*,[3] o efeito estético é diretamente proporcional ao tamanho do edifício; visto que só massas volumosas fazem a ação da força gravitacional visível e impressionante em elevado grau. Por aí confirma-se mais uma vez a minha visão de que o esforço e o antagonismo daquelas forças fundamentais da natureza constituem o estofo propriamente dito da arte das construções, o qual, em conformidade a sua natureza, requer massas volumosas para tornar-se visível, sim, receptível ao sentimento. – Como mostrado acima no caso das colunas, as formas na arquitetura são determinadas sobretudo pela imediata finalidade construtiva de cada parte. Mas, na medida em que resta algo de indeterminado, entra em cena a lei da mais perfeita intuitividade, portanto, também da apreensão mais fácil: tudo isso porque a arquitetura tem sua existência primariamente em nossa intuição espacial e, por consequência, dirige-se ao nosso poder *a priori* desta. Tal apreensão, por sua vez, origina-se sempre mediante a grande regularidade das formas e a racionalidade das suas proporções. Em conformidade com isso, a bela arquitetura escolhe figuras puramente regulares, compostas de

---

3 "Mantido o resto inalterado." (N. T.)

linhas retas ou curvas elípticas, bem como os corpos que destas resultam, como cubos, paralelepípedos, cilindros, esferas, pirâmides e cones; por outro lado, usa como aberturas às vezes círculos ou elipses, via de regra todavia quadrados, e mais frequentemente retângulos, estes últimos com uma proporção de lados extremamente racional e de muito fácil apreensão (não de 6:7 mas de 1:2, 2:3), por fim, também recessos ou nichos de proporções regulares e apreensíveis. Pela mesma razão atribuirá de bom grado aos edifícios mesmos e às suas grandes divisões uma racional e facilmente apreensível proporção da altura para com a largura, por exemplo, a altura de uma fachada será a metade de sua largura, e as colunas estarão posicionadas de tal modo que cada três ou quatro delas com seus espaços intermédios meçam uma linha que é igual à sua altura, formando assim um quadrado. O mesmo princípio da intuitividade e fácil apreensão exige também fácil visão de conjunto: isso produz a simetria, que ademais é necessária para traçar a obra como um todo e diferenciar sua delimitação essencial da acidental; assim, por exemplo, às vezes é possível reconhecer unicamente pelo // fio condutor da simetria se temos diante de nós três edifícios situados um ao lado do outro ou apenas UM. Pois somente por meio da simetria é que a obra arquitetônica anuncia-se de imediato como unidade individual e como desenvolvimento de um pensamento fundamental.

Embora, como acima mostrado de passagem, a arte das construções não imite de modo algum as FORMAS da natureza, como troncos de árvore ou até figuras humanas; tem, entretanto, de criar a partir do ESPÍRITO da natureza, a saber, fazendo sua a lei *natura nihil agit frustra, nihilque supervacaneum, et quod commodissimum in omnibus suis operationibus sequitur*,[4] por conseguinte, evita tudo o que é desprovido de fim, mesmo se apenas aparente, e sua intenção – seja puramente arquitetônica, isto é, estrutural, ou relacionada aos fins da utilidade – é sempre realizada pelo caminho mais curto e natural e assim fica exposta abertamente na obra mesma. Com isso alcança uma certa graça, análoga à que têm os seres vivos na espontaneidade e adequação de cada movimento e posição ao seu intento. Em conformidade com isso, vemos, no bom estilo

---

[4] "A natureza não faz nada em vão nem supérfluo e em todas as suas operações segue o caminho mais conveniente." (N. T.)

antigo de construção, cada parte do prédio, não importa se pilar, coluna, arco, entablamento, ou porta, janela, escada, balcão, alcançarem seu fim da maneira mais direta e simples possível, exibindo-o desvelada e ingenuamente; igual ao que faz a natureza orgânica mesma em suas obras. Ao contrário, o estilo de construção sem gosto procura em cada coisa desvios inúteis, deleitando-se com arbitrariedades e, desse modo, enreda-se em inúteis entablamentos quebrados que entram e saem, em colunas agrupadas, cornijas subdivididas em arcos de porta e em frontões, volutas sem sentido, arabescos e coisas parecidas: brinca, conforme apresentado antes como caráter do trabalho malfeito, com os meios da arte sem entender seus fins, como crianças brincam com os aparelhos de adultos. Desse tipo é já qualquer interrupção sem fim aparente de uma linha reta ou qualquer mudança no movimento de uma curva. Por outro lado, é justamente aquela ingênua simplicidade na apresentação e consecução do fim que corresponde ao espírito no qual a natureza cria e forma, o que confere à antiga cerâmica dos vasos uma tal beleza e graça que sempre de novo nos espantamos diante deles; porque contrasta de modo tão nobre com nossos modernos vasos de // gosto original que carregam a estampa da vulgaridade, indiferentemente se são feitos de porcelana ou argila. Ao vermos os vasos e utensílios dos antigos, sentimos que a natureza, caso quisera criar tais coisas, teria feito nessas formas. — Portanto, na medida em que vemos a beleza da arquitetura nascer principalmente da apresentação desvelada dos fins e da realização destes pelo caminho mais curto e natural possível; segue-se que, aqui, a minha teoria contradiz diretamente a kantiana, que coloca a essência de toda beleza numa aparente finalidade sem fim.

O aqui apresentado como único tema da arquitetura — sustentação e peso — é tão simples que justamente por isto essa arte, na medida em que é BELA arte (e não enquanto serve à utilidade), já está aperfeiçoada e consumada no essencial desde o melhor período grego, pelo menos não é mais capaz de um enriquecimento significativo. Por seu turno, o arquiteto moderno não pode notavelmente distanciar-se das regras e dos modelos antigos sem entrar no caminho da decadência. A ele, por conseguinte, só resta praticar a arte que lhe foi legada pelos antigos, aplicando suas regras na medida em que isto é possível sob as limitações inevitavelmente impostas pela necessidade, pelo clima, pela época e pelo seu país. Pois nesta arte, assim como na escultura, a aspiração ao ideal coincide com a imitação dos antigos.

Escusado é lembrar que em todas essas considerações arquitetônicas eu tive em mente exclusivamente o estilo de construção antigo e não o assim chamado estilo gótico que, de origem sarracena, foi introduzido em toda a Europa pelos godos na Espanha. Talvez não se possa negar no todo uma certa beleza típica a este estilo: mas o atrevimento de o comparar àquele como seu igual é uma presunção bárbara que jamais deve ser admitida. Quão balsâmico atua sobre o nosso espírito, após a contemplação de tais enormidades góticas, a visão de um edifício simétrico construído no estilo antigo! Sentimos de imediato que este é o // único estilo correto e verdadeiro. Se pudéssemos conduzir um antigo grego em torno de nossas mais famosas catedrais góticas, que ele diria?! – βάρβαροι![5] – Nossa satisfação em obras góticas decerto baseia-se em grande parte sobre associações de pensamento e lembranças históricas, portanto, num sentimento estranho à arte. Ora, tudo o que disse do fim propriamente estético e sentido e tema da arquitetura perde sua validade no caso de tais obras. Pois o entablamento livremente estendido desaparece e com ele as colunas: o tema aqui não é mais sustentação e peso ordenados e distribuídos para a contemplação da luta entre rigidez e gravidade. Também não se encontra mais aqui aquela pura racionalidade universal em virtude da qual tudo admite um cálculo estrito, sim, que logo se apresenta por si mesma ao contemplador pensante e que pertence ao caráter do estilo antigo de construção: nos damos conta de que, em vez daquela racionalidade, imperou aqui uma arbitrariedade guiada por conceitos estranhos; por isso muitas coisas permanecem obscuras para nós. Pois só o estilo antigo de construção é pensado em sentido puramente OBJETIVO, o gótico mais em sentido subjetivo. – Reconhecemos que o típico pensamento estético fundamental da arquitetura antiga é o desdobramento da luta entre rigidez e gravidade; se, todavia, quiséssemos encontrar também na arquitetura gótica um análogo pensamento fundamental, então teria de ser este: que nela deve ser exposta a completa dominação e vitória da rigidez sobre a gravidade. Pois, em concordância com isto, aqui a linha horizontal,

---

5 "Bárbaros!" (N. T.)

que é a do peso, desapareceu quase por completo e a ação da gravidade entra em cena apenas indiretamente, a saber, disfarçada em arcos e abóbadas, enquanto a linha vertical, que é a da sustentação, impera sozinha e torna sensível a ação vitoriosa da rigidez em contrafortes excessivamente altos, torres, torrezinhas, e formas pontiagudas incontáveis que sobem sem peso algum. Por outro lado, enquanto na arquitetura antiga a pressão e o ímpeto de cima para baixo, bem com de baixo para cima, estão igualmente representados e expostos, na arquitetura gótica imperam os últimos; com o que surge aquela analogia com o cristal frequentes vezes observada, cuja cristalização ocorre também com a dominação da gravidade. Se quiséssemos, portanto, atribuir esse sentido e pensamento fundamental à // arquitetura gótica e apresentá-la assim como legitimamente oposta à antiga; então teríamos de lembrar que a luta entre rigidez e gravidade, que a arquitetura antiga expõe de modo tão sincero e ingênuo, é de fato verdadeira, fundada na natureza; já a completa subjugação da gravidade pela rigidez, ao contrário, permanece uma mera aparência, uma ficção certificada por ilusão. — Cada um poderá facilmente tornar claro para si como o caráter misterioso e hiperfísico atribuído à arquitetura gótica resulta do pensamento fundamental aqui exposto, e das peculiaridades acima observadas dessa forma de construção. Como já mencionado, nasce principalmente do fato de aqui o arbitrário tomar lugar do puramente racional, apresentando-se como perfeita adequação do meio ao fim. As muitas coisas sem finalidade, porém cuidadosamente terminadas, levam à suposição de fins desconhecidos, insondáveis, secretos, isto é, criam a aparência do misterioso. E, no entanto, o lado brilhante das igrejas góticas é o interior; porque aqui impacta no ânimo o efeito das abóbadas cruzadas erguidas nas grandes alturas sustentadas por pilares esbeltos que se elevam como cristais e que, com o desaparecimento do peso, prometem segurança eterna; a maioria dos inconvenientes mencionados encontra-se no exterior. Nos edifícios antigos o lado exterior é o mais vantajoso; porque lá sustentação e peso são melhor avistados; no interior, entretanto, o teto plano sempre tem algo de opressivo e prosaico. Na maioria dos templos dos antigos, a despeito das muitas obras exteriores de grande envergadura, o interior propriamente dito era pequeno. Um traço mais sublime é obtido através da abóbada esférica de uma cúpula, como no

Panteon, da qual também os italianos, construindo nesse estilo, fizeram um amplo uso. Com tudo isso harmoniza-se o fato de que os antigos, como povos meridionais,[6] viviam mais ao ar livre do que as nações setentrionais, que preferiram a arquitetura gótica. — Quem, entretanto, insiste tenazmente em fazer valer o estilo de construção gótico como essencial e justificado, pode, caso goste de analogias, nomeá-lo o polo negativo da arquitetura, ou ainda, o seu tom em modo menor. — Em nome do bom gosto hei de desejar que grandes somas de dinheiro sejam dispendidas no que é objetivamente, ou seja, realmente // bom e justo, não naquilo cujo valor repousa em meras associações de ideias. Quando vejo como esta incrédula época termina com tanta aplicação as igrejas góticas deixadas incompletas pela crédula Idade Média, ocorre-me que é como se quisessem embalsamar o defunto cristianismo.

---

6 Ou seja, a região Sul (mediterrânea) quente da Europa, em oposição à gélida região Norte. (N. T.)

Capítulo 36*
OBSERVAÇÕES AVULSAS SOBRE A ESTÉTICA DAS ARTES PLÁSTICAS

Beleza e graça são as coisas principais na escultura: na pintura, entretanto, expressão, paixão e caráter adquirem a preponderância; por isso muitas exigências de beleza têm de ser postas de lado pela pintura. Pois uma beleza total de todas as figuras, como a escultura exige, seria um atentado ao característico e ademais cansaria devido à monotonia. Eis por que a pintura também pode expor rostos feios e figuras esquálidas: a escultura, ao contrário, requer beleza, embora nem sempre perfeita, mas em todo caso força e plenitude das figuras. Correspondendo a isso, um Cristo magro pregado na cruz, um esquálido são Jerônimo moribundo consumido pela doença e a velhice, como na obra-prima de Domenichino, são temas apropriados à pintura: ao contrário, o mármore de Donatelo na Galeria de Florença que representa João Batista reduzido a pele e osso pelo jejum provoca um efeito repulsivo, apesar da mestria da realização. — Deste ponto de vista a escultura parece ser adequada para a afirmação, a pintura para a negação da Vontade de vida, e daí poder-se esclarecer por que a escultura foi a arte dos antigos, a pintura a dos tempos cristãos. —

Em complemento à // exposição feita em § 45 do primeiro tomo de que a descoberta, o conhecimento e a fixação do tipo da beleza humana repousa numa certa antecipação desta e, por conseguinte, é em parte fundamentada *a priori*, penso que tenho ainda de acentuar que essa antecipação precisa todavia da experiência para, através desta, ser estimulada; algo análogo ao instinto dos animais que, embora guie *a priori* a ação, nas especificidades

---
* Este capítulo está em conexão com § 44-50 do primeiro tomo.

desta precisa, todavia, da determinação por motivos. De fato, a experiência e a realidade apresentam ao intelecto do artista figuras nas quais em uma ou outra parte a natureza foi exitosa, mas como que lhe solicitando um juízo, e, assim, conforme o método socrático, a partir daquela obscura antecipação produz-se o conhecimento distinto e determinado do ideal. Os escultores gregos eram vantajosamente alimentados pelo fato de o clima e os costumes do seu país dar-lhes durante todo o dia a oportunidade de observar figuras parcialmente nuas, e, nos ginásios, totalmente nuas. Com isso cada membro convidava o seu sentido plástico a julgá-lo e compará-lo com o ideal que repousava sem desenvolvimento em sua consciência. Assim, exercitavam continuamente seu juízo em todas as formas e todos os membros até as mais sutis nuances destes, com o que a sua originariamente abafada antecipação do ideal da beleza humana pôde pouco a pouco elevar-se a tal clareza de consciência que foram capazes de objetivá-lo em obras de arte. — De forma completamente análoga, a experiência própria do poeta é-lhe útil e necessária em vista de sua exposição de caracteres. Pois, apesar de ele não trabalhar segundo a experiência e as notícias empíricas, porém segundo a clara consciência da essência da humanidade como a encontra em seu próprio interior; no entanto, de fato, a experiência serve de esquema a essa consciência, ao fornecer-lhe estímulo e exercício. Desse modo, seu conhecimento da natureza humana e da sua diversidade, embora no principal proceda *a priori* e por antecipação, contudo primeiro obtém vida, determinidade e extensão através da experiência. — Apoiando-nos no livro anterior e no capítulo 44 mais à frente,[1] podemos ir ainda mais fundo no admirável senso de beleza dos gregos – que apenas a eles, entre todos os povos da Terra, tornou capazes de descobrir o verdadeiro tipo normal da figura humana e dessa forma instituir o modelo // de beleza e graça para imitação em todos os tempos – e dizer: o senso de beleza que, quando permanece inseparável da VONTADE dá impulso sexual com fina e estrita escolha, isto é, AMOR SEXUAL (que reconhecidamente entre os gregos estava submetido a grandes desvios); precisamente o mesmo, quando, devido à

---

[1] Ou seja, o suplemento intitulado "Metafísica do amor sexual". (N. T.)

existência de um anômalo predomínio do intelecto, liberta-se da vontade mas segue ativo, torna-se SENSO OBJETIVO DE BELEZA para a figura humana, que se mostra então antes de tudo como senso estético de julgamento, mas que pode chegar até o descobrimento e a exposição da norma de todas as partes e proporções; este foi, por exemplo, o caso em Fídias, Praxíteles, Escopas, dentre outros — cumpre-se então o que Goethe deixa ao artista falar:

> *Daß ich mit Göttersinn*
> *Und Menschenhand*
> *Vermöge zu bilden,*
> *Was bei meinem Weib'*
> *Ich animalisch kann und muß.*[2]

Também, de maneira análoga, o que no POETA caso permanecesse inseparável da VONTADE daria simples SABEDORIA DE MUNDO, quando separado da vontade, devido ao anômalo predomínio do intelecto, torna-se capacidade de EXPOSIÇÃO objetiva, dramática. —

A escultura moderna, independentemente do que possa realizar, é análoga à moderna poesia latina e, como esta, uma filha da imitação nascida de reminiscências. Se ela procura ser original, então logo enverada por descaminhos, e pelo pior, formar segundo a natureza encontrada diante de si em vez de pelas proporções dos antigos. CANOVA, THORWALDSEN e muitos outros são comparáveis a JOHANNES SECUNDUS e OWENUS. Com a arquitetura ocorre exatamente o mesmo: só que aqui a coisa funda-se na arte mesma, cuja parte puramente estética é de pequena envergadura e foi já esgotada pelos antigos; eis por que o moderno arquiteto só pode distinguir-se na arquitetura pela sábia aplicação de suas regras; // e há de

---

2 "Que com o senso divino / E a mão humana / Eu sou capaz de formar, / O que ao lado de minha mulher / Eu posso e devo fazer animalmente." Aqui Goethe usa o verbo alemão *können*, "*kann*", para dizer "posso" e devo fazer animalmente com minha mulher. Ora, trata-se do mesmo verbo que, na sua substantivação abstrata, dá origem ao termo *Kunst*, arte. Decerto temos aqui a referência à sublimação do amor sexual, que em princípio pode ou gerar filhos, ou pode, sublimado, gerar obras de arte. (N. T.)

saber que sempre se distancia do bom gosto à medida que se afasta do estilo e modelo dos gregos. –

A arte do pintor, considerada apenas na medida em que intenta produzir a aparência de realidade, é em última instância remissível ao fato de ele saber SEPARAR claramente o que na visão é a simples sensação, portanto a afecção da retina, isto é, o único EFEITO dado imediatamente, de sua CAUSA, isto é, dos objetos do mundo exterior cuja intuição origina-se primeiro no entendimento; com o que o pintor, com a ajuda da técnica, está em condições de produzir no olho o mesmo efeito mediante uma causa completamente diferente, a saber, pela aplicação de manchas de cor, com o que nasce no entendimento do contemplador a mesma intuição pela inevitável remissão à causa habitual.

Caso se considere como em cada FISIONOMIA HUMANA há algo de tão inteiramente originário e genuíno, e como isso mostra uma totalidade que só pode pertencer a uma unidade constituída de partes absolutamente necessárias, em virtude da qual reconhecemos um indivíduo conhecido entre milhares de outros mesmo depois de muito anos, embora as possíveis variedades de traços humanos fisionômicos circunscreva-se a limites bem estreitos, em especial os de UMA raça; então temos de duvidar se algo de uma tão essencial unidade e de uma tão primária originariedade possa emergir de outra fonte senão da misteriosa profundidade do interior da natureza: mas daí seguir-se-ia que artista algum seria capaz de realmente conceber a originária peculiaridade de uma fisionomia humana, ou mesmo compô-la conforme a natureza a partir de reminiscências. O que ele traria à luz nessas condições seria sempre uma composição meio verdadeira, ou talvez impossível, pois como poderia compor uma unidade fisionômica se o princípio dessa unidade lhe é propriamente desconhecido? Por conseguinte, em presença de toda fisionomia concebida por um artista pode-se levantar a dúvida se de fato ela é possível, e se a natureza, como mestra de todos os mestres, não a denunciaria como uma farsa ao demonstrar as suas contradições absolutas.

II 480 Isso decerto nos levaria // a este princípio fundamental de que em pinturas históricas não deveriam figurar senão aqueles retratos escolhidos com o maior cuidado e ligeiramente idealizados. Reconhecidamente, grandes artistas sempre pintaram a partir de modelos vivos e fizeram muitos retratos. –

Apesar de, como explicado no texto, o fim propriamente dito da pintura, como da arte em geral, seja facilitar-nos a apreensão das Ideias (platônicas) dos seres deste mundo, pelo que simultaneamente somos postos no estado do puro conhecimento destituído de vontade; pertence-lhe ademais uma beleza independente e subsistente por si mesma, que é produzida pela simples harmonia das cores, pelo agradável da disposição das figuras, pela distribuição favorável de luz e sombra e pelo tom de toda a pintura. Este tipo de beleza acrescida e subordinada favorece o estado do puro conhecimento e é na pintura aquilo que na poesia é a dicção, o metro e a rima: nenhuma das duas coisas é o essencial, mas é o que primeiro e imediatamente faz efeito.

Acrescento agora mais algumas provas ao meu juízo sobre a inadmissibilidade da ALEGORIA na pintura, feito em § 50 do primeiro tomo. No Palácio Borghese, em Roma, encontra-se o seguinte quadro de Michelangelo Caravaggio: o menino Jesus, com cerca de dez anos de idade, pisa na cabeça de uma serpente, todavia sem medo e com grande serenidade e sua mãe que o acompanha permanece com a mesma indiferença: ao lado dos dois está santa Isabel, solene e tragicamente elevando seu olhar ao céu. O que poderia pensar diante desse hieróglifo quirológico alguém que nunca tenha ouvido falar da semente da mulher destinada a esmagar a cabeça da serpente? Em Florença, na sala da biblioteca do Palácio Riccardi, encontramos, no teto pintado por Luca Giordano, a seguinte alegoria que deve significar que a ciência liberta o entendimento dos laços da ignorância: o entendimento é um homem forte, livre de suas ataduras que caem justamente nesse momento: uma ninfa segura diante dele um espelho, uma outra oferece-lhe uma grande asa desprendida: acima deles senta-se sobre um globo a ciência, e junto desta, com um globo na mão, a // verdade nua. — Em Ludwigsburg, próximo a Stuttgart, um quadro nos mostra o tempo, na forma de Saturno, cortando com uma tesoura as asas de Amor: o que deve significar que quando envelhecemos cessa a inconstância no amor; no que tem toda razão. —

Para reforçar a minha solução do problema de por que LAOCOONTE não grita, serve o seguinte. Podemos convencer-nos faticamente do efeito equivocado que produz a exposição do grito mediante as obras das artes plásticas, essencialmente mudas, no *Massacre dos Inocentes* de Guido Reni que se encontra na Academia de Artes de Bolonha, no qual esse grande artista cometeu o equívoco de pintar seis bocas abertas gritando. — Se alguém ainda quer uma prova mais distinta disso, pense numa apresentação de pantomima no palco, e numa de suas cenas uma ocasião premente para o grito de um dos personagens: se o dançarino que representa tal personagem quisesse expressar o grito permanecendo um momento com a boca bem aberta; a gargalhada geral de todo o teatro testemunharia o mau gosto da coisa. Já que, por razões que não estão no objeto representado, mas na essência da arte plástica, o grito de Laocoonte teve de ser omitido; o problema então era como o artista devia motivar esse não-gritar em vista de tornar plausível que um homem em tal situação não gritasse. Este problema foi resolvido quando ele representou a mordida da serpente não como já consumada, nem como uma ameaça, mas como acontecendo naquele exato momento, e em verdade em parte das costas inferiores de Laocoonte: pois dessa forma o abdômen contrai-se e assim o grito torna-se impossível. Esta razão próxima do tema, mas propriamente secundária e subordinada, foi antes corretamente descoberta por GOETHE e exposta ao fim do décimo primeiro livro de sua autobiografia, bem como no artigo sobre Laocoonte no primeiro caderno de *Propileus*; contudo, a razão mais remota e primária e que condiciona aquela outra é a por mim exposta. Não posso escusar-me de fazer aqui a observação de que neste assunto novamente encontro-me na mesma relação a Goethe que o estive no caso da sua doutrina das cores. — Na coleção do duque de Aremberg, em Bruxelas, encontra-se uma antiga cabeça de Laocoonte, // que foi posteriormente descoberta. Mas a cabeça no mundialmente famoso grupo não é uma cabeça restaurada, como também se conclui da tabela especial de todas as restaurações desse grupo que se encontra ao fim do primeiro tomo de *Propileus*, o que é ademais confirmado pelo fato de que a cabeça posteriormente descoberta é muito semelhante à do grupo. Temos portanto de supor que deve ter existido uma antiga repetição do grupo, à qual pertencia a cabeça de Aremberg. Na minha opinião, essa cabeça supera tanto em beleza quanto em expressividade aquela do grupo: a boca foi significativamente mais aberta que a deste, todavia sem chegar ao grito propriamente dito.

*Capítulo 37**
A PROPÓSITO DA ESTÉTICA DA POESIA

Como definição a mais simples e correta da poesia gostaria de estabelecer esta, a de que é a arte de pôr em jogo a imaginação mediante palavras. Como logra isto, já o expus em § 51 do primeiro tomo. Uma confirmação especial do ali dito fornece a seguinte passagem de uma carta de WIELAND a MERK, que foi nesse ínterim publicada: "Passei dois dias ocupado com uma única estrofe, em que no fundo o tema estava numa única palavra que eu necessitava e não conseguia encontrar. Virava e revirava a coisa de todos os lados em meu cérebro; porque, quando se trata de uma descrição pictórica, de maneira naturalmente solícita gosto também de trazer diante do meu leitor a mesma visão determinada que pairava diante de mim, e com frequência, *ut nosti*,[1] tudo depende de um único instante ou traço ou reflexo" (*Briefe an Merk*, editadas por Wagner, 1835, p.193). – Visto que a fantasia do leitor é o estofo no qual a poesia expõe suas imagens, esta tem a vantagem de as suas descrições mais sutis e os seus traços mais refinados aparecerem // na fantasia de cada um de tal forma que é a mais adequada à sua individualidade, à sua esfera de conhecimento e ao seu humor, e, dessa forma, o estimula mais vivamente; ao contrário das artes plásticas, que não conseguem adaptar-se tão bem assim, mas, aqui, UMA imagem, UMA figura deve satisfazer a todos: tal figura, entretanto, sempre carregará alguma marca da individualidade do artista ou do seu modelo, como um acréscimo subjetivo ou casual sem eficácia; embora tanto menos quanto mais objetivo, isto é, mais genial for

---

* Este capítulo está em conexão com § 51 do primeiro tomo.
1 "Como sabeis." (N. T.)

o artista. Por aí explica-se em parte por que as obras da poesia exercem um efeito muito mais forte, profundo e universal que o dos quadros e das estátuas: de fato, estes deixam os povos quase sempre totalmente frios e em geral são as artes plásticas as que exercem mais débil efeito. Disso dá uma prova especial a tão frequente descoberta de quadros de grandes mestres em residências privadas e em localidades de todo tipo, onde eles, através de muitas gerações, permaneceram pendurados não propriamente em porões e ocultos, mas simplesmente despercebidos, portanto sem efeito. No meu tempo em Florença (1823), foi até mesmo descoberta uma Madona de Rafael que por anos a fio ficou pendurada na parede da sala de serviços de um palácio (no Quartiere di S. Spirito): e isso acontece entre os italianos, essa nação a mais bem agraciada dentre todas com o senso de beleza. O que comprova quão pouco direto e imediato é o efeito das obras de artes plásticas e que sua apreciação, muito mais do que a de quaisquer outras artes, requer formação e conhecimento. Por outro lado, uma bela melodia que toca o coração faz infalível a sua viagem ao redor do mundo, e uma poesia esplêndida viaja de povo em povo. Os grandes e ricos consagram seu apoio mais poderoso justamente às artes plásticas e despendem consideráveis somas apenas em SUAS obras, sim, inclusive hoje em dia uma idolatria no sentido estrito do termo sacrifica o valor de uma vasta propriedade de terra só pelo quadro de um famoso mestre antigo, o que se baseia sobretudo na raridade das obras-primas, cuja posse por conseguinte alimenta o orgulho, mas também no fato de a fruição delas exigir pouco tempo e esforço e estarem disponíveis a todo momento; enquanto a poesia e mesmo a música requerem condições // incomparavelmente mais difíceis. Em correspondência com isso pode-se carecer de artes plásticas: povos inteiros, por exemplo os maometanos, existem sem elas: mas povo algum existe sem música e poesia.

O intento, todavia, com o qual o poeta põe em movimento a nossa fantasia é o de manifestar-nos as Ideias, isto é, mostrar em um exemplo o que é a vida, o que é o mundo. A primeira condição para isso é que ele mesmo a tenha conhecido: sua poesia virá a lume conforme o seu conhecimento profundo ou superficial da vida. Assim como há inumeráveis gradações de profundidade e clareza na apreensão da natureza das coisas, assim também há poetas. Cada um deles tem de considerar-se excelente na medida em que expôs corretamente o que ELE conheceu e sua imagem corresponde ao SEU original: tem de ombrear-se a quem é o melhor, porque na imagem deste não reconhece mais do que na sua própria, vale dizer, tanto quanto na natureza mesma, pois sua mirada simplesmente não penetra mais fundo. O melhor reconhece a si mesmo enquanto tal no fato de ver quão superficial era a mirada dos outros, o quanto de coisas ainda estavam ocultas e eles eram incapazes de reproduzi-las porque não as viam, e o quanto lhes sobrepassa no alcance da sua mirada e imagem. Se compreendesse os superficiais tão pouco quanto estes a ele, então teria de desesperar-se, pois precisamente porque já é requerido um homem extraordinário para fazer-lhe justiça e os poetas ruins podem tão pouco compreendê-lo, como ele a eles, tem de viver durante muito tempo com a sua própria aprovação, antes que chegue a aprovação do mundo. — Entrementes, é privado até mesmo dessa aprovação, pois espera-se que seja educadamente modesto. Todavia, é tão impossível que quem possui méritos e sabe o que eles valem seja cego em relação a isto quanto um homem de seis pés de altura não notar que se eleva acima dos demais. Se da base da torre até o topo há 300 pés, decerto há o mesmo tanto desde o topo até a base. Horácio, Lucrécio, Ovídio e quase todos os antigos falaram com orgulho de si mesmos, assim como Dante, Shakespeare, Bacon de Verulam e muitos outros. Que alguém seja um grande espírito sem notar algo disto, eis aí uma absurdez da qual só a desconsoladora incapacidade pode tentar convencer a si mesma a fim de fazer passar por modéstia o sentimento da // própria nulidade. Um inglês observou de maneira espirituosa e correta que *merit* e *modesty* nada têm em comum a não ser a primeira letra. Sempre tive suspeitas se as celebridades modestas de fato tinham razão; e CORNEILLE diz sem rodeios:

> *La fausse humilité ne met plus en crédit:*
> *Je sçais ce que je vaux, et crois ce qu'on m'en dit.*[2]

---

2 "A falsa modéstia não encontra mais crédito: / Sei o que valho, e acredito no que me dizem sobre isto." (N. T.)

Por fim, disse Goethe de maneira franca: "Apenas os velhacos são modestos". Todavia, mais infalível seria a afirmação de que aqueles que com tanto zelo exigem modéstia alheia, insistem na modéstia e sem cessar gritam: "Seja modesto!, pelo amor de Deus, apenas seja modesto!": SÃO DECERTO VELHACOS, isto é, pobres-diabos sem mérito, produtos de fábrica da natureza, membros ordinários da plebe humana. Pois quem tem méritos próprios também deixa valer os méritos alheios, – obviamente, os autênticos e reais. Mas quem carece de toda qualidade e todo mérito deseja que estes não existam: a mirada de qualidade e méritos nos outros o tortura; é corroído no íntimo pela inveja pálida, verde e amarela; gostaria de aniquilar e exterminar todas as pessoas com qualidades pessoais privilegiadas; se, todavia, essas pessoas infelizmente têm de viver, então deve sê-lo apenas sob a condição de que escondam as suas qualidades, neguem-nas completamente, sim, renunciem a elas. Essa é, portanto, a raiz do tão comum louvor à modéstia. E quando tais arautos da modéstia têm a oportunidade de asfixiar o mérito no seu nascimento, ou pelo menos impedir que se mostre, que se torne conhecido, – quem duvidará que o farão? Pois essa é a práxis da sua teoria. –

Embora o poeta, como qualquer artista, exiba-nos sempre apenas o singular, o individual; ainda assim o que ELE conheceu e quer propiciar-nos conhecer é a Ideia (platônica), a espécie inteira: por conseguinte, suas imagens estarão impregnadas, por assim dizer, do tipo dos caracteres humanos e do tipo das situações. O poeta narrativo, também o dramático, colhe da vida o que é completamente particular e o descreve exatamente em sua individualidade, todavia, dessa forma revela toda a existência humana; na medida em que aparentemente lida com o particular, mas em verdade lida com aquilo que existe em toda parte e em todos os tempos. Daí resulta que sentenças, // em especial dos poetas dramáticos, mesmo sem serem máximas universais, constantemente encontram aplicação na vida real. – A poesia está para a filosofia como a experiência está para a ciência empírica. De fato, a experiência nos faz conhecer a aparência no singular e à maneira de exemplo: a ciência abrange o todo das aparências mediante conceitos universais. Assim a poesia nos quer fazer conhecer as Ideias (platônicas) dos seres por intermédio do singular e à maneira de exemplo: a filosofia nos quer ensinar a conhecer no todo e universalmente a essência íntima das coisas que aí se exprime. — Aqui se vê que a poesia porta mais o caráter da juventude, a filosofia, da idade avançada. Em realidade, o dom poético floresce, propriamente dizendo, apenas na juventude: também a receptividade para a poesia é frequentes vezes apaixonada na juventude: o jovem já sente alegria só nos versos eles mesmos e frequentes vezes contenta-se com coisa de qualidade inferior. Com os anos decresce gradualmente a inclinação poética, e na idade avançada prefere-se a prosa. Através daquela tendência poética da juventude o senso de realidade é facilmente corrompido. Pois a poesia diferencia-se da realidade pelo fato de naquela a vida transcorrer de modo interessante e, no entanto, sem dor; mas na realidade, ao contrário, pelo tempo em que a vida é sem dor, é a vida desinteressante, mas tão logo se torna interessante, não permanece sem dor. A juventude que foi cedo iniciada na poesia antes de o ser na realidade exige então desta o que apenas aquela pode fornecer: eis uma das principais fontes do mal-estar que oprime os mais destacados jovens. —

Metro e rima são grilhões mas também uma carapaça que o poeta usa e sob a qual permite-se falar coisas que de outro modo não poderia: e isso é o que nos regozija. — De fato, ele é apenas metade responsável por tudo o que fala: o metro e a rima são responsáveis pela outra metade. — O metro, ou medida, tem, como simples ritmo, sua essência só no TEMPO, que é uma intuição pura *a priori*, pertence, portanto, para falar com KANT, meramente à SENSIBILIDADE PURA; a rima, ao contrário, é coisa da sensação do órgão auditivo, portanto, da sensibilidade EMPÍRICA. Eis por que o ritmo é um expediente muito mais nobre e digno que a rima, que por conseguinte os antigos desprezaram, // e que teve sua origem nas línguas imperfeitas nascidas da corrupção, na época dos bárbaros, das primeiras línguas. A pobreza da poesia francesa baseia-se principalmente no fato de ela, sem metro, estar limitada só à rima e é ainda mais empobrecida porque, em vista de encobrir a sua carência de meios, dificulta suas rimas através de uma multidão de princípios pedantes, como o de que apenas sílabas escritas de forma igual é que rimam, como se fossem para os olhos e não para o ouvido; o hiato é malvisto, uma série de palavras não se permite empregar, e coisas parecidas, algo a que todas as mais novas escolas francesas de poesia procuram pôr um fim. — Em nenhuma outra língua, todavia, a rima provoca, pelo menos para mim, uma impressão tão agradável e poderosa quanto na latina: as poesias latinas medievais rimadas possuem um encanto bem peculiar. É que a língua latina é sem comparação mais acabada, mais bela e mais nobre que todas as línguas modernas e move-se graciosamente sob os ornamentos e ouropéis próprios a estas últimas, embora originariamente os desdenhasse.

À consideração séria pode parecer quase uma grande traição contra a faculdade de razão quando a menor violência é feita a um pensamento ou à sua expressão correta e pura, com a pueril intenção de que após algumas sílabas o mesmo som de palavras seja de novo ouvido, ou mesmo que tais sílabas exponham uma certa cadência. Porém, sem semelhante violência poucos versos vêm a lume: a essa violência deve-se atribuir a dificuldade muito maior que temos para compreender os versos que a prosa de uma língua estrangeira. Caso pudéssemos dar uma espiada na fábrica secreta dos poetas; então encontraríamos com frequência dez vezes maior que o pensamento é procurado para a rima, em vez de a rima ser procurada para o pensamento: mesmo este último caso não é fácil sem uma certa flexibilização do pensamento. — A arte da versificação, todavia, desafia essas considerações e tem ao seu lado todos os tempos e povos: tão grande é o poder que metro e rima exercem sobre o ânimo e tão impactante é o misterioso *lenocinium*[3] que lhes é próprio. Gostaria de explicar isso dizendo que um verso rimado de maneira feliz estimula através de seu efeito indescritivelmente enfático a sensação de que o pensamento ali expresso já estava predestinado na língua, sim, estava ali pré-formado e o poeta apenas teve de descobri-lo. Até mesmo eventos triviais alcançam por meio de ritmo e rima um ar de importância, figuram nesses ornamentos como, entre moças, figuram os rostos comuns que cativam os nossos olhos pela sua aparência elegante. Inclusive pensamentos distorcidos e falsos ganham através da versificação uma aparência de verdade. Por outro lado, até mesmo as mais famosas passagens dos famosos poetas murcham e tornam-se insignificantes quando fielmente reproduzidas em prosa. Se só o verdadeiro é belo, e o mais amado adorno da verdade é a nudez, então um pensamento que entra em cena na prosa de

---

3 "Sedução", "atração". (N. T.)

maneira bela e grandiosa terá mais valor verdadeiro do que um pensamento que faz o mesmo efeito em versos. – Que meios tão insignificantes, aparentemente pueris, como o metro e a rima exerçam um efeito tão poderoso é algo bastante notável e digno de investigação: explico-o da seguinte maneira. Aquilo que é dado imediatamente ao ouvido, isto é, o mero som das palavras, adquire, através do ritmo e da rima, uma certa perfeição e um certo significado em si mesmo ao converter-se por aí numa espécie de música: portanto, parece agora existir por si mesmo e não apenas como simples meio, simples signo de um significado, a saber, do sentido das palavras. Parece que toda a sua destinação é deleitar o ouvido mediante o seu som e, com isso, parece tudo conseguir e satisfazer todas as exigências. Que, entretanto, ao mesmo tempo ainda contenha um sentido que expresse um pensamento, isso expõe-se ali agora como um acréscimo inesperado, como as palavras na música; é como um presente inesperado que nos surpreende agradavelmente e, por conseguinte, já que não fizemos exigência alguma desse tipo, satisfaz-nos de maneira bastante fácil: se, contudo, esse pensamento é um tal que, em si mesmo, portanto dito em prosa, seria significativo; então ficamos encantados. Recordo-me que em minha primeira infância deleitei-me durante muito tempo com a sonoridade agradável dos versos antes mesmo de fazer a descoberta de que geralmente também continham sentido e pensamento. Correspondente a isso há, em todas as línguas, também uma simples poesia sonora com quase total ausência de sentido. O sinólogo Davis, no prefácio à sua tradução do *Laou-sang-urh* ou *An heir in old age //* (Londres 1817), observa que os dramas chineses consistem parcialmente em versos cantados, acrescentando: "o sentido deles é amiúde obscuro e, conforme a própria declaração dos chineses, o fim de tais versos é antes acariciar os ouvidos, com o que o sentido é desprezado e até mesmo completamente sacrificado em favor da harmonia". Quem não se recorda aqui dos coros de tantas tragédias gregas tão frequentemente difíceis de decifrar?

    O signo pelo qual reconhece-se da maneira a mais imediata o autêntico poeta, tanto o de gêneros superiores quanto o de inferiores, é a espontaneidade das suas rimas: estas lhe ocorreram por si mesmas, como que por decreto divino: seus pensamentos surgem-lhe já em rimas. Já o prosador disfarçado, ao contrário, procura a rima para o pensamento; enquanto o diletante versejador procura o pensamento para a rima. Com muita frequência pode-se de um par de versos rimados descobrir qual deles originou-se do pensamento, qual da rima. A arte consiste em camuflar o pensamento a fim de que os versos não entrem em cena como uma mera sequência de *bouts-rimés*.[4]

    Tenho o sentimento (provas não cabem aqui) de que a rima é, segundo a sua natureza, meramente binária: sua eficácia limita-se a um único retorno do mesmo som e não é reforçada por repetições frequentes. Portanto, tão logo uma sílaba final recebeu outra que com ela rima, esgota-se o seu efeito: o terceiro retorno do tom faz efeito apenas como uma rima repetida que casualmente tem a mesma sonoridade, todavia sem incremento do efeito: entra na série da rima anterior, contudo sem unir-se a ela para uma impressão mais pujante. Pois o primeiro tom não ressoa mediante o segundo no terceiro: eis aí, portanto, um pleonasmo estético, uma dupla mas inútil audácia. Esses acúmulos de rima estão longe de merecer o pesado sacrifício que eles custam em oitavas, tercetos e sonetos e que são a causa do martírio espiritual sob o qual às vezes se lê tais produções: pois a fruição poética é impossível sob quebra-cabeças. Que o grande espírito poético às vezes ultrapasse também aquelas formas e as suas dificuldades e com leveza e graça possa por elas movimentar-se não é suficiente // para se as recomendar, pois em si mesmas são tão ineficazes como dificultosas. E mesmo quando os bons poetas servem-se de tais formas, vê-se constantemente a luta entre a rima e o pensamento, em que ora uma, ora outro obtém a vitória, portanto o pensamento é atrofiado pela rima, ou esta tem de satisfazer-se com um fraco *à peu prés*.[5] Por ser justamente assim, não considero uma prova de ignorância, mas de bom gosto, o fato de Shakespeare em seus sonetos ter dado rimas diferentes para cada um dos quartetos. Em todo caso, o seu efeito acústico não é dessa forma afetado o mínimo sequer e o pensamento preserva muito mais os seus direitos do que o faria se tivesse sido calçado com as tradicionais botas espanholas.

    É uma desvantagem para a poesia de uma língua haver muitas palavras que não são usuais na prosa, e, por outro lado, não poder usar certas pala-

---

4 "Finais rimados." (N. T.)
5 "Aproximadamente", "quase." (N. T.)

vras da prosa. O primeiro caso é típico do latim e do italiano, o segundo do francês, tendo sido recentemente de maneira bem acertada denominado *la bégueulerie de la langue française*;⁶ ambos os casos são menos encontrados na língua inglesa e menos ainda na alemã. Tais palavras pertencentes exclusivamente à poesia permanecem de fato estrangeiras ao nosso coração, não nos falam imediatamente, por conseguinte, nos deixam frios. São uma linguagem poética convencional e, por assim dizer, meras sensações pintadas em vez de reais: excluem a intimidade. –

A diferença tão propalada em nossos dias entre poesia CLÁSSICA e ROMÂNTICA parece-me que no fundo se baseia em que a primeira não conhece outros motivos senão os puramente humanos, reais e naturais; a segunda, ao contrário, faz valer como eficazes também motivos artificiais, convencionais e imaginários: entre os quais encontram-se os provenientes do mito cristão, em seguida os provenientes do quimérico e extravagante princípio de honra cavalheiresco, bem como os da risível e insípida veneração germânico-cristã da mulher, por fim os do disparatado e lunático enamoramento hiperfísico. Mesmo nos melhores poetas da geração romântica, por exemplo // Calderón, pode-se ver até que tipo de grotesca deformação das relações humanas e da natureza humana conduz tais motivos. Deixando de lado os autos, menciono somente peças como *No siempre el peor es cierto* (Nem sempre o pior é certo) e *El postrero duelo en España* (O último duelo na Espanha), e análogas comédias *en capa y espada*;⁷ àqueles elementos ainda associam-se aqui a sutileza escolástica que amiúde entra em cena na conversação, o que na época fazia parte da formação intelectual das classes superiores. Com que decidida vantagem posta-se diante dessas invenções a poesia dos antigos! Sempre fiel à natureza, a poesia clássica tem uma verdade e correção incondicionais, já a romântica apenas condicionais; relação essa semelhante à existente entre a arquitetura grega e a gótica. – Por outro lado, entretanto, deve-se aqui notar que todos os poemas dramáticos ou narrativos que situam o cenário de suas ações na Grécia ou em Roma sofrem uma desvantagem, visto que o nosso conhecimento da Antiguidade, em especial referente aos detalhes

---

6 "A pudicícia da língua francesa." (N. T.)
7 "De capa e espada." (N. T.)

da vida, é insuficiente, fragmentário e não é haurido da intuição. Isso, por consequência, obriga o poeta a fazer vários rodeios e a apoiar-se em generalidades, com o que cai na abstração e a sua obra perde aquela intuitividade e individualização absolutamente essenciais à poesia. Isso confere a tais obras peculiar característica de vazio e tédio. Só as exposições de Shakespeare desse tipo estão livres dessa característica, porque ele, sem hesitação, sob os nomes de gregos e romanos, expôs ingleses do seu tempo. –

Muitas obras-primas da poesia LÍRICA, em especial algumas odes de Horácio (veja-se, por exemplo, a segunda do terceiro livro) e várias canções de Goethe (por exemplo, "Lamento do pastor"), foram censuradas porque careceriam de coerência e seriam contínuos sobressaltos do pensamento. No entanto, abdicou-se aqui intencionalmente da coerência lógica, substituindo-a pela unidade da sensação fundamental e disposição ali expressas, que é assim mais realçada, visto que passa como um fio através de pérolas separadas e permite a rápida transição dos objetos da contemplação, como na música a transição de um tipo de tom a outro é mediado pelo acorde de sétima através do qual o // tom fundamental nele ainda soando converte-se em dominante do novo tom. Do modo o mais distinto, até o exagero, encontra-se a qualidade aqui descrita na canção de Petrarca que assim começa: *Mai non vo' più cantar, com' io soleva.*[8] –

Se, portanto, na poesia lírica predomina o elemento subjetivo, na dramática, ao contrário, está presente única e exclusivamente o elemento objetivo. Entre ambas ocupa um amplo espaço intermédio a poesia épica em todas as suas formas e modificações, do romance narrativa até o épico no sentido estrito do termo. Pois embora no assunto principal seja objetiva; todavia contém um elemento subjetivo que entra em cena numa maior ou menor medida e que encontra a sua expressão no tom, na forma do relato, bem como nas reflexões intercaladas. Não perdemos o poeta tão completamente de vista como no drama.

O propósito do drama em geral é mostrar-nos num exemplo o que é a essência e a existência do ser humano. Para o que podem nos ser apresentados o lado triste ou jovial delas, ou também as transições entre estes.

---

8 "Nunca mais cantarei, como eu costumava." (N. T.)

Mas já a expressão "essência e existência do ser humano" contém o gérmen para a controvérsia se o assunto principal é a essência, isto é, os caracteres, ou a existência, isto é, o destino, o acontecimento, a ação. Ademais, ambas encontram-se tão intimamente amalgamadas entre si que até se pode separar seu conceito, mas não sua exposição. Pois somente as circunstâncias, os destinos, os acontecimentos levam os caracteres à exteriorização da própria essência, e apenas dos caracteres origina-se a ação, da qual procedem os acontecimentos. Decerto na exposição pode-se destacar mais um ou o outro lado; dependendo da direção escolhida, formam-se os dois extremos, a saber, a peça de caracteres e a de intrigas.

O objetivo comum do drama e da epopeia, que é, dados os caracteres e as situações significativos, expor as ações extraordinárias suscitadas por esses dois fatores, será alcançado da maneira mais perfeita pelo poeta quando ele primeiro apresentar-nos os caracteres em estado de calma, tornando visível só o colorido geral destes, porém em seguida introduzindo um motivo que provoca uma ação, que faz surgir um novo e mais forte motivo, que, // por sua vez, produz uma ação mais significativa ainda, que gera motivos novos e cada vez mais fortes, com o que, no período apropriado à forma da obra, entra em cena, no lugar da calma originária, a excitação apaixonada com a qual então acontecem as ações mais significativas, nas quais aparecem em clara luz, junto com o curso do mundo, as qualidades até então ocultas dos caracteres. —

Grandes poetas metamorfoseiam-se por inteiro em cada uma das personagens que são expostas e falam a partir de cada uma delas como ventríloquos; num dado momento como o herói, logo em seguida como a jovem e inocente donzela, e tudo com igual verdade e naturalidade: assim o fizeram SHAKESPEARE e GOETHE. Já poetas de segundo escalão metamorfoseiam a si mesmos em personagem principal: assim o fez BYRON; com o que as personagens secundárias amiúde permanecem sem vida, assim como nas obras dos poetas medíocres a personagem principal. —

Nosso prazer na TRAGÉDIA não pertence ao sentimento do belo, mas ao do sublime; sim, é o grau mais elevado desse sentimento. Pois assim como pela visão do sublime na natureza desviamo-nos do interesse da vontade para nos comportarmos de maneira puramente contemplativa, assim também na catástrofe trágica desviamo-nos da Vontade de vida mesma. De fato, na tragédia, o lado terrível da vida nos é apresentado, a miséria da humanidade, o império do acaso e do erro, a queda do justo, o triunfo do mau; portanto, é-nos trazido diante dos olhos a índole do mundo que contraria diretamente a nossa vontade. Perante tal visão nos sentimos instados a desviar-nos da nossa Vontade de vida, a não mais querer e amar a vida. Mas precisamente desse modo damo-nos conta de que ainda resta algo outro em nós que não podemos de forma alguma conhecer positiva, mas apenas negativamente como aquilo que NÃO quer a vida. Assim como o acorde de sétima exige o acorde fundamental, assim como a cor vermelha exige a verde e até mesmo a produz nos olhos; também toda tragédia exige um tipo de existência totalmente diferente, um outro mundo cujo conhecimento só nos pode ser dado de maneira indireta, como precisamente aqui no caso da tragédia. No instante da catástrofe trágica é-nos mais distinta que nunca a convicção de que a vida é um pesadelo do qual // temos de acordar. Neste sentido, o efeito da tragédia é análogo àquele do sublime dinâmico, pois, como neste, eleva-nos por sobre a vontade e o seu interesse e dispõe o nosso ânimo de tal forma que encontramos satisfação na vista daquilo que contradiz diretamente a vontade. O que confere a todo trágico, não importa a figura na qual apareça, a peculiar tendência à elevação é o brotar do conhecimento de que o mundo, a vida não pode proporcionar-nos prazer verdadeiro algum, portanto, nosso apego a ela não vale a pena: nisto consiste o espírito trágico: ele conduz por consequência à resignação.

Concedo que na tragédia dos antigos raras vezes vemos esse espírito de resignação entrar em cena e expressar-se diretamente. Édipo em Colono decerto morre resignado e voluntariamente; porém ele se consola com a vingança exercida contra a sua pátria. Ifigênia em Áulide está completamente disposta a morrer; porém, o que a consola e produz a mudança da sua disposição moral é pensar no bem da Grécia, graças ao que aceita voluntariamente a morte, da qual a princípio fugia de todas as formas. Cassandra, em *Agamenon* do grande Ésquilo, morre voluntariamente, ἀρχείτω βίος[9] (1306); mas também a consola o pensamento da vingança. Hércules, nas *Traquíneas*,

---

9 "É o suficiente da vida." (N. T.)

abandonado à necessidade, morre sereno, mas não resignado. O mesmo se passa com o Hipólito de Eurípedes, em cujo caso surpreende-nos que Artemis, aparecendo para o consolar, promete-lhe templo e glória póstuma, contudo não faz referência alguma a uma existência após a vida e o abandona no instante da morte, como fazem todos os deuses diante do moribundo: — no cristianismo, quedam-se diante deste; bem como no brahmanismo e no buddhismo, por mais que nestes os deuses sejam exóticos. Hipólito, portanto, como quase todos os heróis trágicos dos antigos, mostra submissão ao fatídico destino e à inflexível vontade dos deuses, mas não mostra renúncia alguma à Vontade de vida mesma. Assim como a indiferença de ânimo estoica distingue-se radicalmente da resignação cristã pelo fato de só ensinar serena resistência e tranquila expectativa diante do mal fatidicamente necessário, o cristianismo contudo ensina abnegação, renúncia da vontade; assim também os heróis trágicos dos antigos mostram firme submissão aos inexoráveis golpes do destino, enquanto as // tragédias cristãs, ao contrário, mostram renúncia de toda a Vontade de vida, alegre abandono do mundo, na consciência de sua falta de valor e vaidade. — Ademais, sou da opinião de que a tragédia dos modernos encontra-se num patamar mais elevado que a dos antigos. Shakespeare tem uma grandeza bem superior à de Sófocles: em face da *Ifigênia* de Goethe quase poderíamos qualificar a de Eurípedes como tosca e vulgar. As *Bacantes* de Eurípedes são um revoltante esforço dramático feito em louvor dos sacerdotes pagãos. Diversas peças antigas não têm tendência trágica alguma; como *Alcestes* e *Ifigênia em Táuris* de Eurípedes: algumas têm motivos repugnantes e asquerosos; deste tipo são *Antígona* e *Filoctetes*. Quase todas mostram o gênero humano sob o horrível império do acaso e do erro, entretanto não mostram a resignação por estes ocasionada e que deles nos redime. Tudo, porque os antigos ainda não haviam alcançado o ápice e o alvo da tragédia, sim, a visão da vida em geral.

Por conseguinte, embora os antigos pouco exponham o espírito de resignação, o desvio da Vontade de vida na disposição moral de seus heróis trágicos mesmos; permanece, entretanto, a única tendência propriamente dita e efeito da tragédia o despertar aquele espírito no espectador e produzir, apesar de apenas passageiramente, aquela disposição. Os horrores no palco põem diante do espectador a amargura e a falta de valor da vida, portanto, a vaidade de todo o seu esforço: o efeito desta impressão tem de ser a percepção, apesar de apenas por sentimento obscuro, de que é melhor livrar o seu coração do apego à vida, desviar dela a sua vontade, não amar o mundo nem a vida; pelo que justamente em seu íntimo mais profundo é estimulada a consciência de que para um querer de outro tipo também tem de haver uma existência de outro tipo. – Pois se não fosse assim, não fosse a tendência da tragédia a elevação por sobre todos os fins e bens da vida, o desvio desta e dos seus atrativos e a indicação aí presente para um outro tipo de existência (apesar de completamente inconcebível por nós); como então seria em geral possível que a exposição do lado terrível da vida, trazido diante dos nossos olhos em plena luz, pudesse fazer efeito tão poderoso sobre nós e proporcionar-nos uma fruição de natureza superior?

II 496 Terror e compaixão, em cujo // estímulo Aristóteles colocava o fim último da tragédia, em verdade não pertencem em si mesmos às sensações agradáveis: não podem, pois, ser fim, mas apenas meio. – Portanto, a verdadeira tendência da tragédia, o fim último da exposição intencional do sofrimento da humanidade, permanece sendo a exigência do desvio da Vontade de vida, inclusive lá onde essa elevação resignada do espírito não nos é mostrada no herói mesmo, mas meramente estimulada no espectador pela visão do grande sofrimento imerecido, ou mesmo merecido. – Igual aos antigos, alguns modernos também contentam-se em despertar no espectador a descrita disposição através da exposição objetiva da infelicidade humana em sua grandiosidade; enquanto outros fazem-no ao expor no herói mesmo a inversão da disposição moral efetuada pelo sofrimento: os primeiros, por assim dizer, dão apenas as premissas e deixam a conclusão por conta do espectador; enquanto os últimos dão também a conclusão, ou a moral da fábula, como inversão da disposição moral do herói, ou também como consideração na boca do coro: por exemplo, Schiller na *Noiva de Messina*: "A vida não é o supremo bom". Mencione-se aqui que o autêntico efeito trágico da catástrofe, portanto, a resignação e elevação espiritual do herói por ele produzida, raras vezes é tão puramente motivado e nitidamente expresso quanto na ópera *Norma*, em que ele ocorre no dueto "*Qual cor tradisti, qual cor perdesti*",[10]

---

10 "O coração que traíste, o coração que perdeste." (N. T.)

no qual a conversão da vontade é nitidamente indicada através da súbita calma introduzida na música. De modo geral, essa peça — sem contar a sua excelente música, bem como a dicção, que só pode ser a de um libreto —, se considerada só do ponto de vista de seus motivos e da sua economia interna, é uma tragédia de suma perfeição, um verdadeiro modelo de combinação trágica dos motivos, de progressão e desenlace trágicos da ação, assim como do efeito destes sobre a disposição moral dos heróis, que se eleva por sobre o mundo, o que também é transmitido ao espectador: de fato, o efeito alcançado é tanto mais incontroverso e mais característico da verdadeira essência da tragédia porque aqui não aparecem os cristãos nem a disposição moral cristã. —

II 497 // A tão censurada negligência dos modernos em relação à unidade de tempo e lugar só se torna errônea quando vai tão longe que suprime a unidade da ação; com o que resta apenas a unidade da personagem principal, como em *Henrique VIII* de Shakespeare. No entanto, a unidade da ação não precisa ir tão longe a ponto de sempre se falar do mesmo assunto, como nas tragédias francesas, que de modo geral a observam tão estritamente que o transcurso do drama assemelha-se a uma linha geométrica sem largura: nelas diz-se a todo momento "Sempre adiante, *Pensez à votre affaire!*",[11] e a coisa é totalmente expedida e despachada como numa negociação, sem ninguém deter-se em trivialidades que não lhe concernem ou desviar o olhar para a direita e a esquerda. A tragédia shakespeariana, ao contrário, assemelha-se a uma linha que também tem largura; dá a si mesma tempo, *exspatiatur*; ocorrem falas, até mesmo cenas inteiras que não fomentam a ação, inclusive nada têm a ver com ela, mas através das quais conhecemos mais intimamente as personagens que agem ou a suas circunstâncias, com o que também compreendemos mais profundamente a ação. Esta, decerto, permanece a coisa principal, todavia não de forma tão exclusiva que esquecemos que em última instância trata-se da exposição da essência e existência humana em geral. —

O poeta dramático, ou o épico, há de saber que ele é o destino e, como este, há de ser implacável; igualmente, que é o espelho do gênero humano e, por consequência, retrata muitos caracteres ruins e às vezes desalmados,

---

11 "Pensem em seus negócios!" (N. T.)

assim como muitos néscios, excêntricos e loucos, vez ou outra um razoável, um prudente, um honesto, um bom e apenas como exceção a mais rara, um espírito nobre. No meu entendimento, em todo Homero não é exposto caráter algum de espírito nobre propriamente dito, embora alguns sejam bons e honrados: em toda a obra de SHAKESPEARE pode-se encontrar aqui e ali um par de caracteres nobres, mas de forma alguma além da medida comum, talvez Cordélia, Coriolano, dificilmente outro; no entanto, está povoado pelos outros tipos atrás indicados. Por outro lado, as peças de IFFLAND e KOTZEBUE têm muitos caracteres de espírito nobre; enquanto as de GOLDONI mantiveram aquilo que antes recomendei, pelo que mostram que se situa num nível mais elevado. Por sua vez, *Minna von Barnhelm*, de LESSING, labora forte numa nobreza excessiva e universal. O Marquês de Posa[12] decerto oferece sozinho mais nobreza que a oferecida por toda a obra completa de Goethe: mas há uma pequena peça alemã, *Pflicht um Pflicht*[13] (um título que parece ter sido tirado da *Crítica da razão prática*), que tem apenas três personagens, todavia as três de excessivo espírito nobre. —

Os gregos tomaram como heróis das suas tragédias geralmente personagens régios; também os modernos na maior parte das vezes. Com certeza, não porque a posição confira mais dignidade a quem age ou sofre: e porque o único fim é aqui pôr em jogo as paixões humanas, então o valor relativo dos objetos mediante os quais isso acontece é indiferente e tanto aldeias quanto reinados realizam o mesmo. Tampouco as tragédias burguesas devem ser incondicionalmente rejeitadas. Contudo, pessoas de grande poder e prestígio são as mais apropriadas para a tragédia porque a infelicidade na qual devemos reconhecer o destino da vida humana há de ter uma grandeza suficiente para aparecer como terrível ao espectador, seja este quem for. Porém, as circunstâncias que põem uma família burguesa numa situação de necessidade e desespero são amiúde demasiado insignificantes aos olhos dos grandes e ricos e podem ser resolvidas com a ajuda humana, sim, às vezes através de uma miudeza: por isso tais espectadores não podem ser tragicamente comovidos por elas. Ao contrário, os casos de infelicidade

---

12 Personagem do *Don Carlos* de Schiller. (N. T.)
13 "Dever pelo dever." (N. T.)

dos grandes e poderosos são incondicionalmente terríveis, inacessíveis à ajuda exterior, pois os reis têm de ajudar a si mesmos com o próprio poder ou então sucumbir. Adicione-se a isso que a queda do alto é bem maior. Às personagens burguesas falta, portanto, altura para a queda. —

Ora, se descobrimos que a tendência e o intento último da TRAGÉDIA é uma viragem à resignação, à negação da Vontade de vida; então facilmente reconheceremos na sua oposta, a COMÉDIA, a exortação à afirmação continuada da vontade. Decerto, a comédia também há de trazer diante da vista sofrimentos e contrariedades, como é inevitável a toda exposição da vida humana: só que nos // mostra como algo passageiro, dissolvido em alegrias, em geral misturado com êxitos, vitórias e esperanças que ao final prevalecem; e em tudo isso acentua-se o inesgotável estofo do riso, estofo do qual a vida está cheia, acentuam-se até mesmo as contrariedades da vida, e tudo isso deveria em todas as circunstâncias manter-nos de bom humor. A comédia, portanto, afirma em seu resultado que a vida é no seu todo de fato boa e particularmente divertida. Mas naturalmente tem de apressar-se para deixar cair a cortina do teatro no momento da alegria, para que não vejamos o que se segue; enquanto a tragédia, via de regra, finda de tal forma que nada mais pode seguir-se. Ademais, se alguma vez contemplamos seriamente aquele lado burlesco da vida tal qual se mostra nas inocentes expressões e nos gestos que o embaraço fútil, o temor pessoal, a ira momentânea, a inveja secreta e os muitos afetos semelhantes imprimem nas figuras da realidade que aqui se espelha, figuras consideravelmente distantes do tipo da beleza; — então desde esse lado, e em verdade de um modo inesperado, o contemplador ponderado pode chegar à convicção de que a existência e os esforços de tais seres não podem constituir, em si mesmos, um fim, que, ao contrário, tais seres só puderam chegar à existência porque erraram o caminho e, assim, o objeto desse tipo de exposição é algo que seria melhor que não existisse.

Capítulo 38*
SOBRE HISTÓRIA

Mostrei detalhadamente na seção abaixo indicada do primeiro tomo como e por que a poesia, mais do que a história, contribui para o conhecimento da essência da humanidade: nesse sentido, é de se esperar mais instrução da primeira que da segunda. Isto também foi reconhecido por ARISTÓTELES, pois ele diz: χαὶ φιλοσοφώτερον // χαὶ σπουδαιότερον ποίησις ἱστορίας ἐστίν (*et res magis philosophica, et melior poësis est, quam historia*)[1] (*Poética*, c. 9).** Contudo, para evitar qualquer mal-entendido em relação ao valor da história, gostaria de aqui exprimir os meus pensamentos sobre o assunto.

Em todo tipo e gênero de coisas, os fatos são inumeráveis, os seres singulares infinitos em número e a multiplicidade da sua diferença inabarcável. Uma mirada em tudo isso assalta de vertigem o espírito ávido de saber: vê a si mesmo, por mais que investigue, condenado à ignorância. — Mas eis que chega a CIÊNCIA: ela separa o muito incontável, recolhe-o em conceitos de espécie, e estes, por sua vez, em conceitos de gênero, com o que abre o caminho para um conhecimento do universal e do particular, conhecimento que também abarca as inumeráveis coisas singulares, na medida em que ele vale para tudo, sem que tenhamos de considerar cada coisa por si mesma.

---

* Este capítulo está em conexão com § 51 do primeiro tomo.
1 "A poesia encerra mais filosofia e elevação do que a história." (Trad. Jaime Bruna in: *A poética clássica*. São Paulo: Cultrix, 2005.) (N. T.)
** De passagem, observe-se aqui que a partir dessa oposição entre ποίησις e ἱστορία destaca-se de modo incomum e distinto a origem e o sentido propriamente dito da primeira palavra: que significa, de fato, o que é feito, o que é criado, em oposição ao que é indagado.

Com isso a ciência promete repouso ao espírito que investiga. Assim, as ciências colocam-se uma ao lado da outra e por sobre o mundo real das coisas singulares que elas repartiram entre si. Acima de todas paira a filosofia como o saber mais universal e, por conseguinte, o mais importante, que promete o esclarecimento para o qual as outras apenas prepararam o caminho. – Apenas A HISTÓRIA não pode, propriamente dizendo, figurar nessa série; pois não pode vangloriar-se da mesma vantagem das outras: é que lhe falta o caráter fundamental da ciência, a subordinação do conhecimento, no lugar do qual exibe a sua simples coordenação. Por consequência, não há sistema algum de história, como há em toda outra ciência. A história é decerto um saber, mas não uma ciência. Em lugar algum conhece o particular por intermédio do universal, mas tem de apreender o particular imediatamente e, por assim dizer, continuar a rastejar no campo da experiência; enquanto as ciências reais pairam sobre isso na medida em que conquistaram conceitos abrangentes pelos quais dominam o que é particular e, ao menos dentro de certos limites, preveem a // possibilidade das coisas que estão no seu domínio, de tal modo que também podem tranquilizar-se sobre aquilo que ainda está por vir. As ciências, visto que são sistemas de conceitos, falam sempre de espécies; a história, de indivíduos. Ela seria, portanto, uma ciência de indivíduos; o que implica uma contradição. Ademais, segue-se da primeira asserção que as ciências em seu conjunto falam daquilo que sempre é; a história, ao contrário, daquilo que é uma vez e depois nunca mais é. Mais ainda: como a história tem a ver com o estritamente particular e individual, que, segundo sua natureza, é inesgotável; ela conhece tudo apenas imperfeitamente e pela metade. Acrescente-se a tudo que ela tem de ao mesmo tempo deixar-se ensinar a cada novo dia em sua cotidianidade sobre aquilo que ela ainda não sabe. – Caso se quisesse objetar que na história também se encontra a subordinação do particular ao universal na medida em que os períodos de tempo, os governos e as demais mudanças de chefes e de Estado, em suma, tudo o que se encontra nas tabelas de história, são o universal ao qual subordina-se o caso específico; então essa objeção basear-se-ia numa falsa concepção do conceito de universal. Pois o universal aqui indicado na história é meramente um SUBJETIVO, isto é, um tal cuja universalidade nasce unicamente da insuficiência do CONHECIMENTO individual das coisas, não um OBJETIVO, isto é, um conceito no qual as coisas efetivamente já foram pensadas juntas. Até mesmo o mais universal na história é nele mesmo só um particular e individual, a saber, um longo segmento de tempo ou um acontecimento relevante: o particular está para estes como a parte está para o todo, mas não como o caso está para a regra; como ocorre em todas as ciências propriamente ditas, já que fornecem conceitos, não meros fatos. Precisamente por isso pode-se pelas ciências, através de conhecimento correto do universal, determinar seguramente o caso particular por vir. Por exemplo, se conheço a lei do triângulo em geral; posso também de acordo com ela indicar quais as propriedades de um triângulo que se me apresente: e o que vale para todos os mamíferos, por exemplo, que têm dois ventrículos, exatamente sete vértebras cervicais, pulmões, diafragma, bexiga urinária, cinco sentidos etc., isso também posso afirmá-lo de um estranho // morcego apreendido antes de conhecer a sua anatomia. Porém, não ocorre assim na história, na qual a universalidade não é a objetiva do conceito, mas simplesmente uma subjetiva do meu conhecimento, o qual pode ser dito universal só enquanto é superficial: por consequência, posso ter um saber em geral sobre a Guerra dos Trinta Anos, que ela foi uma guerra religiosa travada no século XVII; mas esse conhecimento universal não me permite especificar algo de mais detalhado sobre o seu curso. — A mesma oposição comprova-se também no fato de que nas ciências reais o especial e o individual são o mais certo, já que repousam na percepção imediata: por sua vez, as verdades universais são abstraídas a partir daqueles; daí que nestas verdades algo de errôneo pode ter se introduzido. Na história, ao contrário, o mais universal é o mais certo, por exemplo, os períodos de tempo, a sucessão dos reis, as revoluções, guerras e tratados de paz: por sua vez, a especificidade dos acontecimentos e a sua conexão são incertas e serão tanto mais quanto mais entramos nos detalhes. Por isso a história é tanto mais interessante quanto mais especializada for, mas também por aí torna-se menos confiável, e aproxima-se então em todos os aspectos dos romances. — De resto, o que o elogiado pragmatismo da história tem a seu favor, poderá melhor apreciá-lo a pessoa que recordar que às vezes só compreendeu os acontecimentos da própria vida em sua verdadeira conexão após vinte anos, embora os dados para a compreensão já estivessem por completo disponíveis: tão difícil é a combinação dos motivos em seu fazer-efeito, sob a contínua intervenção do acaso e a dissimulação dos intentos. — Na medida, então, em que a história tem por objeto, propriamente dizendo, sempre apenas o particular, o fato individual, e considera este como o exclusivamente real, ela é o oposto e contrário da filosofia, que nela mesma contempla as coisas do ponto de vista mais universal, e expressamente tem por objeto o universal que permanece idêntico em cada particular; eis por que sempre vê neste somente aquele, e reconhece como inessencial a mudança na sua aparência: φιλοχαθόλου γὰρ ὁ φιλόσοφοσ (*generalium amator philosophus*).[2] Ora, enquanto a história nos ensina que em cada época existiu algo de diferente, // a filosofia empenha-se por fazer-nos alcançar a intelecção de que em todas as épocas sempre existiu, existe e existirá exatamente o mesmo. Em verdade, a essência da vida humana, bem como da natureza em geral, encontra-se por inteiro em cada momento presente e, portanto, precisa apenas da profundidade de apreensão para ser conhecida de maneira plena. A história, ao contrário, espera substituir a profundidade pela longitude e largura: para ela cada momento presente é apenas um fragmento que tem de ser complementado com o passado, cuja longitude contudo é infinita, com a qual, por sua vez, liga-se um futuro infinito. Eis aí onde reside a contraposição entre as cabeças filosóficas e as históricas: as primeiras querem fundamentar; as últimas, relatar até o fim. A história mostra de todos os lados apenas o mesmo sob diversas formas: porém, quem não conhece uma tal coisa, em uma ou algumas de suas formas, dificilmente obterá o conhecimento dela percorrendo todas as formas. Os capítulos de história dos povos são diferentes, no fundo, apenas pelos títulos e pelas datas: mas o conteúdo verdadeiramente essencial é, em toda parte, o mesmo.

O estofo da arte é a IDEIA, o estofo da ciência o CONCEITO — vemos as duas ocupadas com Aquilo que sempre existe, sempre do mesmo modo, em vez de agora existir e depois não mais existir, agora ser de um jeito e depois de outro: eis por que justamente as duas lidam com Aquilo que PLATÃO estabeleceu como objeto exclusivo do verdadeiro saber. O estofo da história é, ao contrário, o individual em sua individualidade e contingência, o que

---

2 "O filósofo ama o universal." (N. T.)

existe agora uma vez e depois nunca mais, as complexidades efêmeras de um mundo humano que se move como nuvem ao vento, complexidades estas que amiúde são inteiramente transformadas pelo acaso mais insignificante. Deste ponto de vista o estofo da história quase não nos aparece como um objeto digno de uma séria e esforçada consideração do espírito humano, este que, justamente porque é perecível, deveria escolher para sua consideração o imperecível.

Por fim, naquilo que diz respeito ao esforço empreendido em especial pela corruptora e perniciosa pseudofilosofia hegeliana, de compreender a história do mundo como um todo planificado ou, como eles dizem, de "a construir organicamente"; // ora, tal esforço baseia-se, propriamente dizendo, num tosco e raso REALISMO que considera a APARÊNCIA como a ESSÊNCIA EM SI do mundo e acredita que tudo depende das figuras e dos processos deste; nisso ainda é secretamente apoiado por certas concepções mitológicas que tacitamente pressupõe: poder-se-ia até perguntar: para qual espectador foi de fato encenada uma semelhante comédia? – Pois, visto que tão somente o indivíduo, não a espécie humana, tem real e imediata unidade de consciência, segue-se que a unidade do decurso de vida da espécie é uma mera ficção. Ademais, assim como na natureza apenas as espécies são reais e os gêneros meras abstrações, também no que se refere ao humano apenas os indivíduos e seu decurso de vida são reais, os povos e a sua vida meras abstrações. Por fim, as histórias construtivas conduzidas por otimismo raso deságuam em seu último término num Estado confortável, que alimenta, rico, com constituição justa, boa justiça e polícia, técnica e indústria, e quando muito em aperfeiçoamento intelectual, que, em realidade, é o único aperfeiçoamento possível, pois o que é moral permanece no essencial o mesmo. Mas, em conformidade com o testemunho da nossa consciência mais íntima, é do moral que depende tudo: e ele reside exclusivamente no indivíduo, como a orientação da sua vontade. Em verdade, apenas o decurso de vida de cada indivíduo possui unidade, conexão e verdadeira significação: é para ser visto como uma instrução, e o sentido desta é moral. Tão somente os processos do mundo INTERIOR, na medida em que concernem à VONTADE, têm verdadeira realidade e são acontecimentos efetivos; porque só a vontade é a coisa em si. Em cada microcosmo encontra-se todo o macrocosmo, e este não contém mais do que aquele. A pluralidade é aparência, e os processos do mundo exterior são meras configurações do mundo aparente, não têm portanto realidade nem significação imediatas, mas apenas mediatas através da sua referência à vontade do indivíduo. O esforço para interpretá-los e explaná-los imediatamente assemelha-se ao esforço para ver grupos de humanos e animais nas formações de nuvem. – O que a história narra é, em realidade, apenas o longo, pesado e confuso sono da humanidade.

II 505 // Os hegelianos, que inclusive veem a filosofia da história como o fim principal de toda filosofia, deveriam ler Platão, que incansavelmente repete que o objeto da filosofia é o imutável e imperecível, não o que ora é assim, ora é de outro jeito. Todos aqueles que erigem tais construções do curso do mundo, ou, como as chamam, da história, não entenderam a verdade capital de toda filosofia, a saber, que por todo o tempo existe o mesmo, e que todo devir e todo nascimento é apenas aparente, as Ideias são as que unicamente permanecem, o tempo é ideal. Isso é o que quer dizer Platão, isso é o que quer dizer Kant. Deve-se portanto investigar o que É, o que realmente É hoje e para sempre, – isto é, conhecer as IDEIAS (em sentido platônico). Os obtusos, ao contrário, acreditam que alguma coisa deve primeiro surgir na existência. Por isso, atribuem à história um lugar central em sua filosofia e constroem a mesma segundo um preestabelecido plano de mundo em conformidade com o qual tudo tende ao melhor, que *finaliter*[3] deve entrar em cena e será um grande esplendor. Correspondentemente, tomam o mundo como o real perfeito, e põem o seu fim na miserável felicidade terrena, que, por mais que seja cultivada pelos seres humanos e favorecida pela fortuna, é no entanto uma coisa vã, enganosa, efêmera e triste, que nem as constituições e legislações, nem as máquinas a vapor e telégrafos poderão algum dia melhorar substancialmente. Os ditos filósofos e glorificadores da história são, por consequência, realistas ingênuos, otimistas, eudemonistas, logo, companheiros simplórios e filisteus contumazes, ademais, são, propriamente dizendo, péssimos cristãos; pois o verdadeiro espírito e núcleo do cristianismo, bem como do brahmanismo e do buddhismo, é o conhecimento da nulidade da felicidade terrena, o completo desprezo da

---

[3] "Finalmente." (N. T.)

mesma e a viragem para um tipo de existência totalmente diferente e até oposta: este, eu digo, é o espírito e propósito do cristianismo, o verdadeiro "espírito da coisa"; não, como acreditam, o monoteísmo; eis por que o buddhismo ateísta é parente bem mais próximo do cristianismo que o judaísmo otimista e a sua variante, o islamismo.

Portanto, uma verdadeira filosofia da história, ao contrário do que fazem todas as outras, não deve considerar o que (para falar da linguagem // de Platão) sempre VEM A SER e nunca É, e tomar isso como a essência propriamente dita das coisas; mas ela deve ter diante dos olhos o que sempre é e nunca vem a ser nem perece. Logo, não consiste em elevar os fins temporais dos seres humanos a fins eternos e absolutos, e então construir artificial e imaginariamente o seu progresso em meio a todas as vicissitudes; mas, antes, consiste na intelecção de que a história é mentirosa, não apenas em sua composição mas já em sua essência, na medida em que, narrando sobre meros indivíduos e acontecimentos particulares, pretende todas as vezes contar coisas diferentes; quando, de cabo a rabo, sempre apenas repete o mesmo sob diferentes nomes e diferente roupagem. A verdadeira filosofia da história consiste na intelecção de que em meio a todas essas mudanças sem fim e seus torvelinhos sempre tem diante de si a mesma essência idêntica e imutável, que hoje atua da mesma forma que atuou ontem e sempre: a verdadeira filosofia da história deve, portanto, conhecer o idêntico em todos os eventos, tanto dos tempos antigos quanto modernos, tanto do Oriente quanto do Ocidente, e, apesar de todas as diferenças das circunstâncias específicas e dos trajes e costumes, em toda parte mirar a mesma humanidade. Esse idêntico e permanente sob toda mudança consiste nas qualidades fundamentais do coração e da cabeça humanos, — muitas ruins, poucas boas. A divisa da história em geral teria então de soar: *Eadem, sed aliter*.[4] Se alguém leu Heródoto, segue-se que, em termos filosóficos, já estudou o suficiente de história. Pois ali já se encontra tudo o que compõe a subsequente história universal: o esforço, a ação, o sofrimento, o destino do gênero humano, bem como aquilo que procede das mencionadas qualidades e do transcurso físico terreno. —

---

4 "O mesmo, mas de outro modo." (N. T.)

Se anteriormente vimos que a história, considerada como meio para conhecimento da essência da humanidade, posiciona-se atrás da poesia; e, ademais, no sentido estrito do termo, não é uma ciência; por fim que o empenho de construí-la como um todo com começo, meio e fim dotado de coerência é algo vão e baseado num mal-entendido; então pareceria que queremos negar-lhe todo valor, a não ser que demonstremos em que este consiste. De fato, após ser superada pela arte e // excluída da ciência, resta-lhe um domínio que é diferente destes e é-lhe bem próprio, e no qual ela situa-se altiva com plenas honras.

A HISTÓRIA ESTÁ PARA O GÊNERO HUMANO COMO A RAZÃO ESTÁ PARA O INDIVÍDUO. Devido à faculdade de razão, o ser humano não se limita ao restrito presente intuitivo, como o animal; porém conhece o passado, que é incomparavelmente amplo, com o qual está ligado e do qual procedeu: só assim obtém de fato um entendimento propriamente dito do presente mesmo e pode até tirar conclusões sobre o futuro. Enquanto o animal, ao contrário, cujo conhecimento sem reflexão limita-se à intuição e assim ao presente, ainda que domesticado, vaga entre os seres humanos ignorante, confuso, simples, desamparado e dependente. — Ao animal é análogo um povo que não conhece a sua própria história, limitado ao tempo presente das gerações que agora vivem: com isso não entende a si nem ao seu próprio presente; porque é incapaz de referi-lo ao passado e, a partir deste, explicar o presente; muito menos ainda pode antecipar o futuro. Só através da história é que um povo torna-se plenamente consciente de si mesmo. Por isso a história deve ser vista como a consciência de si racional do gênero humano e é para este o que a clara e conexa consciência é para o indivíduo condicionado pela razão, cuja carência faz o animal permanecer confinado ao estreito presente intuitivo. Por conseguinte, toda lacuna na história é como uma lacuna na consciência de si rememorativa de um ser humano; diante de um monumento de tempos arcaicos que sobreviveu a sua própria nação, como por exemplo as pirâmides, templos e palácios em Yucatán, permanecemos tão desconcertados e ignorantes como o animal diante da ação humana em que está envolvido, ou como um ser humano diante do seu próprio escrito há bastante tempo cifrado cuja chave esqueceu, sim, como um sonâmbulo que encontra de manhã diante de si aquilo que fez no sono. Nesse sentido, portanto, a história deve ser vista como a razão ou a clara consciência do gênero humano e faz as vezes de uma consciência de si imediatamente comum a todo o gênero, de modo que só em virtude da história é que o gênero humano se torna de fato um // todo, uma humanidade. Este é o verdadeiro valor da história; e, em conformidade com ele, o tão universal e preponderante interesse por ela reside principalmente no fato de ser um assunto pessoal do nosso gênero. — A linguagem está para a faculdade de razão dos indivíduos, como uma condição indispensável do seu uso, como a ESCRITA está para a aqui demonstrada faculdade de razão de todo o nosso gênero: só com a escrita começa a real existência da faculdade de razão do gênero humano; assim como só com a linguagem começa a da razão individual. A escrita serve, em verdade, para restabelecer a unidade da consciência do nosso gênero que é constantemente interrompida, logo, fragmentada pela morte; de modo que o pensamento surgido lá no ancestral possa ser pensado até o fim pelo seu bisneto: a escrita remedia a ruptura do gênero humano, e a ruptura da sua consciência em um sem-número de indivíduos efêmeros, e assim desafia o tempo que corre sem cessar e em cujas mãos vai o passado. Tanto quanto os escritos, os monumentos PÉTREOS devem ser considerados como uma tentativa de realizar isso, alguns destes sendo mais antigos que os primeiros. Pois quem irá querer acreditar que aqueles que com custos incalculáveis puseram em movimento as forças humanas de milhares por anos a fio para erigir pirâmides, monólitos, sepulcros de rocha, obeliscos, templos e palácios, que ainda estão de pé depois de milhares de anos, tinham em vista apenas a si mesmos, na breve duração de suas vidas, insuficiente para ver o fim da construção, ou, ainda, quem irá querer acreditar que tinham em mente o escopo ostensivo que a massa ignorante os obrigava a pretextar? — Manifestamente, o seu verdadeiro objetivo era falar para a posteridade tardia, criar uma relação com esta e assim restabelecer a unidade da consciência da humanidade. As construções dos hindus, egípcios, mesmo dos gregos e romanos foram calculadas para muitos milênios, porque o horizonte de visão deles, devido à sua formação superior, era mais amplo; enquanto as construções da Idade Média e dos tempos modernos tiveram em vista no máximo alguns séculos; o que se deve também ao fato de que, aqui, absorvia-se mais na escrita, depois que o uso desta se generalizou, e mais ainda depois de, do seio dela, ter nascido a arte de imprimir livros. Não obstante, também nos edifícios dos tempos mais recentes nota-se o ímpeto de falar para a // posteridade: por isso é uma vergonha quando se os destrói ou desfigura para que sirvam a fins inferiores, utilitários. Os monumentos escritos devem temer menos os elementos, porém mais a barbárie, que os monumentos pétreos: aqueles realizam muito mais. Os egípcios queriam unificar ambos os tipos ao cobrir os monumentos pétreos com hieróglifos; sim, acrescentaram inclusive pinturas, para o caso de os hieróglifos já não poderem mais ser entendidos.

Capítulo 39*
A PROPÓSITO DA METAFÍSICA DA MÚSICA

Da minha exposição no lugar abaixo mencionado¹ do primeiro tomo, que o leitor deverá lembrar-se, do significado propriamente dito dessa arte excelsa, concluiu-se que entre as suas realizações e o mundo como representação, isto é, a natureza, tem de encontrar-se não uma semelhança mas um PARALELISMO distinto, que também foi demonstrado. Algumas determinações mais precisas e dignas de atenção desse paralelismo tenho ainda aqui a fazer. — As quatro vozes de toda harmonia, portanto, baixo, tenor, contralto e soprano, ou, tom fundamental, terça, quinta e oitava correspondem às quatro gradações na escala dos seres, logo aos reinos mineral, vegetal, animal e humano. Isso recebe uma confirmação extra e notável na regra fundamental da música que estabelece que o baixo deve permanecer num intervalo muito maior das vozes superiores do que estas entre si; de tal forma que não pode aproximar-se delas nunca mais do que, quando muito, de uma oitava, todavia, na maioria das vezes permanecendo mais abaixo, pelo que, então, o acorde perfeito tem seu lugar na terceira oitava do tom fundamental. Em conformidade com isso, o efeito da harmonia ESTENDIDA, onde o baixo permanece distante, é muito mais belo e poderoso que o da harmonia estrita, onde ele aproxima-se mais; harmonia esta introduzida apenas devido // ao âmbito limitado dos instrumentos. No entanto, toda esta regra de modo algum é arbitrária, mas desce a sua raiz na origem natural do sistema tonal, a saber, na medida em que os mais curtos intervalos harmônicos que soam

---

* Este capítulo conecta-se com § 52 do primeiro tomo.
1 Ou seja, § 52 do primeiro tomo. (N. T.)

em consonância por meio de vibrações concomitantes são a oitava e a sua quinta. Nesta regra reconhecemos então o análogo musical da constituição fundamental da natureza, em virtude da qual os seres orgânicos têm uma relação de parentesco muito mais próxima entre si do que com a massa sem vida, inorgânica do reino mineral. Ora, entre esta e aqueles encontra-se a fronteira mais nítida e o abismo mais profundo de toda a natureza. — O fato de a voz alta que canta a melodia ser ao mesmo tempo parte integrante da harmonia, e nesta conectar-se até mesmo ao baixo mais profundo, pode ser considerado como o análogo do fato de A MESMA matéria, que num organismo humano é sustentáculo da Ideia de humanidade, também ter de sustentar e expor ao mesmo tempo as Ideias de gravidade e das qualidades químicas, portanto os graus mais baixos de objetivação da vontade.

Visto que a música, diferentemente de todas as demais artes, não apresenta as Ideias ou graus de objetivação da vontade, mas a VONTADE MESMA imediatamente, explica-se daí que semelhante arte atue tão diretamente sobre a vontade, isto é, sobre os sentimentos, as paixões e os afetos do ouvinte, de forma que os intensifica rapidamente ou os altera.

Tão certo que a música, bem longe de ser uma mera auxiliar da poesia, é uma arte autônoma, sim, a mais poderosa dentre todas as artes, e por conseguinte alcança seus fins a partir de meios totalmente próprios; tão certo também é que ela não precisa das palavras do canto ou da ação de uma ópera. A música enquanto tal conhece tão somente os tons e não as causas que os produzem. Em conformidade com isso, também a *vox humana* é para ela originária e essencialmente apenas um tom modificado, tanto quanto o de um instrumento e, como qualquer tom, tem as vantagens e desvantagens próprias do instrumento que o produz. No presente caso, é uma circunstância casual que justamente esse instrumento sirva, além do mais, como órgão da linguagem para a comunicação de conceitos, o que secundariamente pode levar a música a procurar uma ligação // com a poesia; todavia, nunca deve fazer desta a coisa principal nem ser unicamente destinada à expressão de versos (como o quer Diderot em *O sobrinho de Rameau*), que na maioria das vezes são essencialmente insossos. As palavras são e permanecem para a música um adendo estranho, de valor subordinado, pois o efeito dos tons é incomparavelmente mais poderoso, infalível e rápido que o das palavras;

estas, por conseguinte, caso sejam incorporadas à música, têm de assumir uma posição totalmente secundária e adequar-se por completo a ela. Mas a relação inverte-se quando se trata da poesia dada, como o canto, ou o libreto de ópera, aos quais uma música é acrescida. Mas logo a arte dos sons mostra nestes o seu poder e a sua superior capacidade, na medida em que, agora, para além da sensação expressa em palavras ou da ação apresentada na ópera, fornece o seu sentido último, mais profundo e misterioso, exprime a essência própria e verdadeira delas e nos faz conhecer a alma mais interior das ocorrências e dos acontecimentos, dos quais o palco oferece-nos apenas o invólucro e o corpo. No que diz respeito a essa preponderância da música e na medida em que está para o texto e a ação na relação em que o universal está para o particular ou a regra para o caso, talvez seja mais apropriado que o texto seja escrito para a música, em vez de a música ser composta para o texto. Entrementes, no método usual as palavras e ações do texto conduzem o compositor às afecções da vontade que estão na base delas e despertam nele mesmo as sensações a serem expressas, fazendo efeito, portanto, como estimulantes de sua fantasia musical. – Que, de resto, seja-nos tão bem-vindo o adendo da poesia à música e um canto com palavras compreensíveis nos alegre tão intimamente, isso se deve ao fato de aí serem estimulados ao mesmo tempo e em união os nossos modos de conhecimento mais imediato e mais mediato: o mais imediato é aquele para o qual a música expressa as agitações da vontade mesma, o mais mediato entretanto é aquele dos conceitos denotados por palavras. Mas na linguagem das sensações a razão não permanece de bom grado ociosa. A música consegue de fato expressar com seus próprios meios cada movimento da vontade, cada sensação; no entanto, com o adendo // das palavras obtemos ademais os objetos destas, os motivos que ocasionam as sensações. A música de uma ópera, tal qual a partitura a expõe, tem uma existência para si completamente independente, separada, como que abstrata, à qual os acontecimentos e as pessoas da peça são estranhos, e segue suas próprias regras imutáveis; por conseguinte, a música de uma ópera faz o seu efeito pleno mesmo sem o texto. Esta música, entretanto, porque foi composta levando em conta o drama, é por assim dizer a alma deste, pois em sua ligação com os acontecimentos, com as pessoas e as palavras, torna-se a expressão da sua significação interior e da, nesta baseada, necessidade última e secreta de todos aqueles eventos. Num sentimento obscuro disto reside propriamente dizendo a fruição do espectador, caso não seja um mero bocejante. Na ópera, por outro lado, a música mostra a sua natureza heterogênea e essencialidade superior por meio de sua total indiferença em face de qualquer material dos acontecimentos; em consequência disso, expressa a tempestade das paixões e o *páthos* das sensações sempre da mesma forma, acompanhando a estas sempre com a mesma altivez de seus tons, indiferentemente de Agamenon e Aquiles ou a desavença de uma família burguesa fornecerem o material da peça. Tudo isso porque para a música existem apenas as paixões, os movimentos da vontade, e ela vê, como Deus, somente os corações. Ela jamais assimila-se ao estofo: em consequência, mesmo que acompanhe as mais risíveis e libertinas farsas da ópera cômica, ainda assim guarda a sua beleza, pureza e sublimidade essenciais, e sua mescla com aqueles acontecimentos não é capaz de fazê-la despencar de sua altura, à qual todo risível é propriamente estranho. Assim, a significação séria e profunda de nossa existência paira sobre a farsa e miséria sem fim da vida humana, sem abandoná-la um instante sequer.

    Lancemos agora um olhar à música puramente instrumental; então uma sinfonia de Beethoven mostra-nos a maior confusão, à qual, no entanto, subjaz a ordem mais perfeita; a luta mais aguerrida, que no instante seguinte se transfigura na mais bela concórdia: é a *rerum concordia discors*,[2] uma estampa perfeita e fiel da essência do mundo que roda num redemoinho inabarcável de figuras incontáveis // e conserva a si mesma na contínua destruição. Ao mesmo tempo, entretanto, todas as paixões e os afetos humanos falam a partir dessa sinfonia: a alegria, a tristeza, o amor, o ódio, o horror, a esperança etc., em inumeráveis nuances, todavia isso tudo, por assim dizer, *in abstracto* e sem qualquer especificidade: trata-se da sua mera forma sem o estofo, como um puro mundo espiritual sem matéria. Decerto, na audição temos a tendência para realizá-la, revesti-la com carne e osso na fantasia, e assim ver nela todas as cenas da vida e da natureza. Todavia, no todo, isso não promove sua compreensão nem sua fruição, mas antes fornece-lhe um adendo estranho e arbitrário: por isso é melhor apreendê-la de maneira pura e em sua imediatez.

---

2 "Concórdia discordante das coisas." (N. T.)

Após ter considerado a música nos presentes parágrafos, bem como no texto, apenas do lado metafísico, portanto em referência à significação interior de suas realizações, é apropriado agora também submeter a uma consideração geral os meios pelos quais ela, agindo sobre o nosso espírito, leva a bom termo tais realizações, por consequência, demonstrar a conexão entre aquele lado metafísico da música e o seu suficientemente investigado e conhecido lado físico. — Parto da teoria geralmente conhecida, e de modo algum abalada por recentes objeções, segundo a qual toda harmonia tonal baseia-se na coincidência das vibrações. Quando dois tons soam ao mesmo tempo, semelhante coincidência ocorre grosso modo em cada segunda, ou terça, ou quarta vibração, com o que eles são a oitava, a quinta, ou a quarta um do outro e assim por diante. Pelo tempo em que as vibrações de dois tons têm uma proporção racional entre si, exprimível em pequenos números, podem ser captadas em nossa apreensão, mediante sua coincidência amiúde recorrente: os tons entremesclam-se e assim entram em consonância. Ao contrário, se aquela proporção é irracional, ou exprimível apenas em números elevados, nenhuma coincidência apreensível das vibrações entra em cena, mas *obstrepunt sibi perpetuo*,[3] pelo que resistem a serem captados juntos em nossa apreensão, e por conseguinte são chamados de dissonância. Como resultado dessa teoria a música é um meio para tornar apreensível proporções numéricas racionais e irracionais, // não ao modo da aritmética, com a ajuda de conceitos, mas trazendo-as a um conhecimento sensível totalmente imediato e simultâneo. A conexão do significado metafísico da música com este seu fundamento físico e aritmético assenta-se no fato de que aquilo que resiste a nossa APREENSÃO, o irracional ou a dissonância, torna-se a imagem natural do que contraria a nossa VONTADE; e vice-versa, a consonância ou o racional, moldando-se facilmente à nossa apreensão, torna-se a imagem da satisfação da vontade. Ora, como aquele racional e irracional nas proporções numéricas das vibrações admite inumeráveis graus, nuances, sequências e variações, através destes a música torna-se o estofo no qual todos os movimentos do coração humano, isto é, os movimentos da vontade, que em essência conduzem à satisfação e insatisfação, embora

---

3 "Fazem ruído incessante um contra o outro." (N. T.)

em inumeráveis graus, podem ser fielmente estampados e reproduzidos em todas as suas modificações e matizes mais sutis; o que se dá por meio da invenção da melodia. Vemos, portanto, aqui os movimentos da vontade espelhados no domínio da pura representação, que é o cenário exclusivo das realizações de todas as belas-artes; pois estas exigem incondicionalmente que a VONTADE MESMA permaneça fora do jogo e nós nos comportemos sempre como puro CONHECEDOR. Em consequência, as afecções mesmas da vontade, portanto, dor e prazer reais, não devem ser estimuladas mas apenas suas substitutas, aquilo que é adequado ao INTELECTO como IMAGEM da satisfação da vontade, e aquilo que lhe resiste em maior ou menor grau como IMAGEM da dor mais ou menos intensa. Tão somente assim a música nunca nos causa sofrimento real, mas ainda permanece aprazível mesmo em seus acordes mais dolorosos, e ouvimos de bom grado em sua linguagem a história secreta de nossa vontade e de todas as suas agitações e esforços, com suas múltiplas demoras, entraves e tormentos, inclusive nas melodias mais melancólicas. Ao contrário, quando é a nossa VONTADE MESMA que é a estimulada e atormentada, na realidade, com seus horrores, então aí nada temos a ver com tons e suas proporções numéricas, mas agora nós mesmos somos a corda tensionada que vibra e treme.

II 515   Como, ademais, em consequência dessa teoria // física de fundo, o elemento propriamente musical dos tons reside na proporção da rapidez de suas vibrações e não em sua força relativa, o ouvido musical sempre prefere seguir na harmonia o tom mais alto e não o mais forte: por conseguinte, mesmo no acompanhamento orquestral mais poderoso, o soprano sobressai-se e por isso adquire um direito natural na execução da melodia, no que é ao mesmo tempo apoiado pela grande flexibilidade que lhe dá a rapidez das vibrações, como se mostra nas frases figuradas: com isso o soprano se torna o representante adequado da sensibilidade elevada, que é receptiva à mais sutil impressão e por esta determinável, consequentemente, da consciência mais distinta situada no nível mais elevado da escala dos seres. O seu contrário, por causas inversas, é figurado pelo baixo, pesado nos movimentos, que sobe e desce apenas em grandes intervalos, terças, quartas e quintas, e em cada um de seus passos é guiado por regras fixas; com isso ele é o representante natural do reino inorgânico, sem sentimento, sem receptividade para impressões sutis, determinável apenas conforme leis universais. O baixo inclusive nunca pode elevar-se um tom, por exemplo, da quarta para a quinta, pois isto produz a sequência defeituosa da quinta e da oitava nas vozes altas: por isso, originariamente e em sua natureza própria, o baixo nunca pode executar a melodia. Se esta lhe é atribuída, isto ocorre por meio do contraponto, isto é, trata-se de um baixo TRANSPOSTO, vale dizer, uma das vozes altas abaixou e fez as vezes do baixo: ele então realmente precisa de um segundo baixo fundamental para seu acompanhamento. Essa falta de naturalidade de uma melodia no baixo faz com que as árias de baixo com acompanhamento completo nunca nos proporcione o puro e perfeito prazer da ária do soprano que, em conexão com a harmonia, é a única natural. De passagem seja dito, no sentido de nossa metafísica da música, que um tal baixo melódico obtido forçadamente por transposição poderia ser comparado a um bloco de mármore no qual se impusesse a forma humana: justamente por isso é tão maravilhosamente adequado ao convidado de pedra em *Don Juan*.

Agora, entretanto, queremos ainda descer mais a fundo na GÊNESIS da melodia, o que lograremos mediante a decomposição dela // em suas partes constitutivas; ademais, isso nos proporcionará o deleite nascido de trazer à consciência distinta e abstrata coisas que nos são conhecidas *in concreto*, pelo que ganham a aparência de novidade.

A melodia consiste de dois elementos, um rítmico e outro harmônico: o primeiro pode ser descrito como o elemento quantitativo, o segundo como o qualitativo, já que o primeiro diz respeito à duração, o segundo à altura e gravidade dos tons. Na notação musical, o primeiro pertence às linhas verticais, o segundo às horizontais. No fundamento de ambos encontram-se puras proporções numéricas, portanto, de tempo: em um caso, a duração relativa dos tons, em outro, a rapidez relativa de suas vibrações. O elemento rítmico é o mais essencial, visto que por si mesmo e sem a harmonia consegue expor um tipo de melodia, como ocorre, por exemplo, no tambor: todavia, a melodia perfeita requer os dois elementos. Esta consiste, de fato, numa DISCÓRDIA E RECONCILIAÇÃO alternadas de ambos, como logo a seguir mostrarei; mas antes, e como já falei atrás do elemento harmônico, quero considerar mais de perto o elemento rítmico.

O RITMO é no tempo o que a SIMETRIA é no espaço, ou seja, divisão em partes iguais correspondentes entre si, primeiro em partes maiores, que por sua vez são divisíveis em menores subordinadas às primeiras. Na série das artes, por mim estabelecida, ARQUITETURA E MÚSICA formam os dois extremos. Também são as mais heterogêneas e em realidade verdadeiras antípodas uma da outra, conforme sua essência íntima, sua força, o alcance de suas esferas, e sua significação: essa oposição estende-se até mesmo à forma de seu aparecimento, na medida em que a arquitetura está apenas no ESPAÇO, sem referência alguma ao tempo, e a música apenas no TEMPO, sem referência alguma ao espaço.* Dali então nasce sua única analogia, // a saber, assim como na arquitetura a SIMETRIA é o que ordena e mantém coeso, na música é o RITMO — com o que também aqui se confirma que *les extrêmes se touchent*.[4] Assim como as últimas partes componentes de um edifício são pedras exatamente iguais, as últimas partes componentes de uma peça musical são compassos exatamente iguais; todavia, seja pela subida ou descida de tom, ou em geral pela fração que indica o tipo de compasso, estes são por sua vez divididos em partes iguais que eventualmente podem ser comparadas às dimensões da pedra. O período musical consiste de vários compassos, e também tem duas metades iguais, uma ascendente, ansiando, a maioria das vezes chegando até a dominante, e uma descendente, calmante, reencontrando o tom fundamental. Dois ou mais períodos musicais constituem uma parte, que na maioria das vezes é como duplicada simetricamente pelo sinal de repetição. De duas partes faz-se uma pequena peça musical ou o movimento de uma maior; e assim um concerto ou uma sonata pode consistir de três partes, uma sinfonia de quatro, uma missa de cinco. Vemos, portanto, que uma peça musical, mediante a divisão simétrica e repetida até chegar aos compassos e às suas frações, em meio a uma permanente subordinação, superordenação

---

* Seria uma falsa objeção dizer que também a escultura e a pintura estão meramente no espaço: pois suas obras estão conectadas com o tempo, não imediatamente, claro, mas só mediatamente, na medida em que expõem vida, movimento, ação. Igualmente falso seria dizer que também a poesia, como discurso, pertence exclusivamente ao tempo: isto vale imediatamente apenas em relação às palavras, mas seu estofo é tudo o que existe, portanto, o espacial.

4 "Os extremos se tocam." (N. T.)

e coordenação de seus membros, combina-se e fecha-se num todo precisamente como um edifício mediante a sua simetria; apenas aquilo que neste está exclusivamente no espaço, naquela está exclusivamente no tempo. O mero sentimento dessa analogia trouxe a lume repetidas vezes nos últimos trinta anos o dito espirituoso "a arquitetura é música congelada". A origem do mesmo deve ser remetida a G̲o̲e̲t̲h̲e̲, pois este, segundo as *Conversações* com E̲c̲k̲e̲r̲m̲a̲n̲n̲, tomo II, p.88, disse: "Encontrei entre meus papéis uma folha na qual denomino a arquitetura uma música petrificada: e de fato ela tem algo disso: a disposição de ânimo proveniente da arquitetura aproxima-se do efeito da música". Provavelmente ele deixou escapar aquele dito espirituoso muito antes em suas conversações, momentos em que, como se sabe, nunca faltaram pessoas que recolhiam o que ele assim deixava cair no chão, para depois vangloriarem-se disso.[5] Ademais, independentemente do que quis dizer Goethe, // a analogia da música com a arte das construções aqui por mim remetida ao seu único fundamento, a saber, à analogia do ritmo com a simetria, estende-se unicamente à sua forma exterior, de modo algum à natureza íntima de ambas as artes, que é vastamente diferente. Seria inclusive risível querer igualar no essencial a mais limitada e fraca de todas as artes com a mais vasta e eficiente. Como amplificação da demonstrada analogia poder-se-ia ainda acrescentar que quando a música, por assim dizer atacada num surto impetuoso de independência, aproveita a oportunidade de uma pausa para livrar-se da coerção do ritmo e assim entregar-se à livre fantasia de uma cadência figurada, uma semelhante peça musical privada de ritmo é análoga à ruína privada de simetria, e, portanto, na linguagem ousada daquele dito espirituoso, poder-se-ia denominar tal ruína uma cadência congelada.

II 518

---

5 Goethe é mais modesto e refere-se a um "nobre filósofo" como o autor do dito espirituoso, ou seja, provavelmente Schelling, de cujo curso *Filosofia da arte*, ministrado em 1804-1805, poderia ter recebido notícia, no qual enunciou que a arquitetura é "música no espaço", e, por assim dizer, "música petrificada". Teria o poeta se enganado sobre a autoria da própria frase, deixando-a cair no chão, e assim foi recolhida por outrem, como quer Schopenhauer? A frase teria sido ouvida por Schelling e publicada em sala de aula, para novamente, ouvida pelo poeta, ser tomada como de autoria alheia? (N. T.)

Após essa discussão sobre o RITMO vou agora expor como a essência da melodia consiste na DISCÓRDIA E RECONCILIAÇÃO continuamente renovada do seu elemento rítmico com o elemento harmônico. De fato, seu elemento harmônico tem como pressuposto o tom fundamental – assim como o elemento rítmico tem o tipo de compasso – e consiste num desviar-se dele através de todos os tons da escala, até alcançar, por desvios mais ou menos longos, um grau harmônico, a maioria das vezes a dominante ou a subdominante, que lhe proporciona um repouso imperfeito: mas então segue-se, por um caminho igualmente longo, seu retorno ao tom fundamental, com o qual entra em cena o repouso perfeito. Ambas as coisas têm de acontecer de tal modo que tanto o alcance do mencionado grau harmônico quanto o reencontro do tom fundamental coincidam com certos pontos de tempo privilegiados do ritmo, do contrário não se obtém efeito. Portanto, assim como a sequência harmônica tonal requer certos TONS, preferencialmente a tônica, depois a dominante e assim por diante, assim também o ritmo, por sua vez, exige certos PONTOS DE TEMPO, certos compassos contados e certas partes desses compassos chamadas tempos fortes ou tempos bons, ou partes acentuadas, em oposição aos tempos ligeiros ou tempos ruins, ou partes não acentuadas. Nesse sentido, a DISCÓRDIA daqueles dois elementos fundamentais consiste em que, enquanto a exigência de um é satisfeita, // a do outro não é; e a RECONCILIAÇÃO, por seu turno, consiste em que os dois são satisfeitos ao mesmo tempo e de uma só vez. De fato, aquele vagar da sequência tonal até alcançar um grau mais ou menos harmônico tem de encontrá-lo somente após um determinado número de compassos, e também apoiado numa BOA partição destes, com o que aquele grau se converte num certo ponto de repouso para a sequência tonal; e, do mesmo modo, o retorno da tônica tem de reencontrar um ponto de repouso após um igual número de compassos, e da mesma forma sobre uma BOA partição, fazendo com que então entre em cena a satisfação plena. Pelo tempo em que a requerida coincidência da satisfação dos dois elementos não for atingida, o ritmo pode, por um lado, seguir seu curso regular, e, por outro, as requeridas notas podem ocorrer com suficiente frequência; todavia, permanecerão totalmente sem aquele efeito pelo qual nasce a melodia. Como explicitação serve o exemplo a seguir, extremamente simples:

Aqui a sequência harmônica tonal encontra a tônica exatamente no final do primeiro compasso, todavia, assim não encontra satisfação alguma, porque o ritmo é concebido na pior partição do compasso. Logo depois, no segundo compasso, o ritmo tem a boa partição, porém a sequência tonal chegou até a sétima. Aqui, portanto, os dois elementos da melodia encontram-se completamente DISCORDANTES e nos sentimos inquietos. Na segunda metade do período tudo se encontra invertido, e eles, no último tom, RECONCILIAM-SE. Este processo pode ser demonstrado em qualquer melodia, embora na maioria das vezes numa extensão muito maior. A constante DISCÓRDIA E RECONCILIAÇÃO entre os dois elementos que aqui ocorre é, metafisicamente considerada, o reflexo do nascimento de novos desejos, e em seguida a satisfação deles. Justamente por aí a música acaricia tão profundamente o nosso coração, pois sempre lhe espelha a satisfação perfeita de seus desejos. Considerando mais de perto, vemos que nesse processo da melodia coincidem uma condição em certa medida INTERIOR (a harmônica) e uma EXTERIOR (a rítmica), como por ACASO — que decerto o compositor provoca e nesse sentido // é comparável à rima na poesia; ora, justamente isso é o reflexo da coincidência dos nossos desejos com as condições exteriores favoráveis e independentes deles, portanto, a imagem da felicidade. — Também merece aqui ser levado em conta o efeito do RETARDO. Trata-se de uma dissonância que adia a esperada e certa consonância final; com o que o anseio por esta é reforçado e sua entrada em cena produz tanto mais satisfação: manifestamente um análogo da intensificada satisfação volitiva produzida por retardamento. A cadência perfeita exige um acorde de sétima que preceda a dominante porque só ao anseio mais angustiante pode seguir-se a satisfação mais profundamente sentida e o repouso total. A música, portanto, consiste sempre numa alternância contínua entre acordes mais, ou menos, inquietantes, isto é, acordes que despertam anseios, e aqueles que mais, ou menos, nos fazem repousar e satisfazem; precisamente como a vida do coração (a vontade) é uma contínua alternância entre grandes e insignificantes inquietações mediante desejo e temor, e repousos diversos que lhes correspondem. Em conformidade com isso, a progressão harmônica consiste na alternação artisticamente regulada entre dissonância e consonância. Uma sequência de acordes meramente consonantes seria saturante, cansativa e vazia, como o *languor*[6] produzido pela satisfação de todos os desejos. Eis por que dissonâncias têm de ser introduzidas, embora elas sejam inquietantes e façam efeito quase penoso, todavia apenas para que tornem novamente a resolver-se, com adequada preparação, em consonâncias. Sim, em toda a música há somente dois acordes fundamentais: o acorde dissonante de sétima e a tríade harmônica, aos quais são referidos todos os demais acordes que se apresentam. Isso corresponde exatamente ao fato de que, no fundo, só há para a vontade insatisfação e satisfação, por mais variadas que sejam as figuras sob as quais estas se exponham. E assim como há duas disposições básicas e universais de ânimo, jovialidade ou ao menos viçosidade, e aflição ou até mesmo angústia; assim também a música tem dois modos universais correspondentes àquelas disposições, o maior e o menor, e sempre tem de encontrar-se em um destes dois. Mas é de fato assustadoramente surpreendente que haja um signo de dor que não é fisicamente doloroso, nem convencional, mas antes é ao mesmo tempo agradável e inconfundível: // o modo menor. A partir disso pode-se estimar quão fundo desce a música na essência das coisas e dos seres humanos. — Entre os povos nórdicos, cuja vida está submetida a severas condições, e penso aqui especialmente nos russos, predomina o modo menor, até mesmo na música sacra. — *Allegro* em modo menor é muito frequente na música francesa e a caracteriza: é como se alguém dançasse de sapatos apertados.

Acrescento ainda algumas considerações subsidiárias. — Com a mudança da tônica, e com ela a do valor de todos os intervalos, em consequência do que o mesmo tom figura como segunda, terça, quarta e assim por diante, as notas da escala são análogas aos atores que têm de assumir ora este, ora aquele papel, enquanto a sua pessoa permanece a mesma. O fato de que essa pessoa muitas vezes não é precisamente talhada para um papel é algo

---

6 "Langor", "tédio". (N. T.)

comparável à inevitável impureza de todo sistema harmônico (mencionada na conclusão de § 52 do primeiro tomo), impureza que tornou necessário o temperamento igual. –

Talvez alguém pudesse escandalizar-se com o fato de a música, que amiúde provoca tanta exaltação em nosso espírito, como se parecesse falar de outros e melhores mundos que o nosso, conforme a presente metafísica deste, em realidade apenas acaricia a Vontade de vida, na medida em que expõe a sua essência, pinta-lhe de antemão os seus êxitos e ao fim expressa a sua satisfação e o seu contentamento. Ora, para apaziguamento de tais dúvidas, leve-se em conta a seguinte passagem dos *Vedas*: *Etanand sroup, quod forma gaudii est,* τὸν *pram Atma ex hoc dicunt, quod quocunque loco gaudium est, particula e gaudio ejus est* (*Oupnekhat*, v.I, p.405, e de novo v.II, p.215).[7]

---

7 "E chamamos *anandsroup*, que é um tipo de alegria, *pram Ātman* [Alma suprema, cósmica], pois onde quer que haja alegria, esta é uma parte da sua alegria." (N. T.)

Suplementos ao livro quarto

*Tous les hommes désirent uniquement se délivrer de la mort;
ils ne savent pas se délivrer de la vie.*[1]

Lao-tseu-*Tao-te-King*, ed. Stan. Julien, p.184.

---

[1] "Todos os homens desejam unicamente livrar-se da morte; não sabem livrar-se da vida." (N. T.)

// Capítulo 40
PRÓLOGO

Os suplementos a este quarto livro seriam bastante consideráveis se dois dos seus temas preferenciais, notadamente a liberdade da vontade e o fundamento da moral, não tivessem recebido de mim um tratamento detalhado em monografias, por ocasião de perguntas de concurso das duas academias escandinavas, e que sob o título *Os dois problemas fundamentais da ética* vieram a público no ano de 1841. Em conformidade com isso, pressuponho tão incondicionalmente do meu leitor o conhecimento desse escrito quanto pressupunha o conhecimento do escrito *Sobre a vontade na natureza* na ocasião dos suplementos ao segundo livro. Para quem quiser conhecer bem a minha filosofia, de modo geral faço a exigência de que leia cada uma das linhas que publiquei. Pois não sou um escritor prolixo, nem um fabricante de compêndios, nem um assalariado, nem alguém que com seus escritos procura a aprovação de um ministro, numa palavra, não sou um autor cuja pena encontra-se sob a influência de fins pessoais: não me empenho senão pela verdade, e escrevo, como os antigos escreviam, com a única intenção de preservar os meus pensamentos, para que um dia beneficiem aqueles que saberão como meditá-los e apreciá-los. Justamente por isso, se pouco escrevi, // foi entretanto ponderadamente e em LONGOS intervalos de tempo e, em conformidade com isso, reduzi ao máximo as repetições, às vezes inevitáveis em escritos filosóficos devido à coerência, repetições das quais filósofo algum está livre, de modo que a maioria do que tenho a dizer pode ser encontrado num só lugar. Logo, quem quiser aprender algo de mim e me entender, não pode deixar de ler nada do que escrevi. Quanto a me julgar e criticar sem satisfazer tal exigência, é algo que se pode fazer, como a experiência mostrou; e desejo muito prazer a quem o for fazer agora.

Entrementes, o espaço ganho neste quarto livro de suplementos, pela eliminação daqueles dois temas capitais, será muito bem-vindo. Pois, como aqueles esclarecimentos, que acima de tudo tocam o coração humano e, por conseguinte, em cada sistema formam, como último resultado, o topo da sua pirâmide, estão concentrados no MEU último livro; segue-se que cada leitor alegremente não recusará um espaço mais amplo para toda justificação mais sólida ou detalhamento mais preciso. Ademais, pode-se aqui levantar e explicitar uma questão ligada à doutrina da "afirmação da Vontade de vida" que ficou intocada no nosso quarto livro mesmo, e que também foi completamente desprezada por todos os filósofos que me antecederam: refiro-me à significação íntima e à essência em si do amor sexual, que às vezes se intensifica até à paixão mais violenta; um tema cuja absorção na parte ética da filosofia não soaria paradoxal, caso se tivesse reconhecido a sua importância. –

// Capítulo 41*
SOBRE A MORTE E SUA RELAÇÃO COM A INDESTRUTIBILIDADE DE NOSSO SER EM SI

A morte é propriamente dizendo o gênio inspirador ou o Musagete[1] da filosofia, pelo que Sócrates também definiu a filosofia como θανάτου μελέτη.[2] Dificilmente ter-se-ia filosofado sem a morte. Por conseguinte, é justo que uma consideração especial sobre esse tema tenha aqui o seu lugar na abertura do último, mais sério e mais importante dos nossos livros.

O animal vive sem conhecimento propriamente dito da morte: por isso o indivíduo animal frui imediatamente toda a imperecibilidade da espécie, na medida em que não tem consciência de si senão como a de um ser sem fim. Com a faculdade de razão apareceu, necessariamente entre os humanos, a certeza assustadora da morte. Mas, como na natureza a todo mal é sempre dado um remédio, ou ao menos uma compensação; então a mesma reflexão que produz o conhecimento da morte ajuda também nas concepções METAFÍSICAS consoladoras em face dela, das quais o animal não necessita nem é capaz. Principalmente para esse fim estão orientadas todas as religiões e todos os sistemas filosóficos, que são, portanto, antes de tudo, o antídoto contra a certeza da morte, fornecido pela razão reflexionante a partir dos próprios meios. O grau, no entanto, em que atingem esse fim é bastante diverso, e com certeza UMA religião ou filosofia capacitará o ser humano, muito mais do que outra, a lançar um olhar tranquilo para a face da morte. O brahmanismo e o buddhismo que ensinam o ser humano a considerar-se

---
* Este capítulo conecta-se com § 54 do primeiro tomo.
1 Referência a Apolo Musagete, líder das musas. (N. T.)
2 "Preparação para a morte." (N. T.)

como o próprio ser originário, o Brahman, ao qual todo nascer e perecer é essencialmente estranho, conseguirão muito mais a esse respeito do que as religiões que dizem que o ser humano é feito a partir do nada, e deixam efetivamente a sua existência, recebida de um outro, começar com o nascimento. Em conformidade com isso, encontramos na Índia uma confiança e um desprezo pela morte, dos quais não se tem nenhuma noção na Europa. // É, de fato, uma coisa questionável imprimir precocemente no ser humano, nesse assunto tão importante, conceitos fracos e insustentáveis e assim torná-lo para sempre incapaz de adquirir outros conceitos mais justos e sólidos. Por exemplo, ensinar-lhe que só há pouco veio do nada, consequentemente, que nada foi durante uma eternidade e não obstante deve ser imperecível no futuro, é exatamente como ensinar-lhe que, embora seja por completo a obra de um outro, deve ser todavia responsável por toda a eternidade pelas próprias ações e omissões. Se, mais tarde, com o espírito maduro e a entrada em cena da ponderação, a insustentabilidade de tal doutrina impuser-se, então nada terá de melhor para colocar no seu lugar, sim, nem mesmo será capaz de entendê-lo, perdendo assim o consolo que também a natureza lhe destinara como compensação para a certeza da morte. Em consequência de tal desenvolvimento, vemos agora (1844) mesmo, na Inglaterra, os socialistas entre os trabalhadores de fábrica corrompidos, e na Alemanha, os jovens hegelianos entre estudantes corrompidos, afundarem-se numa visão física absoluta, que conduz ao resultado: *edite, bibite, post mortem nulla voluptas*[3] e que, portanto, pode ser caracterizada como bestialismo.

Entrementes, de acordo com tudo o que foi ensinado sobre a morte, não se pode negar que, pelo menos na Europa, a opinião do vulgo, muitas vezes até de um mesmo indivíduo, oscila de novo com frequência daqui para acolá entre a concepção da morte como aniquilação absoluta e a hipótese de que, por assim dizer, somos imortais em carne e osso. Ambas são igualmente falsas: a esse respeito, não se trata tanto de encontrar um justo meio, mas antes de conquistar o ponto de vista superior, a partir do qual tais concepções se desvanecem por si mesmas.

Nestas considerações quero antes de tudo partir de um ponto de vista inteiramente empírico. – Um primeiro fato inegável apresenta-se a nós, de

---

3 "Comei, bebei, depois da morte não há mais prazer." (N. T.)

acordo com a consciência natural, vale dizer, o ser humano teme a morte mais do que qualquer outra coisa, não apenas a da sua pessoa, mas também chora com intensidade a dos seus próximos, e em verdade, é manifesto, não egoisticamente devido a sua própria perda, mas por compaixão, pela grande desgraça que lhes aconteceu; por isso ele também censura como duro de coração e desprovido de amor aquele que, em tais casos, // não chora nem mostra aflição. Paralelamente a isso encontra-se que a sede de vingança, em seu grau mais elevado, procura a morte do adversário como o maior mal a ser-lhe infligido. – Opiniões mudam com o passar do tempo e o lugar: mas a voz da natureza permanece sempre e em toda parte igual, é portanto para ser ouvida antes de tudo o mais. Ela parece então dizer aqui claramente que a morte é um grande mal. Na linguagem da natureza, MORTE significa aniquilação. Que com a morte se trata de algo sério, deixa-se já inferir do fato de que a vida, como cada um sabe, não é uma brincadeira. Parece que nada merecemos de melhor senão essas duas.

De fato, o medo da morte é independente de todo conhecimento: pois o animal o possui, embora não conheça a morte. Tudo o que nasce já o traz consigo ao mundo. Esse medo *a priori* da morte é, no entanto, apenas o reverso da Vontade de vida, que nós todos somos. Por isso, em cada animal, ao lado do cuidado com sua conservação, é inato o medo diante da própria destruição: esse medo, portanto, e não o mero evitar a dor, é o que se mostra na precaução angustiosa com a qual o animal procura colocar a si, e ainda mais a sua prole, em segurança diante de cada coisa que possa ser perigosa. Por que o animal foge, treme e procura esconder-se? Porque é pura Vontade de vida, mas como tal está destinado à morte e quer ganhar tempo. Por natureza, com o ser humano é a mesma coisa. O maior dos males, o que de pior em geral pode nos ameaçar, é a morte, a maior angústia é a angústia da morte. Nada nos arrebata tão irresistivelmente à mais viva participação quanto o perigo que ameaça a vida de um outro: nada é mais horrível que uma execução. O apego sem limites à vida, que aqui aparece, não pode, no entanto, ter nascido do conhecimento e da ponderação: diante destes, parece antes tolo; pois o valor objetivo da vida é bastante incerto e resulta pelo menos duvidoso se a ela não fosse preferível o não-ser, e mesmo se a experiência e a ponderação tivessem a última palavra, o não-ser teria

de triunfar. Se se batesse nos túmulos para perguntar aos mortos se estes querem ressuscitar, eles sacudiriam a cabeça negando. Nessa mesma direção vai também a opinião de SÓCRATES na *Apologia* de Platão, e até mesmo o // jovial e amável VOLTAIRE não pode senão dizer: *on aime la vie; mais le néant ne laisse pas d'avoir du bon;*[4] e ainda: *je ne sais pas ce que c'est que la vie éternelle, mais celle-ci est une mauvaise plaisanterie.*[5] Ademais, em todo caso a vida tem de findar; assim, os poucos anos que talvez ainda se tenha para viver desaparecem por completo ante o tempo sem fim no qual não mais se existirá. Por isso, diante da reflexão, parece até mesmo risível preocupar-se tanto com tão breve espaço de tempo, tremer tanto, quando a própria vida ou a de um outro encontra-se em perigo, e compor tragédias, cujo horror tem seu nervo único no temor da morte. Portanto, aquele poderoso apego à vida é irracional e cego: só é explanável pelo fato de que todo o nosso ser em si mesmo já é Vontade de vida, para a qual esta vida tem de valer como o bem supremo, por mais amarga, breve e incerta que sempre possa ser; e pelo fato de que a vontade, em si e originariamente, é desprovida de conhecimento e cega. O conhecimento, ao contrário, bem longe de ser a origem daquele apego à vida, atua em sentido oposto, na medida em que desvela a ausência de valor desta e, assim, combate o medo da morte. — Quando o conhecimento vence, e por conseguinte o ser humano vai corajoso e sereno de encontro à morte; então esse humano é honrado como grandioso e nobre e festejamos o triunfo do conhecimento sobre a cega Vontade de vida, que, no entanto, é o núcleo do nosso próprio ser. De maneira similar desprezamos o humano no qual o conhecimento é derrotado naquele combate, que, portanto, se apega incondicionalmente à vida, insurgindo-se contra a morte que se aproxima, recebendo-a com desespero:*
e todavia nele expressa-se apenas a essência originária do nosso si mesmo e da natureza. Aqui se pode perguntar de passagem como o amor sem limites

---

4 "Ama-se a vida, mas o nada não deixa de ter algo de bom." (N. T.)

5 "Não sei o que é a vida eterna, mas esta aqui é uma brincadeira de mau gosto." (N. T.)

* *In gladiatoris pugnis timidos et supplices, et, ut vivere liceat, obsecrantes etiam odisse solemus; fortes et animosos, et se acriter ipsos morti offerentes servare cupimus.* Cic. Pro Milone, c. 34. ["Na luta dos gladiadores abominamos os tímidos e suplicantes que imploram pela sua vida; já dos valentes e animosos, que a si mesmos se oferecem tempestuosos à morte, procuramos conservar a vida." — N. T.]

à vida e o empenho para conservá-la de qualquer maneira o mais longamente possível poderiam ser considerados mesquinhos, desprezíveis e assim indignos dos seguidores de cada religião, se a vida fosse um presente dos deuses benevolentes para ser reconhecido com gratidão. // Como poderia o desprezo à vida aparecer como grande e nobre? – Entrementes, essas considerações confirmam: 1) a Vontade de vida é a essência mais íntima do ser humano; 2) ela é em si desprovida de conhecimento, cega; 3) o conhecimento é um princípio originariamente estranho, acrescido à vontade; 4) o conhecimento luta contra a vontade, e o nosso juízo aprova a vitória do conhecimento sobre a vontade.

Se o que fizesse a morte aparecer-nos como tão terrível fosse o pensamento do NÃO-SER, então teríamos de pensar, com calafrio igual, no tempo em que ainda não éramos. Pois é incontestavelmente certo que o não-ser após a morte não pode ser diferente daquele anterior ao nascimento, consequentemente, também não é lastimável. Uma infinidade inteira fluiu, quando nós AINDA NÃO éramos: mas isto não nos aflige de modo algum. Ao contrário, o fato de que após o *intermezzo* momentâneo de uma existência efêmera deva seguir-se uma segunda infinitude, na qual NÃO MAIS seremos, achamos duro, sim, insuportável. Deveria então essa sede de existência ter nascido do fato de que nós agora a degustamos e a achamos deveras adorável? Como já foi acima abordado de passagem: com certeza não; antes, a experiência que foi ganha poderia muito bem ter despertado um anelo infinito pelo paraíso perdido do não-ser. Também a esperança da imortalidade da alma vem sempre associada à de um "mundo melhor" – *um* sinal de que o mundo presente não vale lá muita coisa. – Apesar de tudo, a pergunta pelo nosso estado depois da morte foi com certeza mil vezes mais abordada em livros e oralmente do que a do nosso estado antes do nascimento. Em termos teóricos, entretanto, um problema é tão natural e legítimo quanto o outro: quem resolvesse um também lançaria clara luz sobre o outro. Temos belas declamações sobre como seria chocante pensar que o espírito humano, que abarca o mundo e tem pensamentos tão elevados, também descesse para o túmulo: mas sobre o fato de como esse espírito deixou transcorrer uma infinitude inteira antes de ter nascido com esses seus atributos, e o mundo tenha se arranjado por tão longo tempo sem ele, não se ouve nada. No entanto, ao conhecimento não corrompido pela vontade, nenhuma pergunta apresenta-se mais // natural do que esta: um tempo infinito fluiu antes do meu nascimento; o que eu era durante todo esse tempo? — Em termos metafísicos talvez se pudesse responder: "eu fui sempre eu: a saber, todos aqueles que durante aquele tempo diziam eu, esses eram justamente eu". Contudo, prescindamos disso, e voltemos ao nosso ponto de vista ainda inteiramente empírico e admitamos que eu não tivesse existido. Mas, então, eu posso me consolar sobre o tempo infinito após a minha morte, quando não mais existirei, com o tempo infinito em que não existia, como um estado habitual e que em verdade é bastante confortável. Pois a infinitude *a parte post*[6] sem mim não pode ser mais terrível que a infinitude *a parte ante*[7] sem mim, na medida em que as duas em nada se diferenciam senão pela interposição de um efêmero sonho de vida. Também todas as demonstrações em favor da perduração após a morte deixam-se igualmente bem aplicar *in partem ante*, com o que então demonstram a existência antes da vida, admissão com a qual os hindus e buddhistas mostram-se, por conseguinte, bastante consequentes. Só a idealidade do tempo de Kant resolve todos esses enigmas: mas ainda não é o momento de tratarmos dela. Do que já foi dito, entretanto, resulta que é tão absurdo afligir-se sobre o tempo em que não mais existiremos, quanto o seria sobre o tempo em que ainda não existíamos: pois é indiferente se o tempo, que a nossa existência não preenche, relaciona-se, para com o tempo que ela preenche, como futuro ou como passado.

Abstraindo totalmente essas considerações temporais, é obviamente absurdo considerar o não-ser como um mal; pois cada mal, como cada bem, tem a existência por pressuposto, sim, até mesmo a consciência; esta, entretanto, cessa com a vida, como também no sono e no desmaio; assim, a ausência de consciência, como não sendo mal algum, é bem conhecida e familiar e, em todo caso, a entrada em cena de uma tal ausência é coisa de um momento. Foi a partir desse ponto de vista que Epicuro considerou a morte, e disse com inteiro acerto ὁ θάνατος μηδὲν πρὸς ἡμᾶς (a morte não nos afeta); elucidando que, quando somos, a morte não é, e, quando a morte

---

6 "Posterior." (N. T.)
7 "Anterior." (N. T.)

é, não somos (Diógenes Laércio, X, 27). A perda daquilo cuja ausência não se pode constatar manifestamente não é mal algum: portanto, o tornar-se não-ser pode tão pouco nos incomodar quanto o não-ter-sido. // Do ponto de vista do conhecimento, portanto, parece não haver fundamento algum para temer a morte: ora, a consciência consiste no conhecimento; por isso, para esta a morte não é mal algum. De fato, não é essa parte COGNOSCENTE do nosso eu que teme a morte, mas é unicamente da VONTADE cega que provém a *fuga mortis*,[8] vontade essa que preenche todo vivente. Para este, entretanto, como já foi mencionado acima, ela é essencial, justamente porque todo vivente é Vontade de vida (cuja essência inteira consiste no ímpeto para a vida e para a existência), à qual o conhecimento não é originariamente inerente, porém o conhecimento só cabe à vontade depois da objetivação desta nos indivíduos animais. Quando, então, mediante tais indivíduos, a Vontade de vida avista a morte, como o fim da aparência, com a qual ela identificou-se e pela qual se vê portanto limitada, todo o seu ser insurge-se contra esse fim com violência. Se de fato há algo na morte para ser temido pela vontade, é o que nós investigaremos a seguir e recordaremos nesse momento a verdadeira fonte aqui demonstrada do medo da morte, assim como a diferenciação própria entre a parte volitiva e a cognoscente do nosso ser.

Em conformidade com o dito, o que nos torna a morte tão temível não é tanto o fim da vida, pois isto não pode parecer a ninguém como particularmente digno de receio; mas antes a destruição do organismo: propriamente dizendo, porque este é a Vontade de vida mesma que se expõe como corpo. Essa destruição, contudo, nós a sentimos realmente apenas nos males da doença, ou da idade: ao contrário, a morte mesma consiste para o SUJEITO apenas no momento em que a consciência desaparece, na medida em que cessa a atividade do cérebro. A extensão ulterior dessa cessação a todas as partes restantes do organismo já é propriamente um evento posterior à morte. Portanto, em termos subjetivos, a morte concerne apenas à consciência. Quanto ao que seja o desaparecimento desta, cada um pode de certo modo julgar a partir do adormecimento: melhor conhecerá o que é esse desaparecimento, entretanto, quem já teve um verdadeiro desmaio, no qual a transição

---

8 "Fuga da morte." (N. T.)

não é tão gradativa nem intermediada por sonhos, mas primeiro desaparece, ainda com plena consciência, a capacidade visual, e depois imediatamente entra em cena a mais profunda ausência de consciência: aqui a sensação, enquanto dura, é apenas desagradável e, // sem dúvida, assim como o sono é o irmão, o desmaio é o irmão gêmeo da morte. Também a morte violenta não pode ser dolorosa; mesmo ferimentos graves via de regra quase não são sentidos, mas só depois de algum tempo, e frequentemente só são notados por seu aspecto exterior: se são rapidamente mortíferos, a consciência desaparece antes dessa descoberta; se levam mais tarde à morte, é como no caso das outras doenças. Também todos os que perderam a consciência na água, ou por vapores de carvão, ou por estrangulamento, declaram, como é bem conhecido, que isto aconteceu sem tormento. E, por fim, até mesmo a morte propriamente natural, a por velhice, a eutanásia, é um gradual desaparecimento e uma gradual evaporação da existência, de maneira inobservável. Pouco a pouco, extinguem-se na velhice as paixões e os apetites junto com a suscetibilidade para os seus objetos; os afetos não encontram mais estímulo algum: pois a faculdade de formar representações torna-se cada vez mais fraca, suas imagens cada vez mais foscas, as impressões não aderem mais, transcorrendo sem vestígio, os dias passam sempre mais rápido, os acontecimentos perdem a sua importância e tudo se empalidece. O ancião cambaleia de cá para acolá, ou repousa num canto, apenas uma sombra, um fantasma do seu ser anterior. O que ainda resta nele para ser destruído pela morte? Um dia então, a soneca é a última, e os seus sonhos são – – – aqueles pelos quais Hamlet pergunta, no famoso monólogo. Eu acredito que nós sonhamos esses sonhos justamente agora.

Deve-se aqui ainda observar que a conservação do processo vital, embora tenha um fundamento metafísico, não se dá sem resistência, por consequência não sem fadiga. É a esta que o organismo sucumbe todo fim de dia e devido à qual suspende a função cerebral e diminui algumas secreções, a respiração, o pulso e a temperatura. Disso deve-se concluir que a inteira cessação do processo vital tem de ser um alívio maravilhoso para a sua própria força motriz: o que talvez tenha participação na expressão de doce contentamento na fisionomia da maior parte dos mortos. Em geral, o instante da morte pode ser semelhante ao acordar de um grave pesadelo.

II 535 O que resulta até aqui é que a morte, por mais // temida que seja, não pode ser propriamente mal algum. Muitas vezes ela aparece até como um bem, como algo desejado, uma amiga bem-vinda. Qualquer um que se deparou com obstáculos intransponíveis para sua existência, ou para suas aspirações, que sofra doenças incuráveis, ou desgostos inconsoláveis, tem como último refúgio, que muitas vezes se oferece por si mesmo, o retorno ao ventre da natureza, do qual, como também toda outra coisa, por breve tempo emergira, seduzido pela esperança de condições mais propícias de existência do que as que encontrou e a partir de onde o mesmo caminho, para a saída, sempre lhe permanece aberto. Esse retorno é a *cessio bonorum*[9] do vivente. Entretanto, também isso só se dará depois de uma luta física ou moral: tanto que cada um recusa-se a retornar para lá de onde veio, tão fácil e solícito vai em direção a uma existência que tem a oferecer tantos sofrimentos e tão poucas alegrias. — Os hindus dão ao deus da morte, YAMA, duas faces: uma bastante temível e terrível e uma bastante alegre e benévola. Isso se explica em parte pela consideração que acabo de expor.

Do ponto de vista empírico, no qual ainda permanecemos, a consideração que se segue oferece-se por si mesma, e merece, portanto, mediante esclarecimento, ser traçada de modo preciso em seus limites. O exame de um cadáver mostra-me que sensibilidade, irritabilidade, circulação sanguínea, reprodução etc. aqui cessaram. Concluo disso com segurança que aquilo que até então nele atuava e, no entanto, era algo sempre desconhecido para mim, não mais atua nele agora e, portanto, dele separou-se. — Se eu, entretanto, quisesse acrescentar que esse algo teria sido justamente o que eu conheci apenas como consciência (alma), portanto como inteligência, então essa seria não apenas uma conclusão injustificada, mas manifestamente falsa. Pois a consciência sempre se mostrou para mim não como causa, mas como produto e resultado da vida orgânica, aumentando e diminuindo em consequência dela, a saber, nas diversas idades da vida, na saúde e doença, no sono, desmaio, despertar etc., tendo portanto sempre aparecido como efeito, nunca como causa da vida orgânica, sempre mostrando-se como algo
II 536 que surge e desaparece, // e surge de novo, enquanto existirem condições

---

9 "Doação de todos os bens." (N. T.)

para tal, mas não fora disso. Sim, posso também ter visto que a completa perturbação da consciência, a loucura, longe de conseguir reduzir e deprimir as outras forças, ou colocar em perigo a vida, em verdade as aumenta, sobretudo a irritabilidade ou a força muscular, prolongando a vida em vez de encurtá-la, caso não concorram outras causas. — Ademais: conheci a individualidade como atributo de cada organismo, logo também da consciência, se se trata de um organismo autoconsciente. Não existe motivo algum para concluir agora que tal individualidade seja inerente àquele princípio independente, que doa a vida e me é inteiramente desconhecido; tanto menos quando vejo que, em toda parte na natureza, cada aparência particular é a obra de uma força universal, ativa em milhares de aparências iguais. — Mas, por outro lado, tampouco há motivo para concluir que, porque a vida orgânica cessou, também por isso aniquilou-se aquela força que até então nela era ativa; — como tampouco se deve concluir da imobilidade da roda de fiar, a morte do fiandeiro. Se um pêndulo, mediante o reencontro do seu ponto gravitacional, finalmente chega ao repouso, cessando assim a aparente vida individual dele; ninguém presumirá que a gravidade foi agora aniquilada, mas cada um compreende que ela está ativa como antes em inumeráveis aparências. Certamente pode-se objetar contra essa comparação que mesmo aqui nesse pêndulo a gravidade não cessou de ser ativa, mas apenas de externar de modo evidente a sua atividade: quem quiser insistir nesse ponto pode pensar, em vez do pêndulo, num corpo elétrico, no qual, depois da sua descarga, a eletricidade de fato cessou de ser ativa. Quis apenas mostrar com isso que nós mesmos reconhecemos imediatamente nas formas mais baixas da natureza uma eternidade e ubiquidade, com o que em nenhum momento nos induzimos a erro por causa da transitoriedade das suas aparências fugidias. Tanto menos pode nos ocorrer de tomar o cessar da vida como sendo a aniquilação do princípio vivificante, logo, a morte como o completo desaparecimento do ser humano. Porque o braço forte que há três mil anos retesou o arco de Ulisses não mais existe, nenhum entendimento razoável e bem regrado considerará a força que era ativa nesse braço como // totalmente aniquilada, mas também, por conseguinte, não considerará, em ulteriores reflexões, que a força que hoje retesa um arco começou a existir com o braço que o retesa. Muito mais correto é o pensamento de que a força que antes ativava uma vida, agora evadida, é a mesma que é ativa na vida que agora floresce: sim, esse pensamento é quase inevitável. Sabemos com certeza (como exposto no livro segundo) que apenas o transitório é envolvido pela cadeia causal: esse envolvimento, no entanto, atinge apenas os estados e as formas. Ao contrário, imunes à mudança produzida pelas causas, permanecem de um lado a matéria, de outro as forças naturais: pois esses dois elementos são o pressuposto de todas as mudanças. O princípio que nos vivifica, entretanto, temos de pensá-lo pelo menos como uma força natural, até que uma investigação mais profunda nos permita reconhecer o que ele é em si mesmo. Assim, já considerada como força natural, a força vital permanece inteiramente imune à mudança das formas e dos estados que a série das causas e dos efeitos produz e que são os únicos submetidos ao nascer e perecer, como a experiência o atesta. Até aqui, portanto, deixa-se já demonstrar com segurança a indestrutibilidade do nosso verdadeiro ser. Mas isso, é certo, não satisfará as exigências que se está acostumado a fazer em relação às provas da nossa persistência após a morte, nem proporcionará o consolo que se espera dessas provas. No entanto, é sempre alguma coisa e quem teme a morte como o próprio aniquilamento absoluto não pode desdenhar a plena certeza de que o princípio mais íntimo da própria vida permanece intocado pela morte. – Sim, pode-se estabelecer o paradoxo que também aquele segundo elemento, vale dizer, a matéria, que, ao lado das formas naturais, permanece intocada pela mudança contínua dos estados no fio condutor da causalidade, assegura-nos mediante a sua constância absoluta uma indestrutibilidade em virtude da qual poderia ao menos consolar, com uma certa imortalidade, quem não é capaz de conceber nenhuma outra. "Como?", dir-se-á, "a perduração do mero pó, da matéria bruta, deveria ser vista como uma continuação do nosso ser?" – Oh! Conheceis então esse pó? Sabeis o que é, o que pode? Aprendei a conhecê-lo, antes de desprezá-lo. Essa matéria, que agora aí está // como pó e cinza sob a luz solar, se dissolvida na água logo se torna sólida como cristal, brilha como metal, solta faíscas elétricas, exterioriza mediante sua tensão galvânica uma força que, desfazendo as mais firmes ligações, reduz terra a metal: sim, ela transfigura-se por si mesma em planta, em animal, e desenvolve a partir do seu ventre pleno de mistério aquela vida diante de cuja perda, em vossa limitação, vos inquietais tão medrosamente. Então é absoluta e inteiramente nulo continuar a existir como uma tal matéria? Eu afirmo com seriedade que mesmo essa permanência da matéria testemunha a favor da indestrutibilidade de nosso verdadeiro ser, mesmo se apenas em imagens e alegorias, ou, antes, apenas em silhueta. Para nos convencermos disso temos apenas de recordar a discussão sobre a matéria feita no capítulo 24, da qual resultou que a matéria pura e informe, – nunca percebida por si mesma, mas pressuposta como sempre existente e base do mundo da experiência, – é o reflexo imediato, a visibilidade em geral da coisa em si, portanto da vontade; por isso para a matéria, sob as condições da experiência, vale o que cabe estritamente à vontade em si, matéria que reproduz a verdadeira eternidade da vontade sob a imagem da imperecibilidade temporal. Se, como já dissemos, a natureza não mente, então nenhuma consideração nascida de uma sua pura concepção objetiva e conduzida com pensamento consequente pode ser no todo falsa, mas é, no pior dos casos, apenas bastante unilateral e incompleta. Tal é indiscutivelmente o caso do materialismo consequente, como o de EPICURO, assim como do idealismo absoluto que lhe é oposto, o de Berkeley, e em geral é o caso de qualquer consideração filosófica fundamental advinda de um justo *aperçu* honestamente desenvolvido. Contudo, tais concepções são altamente unilaterais; por conseguinte, apesar das suas oposições, são SIMULTANEAMENTE verdadeiras, a saber, cada uma a partir de um determinado ponto de vista: todavia, assim que nos elevamos acima desse ponto, elas aparecem agora como relativa e condicionalmente verdadeiras. Apenas o mais elevado ponto de vista, a partir do qual se as vê e se as reconhece meramente em sua verdade relativa (indo mais além, entretanto, se as reconhece em sua falsidade), pode ser o da verdade absoluta, até onde uma tal verdade é em geral alcançável. // Em conformidade com isto, vemos, como acabou de ser demonstrado, mesmo na mais tosca e por conseguinte mais antiga consideração fundamental do materialismo, a indestrutibilidade de nosso verdadeiro ser em si como representada por meio de uma mera sombra dela, a saber, mediante a permanência da matéria; bem como, no já mais elevado naturalismo de uma física absoluta, mediante a ubiquidade e eternidade das forças naturais, dentre as quais deve-se computar pelo menos a força vital. Logo, até mesmo essas toscas visões fundamentais contêm a asserção de que o ser vivente não sofre com a morte nenhum aniquilamento absoluto, mas continua a subsistir em e com toda a natureza. —

As considerações que nos conduziram até aqui, com as explicações subsequentes que a elas conectam-se, tiveram por ponto de partida o notável medo da morte que assalta todo ser vivente. Agora, entretanto, queremos mudar o ponto de vista e uma vez considerar como, em oposição ao ser individual, comporta-se o TODO da natureza em relação à morte; no que, todavia, sempre permaneceremos no terreno empírico.

Decerto não conhecemos nenhum jogo de dados mais importante do que aquele em que a vida e a morte são os adversários: aguardamos cada decisão com extrema tensão, participação e temor: pois, aos nossos olhos, ali aposta-se tudo. — Ao contrário, A NATUREZA, que nunca mente mas é aberta e sincera, fala sobre esse tema de modo bastante diferente, a saber, como Krishna em *Bhagavad Gītā*. A declaração dela: a morte ou a vida do indivíduo não têm valor. O que a natureza o exprime abandonando a vida de cada animal bem como a de cada ser humano aos acasos mais insignificantes, sem intervir pelo seu salvamento. — Considerai o inseto no vosso caminho: uma pequena, inconsciente mudança do vosso passo é decisiva para a vida ou a morte dele. Vede o caracol da floresta, sem nenhum meio para a fuga, a defesa, a dissimulação, para o ocultamento, uma presa pronta para qualquer um. Vede o peixe descuidado jogar-se na rede ainda aberta; o sapo impedido, devido a sua lentidão, da fuga que poderia salvá-lo; o pássaro que não divisa o falcão que paira sobre ele; a ovelha que o lobo, na moita, fixamente observa. Todos eles vão, // munidos de pouco cuidado, sem suspeita, de encontro ao perigo que os rodeia e naquele momento ameaça a sua existência. Portanto, na medida em que a natureza abandona os seus organismos tão indizivelmente engenhosos não apenas à voracidade do mais forte mas também ao acaso mais cego, ao humor de cada louco e ao capricho de cada criança, ela exprime que o aniquilamento desses indivíduos lhe é indiferente, não a prejudica, não significa nada, e que, nesses casos, o efeito importa tão pouco quanto a causa. Ela exprime isso de modo bastante claro e nunca mente: apenas não comenta as próprias sentenças; antes, fala no estilo lacônico do oráculo. Ora, se a Grande Mãe envia tão sem cuidado seus filhos desprotegidos de encontro aos mil perigos ameaçadores; isto só pode ser porque ela sabe que, caso eles caiam, recaem em seu ventre onde estão protegidos, e, por isso, a sua queda é apenas uma brincadeira. Ela se comporta com os humanos do mesmo modo que com os animais. Sua declaração, portanto, contém isto: vida ou morte do indivíduo lhe são indiferentes. De acordo com isto, deveria, num certo sentido, ser-nos também indiferente: pois nós mesmos somos a natureza. Com certeza, se nosso olhar penetrasse bem fundo nas coisas, concordaríamos com a natureza e consideraríamos a morte e a vida de modo tão indiferente quanto ela. Entrementes, mediante a reflexão, temos de interpretar a ausência de cuidado e a indiferença da natureza diante da vida dos indivíduos no sentido de que a destruição de uma tal aparência não atinge em nada a sua essência verdadeira e própria.

Se ainda tivermos em mente que não apenas, como acabou de ser levado em consideração, a vida e a morte são dependentes dos mínimos acasos, mas que a existência dos seres orgânicos é em geral efêmera, que animais e plantas nascem hoje e amanhã morrem, e que nascimento e morte seguem-se em rápida sucessão, enquanto é assegurada ao reino inorgânico, situado tão mais abaixo, uma duração muito mais longa, todavia apenas à matéria absolutamente informe uma duração infinitamente longa, a qual reconhecemos até *a priori*; – então penso que já à concepção puramente empírica, contudo objetiva e imparcial de uma tal ordem das coisas, tem de seguir-se o pensamento de que essa ordem é apenas um fenômeno superficial, e que esse contínuo // nascer e perecer de maneira alguma concerne à raiz das coisas, mas só pode ser relativo e mesmo aparente, e que a verdadeira essência íntima de cada coisa, furtando-se por toda parte à nossa mirada e sempre cheia de mistério, não é atingida, mas antes subsiste indestrutível; isto temos de admiti-lo, embora não possamos perceber nem conceber a maneira como tudo isto se passa, e por conseguinte temos de pensá-lo só em geral como uma espécie de *tour de passe-passe*.[10] Pois que o mais imperfeito, o que está situado mais abaixo, o inorgânico continue intacto, e justamente os seres mais perfeitos, os viventes, com suas organizações infinitamente complicadas e inconcebíveis na sua plena engenhosidade devam sempre, a partir do fundamento, nascer de novo e após um lapso de tempo tornarem-

---

10 "Truque de mágica." (N. T.)

-se absolutamente nada, para ceder de novo lugar aos seus iguais, que, a partir do nada, surgem na existência – eis aí algo tão evidentemente absurdo que não pode ser nunca a ordem verdadeira das coisas, mas antes só um invólucro que a esconde ou, falando de modo mais correto, um fenômeno condicionado pela índole do nosso intelecto. Sim, todo o ser e não-ser mesmo desses seres particulares, em relação aos quais morte e vida são opostos, só pode ser relativo: a linguagem da natureza que os dá como absolutos não pode, portanto, ser a verdadeira e última expressão da índole das coisas e da ordem do mundo, mas de fato apenas um *patois du pays*,[11] isto é, algo apenas relativamente verdadeiro, algo "por assim dizer", algo para entender-se *cum grano salis*,[12] ou, para falar mais apropriadamente, algo condicionado pelo nosso intelecto. — Eu afirmo que uma convicção imediata, intuitiva, como a que aqui procurei descrever com palavras, impor-se-á a qualquer um: quer dizer, decerto só àquele cujo espírito não é da espécie a mais comum, espécie esta que só é capaz de reconhecer o particular enquanto tal e fica estritamente limitada ao conhecimento dos indivíduos enquanto tais, ao modo do intelecto animal. Quem, ao contrário, mediante uma capacidade um pouco mais potenciada também começa a vislumbrar nos seres particulares a sua universalidade, as suas Ideias, esse também compartilhará num certo grau daquela convicção, entendendo-a como imediata e certa. De fato, // são apenas cabeças pequenas e limitadas que temem a sério a morte como sendo o próprio aniquilamento: todavia, semelhante temor fica completamente afastado daqueles que são decisivamente privilegiados. Platão fundou com acerto a filosofia inteira sobre o conhecimento da doutrina das Ideias, isto é, sobre a visão do universal no particular. Sobremaneira vivaz, entretanto, deve ter sido a convicção aqui descrita, provinda imediatamente da concepção da natureza, naqueles sublimes e quase impensáveis como simples humanos, criadores dos *Upanishads* dos Vedas, pois esta obra, a partir das suas inúmeras sentenças, fala-nos de maneira tão penetrante, que temos de atribuir essa iluminação imediata do seu espírito ao fato de que esses sábios, estando mais próximos, segundo o tempo, da origem do nosso gênero,

---

11 "Dialeto de província." (N. T.)
12 "Com a devida limitação." (N. T.)

conceberam a essência das coisas mais clara e profundamente do que a raça já enfraquecida οἷοι νῦν βροτοί εἰσιν.[13] Com certeza, entretanto, também veio sua concepção ao encontro da natureza da Índia, animada de uma vida bem mais intensa que aquela do nosso Norte. — Entrementes, a reflexão metódica, como a seguida pelo grande espírito de KANT, também conduz, por outro caminho, até ali, pois nos ensina que o nosso intelecto, no qual se expõe aquele mundo aparente que tão rapidamente muda, não apreende a verdadeira e última essência das coisas, mas apenas a aparência dela, e de fato, como eu acrescento, porque o intelecto é na sua origem determinado só para apresentar motivos à nossa vontade, ou seja, servi-la na persecução dos seus diminutos fins.

Mas continuemos ainda na nossa consideração objetiva e imparcial da natureza. — Se eu matasse um animal, fosse um cão, uma ave, uma rã, mesmo só um inseto, é propriamente impensável que esse ser, ou antes a força originária em virtude da qual uma aparência tão digna de admiração, que se apresentava um momento antes em sua plena energia e prazer de vida, deva tornar-se nada mediante minha maldade ou ato descuidado. — Por outro lado, os milhões de animais de todo tipo que a cada momento e em variedade infinita emergem na existência com plena força e vigor nunca puderam ter sido absolutamente nada antes do ato da sua procriação e assim ter saído do nada para um começo absoluto. Se, então, vejo // um animal dessa maneira subtrair-se ao meu olhar, sem jamais saber para onde vai, e um outro aparecer, sem saber de onde veio, tendo ambos, no entanto, a mesma figura, a mesma essência, o mesmo caráter, diferindo apenas na matéria que durante a sua existência continuamente despendem e renovam; — então apresenta-se de fato a hipótese de que o que desaparece e o que entra em cena ali naquele lugar é um único e mesmo ser, que experimentou só uma pequena mudança, uma renovação da forma de sua existência e, portanto, o que o sono é para o indivíduo, é a morte para a espécie; — e essa hipótese, digo, impõe-se de tal modo que é impossível não chegar a ela, a menos que a cabeça seja transtornada na primeira juventude por impressões de falsas concepções fundamentais, apressando-se de antemão por temor supersticioso em tirar

---

13 "Como os mortais são agora." (N. T.)

aquela hipótese do caminho. Sustentar, ao contrário, a hipótese de que o nascimento de um animal é um devir a partir do nada e, em conformidade com isto, que a sua morte é o seu aniquilamento absoluto, e acrescentar em seguida que o ser humano, também saído do nada, tem todavia uma continuidade individual e sem fim e com consciência, enquanto o cão, o macaco, o elefante seriam aniquilados pela morte, é no entanto algo contra o qual o bom senso revolta-se e tem de declarar como absurdo. – Se, como já se repetiu suficientemente, a comparação dos resultados de um sistema com os enunciados do saudável entendimento humano deve ser a pedra de toque da sua verdade; então desejo que os partidários daquela concepção fundamental transmitida de Descartes até os ecléticos pré-kantianos, e ainda agora dominando um grande número de pessoas cultas da Europa, queiram finalmente aqui empregar tal pedra de toque.

Sempre e por toda parte o autêntico símbolo da natureza é o círculo, porque ele é o esquema do retorno: esta é de fato a forma mais geral na natureza, que ela adota em tudo, desde o curso das estrelas até a morte e o nascimento dos seres orgânicos, e apenas por meio da qual, na torrente incessante do tempo e do seu conteúdo, torna-se possível uma existência permanente, isto é, uma natureza.

Se se observa no outono o pequeno mundo dos insetos // e se vê como um prepara seu leito para dormir o longo, letárgico sono invernal; o outro se enovela como crisálida para invernar e um dia na primavera despertar rejuvenescido e aperfeiçoado; por fim, a maioria que tenciona repousar no braço da morte só para, com cuidado, preparar um depósito apropriado para o seu ovo e assim, um dia, dali ressurgir renovada; – então isto é a grande doutrina de imortalidade da natureza, que gostaria de nos ensinar que entre o sono e a morte não há nenhuma diferença radical, mas que a morte, tão pouco quanto o sono, coloca em perigo a existência. O cuidado com que o inseto prepara uma cela, ou fossa, ou ninho para pôr o seu ovo, ao lado de provisões para a larva que daí surgirá na próxima primavera, e depois morre, é no todo semelhante ao cuidado com o qual o ser humano, à noite, deixa preparados a sua roupa e o seu desjejum para a manhã seguinte, indo depois dormir tranquilamente; e no fundo as coisas não seriam assim se o inseto que morre no outono não fosse em si mesmo e conforme a sua essência idêntico ao inseto que sairá do ovo na primavera, como o ser humano que adormece é idêntico ao que se levanta.

Após essas considerações retornemos a nós e à nossa espécie e lancemos um olhar bem adiante para o futuro, procurando nos presentificar as gerações vindouras com os seus milhões de indivíduos, nas figuras estranhas dos seus costumes e usos, porém interrompendo-nos para perguntar: De onde virão todos? Onde estão agora? – Onde encontra-se o rico ventre do nada prenhe de mundos que as encerra agora, as estirpes futuras? – A verdadeira e sorridente resposta seria: onde deveriam estar senão lá onde o real sempre foi e será, no presente e no seu conteúdo, portanto em ti, no interrogador fascinado, que, nesse desconhecimento do próprio ser, assemelha-se à folha da árvore, que, no outono murchando e na iminência de cair, chora o seu desaparecimento e não quer ser consolada com a visão do fresco verde que revestirá a árvore na primavera, mas, lamentando-se, exclama: "Isso com certeza não sou eu! Essas são folhas totalmente diferentes!" – Ó folha tola! Para onde // queres ir? E de onde devem vir as outras? Onde é o nada, cujo abismo tu temes? – Conhece a tua própria essência, justamente aquela que é tão sedenta de existência, reconhece-a de novo na força íntima, misteriosa, na força ativa da árvore, força esta que em geral permanece sempre UMA única e a mesma em todas as gerações de folhas, intocada pelo nascimento e a morte. E então,

> Οἵη περ φύλλων γενεή, τοίη δὲ καὶ ἀνδρῶν.
> (*Qualis foliorum generatio, talis et hominum.*)[14]

Se a mosca, que agora zumbe em torno de mim, adormece esta noite e amanhã de novo zumbe; ou se morre à noite, e na primavera zumbe uma outra mosca nascida do seu ovo; isto é em si a mesma coisa: daí que o conhecimento que apresenta tudo isto como duas coisas fundamentalmente diferentes não é incondicionado, mas relativo; é um conhecimento da aparência, não da coisa em si. A mosca ainda existe na manhã seguinte; ela também ainda existe na primavera. Que diferença há para ela entre o

---

14 "Semelhante às folhas das árvores, assim são as gerações dos humanos." (N. T.)

inverno e a noite? — Na *Fisiologia* de Burdach, v. I, § 275, lemos: "Até 10 horas da manhã ainda não se vê (na infusão) nenhuma *Cercaria ephemera* (um infusório): e às 12 horas toda a água formiga delas. À noite morrem, e na manhã seguinte nascem outras de novo. Assim o observou Nitzsch seis dias seguidos".

Assim, tudo dura só um instante e corre para a morte. A planta e o inseto morrem no fim do verão, o animal, o ser humano, depois de alguns anos: a morte ceifa incansavelmente. Entretanto, malgrado isso, é como se não fosse de modo algum assim, tudo sempre existe em seu lugar e posição, justamente como se tudo fosse imperecível. A planta sempre verdeja e floresce, o inseto zune, o animal e o ser humano estão aí em vicejante juventude, e as cerejas, que já foram fruídas milhares de vezes, nós as temos a cada verão de novo diante de nós. Também os povos estão aí como indivíduos imortais; mesmo se às vezes mudam de nome: mesmo o seu agir, laborar e sofrer são sempre os mesmos; embora a história sempre pretenda contar algo diferente: pois ela é como o caleidoscópio, que a cada giro mostra uma nova configuração, enquanto, na verdade, temos sempre a mesma coisa diante dos olhos. O que, pois, // impõe-se mais irresistivelmente do que o pensamento de que o nascimento e a morte não atingem o ser próprio das coisas, mas que este permanece intacto e, portanto, é imperecível, e que portanto todos e cada coisa que QUER existir realmente existe duradouramente e sem fim? De acordo com isso, todas as espécies animais, do mosquito ao elefante, a cada momento dado estão todos reunidos. Já se renovaram muitos milhares de vezes e, apesar disso, permaneceram os mesmos. Eles não sabem dos outros seus iguais que viveram antes deles ou viverão depois deles: a espécie é o que vive por todo tempo, e, na consciência da sua imortalidade e da própria identidade com a espécie é que os indivíduos levam bem confiantes a sua existência. A Vontade de vida aparece no presente sem fim; porque o presente é a forma de vida da espécie, que por isso não envelhece, mas permanece sempre jovem. A morte é para a espécie o que o sono é para o indivíduo, ou o que é o piscar para o olho, por cuja ausência reconhece-se as divindades indianas quando estas aparecem em forma humana. Assim como, pela entrada da noite, desaparece o mundo, que todavia em nenhum momento deixa de existir, do mesmo modo aparentemente perecem com a morte o humano e o animal, subsistindo, no entanto, indestrutível o seu ser verdadeiro. Pense-se na alternância da morte e da vida em vibrações infinitamente rápidas e se tem diante de si a objetivação duradoura da vontade, as Ideias permanentes dos seres, Ideias imóveis como o arco-íris sobre a queda d'água. Eis a imortalidade temporal. Em consequência dela, malgrado milênios de morte e decomposição, nada ainda se perdeu, nenhum átomo de matéria, muito menos algo da essência íntima que se expõe como natureza. Por isso podemos a cada momento exclamar animados: "Apesar de tempo, morte e decomposição, eis-nos todos sempre reunidos!".

Talvez uma exceção pudesse ser feita para quem uma vez tivesse dito desde o fundo do coração: "Basta desse jogo". Mas aqui ainda não é o lugar para se falar disso.

Todavia, é importante chamar aqui a atenção para o fato de que as dores do nascimento e a amargura da morte são as duas condições constantes sob as quais a Vontade de vida mantém-se na sua // objetivação, ou seja, sob as quais o nosso ser em si, imune ao curso do tempo e à morte das gerações, existe num presente contínuo e goza o fruto da afirmação da Vontade de vida. Isto é análogo à circunstância de que nós só podemos estar despertos de dia sob a condição de dormir a cada noite; este último fato mesmo é o comentário que a natureza faz para a compreensão daquela difícil passagem.

O substrato ou preenchimento, πλήρωμα, ou o conteúdo do PRESENTE é, através de todo tempo, propriamente o mesmo. A impossibilidade de conhecer imediatamente essa identidade é justamente O TEMPO, uma forma e limitação do nosso intelecto. Ora, que por causa do tempo o futuro por exemplo ainda não exista, baseia-se numa ilusão da qual nos conscientizamos quando ele chega. Que a forma essencial do nosso intelecto produza uma tal ilusão, explica-se e justifica-se pelo fato de o intelecto ter saído das mãos da natureza não para a apreensão da essência das coisas, mas só para a apreensão dos motivos, portanto para o serviço de uma aparência individual e temporal da vontade.

O conjunto das considerações aqui apresentadas nos permite entender o verdadeiro sentido da paradoxal doutrina dos ELEATAS de que não há nascimento nem morte, mas o todo permanece numa imobilidade constante: Παρμενίδης χαὶ Μέλισσος ἀνῄρουν γένεσιν χαὶ φθοράν, διὰ τὸ νομίζειν τὸ πᾶν ἀχίνητον (*Parmenides et Melissus ortum et interitum tollebant, quoniam nihil moveri putabant.* Stob. *Ecl.*, I, 21).[15] Também luz é aqui lançada sobre a bela passagem de EMPÉDOCLES que Plutarco nos conservou no livro *Adversus Coloten* (c. 12):

> Νήπιοι· οὐ γάρ σφιν δολιχόφρονές εἰσι μέριμναι,
> Οἳ δὴ γίνεσθαι πάρος οὐχ ἐὸν ἐλπίζουσι,
> Ἤ τι χαταθνῄσχειν χαὶ ἐξόλλυσθαι ἀπάντη.
> Οὐχ ἂν ἀνὴρ τοιαῦτα σοφὸς φρεσὶ μαντεύσαιτο,
> Ὡς ὄφρα μέν τε βιῶσι (τὸ δὴ βίοτον χαλέουσι),
> Τόφρα μὲν οὖν εἰσίν, χαὶ σφιν πάρα δεινὰ χαὶ ἐσθλά,
> Πρὶν δὲ πάγεν τε βροτοὶ, χαὶ ἐπεὶ λύθεν, οὐδὲν ἄρ᾽ εἰσίν.
>
> // (*Stulta, et prolixas non admittentia curas*
> *Pectora: qui sperant, existere posse, quod ante*
> *Non fuit, aut ullam rem pessum protinus ire; —*
> *Non animo prudens homo quod praesentiat ullus,*
> *Dum vivunt (namque hoc vitaï nomine signant),*
> *Sunt, et fortuna tum conflictantur utraque:*
> *Ante ortum nihil est homo, nec post funera quidquam.*)[16]

Não é aqui menos merecedora de menção a colocação tão notável, e surpreendente em seu lugar, no *Jacques le fataliste* de Diderot: "*un château immense, au frontispice duquel on lisait: 'Je n'appartiens a personne, et j'appartiens a tout le monde: vous y étiez avant que d'y entrer, vous y serez encore, quand vous en sortirez'*".[17]

NO SENTIDO, decerto, em que o ser humano na procriação nasce do nada, será através da morte reconduzido ao nada. Todavia, conhecer de fato

---

15 "Parmênides e Melissos negavam a geração e a corrupção porque acreditavam que o todo era imóvel." (N. T.)

16 "São tolos e o seu espírito de pequena envergadura, / aqueles que imaginam que alguma coisa pode nascer sem antes ter existido, / ou que qualquer coisa pode morrer e ser totalmente aniquilada. / Nunca ocorrerá ao sábio que é / apenas durante a vida (isso que se designa vida) / que existimos e o bem e o mal nos afeta, / e que antes do nascimento e depois da morte não seríamos nada." (N. T.)

17 "Um castelo imenso, em cuja fachada se lia: 'Não pertenço a ninguém, e pertenço a todo o mundo: vós lá estivestes antes de lá entrar, e vós lá ainda estareis quando tiverdes de lá saído'." (N. T.)

propriamente esse nada seria bastante interessante, pois é exigida apenas uma sagacidade mediana para entendermos que esse nada empírico não é de modo algum absoluto, ou seja, um tal que seria nada em todo sentido. Já a observação empírica leva a entender que todas as características dos pais reencontram-se na criança procriada, e que eles assim superaram a morte. Sobre isso, no entanto, falarei num capítulo especial.

Não há maior contraste do que aquele entre a fuga irresistível do tempo com todo o conteúdo que carrega e a rígida imobilidade do que existe realmente e é indêntico em todo o tempo. E se, a partir desse ponto de vista, apreendemos bem objetivamente os acontecimentos imediatos da vida; então o *nunc stans*[18] nos aparecerá claro e visível no centro da roda do tempo. – Para um olho que vivesse incomparavelmente mais e que abrangesse o gênero humano em toda sua duração, com UM único olhar a mudança contínua de nascimento e morte se apresentaria apenas como uma vibração continuada, e por conseguinte não lhe ocorreria ver aí um devir sempre novo a partir do nada e para o nada; mas, assim como para o nosso olhar a faísca, girada rapidamente, aparece como círculo permanente, a mola, vibrada rapidamente, como um triângulo fixo, a corda que oscila, como um fuso, a espécie lhe apareceria como o existente e permanente, a morte e o nascimento como vibrações.

Sobre a indestrutibilidade do nosso verdadeiro ser pela morte sempre teremos conceitos falsos, enquanto não nos decidirmos a estudá-la primeiro nos animais, em vez de atribuirmos apenas a nós uma indestrutibilidade à parte, sob o pomposo nome de imortalidade. Essa atribuição, porém, e a limitação da concepção dela decorrente, é o único fator devido ao qual a maior parte das pessoas opõe-se de modo tão obstinado a reconhecer a verdade clara como a luz do sol de que, segundo o essencial e principal, somos o mesmo que os animais; dessa limitação decorre de fato que as pessoas tremam com qualquer indício do nosso parentesco com os animais. Tal negação da verdade, entretanto, é o que, mais do que qualquer outra coisa, barra-lhes o caminho para o conhecimento real da indestrutibilidade de nosso ser. Pois, se se procura algo por um falso caminho, então justamente

---

18 "Presente contínuo." (N. T.)

por isso abandonou-se o caminho correto, e por aquele não se alcança ao fim senão desilusões tardias. Portanto, eu persegui desenvolto a verdade, não segundo caprichos preconcebidos, mas pelas mãos da natureza! Antes de tudo, devemos reconhecer, pela consideração de cada jovem animal, a existência da espécie que não envelhece e que, como um reflexo da sua juventude eterna, transmite uma juventude temporal a cada novo indivíduo, deixando-o aparecer tão novo e viçoso como se o mundo datasse de hoje. Pergunte-se honestamente se a andorinha da primavera atual é em tudo diferente da andorinha da primavera primeira, e se realmente entre as duas o milagre de uma criação a partir do nada renovou-se por milhões de vezes para trabalhar e terminar outras tantas vezes na aniquilação absoluta. — Bem sei que, se afirmasse com seriedade a alguém que o gato que brinca agora no quintal é ainda o mesmo que há trezentos anos saltou os mesmos saltos e fez as mesmas artimanhas, essa pessoa me tomaria por louco: mas sei também que é muito maior loucura acreditar que o gato atual seja absoluta e radicalmente diferente daquele gato de trezentos anos atrás. — É preciso apenas aprofundar-se honesta e seriamente no exame de um desses vertebrados superiores // para conscientizar-se de modo claro que é impossível que esse ser insondável, tal como existe e considerado no seu todo, venha a aniquilar-se: e no entanto conhece-se por outro lado a sua transitoriedade. Isso baseia-se em que nesse animal a eternidade de sua Ideia (espécie) está estampada na finitude dos indivíduos. Pois, em certo sentido, é sem dúvida verdadeiro que, no indivíduo, temos sempre diante de nós um outro ser, ou seja, no sentido atribuído pelo princípio de razão, sob o qual estão compreendidos também o tempo e o espaço, que constituem o *principium individuationis*. Noutro sentido, entretanto, isto não é verdadeiro, ou seja, no sentido em que a realidade concerne apenas às formas permanentes das coisas, às Ideias, no sentido em que brilharam tão claramente a Platão, que delas fez o seu pensamento fundamental, o centro da sua filosofia, cuja apreensão tornou-se para ele o critério de capacidade para o filosofar em geral.

    Como as gotas pulverizadas da queda d'água estrondosa que mudam com rapidez de relâmpago, enquanto o arco-íris do qual elas são o sustentáculo está fixo em imóvel calmaria, e completamente imune a essa incessante mudança; assim, como o arco-íris, permanece cada IDEIA, isto é, cada ESPÉCIE de ser vivente, completamente intocada pela mudança contínua dos seus indivíduos. A IDEIA, contudo, ou espécie, é aquilo em que a Vontade de vida propriamente enraíza-se e manifesta-se: por isso mesmo só a existência da espécie é que verdadeiramente lhe importa. Por exemplo, os leões que nascerão ou morrerão são como as gotas da queda d'água; mas a *leonitas*, a IDEIA, ou figura de leão é semelhante ao arco-íris imperturbável. É por isso que PLATÃO atribui somente às IDEIAS, isto é, às *species*, espécies, um ser verdadeiro, aos indivíduos apenas nascimento e perecimento incessantes. A partir da consciência mais íntima e profunda da sua imortalidade, origina-se propriamente também a segurança e a tranquilidade de ânimo com a qual cada indivíduo animal e também humano move-se sem inquietação em meio a uma multidão de acasos que a cada momento o podem aniquilar e que, de resto, o conduzem de encontro à morte: entrementes, nos seus olhos reflete-se a tranquilidade da espécie, espécie que de modo algum é afetada por esse desaparecimento nem se importa com ele. Os dogmas inseguros e mutantes não poderiam conferir ao ser humano essa tranquilidade. Mas, como foi dito, a consideração de cada animal // ensina que para o núcleo da vida, a vontade em sua manifestação, a morte não é um obstáculo. Que mistério profundo jaz em cada animal! Observai o mais próximo de vós, observai o vosso cão: como se mostra contente e tranquilo! Muitos milhares de cães tiveram de morrer antes que este chegasse a viver: mas o sucumbir daqueles milhares não afetou a IDEIA de cão: esta não foi minimamente turvada por todas aquelas mortes. Por isso ali está o cão, tão fresco e forte, como se esse dia fosse o seu primeiro e jamais pudesse haver um último dia, e nos seus olhos brilha o princípio indestrutível que o anima, o *archaeus*. O que então morreu com aqueles milhares? — Não o cão, ele está ileso diante de nós, mas só a sua sombra, a sua cópia no nosso modo de conhecimento ligado ao tempo. Como se pode então acreditar que desaparece aquilo que sempre existe e preenche todo o tempo? — Decerto a coisa é explicável em termos empíricos: a saber, na medida em que a morte aniquilava os indivíduos, a procriação gerava outros. Mas essa explicação empírica é apenas uma explicação aparente: ela coloca um enigma no lugar de outro. A compreensão metafísica da coisa, embora não tão fácil de adquirir, é a única verdadeira e suficiente.

KANT, em seu procedimento subjetivo, revelou a grande verdade, embora negativa, de que o tempo não pode pertencer à coisa em si, porque ele encontra-se pré-formado na nossa apreensão. Ora, a morte é o fim temporal da aparência temporal: mas, assim que suprimimos o tempo, não há mais fim, e essa palavra perde todo o seu significado. Todavia, estou agora empenhado em demonstrar, pela via objetiva, o lado positivo da coisa, a saber, que a coisa em si permanece imune ao tempo e àquilo que só é possível através dele, o nascimento e a morte, e que as aparências no tempo não poderiam nem sequer possuir aquela existência incessantemente fugaz e próxima ao nada se nelas não existisse um núcleo de eternidade. Decerto a ETERNIDADE é um conceito cujo fundamento não é uma intuição: trata-se, portanto, de um conceito de conteúdo meramente negativo, significa uma existência intemporal. Por sua vez, o TEMPO é uma mera imagem da eternidade, // ὁ χρόνος εἰχὼν τοῦ αἰῶνος, como disse Plotino: do mesmo modo, a nossa existência temporal é uma mera imagem do nosso ser em si. Este tem de encontrar-se na eternidade, precisamente porque o tempo é apenas a forma de nosso conhecimento: devido a essa forma conhecemos o nosso ser, e o de todas as coisas, como transitório, finito e destinado ao aniquilamento.

No segundo livro desenvolvi em detalhes que a objetidade adequada da vontade como coisa em si, em qualquer de seus graus, é a IDEIA (platônica); no terceiro livro, que as Ideias dos seres têm por correlato o puro sujeito do conhecer, consequentemente, o conhecimento delas entra em cena apenas de maneira excepcional, em oportunidades especiais e passageiras. Ao contrário, para o conhecimento individual, portanto no tempo, a IDEIA expõe-se na forma de *SPECIES*, que é a IDEIA desdobrada e estendida pela sua entrada no tempo. Por isso, a *SPECIES* é a objetivação mais imediata da coisa em si, isto é, da Vontade de vida. De acordo com isso, a essência mais íntima de cada animal e também de cada humano encontra-se na *SPECIES*: nesta, portanto, e não no indivíduo, enraíza-se a tão poderosamente ardente Vontade de vida. No indivíduo, ao contrário, encontra-se apenas a consciência imediata: por isso ele presume ser diferente da espécie, e então teme a morte. A Vontade de vida manifesta-se em referência ao indivíduo como fome e medo da morte; em relação à *species*, como impulso sexual e zelo apaixonado pela prole. Em concordância com isso, encontramos a natureza, que enquanto tal é livre daquela ilusão do indivíduo, muito cuidadosa para com a conservação da espécie e indiferente ante o sucumbir dos indivíduos, que para ela são sempre apenas meios, a espécie sendo portanto o seu fim. Por isso aparece um contraste flagrante entre a avareza da natureza em equipar os indivíduos e a sua prodigalidade quando se trata da espécie. Para esta muitas vezes são produzidos de UM indivíduo anualmente centenas de milhares de germens, por exemplo, de árvores, peixes, caranguejos, térmitas etc. Ao contrário, quando se trata dos indivíduos, a cada um são dados escassamente forças e órgãos, de modo que este só pode prorrogar a sua vida à custa de um esforço incessante, fazendo com que um animal, se estiver mutilado ou debilitado, via de regra tenha de morrer de fome. // E onde era possível uma economia ocasional, já que se podia prescindir de uma parte, esta fica, por exceção, faltando: daí, por exemplo, faltarem olhos a muitas lagartas: os pobres animais tateiam às escuras de folha em folha e, devido à ausência de antenas sensíveis, movimentam-se no ar daqui para acolá com três quartos do seu corpo, até encontrarem um objeto; pelo que, muitas vezes, passam ao lado do seu alimento sem encontrá-lo. Mas isto ocorre em consequência da *lex parsimoniae natura*,[19] para cuja expressão, *natura nihil facit supervacaneum*,[20] pode-se ainda acrescentar *et nihil largitur*.[21] – A mesma orientação da natureza mostra-se também no fato de, quanto mais o indivíduo, devido a sua idade, é apto para a reprodução, tanto mais vigorosa expressa-se nele a *vis naturae medicatrix*,[22] suas feridas por isso saram com facilidade e ele facilmente restabelece-se de doenças. Esse poder de cura diminui com a diminuição da capacidade de procriação e baixa ainda mais depois que ela se extingue: pois agora, para os olhos da natureza, o indivíduo tornou-se sem valor.

Lancemos agora um olhar para a escala dos seres, junto com a gradação de consciência que os acompanha, do pólipo até o humano; então vemos essa pirâmide maravilhosa manter-se em oscilação incessante mediante a contínua morte dos indivíduos, que, todavia, por meio do vínculo da procriação da espécie, permanecem na infinitude do tempo. Como foi acima abordado,

---

19 "Lei de economia da natureza." (N. T.)
20 "A natureza não faz nada de supérfluo." (N. T.)
21 "E não concede generosidades." (N. T.)
22 "Poder de cura da natureza." (N. T.)

o elemento OBJETIVO, a espécie, expõe-se como indestrutível, enquanto o elemento SUBJETIVO, que enquanto tal consiste apenas na consciência de si desses seres, parece ser da mais curta duração e fadado à destruição incessante, para ressurgir do nada muitas vezes, de maneira inconcebível. Em verdade, tem-se de ter uma vista muito curta para deixar-se enganar por essa aparência e não compreender que, se a forma da perduração temporal cabe só ao objetivo, o subjetivo, — isto é, a VONTADE que vive e aparece em tudo, e com ela o sujeito do CONHECER no qual esta se apresenta, — não deve ser menos indestrutível; de fato, a perduração do objetivo, ou do exterior, só pode ser o aparecimento da indestrutibilidade do subjetivo, // ou do interior, já que aquele objetivo nada possui que não tenha recebido do subjetivo por empréstimo; essencial e originariamente não pode existir algo objetivo, uma aparência, e depois, secundária e acidentalmente, algo subjetivo, uma coisa em si consciente de si. Pois manifestamente aquele objetivo pressupõe, como aparência, algo que aparece, pressupõe como ser para outro, um ser para si, e como objeto, um sujeito; mas não o inverso: porque, em toda parte, a raiz das coisas tem de residir naquilo que elas são para si mesmas, portanto no subjetivo, e não no objetivo, naquilo que elas são só para outro numa consciência estranha. De acordo com isso, descobrimos, no primeiro livro, que o ponto de partida correto da filosofia é essencial e necessariamente o subjetivo, isto é, o idealista; e também que o ponto de vista oposto, que parte do objetivo, conduz ao materialismo. — No fundo, entretanto, somos uma única e mesma coisa com o mundo, muito mais do que estamos acostumados a pensar: sua essência íntima é nossa vontade; sua aparência é nossa representação. Para quem pudesse ter clara consciência dessa única e mesma coisa, desapareceria a diferença entre a persistência do mundo exterior após a morte, e a própria persistência após a morte: ambas se apresentariam para ele como uma única mesma coisa, sim, ele riria da ilusão que as pretendesse separar. Pois a compreensão da indestrutibilidade do nosso ser coincide com a compreensão da identidade do macrocosmo com o microcosmo. Entrementes, pode-se elucidar o aqui dito por meio de um singular experimento que pode ser seguido pela fantasia e que se poderia chamar de experimento metafísico. A saber, tentemos presentificar vivamente o tempo, por certo não muito distante, em que estaremos mortos. Abstraiamos, então, a nós mesmos do mundo e deixemos que ele subsista, e logo descobriremos, para a nossa surpresa, que ainda existimos. Pois supusemos representar o mundo sem nós: só que na consciência o eu é o imediato, através do qual o mundo é mediado, e apenas para o eu é que o mundo existe. Pretender suprimir esse centro de toda existência, esse núcleo de toda realidade, e, no entanto, deixar o mundo subsistir: é um pensamento que pensamos *in abstracto*, mas irrealizável. // O esforço para se fazer isso, a tentativa de pensar o secundário sem o primário, o condicionado sem a condição, o que é sustentado sem o sustentáculo, fracassa sempre, mais ou menos como o esforço para pensar um triângulo retângulo equilátero, ou um aparecimento e desaparecimento da matéria, e outras impossibilidades semelhantes. Em vez do que foi intentado, impõe-se-nos ali o sentimento de que o mundo não está menos em nós, do que nós nele, e de que a fonte de toda realidade reside em nosso interior. O resultado é de fato este: o tempo, no qual não existirei, chegará objetivamente: mas subjetivamente ele nunca poderá chegar. — Por conseguinte, deve-se perguntar até onde cada um de fato acredita, no seu coração, numa coisa que ele propriamente não pode pensar; ou se talvez àquele mero experimento intelectual, já feito de modo mais ou menos claro por cada um, associe-se antes a consciência íntima da indestrutibilidade do nosso ser em si, e a própria morte seja no fundo a coisa mais fabulosa do mundo.

A convicção profunda da nossa indestrutibilidade pela morte, que, como atestam os inevitáveis escrúpulos de consciência quando ela se aproxima, cada um traz no fundo do próprio coração, depende inteiramente da consciência da nossa originariedade e eternidade; por isso assim a expressa ESPINOSA: *sentimus, experimurque, nos aeternos esse.*[23] Pois uma pessoa racional só pode pensar a si como imperecível se pensa a si como sem princípio, como eterna, como propriamente desprovida de tempo. Quem, ao contrário, considera-se como vindo do nada tem de também pensar que de novo retornará ao nada: pois é monstruoso pensar que uma infinitude transcorreu antes que ele tivesse existido, e depois uma segunda tenha começado, através da qual ele nunca cessará de existir. De fato, o fundamento mais sólido para nossa

---

23 "Sentimos e experimentamos que somos *eternos*." (N. T.)

indestrutibilidade é a antiga sentença: *Ex nihilo nihil fit, et in nihilum nihil potest reverti*.[24] De modo bastante acertado, portanto, fala THEOPHRASTUS PARACELSUS (*Werke*, Strasburg, 1603, v.2, p.6): "A alma em mim veio de algo; por isso ela não irá para o nada, pois procede de algo". Ele fornece o verdadeiro fundamento. Para quem, entretanto, considera o nascimento de uma pessoa como o seu começo absoluto, a morte tem de ser o seu fim absoluto. // Pois ambos são o que são, no mesmo sentido: consequentemente, cada um só pode pensar a si como IMORTAL na medida em que se pensa como INCRIADO, e no mesmo sentido. Tal como o nascimento, assim também é a morte, segundo a essência e o significado; é a mesma linha traçada em duas direções. Se o nascimento é um real surgimento a partir do nada, então a morte é também uma real aniquilação. Mas em verdade é apenas através da ETERNIDADE do nosso ser verdadeiro que é pensável a sua imortalidade, que, portanto, não é temporal. A hipótese de que o ser humano é criado a partir do nada conduz necessariamente à de que a morte é o seu fim absoluto. Neste ponto, portanto, o Antigo Testamento é no todo consequente, pois uma criação a partir do nada não admite nenhuma doutrina da imortalidade. O cristianismo do Novo Testamento possui uma doutrina da imortalidade porque é de espírito indiano e, por conseguinte, mais do que provavelmente, é também de proveniência indiana, embora apenas sob a intermediação egípcia. Para o tronco judeu, no qual aquela sabedoria indiana tinha de ser enxertada na terra prometida, tal doutrina adapta-se tão pouco quanto aquela da liberdade da vontade adapta-se ao criacionismo, ou como

Humano capiti cervicem pictor equinam
Jungere si velit.[25]

É sempre ruim quando não se pode ser completamente original e talhar na madeira maciça. — Ao contrário, o brahmanismo e o buddhismo de modo bastante consequente têm para a existência continuada após a morte uma antes do nascimento, para cuja expiação existe esta vida. O quão claramente

---

24 "Do nada, nada vem, e nada pode converter-se em nada." (N. T.)
25 "Se um pintor quisesse ajustar sob uma cabeça humana o pescoço de um cavalo." (N. T.)

também estão conscientes da consequência necessária dessas assertivas, mostra-o a seguinte passagem da *História da filosofia indiana* de COLEBROOKE, em *Transact of the Asiatic London Society*, v.1, p.577: *Against the system of the Bhagavatas, which is but partially heretical, the objection upon which the chief stress is laid by Vyasa is, that the soul would not be eternal, if it were a production, and consequently had a beginning.*[26] Mais adiante, na *Doctrine of Buddhism*, de Upham, p.110, é dito: // *The lot in hell of impious persons call'd Deitty is the most severe: these are they, who discrediting the evidence of Buddha, adhere to the heretical doctrine, that all living beings had their beginning in the mother's womb, and will have their end in death.*[27]

Quem concebe a própria existência como casual, com certeza tem de temer perdê-la com a morte. Ao contrário, quem reconhece, mesmo que apenas de maneira geral, que essa existência repousa numa certa necessidade originária, não acreditará que esta última, que produziu uma coisa tão maravilhosa, limite-se a um tal espaço tão curto de tempo, mas antes que atua para sempre. Por outro lado, conhecerá a própria existência como algo necessário quem tem em mente que até o presente momento em que existe já decorreu um tempo infinito, portanto, também uma infinitude de alterações, mas que, malgrado estas, ele existe: logo, toda a possibilidade de todos os estados já se esgotou sem poder suprimir a sua existência. SE ALGUMA VEZ PUDESSE NÃO SER, ENTÃO JÁ NÃO SERIA AGORA. Pois a infinitude do tempo já decorrido, com a possibilidade nele esgotada dos seus acontecimentos, garante que o que EXISTE, EXISTE NECESSARIAMENTE. Logo, cada

---

26 "Contra o sistema dos Bhagavatas, que é só parcialmente herético, a objeção a que *Vyasa* atribui o maior peso é esta, que a alma não seria eterna se fosse produzida, e por conseguinte, tivesse um princípio." [Trad. de Schopenhauer para o alemão: *Gegen das System der Bhagavatas, welches nur zum Theil ketzerisch ist, ist die Einwendung, auf welche VYASA das größte Gewicht legt, diese, daß die Seele nicht ewig seyn würde, wenn sie hervorgebracht wäre und folglich einen Anfang hätte.*] (N. T.)

27 "No inferno a pena mais dura é a dos ímpios, chamados *Deitty*: estes são os que, não crendo no testemunho de Buddha, aderem à doutrina herética de que todos os seres viventes tiveram um começo no seio materno e terão um fim na morte." [Trad. de Schopenhauer para o alemão: *In der Hölle ist das härteste Loos das jener Irreligiosen, die DEITTY genannt werden: dies sind solche, welche, das Zeugniß Buddha's verwerfend, der ketzerischen Lehre anhängen, daß alle lebenden Wesen ihren Anfang im Mutterleibe nehmen und ihr Ende im Tode erreichen.*] (N. T.)

um tem de conceber-se como um ser necessário, isto é, como um ser cuja existência se seguiria de sua verdadeira e exaustiva definição, se a tivesse. Nessa sequência de pensamentos reside de fato a única prova imanente, isto é, que se mantém no domínio dos dados conformes a experiência, da indestrutibilidade de nosso verdadeiro ser. A este, a existência tem de ser inerente, porque ela se mostra como independente de todos os estados possíveis de serem produzidos pela cadeia causal: pois estes já fizeram a sua parte, e, no entanto, a nossa existência permaneceu tão inabalável quanto o raio de luz pelo furacão que ele atravessa. // Se o tempo pudesse a partir de formas próprias conduzir-nos a um estado bem-aventurado; então já estaríamos nele há muito tempo: pois um tempo infinito encontra-se atrás de nós. Mas também: se o tempo pudesse conduzir-nos ao desaparecimento, então há muito tempo já não existiríamos mais. A partir do fato de que existimos agora, segue-se, pensando bem, que temos de existir para sempre. Pois nós mesmos somos o ser que o tempo acolheu em si para preencher o seu vazio: por isso esse ser preenche TODO o tempo, presente, passado e futuro, de igual modo, e nos é tão impossível sair da existência quanto nos é impossível sair do espaço. – Considerado de modo preciso, é impensável que o que existe uma vez com toda a força da realidade seja em algum momento aniquilado e então por um tempo infinito não deva mais existir. Daí provém a doutrina cristã da ressurreição de todas as coisas, a doutrina hindu da criação sempre renovada do mundo por Brahmā, ao lado de dogmas semelhantes dos filósofos gregos. – O grande mistério de nosso ser e de nosso não-ser, para cuja explicação foram inventados esses e outros dogmas afins, repousa em última instância em que a mesma coisa que constitui objetivamente uma série temporal infinita é subjetivamente um ponto, um presente indivisível e sempre existente: mas quem compreende isso? Do modo o mais claro o expôs KANT na sua doutrina imortal da idealidade do tempo e da única realidade da coisa em si. Pois a partir dessa doutrina resulta que o propriamente essencial das coisas, do humano, do mundo, encontra-se de modo permanente e duradouro no *Nunc stans*, fixo e imóvel; e a mudança das aparências e dos eventos é uma mera consequência da nossa apreensão destes por meio de nossa forma intuitiva do tempo.

Daí, em vez de dizer às pessoas: "Vós surgistes pelo nascimento, mas sois imortais", dever-se-ia dizer-lhes: "Vós não sois um nada", e ensinar-lhes a entender isso, no sentido da sentença atribuída a Hermes Trismegistus: Τὸ γὰρ ὂν ἀεὶ ἔσται (*Quod enim est, erit semper*.[28] Stob., *Écl.*, I, 43, 6). Se, no entanto, por aí não se obtém êxito, mas o coração angustiado entoa o seu antigo canto lamentoso: "Vejo todos os seres surgirem do nada através do nascimento e de novo recaírem no nada depois de breve tempo: também a minha existência, // agora no presente, logo estará no passado remoto, e eu serei aniquilado!" – então a resposta correta é: "Tu não existes? Não o possuis, esse presente inestimável, ao qual vós todos, filhos do tempo, tão avidamente aspirastes? Tu compreendes como chegaste a ele? Tu conheces os caminhos que te conduziram a ele, de modo que pudesses reconhecer que eles estariam barrados pela morte? Uma existência do teu si mesmo após a destruição do teu corpo te é impossível e inconcebível, mas acaso te é mais incompreensível do que a tua atual existência e de como chegaste a ela? Por que deverias duvidar que os caminhos secretos que te foram abertos para este presente não o estariam também para todo presente por vir?".

Se, portanto, considerações desse tipo são decerto apropriadas para despertar a convicção de que em nós há algo que a morte não pode destruir, isto só acontece por meio de uma ascensão a um ponto de vista a partir do qual o nascimento não é o começo de nossa existência. Daí se segue, todavia, que aquilo que é evidenciado como indestrutível pela morte não é propriamente o indivíduo, que, de resto, surgido pela procriação e trazendo em si as características do pai e da mãe, manifesta-se enquanto uma mera diferença da *species* e, como tal, só pode ser finito. Do mesmo modo, assim como o indivíduo não tem nenhuma recordação de sua existência antes do nascimento, assim também não poderá ter nenhuma recordação da sua atual existência após a morte. Ora, é na CONSCIÊNCIA que cada um põe o seu eu: este lhe aparece como ligado à individualidade, com a qual sucumbe tudo o que é próprio do indivíduo e que o diferencia dos outros. A persistência sem a individualidade lhe é, por isso, indiscernível da persistência dos outros seres, e ele vê o seu eu naufragar. Quem, no entanto, vincula a própria exis-

---

28 "Pois o que é, será sempre." (N. T.)

tência à identidade da CONSCIÊNCIA e assim exige para ela uma persistência sem fim após a morte, deveria refletir que uma tal persistência só pode em todo caso ser alcançada à custa de um passado igualmente sem fim antes do nascimento. Mas como não tem nenhuma recordação de uma existência antes do nascimento, e assim sua consciência principia com o nascimento, tem de olhar o nascimento como o surgimento de sua existência // a partir do nada. Mas então ele compra o tempo infinito de sua existência após a morte, ao preço de um tempo igualmente infinito antes do nascimento: pelo que a conta fecha sem vantagem para ele. Se, ao contrário, a existência que a morte deixa intacta é diferente daquela da consciência individual; então aquela existência tem de ser independente tanto da morte quanto do nascimento e a esse respeito, por conseguinte, é igualmente verdadeiro dizer: "eu sempre existirei" e "eu sempre existi"; o que então dá duas infinitudes no lugar de uma. – Na palavra "eu", entretanto, encontra-se propriamente o maior dos equívocos, como sem mais reconhecerá quem tiver presente o conteúdo do nosso segundo livro e a distinção ali feita entre as partes volitiva e cognoscente do nosso ser. Segundo a maneira que compreendo aquela palavra, posso dizer: "a morte é o meu inteiro fim"; ou também: "do mesmo modo que sou uma parte tão infinitamente pequena do mundo, assim também essa minha aparência pessoal é uma parte igualmente pequena do meu ser verdadeiro". Mas o eu é o ponto obscuro na consciência, como na retina o ponto de entrada do nervo ótico é cego, como o próprio cérebro é totalmente insensível, o corpo solar é obscuro, e o olho tudo vê, menos a si mesmo. Nossa faculdade de conhecimento é completamente direcionada para o exterior, de acordo com o fato de que ela é o produto de uma função cerebral, surgida para o fim da mera autoconservação, logo, para a procura de alimento e captura de presa. Por isso cada um sabe de si apenas como esse indivíduo, como ele se apresenta à intuição exterior. Se ele pudesse no entanto tomar consciência do que é fora isso e para além disso, então deixaria voluntariamente escapar a sua individualidade, sorriria da tenacidade da sua lealdade para com esta e diria: "Que me importa a perda dessa individualidade se trago em mim a possibilidade de inumeráveis individualidades?". Reconheceria que, mesmo que não lhe fosse assegurada uma perduração de sua individualidade, é como se a tivesse; porque ele porta em si mesmo uma perfeita compensação para ela. — Além do mais, poder-se-ia ainda ter em mente que a individualidade da maior parte das pessoas é tão miserável e indigna, que elas em verdade nada perdem com ela, e o que nelas ainda pode ter algum valor é o // humano em geral: e a este pode-se assegurar a imortalidade. Sim, já a imutabilidade rígida e a limitação essencial de cada individualidade como tal teriam de produzir finalmente com sua persistência sem fim, pela sua monotonia, um fastio tão grande que, para ficar livre dela, melhor seria não ser nada. Desejar a imortalidade da individualidade significa propriamente querer perpetuar um erro ao infinito. Pois, no fundo, cada individualidade é apenas um erro especial, um passo em falso, algo que seria melhor não ser, sim, algo em relação a que a meta de toda vida é encontrar uma saída. Isso encontra a sua confirmação no fato de que quase todos, sim, propriamente falando todos os humanos, são feitos de tal modo que não poderiam ser felizes, não importando o mundo em que fossem colocados. Pois na medida em que nesse outro mundo a necessidade e a fadiga fossem evitados, cairiam presas do tédio, e na medida em que este fosse prevenido, seriam agarrados pela necessidade, pelo flagelo e sofrimento. Para um estado de felicidade do ser humano não seria de modo algum suficiente que se o transportasse para um "mundo melhor", mas também ainda seria exigido que nele próprio se desse uma alteração fundamental, logo, que ele não mais fosse o que é, mas em vez disso se tornasse o que não é. Mas para isso ele primeiro tem de deixar de ser o que é: esta exigência é satisfeita provisoriamente pela morte, cuja necessidade moral já pode ser apreendida a partir desse ponto de vista. Ser transportado para um outro mundo e alterar todo o seu ser — é no fundo uma única e mesma coisa. Sobre isso baseia-se, por fim, também aquela dependência do objetivo em relação ao subjetivo, exposta pelo idealismo do nosso primeiro livro: por conseguinte, reside aqui o ponto de ligação da filosofia transcendental com a ética. Se se levar isso em consideração, encontrar-se-á que só é possível acordar do sonho da vida se com ele também se desfaz toda trama do seu tecido: este é no entanto o seu órgão mesmo, o intelecto com suas formas, com o qual o sonho seria tecido ao infinito; tão estreitamente ambos se relacionam. Quanto àquilo que propriamente sonhou o sonho, e que é diferente do sonho, eis o que unicamente permanece. Ao contrário, quem se preocupa com o fato de tudo poder findar com a morte, deve ser comparado com quem num sonho // pensa que há apenas sonhos, sem um sonhador. — Ora, depois que uma consciência individual tivesse desaparecido através da morte, seria então desejável que ela fosse de novo ressuscitada para subsistir ao infinito? A maior parte do seu conteúdo nada é, quase sempre, senão uma torrente de pensamentos mesquinhos, terrenos, pobres, de preocupações sem fim: deixai-a enfim repousar! Com inteira razão, portanto, gravavam os antigos em sua pedra tumular: *securitati peipetuae* — ou *bonae quieti*.[29] Entretanto, se se quisesse aqui, como com frequência acontece, exigir a persistência da consciência individual para a ela vincular uma recompensa ou castigo no além; então com isso, no fundo, visar-se-ia apenas a compatibilidade da virtude com o egoísmo. Ambos, todavia, nunca se abraçarão: são fundamentalmente opostos. É, ao contrário, bem fundada a convicção imediata provocada pela visão das ações nobres de que o espírito do amor, que faz com que alguém poupe os seus inimigos, ou que um outro se interesse, com perigo para a própria vida, por alguém que nunca viu antes, jamais poderá dissipar-se e ser reduzido a nada. —

A resposta mais profunda à questão acerca da existência continuada do indivíduo após a morte encontra-se na grande doutrina de Kant da IDEALIDADE DO TEMPO, a qual justamente aqui mostra-se particularmente fértil e rica de consequências, pois, por meio de uma concepção no todo teórica mas bem demonstrada, substitui dogmas que por uma via ou outra conduz a absurdos, e resolve de uma vez por todas a mais excitante de todas as questões metafísicas. Começar, findar e durar são conceitos cujo significado é extraído única e exclusivamente do tempo, consequentemente valem apenas sob a pressuposição do mesmo. Ora, o tempo não possui uma existência absoluta, ele não é o modo do ser em si das coisas, mas meramente a forma de nosso CONHECIMENTO da existência e do ser de nós mesmos e de todas as coisas, conhecimento que e por isso mesmo é bastante imperfeito e limitado às meras aparências. Só em relação a estas, portanto, é que os conceitos de findar e durar encontram aplicação, não em relação ao que neles está se expondo, a essência íntima das coisas, aplicados à qual

---

29 "Segurança eterna", "Bom repouso". (N. T.)

II 563 aqueles conceitos, por conseguinte, // não possuem mais sentido algum. É o que também se mostra no fato de que, a resposta à questão levantada por esses conceitos temporais, torna-se impossível, e toda afirmativa dessa resposta, num sentido ou noutro, expõe-se a decisivas objeções. Poder-se-ia, em verdade, afirmar que o nosso ser em si perdura após a morte, porque é falso dizer que ele sucumbe; mas poder-se-ia igualmente afirmar que ele sucumbe, porque é falso dizer que ele perdura: no fundo, uma proposição é tão verdadeira quanto a outra. Aqui, por conseguinte, institui-se algo como uma antinomia. Só que ela repousaria sobre puras negações. Negar-se-ia ao sujeito do juízo dois predicados contraditoriamente opostos apenas porque toda a categoria destes não seria aplicável àquele sujeito. Se, entretanto, se nega a este ambos os predicados, não juntos mas separadamente, tem-se a aparência de que o oposto contraditório do predicado, negado em cada caso do sujeito, seria assim provado por ele. Isto se baseia, no entanto, no fato de que aqui grandezas incomensuráveis são comparadas, no sentido de que o problema transporta-nos a uma cena que suprime o tempo, e não obstante coloca perguntas segundo determinações temporais, com o que, por conseguinte, é igualmente falso atribuir ou negar tais determinações ao sujeito. Isto significa que o problema é transcendente. Nesse sentido, a morte permanece um mistério.

Pode-se, ao contrário, mantendo-se aquela diferença entre aparência e coisa em si, afirmar que o ser humano é em verdade perecível como aparência, embora o seu ser em si não seja afetado por isso, portanto este ser em si é realmente indestrutível, embora não se possa atribuir a ele nenhuma durabilidade, devido à eliminação das noções temporais que esta implica. Por conseguinte, seríamos levados aqui ao conceito de uma indestrutibilidade que, todavia, não seria nenhuma duração. Eis aí um conceito que, obtido pela via da abstração, é pensável no máximo *in abstracto*, porém como não está apoiado em intuição alguma, não pode propriamente tornar-se distinto. Por outro lado, deve-se aqui firmar que nós, diferentemente de KANT, não renunciamos em absoluto ao conhecimento da coisa em si, mas sabemos
II 564 que ela deve ser procurada na vontade. Todavia, nós não afirmamos um // conhecimento exaustivo e absoluto da coisa em si, mas antes reconhecemos muito bem que é impossível conhecermos o que ela seja absolutamente em

si e para si mesma. Pois tão logo eu CONHEÇO, tenho uma representação que, no entanto, justamente porque é minha representação, não pode ser idêntica com o que é conhecido, mas, fazendo de um ser para si um ser para outro, a representação o reproduz numa forma inteiramente diferente, e ela, portanto, não deve ser vista senão como uma APARÊNCIA daquele ser. Para uma consciência QUE CONHECE, independentemente da sua constituição, não lhe podem ser dadas senão aparências. Isso não é evitado nem se o objeto de conhecimento for o meu próprio ser: pois, enquanto o meu ser estiver na minha consciência QUE CONHECE, já é um reflexo do meu ser, algo diferente deste, logo, em certo sentido, já é uma aparência. Assim, na medida em que sou alguém que conhece, eu mesmo tenho, no meu próprio ser, propriamente dizendo apenas uma aparência: ao contrário, na medida em que eu mesmo sou imediatamente esse ser, não sou alguém que conhece. Que o conhecimento é apenas uma propriedade secundária do nosso ser e é produzido através da natureza animal deste, está demonstrado de modo suficiente no segundo livro. Em termos estritos, conhecemos também nossa vontade sempre apenas como aparência e não segundo o que ela possa ser absolutamente em e para si. Mas nesse mesmo segundo livro, assim como no escrito *Sobre a vontade na natureza*, encontra-se exposto de maneira pormenorizada e demonstrado que, se nós, para penetrarmos no interior das coisas, abandonando o que é dado apenas mediatamente e a partir do exterior, nos ativermos à única aparência em cuja essência nos é acessível uma intelecção imediata do interior, então encontramos incontestavelmente como último núcleo da realidade justamente a vontade, na qual por conseguinte reconhecemos a coisa em si, na medida em que esta não mais possui ali espaço, embora tenha ainda o tempo por forma, e com isso nós a reconhecemos na sua manifestação mais imediata, com a reserva de que esse seu conhecimento não é exaustivo nem inteiramente adequado. Nesse sentido, pois, retemos aqui o conceito de vontade como coisa em si.

Ao ser humano, como aparência no tempo, o conceito de findar é decerto aplicável e o conhecimento empírico // expõe abertamente a morte como o fim dessa existência temporal. O fim da pessoa é precisamente tão real quanto foi o seu começo, e, precisamente no sentido em que não existíamos antes do nascimento, não existiremos depois da morte. Entretanto, pela morte não pode ser suprimido senão aquilo que foi posto pelo nascimento, mas por ela não se pode suprimir aquilo que tornou o nascimento possível. Nesse sentido, *natus et denatus*[30] é uma bela expressão. Ora, todo o conhecimento empírico fornece apenas aparências: por isso, tão somente estas são atingidas pelo processo temporal de nascimento e morte, mas não aquilo que aparece nelas, a essência em si. Para esta, não existe de modo algum a oposição, condicionada pelo cérebro, entre nascer e perecer, que aqui perdeu o sentido e a significação. A essência em si permanece, pois, intatacável pelo fim temporal de uma aparência temporal e sempre conserva aquela existência à qual não se aplicam os conceitos de começo, fim e duração. Tal essência, entretanto, até onde a podemos seguir em cada ser que aparece, é a vontade nesse ser: assim também no ser humano. A consciência, ao contrário, consiste no conhecer: este, entretanto, como demonstrei suficientemente, pertence como atividade do cérebro, logo, enquanto função do organismo, à simples aparência, findando por conseguinte com esta: só a vontade, cuja obra, ou antes, cuja efígie é o corpo, é o indestrutível. A precisa distinção entre vontade e conhecimento, ao lado do primado da vontade, teses que constituem o caráter fundamental da minha filosofia, é por conseguinte a única chave para a contradição que se manifesta de diversas maneiras e que ressurge sempre de novo em cada consciência, até mesmo nas mais toscas, de que a morte é o nosso fim, mas que, apesar disso, temos de ser eternos e indestrutíveis, como expresso por ESPINOSA: *sentimus, experimurque nos aeternos esse*.[31] Todos os filósofos erraram ao terem posto o metafísico, o indestrutível, o eterno do ser humano no INTELECTO: o eterno do ser humano reside exclusivamente na VONTADE, que é completamente diferente do intelecto e somente ela é originária. O intelecto, como exposto a fundo no segundo livro, é um fenômeno secundário e condicionado pelo cérebro, por conseguinte, começa e finda com ele. A vontade unicamente é o condicionante, // o núcleo de toda aparência, e por isso livre das formas desta, às quais pertence o tempo, portanto, a vontade é também indestrutível. Com a morte perde-se de fato a consciência, mas não aquilo que a produziu e a manteve:

---

30 "Nascido e desnascido." (N. T.)
31 "Sentimos e experimentamos que somos eternos." (N. T.)

a vida extingue-se, mas não se extingue com ela o princípio de vida que nela se manifesta. Por isso, um sentimento seguro diz a toda pessoa que há nela algo absolutamente imperecível e indestrutível. Até mesmo o frescor e a vivacidade das recordações dos tempos mais longínquos, da primeira infância, mostram que alguma coisa em nós não se move com o tempo, não envelhece, mas permanece inalterável. Todavia, o que seja esse imperecível, não se pode explicar de maneira clara. Não é a consciência, muito menos o corpo, sobre o qual manifestamente repousa a consciência. É, antes, aquilo sobre o qual repousa tanto o corpo quanto a consciência. Esse imperecível é justamente aquilo que, quando se dá para a consciência, apresenta-se como VONTADE. Além desse mais imediato aparecimento dela não podemos ir, porque não podemos ir além da consciência: por conseguinte, permanece sem resposta a pergunta sobre o que seria o imperecível se NÃO se desse à consciência, ou seja, o que é ele absolutamente em si mesmo?

Na aparência e por intermédio de suas formas, tempo e espaço, como *principium individuationis*, expõe-se que o indivíduo humano perece, enquanto o gênero humano permanece e vive de modo continuado. Mas na essência em si das coisas, que como tal é livre daquelas formas, desaparece toda a diferença entre indivíduo e gênero, e ambos são imediatamente uma única e mesma coisa. Toda a Vontade de vida encontra-se no indivíduo, tal como no gênero, e por conseguinte a existência continuada da espécie é apenas a imagem da indestrutibilidade dos indivíduos.

É porque a compreensão tão infinitamente importante da indestrutibilidade de nosso verdadeiro ser em si pela morte repousa inteiramente na diferença entre aparência e coisa em si, que gostaria agora de pôr essa diferença na mais plena luz, elucidando-a a partir do oposto da morte, portanto, a partir da origem dos seres animais, isto é, da PROCRIAÇÃO. Pois esse processo, // tão pleno de mistério quanto a morte, nos põe diante dos olhos da maneira a mais imediata a oposição fundamental entre a aparência e a essência em si das coisas, isto é, entre o mundo como representação e o mundo como vontade, e também a completa heterogeneidade das suas respectivas leis. A saber, o ato de procriação apresenta-se para nós de modo duplo: primeiro, para a consciência de si, cujo único objeto, como muitas vezes o demonstrei, é a vontade com todas as suas afecções, e, depois, para a consciência das outras coisas, ou seja, do mundo como representação, ou da realidade empírica das coisas. Do lado da vontade, portanto interiormente, subjetivamente, para a consciência de si, apresenta-se aquele ato como a satisfação a mais imediata e a mais perfeita da vontade, isto é, como volúpia. Do lado da representação, ao contrário, portanto exteriormente, objetivamente, para a consciência das outras coisas, é esse mesmo ato a trama para o tecido mais artístico de todos, o fundamento do organismo animal inexprimivelmente complexo que o desenvolvimento ulterior tornará visível para os nossos atônitos olhos. Esse organismo, cuja complexidade e perfeição infinitas só as conhece quem estudou anatomia, somente pode ser concebido e pensado, do lado da representação, como um sistema concebido com a mais planejada combinação e executado com arte e precisão insuperáveis, como a obra mais laboriosa da mais profunda reflexão. Ora, do lado da vontade sabemos, pela consciência de si, que a produção do organismo é a obra de um ato que é o preciso oposto de toda reflexão, é a obra de um ímpeto cego e tempestuoso, de uma sensação de extrema voluptuosidade. Essa oposição é exatamente aparentada com o contraste infinito demonstrado acima entre, de um lado, a facilidade absoluta com que a natureza produz as suas obras, junto com a falta de cuidado sem limites com que as abandona à destruição, — e, de outro lado, a construção incalculavelmente engenhosa e pensada precisamente dessas obras, que, a julgar-se a partir delas, teria de ser infinitamente difícil fazê-las e, por isso, a conservação delas teria de ser velada com todo o cuidado imaginável; e temos, no entanto, o oposto diante dos olhos. — Ora, mediante esta consideração, por certo incomum, // colocamos um diante do outro da maneira mais crua os dois lados heterogêneos do mundo e os abarcamos de UMA só vez; assim, temos então de mantê-los com firmeza para nos convencer da completa invalidade das leis do mundo da aparência, ou da representação, para o mundo da vontade ou da coisa em si; dessa forma, ser-nos-á mais compreensível que, enquanto do lado da representação, isto é, do mundo das aparências, apresenta-se ora um nascimento a partir do nada, ora uma completa aniquilação daquilo que nasceu, do outro lado, pelo contrário, ou em si, há uma essência, à qual a aplicação das noções de nascimento e morte não possui mais sentido algum. Pois há pouco, quando descemos ao ponto radical, em que por meio da consciência de si a aparência e a essência em si encontravam-se, como que pegamos com a mão que as duas são absolutamente incomensuráveis, e todo o modo de ser de uma, com todas as suas leis fundamentais, estritamente nada significa para a outra. — Acredito que esta última consideração será bem compreendida apenas por poucos, e será desagradável e mesmo ofensiva a todos os que não a compreendem: todavia, nem por isso omitirei coisa alguma que sirva para elucidar os meus pensamentos fundamentais. —

No começo deste capítulo expus que o grande apego à vida, ou antes o medo da morte, de modo algum origina-se do CONHECIMENTO, que nesse caso seria o resultado do reconhecimento do valor da vida; mas, em vez disso, o medo da morte enraíza-se diretamente na VONTADE, provém de sua essência originária, que é desprovida de conhecimento e, por conseguinte, cega Vontade de vida. Assim como somos seduzidos pela vida devido ao impulso totalmente ilusório da volúpia, do mesmo modo agarramo-nos à vida pelo medo, também por certo ilusório, da morte. Ambos originam-se de modo imediato da vontade, que é em si desprovida de conhecimento. Se o ser humano fosse, ao contrário, um mero ser QUE CONHECE, então a morte teria de ser para ele não apenas indiferente, mas até mesmo bem-vinda. Ora, a consideração à qual aqui chegamos nos ensina que aquilo que é atingido pela morte é apenas a consciência QUE CONHECE, já a // VONTADE, ao contrário, visto que é a coisa em si e se encontra no fundamento de toda aparência individual, está livre de todas as determinações temporais e, portanto, é imperecível. Seu esforço por existência e manifestação, do qual provém o mundo, sempre será satisfeito, pois este a acompanha como a sombra ao corpo, sendo apenas a visibilidade de sua essência. Se, no entanto, ela teme a morte em nós, isto vem de que, aqui, o conhecimento apresenta-lhe a sua essência só na aparência individual, e daí nasce para ela a ilusão de que sucumbe com a aparência, algo assim como se a minha imagem no espelho quebrado parecesse aniquilar-se com ele: isso, portanto, como sendo contrário a sua essência originária, que é ímpeto cego para a existência, enche-a de horror. Daí se segue que aquilo que em nós unicamente é capaz de temer a morte e que unicamente a teme, a VONTADE, não é atingida por ela; ao contrário, aquilo que é atingido e de fato sucumbe é o que, segundo a sua natureza, não é capaz de temor algum, bem como não é capaz, em geral, de nenhum querer ou afeto e por isso é indiferente com respeito ao ser ou não-ser, refiro-me ao mero sujeito do conhecer, o intelecto, cuja existência consiste na sua relação com o mundo da representação, isto é, com o mundo objetivo, do qual é o correlato e com cuja existência a sua, no fundo, identifica-se. Se, portanto, a consciência individual não sobrevive à morte, sobrevive, ao contrário, aquilo que unicamente se rebela contra ela: a vontade. Daí se explica a contradição de que os filósofos, a partir do ponto de vista do conhecimento, demonstraram em todos os tempos, com fundamentos justos, que a morte não é mal algum; contudo, o medo da morte permanece inexpugnável: porque ele não se enraíza no conhecimento, mas na vontade. Justamente porque a vontade apenas, não o intelecto, é o indestrutível, todas as religiões e filosofias reconheceram na eternidade uma recompensa apenas às virtudes de vontade e de coração, não às do intelecto ou da cabeça.

Para elucidar essa consideração, serve ainda o que se segue. A vontade, que constitui a nossa essência em si, é de natureza simples: ela meramente quer e não conhece. O sujeito do conhecer, ao contrário, é uma aparência secundária que provém da objetivação // da vontade: ele é o ponto unificador da sensibilidade do sistema nervoso, como que o foco para o qual convergem os raios da atividade de todas as partes do cérebro. Com este, ele tem de sucumbir. Na consciência de si encontra-se ele como o único que conhece, colocado como espectador diante da vontade e que, embora tenha aflorado desta, reconhece-a como algo diferente de si, como algo estranho, por conseguinte, experimenta as decisões da vontade só *a posteriori* e, com frequência, bastante mediatamente, apenas de maneira empírica, no tempo, por fragmentos, nos estímulos e atos sucessivos dela. Daí explica-se por que o nosso próprio ser é um enigma para nós mesmos, isto é, até para o nosso intelecto, e por que o indivíduo vê a si mesmo como nascido de novo e perecível, embora sua essência em si seja algo atemporal, portanto, eterna. Se a VONTADE não CONHECE, o intelecto, ao contrário, ou o sujeito do conhecimento, é única e exclusivamente algo QUE CONHECE, sem jamais querer. Isto é demonstrável até fisicamente, pois, como já mencionado no Segundo livro, de acordo com BICHAT, os diversos afetos abalam imediatamente todas as partes do organismo e provocam distúrbios nas suas funções, com exceção do cérebro, o qual, apenas mediatamente, isto é, por causa daqueles distúrbios, pode ser afetado (*De la vie et de la mort* art. 6, § 2). Disso, entretanto, segue-se que o sujeito do conhecer, por si mesmo e como tal, não pode tomar parte ou ter interesse em nada, mas o ser ou não-ser de cada coisa, e até mesmo o seu próprio, é-lhe indiferente. Por que então esse ser apartidário deveria ser imortal? Esse ser que conhece finda com o fim da aparência temporal da vontade, isto é, com o indivíduo, do mesmo modo como nasce com ele. Ele é a lanterna do indivíduo que é apagada depois que prestou o seu serviço. O intelecto, como o mundo intuitivo que existe para ele, é mera aparência, mas a finitude de ambos não atinge aquilo do qual eles são a aparência. O intelecto é função do sistema nervoso cerebral: mas este, como o resto do corpo, é a objetidade da VONTADE. Por conseguinte, o intelecto depende da vida somática do organismo: este mesmo depende da vontade. O corpo orgânico pode, portanto, em certo sentido, ser visto como elo intermediário entre a vontade e o intelecto; embora o corpo, // propriamente falando, seja apenas a vontade mesma que se expõe espacialmente na intuição do intelecto. O nascimento e a morte são a contínua renovação da consciência da vontade, esta que em si mesma é sem começo nem fim, que unicamente é como a substância da existência (todavia, cada renovação desse tipo traz consigo uma nova possibilidade de negação da Vontade de vida). A consciência é a vida do sujeito do conhecer, ou do cérebro, e a morte é o fim dessa vida. Por conseguinte, a consciência é finita, sempre nova, começando a cada vez. Só a VONTADE permanece; mas também só a ela concerne a permanência: pois ela é a Vontade de vida. Ao sujeito que conhece, por si mesmo, nada disso concerne. No eu, entretanto, ambos estão ligados. — Em todo ser animal a vontade adquiriu um intelecto, que é a luz com a qual ela persegue os seus fins. — Dito de passagem, o medo da morte pode depender em parte do fato de que a vontade individual se separa a contragosto do seu intelecto, que lhe coube pelo curso natural das coisas, separa-se do seu guia e guardião, sem o qual ela se sabe sem ajuda e cega.

Com essa exposição concorda, por fim, também aquela experiência moral cotidiana, que nos ensina que só a vontade é real e que, ao contrário, os objetos dela, enquanto condicionados pelo conhecimento, são apenas aparências, espuma e vapor, igual ao vinho que Mefistófeles serve na cave de Auerbach: a saber, após cada fruição sensível nós também nos dizemos: "É como se eu tivesse bebido vinho".

O terror em face da morte depende em grande parte da falsa ilusão de que nesse instante o eu desaparece, e o mundo permanece. Mas antes o contrário que é verdadeiro: o mundo desaparece, enquanto o núcleo mais íntimo do eu, sustentáculo e produtor desse sujeito, em cuja representação o mundo possuía sua existência, permanece. Com o cérebro sucumbe o intelecto e, com este, o mundo objetivo, sua mera representação. Que em outros cérebros, depois como antes, um mundo semelhante paire e viva, é indiferente no que tange ao intelecto que sucumbe. — Se, por conseguinte, a realidade verdadeira não residisse na VONTADE e o que sobrevivesse após a morte não fosse a existência MORAL, então, visto que o intelecto se extingue com o seu mundo, a essência das coisas // em geral nada seria senão uma sequência sem fim de sonhos breves e sombrios, sem conexão alguma entre eles: pois a permanência da natureza sem conhecimento consiste apenas na representação temporal da natureza que conhece. Portanto, um espírito do mundo que sonhasse sonhos em geral bastante sombrios e graves, sem fim nem objetivo, seria então tudo o que existiria.

Quando um indivíduo sente medo da morte, tem-se então propriamente o estranho, até mesmo o risível espetáculo mostrando que o senhor dos mundos, que preenche tudo com a sua essência, e apenas mediante a qual tudo isso que é tem a sua existência, desespera-se e teme sucumbir e afundar no abismo do nada eterno; — enquanto, na verdade, tudo está cheio dele, e não há lugar algum no qual ele não esteja, ser algum no qual ele não viva; pois não é a existência que o sustém, mas ele que sustém a existência. No entanto, é ele quem se desespera no indivíduo que sofre com o medo da morte, já que ele fica à mercê da ilusão produzida pelo *principium individuationis*, de que a sua existência é limitada à do ser que agora morre: esta ilusão pertence ao grave sonho no qual ele caiu como Vontade de vida. Mas se poderia dizer àquele que morre: "Tu cessas de ser alguma coisa que seria melhor que jamais tivesses sido".

Até que sobrevenha a negação daquela vontade, o que de nós sobrevive após a morte é o germe e o núcleo de uma outra existência completamente outra, onde se reencontra um novo indivíduo tão viçoso, tão originário, que ele se põe a meditar maravilhado sobre si mesmo. Daí a tendência sonhadora e exaltada dos jovens nobres, no tempo em que esta consciência viçosa desenvolveu-se por completo. O que o sono é para o indivíduo, isto é a morte para a vontade como coisa em si. Ela não suportaria continuar por toda uma infinitude o mesmo laborar e sofrer se não houvesse verdadeiro ganho, se ela conservasse a recordação da individualidade. Ela os descarta, eis aí o rio Lete, em que, refrescada pelo sono da morte e dotada de um outro intelecto, ressurge como um novo ser: "A novos rios nos convida um novo dia". —

II 573 Como Vontade de vida que se afirma, o ser humano tem a raiz de sua existência na espécie. Pelo que então // a morte é a perda de uma individualidade e a obtenção de uma outra, por conseguinte, uma mudança de individualidade sob a condução exclusiva da sua própria vontade. Pois apenas na vontade reside a força eterna que pode produzir a existência da individualidade juntamente com o seu eu, mas que, devido à constituição desse eu, não o pode manter na existência. Pois a morte é o *démenti*,[32] que a essência (*essentia*) de cada um recebe na sua pretensão à existência, é o vir a lume de uma contradição que reside em cada existência individual:

*Denn Alles was entsteht,
Ist werth dass es zu Grunde geht.*[33]

Todavia, a esta mesma força, portanto à vontade, está à disposição um número infinito justamente de tais existências, com seus eus, que no entanto também serão igualmente nulos e perecíveis. E como cada eu possui a sua consciência particular; então, em relação a cada uma destas, o número infinito de consciências não diferirá de uma consciência única. — A partir deste ponto de vista não me parece casual que *aevum*, αἰών, signifique ao mesmo tempo a duração da vida individual e o tempo sem fim: daqui pode-se entrever, embora vagamente, que em si e no fundo ambos são a mesma coisa; pelo que, de fato, não haveria diferença alguma se eu existisse pela duração da minha vida ou por um tempo infinito.

---

32 "Desmentido." (N. T.)
33 "Pois tudo o que nasce, / é digno de perecer." (N. T.)

É certo que não podemos obter a representação de tudo o que foi dito acima sem conceitos de tempo: estes, no entanto, devem ser excluídos quando se trata da coisa em si. Mas pertence aos limites insuperáveis do nosso intelecto que este não pode se libertar por completo do tempo como a forma primeira e mais imediata de todas as suas representações e assim operar sem ela. Daí decerto sermos conduzidos aqui a uma espécie de metempsicose; embora com a significativa diferença de que a nossa metempsicose não diz respeito à inteira ψυχή, vale dizer, não diz respeito ao ser QUE CONHECE, mas apenas à VONTADE; assim, muitos absurdos que acompanham a doutrina da metempsicose são descartados; com a consciência de que a forma do tempo entra em cena aqui apenas como acomodação inevitável à limitação de nosso intelecto. Se, ademais, apoiamo-nos no fato a ser exposto no capítulo 43 de que o caráter, isto é, a vontade, é herdado do pai, // e o intelecto, ao contrário, da mãe, então entra na concatenação da nossa visão que a vontade da pessoa, vontade em si individual, separa-se na morte do intelecto recebido da mãe, quando da procriação, e então recebe, por outra procriação, um novo intelecto em conformidade com a sua agora modificada índole sob o guia do curso do mundo, que se harmoniza com a sua natureza, com o que a vontade, com esse novo intelecto, torna-se um novo ser que não tem recordação alguma de uma existência anterior, pois o intelecto, único que possui a capacidade de memória, é a parte mortal, ou a forma; a vontade, no entanto, é a parte eterna, ou a substância. De acordo com isso, a palavra palingenesia é mais precisa do que metempsicose para designar essa doutrina. Esses contínuos renascimentos constituiriam então a sucessão dos sonhos de vida de uma vontade em si indestrutível, até que ela, instruída e melhorada mediante tantos e tão diversos conhecimentos sucessivos, em sempre novas formas, se suprimisse a si mesma.

Com esta concepção se acorda também a autêntica e, por assim dizer, esotérica doutrina do buddhismo, como tomamos conhecimento por meio das mais novas investigações, na medida em que essa doutrina não ensina a metempsicose, mas uma particular palingenesia, assentada numa base moral, a qual ela expõe e desenvolve com grande sentido de profundeza, como se pode ver na interessantíssima e notável exposição do assunto no *Manual of Buddhism* de Spence Hardy, p.394-6; para comparar-se com p.429 e 445 do mesmo livro, cuja confirmação encontra-se em *Prabodh Chandro Daya* de Taylor, Londres, 1812, p.35; igualmente em *Burmese empire* de Sangermano, p.6; bem como em *Asiatic Researches*, v.6, p.179; e v.9, p.256. Também o bastante útil compêndio alemão do buddhismo de KÖPPEN fornece o correto sobre esse ponto. Para a grande massa dos buddhistas, todavia, essa doutrina é demasiado sutil; daí, como sucedâneo compreensível, é pregada a metempsicose.

De resto, não se pode deixar de ter em conta que até mesmo razões empíricas falam em favor de uma palingenesia desse tipo. De fato, há uma relação entre o aparecimento dos novos seres na vida e a morte dos que a deixam: essa relação mostra-se // na grande fecundidade do gênero humano que se origina em consequência de epidemias devastadoras. Quando, no século XIV, a peste negra despovoou a maior parte do Velho Mundo, sucedeu-se uma fecundidade extraordinária do gênero humano, e o nascimento de gêmeos foi frequente: muito estranho foi nesta ocasião que nenhuma criança então nascida recebeu a dentição completa; a natureza, dispendendo muito esforço, era econômica nos detalhes. Isso o narra F. SCHNURRER, *Chronik der Seuchen*, 1825. Também CASPER, em *Über die wahrscheinliche Lebensdauer des Menschen*, 1835, confirma o princípio de que o número de nascimentos, que vai sempre de par com a mortalidade, tem uma influência das mais decisivas sobre a duração de vida e sobre a mortalidade numa dada população, de modo que os casos de morte e nascimentos sempre, e em todos os lugares, aumentam e diminuem na mesma proporção, o que ele deixa fora de dúvida mediante inúmeras provas recolhidas em muitos países e suas diversas províncias. E, todavia, não é possível estabelecer um nexo causal FÍSICO entre a minha morte prematura e a fecundidade de um leito conjugal de outrem, ou inversamente. Aqui, portanto, aparece inegavelmente e de maneira estupenda o metafísico como imediato fundamento de explicação do que é físico. – Cada novo ser nascido entra em cena viçoso e lépido na nova existência e a frui como um presente, embora não haja e não possa haver nisto um presente dado. Sua existência é paga com a velhice e a morte de alguém que saiu da vida, mas que continha o germe indestrutível do qual nasceu esse novo ser: ambos são UM ser. Mostrar a ponte entre os dois seria com certeza a solução de um grande enigma.

A grande verdade aqui expressa não era inteiramente desconhecida, se bem que nunca foi remetida ao seu sentido exato e correto, o que só é possível mediante a doutrina do primado e da essência metafísica da vontade, assim como da natureza secundária, meramente orgânica do intelecto. De fato, encontramos a doutrina da metempsicose, que provém dos tempos mais antigos e mais nobres do gênero humano, sempre espalhada sobre a Terra, como a crença da grande maioria do gênero humano, // e mesmo como doutrina de todas as religiões, com exceção da judaica e das duas religiões desta derivadas; entretanto, a encontramos no buddhismo do modo o mais sutil e o mais próximo da verdade, como já dito. Enquanto os cristãos consolam-se com o reverso num outro mundo, no qual a gente se reencontra e de súbito se reconhece como uma pessoa completa, naquelas outras religiões o reverse já está agora em processo, mas incógnito: vale dizer, no círculo de nascimentos e na força da metempsicose, ou palingenesia, as pessoas, que agora estão em contato ou relação íntima conosco também nascerão na próxima geração, ao mesmo tempo, conosco, e terão relações e disposições, se não as mesmas, ao menos análogas diante de nós, sejam estas amigáveis ou hostis. (Veja-se, por exemplo, o *Manual of Buddhism* de Spence Hardy, p.162.) O reconhecimento se limita, é certo, a um pressentimento obscuro, a uma reminiscência que não pode ser trazida à clara consciência e que acena para uma distância infinita; — com exceção, todavia, do Buddha mesmo, que tem o privilégio de conhecer com clareza os nascimentos anteriores, tanto os seus como os dos outros; — tal como isso é descrito em Iatakas. Mas, de fato, se se concebe de modo puramente objetivo em momentos favoráveis as ocupações dos humanos na realidade, então impõe-se a convicção intuitiva de que não apenas, segundo as Ideias (platônicas), não só o nosso modo de agir sempre é o mesmo, mas também a geração atual, segundo seu verdadeiro núcleo, é em substância idêntica a cada uma que a precedeu. Pergunte-se apenas em que consiste esse núcleo e a resposta, que a minha doutrina fornece, é conhecida. A dita convicção intuitiva pode ser pensada como surgindo do fato de que o tempo e o espaço, estas lentes de multiplicação, sofrem momentaneamente uma intermitência da sua eficácia. — Em relação à universalidade da crença na metempsicose, diz Obry com razão no seu excelente livro *Du nirvana indien*, p.13: *Cette vieille*

II 577

croyance a fait le tour du monde, et était tellement répandue dans la haute antiquité, qu'un docte Anglican l'avait jugée sans père, sans mère, et sans généalogie[34] (Ths. Burnet, em Beausobre, *Hist. du manichéisme*, // II, p.391). Já ensinada nos *Vedas*, como em todos os livros sagrados da Índia, a metempsicose é, como se sabe, o núcleo do brahmanismo e do buddhismo, e reina até hoje em toda a Ásia não islamizada, portanto, em mais da metade de todo o gênero humano, como a mais firme convicção e com influência prática inacreditavelmente forte. Ela foi também a crença dos egípcios (Herod. II, 123), dos quais Orfeu, Pitágoras e Platão a adotaram com entusiasmo, mas, sobretudo, os pitagóricos a mantiveram de maneira firme. Que ela tenha sido ensinada nos mistérios dos gregos resulta de maneira inegável do nono livro das leis de Platão (p.38 e 42, ed. Bip.). NEMESIUS (*De nat. horn.*, c. 2) diz até mesmo: Κοινῇ μὲν οὖν πάντες Ἕλληνες, οἱ τὴν ψυχὴν ἀθάνατον ἀποφηνάμενοι, τὴν μετενσωμάτωσιν δογματίζουσι (*Communiter igitur omnes Graeci, qui animam immortalem statuerunt, eam de uno corpore in aliud transferri censuerunt*).[35] O *Edda*, notadamente em *Voluspa*, ensina a metempsicose. Ela era igualmente o fundamento das religiões dos druidas (Caes., *De bello gall.*, VI. A. Pictet, *Le mystère des bardes de L'Île de Bretagne*, 1856). Há até uma seita maometana no Hindustão, os bohrahs, dos quais Colebrooke fala com pormenores em *Asiatic Researches*, v.7, p.336 et seq., que acredita na metempsicose e, em consequência, abstém-se de comer qualquer tipo de carne. Mesmo entre os americanos e povos negros, e até mesmo entre os australianos, encontram-se traços dela, como resulta de uma descrição exata, dada no jornal inglês *The Times*, de 29 de janeiro de 1841, da execução de dois selvagens australianos condenados por incêndio e assassinato. Lá é dito: "O mais jovem deles foi ao encontro do seu destino com ânimo firme e resoluto, o qual, como aparentou, objetivava a vingança: pois da única expressão inteligível, da qual ele se serviu, resultava que ele de novo ressurgiria como 'homem branco', e isso lhe dava a sua firmeza". Num livro de UNGEWITTER, *Der Welttheil Australien*, 1853, conta-se que os papuas na Nova Holanda consideravam os brancos como parentes que retornaram

---

34 "Esta velha crença fez a volta ao mundo, e era de tal modo difundida na Alta Antiguidade, que um douto anglicano a julgou sem pai, sem mãe, e sem genealogia." (N. T.)
35 "É comum a todos os gregos, que explicavam a alma como imortal, a crença no trânsito dela de um corpo para outro." (N. T.)

II 578 ao mundo. // Por tudo isso, apresenta-se a crença na metempsicose como a convicção natural do ser humano, desde que ele medite sem preconceitos. Seria de fato isso, e não o que Kant falsamente afirma de suas três pretensas ideias da razão, um filosofema natural da razão humana, derivado das formas próprias desta; e onde esse filosofema não for encontrado, é porque foi reprimido por outras doutrinas religiosas positivas. Eu observei que todos os que o ouvem pela primeira vez, entendem-no de imediato. Veja-se apenas com quanta seriedade Lessing fala dele nos últimos sete parágrafos de sua *Erziehung des Menschengeschlechts*. Também Lichtenberg diz na sua *Selbstcharakteristik*: "Não posso me libertar do pensamento de que eu já morrera antes de ter nascido". O próprio HUME, tão excessivamente empirista, diz no seu ensaio cético sobre a imortalidade, p.23: *The metempsychosis is therefore the only system of this kind that philosophy can hearken to.** O que se opõe a essa crença, difundida por todo o gênero humano, e evidente para os sábios, assim como para os povos, é o judaísmo com as duas religiões que dele derivam, na medida em que ensinam a criação do humano a partir do nada, humano que depois tem a difícil tarefa de conectar a esse ensinamento a crença de uma duração sem fim *a parte post*. Se é certo que, a ferro e fogo, essas religiões conseguiram reprimir na Europa e numa parte da Ásia aquela crença originária e consoladora da humanidade, ainda resta saber por quanto

II 579 tempo. Como, todavia, isso foi difícil, mostra-o a história // antiga da Igreja: a maior parte dos heréticos, como por exemplo simonistas, basilidianos, valentinianos, marcionitas, gnósticos e maniqueus, admitiam aquela crença originária. Os próprios judeus chegaram em parte a ela, como Tertuliano e

---

* "A metempsicose é, portanto, o único sistema desse tipo ao qual a filosofia pode dar ouvidos." [Trad. de Schopenhauer para o alemão: *Die Metempsychose ist daher das einzige System dieser Art, auf welches die Philosophie hören kann.*] — Esse tratado póstumo encontra-se nos *Essays on Suicide and the Immortality of the Soul*, por David Hume, Basil, 1799, comercializado por James Decker. Graças a esta reimpressão, aquelas duas obras de um dos maiores pensadores e escritores da Inglaterra puderam ser salvas do desaparecimento, depois que elas, no seu próprio país, em consequência da estúpida e desprezível beatice que lá reinava, e mediante a influência de uma potente e impertinente ação de padrecos, foram suprimidas, para vergonha perene da Inglaterra. Essas obras são investigações serenas e friamente racionais sobre os dois temas mencionados.

Justino (em seus diálogos) nos relatam. No *Talmud* é contado que a alma de Abel passou para o corpo de Seth e depois para o de Moisés. Até mesmo a passagem bíblica, em Mateus 16, 13-14, só adquire um sentido razoável se se a entende sob a pressuposição do dogma da metempsicose. Lucas, que certamente também a tem (9, 18-20), acrescenta ὅτι προφήτης τις τῶν ἀρχαίων ἀνέστη,[36] atribuindo portanto aos judeus a suposição de que um antigo profeta poderia muito bem ressuscitar em carne e osso, mas, como eles sabiam que já estava no túmulo por 600 ou 700 anos, e assim há muito tempo tornado pó, tal ressurreição seria um palpável absurdo. De resto, no cristianismo, no lugar da transmigração das almas e da expiação por meio desta de todos os pecados cometidos numa vida anterior, entra em cena a doutrina do pecado original, isto é, da expiação pelo pecado de um outro indivíduo. Ambas as doutrinas identificam, e por certo com tendência moral, o humano existente com um outro que existiu anteriormente: a transmigração das almas diretamente, o pecado original indiretamente. –

A morte é a grande correção que a Vontade de vida, e o egoísmo essencial a esta, recebem durante o curso da natureza; morte que pode ser concebida como uma punição para a nossa existência; é o desatar doloroso do nó que a procriação amarrou com volúpia e é a destruição violenta, vinda de fora, do erro fundamental de nosso ser: é a grande desilusão. No fundo somos algo que não deveria ser: por isso cessamos de ser. – O egoísmo consiste em verdade no fato de que o ser humano limita toda a realidade à sua pessoa, pois se imagina existir apenas nesta pessoa, não nas outras. A morte o ensina algo de melhor, na medida em que suprime essa pessoa, de modo que a essência do humano, que é a sua vontade, não existirá doravante senão nos outros indivíduos, enquanto o seu intelecto, que pertence ele mesmo apenas à aparência, isto é, ao mundo como representação, // e era só a forma do mundo exterior, continuará a existir como ser-representação, isto é, no ser OBJETIVO das coisas ENQUANTO TAIS, portanto, só na existência daquilo que até então foi o mundo exterior. Todo o seu eu, por conseguinte, doravante vive apenas naquilo que ele até então considerava como não-eu, já que cessa a diferença entre exterior e interior. Recordemos aqui que o

---

36 "Que um dos antigos profetas ressuscitou." (N. T.)

humano melhor é aquele que faz a mínima diferença entre si e os outros e não os considera como não-eu absoluto, enquanto para o humano mau essa diferença é grande e mesmo absoluta; – como o demonstrei no ensaio de concurso *Sobre o fundamento da moral*. É conforme essa diferença que se determina, de acordo com o exposto acima, o grau com que a morte pode ser vista como a aniquilação de um humano. – Mas se partirmos do princípio de que a diferença entre o que é exterior a mim e o que é interior em mim, enquanto espacial, reside apenas na aparência, não na coisa em si, e que, portanto, não é absolutamente real, então veremos na perda da própria individualidade apenas a perda de uma aparência, portanto, apenas uma perda ilusória. Por mais realidade que tenha essa diferença na consciência empírica, ainda assim, do ponto de vista metafísico, as sentenças: "eu pereço, mas o mundo perdura" e "o mundo perece, mas eu perduro" não são no fundo verdadeiramente diversas.

Acima de tudo, entretanto, a morte é a grande oportunidade de não ser mais eu: ditoso quem a aproveita. Durante a vida, a vontade do ser humano é sem liberdade: sobre a base de seu caráter imutável, o seu agir se dá com necessidade ao longo da cadeia dos motivos. Ora, cada um traz em sua memória muitas coisas que fez e sobre as quais não está contente consigo mesmo. Se vivesse para sempre, então, em virtude da imutabilidade do caráter, agiria sempre da mesma maneira. Por isso tem de cessar de ser o que é, para poder, a partir do germe do seu ser, ressurgir renovado e transformado. Assim a morte rompe quaisquer vínculos: a vontade torna-se de novo livre, pois a liberdade reside no *esse*, não no *operari*.[37] *Finditur nodus cordis, dissolvuntur omnes dubitationes, ejusque opera evanescunt*[38] é um muito famoso dito dos *Vedas*, que todos os vedistas repetem à saciedade.* A morte é o momento de libertação da unilateralidade de uma individualidade que não constitui o núcleo mais íntimo de nosso ser, mas antes representa um tipo de aberração dele:

---

37 "Ser", "ação de fazer algo". (N. T.)
38 "Desatado está o nó do coração, dissipam-se todas as dúvidas, desvanecem-se todas as suas obras." (N. T.)
  * Sankara, seu *De theologumenis vedanticorum*, ed. F. H. H. Winsdischmann, p. 37. *Oupnekhat*, v.I, p.387 e 78. Colebrooke's *Miscellaneous essays*, v.I, p.363.

a verdadeira, originária liberdade aparece de novo nesse momento que, no sentido já indicado, pode ser considerado como uma *restitutio in integrum*.[39] A paz e a calma na face da maior parte dos mortos parece provir daí. Serena e tranquila é, via de regra, a morte de todo bom humano: mas o morrer voluntariamente, morrer de bom grado, morrer alegre, é prerrogativa do resignado, daquele que renuncia e nega a Vontade de vida. Pois apenas ele quer morrer REALMENTE e não só APARENTEMENTE, conseguintemente não precisa nem deseja permanência alguma da sua pessoa. Renuncia voluntariamente à existência tal como a conhecemos: o que lhe ocorre é aos nossos olhos NADA; porque a nossa existência NADA é em referência ao que lhe ocorre. É a isto o que a crença buddhista chama NIRVĀNA, isto é, extinção.*

---

39 "Restituição ao estado anterior." (N. T.)

* A etimologia da palavra NIRVĀNA é dada de maneira diversa. Segundo COLEBROOKE (*Transactions of the Royal Asiatic Society*, v.I, p.366), ela vem de VĀ, SOPRAR como o vento, com o prefixo negativo NIR, significa portanto calmaria, mas como adjetivo "extinto". – Também Obry, em *Du nirvana indian*, diz na p.3: *Nirvanam en sanscrit signifie à la letter la extinction, telle que celle d'un feu* [Nirvāna em sânscrito significa ao pé da letra extinção, como a extinção de um fogo]. – Segundo o *Asiatic Journal*, v.24, p.735, NIRVĀNA deriva de NERA, sem, e VĀNA, vida, e o sentido seria *annihilatio* [aniquilação]. – Em *Eastern monachism*, de Spence Hardy, p.195, NIRVĀNA é derivada de VĀNA, desejo pecaminoso, com a negação NIR. – J. J. Schmidt, na sua tradução da *Geschichte der Ostmongolien*, p.307, diz que a palavra sânscrita NIRVĀNA é traduzida na língua mongólica mediante uma frase que significa: "separado da miséria", – "liberto da miséria". Segundo as preleções do mesmo estudioso, na Academia de Petersburgo, NIRVĀNA é o oposto de SANSARA, que é o mundo dos contínuos renascimentos, do desejo e da cobiça, da ilusão dos sentidos e das formas mutantes, do nascimento, da velhice, da doença e da morte. – Na língua birmane, a palavra NIRVĀNA, segundo analogia com as outras palavras sânscritas, transforma-se em NIEBAN e é traduzida por "total desaparecimento". Veja-se, de Sangermano, *Description of the Burmese Empire*, trad. de Tandy, Roma, 1833, § 27. Na primeira edição de 1819, eu também escrevi NIEBAN, porque naquela altura nós conhecíamos o buddhismo apenas a partir das insuficientes notícias fornecidas dos birmanes.

Capítulo 42
VIDA DA ESPÉCIE

No capítulo anterior, foi trazido à recordação que as IDEIAS (platônicas) dos diferentes graus de ser, que são a adequada objetivação da Vontade de vida, expõem-se no conhecimento do indivíduo, vinculadas à forma do TEMPO, como as ESPÉCIES, isto é, como os indivíduos sucessivos e congêneres ligados pelo laço da procriação, que, portanto, a espécie é a IDEIA (εἶδος, *species*) estentida no tempo. Por conseguinte, o ser em si de cada vivente reside antes de tudo em sua espécie: mas esta, por sua vez, tem a sua existência apenas nos indivíduos. Apesar de só no indivíduo a vontade chegar à consciência de si e assim reconhecer-se imediatamente apenas como indivíduo; ainda assim há no fundo de nós mesmos a consciência de que, na verdade, é na espécie que o nosso ser se objetiva, o que aparece no fato de que os interesses da espécie, enquanto espécie, ou seja, as relações sexuais, a procriação e a alimentação da prole são incomparavelmente mais importantes e mais dignos de atenção para o indivíduo do que qualquer outra coisa. Daí também, entre os animais, o cio (de cuja veemência encontra-se uma excelente descrição em *Physiologie*, de Burdach, v. I, § 247, 257), e, entre os humanos, a escolha cuidadosa e caprichosa do outro indivíduo para a satisfação do impulso sexual, que pode intensificar-se até o amor apaixonado, a cuja investigação aprofundada dedicarei um capítulo especial: enfim, daí também resulta o amor exaltado dos pais pela sua prole.

Nos suplementos ao segundo livro, a vontade foi comparada à raiz, o intelecto à copa das árvores: assim o é do ponto de vista interior ou psicológico. Exteriormente, entretanto, ou fisiologicamente, a raiz são os genitais, a copa é a cabeça. Sem dúvida os órgãos de nutrição não são os genitais, mas as vilosidades intestinais: não obstante, estas não são a raiz, e sim aqueles: porque através dos órgãos genitais o indivíduo conecta-se à espécie, na qual enraíza-se. Pois fisicamente o indivíduo é uma produção da espécie, metafisicamente, uma imagem mais ou menos imperfeita // da IDEIA, que, na forma do tempo, expõe-se como espécie. Em concordância com a relação aqui expressa, a grande vitalidade, assim como a decrepitude, do cérebro e dos genitais, são simultâneas e conexas. O impulso sexual deve ser visto como a tração interior da árvore (da espécie) em que a vida do indivíduo cresce como uma folha, que é alimentada pela árvore e contribui para alimentá-la: daí a força desse impulso, que surge da profundeza da nossa natureza. Castrar um indivíduo é como cortá-lo da árvore da espécie, onde ele cresce, e assim deixá-lo secar separadamente: a consequência será a degradação das suas forças espirituais e corporais. – Que após o serviço em favor da espécie, isto é, após a fecundação, em todos os animais se segue instantaneamente um esgotamento e relaxamento de todas as forças, na maioria dos insetos até mesmo a morte imediata, razão pela qual CELSUS disse *seminis emissio est partis animæ jactura*;[1] e que nos humanos a extinção da força de procriação mostra que o indivíduo vai ao encontro da morte; que em todas as idades o emprego exagerado dessa força encurta a vida, mas que a abstinência, pelo contrário, incrementa todas as forças, especialmente a força muscular, razão pela qual tal abstinência fazia parte da preparação dos atletas gregos; que a mesma abstinência chega inclusive a prolongar a vida dos insetos até a primavera seguinte; – tudo isso indica que a vida do indivíduo é, no fundo, apenas emprestada da espécie e que toda força vital é, por assim dizer, a força da espécie travada por represamento. E tudo isso deve ser explanado pelo fato de o substrato metafísico da vida manifestar-se imediatamente na espécie, e somente por intermédio desta no indivíduo. Em conformidade com isso, venera-se na Índia o *liṅgam*[2] e o *yoni*[3] como o símbolo da espécie e da imortalidade desta, e é por isso que, como contrapeso à morte, faz-se deles justamente os atributos da divindade que preside a morte, Śiva.

---

1 "A ejaculação do esperma é a perda de uma parte da alma." (N. T.)
2 Representação simbólica da parte genital masculina. (N. T.)
3 Representação simbólica da parte genital feminina; portanto, o *yoni* recebe o *liṅgam*. (N. T.)

Mas, mito e símbolo à parte, a veemência do impulso sexual, o vivo ardor e a seriedade profunda com que cada animal, igualmente o humano, persegue as exigências desse impulso testemunham que, pela função destinada a satisfazê-lo, o animal pertence àquilo em que reside própria e principalmente o seu verdadeiro ser, // a saber, na ESPÉCIE; enquanto todas as outras funções e os órgãos servem de modo imediato somente ao indivíduo, cuja existência é no fundo apenas secundária. Na veemência desse impulso, que é a concentração de toda a essência animal, exprime-se ainda a consciência de que o indivíduo não perdura e que, portanto, tudo tem de ser posto em favor da conservação da ESPÉCIE, como aquilo em que reside a verdadeira existência do indivíduo.

Imaginemos agora, para esclarecimento do que foi dito, um animal em seu cio e em ato de procriação. Vemos nele uma seriedade e um zelo até então desconhecidos. O que se passa com ele? — Será que sabe que tem de morrer e que através do seu atual negócio nascerá um novo indivíduo completamente semelhante a ele para tomar o seu lugar? — Nada disso sabe, pois não pensa. Porém, cuida tão zelosamente da continuação da sua espécie no tempo, que é como se soubesse de tudo isso. Porque está consciente de que quer viver e existir, e exprime o grau mais elevado deste querer através do ato de procriação: eis tudo o que se passa em sua consciência. E isso é no todo suficiente para a continuidade dos seres; precisamente porque a vontade é o radical, enquanto o conhecimento é o adventício. Justamente por isso, a vontade não precisa sempre ser guiada pelo conhecimento; mas tão logo ela tenha se decidido em sua originariedade, esse querer se objetivará por si mesmo no mundo da representação. Ora, se essa figura animal determinada, tal como a representamos, é a que quer a vida e a existência; então de modo algum quer a vida e a existência de modo geral, mas as quer realizadas precisamente nessa figura. Por isso é a visão da sua figura na fêmea da sua espécie o que estimula a vontade do animal à procriação. Esse seu querer, visto de fora e sob a forma do tempo, expõe-se como semelhante figura animal conservada ao longo de um tempo sem fim através da sempre repetida substituição de um indivíduo por um outro, logo, através do jogo de alternâncias entre morte e geração, as quais, assim consideradas, aparecem somente como a pulsação daquela figura (ἰδέα, εἶδος, *species*) preservada através dos tempos. Pode-se compará-las às forças de atração e repulsão, // em cujo antagonismo consiste a matéria. – O que aqui foi demonstrado em relação ao animal também vale para o humano: pois embora neste o ato de procriação esteja acompanhado pelo pleno conhecimento da sua causa final, não é todavia conduzido por este, mas tal ato procede imediatamente da Vontade de vida, da qual é a concreção. Trata-se, por conseguinte, de contá-lo entre as ações instintivas. O animal é tão pouco conduzido na procriação pelo conhecimento do fim quanto o é nos impulsos industriosos: também nestes exterioriza-se a vontade, no principal, sem a intermediação do conhecimento, ao qual, aqui como ali, cabem somente detalhes. A procriação é, por assim dizer, o mais admirável dos impulsos industriosos, e a sua obra a mais espantosa de todas.

A partir dessas considerações explica-se por que o apetite sexual possui um caráter bem diferente de qualquer outro: não é somente o mais forte, mas é até mesmo de tipo mais específico e mais poderoso que todos os outros. É em toda parte implicitamente pressuposto como necessário e inevitável, e não é, como os outros desejos, uma questão de gosto e humor. Porque ele é o desejo que constitui a essência mesma do ser humano. Não há motivo algum tão forte que tem a sua vitória assegurada ao entrar em conflito com esse desejo. Que tanto é a coisa principal para nós, que nenhum outro gozo compensa a privação da sua satisfação: também por sua causa, animal e humano enfrentam qualquer perigo, qualquer luta. Uma expressão bem ingênua desse sentimento natural é a celebre inscrição nas portas do *fornix*[4] de Pompeia, adornadas com um falo: *Heic habitat felicitas*;[5] isso era ingênuo para os que ali entravam, irônico para os que dali saíam, e em si mesmo humorístico. – Com seriedade e dignidade, ao contrário, o excessivo poder do impulso de procriação é expresso na inscrição que Osiris gravara numa coluna por ele consagrada aos deuses imortais: (segundo THEON de Esmirna, *De musica*, cap. 47) "Ao Espírito, ao Céu, ao Sol, à Lua, à Terra, à Noite, ao Dia, e ao pai de tudo o que é e será, Eros"; – excessivo poder que é igualmente expresso pela bela apóstrofe com que LUCRÉCIO abre a sua obra: //

---

4 "Lupanar." (N. T.)
5 "Aqui mora a felicidade." (N. T.)

Æneadum genetrix, hominum divômque voluptas,
Alma Venus etc.[6]

A tudo isto corresponde o importante papel que a relação sexual desempenha no mundo humano, no qual é propriamente o invisível ponto central de qualquer ação e conduta, transparecendo em toda parte, apesar de todos os véus jogados sobre ela. É a causa da guerra e o objetivo da paz, o fundamento dos assuntos sérios e o alvo dos gracejos, a inesgotável fonte dos ditos espirituosos, a chave de todas as alusões e o sentido de todo sinal secreto, de toda proposta tácita e de todo olhar furtivo, é a divagação e aspiração diária do jovem e amiúde também do velho, o pensamento diário do impudico e a constantemente repetida fantasia do pudico mesmo contra a sua vontade, o estofo sempre pronto para o gracejo, justamente porque a mais profunda seriedade jaz em seu fundamento. O lado picante e zombeteiro do mundo é justamente que o principal assunto de todas as pessoas seja secretamente perseguido e ostensivamente ignorado tanto quanto possível. Mas, de fato, vê-se a todo instante esse impulso colocar-se como o verdadeiro e hereditário senhor do mundo, unicamente pela sua onipotência, sentado sobre seu trono ancestral e, com olhar sarcástico, de lá rir das medidas que se toma para domá-lo, encarcerá-lo, ao menos limitá-lo, e se possível ocultá-lo ao máximo, ou dominá-lo de tal modo que apareça apenas como uma totalmente subordinada e secundária questão da vida. — Porém, tudo isso concorda com o fato de o impulso sexual ser o núcleo da Vontade de vida, consequentemente, a concentração de todo querer; por isso mesmo é que no texto eu chamei os genitais de foco da vontade. Sim, pode-se dizer que o ser humano é impulso sexual concretizado em corpo; pois seu nascimento é um ato de copulação, e o desejo de seus desejos é ainda um ato de copulação, e esse impulso apenas perpetua e dá coesão a toda a sua aparência. A Vontade de vida exterioriza-se antes de tudo como esforço de conservação do indivíduo; todavia, isso é somente um estágio no esforço de conservação da espécie, esforço este que tem de ser mais impetuoso na medida em que a vida da espécie supera a do indivíduo em

---

6 "Mãe dos Enéadas, prazer de homens e deuses, ó Vênus nutriz etc." (N. T.)

II 587 duração, extensão e valor. Eis por que o impulso sexual // é a mais perfeita exteriorização da Vontade de vida, o seu tipo mais característico: e isso está perfeitamente de acordo seja com o fato de a origem dos indivíduos se dar a partir dele quanto por ele possuir o primado sobre todos os outros desejos do humano natural.

Cabe aqui ainda uma observação fisiológica, que lança uma luz sobre a minha doutrina fundamental exposta no segundo livro. Assim como o impulso sexual é o mais veemente dos apetites, o desejo dos desejos, a concentração de todo nosso querer e, portanto, a sua satisfação que corresponda exatamente ao desejo individual de alguém dirigido a um indivíduo determinado é o auge e coroamento da sua felicidade, o fim último dos seus esforços naturais, satisfação cujo alcançamento lhe é semelhante a tudo ter alcançado e cuja perda lhe é semelhante a tudo ter perdido; – também, como correlato fisiológico disso encontramos, na vontade objetivada, logo, no organismo humano, o esperma como a secreção das secreções, a quintessência de todos os sucos, o resultado final de todas as funções orgânicas, e nisto, ademais, temos uma prova renovada de que o corpo é apenas a objetidade da vontade, isto é, da vontade mesma sob a forma da representação.

À procriação conecta-se a conservação da prole, e ao impulso sexual, o amor dos pais; é, portanto, desse modo que a vida da espécie se perpetua. Conseguintemente, o amor do animal por sua prole tem, semelhantemente ao impulso sexual, uma intensidade que supera em muito aquela dos esforços voltados meramente para o próprio indivíduo. Isto mostra-se no fato de até mesmo os animais mais dóceis estarem prontos, por sua prole, a aceitar a mais desigual luta de vida ou morte e, em quase todas as espécies animais, no fato de a mãe, para a proteção dos filhotes, ir de encontro a todo perigo, sim, em muitos casos até enfrentar a morte certa. Entre os humanos, esse instintivo amor dos pais é guiado e intermediado pela razão, isto é, pela ponderação, mas às vezes também travado pela mesma razão, podendo chegar, nas pessoas de caráter ruim, até a completa renegação desse instinto: daí podermos observar os efeitos desse amor em estado mais puro nos animais. Em si mesmo, porém, ele não é menos intenso nos humanos: aqui também o
II 588 vemos, em casos isolados, ultrapassar completamente o amor de si // e levar até ao sacrifício da própria vida. Assim, por exemplo, jornais da França ainda

há pouco noticiaram que em CHAHAR, no Departamento de Lot, um pai se suicidou para que seu filho, selecionado para o serviço militar, agora como o mais velho de uma viúva, tivesse que como tal ser dispensado (*Galignani's Messenger*, 22 de junho de 1843). Entre os animais, contudo, visto que não são capazes de ponderação alguma, o instintivo amor materno (o macho na maioria das vezes não está consciente da sua paternidade) mostra-se sem intermediação e sem falseamento, portanto, com total distinção e em toda a sua intensidade. No fundo, ele é a expressão da consciência do animal de que a sua verdadeira essência reside mais imediatamente na espécie do que no indivíduo, com o que, em caso de necessidade, sacrifica a sua vida para que a espécie venha a conservar-se nos filhotes. Aqui, portanto, como no caso do impulso sexual, a Vontade de vida torna-se, em certa medida, transcendente, já que a sua consciência, ultrapassando o indivíduo, ao qual é inerente, estende-se até a espécie. Para não dar apenas abstrações em torno desta segunda exteriorização da vida da espécie, e apresentá-la ao leitor em sua grandeza e efetividade, quero mencionar alguns exemplos da extraordinária intensidade do amor materno.

A lontra-marinha, quando perseguida, agarra o seu filhote e submerge com ele: quando ela, para respirar, volta à superfície, cobre-o com o próprio corpo e, enquanto ele se salva, recebe as flechas dos caçadores. — Mata-se uma jovem baleia apenas para atrair a mãe, que corre para aquela e raramente a abandona enquanto ainda esteja viva, mesmo que também seja ferida pelos vários arpões (*Tagebuch einer Reise auf den Wallfischfang*, de Scoreby, p.196; trad. do inglês por Kries). — Na ilha Três Reis, Nova Zelândia, vivem focas colossais, denominadas elefantes-marinhos (*phoca proboscidea*). Eles nadam em torno da ilha em grupos ordenados e alimentam-se de peixes, contudo têm sob a água decerto inimigos cruéis que nos são desconhecidos, dos quais muitas vezes recebem graves ferimentos: por isso o nado em conjunto exige deles uma tática apropriada. As fêmeas parem na praia: depois, no período em que amamentam, o que dura de sete a oito semanas, todos os machos fecham um círculo em torno delas // para impedi-las de, movidas pela fome, entrar no mar, e quando elas o tentam, obstam-lhes por meio de mordidas. Assim, todos passam fome juntos de sete a oito semanas e todos emagrecem muito, simplesmente para que os filhotes não entrem no mar antes que estejam em boas condições para nadar e observar devidamente a tática requerida na qual são instruídos através de empurrões e mordidas (Freycinet, *Voy. aux terres australes*, 1826). Aqui também se mostra, como o amor dos pais, semelhante a todo esforço intenso da vontade (cf. cap. 19, 6), desenvolve e aumenta a inteligência. – Patos selvagens, rouxinóis e muitas outras aves, se o caçador aproxima-se do ninho, voam com ruidosos guinchos diante dos pés deste, revoam daqui para acolá como se as suas asas estivessem paralisadas, para desviar a atenção desde a cria para si mesmas. – A cotovia procura atrair o cão para longe do seu ninho, oferecendo-se ela mesma em sacrifício. Da mesma forma o fazem as fêmeas cervo e as corças, oferecendo-se como caça, para que os seus filhotes não sejam atacados. – Andorinhas voaram para dentro de casas em chamas a fim de salvar os seus filhotes, ou com eles perecer. Em Delft, durante um grande incêndio, uma cegonha deixou-se queimar no ninho para não abandonar os seus tenros filhotes que ainda não podiam voar (Hadr. Junius, *Descriptio Hollandiae*). Galos silvestres e galinholas deixam-se apanhar chocando sobre o ninho. *Muscicapa tyrannus* defende o seu ninho com peculiar coragem e inclusive contra a águia. – De uma formiga que foi cortada em duas, foi vista a metade anterior pondo em segurança as suas pupas. – Uma cadela, cujo ventre foi aberto para dele extirpar-se os filhotes, arrastou-se morrendo até estes, acariciou-os e só começou a gemer violentamente quando se os tomou dela (Burdach, *Physiologie als Erfahrungswissenschaft*, t. 2 e 3).

Capítulo 43
HEREDITARIEDADE DAS
CARACTERÍSTICAS[1]

Que, com a procriação, as sementes aportadas pelos pais propagam não apenas as particularidades da espécie, mas também as dos indivíduos, no que diz respeito às características corporais (objetivas, exteriores), eis algo que a experiência cotidiana mais comum ensina e que sempre foi reconhecido em todas as épocas:

> *Naturae sequitur sentina quisque suae.*
> Catull.[2]

Se isso também vale para as características espirituais (subjetivas, interiores), de modo que também estas sejam uma herança legada pelos pais aos filhos, é uma questão frequentemente levantada e quase sempre respondida de forma afirmativa. Mais difícil, porém, é o problema de saber se é possível

---

[1] No original *Erblichkeit der Eigenschaften*. O *Wörterbuch von Jacob und Wilhelm Grimm* sugere quatro acepções possíveis para o termo: 1) *proprietas*, propriedade; 2) *Eigenheit*, idiossincrasia, peculiaridade, singularidade; 3) *qualitas*, qualidade; 4) *dominum*, propriedade. Ora, como Schopenhauer aqui se refere àquilo que define o CARACTER de uma pessoa, o que lhe é próprio, a sua propriedade, algo embutido no próprio termo *Eigenschaft*, afim ao termo alemão para propriedade, *Eigenthum*, optei pelo termo CARACTERÍSTICA, devido a sua carga semântica em língua portuguesa, que abriga todas aqueles sentidos, porque, segundo o *Dicionário Houaiss*, o termo remete imediatamente a *caracterizar*, "evidenciar, destacar o caráter, as particularidades" de alguém, isto é, o seu "traço, propriedade, ou qualidade distintiva fundamental". (N. T.)

[2] "Cada um segue as sementes de sua natureza." Em realidade, não Catulo, mas Propércio. (N. T.)

distinguir o que ali pertence ao pai e o que pertence à mãe, logo, qual herança espiritual recebemos de cada um dos nossos pais. Se lançarmos uma luz sobre esse problema a partir do nosso conhecimento fundamental de que a VONTADE é a essência em si, o núcleo, o elemento radical no ser humano; enquanto o INTELECTO, ao contrário, é o secundário, o adventício, o acidente da substância; então, antes de consultar a experiência, devemos pelo menos assumir como provável que na procriação, o pai, como *sexus potior*[3] é princípio procriador, e fornece a base, o radical da nova vida, logo, a VONTADE, já a mãe, como *sexus sequior*[4] e princípio meramente receptivo, fornece o elemento secundário, o INTELECTO; portanto, devemos assumir que a pessoa herda seu componente moral, seu caráter, suas inclinações, seu coração, do pai, por outro lado, o grau, a índole e a orientação da sua inteligência, herda-os da mãe. Essa hipótese encontra uma confirmação real na experiência; só que tal confirmação não pode ser aqui decidida através de um experimento físico, mas em parte provêm de cuidadosas e finas observações de muitos anos, em parte do testemunho da história.

A experiência pessoal tem a vantagem de possuir completa certeza e maior especificidade, o que compensa, e muito, a desvantagem de a experiência pessoal ter uma esfera limitada e os seus exemplos não serem universalmente conhecidos. Eu, assim, // remeto cada um à experiência pessoal. Em primeiro lugar, considere a si mesmo, confesse suas inclinações e paixões, suas falhas de caráter e fraquezas, seus vícios, bem como, se os tem, seus méritos e virtudes: então pense retroativamente em seu pai, e não deixará de perceber também neste todos aqueles traços de caráter. Na mãe, ao contrário, frequentemente encontrará um caráter completamente diferente, e um acordo moral com esta será das coisas mais raras, a saber, através do raro acaso da semelhança de caráter dos dois genitores. Que se faça esse exame, por exemplo, em relação à irascibilidade ou à paciência, avareza ou prodigalidade, tendência à volúpia ou à gula ou ao jogo, insensibilidade ou bondade, honestidade ou hipocrisia, orgulho ou amabilidade, coragem ou covardia, pacifismo ou belicosidade, espírito reconciliador ou

---

3 "Sexo primário." (N. T.)
4 "Sexo secundário." (N. T.)

rancoroso, e assim por diante. Depois faça-se essa investigação em todos aqueles cujo caráter e cujos pais tornaram-se precisamente conhecidos. Se se prosseguir com atenção, com juízo correto e sinceridade, então não faltará a confirmação para o nosso princípio. Assim, por exemplo, encontrará uma inclinação especial para a mentira, comum a tantas pessoas, em igual grau em dois irmãos; porque a herdaram do pai: eis por que a comédia *O mentiroso e seu filho* é psicologicamente correta. – Mas é preciso ter em mente aqui duas restrições inevitáveis, que só a injustiça evidente poderia interpretar como subterfúgios. Em primeiro lugar, *pater semper incertus*.[5] Apenas uma decidida semelhança corporal com o pai remove essa restrição; uma superficial semelhança corporal não é suficiente para fazê-lo: pois existe um efeito tardio de uma fecundação anterior em virtude da qual às vezes os filhos de um segundo casamento ainda têm uma leve semelhança com o primeiro marido, e os filhos gerados em adultério, com o pai legítimo. De forma mais distinta ainda foi observado tal efeito tardio em animais. A segunda restrição é que o caráter moral do pai sem dúvida reaparece no filho, mas com a modificação que recebeu de um outro INTELECTO amiúde bem diferente (a herança da mãe), pelo que uma correção da observação torna-se necessária. Tal modificação, conforme a proporção daquela diferença entre os intelectos, pode ser significativa ou desprezível, // mas nunca tão grande que os traços fundamentais do caráter paterno não possam, mesmo sob tal modificação, ser vistos e reconhecidos; mais ou menos como se reconhecem o traços de uma pessoa que se disfarçou com traje inteiramente estranho, peruca e barba. Se, por exemplo, devido a sua herança materna, uma pessoa é dotada de preponderante faculdade da razão, logo, de capacidade de reflexão, de ponderação; então as suas paixões, herdadas do pai, serão em parte contidas, em parte ocultadas, de modo que só vão chegar à exteriorização numa forma regular e metódica ou secreta, do que resulta uma aparência bem diferente daquela do pai, dotado talvez de uma cabeça bastante limitada: da mesma forma, o caso inverso pode produzir-se. – As inclinações e paixões da mãe, ao contrário, não se reencontram nas crianças jamais, e muitas vezes o que aqui se observa é o oposto delas.

---

5 "É sempre incerto quem é o pai." (N. T.)

Os exemplos históricos têm a vantagem sobre os da vida privada por serem universalmente conhecidos; porém, em compensação, são prejudicados pela incerteza e pelo frequente falseamento de qualquer tradição, e também pelo fato de, via de regra, conterem apenas a vida pública, não a vida privada, por conseguinte, apenas as ações de estado, não as exteriorizações sutis do caráter humano. Entrementes, quero comprovar a verdade aqui em questão através de alguns exemplos históricos, os quais, sem dúvida, poderão ser completados por um número muito maior ainda de exemplos, igualmente marcantes, pelas pessoas que fizeram da história o seu estudo principal.

Sabe-se que P. DECIUS MUS, com magnanimidade heroica, sacrificou a própria vida pela pátria, precipitando-se com a cabeça coberta no meio do exército dos latinos, enquanto consagrava a si mesmo e os inimigos aos deuses subterrâneos. Cerca de quarenta anos depois, seu filho de mesmo nome fez exatamente o mesmo, na guerra contra os gauleses (Liv., VIII, 6; X, 28). Logo, uma correta prova para a sentença de Horácio: *fortes creantur fortibus et bonis*;[6] — cuja fórmula inversa é fornecida por *Shakespeare*:

> *Cowards father cowards, and base things sire base.*[7]
> Cymb., IV, 2 //

A história da Roma antiga nos apresenta famílias inteiras cujos membros em numerosa sucessão distinguiram-se pelo patriotismo e pela bravura abnegados: assim, a *gens Fabia* e a *gens Fabricia*. — ALEXANDRE, O GRANDE, foi tão ávido de poder e conquista quanto o seu pai FELIPE. Bastante digna de atenção é a árvore genealógica de NERO, que SUETÔNIO (c. 4 e 5) nos antepõe, com intento moral, à descrição desse monstro. É a *gens Claudia*, que ele descreve, e que floresceu em Roma durante seis séculos a fio e produziu homens puramente ativos, mas petulantes e cruéis. Dali brotaram Tibério, Calígula e finalmente Nero. Já no avô, e mais fortemente ainda no pai, mostravam-se todas as características atrozes que alcançariam seu completo desenvolvimento só em Nero, em parte porque a alta posição deste lhe deixava livre campo de

---

6 "Os bravos nascem dos bravos e bons." (N. T.)
7 "Covardes nascem de covardes, e a baixeza nasce da baixeza." [Trad. de Schopenhauer para o alemão: *Memmen zeugen Memmen, und Niederträchtiges Nierderträchtiges.*] (N. T.)

ação, e em parte porque além disso ainda tinha por mãe a irracional mênade Agripina, que não foi capaz de legar a ele intelecto algum que freasse as suas paixões. É por isso que, totalmente em nosso sentido, Suetônio relata que no nascimento de Nero *praesagio fuit etiam Domitii, patris, vox, inter gratulationes amicorum, negantis, quidquam ex se et Agrippina, nisi detestabile et de malo publico nasci potuisse.*[8] — Ao contrário, Cimon foi o filho de Milcíades, e Aníbal foi o filho de Amílcar, e os Scipions formaram toda uma família de heróis e nobres defensores do seu país. — Já Cesar Bórgia, filho do papa Alexandre vi, foi no entanto o abominável retrato deste. O filho do famigerado duque de Alba também foi tão cruel e malvado quanto o seu pai. — O malicioso e injusto Felipe iv da França, conhecido especialmente por sua cruel tortura e execução dos cavalheiros templários, teve como filha Isabel, esposa de Eduardo ii da Inglaterra, a qual insurgiu-se contra o marido, encarcerou-o e, após fazê-lo assinar a abdicação, e como a tentativa de matá-lo com repetidos maus-tratos fracassou, fez com que o matassem no cárcere de uma forma demasiado atroz para que eu a reproduza aqui. — O sanguinário tirano e *defensor fidei*[9] Henrique viii da Inglaterra teve como filha do primeiro casamento a rainha Maria, que se distinguiu igualmente pelo fanatismo e pela crueldade, // e que, por sua numerosa queima de hereges, ganhou a alcunha de *bloody Mary*.[10] A filha do segundo casamento de Henrique VIII, Elisabeth, herdou da própria mãe, Ana Bolena, um destacado entendimento, que a fez controlar o fanatismo, refreando em si o caráter paterno, mas não o suprimindo; de modo que este ainda brilhava ocasionalmente e emergiu em plena luz no tratamento cruel dispensado contra Maria da Escócia. — Van Geuns,* seguindo Marcus Donatus, conta o seguinte de uma moça escocesa cujo pai tinha sido queimado como um salteador e canibal, quando ela tinha apenas um ano de idade: que, embora ela tenha crescido entre pessoas completamente diferentes, desenvolveu-se nela, em idade mais avançada, o mesmo apetite por carne humana

---

8 "Foi um presságio as palavras do seu pai Domício, que, em resposta às felicitações dos amigos, disse que dele e de Agripina só podia nascer algo de detestável e mau para o mundo." (N. T.)
9 "Defensor da fé." (N. T.)
10 "Maria Sanguinária." (N. T.)
* *Disputatio de corporum habitudine, animae, hujusque virium indice.* Harderov, 1789, § 9.

e, ao ser surpreendida satisfazendo-o, foi enterrada viva. – No *Freimüthigen*, de 13 julho de 1821, lemos a notícia de que, no departamento de Aube, a polícia perseguiu uma moça, porque ela assassinara duas crianças, que deveria conduzir ao hospício de crianças abandonadas, só para apropriar-se do pouco de dinheiro a elas destinado. Por fim, a polícia encontrou a moça afogada, na estrada para Paris, perto de Romilly, e o seu próprio pai foi identificado como o assassino. – Mencionemos aqui, enfim, um par de casos dos tempos recentes que, consequentemente, não têm outra garantia senão os jornais. Em outubro de 1836, na Hungria, o conde BELECZNAI foi condenado à morte porque havia matado um funcionário e ferido gravemente os próprios parentes: seu irmão mais velho já tinha sido executado por parricídio e também seu pai tinha sido um assassino (*Frankfurter Postzeitung*, 26 de outubro de 1836). Um ano mais tarde, o irmão mais novo do conde, na mesma rua em que este assassinara o funcionário, disparou uma pistola, sem sucesso, contra o agente do fisco encarregado do controle das suas propriedades (*Frankfurter Journal*, 16 de setembro de 1837). No *Frankfurter Postzeitung*, de 19 de novembro de 1857, uma carta de Paris anuncia a condenação à morte de um salteador muito perigoso, LEMAIRE, e de // seus companheiros, e acrescenta: "A tendência criminosa parece ser hereditária na sua família e na dos seus cúmplices, já que vários dos seus familiares já haviam morrido no cadafalso". – Os anais da criminalidade decerto apresentarão muitas genealogias do mesmo tipo. – É sobretudo a tendência ao suicídio que é hereditária.

Por outro lado, quando vemos o excelente Marco Aurélio ter como filho o detestável Cômodo; isto não nos deve induzir a erro; pois sabemos que a DIVA FAUSTINA era uma *uxor infamis*.[11] Apontamos esse caso, por outro lado, para presumir que em situações análogas existe um fundamento análogo: por exemplo, que Domiciano tenha sido verdadeiro irmão de Tito é algo que nunca pude acreditar, no entanto acredito sim que também Vespasiano foi um marido enganado. –

No que diz respeito à segunda parte do nosso exposto princípio, logo, a hereditariedade do intelecto materno, isto goza de uma aceitação muito mais universal do que a primeira parte, à qual opõem-se o *liberum arbitrium*

---

11 "Esposa mal-afamada", "adúltera". (N. T.)

indifferentiae,¹² se a consideramos em si, e a simplicidade e indivisibilidade da alma, se a consideramos na sua concepção específica. Já a velha e popular expressão *Mutterwitz*¹³ atesta que o reconhecimento dado a essa segunda verdade data de longe, verdade que repousa na experiência feita de que os méritos intelectuais, tanto pequenos quanto grandes, são o dom daqueles cujas mães eram relativamente distinguidas pela inteligência. Que, ao contrário, as características intelectuais do pai não são transmitidas ao filho, comprova-o tanto os pais quanto os filhos de homens destacados pelas capacidades mais eminentes, na medida em que, via de regra, tais pais e filhos foram cabeças completamente comuns e sem um traço de dons espirituais paternos. Se, entretanto, produz-se uma exceção isolada contra essa experiência multiplamente confirmada, como por exemplo no caso de PITT e do seu pai lord CHATAM; temos então o direito, aliás, somos obrigados a atribuir tal exceção ao acaso, e certamente dos mais extraordinários, em vista da extrema raridade dos grandes talentos. Aqui vale, no entanto, a regra: é improvável que o improvável NUNCA aconteça. De resto, o que faz de alguém um grande estadista (como já mencionei no capítulo 22) são tanto as características de caráter, // herança paterna, quanto as vantagens da própria cabeça. Por outro lado, entre artistas, poetas e filósofos, únicos cujas realizações devem ser atribuídas ao GÊNIO propriamente dito, não conheço caso algum análogo àquele. É verdade que o pai de RAFAEL foi um pintor, mas mediano; o pai e o filho de MOZART foram músicos, mas medíocres. O que entretanto temos de admirar é que a sorte, que determinou para aqueles dois grandes homens, supremos em suas artes, uma duração de vida tão curta, cuidou para que, como uma espécie de compensação, lhes fosse economizada a perda de tempo na juventude, comum em muitos outros gênios, fazendo-lhes receber desde a infância, através do exemplo e da instrução paternos, a iniciação necessária na arte para a qual foram exclusivamente destinados, na medida em que os fizeram nascer no atelier em que deveriam trabalhar. Esse secreto e enigmático poder que parece reger a vida do indivíduo foi objeto de especiais considerações minhas apresentadas no

---

12 "Decisão livre da vontade não influenciada em direção alguma." (N. T.)
13 "Engenho materno", "espírito materno". (N. T.)

ensaio *Sobre a aparente intencionalidade no destino do indivíduo* (*Parerga*, I). — Observemos ainda aqui que certas ocupações científicas, é verdade, pressupõem boas capacidades inatas, todavia não propriamente raras e extraordinárias, e para as quais as principais exigências são empenho dedicado, diligência, paciência, instrução precoce, estudo continuado e muita prática. Daí, e não na hereditariedade do intelecto paterno, explica-se que universalmente o filho gosta de seguir o caminho do próprio pai, fazendo de certas ocupações o apanágio hereditário de algumas famílias, e daí também procede que em certas ciências, que requerem antes de tudo diligência e perseverança, algumas famílias mostrem uma sucessão de homens de mérito: tais são os Scaligers, Bernouillis, Cassinis, Herschels.

No que concerne à hereditariedade real do intelecto materno, o número de testemunhos seria bem maior do que o que temos, se o caráter e a destinação do sexo feminino não carregassem consigo o fato de que raramente as mulheres dão prova pública de suas capacidades espirituais, seguindo-se daí que os méritos delas não são historicamente reconhecidos e, portanto, não chegam ao conhecimento da posteridade. Além disso, // devido à constituição geralmente mais fraca do sexo feminino, essas capacidades mesmas jamais atingem na mulher o grau que, em circunstâncias favoráveis, podem passar para o filho: até mesmo em virtude de tudo isso, temos de ter um apreço proporcionalmente mais elevado das suas realizações. Em conformidade com isso, ocorrem-me apenas os seguintes exemplos como provas da nossa verdade. Joseph II era filho de Maria Theresa. — CARDANUS diz no terceiro capítulo de *De vita propria: mater mea fuit memoria et ingenio pollens*.[14] — No primeiro livro das *Confissões*, diz J.-J. ROUSSEAU: *La beauté de ma mère, son esprit, ses talents — elle en avait de trop brillans pour son état*,[15] e assim por diante, e cita então um gracioso *couplet*[16] escrito por ela. D'ALEMBERT era o filho ilegítimo de Claudine de Tencin, uma mulher de intelecto superior e autora de várias novelas e escritos afins que encontraram grande aprovação em sua

---

14 "Minha mãe destacava-se pela memória e pelo engenho." (N. T.)
15 "A beleza da minha mãe, seu espírito, seus talentos — ela os tinha muito brilhantes para a sua condição." (N. T.)
16 "Verso." (N. T.)

época e que ainda são fruíveis (cf. sua biografia em *Blättern für litterarische Unterhaltung*, março de 1845, n.71-73). — Que a mãe de Buffon tenha sido uma mulher destacada, comprova-o a seguinte passagem de *Voyage à Montbar*, por Hérault de Séchelles, que Flourens cita em *Histoire des travaux de Buffon*, p.288: *Buffon avait ce principe qu'en général les enfants tenaient de leur mère leurs qualités intellectuelles et morales: et lorsqu'il l'avait développé dans la conversation, il en faisait sur-le-champ l'application à lui-même, en faisant un éloge pompeux de sa mère, qui avait en effet, beaucoup d'esprit, des connaissances étendues, et une tête très bien organisée.*[17] Que ele também mencione as características morais, ou é um erro cometido pelo narrador, ou um erro baseado no fato de o acaso ter dado a sua mãe um caráter idêntico ao seu e ao do próprio pai. O contrário disso nos é oferecido por inumeráveis casos em que mãe e filho possuem caracteres opostos: eis por que em *Orestes* e *Hamlet* os maiores poetas dramáticos puderam expor mãe e filho em conflito hostil, no qual o filho entra em cena como o representante moral e vingador do próprio pai. Ao contrário, no caso inverso, se o filho entrasse em cena como representante moral e vingador da mãe contra o próprio pai, // seria algo revoltante e ao mesmo tempo quase risível. Isto repousa em que entre pai e filho há real identidade de essência, que é a vontade, mas entre mãe e filho existe mera identidade de intelecto, e mesmo esta de maneira condicional. Entre mãe e filho pode existir o maior contraste moral, entre pai e filho apenas um contraste intelectual. Também a partir deste ponto de vista deve ser reconhecida da lei sálica: a mulher não pode dar continuidade à linhagem. — Em sua breve autobiografia, Hume diz: *Our mother was a woman of singular merit.*[18] Sobre a mãe de Kant, a biografia mais recente de F. W. Schubert diz: "Segundo o próprio juízo do seu filho, ela era uma mulher de poderoso entendimento natural. Naqueles dias, quando havia tão pouca oportunidade para a instrução das moças, ela era excepcionalmente bem informada e mais tarde cuidou por si mesma da

---

17 "Buffon tinha esse princípio de que em geral as crianças tinham de sua mãe as qualidades intelectuais e morais: e quando o desenvolvia em sua conversação, de imediato aplicava-o a si mesmo, fazendo um elogio pomposo de sua mãe, que de fato tinha bastante espírito, conhecimentos vastos, e uma cabeça bastante organizada." (N. T.)

18 "Nossa mãe era uma mulher de mérito singular." [Trad. de Schopenhauer para o alemão: *Unsere Mutter war eine Frau von ausgezeichneten Vorzügen.*] (N. T.)

continuidade da própria instrução. — — Nos passeios, ela chamava a atenção do filho para todos os fenômenos da natureza e tentava explicá-los pelo poder de Deus". — Que a mãe de GOETHE era uma mulher de entendimento incomum, rica de espírito e ponderada, é agora de todos conhecido. Quanto não se escreveu sobre ela na literatura!, mas de seu pai nada: Goethe mesmo o descreve como um homem de capacidades medíocres. — A mãe de SCHILLER era receptiva à poesia e ela mesma escrevia versos, dos quais um fragmento pode ser encontrado em sua biografia escrita por SCHWAB. — BÜRGER, este autêntico gênio poético, ao qual cabe talvez o primeiro lugar entre os poetas alemães depois de Goethe, pois, em face de suas baladas, as de Schiller parecem frias e artificiais, forneceu um relato dos seus pais que para nós é significativo, e que seu amigo e médico ALTHOF, na sua biografia, publicada em 1798, repete com estas palavras: "É verdade que o pai de Bürger possuía vários tipos de conhecimento, segundo o tipo de estudos da época, além de ser um homem bom e honesto: todavia, ele gostava tanto do seu calmo conforto e do seu cachimbo de tabaco, como meu amigo costumava dizer, que sempre primeiro tinha de respirar fundo, // se precisasse usar um breve quarto de hora na instrução do seu filho. Sua esposa era uma mulher de dons espirituais dos mais extraordinários, que, no entanto, eram tão pouco cultivados, que com dificuldade aprendeu a escrever de modo legível. Bürger era da opinião de que sua mãe, com cultura apropriada, teria se tornado a pessoa mais famosa do seu sexo; embora por várias vezes ele tenha externado uma forte aversão aos diversos traços do seu caráter moral. No entanto, ele acreditava que tinha herdado alguns dispositivos de espírito da sua mãe, mas em relação ao próprio pai uma concordância de caráter moral". — A mãe de WALTER SCOTT era uma poetisa e relacionava-se com os belos espíritos do seu tempo, como o noticia o obituário de WALTER SCOTT de 24 de setembro de 1832, no *Globe* inglês. Que poemas de autoria de sua mãe foram publicados em 1789, eu o encontrei num artigo intitulado *Mutterwitz*, publicado por BROCKHAUS em *Blätter für litterarische Unterhaltung*, de 4 de outubro de 1841, que fornece uma longa lista de mães ricas de espírito e seus filhos famosos, dentre as quais gostaria de mencionar apenas duas: "A mãe de BACON era uma linguista destacada, que escreveu e traduziu várias obras e demonstrava em cada uma delas erudição, argúcia e gosto. — A mãe de BOERHAVE distinguiu-se por conhecimentos médicos". – Por outro lado, HALLER conservou-nos uma prova robusta da hereditariedade da fraqueza de espírito da mãe, quando diz: *E duabus patriciis sororibus, ob divitias maritos nactis, quum tamen fatuis essent proximae, novimus in nobilissimas gentes nunc a seculo retro ejus morbi manasse seminia, ut etiam in quarta generatione, quintave, omnium posterorum aliqui fatui supersint.* (*Elementa physiol.*, L. XXIX, §8).[19] – Segundo ESQUIROL, também a loucura é herdada com mais frequência da mãe, não do pai. Mas se for herdada deste, eu a atribuo às disposições de ânimo cujos efeitos a ocasionaram.

O nosso princípio parece ter por consequência que os filhos da mesma mãe têm iguais faculdades espirituais, e, se um for sumamente talentoso, também o outro teria de sê-lo. De tempos em tempos é assim: exemplos são os CARRACCI, Joseph e Michael HAYDN, Bernard e Andreas ROMBERG, Georg e Friederich CUVIER: // eu também acrescentaria os irmãos SCHLEGEL; se o mais jovem, Friedrich, pelo vergonhoso obscurantismo praticado no último quarto de sua vida conjuntamente com Adam Muller, não se tivesse feito indigno da honra de ser mencionado ao lado do seu excelente, inatacável e destacado irmão, August Wilhelm. Pois obscurantismo é um pecado, talvez não contra o Espírito Santo, mas certamente contra o espírito humano, e que por isso nunca deve ser perdoado, mas deve-se guardar implacável rancor contra quem culpadamente o praticou e em toda ocasião possível mostrar-lhe desprezo, pelo tempo em que viver, e mesmo depois da sua morte. – Mas a acima mencionada consequência amiúde não se segue; como, por exemplo, no caso do irmão de Kant, que era um homem totalmente comum. Para explanar isso, recordo o que foi dito no Capítulo 31 sobre as condições fisiológicas do gênio. Não apenas é exigido um cérebro extraordinariamente desenvolvido, e figurado estritamente para o fim requerido (parte que cabe à mãe), mas também um movimento de coração bastante enérgico para animá-lo, isto é, subjetivamente uma vontade apaixonada,

---

19 "Duas irmãs, de origem aristocrática, encontraram marido em virtude da riqueza delas, embora fossem quase completamente imbecis; ora, sabemos que desde um século os gérmens dessa doença penetraram nas famílias mais nobres, de modo que, até a quarta ou quinta geração, alguns dos seus descendentes são idiotas." (N. T.)

um temperamento vivaz: esta é a herança do pai. Porém, esta encontra-se em sua plenitude apenas nos anos mais vigorosos do pai, e a mãe envelhece mais rapidamente ainda. Em conformidade com isso, os filhos sumamente talentosos, via de regra, são os mais velhos, engendrados na plena força de ambos os genitores: assim, o irmão de Kant era onze anos mais jovem que ele. Mesmo no caso de dois irmãos destacados, o mais velho será, via de regra, o mais excelso. Mas não só a idade, também cada decréscimo passageiro das forças vitais, ou outros distúrbios de saúde dos pais no momento da procriação, pode atrofiar o aporte de um ou de outro dos pais, e impedir o aparecimento de um raro e eminente talento. Dito de passagem, é a ausência de todas as diferenças que acabamos de assinalar que, nos gêmeos, é a causa da quase identidade do seu ser.

Se casos isolados podem ser encontrados em que um filho altamente talentoso não teve uma mãe espiritualmente destacada; isso pode ser explanado pelo fato de que essa mãe mesma tivera um pai fleumático, pelo que o cérebro incomumente desenvolvido dela não fora adequadamente animado pela correspondente energia da circulação sanguínea // — uma exigência que eu explicitei acima, no capítulo 31. No entanto, o sistema nervoso e cerebral extremamente perfeito dela teria sido legado ao filho, que neste caso teria, além disso, um pai animado e apaixonado, com enérgica atividade do coração, pelo que aqui teria aparecido nele a outra condição somática da grande força espiritual. Talvez este tenha sido o caso de BYRON; pois em lugar algum encontramos mencionados os méritos espirituais da sua mãe. — A mesma explanação vale ainda para o caso de uma mãe de um filho genial, destacada em termos de talentos espirituais, porém ela mesma teria tido uma mãe desprovida de espírito; é que o pai desta última teria sido fleumático.

O desarmônico, desigual, oscilante no caráter da maioria das pessoas talvez pudesse provir de o indivíduo não ter uma origem simples, mas receber a vontade do pai, e o intelecto da mãe. Quanto mais heterogêneos e inadequados os pais foram um em relação ao outro, tanto maior será essa desarmonia, esse conflito íntimo no caráter. Enquanto alguns são excelsos pelo seu coração, outros pela sua cabeça, há outros cuja vantagem reside apenas numa certa harmonia e unidade de todo o ser, nascida de que neles coração e cabeça são tão completamente adequados um ao outro que se apoiam reciprocamente; isto nos leva a conjecturar que os seus pais tinham uma especial adequação e concordância entre si.

No que concerne ao aspecto fisiológico da nossa teoria aqui exposta, quero apenas mencionar que BURDACH, apesar de assumir erroneamente que a mesma característica psíquica pode ser herdada tanto do pai quanto da mãe, acrescenta (*Physiologie als Erfahrungswissenschaft*, v. I, § 306): "Tomado em seu conjunto, o elemento masculino tem mais influência na determinação da vida irritável, e o elemento feminino, ao contrário, mais na determinação da sensibilidade". — Também se pode acrescentar a tudo isso o que LINEU diz no *Systema naturae*, t. I, p.8: *Mater prolifera promit, ante generationem, vivum compendium* medullare *novi animalis, suique simillimi, carinam Malpighianam dictum, tanquam plumulam vegetabilium: hoc ex genitura* Cor adsociat ramificandum in corpus. *Punctum enim saliens ovi incubantis avis ostendit // primum cor micans, cerebrumque cum medulla: corculum hoc, cessans a frigore, excitatur calido halitu, premitque bulla aërea, sensim dilatata, liquores, secundum canales fluxiles. Punctum vitalitatis itaque in viventibus est tanquam a prima creatione continuata medullaris vitae ramificatio, cum ovum sit gemma medullaris matris a primordio viva, licet non sua ante proprium cor paternum.*[20]

Se colocamos em conexão a convicção que agora obtivemos, a respeito da hereditariedade do caráter paterno e do intelecto materno, com a nossa consideração anterior da enorme distância colocada pela natureza entre uma pessoa e outra, tanto do ponto de vista moral, quanto intelectual, e se ademais acrescentamos o nosso conhecimento da completa imutabilidade tanto do caráter quanto das capacidades espirituais; então seremos con-

---

20 "Uma mãe fértil produz, antes da procriação, um vivo esquema *medular* do novo animal, que se lhe assemelha completamente, e é denominado *carinam malpighiana*, semelhante à *plumulam* dos vegetais: após a procriação, o *coração* junta-se a essa forma, em vista de ramificá-la no corpo. De fato, o ponto saliente no ovo que a ave incuba, mostra em princípio um coração que palpita e um cérebro com a medula: esse pequeno coração sob a influência do frio é estimulado a bater com o ar quente, e pressiona os fluidos através dos canais por meio de uma vesícula que gradualmente expande-se. E assim, o ponto de vitalidade nos seres vivos é, por assim dizer, como uma ramificação medular da vida, que prossegue a partir da procriação, pois o ovo é uma *gema medular da mãe*, viva desde o primeiro momento, embora não tenha vida própria antes de receber o *coração paterno*." (N. T.)

duzidos à perspectiva de que uma real e fundamental melhoria do gênero humano pode ser alcançada não tanto a partir do exterior, mas sim a partir do interior, logo, não tanto por doutrinamento e formação, mas antes pelo caminho da geração. Platão já tivera isso em mente quando, no quinto livro de sua *República*, expôs o seu extravagante plano de multiplicação e enobrecimento da sua casta guerreira. Se se pudesse castrar todos os patifes e enviar todos os estúpidos para um mosteiro, e providenciar aos homens de caráter nobre um harém, e procurar homens, de fato os homens íntegros, para todas as moças de espírito e entendimento; então logo nasceria uma geração que produziria uma idade superior à do século de Péricles. — No entanto, sem entrar em tais planos utópicos, pode-se levar em consideração que, se a pena de castração fosse a segunda mais dura depois da pena de morte, como efetivamente foi, se não estou enganado, o caso de alguns povos antigos, então ter-se-ia erradicado do mundo linhagens inteiras de patifes; e tanto mais certamente que, é bem sabido, a maioria dos crimes são cometidos entre as idades de 20 e 30 anos. Da mesma forma, poder-se-ia ponderar se, em vista das consequências, não seria mais proveitoso que os dotes públicos oferecidos em certas ocasiões especiais não fossem mais outorgados, como sucede agora, às moças pretensamente mais virtuosas, mas sim às mais bem--dotadas de entendimento e espirituosas; especialmente porque é muito difícil emitir um juízo em matéria de virtude: // pois, como se diz, apenas Deus vê os corações; as ocasiões para manifestar um caráter nobre são raras e sujeitas ao acaso; ademais, a virtude de muitas moças apoia-se firmemente em sua feiura: ao contrário, aqueles que estão eles mesmos bem-dotados de entendimento podem julgar sobre ele com grande segurança após um breve exame. — Uma outra aplicação prática é a seguinte. Em muitos países, inclusive no Sul da Alemanha, predomina o péssimo costume de mulheres transportarem cargas, muitas vezes bem pesadas, sobre as suas cabeças. Isso deve fazer um efeito prejudicial sobre o cérebro; com o que este se deteriora progressivamente nas mulheres do povo, e, como é a partir do sexo feminino que o masculino recebe o seu, o povo todo torna-se cada vez mais estúpido; ora, em muitos casos isto já não é mais necessário. Erradicando esse costume, portanto, o quantum de inteligência em todo o povo seria aumentado, o que seguramente promoveria o grande incremento da riqueza nacional.

Mas deixemos agora tais aplicações práticas aos outros, e voltemos ao nosso ponto de vista particular, logo, ao ponto de vista ético-metafísico; e veremos que a conexão do conteúdo do capítulo 41 com o conteúdo do presente capítulo 43 apresentar-nos-á o seguinte resultado que, apesar de toda a sua transcendência, possui no entanto um imediato apoio empírico. — Trata-se do mesmo caráter, e por conseguinte da mesma vontade individualmente determinada, que vive em todos os descendentes de uma linhagem, desde o seu remoto ancestral até o primogênito atual. Só que em cada um deles há um outro intelecto para o caráter, logo, um outro grau e um outro modo de conhecimento. Com isso, a cada um, a vida apresenta-se de forma diferente e numa outra luz: recebe uma nova perspectiva, uma nova instrução. Sem dúvida, como o intelecto extingue-se com o indivíduo, essa vontade não pode suplementar diretamente a intelecção ligada a tal decurso de vida com a intelecção ligada a um outro decurso de vida. Somente em consequência de cada nova perspectiva fundamental da vida, que somente uma renovada personalidade pode fornecer, é que seu querer mesmo recebe uma outra direção, experimenta portanto uma modificação, e, o que é mais importante, a vontade há ou de afirmar de novo a vida ou negá-la. Desse modo, // esse arranjo natural derivado da combinação necessária de ambos os sexos na procriação, arranjo que associa, numa mudança constante, a conexão de uma vontade com um intelecto, torna-se a base de uma ordem da salvação. Pois devido a esse arranjo, a vida não cessa de apresentar novos aspectos para a vontade (da qual a vida é imagem e espelho), dando voltas, por assim dizer, sem cessar diante dos seus olhos, o que sempre lhe permite ensaiar diferentes modos de intuição, de tal forma que a partir de cada um destes a vontade possa decidir pela afirmação ou pela negação, ambas as quais estão constantemente abertas a ela; só que, uma vez que ela resolveu-se pela negação, todo o fenômeno, junto com a morte, desaparece para ela. Por conseguinte, é essa renovação incessante, e essa completa mudança do intelecto, proporcionando uma nova visão de mundo à mesma vontade, o que mantém aberto o caminho da salvação, mas o intelecto mesmo vem da mãe; e talvez aqui resida o fundamento profundo devido ao qual todos os povos (com muito poucas e oscilantes exceções) abominam e proíbem o casamento entre irmãos, sim, até mesmo por isso um amor sexual não surge de modo algum entre irmãos, a não ser em raríssimas exceções, devido a uma perversidade natural dos impulsos, quando não pela ilegitimidade de um deles. Pois de um casamento entre irmãos nada poderia resultar senão sempre a mesma vontade com o mesmo intelecto, tal como já existem unidos em ambos os genitores, logo o resultado seria a repetição desesperançada da aparência já existente.

Se agora apreendemos no detalhe e bem de perto a inacreditavelmente grande e, no entanto, explícita diversidade dos caracteres, encontrando aqui um tão bom e benevolente, o outro tão malvado, sim, cruel, ali um justo, honesto e sincero, o outro completamente falso, hipócrita, vigarista, traidor, patife incorrigível; então se nos abre um abismo da consideração, na medida em que inutilmente meditamos sobre a origem de uma tal diversidade. Hindus e buddhistas resolvem o problema dizendo: "é a consequência dos atos praticados no decurso de vida anterior". Essa solução é em verdade a mais antiga, bem como a mais apreensível e procede dos mais sábios da humanidade: mas isto apenas afasta a questão. // E, no entanto, é difícil encontrar uma solução que mais nos satisfaça. Do ponto de vista de toda a minha doutrina, só me resta ainda dizer que, aqui, onde falamos da vontade como coisa em si, o princípio de razão, como mera forma da aparência, não encontra mais aplicação, e com ele perdem sentido todos os "porquê" e "de onde". A absoluta liberdade consiste justamente em que algo não está submetido ao princípio de razão como o princípio de toda necessidade: uma tal liberdade, por conseguinte, provém apenas da coisa em si, mas esta é precisamente a vontade. Esta encontra-se em sua aparência, portanto *in operari*, submetida à necessidade: *in esse*, contudo, em que determinou-se como coisa em si, é LIVRE. Ora, assim que chegamos neste ponto, como acontece aqui, cessa toda explanação por meio de fundamentos e consequências, e nada mais nos resta senão dizer: aqui se exterioriza a verdadeira liberdade da vontade, que lhe pertence, na medida em que é a coisa em si, que precisamente como tal é sem fundamento, isto é, para essa liberdade não há porque algum. Justamente por isso cessa para nós aqui todo entendimento; porque nosso entendimento repousa no princípio de razão, na medida em que consiste na mera aplicação deste.

Capítulo 44
METAFÍSICA DO AMOR SEXUAL

Ihr Weisen, hoch und tief gelahrt.
Die ihr's ersinnt und wißt,
Wie, wo und wann sich Alles paart?
Warum sich's liebt und küßt?
Ihr hohen Weisen, sagt mir's an!
Ergrübelt, was mir da,
Ergrübelt mir, wo, wie und wann,
Warum mir so geschah?[1]

                       Bürger

Este capítulo é o último de uma série de quatro, cujas relações diversas e recíprocas formam, por assim dizer, um todo subordinado, que o leitor atento // reconhecerá sem que eu precise, através de referências e remissões aos outros capítulos, interromper a minha exposição.

É costume vermos os poetas ocupados principalmente com a descrição do amor entre os sexos. Este é, via de regra, o tema capital de todas as obras dramáticas, tanto trágicas quanto cômicas, tanto românticas quanto clássicas, tanto indianas quanto europeias: ele é também, em larga escala, o estofo da maior parte da poesia lírica, bem como da épica; especialmente

---

[1] "Vós, sábios de alta e profunda erudição, / Que meditais e sabeis, / Como, onde e quando tudo se une. / Por que tudo se ama e se beija? / Vós, grandes sábios, instruí--me! / Revelai-me o que sinto. / Revelai-me onde, como e quando, / Por que tudo isso me aconteceu." (N. T.)

se quisermos acrescentar a esta o grande número dos romances que, há séculos, em todos os países civilizados da Europa são gerados a cada ano tão regularmente como os frutos do solo. Todas essas obras, em seu conteúdo substancial, não passam de descrições multifacetadas, sucintas ou extensas da paixão ora em questão. As mais bem-sucedidas dessas descrições, como por exemplo *Romeu e Julieta*, a *Nova Heloísa*, o *Werther*, alcançaram fama imortal. Se, todavia, LA ROUCHEFOUCAULD é da opinião de que o amor apaixonado é como os fantasmas, dos quais todos falam mas ninguém viu; e de maneira semelhante, LICHTENBERG, em seu ensaio *Über die Macht der Liebe*, contesta e nega a realidade e conformidade à natureza dessa paixão; então ambos cometem um grande erro. Pois é impossível que algo alheio à natureza humana e tão contrário a ela, portanto, mero conto da carochinha, pudesse ter sido exposto de modo incansável em todos os tempos pelo gênio poético e acolhido com interesse inalterável pela humanidade; pois, sem verdade, não pode existir belo artístico algum:

Rien n'est beau que le vrai; le vrai seul est aimable.[2]
Boil

Ademais, a experiência, embora não a cotidiana, via de regra também confirma que aquilo a aflorar apenas como uma inclinação vivaz, todavia ainda controlável, pode sob certas circunstâncias aumentar até uma paixão que excede a qualquer outra em veemência, e então põe de lado todas as considerações, ultrapassa todos os obstáculos com a mais inacreditável força e perseverança e, para sua satisfação, arrisca a vida sem hesitar, sim, se tal satisfação é recusada, a pessoa sacrifica o viver. Os Werthers e Jacopo Ortis não existem só // nos romances; mas a cada ano na Europa há para mostrar-se deles pelo menos uma meia dúzia: *sed ignotis perierunt mortibus illi*:[3] pois seus sofrimentos não encontram outros cronistas senão os escrivães de protocolos oficiais, ou os repórteres dos jornais. Os leitores dos levantamentos judiciário-policiais em diários ingleses e franceses atestarão a

---

2 "Só o verdadeiro é belo; somente o verdadeiro é amável." (N. T.)
3 "Todavia tiveram uma morte ignorada." (N. T.)

correção das minhas declarações. Mas ainda maior é o número daqueles que a referida paixão conduz ao hospício. Por fim, cada ano há de mostrar um e outro caso de suicídio em comum de um par de amantes transtornado por circunstâncias exteriores; aqui, entretanto, permanece-me inexplicável como pessoas que, certas do amor mútuo, esperando encontrar no deleite deste a mais elevada bem-aventurança, preferem, por diligências exteriores, não enfrentar todas as situações e padecer cada desventura, renunciando, com a vida, a uma felicidade além da qual, para eles, nenhuma outra maior é pensável. — No que diz respeito aos graus inferiores e aos meros acessos dessa paixão, cada um os tem cotidianamente diante dos olhos e, enquanto não é velho, na maioria das vezes também no coração.

Portanto, segundo aquilo aqui trazido à recordação, não se pode duvidar da realidade nem da importância da coisa, e dever-se-ia, em vez de admirar que também um filósofo trate desse tema, constante em todos os poetas, admirar antes que um assunto a desempenhar papel tão significativo na vida humana até agora quase não tenha sido tomado em consideração pelos filósofos e coloque-se perante nós como um estofo não trabalhado. Quem mais se ocupou com ele foi PLATÃO, especialmente em *O banquete* e *Fedro*: todavia, o que alega se circunscreve ao domínio dos mitos, fábulas e ditos espirituosos, e concerne na maior parte das vezes apenas à pederastia grega. O pouco que ROUSSEAU diz no *Discurso sobre a desigualdade* (p.96, ed. Bip.) sobre nosso tema é falso e insuficiente. A abordagem feita por KANT do objeto, na terceira parte de seu ensaio *Sobre o sentimento do belo e do sublime* (p.435 et seq., edição Rosenkranz), é bastante superficial e sem conhecimento do assunto, por conseguinte, em parte, também incorreta. Por fim, o tratamento dado ao assunto por PLATNER em sua *Antropologia*, § 1347 et seq., // qualquer um achará rasteiro e leviano. Por outro lado, a definição de ESPINOSA, devido à sua ingenuidade extremada, merece ser mencionada para regozijo: *Amor est titillatio, concomitante idea causae externae*[4] (*Eth*., IV, prop. 44, dem.). Por conseguinte, não tenho predecessores para usar, nem para refutar: o assunto impôs-se a mim de maneira objetiva e entrou por si mesmo na concatenação da minha consideração de mundo. — A propósito, a mais ínfima aprovação

---

4 "O amor é prazer acompanhado da ideia de uma causa exterior." (N. T.)

tenho a esperar precisamente daqueles que são dominados por essa paixão e procuram, então, expressar seus sentimentos extremados nas imagens as mais sublimes e etéreas: para eles, a minha visão aparecerá demasiado física, demasiado material; por mais que no fundo seja metafísica, sim, transcendente. Tais pessoas, por instantes, poderiam ter em mente que o objeto amoroso de seu entusiasmo, merecedor de madrigais e sonetos, se tivesse nascido dezoito anos antes, não ganharia delas quase nenhum olhar.

Pois todo enamorar-se, por mais etéreo que possa parecer, enraíza-se unicamente no impulso sexual, sim, é absolutamente apenas um impulso sexual mais bem determinado, mais bem especializado, mais bem individualizado no sentido rigoroso do termo. Quando, então, retendo-se firmemente isso, considera-se o papel importante que o impulso sexual desempenha, em todas as suas gradações e nuances, não só nas peças de teatro e romances, mas também no mundo real, onde ele, ao lado do amor à vida, dá mostras de si como a mais forte e ativa das molas impulsoras, absorve ininterruptamente a metade das forças e pensamentos da parte mais jovem da humanidade, é a meta final de quase todo esforço humano, exerce influência prejudicial nos mais importantes casos, interrompe a toda hora as mais sérias ocupações, às vezes põe em confusão até mesmo as maiores cabeças, não tem pejo de se intrometer e atrapalhar, com toda sua bagagem, as negociações dos homens de Estado e as investigações dos eruditos, consegue inserir seus bilhetes de amor e suas madeixas até nas pastas ministeriais e nos manuscritos filosóficos, urde diariamente as piores e mais intricadas disputas, rompe as relações mais valiosas, desfaz os laços mais estreitos, às vezes toma por vítima a vida, ou a saúde, às vezes a riqueza, a posição e a felicidade, // sim, faz do outrora honesto um inescrupuloso, do até então leal um traidor, por conseguinte, entra em cena em toda parte como um demônio hostil, que a tudo se empenha por subverter, confundir e passar a rasteira; — quando se considera tudo isso, é-se levado a exclamar: Para que o barulho?! Para que o ímpeto, o furor, a angústia e a aflição? Trata-se aqui simplesmente de cada João encontrar a sua Maria:* por que uma tal ninharia deveria desempenhar

---

* Não pude aqui exprimir-me de maneira mais apropriada: o leitor benévolo pode, por conseguinte, traduzir a frase para uma linguagem aristofanesca.

um papel tão importante e trazer sem cessar perturbação e confusão para a vida humana bem regrada? – Mas ao investigador sério o espírito da verdade desvela aos poucos a resposta: não se trata aqui de uma ninharia; antes, a importância da coisa é perfeitamente adequada à seriedade e ao ardor das impulsões. O fim último de toda disputa amorosa, seja ela com borzeguim ou coturno, é realmente mais importante que todos os outros fins da vida humana, e, portanto, merece por inteiro a seriedade profunda com a qual cada um o persegue. De fato, o que aí é decidido não é nada menos senão A COMPOSIÇÃO DA PRÓXIMA GERAÇÃO. As *dramatis personae*[5] que entrarão em cena quando dela sairmos, são aqui, segundo sua existência e índole, determinadas mediante essas tão frívolas disputas amorosas. Assim como o ser, a *existentia* dessas pessoas vindouras é condicionada por nosso impulso sexual em geral, do mesmo modo a essência, a *essentia* das mesmas o é pela escolha individual para satisfação desse impulso, isto é, o amor sexual, e é assim estabelecida de modo irrevogável em todos os aspectos. Essa é a chave do problema: nós a conheceremos melhor, pelo uso, se percorrermos os graus do enamorar-se, da mais fugaz inclinação até a mais veemente paixão, quando reconheceremos que a diferença das mesmas origina-se do grau de individualização da escolha.

As completas DISPUTAS AMOROSAS da geração presente tomadas em conjunto são, pois, para todo o gênero humano, a séria *meditatio compositionis generationis futurae, e qua iterum pendent innumerae generationes.*[6] // Sobre essa elevada importância da contenda, na qual não se trata, como nas outras, do bem e mal INDIVIDUAIS, mas da existência e constituição especial do gênero humano nos tempos vindouros, e, em consequência, a vontade do indivíduo entra em cena numa mais elevada potência, como vontade da espécie, é sobre essa importância que repousa o patético e sublime das contendas amorosas, o transcendente dos seus enlevos e das suas dores, e que, há séculos, em inumeráveis exemplos, os poetas não se cansam de expor; porque nenhum tema pode igualá-lo em interesse, já que, enquanto concerne ao bem e mal da ESPÉCIE, está para todos os demais temas, que concernem apenas ao bem

---

5 "Personagens do drama." (N. T.)
6 "Meditação sobre a composição da geração futura, da qual dependem, por sua vez, inumeráveis outras gerações." (N. T.)

do indivíduo, como os corpos o estão para a superfície plana. Justamente por isso é tão difícil conferir interesse a um drama sem disputas amorosas, e, por outro lado, apesar de objeto das conversações diárias, o referido tema nunca se deteriora.

O que se anuncia na consciência individual como impulso sexual em geral e sem orientação para um indivíduo determinado do outro sexo, é simplesmente a Vontade de vida em si mesma e exterior à aparência. O que, entretanto, aparece na consciência como impulso sexual orientado para um indivíduo determinado é a Vontade de vida em si mesma como um indivíduo precisamente determinado. Neste caso, então, o impulso sexual, embora em si uma necessidade subjetiva, sabe tomar de modo bastante hábil a máscara de uma admiração objetiva e, assim, ilude a consciência: pois a natureza precisa desse estratagema para atingir seus fins. Contudo, por mais objetiva e sublime que possa parecer essa admiração, todo enamoramento tem em mira unicamente a procriação de um indivíduo de determinada índole, o que se confirma no fato de o essencial não ser a simples correspondência amorosa, mas a posse, isto é, o gozo físico. A certeza daquela não pode de modo algum consolar a ausência deste: antes, em semelhantes condições, muitos já meteram uma bala na cabeça ou no peito. Em contrapartida, pessoas fortemente enamoradas, se não podem obter a correspondência amorosa, contentam-se com a posse, isto é, o gozo físico. Disso dão provas todos os casamentos forçados, bem como os tão frequentes favores comprados de uma mulher, apesar de sua aversão, // com valiosos presentes ou outros sacrifícios, e também os casos de estupro. Que esta criança determinada seja procriada, eis o verdadeiro, embora inconsciente para seus partícipes, objetivo de todo romance de amor: a maneira de atingi-lo é assunto secundário. – Por mais alto que possam gritar, também aqui, as almas elevadas e sentimentais, sobretudo as enamoradas, contra o realismo áspero da minha visão; digo-lhes que cometem erro. Pois não é a determinação precisa das individualidades da próxima geração um fim muito mais elevado e mais digno que aqueles seus sentimentos extremados e bolas de sabão suprassensíveis? Sim, pode haver entre os fins terrenos um mais importante e elevado? Apenas ele corresponde à profundeza com a qual o amor apaixonado é sentido, a seriedade com a qual este entra em cena, e a importância que atribui até às mais insignificantes ninharias que o cercam e ocasionam. Só quando se concebe ESTE fim como o verdadeiro é que os subterfúgios, os esforços e suplícios infindos para alcançar o objeto amado aparecem como adequados à coisa. Pois é a geração vindoura em toda a sua determinação individual que, mediante aquelas impulsões e esforços, adquire ímpeto para a existência. Sim, ela mesma já se aviva na escolha circunspecta, determinada e obstinada da satisfação do impulso sexual, chamado amor. A inclinação crescente entre dois amantes é, propriamente falando, já a vontade vital do novo indivíduo, que eles podem e gostariam de procriar; sim, já no encontro dos seus olhares plenos de anelo acende-se a nova vida, anunciando-se como uma individualidade vindoura harmônica e bem constituída. Eles sentem o anelo para uma efetiva união e fusão num único ser, para, assim, apenas nele continuarem a viver; tal anelo se satisfaz na criança procriada por eles, na qual as qualidades hereditárias de ambos continuam a viver fundidas e unidas num único ser. Pelo contrário, a aversão mútua, firme e persistente entre um homem e uma moça é o indicador de que a criança que poderiam procriar seria apenas um ser mal organizado, em si desarmônico e infeliz. Por isso há um sentido profundo // em Calderón introduzir a horrenda Semíramis, a quem denomina de filha do vento, como a filha de um estupro ao qual seguiu-se o assassinato do esposo.

O que, por fim, atrai com tal poder e exclusividade dois indivíduos de sexo diferente um em direção ao outro é a Vontade de vida que se expõe em toda a espécie, e aqui, numa objetivação que corresponde aos seus fins, antecipa a sua essência no indivíduo que ambos podem procriar. Esse indivíduo terá do pai a vontade, ou caráter, da mãe o intelecto, de ambos a constituição corporal: no entanto, na maioria das vezes a figura se ajustará mais à do pai, a grandeza mais à da mãe — conforme a lei de procriação híbrida dos animais, baseada sobretudo em que a grandeza do feto tem de se ajustar à grandeza do útero. Tão inexplicável quanto toda individualidade particular e exclusivamente específica de cada humano é também toda paixão particular e individual entre dois amantes; — sim, no fundamento mais profundo ambas são uma única e mesma coisa: na primeira está *explicite* o que na última era *implicite*. Deve-se considerar como o primeiro instante de nascimento de um novo indivíduo e o verdadeiro *punctum saliens*[7] de sua vida, justamente aquele em que os seus pais começam a se amar — *to fancy each other*,[8] segundo uma muito correta expressão inglesa — e, como dito, no encontro e enlace de seus olhares anelados nasce a primeira semente do novo ser que, todavia, como todas as sementes, murcha na maioria das vezes. Esse novo indivíduo é, de certo modo, uma nova Ideia (platônica): e assim como todas as Ideias esforçam-se com a maior veemência para entrarem na aparência, agarrando com avidez a matéria que a lei de causalidade reparte entre elas; também essa Ideia particular de uma individualidade humana esforça-se com a maior avidez e veemência por sua realização na aparência. Essa avidez e veemência é justamente a paixão de um pelo outro dos futuros pais. Essa paixão tem inumeráveis graus, cujos extremos pode-se designar como Ἀφροδίτη πάνδημος e οὐρανία:[9] — todavia, segundo a essência, ela é a mesma em toda parte. Mas, segundo o grau, será tanto mais potente // quanto mais INDIVIDUALIZADA for, isto é, quanto mais o indivíduo amado, em virtude de todas as suas partes e qualidades, é exclusivamente apto a satisfazer o desejo e a necessidade, estabelecidos por sua própria individualidade, do indivíduo que ama. Na sequência do texto ficará mais claro do que se trata aqui. Em primeiro lugar, e por essência, a inclinação enamorada é orientada para a saúde, a força e a beleza, conseguintemente, para a juventude; porque a vontade, antes de tudo, reclama o caráter genérico da espécie humana, como a base de toda individualidade: o amor vulgar e cotidiano (Ἀφροδίτη πάνδημος) não vai muito além. A essas, logo em seguida juntam-se exigências mais especiais, que mais adiante investigaremos em detalhe, e com as quais, onde elas veem satisfação diante de si, a paixão aumenta. Os graus mais elevados desta, entretanto, originam-se daquela adequação de duas individualidades uma para com a outra, em virtude da qual a vontade, isto é, o caráter do pai e o intelecto da mãe plenificam em sua ligação precisamente aquele indivíduo no qual a Vontade de vida em geral, que se expõe em toda a espécie, sente um anelo adequado à sua grandeza, cujos motivos residem fora do âmbito do

---

7 "Ponto saliente." (N. T.)
8 "Entusiasmar-se um pelo outro." (N. T.)
9 "Amor vulgar e amor celeste." (N. T.)

intelecto individual, e que, por conseguinte, excede a medida de um coração mortal. Essa é, portanto, a alma de uma autêntica e intensa paixão. – Quanto mais perfeita, então, é a adequação mútua de dois indivíduos em cada um dos vários aspectos a serem considerados mais adiante, tanto mais forte será a sua paixão mútua. Como não há dois indivíduos totalmente iguais, tem de a cada homem determinado corresponder do modo o mais perfeito uma mulher determinada, – e isso sempre tendo em vista a criança a ser procriada. Tão raro, quanto o acaso desse encontro, é o autêntico amor apaixonado. Entretanto, como em cada um subsiste a possibilidade de semelhante amor, as exposições do mesmo nas obras poéticas são-nos compreensíveis. – Ora, justamente porque a paixão enamorada gira propriamente em torno da criança a ser procriada e suas características, e aqui reside seu núcleo, pode haver amizade entre dois jovens bem formados e de sexo distinto, em virtude da sua concordância de mentalidade, caráter e orientação espiritual, // sem que o amor sexual se imiscua; em relação a este pode até subsistir entre eles uma certa aversão. O fundamento deve ser procurado no fato de que, caso uma criança fosse procriada por eles, teria características corporais ou espirituais desarmônicas, ou seja, sua existência e índole não corresponderiam aos fins da Vontade de vida tal qual ela se expõe na espécie. Em caso oposto, apesar da heterogeneidade mental, de caráter e de orientação espiritual, apesar da aversão daí resultante, sim, hostilidade, o impulso sexual vem à tona e perdura; então, torna-os cegos para tudo o mais: e, se induz ao casamento, este será bastante infeliz. –

Passemos agora a uma investigação mais profunda do assunto. – O egoísmo é uma característica tão profundamente enraizada em toda individualidade em geral que, para estimular a atividade de um ser individual, os fins egoísticos são os únicos com os quais se pode contar com segurança. É verdade que a espécie tem sobre o indivíduo um direito anterior, mais rígido e maior que a efêmera individualidade: todavia, quando o indivíduo deve ser ativo e até prestar sacrifício para a conservação e o aprimoramento da espécie, a importância da questão pode não se tornar compreensível para o seu intelecto, calculado enquanto tal apenas para fins individuais e atuando de modo consequente com essa finalidade. Por conseguinte, em tal caso, a natureza só pode alcançar o seu fim se implantar no indivíduo uma certa ILUSÃO, em virtude da qual aparece como algo bom para si, o que em verdade é algo bom só para a espécie, de modo que serve a esta, enquanto presume servir a si mesmo; em todo esse processo uma efêmera quimera paira diante dele e se oferece como motivo no lugar de uma realidade. Essa ILUSÃO É O INSTINTO. Na maioria dos casos ele deve ser considerado como o sentido da ESPÉCIE, que expõe à vontade aquilo que é favorável à espécie. Mas como aqui a vontade tornou-se individual, ela tem de ser iludida de tal maneira que perceba pelo sentido do INDIVÍDUO aquilo que o sentido da espécie a ela apresenta; portanto, presume seguir um fim individual, enquanto na verdade persegue apenas um fim geral (tomando-se aqui a palavra na sua acepção própria). // A aparência exterior do instinto nós o observamos da melhor maneira nos animais, pois é nestes que seu papel é mais significativo; mas o seu processo interior, como toda interioridade, nós só o podemos aprender a conhecer em nós mesmos. Opina-se que o ser humano quase não tem instinto, quando muito o do recém-nascido, a fazê-lo procurar e agarrar o seio materno. Mas, em realidade, temos um instinto bem determinado, nítido, complicado sim, a saber, o da escolha tão sutil, séria e obstinada do outro indivíduo para a satisfação sexual. Essa satisfação nela mesma, ou seja, na medida em que é um gozo sensual baseado numa necessidade imperiosa do indivíduo, nada tem a ver com a beleza ou a fealdade do outro indivíduo. Portanto, a zelosa e persistente tomada de consideração das mesmas, ao lado da escolha que daí se origina, manifestamente não se relaciona com quem escolhe, embora ele o presuma, mas com o verdadeiro fim, a criança a ser procriada, na qual o tipo da espécie deve ser conservado do modo o mais puro e íntegro possível. Embora mediante mil acidentes físicos e contrariedades morais nasçam muitas degenerações da figura humana, ainda assim o tipo genuíno da mesma, em todas as suas partes, é sempre de novo restabelecido; graças à orientação do sentido da beleza, que todas as vezes se prepõe ao impulso sexual, e sem o qual este decai em uma necessidade repugnante. Em conformidade com isso, cada um, em primeiro lugar, preferirá resolutamente e cobiçará com veemência os indivíduos mais belos, isto é, aqueles nos quais o caráter da espécie é estampado do modo o mais puro; mas depois almejará no outro indivíduo especialmente AS perfeições que faltam a si; sim, até acharão belas as imperfeições que são o oposto das suas próprias: assim, por exemplo, homens pequenos procuram mulheres grandes, os louros amam as negras etc. – O arrebatamento vertiginoso que assalta o homem pela visão de uma mulher cuja beleza é para ele das mais adequadas, e lhe espelha a união com ela como o sumo bom, é justamente o SENTIDO DA ESPÉCIE, que, reconhecendo a estampa da espécie nitidamente impressa, gostaria de perpetuá-la. Sobre essa decisiva inclinação para a beleza repousa a conservação do // tipo da espécie: por isso a beleza faz efeito com tão grande poder. As considerações que a envolvem serão tratadas de modo especial mais adiante. O que, portanto, guia aqui a pessoa é realmente um instinto, orientado para o melhor da espécie, enquanto ela presume procurar apenas o supremo gozo pessoal. – Em realidade, temos aí uma revelação instrutiva sobre a essência íntima de TODO instinto que, quase sempre, como aqui, põe o indivíduo em movimento para o bem da espécie. Pois é manifesto que o cuidado com o qual o inseto busca uma determinada flor, ou fruto, ou esterco, ou carne, ou, como os ichneumonídios, uma larva estrangeira de inseto para APENAS LÁ depositar os seus ovos, e para atingir tal objetivo não evita canseira nem perigo, é bastante análogo àquele com o qual um homem, tendo em vista a satisfação sexual, escolhe cauteloso uma mulher de qualidade determinada que lhe apraza individualmente, e então esforça-se zeloso por ela; sendo que, para atingir esse fim, muitas vezes, a despeito da razão, sacrifica sua própria felicidade de vida mediante casamento insensato ou disputa amorosa que lhe custam poder, honra e vida, inclusive mediante crimes, como o adultério ou o estupro; tudo isso apenas para, em conformidade à em toda parte soberana vontade da natureza, servir à espécie do modo o mais conveniente possível, mesmo se às custas do indivíduo. Em toda parte, o instinto é como um fazer-efeito segundo um conceito de fim, e no entanto totalmente sem este. A natureza implanta o instinto lá onde o indivíduo que age seria incapaz de entender o fim ou se indisporia a persegui-lo: por conseguinte, via de regra, o instinto é dado apenas aos animais, de preferência aos mais abaixo na escala dos seres, possuidores de mínimo entendimento, mas, quase somente no caso aqui considerado, também ao humano, que em verdade poderia entender o fim, mas não o perseguiria com o ardor necessário, a saber, às custas do seu bem-estar individual. Aqui, portanto, como em todo instinto, a verdade assume a figura da ilusão, a fim de fazer efeito sobre a vontade. Uma ilusão voluptuosa é a que se espelha ao varão fazendo-o crer que encontrará nos braços de uma mulher, cuja beleza lhe apraz, um grande gozo, em vez de encontrá-lo nos braços de outra mulher qualquer; ou, direcionada exclusivamente para um ÚNICO indivíduo, convence com firmeza que a sua // posse lhe outorgaria uma felicidade extrema. Em consequência, o varão presume empregar esforço e sacrifício em favor do próprio gozo, enquanto os mesmos dão-se apenas para a conservação do tipo regular da espécie, ou em favor de uma individualidade bem determinada que deve chegar à existência, e só pode provir de tais pais. Tão completo é aqui o caráter do instinto, portanto, o existir de um agir segundo um conceito de fim e no entanto totalmente sem o mesmo, que quem é impulsionado por essa ilusão muitas vezes até detesta e gostaria de evitar o único fim que o direciona, a procriação: como ocorre em quase todas as ligações amorosas não conjugais. Em conformidade com o caráter exposto do assunto, cada enamorado, depois do gozo finalmente obtido, experimenta uma estranha decepção e espanta-se que algo cobiçado com tanto anelo não propicie mais do que aquilo alcançado em qualquer outra satisfação sexual; de modo que aí não se vê muito fomentado. O desejo sexual está para todos os desejos restantes como a espécie o está para o indivíduo, portanto, é como o infinito perante o finito. Mas a satisfação não é propriamente aproveitável senão à espécie e por isso não é acessível à consciência do indivíduo, que, aqui, animado pela vontade da espécie, com total sacrifício serviu a um fim que não era de todo o seu. Por conseguinte, cada enamorado, depois da realização final da grande obra, acha-se ludibriado: pois a ilusão desapareceu, por meio da qual o indivíduo foi aqui o enganado da espécie. Em acordo com isso, diz Platão com inteiro acerto: ἡδονὴ ἁπάντων ἀλαζονέστατον (*voluptas omnium maxime vaniloqua*).[10]

Tudo isso lança luz nova sobre os instintos e impulsos industriosos dos animais. Estes, sem dúvida, são também um tipo de ilusão que lhes simula o próprio gozo, enquanto trabalham assiduamente e com autoabnegação em favor da espécie, como quando o pássaro constrói seu ninho, o inseto

---

10 "Não há nada mais impostor que a volúpia." (N. T.)

procura o único lugar propício para os seus ovos ou faz caça a uma presa que para ele mesmo não é desfrutável mas tem de ser colocada ao lado dos ovos como alimento para as futuras larvas, as abelhas, as vespas, as formigas dedicam-se às suas construções engenhosas e a suas economias altamente complicadas. A todos eles, com certeza, guia // uma ilusão, a qual, a serviço da espécie, coloca a máscara de um fim egoístico. Eis provavelmente o único caminho para tornarmos compreensível o mecanismo INTERIOR ou subjetivo que se encontra no fundamento da exteriorização do instinto. Entretanto, no aspecto exterior, ou objetivo, os animais fortemente dominados pelo instinto, sobretudo os insetos, expõem-nos um predomínio do sistema nervoso glandular, isto é, SUBJETIVO, sobre o sistema OBJETIVO ou cerebral; donde é para concluir-se que são impulsionados não tanto por concepção correta, objetiva, mas por representações subjetivas estimuladoras de desejo, as quais nascem mediante a atuação do sistema glandular sobre o cérebro; logo, são impulsionados por uma certa ILUSÃO: e esse é o processo FISIOLÓGICO de todo instinto. — Para elucidação, ainda menciono como um outro exemplo, embora fraco, de instinto no humano, o apetite caprichoso das grávidas: ele parece originar-se de que a alimentação do embrião às vezes requer uma modificação particular ou determinada do sangue que lhe aflui; daí que o alimento a operar tal modificação logo apresenta-se à grávida como objeto de um anelo ardente, portanto, também aqui nasce uma ILUSÃO. Logo, a mulher tem um instinto a mais que o homem: e também nelas o sistema glandular é mais desenvolvido. — A partir da grande preponderância do cérebro entre os humanos, explica-se que eles tenham menos instintos que os animais, e mesmo os poucos que possuem podem ser com facilidade erroneamente direcionados. Desse modo, o sentido da beleza, que direciona instintivamente a escolha da satisfação sexual, é conduzido com erro quando degenera em tendência para a pederastia; análogo ao fato de a mosca-varejeira (*musca vomitoria*), em vez de, em conformidade ao instinto, pôr seus ovos na carne putrefata, os põe na flor do *arum dracunculus*, induzida pelo odor cadavérico desta planta.

Que no fundamento de todo amor sexual haja um instinto inteiramente direcionado para uma criança a ser procriada, isto obtém sua plena certeza mediante uma análise mais precisa do assunto, à qual não podemos nos furtar. – Antes de tudo, o homem está inclinado por natureza à inconstância no amor, a mulher à constância. O amor do homem // diminui sensivelmente a partir do momento em que obteve satisfação: quase qualquer outra mulher o excita mais do que aquela que já possui: ele anela pela variedade. O amor da mulher, ao contrário, aumenta justamente a partir desse momento; em consequência do fim da natureza, direcionado para a conservação e, por conseguinte, multiplicação a mais vigorosa possível da espécie. O homem pode, comodamente, procriar mais de cem crianças em um ano, se lhe estão à disposição um número igual de mulheres; a mulher, ao contrário, mesmo com tantos homens, só traz UMA criança ao mundo em um ano (excetuando-se o nascimento de gêmeos). Por isso ELE está sempre em busca de outras mulheres; ELA, ao contrário, apega-se firme a um único homem: pois a natureza a impele, instintivamente e sem reflexão, a conservar o provedor e protetor da futura prole. Em consequência, a fidelidade conjugal é artificial para o homem, para a mulher natural, e portanto o adultério da mulher, tanto em termos objetivos, devido às consequências, quanto em termos subjetivos, enquanto contrário à natureza, é muito mais imperdoável que o do homem.

Mas para ir mais a fundo no assunto e convencer de modo pleno que a satisfação com o outro sexo, por mais objetiva que possa parecer, é apenas um instinto mascarado, isto é, o sentido da espécie que se esforça por conservar o seu tipo, temos de investigar mais de perto as considerações que nos guiam nessa satisfação e nos aprofundar nas mais especiais dentre elas, por mais rara que seja, numa obra filosófica, a figuração das particularidades a serem aqui mencionadas. Essas considerações dividem-se nas que concernem imediatamente ao tipo da espécie, isto é, a beleza, nas que são direcionadas para às características psíquicas, e por fim nas meramente relativas, resultantes da exigência de correção ou neutralização mútua das unilateralidades e anomalias de ambos os indivíduos. Queremos passá-las em revista uma a uma.

A principal consideração que guia nossa escolha e inclinação é a IDADE. Em geral, isso é válido para os anos em que principia e termina a menstruação, entretanto damos decisiva preferência para o período entre os dezoito e os vinte e oito anos. Fora desses anos, ao contrário, nenhuma mulher pode nos excitar: uma mulher idosa, isto é, que não mais menstrua, // desperta nossa repugnância. Juventude sem beleza sempre provoca excitação: beleza sem juventude, não. – Manifestamente, a intenção inconsciente que nos guia aqui é a possibilidade de procriação em geral: por conseguinte, cada indivíduo perde em excitação para o outro sexo à medida em que se distancie do período mais favorável à reprodução ou concepção. – A segunda consideração é a SAÚDE: doenças agudas perturbam apenas passageiramente, já as crônicas, ou caquexias, repugnam – porque podem se transmitir à criança. – A terceira consideração é o ESQUELETO: porque é o fundamento do tipo da espécie. Depois da idade e da doença nada nos repele mais que uma figura deformada: à qual nem mesmo o mais belo rosto pode indenizar; antes, até mesmo o mais feio rosto, num corpo bem constituído, será incondicionalmente preferido. E mais: sentimos do modo o mais forte cada desproporção do esqueleto, por exemplo uma figura mirrada, retorcida, pernas curtas, também o andar coxo quando não é a consequência de um acidente exterior. Ao contrário, uma conformação corpórea notadamente bela pode compensar muitas deficiências: ela nos enfeitiça. A essa mesma consideração também pertence o elevado valor que todos atribuem à pequenez dos pés: baseado em que estes são um caráter essencial da espécie, pois nenhum animal possui o conjunto tarso e metatarso tão pequeno quanto o humano, o que se relaciona com o seu andar ereto: ele é um plantígrado. Em acordo com isso, diz JESUS SIRACH (26, 23: segundo a tradução melhorada de KRAUS): "Uma mulher bem talhada e de belos pés, é como colunas de ouro sobre bases de prata". Também os dentes nos são importantes; porque são essenciais à alimentação e particularmente hereditários. – A quarta consideração é uma certa ABUNDÂNCIA DE CARNE, portanto, uma predominância da função vegetativa, da plasticidade; porque promete ao feto rico alimento: por conseguinte, uma magreza extrema nos repele sobremaneira. Peitos femininos bem-dotados exercem sobre o sexo masculino uma atração incomum: porque, estando em conexão direta com as funções femininas de propagação, promete ao recém-nascido rico alimento. Ao contrário, mulheres gordas EM EXCESSO despertam nossa repulsa: a causa é que essa característica indica atrofia do útero, portanto, esterilidade; // isso não sabe a cabeça, mas o instinto. – Só a última consideração é sobre a BELEZA DO ROSTO. Também aqui, antes de tudo, são levadas em conta as partes ósseas; por conseguinte, é notado principalmente um belo nariz, e um nariz curto, arrebitado, estraga tudo. Uma curvatura pequena do nariz, para baixo ou para cima, já decidiu sobre a felicidade de vida de inumeráveis moças, e com acerto: pois vale o tipo da espécie. Uma boca pequena, com maxilas pequenas, é bastante essencial, como caráter específico do semblante humano, em oposição ao focinho dos animais. Um queixo fugidio, como que amputado, é particularmente repulsivo; porque *mentum prominulum*[11] é um traço característico e exclusivo da nossa espécie. Por fim se dá a consideração acerca dos belos olhos e da testa: estes relacionam-se com as características psíquicas, sobretudo com as intelectuais, herdadas da mãe.

As considerações inconscientes que, do outro lado, envolvem a inclinação das mulheres, nós, naturalmente, não podemos fornecê-las de modo tão preciso. Em geral, pode-se afirmar o seguinte. Elas dão preferência à idade dos 30 aos 35 anos, mesmo em relação aos anos da juventude, que em verdade oferecem a mais tocante beleza humana. O fundamento é que elas não são guiadas pelo gosto, mas pelo instinto, que nas idades mencionadas reconhece o apogeu da força de procriação. De maneira geral, elas observam pouco a beleza, em especial a do rosto: é como se tomassem para si a exclusividade de transmiti-la à criança. É sobretudo cativante para elas a força do homem e a coragem relacionada: pois estas prometem a procriação de crianças fortes e, ao mesmo tempo, um protetor valente. Cada defeito corporal do homem, cada desvio do tipo, pode, tendo em vista a criança, ser suprimido pela mulher no momento da procriação, desde que ela mesma seja irrepreensível nas mesmas partes, ou as exceda em sentido oposto. Excetuam-se apenas AS características do homem específicas do seu sexo e que, por conseguinte, a mãe não pode dar à criança; é o caso da estrutura masculina do esqueleto, ombros largos, ancas estreitas, pernas retas, força muscular, coragem, barba etc. Por isso, mulheres amam com frequência homens feios, mas nunca um homem // desprovido de masculinidade, porque elas não podem neutralizar essa carência.

O segundo tipo de considerações que estão no fundamento do amor sexual diz respeito às características psíquicas. Aqui encontraremos a

---

11 "Proeminência do mento." (N. T.)

mulher em geral atraída pelas características do coração ou caráter do homem, – herdadas do pai. Antes de tudo, a mulher é cativada pela firmeza da vontade, pela resolução e coragem, talvez também pela honradez e bondade de coração. Ao contrário, os méritos intelectuais não exercem sobre ela nenhum poder direto e instintivo; justamente porque NÃO são herdados do pai. A falta de inteligência não prejudica perante as mulheres: antes, uma força espiritual predominante, ou o gênio, como uma anomalia, até poderia fazer efeito desfavorável. Por isso, com frequência vê-se um homem bem instruído, espirituoso e amável ser preterido, por mulheres, em favor de outro feio, imbecil e rude. Também, às vezes, são feitos casamentos de amor entre seres altamente heterogêneos em termos espirituais: por exemplo, ELE é rude, forte e limitado, ELA delicada, refinada nos pensamentos, instruída, de senso estético etc.; ou ELE é genial e culto, ELA uma parva:

> Sic visum Veneri; cui placet impares
> Formas atque animos sub juga aënea
> Saevo mittere cum joco.[12]

O fundamento é que, aqui, predominam considerações completamente diferentes das intelectuais: as do instinto. No casamento alveja-se não o rico entretenimento espiritual, mas a procriação de crianças: trata-se de uma aliança dos corações, não das cabeças. É uma presunção vã e risível quando mulheres afirmam terem se enamorado pelo espírito de um homem, ou é a exaltação de um ser degenerado. – Homens, ao contrário, não são determináveis, no amor instintivo, pelas CARACTERÍSTICAS DE CARÁTER da mulher; por isso tantos Sócrates encontraram as suas Xantipas, por exemplo, Shakespeare, Albrecht Dürer, Byron etc. Aqui atuam as características INTELECTUAIS; porque são herdadas da mãe: todavia, sua influência é facilmente sobrepujada pelas da beleza corporal, a qual, tocando pontos mais essenciais, faz efeito mais imediato. Entrementes, mães tomadas pelo sentimento, ou após a // experiência daquela influência, e com o objetivo

---

12 "Assim quis Vênus, que se compraz em / Unir formas e mentes distintos sob jugo brônzeo, / E com isso se diverte." (N. T.)

de tornar as suas filhas atraentes para os homens, as fazem aprender belas-artes, línguas e semelhantes; com o que querem auxiliar o intelecto com meios artificiais, justamente como sucede nos casos das ancas e peitos. — Observe-se bem que aqui se trata exclusivamente da atração imediata, instintiva, unicamente a partir da qual resulta o ENAMORAMENTO propriamente dito. Que uma mulher inteligente e instruída aprecie o intelecto e espírito de um homem, que um homem, a partir de ponderação racional, examine e considere o caráter de sua noiva, em nada concerne à coisa da qual se trata aqui: tudo isso fundamenta uma escolha racional visando ao casamento, não ao amor apaixonado, que é o nosso tema.

 Até aqui levei em conta apenas as considerações ABSOLUTAS, isto é, que valem para qualquer um: chego agora às RELATIVAS, que são individuais; porque com estas se tem em mira retificar o tipo da espécie que se expõe já deficiente, corrigir os desvios do mesmo portados em si pela própria pessoa que escolhe, para assim reconduzir a uma exposição pura do tipo. Aqui, pois, cada um ama o que lhe falta. Oriunda da índole individual e direcionada para a índole individual, a escolha baseada em tais considerações RELATIVAS é mais determinada, segura e exclusiva que as oriundas apenas das considerações absolutas; por conseguinte, a origem do amor apaixonado propriamente dito, via de regra, será encontrada nestas considerações relativas, e a origem da inclinação ordinária, fácil, será encontrada apenas nas considerações absolutas. Em conformidade com isso, não são exatamente as belezas regulares, perfeitas que costumam acender as grandes paixões. Para que nasça uma tal inclinação efetivamente apaixonada é exigido algo que só se deixa expressar mediante uma metáfora química: ambas as pessoas têm de se neutralizar uma à outra, como ácido e álcali num sal neutro. As determinações exigidas são no essencial as seguintes. Primeiro: toda sexualidade é unilateralidade. Essa unilateralidade exprime-se num indivíduo de modo mais decisivo, e existe em grau mais elevado, do que num outro: portanto, ela pode ser melhor completada e neutralizada em cada indivíduo mediante este, e não // outro indivíduo do sexo oposto, já que precisa de uma unilateralidade oposta à sua para complemento do tipo da humanidade no novo indivíduo a ser procriado, para cuja constituição isso tudo sempre concorre. Os fisiologistas sabem que a masculinidade e a feminilidade admitem inúmeros graus, mediante os quais a primeira pode diminuir até o repugnante ginantropo e à hipospadia, e a outra se eleva até o gracioso andrógino: de ambos os lados, o hermafroditismo perfeito pode ser atingido, e com ele os indivíduos ocupam o justo meio entre ambos os sexos, a nenhum deles pertencendo, e são portanto inaptos para a reprodução. Para a neutralização ora em questão de duas individualidades uma pela outra é exigido que o grau determinado de masculinidade do HOMEM corresponda exatamente ao grau determinado de feminilidade da MULHER; com isso, aquelas unilateralidades suprimem-se de maneira precisa. Assim, o homem mais masculino procurará a mulher mais feminina e VICE-VERSA, e justamente desse modo cada indivíduo procurará quem lhe corresponda no grau de sexualidade. Como se dá a proporção exigida entre dois indivíduos, isso é algo sentido instintivamente por eles, e encontra-se, junto com as outras considerações RELATIVAS, no fundamento dos graus superiores de enamoramento. Enquanto os amantes falam pateticamente da harmonia de suas almas, na maioria das vezes o núcleo da coisa é a disposição conjunta, aqui demonstrada, concernindo à procriação de um ser e sua perfeição, e é manifesto que nessa disposição há muito mais do que na harmonia de suas almas, — a qual, com frequência, não muito depois das núpcias, dissolve-se numa desarmonia gritante. A essas juntam-se as seguintes considerações relativas, baseadas em que cada um aspira a suprimir as suas fraquezas, carências e desvios do tipo mediante o outro, para que não se perpetuem na criança a ser procriada, ou aumentem até anomalias completas. Quanto mais um homem é fraco no que se refere à força muscular, tanto mais procurará mulheres fortes: a mulher também fará o mesmo do seu lado. Mas como, via de regra, é conforme à natureza uma força muscular mais fraca para a mulher; então, via de regra, também as mulheres darão preferência aos homens mais fortes. — A estatura é também uma consideração importante.

// Homens pequenos têm uma inclinação decisiva por mulheres grandes, e VICE-VERSA: e na verdade a predileção de um homem pequeno por mulheres grandes será tanto mais apaixonada quanto ele mesmo tenha sido gerado por um pai grande e apenas mediante a influência da mãe tenha permanecido pequeno; porque ele recebeu do pai o sistema de vasos sanguíneos e a energia dos mesmos, capaz de irrigar com sangue um corpo grande: ao contrário, se o seu pai e avô foram já pequenos, então aquela inclinação se fará menos sensível. No fundamento da aversão de uma mulher grande por homens grandes reside a intenção da natureza de evitar uma raça de estatura grande demais que, com as forças a serem atribuídas por ESSA mulher, tornar-se-ia muito fraca para viver por longo tempo. Todavia, se uma tal mulher escolhe um esposo grande, quem sabe para apresentar-se melhor na sociedade; então, via de regra, a descendência expiará a insensatez. — Bastante decisiva é, ademais, a consideração sobre a complexão. Os indivíduos louros anseiam por indivíduos negros ou morenos, mas apenas raramente estes àqueles. O fundamento é que o cabelo louro e os olhos azuis já constituem uma variante, quase uma anomalia: análoga aos ratos brancos, ou pelo menos aos cavalos brancos. Em nenhuma outra parte do mundo eles são naturais, mesmo na proximidade dos polos, mas só na Europa, e são manifestamente provenientes da Escandinávia. De passagem seja aqui exprimida a minha opinião de que a cor branca da pele não é natural ao humano, mas da natureza o humano tem a pele preta ou morena, como os nossos ancestrais hindus; logo, nunca um humano branco nasceu originariamente do ventre da natureza, e, portanto, não há nenhuma raça branca, por mais que se tenha falado sobre ela, mas todo humano branco é um humano empalidecido. Impelido ao Norte que lhe é estrangeiro, onde apenas subsiste como as plantas exóticas, e, como estas, precisa de estufa no inverno, o ser humano, no decorrer dos séculos, tornou-se branco. Os ciganos, um ramo hindu imigrado há cerca de quatro séculos, mostram a transição da complexão dos hindus para a nossa.* // No amor sexual, pois, a natureza esforça-se por voltar ao cabelo escuro e ao olho castanho, como para o tipo originário: a cor branca da pele, entretanto, tornou-se uma segunda natureza; embora não a tal ponto que o moreno dos hindus nos repila. — Por fim, cada um também procura nas partes isoladas do corpo o corretivo para as suas carências e desvios, e de modo tanto mais decisivo, quanto mais importante for a parte. Daí indivíduos de nariz achatado terem uma satisfação inexprimível em relação aos narizes aquilinos, os rostos de papagaio: e é justamente

---

* Pormenores acerca disso se encontram em *Parerga*, t.2, § 92 da primeira edição (2.ed., p.167-170).

assim no que se refere a todas as demais partes. Homens cuja estrutura corpo-membros é demasiado franzina e alongada, podem até achar belo um corpo rechonchudo e de pequena estatura. – De maneira análoga agem as considerações acerca do temperamento: cada um preferirá o seu oposto; todavia, só na medida em que o seu é um temperamento decisivo. – Quem é perfeito em algum aspecto não procura e ama justamente a imperfeição contrária, mas a aceita mais facilmente do que outras pessoas; porque ele mesmo protege as crianças contra a grande imperfeição nesse aspecto. Por exemplo, quem é muito branco não será comovido por uma cor amarelada do rosto: mas quem tiver esta achará a reluzente brancura de uma beleza divina. – O caso raro de um homem enamorar-se por uma mulher de fato feia entra em cena quando, na acima abordada exata harmonia do grau de sexualidade, as anomalias completas da mulher são precisamente opostas às do homem, portanto, lhes são um corretivo. O enamoramento, então, costuma atingir um elevado grau.

A seriedade profunda com a qual examinamos as partes do corpo da mulher, e ela do seu lado fazendo o mesmo, a escrupulosidade crítica com a qual inspecionamos uma mulher que começa a nos agradar, a obstinação da nossa escolha, a atenção redobrada com a qual o noivo observa a sua noiva, a precaução para não ser iludido por nenhuma parte, e o grande valor que ele atribui a cada mais ou menos nas partes essenciais – tudo isso é inteiramente adequado à importância do fim. Pois a criança a ser procriada terá de portar durante toda a vida uma parte semelhante: se, por exemplo, a mulher é apenas um pouco encurvada, isto pode com facilidade acarretar para o seu filho uma corcova, e assim por diante. – // Consciência de tudo isso com certeza não existe; antes, cada um presume fazer aquela escolha difícil apenas no interesse da própria volúpia (que no fundo não pode estar interessada no assunto): mas em verdade ele a faz sob a pressuposição de sua própria constituição corporal, exatamente em conformidade ao interesse da espécie, cuja tarefa secreta é conservar o tipo o mais puro possível. O indivíduo age aqui, sem o saber, a serviço de um superior, a espécie: daí a importância que confere a coisas que, enquanto tais, poderiam, sim, teriam de lhe ser indiferentes. – Há algo de inteiramente peculiar na seriedade profunda, inconsciente com a qual duas pessoas jovens de sexo distinto, que se veem pela primeira vez, se consideram uma à outra; no olhar investigativo e penetrante que se lançam; na inspeção cuidadosa que as feições e partes de ambas têm de sofrer. Essa investigação e exame é a MEDITAÇÃO DO GÊNIO DA ESPÉCIE sobre o possível indivíduo que ambos poderiam procriar e a combinação de suas características. Do resultado dessa meditação depende o grau de sua satisfação e cobiça mútuas. A cobiça, depois que atingiu um grau significativo, pode subitamente extinguir-se pela descoberta de algo que até então permanecera inobservado. — Dessa forma, o gênio da espécie, em todos os que são capazes de procriação, medita sobre a geração vindoura, cuja constituição é a grande obra com a qual o CUPIDO, sempre ativo, especulando e engenhando, está ocupado. Diante da importância da sua questão, que concerne enquanto tal à espécie e a todas as gerações vindouras, as questões dos indivíduos, em toda a sua completude efêmera, são bastante insignificantes: por isso o gênio da espécie está sempre preparado a sacrificá-los sem consideração. Pois se relaciona com eles como um imortal frente aos mortais, e seus interesses estão para os interesses individuais como o infinito para o finito. Portanto, ele trata de administrar na consciência questões de tipo mais elevado que as concernentes apenas ao bem e mal individuais, e isso com sublime imperturbabilidade, em meio ao tumulto da guerra, ou da agitação da vida de negócios, ou na devastação de uma peste, e trata daquelas questões até no isolamento do claustro.

II 628 // Vimos acima que a intensidade do enamoramento aumenta com sua individualização, ao demonstrarmos como a constituição corporal de dois indivíduos pode ser tal que, para servir ao restabelecimento o melhor possível do tipo da espécie, um é o complemento inteiramente especial e perfeito do outro, o que portanto os faz se cobiçarem com exclusividade. Nesse caso, já entra em cena uma paixão significativa, que justamente por ser direcionada para um único objeto e apenas para este, como que representa uma missão ESPECIAL da espécie, e subitamente ganha uma aura nobre e sublime. A partir do fundamento oposto, o mero impulso sexual é vulgar, porque, sem individualização, direciona-se a todos, e esforça-se por conservar a espécie apenas segundo a quantidade, com pouca consideração da qualidade. Mas a individualização, e com ela a intensidade do enamoramento, pode atingir um grau tão elevado que, sem sua satisfação, todos os bens do mundo, sim, a vida mesma perde o seu valor. Tem-se então um desejo que cresce a uma veemência inigualável, por conseguinte, se torna preparado para qualquer sacrifício e, no caso de sua realização permanecer irrevogavelmente recusada, pode conduzir à loucura ou ao suicídio. Fora as acima mencionadas, deve haver outras considerações inconscientes que se encontram no fundamento de uma tal paixão extremada, embora não as tenhamos diante dos olhos. Por conseguinte, temos de admitir que aqui não só a corporificação, mas também a VONTADE do homem, e o INTELECTO da mulher possuem uma adequação especial uma para com o outro, em consequência da qual só por eles um indivíduo inteiramente determinado pode ser procriado, cuja existência é aqui tencionada pelo gênio da espécie, a partir de fundamentos que, por se encontrarem na essência da coisa em si, são-nos inacessíveis. Ou, para falar de maneira mais apropriada: a Vontade de vida anseia aqui objetivar-se num indivíduo bem determinado, que só pode ser procriado por este pai com esta mãe. Essa cobiça metafísica da vontade em si não tem nenhuma outra esfera de ação na série dos seres a não ser os corações dos futuros pais, que são, portanto, arrebatados por esse ímpeto e então iludem-se ao desejar para si mesmos // o que, em verdade, por enquanto tem apenas um fim puramente metafísico, isto é, situado fora da série das coisas efetivamente existentes. Portanto, o ímpeto do futuro indivíduo (o qual aqui pela primeira vez se torna possível) para chegar à existência, proveniente da fonte originária de todos os seres, é o mesmo que se expõe na aparência como a suprema paixão de um pelo outro dos futuros pais, que consideram tudo de exterior a ela como insignificante, e que em realidade é uma ilusão sem igual, devido à qual um enamorado entregaria todos os bens do mundo em troca do coito com esta mulher, — a qual, em verdade, não lhe proporciona muito mais do que qualquer outra. Que, entretanto, alveje-se apenas isso, depreende-se do fato de essa suprema paixão, tanto quanto qualquer outra, extinguir-se no gozo, — para grande espanto dos envolvidos. Ela também se extingue quando, mediante eventual esterilidade da mulher (que, segundo Hufeland, pode originar-se de dezenove erros fortuitos de constituição), o fim propriamente metafísico é obstado; justamente como diariamente em milhões de germens malogrados, nos quais o mesmo princípio metafísico de vida se esforça pela existência; pelo que não existe outro consolo a não ser o de, para a Vontade de vida, estar à disposição uma infinitude de espaço, tempo, matéria e, conseguintemente, abertas inesgotáveis oportunidades de retorno.

A THEOPRASTUS PARACELSUS, que não tratou desse tema e em relação ao qual distancia-se todo o meu encadeamento de pensamentos, a intelecção aqui exposta tem de ter ocorrido pelo menos uma vez, mesmo se vagamente, na medida em que, num contexto todo diferente e na sua maneira desconexa, escreveu a seguinte passagem digna de menção: *Hi sunt, quos Deus copulavit, ut eam, quae fuit Uriae et David; quamvis ex diametro (sic enim sibi humana mens persuadebat) cum justo et legitimo matrimonio pugnaret hoc. ——— sed propter Salomonem, qui aliunde nasci non potuit, nisi ex Bathsebea, conjuncto David semine, quamvis meretrice, conjunxit eos Deus* (De vita longa, I, 5).[13]

O anelo do amor, o ἵμερος, que num sem-número de locuções os poetas de todos os tempos estão ininterruptamente ocupados em expressar e cujo objeto não esgotam, sim, não o podem abordar de modo extenuante, esse anelo, que ou conecta à posse de // uma mulher determinada a representação de uma bem-aventurança infinita, ou então uma dor inexprimível ao pensamento de a posse não ser obtida, — esse anelo e essa dor de amor não podem emprestar o seu estofo das necessidades de um indivíduo efêmero; mas são o suspiro do espírito da espécie, que vê aqui um meio insubstituível para sucesso ou fracasso em seus fins e, por conseguinte, geme profundamente. Só a espécie tem vida infinita e é, portanto, capaz de desejos infinitos, satisfações infinitas e dores infinitas. Mas estes estão aqui encarcerados no peito estreito de um mortal: nada de admirável, pois, se um tal peito parece querer despedaçar-se e não pode encontrar nenhuma expressão para o presságio de uma delícia ou dor infinitas. Isso, então, dá matéria para toda poesia erótica de gênero sublime, a qual, em conformidade com o tema, eleva-se em metáforas transcendentes que sobrevoam tudo o que há de terreno. Esse é o tema de PETRARCA, o estofo de Saint-Preux, Werther e

---

13 "Estes são os que Deus uniu, como por exemplo, aquela que pertenceu a Urias e David; embora essa relação (disso estava persuadido o espírito humano) estivesse diametralmente em desacordo com um matrimônio justo e legítimo. ——— Mas devido a Salomão, *que não podia nascer de outros* pais senão de Bathseba e do sêmen de David, mesmo adúlteros, Deus os uniu." (N. T.)

Jacopo Ortis, que do contrário não seriam compreensíveis nem explicáveis. Pois aquela estima infinita pela amada não se baseia em eventual mérito espiritual, nem em geral em méritos objetivos, reais; mesmo porque, com frequência, o amante não os conhece de modo suficiente e preciso; tal era o caso de Petrarca. Só o espírito da espécie pode ver de uma única mirada o VALOR que ela tem para ELE, em vista da realização dos seus fins. Também, via de regra, as grandes paixões nascem à primeira vista:

> *Who ever lov'd, that lov'd not at first sight?*[14]
> Shakespeare, *As you like it*, III, 5.

Digna de menção, nesse sentido, é uma colocação do há 250 anos célebre romance *Guzman de Alfarache*, de Mateo Aleman: *No es necesario, para que uno ame, que pase distancia de tiempo, que siga discurso, ni haga eleccion, sino que con aquella primera y sola vista, concurran juntamente cierta correspondencia ó consonancia, ó lo que acá solemos vulgarmente decir, una confrontacion de sangre, // à que por particular influxo suelen mover las estrellas* (P. II, L. III, c. 5).[15] Em conformidade com isso, a perda da amada para um rival, ou para a morte, é também sentida pelo amante apaixonado como uma dor que se sobreleva a qualquer outra; justamente porque é de tipo transcendente, na medida em que afeta não apenas o indivíduo, mas o acomete em sua *essentia aeterna*,[16] na vida da espécie, para cuja vontade especial e missão ele estava aqui ocupado. Por isso o ciúme é tão pleno de tormentos e furioso, e a cedência da amada é o maior de todos

---

14 "Alguém já amou se não amou à primeira vista?" [Trad. de Schopenhauer para o alemão: *Wer liebte je, der nicht beim ersten Anblick liebte?*]. (N. T.)

15 "Para que alguém ame não é necessário que passe muito tempo, que empregue ponderação e faça uma escolha; mas apenas que, naquele primeiro e único olhar, encontre-se uma certa adequação ou concordância mútuos, ou aquilo que, aqui na vida ordinária, costumamos designar uma *simpatia de sangue*, e que com particular influxo impele as estrelas." [Trad. de Schopenhauer para o alemão: *Damit Einer liebe, ist es nicht nöthig, daß viel Zeit verstreiche, daß er Überlegung anstelle und eine Wahl treffe; sondern nur, daß bei jenem ersten und alleinigen Anblick eine gewisse Angemessenheit und Übereinstimmung gegenseitig zusammentreffe, oder Das, was wir hier im gemeinen Leben eine* Sympathie des Blutes *zu nennen pflegen, und wozu ein besonderer Einfluß der Gestirne anzutreiben pflegt.*] (N. T.)

16 "Essência eterna." (N. T.)

os sacrifícios. — Um herói se envergonha de todas as lamúrias, menos das amorosas; porque nestas não ele, mas a espécie se lamenta. — Em *La gran Zenobia*, de CALDERÓN, encontra-se no segundo ato uma cena entre Zenobia e Decius, onde este diz:

> *Cielos, luego tu me quieres?*
> *Perdiera cien mil victorias,*
> *Volviérame etc.*[17]

Aqui, a honra, que sobrepujou cada interesse, é derrotada logo que o amor sexual, isto é, o interesse da espécie entra em jogo e vê uma vantagem decisiva diante de si: pois o interesse da espécie é infinitamente preponderante em face a qualquer interesse do mero indivíduo, por mais importante que este seja. Apenas ao interesse da espécie cedem, pois, a honra, o dever e a lealdade, após terem resistido a toda outra tentação, mesmo a ameaça de morte. — Do mesmo modo encontramos o interesse da espécie na vida privada onde, em nenhum outro ponto, a escrupulosidade é mais rara do que neste: às vezes esta é posta de lado até por pessoas até então honradas e probas e o adultério é cometido sem escrúpulos quando o amor apaixonado, isto é, o interesse da espécie, apodera-se delas. // Até parece que é como se elas aí acreditassem estar conscientes de uma prerrogativa mais elevada que as conferidas pelos interesses dos indivíduos; justamente porque elas agem no interesse da espécie. Nesse sentido, digna de menção é a passagem de CHAMFORT: *Quand un homme et une femme ont l'un pour l'autre une passion violente, il me semble toujours que, quelque soient les obstacles qui les séparent, um mari, des parents etc., les deux amans sont l'un à l'autre,* de par la Nature, *qu'ils s'appartiennent de droit divin, malgré les lois et les conventions humaines.*[18] Quem quisesse se indignar

---

17 "Céus! Então me amas? / Em favor disso renunciaria a mil vitórias, / Retornaria etc." [Trad. de Schopenhauer: *Himmel! also Du liebst mich?! / Dafür würde ich hunderttausend Siege aufgeben, / Würde umkehren u.s.w.*]. (N. T.)

18 "Quando um homem e uma mulher têm um pelo outro uma paixão violenta, parece-me sempre que, quaisquer que sejam os obstáculos a separá-los, um marido, pais etc., os dois amantes existem *por natureza* um para o outro, eles se pertencem por *direito divino*, apesar das leis e convenções humanas." (N. T.)

com isso, eu o remeteria à indulgência notável com a qual o salvador, no Evangelho, trata a adúltera, enquanto ao mesmo tempo pressupõe a mesma culpa em todos os ali presentes. — Desse ponto de vista, a maior parte do Decamerão aparece como uma mera ironia e escárnio do gênio da espécie com os direitos e interesses dos indivíduos, por ele pisoteados. — Com igual facilidade, as diferenças de posição e todas as relações semelhantes, quando se opõem à ligação dos amantes apaixonados, são postas de lado e qualificadas de nulas pelo gênio da espécie que, perseguindo seus fins pertencentes a gerações infindas, dissipa como migalhas ao vento tais normas e convenções humanas. A partir do mesmo fundamento profundo, cada perigo, lá onde valem os fins da paixão enamorada, é voluntariamente enfrentado e mesmo o até então medroso torna-se aqui corajoso. — Mesmo nas peças de teatro e nos romances vemos, com participação alegre, as pessoas jovens, que defendem seus casos amorosos, isto é, o interesse da espécie, triunfarem sobre os anciãos, que se preocupam apenas com o bem dos indivíduos. Pois o esforço dos amantes parece-nos tanto mais importante, sublime e por isso mais justo do que qualquer outro a se lhe opor, quanto a espécie é mais significativa que o indivíduo. Em conformidade com isso, o tema fundamental de quase todas as comédias é a aparição do gênio da espécie com seus fins que contrariam os interesses pessoais dos indivíduos representados, fins esses, por conseguinte, que ameaçam sepultar a felicidade dos indivíduos. Via de regra, o gênio da espécie se impõe, o que, em conformidade com a justiça poética, satisfaz o espectador; porque este sente que os fins da espécie precedem em muito os dos indivíduos.

II 633 // Por isso, no desenlace, o espectador inteiramente consolado deixa os amantes triunfantes, na medida em que compartilha com eles a ilusão de que teriam fundamentado a própria felicidade, quando em verdade a sacrificaram para o bem da espécie, contra a vontade dos anciãos precavidos. Em algumas comédias anormais, tentou-se inverter a coisa e impor a felicidade do indivíduo às custas dos fins da espécie: só que aí o espectador sente a dor que padece o gênio da espécie, e não se consola mediante as vantagens asseguradas aos indivíduos. Como exemplos deste tipo ocorrem-me duas pequenas peças bastante conhecidas: *La reine de 16 ans* e *Le mariage de raison*. Em tragédias com disputas amorosas, na medida em que os fins da espécie são malogrados, a maior parte dos amantes, seus instrumentos, sucumbem ao mesmo tempo: por exemplo, em *Romeu e Julieta, Tancredo, Don Carlos, Wallenstein, A noiva de Messina* e muitas outras.

    O enamoramento de uma pessoa produz com frequência fenômenos cômicos, por vezes trágicos, em ambos os casos porque a pessoa, possuída pelo espírito da espécie, é agora dominada por este e não mais se pertence a si mesma: assim, sua ação é inadequada à do indivíduo. O que, nos graus mais elevados do enamoramento, confere aos pensamentos da pessoa um aspecto tão poético e sublime, até uma orientação transcendente e sobrenatural, em virtude da qual ela parece perder completamente de vista seus fins próprios e bastante físicos, é no fundo isto, que a pessoa é agora animada pelo espírito da espécie, cujas questões são infinitamente mais importantes que as concernentes apenas aos indivíduos; a pessoa recebe a missão especial de fundamentar toda a existência de uma descendência indefinidamente longa, com ESTA índole individual e bem determinada, que só pode ser adquirida a partir DELA como pai e de sua amada como mãe, descendência que, COMO TAL, sem tais pais, nunca chega à existência, enquanto a objetivação da Vontade de vida exige expressamente esta existência. É o sentimento de agir em questões de importância tão transcendente o que eleva os enamorados tão alto, acima de tudo o que é terreno, sim, acima de si mesmos e confere aos seus desejos bastante físicos uma aparência tão sobrenatural, tornando o amor um // episódio poético até na vida do homem mais prosaico; neste último caso, a coisa às vezes ganha um aspecto cômico. — Aquela missão da vontade que se objetiva na espécie apresenta-se na consciência do enamorado sob a máscara da antecipação de uma bem-aventurança infinita, que ele encontraria na união com dado indivíduo feminino. Nos graus supremos do enamoramento essa quimera é tão radiante que, se ela não pode ser realizada, a vida mesma perde todo encanto e então aparece de tal maneira vazia de alegria, insossa e intragável que o desgosto ultrapassa os terrores da morte; daí então a vida, às vezes, ser voluntariamente abreviada. A vontade de uma tal pessoa é engolfada no turbilhão da vontade da espécie, ou esta adquiriu tanta preponderância sobre a vontade individual que, se esta não pode ser eficiente em prol da espécie, a pessoa desdenha sê-lo em prol de si. O indivíduo é aqui um vaso demasiado frágil para poder suportar o anelo infinito da vontade da espécie concentrado num objeto determinado. Neste caso, a saída é o suicídio, às vezes o suicídio de ambos os amantes; a menos que a natureza, para salvamento da vida, permita entrar em cena a loucura, que então envolve com seu véu a consciência daquele estado desesperançado. – Nenhum ano transcorre sem comprovar, mediante muitos casos semelhantes, a realidade do que foi aqui exposto.

Todavia, não é só a paixão enamorada insatisfeita que às vezes tem uma saída trágica, mas também a satisfeita conduz mais frequentemente à infelicidade do que à felicidade. Pois é comum as exigências da paixão colidirem tão forte com o bem-estar pessoal da pessoa envolvida, que o sepultam, na medida em que são incompatíveis com as restantes relações da pessoa e destroem o plano de vida sobre estas edificado. Sim, o amor com frequência está em contradição não só com as situações exteriores, mas até com a própria individualidade, na medida em que se projeta sobre pessoas que, abstraídas da relação sexual, seriam odiadas por quem as ama, desprezadas, sim, despertariam a repugnância. Mas a vontade da espécie é tão mais poderosa que a do indivíduo, que quem ama fecha os olhos diante de todas aquelas qualidades para ele repulsivas, // de tudo não se dá conta, a tudo desconhece e liga-se para sempre ao objeto de sua paixão: aquela ilusão cega tão completamente a pessoa, que desaparece em sendo satisfeita a vontade da espécie, restando-lhe uma companhia odiosa. Apenas a partir daí é explicável a frequência com a qual vemos homens bastante razoáveis, até distintos, ligados a dragões e capetas, e não concebemos como puderam ter feito uma tal escolha. Daí os antigos representarem o amor como cego. Sim, um enamorado pode até conhecer de modo claro e sentir amargamente o temperamento e as falhas de caráter insuportáveis da sua noiva, promessas de uma vida atormentada, e mesmo assim não se intimida:

> *I ask not, I care not,*
> *If guilt's in thy heart;*
> *I know that I love thee,*
> *Whatever thou art.*[19]

---

19 "Não pergunto, não temo / Se és culpada em teu coração; / Sei que te amo, / Não importa quem sejas." [Trad. de Schopenhauer para o alemão: *Ich frag' nicht, ich sorg' nicht, / Ob Schuld in dir ist: / Ich lieb' dich, das Weiẞ ich, / Was immer du bist.*] (N. T.)

Pois no fundo o enamorado não trata do PRÓPRIO assunto, mas do assunto de um terceiro, que já deve nascer; embora o envolva a ilusão de que trate do próprio assunto. Mas justamente esse não-tratar-do-PRÓPRIO-assunto, que em geral é marca de grandeza, também confere ao amor apaixonado o aspecto sublime e o torna objeto digno de poesia. — Por fim, o amor sexual convive até com o ódio mais expresso contra seu objeto; por isso já Platão o comparou ao amor dos lobos pelas ovelhas. Este caso entra em cena quando um amante apaixonado, apesar de todos os esforços e súplicas, não pode encontrar condescendência sob condição alguma:

I love and hate her.[20]
Shakespeare, *Cymb.*, III, 5.

O ódio contra a amada, então aceso, às vezes vai tão longe que o homem a mata e em seguida a si mesmo. // Um par de exemplos desse tipo costumam ser dados a cada ano: encontramo-los nos jornais ingleses e franceses. Portanto, são no todo corretos os versos de Goethe:

Bei aller verschmähten Liebe! beim höllischen Elemente!
Ich wollt', ich wüßt' was ärger's, daß ich's fluchen könnte![21]

De fato, não é uma hipérbole se um amante designa a frieza da sua amada e a alegria da sua frivolidade, a regalar-se com os sofrimentos dele, como CRUELDADE. Pois ele está sob a influência de um impulso que, aparentado ao instinto dos insetos, compele-o, apesar de todos os fundamentos da razão, a perseguir seus fins de modo incondicional e a pôr de lado todo o resto: não há como escapar. Não um, mas muitos PETRARCAS já existiram que tiveram de arrastar ao longo da vida o ímpeto amoroso insatisfeito, como um grilhão, como uma bola de ferro no pé, e exalar seus suspiros em

---

20 "Eu a amo e a odeio." [Trad. de Schopenhauer para o alemão: *Ich liebe und hasse sie.*] (N. T.)

21 "Por todo amor envergonhado! pelos elementos infernais! / Quisera conhecer algo de pior para poder amaldiçoar!" (N. T.)

bosques solitários: mas apenas em um PETRARCA residia ao mesmo tempo o dom poético; assim, para ele, valem os belos versos de Goethe:

> *Und wenn der Mensch in seiner Quaal verstummt,*
> *Gab mir ein Gott, zu sagen, wie ich leide.*²²

De fato, o gênio da espécie conduz uma guerra generalizada contra os gênios protetores dos indivíduos, ele é o seu perseguidor e inimigo, sempre pronto a destruir sem pena a felicidade pessoal, com o intuito de impor os seus fins; sim, o bem de nações inteiras às vezes foi sacrificado aos seus caprichos: Shakespeare nos conduz a um exemplo desse tipo em *Henrique VI*, parte 3, A. 3, sc. 2 e 3. Tudo isso baseia-se em que a espécie, na qual desce a raiz do nosso ser, possui sobre nós um direito mais imediato e anterior que o indivíduo; por conseguinte, as questões dela têm precedência. Imbuídos desse sentimento os antigos personificaram o gênio da espécie em CUPIDO, o qual, a despeito de seu aspecto infantil, é um deus hostil e cruel, portanto, mal-afamado, um demônio caprichoso, despótico, todavia senhor dos deuses e dos humanos:

> συ δ'ὧ θεῶν τύραννε χἀνθρώπων, Ἔρως!
> (*Tu, deorum hominumque tyranne, Amor!*)²³

II 637 // Flechas mortíferas, cegueira e asas são seus atributos. As últimas indicam a inconstância: via de regra, esta entra em cena com a desilusão, que é a consequência da satisfação.

Visto que a paixão repousava sobre uma ilusão que espelhava como pleno de valor para o indivíduo aquilo que tem valor apenas para a espécie, a ilusão tem de desaparecer após os fins alcançados da espécie. O espírito desta, que tinha tomado posse do indivíduo, deixa-o novamente livre. Assim abandonado, o indivíduo recai em sua limitação e pobreza originários,

---

22 "E quando a pessoa emudece em seu tormento, / Um deus me permitiu dizer o quanto sofro." (N. T.)
23 "Tu, Eros, tirano de deuses e homens!" (N. T.)

e vê com espanto que após esforços tão elevados, heroicos e infinitos, nada de especial obteve com seu gozo senão o que é fornecido por qualquer satisfação sexual: ele, contra sua expectativa, não se encontra mais feliz que antes. Nota que foi o enganado da vontade da espécie. Por conseguinte, via de regra, um Teseu feliz abandonará a sua Ariadne. Se a paixão de PETRARCA tivesse sido satisfeita; então o seu canto teria se emudecido como o do pássaro logo que os ovos são postos.

Observe-se aqui de passagem que, por mais que a minha metafísica do amor desagrade justamente às pessoas enredadas nessa paixão, todavia, se considerações racionais pudessem em geral alguma coisa contra essa paixão, a verdade fundamental por mim descoberta, mais que qualquer outra, teria de capacitar a exercer um domínio sobre ela. Mas a sentença do antigo cômico permanecerá: *Quae res in se neque consilium, neque modum habet ullum, eam consilio regere non potes.*[24]

Casamentos de amor são contraídos no interesse da espécie, não dos indivíduos. Os envolvidos presumem fomentar sua própria felicidade: mas o seu fim verdadeiro é estrangeiro a eles mesmos, na medida em que reside na produção de um indivíduo possível apenas mediante eles. Reunidos por este fim, doravante devem procurar entender-se o melhor possível um com o outro. Mas, com muita frequência, o par unido pela ilusão instintiva que é a essência do amor apaixonado será, no resto, de índole a mais heterogênea. Isso vem à luz quando a ilusão, como necessariamente tem de ser, desaparece. Em consequência, os casamentos contraídos por amor, // via de regra, tornam-se infelizes: pois por eles se cuida da geração vindoura às custas da presente: *Quien se casa por amores, ha de vivir con dolores,*[25] diz o provérbio espanhol. – O contrário sucede nos casamentos de conveniência, contraídos na maioria das vezes segundo a escolha dos parentes. As considerações que o governam, de que tipo possam ser, são ao menos reais, e não podem desaparecer por si mesmas. Mediante tais considerações se cuida da felicidade da

---

24 "O que não possui em si razão nem medida, não pode ser regido pela razão." (N. T.)
25 "Quem se casa por amor, há de viver com dores." [Trad. de Schopenhauer para o alemão: *Wer aus Liebe heiratet, hat unter Schmerzen zu leben.*] (N. T.)

geração presente, mas em detrimento da felicidade da geração vindoura; e ainda assim aquela primeira felicidade permanece problemática. O homem que, ao se casar, vê o dinheiro em vez da satisfação de sua inclinação, vive mais no indivíduo que na espécie; isso é exatamente o oposto à verdade, por conseguinte, apresenta-se como contrário à natureza e estimula um certo desprezo. Uma moça que, contra o conselho de seus pais, recusa o pedido de casamento de um homem rico e ainda não velho, e, colocando de lado todas as considerações de conveniência, escolhe apenas segundo sua inclinação instintiva, sacrifica seu bem individual em favor do bem da espécie. Mas justamente por isso não se lhe pode recusar uma certa aprovação: pois ela preferiu o mais importante e agiu no sentido da natureza (vale dizer, da espécie); enquanto os pais aconselhavam no sentido do egoísmo individual. – De tudo isso resulta a aparência de que se deveria, na contração de um casamento, ou lesar o indivíduo ou o interesse da espécie. Na maioria das vezes é realmente assim: pois conveniência e amor apaixonado andarem de mãos dadas, eis o caso mais raro de felicidade. A mísera constituição física, moral, ou intelectual da maioria das pessoas pode, em parte, ter o seu fundamento no fato de que os casamentos, de ordinário, são contraídos não a partir da pura escolha e inclinação, mas a partir de considerações totalmente exteriores e segundo circunstâncias fortuitas. Se, todavia, ao lado da conveniência também a inclinação, em certo grau, é levada em conta, então isso é como uma acomodação com o gênio da espécie. Casamentos felizes, sabe-se, são raros; justamente porque na essência do casamento está que seu fim capital não é a geração presente, mas a vindoura. No entanto, acrescente-se para consolo das almas ternas e amantes que, // às vezes, ao amor apaixonado associa-se um sentimento de origem bem diferente, a saber, uma amizade efetiva, baseada na concordância de mentalidade, que, todavia, na maioria das vezes entra em cena só quando o amor sexual propriamente dito extinguiu-se na satisfação. Essa amizade nasce, na maior parte das vezes, a partir das características físicas, morais e intelectuais complementares e correspondentes de ambos os indivíduos, na consideração das quais nasceu o amor sexual tendo em vista uma criança a ser procriada, e que também se referem aos próprios indivíduos como características de temperamento opostas e méritos espirituais reciprocamente complementares, e, assim, fundam uma harmonia de ânimos.

Toda a metafísica do amor aqui abordada está em ligação estreita com a minha metafísica em geral, e a luz que lança sobre esta se deixa resumir como se segue.

Vimos que a escolha cuidadosa da satisfação sexual, que cresce por inúmeros graus até o amor apaixonado, baseia-se no interesse o mais sério da pessoa pela constituição especial e pessoal da geração vindoura. Esse interesse, sobremaneira digno de nota, confirma então duas verdades evidenciadas nos capítulos precedentes: 1) A indestrutibilidade do ser em si da pessoa, que continua a viver na geração vindoura. Pois aquele interesse tão vivaz e zeloso, originado não de reflexão e propósito, mas de aspirações e impulsos os mais íntimos de nosso ser, não poderia existir tão indelével e exercer um tão grande poder sobre o ser humano se este fosse absolutamente transitório, e uma geração de fato distinta se seguisse a ele segundo a exclusiva ordem do tempo. 2) O ser em si do humano reside mais na espécie do que no indivíduo. Pois o interesse na constituição especial da espécie, que forma a raiz de toda disputa amorosa, da inclinação mais fugaz até a paixão mais séria, é para cada um propriamente a questão suprema, ou seja, aquela cuja obtenção de sucesso ou insucesso o toca mais sensivelmente; por isso, de preferência, ela é chamada ASSUNTO DO CORAÇÃO: também a esse interesse, // quando ele se declarou de maneira forte e decisiva, se subordina e se sacrifica todo outro concernente apenas à própria pessoa. Com isso, a pessoa atesta que a espécie está mais próxima dela que o indivíduo, e a pessoa vive de modo imediato mais naquela do que neste. — Por que, então, o enamorado se entrega com total abandono aos olhos da eleita e está pronto a lhe prestar qualquer sacrifício? — Porque é a sua parte IMORTAL que anseia por ela; provindo tudo o mais da parte mortal. — Esse anseio vivaz, ou fervoroso, direcionado para uma mulher determinada é, portanto, uma prova imediata da indestrutibilidade do núcleo de nosso ser e de sua subsistência na espécie. Considerar semelhante subsistência como algo insignificante e insuficiente é um erro, originado de que sobre a continuação da vida da espécie não se pensa nada além da existência futura de seres símiles a nós, mas, em nenhum aspecto, idênticos, e isso porque, partindo do conhecimento direcionado para o exterior, considera-se apenas a figura exterior da espécie, tal como a concebemos intuitivamente, e não a sua essência íntima. Mas essa essência íntima é justamente a que está no fundamento de nossa própria consciência, como seu núcleo, é por isso mais imediata que a própria consciência, e, como coisa em si livre do *principium individuationis*, é em realidade a mesma e idêntica em todos os indivíduos, quer eles existam um ao lado do outro ou um após o outro. Essa essência é a Vontade de vida, portanto aquilo que anseia tão fortemente vida e persistência. É justamente a Vontade de vida que, na morte, permanece intocada e incólume. Mas também: ela não pode chegar a nenhum estado melhor que o seu estado presente: logo, para ela, junto com a vida, estão assegurados o sofrimento e a morte contínuos dos indivíduos. Para se livrar destes, está reservada a NEGAÇÃO da Vontade de vida, mediante a qual a vontade individual separa-se do tronco da espécie e renuncia à existência na mesma. Para dizer o que a vontade é depois disso, faltam-nos conceitos, sim, faltam-nos dados para estes conceitos. Podemos apenas designar isto como aquilo que tem a liberdade de ser Vontade de vida, ou não. O buddhismo designa este último caso com a palavra NIRVĀNA, cuja etimologia é dada na observação à // conclusão do capítulo 41. É o ponto que permanece para sempre inacessível a todo conhecimento humano enquanto tal. –

Se nós, a partir do ponto de vista desta última consideração, submergimos nosso olhar na agitação da vida, então divisaremos a todos ocupados com a necessidade e o suplício, empregando todas as forças para satisfazerem necessidades infindas e para se defenderem do sofrimento multifacetado, sem todavia poderem esperar algo outro a não ser a conservação, por curto período de tempo, dessa existência individual e suplicante. Entretanto, no meio do tumulto, vemos os olhares anelados de dois amantes se encontrarem: – todavia, por que tanto mistério, temor e dissimulação? – Porque esses amantes são os traidores que secretamente tramam perpetuar toda a necessidade e maçada que, sem eles, logo atingiriam um fim, o qual eles querem obstar, como seus iguais antes já o obstaram. – Mas esta consideração já invade a do próximo capítulo.

Arthur Schopenhauer

Apêndice ao capítulo precedente

Οὕτως ἀναιδῶς ἐχεχίνησας τόδε
τὸ ῥῆμα χαὶ ποῦ τοῦτο φεύξεσθαι δοχεῖς;
— Πέφευγα· τἀληθὲς γὰϱ ἰσχυρὸν τρέφω.
Sófocles[26]

Na página 618[27] mencionei de passagem a pederastia e a designei como um instinto erroneamente direcionado. Quando trabalhava a segunda edição, isso me pareceu suficiente. Depois, uma reflexão mais ampla sobre essa aberração me fez descobrir um problema curioso, mas também a sua solução. Esta solução pressupõe o capítulo precedente, todavia lança luz nova sobre o mesmo, e serve portanto de suplemento e prova à visão fundamental lá exposta.

II 642   Considerada em si mesma, // a pederastia aparece como uma monstruosidade não apenas contrária à natureza, mas também repelente no mais elevado grau e que estimula a repugnância, uma conduta que só seria compatível com uma natureza humana inteiramente perversa, excêntrica e degenerada, e que se repetiria, quando muito, apenas em casos no todo isolados. Contudo, se recorrermos à experiência, encontraremos o oposto: vemos esse vício, apesar de sua repugnância, ser cultivado e praticado com frequência em todos os tempos e em todos os países do mundo. Conhecido é que, entre os gregos e romanos, ele era difundido de modo generalizado, e foi praticado e trazido a público sem pudor e temor. Disso nos dão testemunho mais do que suficiente todos os antigos escritores. Sobretudo os poetas, em especial, estão repletos dele: nem mesmo o casto Virgílio deve ser excetuado (*Ecl.* 2). Até aos poetas dos tempos primitivos, Orfeu (dilacerado justamente por isso pelas Menades) e Thamyris, sim, aos deuses mesmos, o vício foi imputado. Os filósofos falam muito mais sobre ele do que sobre o amor pelas mulheres: em especial Platão parece

---

26 "Tão impudente pronunciaste uma tal palavra, / e acreditas escapar ao castigo? / — Já o fiz; pois a verdade testemunha em meu favor." (N. T.)

27 Citada aqui a paginação original da edição Deussen, ou seja, a página 618 na lateral esquerda deste tomo II. (N. T.)

não ter conhecido quase nenhum outro tipo de amor, e também os estoicos, que o mencionam como digno do sábio (Stob., *Ecl. eth.*, L. II, c. 7). Platão até elogia a Sócrates, no *Simpósio*, como de um heroísmo sem exemplo, por ter desdenhado o oferecido Alcebíades. Também Aristóteles (*Pol.*, II, 9) fala da pederastia como algo comum, sem a censurar, e indica que, entre os celtas, ela mereceu honras públicas, e entre os cretenses as leis a favoreciam como meio contra a superpopulação; o filósofo nos narra (c. 10) o amor masculino do legislador Filolau etc. E CÍCERO diz: *Apud Graecos opprobrio fuit adolescentibus, si amatores non haberent.*[28] Para o leitor culto, não é necessário em geral nenhuma prova: eles se lembram de centenas, pois as mesmas abundam em toda parte entre os antigos. Mesmo entre os povos mais rudes, notadamente entre os gauleses, o vício era bastante cultivado. Se nos voltarmos para a Ásia, veremos todos os países dessa parte do mundo, e em verdade desde os tempos mais remotos até os atuais, contagiados pelo referido vício, e sem cuidado em escondê-lo: // seja entre hindus e chineses, não menos do que entre os povos islâmicos, cujos poetas são encontrados ocupados muito mais com o amor pelos rapazes do que com o amor pelas mulheres; como por exemplo no *Gulistan* de Sadi, o livro "Do amor" que trata exclusivamente da pederastia. Também para os hebreus esse vício não era desconhecido; o Antigo e o Novo Testamento o mencionam como condenável. Na Europa cristã enfim, a religião, a legislação e a opinião pública tiveram de combatê-lo com todo poder: na Idade Média pendia sobre ele em toda parte a pena de morte, na França ainda no século XVI a morte pela fogueira, e na Inglaterra ainda durante o primeiro terço deste século a pena de morte lhe era aplicada implacavelmente; agora é a deportação por toda a vida. Foram precisas, portanto, medidas bastante poderosas para frenar o vício; o que foi conseguido em escala significativa, todavia, sem de modo algum se conseguir a extirpação do mesmo; mas ele continua a insinuar-se sob o véu do mais profundo segredo, sempre e em toda parte, em todos os países e posições sociais, e com frequência vem subitamente à luz onde menos se o espera. Também nos séculos anteriores, apesar das penas de morte, não foi de outra maneira: como o atestam as menções e alusões a ele nos escritos

---

28 "Entre os gregos era um opróbrio para os adolescentes não terem um amante." (N. T.)

de todos os tempos. — Se, assim, temos presente e ponderamos tudo isso, então vemos a pederastia em todos os tempos e em todos os países aparecer de uma maneira que é bastante longínqua daquela que havíamos suposto em primeiro lugar, quando a consideramos apenas nela mesma, ou seja, *a priori*. De fato, a completa universalidade e persistente inextirpabilidade da coisa demonstra que ela provém de algum modo da natureza humana mesma; pois só a partir deste fundamento ela pode aparecer inevitavelmente sempre e em toda parte como prova para a sentença:

Naturam expelles furca, tamen usque recurret.[29]

A essa conclusão não podemos em absoluto nos furtar, se quisermos proceder honestamente. Passar por cima desse estado de fato e o cobrir com invectivas e vilipêndios, seria decerto fácil, todavia não é o meu modo de resolver os problemas; contudo, fiel também aqui à minha vocação inata, eu investigo em toda parte a verdade e vou a fundo nas coisas, vale dizer, reconheço antes de tudo o fenômeno que se apresenta e deve ser explicado, ao lado da consequência inevitável daí advinda. Todavia, que algo no fundo tão contrário à natureza, sim, diretamente oposto à natureza em seu fim mais importante e mais dileto, deva provir da natureza mesma, é um paradoxo tão inaudito, que sua explicação se apresenta como um problema difícil, que eu agora, todavia, resolverei mediante a descoberta do mistério natural sobre o qual ele se fundamenta.

Como ponto de partida me sirvo de uma passagem de Aristóteles em *Polit.* VII, 16. — Ali ele explica, primeiro: pessoas demasiado jovens geram crianças ruins, fracas, defeituosas e para sempre pequenas; e em seguida, diz que o mesmo vale para as crianças procriadas por pessoas demasiado velhas: τὰ γὰρ τῶν πρεσβυτέρων ἔχγονα, χαθάπερ τὰ τῶν νεωτέρων, ἀτελῆ γίγνεται, χαὶ τοῖς σώμασι, χαὶ ταῖς διανοίαις, τὰ δὲ τῶν γεγηραχότων ἀσθενῆ (*nam, ut juniorum, ita et grandiorum natu foetus inchoatis atque imperfectis corporibus mentibusque nascuntur: eorum vero, qui senio confecti sunt, suboles infirma et imbecilla est*).[30] O que Aristóteles

---

29 "Espantai a natureza com uma furca, ela sempre voltará." (N. T.)
30 "Pois os filhos dos mais velhos, bem como dos mais jovens, nascem imperfeitos tanto em termos físicos quanto intelectuais, e os filhos dos anciãos são débeis." (N. T.)

estabelece como regra para o indivíduo, Estobeu o institui como lei para a comunidade, na conclusão de sua exposição da filosofia peripatética (*Ecl. eth.*, L. II, c. 7 *in fine*): πρὸς τὴν ῥώμην τῶν σωμάτων χαὶ τελειότητα δεῖν μήτε νεωτέρων ἄγαν, μήτε πρεσβυτέρων τοὺς γάμους ποιεῖσθαι, ἀτελῆ γὰρ γίγνεσθαι, χατ' ἀμφοτέρας τὰς ἡλιχίας, χαὶ τελείως ἀσθενῆ τὰ ἔχγονα (*oportet, corporum roboris et perfectionis causa, nec juniores justo, nec seniores matrimonio jungi, quia circa utramque aetatem proles fieret imbecilis et imperfecta*).[31] Aristóteles, por conseguinte, prescreve: quem tem 54 anos de idade, não deve mais colocar crianças no mundo; embora possa sempre praticar o coito, por sua saúde ou por outra causa qualquer. Como isso seja plausível, não o diz: mas sua opinião vai manifestamente no sentido da eliminação por aborto das crianças geradas em tal idade; pois ele o recomendou poucas linhas antes. — A natureza, de seu lado, // não pode negar, nem suprimir os fatos que estão no fundamento da prescrição de Aristóteles. Pois, consequente ao seu princípio *natura non facit saltus*,[32] ela não poderia suspender subitamente a secreção seminal do homem, mas também aqui, como em todo definhamento de funções, há de produzir-se uma deterioração gradual. A procriação durante esse período apenas colocaria no mundo seres fracos, obtusos, enfermos, míseros e de vida breve. Sim, isso se dá com frequência: as crianças geradas em idade avançada morrem cedo na maioria das vezes, ou pelo menos nunca alcançam uma idade avançada, e são, mais ou menos, débeis, doentias, fracas, e os procriados por elas são de constituição semelhante. O que aqui foi dito acerca da procriação em idade declinante, vale igualmente para a procriação levada a efeito em idade imatura. Ora, nada está mais próximo do coração da natureza quanto a conservação da espécie e de seu tipo genuíno; para cujo fim os indivíduos bem constituídos, hábeis e fortes são o meio: apenas a estes ela quer. Sim, no fundo ela considera e trata (como foi mostrado no capítulo 41) os indivíduos apenas como meio; como fim, só a espécie. Por isso vemos aqui a natureza, por conta das suas próprias leis e fins, enredar-

---

[31] "Entretanto, para se obter corpos robustos e perfeitos, não pode haver união entre pessoas muito jovens nem entre pessoas muito velhas; pois a criança gerada nesses períodos de vida tem imperfeições e nasce imbecil." (N. T.)
[32] "A natureza não dá saltos." (N. T.)

-se num ponto melindroso e efetivamente encontrar-se embaraçada. Ela não podia, devido à sua essência mesma, contar com expedientes violentos e dependentes do arbítrio estrangeiro, como o meio indicado por Aristóteles, e muito menos esperar que as pessoas, instruídas pela experiência, conhecessem as desvantagens de uma procriação demasiado precoce ou demasiado tardia e, em conformidade com isso, frenassem seus apetites, seguindo a uma ponderação fria e racional. Numa coisa tão importante, a natureza não podia servir-se de nenhum dos dois meios. Então não lhe restava nada senão escolher de dois males, o menor. Para esse fim, entretanto, ela tinha de fazer uso em seu próprio interesse do seu instrumento favorito, o instinto, o qual, como mostramos no capítulo precedente, guia em toda parte a operação tão importante de procriação e cria durante a mesma ilusões bastante raras; no entanto, ela só podia aqui chegar a bom termo se guiasse o instinto erroneamente (*lui donna le change*). A natureza conhece apenas o que é físico, não o que é moral: entre ela e o que é moral há até mesmo um antagonismo decisivo. A conservação do indivíduo, mas em especial a da espécie, na maior perfeição possível, é o seu fim único. //
É verdade, também em termos físicos a pederastia é prejudicial aos jovens por ela seduzidos; todavia, não num grau tão elevado que, de dois males, ele não seja o menor; o qual ela, por conseguinte, escolhe para evitar de longe o mal bem maior de depravação da espécie, e assim impede uma desgraça duradoura e gradativa.

Em consequência dessa precaução da natureza, se apresenta, próximo à idade indicada por Aristóteles, via de regra uma leve e gradual inclinação pederástica, que se torna cada vez mais clara e decisiva à medida que diminui a capacidade para procriar crianças fortes e saudáveis. Assim dispõe a natureza. Todavia, deve-se observar que, entre essa tendência incipiente e o vício mesmo, ainda há um caminho bastante longo. Sem dúvida, se, como na Grécia Antiga e em Roma, ou em todos os tempos na Ásia, não se lhe opôs nenhum dique, ela pôde, incentivada pelo exemplo, ser com facilidade conduzida ao vício, o qual, por consequência, ganhou grande difusão. Na Europa, ao contrário, opõem-se a ela em geral motivos tão poderosos da religião, da moral, das leis e da honra, que quase cada um já estremece com o mero pensamento, e em conformidade com isso podemos admitir que, em cerca de trezentas pessoas que possuem aquela tendência, haverá quando muito apenas uma tão fraca e desmiolada para ceder a ela; e tanto mais certo quando essa tendência entra em cena só na idade em que o sangue arrefece e o impulso sexual em geral diminui, e, por outro lado, ela encontra tão fortes adversários na razão madura, na circunspecção obtida pela experiência e na firmeza multiplamente exercitada, que só uma natureza ruim na origem sucumbirá a ela.

Entrementes, o fim que a natureza persegue é atingido na medida em que aquela inclinação traz consigo uma indiferença contra as mulheres cada vez mais crescente, tornando-se aversão e por fim cresce até a repugnância. Nisso a natureza atinge seu fim verdadeiro tanto mais seguramente, na medida em que, quanto mais diminui no homem a força de procriação, mais decisiva torna-se aquela orientação contranatural. — Correspondendo a isso, encontramos em geral a pederastia como um vício de homens de idade mais avançada. Apenas estes são os que, de tempos em tempos, para escândalo público, são surpreendidos na pederastia. Esta é estrangeira à idade masculina propriamente dita, sim, é inconcebível. Caso ocorra uma exceção, então, acredito, ela só pode ser a consequência de uma depravação acidental e precoce da força de procriação, a qual só poderia fornecer crianças mal constituídas; para evitá-lo, a natureza a desvia. Assim, nas grandes cidades, os infelizmente não raros devassos sempre dirigem seus acenos e propostas aos senhores de idade mais avançada, nunca aos que estão na idade do vigor, ou aos jovens. Também entre os gregos, entre os quais o exemplo e o hábito podem ter produzido aqui e ali uma exceção a essa regra, encontramos da parte dos escritores, em especial dos filósofos, sobretudo Platão e Aristóteles, via de regra o amante apresentado expressamente como de idade avançada. Em particular, é digna de nota a esse respeito uma passagem de Plutarco em *Liber amatorius*, c. 5: Ὁ παιδιχὸς ἔρως, ὀψὲ γεγονώς, χαὶ παρ' ὥραν τῷ βίῳ, νόθος χαὶ σχότιος, ἐξελαύνει τὸν γνήσιον ἔρωτα χαὶ πρεσβύτερον (*Puerorum amor, qui, quum tarde in vita et intempestive, quasi spurius et occultus, exstitisset, germanum et natu majorem amorem expellit*).[33] Mesmo

---

33 "A pederastia nasce tarde, quando a vida já declina, como um amor espúrio e oculto que elimina o amor autêntico e originário." (N. T.)

entre os deuses, encontramos apenas os de idade mais avançada, Zeus e Hércules, na companhia de amantes masculinos, não Marte, Apolo, Baco, Mercúrio. – Entrementes, a falta crescente de mulheres no Oriente, em consequência da poligamia, pode aqui e ali ocasionar exceções forçadas a essa regra: assim como em colônias ainda novas e, portanto, sem mulheres, como a Califórnia etc. – Ademais: correspondendo ao fato de que o esperma imaturo, bem como o corrompido pela velhice, só pode fornecer crianças fracas, ruins e infelizes, com frequência também existe na juventude, como na velhice, uma inclinação erótica desse tipo entre os jovens, que apenas muito raramente conduz ao vício efetivo, na medida em que se opõe a este, fora os motivos acima nomeados, a inocência, a pureza, a escrupulosidade e o pudor da idade juvenil.

Dessa exposição resulta que, enquanto o vício levado em consideração parece trabalhar contra os fins da natureza, e precisamente no que ela tem de mais importante e mais valioso, em verdade ele tem de servir justamente a esses fins, embora de modo apenas mediato, como meio preventivo de males maiores. // É, de fato, um fenômeno da força de procriação declinante, ou ainda imatura, perigosa para a espécie: e embora motivos morais devessem fazer uma pausa para as duas forças, não se deveria aí contar com eles; pois em geral a natureza no seu agir não leva em conta o que é propriamente moral. Desse modo, a natureza, acuada em consequência de suas próprias leis, recorre, por intermédio de uma perversão do instinto, a um expediente, a um estratagema, sim, poder-se-ia dizer que ela constrói uma ponte de asnos[34] para, como exposto acima, entre dois males evitar o maior. Ela tem em mira o fim importante de prevenir a procriação de crianças infelizes,

---

34 No original alemão *Eselsbrücke*. O *Deutsches Wörterbuch von Jacob und Wilhelm Grimm* remete, em sua definição, à expressão francesa *pont aux ânes*, ao pé da letra justamente ponte de asnos, uma construção que permite transpor um curso d'água, um caminho etc. Ora, no caso de um curso d'água, os asnos podem não saber quais lugares, sob o espelho d'água, são mais fundos; assim, para evitar longos trajetos, pequenas pontes são construídas. Entretanto, o dorso da ponte, arco central, pode ser mais elevado, para evitar lugares em que a água é caudalosa; sendo assim, o asno pode tomar como obstáculo, justamente aquilo que permite transpor o obstáculo. Na sua acepção mais geral, *Eselsbrücke* significa um caminho mais curto ou "desvio". (N. T.)

que poderiam gradualmente depravar toda a espécie, e em relação a isso ela não é, como vimos, escrupulosa na escolha do meio. O espírito, com o qual ela aqui procede, é o mesmo com o qual ela, como foi mencionado acima no capítulo 27, impele as vespas a matar os seus filhotes: pois em ambos os casos ela recorre a um mal para evitar o pior : ela conduz erroneamente o impulso sexual para então malograr suas consequências mais perniciosas.

Minha intenção nesta exposição foi resolver o problema apresentado acima; depois, confirmar a minha teoria desenvolvida no capítulo precedente, de que em todo amor sexual o instinto é guia e criador de ilusões, porque para a natureza o interesse da espécie precede a todo outro, e isso permanece válido inclusive para a repulsiva aberração e degeneração do impulso sexual, das quais falou-se aqui; na medida em que, também neste caso, como fundamento último, estão em mira fins da natureza, embora sejam apenas de tipo negativo, uma vez que a natureza procede de maneira profilática. Essa consideração, por conseguinte, lança luz sobre o conjunto da minha metafísica do amor sexual. Em geral, todavia, veio a lume mediante esta exposição uma verdade até então secreta, a qual, com toda a sua estranheza, lança nova luz sobre a essência íntima, sobre o espírito e sobre o procedimento da natureza. Em conformidade com isso, não se tratou aqui de repreensão moral contra o vício, mas de compreensão da essência da coisa. Além do mais, o fundamento verdadeiro, último, profundamente metafísico da reprovação da pederastia // é que ela, enquanto afirma a Vontade de vida, descarta completamente a consequência de tal afirmação, ou seja, descarta a abertura do caminho para a redenção, portanto, para a renovação da vida. — Enfim, mediante a exposição desses pensamentos paradoxais, também quis conceder um pequeno benefício aos professores de filosofia, tão desconcertados com a sempre maior notoriedade da minha filosofia, por eles tão cuidadosamente ignorada, na medida em que lhes ofereço a ocasião para a calúnia de que eu teria protegido e recomendado a pederastia.

*Capítulo 45**
DA AFIRMAÇÃO DA VONTADE DE VIDA

Se a Vontade de vida se expusesse meramente como impulso de autoconservação, não haveria aí senão uma afirmação da aparência individual, pelo lapso de tempo da duração natural desta. As fadigas e os cuidados de uma tal vida não seriam grandes, logo, a existência apresentar-se-ia como fácil e jovial. Ora, como a vontade quer a vida absolutamente e por todo tempo, a vontade expõe-se ao mesmo tempo como impulso sexual, que tem em vista uma série sem fim de gerações. Este impulso suprime aquela despreocupação, jovialidade e inocência, que acompanhariam uma mera existência individual, na medida em que introduz na consciência inquietude e melancolia, no curso da vida, infortúnios, preocupações e necessidades. – Se, ao contrário, como vemos em exceções raras, aquele impulso é voluntariamente anulado; então isso é a viragem da vontade, que assim inverte o seu curso. Ela anula-se no indivíduo, e não além dele. Isto, todavia, só pode ocorrer mediante uma violência dolorosa que o indivíduo pratica contra si mesmo. Se, contudo, esta aconteceu, então a consciência retoma aquela despreocupação e jovialidade da // mera existência individual, e em verdade numa potência mais elevada. — Por outro lado, na satisfação daquele mais veemente de todos os impulsos e desejos, encontra-se a origem de uma nova existência, logo, uma nova condução da vida com todos os seus fardos, cuidados, necessidades e dores; sem dúvida, trata-se aqui da tarefa de um outo indivíduo: todavia, se os dois seres, diversos na aparência, fossem em si mesmos absolutamente diversos, onde residiria então a justiça eterna? – A

---
* Este capítulo conecta-se com § 60 do primeiro tomo.

vida apresenta-se como uma obrigação, um *pensum* a ser executado, e, via de regra, como uma luta contínua contra a necessidade. Por conseguinte, cada um procura sair-se da melhor maneira possível: safa-se da vida como se esta fosse uma corveia devida. Porém, quem contraiu essa dívida? – Aquele que o engendrou no gozo da volúpia. Logo, por que um gozou desta volúpia, tem um outro de viver, sofrer e morrer. Entrementes, sabemos e recordamos aqui que a diferença do que é congênere é condicionada por espaço e tempo, os quais eu denominei, nesse sentido, *principium individuationis*. Do contrário, não seria possível salvar a justiça eterna. O fato de que o procriador se reconhece a si mesmo no filho que ele procriou é justamente a base do amor paterno que leva o pai a fazer mais, a sofrer e ousar mais pelo seu filho, que por si mesmo, e a reconhecer ao mesmo tempo tudo isso como uma dívida que lhe deve ser paga.

A vida de um ser humano, com sua fadiga sem fim, necessidade e sofrimento, deve ser vista como a explicação e paráfrase do ato de procriação, isto é, da afirmação resoluta da Vontade de vida: a esta também pertence que o ser humano deve uma morte à natureza, e pensa com opressão nessa dívida.[1] – Isto não prova que a nossa existência contém uma culpa?[2] Apesar de tudo seguimos existindo, mediante o pagamento periódico dos impostos, nascimento e morte, e experimentamos sucessivamente todos os sofrimentos e todas as alegrias da vida; sem que nenhum destes nos escape: justamente isso é o fruto da afirmação da Vontade de vida. Assim, o medo da morte, que nos leva a apegar-nos à vida, apesar de todas as misérias desta, é, propriamente dizendo, ilusório: mas igualmente ilusório é o impulso que nos atrai à vida. Essa atração mesma pode // ser vista objetivamente no recíproco olhar anelado de dois amantes: esse olhar é a mais pura expressão da Vontade de vida em sua afirmação. Como tudo é doce e terno aqui! Quer-se o bem-estar, uma fruição pacífica e uma alegria suave, para si, para os outros, para todos. É o tema de Anacreonte. Por essas atrações e seduções, a vontade enreda-se na vida. Mas tão logo encontra-se como

---

1 No original, *Schuld*, "dívida", termo que também pode ser vertido por "culpa", como logo a seguir o fazemos; portanto, Schopenhauer trabalha aqui com a ambiguidade dos termos dívida/culpa. (N. T.)
2 Cf. nota anterior. (N. T.)

vida, o tormento leva ao crime, e o crime ao tormento: horror e devastação preenchem a cena. É o tema de Ésquilo.

Porém, o ato através do qual a vontade se afirma e o ser humano nasce, é uma ação da qual todos envergonham-se no mais íntimo de si, que todos cuidadosamente ocultam, sim, quando nela são surpreendidos, assustam-se, como se fossem pegos cometendo um crime. É uma ação sobre a qual, na fria ponderação, pensamos na maioria das vezes com aversão, e, em disposições mais elevadas, com nojo. MONTAIGNE nos oferece considerações detalhadas e profundas, feitas nesse sentido, no cap. 5 do terceiro livro, sob a glosa marginal: *ce que c'est que l'amour*.[3] A essa ação segue-se uma peculiar tristeza e arrependimento, que porém são mais sentidos quando da consumação do ato pela primeira vez, em geral, no entanto, mais distintamente quanto mais nobre é o caráter. Mesmo PLÍNIO, o pagão, diz: *Homini tantum primi coitus poenitentia: augurium scilicet vitae, a poenitenda origine* (Hist. nat., X, 83).[4] E, por outro lado, o que praticam e cantam, no *Fausto* de Goethe, diabo e bruxas em seu *sabbath*? Luxúria e obscenidades. O que professa às multidões (nos excelentes *Paralipomena de Fausto*) o próprio Satã? – Luxúria e obscenidades; nada mais. – Mas única e exclusivamente por intermédio da prática constante de um tal ato de tal natureza é que a o gênero humano subsiste. – Se o otimismo tivesse razão, e a nossa existência devesse ser reconhecida, com gratidão, como o presente de uma bondade suprema guiada pela sabedoria, e conseguintemente em si mesma a existência fosse preciosa, fonte de glória e alegria; então o ato que a perpetua teria de realmente exibir uma fisionomia no todo diferente. Ao contrário, se essa existência é um tipo de passo em falso, uma rota errada, então é a obra de uma vontade originariamente cega, cujo mais feliz desenvolvimento seria volver a si mesma para // suprimir a si mesma; assim, o ato que perpetua a existência tem de parecer precisamente como ele parece.

Relativamente à primeira verdade fundamental da minha doutrina, deve-se aqui fazer a observação de que a acima mencionada vergonha sobre o

---

3 "O que é o amor." (N. T.)
4 "Só o homem experimenta arrependimento após o primeiro coito: assim o presságio da vida é na origem um arrependimento." (N. T.)

intercurso sexual da procriação estende-se inclusive aos órgãos que estão ao seu serviço, embora a natureza nos os tenha dado desde o nascimento, como todos os demais órgãos. Isso é de novo uma gritante prova de que não apenas as ações, mas também já o corpo do ser humano é a aparência, a objetivação da sua vontade, e tem de ser considerado como uma obra desta. Pois o ser humano não poderia envergonhar-se de uma coisa que existisse sem a sua vontade

Em relação ao mundo, o ato de procriação aparece como a palavra do enigma. O mundo, de fato, é vasto no espaço e velho no tempo e apresenta uma variedade inesgotável de figuras. No entanto, tudo isso é apenas a aparência da Vontade de vida; e a concentração, o foco desta vontade é o ato de geração. Neste ato, portanto, exprime-se a essência íntima do mundo da forma mais nítida. Nesse sentido, é bastante digno de atenção que o ato mesmo é denominado estritamente "a vontade", no bastante significativo modo alemão de falar: *er verlangte von ihr, sie sollte ihm zu Willen seyn*.[5] Como expressão a mais nítida da vontade, aquele ato é, portanto, o núcleo, o compêndio, a quintessência do mundo. Daí semelhante ato lançar uma luz sobre a essência e as impulsões do mundo: ele é a palavra do enigma. Em conformidade com isso, ele foi entendido sob a expressão "árvore do conhecimento": pois depois que se o conhece, tem-se os próprios olhos abertos para a vida, como o diz Byron:

The tree of knowledge has been pluck'd – all's known.[6]
D. Juan, I, 128.

A essa característica não está menos associado o fato de esse ato ser o grande ἄρρητον,[7] o segredo público, que nunca e em lugar algum deve ser mencionado explicitamente, todavia sempre e em toda parte é subentendido como a coisa capital e, por conseguinte, ocupa o pensamento de todos, pelo

---

5 "Pediu-lhe que realizasse a sua vontade." (N. T.)
6 "O fruto da árvore do conhecimento foi colhido, – tudo é conhecido." [Trad. de Schopenhauer para o alemão: *Vom Baum der Erkenntnis ist gepflückt worden: – Alles ist bekannt.*] (N. T.)
7 "Indizível." (N. T.)

II 653 que a mais discreta alusão a ela // é instantaneamente entendida. O papel principal que aquele ato e o que dele depende desempenha no mundo, na medida em que, de um lado, em toda parte intrigas de amor são urdidas, e de outro são pressupostas, é completamente adequado à importância desse *punctum saliens* no ovo do mundo. O cômico em tudo isso reside apenas no constante velamento da coisa principal.

Entretanto, veja-se como o jovem e inocente intelecto humano assusta-se com a enormidade da coisa quando pela primeira vez toma ciência desse grande mistério do mundo! O fundamento disto é que, nesse longo caminho que a vontade, originariamente desprovida de conhecimento, tinha de percorrer desde o início, antes de elevar-se até o intelecto, especialmente o intelecto humano e racional, ela tornou-se para si mesma tão estranha, que não mais reconhece a sua origem, aquela *poenitenda origo*,[8] e assim, a partir do puro, logo inocente ponto de vista do conhecimento, choca-se diante disso.

Ora, como o foco da vontade, isto é, a sua concentração e mais elevada expressão, é o impulso sexual e a sua satisfação, então é bastante significativo e exprimido inocentemente na linguagem simbólica da natureza, que a vontade individualizada, logo, o humano e o animal, não pode entrar no mundo senão pela porta dos órgãos genitais. —

A AFIRMAÇÃO DA VONTADE DE VIDA, que, portanto, tem o seu centro no ato de geração, é indefectível no animal. Pois só no ser humano é que a vontade, que é a *natura naturans*, chega à INTROSPECÇÃO. Chegar à introspecção significa: conhecer não apenas para satisfazer as necessidades momentâneas da vontade individual, para servi-la nas urgências do presente; — como isso ocorre no caso do animal, de acordo com a sua perfeição e as suas necessidades, inseparavelmente ligadas; porém, chegar à introspecção é ter alcançado uma grande envergadura de conhecimento, em virtude de uma lembrança distinta do que é passado, de uma antecipação aproximada do que é futuro e justamente por isso de uma visão de conjunto da vida individual, da sua própria, da dos outros, sim, da existência em geral. Em realidade, a vida de cada espécie animal durante os milênios da sua existência assemelha-se, por assim dizer, a um instante único: pois se trata de uma mera consciência do

---

8 "Origem da qual arrepende-se." (N. T.)

II 654 PRESENTE, sem aquela do passado e do futuro, portanto, sem a consciência da morte. // Nesse sentido, vemos ali um presente contínuo, um *nunc stans*. – Aqui vemos, diga-se de passagem, do modo mais distinto que, em geral, a forma da vida ou da aparência da vontade com consciência é, antes de tudo e imediatamente, apenas o PRESENTE: passado e futuro cabem apenas ao humano e em verdade meramente em conceitos, são conhecidos *in abstracto*, e elucidados através de imagens da fantasia. – Portanto, depois que a Vontade de vida, isto é, a essência íntima da natureza em sua aspiração sem trégua por uma mais perfeita objetivação e uma perfeita fruição percorreu toda a série dos animais, – e isso amiúde acontece no mesmo planeta em intervalos repetidos de séries de animais sucessivas e sempre renascentes; – ela chega por fim no ser dotado de faculdade de razão, no humano, à INTROSPECÇÃO. Aqui, então, a coisa torna-se grave, e impõe-se ao ser humano a pergunta sobre a origem e o fim de tudo isso, e, principalmente, se a fadiga e a miséria da sua vida, se a fadiga e a miséria dos seus esforços são compensadas pelo ganho obtido. *Le jeu en vaut-il bien la chandelle?*[9] – Em conformidade com tudo isso, aqui é o ponto em que, à luz de um conhecimento mais distinto, o ser humano decide-se pela afirmação ou negação da Vontade de vida; embora essa negação ele só possa trazer à sua consciência, via de regra, numa roupagem mítica. – Conseguintemente, não temos fundamento algum para admitir que a vontade chegue em algum lugar a uma objetivação mais elevada; visto que aqui ela já atingiu o seu ponto de viragem.

---

9 "O jogo vale a pena?" (N. T.)

Capítulo 46*
DA VAIDADE E DO SOFRIMENTO DA VIDA

II 655 Desperta da noite da sem-consciência para a vida, a vontade encontra-se como indivíduo num mundo sem fim e sem fronteiras, // entre inumeráveis indivíduos, todos esforçando-se, sofrendo, vagueando; e, como possuída por um sonho agitado, precipita-se de novo na velha sem-consciência. – No entanto, até ali os seus desejos são sem limites, as suas pretensões são inesgotáveis, e cada desejo satisfeito origina um novo. Nenhuma satisfação possível no mundo seria suficiente para apaziguar os anseios da vontade, para colocar um fim último às suas exigências e preencher o abismo sem fundo do seu coração. Nesse sentido, se considerarmos o que, via de regra, o humano consegue a esse respeito em termos de satisfações de qualquer tipo: muitas vezes nada é senão a miserável manutenção da existência mesma, manutenção obtida diariamente às custas de fardo incessante e cuidado constante, numa luta contra a necessidade e tendo a morte em perspectiva. – Tudo na vida nos ensina que a felicidade terrena está destinada a desvanecer-se ou a ser reconhecida como uma ilusão. Os dispositivos para isso encontram-se profundamente na essência das coisas. Assim, a vida da maioria das pessoas é breve e calamitosa. As pessoas comparativamente felizes o são na maioria das vezes apenas aparentemente, ou são, como ocorre no caso das pessoas de vida longa, raras exceções, cuja possibilidade teria de existir, – ao modo de isca. A vida apresenta-se como um engodo constante, tanto nas pequenas quanto nas grandes coisas. Se

---

* Este capítulo conecta-se com § 56-59 do primeiro tomo. Compare-se com ele também os capítulos 11 e 12 do segundo tomo de *Parerga e paralipomena*.

ela promete algo, não cumpre a palavra; a não ser para mostrar quão pouco valioso era o objeto desejado: assim, somos iludidos ora pela esperança, ora pelo objeto de nossa esperança. Se a vida nos deu algo; então foi para pegar algo em troca. A magia da distância nos mostra paraísos que, como ilusões de ótica, somem quando nos lançamos a eles. Em conformidade com isso, a felicidade está sempre no futuro, ou ainda no passado, o presente podendo ser comparado a uma pequena nuvem escura que o vento sopra sobre a planície ensolarada: tudo o que se encontra antes e depois da nuvem é claro, só a nuvem lança sempre uma sombra. Por consequência, o presente é sempre insuficiente, o futuro, incerto, o passado, irrecuperável. A vida, com as suas contrariedades de cada hora, diárias, semanais, anuais, contrariedades pequenas, médias, grandes, com as suas ilusórias esperanças e os seus acidentes que desfazem todos os cálculos, porta tão claramente a marca de algo que deveria nos desgostar que é difícil conceber como não reconhecemos isso, e nos deixamos enganar pensando que a vida existe // para agradecidamente ser gozada, e o ser humano, para ser feliz. Mas, antes, aquela contínua ilusão e desilusão, bem como a inalterável índole da vida, apresentam-se como algo previsto e calculado para despertar a convicção de que nada merece o nosso esforço, a nossa atividade, as nossas lutas, e que todos os bens são vãos, que o mundo vai à bancarrota em todos os cantos, que a vida é um negócio que não cobre os custos do investimento; — e que com isso a nossa vontade pode operar uma viragem.

O modo pelo qual essa vaidade, de todos os objetos da vontade, faz-se conhecida e apreensível ao intelecto inerente ao indivíduo é antes de tudo O TEMPO. Este é a forma pela qual aquela vaidade das coisas aparece como transitoriedade delas; na medida em que, em virtude do tempo, todos os nossos gozos e todas as nossas alegrias tornam-se vãos em nossas mãos, enquanto nos perguntamos atônitos onde foram parar. Aquela vaidade mesma é, por conseguinte, o único elemento OBJETIVO do tempo, isto é, o que corresponde a ele no ser em si das coisas, portanto, aquilo de que é a expressão. Por isso, justamente o tempo é a forma *a priori* necessária de todas as nossas intuições: nele tudo tem de expor-se, inclusive nós mesmos. Consequentemente, a nossa vida assemelha-se antes de tudo a um pagamento que alguém recebeu centavo por centavo de cobre, pelos quais deve, no entanto, dar uma quitação; os centavos de cobre são os dias; a quitação é a morte. Pois ao fim o tempo proclama a sentença da natureza sobre o valor de todos os seres que nela aparecem, na medida em que os aniquila:

> *Und das mit Recht: denn Alles was entsteht,*
> *Ist werth, dass es zu Grunde geht.*
> *Drum besser wär's, dass nichts entstünde.*[1]

Assim, a velhice e a morte, para as quais toda vida apressa-se necessariamente, são as sentenças condenatórias que saem das próprias mãos da natureza contra a Vontade de vida, pronunciando que essa vontade é uma aspiração sempre destinada ao malogro. "O que tu quiseste", diz, "finda assim: trate de querer algo melhor." — Portanto, a instrução que a própria vida oferece a cada um consiste, no todo, em que os objetos dos próprios desejos constantemente iludem, oscilam e caem, e, como consequência disto, trazem mais tormento do que alegria, até que finalmente a própria fundação e // o terreno sobre os quais tudo erguia-se afundam, já que a própria vida é aniquilada e assim cada um obtém a última confirmação de que toda a sua aspiração e todo o seu querer foram uma iniquidade, um caminho errado:

> *Then old age and experience, hand in hand,*
> *Lead him to death, and make him understand,*
> *After a search so painful and so long,*
> *That all his life he has been in the wrong.*[2]

Queremos, no entanto, entrar nas especificidades da questão; pois foi nesse ponto que encontrei as maiores contradições. — Antes de tudo, tenho

---

1 "E com justiça: pois tudo o que nasce, / É digno que pereça. /Por isso o melhor seria não ter nascido." (N. T.)

2 "A idade avançada e a experiência, de mãos dadas, / O conduziram à morte e o fizeram entender, / Que, depois de tão longas e penosas aspirações, / Ele estava imerso em erro, durante toda a vida." [Trad. de Schopenhauer para o alemão: *Bis Alter und Erfahrung, Hand in Hand, / Zum Tod' ihn führen und er hat erkannt, / Dass, nach so langem, mühevollen Streben, / Er Unrecht hatte, durch sein ganzes Leben.*] (N. T.)

ainda de confirmar, no que se segue, a demonstração dada no texto acerca da negatividade de toda satisfação, logo, de todo prazer e de toda felicidade, em oposição à positividade da dor.

Sentimos a dor, mas não a ausência de dor; sentimos a preocupação, mas não a ausência de preocupação; sentimos o medo, mas não a segurança. Sentimos o desejo como sentimos a fome e a sede; mas tão logo ele foi satisfeito, ocorre como com o bom-bocado que foi abocanhado: no momento em que este foi deglutido, cessa de existir para o nosso sentimento. Sentimos dolorosamente a ausência dos prazeres e das alegrias, assim que estes cessam: mas, quando as dores cessam, mesmo após a sua presença por longo período de tempo, a sua cessação não é imediatamente sentida, mas pensa-se nela porque se a quer pensar por meio da reflexão. Pois apenas a dor e a carência podem ser sentidas positivamente, e por isso anunciam-se por si mesmas; o bem-estar, ao contrário, é meramente negativo. Por isso não nos tornamos cientes dos três maiores bens da vida, a saúde, a juventude e a liberdade, neles mesmos, enquanto os possuímos; mas só depois que os perdemos: pois também eles são negações. Que alguns dias da nossa vida foram felizes, só o notamos depois que eles cederam lugar para dias infelizes. – À medida que os prazeres aumentam, diminui a receptividade para eles: o prazer tornado hábito // não é mais sentido como tal. Mas justamente por aí cresce a receptividade para o sofrimento: pois o desaparecimento do que é habitual é dolorosamente sentido. Logo, através da posse, cresce a medida do que é necessário, e dessa forma cresce também a capacidade para sentir dor. – As horas passam tanto mais rápido quanto mais agradáveis são; e tanto mais devagar quanto mais penosas são: porque a dor, não o prazer, é positiva, e sua presença faz-se sensível. Precisamente do mesmo modo nos tornamos cientes do tempo no tédio, e não no entretenimento. As duas coisas mostram que a nossa existência é mais feliz quando a sentimos o menos possível: do que se segue que seria melhor não a possuir. Grande e vivaz alegria só pode ser estritamente pensada como consequência de grande necessidade que a precedeu: pois a um estado de contentamento duradouro nada mais pode ser acrescentado senão algum entretenimento ou alguma satisfação da vaidade. Eis por que todos os poetas são obrigados a levar os seus heróis a situações de angústia e penúria, para depois poderem novamente libertá-los delas; dramas e épicos, portanto, descrevem geralmente apenas seres humanos que lutam, que sofrem, que se atormentam, e cada romance é uma tela na qual consideramos os espasmos e as convulsões do angustiado coração humano. Essa necessidade estética foi inocentemente exposta por WALTER SCOTT na conclusão de sua novela *Old mortality*. — Totalmente em concordância com a verdade por mim demonstrada, também diz VOLTAIRE, este homem tão favorecido pela natureza e a sorte: *Le bonheur n'est qu'un rêve, et la douleur est réelle*; e acrescenta: *Il y a quatre-vingts ans que je l'éprouve. Je n'y sais autre chose que me résigner, et me dire que les mouches sont nées pour être mangées par les araignées, et les hommes pour être dévorés par les chagrins*.³

Antes de expressar com tanta segurança que a vida é um bem digno de desejo, ou pelo qual se deve agradecer, compare-se uma vez serenamente a soma das possíveis alegrias que uma pessoa pode fruir em sua vida, com a soma dos possíveis sofrimentos que pode nela encontrar. Acredito que não seria difícil de fazer o balanço. No fundo, entretanto, é supérfluo discutir se há mais bens ou males no mundo: // pois a mera existência do mal decide a questão; já que este jamais pode ser saldado ou compensado por um bem que lhe seja colateral ou posterior:

*Mille piacer' non vagliono un tormento.*⁴
Petr.

Pois, que milhares de pessoas tivessem vivido em felicidade e delícias, jamais suprimiria a angústia e tortura mortal de um único indivíduo: e muito menos o meu bem-estar presente anula os meus sofrimentos anteriores. Se, portanto, os padecimentos fossem cem vezes menores do que são hoje sobre o mundo, ainda assim a mera existência deles seria suficiente para

---

3 "A felicidade não passa de um sonho, e a dor é real; [...] há oitenta anos que experimento isto. Nada posso fazer senão me resignar, e me dizer que as moscas nasceram para serem comidas pelas aranhas, e os homens para serem devorados pelos desgostos." (N. T.)

4 "Mil prazeres não valem um tormento. [Trad. de Schopenhauer para o alemão: *Tausend Genüsse sind nicht* EINE *Quaal werth*.] (N. T.)

fundamentar uma verdade que encontra variadas expressões, embora todas um tanto quanto indiretas, a saber, que não temos em nada que nos alegrar sobre a existência do mundo, mas antes nos entristecer; – que a sua inexistência seria preferível à sua existência; – que ele é algo que, no fundo, não deveria ser; e assim por diante. Extremamente bela é a expressão de BYRON sobre a coisa:

> Our life is a false nature – 'tis not in
> The harmony of things, this hard decree,
> This uneradicable taint of sin.
> This boundless Upas, this all-blasting tree
> Whose root is earth, whose leaves and branches be
> The skies, which rain their plagues on men like dew –
> Disease, death, bondage – all the woes we see –
> And worse, the woes we see not – which throb trough
> The immedicable soul, with heart-aches ever new.[5]

Se o mundo e a vida fossem um fim em si mesmos, e, por conseguinte, não necessitassem teoricamente de justificativa alguma, nem praticamente de reparação ou correção, mas se existisse, como Espinosa e os espinosistas dos dias de hoje o expõem, como a manifestação única de um Deus que *animi causa*[6] ou que apenas para mirar-se no espelho empreendeu uma tal evolução,

---

[5] "*Nossa vida é de natureza falsa* – ela não pode ter lugar / Na harmonia das coisas, esta dura fatalidade, / Este contágio inextirpável do pecado. / Este Upas sem limites, esta árvore que envenena tudo, / Que tem por raiz a terra, por folhas e ramos / Os céus, que despeja suas pragas sobre os homens, como orvalho – / Doença, morte, servidão – todos os males que vemos – / E, o que é pior, os que não vemos, e que perpassam / A alma incurável, com sempre renovadas dores." [Trad. de Schopenhauer para o alemão: Unser Leben ist falscher Art: *in der Harmonie der Dinge kann es nicht liegen, dieses harte Verhängnis, diese unausrottbare Seuche der Sünde, dieser gränzenlose Upas, dieser Alles vergiftende Baum, dessen Wurzel die Erde ist, dessen Blätter und Zweige die Wollen sind, welche ihre Plagen auf die Menschen herabregnen, wie Thau, – Krankheit, Tod, Knechtschaft, – all das Wehe, welches wir sehen, – und, was schlimmer, das Wehe, welches wir nicht sehen, – und welches die unheilbare Seele durchwallt, mit immer neuem Gram.*] (N. T.)

[6] "Por prazer." (N. T.)

pelo que sua existência não precisaria justificar-se por fundamentos nem redimir-se com consequências; – então, de fato, os sofrimentos e os problemas da vida não teriam de ser totalmente compensados pelos prazeres e pelo bem-estar – porque isso, como eu disse, é impossível, já que a minha dor presente jamais será suprimida pelas minhas alegrias futuras, pois umas e outras preenchem os seus respectivos tempos; – em realidade sofrimento algum e morte alguma, ou pelo menos nenhuma coisa aterradora, deveriam existir para mim. Só assim a vida cobriria os custos do investimento.

Entretanto, como a nossa condição é antes um estado que seria melhor que não fosse; então tudo o que nos rodeia porta o traço disso – exatamente como no inferno tudo está impregnado de enxofre – pois tudo é sempre imperfeito e enganador, todo agradável é misturado com o desagradável, todo gozo é sempre um gozo parcial, todo divertimento é sua própria perturbação, todo alívio conduz a novas fadigas, todo remédio de nossas misérias de cada dia e de cada hora nos falham quando mais precisamos dele, e recusa o seu efeito, o chão sobre o qual pisamos amiúde abre-se sob os nossos pés, sim, desgraças, grandes e pequenas, são o elemento da nossa vida, e nós, numa palavra, assemelhamo-nos a FINEU, a quem as Harpias contaminavam os alimentos que assim se tornavam indesfrutáveis. Dois meios são ensaiados contra tudo isso: primeiro, a εὐλάβεια, isto é, a prudência, a prevenção, a astúcia: mas como ela sempre é incompletamente instruída, não é suficiente, e causa vexames. Segundo, a indiferença estoica, que quer desarmar toda desgraça mediante a resignação e o desprezo em face dos seus golpes: o que, na prática, transforma-se em renúncia cínica, que prefere rejeitar para longe de si, de uma vez por todas, qualquer remédio e alívio: tal renúncia cínica nos transforma em cães, como Diógenes no tonel. A verdade é: temos de ser miseráveis, e o somos. A fonte principal dos males mais graves que atingem o ser humano é o próprio humano: *homo homini lupus*. Quem corretamente aprende isto, vê o mundo como um inferno, que supera o de Dante pelo fato de aí um ter de ser o diabo do outro;[7] // aqui decerto um é mais apto do que o outro, em verdade, um arquidemônio é mais capacitado

---

[7] Impossível que o leitor de Schopenhauer não seja aqui remetido à famosa frase de Sartre, "O inferno são os outros". (N. T.)

do que todos os outros e aparece na figura de um conquistador que dispõe centenas de milhares de humanos uns contra os outros e exclama: "Sofrer e morrer é a vossa destinação: agora disparai uns contra os outros com fuzis e canhões!", e eles o fazem. — De modo geral, a conduta dos seres humanos entre si é caracterizada, via de regra, por injustiça, máxima iniquidade, dureza, sim, crueldade: uma conduta oposta só entra em cena como exceção. Nisso baseia-se a necessidade do Estado e da legislação, e não em bobas ficções. Mas em todos aqueles casos que não residem no domínio das leis, logo fica evidente a falta de consideração própria do ser humano em relação aos seus iguais, que brota de seu egoísmo sem limites, por vezes também da sua maldade. O modo como o ser humano procede com o humano, mostra-o, por exemplo, a escravidão dos negros, cuja finalidade é a obtenção de açúcar e café. Mas não é preciso ir tão longe: uma criança entrar aos cinco anos de idade numa fiação de algodão, ou outra fábrica qualquer, e ali sentar-se todos os dias primeiro 10, depois 12 e finalmente 14 horas para realizar sempre o mesmo trabalho mecânico, é pagar um preço elevado demais pela diversão de respirar. Este, no entanto, é o destino de milhões pessoas, e muitos outros milhões têm um destino análogo.

    Entrementes, pequenos acasos podem nos tornar completamente infelizes; entretanto, nos tornar completamente felizes, nada no mundo. Não importa o que se fale, o momento mais feliz de quem é feliz é aquele em que adormece, assim como o mais infeliz é aquele em que desperta. — Uma indireta, mas infalível prova de que as pessoas se sentem infelizes, e consequentemente o são, é fornecida, em abundância, pela inveja sombria que habita em todos nós e é despertada em todas as relações da vida, por ocasião de cada tipo de mérito, e que não pode conter o seu veneno. Ora, porque as pessoas se sentem infelizes, não podem suportar a visão de uma pessoa que, supostamente, é feliz: quem se sente momentaneamente feliz, também gostaria logo de fazer felizes todos ao seu redor, e diz:

    Que tout le monde ici soit heureux de ma joie.[8]

---

8 "Que todo mundo aqui seja feliz com a minha alegria." (N. T.)

II 662 // Se a vida em si mesma fosse um bem precioso e decididamente preferível ao não-ser, a sua porta de saída não precisaria ser guardada por sentinelas tão terríveis como a morte com os seus terrores. Mas quem permaneceria na vida, tal como ela é, se a morte fosse menos terrível? – E quem poderia sequer suportar o simples pensamento da morte se a vida fosse uma alegria?! Mas a morte tem sempre o lado bom de ser o fim da vida, e nós nos consolamos sobre os sofrimentos da vida, com a morte, e sobre a morte, com os sofrimentos da vida. A verdade é que as duas se copertencem inseparavelmente, na medida em que constituem para nós um estado de erro, do qual é tão difícil quanto desejável sair.

Se o mundo não fosse algo que, expresso PRATICAMENTE, não deveria ser, TEORICAMENTE ele também não seria um problema: antes, a sua existência não necessitaria de explicação nenhuma, uma vez que seria inteiramente compreensível por si mesma, de modo que um espanto acerca dela e a pergunta sobre ela não poderiam ocorrer a cabeça alguma; ou então, a finalidade do mundo apresentar-se-ia de maneira inequívoca. Mas em vez disso, a existência do mundo é um problema insolúvel; na medida em que até a mais perfeita filosofia sempre contém um elemento inexplicável, como um precipitado insolúvel, ou como um resto sempre deixado pela relação irracional de duas grandezas. Portanto, se alguém ousa lançar a questão sobre por que não existe antes o nada em vez deste mundo; então o mundo não pode trazer em si mesmo a própria justificação, não se pode nele encontrar um fundamento, uma causa final da sua própria existência, não se pode demonstrar que ele existe por sua própria causa, isto é, para sua própria vantagem. – No âmbito da minha doutrina, a verdadeira explicação é que o princípio da existência do mundo é expressamente sem fundamento, a saber, cega Vontade de vida, que, como coisa em si, não pode estar submetida ao princípio da razão, que é a mera forma das aparências, e unicamente através do qual cada "por que" é justificado. Isso também está de acordo com a índole do mundo: pois apenas uma vontade absolutamente cega poderia colocar-se a si mesma na situação na qual nos vemos. Uma vontade que visse, logo calcularia que o negócio não cobre os custos do investimento, já que aspirações e lutas tão violentas,

II 663 // exigindo todas as forças, debaixo de preocupação, medo e necessidade constantes, e com a inevitável destruição que aguarda toda vida individual, não encontram compensação nessa tão efêmera existência assim conquistada e que se torna nada em nossas mãos. Assim, a explicação do mundo a partir de um νοῦς como o de Anaxágoras, isto é, a partir de uma vontade guiada pelo CONHECIMENTO, requer necessariamente como atenuante o otimismo, que então é exposto e defendido, apesar do testemunho gritante de todo um mundo cheio de misérias. Pois a vida se faz passar como um presente ofertado, porém é evidente que cada um o teria educadamente recusado, se antes pudesse tê-lo visto e examinado; nesse sentido, é o caso do filho de LESSING, de quem este admirava o entendimento, que se recusou terminantemente a entrar no mundo e teve de ser trazido violentamente a fórceps até este, mas mal esteve no mundo, logo se apressou em dele sair. Por outro lado, diz-se com frequência que a vida deveria ser, de cabo a rabo, apenas uma lição; ao que, no entanto, qualquer um poderia assim retrucar: "Justamente por isso eu teria querido ser deixado na paz do nada autossuficiente, onde não teria necessidade de lições nem de qualquer outra coisa". Se ainda fosse acrescentado que o ser humano deve um dia dar conta de cada hora de sua vida; então ele antes teria o direito de primeiro exigir uma resposta sobre por que foi tirado daquela paz e calma em que estava, para ser colocado em uma situação tão desafortunada, obscura, angustiante e penosa. — Eis aonde conduzem as falsas visões fundamentais. Longe de portar o caráter de um PRESENTE ofertado, a existência humana porta em tudo o caráter de uma DÍVIDA contraída. Sua conta a pagar aparece na figura de urgentes necessidades, torturantes desejos e carências sem fim postos por essa existência. Via de regra, o tempo inteiro da vida é empregado para o pagamento dessa dívida: e ainda assim pagamos por aí apenas os juros. O pagamento do capital ocorre na morte. — E quando foi essa dívida contraída? — Na procriação. —

Assim, caso se considere o humano como um ser cuja existência é um castigo e uma expiação; — então já se o vê numa luz mais correta. O mito do pecado original // (embora provavelmente, como todo o judaísmo, tenha sido emprestado do *Zend-Avesta: Bun-Dehesch*, 15) é a única coisa no Antigo Testamento a que posso atribuir uma verdade metafísica, embora apenas alegórica; sim, é a única coisa que me reconcilia com o Antigo Testamento. A nada mais se assemelha a nossa existência senão à consequência de um passo em falso e de uma luxúria culpada. O cristianismo do Novo Testamento, cujo espírito ético é o do brahmanismo e do buddhismo, portanto, bastante estranho ao otimismo do Antigo Testamento, teve a grande sabedoria de vincular-se também àquele mito: sim, sem este não haveria ponto de apoio no judaísmo. – Caso se queira medir o grau de culpa com o qual a nossa existência mesma está carregada; então miremos o sofrimento ao qual ela vincula-se. Toda grande dor, seja ela corporal ou espiritual, diz-nos que a merecemos: pois não poderia nos atingir, se não a merecêssemos. Que também o cristianismo veja a nossa existência sob essa luz, prova-o uma passagem do *Kommentar zu Galat*, de Lutero, c. 3, que tenho apenas em latim: *Sumus autem nos omnes corporibus et rebus subjecti Diabolo, et hospites sumus in mundo, cujus ipse princeps et Deus est. Ideo panis, quem edimus, potus, quem bibimus, vestes, quibus utimur, imo aer et totum quo vivimus in carne, sub ipsius imperio est.*[9] – Gritou-se contra o melancólico e o desconsolador da minha filosofia: a única razão é que, em vez de criar a fábula de um inferno futuro como reparação dos pecados, eu demonstrei que o habitat mesmo da culpa, o mundo, apresenta já algo de infernal: quem quiser negar isso, – pode facilmente fazer uma prova.

A este mundo, palco de seres atormentados e angustiados, que só conseguem subsistir se se entredevoram, mundo em que, portanto, cada animal voraz é a sepultura viva de milhares de outros e a própria autoconservação é uma cadeia de martírios, mundo em que a capacidade de sentir dor aumenta com o conhecimento, capacidade que, portanto, atinge o seu mais alto grau no humano, e tanto mais quanto mais inteligente ele é, – a este mundo, ia dizer, foi feita a tentativa de adaptar o sistema do OTIMISMO e demonstrar tal mundo como o melhor dos mundos possíveis. // O absurdo é gritante. – Entrementes, um otimista me diz para abrir os olhos, olhar o mundo e ver como ele é belo sob a luz do sol, com suas montanhas, vales, cursos d'água, plantas, animais e assim por diante. – Mas, o mundo é então a projeção de uma caixa de lanterna mágica? As coisas são decerto belas de VER; porém SER uma delas é algo completamente diferente. – Não demora e vem um teólogo e elogia a sábia disposição dos planetas, que faz com que não batam de cabeça

---

[9] "Mas todos nós, em nossos corpos e relações, estamos submetidos ao diabo, e somos estranhos neste mundo em que ele é príncipe e deus. O pão que comemos, a bebida que bebemos, a roupa que vestimos, e mesmo o ar e tudo aquilo que nos permite a vida carnal, está sob o seu império." (N. T.)

uns contra os outros e que a terra e o mar não se mesclem formando uma pasta, mas sejam mantidos belamente separados, e que também tudo não se congele em rígido gelo nem asse no calor abrasivo, que em consequência da obliquidade da eclíptica não haja uma eterna primavera em que nada poderia alcançar o seu amadurecimento, e assim por diante. – Mas tais coisas e todas as outras que lhes são semelhantes não passam de puras *conditiones sine quibus non*.[10] A saber, se em geral deve existir um mundo, se os seus planetas devem durar ao menos pelo tempo necessário para que o raio de luz de uma remota estrela fixa os alcance, e se os planetas não partem tão logo nascem, como o filho de Lessing; – então é claro que o mundo não pode ter sido construído de tal modo que estivesse ameaçado de colapsar a qualquer momento. Mas, se prosseguirmos com os RESULTADOS dessa obra tão elogiada e considerarmos os ATORES que atuam no palco tão duradouramente construído, e vermos ENTÃO como a sensibilidade à dor aparece e cresce à medida que a sensibilidade desenvolve-se em inteligência, e como logo, nesse mesmo ritmo, entram em cena ânsia e sofrimento cada vez mais fortes, e crescem até que por fim a vida humana nada oferece senão estofo para tragédias e comédias, – então, quem não é hipócrita, dificilmente se dispõe a entoar aleluias. A origem propriamente dita, embora oculta, destas últimas foi exposta sem indulgência e com uma triunfante verdade por DAVID HUME em *Natural history of religion*, secs. 6, 7, 8 e 13. Nos livros décimo e décimo primeiro de *Dialogues on natural religion*, ele também expõe sem reservas e com argumentos muito sólidos, mas muito diferente dos meus, a índole miserável deste mundo e a insustentabilidade de todo o otimismo; com o que ataca a este na sua origem. Ambas as obras de Hume valem tanto a pena serem lidas quanto são desconhecidas hoje em dia na Alemanha, onde, ao contrário, com ares patrióticos, as pessoas encontram um prazer inacreditável em disparates nacionais os mais nojentos vindos de arrogantes cabeças ordinárias que são proclamadas grandes pensadores. Aqueles *Dialogues* foram no entanto traduzidos por HAMANN, tradução que KANT reviu e no final da vida queria induzir o filho de Hamann a editá-la, porque a tradução de Platner não o agradava (cf. a biografia de Kant por F. W. Schubert, p.81 e 165). – De cada

---

10 "Condições necessárias." (N. T.)

página de DAVID HUME há mais para aprender do que das obras filosóficas completas de Hegel, Herbart e Schleiermacher juntas.

O fundador do OTIMISMO sistemático, ao contrário, é LEIBNIZ, cujos méritos em filosofia eu não intento negar, embora eu nunca tenha penetrado propriamente no sentido da monadologia, da harmonia preestabelecida e da *identitas indiscernibilium*. Seus *Nouveaux essays sur l'entendement* não passam de um excerto da justamente famosa obra de LOCKE, unido a uma crítica detalhada, mas fraca, com vistas à correção deste, opondo-se-lhe com tão pouco sucesso como quando em *Tentamen de motuum coelestium causis* opõe-se a NEWTON e o seu sistema gravitacional. Contra essa Leibniz-Wolff-Filosofia é que a *Crítica da razão pura* foi bastante especialmente dirigida e mantém com ela uma relação de polêmica, até mesmo de polêmica destrutiva; assim como tem uma relação de continuidade e desenvolvimento com as filosofias de LOCKE e HUME. Que os professores de filosofia estejam hoje em dia empenhados em todos os lugares para reabilitar LEIBNIZ com seus disparates e até glorificá-lo, e por outro lado em rebaixar Kant tanto quanto possível e descartá-lo, tem o seu bom fundamento no *primum vivere*:[11] a *Crítica da razão pura* não permite que se faça passar a mitologia judaica por filosofia, nem que, sem cerimônia, fale-se da "alma" como de uma realidade dada, como de uma bem conhecida e reputada pessoa, sem dar conta alguma sobre como se chegou a esse conceito e que legitimidade se tem para usá-lo cientificamente. Mas *primum vivere, deinde philosophari!*[12] Abaixo Kant, *vivat* o nosso LEIBNIZ! —

// Voltando, pois, a este último, não posso atribuir à *Teodiceia*, na qualidade de amplo e metódico desenvolvimento do otimismo, outro mérito senão este, ter dado ocasião depois para o imortal *CÂNDIDO* do grande VOLTAIRE; com o que, desta forma, a falha desculpa para os males do mundo, muitas vezes repetida por Leibniz, ou seja, de que o mal às vezes produz o bem, obteve aqui uma inesperada prova na pessoa dele. Já pelo nome dado ao seu herói, Voltaire indicou que basta ser sincero para reconhecer o contrário do otimismo. Na verdade, o otimismo faz uma figura tão estranha neste palco do pecado, de sofrimento e de morte, que se teria de tomá-lo como uma iro-

---

11 "Primeiro viver." (N. T.)
12 "Primeiro viver, depois filosofar." (N. T.)

nia, se a sua fonte secreta, tão prazerosamente descoberta por HUME, como mencionado acima (ou seja, a bajulação hipócrita e uma ofensiva confiança no seu êxito), não nos desse uma explicação suficiente da sua origem.

Ademais, contra as flagrantes provas sofísticas de LEIBNIZ de que este é o melhor dos mundos possíveis, podemos opor séria e honestamente a prova de que este é o PIOR dos mundos possíveis. Pois "possível" não significa o que casualmente alguém pode fantasiar, mas o que realmente pode existir e subsistir. Ora, este mundo foi de tal forma disposto, como teria de sê-lo, para poder se manter com a sua exata miséria: se, entretanto, ele fosse um pouquinho pior, então não poderia mais subsistir. Logo, um mundo pior, por ser incapaz de subsistir, é absolutamente impossível, por conseguinte, este é o pior dos mundos possíveis. Pois não apenas se os planetas batessem suas cabeças umas contra as outras, mas também se qualquer uma das perturbações ocorridas atualmente em seu curso continuasse a aumentar, em vez de gradualmente compensarem-se entre si, o mundo deveria chegar rapidamente a um fim: os astrônomos, que sabem quão fortuitas são as circunstâncias que provocam uma tal compensação, sendo a principal constituída por uma relação irracional dos períodos de revolução, encontraram a duras penas através de cálculos que tudo sempre transcorrerá bem e o mundo poderá manter-se e seguir tal como é. Embora NEWTON fosse de opinião contrária, queremos esperar que os astrônomos não tenham errado em seus cálculos, portanto, que o mecânico *perpetuum mobile*[13] que // atua num tal sistema planetário não irá, como todos os outros, finalmente parar. — Ademais, debaixo da dura crosta do planeta habitam as violentas forças naturais que, assim que algum acaso lhes conceda espaço de manobra, têm de destruir a crosta com tudo o que nela vive; como ocorreu pelo menos três vezes em nosso planeta e possivelmente repetir-se-á com mais frequência. Um terremoto em Lisboa, no Haiti, a destruição de Pompeia, não passam de pequenos sinais brincalhões dessa possibilidade. — Uma tênue alteração da atmosfera, mesmo quimicamente indemonstrável, causa cólera, febre amarela, peste negra, e assim por diante, o que já ceifou milhões de pessoas: uma alteração só um pouco maior extinguiria toda vida. Um aumento bas-

---

13 "Motor perpétuo." (N. T.)

tante moderado de calor secaria todos os rios e todas as nascentes. – Os animais receberam em órgãos e forças exatamente o que lhes é suficiente para permitir o próprio sustento e a alimentação da sua prole, e isso sob condições extremas de esforço; por isso um animal que perde um membro, ou mesmo se fica apenas impossibilitado da perfeita utilização do mesmo, na maioria das vezes tem de perecer. Mesmo no caso do gênero humano, por mais poderosos instrumentos que possua, como o entendimento e a faculdade de razão, vive numa luta contínua contra a carência, sempre à beira do abismo, equilibrando-se entre necessidades e fadigas. Em toda parte, tanto na conservação do indivíduo quanto do todo, as condições dadas de existência são módicas e escassas, e nada além: portanto, a vida individual transcorre numa luta incessante pela existência mesma; porém, a cada passo é esta ameaçada pela queda no abismo. E justamente porque tais ameaças amiúde efetivam-se, eis por que teve de ser providenciado um incrível excesso de germens, a fim de evitar que a morte dos indivíduos acarretasse a da espécie, pois apenas com esta a natureza está seriamente preocupada. – O mundo, por conseguinte, é tão ruim quanto lhe é possível ser, se é que em geral deveria ser. – Os fósseis de espécies animais completamente diferentes que habitaram outrora o planeta nos proporcionaram, como prova do nosso cálculo, os documentos de mundos cuja subsistência deixou de ser possível, que, portanto, eram ainda piores que o pior dos mundos possíveis.

II 669 // O otimismo é no fundo o injustificado autoelogio da verdadeira autora do mundo, a Vontade de vida, que complacentemente se mira em sua obra: conseguintemente, o otimismo não é apenas falso, mas é também uma doutrina perniciosa. Pois ele nos apresenta a vida como um estado desejável, e a felicidade do ser humano como a meta do mundo. Partindo daí, cada um então acredita estar plenamente justificado para reivindicar a felicidade e o prazer: se estes, como sói acontecer, não lhes é concedido, então a pessoa acredita que sofreu uma injustiça, sim, a meta da sua existência se perde; – contudo, é muito mais justo considerar como meta da nossa vida trabalho, privação, necessidade, sofrimento, coroados com a morte (como o fazem brahmanismo e buddhismo, e também o autêntico cristianismo); porque são tais coisas as que conduzem à negação da Vontade de vida. No Novo Testamento o mundo é exposto como um vale de lágrimas, a vida como um processo de purificação, e o símbolo do cristianismo é um instrumento de tortura. Assim, quando LEIBNIZ, SHAFTESBURY, BOLINGBROKE e POPE apareceram com o OTIMISMO, a objeção geral que se lançou a eles repousava principalmente no fato de o otimismo ser incompatível com o cristianismo; como isso é relatado e explicado por VOLTAIRE no prefácio do seu excelente poema *Le désastre de Lisbonne*, que também é expressamente dirigido contra o otimismo. Este grande homem, a quem eu de bom grado elogio defendendo-o das calúnias de mercenários escrevinhadores alemães, encontra-se decididamente acima de ROUSSEAU devido a três intelecções a que chegou e que dão testemunho da profundidade do seu pensamento: 1) a preponderância do mal e da miséria da existência, dos quais a sua pessoa estava profundamente convencida; 2) a rigorosa necessidade dos atos da vontade; 3) a verdade do princípio de LOCKE de que o que pensa pode possivelmente também ser material; enquanto ROUSSEAU, por outro lado, contesta tudo isso através de declamações em *Profession de foi du vicaire Savoyard*, uma superficial filosofia de pastor protestante; espírito este com o qual polemizou, defendendo o otimismo, contra o acima mencionado belo poema de VOLTAIRE, num // razoamento canhestro, superficial e logicamente falso em sua longa carta a VOLTAIRE de 18 de agosto de 1756, escrita exclusivamente com a finalidade de defender o otimismo. Sim, o traço fundamental e o πρῶτον ψεῦδος[14] de toda a filosofia de ROUSSEAU é este, que ele coloca no lugar da doutrina cristã do pecado original e da corrupção originária do gênero humano, a bondade originária e ilimitada perfectibilidade do gênero humano, das quais fomos desviados meramente devido à civilização e às consequências desta, erigindo sobre isso o seu otimismo e humanismo.

Assim como VOLTAIRE no *CÂNDIDO* conduz de maneira burlesca uma guerra contra o otimismo, do mesmo modo o fez BYRON, na sua maneira grave e trágica, em sua obra imortal *CAIN*, pelo que também foi glorificado pelas invectivas do obscurantista Friedrich Schlegel. – Se eu quisesse, em conclusão, para fortalecimento da minha perspectiva, gravar as máximas de grandes espíritos de todas as épocas emitidas contra o otimismo, então não haveria fim para as minhas citações; pois, quase todos expressaram em

---

14 "Primeiro passo em falso." (N. T.)

fortes palavras o seu conhecimento acerca da miséria deste mundo. Não tanto para confirmar, mas simplesmente para adornar este capítulo, abro aqui espaço, no final dele, para algumas máximas desse tipo.

Antes de tudo, deve-se aqui mencionar que os gregos, por mais distanciados que fossem da visão de mundo cristã e daquela da Alta Ásia, e decididamente se colocassem do ponto de vista da afirmação da vontade, no entanto foram profundamente afetados pela miséria da existência. Isso o testemunha já a invenção da tragédia, que lhes pertence. Uma outra prova disso é dada pelo costume dos trácios, relatado pela primeira vez por Heródoto (v. 4), e amiúde repetido depois dele, de saudar o recém-nascido com lamentação, enumerando-lhe todos os males que doravante enfrentaria; e, por outro lado, de enterrar os mortos com alegria e gracejo, porque escaparam de tantos e grandes sofrimentos; o que se verifica num belo verso que Plutarco (*De audiend. pöet.*, *in fine*) nos conservou, que soa:

II 671
// Τὸν φύντα θρηνεῖν, εἰς ὅσ' ἔρχεται χαχά·
Τὸν δ' αὖ θανόντα χαὶ πόνων πεπαυμένον
Χαίροντας εὐφημοῦντας ἐκπέμπειν δόμων.
(*Lugere genitum, tanta qui intrarit mala:*
At morte si quis finiisset miserias,
Hunc laude amicos atque laetita exsequi.)[15]

Não a um parentesco histórico, mas a uma identidade moral da coisa, deve-se atribuir o fato de os mexicanos terem saudado o recém-nascido com as palavras: "filho, nasceste para sofrer: assim, sofre, aguenta e silencia". E seguindo o mesmo sentimento, Swift (como é relatado na biografia deste por Walter Scott) desde cedo desenvolveu o hábito de celebrar o seu aniversário não como um dia de alegria, mas de aflição, e nesse dia ler a passagem bíblica na qual Jó lamenta e maldiz o dia em que na casa do seu pai foi dito: nasceu um filho.

---

15 "É preciso lamentar pelo recém-nascido, por tantos males que o esperam: / Quanto a quem morreu e despediu-se de suas misérias / Alegrias e bendições ao escoltá-lo à tumba." (N. T.)

Conhecida e muito longa para reproduzir é a passagem da Apologia de Sócrates em que PLATÃO põe na boca deste mais sábio dos mortais, que a morte, mesmo que nos prive para sempre da consciência, seria um admirável ganho, pois um sono profundo e sem sonhos é preferível à vida mais feliz.

Uma máxima de HERÁCLITO soava:

> Τῷ οὖν βίῳ ὄνομα μὲν βίος, ἔργον δὲ θάνατος.
> (*Vitae nomen quidem est vita, opus autem mors.*
> *Etymologicum magnum, voce* βίος; também Eustath. *ad Ilíada*, I, p.31.)[16]

Célebres são os belos versos de TEOGNIS:

> Αρχὴν μὲν μὴ φῦναι ἐπιχθονίοισιν ἄριστον,
> Μηδ' ἐσιδεῖν αὐγας ὀξέος ἠελίου·
> Φύντα δ' ὅπως ὤχιστα πύλας Ἀΐδαο περῆσαι,
> Καὶ χεῖσθαι πολλὴν γῆν ἐπαμησάμενον.
> (*Optima sors homini natum non esse, nec unquam*
> *Adspexisse diem, flammiferumque jubar.*
> // *Altera jam genitum demitti protinus Orco,*
> *Et pressum multa mergere corpus humo.*)[17]

SÓFOCLES, em *Édipo em Colono* (1225), oferece a seguinte abreviação:

> Μὴ φῦναι τὸν ἅπαντα νικᾷ
> λόγον· τὸ δ' ἐπεὶ φανῇ,
> βῆναι χεῖθεν, ὅθεν περ ἥκει,
> πολὺ δεύτερον, ὡς τάχιστα.
> (*Natum non esse sortes vincit alias omnes: proxima autem est,*
> *ubi quis in lucem editus fuerit, eodem redire, unde venit, quam ocissime.*)[18]

---

16 "Aporta o nome de vida, mas sua obra é a morte." (N. T.)
17 "O mais desejável dos bens é não ter nascido / e não ter jamais visto os raios ardentes do Sol. / E uma vez nascido, bater rapidamente nas portas do Orco, / E lá repousar sob o manto espesso da terra." (N. T.)
18 "Nunca ter nascido é de longe a melhor coisa. Mas uma vez nascido, a melhor coisa é retornar para o lugar de onde se veio, o mais rapidamente possível." (N. T.)

Eurípedes diz:

> Πᾶς δ' ὀδυνηρὸς βίος ἀνθρώπων,
> Κοὐχ ἔστι πόνων ἀνάπαυσις.
> (Omnis hominum vita est plena dolore,
> Nec datur laborum remissio.
> Hippol., 189.)[19]

E já havia dito Homero:

> Οὐ μὲν γάρ τί πού ἐστιν ὀϊζυρώτερον ανδρὸς
> Πάντων, ὅσσα τε γαῖαν ἔπι πνείει τε χαὶ ἕρπει.
> (Non enim quidquam alicubi est calamitosius homine
> Omnium, quotquot super terram spirantque et moventur.
> Ilíada, XVII, 446.)[20]

Mesmo Plínio diz: *Quapropter hoc primum quisque in remediis animi sui habeat, ex omnibus bonis, quae homini natura tribuit, nullum melius esse tempestiva morte.* (Hist. nat., 28, 2.)[21]

Shakespeare coloca na boca do velho rei Henrique IV:

> *O heaven! that one might read the book of fate,*
> *And see the revolution of the times,*
> *— — — — — — how chances mock,*
> *And changes fill the cup of alteration*
> *With divers liquors! O, if this were seen,*
> *The happiest youth — viewing his progress through,*
> *What perils past, crosses to ensue —*
> *Would shut the book, and sit him down and die.*[22]

---

19 "Plena de miséria é a vida humana, / E não cessam as suas aflições." (N. T.)
20 "Tão infeliz quanto os homens não há ser algum, por sem / dúvida, entre os que vivem na face da Terra e sobre ela se movem." Trad. Carlos Alberto Nunes. (N. T.)
21 "Assim cada um deve reconhecer antes de tudo como remédio da sua alma o pensamento de que, entre todas as coisas concedidas pela natureza ao homem, a melhor de todas é uma morte oportuna." (N. T.)
22 "Ó, céus! se se pudesse ler o livro do destino, / E ver a revolução dos tempos, / — — — E as zombarias da fortuna / E a variedade de licores na taça da inconstância / Ó, se visse

Por fim, BYRON:

> *Count o'er the joys thine hours have seen,*
> *Count o'er thy days from anguish free,*
> *And know, whatever thou hast been,*
> *'Tis something better not to be.*[23]

Em nossos dias ninguém tratou de modo tão profunda e exaustivamente desse tema quanto LEOPARDI. Todo ele está imbuído e penetrado desse sentimento: em toda parte o seu tema é a zombaria e a miséria desta existência, em cada página da sua obra ele o expõe, todavia com tal variedade de formas e revoluções, com tal riqueza de imagens, que nunca desperta fastio, mas antes sempre faz efeito entretendo e comovendo.

---

tudo isso, / O jovem mais feliz – ao considerar esse caminho de sua vida, / Os perigos passados, os desgostos futuros – / Fecharia o livro, sentar-se-ia e morreria." [Trad. de Schopenhauer para o alemão: *O, könnte man im Schicksalsbuche lesen, / Der Zeiten Umwälzung, des Zufalls Hohn / Darin ersehen, und wie Veränderung / Bald diesen Trank, bald jenen uns kredenzet – / O, wer es säh! und wär's der frohste Jüngling, / Der, seines Lebens Lauf durchmusternd, / Das Ueberstandene, das Drohende erblickte – / Er schlüg' es zu, und setz' sich hin, und stürbe.*] (N. T.)

23 "Conta as alegrias, que tuas horas viram, / Conta os dias, livres de angústia, / E reconhece que, não importa o que tenhas sido, / Há algo melhor, não existir." [Trad. de Schopenhauer para o alemão: *Überzähle die Freuden, welche deine Stunden gesehen haben; überzähle die Tage, die von Angst frei gewesen; und wisse, dass, was immer du gewesen seyn magst, es etwas Besseres ist, nicht zu seyn.*] (N. T.)

Capítulo 47*
A PROPÓSITO DA ÉTICA

Aqui se encontra a grande lacuna destes suplementos, que se originou do fato de eu já ter tratado da moral no sentido estrito do termo em meus dois ensaios que concorreram a prêmio publicados sob o título: *Os dois problemas fundamentais da ética*, cujo conhecimento deles, como já disse, pressuponho, a fim de evitar repetições inúteis. Resta-me aqui, pois, apenas um pequeno acréscimo de considerações isoladas que eu não pude fazer naqueles escritos, cujo conteúdo, no principal, era prescrito pelas academias, em especial, não fiz as considerações que requerem um ponto de vista mais elevado do que o comum, ponto de vista comum este no qual lá me encontrava e era obrigado a ficar. Por isso o leitor não deve achar estranho encontrar aqui essas considerações numa compilação bastante fragmentária. Trabalho que, ademais, recebeu a sua sequência nos capítulos oitavo e nono do segundo tomo de *Parerga*. —

As investigações morais são incomparavelmente mais importantes que as físicas, e em geral mais importantes que todas as outras, o que decorre de elas concernirem quase imediatamente à coisa em si mesma, a saber, àquela aparência desta, na qual, à luz imediata do conhecimento, a coisa em si manifesta a sua essência como VONTADE. Verdades físicas, ao contrário, permanecem completamente no domínio da representação, e mostram meramente como as aparências mais baixas da vontade, seguindo leis, expõem-se na representação. — Ademais, a consideração do mundo pelo lado FÍSICO, por mais ampla e exitosamente que se a siga, permanece em seus resultados

---

* Este capítulo conecta-se com § 55, 62, 67 do primeiro tomo.

sem consolo para a gente: somente pelo lado MORAL é que se pode encontrar consolo; na medida em que aqui as profundezas do nosso próprio interior abrem-se à consideração.

Minha filosofia, no entanto, é a única que concede à moral seus plenos e completos direitos: pois, tão somente se a essência íntima do ser humano é sua própria VONTADE, por conseguinte, apenas se ele, no sentido mais estrito // do termo, é sua própria obra, são seus atos exclusivamente seus e assim são-lhes imputáveis. Por outro lado, se o ser humano tem uma origem outra ou é obra de um ser diferente de si mesmo, toda a sua culpa recai sobre essa origem ou autor. Pois *operari sequitur esse*.[1]

Fazer a ligação da força que produz o fenômeno do mundo, portanto, que determina a sua índole, com a moralidade da disposição, e com isso demonstrar uma ordem MORAL do mundo como fundamento da ordem física, — este foi desde SÓCRATES o problema da filosofia. Uma solução pueril foi-lhe dada pelo TEÍSMO, solução que é incapaz de satisfazer a humanidade madura. Por isso, contraposto a ele, assim que pôde atrever-se, entrou em cena o PANTEÍSMO para demonstrar que a natureza porta em si mesma a força que a produz. Mas com isso a ÉTICA tinha de ir a pique. ESPINOSA, é verdade, tentou em algumas passagens salvar a ética através de sofismas, a maioria deles no entanto ele os abandona e, com uma impertinência que provoca assombro e indignação, considera a diferença entre justo e injusto, e em geral entre bom e mau, como meramente convencional, portanto, em si mesma nula (por exemplo, *Eth.*, IV, prop. 37, schol. 2). De maneira geral, após ter sido imerecidamente desprezado por mais de cem anos, Espinosa foi de todo sobrevalorizado neste século, devido à reação no movimento pendular das opiniões. — Todo panteísmo tem de ao fim naufragar frente às inevitáveis exigências da ética e ao mal e sofrimento do mundo. É o mundo uma teofania; então tudo o que o humano, sim, também tudo o que animal faz é igualmente divino e maravilhoso: nada pode ser censurado nem louvado em relação a outra coisa: portanto, nenhuma ética. Daí justamente que, em consequência do espinosismo renovado dos nossos dias, logo, do panteísmo, a ética caiu tão a fundo e tornou-se tão rasteira a ponto de que

---

[1] "A ação de fazer algo se segue do ser." (N. T.)

dela se fez um mero manual para uma adequada vida como membro da família e do Estado, como se o fim último da existência devesse consistir num metódico, perfeito, prazenteiro e bem provido estilo de vida filisteu. O panteísmo conduziu a tais estilos rasteiros decerto // só quando (abusando dos termos *e quovis ligno fit Mercurius*)[2] uma cabeça comum, Hegel, através de meios por todos conhecidos, fez-se passar por um grande filósofo e uma horda de discípulos, primeiro subornados, depois simplesmente obtusos, receberam dele a grande revelação. Semelhantes atentados contra o espírito humano não permanecem impunes: a semente cresceu. Nesse sentido foi então afirmado que a ética deve ter como estofo não a ação do indivíduo, porém a das massas populares, só a conduta destas é um tema digno dela. Nada pode ser mais desmiolado do que essa visão que repousa sobre o mais rasteiro realismo. Pois em cada indivíduo aparece a inteiramente indivisa Vontade de vida, a essência em si, e o microcosmo é igual ao macrocosmo. As massas não possuem mais conteúdo que cada indivíduo. Na ética, não se trata da ação e do resultado, porém do QUERER, e o querer mesmo opera sempre apenas no indivíduo. O que se decide MORALMENTE não é o destino dos povos, que existe apenas na aparência, porém o destino do indivíduo. Os povos são, propriamente dizendo, meras abstrações: apenas os indivíduos existem de fato. — Essa é, pois, a relação do panteísmo com a ética. — Os males e os tormentos do mundo não combinam no entanto com o TEÍSMO: este, por conseguinte, procura ajudar a si mesmo através de todos os tipos de subterfúgios, teodiceias, que todavia sucumbiram sem salvação aos argumentos de Hume e Voltaire. Por sua vez, o PANTEÍSMO é completamente insustentável em face daquele lado ruim do mundo. Só quando se considera o mundo inteiramente DO EXTERIOR e exclusivamente pelo lado FÍSICO e nada mais, só quando se tem em vista a ordem sempre renovada das coisas, e com isso a comparativa imperecibilidade do todo, é que é possível, embora apenas simbolicamente, explicar o mundo como um deus. Todavia, quando se penetra no interior, e portanto se acrescenta o lado SUBJETIVO e MORAL, com sua preponderância de necessidade, sofrimento e tormento, de discórdia, maldade, infâmia e iniquidade; então de imediato percebe-se com horror

---

[2] "De qualquer pedaço de madeira talha-se um deus Mercúrio." (N. T.)

que se tem diante de si tudo, menos uma teofania. — Eu, no entanto, mostrei, e o demonstrei especialmente no escrito *Sobre a vontade na natureza*, que a força que impulsiona e faz efeito na natureza é idêntica // à VONTADE em nós. Com isso a ordem MORAL do mundo realmente entra em conexão direta com da força que produz o fenômeno do mundo. Pois à índole da VONTADE tem de corresponder exatamente a sua APARÊNCIA: nisto repousa a exposição que fiz, em § 63-64 do primeiro tomo, da JUSTIÇA ETERNA, e o mundo, embora subsistindo com força própria, adquire uma estrita tendência MORAL. Com isso é agora efetivamente resolvido pela primeira vez o problema suscitado desde SÓCRATES, e satisfeita a exigência da razão pensante orientada para questões morais. — Nunca, todavia, pretendi instituir uma filosofia que não deixasse questão alguma sem resposta. Num sentido destes, a filosofia é realmente impossível: ela seria doutrina da onisciência. Mas *est quadam prodire tenus, si non datur ultra*:[3] há um limite até o qual a reflexão pode ir e assim pode iluminar MAIS ADIANTE a noite da nossa existência, apesar de o horizonte sempre permanecer sombrio. Minha doutrina alcança esse limite na Vontade de vida, que, em sua própria aparência, se afirma ou se nega. Querer, no entanto, ir mais além disso é, aos meus olhos, como querer voar para além da atmosfera. Temos de nos manter ali; mesmo que dos problemas resolvidos surjam outros. Ademais, há de se recordar que a validade do princípio de razão limita-se à aparência: este foi o tema do meu primeiro ensaio sobre aquele princípio, publicado já em 1813. —

Agora passo aos suplementos de algumas considerações isoladas, e quero começar confirmando, com o apoio de um par de passagens de poetas clássicos, a minha explanação do choro, dada em § 67 do primeiro tomo, a saber, ali disse que o choro nasce de uma compaixão cujo objeto somos nós mesmos. — Na conclusão do oitavo canto da *Odisseia*, Ulisses, que até então não havia sido exposto chorando, apesar dos seus muitos sofrimentos, irrompe em choro quando, ainda incógnito junto ao rei dos feácios, ouve a sua pregressa vida heroica com os seus feitos cantada pelo aedo Demodocus, na medida em que essa recordação do esplendoroso período da sua vida contrasta com a sua presente miséria. Portanto, não é esta mesma imedia-

---

3 "É possível avançar até um certo ponto, mesmo se não se pode ir além." (N. T.)

tamente, mas a consideração objetiva dela, a imagem da condição presente de Ulisses acentuada pelo passado, que produz as // suas lágrimas: Ulisses sente compaixão por si mesmo. — EURÍPEDES faz Hipólito exprimir a mesma sensação, o qual, inocente e injustamente condenado, chora o seu destino:

Φεῦ· εἴθ' ἦν ἐμαυτὸν προσβλέπειν ἐναντίον
στάνθ', ὡς ἐδάκρυσ', οἷα πάσχομεν κακά. (1084.)
(*Heu, si liceret mihi, me ipsum extrinsecus spectare, quantopere deflerem mala, quae patior.*)[4]

Por fim, como prova da minha explanação, cito aqui ainda uma anedota que eu extraí do jornal inglês *The Herald*, de 16 de julho de 1836. Um cliente, que ouvira a exposição do seu caso feita por seu advogado perante a corte, irrompeu numa torrente de lágrimas, e exclamou: "Nunca pensei que tivesse sofrido sequer a metade do que sofri, até eu ter ouvido hoje aqui!". —

Em § 55 do primeiro tomo eu mostrei, é verdade, como, apesar da imutabilidade do caráter, isto é, do querer propriamente fundamental da pessoa, é, todavia, possível um efetivo ARREPENDIMENTO moral, porém quero ainda acrescentar a seguinte explicitação, à qual tenho de antepor um par de definições. — INCLINAÇÃO é toda acentuada receptividade da vontade para motivos de certo tipo. PAIXÃO é uma inclinação tão forte que os motivos que a despertam exercem sobre a vontade uma violência mais forte que a exercida por qualquer outro contramotivo possível, pelo que o domínio da paixão sobre a vontade faz-se absoluto e assim esta relaciona-se com a paixão de modo PASSIVO, SOFRENDO. Deve-se, no entanto, observar que paixões que correspondem perfeitamente ao grau de sua definição são raríssimas, mas antes recebem o seu nome como meras aproximações desse grau; há, então, contramotivos que conseguem também exercer o seu efeito travador, caso apenas entrem em cena distintamente na consciência. Já o AFETO é uma excitação igualmente irresistível, porém passageira da vontade, através de um motivo que tem a sua violência não numa inclinação profundamente enraizada, mas simplesmente em que, subitamente entrando em cena, exclui

---

4 "Ó, quem me dera ver a mim mesmo / Aqui a chorar os meus males." (N. T.)

momentaneamente o contraefeito de todos os outros motivos, na medida em que consiste numa representação que, através de sua excessiva vivacidade, eclipsa // completamente todas as demais, ou as obscurece devido a sua excessiva proximidade, de maneira que as demais representações não entram em cena na consciência e não podem fazer efeito sobre a vontade, com o que, por conseguinte, a capacidade de ponderação e com esta a LIBERDADE INTELECTUAL* são em certo grau suprimidas. Conseguintemente, o afeto está para a paixão como o delírio febril está para a loucura.

Um ARREPENDIMENTO moral é condicionado pelo fato de, antes do ato, a inclinação para este não deixar ao intelecto espaço de manobra, na medida em que não lhe permite apreender distinta e completamente os contramotivos do ato, mas antes reconduz sem cessar o intelecto aos motivos que favorecem o ato. Esses motivos, entretanto, após o ato consumado, são neutralizados pelo ato mesmo, portanto, tornam-se ineficazes. Agora a realidade traz diante do intelecto os motivos opostos, como consequências reais recém-advindas do ato praticado, com o que o intelecto doravante reconhece que estes motivos poderiam ter sido mais fortes se ele os tivesse apreendido e ponderado convenientemente. A pessoa torna-se, então, ciente de que o que ela praticou não era propriamente conforme à sua vontade: esse conhecimento é o arrependimento. Pois a pessoa não agiu com plena liberdade intelectual, na medida em que nem todos os motivos chegaram a atuar. O que excluiu os motivos opostos ao ato foi, no caso dos atos precipitados, o afeto, no caso dos atos ponderados, a paixão. Amiúde, tudo isso se deve ao fato de a faculdade de razão apresentar à pessoa contramotivos *in abstracto*, é verdade, porém sem o apoio de uma fantasia suficientemente forte que lhe apresentaria em imagens o pleno conteúdo e a verdadeira significação do ato. Exemplos do que foi dito são os casos em que vingança, ciúme, avareza levam ao assassinato: depois que o assassinato foi cometido, aqueles são extintos, e agora justiça, compaixão, lembrança da amizade pregressa, elevam a sua voz e dizem tudo o que teriam dito antes se a palavra lhes tivesse sido concedida. Então entra em cena o amargo arrependimento, que fala: "se não

---

* Esta é explicitada em apêndice no meu escrito que concorreu a prêmio, *Sobre a liberdade da vontade*.

tivesse acontecido, jamais aconteceria". Uma incomparável exposição do arrependimento é fornecida pela antiga e conhecida balada escocesa, traduzida por HERDER: // "Edward, Edward!" – De maneira análoga, o descuido com o próprio bem-estar pode produzir um arrependimento egoísta: por exemplo, quando se contraiu um casamento desaconselhado, que se consumou como consequência de uma paixão amorosa, que precisamente agora extingue-se, com o que então entram em cena na consciência os contramotivos do interesse pessoal, da independência perdida etc., e falam como antes deveriam ter falado se a palavra lhes tivesse sido concedida. – No fundo, todas as ações desse tipo nascem de uma fraqueza relativa do intelecto, na medida em que este deixa-se dominar pela vontade, justamente ali onde, sem deixar-se perturbar por ela, deveria inexoravelmente ter cumprido a sua função de apresentação de motivos. Aqui a veemência da vontade é só MEDIATAMENTE a causa, na medida em que tal veemência trava o intelecto e assim prepara para si mesma o arrependimento. – Quanto à RACIONALIDADE do caráter, σωφροσύνη, oposta à passionalidade, consiste propriamente dizendo no fato de a vontade jamais dominar suficientemente o intelecto até o ponto de o impedir de exercer corretamente a própria função de apresentar distinta, plena e claramente os motivos, *in abstracto* para a faculdade de razão, *in concreto* para a fantasia. Isso repousa tanto sobre a moderação e brandura da vontade, quanto sobre o vigor do intelecto. Apenas é exigido que o intelecto seja RELATIVAMENTE forte o suficiente para a vontade existente, logo, que ambos se encontrem numa proporção adequada. –

As elucidações que seguem devem ainda ser acrescentadas aos traços fundamentais da DOUTRINA DO DIREITO, expostos em § 62 do primeiro tomo, bem como no escrito que concorreu a prêmio, *Sobre o fundamento da moral*, § 17.

Aqueles que, com ESPINOSA, negam que exteriormente ao Estado haja um DIREITO, confundem o direito com os meios de fazê-lo valer. Decerto o direito só assegura a sua PROTEÇÃO no Estado, mas o direito mesmo existe independentemente desta proteção. Pois através da violência o direito pode ser oprimido, mas jamais suprimido. Em conformidade com isso, o ESTADO não passa de UMA INSTITUIÇÃO DE PROTEÇÃO, tornada necessária devido aos diversos ataques a que o ser humano está exposto e dos quais ele não pode defender-se isoladamente mas apenas em união com outros. Assim, os fins do Estado são: //

1) Antes de tudo, proteção exterior, que pode tornar-se necessária tanto contra forças naturais inanimadas, ou também contra animais selvagens, quanto contra humanos e por extensão contra outros povos; embora este último caso seja o mais frequente e importante: pois o pior inimigo do humano é o humano: *homo homini lupus*. Desde que, em consequência deste fim, os povos estabelecem o princípio em palavras, embora não de fato, de sempre querer atuar apenas defensivamente, nunca agressivamente, eles reconhecem o DIREITO DOS POVOS.[5] Este, no fundo, nada mais é senão o direito natural na única esfera de eficácia prática que lhe restou, a saber, entre povo e povo, na qual apenas ele tem de reinar, porque o seu filho mais forte, o direito positivo, não pode se fazer valer senão com a ajuda de um juiz e de um executor. Em conformidade com isso, o direito dos povos consiste num certo grau de moralidade no trato dos povos entre si, cuja observância é uma questão de honra da humanidade. O tribunal dos processos relativos a tais casos é a opinião pública.

2) Proteção do interior, logo, proteção de uns contra os outros, dos membros de um Estado, portanto, garantia da segurança do DIREITO PRIVADO, por intermédio da observância de um ESTADO DE DIREITO, o qual consiste em que a força concentrada de todos protege cada indivíduo, surgindo daí o fenômeno de que todos parecem ser honestos, isto é, justos, logo, ninguém quereria lesar o outro.

Mas, como sói ocorrer nas coisas humanas, a eliminação de um mal logo abre o caminho para um novo mal; então, a garantia daquelas duas proteções traz a necessidade de uma terceira, a saber:

3) Proteção contra o protetor, isto é, contra aquele ou aqueles nas mãos dos quais a sociedade depositou o exercício da proteção, isto constituindo a garantia do DIREITO PÚBLICO. Este parece ser alcançado da maneira mais completa com a separação recíproca dos três poderes protetores, logo, pela separação entre o legislativo, o judiciário e o executivo, de tal forma que

---

[5] No original, *Völkerrecht*; que numa linguagem mais moderna traduziríamos por "direito internacional". (N. T.)

cada um deles seja exercido por pessoas diferentes e independentes uma da outra. — O grande valor, sim, a ideia fundamental da monarquia me parece residir no fato de, porque humanos permanecem humanos, um ter de ser colocado tão alto e receber tanto poder, riqueza, segurança e absoluta inviolabilidade, que PARA SI // nada mais resta a desejar, esperar e temer; com o que o egoísmo que lhe é inerente, como a qualquer um de nós, é como que aniquilado por neutralização, e, como se não fosse um ser humano, capacita-se a exercer justiça e não mais ter em vista o próprio bem, mas sim o bem do público. Esta é a origem do caráter quase sobre-humano que em toda parte acompanha a dignidade da realeza, e distingue esta inteiramente da mera presidência. Por isso aquela tem de ser hereditária, não eletiva: em parte, para que ninguém veja no rei um seu igual; em parte, para que o rei cuide dos interesses da sua posteridade apenas cuidando do bem do Estado, bem este que é uma coisa só com o bem da sua família.

Se alguém atribui ao Estado outro fim que o aqui exposto, arrisca-se facilmente a pôr em perigo o fim verdadeiro do Estado.

Em relação ao DIREITO DE PROPRIEDADE, este nasce, segundo a minha exposição, exclusivamente através do TRABALHO ELABORADOR das coisas. Essa verdade, amiúde já expressa, encontra uma notável confirmação por fazer-se válida, inclusive em termos práticos, numa declaração do ex-presidente norte-americano QUINCY ADAMS, que pode ser encontrada na *Quarterly Review*, 1840, n. 130, bem como na versão francesa na *Bibliothèque universelle de Genève*, 1840, n. 55. Aqui a minha versão para o alemão: *Einige Moralisten haben das Recht der Europäer, in den Landstrichen der Amerikanischen Urvölker sich niederzulassen, in Zweifel gezogen. Aber haben sie die Frage reiflich erwogen? In Bezug auf den größten Theil des Landes, beruht das Eigenthumsrecht der Indianer selbst auf einer zweifelhaften Grundlage. Allerdings würde das Naturrecht ihnen ihre angebauten Felder, ihre Wohngebäude, hinreichendes Land für ihren Unterhalt und Alles, was persönliche Arbeit einem Jeden noch außerdem verschafft hätte, zusichern. Aber welches Recht hat der Jäger auf den weiten Wald, den er, seine Beute verfolgend, zufällig durchlaufen hat?*[6] etc. —

---

6 "Alguns moralistas colocaram em dúvida o direito dos europeus de estabelecer-se nas terras ocupadas pelos povos americanos originários. Mas eles ponderaram suficientemente a questão? Em relação à maior parte do país, mesmo o direito de

Igualmente, aqueles que em nossos dias se viram impelidos a combater o comunismo com fundamentos (por exemplo, o arcebispo de Paris em uma carta pastoral de junho de 1851) sempre invocaram o argumento de que a propriedade é o fruto do trabalho pessoal, // como que trabalho corporificado. – Isso demonstra mais uma vez que o direito de propriedade só pode ser fundado pelo trabalho empregado nas coisas, na medida em que apenas nessa qualidade encontra livre reconhecimento e faz-se valer moralmente.

Uma prova completamente diferente da mesma verdade é fornecida pelo fato moral de que, embora a lei puna a caça ilegal quase tão severamente quanto o roubo em alguns países até mais severamente que o roubo, a honra burguesa, que neste último caso se perde irreparavelmente, não é efetivamente afetada pelo primeiro caso, mas o "caçador ilegal", desde que não tenha contraído outras culpas, decerto carrega consigo uma mácula, mas não se o considera, ao contrário do ladrão, como irreparavelmente desonrado, nem ele é evitado por todos. Pois os princípios da honra burguesa repousam sobre o direito moral, e não sobre o direito meramente positivo: a floresta, no entanto, não é objeto algum de trabalho elaborador, logo, não é objeto de posse moralmente válida: o direito a ela é, por conseguinte, totalmente positivo e não é moralmente reconhecido.

Da minha perspectiva, o DIREITO PENAL deveria basear-se no princípio de que não propriamente a PESSOA, mas apenas o ATO deveria ser punido, a fim de que não volte a ser praticado: o delinquente é tão somente o estofo EM QUE o ato é punido; a fim de que a lei, em consequência da qual entra em cena a punição, conserve a força de dissuasão. É isso o que significa a expressão: "Caiu sob o império da lei". Segundo a exposição de KANT, que desemboca num *jus talionis*,[7] não é o ato, mas a pessoa que é punida. – Também o sistema penitenciário quer punir não tanto o ato, mas a pessoa, para que assim esta melhore: com o que negligencia o fim propriamente

---

propriedade dos índios repousa num fundamento duvidoso. Decerto o direito natural lhes asseguraria seus campos cultivados, suas habitações, terra ampla o suficiente para a sua subsistência e tudo o que ademais o trabalho pessoal de cada um lhes houvera proporcionado. Mas que direito tem o caçador sobre a floresta que ele casualmente percorreu ao perseguir a sua presa?" (N. T.)

7 "Lei de talião." (N. T.)

dito da punição, dissuasão do ato, e assim tal sistema penitenciário tem em vista atingir o fim muito problemático da melhoria. Em toda parte, no entanto, é uma coisa duvidosa querer, através de UM meio, atingir dois fins diferentes; e tanto mais quando os dois fins são em qualquer sentido opostos. Educação é um benefício, punição deve ser um mal: o sistema penitenciário pretende realizar os dois ao mesmo tempo. — Contudo, por mais que miseráveis condições e ignorância tenham a sua participação, em união com a aflição exterior, // em muitos delitos; ainda assim jamais se deve considerar aqueles como a causa principal destes; na medida em que inumeráveis pessoas vivendo sob as mesmas miseráveis condições e nas mesmas situações, nunca cometeram um delito. A coisa principal, portanto, recai sobre o caráter pessoal, moral: este, entretanto, como expus no escrito que concorreu a prêmio, *Sobre a liberdade da vontade*, é estritamente imutável. Por consequência, verdadeira melhoria moral não é de modo algum possível; mas apenas dissuasão do ato. Junto a isto pode-se decerto corrigir o conhecimento e despertar o prazer de trabalhar: o tempo mostrará o quão isto pode ser eficiente. Ademais, transparece a partir da finalidade da pena, por mim exposta no texto, que, onde possível, o sofrimento aparente da mesma deveria sobrepujar o real: todavia, a solitária faz o contrário. O grande tormento da mesma não tem testemunhos e de modo algum é antecipado por aqueles que ainda não o experimentaram, logo, não dissuade. A solitária ameaça a pessoa, tentada ao delito pela carência e necessidade, com o polo oposto da miséria, com o tédio: mas, como GOETHE corretamente observa:

Wird uns eine rechte Quaal zu Theil,
Dann wünschen wir uns Langeweil.[8]

Por isso, a perspectiva do tédio dissuadirá a pessoa tão pouco quanto a visão das prisões monumentais, que são construídas pelas gentes honradas para os patifes. Porém, caso se queira considerar essas penitenciárias como instituições educacionais, então é de lamentar-se que só se consegue nelas entrar através de delitos; quando em verdade deveriam preveni-los. —

---

8 "Se somos presas de um tormento real, / Então desejamos o tédio." (N. T.)

Se, como ensinou BECCARIA, a punição deve ter uma exata proporção com o delito, isso não repousa em que a mesma seja uma expiação dele; mas em que o penhor seja adequado ao valor do que é garantido. Por isso cada um está justificado a exigir uma vida estranha como penhor de garantia da segurança da própria vida; porém, não como penhor de garantia da segurança da sua propriedade, para esta sendo suficiente a liberdade alheia etc. Para assegurar a vida dos cidadãos, a pena de morte é, portanto, estritamente necessária. Àqueles que pretendem suprimi-la, deve-se responder: "primeiro elimine-se o assassinato do mundo, em seguida a pena de morte". // A pena de morte deveria alcançar uma decisiva tentativa de assassinato tanto quanto o assassinato mesmo: pois a lei quer punir o ato, não vigiar a sua prática. Em geral, a injúria a ser prevenida dá a medida exata da punição a ser aplicada, não a indignidade moral da ação proibida. Por isso a lei pode, com justiça, punir com a prisão a quem deixar cair um vaso de flores da janela, ou punir com trabalho forçado a quem fumar numa floresta durante o verão, permitindo-o, no entanto, no inverno. Mas, como na Polônia, condenar à morte por ter atirado num auroque, é demais, pois a conservação da espécie dos auroques não pode ser comparada com a vida humana. Junto com a magnitude da injúria a ser prevenida é levada em consideração, no momento da determinação da medida da pena, a força dos motivos que impulsionaram à ação proibida. Se o verdadeiro fundamento da pena fosse expiação, retaliação, *jus talionis*, ela teria outra medida completamente diferente. Mas o código penal nada mais deve ser senão um catálogo de contramotivos para possíveis ações delituosas: por isso cada um dos contramotivos deve sobrepujar decisivamente cada um dos motivos das possíveis ações delituosas, e, é verdade, tanto mais quanto maior é o dano que resultaria da ação a ser prevenida, quanto mais forte é a tentação para praticá-la e e quanto maior é a dificuldade de dissuadir o delinquente; — sempre sob a correta pressuposição de que a vontade não é livre, mas determinada por motivos; — fora disto, nada se poderia fazer em relação a ela. — É o suficiente sobre a doutrina do direito. —

No meu escrito que concorreu a prêmio, *Sobre a liberdade da vontade*, eu demonstrei (p.50 et seq.) a originariedade e imutabilidade do caráter inato, do qual procede o conteúdo moral da conduta de vida. Isso é um fato bem estabelecido. Porém, para apreender problemas em toda a sua grandeza, às vezes é necessário carregar no tom das oposições. Nesse sentido, que se imagine quão inacreditavelmente grande é a diferença inata entre humano e humano, tanto em termos morais quanto intelectuais. Aqui, nobreza de caráter e sabedoria; acolá, maldade e estupidez. Em um, a bondade de coração brilha a partir dos olhos, ou também a estampa do gênio está imprimida no seu semblante. Em outro, a vil fisionomia // é a marca da torpeza moral e obtusidade intelectual impressas pelas próprias mãos da natureza, de modo inequívoco e irrevogável: parece até que uma pessoa assim deveria envergonhar-se da sua existência. A esse seu exterior, entretanto, corresponde de fato o interior. É impossível supormos que tais diferenças, que transfiguram toda a essência do ser humano e por nada são suprimidas, que ademais, em conflito com as circunstâncias, determinam o seu decurso de vida, poderiam existir sem a culpa ou o mérito do afetado e seriam a simples obra do acaso. Já a partir daí é evidente que o ser humano, em certo sentido, tem de ser a sua própria obra. Por outro lado, podemos demonstrar empiricamente a origem daquela diferença na índole dos pais; mas também o encontro e a ligação desses pais foi manifestamente a obra das circunstâncias mais casuais. — Através de tais considerações somos então forçadamente remetidos para a diferença entre a aparência e a essência em si das coisas, diferença esta unicamente na qual pode-se encontrar a solução do problema. Apenas por intermédio das formas da aparência é que se manifesta a coisa em si: o que, por conseguinte, provém a partir da coisa em si, tem de entrar em cena naquelas formas, logo, também tem de entrar em cena no nexo da causalidade: conseguintemente, expor-se-nos-á aqui como a obra de uma secreta e inconcebível direção das coisas, da qual a conexão empírica exterior seria o mero instrumento, na qual entrementes tudo o que acontece é produzido por causas, logo, necessariamente e exteriormente determinado, enquanto o verdadeiro fundamento disso encontra-se no interior da essência que assim aparece. Aqui, certamente, só podemos ver a solução do problema à distância, e, na medida em que sobre ele refletimos, caímos em um abismo do pensamento, como Hamlet corretamente diz, *thoughts beyond the reaches of our souls*.[9] Sobre essa secreta, sim, apenas figurativamente para ser pensada,

---

9 "Pensamentos para além do alcance das nossas almas." (N. T.)

direção das coisas, eu expus meus pensamentos no primeiro tomo de *Parerga*, no ensaio *Sobre a aparente intencionalidade no destino do indivíduo*. —

Em § 14 do meu escrito que concorreu a prêmio, *Sobre o fundamento da moral*, encontra-se uma exposição da essência do EGOÍSMO, // cujo suplemento a seguir deve ser considerado como um ensaio para desvelar a sua raiz. — A natureza mesma contradiz diretamente a si, conforme ela fale a partir do particular ou do universal, do interior ou do exterior, do centro ou da periferia. Seu centro, ela o tem, em verdade, em cada indivíduo: pois cada um é toda a Vontade de vida. Por isso, seja mesmo apenas um inseto, ou um verme, a natureza mesma fala a partir dele: "Somente eu sou tudo em tudo: a única coisa que importa é a minha conservação, o resto pode perecer, pois, propriamente dizendo, não é nada". Assim fala a natureza desde um ponto de vista PARTICULAR, logo, desde o ponto de vista da consciência de si, e nisto baseia-se o EGOÍSMO de cada vivente. Ao contrário, desde um ponto de vista UNIVERSAL — que é o da CONSCIÊNCIA DAS OUTRAS COISAS, logo, do conhecimento objetivo destacado por instantes do indivíduo ao qual adere o conhecimento —, logo, do exterior, da periferia, assim fala a natureza: "O indivíduo nada é senão menos que nada. Milhões de indivíduos eu destruo diariamente, como jogo e passatempo: eu os abandono ao mais caprichoso e travesso dos meus filhos, o acaso, que os caça à vontade. Milhões de novos indivíduos eu crio todos os dias, sem diminuição alguma da minha força produtiva; tão pouco quanto a força de um espelho é esgotada pelo número de imagens sucessivas do Sol que ele reflete na parede. O indivíduo não é nada". — Apenas quem realmente sabe equilibrar e conciliar essa manifesta contradição da natureza tem uma verdadeira resposta à questão sobre a transitoriedade ou intransitoriedade do seu próprio si mesmo. Eu acredito ter dado, nos primeiros quatro capítulos deste quarto livro de suplementos, uma adequada introdução a tal conhecimento. O que precede pode ainda ser explicitado da seguinte maneira. Cada indivíduo, na medida em que lança um olhar para o seu interior, reconhece em sua essência, que é a vontade, a coisa em si, por conseguinte, é em toda parte o real. Em consequência disso, apreende-se como o núcleo e centro do mundo, e acha-se infinitamente importante. Ao contrário, se lança um olhar para o exterior, então encontra-se no domínio da representação, da mera aparência, em que se vê como um indivíduo entre tantos outros infinitos indivíduos, // conseguintemente, como alguém extremamente insignificante, sim, que desaparece completamente no meio daqueles muitos indivíduos. Em consequência, cada um, mesmo o mais insignificante indivíduo, cada eu, visto de dentro, é tudo em tudo; visto do exterior, ao contrário, é nada, ou quase nada. Nisso, portanto, baseia-se a grande diferença entre aquilo que necessariamente alguém é aos próprios olhos, e aquilo que é aos olhos de todos os outros, logo, de lá deriva o EGOÍSMO, que todos condenam em todos. –

Em consequência desse egoísmo, o erro fundamental de todos nós é este, que, uns em face dos outros, somos um não-eu. Ao contrário, ser justo, nobre, benevolente, nada é senão traduzir minha metafísica em ações. – Dizer que tempo e espaço são meras formas do nosso conhecimento, e não determinações da coisa em si, é o mesmo que dizer que a doutrina da metempsicose, "tu renascerás um dia naquele que agora injurias, e padecerás as mesmas injúrias", é idêntica com a amiúde por mim citada fórmula do brahmanismo *tat tvam asi*, "isso és tu". – A partir do conhecimento imediato e INTUITIVO da identidade metafísica de todos os seres, provém, como amiúde mostrei, especialmente em § 22 do escrito que concorreu a prêmio, *Sobre o fundamento da moral*, toda autêntica virtude. Esta, por conseguinte, não é a consequência de uma particular preponderância do intelecto; mas, antes, o mais débil intelecto é suficiente para uma visão que transpassa o *principium individuationis*, que é aqui o ponto relevante. Em conformidade com isso, o mais excelente caráter pode ser encontrado mesmo num entendimento fraco, e ademais o despertar da nossa compaixão não é acompanhado de esforço algum do nosso intelecto. Antes, parece que a exigida visão que transpassa o *principium individuationis* existiria em cada um, se a sua VONTADE não se opusesse a ela, vontade que, como tal, devido à sua influência imediata, secreta e despótica sobre o intelecto, na maioria das vezes não tolera esse transpasse; de modo que ao fim toda culpa recai de fato sobre a VONTADE; o que, ademais, adequa-se à ordem das coisas.

A acima mencionada doutrina da metempsicose só se distancia da verdade porque transporta para o futuro o que se dá já agora. A saber, ela sustenta que a minha essência íntima em si mesma só existirá em outros após a minha morte, enquanto, conforme // a verdade, essa essência vive já agora em outros, e a morte meramente abole a ilusão devido à qual eu não estou ciente disso; semelhantemente ao fato de a multidão inumerável de estrelas brilhar sempre sobre a nossa cabeça, entretanto elas só se nos tornam visíveis após UMA estrela próxima, o Sol, ter-se posto. Desse ponto de vista, a minha existência individual, por mais que, semelhantemente ao Sol, eclipse todas as demais estrelas, aparece no fundo apenas como um obstáculo que se coloca entre mim e o conhecimento do verdadeiro alcance da minha essência. E porque cada indivíduo, em seu conhecimento, esbarra nesse obstáculo, é precisamente a individuação que conserva a Vontade de vida no erro sobre sua própria essência: a individuação é a māyā do brahmanismo. A morte é uma refutação desse erro e o suprime. Eu acredito que no instante da morte adquirimos a ciência de que uma mera ilusão limitou a nossa existência à nossa pessoa. Inclusive traços empíricos disso podem ser demonstrados em muitos estados afins à morte, através de supressão da concentração de consciência no cérebro, estados dentro dos quais destaca-se o sono magnético, no qual, quando atinge o grau mais elevado, nossa existência estende-se para além da nossa pessoa até outros seres, o que se manifesta em diversos sintomas, mas sobretudo através da participação imediata nos pensamentos de um outro indivíduo, por fim, até mesmo através da capacidade de conhecer o ausente, sim, o futuro, portanto, através de um tipo de onipresença.

Sobre essa identidade metafísica da vontade, como a coisa em si, em meio à incontável pluralidade das suas aparências, baseiam-se em geral três fenômenos, que se pode subsumir no conceito comum de SIMPATIA: 1) a COMPAIXÃO, que, como expus, é a base da justiça e da caridade, *caritas*; 2) o AMOR SEXUAL, com sua caprichosa escolha, *amor*, que é a vida da espécie, que faz valer a sua prioridade sobre a vida dos indivíduos; 3) a MAGIA, à qual também pertencem o magnetismo animal e as curas simpáticas. Conseguintemente, pode-se definir assim a SIMPATIA: a irrupção empírica da identidade metafísica da vontade através da pluralidade física das suas aparências, // com o que se anuncia uma conexão que é completamente diferente daquela que se dá pelas formas da aparência e que concebemos sob o princípio de razão.

Capítulo 48*
A PROPÓSITO DA DOUTRINA DA NEGAÇÃO DA VONTADE DE VIDA

O ser humano tem a sua existência e essência ou COM sua vontade, isto é, com o consentimento desta, ou SEM este: neste último caso, uma tal existência, amargurada por sofrimentos variados e inevitáveis, seria uma gritante injustiça. – Os antigos, notadamente os estoicos, também os peripatéticos e acadêmicos, empenharam-se em vão para demonstrar que a virtude é suficiente para fazer a vida feliz: a experiência gritou alto contra isso. O que propriamente jazia ao empenho daqueles filósofos, embora eles não tivessem distinta clareza disso, era a pressuposta JUSTIÇA das coisas: quem fosse INOCENTE, deveria também ser livre de sofrimento, logo, feliz. Só que a profunda e séria solução do problema encontra-se na doutrina cristã de que as obras não justificam; conseguintemente, o ser humano, por mais que tenha praticado a justiça e a caridade, portanto o ἀγαθόν, *honestum*,[1] não está, como imagina CÍCERO, *culpa omni carens*[2] (*Tusc.*, V, I): mas *el delito mayor del hombre es haber nacido*,[3] como o exprimiu o poeta de inspiração cristã CALDERÓN, a partir de um conhecimento muito mais profundo que o daqueles sábios. Essa culpabilidade que o ser humano traz ao mundo desde o nascimento não pode parecer absurda senão para quem o considera como tendo acabado de vir do nada e como a obra de um outro. Em consequência DESSA CULPA, //

---

* Este capítulo conecta-se com § 68 do primeiro tomo. Compare-se também este capítulo com o capítulo 14 do segundo tomo de *Parerga*.
1 "O que é bom, o que é honesto." (N. T.)
2 "Livre de toda culpa." (N. T.)
3 "O delito maior do homem é ter nascido." [Trad. de Schopenhauer para o alemão: *des Menschen größte Schuld ist, daß er geboren ward*".] (N. T.)

que por conseguinte tem de ter vindo da sua vontade, o ser humano, mesmo que tenha praticado todas as virtudes, permanece com justiça como presa dos sofrimentos físicos e espirituais, portanto NÃO é feliz. Isso se segue da JUSTIÇA ETERNA, da qual falei no primeiro tomo, § 63. Ora, se, como PAULO (Romanos 3, 21 et seq.), AGOSTINHO e LUTERO ensinam, as obras não podem justificar, na medida em que todos nós somos essencialmente pecadores e assim o permanecemos, — isso baseia-se em última instância em que, porque *operari sequitur esse*,[4] se nós agimos, conforme devíamos, nós também tivemos de ser, conforme devíamos ser. Mas então não precisaríamos de REDENÇÃO alguma do nosso estado atual, tal qual a mesma é exposta não apenas pelo cristianismo, mas também pelo brahmanismo e buddhismo (sob o nome que se traduz em inglês como *final emancipation*), como o supremo fim: isto é, não precisaríamos converter-nos em algo completamente outro, sim, completamente oposto ao que somos. Entretanto, porque somos o que NÃO devíamos ser, também fazemos necessariamente o que NÃO devíamos fazer. Daí para nós a necessidade de uma completa transfiguração da nossa sensibilidade e ser, isto é, de um renascimento, em consequência do qual entra em cena a redenção. Embora a culpa resida no agir para fazer algo, no *operari*, a raiz da culpa, no entanto, reside em nossa *essentia et existentia*, já que destas procede necessariamente o *operari*, como o expus no escrito que concorreu a prêmio, *Sobre a liberdade da vontade*. Conseguintemente, o nosso único e verdadeiro pecado é, propriamente dizendo, o pecado original. O mito cristão, é verdade, faz com que o pecado original nasça apenas após o ser humano já ter existido, e fabula ademais para este, *per impossibile*, uma vontade livre: isso, no entanto, é feito pelo cristianismo simplesmente como mito. O núcleo mais íntimo e o espírito do cristianismo é idêntico com aquele do brahmanismo e buddhismo: todos ensinam uma culpa que é carregada pelo gênero humano devido à própria existência dele; só que o cristianismo não procede aqui, como aquelas mais antigas doutrinas de fé, direta e abertamente, logo, não estabelece a culpa como inerente à existência mesma, mas a faz originar-se através de um ato do primeiro par de humanos. Isso, no entanto, só foi possível mediante a ficção de um *liberum*

---

4 "A ação de fazer algo se segue do ser." (N. T.)

arbitrium indifferentiae,[5] e era necessária somente por causa do dogma judeu fundamental, no qual esta doutrina devia implantar-se. // Ora, porque, de acordo com a verdade, justamente o próprio nascimento do ser humano é o ato da sua vontade livre, por consequência idêntico com o pecado original, e, assim, com a *essentia* e *existentia* do ser humano já entraria em cena o pecado original, do qual todos os demais pecados são consequência, todavia o dogma fundamental judaico não admitia tal exposição; então Agostinho ensinou, em seu livro *De libero arbitrio*, que o ser humano só foi inocente e dotado de uma vontade livre em Adão, anteriormente ao pecado original, e a partir de então está envolto na necessidade do pecado. — A lei, ὁ νόμος, em sentido bíblico, sempre exige que devemos mudar nosso atos, enquanto o nosso ser permaneceria imutável. Como, porém, isto é impossível, então Paulo diz que ninguém está justificado diante da lei: unicamente o renascimento em Jesus Cristo, em consequência do efeito da graça, devido ao qual nasce um novo ser humano e o antigo é suprimido (isto é, ocorre uma fundamental mudança de sensibilidade), é que pode nos resgatar do estado de pecaminosidade e nos colocar no de liberdade e redenção. Eis aí o mito cristão, conectado à ética. Porém, decerto o teísmo judeu, no qual ele foi implantado, tinha de receber estranhas adições para adaptar-se àquele mito: a fábula do pecado original oferecia então o único lugar para o enxerto procedente de uma tradição da antiga Índia. Precisamente àquela dificuldade violentamente superada, é que se deve creditar o fato de os mistérios cristãos terem um aspecto tão estranho, que se opõe ao senso comum, fato este que dificultou o seu proselitismo, e, assim, devido à incapacidade de apreender o sentido profundo desses mistérios, o pelagianismo, ou nos dias atuais racionalismo, insurgiu-se contra eles e procurou eliminá-los com exegeses, porém dessa forma reconduz o cristianismo ao judaísmo.

Mas, para falar sem mitos: enquanto a nossa vontade é a mesma, o nosso mundo não pode ser outro. É verdade que todos desejam ser redimidos do estado de sofrimento e morte: todos gostariam, como se diz, de alcançar a bem-aventurança eterna, de entrar no reino dos céus; porém, não com os

---

5 "Decisão livre da vontade não influenciada em direção alguma", ou seja, "liberdade de indiferença". (N. T.)

próprios pés; mas querem ser carregados pelo curso da natureza. Só que isso é impossível. Pois a natureza é apenas a cópia, a sombra de nossa vontade. Por conseguinte, a verdade é que a natureza nunca permitirá que sucumbamos // e sejamos aniquilados: mas ela não pode nos levar a lugar algum senão sempre de novo a ela mesma, natureza. O quão precário, todavia, é existir como uma parte da natureza, cada um experimenta em sua própria vida e morte. — Em conformidade com isso, a existência é certamente para ser vista como um erro, cuja correção é a redenção: em qualquer lugar a existência porta tal caráter. É nesse sentido que ela é concebida pelas antigas religiões dos samaneos, e, também, embora com um circunlóquio, pelo autêntico e originário cristianismo: até mesmo o judaísmo contém o gérmen dessa visão, ao menos no pecado original (este *redeeming feature*).[6] Apenas o paganismo grego e o islamismo são completamente otimistas; daí que no primeiro caso a tendência oposta teve de encontrar a sua expressão ao menos na tragédia: contudo, no islamismo, que além da mais nova é a pior de todas as religiões, essa tendência oposta entrou em cena como SUFISMO, esta bela aparência que é de espírito e origem totalmente indianos e subsiste já há mais de mil de anos. De fato, não podemos assinalar outro fim a nossa existência senão o de aprender que seria melhor que não existíssemos. Esta é a mais importante de todas as verdades, que, portanto, tem de ser expressa; por mais que ela se encontre em contraste com o atual modo de pensar europeu: ela, no entanto, é a verdade fundamental mais reconhecida em toda a Ásia não islamizada, tanto hoje quanto há três mil anos.

Se, portanto, consideramos no todo e objetivamente a Vontade de vida, então temos de pensá-la, conforme o que foi dito, como presa numa ILUSÃO, da qual sair, portanto negar todas as existentes aspirações da Vontade de vida, é aquilo que as religiões descrevem como autoabnegação, *abnegatio sui ipsius*: pois o si mesmo propriamente dito é a Vontade de vida. As virtudes morais, portanto justiça e caridade, quando são puras, como mostrei, nascem do fato de a Vontade de vida, por uma visão que transpassa do *principium individuationis*, reconhecer a si mesma em todas as suas aparências, consequentemente tais virtudes são antes de tudo um indicativo, um sinto-

---

[6] "Elemento redentor." (N. T.)

ma de que a vontade que aparece não mais se encontra completamente presa naquela ilusão, porém a desilusão já entra em cena; de modo que, metaforicamente, poder-se-ia dizer que a vontade já está batendo as asas // para voar para longe dali. Inversamente, injustiça, maldade, crueldade, são indicativos do contrário, logo, do mais arraigado aprisionamento naquela ilusão. Ademais, aquelas virtudes morais são um meio de fomento da autoabnegação e, portanto, da negação da Vontade de vida. Pois a verdadeira integridade de caráter, a inviolável justiça, esta primeira e mais importante justiça cardeal, é uma tarefa tão difícil que, quem incondicionalmente e do fundo do coração a pratica, há de fazer sacrifícios que logo privam a vida da doçura necessária para torná-la desfrutável e então desvia a vontade da vida, levando-a assim à resignação. O que torna justamente a integridade de caráter tão digna são os sacrifícios que ela custa: em miudezas ela não é admirada. A essência dela consiste em que o justo não transfere para os outros com astúcia ou violência o fardo e o sofrimento que a vida traz consigo, como faz o injusto, mas o justo ele mesmo porta o que lhe cabe; com o que porta consigo sem diminuí-lo todo o fardo do mal que pesa sobre a vida humana. Com isso a justiça torna-se um meio de fomento da negação da Vontade de vida, pois tem por consequência a necessidade e o sofrimento, essa destinação propriamente dita da vida humana, que, no entanto, nos conduzem à resignação. Mais rapidamente ainda conduz a esta a virtude, de muito maior alcance, da caridade, *caritas*: pois graças a ela a pessoa assume inclusive os sofrimentos que originariamente cabem aos outros, apropriando-se assim de uma quota bem maior deles do que aquela que lhe afetaria no curso natural das coisas. Quem é animado por essa virtude, reconheceu a sua própria essência em cada outro ser. Com isso identifica a sua própria sorte com a da humanidade em geral: tal sorte é, no entanto, dura, é a do penoso esforço, do sofrimento e da morte. Quem, portanto, renunciando a toda vantagem fortuita, não quer outra sorte senão a da humanidade em geral, não pode também querer por muito tempo essa sorte: o apego à vida e aos seus gozos tem de ceder e deixar livre o lugar para uma renúncia universal: portanto, entrará em cena a negação da vontade. Ora, visto que pobreza, privações e sofrimentos dos mais variados tipos já são a consequência da prática mais perfeita // das virtudes morais, a ASCESE, no sentido mais estrito termo —

logo, a renúncia a toda propriedade, a procura intencional do que é desagradável e que contraria, a autoexpiação, o jejum, o cilício e a castidade –, é considerada, talvez com justiça, como supérflua. A justiça mesma é o cilício que causa em seu possuidor constantes danos, e a caridade, que se priva do necessário, é o jejum de todos os instantes.* Justamente por isso o BUDDHISMO é livre daquela estrita e exagerada ascese, que desempenha um papel tão grande no brahmanismo, logo, é livre da intencional autopunição. O buddhismo conforma-se com o celibato, a pobreza voluntária, a humildade e obediência ao monge e a abstinência de alimentação animal, bem como a renúncia a qualquer apego ao mundo. Ademais, porque o fim ao qual as virtudes morais conduzem é o aqui demonstrado; a filosofia vedanta** diz com justeza que, depois que o verdadeiro conhecimento e, em sequência deste, a completa resignação, logo, o renascimento, entraram em cena, a moralidade ou imoralidade da conduta anterior tornam-se indiferentes, e aqui é também utilizada a passagem tão frequentemente citada pelos brahmanes: *Finditur nodus cordis, dissolvuntur omnes dubitationes, ejusque opera evanescunt, visu supremo illo* (Sancara, *sloca* 32).[7] Por mais chocante que possa ser essa visão para aqueles muitos que uma recompensa no céu ou um castigo no inferno é uma explicação muito mais satisfatória do significado moral das ações humanas, e por mais que o bom WINDISCHMANN rejeite com horror essa doutrina ao expô-la, ainda assim, quem conseguir chegar // até o fundo da coisa, encontrará que, ao fim, esta concorda com aquela doutrina cristã, defendida sobretudo por Lutero, de que não são as

---

* Por outro lado, na medida em que se concede validade à ASCESE, seria preciso suplementar as três molas impulsoras fundamentais das ações humanas que estabeleci em meu escrito que concorreu a prêmio, *Sobre o fundamento da moral*, a saber: 1) o próprio bem-estar; 2) o mal-estar alheio e; 3) o bem-estar alheio, com uma quarta mola impulsora, o próprio mal-estar, que eu aqui menciono de passagem meramente no interesse da coerência sistemática. Naquele escrito, visto que a questão do prêmio foi colocada no sentido da ética filosófica predominante na Europa protestante, tive de passar em silêncio com esta quarta mola impulsora.

** Cf. F. H. H. Windischmann, *Sancara, sive de theologumenis Vedanticorum*, p.116-117 e 121-123, bem como *Oupnekhat*, v. 1, p.340, 356, 360.

7 "Desatado o nó do coração, dissipam-se todas as dúvidas, desvanecem-se todas as suas obras, uma vez que teve essa visão sublime." (N. T.)

obras que salvam, porém apenas a fé que entra em cena através do efeito da graça, e que por conseguinte não podemos ser justificados por nosso atos, mas que somente podemos obter o perdão dos pecados pelo benefício do MEDIADOR. É até mesmo fácil de ver que, sem tais suposições, o cristianismo teria de estabelecer uma punição sem fim para todos, e o brahmanismo um renascimento sem fim para todos, e com isso, em ambos, não se chagaria a redenção alguma. As obras pecaminosas e as suas consequências têm de ser anuladas e aniquiladas em algum momento ou por um perdão estrangeiro ou pela entrada em cena de um conhecimento próprio melhor; do contrário, o mundo não tem esperança alguma de salvação: depois, todavia, elas se tornam indiferentes. Isso é também a μετάνοια καὶ ἄφεσις ἁμαρτιῶν,[8] que Cristo, já ressuscitado, encarrega finalmente os seus apóstolos de anunciar como o sumo da missão deles (Luc., 24, 47). As virtudes morais não são propriamente o último fim, mas apenas um degrau que conduz a este. Este degrau está descrito no mito cristão do comer da árvore do conhecimento do bom e do mau, com o que a responsabilidade moral entra em cena ao mesmo tempo que o pecado original. Este, nele mesmo, é em verdade a afirmação da Vontade de vida; a negação da Vontade de vida, ao contrário, em consequência de um nascente conhecimento melhor, é a redenção. Entre a afirmação e a negação, portanto, encontra-se o que é moral: vale dizer, aquilo que acompanha o ser humano como uma tocha no seu caminho, da afirmação para a negação da vontade, ou, falando miticamente, da entrada em cena do pecado original para a redenção pela fé na mediação do deus encarnado (Avatar); ou, segundo a doutrina dos *Vedas*, por via de todos os renascimentos que resultam de distintas obras, até que o conhecimento correto, e com este a redenção (*final emancipation*), MOKSHA, isto é, reunificação com o BRAHMĀ, entra em cena. Os buddhistas, entretanto, descrevem com muita franqueza a coisa apenas de modo negativo, como NIRVĀNA, que é a negação deste mundo, ou do SANSARA. Ora, se o NIRVĀNA é definido como o nada; então isto quer dizer apenas que o SANSARA não contém elemento algum que poderia servir à definição ou construção do nirvāna. Justamente por isso os // JAINISTAS, que diferem dos buddhistas apenas no nome, cha-

---

8 "Arrependimento e perdão dos pecados." (N. T.)

mam os brāhmanas, que acreditam nos *Vedas*, de sabdapramānas, termo que deve significar que eles acreditam pelo som ouvido naquilo que não se pode saber nem demonstrar (*Asiatic Researches*, v. VI, p.474).

Quando alguns filósofos antigos, como Orfeo, os pitagóricos, Platão (por exemplo, no *Fédon*, p.161, 183 et seq., ed. Bip.; cf. também Clemente de Alexandria, *Strom.*, III, p.400 et seq.), como também o apóstolo Paulo, deploram a comunidade do corpo com a alma e desejam livrar-se dessa comunidade; entendemos o sentido próprio e verdadeiro dessas queixas, por termos reconhecido, no segundo livro, que o corpo é a vontade mesma, intuída objetivamente, como aparência espacial.

Na hora da morte decide-se se a pessoa retorna ao seio da natureza, ou não mais pertence a esta, mas — — —: para essa contraposição falta-nos imagem, conceito e palavra, justamente porque todos estes são tomados da objetivação da vontade, por conseguinte, a esta pertencem, conseguintemente, não podem de modo algum exprimir o absolutamente oposto a ela, que portanto há de permanecer para nós como uma mera negação. Entrementes, a morte do indivíduo é em cada caso a pergunta que repetida e incansavelmente a natureza coloca à Vontade de vida: "Tiveste o suficiente? Queres sair de mim?". A vida individual é demasiado curta, para que a pergunta possa ser repetida suficientemente. As cerimônias, orações e exortações dos brāhmanas para a hora da morte são pensadas nesse sentido, tal como as encontramos preservadas em diversas passagens dos *Upanishads*, como também a assistência cristã, para um aproveitamento adequado da hora da morte, por meio de exortações, confissão, comunhão e extrema-unção: daí também as orações cristãs para que sejamos preservados de um fim súbito. Que nos dias de hoje muitos desejem para si justamente isto, demonstra que não estão mais no ponto de vista cristão, que é o da negação da Vontade de vida, porém no da afirmação, que é o pagão.

Quem menos teme tornar-se nada na hora da morte é quem reconheceu que já agora é nada, e que portanto não tem mais interesse algum na própria aparência individual, // na medida em que nele, por assim dizer, o conhecimento queimou e consumiu a vontade, de modo que não resta vontade alguma, logo, vício algum da existência individual.

A individualidade é inerente antes de tudo ao intelecto, que, espelhando a aparência, pertence ele também à aparência, a qual tem por forma o *principium individuationis*. Contudo, a individualidade também é inerente à vontade, na medida em que o caráter é individual: este, no entanto, é ele mesmo suprimido na negação da vontade. A individualidade, portanto, é inerente à vontade apenas na afirmação desta, não na sua negação. Já a santidade que se fixa a toda ação puramente moral baseia-se em que tal ação, em última instância, brota do conhecimento imediato da identidade numérica da essência íntima de todos os viventes.* Essa identidade, no entanto, está presente apenas no estado de negação da vontade (nirvāna), já que a afirmação dela (sansara) tem por forma a aparência da mesma na pluralidade. Afirmação da Vontade de vida, mundo aparente, diversidade de todos os seres, individualidade, egoísmo, ódio, maldade brotam de UMA raiz; o mesmo ocorre do outro lado, mundo da coisa em si, identidade de todos os seres, justiça, caridade, negação da vontade de vida. Se, como mostrei suficientemente, já as virtudes morais procedem da percepção daquela identidade de todos os seres, porém esta não reside na aparência mas apenas na coisa em si, na raiz de todos os seres; então a ação virtuosa é uma momentânea passagem pelo ponto, ao qual a negação da Vontade de vida é o retorno permanente.

Um corolário do que precedentemente foi dito é que não temos fundamento algum para supor que haja inteligências mais perfeitas que a nossa inteligência humana. Pois vemos que já esta é suficiente para conceder à vontade aquele conhecimento em consequência do qual esta nega a si mesma e se suprime, com o que cessa a individualidade e conseguintemente a inteligência, como mero instrumento de natureza individual, isto é, animal. Isto nos parecerá menos chocante se tivermos em mente que mesmo as inteligências possivelmente mais perfeitas, que aqui podemos tentar supor, // não as podemos pensar como subsistindo por um tempo sem fim, pois este tempo sem fim lhes resultaria demasiado pobre para fornecer-lhes sempre novos objetos dignos delas. A saber, porque a essência de todas as coisas é no fundo uma única e a mesma, então todo conhecimento dela é

---

* Compare-se com *Os dois problemas fundamentais da ética*, p.274.

necessariamente tautológico: essa essência uma vez apreendida, como logo o seria por aquelas inteligências mais perfeitas, o que mais restaria para elas, senão uma mera repetição e o tédio por um tempo sem fim? Também dessa perspectiva notaremos que o fim de toda inteligência só pode ser reação à vontade: porque, entretanto, todo querer é erro; a obra última da inteligência será a supressão do querer, a cujos fins havia servido até então. De modo que até mesmo a inteligência mais perfeita possível seria apenas uma transição para aquilo que conhecimento algum pode alcançar: sim, um tal conhecimento só pode ter lugar na essência das coisas apenas no instante da alcançada intelecção mais perfeita.

Em concordância com todas essas considerações, e com a origem do conhecimento a partir da vontade, origem esta demonstrada no segundo livro, na medida em que o conhecimento está a serviço dos fins da vontade e assim espelha a vontade em sua afirmação, enquanto a verdadeira salvação reside em sua negação, nós vemos todas as religiões, em seu ponto culminante, desembocarem no misticismo e nos mistérios, isto é, no ocultismo, que na verdade apenas indicam um espaço vazio para o conhecimento, a saber, o ponto em que todo conhecimento necessariamente cessa; por isso esse ponto só pode ser exprimido para o pensamento através de negações, todavia para a intuição sensível através de signos simbólicos, nos templos através de escuridão e silêncio, no brahmanismo até mesmo através da requerida suspensão de todo pensamento e toda intuição, a fim de que cada um entre e absorva-se profundamente no próprio si mesmo, pronunciando mentalmente o misterioso OM. – Misticismo, no sentido amplo do termo, é toda orientação para o sentimento imediato daquilo que não é alcançado pela intuição nem pelo conceito, portanto, em geral, não é alcançado por conhecimento algum. O místico contrapõe-se ao filósofo pelo fato de partir do interior, enquanto este parte do exterior. A saber, o místico parte da sua experiência interior, positiva, individual, // na qual ele encontra a si como o eterno e único ser, e assim por diante. Mas nada de comunicável há ali senão afirmações que temos de aceitar confiando em suas palavras: conseguintemente, ele não pode persuadir. O filósofo, ao contrário, parte do que é comum a todos, da aparência objetiva que existe diante de todos nós, e dos fatos da consciência de si, como eles se encontram em cada um.

O método do filósofo é, por conseguinte, a reflexão sobre tudo isso e a combinação dos dados ali presentes: por isso ele pode persuadir. Ele deve, assim, evitar cair no modo dos místicos e, por intermédio da admissão de intuições intelectuais, ou de pretensas percepções imediatas da razão, querer espelhar conhecimento positivo do que, eternamente inacessível a todo conhecimento, no máximo pode ser descrito através de uma negação. O valor e a dignidade da filosofia consistem, então, em desprezar todas as suposições sem fundamento possível, em não admitir outros dados senão aqueles cuja prova se encontra na intuição do mundo exterior, nas formas constitutivas do nosso intelecto destinadas à apreensão do mundo e na consciência, comum a todos, do próprio si mesmo. Eis por que a filosofia deve permanecer cosmologia e não se tornar teologia. O seu tema tem de limitar-se ao mundo: expressar sob todos os aspectos o QUÊ o mundo É, o que o mundo É no seu mais íntimo, é tudo o que a filosofia honestamente pode realizar. – Isso, então, corresponde ao fato de que a minha doutrina, quando chega ao seu ponto culminante, assume um caráter NEGATIVO, portanto, é concluída com uma negação. A saber, ela não pode falar aqui senão do que é negado, suprimido: quanto às vantagens obtidas e conservadas, ela é obrigada a descrever (na conclusão do quarto livro) como nada, e pode apenas acrescentar o consolo de que é tão somente um nada relativo, não absoluto. Pois, se alguma coisa não é nada do que conhecemos, então decerto é para nós em geral nada. Mas daí não se segue que é absolutamente nada, a saber, que tem de ser nada a partir de cada ponto de vista possível e em cada sentido possível; porém, apenas que estamos limitados a um conhecimento completamente negativo da coisa; o que pode residir muito bem na limitação do nosso ponto de vista. – Aqui justamente é o ponto // a partir do qual o místico procede positivamente, e por conseguinte, deste ponto, nada resta senão o misticismo. Quem, entrementes, deseja esse tipo de suplemento, para o conhecimento só negativo ao qual a filosofia pode conduzir, encontra-o da forma mais bela e mais rica nos UPANISHADS, bem como nas *Enéadas* de PLOTINO, em SCOTUS ERIGENA, em passagens de JAKOB BÖHME, especialmente na admirável obra de GUYON, *Les torrents*, e em ANGELUS SILESIUS, por fim ainda nos poemas do SUFISMO, dos quais THOLUK nos forneceu uma compilação em latim e uma outra em tradução para o alemão, como também em muitas outras obras. Os poetas do SUFISMO são os gnósticos do islã; por isso SADI também os descreve com uma palavra que é traduzida por "pleno de intelecção". O teísmo, calculado para a capacidade das massas, coloca a fonte originária da existência exteriormente a nós, como um objeto: todo misticismo, e portanto também o sufismo, nos vários degraus da sua iniciação, reconduz pouco a pouco aquela fonte para dentro de nós, como o sujeito, e o adepto por fim reconhece, com admiração e alegria, que ela é ele mesmo. Esse processo, comum a todo misticismo, encontramos expresso em MEISTER ECKHART, o pai da mística alemã, não apenas em forma de preceito para o perfeito asceta, "que não busque a Deus fora de si mesmo" (*Eckharts Werke*, editada por Pfeiffer, t. I, p.626), mas também exposto de maneira sumamente inocente no fato de, após a filha espiritual de Eckhart ter experimentado aquela conversão em si, ela o procurou, para gritar-lhe com júbilo: "Senhor, alegrai-vos comigo, eu me tornei Deus". (ibid., p.465). Conforme esse mesmo espírito, a mística do SUFISMO expressa-se sempre principalmente como uma embriaguez de consciência por sermos nós mesmos o núcleo e a fonte da existência, para a qual tudo retorna. Verdade é que ali amiúde também se encontra a exigência de renúncia a todo querer, unicamente através da qual é possível libertar-se da existência individual e dos seus sofrimentos, porém se trata de uma exigência subalterna e dada como de fácil cumprimento. Na mística dos hindus, ao contrário, o lado da renúncia entra em cena muito mais fortemente, e na mística cristã esse lado é completamente predominante, de modo que aquela consciência panteísta, que é essencial a todo misticismo, aqui se torna secundária, em consequência da renúncia // a todo querer, que entra em cena como união com Deus. Correspondendo à diversidade dessas concepções, a mística maometana tem um caráter jovial, a cristã, um sombrio e doloroso, a hindu, que se encontra acima das duas, mantém-se a esse respeito no justo meio.

Quietismo, isto é, renúncia a todo querer, ascese, isto é, mortificação intencional da própria vontade, e misticismo, isto é, consciência da identidade do seu próprio ser com todas as coisas, ou com o núcleo do mundo, estão na mais estrita conexão; de forma que quem professa uma dessas doutrinas é gradualmente levado à aceitação das outras, mesmo contra as próprias intenções. – Nada pode ser mais surpreendente que a concordância entre si dos escritores que expõem aquelas doutrinas, apesar da grande diversidade das suas épocas, países e religiões, assim como a sólida segurança e confiança íntima com que expõem o conteúdo da sua experiência interior. Não formam uma espécie de SEITA, que uma vez apegou-se a um dogma teórico favorito, e o mantém, defende e propaga; antes, quase sempre esses escritores nem sabem um do outro; sim, os místicos indianos, cristãos, maometanos, os quietistas e os ascetas são em tudo heterogêneos, menos no sentido e espírito das suas doutrinas. Um exemplo sumamente impressionante é fornecido pela comparação de *Torrents*, de Guyon, com a doutrina dos *Vedas*, notadamente com a passagem em *Oupnekhat* I, p.63, que abriga o conteúdo daquele escrito francês de forma bastante sucinta, porém exatamente e até com as mesmas imagens, e todavia deve ter sido impossível para a senhora Guyon o conhecer em 1680. Na *Teologia alemã* (única edição não mutilada, Stuttgart, 1851) é dito nos capítulos 2 e 3 que a queda tanto do diabo quanto de Adão se deveu ao fato de ambos terem atribuído a si mesmos as expressões "eu" e "me", "meu" e "para mim"; e na p.89 lê-se: "No verdadeiro amor não permanecem 'eu', nem 'me', 'meu', 'para mim', 'tu', 'teu', e semelhantes". Correspondendo a isso, lê-se no *Kural*, traduzido do tâmil por Graul, p.8: "Cessam as paixões, do 'meu' direcionadas para o exterior, e do 'eu', para o interior" (cf. verso 346). E no *Manual of Buddhism*, de Spence Hardy, // p.258, Buddha diz: "Meus discípulos rejeitam o pensamento 'este sou eu' ou 'isto é meu'". Se, de modo geral prescindirmos das formas produzidas pelas circunstâncias exteriores, e imergirmos a fundo na coisa, encontraremos que Shakyamuni e Meister Eckhart ensinam a mesma coisa; com a diferença de que o primeiro podia expressar os seus pensamentos diretamente, enquanto o segundo, ao contrário, é obrigado a vesti-los com a roupagem do mito cristão e adaptar as expressões a ela. Mas Meister Eckhart vai tão longe que nele o mito cristão é quase exclusivamente uma linguagem de imagens, algo parecido ao mito helênico entre os neoplatônicos: ele o toma sempre em sentido alegórico. Nesse mesmo sentido é digno de atenção que a conversão de São Francisco do bem-estar em que se encontrava à vida mendicante foi no todo semelhante ao passo ainda maior dado por Shakyamuni Buddha da condição de príncipe à de mendicante, e, correspondendo a isso, a vida e a fundação de

São Francisco foi justamente apenas um tipo de existência de sannyasi. Sim, merece ser mencionado que a sua afinidade com o espírito indiano também aparece em seu grande amor pelos animais e pelo contínuo trato com eles, os quais sempre chamava de irmãs e irmãos; também o seu belo *Cantico*, através do elogio ao Sol, à Lua, às estrelas, ao vento, à água, ao fogo, à terra, dão testemunho do seu inato espírito indiano.*

Até mesmo os quietistas cristãos tiveram pouca ou nenhuma notícia um do outro, por exemplo Molinos e Guyon sobre Tauler e a *Teologia alemã*, ou Gichtel sobre os dois primeiros. A grande diferença de formação tampouco teve uma influência essencial sobre as suas doutrinas, pois alguns, como MOLINOS, eram cultos, e outros, como GICHTEL e muitos mais, eram incultos. E a grande concordância íntima deles, na firmeza e segurança de suas declarações, tanto mais demonstra que falam a partir da real experiência interior, uma experiência que em verdade não é acessível a todos, mas cabe apenas a alguns agraciados, pelo que tal experiência recebe o nome // de efeito da graça, cuja realidade, devido aos fundamentos acima mencionados, não é objeto de dúvida. Para entender tudo isso, tem-se entretanto de ler os místicos eles mesmos e não por comentários de segunda mão: pois cada autor tem de ser compreendido em si mesmo antes que se o julgue. Para familiaridade com o quietismo recomendo especialmente Meister Eckhart, a *Teologia alemã*, Tauler, Guyon, Antoinette Bourignon, o inglês Bunyan, Molinos,** Gichtel: igualmente, como prova prática e exemplo da profunda seriedade da ascese, é digna de leitura a biografia de Pascal, editada por REUCHLIN, junto com a sua história de Port Royal, bem como a *Histoire de Sainte Elisabeth*, do conde de Montalembert, e *La vie de Rancé*, de Chateaubriand, embora tudo o que é significativo neste gênero de modo algum é por aí esgotado. Quem leu semelhantes escritos e comparou o seu espírito com o da ascese e do quietismo, como esse espírito atravessa todas as obras do brahmanismo e do

---

* S. Bonaventura, *Vita S. Francisci*, c. 8. – K. Hase, *Franz von Assis*, cap. 10. – *I cantici di S. Francesco*, ed. por Schlosser e Steinle, Frankfurt a.M., 1842.

** Michaelis de Molinos manuductio spiritualis: hispanice 1675, italice 1680, latine 1687, gallice in libro non adeo raro, cui titulus: *Recueil de diverses pièces concernant le quiétisme, ou Molinos et ses disciples*. Amsterdã, 1688.

buddhismo e fala a partir de cada página destes, concederá que toda filosofia que, para pretensamente ser consequente, tem de rejeitar todo aquele modo de pensamento, o que só pode se dar ao declarar seus representantes como impostores ou loucos, já por isso tem de ser necessariamente falsa. Neste caso, entretanto, incluem-se todos os sistemas filosóficos europeus, com exceção do meu. Teria realmente de ser uma rara loucura aquela que se exprime de forma tão concordante nas circunstâncias e nas pessoas mais variadas, e que se converteu numa doutrina capital das religiões dos povos mais antigos e numerosos da Terra, a saber, três quartos de todos os habitantes da Ásia. Nenhuma filosofia pode deixar em suspenso o tema do quietismo e do ascetismo, caso a questão sobre eles lhe seja posta; porque tal tema é idêntico, segundo o seu estofo, com o de toda metafísica e ética. Aqui, portanto, está o ponto onde eu espero e exijo de cada filosofia que ela, com seu otimismo, emita um pronunciamento. // E se, no juízo dos contemporâneos, a concordância paradoxal e sem exemplos da minha filosofia com o quietismo e o ascetismo aparece como uma manifesta peça de escândalo, já aos meus olhos, ao contrário, é precisamente nessa concordância que há uma prova da sua correção e verdade únicas, bem como um fundamento de explicação do astuto ignorar e segregar a mesma nas universidades PROTESTANTES.

Pois não apenas as religiões do Oriente, mas também o verdadeiro cristianismo tem estritamente aquele caráter ascético fundamental que minha filosofia elucida como negação da Vontade de vida; embora o protestantismo, especialmente em sua figura atual, tente dissimulá-lo. Até mesmo os inimigos abertos do cristianismo que surgiram nos tempos mais recentes demonstraram que ele ensina a doutrina da renúncia, autoabnegação, perfeita castidade e em geral mortificação da vontade, doutrinas que eles designam muito corretamente com a expressão "TENDÊNCIA ANTICÓSMICA", e expuseram com fundamentos sólidos que elas são em essência próprias do cristianismo originário e autêntico. Nisso têm inegavelmente razão. Mas que se sirvam de tais coisas justamente para uma manifesta e clara repreensão ao cristianismo, enquanto justamente ali reside a sua mais profunda verdade, seu valor superior e seu caráter sublime, isso dá testemunho de um obscurantismo de espírito, que só é explicável devido ao fato de aquelas cabeças, infelizmente como milhares de outras hoje em dia na Alemanha, estarem totalmente estragadas e para sempre arruinadas através da miserável hegelharia, esta escola da rasteirice, este centro de ignorância e estupidez, esta pseudosabedoria que estraga as cabeças, que agora finalmente se começa a reconhecer como tal e cuja veneração se deixará exclusivamente para a Academia Dinamarquesa, em cujos olhos aquele torpe charlatão é um *summus philosophus*, em favor do qual pegam em armas:

> *Car ils suivront la créance et estude,*
> *De l'ignorante et sotte multitude,*
> *Dont le plus lourd sera reçu pur juge.*[9]
>
> Rabelais

O certo é que no autêntico e originário cristianismo, tal como este, a partir do núcleo do Novo Testamento, desenvolveu-se nos escritos dos // Pais da Igreja, a tendência ascética é evidente: ela é o cimo ao qual tudo aspira. Como a doutrina capital da mesma encontramos a recomendação do autêntico e puro celibato (este primeiro e mais importante passo para a negação da vontade), que é expressa já no Novo Testamento.* Também STRAUSS, em sua *Vida de Jesus*, (t.I, p.618 da primeira edição), diz em referência à recomendação do celibato feita por Math. 19, 11 et seq.: "Para não colocar na boca de Jesus nada que contrariasse as representações atuais, apressou-se a INTRODUZIR SORRATEIRAMENTE o pensamento de que Jesus louvou o celibato apenas tendo em vista as circunstâncias do seu tempo e para deixar desimpedida a atividade apostólica: mas no contexto não há indicação alguma a esse respeito, muito menos na passagem afim de I Cor. 7, 25 et seq.; porém, aqui é também um dos lugares em que transluzem em Jesus os PRINCÍPIOS ASCÉTICOS, tal como acham-se disseminados entre os essênios e provavelmente também ainda mais entre os judeus". — Esta orientação ascética entra em cena depois mais decisivamente, que no início, lá onde o

---

9 "Pois todos seguirão a crença e estudo, / Da ignorante e estúpida multidão, / Da qual o mais grosseiro será acolhido como juiz." (N. T.)

* Math. 19. 11 et seq. — Luc. 20, 35-37. — I Cor. 7, 1-11 e 25-40. — I Thess. 4, 3. — I Joh. 3,3. — Apocal. 14, 4. —

cristianismo, ainda procurando adeptos, não podia elevar tão alto as suas pretensões: e no início do terceiro século ela é enfaticamente imposta. Aos olhos do cristianismo propriamente dito, o casamento vale meramente como um compromisso com a natureza pecaminosa do ser humano, como uma concessão, um salvo-conduto para aqueles carentes de força para aspirar ao mais elevado, e como uma saída para evitar uma perdição ainda maior: nesse sentido, o celibato recebe a sanção da Igreja, para que o liame seja indissolúvel. Mas como a consagração suprema do cristianismo, através da qual se nos abre a série dos eleitos, é feita pelo celibato e a virgindade: tão somente através destes é que se obtém a coroa dos vencedores, que ainda hoje em dia é aludida através da guirlanda de flores colocada no ataúde dos celibatários, bem como pela guirlanda de flores retirada pela noiva no dia do casamento.

Um testemunho sobre esse ponto, procedente dos primeiros tempos do cristianismo, é a concisa resposta do Senhor citada por Clemente de Alexandria // (*Strom.*, III, 6 e 9), a partir do Evangelho dos egípcios: Τῇ Σαλώμῃ ὁ χύριος πυνθανομένῃ, μέχρι πότε θάνατος ἰσχύσει; μέχρις ἂν, εἶπεν, ὑμεῖς, αἱ γυναῖχες, τίχτητε (*Salomae interroganti "quousque vigebit mors?" Dominus "quoadusque", inquit, "vos, mulieres, paritis"*). τοῦτ᾽ ἔστι, μέχρις ἂν αἱ ἐπιθυμίαι ἐνεργῶσι (*hoc est, quamdiu operabuntur cupiditates*),[10] acrescenta Clemente no cap. 9, no qual ele inclusive conecta a famosa passagem de Rom. 5, 12. Ademais, Clemente adiciona no cap. 13 as palavras de Cassiano: Πυνθανομένης τῆς Σαλώμης, πότε γνωσθήσεται τὰ περὶ ὧν ἥρετο, ἔφη ὁ χύριος ὅταν τὸ τῆς αἰσχύνης ἔνδυμα πατήσητε, χαὶ ὅταν γένηται τὰ δύο ἕν, χαὶ τὸ ἄρρεν μετὰ τῆς θηλείας οὔτε ἄρρεν, οὔτε θῆλυ (*Cum interrogaret Salome, quando cognoscentur ea, de quibus interrogabat, ait Dominus: "quando pudoris indumentum conculcaveritis, et quando duofacto fuerint unum, et masculum cum foemina nec masculum nec foemineum"*),[11] isto é, quando o véu do pudor deixar de ser usado, uma vez que toda diferença de sexo terá desaparecido.

---

10 "Quando Salomé perguntou ao Senhor quanto tempo duraria o reino da morte, ele respondeu: 'pelo tempo em que vós, as mulheres, continuarem a parir'." (N. T.)

11 "Quando Salomé perguntou quando seriam reveladas as coisas que ela perguntou, o Senhor disse: 'Quando abandoneis a vestimenta do pudor, quando os dois sexos se tornarem um só, quando o masculino será como o feminino, e ambos não serão nem um nem outro'." (N. T.)

Nesse ponto os que foram mais longe são sem dúvida os heréticos: já no segundo século podemos observá-lo nos tatianitas ou encratitas, gnósticos, marcionitas, montanistas, valentinianos e cassianos; todavia, com sua consequência implacável, apenas renderam homenagem à verdade, e por conseguinte, em conformidade com o espírito do cristianismo, ensinaram completa abstinência, ἐγκράτεια; enquanto a Igreja declarava como heresia tudo o que contrariava a sua política de longa duração. AGOSTINHO diz dos tatianitas: *Nuptias damnant, atque omnino pares eas fornicationibus aliisque corruptionibus faciunt: nec recipiunt in suum numerum conjugio utentem, sive marem, sive foeminam. Non vescuntur carnibus, easque abominantur*[12] (*De haeresi ad quod vult Deum.*, haer. 25). Porém, mesmo os pais ortodoxos consideram o casamento sob a acima indicada luz, e zelosamente pregam a completa castidade, ἁγνεία. ATHANASIUS estabelece como causa do casamento: ὅτι ὑποπίπτοντές ἐσμεν τῇ τοῦ προπάτορος χαταδίχῃ· — — ἐπειδὴ ὁ προηγούμενος σχοπὸς τοῦ θεοῦ ἦν, τὸ μὴ διὰ γάμου γενέσθαι ἡμᾶς χαὶ φθορᾶς· ἡ δὲ παράβασις τῆς ἐντολῆς τὸν // γάμον εἰσήγαγεν διὰ τὸ ἀνομῆσαι τὸν Ἀδάμ (*Quia subjacemus condemnationi propatoris nostri; — — — nam finis, a Deo praelatus, erat, nos non per nuptias et corruptionem fieri: sed transgressio mandati nuptias introduxit, propter legis violationem Adae. — Exposit. in psalm.* 50).[13] TERTULIANO nomeia o casamento *genus mali inferioris, ex indulgentia ortum* (*De pudicitia*, c. 16)[14] e diz: *Matrimonium et stuprum est commixtio carnis; scilicet cujus concupiscentiam dominus stupro adaequavit. Ergo, inquis, jam et primas, id est unas nuptias destruis? Nec immerito: quoniam et ipsae ex eo constant, quod est stuprum* (*De exhort. castit.*, c. 9).[15] Sim, AGOSTINHO mesmo professa inteiramente essa doutrina e todas as suas consequências, quando diz: *Novi quosdam, qui*

---

12 "Eles condenam o casamento e o colocam no mesmo plano da fornicação e de outras perversões: não admitem entre eles nem homens nem mulheres casados. Não comem carne e abominam isto." (N. T.)
13 "Porque estamos submetidos à danação do nosso primeiro pai; — — — pois o fim previsto por Deus era que não nascêssemos pelo casamento e a corrupção: porém a transgressão do comando deu origem ao casamento, porque Adão foi desobediente." (N. T.)
14 "Uma espécie de mal menor, nascido da indulgência." (N. T.)
15 "O casamento e o adultério são um comércio da carne; o Senhor equiparou o forte desejo daquela união com o adultério. Logo, perguntais, também há de condenar-se também o primeiro casamento, ou seja, o único nessa época? Certamente, com razão, porque também este consiste no que se chama de adultério." (N. T.)

murmurent: quid, si, inquiunt, omnes velint ab omni concubitu abstinere, unde subsistet genus humanum? — Utinam omnes hoc vellent! dumtaxat in caritate, de corde puro, et conscientia bona, et fide noch ficta: multo citius Dei civitas compleretur, ut acceleraretur terminus mundi (De bono conjugali, c.10).[16] — E de novo: *Non vos ab hoc studio, quo multos ad imitandum vos excitatis, frangat querela vanorum, qui dicunt: quomodo subsistet genus humanum, si omnes fuerint continentes? Quasi propter aliud retardetur hoc seculum, nisi ut impleatur praedestinatus numerus ille sanctorum, quo citius impleto, profecto nec terminus seculi differetur (De bono viduitatis,* c.23).[17] Vê-se ao mesmo tempo que ele identifica a salvação com o fim do mundo. — As demais passagem da obra de Agostinho concernentes a esse ponto encontram-se reunidas em *Confessio Augustiniana e D. Augustini operibus compilata a Hieronymo Torrense,* 1610, sob as rubricas *De matrimonio, De Coelibatu* etc., e podemos por aí nos convencer que no antigo, autêntico cristianismo, o casamento era uma simples concessão, que ademais deveria ter por fim apenas a procriação de crianças, enquanto, ao contrário, a total abstinência era a verdadeira virtude de longe preferível ao casamento. Àqueles leitores, entretanto, que não querem por si mesmos retornar às fontes, eu recomendo, para dissipar todas as mínimas dúvidas sobre a tendência do cristianismo aqui discutida, dois escritos: um de Carové, // *Über das Cölibatgesetz,* 1832, o outro de Lind, *De coelibatu christianorum per tria priora secula,* Havniae, 1839. Todavia, não é de modo algum às opiniões próprias destes autores que remeto, já que estas são opostas às minhas, mas única e exclusivamente aos relatos e às citações por eles cuidadosamente recolhidos, que merecem completa confiança quanto à sua autenticidade, pois os dois autores são adversários do celibato, o primeiro, um católico

---

16 "Conheço alguns que murmuram e dizem: Se todo mundo quisesse abster-se da cópula, como então o gênero humano subsistiria? — Se pelo menos todos quisessem abster-se! E se porventura fosse por amor, com um coração puro, uma boa consciência, uma fé sincera: então realizar-se-ia bem mais rapidamente a Cidade de Deus, pois o fim do mundo seria apressado." (N. T.)

17 "Nesse esforço, pelo qual suscitais muitos emulação, não vos deixeis abater pela vã repreenda daqueles que dizem: Como subsistiria o gênero humano, se todos praticassem a continência? Como se houvesse no prolongamento da existência deste mundo outra razão que a necessidade de atingir o número predestinado de santos: quanto mais rápido este for atingido, menos tardará a chegar o fim do mundo." (N. T.)

racionalista, o outro, um candidato a protestante, falando exatamente como tal. No primeiro escrito mencionado, encontramos enunciado a esse respeito, t.I, p.166, o seguinte resultado: "Conforme a visão da Igreja – tal como se a pode ler nos Pais canônicos, nas instruções dos sínodos e dos papas e em inumeráveis escritos de católicos ortodoxos – a castidade estrita é denominada uma virtude divina, celestial, angelical e a obtenção da assistência da divina graça depende do fervor com o qual se a pede. – Demonstramos já que essa doutrina agostiniana encontra-se expressa em Canisius e no Concílio de Trento, como uma inalterável crença da Igreja. Para nos persuadir, entretanto, de que se manteve até os dias de hoje como doutrina de fé, pode bastar como testemunho a revista católica *Der Katholik*, de junho de 1831, onde se lê, p. 263: 'No catolicismo a observância de uma CASTIDADE ETERNA, por amor a Deus, aparece EM SI como SUPREMO mérito do ser humano. A visão de que a observância da castidade perpétua enquanto FIM EM SI MESMO é algo que SANTIFICA e eleva o ser humano, está profundamente arraigada no cristianismo, de acordo com o seu espírito e os seus preceitos exprimidos. O Concílio de Trento afastou qualquer dúvida acerca disso'. – – – Qualquer pessoa imparcial há de admitir, que não apenas a doutrina veiculada pela *Der Katholik* é realmente católica, mas também que as provas aduzidas em seu favor são absolutamente irrefutáveis para uma razão católica, pois são hauridas diretamente da visão fundamental da Igreja sobre a vida e a sua destinação". Mais adiante, na página 270 da mesma obra, diz-se:

[II 710] "Embora PAULO descreva a proibição do matrimônio // como uma doutrina errônea, e o autor da Epístola aos Hebreus, ainda mais judeu, ordena que 'o matrimônio tem de ser honrado por todos, e o leito conjugal permanecer imaculado' (Hebr. 13, 4); nem por isso deve-se mal entender a tendência principal desses dois hagiógrafos. A virgindade era para os dois a perfeição, o casamento apenas um recurso dos fracos e só como tal a permanecer a salvo. Ao contrário, a aspiração suprema era dirigida à completa renúncia material. O si mesmo deve desviar-se e abster-se de tudo o que contribui para trazer prazer apenas a ELE e APENAS TEMPORALMENTE". – Por fim, lemos ainda na página 288: "Concordamos com o abade ZACCARIA, que quer fazer derivar antes de tudo o celibato (não a lei do celibato) das doutrinas de Cristo e do apóstolo Paulo".

O que se opõe a essa visão fundamental propriamente cristã é em toda parte e sempre apenas o Antigo Testamento com o seu πάντα χαλὰ λίαν.[18] Isto sobressai claramente daquele tão importante terceiro livro dos *Stromata* de CLEMENTE, no qual, polemizando contra os hereges encratitas antes mencionados, opõe-lhes sempre apenas o judaísmo, com sua otimista história da criação, tão vivamente em contradição com a orientação de negação do mundo presente no Novo Testamento. Em realidade, a conexão entre o Novo e o Antigo Testamento é no fundo apenas exterior, casual, sim, forçada, e o único ponto de contato com a doutrina cristã que este ofereceu foi, como eu disse, apenas na história do pecado original, que ademais está isolado no Antigo Testamento, e não é usada em seguida. Ora, de acordo com exposições evangélicas, são precisamente os adeptos ortodoxos do Antigo Testamento os que patrocinaram a crucificação do fundador, porque consideravam a sua doutrina em contradição com a deles. No mencionado terceiro livro dos *Stromata* de CLEMENTE, emerge com surpreendente distinção o antagonismo entre o otimismo, junto com o teísmo, de um lado, e o pessimismo, junto com a moral ascética, de outro. Esse livro está dirigido contra os gnósticos, que ensinavam justamente o pessimismo e a ascese, notadamente ἐγκράτεια (abstinência de todo tipo, em especial abstinência de toda satisfação sexual); pelo que Clemente os censura vivamente. Mas daí transparece ao mesmo tempo que o espírito do Antigo Testamento // está em antagonismo com o do Novo Testamento. Pois, à parte o pecado original, que está no Antigo Testamento como uma *hors d'oeuvre*,[19] o espírito do Antigo Testamento é diametralmente oposto ao do Novo Testamento: aquele, otimista, este, pessimista. Essa contradição é ressaltada por Clemente mesmo, na conclusão do décimo primeiro capítulo (προσαποτεινόμενον τὸν Παῦλον τῷ Κτίστῃ χ.τ.λ.),[20] embora não queira admiti-la, mas a qualifica como aparente, — como um bom judeu que é. Em geral é interessante ver, como em Clemente, em todo lugar, o Antigo e o Novo Testamento chocam-se continuamente entre si, e como ele se esforça para conciliá-los, todavia

---

18 "[E Deus viu tudo o que havia feito, e] tudo havia ficado muito bom." (N. T.)
19 "Antepasto", "entrada", "aperitivo". (N. T.)
20 "Que Paulo pôs-se em contradição com o Criador." (N. T.)

na maioria das vezes termina por excluir o Novo Testamento em favor do Antigo. Logo no início do terceiro capítulo ele censura os marcionistas porque estes consideraram uma coisa ruim a criação, seguindo o precedente de Platão e Pitágoras, já que Marcion ensina que se trata de uma natureza ruim, feita de matéria ruim (φύσις χαχή, ἐχ τε ὕλης χαχῆς); por conseguinte, não se deveria povoar este mundo, mas abster-se do casamento (μὴ βουλόμενοι τὸν χόσμον συμπληροῦν, ἀπέχεσθαι γάμου). Isto é muito mal recebido por Clemente, que em geral admite e compreende muito melhor o Antigo que o Novo Testamento. Ele vê neste último uma flagrante ingratidão, hostilidade e revolta contra aquele que fez o mundo, o justo demiurgo, de quem eles mesmos são obra e, no entanto, envergonham-se de fazer uso das suas criações, numa ímpia rebelião "que renuncia aos sentimentos da natureza" (ἀντιτασσόμενοι τῷ ποιητῇ τῷ σφων, – – – ἐγχρατεῖς τῇ πρὸς τὸν πεποιηχότα ἔχθρᾳ, μὴ βουλόμενοι χρῆσθαι τοῖς ὑπ' αὐτοῦ χτισθεῖσιν, – – – ἀσεβεῖ θεομαχίᾳ τῶν χατὰ φύσιν ἐχστάντες λογισμῶν). – No seu ardor religioso, não quer conceder aos marcionistas sequer a honra da originalidade, mas, armado com sua conhecida erudição, reprova-os, provando com as mais belas citações que já os filósofos antigos, Heráclito e Empédocles, Pitágoras e Platão, Orfeu e Píndaros, Heródoto e Eurípedes, e com eles a Sibila, lamentaram profundamente a miserável índole do mundo, logo, ensinaram o pessimismo. Nesse erudito entusiasmo, ele apenas não se dá conta de que está levando água para o moinho dos marcionitas, ao mostrar que:

// "Todos os mais sábios de todos os tempos"

ensinaram e cantaram o mesmo que eles; porém, cheio de confiança e coragem, cita os ditos mais decisivos e enérgicos dos antigos, expressos naquele sentido. Mas, é certo, nada disso o desconcerta: possam os sábios lamentar o triste da existência, possam os poetas derramar sobre ela as queixas mais comovedoras, possa a natureza e a experiência gritarem ainda mais alto contra o otimismo – tudo isso não incomoda o nosso padre da Igreja: ele mantém firmemente a sua revelação judia, e permanece confiante. O demiurgo fez o mundo: disso é certo *a priori* que o mundo é excelente; não importa como seja a sua aparência. – É exatamente o mesmo com o segundo ponto, ἐγχράτεια, em que, de acordo com ele, os marcionistas manifestam a sua ingratidão para com o demiurgo (ἀχαριστεῖν τῷ δημιουργῷ) e a obstinação em rejeitar os presentes deste (δὶ ἀντίταξιν πρὸς τὸν δημιουργόν, τὴν χρῆσιν τῶν χόσμιχων παραιτουμένοι). A esse respeito já os poetas trágicos haviam pavimentado o caminho para os encratitas (para prejuízo da originalidade destes), e disseram o mesmo: a saber, na medida em que lamentaram a miséria sem fim da existência, acrescentaram que é melhor não colocar filho algum no mundo; – o que Clemente de novo prova com as mais belas passagens, ao mesmo tempo que acusa os pitagóricos de terem renunciado ao gozo sexual por essa razão. Mas nada disso o afeta: ele permanece em seu princípio, de que através da sua abstinência sexual todos aqueles pecam contra o demiurgo, na medida em que ensinam que não se deve casar, não se deve gerar crianças, não se deve colocar novos infelizes no mundo, não se deve oferecer uma nova presa à morte (δὶ ἐγχρατείας ἀσεβοῦσιν εἴς τε τὴν χτίσιν χαὶ τὸν ἅγιον δημιουργόν, τὸν παντοχράτορα μόνον θεόν, χαὶ διδάσχουσι, μὴ δεῖν παραδέχεσθαι γάμον χαὶ παιδοποιῖαν, μηδὲ ἀντεισάγειν τῷ χόσμῳ δυστυχήσοντας ἑτέρους, μηδὲ ἐπιχορηγεῖν θανάτῳ τροφήν; c. 6). – O erudito padre da Igreja, ao condenar a ἐγχράτεια, parece não ter pressentido que, pouco depois do seu tempo, o celibato no sacerdócio cristão seria paulatinamente introduzido, e finalmente, no século XI, elevado a lei, porque correspondia ao espírito do Novo Testamento. Precisamente isto é o que, os gnósticos // apreenderam profundamente e melhor entenderam que o nosso padre da Igreja, que é mais judeu que cristão. A apreensão dos gnósticos entra em cena bastante distintamente no início do nono capítulo, em que se cita a partir do Evangelho dos egípcios: αὐτὸς εἶπεν ὁ Σωτήρ "ἦλθον χαταλῦσαι τὰ ἔργα τῆς θηλείας"· θηλείας μέν, τῆς ἐπιθυμίας· ἔργα δέ, γένεσιν χαὶ φθοράν (ajunt enim dixisse Servatorem: "veni ad dissolvendum opera feminae": feminae quidem, cupiditatis; opera autem, generationem et interitum);[21] – porém, de modo bastante especial na conclusão do décimo terceiro capítulo e no início do décimo quarto. A Igreja, decerto, tinha de ter cuidado ao instituir uma religião capaz de ficar de pé e continuar a sua jornada num mundo, tal como este é,

---

21 "O próprio salvador disse: 'Vim para dissolver as obras da mulher': da mulher, quer dizer, do desejo; tais obras são a geração e a perdição." (N. T.)

e entre humanos; por isso declarou hereges essas pessoas. – Na conclusão do sétimo capítulo, nosso padre da Igreja opõe o ascetismo indiano, como ruim, ao ascetismo judaico-cristão; – com o que entra em cena a diferença fundamental do espírito de ambas as religiões. A saber, no judaísmo e cristianismo tudo reduz-se à obediência ou desobediência ao comando de Deus – ὑπαχοὴ χαὶ παραχοή; como convém a nós, suas criaturas, ἡμῖν, τοῖς πεπλασμένοις ὑπὸ τῆς τοῦ Παντοκράτορος βουλήσεως (nobis, qui Omnipotentis voluntate effecti sumus – c. 14).[22] – A isso acrescenta-se, como segundo dever, λατρευεῖν θεῷ ζώντι, servir ao Senhor, louvar as suas obras e transbordar em agradecimentos. – No brahmanismo e no buddhismo parece que temos, decerto, algo completamente diferente, na medida em que neste último toda melhora, conversão e esperada redenção deste mundo de sofrimento, este sansara, provém do conhecimento de quatro verdades fundamentais: *1) dolor, 2) doloris ortus, 3) doloris interitus, 4) octopartita via ad doloris sedationem*,[23] *Dhammapadam*, ed. Fausböll, p.35, 347. A elucidação destas quatro encontra-se em Burnouf, *Introduct. à l'hist. du bouddhisme* (p.629), e em todas as exposições do buddhismo.

Na verdade, não é o judaísmo, com seu πάντα χαλὰ λίαν, mas o brahmanismo e o buddhismo que, segundo o seu espírito e a sua tendência ética, são afins ao cristianismo. Ora, o espírito e a tendência ética, não os mitos com os quais ela os reveste, são o essencial numa religião. // Por isso não renuncio à crença de que as doutrinas do cristianismo são de algum modo derivadas de uma daquelas religiões originárias. Já indiquei alguns indícios disso no segundo tomo de *Parerga*, § 179. Acrescento a eles que EPIFÂNIO (*Haeretic.*, XVIII) relata que os primeiros judeo-cristãos de Jerusalém, que se autodenominavam nazarenos, abstinham-se de todo alimento animal. Em virtude dessa origem (ou ao menos concordância), o cristianismo pertence à antiga, verdadeira e sublime crença da humanidade, que está em oposição ao falso, rasteiro e pernicioso OTIMISMO que se expõe no paganismo grego, no judaísmo e no islamismo. A zende religião situa-se, em certa medida,

---

22 "Nós, que fomos feitos pela vontade do Onipotente." (N. T.)
23 "1) dor, 2) origem da dor, 3) extinção da dor, 4) via óctupla para a extinção da dor." (N. T.)

no justo meio, na medida em que, frente a Ormuzd, tem em Ahriman um contrapeso pessimista. Desta zende religião saiu, como J. G. RHODE demonstrou solidamente em seu livro *Die heilige Sage des Zendvolks*, a religião judia: de Ormuzd surgiu Jehova e de Ahriman surgiu Satã, que, no entanto, desempenha no judaísmo apenas um papel bastante subordinado, sim, quase que desaparece por completo, com o que o otimismo assume o papel principal e não resta como elemento pessimista senão o mito do pecado original, que igualmente procede (como fábula de Mechian e Mechiana) do Zende-Avesta, todavia cai no esquecimento, até que é retomado, como o é Satã, pelo cristianismo. Entrementes, ORMUZD ele mesmo procede do brahmanismo, embora de uma região inferior deste: a saber, ele não é ninguém senão INDRA, aquele deus subordinado do firmamento e da atmosfera, que amiúde rivaliza com o humano; como o admirável J. J. SCHMIDT bastante corretamente demonstrou em seu escrito *Über die Verwandtschaft der gnostisch--theosophischen Lehren mit den Reliogionen des Orients*. Esse Indra-Ormuzd-Jehova teve de depois passar ao cristianismo — já que este surgiu na Judeia —, cujo caráter cosmopolita o fez despojar-se dos nomes próprios, a fim de ser chamado pelo termo com que cada nação convertida designava em sua língua nativa os indivíduos sobre-humanos que ele suplantava, tornando-se Θεός, *Deus*, que vem do sânscrito *Deva* (do qual vem também *devil*, diabo), ou entre os povos gótico-germânicos, // *God*, *Gott*, que vem de *Odin* ou *Wodan*, *Guodan*, *Godan*. Do mesmo modo, no islamismo, igualmente procedente do judaísmo, tomou o nome de Alá, que já existia na Arábia. Análogo a isso, os deuses do Olimpo grego, quando foram implantados na Itália nos tempos pré-históricos, tomaram o nome dos deuses previamente existentes: por isso, entre o romanos, Zeus se chama Júpiter; Hera, Juno; Hermes, Mercúrio, e assim por diante. Na China, o primeiro embaraço dos missionários surge de que a língua chinesa não tem apelativo algum desse tipo, bem como palavra alguma para "a criação";* pois as três religiões da China não conhecem deus algum, nem no plural, nem no singular.

Seja como for, aquele πάντα χαλὰ λίαν do Antigo Testamento é realmente estranho ao cristianismo propriamente dito: pois do mundo é sempre dito

---

* Cf. *Sobre a vontade na natureza*, segunda edição, p.124.

no Novo Testamento que ele é algo ao qual não se pertence, que não se ama, cujo governante é o diabo.* Isso concorda com o espírito ascético da abnegação do próprio si mesmo e do ultrapassamento do mundo, algo que é comum ao cristianismo, brahmanismo e buddhismo, e que evidencia o seu parentesco. Não há nada em que se deva distinguir tanto mais a casca do núcleo, que no cristianismo. Justamente porque aprecio tanto este núcleo, às vezes faço poucas cerimônias à casca: porém, esta é mais grossa que na maioria das vezes se pensa.

// O protestantismo, na medida em que elimina a ascese e o ponto central dela, o caráter meritório do celibato, renunciou propriamente dizendo ao núcleo mais íntimo do cristianismo e nesse sentido há de ser considerado uma decadência deste. Isso salta aos olhos em nossos dias na transição gradual do protestantismo para o rasteiro racionalismo, este moderno pelagianismo, que ao fim desemboca na doutrina de um pai amoroso, que fez o mundo a fim de que nele tudo transcorresse de modo agradável e encantador (no que, em verdade, ele teve de falhar), e que, desde que nos conformemos à sua vontade em certas questões, cuidaria para nos providenciar depois um mundo mais encantador ainda (sobre o qual a única queixa é ter uma entrada tão fatal). Essa pode ser uma boa religião para pastores protestantes que vivem no conforto, casados e esclarecidos: mas não se trata de cristianismo. O cristianismo é a doutrina da mais profunda culpabilidade do gênero humano através da sua existência mesma e do ímpeto do coração pela redenção dessa culpa, o que, entretanto, só pode ser alcançado através dos mais difíceis sacrifícios e da abnegação do próprio si mesmo, logo, através de uma completa conversão da natureza humana. —

---

* Por exemplo, Joh. 12, 25 e 31. – 14, 30. – 15, 18-19. – 16, 33. – Coloss. 2, 20. – Eph. 2, 1-3. – I Joh. 2, 15-17, e 4, 4-5. Aqui é a oportunidade para vermos como certos teólogos protestantes, em seus esforços para mal interpretar o texto do Novo Testamento em conformidade com a própria visão racionalista, otimista e inacreditavelmente rasteira do mundo, vão tão longe, que positivamente falseiam esse texto em suas traduções. Assim, H. A. SCHOTT, em sua nova versão latina do texto, adicionada ao texto de Griesbach de 1805, traduz a palavra χόσμος, em Joh. 15, 18-19, por *Judaei*, e em I. Joh. 4, 4, por *profani homines*, e em Coloss. 2, 20 traduz στοιχεῖα τοῦ χόσμου por *elementa Judaica*; enquanto Lutero, em toda parte, traduz correta e honestamente a palavra por "mundo".

LUTERO pode ter tido plena razão de um ponto de vista prático, isto é, em relação às atrocidades da Igreja do seu tempo, que ele queria extirpar; mas não de um ponto de vista teórico. Quanto mais sublime é uma religião tanto mais ela está aberta aos abusos por parte da natureza humana, que, no geral, é de disposição torpe e ruim: por isso no catolicismo os abusos são muito mais numerosos, e maiores, que no protestantismo. Assim, por exemplo, o monasticismo, essa metódica negação da vontade, praticada em comum para efeito de encorajamento recíproco, é uma instituição de tipo sublime, que, entretanto, justamente por isso, tem o seu espírito deturpado. Os revoltantes abusos da Igreja despertaram elevada indignação no reto espírito de Lutero. Mas, como consequência dessa indignação, ele chegou ao ponto de querer reduzir o máximo possível o próprio cristianismo, para cujo fim ele antes de tudo limitou às palavras da Bíblia, em seguida, entretanto, foi muito longe com o seu zelo bem intencionado, na medida em que, no princípio ascético, ataca o coração do cristianismo. Pois, após a deposição do princípio ascético, logo tomou necessariamente o seu lugar o princípio otimista. // Mas otimismo é nas religiões, como na filosofia, um erro fundamental, que interdita todo o caminho para a verdade. Em conformidade com tudo isso, o catolicismo me parece um cristianismo do qual se abusou vergonhosamente, o protestantismo, no entanto, um cristianismo degenerado, e que o cristianismo em geral, portanto, teve o destino que cabe a todas as coisas nobres, sublimes e grandiosas, tão logo tenha de subsistir entre humanos.

Todavia, mesmo no seio do protestantismo, o espírito essencialmente ascético e encratita do cristianismo veio de novo a lume, e o resultado disso é um fenômeno que talvez nunca tenha existido antes em tal magnitude e determinidade, a saber, a muito curiosa seita dos shakers da América do Norte, fundada por uma inglesa, Anna Lee, em 1744. Os membros desta seita já atingiram o número de 6 mil, os quais, repartidos em quinze comunidades, povoam várias pequenas cidades no Estado de New York e Kentucky, sobretudo no distrito New Lebanon, junto a Nassau. O traço fundamental da sua regra de vida religiosa é o celibato e a completa abstinência de toda satisfação sexual. Esta regra, segundo admitem unanimemente inclusive os ingleses e norte-americanos que os visitam, que de resto os desprezam e lhes lançam sarcasmos de todo tipo, é estrita e fielmente observada; embora irmãos e irmãs por vezes habitem até a mesma casa, comam na mesma mesa, sim, DANCEM juntos na Igreja por ocasião do culto. Pois quem fez o mais duro de todos os sacrifícios está autorizado a DANÇAR ante o Senhor: é o vencedor, triunfou. Seus cantos na igreja são em geral composições joviais, sim, em parte engraçadas. Assim, também aquela dança de igreja que se segue ao sermão é também acompanhada pelo canto dos demais: dança desenvolvida de modo ritmado e vivaz, termina com um galope, que prossegue até o esgotamento. No intervalo de cada dança, um de seus mestres grita: "Lembrai-vos de que nos alegramos aqui, diante do Senhor, por ter matado a nossa carne! Pois este é o único uso que podemos fazer aqui dos nossos membros rebeldes". Ao celibato vinculam-se por si mesmos a maioria dos demais preceitos. Não há família alguma, por conseguinte nenhuma propriedade privada, mas bens coletivos. Todos vestem-se de modo igual, ao estilo dos quakers // e com bastante asseio. São industriosos e aplicados: entre eles não se tolera o ócio. Também têm a invejável prescrição de evitar todo ruído desnecessário, tal como gritar, bater portas, estalo de chicotadas, choque de objetos etc. Um deles expressa assim a sua regra de vida: "Levai uma vida de inocência e pureza, amai vossos próximos como a vós mesmos, amai com todos os humanos em paz e abstei-vos de guerra, derramamento de sangue e todo tipo de atividade violenta contra outrem, bem como de todo esforço por honra e notoriedade mundanos. Dai a cada um o que lhe pertence, e observai a SANTIDADE: sem a qual ninguém pode ver o Senhor. Praticai a bondade onde houver ocasião e as vossas forças alcançarem". Não persuadem ninguém a entrar em suas fileiras, mas testam com um noviciado de vários anos os que se candidatam a juntar-se a eles. Também cada um tem a saída livre para deixá-los: muito raramente algum deles é excluído por infração das regras. As crianças trazidas até eles são cuidadosamente educadas, e somente quando crescem é que livremente fazem votos. Conta-se que nas controvérsias dos seus ministros com os eclesiásticos anglicanos, estes saem perdendo na maioria das vezes, já que os argumentos daqueles apoiam-se em passagens bíblicas do Novo Testamento. — Relatos detalhados sobre isso são encontrados especialmente em Maxwell, *Run Through the United States*, 1841; também em Benedict, *History of all Religions*, 1830; igualmente em

The Times, 4 nov. 1837; e na revista alemã *Columbus*, maio de 1831. — Uma seita alemã na América bastante semelhante a essa, que igualmente vive num estrito celibato e na continência, é a dos rapistas, sobre a qual temos os relatos de F. Löher, *Geschichte und Zustände der Deutschen in Amerika*, 1853. — Na Rússia, os raskolniks também devem ter sido uma seita parecida. Os gichtelianos vivem igualmente em estrita castidade. — Também encontramos já entre os antigos judeus um protótipo de todas essas seitas, os essênios, sobre os quais nos relata até mesmo Plínio (*Hist. Nat.*, V, 15), e que eram bastante parecidos com os shakers, não apenas no que se refere ao celibato, mas também em outros aspectos, inclusive na dança durante o culto,* o que leva à suposição de que a fundadora // desta seita tomou aqueles como protótipo. — Frente a tais fatos, no que se torna a asserção de Lutero: *Ubi natura, quemadmodum a Deo nobis insita est, fertur ac rapitur*, fieri nullo modo potest, *ut extra matrimonium caste vivatur* (*Catech. maj.*)?[24] —

Embora o cristianismo, no essencial, apenas ensinou o que toda a Ásia já havia muito tempo conhecia e até melhor; para a Europa, entretanto, ele foi uma nova e grande revelação, em consequência da qual, por conseguinte, a orientação espiritual dos povos europeus foi completamente transfigurada. Pois lhe desvelou o significado metafísico da existência e consequentemente lhes ensinou a olhar sobre a estreita, pobre e efêmera vida terrena, e não considerá-la como um fim em si mesmo, porém como um estado de sofrimento, de culpa, de expiação, de luta e purificação, do qual podemos nos elevar por intermédio de mérito moral, dura renúncia e abnegação do próprio si mesmo, a uma existência melhor e incompreensível para nós. Ensinou, em verdade, a grande verdade da afirmação e da negação da Vontade de vida, envolta na roupagem da alegoria, dizendo que, através do pecado original de Adão, a maldição atingiu todos, o pecado entrou no mundo, e a culpa é herdada por todos; que, entretanto, através da morte sacrificial de Jesus, todos foram purgados, o mundo redimido, a culpa foi abolida e a justiça restabelecida. Para, porém, entender a verdade mesma contida nesse

---

* Bellerman, *Geschichtliche Nachrichten über Essäer und Therapeuten*, 1821, p.106.

24 "Quando a natureza, como implantada em nós por Deus, procede com arrebatamento, *não há modo possível* de uma vida casta fora do casamento." (N. T.)

mito, temos de considerar os humanos não apenas como seres no tempo independentes um do outro, mas apreender a Ideia (platônica) de humano, que está para a série dos humanos, como a eternidade em si está para a eternidade espraiada no tempo; por isso, justamente a Ideia eterna de HUMANO, estendida no tempo na série dos humanos, volta a aparecer no tempo como um todo devido ao nexo da procriação que os une. Ora, se não se perde de vista a Ideia de humano, então parece que o pecado original de Adão expõe a natureza finita, animal, pecadora do humano, em conformidade com a qual ele é justamente um ser abandonado à finitude, ao pecado, ao sofrimento e à morte. Ao contrário, a conduta, doutrina e morte de Jesus Cristo expõem o lado eterno, sobrenatural, a liberdade, a redenção do humano. Cada humano, // então, é, como tal e em *potentiâ*, tanto Adão quanto Jesus, de acordo como apreende a si mesmo e assim a sua vontade o determina; em consequência do que ele é danado e é abandonado à morte, ou redimido e alcança a vida eterna. — Tais verdades, tanto em sentido alegórico quanto estrito, eram totalmente novas, no que se refere aos gregos e aos romanos, que ainda estavam totalmente absorvidos na vida e não olhavam seriamente para além dela. Quem duvida disso, basta ver como CÍCERO (*Pro Cluentio*, c. 61) e SALUSTIO (*Catil.*, c. 47) falam do estado após a morte. Os antigos, embora bastante avançados em quase tudo, permaneceram crianças na coisa principal, e foram suplantados até pelos druidas, que ao menos ensinavam a metempsicose. Que um par de filósofos, como Pitágoras e Platão, pensaram de maneira diferente, não muda nada em relação ao todo.

Assim, a grande verdade fundamental contida no cristianismo, bem como no brahmanismo e no buddhismo, a saber, a necessidade de redenção de uma existência abandonada ao sofrimento e à morte, e o alcançamento dessa redenção através da negação da vontade, logo, através de uma decidida oposição à natureza, é sem comparação alguma a verdade mais importante que pode haver, mas que, ao mesmo tempo, é difícil de apreender em sua real profundidade, por ser completamente oposta à orientação natural do gênero humano; pois tudo o que pode ser pensado só de modo geral e abstrato é completamente inacessível à grande maioria dos humanos. Por isso, para a grande maioria, é preciso, em vista de trazer aquela grande verdade para o domínio da sua aplicação prática, em toda parte um VEÍCULO MÍTICO dela, algo assim como um receptáculo, sem o qual se perderia, volatizando-se. A verdade, por conseguinte, teve em toda parte de emprestar a roupagem da fábula e ainda sempre esforçar-se por ligar-se a um fato histórico já conhecido e já reverenciado. O que *sensu proprio* era e permanecia inacessível à grande massa de todos os tempos e lugares, com seu espírito vulgar, embotamento intelectual e geral brutalidade, teve de ser-lhe apresentado *sensu allegorico* para efeitos práticos, em vista de ser a sua estrela guia. Assim, as citadas doutrinas de fé devem ser vistas como os vasos sagrados nos quais a grande verdade, conhecida e exprimida desde // milênios, sim, talvez desde o começo do gênero humano, mas que em si mesma segue sendo uma doutrina esotérica para as massa da humanidade, foi feita acessível a esta segundo a medida das suas forças, conservada e propagada por séculos. Como, entretanto, tudo o que não é inteiramente composto do estofo indestrutível da pura verdade está à mercê da ruína, então, todas as vezes que um tal vaso sagrado, devido ao contato com um tempo que lhe é heterogêneo, está exposto à destruição, é preciso de algum modo salvar num outro vaso o conteúdo sagrado dele, para que assim esse conteúdo seja conservado para a humanidade. Ora, como este é idêntico à estrita verdade, a filosofia tem a tarefa de expô-lo puro e sem mescla, em meros conceitos abstratos e sem aquele veículo, para o muito diminuto número dos que em todos os tempos são capazes de pensar. Com isso a filosofia está para a religião como uma linha reta única está para várias linhas curvas que correm ao seu lado: pois a filosofia exprime *sensu próprio*, portanto, alcança diretamente o que a religião mostra sob velamentos e alcança só por desvios.

Se, para explicitar com um exemplo o que foi dito por último, e ao mesmo tempo seguir uma moda filosófica do meu tempo, eu quisesse tentar dissolver o mais profundo mistério do cristianismo, logo, o da trindade, nos conceitos fundamentais da minha filosofia; então isso poderia ser feito, com a devida licença permitida em tais interpretações, da seguinte maneira. O Espírito Santo é a decidida negação da Vontade de vida: o ser humano no qual esta se expõe *in concreto* é o filho. Ele é idêntico com a vontade que afirma a vida, produzindo o fenômeno deste mundo visível, isto é, idêntico com o Pai, na medida em que a afirmação e negação são atos opostos da mesma vontade, cuja capacidade para ambos é a única liberdade verdadeira. — Entrementes, tudo isso deve ser visto apenas como um simples *lusus ingenii*.²⁵

Antes que eu conclua este capítulo, quero acrescentar algumas provas àquilo que no primeiro tomo, § 68, eu descrevi com a expressão Δεύτερος πλοῦς, a saber, o caminho para a negação da vontade através do sofrimento pessoal duramente sentido, logo, não simplesmente pela apropriação do sofrimento alheio // e pelo reconhecimento que daí resultou da vaidade e do caráter sombrio da nossa existência. O que se passa no interior do indivíduo no qual se produziu uma elevação daquele tipo e durante o processo de purificação que ela acarreta, pode-se facilmente conceber a partir do que qualquer pessoa sensível experimenta ao assistir a uma tragédia, já que ambas as coisas são de natureza afim. A saber, na altura do terceiro ou quarto ato, o espectador sensível sente-se dolorosamente afetado e angustiado pela visão da sorte cada vez mais sombria e ameaçada do herói: quando, por outro lado, no quinto ato essa sorte sucumbe e estilhaça-se por completo, ele experimenta uma certa elevação de ânimo, o que lhe proporciona uma satisfação de tipo infinitamente superior à que poderia ter sido proporcionada pela visão do herói feliz. Aqui, então, na fraca aquarela da sensação comum, que pode estimular uma ilusão plenamente consciente, temos o mesmo que ocorre, com a energia da realidade, na sensação do destino próprio, quando uma dura infelicidade impulsiona finalmente o ser humano ao porto da completa resignação. Nesse processo repousam todas as conversões capazes de transformar o ser humano inteiro, tais como as descrevi no texto. Se ali contei a história da conversão de Raimund Lullius, aqui, por sua vez, merece ser contada em poucas palavras a do abade Rancé, bastante semelhante àquela e ademais notável pelos seus memoráveis resultados. Sua juventude foi dedicada aos divertimentos e prazeres: ele viveu por fim uma relação apaixonada com uma mulher de Montbazon. Uma noite, quando foi visitá-la, encontrou o seu quarto vazio, em desordem e às escuras. Tropeçou em alguma coisa: era a sua cabeça, que foi separada do tronco, porque do contrário o cadáver da subitamente morta não caberia no caixão plúmbeo colocado ao lado. Após restabelecer-se de uma dor

---

25 "Jogo engenhoso." (N. T.)

sem limites, RANCÉ tornou-se então, em 1663, o reformador da Ordem dos Trapistas, na qual havia ingressado, e que antes havia se desviado por completo do rigor das suas regras, e que através dele foi reconduzida àquela terrível grandeza de renúncia na qual ela ainda hoje se mantém em La Trappe, a esta metodicamente conduzida negação da vontade fomentada pelas renúncias mais difíceis e por um modo de vida de uma dureza e austeridade inacreditáveis, que preenche // o visitante de La Trappe com santo terror, quando já na sua recepção sente-se tocado pela humildade desses monges autênticos, que, esgotados por jejum, frio, vigília, prece e trabalho, vêm ajoelhar-se diante dele, filho do mundo e pecador, implorando a sua bendição. Na França, de todas as ordens monásticas, é a única que se manteve a si mesma plenamente, em meio a todas as mudanças revolucionárias; o que deve ser creditado à profunda seriedade que reconhecidamente há nela e que exclui toda segunda intenção. Não foi sequer afetada pela decadência da religião; porque sua raiz desce mais profundamente na natureza humana que qualquer doutrina positiva de fé.

Que a grande e rápida conversão da essência mais íntima do ser humano, aqui levada em consideração, e até agora desprezada pelos filósofos, entra em cena mais frequentemente onde ele vai de encontro com plena consciência a uma morte violenta e certa, portanto, nas execuções, isso eu o mencionei no texto. Para, entretanto, trazer mais distintamente esse processo diante dos olhos, não considero de modo algum inapropriado à dignidade da filosofia citar aqui declarações de alguns criminosos antes da execução; embora com isso me exponha à zombaria de que encorajo discursos de patíbulo. Antes acredito que o patíbulo é um lugar de revelações bem especiais e um observatório de onde se abrem ao ser humano, que ali mesmo conserva a sua reflexão, perspectivas amiúde mais vastas e claras sobre a eternidade, que as que se abrem à maioria dos filósofos em seus capítulos de psicologia racional e teologia. — O seguinte discurso de patíbulo foi feito em 15 de abril de 1837 em Gloucester, por um tal de Bartlett, que havia matado a sua sogra: "Ingleses e concidadãos! Apenas poucas palavras tenho a dizer: mas vos peço, a todos e cada um, deixai estas poucas palavras entrar fundo nos vossos corações, conservai-as em vossa memória, não apenas enquanto assistis ao presente triste espetáculo, porém levai tais palavras para casa e as reparti entre vossos filhos e amigos. Suplico-vos como alguém que morre, como um para quem o patíbulo está agora preparado. E estas poucas palavras são: desapegai-vos do amor a este mundo que morre e suas vãs alegrias; pensai menos em vós mesmos // e mais em vosso Deus. Fazei isso! Convertei-vos, convertei-vos! Pois, estai seguros, que sem uma profunda e verdadeira conversão, sem um retorno ao vosso Pai Celeste, não podeis ter a mínima esperança de alcançar aquela região de bem-aventurança e aquele país da paz no qual agora estou firmemente convicto de entrar com passos rápidos" (Segundo *The Times*, de 18 de abril de 1837). — Ainda mais notável é uma última declaração do conhecido assassino Greenacre, que foi em Londres executado no dia 1º de maio de 1837. O jornal inglês *The Post* relata o seguinte do caso, o que foi depois reimpresso em *Galignani's Messenger*, de 6 de maio de 1837: "Na manhã da sua execução, um senhor lhe recomendou que pusesse sua confiança em Deus e pedisse perdão pela mediação de Jesus Cristo. Greenacre respondeu que pedir perdão pela mediação de Jesus Cristo era uma questão de opinião; ele mesmo, de sua parte, acreditava que, aos olhos do ser supremo, um maometano vale tanto quanto um cristão, e tem o mesmo direito à bem-aventurança. Desde seu encarceramento, dirigira a sua atenção a questões teológicas, e adquiriu a convicção de que o patíbulo é um passaporte (*pass-port*) para o céu". Precisamente a aqui trazida a lume indiferença em relação às religiões positivas confere grande peso a essa declaração, na medida em que demonstra que a ela não subjaz uma ilusão fanática, mas sim um imediato conhecimento pessoal. — Ainda menciono o seguinte extrato, obtido de *Galignani's Messenger*, de 15 de agosto de 1837, a partir de *Limerick Chronicle*: "Na última segunda, Maria Cooney foi executada por causa do revoltante assassinato da senhora Anderson. Aquela miserável estava tão profundamente penetrada da enormidade do seu crime, que beijou a corda que lhe puseram no pescoço, enquanto humildemente invocava a graça de Deus". — Por fim, ainda, isto: o *The Times* de 29 de abril de 1845 publica várias cartas que Hocker, condenado pelo assassinato de Delarüe, escreveu um dia antes da sua execução. Numa delas, ele diz: "Eu estou convencido de que, se o coração natural não é quebrado (*the natural heart be broken*) e renovado pela graça divina, então, por mais nobre e digno de afeição que pareça ser ao mundo, // jamais poderá pensar na eternidade, sem íntimo estremecimento". — Tais são as perspectivas da eternidade mencionadas acima, que são abertas a partir daquele observatório, e não tenho hesitação alguma em reproduzi-las, tanto quanto Shakespeare ao dizer:

> *Out of these convertites*
> *There is much matter to be heard and learn'd.*
> (*As you like it*, last scene)[26]

Que o cristianismo também atribui ao sofrimento enquanto tal, a aqui exposta força purificadora e santificadora, e, ao contrário, atribui ao bem-estar um efeito oposto, foi algo demonstrado por STRAUSS em *Vida de Jesus* (t.1, seção 2, cap. 6, § 72 e 74). A saber, ele diz que as bem-aventuranças no Sermão da Montanha teriam um sentido diferente em Lucas (6, 21) que aquele que tem em Mateus (5, 3): pois apenas este a μαχάριοι οἱ πτωχοί[27] acrescenta τῷ πνεύματι[28] e a πεινῶντες[29] acrescenta την δικαιοσύνην:[30] de modo que só nele se alude aos simples e humildes etc., em Lucas, ao contrário, alude-se aos pobres propriamente ditos; de modo que neste a oposição é entre o sofrimento atual e o bem-estar futuro. Entre os ebionitas era um princípio fundamental que quem tem a sua parte no PRESENTE tempo, ficará sem nada no futuro, e vice-versa. Conseguintemente, em Lucas, as bem-aventuranças são seguidas de outros tantos οὐαί[31] que são endereçados aos πλουσίοις, ἐμπεπλησμένοις, γελῶσι,[32] em sentido ebionita. Strauss diz, p.604, que a parábola do homem rico e do Lázaro mendigo (Lucas 16, 19) não fala em momento algum da transgressão do primeiro e do mérito do segundo, nem toma como critério da recompensa futura o que de bom ou de mau foram nesta vida praticados, mas o que de mal foi aqui sofrido e o

---

26 "Desses convertidos / Há muito que ouvir e aprender." [Trad. de Schopenhauer para o alemão: *Von diesen Bekehrten ist gar Vieles zu hören und zu lernen*.] (N. T.)
27 "Bem-aventurados os pobres." (N. T.)
28 "De espírito." (N. T.)
29 "O que têm fome." (N. T.)
30 "De justiça." (N. T.)
31 "Ai de [vocês]." (N. T.)
32 "Ricos, que têm fartura, que riem." (N. T.)

que de bom foi desfrutado, em sentido ebionita. "Uma similar apreciação da pobreza exterior", continua STRAUSS, "é também atribuída a Jesus pelos outros sinópticos (Mateus 19, 16; Marcos 10, 17; Lucas 18, 18) na narrativa do jovem rico e na parábola do camelo e do buraco de agulha."

Se se vai a fundo nas coisas, reconheceremos que até mesmo as mais célebres passagens do Sermão da Montanha contêm // uma exortação indireta à pobreza voluntária, e, com esta, à negação da Vontade de vida. Pois o preceito (Mateus 5, 40 et seq.) de nos doarmos incondicionalmente aos pedidos que nos fazem, e quem quiser de nós tirar a túnica, que leve também a capa etc., do mesmo modo o preceito (ibid. 6, 25-34) de não se preocupar com o futuro, inclusive com o amanhã, de viver cada dia, são regras de vida cuja observância leva infalivelmente à completa pobreza, e assim dizem de maneira indireta o mesmo que BUDDHA preceitua diretamente aos seus e reforça com o próprio exemplo: desfazei-vos de tudo e tornai-vos BHIKKHUS, isto é, mendicantes. Mais decididamente isso emerge na passagem de Mateus 10, 9-15, na qual proíbe-se aos apóstolos qualquer posse, até mesmo sandália e bastão, e se os exorta à mendicância. Tais preceitos tornaram-se depois o fundamento da ordem mendicante de S. Francisco (Bonaventura, *Vita S. Francisci*, c. 3). Por isso digo que o espírito da moral cristã é idêntico ao espírito do brahmanismo e do buddhismo. — Em conformidade com toda a visão aqui exposta, diz Meister Eckhart (*Werke*, t.I, p.492): "O animal mais veloz, que vos leva à perfeição, é o sofrimento".

Capítulo 49
A ORDEM DA SALVAÇÃO

Há apenas um erro inato, o de que existimos para sermos felizes. Ele é inato em nós, porque coincide com a nossa existência mesma, e todo o nosso ser é justamente apenas a sua paráfrase, sim, o nosso corpo é o seu monograma: nada somos senão justamente Vontade de vida; a satisfação sucessiva de todo o nosso querer é, no entanto, aquilo que se pensa pelo conceito de felicidade.

II 727 // Pelo tempo em que permanecemos nesse erro inato, no qual ainda somos fortalecidos por dogmas otimistas, o mundo nos aparece pleno de contradições. Pois a cada passo dado, tanto nas grandes quanto nas pequenas coisas, temos de experimentar que o mundo e a vida de forma alguma foram constituídos para conter uma existência feliz. Enquanto uma pessoa pobre de pensamento sente-se atormentada só pela realidade, já a pessoa que pensa sobre o tormento na realidade, ainda acrescenta a perplexidade teórica ao perguntar por que um mundo e uma vida, afinal feitos para que sejamos neles felizes, adaptam-se tão mal aos seus fins? Essa perplexidade infla-se em suspiros: "Ó, por que tantas lágrimas sob a Lua?", e outros semelhantes, o que traz em seguida escrúpulos inquietantes contra as hipóteses daqueles preconcebidos dogmas otimistas. Sempre podemos tentar colocar a culpa do nosso infortúnio pessoal, ora nas circunstâncias, ora nas outras pessoas, ora na própria má sorte, ora na própria torpeza, ou ainda reconhecer como tudo isto reunido atuou em conjunto para o nosso infortúnio; todavia, isso tudo em nada muda o resultado de que o verdadeiro fim da vida, que consiste em ser feliz, não foi atingido; com o que então as considerações sobre esse assunto, sobretudo quando a vida vai em declínio, muitas vezes levam ao abatimento: por isso quase todas as faces anciãs trazem a expressão daquilo que em inglês chama-se *disappointment*. Ademais, até agora cada dia transcorrido da nossa vida nos ensinou que as alegrias e os prazeres, mesmo uma vez conquistados, são em si mesmos enganosos, não dão aquilo que prometeram, não satisfazem o coração, e por fim a sua posse é pelo menos amargada pelos inconvenientes que os acompanham ou deles resultam; enquanto, ao contrário, as dores e os sofrimentos provam-se bastante reais e amiúde excedem todas as expectativas. — Portanto, sem dúvida que tudo na vida está disposto a nos fazer retroceder daquele erro originário, e nos convencer que o fim da nossa existência não é sermos felizes. Sim, para quem a contempla nos detalhes e imparcialmente, a vida expõe-se antes como especialmente destinada a que NÃO sejamos nela felizes, na medida em que a mesma, através de toda a sua índole, // porta o caráter de algo que nos estraga o gosto, que nos repugna, algo que temos de desistir como de um erro, para que o nosso coração seja salvo do vício de gozar, sim, de viver, e renuncie ao mundo. Nesse sentido, seria mais correto colocar o fim da vida antes em nossa dor e não no prazer. Pois as considerações feitas na conclusão do capítulo anterior mostraram que, quanto mais se sofre, tanto mais se está perto de alcançar o verdadeiro fim da vida, e quanto mais feliz se vive, tanto mais distante fica esse fim. A isto corresponde até a conclusão da última carta de SÊNECA: *Bonum tunc habebis tuum cum intelliges infelicissimos esse felices*;[1] passagem que parece indicar uma influência do cristianismo. — Também o efeito peculiar da tragédia baseia-se no fundo em que ela quebranta aquele erro inato, na medida em que nos ilustra, num grande e vistoso exemplo, o fracasso das aspirações humanas e a vaidade de toda esta existência, revelando assim o sentido mais profundo da vida; razão pela qual é ela reconhecida como o mais sublime dos gêneros poéticos. — Ora, quem, por um ou outro caminho, saiu daquele erro *a priori* que nos é inerente, daquele πρῶτον ψεῦδος[2] da nossa existência, logo verá tudo sob uma luz diferente e agora encontrará o mundo em harmonia, senão com os seus desejos, ao menos com a sua intelecção. Os infortúnios

---

1 "Terás o teu próprio bem quando entenderes que os mais felizes são os mais infelizes." (N. T.)
2 "Primeiro passo em falso", ou seja, "erro originário". (N. T.)

de todo tipo e intensidade, embora lhe doam, não mais o surpreenderão; pois compreendeu claramente que dor e aflição trabalham precisamente em vista do verdadeiro fim da vida, a renúncia da vontade. Isto, em meio a tudo o que possa acontecer, proporcionar-lhe-á uma milagrosa serenidade, semelhante à de um paciente que precisa de uma longa e penosa cura e que suporta a sua dor como um sinal da sua eficácia. — A partir de toda a existência humana expressa-se de modo suficientemente distinto que o sofrimento é a sua verdadeira destinação. A vida está profundamente nele submergida e dele não pode fugir: nossa entrada na vida se dá em meio a lágrimas, o percurso nela é no fundo sempre trágico, mais trágico ainda é o sair dela. Não se pode aqui deixar de reconhecer um toque de intencionalidade. Via de regra, // o destino faz-se presente ao ser humano de forma radical, na meta principal dos seus desejos e das suas aspirações; com o que então a sua vida adquire uma tendência trágica, devido à qual ele torna-se apto a libertar-se do vício, cuja exposição é cada existência individual, e separar-se da vida, sem reter o desejo por ela e pelas suas alegrias. O sofrimento é de fato o meio de purificação, único através do qual, na maioria dos casos, o ser humano é salvo, isto é, abandona o caminho errado da Vontade de vida. Em conformidade com isso, os livros de edificação cristã esclarecem frequentemente o poder salutar da cruz e do sofrimento, e em geral é bastante apropriado que a cruz, um instrumento do sofrer e não do fazer, seja o símbolo da religião cristã. Sim, o *Eclesiástes*, embora ainda judeu, mas bastante filosófico, diz com justeza: "O luto é melhor que o riso, pois através do luto o coração é melhorado" (7, 4). Sob a expressão δεύτερος πλοῦς eu expus o sofrimento como sendo em certa medida um sucedâneo da virtude e da santidade: aqui, no entanto, eu tenho de declarar ousadamente que, pensando bem, temos de esperar para a nossa salvação e redenção mais daquilo que sofremos que daquilo que fazemos. Precisamente nesse sentido, diz LAMARTINE muito belamente em seu *Hymne à la douleur*, ao abordar a dor:

> *Tu me traites sans doute en favori des cieux,*
> *Car tu n'épargnes pas les larmes à mes yeux.*
> *Eh bien, je les reçois comme tu les envoies.*
> *Tes maux seront mes biens, et tes soupirs mes joies.*

Je sais qu'il est en toi, sans avoir combattu,
Une vertu divine au lieu de ma vertu;
Que tu n'es pas la mort de l'âme, mais sa vie,
Que ton bras, en frappant, guérit et vivifie.[3]

Se o sofrimento, portanto, já tem uma tal força santificadora, então esta atingirá um maior grau ainda na hora da morte, o mais temido de todos os sofrimentos. Correspondendo a isso, o respeito que sentimos diante de um morto é aparentado àquele que nos impõe um grande sofrimento, e cada caso de morte se nos apresenta, em certa medida, como um tipo de apoteose ou canonização; eis por que não consideramos sem respeito // um cadáver mesmo da pessoa mais insignificante e, por mais que soe aqui estranha essa observação, a guarda sempre apresenta armas perante cada cadáver. A morte decerto deve ser considerada como o fim propriamente dito da vida: no momento em que a morte se dá, decide-se tudo o que no curso inteiro da vida fora apenas preparado e introduzido. A morte é o resultado, o *résumé* da vida, ou a soma final que expressa de uma vez toda a instrução que a vida dera parcial e fragmentariamente, vale dizer, que toda aspiração, cuja aparência é a vida, foi algo vão, fútil, contraditório consigo mesmo, e a ela renunciar consiste numa redenção. O que é a lenta vegetação da planta para o fruto, que de um só golpe realiza agora centuplicadamente o que aquela realizou gradual e fragmentariamente, assim é a vida, com seus obstáculos, esperanças malogradas, planos caducados e contínuos sofrimentos, para a morte, que destrói de um só golpe tudo, tudo que o ser humano quis, e assim coroa a instrução que a vida a este deu. – O curso completo de vida sobre o qual lança-se um olhar retrospectivo quando se está morrendo faz um efeito sobre toda a vontade que se objetiva na moribunda individualidade que é análogo ao efeito que um motivo exerce sobre o agir do humano: o curso completo de vida lhe dá uma nova direção,

---

3 "Tu me tratas sem dúvida como um favorito dos céus, / Pois tu não atenuas as lágrimas em meus olhos. / Bem!, eu as recebo como tu as envias, / Teus males serão meus bens, e teus suspiros, minhas alegrias. / Eu sinto que há em ti, sem ter combatido, / *Uma virtude divina em vez da minha virtude,* / Que tu não és a morte da alma, mas sua vida, / Que teu braço, ao golpear, cura e vivifica." (N. T.)

que, assim, é o resultado moral e essencial da vida. Justamente porque uma morte SÚBITA impossibilita esse olhar retrospectivo, a Igreja a vê como uma desgraça, e orações são entoadas para afastar isso. Ora, como tanto esse olhar retrospectivo quanto a distinta previsão da morte são condicionados pela faculdade de razão, e só são possíveis no humano, não no animal, e por isso só o humano esvazia de fato o copo da morte, é a humanidade o único degrau no qual a vontade se nega e pode renunciar por completo à vida. À vontade que não se nega, cada nascimento lhe confere um novo e diferente intelecto — até que a vontade reconhece a verdadeira índole da vida e, em consequência disso, não mais a quer.

No curso natural das coisas, a decadência do corpo com a idade coincide com a decadência da vontade. O vício dos gozos facilmente desaparece junto com a capacidade // de desfrutá-los. A ocasião para o querer mais violento, o foco da vontade, o impulso sexual, extingue-se primeiro, com o que o ser humano é colocado num estado parecido ao da inocência, que existia antes do desenvolvimento do sistema genital. As ilusões, que expunham quimeras como bens extremamente desejáveis, desaparecem, e no seu lugar entra em cena o conhecimento da vaidade de todos os bens terrenos. O amor-próprio é suplantado pelo amor aos filhos, com o que a pessoa começa a viver mais no eu alheio que no próprio eu, o qual logo não mais existirá. Tal curso das coisas é, pelo menos, o mais desejável: trata-se da eutanásia da vontade. Na esperança de alcançá-la, ordena-se aos brahmanes que, uma vez decorridos os melhores anos de vida, abandonem propriedade e família e conduzam uma vida de eremita (*Manu*, t. 6). Mas se, inversamente, a avidez sobrevive à capacidade de gozar, e a pessoa lamenta-se de particulares gozos que lhe faltaram, em vez de reconhecer a futilidade e a vaidade de todos eles; e se então, no lugar dos objetos de prazer, para os quais os sentidos caducaram, entra em cena o representante abstrato de todos esses objetos, o dinheiro, que doravante excita as mesmas paixões violentas que outrora, mas com mais desculpas, os objetos mesmos de gozos reais excitavam, e se agora, apesar da decadência dos sentidos, um inanimado mas indestrutível objeto é desejado com igualmente indestrutível afã; ou ainda se, da mesma forma, a existência na opinião alheia há de ocupar o lugar da existência e fazer-efeito no mundo real e assim inflamar as mesmas paixões; — então a vontade é sublimada na avareza ou na ambição, sendo lançada na última fortaleza da qual só a morte ainda poderá expulsá-la. O fim da existência está perdido.

Todas essas considerações nos fornecem uma explanação mais detalhada daquilo que eu designei no capítulo anterior com a expressão δεύτερος πλοῦς, purificação, viragem da vontade e redenção, provocadas pelo sofrimento da vida e que é sem dúvida o caso mais frequente. Pois se trata do caminho dos pecadores, que somos todos nós. O outro caminho, que conduz ao mesmo fim, mediante mero conhecimento e daí apropriação do sofrimento de todo um mundo, // é a estreita via dos eleitos, dos santos, e que, portanto, há de ser considerada como uma rara exceção. Sem aquele primeiro caminho não haveria, portanto, para a maioria dos humanos esperança alguma de salvação. Entrementes, resistimos para nele entrar, mas antes nos esforçamos com todas as forças para preparar para nós mesmos uma existência segura e agradável, com o que nos acorrentamos ainda mais firmemente à Vontade de vida. De maneira inversa agem os ascetas, que intencionalmente fazem a sua vida a mais pobre, dura e vazia de alegrias quanto possível, porque têm diante dos olhos o seu verdadeiro e último bem. Mas o destino e o curso das coisas cuidam de nós melhor do que nós mesmos, na medida em que frustram continuamente nossos projetos de uma vida nababesca, cuja insensatez já se reconhece em sua brevidade, inconstância, vazio e futilidade, e no fato de terminar numa amarga morte, ademais, aparecem no nosso caminho espinhos sobre espinhos que apontam em tudo o sofrimento salvífico, panaceia da nossa miséria. Em realidade, o que dá a nossa vida o seu caráter estranho e ambíguo é que nela se cruzam a todo momento dois fins fundamentais e diametralmente opostos: o fim da vontade individual, direcionado a uma felicidade quimérica, numa existência efêmera, onírica, ilusória, em que em relação ao passado felicidade e infelicidade são indiferentes, e o presente a cada instante torna-se passado; e, por outro lado, o fim do destino, flagrantemente direcionado à destruição de nossa felicidade e assim à mortificação da nossa vontade e supressão da ilusão que nos prendeu às correntes deste mundo.

A visão corrente, peculiarmente protestante, de que o fim da vida reside exclusivamente e imediatamente nas virtudes morais, logo, na prática da justiça e da caridade, já trai sua deficiência no fato de tão deploravelmente escassa uma real e pura moralidade ser encontrada entre os humanos. Não pretendo nem mesmo falar de virtudes elevadas, como nobreza de caráter, generosidade e abnegação, que dificilmente são encontradas fora dos dramas e romances; porém, só daquelas virtudes tornadas um dever para todos. Quem está em idade avançada, pensa retrospectivamente em todos aqueles com quem relacionou-se; quantas pessoas lhe ocorrem terem sido real e verdadeiramente HONESTAS? // Não foram a maioria delas, para falar de modo franco, justamente o contrário, apesar da indignação sem vergonha que mostravam ao menor sinal de desonestidade ou mesmo de mentira? Não prevalecem universalmente o vil egoísmo, a avareza sem limites, a malandragem dissimulada, além da inveja venenosa e da alegria diabólica, de forma que a menor exceção a tudo isto é acolhida com admiração? E a caridade, quão raramente ela se estende para além de um presente supérfluo, que nunca poderia ser desperdiçado? E é nesses tênues traços, em toda parte tão raros, de moralidade que deveria residir todo o fim da existência? Se, ao contrário, este fim é colocado na total conversão deste nosso ser (que justamente porta consigo os frutos ruins recém-mencionados), produzida pelo sofrimento; então a coisa assume um novo aspecto e entra em concordância com a realidade diante de nós. A vida expõe-se então como um processo de purificação, cuja solução purificante é a dor. O processo sendo consumado deixa como resíduo impuro a prévia imoralidade e ruindade, e entra em cena o que dizem os *Vedas: Fiditur nodus cordis, dissolvuntur omnes dubitationes, ejusque opera evanescunt.*[4]

---

[4] "Desatado está o nó do coração, dissipam-se todas as dúvidas, desvanecem-se todas as suas obras." (N. T.)

Capítulo 50
EPIFILOSOFIA

Na conclusão de minha exposição, gostaria ainda de dar lugar a algumas considerações sobre a minha própria filosofia. — Como já disse, ela não tem a pretensão de explanar a existência do mundo a partir dos seus últimos fundamentos: antes, detém-se nos fatos da experiência externa e interna, tais como são acessíveis a cada um, e demonstra a sua verdadeira e profunda coerência, sem no entanto ir para além desses fatos na direção de coisas extramundanas e suas relações com o mundo. Minha filosofia, por conseguinte, não tira conclusão alguma sobre o que existe para além de toda experiência possível, mas simplesmente fornece // a exegese do que é dado no mundo exterior e na consciência de si, satisfeita, portanto, em captar o ser do mundo, em captar a coerência deste consigo mesmo. Ela é, conseguintemente, uma filosofia IMANENTE, no sentido kantiano do termo. Justamente por isso ela ainda deixa muitas questões sem resposta, a saber, porque o que foi factualmente demonstrado é assim e não de outra maneira etc. Só que tais questões, ou antes as respostas a elas, são propriamente dizendo transcendentes, isto é, não podem ser pensadas por intermédio das formas e funções do nosso intelecto, não cabem nestas: o nosso intelecto está para aquelas assim como a nossa sensibilidade está para algumas características possíveis dos corpos, para as quais não temos sentido algum. Pode-se, por exemplo, após todas as minhas explanações, ainda perguntar de onde provém essa vontade, que é livre para afirmar-se, daí a aparência do mundo, ou negar-se, daí uma aparência que não conhecemos?, ou ainda, qual é a fatalidade para além de toda experiência que colocou a vontade na alternativa extremamente espinhosa de aparecer num mundo de sofrimento e morte, ou então de negar a própria essência?, ou também, o que a levou a abandonar o repouso infinitamente preferível do nada abençoado? Uma vontade individual, pode-se acrescentar, pode direcionar a si mesma para a própria perdição só através de erro na escolha, logo, através da culpa do conhecimento: mas a vontade em si, anterior a toda aparência, consequentemente ainda sem conhecimento, como poderia pegar o caminho errado e cair na perdição do seu atual estado? De onde vem, em geral, a elevada dissonância que atravessa este mundo? Ademais, pode-se perguntar, quão fundo, na essência em si do mundo, descem as raízes da individualidade?, ao que se poderia em todo caso responder: elas descem tão fundo até onde alcança a afirmação da Vontade de vida; onde a negação da vontade entra em cena, elas param: pois elas brotaram com a afirmação. Mas também poder-se-ia colocar a questão: "O que eu seria, se eu não fosse Vontade de vida?", e outras semelhantes. — A todas essas questões haveríamos antes de responder que a expressão da forma a mais geral e universal do nosso intelecto é o PRINCÍPIO DE RAZÃO, que este, contudo, precisamente por isso, encontra sua aplicação apenas nas aparências, não na essência em si das coisas: exclusivamente nele // repousam todo "de onde" e "por que". Em consequência da filosofia kantiana, o princípio de razão não é mais uma *aeterna veritas*,[1] porém meramente a forma, isto é, função do nosso intelecto, que, essencialmente cerebral, é originariamente um mero instrumento a serviço da nossa vontade, a qual, ao lado de todas as suas objetivações, é por ele pressuposta. Às suas formas, entretanto, estão ligados todo o nosso conhecer e conceber: em consequência disso, temos de apreender tudo no tempo, portanto, mediante as noções de antes e depois, causa e efeito, acima e abaixo, todo e parte etc., e não podemos sair dessa esfera, na qual reside toda possibilidade de nosso conhecimento. Mas essas formas não são apropriadas aos problemas aqui levantados, nem aptas para capacitar-nos a apreender a sua solução, supondo-se que esta fosse dada. Assim, com o nosso intelecto, este mero instrumento da vontade, topamos em toda parte contra problemas insolúveis, como contra os muros da nossa prisão. — Ademais, pode-se ao menos admitir como provável que, em relação a tudo aquilo que foi questionado, é impossível um conhecimento

---

1 "Verdade eterna." (N. T.)

não apenas PARA NÓS, mas que tal conhecimento é em geral impossível, em todo tempo e lugar; a saber, que aquelas relações são insondáveis não apenas relativamente, mas absolutamente; que não apenas alguns as desconhecem, mas que elas são em si mesmas incognoscíveis, na medida em que elas em geral não cabem nas formas do conhecimento em geral. (Isto corresponde ao que SCOTUS ERIGENA diz, *de mirabili divina ignorantia, qua Deus non intelligit quid ipse sit*.² Liv. II.) Pois a cognoscibilidade em geral, com sua mais essencial, e portanto sempre necessária forma de sujeito e objeto, pertence tão somente à APARÊNCIA, não à essência em si das coisas. Onde há conhecimento, portanto, representação, ali também há apenas aparência, e ali já permanecemos no domínio da aparência: sim, o conhecimento em geral nos é conhecido apenas como um fenômeno cerebral, e estamos não apenas injustificados, mas também incapacitados para pensá-lo de outro modo. O que o mundo é como mundo consegue-se entender: ele é aparência, e podemos, imediatamente a partir de nós mesmos e devido a uma minuciosa análise da consciência de si, conhecer o que ali aparece: em seguida, graças a essa chave do ser do mundo, consegue-se decifrar toda a aparência em conformidade com suas conexões; como // eu acredito tê-lo feito. Mas se abandonamos o mundo, para responder às questões acima enunciadas, então também abandonamos todo o solo no qual é possível não só a conexão segundo fundamento e consequência, mas até mesmo o conhecimento em geral: tudo então é *instabilis tellus, innabilis unda*.³ A essência das coisas antes ou para além do mundo e, por conseguinte, para além da vontade, é algo vedado a qualquer investigação; porque o conhecimento em geral é ele mesmo apenas fenômeno, por conseguinte, se dá apenas NO mundo, assim como o mundo se dá apenas nele. A essência íntima em si das coisas não é um cognoscente, não é um intelecto, mas algo desprovido de conhecimento: o conhecimento é adicionado tão somente como um acidente, um meio de ajuda da aparência daquela essência, conhecimento que só pode assimilar em si essa essência em conformidade com a sua própria índole, destinada a fins

---

2 "A maravilhosa ignorância divina, devido à qual Deus não sabe quem ele mesmo é." (N. T.)
3 "Terra instável, água inavegável." (N. T.)

bem diferentes (os da vontade individual), portanto, só pode assimilar essa essência de modo bastante imperfeito. Eis por que é impossível um entendimento pleno, até o último fundamento e que satisfaça toda demanda, da existência, essência e origem do mundo. É o suficiente sobre os limites da minha e de toda filosofia. —

A doutrina do ἓν καὶ πᾶν, isto é, que a essência íntima em todas as coisas é uma única e a mesma, já havia sido compreendida e reconhecida em meu tempo, após os eleatas, Scotus Erigena, Giordano Bruno e Espinosa a terem minuciosamente ensinado e Schelling a ter refrescado. Mas o QUÊ este um é, e como ele chegou a expor-se como o plural, é um problema cuja solução encontra-se primeiro em minha filosofia. Desde os tempos mais antigos, falou-se do ser humano como um microcosmo. Eu inverti a proposição e demonstrei o mundo como um macroantropo; já que vontade e representação esgotam o ser do mundo e do humano. Manifestamente, é mais correto ensinar a entender o mundo a partir do humano, que o humano a partir do mundo: pois, a partir do que é imediatamente dado, logo, a partir da consciência de si, temos de explicar o que é mediatamente dado, logo, a intuição exterior; não o inverso.

Com os PANTEÍSTAS tenho em comum aquele ἓν καὶ πᾶν, mas não o πᾶν θεός,[4] porque não vou além da experiência (no sentido amplo do termo) e muito menos me coloco em contradição com os dados existentes. SCOTUS ERIGENA, // de maneira bastante consequente com o espírito do panteísmo, explica cada aparência como uma teofania: mas então este conceito tem de ser transmitido a todas as aparências horríveis e repugnantes: bonita teofania! O que ademais me diferencia dos panteístas são os seguintes pontos: 1) O seu θεός é um *x*, uma grandeza desconhecida, a VONTADE, ao contrário, entre todas as coisas possíveis, é a que conhecemos mais exatamente, a única coisa dada de modo imediato, por isso exclusivamente apropriada para esclarecer tudo o mais. Pois em toda parte o desconhecido tem de ser esclarecido a partir do mais conhecido; não o inverso. — 2) O seu θεός manifesta-se *animi causa*,[5] para desdobrar a própria magnificência, ou fazer-se admirar. Tirante a vaidade que aqui eles atribuem a Deus, veem-se

---

4 "Tudo é Deus." (N. T.)
5 "Por divertimento." (N. T.)

colocados na condição de terem de sofismar sobre os colossais males do mundo: mas o mundo permanece numa gritante e terrível contradição com aquela excelência fantasiada. Em minha filosofia, ao contrário, a VONTADE chega através da sua objetivação, não importa como seja esta, à consciência de si, o que torna possível a sua supressão, conversão, redenção. Também em conformidade com isso, apenas em minha filosofia é que a ética tem um fundamento seguro e é desenvolvida plenamente em concordância com as sublimes e profundas religiões, logo, com o brahmanismo, o buddhismo e o cristianismo, não meramente com o judaísmo e o islamismo. Também a metafísica do belo não é plenamente esclarecida senão como consequência das minhas verdades fundamentais, e não precisa mais esconder-se atrás de palavras vazias. Só em minha filosofia é que os males do mundo são honestamente admitidos em toda a sua enormidade: minha filosofia pode fazer isso porque a sua resposta à questão sobre a origem dos males coincide com a sua resposta à questão sobre a origem do mundo. Em todos os outros sistemas, ao contrário, porque em seu conjunto otimistas, a questão sobre a origem do mal é a doença incurável sempre renascente, que os condena a um estado miserável, apesar dos paliativos e curandeirismos. –
3) Eu parto da experiência, e da consciência de si natural dada a cada um, e chego à vontade como o único metafísico, logo, sigo a marcha ascendente e analítica. Os panteístas, por outro lado, pegam a via oposta à minha, e seguem a marcha descendente e sintética: eles partem do seu // θεός, que às vezes tem o nome *substantia* ou absoluto, e pedem ou se obstinam que se o admita, e esse completamente desconhecido deve então esclarecer tudo o que é mais conhecido. – 4) Na minha filosofia o mundo não esgota a possibilidade de todo ser, mas neste mundo ainda permanece muito espaço para aquilo que descrevemos só negativamente como a negação da Vontade de vida. Panteísmo, ao contrário, é essencialmente otimismo: se o mundo é o que há de melhor, então temos de aí nos dar por satisfeitos. –
5) Para os panteístas o mundo visível, portanto o mundo como representação, é justamente uma manifestação intencional do Deus que o habita; tese esta que, em realidade, não fornece explicação verdadeira alguma do aparecimento do mundo, mas antes requer ela mesma uma explicação: na minha filosofia, ao contrário, o mundo como representação encontra lugar

meramente *per accidens*,⁶ na medida em que o intelecto, com sua intuição exterior, é antes de tudo só o *medium* dos motivos nas aparências mais perfeitas da vontade, vontade que gradualmente ascende àquela objetividade da visibilidade na qual se dá o mundo. Nesse sentido eu de fato dou conta do surgimento do mundo como objeto visível, sem recorrer, como os panteístas, a insustentáveis ficções.

Ora, visto que, em consequência da crítica kantiana a toda teologia especulativa, quase todos os que filosofavam na Alemanha atiraram-se sobre ESPINOSA, de modo que toda a série de ensaios fracassados conhecidos sob o nome de filosofia pós-kantiana nada é senão ESPINOSISMO adornado com mau gosto, embrulhado em discursos incompreensíveis de todo tipo, ou desfigurado de muitas outras maneiras; então eu quero, após ter exposto a relação da minha filosofia com o panteísmo em geral, ainda descrever a relação que ela tem com o ESPINOSISMO em particular. Ela está para este como o Novo está para o Antigo Testamento. Explico-me: o que o Antigo Testamento tem em comum com o Novo é o mesmo Deus-Criador. Análogo a isso, tanto na minha filosofia quanto na de Espinosa, o mundo existe por si mesmo, a partir de uma força intrínseca. Mas em ESPINOSA, sua *substantia aeterna*, a essência íntima do mundo, que ele mesmo intitula *Deus*, é, pelo seu caráter moral e seu valor, o Jeovah, o Deus-Criador, que aplaude a própria criação e pensa que tudo saiu muito bem, πάντα χαλὰ λίαν.⁷ ESPINOSA nada lhe retirou senão a personalidade. // Também em Espinosa o mundo e tudo nele é de suma excelência e é como deve ser: por isso o ser humano nada mais deve fazer senão *vivere, agere, suum Esse conservare, ex fundamento proprium utile quaerendi*⁸ (*Eth.*, IV, p.67): ele deve fruir a própria vida enquanto dure;

---

6 "Por acidente." (N. T.)
7 "E tudo havia ficado muito bom." (N. T.)
8 "Viver, agir, conservar a própria existência, procurando fundamentalmente o que é útil para si mesmo." (N. T.)
* *Unusquisque tantum juris habet, quantum potentiâ valet*. [Cada um tem direito na proporção do seu poder.] *Tract. pol.*, c. 2. — *Fides alicui data tamdiu rata manet, quamdiu ejus, qui fidem dedit, non mutatur voluntas*. [A promessa feita tem validade enquanto não mude a vontade de quem a fez.] *Ibid.*, § 12. — *Uniuscujusque jus potentiâ ejus definitur*. [O direito de cada homem é definido pelo seu poder.] *Eth.*, IV, prop. 37, schol. I. — Especialmente o capítulo 16 do *Tractatus theologico-politicus* é o perfeito compêndio da imoralidade da filosofia de Espinosa.

em completa conformidade com o Eclesiastes 9, 7-10. Numa palavra, é um otimismo: por consequência, o seu lado ético é fraco, como no Antigo Testamento, sim, em parte é até mesmo falso e revoltante.* — Em minha filosofia, ao contrário, a vontade, ou a essência íntima do mundo, não é de modo algum Jeovah, mas antes é, por assim dizer, o Salvador crucificado, ou o ladrão crucificado, segundo o que ela decida: em conformidade com isso, a minha ética concorda por completo também com a ética cristã, até às mais elevadas tendências desta, não menos que com a ética do brahmanismo e do buddhismo. ESPINOSA, ao contrário, nunca pôde livrar-se do judaísmo: *quo semel est imbuta recens servabit odorem*.[9] Totalmente judaico, e ao mesmo tempo absurdo e repugnante em sua conexão com o panteísmo, é seu desprezo pelos animais, os quais também ele considera como meras coisas para o nosso uso, declarando-os destituídos de direito, *Eth.*, IV, *appendix*, c. 27. — Apesar disso tudo, ESPINOSA permanece um grande pensador. Porém, para avaliar corretamente o seu valor, tem-se de manter diante dos olhos a sua relação com DESCARTES. Este havia nitidamente cindido a natureza em espírito e matéria, isto é, substância pensante e substância extensa, e da mesma forma estabelecido uma completa oposição entre Deus e mundo: enquanto foi cartesiano, também ESPINOSA ensinou tudo isso, em seu *Cogitata metaphysica*, c. 12, em 1665. Somente nos seus últimos anos ele percebeu a profunda falsidade desse duplo dualismo: em consequência, a sua própria filosofia consiste principalmente na supressão indireta daquelas duas oposições, contudo, em parte para evitar ferir o seu mestre, em parte para ser menos chocante, // deu à sua filosofia uma aparência positiva, por meio de uma forma estritamente dogmática, embora o conteúdo dela seja principalmente negativo. Também a sua identificação de Deus com o mundo tem apenas um sentido negativo. Pois nomear o mundo de Deus significa não explicá-lo: pois sob este segundo como sob o primeiro nome, o mundo permanece um enigma. Porém, aquelas duas verdades negativas tiveram valor para o seu tempo, como para qualquer tempo em que haja cartesianos, conscientes ou inconscientes. Com todos os filósofos anteriores a LOCKE ele cometeu o mesmo erro de partir de conceitos, sem previamente investigar a sua origem,

---

9 "A argila conservará por muito tempo o odor do qual impregnou-se." (N. T.)

como no caso de substância, causa etc., os quais então adquirem através de tal procedimento uma validade por demais ampla. – Aqueles que, nos tempos mais recentes, não quiseram aderir ao neoespinosismo em voga, desistiram disso porque assustados com o fantasma do FATALISMO, como foi o caso de Jacobi. Sob esse nome deve-se entender toda doutrina que reduz a existência do mundo, junto com a crítica situação do gênero humano que nele vive, a alguma necessidade absoluta, isto é, não mais explicável. Os adversários do fatalismo, por outro lado, acreditavam que importa antes de tudo inferir o mundo do ato livre da vontade de um ser exterior a ele; como se de antemão se pudesse saber com exatidão qual das duas explicações seria a mais correta, ou ao menos a melhor em relação a nós. Mas em particular, aqui é pressuposto que *non datur tertium*,[10] e em conformidade com isso toda filosofia anterior tomou uma ou outra posição. Eu fui o primeiro a sair disso, na medida em que realmente estabeleci o *tertium*: o ato da vontade, do qual origina-se o mundo, é o nosso próprio ato. É um ato livre: pois o princípio de razão, exclusivamente do qual toda necessidade obtém a sua significação, é meramente a forma da sua aparência. Justamente por isso, essa aparência, desde o primeiro momento que existe, é em seu curso estritamente necessária: é apenas em consequência disso que podemos reconhecer, a partir da aparência, a índole daquele ato da vontade e assim querer *eventualiter* de outro modo.

---

10 "Não há um terceiro", "não há uma terceira alternativa". (N. T.)

Índice onomástico

A
Abel, 604
Adão, 720, 730, 735, 746-7
Agamenon, 520, 540
Agostinho, 184, 203, 245, 431, 719, 720, 735-6
Ahriman, 209, 742
Alcebíades, 436, 668
Alexandre, O Grande, 619
Alexandre VI, 620
Antoinette, 731
Althof, 625
Amílcar, 620
Ana Bolena, 620
Anacreonte, 677
Anaxágoras, 325-6, 354, 390, 397, 691
Aníbal, 620
Antístenes, 188
Apolo, 495, 673
Aquiles, 210, 540
Aremberg, duque de, 508
Aristóteles, 41-2, 48, 53, 55-6, 85, 98, 104, 123, 127, 134, 140, 147, 156, 158, 173, 185, 196, 198, 213, 290, 308, 326, 354-5, 400, 403, 409-12, 422, 431, 437, 459, 484, 522, 527, 668-72
Ariadne, 663
Auerbach, 597
Avatar, 724

B
Baco, 673
Bacon, 49, 264, 276, 277, 281, 341, 408-9, 411, 469, 511, 625
Baumgarten, 308
Beccaria, 713
Beethoven, 540
Belecznai, 621
Berkeley, 5-7, 11, 14-5, 377, 565
Bernouillis, 623
Bichat, 246, 299, 306, 315-6, 318, 320-3, 330, 472, 595
Biot, Jean Baptiste, 174
Boerhave, 626
Böhme, Jacob, 728
Bolena, Ana, 621
Bolingbroke, 697
Bourignon, Antoinette, 731
Brahmā, 206-7
Brahman, 555
Brockhaus, 625
Buffon, 87, 625
Bruno, Giordano, 41, 54, 104, 370, 372, 422, 456, 765
Buddha, 206-7, 478, 584, 602, 731, 754
Bunyan, 732
Burdach, 292, 306-7, 407, 416-8, 572, 608, 615, 628
Bürger, 625, 632

Burke, 80
Burnet, 602
Byron, 97, 178, 263, 287, 470, 519, 627, 648, 679, 687, 697, 701

C
Cabanis, 97, 213, 256, 330
Calderón (de la Barca), 517, 638, 657, 718
Calígula, 619
Canova, 505
Cardanua, 623
Carracci, 626
Casper, 600
Cassinis 623
Cervantes, 87
Cesar Bórgia, 620
Chamfort, 467, 469, 657
Champolion
Chatam, Lord, 622
Cícero, 109-10, 184-5, 193-4, 273, 459, 668, 718, 747
Cimon, 620
Clemente, 725, 734, 738-40
Comodo, 621
Cordélia, 524
Coriolano, 524
Corneille, 511
Csoma Körösi, 206
Colebrooke, 583, 602, 606
Cômodo, 621
Cuvier, 41, 155, 307, 415, 470, 475-6, 626

D
Davis, 515
D'Alembert, 623
Dante, 152, 178, 511, 688
Decius, 657
Decius Mus, P., 619
Delamark, 155

Demócrito, 17, 213, 379, 382, 411
Demodocus, 705
Descartes, 6, 39, 63, 159, 232, 288, 294, 320-3, 377, 570
Deus, 48, 55, 62, 81, 83, 99, 191, 194, 323, 428, 512, 540, 625, 629, 655, 692, 729, 735-8, 741-2, 746, 751, 764-8
Diógenes, 156, 186-8, 192, 198, 560, 688
Diva Faustina, 621
Domiciano, 621
Duns Scotus, 78

E
Eckermann, 545
Eckhardt, Meister, 729-31, 753
Eduardo II, 620
Empédocles, 332, 354-5, 412, 574, 739
Epicteto, 185, 190, 192
Epicuro, 17, 213, 559, 565
Epifânio, 741
Eros, 611, 662
Espinosa, 16, 49, 81, 388, 104, 208, 224, 408-11, 422, 581, 591, 634, 687, 703, 708, 765, 767-8
Esquirol, 431, 481, 626
Estobeu, 156, 185, 187, 288, 670
Euclides, 5
Euler, 26-7, 29, 177

F
Felipe VI, 620
Fichte, 15-6, 336
Fídias, 505
Filolau, 668
Fineu, 688
Flourens, 248, 299, 307, 320-3, 475, 624
Francisco, São, 730-1, 753

G

Genus, Van, 620
Gichtel, 731
Gleditsch, 418, 426
Goethe, 1, 35, 62, 131, 155, 173, 175, 205, 229, 258, 264, 276, 284, 295, 342, 358-9, 402, 445, 448, 455, 459, 463-4, 467, 469, 471, 473-4, 491, 505, 508, 512, 518-9, 521, 524, 545-6, 625, 661-2, 678, 712
Goldoni, 524
Górgias, 119, 123
Gozzi, 114, 479
Gracian, 90, 261, 274
Graul, 730
Guyon, 728, 730-1

H

Haller, 307, 315, 626
Hamann, 693
Hamlet, 120, 284, 491, 561, 624, 714
Harpias, 688
Haydn, 626
Hegel, 16, 83, 101, 364, 694, 704
Helvétius, 96, 273, 275, 332
Henrique VIII, 523, 620
Hera, 495, 742
Hérault de Séchelles, 624
Heráclito, 95, 699, 739
Herbart, 694
Hércules, 188, 520, 673
Herder, 473, 708
Hermes, 585, 742
Heródoto, 183, 533, 698, 739
Herschels, 623
Hípias, 119
Hipólito, 521, 706
Hobbes, 275, 282
Homero, 287, 491, 524, 700
Horácio, 113, 491, 511, 518, 619
Hume, 13, 44-6, 109, 408, 603, 624, 693-5, 704

I

Iffland, 257, 524
Ifigênia, 520-1
Indra, 742
Isabel, esposa de Eduardo II, 620
Isabel, santa, 507

J

Jacobi, 10, 769
Jacopo Ortis, 633, 655
Jehova, 742
Jesus, 507, 720, 733, 746-7, 751, 753
Jesus Sirach, 646
Jó, 698
Johannes Secundus, 505
Joseph II, 623
Juno, 742
Justino, 604

K

Kant, XIII, 5, 9-11, 13-4, 16, 20, 24-5, 35, 39-40, 42, 44-6, 48-50, 53, 55, 60-2, 65, 78, 99, 102, 109, 126, 137, 170, 173, 175, 199, 203, 211-13, 215, 218-23, 231-2, 234, 236, 238, 258, 291, 294, 304, 313, 329, 334-5, 344-6, 348-50, 513, 532, 363-5, 373, 377, 389, 396, 405, 408, 410, 422, 471, 559, 569, 578, 584, 588-9, 603, 624, 626-7, 634, 693-4, 711
Kepler, 361
Kielmeyer, 155
Kotzebue, 524
Knebel, 259
Kraus, 646
Krishna, 566

L

La Rochefoucauld, 254, 290
Lamarck, 213

Lambert, 62, 140
Lamartine, 756
Laocoonte, 507-8
Laplace, 62, 389
Leibniz, 78, 408, 694-5, 697
Lemaire, 621
Leopardi, 701
Leroy, 73
Lessing, 10, 524, 603, 691, 693
Leucipo, 17, 213, 379, 382
Lichtenberg, 36, 275, 343, 603, 633
Locke, 13-5, 23-5, 48-9, 98-9, 234, 329, 345, 377, 694, 697, 768
Lucas, 604, 752-3
Luca Giordano, 507
Lucrécio, 408-9, 511, 611
Lullius, Raimund, 20, 749
Lutero, 203, 692, 719, 723, 743-4, 746

M
Maine de Biran, 43-4, 53
Maquiavel, 469
Marco Aurélio, 621
Maria, rainha sanguinária (bloody Mary), 620
Maria Theresa, 623
Marte, 673
Mateo Aleman, 656
Mateus, 604, 752-3
Mefistófeles, 596
Melissos, 103, 574
Menades, 667
Mercúrio, 673, 704, 742
Merk, 276, 509
Michelangelo Caravaggio, 507
Milcíades, 620
Minerva, 95
Moisés, 604
Moksha, 724
Molinos, 731

Montaigne, 152, 294, 678
Muller, 307, 626
Münchhausen, 116

N
Nemesius, 602
Nero, 619-20
Newton, 62-3, 65, 173-4, 379, 694-5
Nitzsch, 572

O
Obry, 601, 606
Ofélia, 120
Olimpiodoros, 436
Ormuzd, 209, 742
Ovídio, 511
Owenus, 505

P
Paracelsus, 582, 655
Parmênides, 39, 574
Pascal, 731
Paulo, 719-20, 725, 737-8
Pfeiffer, 729
Penélope, 156, 217
Pestalozzi, 42
Petrarca, 152, 518, 655-6, 662-3
Píndaros, 739
Pinel, 481
Pitt, 622
Pitágoras, 438, 602, 739, 747
Platão, 16, 39, 48, 100, 103, 147, 158, 173, 203, 262, 355, 436, 438, 530, 532-3, 557, 568, 576-7, 602, 629, 634, 643, 661, 667-8, 672, 699, 725, 739, 747
Platner, 109, 634, 693
Plínio, 678, 700, 746
Plutarco, 156, 185, 438, 574, 672, 698
Pope, 95, 277, 697

Praxíteles, 505
Preller, 193
Priestley, 61-2, 365
Proclos, 50, 99-100, 103, 147
Protágoras, 119
Ptolomeu, 355

R
Rabelais, 733
Radius, 26, 29
Rafael, 287, 473, 510, 622
Rancé, 731, 749-50
Reid, Th., 25, 29, 44, 80
Reuchlin, 731
Raimund Lullius, 20, 749
Riemer, 473
Rochefoucauld, , 254, 290
Rhode, J. G., 742
Ritter, 193
Romberg, 626
Rosenkranz, 42, 48, 53, 61, 211, 634
Rossini, 277
Rousseau, 190, 422, 623, 634, 697

S
Sadi, 668, 729
Saint-Preux, 655
Salustio, 103, 747
Saturno, 390, 507
Scaligers, 623
Schelling, 10, 16, 100, 545-6, 765
Schiller, 114-5, 157, 522, 524, 625
Schlegel, 392, 626, 697
Schleiermacher, 101, 694
Schlichtegroll, 474
Schubert, F. W., 624, 693
Schultz, 308
Schulze, G. E., 149
Schwab, 625
Scipions, 620
Scott, Walter, 258, 285, 625, 686, 698

Scotus Erigena, 78, 156, 728, 764-5
Schmidt, J. J., 206, 742
Schnurrer, 600
Schubert, F. W., 624, 693
Schulze, 149
Sêneca, V, 75, 183, 186, 192-4, 287, 755
Seth, 604
Sexto Empírico
Shaftesbury, 697
Shakespeare, 80, 94, 144, 152, 173, 205, 359, 491, 511, 516, 518-9, 521, 523-4, 619, 648, 656, 661-2, 700, 752
Shakyamuni Buddha, 478, 731
Sócrates, 119, 198, 326, 416, 554, 557, 648, 668, 699, 703, 705
Spallanzani, 298
St. Hilaire, 374
Sófocles, 521, 699
Sömmering, 343
Southey, 258
Stewart, D., 63, 80
Strauss, 733, 752-3
Suetônio, 619-20
Swift, 258, 698

T
Tauler, 731
Teognis, 699
Tertuliano, 203, 603, 735
Teseu, 663
Thamyris, 667
Tholuk, 728
Thorwaldsen, 505
Tibério, 619
Tiedemann, 299
Tischbein, 120
Tito, 621

Tomás de Aquino, 48
Treviranus, 299, 355-6
Trismegistos, 585

U
Ulisses, 217, 563, 705-6
Ungewitter, 602
Unzelmann, 112
Upanishads, XV, 198, 568, 725, 728
Upham, 583

V
Van Geuns, 620
Vanini, 422
Vedas, 198, 549, 568, 602, 605, 724-5, 730, 760
Vespasiano, 621

Virgílio, 667
Voltaire, 115, 259, 298, 409, 489, 557, 686, 694, 697, 704

W
Walter Scott, 258, 285, 625, 686, 698
Werther, 633, 655
Wieland, 259, 509
Windischmann, 723
Wordsworth, 258
Wolff, Kaspar, 224, 307, 694

Yama, 562

Zaccaria, 737
Zenobia, 657
Zeus, 673, 742

Índice remissivo

A
Afirmação da vontade, XIII, 553, 574, 6778, 681, 699, 725, 727, 764
Agir, 91, 254, 261, 301, 310, 319, 337, 354, 384-7, 415, 417, 453, 458, 462, 572, 601, 605, 643, 659, 673, 719, 757
Amor, XIV, 244, 247, 254, 263, 287, 317, 424, 447, 457, 480, 504-5, 507, 512, 540, 553, 556, 558, 608, 613-5, 630, 632-7, 639-40, 644-5, 647-9, 651, 655, 657, 659-65, 667-8, 672, 674, 677-8, 680, 717, 730-1, 736-7, 751, 758
Animal, XIII-XIV, 28, 33-4, 40, 69, 71-3, 79, 82, 117-8, 140, 162, 173-4, 181, 195, 206, 217, 232, 240, 246-9, 287, 297-8, 303, 308, 310, 313, 316-21, 326, 331-2, 335-40, 344, 346, 350-3, 355, 374, 376, 390, 392, 396, 397, 399, 402, 411, 414, 417, 419-21, 423, 425-7, 435, 454, 458, 475-6, 484, 534, 537, 554, 556, 564, 566, 568-70, 572-3, 576-90, 593, 596, 610-1, 613-4, 628, 646, 680, 692, 696, 703, 717, 723, 726, 741, 747, 753, 758
Aparência, 6, 15-6, 19-22, 23, 28, 49, 52, 70, 100, 144, 174, 195-6, 200, 211-7, 222-5, 231, 236, 238-9, 241, 244-6, 250, 259, 276, 286-7, 289, 299, 300, 302-4, 309, 313-4, 327, 332, 334, 336, 345, 348, 360-3, 370, 372-3, 378, 381, 385, 387, 389, 391-2, 396, 400, 405, 423, 427, 432, 436-7, 442, 489, 501, 506, 512, 514, 530-2, 543, 560, 563, 567, 569, 571, 573, 578, 580, 586, 589-96, 604-5, 612, 618, 631, 637, 639, 641, 654, 659, 664, 676, 679, 681, 702, 704-5, 714-5, 717, 721, 725-7, 739, 757, 762-5, 768-9
Aparecimento, 14, 20, 26, 195, 217, 243, 339, 357-8, 387, 409, 436, 443, 464, 544, 580-1, 592, 600, 627, 766
Apercepção, 40, 170, 183, 304, 335
Apreensão, 9, 23, 28, 31, 46, 87-90, 93, 96, 110, 120, 145, 161, 172, 174, 198, 227, 235, 257, 263, 265, 282, 295, 304, 331, 333, 335, 337-41, 343-4, 351-2, 356, 370, 387, 428, 435, 436, 439, 441-4, 446-7, 453-6, 464, 466-8, 487, 490, 497-8, 507, 510, 530, 541, 573, 576, 578, 584, 728, 740
Abnegação, 521, 743, 746, 760

Absoluto, 12, 52, 99, 129, 176, 219, 225, 233, 239, 342, 349, 380, 423, 462, 564-6, 569-70, 575, 582, 589, 605, 669, 706, 728, 766

Abstrato, XIII, 8, 27, 53, 69, 75, 78, 85, 88-91, 93, 96, 98, 105-6, 110, 115, 124, 126, 183, 226, 252, 334-5, 338, 441, 747, 758

Absurdo, 6, 11-2, 78, 82, 146, 198, 203, 263, 278, 283, 363, 415, 559, 568, 570, 604, 692, 768

Afeto, 182, 208, 261, 264, 288, 446, 595, 706-7

Afinidade, 212, 361-2, 453, 465, 731

Alegoria, 203, 205, 507, 746

Alegria, 117-8, 206, 245, 247, 253-4, 257, 260, 282, 287, 316-7, 319, 339-40, 355, 427, 449, 455-6, 467, 513, 525, 540, 549, 659, 661, 677-8, 684-5, 689, 698, 729, 760

Alma, 26, 42, 55, 212, 240, 249, 259, 291-2, 315, 317, 321-2, 326, 330-1, 334, 336, 355, 360, 421, 456, 539, 549, 558, 562, 582-3, 602, 604, 609, 612, 622, 640, 687, 694, 700, 725, 757

Amizade, 118, 280, 641, 665, 708

Amor, XIV, 244, 247, 254, 263, 287, 317, 424, 447, 457, 480, 504-5, 507, 512, 540, 553, 556, 558, 588, 608, 613-5, 630, 632-40, 644-51, 655, 657, 659-68, 672, 674, 677-8, 680, 717, 730-1, 736-7, 751, 758

Angústia, 549, 557, 636, 686-7, 702

Antecipação, 194, 419, 503-4, 660, 681

Antinomia, 364, 590

Aparência, 6, 15-6, 19-20, 22-3, 28, 49, 52, 70, 100, 144, 174, 195-6, 200, 211-7, 222-5, 231, 236, 238-9, 241, 244-6, 250, 259, 276, 286-7, 289, 299-300, 302-4, 309, 313-4, 327,332, 334, 336, 345, 348, 360-3, 370, 372-3, 378, 381, 385, 387, 389, 391-2, 396, 400, 405, 423, 427, 432, 436-7, 442, 489, 501, 506, 512, 514, 530-2, 543, 560, 563, 567, 569, 571, 573, 578, 580, 586, 589-96, 604-5, 612, 618, 631, 637, 639, 641, 654, 659, 664, 676, 679, 681, 702, 704-5, 714-5, 717, 721, 725-7, 739, 757, 762-9

Aparecimento, 14, 20, 26, 195, 217, 243, 339, 357-8, 387, 409, 436, 443, 464, 544, 580-1, 592, 600, 627, 766

Apetite, 246-7, 249, 355-6, 472, 612, 621, 645

a posteriori, 13, 51, 116, 222, 236-7, 253, 290, 349, 369, 371, 595

a priori, XIII, 13, 25-6, 39-41, 46-7, 51, 55-8, 60, 77, 98, 102, 106, 116, 134, 146, 154, 158, 215, 218-24, 234, 236, 238, 247, 290, 344, 349, 363, 367, 368-71, 378-80, 385, 420, 496-7, 503-4, 513, 556, 567, 669, 683, 739, 755

Arbitrário, 129, 158, 303, 311, 460-1, 490, 501, 540

Arbítrio, 301, 311, 316, 319, 390, 397-8, 439, 455, 671, 720

Argúcia, 342, 625

Aritmética, 42, 55, 59, 154, 216, 319, 541

Arquitetura, XIII, 490, 493-4, 496-7, 499-502, 505, 517, 544-5

Arrependimento, 257, 270, 679, 707-9, 725

Arte, XII-XIII, 36, 123, 143, 152, 155, 226, 282, 312, 352, 379, 387-8, 397, 405, 425-6, 438-9, 442, 447-8, 451, 453-4, 460-1, 474, 484,

487-91, 493, 497-500, 503-5, 507-9, 514, 516, 530, 534, 536-9, 545-6, 593, 622
Artefato, 438
Artifício, 113, 134, 147, 281, 381, 388
Artista, 121, 447, 458, 461, 491, 504-10, 512
Ascese, 723-4, 730, 732, 739, 744
Ascetismo, 189, 733, 742
Ásia, 376, 603-4, 669, 672, 699, 722, 733, 747
Asiatic Researches, 205-6, 601, 603, 726
Assassinato, 602, 638, 707, 713, 751
Assimilação, 82, 92, 95, 247, 306, 479, 540
Associação de pensamento, XIII-XIV, 161-2, 165, 171, 443
Assombro, 62, 87, 224, 254, 274, 290, 330, 396-8, 475, 703
Astronomia, 63, 154, 221, 231, 320, 358
Astúcia, 178, 201, 267-8, 425, 688, 722
Atenção, 31, 44, 49, 77, 120, 159, 170, 182, 207, 248, 250, 312, 338, 354, 412, 432, 441, 461, 490, 537, 573, 608, 615, 618-9, 625, 652, 679, 730, 751
Ateísmo, 197, 213
Ato, 26, 43-4, 114, 118, 129, 238, 245, 250, 282, 300, 301, 305, 316, 351, 396, 400, 430, 439, 441, 479, 569, 592-3, 610-2, 657, 677-80, 707, 711-3, 719-20, 749, 769
Átomo, 59, 366, 380, 573
Atividade, 9, 29, 34, 95, 96, 100, 105-6, 156, 159, 165, 170, 235, 246, 249, 255, 258-9, 261-2, 266, 283, 292-3, 299, 305, 319, 330, 333, 335-6, 339, 342-3, 361, 363, 380, 407, 413, 418, 424-5, 427-8, 435, 439-41, 446-8, 452-3, 456, 460, 462, 470-5, 481, 489, 545, 560, 563, 591, 595, 627, 640, 683, 733, 745
Atributo, 54, 563
Audição, 31-4, 36-7, 333, 490, 540
Autoabnegação, 439, 643, 721-2, 732
Autoconhecimento
Autoconsciência, 9, 437, 443, 564
Autoridade, 63, 134, 159, 200, 320-1, 323, 410, 460

B
Baixo fundamental, 155, 170, 282, 484, 543
Bhagavad Gītā, 392, 567
Beleza, XIV, 281, 443, 447-8, 474, 483, 499-500, 503-5, 507-8, 510, 525, 540, 623, 639, 641-9, 652
Belo, 36, 114, 147, 155, 189, 262, 352, 380, 427, 443, 448, 465, 483-4, 514, 519, 537, 545, 633-4, 646, 652, 692, 697-8, 731, 766
Bem, 22, 24-5, 34-5, 39, 42, 62-4, 70, 72-3, 79, 82, 85, 93, 97-8, 100, 106-7, 109, 112-4, 116, 121, 131, 144, 149-51, 153, 159, 167-8, 173-4, 177, 182-5, 188, 190-2, 194, 196-8, 203, 209, 221, 225, 237-8, 244, 247, 266, 286, 289-93, 300, 308, 310, 312, 316-7, 326, 330, 334, 338-9, 341, 365, 373-4, 378, 384, 386, 390, 392, 395, 408, 410-1, 414, 416, 428, 432, 440, 444, 447, 456, 459, 462, 470, 473, 476, 479, 483, 487, 494, 496, 506, 508, 510, 514, 517, 520-1, 525, 552, 558, 560, 563, 575, 637, 642, 654, 658, 662, 664, 672, 691, 694, 711, 760

Bem-aventurança, 203, 634, 655, 659, 720, 751
Bem-estar, 244, 247, 266, 279, 300, 336, 424, 426-8, 461-2, 642, 660, 677, 685-6, 688, 708, 723, 730, 752
Bíblia, 111, 745
Birmane, 205, 607
Bom, 27, 36, 48, 82, 99, 101, 103, 117, 153, 176-7, 179, 182-3, 185, 191, 209, 220, 255, 268, 277, 280, 287, 317, 364, 388, 393, 395, 419-20, 430, 446, 459-61, 463, 466, 469-70, 495, 498, 502, 506, 516, 522, 524-5, 539, 541-2, 557, 570, 588, 606, 620, 625, 630-1, 641-2, 671, 685, 690, 694, 697, 703, 718, 723-4, 735, 738, 752-3, 767
Bondade, 114, 178, 274-6, 280-1, 285, 287, 617, 648, 678, 697, 714, 745
Brahmā, 206-7
Brahman, 556
Brahmanismo, 521, 532, 554, 582, 62, 692, 696, 716-7, 719, 723-4, 727, 731, 741-3, 747, 753, 766, 768
Brasil, 374
Buddhismo, 205-6, 521, 532-3, 554, 582, 599-600-2, 606, 666, 692, 696, 719, 723, 732, 741, 743, 747, 753, 766, 768

C

Cabeça, 6, 11-4, 23-7, 32, 36, 41-3, 80-1, 85, 89-90, 93-5, 127, 130-1, 133, 151, 161, 163, 169, 171, 174-5, 177, 179, 199, 234, 247, 250, 255, 257, 263, 269, 274-5, 277, 279, 280, 285-90, 293-4, 298, 311, 317, 341, 351, 374, 380, 382, 393, 404, 411, 451, 457-8, 464, 466, 471, 474, 479, 507-8, 533, 557, 569, 582, 595, 608, 618-9, 622, 624, 627, 637, 646, 690, 692, 704, 717, 749

Cain, 698
Califórnia, 674
Calma, 195, 282, 440, 443, 519, 523, 606, 691
Canto, 387, 538-9, 561, 585, 663, 705, 745
Cão, 569-70, 577, 615
Característica, 5, 51, 60, 71, 78, 112, 118, 140, 162, 167, 176, 224, 315, 376, 408, 460, 495, 518, 616, 628, 640, 646, 679
Caráter, 6, 43, 72, 92, 106, 114, 135, 140, 150, 169-70, 174, 188, 211, 221, 223, 235, 238, 246, 265-6, 270-1, 274, 276, 280, 282, 284-5, 289, 293, 295, 298, 300, 304, 318-9, 339, 342, 358-60, 372, 385-6, 408, 414, 421, 428, 436-7, 465, 471, 473, 490, 493, 495, 499-501, 503, 513, 524, 528, 569, 591, 599, 605, 611, 613, 616-20, 622-5, 627-30, 638-41, 643, 646-9, 660, 678, 691, 706, 708, 710, 712-4, 716, 721-2, 726, 728-9, 732, 742-3, 749, 755, 759-60, 767
Caráter adquirido, 298
Caráter empírico, 106, 270, 329, 368-9
Caráter inteligível, 14
Carência, 118, 235, 276, 280-1, 331, 376, 422, 431, 444, 448, 455, 492, 513, 534, 647, 650-1, 685, 696, 712
Caridade, 40, 717-8, 721-3, 726, 759-60, 769
Cartesianismo, 320-3, 769
Casamento, 279, 618, 620, 630-1, 637, 640, 642, 648-9, 663-4, 708, 734-7, 739, 746
Cassiano, 736
Casual, 391, 509, 538, 583, 598, 738
Categoria, 80, 590

Catolicismo, 738, 745
Causa ocasional, 14
Causa, 8, 12-4, 26-9, 31, 34-5, 43-54, 83, 99, 116, 153, 161, 164, 183, 185, 188, 192, 201, 211, 215, 264, 266, 288, 305, 333, 360, 362, 390, 370, 398, 400-5, 409, 413, 430, 470, 506, 516, 542, 562-3, 566, 573, 596, 611-2, 627, 634, 646, 670, 688, 690, 695, 708, 712, 720, 723, 735, 751, 763, 765, 768
Causalidade, 11, 13, 18, 23-6, 32, 43-8, 50-7, 59-60, 146, 154, 161, 219, 233-4, 238, 243, 300, 302, 318, 332, 344-5, 347, 367-8, 370-2, 377, 379, 384-6, 396, 408, 432, 483, 564, 639, 714
Cérebro, XIII, 8-9, 11-4, 24, 26-7, 29-32, 34-5, 40, 56, 78, 95-8, 164, 172, 212, 216, 226-7, 232, 235, 241, 243, 246, 248, 255-6, 258-9, 261-2, 282-3, 287, 291-4, 297-9, 301-14, 316-8, 321-2, 327-8, 330-3, 335, 337-41, 343-6, 350, 353, 393, 397, 401, 403, 415-6, 440, 446, 452, 470-2, 480-1, 484, 509, 560, 586, 591, 595-7, 609, 626-9, 644, 717
Cético, 604
Ceticismo, 204, 210, 221, 408
Choro, 255, 706
Ciência, XIII, 5, 7, 42, 44, 50, 55-6, 61, 92, 99, 102, 123, 145, 154-5, 177, 212-3, 220-1, 223, 226, 246, 282, 300, 336, 344, 363, 457, 468, 507, 512, 527-8, 530, 534, 680, 717
Ciência da natureza, 55, 61, 212, 363
Cinismo, 184, 186-7, 189, 193
Civilização, 200, 697
Clarividência, 7, 338, 457-8, 463
Clareza de consciência, 60, 69, 72, 106, 199, 248, 340, 351, 457, 480, 504

Coerção, 227, 546
Coexistência, 211, 225
Coisa em si, XIII, 5, 9, 12, 15-6, 18-20, 22-4, 145, 165, 211-3, 215-7, 222-3, 231, 233, 236-9, 243-4, 250, 259, 297, 299, 313, 332, 348, 354, 360, 364, 367, 370-2, 378, 383, 385, 387-8, 391-2, 403, 405, 420-1, 436, 531, 565, 571, 578, 580, 584, 589-90, 592-4, 598-9, 605, 631, 654, 666, 690, 702, 714-7, 726
Coluna, 493-6, 499, 611
Compaixão, 423, 522, 556, 705-7, 716-7
Comunismo, 712
Comédia, 115, 525, 531, 619
Cômico, 25, 83, 121, 176, 432, 660, 664, 681
Conceito, 27, 41-2, 46, 48-51, 53, 60, 75-8, 81, 85, 88-9, 91, 102, 105, 109-18, 120-1, 126-7, 129, 133-4, 139-41, 146, 149, 152, 162, 172-3, 214, 219-20, 240, 265, 326, 331, 356-7, 368, 395-6, 412, 420-1, 438, 488-90, 496, 519, 528-30, 578, 589, 590, 642-3, 694, 717, 725, 727, 754, 765
Condicionado, 7, 10, 14, 18, 39, 54, 59, 170, 196, 215-6, 239, 246, 260, 265, 295, 297, 299, 314, 326, 332, 341, 534, 347, 349, 351, 353, 427, 439, 443, 446, 465, 469, 522, 534, 568, 581, 591, 707
Conhecimento, XIII, 6-9, 11-3, 15-6, 18-9, 23, 28, 39, 40, 43-5, 49, 53, 55, 60, 69, 72, 73, 75-8, 82, 85-98, 101-2, 105-6, 117, 124, 129-31, 138, 146, 155-5, 172, 181, 183-4, 191, 198, 200, 205, 211, 216-26, 231-41, 243-5, 247, 249, 252, 254-6, 261, 365, 270-2, 274, 278, 282-3, 287, 289, 292, 295, 297, 300-4,

310, 313-5, 325-8, 331-6, 338, 340, 344, 346-57, 361, 367-9, 371, 377-8, 380-2, 387-9, 391, 395-6, 400, 402-3, 408-9, 412, 414-20, 424-5, 432, 435-9, 440-4, 446, 449, 451-6, 458, 462, 464, 466, 469-70, 473, 479, 481, 483-4, 487, 490, 492, 503-4, 507, 509-10, 517, 520, 527-30, 532, 534, 539, 541, 552, 554, 556-60, 568, 571, 575, 577-8, 586, 588-91, 594-7, 599, 601, 608, 610-1, 617, 622-6, 628, 630, 634, 666, 679-81, 691-2, 698, 702, 707, 712, 715-8, 723-8, 741, 751, 758-9, 763-4

Consciência, XIII, XIV, 5-7, 11, 17-8, 26-8, 36, 39, 43-4, 60, 69-72, 75, 78-9, 88, 98-9, 106, 117-8, 130-1, 155, 157, 161, 163-5, 167-70, 173-4, 176, 195, 199, 202, 208, 211, 214, 217, 219-20, 222-3, 232, 236-41, 243-9, 254, 260, 265, 271, 276, 282, 284-5, 289-91, 293-5, 297-300, 302-4, 306, 309, 311-6, 325-9, 332-3, 335-40, 344, 346-9, 351-2, 354, 361, 367-8, 377, 382-3, 387, 391-3, 421-3, 425, 427, 439, 440-1, 443 -4, 447-8, 455-8, 464, 480-1, 484, 504, 521-2, 531, 534-5, 542-3, 554, 556, 559-3, 570, 572, 577-81, 585-6, 588, 590-6, 598-9, 601, 605, 608, 610, 614, 637, 643, 652-3, 659, 660, 666, 676, 680-2, 699, 706-8, 715, 717, 727-9, 736, 750, 762, 764-6

Consciência de si, XIII, XIV, 39, 43-4, 98-9, 167, 217, 222-3, 237, 243-5, 291, 297, 299-300, 302, 306, 309, 312-3, 316, 325-8, 332, 335 346-8, 351, 354, 361, 377, 382-3, 387, 425, 534-5, 554, 580, 592-3, 595, 608, 715, 727, 762, 764-6

Consciência moral, 202, 285, 349
Consolo, 203, 271, 555, 564, 654, 664, 703, 728
Contemplação estética, 87, 488, 497, 500
Contentamento, 549, 561, 685
Contingência, 207, 530
Contingente, 20, 209
Contradição, 7, 20-1, 40-1, 124-5,139, 158, 202, 212, 224, 234, 260, 401, 468, 478, 528, 591, 595, 598, 660, 715, 738, 765
Conversão, 523, 729-30, 741, 743, 749-51, 760, 766
Cor, 24, 28-9, 77, 170, 172, 287, 307-8, 436, 446, 457, 489, 506, 520, 522, 628, 651-2, 733
Coração, XII, 97, 125, 171, 178, 190, 229, 246, 251, 259, 263, 269, 274-7, 279, 281, 285-7, 289, 291, 294-5, 299, 306-9, 317, 319, 321-2, 331, 409-10, 431, 443, 460, 465, 471, 510, 517, 522, 533, 541, 548, 553, 556, 573, 581, 585, 591, 605, 617, 626-8, 634, 640, 647-8, 660, 665, 670, 682, 686, 714, 722-3, 736, 743-4, 751, 755-6, 760
Corpo, 8, 9 23, 30-1, 41, 43-5, 55, 60-1, 82, 104-5, 111-2, 146, 161, 164, 194, 212, 245, 252, 259, 273, 287-8, 292, 298, 300, 302-3, 305, 307-8, 311, 313-5, 318, 321, 323, 326-7, 333-4, 336, 339, 343, 353-4, 357, 359-60, 365-8, 371, 373-4, 377, 390, 400, 411, 415, 417, 428, 461, 469-70, 473, 539, 560, 563, 579, 585-6, 591-2, 594, 596, 602, 604, 612-4, 628, 646, 650-2, 679, 725, 754, 758
Crença, 10, 227, 602-4, 607, 734, 738, 742

Criança, 129, 252, 262, 284, 289, 404, 473-4, 566, 575, 600, 637-8, 640-1, 644-7, 650, 652, 664, 670, 689
Crime, 227, 428, 462, 679, 752
Cristal, 235, 353, 357, 364, 395, 501, 565
Cristianismo, 194, 203-4, 207, 228, 502, 521, 532-3, 582, 604, 691-2, 696-7, 719-21, 724, 732-7, 741-8, 752, 755, 766
Crítica da razão prática, 211, 524
Crítica da razão pura, 10, 52, 78, 98, 199, 204, 211, 215, 240, 349
Crueldade, XII, XIV, 397, 620, 661, 689, 722
Cuidado, 148, 168, 185, 250, 264, 323, 373, 387, 417, 424, 473, 481, 506, 556, 566-7, 570, 593, 642, 668, 682, 740
Culpa, 207, 277-8, 658, 677, 692, 703, 714, 716, 718-9, 743, 746, 754, 763
Cultura, 626
Curiosidade
Curioso, 668

D

Dança, 546, 746-7
Decamerão, 659
Decifração, 207, 222, 224
Decisão, 146, 164, 182, 253, 255, 292, 301, 413, 566, 622, 720
Decurso de vida, 43, 69, 193, 211, 284, 289, 327, 426, 472, 474, 477, 531, 630-1, 714
Dedução, 146-7, 226
Demência, 440
Demonstração, 16, 25, 49, 62, 104, 131, 146, 157, 222, 349, 377, 384, 685
Demônio, 272, 416, 635, 662
Desejo, 71-2, 172, 193, 244-6, 253-4, 257, 260, 263, 267, 287, 441, 548, 553, 570, 606, 611-3, 639, 643-4, 654, 682, 685-6, 735, 740, 756
Despotismo, 663, 717
Determinação, 27, 30, 49, 54, 59, 104, 217, 255, 367, 399, 457, 494, 504, 628, 637-8, 713
Determinidade, 100, 152, 413, 438, 504, 745
Destino, 119, 192, 194, 282, 327, 385, 387, 519, 521, 523-4, 533, 602, 623, 689, 700, 704, 706, 715, 744, 749, 756, 759
Deus, 42, 48, 55, 62, 81, 83, 99, 138, 189, 191, 194, 323, 405, 421-2, 428, 512, 540, 562, 625, 629, 655, 662, 687, 692, 704, 724, 729, 735-8, 741-2, 746, 751, 764-8
Dever, 410, 524, 545, 585, 634, 657, 713, 741, 760
Devir, 17, 59, 154, 284, 532, 571, 576
Diabo, 55, 101, 111, 120, 191, 210, 396, 408, 422, 445, 474, 678, 688, 692, 730, 742-3
Dialética, 88, 123, 147
Digestão, 78, 212, 241, 259, 298, 306, 417
Dignidade, 32, 169, 181, 194, 202, 524, 611, 710, 728, 750
Direito, 23, 29, 36, 43, 62, 117, 152, 154, 157, 198, 201, 306, 377-8, 542, 622, 640, 657, 662, 691, 708-11, 713, 751, 767-8
Discernimento, 283
Discurso, 52, 80, 124, 144, 190, 355, 357, 544, 634, 656, 750
Disposição, 37, 70, 75, 88, 91, 119, 143, 164, 168, 196, 198, 279, 414, 417-8, 424, 444, 448, 460, 484, 491, 507, 518, 520-3, 545, 598, 645, 650, 655, 692, 703, 744
Dissimulação, 72, 405, 530, 567, 667

Dito espirituoso, 86, 111-2, 115, 546
Doença, 289, 315, 404, 431, 503, 560, 562, 606, 626, 646, 687, 766
Dogma, 158, 196-8, 605, 721, 731
Dogmatismo, 222, 348, 422
Don Carlos, 660
Dor, 30-1, 71, 121, 183-4, 186-7, 191, 193, 207, 271, 287, 294, 300, 327, 334, 336, 340, 355, 429-30, 448-9, 513, 542, 549, 556, 655-8, 685-6, 688, 692-3, 741, 749, 755-6, 760
Doutrina, 11, 14-5, 23, 25, 40, 61, 67, 75, 93, 98, 124, 145, 147, 154, 158, 201, 205-6, 212, 221, 223-5, 231, 238-9, 270, 291, 303, 312, 344-5, 349, 354-5, 357, 364, 368, 380, 383, 412, 438, 508, 553, 555, 568, 570, 573, 582-4, 588, 599-601, 604, 613, 631, 678, 690, 696-7, 705, 708, 713, 716, 718, 720, 723-4, 728, 730, 732-3, 735, 737-8, 743, 747-8, 750, 769
Drama, 114-5, 284, 359, 518-9, 523, 540, 637
Duração, 33, 58-9, 259, 300, 357, 388, 390, 437-8, 442, 535, 543, 567, 575, 580, 589, 591, 598, 600, 603, 613, 622, 676, 735

E

Efetividade, 54, 615
Efeito, XIV, 8, 9, 12, 14, 17, 26, 28, 31-4, 36, 40, 43-7, 50, 53, 57, 60-1, 63-5, 82, 112-3, 115-6, 130, 165, 175-7, 182, 189, 206, 210-1, 233, 243, 245, 251, 253, 256, 260, 265-7, 269-70, 278, 282-3, 301-2, 305, 309, 314-5, 317, 320-1, 325, 330, 335, 340, 342, 355, 359-60, 362, 365, 367-71, 380, 384-7, 390, 392-3, 396, 398, 401-2, 404-6, 413, 416-7, 427, 430, 432, 440-1, 443-4, 447-8, 470, 483, 489, 491, 493-4, 497, 501, 503, 506-7, 510, 514-6, 520-3, 537, 538-9, 545-8, 562, 566, 618, 629, 642, 648, 670, 688, 701, 705-7, 720, 724, 731, 744, 752, 755, 757, 763
Egoísmo, 233, 250, 266, 285, 589, 605, 641, 665, 690, 711, 716-7, 727, 761
Eletricidade, 211, 214, 363, 564
Emanação, 363
Emblema, 460
Empírico, XIV, 7, 10, 14, 23, 55, 102, 146, 158, 220, 231, 233, 329, 368, 331, 368, 370-1, 437, 555, 559, 562, 566, 575, 590-1, 630,
Empirismo, 364
Encratita, 745
Engano, 33, 199
Enlevamento, 448, 637
Entablamento, 493-4, 496, 499, 500
Entendimento, XIII, 7-8, 10, 18, 20, 23, 26, 28-30, 32-3, 37, 44-5, 52-3, 69, 81-2, 90, 93, 175-6, 178, 200, 202, 207, 234, 252, 266-8, 272-3, 275-82, 285-6, 300, 317, 320, 327, 329, 333, 342, 351, 356, 365, 368, 371, 390, 397-8, 418, 467, 471, 491-2, 506-7, 524, 534, 563, 570, 620, 624-5, 629, 631, 642, 691, 696, 716, 765
Ereção, 311
Erro, 19, 37, 40, 81-3, 90, 103-4, 106, 117, 125, 132, 143, 214, 226, 231, 237, 240, 249, 256, 264, 270, 272, 278, 298, 321-2, 326, 344-5, 348, 378, 407, 520-1, 563, 587, 604, 621, 624, 633, 637, 644, 665, 684, 690, 716-7, 721, 727, 744, 754-5, 763, 768

Erudito, 91, 93, 95, 315, 739-40
Escolástica, 48, 355, 517
Escravo, 95, 257
Escritor, 87, 155, 175, 489, 552
Escultura, 489, 500, 503, 505, 544
Escultor, 99, 453
Espaço, XIII-XIV, 5-6, 8-14, 18, 21, 23-5, 27, 29, 32-3, 39-43, 45, 50, 55-9, 61, 76, 78, 104, 154, 158, 167, 208, 210, 212-3, 216, 219, 225, 233-4, 236, 238, 243-4, 299-300, 318, 327, 330, 332-3, 337, 344-5, 347, 362-3, 365, 368-9, 371-2, 378-9, 388-91, 396, 429, 436, 477, 497, 518, 544-5, 553, 557, 576, 584, 590, 592, 601, 655, 677, 679, 695, 698, 707, 716, 727, 766
Espécie, XIV, 48, 72, 82, 85, 94, 101, 110, 176, 201, 204, 214, 247-8, 250, 310, 317, 339, 342, 344, 348, 351, 374, 387-8, 391-3, 399, 404, 406-7, 411, 414, 417, 424, 429-30, 436-8, 442, 446, 455, 458, 475-6, 512, 515, 527, 531, 554, 567-9, 571-2, 575-80, 592, 598-9, 608-10, 612-4, 616, 622, 636, 638-47, 649, 652-60, 662-6, 670-4, 680, 696, 713, 717, 730, 735
Espelhamento, 447, 485, 525, 548, 643-4, 728
Espelho, 164, 170, 245, 249, 261, 273, 310, 336, 341, 375, 391, 439, 448, 456, 507, 523, 594, 630, 673, 687, 715
Epifilosofia, XIV, 763
Espinosismo, 10, 209, 428, 704, 768
Espírito, 33-6, 40, 42, 78, 83, 95, 105-7, 112, 115, 121, 145, 148, 150, 158-9, 161, 163-4, 169, 175, 178-9, 181-2, 186-7, 189-90, 193-4, 198, 203, 205, 218, 227, 260-1,

267, 275, 280-1, 283, 332, 338, 342-3, 359, 380, 391, 428, 441, 460, 463-4, 466, 468, 471, 473-4, 477, 479, 484, 487, 498-500, 511, 516, 520-2, 525, 527-8, 531-3, 541, 545, 549, 555, 558, 568-9, 574, 582, 588, 597, 611, 617, 622-7, 629, 636, 648-9, 655-6, 659, 662, 674, 692, 697, 704, 719, 721, 729-32, 735, 737-8, 740-1, 743-4, 748, 752-3, 768
Esquecimento, 73, 171, 289, 298, 479, 743
Esquema, 504, 571, 629
Essência, XIII, 14, 43, 50-1, 53, 57, 59-60, 80, 90, 96, 99-100, 102, 130, 147, 165, 174, 195, 197-8, 212-4, 217-9, 222-4, 234,-6, 238-9, 241, 243, 250-2, 254-5, 258-9, 260, 262, 270, 272, 279, 282, 295, 313, 315, 325-6, 333, 336, 343-4, 346-9, 354, 360, 368-73, 375, 383-7, 389, 392, 395, 397, 400, 403, 421, 423, 428, 436-9, 442, 451, 454-5, 457, 463, 466, 480, 485, 487, 499, 504, 508, 512-3, 518-9, 523, 527, 530-1, 533-4, 539-41, 544, 546, 549, 553, 557-8, 560, 567, 569-71, 573, 578, 580, 582, 588, 590-5, 597-8, 601, 604, 610-1, 614, 617, 624, 636, 638-9, 642, 654, 656, 663-4, 666, 671, 674, 679, 681-2, 702-4, 714-8, 722, 726-7, 732, 750, 762-5, 767-8
Estado, 32, 47, 50-1, 59, 64, 107, 110, 117, 143, 173, 181, 186, 190, 194, 200-1, 205, 210, 257-8, 263, 292-3, 295, 314, 317, 319, 332, 336, 340, 50, 352, 354, 357-8, 362, 364, 384-5, 404, 408, 416, 431, 435, 440, 442, 444-6, 449, 456-7, 460,

469, 472, 481, 507, 519, 528, 545,
558-9, 584, 587, 606, 613, 619,
660, 666, 669, 685, 6888, 690,
696, 719-20, 726, 746-7, 758, 763
Estado estético, 440, 442, 448
Estética, XIII-XIV, 27, 29, 32, 147-8,
295, 352, 440-1, 484, 489, 493,
495, 497, 503, 505, 509, 686
Estoicismo, 181, 184, 194
Estoico, XIII, 190-4, 669, 719
Estilo, 87, 113, 148, 150, 153, 171,
175, 183, 402, 495, 498-500, 502,
506, 566, 704, 745
Estímulo, 33, 35, 98, 154, 172, 177,
196, 260, 267, 294, 301, 303, 304-
6, 309, 311, 344-5, 350, 362, 384,
415, 439-41, 449, 457, 504, 522,
561, 595
Ética, 83, 104, 154, 184-6, 189, 193,
209, 214, 270, 344, 552-3, 587,
702-4, 720, 723, 726, 732, 741,
766, 768
Eternidade, 41, 279, 392, 428, 438,
555, 563, 565, 576, 578, 581-2,
595, 747, 750-1
Eu, XIII, 8, 16, 19-22, 26, 34, 45-6,
75, 77, 80, 101, 103, 105, 111, 115,
120, 136-7, 139, 152, 167,170, 181,
190, 192-3, 197, 200, 205, 207,
212-5, 217, 221, 223, 228, 231,
234-7, 239, 240, 245-6, 253, 278,
282, 289, 292, 299, 302, 304, 311,
314-7, 320-2, 326, 335-6, 345, 347,
349-51, 359-60, 362, 364, 368,
371-2, 377, 382, 285-6, 391, 397,
404-5, 406, 408, 416, 422-3, 429-
30, 432, 452, 469, 477, 497, 500,
505, 509, 518, 533, 559-3, 565,
569-9, 571, 576, 581, 585-6, 590,
596-8, 603-6, 612, 617, 620, 625-7,
632, 657, 661, 669, 674, 677, 688,

691-2, 694, 697, 702, 705-6, 713,
715-7, 723, 729-30, 732, 736, 738,
748-51, 756-9, 763-7, 769
Eudemonismo, 193
Excitação, 181, 261, 341-2, 519, 646,
707
Excitante, 589
Existência, 6-7, 9-11, 14-5, 17, 20-2,
48, 51, 54, 56, 60-2, 78, 83, 102,
110, 128, 130, 184, 195-7, 200,
203, 207-9, 211, 215, 224, 226,
232, 234-6, 239, 247, 274, 299,
308, 327-8, 330-1, 334, 336, 340-
1, 344, 346-8, 357, 361-2, 368-9,
378, 386-7, 391, 395, 417, 422-3,
424, 426-7, 429-31, 436, 438, 442,
445-6, 452, 463, 465, 468, 472,
487, 497, 505, 512, 518-23, 525,
532-3, 535, 539-40, 555, 558-62,
566-72, 576-8, 581-6, 588, 590-2,
594-600, 604, 606, 608, 610, 636,
638, 640, 643, 654, 659, 665-6,
676-8, 680, 682, 685-8, 690-2,
696-8, 701, 704-5, 714, 717-9,
721, 725, 729, 731, 736, 739-40,
743, 746-7, 749, 754-6, 758-60,
762, 765, 767, 769
Experiência, XIII, 11-3, 16, 18-20, 23,
39, 41, 43, 45, 49, 51, 54-6, 70, 73,
75-6, 81-2, 89, 90-1, 93, 102, 105,
107, 146, 155, 158-9, 200, 216,
219-23, 233, 238, 241, 247, 252-3,
270-1, 274, 283, 291, 321, 329-30,
358, 364, 368-9, 372-3, 397, 468,
478, 503-4, 512, 528, 553, 556,
558, 564-5, 584, 596, 616-7, 622,
633, 648, 667, 671-2, 684, 718,
727, 730-1, 739, 762, 765-6
Explanação, 11, 15, 64, 109, 204, 334,
396-7, 401-3, 406, 408, 429, 453,
627, 631, 705-6, 759

Explicação, 17-8, 26, 44, 61, 78, 109, 165, 210-2, 215-6, 220, 306, 348, 354, 363, 375, 3778, 398, 413, 423, 577, 584, 600, 669, 677, 690-1, 695, 723, 732

Expressão, 50, 58, 64, 87, 92, 112, 118-20, 132-3, 139, 147, 151-2, 161, 187, 209, 226, 231, 233, 246, 258, 273, 276, 288-9, 315, 319, 327, 345-6, 354, 358, 363, 380, 388, 421-3, 431, 436, 456, 472, 485, 487, 503, 514, 518-9, 538-9, 561, 568, 579, 591, 602, 6111, 614, 622, 639, 655, 673, 677, 679-80, 683, 687, 711, 721, 732, 749, 755-6, 759, 763

Êxtase, 226

F

Fábula, 522, 693, 720-1, 743, 749

Faculdade, 14, 27, 33, 35, 69-70, 73, 79, 81-3, 93, 106, 118, 125, 134, 146, 174, 195, 248, 315, 355, 396, 418, 441, 514, 534-5, 554, 561, 618, 681, 696, 707-8, 758

Faculdade de conhecimento, 11, 44, 314, 344, 369, 453, 466, 473, 492, 586

Faculdade de juízo, 76, 82-3, 86, 105-6, 146, 198, 232, 364

Fanatismo, 353, 621

Fantasia, 27, 41, 71, 75, 80, 86, 110, 163-4, 251, 284, 342, 443, 451, 454-5, 489, 509-10, 539-40, 546, 580, 612, 681, 707-8

Fantasma, 75, 182, 233, 363, 562, 770

Fatalismo, 770

Fazer-efeito, 54-5, 60, 233, 302, 310, 314, 367-8, 371, 384-7, 392-3, 396, 405-6, 413, 416, 419, 465, 530, 642, 758

Fé, 10, 83, 201, 203, 206, 214, 241, 320, 430, 469, 620, 719, 724, 736-7, 748, 750

Feio, 647, 649

Feiura, 281, 630

Felicidade, 185-6, 189, 190, 192, 194, 251, 440, 472, 532, 548, 587, 611, 613, 634-5, 642-3, 647, 658, 660, 662-4, 682-3, 685-6, 696, 754, 759

Fenômeno, 5, 8-9, 29, 56, 61, 89, 109, 236, 240, 243, 295, 297, 330, 344, 346, 348, 358, 360, 400, 404, 483-4, 567-8, 591, 630, 669, 673, 703, 705, 709, 744, 748, 764

Ficção, 379, 501, 531, 719

Filho, 83, 114, 121, 190, 614, 618-25, 627, 652, 677, 691, 693, 698, 709, 740, 748, 750

Filisteu, 150, 532, 705

Filosofia, XIII-XIV, 5-7, 10, 12, 14-6, 20, 26, 39, 40, 42, 46, 48, 49, 50, 52, 62, 89, 98-9, 101, 105, 125, 148-9, 155-6, 158, 176, 179, 185-6, 10, 198-9, 202-5, 207, 209, 211, 213, 215, 218, 221-3, 225-6, 228, 231, 233, 240-1, 319-20, 322, 330, 334, 343, 353, 377-82, 386, 391, 408-9, 421, 432, 444, 451, 453, 457, 460, 465, 487-8, 512-3, 527-8, 530, 532-3, 545-6, 5524, 568, 576, 580, 583, 587, 591, 603, 670, 674, 690, 692, 694, 69, 703, 705, 723, 728, 732, 744, 748, 750, 762-3, 765-9

Finalidade, 134, 384-5, 387, 390-1, 395-8, 403, 406-8, 410-1, 413, 416-7, 431, 445, 452, 490, 496-7, 499, 501, 689-90, 697, 712

Finitude, 104, 195, 576, 596, 747

Física, 18, 40, 42, 49, 56, 154, 168, 197, 210-6 221, 283, 285, 289,

298, 302, 341, 360, 364, 377-8, 382, 390, 398, 409, 411-2, 542, 555, 562 565, 635, 664, 703, 717
Fisiologia, 56, 154, 303, 322, 330, 350, 358, 378, 396, 416, 452, 572
Fisionomia, 93, 175, 319, 446, 506, 561, 678, 714
Foco, 106, 169, 177, 181, 287, 304, 335-6, 466, 472, 595, 612, 679-80, 758
Força, 33, 45, 52-4, 60-1, 63-5, 76-7, 79, 96, 141, 143, 151, 156, 176, 182, 188, 207, 209-10, 214-6, 257-9, 261-6, 274, 285, 288, 292-4, 298, 301-2, 305-8, 312, 314-5, 319-20, 323, 338, 343, 346, 350, 353-4, 356, 360-2, 365, 368, 371, 373, 375, 377-8, 381, 383, 388, 393, 403, 412, 418, 424-5, 427, 429-31, 436, 452-3, 461, 465, 469-72, 475-6, 481, 491, 495, 497, 503, 542, 544, 561, 563-5, 569, 571, 584, 598, 601, 609, 627, 633, 639, 647-8, 650, 672-3, 703, 705, 709, 711, 713, 715, 752, 757, 767
Forma, 9, 13-4, 18-22, 24, 27, 29, 33, 43, 45, 51-4, 56, 59, 78-9, 89, 90-5, 104, 124, 139, 148, 159, 167, 169, 171-2, 201, 219, 220, 222-3, 237-9, 244, 284, 288, 300-1, 308-9, 332-5, 341, 348, 353, 355, 357, 360, 367-9, 371-3, 378, 392, 396, 398, 402, 432, 436, 438, 447, 461, 470, 484, 489, 495-7, 507, 519, 544, 546, 549, 569, 57, 572-3, 578, 580, 584, 588, 590, 599, 604, 608-10, 613, 618, 628, 631, 681, 690, 763, 764, 768-9
Formação, 82, 93, 114, 145, 159, 178-200, 204, 208, 224, 250, 256-7, 279-80, 291, 307-8, 318, 331, 333, 416, 468, 488, 510, 517, 535, 629, 731

Formiga, 417, 573, 616
Fundamento, 7, 14, 32, 44, 48, 51, 55, 60, 80, 89, 91-2, 102, 106, 124-5, 128, 135, 158, 161, 172, 181, 191, 197, 202, 212, 217-22, 233, 346, 260, 287, 290, 314, 334, 365, 370, 377, 398-9, 419-20, 423, 429-30, 447, 473, 480, 541, 543, 546, 552, 560-1, 567, 578, 582, 593-4, 600, 602, 605, 612, 621, 630-1, 638, 640, 644, 646-8, 650-1, 653-4, 658, 664, 666, 669-70, 674, 680-1, 690, 694, 703, 708, 711, 713-6, 723, 726 728, 732, 753, 764-7
Futuro, 57, 69, 71, 75, 97, 118, 183-4, 256, 284, 327, 362, 380, 418-20, 426, 481, 530, 534, 555, 559, 571, 573, 584, 639, 654, 680-1, 683, 692, 716-7, 752-3

G
Gênio, XIII, 80, 86, 88-9, 90, 174, 177-8, 246-7, 249-50, 266, 279, 281, 284, 286, 341-2, 351-2, 442, 444, 451-71, 473-4, 492, 554, 622, 625-6, 633, 648, 653-4, 658, 662, 664, 714
Genialidade, 89, 265, 453-5, 463-4, 467, 509, 628, 649
Genitais, 313, 356, 404, 472, 609-10, 613, 681
Geometria, XIV, 42, 55, 59, 99, 154, 158
Gnóstico, 604, 730, 736, 739, 741
Gosto, 24, 95, 120, 148-9, 153, 484, 495-6, 499, 502, 506, 508-9, 516, 557, 611, 625, 647, 755, 767
Gozo, 182, 427, 612, 638, 642-4, 655, 664, 678, 689, 741
Governo, 201-2
Gramática, 79, 95, 148, 153
Graça, 188, 197, 323, 484, 498-9, 503-4, 516, 720, 724, 731, 737, 751

Gravidade, 53, 61,63, 211-2, 353, 358-60, 371, 378-9, 412, 461, 497, 500-1, 538, 543, 564
Guerra, 34, 201-2, 375, 428, 529, 613, 620, 654, 663, 698, 746
Gulistan, 669

H
Haiti, 695
Harmonia, 237, 316, 389-90, 458, 484, 496, 507, 515, 537-8, 541-3, 545, 627, 650, 652, 665, 687, 694, 755
Henrique, IV, 701
Henrique, VI, 663
Hereditariedade, XIV, 617, 622, 624, 627, 629
Hidráulica, 154, 358
Hindus, 535, 560, 563, 603, 632, 652, 669, 730
Hipótese, 7, 12-4, 16, 20, 63, 147, 224, 263, 265, 292, 364-6, 374-5, 379, 380, 385, 397, 555, 569-70, 582, 617
História, XIII, 62-3, 116, 154-5, 179, 193, 221, 268, 274, 382, 408, 430, 527-35, 542, 572, 583, 603, 617, 619, 731, 738, 749
Humano, ser, XIII, 26, 28, 47, 52, 69, 72, 81-2, 89, 92, 96, 118, 150, 169, 173, 177, 181, 183, 192, 194-5, 197-8, 203, 208, 212, 214, 218, 220, 224, 229, 239-41, 243-4, 246-50, 252, 256-7, 260, 264, 276, 278-80, 282, 287, 289, 325, 327, 333, 338, 340, 342, 356, 360, 376, 382-5, 406, 410, 415, 427, 429-30, 437, 453, 455, 457, 461-2, 464-7, 473, 484, 518-9, 534, 555-8, 563, 566, 570-2, 574, 577, 582, 587, 589, 590-1, 594, 598, 603-5, 611-2, 617, 641, 651,
665, 677-81, 683, 688-9, 691, 696, 703, 708, 710, 714, 718-20, 724, 734, 737, 748-50, 756-8, 765-7
Humanidade, 15, 82,150, 205, 207-8, 210, 216, 224, 267, 342, 355, 467, 504, 520, 522, 527, 532, 533-5, 538, 603, 631, 633, 635, 649, 703, 709, 722, 741, 748, 758
Homem, 56, 87, 89, 91, 95, 104, 112, 114, 120, 183, 185, 258, 277, 281, 285-6, 319-20, 323, 363, 405, 416, 453, 463, 474, 480, 507-8, 511, 602, 625-6, 638, 640, 642, 644-5, 647-50, 652, 654, 657, 659, 661, 664, 670, 672, 678, 686, 697, 700, 718, 752, 767
Homem natural, 214-5
Homogeneidade, 57, 212, 280
Honra, 82, 408, 422, 517, 626, 642, 657, 671, 709, 711, 739, 745
Humanidade, 15, 82, 150, 205, 207-8, 210, 216, 224, 267, 342, 355, 467, 504, 520, 522, 527, 532-5, 528, 603, 631, 633, 635, 649, 703, 709, 722, 741, 748, 758

I
Idade Média, 150, 502, 535, 669
Ideal, 6, 15, 189, 232, 234, 500, 504, 532, 545
Idealidade, 6, 8, 15, 23, 61, 236, 362, 386, 559, 584, 588
Idealismo, 6, 10-1, 15-7, 23, 27, 233, 565, 587
Idealista, XIII, 5, 7, 10 15, 26, 56, 580
Ideia, 172,175-6, 265, 351, 364, 423, 428, 436-9, 442, 490, 497, 512, 530, 538, 576-8, 608-9, 634, 639, 710, 747
Identidade, 43, 99, 100, 124, 232, 234, 245, 247, 288-90, 300, 356-7, 360,

407, 572-3, 580, 586, 624, 627, 698, 716-7, 726, 729
Igreja, 545, 603, 734-5, 737, 739-41, 744-5, 758
Iluminação, 35, 120, 466, 483-4, 568
Ilusão, 21, 33, 72, 163, 176, 179, 206, 345, 387, 405, 427, 429, 501, 573, 579-80, 594, 597, 606, 640, 642-4, 654, 658, 660-3, 682-3, 717, 721-2, 749, 751, 759
Ilusão fixa, 175, 364
Imaginação, 194, 509
Imitação, 468, 489, 500, 504-5
Imortalidade, 196-7, 326, 392, 558, 564, 570, 572-3, 575, 577, 582, 587, 603, 609
Imperativo categórico
Impressão, 28-9, 31-2, 34, 37, 45, 70, 75, 92, 96-7, 120, 161, 163, 168, 173, 181, 266, 269, 276, 333, 443, 448-9, 464, 483, 490-1, 495, 514, 516, 522, 542
Ímpeto, XIV,173, 255, 257-8, 268, 286, 419, 423-4, 429, 501, 536, 560, 593-4, 635, 638, 654, 661, 743
Impulso, XIII, 69, 72, 287, 306, 311, 325, 355, 360, 404, 413-4, 416, 418-9, 423-4, 426, 430-1, 473, 504, 578, 594, 608-14, 635-8, 640-1, 653, 661, 672, 674, 676-7, 680, 758
Impulso industrioso, XIII, 69, 311, 325, 413-4, 416, 418-9
Inato, 201, 385, 556, 713, 731, 754-5
Inclinação, 172, 250, 252, 264, 276, 363, 446-7, 472, 513, 619, 634, 639-40, 643, 646, 648, 650-1, 665-6, 672-4, 707-8
Incondicionado, 425, 432, 571
Inconsciente, XIII-XIV, 28, 164, 173, 195, 244, 264, 265, 305, 347, 358, 393, 443, 487, 491, 567, 638, 653, 647
Índia, 556, 570, 603, 610, 721
Indivíduo, 8, 21, 77, 93, 96-7, 120, 168, 174, 177, 196, 208, 249-50, 273, 280, 298, 332, 335, 342, 392-3, 404, 406-7, 414, 423-8, 430-1, 437-8, 443-4, 446, 453-4, 461-2, 466-7, 474, 476, 487, 506, 531-2, 534, 554-5, 566-7, 569, 572, 576-9, 585-6, 588, 592, 595-8, 604, 608-9, 610, 612-4, 622-3, 627, 630, 636-43, 646, 649-50, 652-60, 662-5, 670-1, 676, 682-3, 686, 696, 704, 709, 715-7, 725, 749
Individuação, 331-2, 718
Indução, 128, 147
Infelicidade, 185, 194, 298, 480, 522, 524-5, 661, 750, 760
Inferno, 584, 689, 693, 724
Infinito, 5, 21, 47, 50-1, 57, 61, 99-100, 104, 119, 174, 176, 189, 210, 215-6, 219, 224, 330, 349, 362-3, 365-6, 384, 387, 423, 428, 430, 527, 530, 558-9, 583-4, 586-8, 593, 598, 643, 653, 655, 659, 663, 716
Infinitude, 76, 558-9, 580-1, 583, 586, 598, 655
Ingenuidade, 73, 87, 256, 290, 408, 484, 635
Ingênuo, 501, 532, 612
Inimigo, 70, 82, 182, 261, 263, 280, 359, 420, 468, 588, 614, 619, 662, 709, 732
Injustiça, 103, 194, 618, 689, 696, 718, 722
Injusto, 263, 278, 620, 703, 722
Inocência, 72, 216, 356, 472-3, 673, 676, 745, 758
Inorgânico, 212, 235, 339, 356-7, 377, 387, 407, 542, 567

Instinto, XIII, 69, 72, 275, 311, 325, 413-6, 418-20, 503, 613, 641-5, 647-8, 661, 667, 671, 673-4
Inteligência, 75, 79, 196, 244, 246, 248, 255, 269, 279, 294, 298, 325-6, 339, 342-3, 352, 390-1, 446, 470, 473, 475-6, 562, 615, 617, 622, 629, 648, 693, 726-7
Intelecção, 7, 11, 40, 65, 92-3, 95-6, 179, 186, 191, 217, 224, 237, 264, 271-4, 282, 300, 328, 331, 344, 353-4, 383, 388-90, 396, 412, 426, 448, 473, 530, 533, 590, 630, 655, 727, 729, 755
Intelecto, XIII-XIV, 6, 8, 11-2, 16, 19-20, 24, 48, 55, 69-73, 85, 95, 97-8, 105-6, 145, 165, 167-74, 176-8, 195-6, 201, 207, 214, 219-22, 225, 237, 239-41, 243-74, 277-9, 282-8, 290-2, 297-301, 303-4, 312-4, 316-8, 321, 325-7, 329-32, 335-52, 363, 367-73, 375, 378-9, 382, 389, 395-7, 414-5, 418, 435-6, 439, 442, 447, 451-3, 456-61, 463-7, 472-3, 476-9, 481, 487, 504-5, 542, 568-9, 573, 587, 591, 595-9, 601, 604, 608, 617-8, 620-1, 623-4, 627-8, 630-1, 638-40, 649, 654, 680, 683, 707-8, 716, 726, 728, 758, 762-4, 766
Intenção, 11, 14, 72, 114-5, 124, 135, 254-5, 264-5, 279, 378, 388, 424, 455, 491, 498, 514, 552, 646, 651, 674, 750
Interessante, 124, 163, 168, 252, 316, 354, 431, 445, 447, 489, 513, 529, 575, 738
Interesse, 36, 94-5, 124, 165-7, 170-2, 196-7, 269, 273, 279, 442, 446, 455-7, 474, 478, 487, 519-20, 535, 588, 596, 633, 636-7, 652, 657-8, 663-5, 671, 674, 708, 723, 725

Intuição, 12-3
Intuição empírica, 16, 18, 45, 49, 98, 100, 146, 219, 234
Intuição estética, 454, 487, 490, 497
Intuição intelectual, 226, 232, 349
Intuitivo, XIII, 6, 8, 23, 53, 55, 69-70, 76-8, 82, 85-6, 88-93, 96-8, 102, 105, 110-2, 114, 17-8, 125-6, 131, 172, 181-3, 226, 234, 300, 334, 346, 351, 361, 372, 427, 439, 447, 451, 453, 455, 458, 481, 490, 534, 596, 716
Irracional, XIV, 430, 541, 558, 621, 691, 696
Islamismo, 533, 722, 742-3, 767

J
Jainista, 725
Jardinagem, 484-5
Jogo, 21, 75, 94, 112-3, 181, 221, 251, 265, 273, 292, 341, 358, 365, 375, 385-6, 390, 430, 441, 461, 489-90, 509, 524, 542, 566, 573, 610, 617, 657, 681, 715, 749
Júbilo, 191, 194, 253, 282, 423, 730
Judeu, 136, 379, 447, 583, 604-5, 721, 734, 738-9, 741, 757
Judaísmo, 204, 207, 533, 602, 692-3, 721-2, 739, 742-3, 767, 769
Juízo, 39, 41, 46, 76-7, 82-3, 86, 92, 105-6, 124-7, 132, 139-40, 146, 170, 198, 200, 232, 259, 262-3, 265, 364, 431, 446, 480, 504, 507, 558, 589, 618, 624, 629, 732
Justiça, 511, 531, 658, 676-7, 684, 705, 707, 710, 713, 717-9, 721-3, 726, 746, 752, 759
Justo, 76, 199, 263, 286, 602, 520, 554-5, 565, 631, 650, 655, 658, 670, 696, 703, 716, 722, 729, 739, 742

Juventude, 35, 96, 177, 259, 272, 276, 285, 289, 448, 473-4, 513, 570, 573, 577, 623, 640, 644, 646, 674, 686, 750

K
Kural, 731

L
Lei, 13, 18, 23, 26, 32, 43, 45, 47-8, 50-2, 60, 63-4, 73, 101, 124-5, 132, 146, 154, 161, 165, 173, 182, 215, 233-4, 276, 302, 337, 342, 344, 361, 363, 384-5, 390, 395, 398, 408, 429, 432, 483, 489, 493, 497-8, 529, 579, 624, 638-9, 670, 711, 713, 720, 737, 740,
Lembrança, 64, 130, 162-3, 251, 269, 416, 441, 477, 680, 707
Liberdade, 6, 42, 54-5, 176, 188, 193, 209, 211, 226-7, 278, 384-7, 400, 552, 582, 605-6, 631, 666, 685, 707, 712-3, 719-20, 747-9
liṅgam, 610
Língua, XI, 27, 44, 79, 126-7, 144, 148-9, 151-4, 162, 175, 206, 288, 290, 298, 317, 354, 401, 457, 461, 487, 513-4, 516-7, 607, 617, 743
Linguagem, 76-9, 148, 283, 317, 392, 438, 453, 487, 517, 533, 535, 538-9, 542, 546, 556, 568, 635, 680, 709, 730
Lisboa, 696
Livro, 13, 15, 22, 25-6, 32, 42-5, 47, 53-6, 61-2, 73, 81, 86-7, 92, 94, 96, 104, 159, 163, 165, 172, 175-7, 183-4, 190-1, 197, 210-1, 214-5, 229, 231, 239, 243, 245, 249, 253, 260, 265, 268, 273, 287, 290, 292, 295, 297, 312, 315, 318, 325, 327, 329, 339, 367, 412, 421, 431-2, 433, 435, 438, 442, 454, 469-70, 504, 508, 518, 550, 552-3, 564, 574, 578, 580, 586-7, 590-1, 595, 600-2, 608, 613, 623, 629, 668, 678, 700-1, 715, 720, 725, 727-8, 738, 742
Lógica, 105-6, 123-6, 146, 148-9, 153-4, 158-9, 221, 437, 518
Louco, 258, 290, 319, 478-9, 567, 577
Loucura, XIII-XIV, 83, 163, 188, 193-4, 258, 277, 289, 465-6, 477-81, 563 576, 626, 654, 660, 707, 732
Luxo, 295, 406
Luz, 28, 32-4, 45, 58, 72, 83, 94, 98, 141, 157, 169, 175, 177, 199, 214, 224, 241, 244-5, 264, 276, 281, 284, 335, 344, 346-7, 349, 354, 363-4, 379-80, 391, 401-2, 404, 406, 414, 416-7, 425-6, 449, 458, 460, 466, 471, 488, 506-7, 19, 522, 558, 564, 574-5, 584, 592, 596, 613, 617, 620, 630, 643, 663, 665, 667-8, 674, 679, 681-2, 691-3, 702, 735, 755

M
Macrocosmo, 340, 462, 531, 581, 705
Mãe, 46, 83, 120, 129, 195, 267, 348, 381, 398, 407, 417, 419, 424, 470-1, 492, 507, 566, 585, 599, 602, 612-4, 617-8, 620, 623-8, 630, 638-9, 647-8, 650, 654, 659
Magnetismo, 217, 718
Maometano, 136, 752
Mal, 10, 147-8, 183, 209-10, 246, 255, 258, 276, 290, 331, 381, 388, 424, 436, 461-2, 471, 490, 499, 508, 513, 521, 546, 554, 556, 559-60, 562, 574, 595, 653, 671-2, 674, 686, 691, 694, 697, 703, 709, 712, 722, 735, 737, 739, 743, 752, 754, 766

Mal-estar, 30, 244, 336, 441, 458, 513, 723
Maldade, 569, 689, 704, 714, 722, 726
Manifestação, XIV, 223, 371, 384, 453, 577, 590, 594, 687, 766
Maniqueísmo, 604
Máquina, 79, 384, 386
Marcionita, 604, 736, 740
Matemática, 39, 41-2, 86, 102, 106, 128, 146, 157, 159 174, 218, 221, 298, 396, 455
Matemático, 55, 158-9, 219, 236
Matéria, XIII, 5-7, 10-1, 15-21, 23, 48-9, 51-2, 54-60, 63-5, 78, 99-101, 104, 124-5, 128, 145, 148, 158, 209, 216, 219, 233, 244, 288, 300, 330, 348, 353, 356, 363-5, 367-73, 275, 377-82, 389, 437, 538, 540, 564-5, 567, 569, 673, 581, 611, 629, 639, 655, 739, 768
Materialismo, 15-8, 20, 213, 215-6, 227, 330, 377-9, 381-2, 565, 580
Matrimônio, 655, 670, 736-7
Mau, 103, 149, 183, 185, 209-10, 459, 520, 557, 605, 620, 703, 724, 752, 767
Máxima, 96, 174, 185, 232, 234, 250, 270, 350, 389, 410, 416, 429, 441, 456, 512, 689, 697-9
Mecânica, 34, 60, 63-4, 154, 177, 306, 358-61, 363-4, 375, 386, 407, 412
Mediocridade, 426, 456
Medo, 37, 71, 172, 199, 245, 247, 254-5, 257, 260, 262-3, 290, 317, 331, 416, 422-3, 427, 430, 447, 457, 507, 556-7, 560, 566, 578, 594-7, 677, 685, 690
Melancolia, 431, 456, 459, 467, 677
Mentira, 16, 233, 619, 761
Melodia, 163, 491, 496, 510, 538, 542-3, 546-8

Memória, XIII, 37, 69-70, 88, 90, 93, 96, 149, 162-3, 170-1, 173, 206, 268-70, 277, 284, 286, 289, 310, 422, 477-8, 599, 605, 623, 750
Metafísica, XI, XIII-XIV, 18, 49, 155, 158-9, 193, 195-8, 200-1, 203-4, 207-8, 210-23, 226-8, 243-4, 289, 326, 344, 347, 349, 352-4, 356, 360, 364, 373, 377, 382, 389, 393, 409, 437, 504, 537, 543, 549, 577, 601, 632, 635, 654, 663, 665, 674, 691, 716, 717, 732, 766
Método analítico, 147
Metodologia, 148, 157
Microcosmo, 462, 531, 580, 704, 765
Milagre, 44, 177, 245, 301-2, 377, 576
Mistério, 86, 170, 178, 212, 236, 354, 360, 379, 381, 383, 437, 564, 567, 577, 584, 589, 592, 666, 669, 680, 748
Místico, 728-9
Mito, 517, 611, 692-3, 720-1, 725, 731, 743, 748
Mitologia, 479, 695
Modo de conhecimento, 451, 455, 578, 631
Modo de conhecimento do indivíduo, 388
Modo de conhecimento estético, 440-2, 44, 448
Modo de conhecimento intuitivo, 451
Moksha, 725
Monarquia, 711
Montanista, 736
Moral, 6, 44, 101, 109, 176, 181, 183, 185, 193, 197, 202, 206, 209, 224, 228, 254, 256, 260, 271, 278, 281-2, 285, 289, 318-9, 322, 330, 334, 349, 461, 476, 520-3, 531, 545, 552, 562, 587, 596-7, 599, 604-5, 617-9, 624-5, 628, 664, 671, 673-4, 698, 702-8, 711-6, 723-4, 726, 738, 746, 753, 758, 767

Mordida de consciência, 508
Morte, XIII, 17, 34, 71, 102, 184, 195-7, 199, 206-7, 210, 240-1, 245, 254, 282, 287-90, 294, 307, 323, 339, 392, 404, 417, 419, 422-3, 429, 468, 520-1, 535, 550, 554-600, 604-6, 609-10, 613, 621, 626, 629-30, 633, 656-7, 659, 666, 668, 677, 681-2, 684, 687-8, 690-1, 694, 696, 698-700, 713, 716-7, 720-2, 725, 734, 740, 746-7, 750, 757
Motivo, 35, 73, 82, 182, 198, 214, 237, 254, 261, 267, 275, 301-2, 305, 311, 351, 362, 400-2, 413-5, 430, 441, 444, 449, 461, 493, 519, 563, 611, 641, 706, 757-9, 762
Motivação, 165, 171, 386, 413, 415, 429, 432
Movimento, 24-5, 40-5, 47, 50, 56, 58-9, 63-5, 77, 94, 156, 161, 164, 208, 212, 232, 237, 246, 251-2, 259, 365, 300, 302-7, 311, 315, 319, 330, 343-5, 355, 357-60, 362, 365, 380, 384, 386, 400, 402, 405, 411, 413-4, 429, 431, 452, 456, 463, 471, 498-9, 510, 535, 539, 544, 626, 642, 703
Mulher, 113, 199, 405, 505, 507, 517, 623-5, 637, 640-52, 654-5, 657, 665, 740, 749
Mundo, XI-XIV, 5-14, 16-20, 22-6, 30-2, 45-9, 52, 56-7, 61, 71, 81-2, 85, 87, 89-93, 95, 97, 100, 103-5, 119-21, 125, 150, 165, 169, 178, 181-2, 184, 191-3, 196, 199, 203, 206-11, 213, 215, 218, 220, 223-6, 228, 233-4, 235, 237-40, 243-4, 249, 254, 258, 265-7, 272, 275, 278-8, 281-2, 284, 286, 289, 297, 299, 302, 308-10, 312-5, 318-9, 326, 329-30, 333-8, 340-1, 343-52, 354, 357, 364, 368-70, 372, 376, 379, 381, 384-90, 395, 397, 399, 407, 410, 421-3, 427-32, 439, 440, 442-8, 451-2, 455-9, 461, 463-4, 466, 469, 472, 474, 478, 484, 487, 490, 505-6, 510, 519-23, 528, 531-2, 537, 540, 556, 558, 565, 568-9, 570-2, 574, 576, 580-1, 584, 586-7, 592-7, 599-606, 610, 612, 620, 629-30, 634-5, 645, 651, 653-4, 667-8, 670, 679-80, 682-3, 686-96, 698, 702-5, 713, 715, 718, 720, 723-4, 726, 728-9, 736, 738-43, 746, 748, 750-1, 754-5, 758-9, 762-9
Música, 33, 36, 112, 148, 155, 252, 379, 465, 484, 487, 490, 496, 510, 515, 523, 537-46, 548-9, 611

N

Nada, 5, 7, 10-1, 18, 20-1, 34, 40, 50-1, 56, 71, 77-9, 98, 103, 105, 113, 119-21, 125, 135, 156-7, 159, 163, 167, 177, 179, 182, 184-5, 187-8, 194, 200, 209, 212, 215-7, 219-20, 223, 225-7, 233, 235, 239, 245, 253-4, 272-6, 278, 280-1, 289, 291-2, 295, 299, 301, 306, 315, 317-8, 330-1, 336-8, 345-9, 354, 356-7, 364, 366, 369, 373, 377, 379, 382, 384-5, 388, 390-1, 397-8, 401-2, 408, 410-2, 417, 422, 425-8, 432, 440, 448, 451, 456, 471, 465, 469, 489-90, 498, 511, 523, 525, 542, 552, 555-9, 566-71, 573-6, 578-82, 585-8, 593-4, 596-7, 603, 606, 610, 625, 631, 636, 641, 643, 646, 649, 655, 663, 665, 670-1, 678, 682-3, 685-7, 689-91, 693, 696, 703-4, 709-10, 713-6, 718, 724-5, 727-9, 733, 739-40, 743, 747, 752, 754, 763, 767

Não-ser, 208, 555, 559-61, 569, 577, 585, 596-7, 691
Nascer, 19, 20, 57, 59, 83, 171, 307-8, 317, 401, 444, 489, 499, 555, 564, 567, 574, 591, 620, 622, 655, 661
Nascimento, 25, 178, 197, 241, 312, 333, 401, 478, 480, 512, 532, 547, 555, 558-9, 567, 570-5, 577-8, 582-3, 585-6, 590, 593, 596, 600, 606, 612, 620, 639, 645, 677, 679, 718, 720, 758
Natureza, XII, XIV, 12, 14, 16-7, 20, 29, 36-7, 45, 53-5, 61, 72-3, 76, 78-80, 82, 92-3, 95, 101-2, 105, 107, 109, 117-8, 143, 148, 150, 156, 169, 172-3, 175, 177-9, 183, 186-8, 190, 192-3, 195-5, 198, 200, 202-4, 206, 210-4, 216-7, 220-1, 223, 227, 231, 235-7, 239, 248, 251, 256, 258-60, 262, 267, 270-2, 275-6, 279, 290-2, 295, 297-8, 303, 314-5, 320, 325-7, 330-1, 334, 337-8, 341-4, 346-50, 353-4, 356, 359-63, 373, 375-6, 379-83, 387-8, 390, 393, 395-413, 417-8, 420, 422-5, 427, 436-8, 443, 447, 455, 457-8, 460-2, 464, 466, 474, 476, 479, 483-5, 488-9, 493, 497-9, 501, 504-6, 510, 512, 516-7, 519, 522, 528, 530-1, 537-8, 540, 543, 546, 552, 554-7, 562-3, 565-70, 573, 576, 578-9, 590, 593-5, 597, 599-601, 604, 609, 616, 625, 628, 633, 637, 642-5, 650-1, 657, 660, 664, 667, 669-74, 677-81, 684, 686-7, 696, 700, 703, 705, 714-5, 721, 725-6, 734, 739, 742-4, 746-7, 749-50, 768
Necessário, 6, 15, 17, 23, 28, 36, 78, 81, 86, 132, 153, 188, 201, 207, 209, 214, 227, 253, 292, 310, 319,
329, 333, 385-6, 391, 398, 401, 415, 432, 484, 491, 493, 521, 549, 58-34, 611, 629, 642, 656, 668, 685, 693, 714, 723, 745
Necessidade, XIII, 45, 47-8, 53, 102, 132-3, 150, 173, 176, 183, 191, 195, 197-8, 200, 203, 207, 210-1, 216, 219, 224, 257, 267-8, 270, 292-4, 298, 303, 307, 331-2, 337-8, 360, 384-6, 400, 402-3, 427, 429-32, 454-5, 464, 476, 499, 521, 524, 540, 583, 587, 605, 614, 631, 637, 639, 641, 666, 677, 682, 685-6, 689-91, 696,-7, 704, 709, 712, 719-20, 722, 736, 747, 769
Necessidade metafísica, XIII, 195, 197-8, 200
Negação, XIII, 10, 104, 124, 225, 261, 375, 442, 503, 525, 575, 596-7, 606, 630, 666, 681, 696, 718, 722-8, 732-3, 738, 744, 746-50, 753, 763, 766
Negação da Vontade, XIII, 442, 503, 525, 596, 666, 681, 696, 718, 722-6, 732-3, 744, 746-50, 753, 763, 766
Negócio, 256-7, 290, 426, 445, 610, 683, 690
Nervo, XIII, 32-5, 44-5, 301-2, 305, 308-9, 350, 415-6, 557, 586
Neoplatônicos, 436, 731
Neoespinosano, 104
Neoespinosismo, 769
Nirvāna, 602, 607
Nunc stans, 585, 682
Nulidade, 99, 375, 427, 463, 511, 532

O
Objetividade, 13, 43, 349, 351-2, 440-2, 447-8, 455, 460, 463 17, 540, 4, 767

Objetivação da vontade, XIII, 245, 297, 313-4, 333-5, 353, 359, 371-2, 428, 484, 493, 538, 608, 659, 725
Objetidade, 243-4, 303, 371, 391, 436, 444, 578, 596, 613
Objetivo, 6-8, 10-3, 17-8, 23-5, 31-2, 39, 45, 52, 56, 91, 96, 120, 129, 186, 188, 194, 196, 215, 234, 236, 243-4, 249, 265, 290, 297, 312, 316, 327, 329-31, 345-6, 348-9, 351-2, 356, 367, 371-2, 377, 382, 385, 389, 424,-5, 427, 431, 435-7, 440, 445, 447, 451, 457-9, 461-2, 464, 474, 485, 500, 505, 509, 518-9, 529, 535, 556, 580, 587, 595, 597, 601, 604, 612, 637, 642, 644, 648, 683, 715
Ocasião, 14, 27, 35, 53, 73, 90-1, 115, 118, 130, 132, 161-3, 171, 196, 227, 231, 244, 249, 251, 261, 270, 272, 276, 281, 301-2, 304, 337, 344, 351, 354-5, 359, 362, 374, 413, 415, 431, 466, 479-80, 508, 552, 600, 626, 674, 689, 694, 745, 758
Ocidente, 383, 533
Odisseia, 706
Ódio, 244, 247, 263, 276, 286, 661, 726
Olho cósmico, 444
Om, 727
Ontologia, 56, 344, 348
Ópera, 491, 522, 538-40
Opinião, 26, 36, 107, 17, 186, 192-3, 254, 262, 315, 353, 508, 521, 555, 557, 625, 633, 651, 668, 670, 695, 709, 751, 758
Ordem da salvação, 631, 755
Orgânico, 164, 300, 313, 350, 356-7, 374, 377, 402, 407, 596
Organismo, XIII, 95, 241, 243, 248, 256, 259, 261-2, 271, 291-2, 294-5, 297, 299, 304, 307-10, 312-3, 314, 316, 319-20, 325-7, 333-6, 357, 373, 387-8, 393, 395-7, 402, 416-9, 421, 441-2, 470, 472, 538, 560-1, 563, 566, 591, 593, 595-6, 613
Orgulho, 189, 194, 282, 478, 510-1, 618
Oriente, 383, 533, 674, 733
Originalidade, 87, 94, 740-1
Otimismo, 204, 209, 224, 531, 678, 691-4, 696-7, 732, 738-9, 741-2, 744, 766-7

P

Padre, 739, 741-2
Pai, 6, 15, 120, 129, 189, 348, 471, 492, 585, 599, 602, 611, 614, 617-28, 638-9, 648, 650, 654, 659, 677, 698, 729, 735, 743, 748, 751
Paladar, 28, 32-3
Palavra, 24, 36, 42, 60, 75-9, 83, 88, 113-4, 121, 127, 131, 149-53, 162, 225, 241, 244, 246, 249, 257-8, 268, 273, 317, 320, 354-5, 383-4, 419, 421-3, 426, 436, 461, 474, 488, 509, 527, 552, 556, 578, 586, 599, 606, 641, 666-7, 679, 683, 688, 707-8, 725, 729, 742-3, 767
Panteísmo, 194, 207, 428, 703-4, 765-8
Paralogismo, 345
Parerga, 36, 63, 123, 154, 271, 623, 651, 682, 702, 715, 718, 741
Particular, 41, 46, 75, 77, 86, 89, 91, 105, 110, 126-7, 147, 154, 172, 192, 213, 215, 237, 248, 274, 358, 360, 362, 372, 399, 414, 417-8, 430, 455, 466, 512, 527-30, 539, 563, 568, 598-9, 630, 638-9, 644, 656, 672, 715-6, 769
Passado, 57, 69-71, 118, 182-3, 327, 417, 481, 530, 534-5, 559, 584-6, 680-1, 683, 706, 759
Passageiro, 427, 628

Paz, 34, 194, 228, 232, 253, 279, 429, 443, 529, 606, 612, 691, 745, 751
Pecado, 604, 626, 687, 691-2, 694, 697, 719-21, 724, 738, 742, 746-7
Pedantismo, 92
Pederastia, 635, 645, 669-70, 672-3, 675
Pelagianismo, 203-4, 721, 742
Pensamento, XI-XIV, 8, 24, 26-7, 33-5, 41, 48-9, 53-4, 61, 67, 73, 75, 77, 79-81, 85-8, 94-5, 100, 115, 117-8, 120, 123-6, 130-9, 145-6, 148, 152, 161-4, 167-9, 171, 174-7, 187, 189, 197, 199, 202, 208, 212, 217, 224-5, 227, 232, 248-9, 262, 264, 283, 315, 318, 326, 330, 334-6, 346, 349, 351-2, 357-8, 367, 369, 371, 375, 381-4, 395, 402, 422, 441, 444-5, 454, 461, 480, 483-4, 496-8, 500-1, 514-6, 518, 520, 535, 545, 558, 563-5, 567, 572, 576, 581, 603, 612, 655, 671, 670, 690, 697, 700, 714, 727, 730, 732-3, 754
Perdão, 724, 751
Percepção, 7, 28, 31, 43-4, 46-7, 71, 78, 88, 109, 117, 237-9, 244, 246, 249, 295, 300, 313, 344-5, 350, 418, 458, 477, 522, 529, 726
Perecer, 19-20, 57, 59, 286, 444, 555, 564, 567, 591, 598, 615, 696, 715
Perecimento, 17, 578
Perfeição, 28-9, 48, 86, 88, 90, 156, 167, 209-10, 219, 224, 248, 250, 259-60, 281, 283, 286, 319, 329-30, 333-4, 337, 343, 350-1, 376, 387, 389-90, 403, 440, 451, 469-70, 515, 523, 593, 650, 652, 671, 680, 737, 753
Permanência, 19, 58-9, 309, 357, 371, 565, 596-7, 606

Personalidade, 270, 630, 767
Pessimismo, 207, 738-9
Pessoa, 7-9, 30, 36, 46, 70, 82-3, 87-9, 93, 105, 107, 118, 120, 129, 144, 148, 162, 175, 179, 183, 188, 196, 211-2, 233, 237, 254-5, 261, 265, 267, 269, 271, 273-9, 281, 285, 287-9, 294, 310, 319, 333, 343, 362, 418, 423, 431, 444-5, 452, 458, 462-4, 468, 477-81, 484, 529, 549, 556, 576, 581-2, 590, 592, 599, 601, 604, 606, 616-8, 625, 628, 633, 642, 649, 659-660, 662, 665, 686, 689, 694, 696-7, 706-7, 711-2, 714, 717, 722, 725, 737, 749, 754, 757-8
Pintura, 90, 444, 460-1, 465, 487, 489, 503, 506-7, 536, 544
Pitagórico, 355, 412, 602, 725, 740
Planta, 162, 246, 336, 339-40, 343, 350, 356, 564, 572, 644, 757
Planeta, 208, 362, 376, 389-90, 405-6, 427, 431, 437, 681, 695-6
Platônico, 103, 184, 208, 436, 490, 532
Pluralidade, 100, 331-2, 341, 387-8, 391, 396, 438, 532, 717, 726
Pobre, 25, 62, 80, 93, 101, 111, 187, 197, 226, 376, 380, 726, 746, 754, 759
Pobreza, 513, 663, 723-4, 754
Poder, 39, 46, 55, 70, 78, 81, 85, 88, 105, 117, 121, 155-6, 159, 163-4, 178-9, 181-2, 184, 190-2, 201-2, 209-10, 212, 228, 259, 261, 263-5, 267, 270-1, 275-6, 279, 284, 290, 292, 304, 312, 314, 335, 338, 347, 362, 387, 391, 406, 409, 429, 442, 453, 457, 461, 476, 497, 514, 516, 525-5, 539, 552, 579, 583, 588, 605, 611, 619, 622, 625, 638, 642, 648, 659, 661, 665, 668, 695, 710, 756, 767

Poema, 114, 121, 444, 459, 487, 490-1, 517, 625, 697, 728
Poesia, XIII, 88-9, 148, 179, 200, 352, 443-4, 448, 451-5, 460-1, 465, 488-90, 505, 507, 509-18, 527, 534, 538-9, 544, 548, 625, 632, 655, 661
Poeta, 147, 264, 359, 458, 504-5, 510-9, 523, 545, 718
Polaridade, 502, 713
Pompeia, 611, 696
Ponderação, 73, 90, 145, 184, 257, 277, 290, 304, 316, 396, 430, 481, 489, 555-6, 613-4, 618, 649, 656, 671, 678, 707
Possibilidade, XIII, 33, 40, 53, 56, 83, 99, 134, 200, 208, 218, 220-2, 239, 251, 302-3, 308, 325, 333, 338, 364-5, 388, 397, 440, 442, 528, 583, 586, 596, 640, 646, 682, 695, 763, 766
Prazer, 72, 94, 99, 115, 121, 153, 181, 183-4, 187-8, 190, 244, 182, 355, 419, 428, 431, 439, 444, 449, 454, 463, 519-20, 542-3, 553, 555, 569, 612, 634, 685, 687, 693, 696, 712, 737, 755, 758
Preocupação, 183, 226, 263, 266, 424, 467, 685, 690
Presente, 51-3, 57, 62, 69-71, 75, 78, 88, 90-1, 107, 112-3, 117-8, 121, 163, 173-4, 181-4, 192, 194, 197-8, 210, 215, 250, 273, 279, 281, 285, 291, 302, 304-5, 310, 315, 327, 340, 342-5, 352, 364, 388-9, 395, 398-9, 420, 428, 454-5, 458, 469, 477, 479, 491, 515, 518, 522, 530, 534, 538, 549, 558, 571-3, 575, 583-6, 600, 630, 636, 663-4, 666, 669, 678, 680-1, 683, 686, 688, 691, 705-6, 726, 738, 750, 752, 756, 759-60

Prejuízo, 356, 741
Princípio de razão, XIII, 29, 45, 49, 53-4, 59, 124-5, 154-5, 161, 165, 171, 233, 245, 368, 385, 446, 576, 631, 705, 717, 763, 769
Principium individuationis, 59, 576, 592, 597, 666, 677, 716, 721, 726
Procriação, 215, 325, 424, 569, 574, 577, 579, 585, 592, 599, 604, 608-11, 613, 616-7, 627-8, 630, 637-8, 643, 646-8, 650, 653, 670-3, 677, 679, 691, 736, 747
Promessa, 255, 768
Proporção, 36, 58, 65, 209, 288, 343, 365, 390, 470, 493, 495-8, 541-2, 600, 618, 650, 708, 713, 767
Propriedade, 126, 134-5, 139, 221, 246, 366, 302, 371, 393, 423, 510, 590, 616, 710-1, 713, 723, 745, 758
Psicologia, XI, XIV, 154, 244, 750
Público, XI, 42, 49, 83, 111-2, 121, 148, 152, 179, 198, 203, 232-3, 276, 288, 488, 552, 620, 629, 672, 679, 709-10
Punição, 52, 183, 604, 711-3, 723-4
Puro sujeito do conhecimento, XIII, 265, 439, 444, 446, 455

Q
Quaker, 745
Qualidade, 17-8, 33, 59, 64, 98, 110, 132, 134, 171, 175, 212, 226, 257, 261, 281, 294, 320, 341, 367, 369, 372-3, 393, 410, 445, 512-3, 518, 616, 642, 653, 694, 711
Querer, 43, 52, 82, 148, 153, 175, 193, 202, 204-5, 232, 236-7, 240, 244-5, 247, 249-50, 255-6, 259-61, 270-2, 278, 284, 286-7, 289-91, 301, 313-4, 316, 319, 321, 331, 338, 341, 350, 374, 393, 421, 429,

439, 441, 444, 447-8, 455-7, 464,
467, 472-3, 490, 520-2, 535, 546,
587, 595, 610, 612-3, 630, 655,
684, 704-6, 709, 712, 722, 727-9,
744, 754, 758, 769
Química, 132, 154, 221, 302, 314,
320, 358, 362-3, 453, 649
Quietivo, 729
Quiliasta, 83

R
Raça, 506, 570, 652
Racional, 33, 133, 138, 181, 184, 194,
232, 304, 349, 424, 463, 474, 480,
498, 501, 534, 541, 581, 649, 671,
680, 750
Racionalismo, 720, 743
Razão, XIII-XIV, 6, 10, 16, 24, 29,
32-3, 37, 42-3, 45, 49, 52-4, 56,
59, 63, 69-70, 72-3, 75-9, 81-3,
87-8, 90, 92-3, 95, 98, 101, 105,
112, 117-9, 123-5, 129, 134, 139,
143-4, 146, 154-5, 161, 165, 171,
173-6, 181-4, 192, 195, 198-9,
204, 211, 213, 215, 219, 222, 232-
4, 240, 245, 248, 258, 267, 275-6,
283, 287, 292, 294, 304, 315, 334,
345, 347, 349, 363, 368, 370, 382,
385, 396, 400, 408, 415-6, 418,
422-3, 430, 438, 441, 446, 461,
471, 473, 479, 481, 487, 495, 498,
507-8, 511, 514, 524, 534-5, 539,
554, 576, 588, 601, 603, 609, 613,
618, 631, 642, 661, 663, 672, 678,
681, 690, 692, 694, 696, 705, 707-
8, 717, 728, 732, 735-7, 740, 744,
755, 758, 763, 769
Realidade, 5-6, 9-11, 13, 15, 19, 21, 23,
28, 30, 45-8, 55, 59, 69, 76-8, 86-8,
93, 101, 103, 114, 116-9, 126, 130,
132, 147, 164, 169, 173-4, 181-2,

206, 208, 210, 219, 225-6, 233,
236, 246, 249, 251, 261, 263, 279,
301, 326, 336, 339, 369, 373, 375,
380-1, 386, 413, 423, 429, 442-3,
454-5, 466-7, 478-9, 489, 493, 504,
506, 513, 525, 531-2, 542, 544,
549, 576, 581, 584, 590, 593, 597,
601, 604-5, 616, 633-4, 641-2, 654,
660, 666, 680, 688, 694, 707, 731,
738, 749, 754, 759, 760
Realismo, 7, 12, 14, 16, 26, 77, 438,
531, 637, 704
Realista, 10, 56, 125, 438, 532
Receptividade, 32-3, 194, 286, 343,
384, 440, 513, 543, 685, 706
Reconhecimento, 179, 200, 214, 273,
356, 462, 469, 594, 601, 622, 711,
749
Recordação, 39, 69-70, 79, 156, 171,
173, 282, 289, 327, 477, 480, 585-
6, 598-9, 608, 634, 705
Redenção, 207, 428, 674, 719-21, 724,
741, 743, 747, 756-7, 759, 766
Reflexão, 73, 87, 91-2, 97, 110, 133,
136, 138, 195, 200, 208, 290, 302,
304, 319, 323, 347-9, 354, 359,
383, 387, 401, 438, 447, 456, 481,
487-8, 490-1, 534, 545, 554, 557,
567, 569, 593, 618, 645, 665, 667,
685, 705, 728, 750
Religião, XIII, 197, 202-5, 226-7, 263,
408-9, 476, 554, 558, 668, 671,
740-4, 748, 750, 756
Renascimento, 599, 606, 719-20, 723-4
Repouso, 24, 47, 56, 58-9, 63-4, 257-9,
262, 291, 351, 357-8, 365, 392, 431,
528, 546-8, 563, 588, 763
Representação, XIV, 3, 5-22, 24, 26-7,
31, 44-6, 56, 67, 75, 78, 80, 113,
120, 125-6, 164, 168-72, 182, 232-
7, 248-9, 252, 297-8, 301-2, 313-5,

325-7, 331, 333-5, 337, 344-5,
348-9, 351, 367-8, 370-2, 378,
395-7, 413, 425, 432, 440, 445,
447, 455-6, 459, 537, 542, 580,
589, 593-6, 598, 600, 604, 610-1,
614, 656, 702, 708, 716, 766-7
Reprodução, XII, 29, 79, 350, 429,
469, 472-3, 562, 579, 646, 650
República, 630
Resignação, 520-2, 525, 688, 722-3,
749
Responsabilidade, 224, 430, 724
Retórica, XIII, 123, 143
Revelação, 200, 202, 218, 642, 704,
739, 746
Rima, 491, 507, 513-6, 548
Riqueza, XI, 93, 178, 202, 426, 626,
630, 636, 702, 711
Rishi, 198
Riso, 109-12, 115-9, 188, 278, 285,
525, 756
Ritmo, 58, 379, 491, 513-5, 545, 547-
8, 694
Romance, 251, 277, 289, 359, 447,
518, 638, 657, 687
Romeu e Julieta, 634, 660

S
Sabdapramānas, 726
Salvação, 386, 423, 630, 704, 724,
727, 736, 754, 756, 759
Santidade, 726, 745, 756
Santo, 227, 326, 626, 748, 750
Sátira, 197, 287
Satisfação, 117, 176, 188-9, 193, 200,
246, 248, 275, 281-2, 285, 330,
342, 420, 426, 429, 447, 488, 497,
500, 520, 541-2, 547-9, 593, 608,
611, 613, 633, 636, 638-9, 641-5,
651, 653, 662-5, 676, 680, 682,
685, 738, 744, 749, 754

Sannyasi, 732
Sansara, 607, 725, 727, 742
Saúde, 163, 319, 477, 479, 562, 627,
635, 639, 646, 670, 685
Sem fundamento, 91, 429, 632, 691,
729
Sensibilidade, 32-4, 81, 234, 301, 303,
307, 333-5, 350, 401, 467, 69, 513,
543, 563, 596, 629, 694, 720-1,
763
Sentido, XIII, 10, 12, 14, 16, 28, 31-
3, 36-7, 39, 42-3, 49, 51, 54-6,
76, 85, 88, 91, 98, 105, 113, 211,
123, 125, 129, 139, 144, 151-3,
158, 181, 183, 186, 188, 190, 200,
204-5, 207-12, 214, 216, 220,
223, 225, 228, 231, 234, 238, 244,
246, 249, 252, 261, 263, 268-9,
282, 287, 291-2, 301, 308, 314,
316, 332, 335, 342, 344, 350, 353,
355-6, 358, 366, 368-70, 384, 386,
391, 396, 399-400, 409, 416, 419,
421, 427, 429, 436-8, 441-2, 444,
452, 454, 457-8, 462, 465, 477,
483, 485, 488, 490, 496, 499-500,
501, 504, 510, 515, 518, 520, 527,
531-2, 534, 539, 543, 547-8, 558,
568, 574-7, 583, 586, 590, 592,
594, 597, 600, 602, 605, 607, 613,
621, 632, 636, 638-9, 642-8, 651,
657-8, 665, 671, 678-82, 683, 686,
692, 695, 703-6, 713, 715, 721-4,
726, 728-9, 731, 735, 740, 744,
748, 750, 753-4, 756, 757, 763,
766, 768, 769
Sentimento, 8, 26, 45, 97, 124, 143-4,
263, 271, 286, 288, 311, 360, 416,
437, 448, 484, 497, 500, 511, 516,
519, 522, 540, 542, 545, 581, 592,
611, 634, 648, 659, 662, 664, 685,
698, 701, 727

Sensação, 13-4, 23-8, 30-2, 34-5, 45, 70, 77, 164, 208, 227, 233, 243, 333, 345, 355-6, 441, 449, 506, 513-4, 518, 539, 561, 593, 706, 749
Serenidade, 193, 257, 507, 756
Shaker, 36, 744, 746
Silêncio, 261, 265, 442, 444, 446, 723, 727
Silogismo, 99, 110, 124, 129-33, 137, 139-41
Silogística, XIII, 129, 133
Símbolo, 141, 245, 259, 287, 570, 609-10, 697, 756
Simetria, 58, 496-8, 544-6
Simpatia, 143, 280, 407, 423, 656, 717
Simultaneidade, 44, 161, 469
Sinfonia, 540, 544
Sistema penitenciário, 711-2
Sobre a liberdade da vontade, 54, 278, 384, 386, 400, 707, 712, 713, 719
Sobre o fundamento da moral, 181, 260, 334, 605, 708, 715-6, 723
Sobre a quádrupla raiz do princípio de razão suficiente, 124
Sobre a vontade na natureza, 45, 206, 231, 239, 297, 315, 325, 330, 337, 349-50, 354, 393-5, 420, 552, 590, 705, 742
Sofisma, 103, 365
Sofista, 263
Sofrimento, 183, 192, 194, 196, 290, 339, 427, 440, 444, 458, 522, 533, 542, 587, 666, 677, 682, 685, 688, 692-4, 696, 703-4, 712, 718, 720, 722, 741, 746-7, 749, 752-3, 756-7, 759-60, 762
Solidão, 178, 476
Sonho, 6, 163, 216, 251, 262, 416, 478, 559, 587, 597, 682, 686

Stromata, 738
Sublime, 80, 121, 361, 448-9, 462, 472-3, 484, 501, 519-20, 534, 536-7, 653, 655, 658-9, 661, 723, 741, 744, 755
Substância, 16, 48-9, 57-9, 99, 207-8, 212-3, 219, 224, 240-1, 244, 249, 293, 298-9, 300, 330, 331, 336, 368, 372, 422, 442, 470, 596, 599, 601, 617, 768
Substantivo, 173, 290, 449, 457-8
Sucessão, 42-3, 46-7, 71, 131, 170-1, 225, 529, 567, 599, 619, 623
Sufismo, 722, 729-30
Suicídio, 291, 431, 480, 621, 634, 654, 660
Sujeito, XIII, 6-11, 14, 16, 17-9, 21-3, 40-1, 43, 77, 91, 124-7, 133-6, 138-40, 149, 158,165, 176, 215, 234-8, 244-5, 265, 288-90, 297, 313, 332, 335-6, 346, 377-8, 380, 388, 439-40, 443-4, 446-7, 455, 487, 561, 579, 581, 590, 596-8, 730, 765
Superstição, 409
Sustentáculo,18, 21, 170, 304, 312, 330, 338, 368-70, 392, 442, 444, 538, 577, 582, 598

T

Tat tvam asi, 717
Talmud, 605
Tancredo, 660
Tato, 32-3, 151, 274
Tédio, 101, 339, 429-31, 518, 548, 587, 685, 712, 727
Teísmo, 197, 209, 214, 410, 703-4, 720, 729, 738
Teleologia, XIII, 395, 397, 399, 408-11

Temor, 183, 186, 244-5, 264-7, 525,
    548, 557, 566, 568-9, 594, 666-7
Temperamento, 250, 319, 341, 471,
    549, 628, 653, 661, 665
Temperatura, 24, 33, 562
Tempo, 5, 9-11-2, 14-6, 18-9, 21,
    24-5, 32-3, 36-7, 40, 42-3, 45-8,
    50-3, 55-9, 61, 63, 70-1, 75-6, 78-
    9, 83, 88, 90, 94, 96, 101-2, 112,
    114, 116, 120-1, 123-4, 130-1,
    148, 153-5, 162, 167-9, 171-4,
    179, 182, 187-90, 192, 197-9, 207-
    8, 210, 214, 216, 219, 224, 227,
    233-4, 236, 238-9, 243-4, 251-2,
    256-7, 259-60, 264, 266, 268, 271-
    2, 282-4, 286, 288-9, 292-3, 295,
    299-300, 308, 312-3, 315, 318,
    327, 330, 332-3, 335, 337, 341-5,
    347-8, 357, 359, 362, 365, 368-9,
    371-2, 375, 377-80, 383-4, 388,
    390-2, 396, 400, 409, 419-20, 422,
    424-5, 428-30, 435-8, 440, 453-4,
    459, 462, 467-8, 473, 475-7, 481,
    489, 494, 496, 507, 510-1, 513,
    515, 528, 523, 528-9, 532, 534-5,
    538-49, 552, 556-9, 561-2, 567-
    8, 570, 572-3, 575, 576-8, 580-1,
    583-6, 588-92, 595, 598-9, 601-,
    603-4, 608-10, 622, 624-6, 647,
    651, 655-6, 658-9, 662, 665-6,
    676, 677, 679, 683-5, 691, 693,
    712, 716, 722, 724, 726-7, 733-4,
    736, 738, 740, 744, 746-7, 748,
    754, 763-5, 768,
Tendência, 48, 156, 193-4, 240, 271-
    2, 344, 397, 425, 431, 513, 520-2,
    525, 540, 598, 604, 617, 621, 644,
    671-2, 705, 721, 732-3, 736-7,
    741, 756
Teologia, 100, 344, 349, 408-11, 728,
    730-1, 750, 767

Teoria, XIII, 27, 34, 44, 46, 61-3, 65,
    106, 109-10, 123, 157, 164, 174,
    190-1, 213, 264, 311, 366, 389,
    499, 512, 541-2, 628, 674
Tipo, XII, 26, 28, 36, 41, 54-5, 69, 70,
    73, 79, 81-3, 93, 100-1, 105, 112,
    114-8, 120-1, 123, 135, 138, 144,
    155-6, 169, 184, 188, 193, 196,
    200-2, 207, 211-2, 215, 220-1,
    224-6, 235, 263, 266, 268-9, 278-
    9, 281, 283, 285, 294, 298, 310-1,
    326-7, 342, 361, 363, 366, 380,
    388, 399, 407, 409, 418, 423, 442,
    445, 449, 458, 465-6, 480, 492-3,
    499, 503-4, 507, 510, 512, 515,
    517-8, 520-2, 525, 527, 533, 543-4,
    546, 549, 569, 585, 596, 600, 602-
    3, 605, 611, 613, 621, 625, 641,
    642, 643, 645-7, 649-53, 656, 658,
    661-3, 668, 670, 673-4, 678, 682,
    689, 698, 706, 708, 717, 728, 731,
    738, 742, 744-5, 749, 756-7, 767
Tom, 16, 42-3, 155, 168, 237, 245,
    339, 400, 423, 473, 493, 496, 502,
    507, 516, 518, 537-8, 542-4, 546-
    7, 549, 714
Tormento, 193, 427, 456, 467, 561,
    662, 678, 684, 686, 704, 712, 754
Tragédia, 117, 519-25, 698, 721, 749,
    755
Trágico, 83, 520, 522, 756
Traição, 194, 236, 280, 514
Tranquilidade, 448, 577
Transcendental, 10, 23, 27, 170, 220,
    344, 350, 386, 587
Transcendente, 52, 193, 220, 223, 240,
    281, 346, 349, 364, 389, 392, 400,
    589, 614, 635-6, 656, 659
Transitório, 56, 241, 564, 578, 665
Transitoriedade, 563, 576, 683, 715
Transmigração, 604

Tristeza, 245, 247, 317, 456, 467, 540, 678

U
União com Deus, 730
Unidade, 21, 42, 59, 100, 169-70, 174, 226, 240, 279, 303-4, 314, 335, 389, 391, 393, 396, 399, 402, 421, 438, 498, 506, 518, 523, 531, 535
Universal, 48, 77, 104-5, 124, 126-7, 146-7, 154-5, 172, 196-7, 213, 216, 219, 223, 240, 276, 316, 325, 360, 367, 371-2, 383-4, 423, 428, 446, 452, 455, 466, 483, 487, 500, 510, 524, 527-30, 533, 535, 539, 563, 568, 621, 715, 722, 763
Upanishads, 198, 569, 726, 729
Uso prático da razão, XIII, 181

V
Vaidade, 195, 200, 206, 265, 282, 286, 521-2, 683-4, 686, 750, 756, 759, 766
Valentiniano, 604, 736
Vedas, 198, 549, 569, 603-4, 725-6, 731, 761
Vegetal, 12, 331, 356, 537
Verbo, 33, 125, 153, 290, 457, 461, 505
Verdade, XI, XIII, 5-9, 15-7, 19, 25-6, 30, 33, 39, 40, 54, 86, 88-9, 96, 98, 101, 103, 113, 119, 123-8, 130-2, 143-4, 147, 154-5, 157, 191, 201-5, 207, 210, 213, 215, 219-20, 223, 226-8, 231-3, 236-8, 240, 243, 253, 263-4, 276, 295, 302-3, 308, 311-4, 319-20, 322-3, 326, 334, 338, 344-5, 348, 355-6, 362-3, 368, 375-7, 384-7, 396, 399, 414, 429, 436, 441, 443-4, 454, 461, 464, 469, 479, 483, 487-9, 491, 507-8, 512, 514, 517, 519, 522, 525, 530-2, 535, 552, 556, 559, 563, 565, 570, 572, 575-6, 578, 580, 582, 587, 589, 597, 601, 604, 608, 619, 622-3, 625, 631, 633, 636, 640-2, 647, 650, 652, 654, 658, 663-4, 667-9, 671, 673-4, 676, 678, 681, 686-8, 690-1, 693-4, 697, 703, 706-7, 710-3, 715-6, 719-21, 724, 727, 729, 731-2, 735, 741, 743-4, 746-8, 763
Verdade *sensu próprio*, 202-5, 748
Verdade *sensu allegorico*, 202, 204, 749
Vergonha, 120, 144, 153, 254, 280, 320, 330, 536, 603, 678, 760
Vício, 667-8, 671-4, 725, 755-6, 758
Vida, XII-XIV, 14, 35, 43, 69, 71, 73, 75, 82, 89, 91-2, 101, 105-6, 112, 120, 158, 169, 174, 178, 184-91, 193-7, 199, 203, 211-2, 234-5, 244, 247, 249-50, 258-9, 263, 271, 273, 279, 281-2, 284-92, 294-5, 299, 305, 308-9, 313, 316-21, 327, 330, 341-3, 354-8, 360, 373-4, 376, 381, 383, 391-3, 407, 417, 419-21, 423-32, 438, 443, 445, 447-8, 454, 457, 461, 464, 466-8, 470, 472, 474-5, 477, 484, 487-8, 503-4, 510, 512-3, 519, 520-2, 524-5, 529-31, 538, 540, 544, 548-9, 550, 553, 556-60, 562-4, 566-9, 572-5, 577-9, 583, 587-8, 592, 594, 596, 598-600, 604-6, 608-14, 617, 619, 622, 628, 630-1, 633-40, 642, 647, 652-7, 659-61, 665-6, 668, 670, 672, 674, 676-93, 695-6, 699-701, 704-5, 713-8, 721-2, 724-6, 730, 732-3, 737, 744-8, 750, 752-60, 763, 766-7

Violência, 75, 94, 255, 262, 301, 359, 366, 476, 514, 560, 676, 706, 708, 722

Vingança, 520, 556, 603, 708

Virtude, 17, 19, 28-9, 32, 44, 53-4, 79, 92, 101, 103, 116, 129, 132, 150, 178-9, 182, 184-6, 189, 192-3, 203, 210, 277, 279, 348, 384, 386-7, 390, 399, 403, 412, 447, 466, 485, 500, 506, 535, 538, 564, 569, 588, 605, 618, 623, 626, 629, 639-41, 659, 680, 683, 716, 718, 722, 736-7, 741, 756-7

Visão, XIII, 26, 28-9, 31-2, 34-5, 37, 53, 70, 78, 87, 92-4, 111, 119, 129, 139, 143, 172, 190, 209, 213-4, 269, 282, 308, 314, 325, 329, 333, 337, 345, 373, 375, 383, 385, 405-6, 425, 448, 479, 483-4, 490, 497-8, 500, 506, 509, 519-2, 535, 555, 568, 571, 588, 599, 610, 630, 635, 637, 642, 667, 680, 689, 698, 704, 712, 716, 721, 723, 737-8, 743, 749, 753, 759

Vítima, 82, 353, 636

Vontade, XI, XIII-XIV, 9, 18-20, 22, 31-4, 42-5, 53-4, 56, 81, 95, 117, 143, 161, 164-5, 167-8, 170, 172-3, 182, 186, 191, 193, 195-6, 206, 209, 211-2, 214, 221, 224, 231, 237-41, 243-80, 282, 284, 286-92, 294-5, 297-9, 300-21, 325-8, 330-52, 353-66, 369-78, 382, 383-93, 395-7, 400-2, 405-6, 413-20, 421-32, 435-7, 439-49, 451-67, 472-6, 478-81, 484-5, 487, 491, 493, 504-5, 507, 519-23, 525, 531-2, 538-42, 548-9, 553-4, 557-9, 561, 566, 570, 573-4, 578-9, 581, 483, 590-600, 602, 604-5, 607, 609, 612-6, 618, 623, 625, 627-8, 631-2, 637-44, 649, 655, 657, 659-61, 664, 667, 675, 677-82, 683-92, 697-9, 703-9, 713, 716-8, 719-34, 742, 744-5, 747-56, 758-60, 763-9

Vontade de vida, 572-3, 577-8, 592, 594, 596-8, 604, 606, 608, 611-4, 637-40, 654, 659, 666, 674, 676-7, 679-81, 684, 690, 696, 704-5, 715, 717-8, 721-2, 724-5

Voz, 28, 111, 256, 538, 556, 707

Y

Yoni, 610

SOBRE O LIVRO

Formato: 16 x 23 cm
Mancha: 27,8 x 48 paicas
Tipologia: Venetian 301 12,5/16
Papel: Off-white 80 g/m² (miolo)
Couché fosco encartonado 120 g/m² (capa)
1ª *edição*: 2015

EQUIPE DE REALIZAÇÃO
Edição de texto
Frederico Tell Ventura (Preparação de texto)
Carmen Costa (Revisão)
Capa
Andrea Yanaguita
Editoração eletrônica
Eduardo Seiji Seki (Diagramação)
Assitência editorial
Alberto Bononi